SISTEMAS E TEORIAS EM PSICOLOGIA

MELVIN H. MARX
(Professor de Psicologia da Universidade de Missouri, E.U.A.)

WILLIAM A. HILLIX
(Professor de Psicologia da Universidade Estadual de San Diego, E.U.A.)

SISTEMAS E TEORIAS EM PSICOLOGIA

Tradução de
ÁLVARO CABRAL

EDITORA CULTRIX
São Paulo

Título original: *Systems and Theories in Psychology – second edition.*

Publicado nos Estados Unidos da América por McGraw-Hill Book Company.

O primeiro número à esquerda indica a edição, ou reedição, desta obra. A primeira dezena à direita indica o ano em que esta edição, ou reedição foi publicada.

Edição	Ano
16-17-18-19-20-21-22-23	07-08-09-10-11-12-13-14

Direitos de tradução para a língua portuguesa
adquiridos com exclusividade pela
EDITORA PENSAMENTO-CULTRIX LTDA.
Rua Dr. Mário Vicente, 368 – 04270-000 – São Paulo, SP
Fone: 6166-9000 – Fax: 6166-9008
E-mail: pensamento@cultrix.com.br
http://www.pensamento-cultrix.com.br
que se reserva a propriedade literária desta tradução.

AGRADECIMENTOS

Os autores desejam agradecer aos seguintes proprietários de direitos autorais, autores e editores, pela permissão concedida para reproduzir excertos de materiais protegidos por copyright:

THE AMERICAN ASSOCIATION FOR THE ADVANCEMENT OF SCIENCE

BORING, E. G. "When Is Human Behavior Predetermined?" *Scientific Monthly*, 1957, *84*, 189-196.

SMITH, C. S. "Matter versus Materials: A Historical View", *Science*, 1968, *162*, 637-644.

THE AMERICAN JOURNAL OF PSYCHOLOGY

MURRAY, E. "Peripheral and Central Factors in Memory: Images of Visual Form and Color", *American Journal of Psychology*, 1906, *7*, 227-247.

THE AMERICAN PSYCHOLOGICAL ASSOCIATION

COAN, R. W. "Dimensions of Psychological Theory", *American Psychologist*, 1968, *23*, 715-722.

GUTHRIE, E. R. "Psychological Facts and Psychological Theory", *Psychological Bulletin*, 1946, *43*, 1-20.

AMERICAN SCIENTIST

SKINNER, B. F. "The Experimental Analysis of Behavior", *American Scientist*, 1957, *45*, 343-371.

ANNUAL REVIEWS, INC.

ADELSON, J. "Personality", *Annual Review of Psychology*, 1969, *20*, 217-252.

FORD, D. H. e URBAN, H. B. "Psychotherapy", *Annual Review of Psychology*, 1967, *18*, 333-372.

APPLETON CENTURY CROFTS, EDUCATIONAL DIVISION, MEREDITH CORPORATION

BORING, E. G. *The Physical Dimensions of Consciousness*. Nova Iorque: Appleton-Century-Crofts, 1933.

BORING, E. G. *A History of Experimental Psychology*. Nova Iorque: Appleton-Century-Crofts, 1950.

BORING, E. G. e LINDZEY, G. (orgs.) *A History of Psychology in Autobiography*. Nova Iorque: Appleton-Century-Crofts, 1967.

ESTES, W. K., KOCH, S., MacCORQUODALE, K., MEEHL, P. E., MUELLER, C. G. Jr., SCHOENFELD, W. N. e VERPLANCK, W. S. *Modern Learning Theory*. Nova Iorque: Appleton-Century-Crofts, 1954.

HEIDBREDER, E. *Seven Psychologies*. Nova Iorque: Appleton-Century-Crofts, 1933.

THORNDIKE, E. L. *Selected Writings from a Connectionist's Psychology*. Nova Iorque: Appleton-Century-Crofts, 1949.

TURNER, M. *Philosophy and the Science of Behavior*. Nova Iorque: Appleton-Century-Crofts, 1967.

BASIC BOOKS, Inc.

JONES, E. *The Life and Work of Sigmund Freud*, 3 volumes. Nova Iorque: Basic Books, 1957.

NAGEL, E. "The Nature and Aim of Science". Em S. Morgenhesser (org.), *Philosophy of Science Today*. Nova Iorque: Basic Books, 1967.

BOLLINGEN FOUNDATION

JUNG, C. G. *Symbols of Transformation*. Nova Iorque: Random House, 1956.

BUREAU OF PUBLICATIONS, TEACHERS COLLEGE, COLUMBIA UNIVERSITY

THORNDIKE, E. L. *Educational Psychology*, Vol. 2. *The Psychology of Learning*. Nova Iorque: Teachers College, 1913.

CLARK UNIVERSITY PRESS

MURCHISON, C. (org.) *A History of Psychology in Autobiography*, Vol. 3. Worcester, Mass.: Clark University Press, 1936.

WATSON, J. B. "What the Nursery Has to Say about Instincts", em C. Murchison (org.), *Psychologies of 1925*. Worcester, Mass.: Clark University Press, 1926.

WATSON, J. B. "Recent Experiments on How We Lose and Change Our Emotional Equipment", em C. Murchison (org.), *Psychologies of 1925*. Worcester, Mass.: Clark University Press, 1926.

E. P. DUTTON & Co., Inc.

EVANS, R. I. *B. F. Skinner: The Man and His Ideas*. Nova Iorque: Dutton, 1968.

HARVARD UNIVERSITY PRESS

BRIDGMAN, P. W. *The Way Things Are*. Cambridge, Mass.: Harvard University Press, 1959.

HOLT, RINEHART & WINSTON, Inc.

JAMES, W. *The Principles of Psychology*. Nova Iorque: Holt, 1890.

HOUGHTON MIFFLIN COMPANY

PLATT, J. R. *The Excitement of Science*. Boston: Houghton Mifflin, 1962.

J. B. LIPPINCOTT COMPANY

WATSON, R. I. *The Great Psychologists from Aristotle to Freud*. (Edição revista.) Filadélfia: Lippincott, 1968.

THE MACMILLAN COMPANY

BRIDGMAN, P. W. *The Logic of Modern Physics*. Nova Iorque: Macmillan, 1927.

HORWITZ, L. "Theory Construction and Validation in Psychoanalysis", em M. H. Marx (org.), *Theories in Contemporary Psychology*. Nova Iorque: Macmillan, 1963.

WUNDT, W. *Principles of Physiological Psychology*. Nova Iorque: Macmillan, 1904.

McGRAW-HILL BOOK COMPANY

PRENTICE, W. C. H. "The Systematic Psychology of Wolfgang Köhler", em S. Koch (org.), *Psychology: A Study of a Science*, Vol. 1, *Sensory, Perceptual, and Physiological Formulations*. Nova Iorque: McGraw-Hill, 1958.

TOLMAN, E. C. "Principles of Purposive Behavior", em S. Koch (org.), *Psychology: A Study of a Science*, Vol. 2, *General Systematic Formulations, Learning and Special Processes*. Nova Iorque: McGraw-Hill, 1959, págs. 92-157.

WOOLDRIDGE, D. E. *Mechanical Man: The Physical Basis of Intelligent Life.* Nova Iorque: McGraw-Hill, 1968.

W. W. NORTON & COMPANY, Inc.

WATSON, J. B. *Behaviorism.* Nova Iorque: Norton, 1925. Edição revista, 1930.

WATSON, J. B. e McDOUGALL, W. *The Battle of Behaviorism.* Nova Iorque: Norton, 1929.

PHILOSOPHICAL LIBRARY, Inc.

BRIDGMAN, P. W. *The Nature of Some of Our Physical Concepts.* Nova Iorque: Philosophical Library, 1952.

THE PHILOSOPHICAL REVIEW

TITCHENER, E. B. "The Postulates of a Structural Psychology", *Philosophical Review,* 1898, *7*, 449-465.

PSYCHOLOGY TODAY

HALL, M. H. "An Interview with 'Mr. Behaviorist' B. F. Skinner", *Psychology Today,* 1967, *1*, 21-23, 68-71.

ROCKEFELLER UNIVERSITY PRESS

WEISS, A. P. "$1 + 1 \neq 2$ (One Plus One Does Not Equal Two)", em G. C. Quarton, T. Melnechuk e F. O. Schmitt (orgs.), *The Neurosciences.* Nova Iorque: Rockefeller University Press, 1967.

THE RONALD PRESS

WOODWORTH, R. S. e SHEEHAN, M. R. *Contemporary Schools of Psychology.* Nova Iorque: Ronald Press, 1964.

SIMON & SCHUSTER, INC.

RUSSELL, B. *A History of Western Philosophy.* Nova Iorque: Simon & Schuster, 1945.

SPRINGER-VERLAG OHG

HARROWER, M. R. "Organization in Higher Mental Processes", *Psychologische Forschung,* 1932, *17*, 56-120.

STANFORD UNIVERSITY PRESS

BARKER, R. G. *Ecological Psychology.* Stanford, Calif.: Stanford University Press, 1968.

THE UNIVERSITY OF CHICAGO PRESS

KUHN, T. S. *The Structure of Scientific Revolutions.* Chicago: University of Chicago Press, 1962

LASHLEY, K. S. *Brain Mechanisms and Intelligence.* Chicago: University of Chicago Press, 1929.

VINTAGE BOOKS, RANDOM HOUSE, INC.

BEVERIDGE, W. I. B. *The Art of Scientific Investigation.* Nova Iorque: Vintage Books, 1957.

JOHN WILEY & SONS, Inc.

HALL, C. S. e LINDZEY, G. *Theories of Personality.* Nova Iorque: Wiley, 1957.

Os autores também desejam agradecer aos seguintes autores e editores pela permissão para reproduzir figuras e citações de suas publicações:

THE AMERICAN JOURNAL OF PSYCHOLOGY

ORBISON, W. O. "Shape as a Function of the Vector Field", *American Journal of Psychology*, 1939, *52*, 31-45.

THE AMERICAN PSYCHOLOGICAL ASSOCIATION

BRUNSWIK, E. "Representative Design and Probabilistic Theory in a Functional Psychology", *Psychological Review*, 1955, *62*, 193-217.

COAN, R. W. "Dimensions of Psychological Theory", *American Psychologist*, 1968, *23*, 715-722.

McGEOCH, J. A. "The Formal Criteria of a Systematic Psychology", *Psychological Review*, 1933, *40*, 1-12.

INSTITUTE OF ELECTRICAL AND ELECTRONIC ENGINEERING

PETERSON, W. W., BIRDSALL, T. G. e FOX, W. C. The Theory of Signal Detectability", *Transactions of Professional Group on Information Theory, Institute of Radio Engineers*, 1954, PGIT-4, 171-212.

McGRAW-HILL BOOK COMPANY

LEWIN, K. *Principles of Topological Psychology*. (Tradução de F. Heider e G. Heider.) Nova Iorque: McGraw-Hill, 1936.

THE NEW YORK ACADEMY OF SCIENCES

TANNER, W. P., Jr. "Physiological Implications of Psychophysical Data", *Annals of the New York Academy of Science*, 1961, *89*, 752-765.

UNIVERSITY OF CALIFORNIA PRESS

TOLMAN, E. C. e HONZIK, C. H. *Insight in Rats*. Berkeley: University of California Press, 1932.

THE UNIVERSITY OF CHICAGO PRESS

BRUNSWIK, E. "The Conceptual Framework of Psychology". *International Encyclopedia of Unified Science*, 1952, *1*, 1-102.

W. P. VAN STOCKUM

BRUNSWIK, E. "The Conceptual Focus of Some Psychological Systems", *Journal of Unified Science*, 1939, *8*, 36-49.

JOHN WILEY & SONS, INC.

HALL, C. S. e LINDZEY, G. *Theories of Personality*. (2.ª edição) Nova Iorque: Wiley, 1970.

SUMÁRIO

PREFÁCIO

O formato e os fundamentos lógicos da segunda edição do presente livro não foram alterados. A explicação que se segue descreve as principais mudanças de conteúdo que foram introduzidas nas três partes do livro. A presente edição procura utilizar as abordagens extraordinariamente aperfeiçoadas e metodologicamente sofisticadas que estão sendo hoje aplicadas ao estudo da história e sistemas de psicologia. O livro continua sendo um empreendimento de colaboração, com cada um dos autores realizando aditamentos e revisões no que o outro escreveu.

A nossa finalidade primordial, ao escrever o livro, foi proporcionar uma fonte única que contenha toda a informação básica sobre a psicologia sistemática e teórica que qualquer estudante de psicologia deve possuir. O livro é dirigido tanto aos estudantes que cursam uma faculdade ou instituto de psicologia como aos que iniciam a sua pós-graduação. Esperamos que servirá a uma função de coordenação, na medida em que ajude o estudante a integrar os diversos materiais e abordagens a que esteve exposto em suas várias disciplinas.

De acordo com esse objetivo geral, o nosso tratamento é mais extenso do que intenso. O livro fornece perspectivas gerais, em vez de relatos exaustivos de qualquer dos tópicos focalizados. Nenhum compêndio deste âmbito pode, praticamente, fazer mais do que isso, visto que cada uma das três partes do livro se ocupa de um tópico que poderia ser assunto para muitos volumes. O estudante que se dedicar à psicologia científica poderá ampliar os seus conhecimentos sobre os problemas sistemáticos e teóricos fazendo cursos mais especializados de história, metodologia experimental e teórica, e teoria, dentro de determinadas áreas de assuntos. Se não prosseguir nessa linha ou não pretender aprofundar mais as preocupações científicas da psicologia, o livro proporcionar-lhe-á uma ampla visão e uma compreensão geral dos problemas sistemáticos e teóricos fundamentais.

A Parte I tem como objetivo dar ao estudante uma base para uma análise crítica dos sistemas e teorias que se seguem. A nossa experiência no ensino desse gênero de matéria indica tratar-se de uma tarefa necessária, mesmo nos níveis mais adiantados do curso. É verdade que boa parte da matéria está contida em alguns cursos de introdução, em cursos de filosofia da ciência ou em alguns outros cursos que o estudante possa ter tido. Também é verdade que os estudantes afirmam, com certa freqüência, que já travaram conhecimento com tais matérias. Entretanto, o fato é que verificamos que o estudante típico dos anos mais avançados que travam o seu primeiro contato com a psicologia sistemática está seriamente necessitado de uma exposição mais completa a esses conceitos. Portanto, a Parte I esforça-se por preencher as lacunas na experiência do estudante e estabelecer as bases para a sua compreensão das relações entre as matérias científicas e sistemáticas fundamentais e a psicologia.

Ao apresentarmos esta filosofia elementar da ciência, não pretendemos dar a impressão de que o estudo formal de como a ciência é feita seja necessário para a construção da ciência. De fato, falamos mais sobre a crítica da ciência "terminada", tal como pode existir num momento dado, do que sobre a construção da ciência. Mas acreditamos que um pouco de filosofia da ciência ajuda o estudante a evitar alguns dos mais óbvios erros que podem ser cometidos por quem carece de sofisticação científica e, além disso, que é essencial para a avaliação crítica de sistemas e teorias.

Na Parte I, pudemos tomar em consideração o trabalho recente de Coan e Watson, assim como o trabalho anterior de Kuhn e alguns dos nossos próprios trabalhos. O leitor reconhecerá que a tarefa de crítica é contínua e que devemos parar sempre um pouco antes de se proferir a última palavra.

A Parte II trata, em forma abreviada, do material corrente que é usualmente incluído num compêndio de psicologia sistemática. Embora seja apresentado material histórico, tentamos enfatizar aquelas partes de cada sistema que se revestem de algum significado atual. A nossa escolha de seis sistemas baseia-se numa estimativa da importância relativa dos vários sistemas usualmente tratados. O estruturalismo, o funcionalismo e o associacionismo foram escolhidos por causa da sua importância no desenvolvimento histórico da psicologia moderna. O behaviorismo, a psicologia da Gestalt e a psicanálise foram escolhidos por causa da sua importância histórica e porque continuam sendo importantes nos desenvolvimentos contemporâneos da psicologia.

A Parte II foi relativamente pouco alterada, visto que os sistemas clássicos e seus princípios básicos estão dormentes. Assinalamos o falecimento, entrementes, de alguns homens muito significativos (por exemplo, Wolfgang Köhler) e adicionamos alguns fatos revelados ou esclarecidos desde 1962, quando a nossa 1.ª edição foi publicada. O advento do novo Journal of the History of the Behavioral Sciences *foi muito útil a esse respeito.*

A Parte III ocupa-se dos desenvolvimentos contemporâneos, particularmente em suas relações com os sistemas históricos da psicologia. A nossa finalidade foi proporcionar uma ampla perspectiva da cena teórica contemporânea, a qual não pode ser facilmente obtida mediante tratamentos mais especializados. Acrescentamos o exame de progressos mais recentes e contemporâneos. A ponte entre o passado e o presente não é facilmente entendida, a menos que estejamos bem familiarizados com as tendências atuais. Tentamos, pois, delinear algumas das tendências gerais mais importantes, especialmente no âmbito da psicologia geral e experimental, depois de 1962.

Foi incluído um Apêndice que consiste em resumos escritos por especialistas nas vigorosas tendências gerais registradas pelos desenvolvimentos sistemáticos não-americanos. Gostaríamos de agradecer e louvar os autores do nosso Apêndice pelo seu admirável trabalho de atualização e, num caso, de criação dos seus materiais sobre os progressos sistemáticos não-americanos. Acreditamos que o Apêndice continua sendo uma das mais valiosas características do livro, dando-lhe uma cobertura e âmbito que nenhum ganz amerikanisch *autor poderia fornecer sozinho.*

Um tema básico deste livro é que, na psicologia, o interesse se transferiu dos sistemas gerais ortodoxos de há vinte ou trinta anos atrás para as teorias mais limitadas que são descritas na Parte III. O leitor pode considerar a Parte I como uma apresentação das razões que tornaram necessária a ocorrência da mudança. Uma parte da nossa motivação para escrever o livro consistiu, precisamente, no nosso desejo de retratar e explicar essa mudança. Uma outra razão foi termos sentido a necessidade, enquanto lecionávamos nossos cursos de psicologia sistemática, de um único texto que fosse adequado à tarefa de apresentação de um pano de fundo e de um primeiro plano para o desenvolvimento de sistemas, assim como dos próprios sistemas.

Ao escrever um livro, os autores apresentam as suas próprias inclinações e tendências a respeito do tema. As nossas são experimentais e, nessa conformidade, escrevemos um livro de orientação experimentalista. Só incidentalmente nos ocupamos da psicologia como terapia, como arte ou como ciência aplicada. Assim, por exemplo, não retratamos os desenvolvimentos recentes no existencialismo ou humanismo em mais do que uma forma algo esquemática, um simples esboço, porque não vemos, simplesmente, como enquadrar esse material na psicologia sistemática, tal como a entendemos. As nossas inclinações, dentro da psicologia experimental, são as do behaviorismo metodológico na variedade E-R *(em sua mais ampla concepção). Contudo, tentamos compensar essas preferências o suficiente para poder apresentar outros pontos de vista de um modo justo e condigno.*

As breves sugestões de leitura no final de cada capítulo têm a finalidade de proporcionar uma fácil referência a fontes selecionadas para ulterior exame das questões sistemáticas e teóricas propostas neste livro. Não se fez tentativa alguma, em qualquer sentido, de ser abrangente ou exaustivo. Oferece-se, outrossim, uma amostragem limitada de materiais importantes, com maior ênfase sobre os livros, tanto mais antigos (clássicos) como recentes, do que sobre artigos de revistas, embora estes últimos sejam citados sempre que especialmente valiosos. Embora algumas das fontes também sejam citadas no texto (e, em certos casos, discutidas), elas foram suplementadas por numerosas referências adicionais anotadas.

Fontes suplementares de informação, em forma de livro, estão agora sendo preparadas. O primeiro volume consiste num manual de instruções, que os professores acharão certamente útil em sua utilização do texto. O segundo volume será um livro de leituras organizadas em tônica com este texto mas que também poderá ser independentemente utilizado. Esperamos que o presente volume, que é diretamente relevante para as necessidades dos estudantes, prove ser igualmente útil aos professores como uma fonte de referência para estudos suplementares.

Desejamos expressar o nosso apreço aos muitos editores que nos permitiram reproduzir excertos de suas obras, como indicamos especificamente nos Agradecimentos. Também queremos expressar, em geral, a nossa gratidão para com os nossos colegas da Universidade do Missouri e de outras partes, por suas contribuições diretas e indiretas para este livro, e a tantos de nossos alunos cujas críticas detalhadas dos vários rascunhos preliminares do presente livro foram extremamente valiosas.

MELVIN H. MARX
WILLIAM A. HILLIX

PARTE I

A PSICOLOGIA COMO CIÊNCIA

A psicologia não é sempre e exclusivamente científica. Não obstante, a sua maior parte é científica e vai se tornando cada vez mais à medida que se desenvolve. O status *da psicologia e dos sistemas e teorias, dentro da psicologia, não pode ser avaliado sem uma nítida compreensão do que a ciência envolve. Nesta conformidade, o nosso primeiro capítulo examina a natureza da ciência. O segundo capítulo examina a posição da psicologia no domínio da ciência, em parte do ponto de vista da matéria com que os psicólogos lidam. O terceiro capítulo diz respeito à natureza dos sistemas e teorias psicológicos. Os critérios adequados para avaliá-los são aqui examinados. Embora seja impossível chegar a conclusões finais sobre a natureza da ciência, o* status *da psicologia ou os* desiderata *para os sistemas e teorias psicológicos, o presente estudo dos problemas envolvidos deverá habilitar o leitor a abordar de um modo mais sofisticado o exame dos sistemas e teorias aqui expostos.*

1. A NATUREZA DA CIÊNCIA

IDENTIFICAÇÃO DA CIÊNCIA

A ciência é um empreendimento social multifacetado que desafia uma descrição completa. O produto acabado é um corpo de *conhecimentos* que foram adquiridos através do uso de *métodos* científicos aplicados com uma *atitude* científica. Cada um desses três aspectos da ciência é complexo e muda com o decorrer do tempo. À medida que a ciência ganha em anos, as nossas concepções a seu respeito mudam; além disso, assim como as respostas finais sobre a natureza continuam a esquivar-se-nos, também uma concepção final de ciência nos escapa. Não obstante, é possível dizer algumas coisas sobre as características positivas da ciência, após o que passaremos a um exame de numerosos critérios incompletos para distinguir entre as atividades científicas e outras atividades.

A Ciência Como Atividade Lingüística

Diz-se freqüentemente que a ciência procura *fatos*. Com uma freqüência quase idêntica, também ouvimos dizer que a ciência implica o desenvolvimento de uma *teoria*. As conotações usuais dessas palavras incluem um elevado grau de certeza para os fatos e um baixo grau para as teorias. Assim, as duas indagações básicas da ciência parecem, à primeira vista, contraditórias. O paradoxo ainda mais se acentua, aparentemente, em virtude de uma outra conotação de fato *versus* teoria; para muitos, *fato* implica mais solidez do que realidade, enquanto que *teoria* subentende algo menos substancial, algo meramente verbal.

Edwin Guthrie foi um psicólogo que afirmou, clara e vigorosamente, que tanto os fatos como as teorias são verbais. Sabemos que algumas coisas originalmente aceitas como fatos são mais tarde rejeitadas; assim, parece que os fatos não podem ser considerados sinônimos de eventos concretos. Os eventos não podem ser "verdadeiros" agora e tornar-se logo "falsos", embora os enunciados a seu respeito possam ser aceitos num determinado momento e não num outro. Eis o que Guthrie teve a dizer-nos sobre o assunto (1946, pág. 1):

> Os objetos e eventos não são fatos; eles são, meramente, objetos e eventos. Só passam a ser fatos depois de serem descritos por pessoas. E é na natureza dessa descrição que reside a quintessência do fato. Só quando um evento recebe um gênero muito específico de descrição é que se converte num fato.
>
> Quando dizemos, "Passemos agora aos fatos", o que estamos dizendo é muito mais de que devemos observar, ou ouvir, ou cheirar, ou tocar objetos reais, ou de que devemos todos observar um acontecimento. O que realmente estamos propondo é que procuremos todos descobrir certos enunciados sobre os quais possamos concordar unanimemente. Os fatos são a base da cooperação humana.

Esta concepção dos fatos rouba muito da solidez e imutabilidade que freqüentemente consideramos que eles possuem. Vacas e corpos cadentes não são fatos; só os enunciados ou as descrições feitos sobre eles são fatos. Como os fatos são verbais, a maneira como eles são enunciados ou descritos é arbitrária. Aos enunciados a que chamamos fatos também costumamos chamar "verdadeiros"; assim, a verdade, tal como usamos a palavra, terá o mesmo elemento de arbitrariedade e de relatividade que os fatos têm. O que é verdadeiro para um grupo de pessoas pode não ser verdadeiro para um outro grupo. Além disso, para qualquer grupo de pessoas os fatos mudam e a verdade muda, quando reformulamos os nossos enunciados sobre o universo e à medida que os nossos conhecimentos aumentam. Não podemos insistir em que arranhar a superfície de uma folha de papel ou os padrões de pressão vocalmente produzida no ar sejam verdadeiros; os arranhões e os padrões de pressão constituem estímulos que são úteis ou não para orientar o comportamento de pessoas e que produzem ou não a resposta "verdadeira", sob condições apropriadas, nas pessoas que ouvem ou lêem o que foi escrito no papel. Se os padrões de estímulo desempenham bem suas complexas funções nas situações de aprendizagem em que adquiriram significado e nas situações em que orientam o comportamento, então os padrões tendem a persistir e podemos considerá-los verdadeiros. No caso contrário, eles acabarão sendo substituídos por outras verdades, outros fatos. Mesmo aqueles enunciados que continuam sendo chamados verdadeiros, porque formulam previsões rigorosamente corretas, são suscetíveis de eventual substituição por verdades superiores que fazem as mesmas previsões de um modo mais simples e, assim, permitem codificar a "verdade" mais economicamente.

Portanto, é tarefa da ciência formular enunciados, mesmo quando está lidando com fatos. As declarações mais fatuais que os cientistas formulam tendem a ser aquelas cujos enunciados "decorrem diretamente" de observações. Os enunciados mais teóricos não estão relacionados de uma forma tão direta com a observação, embora o enunciado teórico possa ser tão universalmente aceito que também se lhe dê o nome de um "fato".

O leitor crítico não deve deixar-se seduzir com demasiada facilidade pela afirmação correntia de que, no caso de fatos, o enunciado verbal decorre diretamente da observação. Examinemos um pouco o que está envolvido no relacionamento dos eventos empíricos com as formulações simbólicas desses mesmos eventos.

Quase todo o ser humano passa por um longo curso de adestramento no uso de sua língua nativa. Após esse adestramento, ele considera certas espécies de enunciados como "gramaticais" e "significativos", e está apto a "descrever" os eventos mediante esses enunciados gramaticais e úteis. Sem o adestramento, ele não poderia fazê-lo. Assim, devemos estipular que estamos tratando com um ser humano devidamente adestrado, antes de haver qualquer possibilidade de sustentar que qualquer enunciado decorre diretamente de uma observação; e vinte anos de adestramento, mais ou menos, parecerão suficientes para apresentar uma boa soma de orientação própria.

O ser humano recebe um curso semelhante de adestramento no que concerne à observação. Ele passará a olhar alguns aspectos dos objetos e eventos como significativos e outros como insignificantes. Diferentes culturas dão a seus membros diferentes cursos de estudo da observação; exemplos impressionantes, para os cidadãos dos Estados Unidos, por exemplo, são as numerosas espécies de neve que os esquimós podem distinguir e a perícia dos pigmeus para seguir o rastro de um animal. Infelizmente, não é muito provável que o cientista se impressione com a sua própria e extraordinária sensibilidade para certos aspectos dos eventos ou com a sua igualmente notável insensibilidade, em alguns casos. É difícil avaliar as nossas próprias peculiaridades, a menos que possamos comparar o nosso comportamento com o de outros.

"Bem", poder-se-ia concluir, "nesse caso, o que precisamos fazer é tornarmo-nos sensíveis a todos os aspectos, de um modo acurado e completo". Nada poderia estar mais longe da verdade. Imagine o leitor, caso queira, um olho onividente que fotografe em cores naturais e registre em som estereofônico *tudo* o que aconteceu. Imagine também que são feitas previsões mediante uma busca nos registros, até que se encontre uma seqüência com o mesmo princípio da seqüência que estamos agora examinando. Para começar, jamais encontraríamos, provavelmente, uma seqüência registrada que se igualasse perfeitamente àquela em que estamos agora interessados. Em segundo lugar, como gostaria o leitor de procurá-la? Seria obviamente impossível. A tarefa da ciência consiste em *evitar* esse tipo de abordagem literal.

Como deve ser evitado esse procedimento? Primeiro, fazendo uma escolha muito seletiva dos aspectos dos acontecimentos que vão ser tratados pela ciência; e, segundo, formulando "princípios" ou "leis" que governam os acontecimentos; essa formulação deve ser em termos tão criativos, simples, claros e econômicos que possamos prever e controlar seqüências de eventos singulares *sem* recorrer à abordagem segundo a qual "o que aconteceu antes acontecerá de novo". À ciência compete, irrevogavelmente, criar novas relações entre o mundo dos símbolos e o mundo da realidade. Tal missão exige o máximo em paciência e engenho. Abordemos agora algumas das características da ciência que resultam do "fato" de que a sua finalidade consiste em procurar uma efetiva relação operacional entre o símbolo e a realidade, através da intervenção do homem.

Alguns Critérios Para a Definição de Ciência

Existem muitas maneiras legítimas de tentar conhecer e compreender o mundo. A maneira científica é apenas uma entre várias. O que é que distingue a ciência de outros tipos de atividade? A ciência tem muitas características e cada uma delas foi selecionada, em algum momento, como *única,* isto é, como exclusivamente peculiar da ciência. Entretanto, não podemos esperar distinguir a ciência de outras atividades humanas na base de uma propriedade singular, assim como não podemos esperar estar aptos a distinguir todos os cães de todos os gatos porque possuem um focinho preto ou uma cauda que se agita. Uma característica da ciência, o uso do controle na observação, é a que mais se aproxima de ser única; contudo, as outras características da ciência também são usualmente descritivas e, portanto, merecem uma certa consideração, antes de passarmos a analisar o princípio de controle. É a combinação dessas características que distingue a ciência, não qualquer característica isoladamente considerada.

FINALIDADE. A finalidade geral da ciência consiste em proporcionar uma explicação objetiva, fatual e empírica do mundo. Está, pois, em contraste com os modos artístico, literário e religioso de pensar. Contudo, muitos leigos têm propósitos semelhantes aos dos cientistas: o detetive policial, por exemplo, pode desejar dar uma explicação igualmente objetiva e fatual dos acontecimentos. Pratt (1939) sublinhou a dificuldade em estabelecer uma distinção entre objetivo e subjetivo que nos permita separar a ciência da não-ciência nessas bases. A generalidade do conhecimento do cientista pode ser sublinhada para contrastá-la com outros empreendimentos mais limitados e específicos mas, nesse caso, não será possível separá-la, exclusivamente nessas bases, de uma explicação artística ou religiosa.

Objeto de Estudo. Diz-se correntemente que a ciência tem um objeto de estudo que é diferente do que interessa à não-ciência. Isto só é verdade em parte. Os cientistas são propensos a tratar de assuntos que se situam perto da zona de transição entre o saber e a ignorância. Além disso, em alguma etapa do desenvolvimento dos conhecimentos numa determinada área, é possível que só os cientistas estejam trabalhando nessas questões. Por exemplo, houve um tempo em que só os psicólogos ou fisiólogos se interessavam nas modificações do ritmo respiratório ou da pressão sangüínea que acompanham a emoção. Hoje, isso interessa também ao funcionário policial. Inversamente, os chamados fenômenos psi (percepção extra-sensorial) interessaram principalmente, numa dada época, aos não-cientistas; hoje, esses pretensos fenômenos têm sido o objeto de considerável investigação científica. Estes exemplos demonstram o fato de que os cientistas e não-cientistas estudam, freqüentemente, os mesmos assuntos.

Conclusões. Tem sido dito que as conclusões da ciência são mais finais, mais corretas ou mais exatas do que as conclusões alcançadas por outras disciplinas. Os poetas, entre outros, podem indignar-se, por vezes, a tal respeito (Newman, 1957) mas a reivindicação raramente é feita pelos próprios cientistas. Eles reconhecem a natureza conjetural de seus próprios enunciados e consideram os métodos científicos como sendo, simplesmente, os métodos que preferem usar na busca de conhecimentos. Um estudo das primeiras teorias sobre o calor, a luz, os impulsos nervosos ou a própria matéria é apropriado para fazer os cientistas mais humildes do que dogmáticos. Já não se pensa que o calor seja um fluido sutil nem que o impulso nervoso circule à velocidade da luz, embora ambas essas crenças tenham sido outrora teorias científicas conceituadas e sustentadas por alguns como "fatos". O cientista só pode olhar para a frente, num contínuo processo de revisão dos fatos presentes. Um psicólogo com uma inclinação filosófica disse isto de uma forma admirável (Turner, 1967): "Cada novo avanço emite uma centelha de certeza e, depois, a certeza desaparece" (pág. 7). Dado que as conclusões do cientista não são corretas nem acuradas em qualquer sentido fundamental, não podemos pretender que as conclusões científicas sejam necessariamente superiores às alcançadas por outros meios. Contudo, qualquer conclusão científica baseia-se numa cuidadosa avaliação das provas existentes. Toda e qualquer teoria científica bem estabelecida, ainda que sujeita a revisão, conduzirá tipicamente a previsões mais ou menos corretas.

Previsão e Controle. Diz-se, por vezes, que a ciência se distingue pela sua preocupação com a previsão e controle de acontecimentos. Entretanto, muitos grupos compartilham de um interesse pela previsão e controle. O lançador no basebol está interessado no controle do comportamento de um esferóide de um certo tamanho e densidade característicos e o batedor está sumamente interessado em prever o comportamento dessa mesma bola. Esses interesses são compartilhados pelo físico. A mãe, tanto quanto o psicólogo, procura prever e controlar o comportamento de crianças. Assim, esse gênero de controle não distingue a ciência da não-ciência. O interesse compartilhado pelo controle é, provavelmente, a principal razão para o alto nível de apoio popular à ciência. O leigo percebe a ciência como a fonte de controle sobre a doença, a guerra, a fome e até, talvez, a mortalidade. Grande parte do apoio do psicólogo promana da fartamente alimentada crença em que os psicólogos contribuem agora, ou contribuirão em breve, para o bem-estar do homem. Seríamos insensatos se negássemos essa possibilidade mas desejamos enfatizar que esse interesse no controle do mundo está muito longe de ser específico ou exclusivo da ciência.

No presente contexto, controle significa "influência"; é preciso estar inteiramente certo de se distinguir esse significado do significado científico ou técnico mais comum de controle, como um método para eliminar fontes estranhas de variação nas observações.

TEORIA *versus* APLICAÇÕES. A ciência não está necessariamente interessada na teoria, como oposto às aplicações. Um cientista pode trabalhar exclusivamente com um ou outro desses aspectos, ou com ambos. Os físicos estavam entre os destacados para o Projeto Manhattan durante a II Guerra Mundial. A meta deles era eminentemente aplicada: o desenvolvimento da bomba atômica. A visão dessa meta foi possibilitada por muitos homens cuja curiosidade pelo universo os levara a formular teorias, puramente para sua própria satisfação. Outras ciências, como a física, poderiam ser usadas para ilustrar o fato de que os cientistas podem ter interesses puros ou interesses aplicados, sem prejudicar seu *status* de cientistas. As relações entre teoria e aplicações, ou entre ciência pura e aplicada, constituem um problema muito complexo, várias facetas do qual serão examinadas em outros lugares do presente texto.

TERMINOLOGIA. A terminologia do cientista não é necessariamente mais exclusiva ou mais rigorosa, em seu significado, do que a linguagem de outras pessoas. Por vezes, os cientistas podem usar novas palavras esotéricas e, outras vezes, dão novos significados a velhas palavras. A linguagem científica pode então parecer mero jargão para o leigo. Entretanto, a ciência pode usar quase exatamente a linguagem do leigo. A linguagem da matemática é paradigmática por sua precisão e, por vezes, por seu caráter único; entretanto, a matemática não é uma ciência empírica e, por conseguinte, não é uma ciência, no sentido restrito em que empregaremos a palavra. Os engenheiros também podem usar uma linguagem tão exclusiva e precisa quanto as suas contrapartes científicas, os físicos e os químicos. Não podemos distinguir a ciência da não-ciência na base das palavras que são usadas, embora vejamos que a ciência utiliza métodos especiais para esclarecer os significados de palavras.

EXATIDÃO. Afirma-se freqüentemente que a exatidão e a precisão, especialmente na medição, distinguem o cientista. Mas tampouco a exatidão e a precisão constituem propriedades exclusivas dos cientistas. Medições igualmente precisas e quantificadas podem ser usadas pelo engenheiro ou o inventor.

Entretanto, devemos distinguir entre o *uso* de medidas e a *construção* de escalas e procedimentos de medição. A pessoa que estabelece um novo meio de medição está empenhada numa atividade que pertence ao próprio âmago da ciência; ela está estabelecendo uma nova relação entre símbolo e realidade, e está enriquecendo o acervo de coisas que podem ser ditas sobre a realidade medida. O homem que mais nitidamente define um fenômeno em linguagem não-matemática dedica-se ao mesmo tipo geral de atividade. Assim, a terminologia usada e a exatidão com que as quantidades podem ser expressas são resultados de uma parte decisiva do processo científico, se bem que não constituam características exclusivas da ciência. Reverteremos a este assunto mais adiante, neste capítulo, e de novo perto do final do livro.

Embora nenhuma das características que examinamos até aqui distinga, necessariamente, a ciência da não-ciência, a noção de que o fazem não ocorre por mero acaso; de um modo geral, essas características *descrevem* a ciência, se bem que não a *distingam*. A ciência esforça-se por conseguir rigor terminológico, capacidade de previsão e controle, mais quantificação, melhor teoria e uma explicação objetiva do mundo.

Contudo, acreditamos que a distinção essencial mais adequada entre ciência e não-ciência é uma característica da metodologia científica. É essa característica — o *princípio de controle* — a que está mais próxima, entre todos os empreendimentos humanos, de pertencer exclusivamente à ciência.

O CONTROLE DAS OBSERVAÇÕES

A Necessidade de Controle

O controle é um método usado pelo cientista numa tentativa para identificar as "razões" ou "causas" do que ele observa ou, por outras palavras, para identificar as fontes de variação em suas observações.

Um experimento é uma situação cuidadosamente controlada em que há uma ou mais condições cuja influência o investigador deseja determinar. Essas condições, ou fatores, têm geralmente o nome de *variáveis independentes*. As condições que são diretamente medidas ou de algum outro modo observadas chamam-se *variáveis dependentes* (em psicologia, estas variáveis são, tipicamente, respostas de uma ou outra espécie). Ora bem, para se obter resultados que não sejam ambíguos — isto é, mudanças nas variáveis dependentes que podem ser atribuídas com razoável confiança às variáveis independentes — o cientista necessita eliminar — controlar — todas as outras condições potencialmente efetivas. A essas outras condições dá-se o nome de *variáveis controladas*.

É fácil mostrar que o princípio de controle pode ser usado fora da ciência. Por exemplo, um fazendeiro que tem cães de caça e galinhas poderá descobrir que um dos seus quatro cães, pelo menos, está comendo os ovos. Se for inviável manter os seus cães permanentemente isolados do galinheiro, o dono poderá querer descobrir o culpado, a fim de vendê-lo a um amigo que não tenha galinhas ou a um inimigo que as tenha. O experimento pode ser realizado em apenas duas noites, trancando um par de cães na primeira noite e observando se pela manhã apareceram ovos quebrados e esvaziados; se tal acontecer, mais um cão será trancado na segunda noite e os resultados observados. Se nenhum ovo foi quebrado, os dois cães originalmente soltos serão fechados com um dos outros e os resultados observados. Seja qual for o resultado, o cão culpado teria sido desta forma isolado. Um fazendeiro meticuloso verificaria, é claro, os resultados negativos, dando ao animal culpado uma oportunidade positiva para demonstrar a sua presumida habilidade e checaria os resultados positivos assegurando-se de que um *único* cão era o comedor dos ovos.

Em ciência, os culpados potenciais são variáveis e não cães. O controle é, uma vez mais, o método adotado para isolar os seus efeitos. Nagel mostra-se de acordo com a nossa avaliação da importância do controle e fornece um outro exemplo de sua necessidade na seguinte passagem (1967, pág. 11):

> Não podemos fazer aqui uma exposição detalhada da lógica de verificação de hipóteses mas devemos fazer uma breve menção da noção de uma *investigação controlada,* que talvez seja, por si só, o mais importante elemento nessa lógica. Um simples exemplo deve bastar para indicar o que caracteriza tais investigações. A crença, largamente alimentada em certa época, de que os banhos frios de água salgada eram benéficos para as febres altas parece ter sido baseada em repetidas observações das melhoras subseqüentes no estado dos pacientes febris que foram submetidos a esse tratamento. Contudo, independentemente dessa crença ser fundamentada ou não — de fato, não é — as provas em que ela se baseou são insuficientes para estabelecer a sua validade. Evidentemente, não ocorreu àqueles que aceitaram a crença, em função dessas provas, indagar se os pacientes que não recebiam

tal tratamento mostravam melhoras análogas. Em resumo, a crença não era o produto de uma investigação controlada — isto é, o curso da doença em pacientes que recebiam o tratamento não foi comparado com o seu curso num grupo de controle que não o recebeu, de modo que não havia uma base racional para decidir se o tratamento fazia qualquer diferença.

O exemplo de Nagel é especialmente instrutivo para os psicólogos. Os banhos de água salgada, tal como as sangrias e outros horríveis exemplos, eram um tratamento aplicado a seres humanos, organismos que possuem uma grande capacidade de cura espontânea. Assim, o bem-estar de um ser humano é uma função do tempo ou, mais precisamente, de influências que atuam com o decorrer do tempo, e um controle de tais influências é absolutamente necessário, se houver a pretensão de aduzir algumas conclusões válidas. A analogia com a psicologia é clara: O bem-estar mental, à semelhança do bem-estar físico, é uma função de variáveis que atuam com o tempo e os pacientes, por vezes, recuperam-se, se ficarem entregues aos seus próprios recursos. Também as nossas tendências humanistas, tal como na medicina, impedem-nos freqüentemente de recusar tratamentos presumivelmente benéficos (como os banhos de água salgada ou as sangrias?) àqueles que os solicitam.

O exercício de controle sobre as observações é, portanto, um processo essencial na ciência; prefere-se o emprego da experimentação, em vez da observação naturalista, porque possibilita um melhor controle. Se o controle não for usado, as fontes de variação não podem ser descobertas com certeza porque as variáveis incontroladas continuarão sempre como potenciais explicações alternativas. Isto *não* é um argumento contra a observação naturalista. Willems e Raush (1969) apresentaram um argumento convincente, completo com exemplos, para o uso da observação naturalista na pesquisa psicológica. Argumentamos apenas que o laboratório fornece a melhor situação controlada e não se lhe deve negar o seu papel decisivo.

Grande parte do complicado equipamento do cientista orienta-se, justamente, para esse objetivo de controle de observações. A aparelhagem do cientista e o ambiente em que trabalha destinam-se a *eliminar* variações extrínsecas, de modo a aumentar a sua confiança em que os resultados são atribuíveis à variável ou conjunto de variáveis específicas que ele está estudando.

Estatística e Controle

Os procedimentos estatísticos desempenham um papel afim para aumentar a confiança com que os enunciados podem ser formulados. Neste sentido, os procedimentos estatísticos fornecem um outro meio de controle. As técnicas estatísticas não podem eliminar a variabilidade nas observações; quando o trabalho estatístico (no sentido estrito) começa, o experimento terminou e os dados já refletem a variação extrínseca que se intrometeu, apesar do controle proporcionado pelo dispositivo e o meio experimentais. Contudo, os procedimentos estatísticos permitem ao cientista decidir se é razoável pressupor que as fontes estranhas de variação puderam explicar os seus resultados. Se não podem, a implicação é que as mudanças na variável dependente estão relacionadas com a variável independente que ele manipulou. Assim, tanto os procedimentos experimentais como os estatísticos constituem apenas meios para escolher entre explicações alternativas dos resultados observados.

O fato de que, por vezes, se empregam equipamentos e procedimentos experimentais complexos leva muitas pessoas a pensar sobre os controles *unicamente* em função de tais complexidades. O exame que se segue pretende demonstrar que existe uma continuidade fundamental no princípio de controle, através de uma variedade de técnicas de observação.

Métodos e Técnicas

Comecemos por distinguir entre método e técnica, no sentido em que estes termos são usados na metodologia científica. Entendemos por *método* os processos fundamentais mediante os quais a ciência avança; o aspecto-chave do método científico é o controle. Por *técnica* entendemos a maneira particular segundo a qual o método geral é implementado; existem muitas técnicas, que freqüentemente diferem de um campo de estudo para outro e não raro são altamente complexas, especializadas e exigentes.

Em psicologia, existem algumas excelentes técnicas para controlar variáveis; elas são, em princípio, muito simples. As variáveis de hereditariedade podem ser controladas usando gêmeos idênticos e colocando um gêmeo de cada par no grupo de controle, o outro no grupo experimental. Todas as condições ambientes, dentro do experimento, serão idênticas para os dois grupos — exceto no tocante à variável independente. As variações fortuitas no resultado serão atribuíveis a variações pré-experimentais no ambiente; isto é, um gêmeo não terá estado sujeito exatamente às mesmas condições ambientais do outro. Os efeitos sistemáticos serão relacionados com as diferenças entre pares de gêmeos ou com os efeitos da variável independente.

Graus menores de controle podem ser obtidos por meio de outras técnicas; por exemplo, podem ser utilizadas ninhadas ou animais aproximadamente da mesma idade, provenientes de um mesmo "pool" genético. É evidente, por estes exemplos, que muitas técnicas de diverso grau de eficácia podem ser usadas para implementar o "método geral de controle".

Assim, quando se afirma, por vezes, que a psicologia requer diferentes métodos em seu progresso científico, as palavras devem ser revistas de modo a dizer que a psicologia requer, sim, diferentes técnicas em sua aplicação do método científico básico. Seria insensato afirmarmos que o método científico está atualmente estabelecido, de um modo fixo, para todo o sempre. Entretanto, da nossa perspectiva atual, os métodos básicos da ciência parecem ser surpreendentemente estáveis desde os últimos 350 anos, aproximadamente. Essa estabilidade no método pode ser contrastada com as rápidas mudanças na técnica; por exemplo, as técnicas de observação visual progrediram, durante o mesmo período, desde a lente de aumentar até aos microscópios eletrônicos e iônicos de campo.

Grande parte do cisma entre o experimental e o clínico, que se observa, por vezes, na psicologia, resulta de não se fazer a distinção entre método e técnica. Os psicólogos clínicos e de aconselhamento são propensos a considerar os psicólogos experimentais como pertencentes a uma raça diferente, na base de que usam um tipo diferente de método; o psicólogo clínico pode justificar a sua própria técnica insistindo em que a ciência permite muitos métodos e em que a psicologia não necessita imitar as ciências mais antigas, especialmente a física, em sua metodologia. Os psicólogos experimentais, por seu lado, preferem amiúde dissociar-se dos clínicos e conselheiros, apoiando-se no pressuposto de que estes últimos não usam uma metodologia científica. O núcleo central desse preconceito é a crença de que as observações controladas não são adequadamente utilizadas pelos psicólogos clínicos e de aconselhamento. Se bem que isso possa ser verdade em muitos casos individuais, esperamos demonstrar que não tem de ser necessariamente assim. Contudo, é fácil perceber que podem surgir mal-entendidos e equívocos, por causa de uma falha em distinguir entre método e técnica.

O Contínuo de Atividade

O processo de controle de observações pode ser melhor entendido se reconhecermos que o controle pode ser obtido através de métodos ativos ou de métodos passivos. Diz-se freqüentemente que o experimento é o método ideal para realizar o controle. O experimentador pode controlar e manipular variáveis dentro do contexto do experimento; por exemplo, ele pode igualar a temperatura na câmara experimental e o número de reforços entre grupos, enquanto que varia a soma de reforços. Entretanto, já vimos que o experimentador poderá ter que ser algo mais passivo, a fim de controlar outras espécies de variação; por exemplo, poderá ter que esperar até que ocorram gêmeos humanos, para controlar os fatores genéticos. Um rigoroso controle do meio pré-experimental dos sujeitos no experimento é usualmente impossível. Permite-se, simplesmente, que ocorra a variação no meio pré-experimental e faz-se a sua avaliação estatística porque, usualmente, não existe qualquer alternativa.

Muitos dos refinamentos nos aparelhos usados na experimentação psicológica orientam-se para esse objetivo de aumentar o controle. Em certas situações, porém, tanto o aparelho ou dispositivo como a experimentação são inapropriados. Mesmo nesse extremo relativamente passivo do contínuo de atividade, distante da experimentação, pode ser exercida uma espécie de controle. O conselheiro arguto, por exemplo, formula hipóteses que ele procura verificar no decorrer de uma entrevista. Essas hipóteses podem ser a respeito de um determinado cliente ou sobre relações mais gerais. Neste último caso, terá de ser checada uma série de clientes (ver Hunt, 1951). Interessa-nos mais o caso em que o conselheiro deseja estabelecer relações gerais, visto que as leis gerais são de uma importância científica mais direta. Essa legitimidade geral (de caráter "nomotético") está subentendida, presumivelmente, nas relações individuais ("idiográficas") com que o psicólogo clínico tipicamente se preocupa.

Quando o psicólogo clínico ou de aconselhamento procura checar seletivamente as provas sobre vários fatores ou condições, ele deve começar aplicando um certo grau de controle. Suponhamos que ele está procurando as relações entre certos tipos de conseqüências (digamos, sintomas) e os fatores antecedentes (como as experiências infantis ou as condições familiares). Ao checar essas possíveis relações, ele terá, mais cedo ou mais tarde, que levar em conta outras condições em que não está interessado de momento (por exemplo, sexo, idade ou nível educacional). Neste ponto, os controles fazem-se necessários. Por exemplo, pode ser forçado a não tomar em consideração certos clientes porque não são suficientemente semelhantes no nível educacional. Quando assim procede, está tentando eliminar os efeitos de alguma variável, ao mesmo tempo que controla a influência de outras. Fá-lo sem a ajuda de um plano experimental formal ou manipulação ativa de variáveis; mesmo assim, o que faz é aplicar a essência do princípio de controle de um modo que talvez seja o único possível na sua situação. Isto é verdade quer o seu interesse primordial seja científico (nomotético) ou clínico (idiográfico).

O cientista que procura utilizar o princípio de controle dessa forma passiva defronta-se com enormes dificuldades. Ele pode ser tentado a considerar as observações em que baseia as suas hipóteses como *provas* das mesmas hipóteses. O experimentador que ativamente controla a sua observação deve achar mais fácil separar as suas hipóteses das fontes destas e, portanto, submeter as hipóteses à necessária comprovação independente. A situação mais passiva também encoraja a confiança na recordação de acontecimentos passados; isto é tanto mais grave na medida em que permite a seleção subjetiva e a distorção das observações, em vez de um registro mais objetivo de tudo o que se relaciona com um certo tipo de medida, formalmente determinado de antemão. Mas permanece o fato de que é possível usar a espécie de pensamento que caracteriza o emprego do princípio de controle, mesmo naquelas situações que impedem a prática do controle ativo. Esse controle passivo pode aumentar a utilidade científica de observações que de outro modo não seriam controladas. Se isto não fosse verdade, Charles Darwin não poderia ter demonstrado, para satisfação de seus colegas cientistas, o princípio da evolução.

O PAPEL DA ANÁLISE

Exemplos de Análise

Desenrolou-se uma considerável dose de confusão em torno de uma outra ferramenta básica no instrumental da ciência: a análise.

Ilustremos o seu papel nas observações controladas com um exemplo extraído da história da psicologia. Em 1938, Norman Maier conquistou o prêmio anual conferido pela *American Association for the Advancement of Science.* A sua contribuição consistiu numa comunicação (Maier, 1938) acompanhada de um filme impressionante em que ele descreveu as suas pesquisas sobre o comportamento "neurótico" no rato. Maier lograra produzir sintomas anormais muito impressionantes em ratos, apresentando-lhes um problema indissolúvel de discriminação. Os seus resultados pareciam ser a culminação de muitos anos de esforços estrênuos dos psicólogos para desenvolver uma técnica capaz de produzir neurose em ratos, de modo que a neurose pudesse ser experimentalmente investigada com um sujeito de tão fácil manejo.

Maier interpretou o comportamento anormal observado como sendo uma reação ao conflito. Quando as características do seu procedimento experimental foram estudadas e isoladas — analisadas — alguns psicólogos interessaram-se pelo papel desempenhado por um fator cuja importância na situação Maier não destacara. Tratava-se do emprego de uma rajada de ar que forçava o animal a saltar de uma plataforma do aparelho de teste. Para Maier, esse fator não tinha significado algum, além de obrigar o animal a saltar; considerara esse dispositivo eficaz para os seus propósitos e por isso o empregara, em vez de alguma outra técnica. Entretanto, pouco depois do relatório de Maier ter sido divulgado, C. T. Morgan e Morgan (1939) informavam poder reproduzir os resultados de Maier sem que se manifestasse qualquer conflito evidente. Os seus ratos, quando simplesmente expostos ao mesmo tipo de som de alta freqüência e intensidade que Maier tinha usado para obrigar os seus sujeitos a saltar para a plataforma, onde recebiam, por sua vez, a rajada de ar, mostraram o mesmo procedimento convulsivo e comatoso que os ratos de Maier tinham exibido! Parecia, pois, que o complicado adestramento de discriminação e o suposto conflito resultante de uma situação insolúvel (ora um som intenso, ora uma lufada de ar) eram inteiramente desnecessários. O termo *crise audiogênica* tornou-se então popular como um rótulo para o comportamento convulsivo, tendo em vista a sua base aparentemente auditiva. Segundo parecia, não fora realizado um controle necessário — tal como no caso dos banhos de água salgada.

Sem entrar na controvérsia que se seguiu, sobre se alguma outra espécie de conflito é ou não um fator essencial, podemos apontar este exemplo como uma interessante e importante ilustração da necessidade de combinar o pensamento analítico e o controle como uma base para interpretações. Muitos outros exemplos serão encontrados pelos leitores da literatura psicológica.

É impossível conceber como a ciência pode proceder sem alguma análise. O processo de controle implica que foram analisadas algumas variáveis que precisavam de controle; diferentes fatores potencialmente importantes são isolados, controlados e estudados em relação com efeitos selecionados. A complexidade da maioria das situações da vida cotidiana é tão grande que relações cientificamente úteis só podem ser determinadas através de processos gêmeos de análise conceptual e observação controlada. A nossa ênfase na análise não deve ser interpretada como rejeição da síntese. Uma vez que as variáveis pertinentes tenham sido isoladas através da análise, terão de existir leis sintéticas que nos digam como as variáveis se combinam para produzir o efeito final. O pensamento sintético tem sido mormente preferido pelos psicólogos de orientação clínica; a síntese de um certo número de variáveis é necessária em situações multivariáveis, se se quiser tentar a interpretação e explicação. A análise poderá ser rejeitada porque a sua crítica se interessa, primordialmente, com o mundo tal "como é", em vez de "irrealidade" que decorre da análise, abstração e controle científicos. Se bem que a análise possa não proporcionar respostas completas e práticas, acreditamos que uma rejeição da análise é fundamentalmente anticientífica. Enquanto um procedimento analítico não tiver isolado as distintas variáveis de uma situação complexa, a síntese nada tem com que trabalhar. As atitudes antianalíticas tenderão, provavelmente, a desaparecer quando a natureza do processo científico, em seu todo, for melhor compreendida.

A importância da análise e controle decorre das espécies de materiais com que a ciência trabalha. Só podemos entender completamente a ciência se entendermos esses materiais. Assinalamos que a ciência terminada, considerada como um corpo de conhecimentos, consiste em enunciados. Esses enunciados são considerados de uma maneira diferente da de outros itens em nosso mundo experiencial. O controle, a análise e a síntese desempenham seus papéis no estabelecimento das relações que o cientista descobre ou inventa — as existentes entre os mundos empírico e simbólico. A análise fornece-nos termos que podem ser usados em hipóteses experimentais. O uso de controle ajuda-nos a verificar as nossas hipóteses em experimentos e observações idôneos e isentos de ambigüidade. A síntese é usada para combinar as variáveis de modo que os nossos conhecimentos possam se aplicar a situações complexas que não foram diretamente observadas antes. A síntese diz-nos, se for corretamente utilizada, como as variáveis se combinam para produzir um determinado efeito. Passamos agora ao exame de um dos fatores básicos que determina a correção do procedimento científico: trata-se do princípio do operacionismo, o qual diz respeito ao problema da comunicação efetiva.

OPERACIONISMO

História

A obra do físico Percy Bridgman (1927) destaca-se como um marco importante ao assinalar claramente e com abundância de detalhes uma precaução que deve ser tomada para reduzir a ambigüidade nos conceitos científicos. Bridgman analisou os hábitos históricos de pensamento e expressão na física que precederam Einstein; perguntou-se por que razão as teorias de Einstein. que indicavam a necessidade de uma revisão drástica dos conceitos de comprimento, espaço e tempo, tinham representado tamanho choque para os físicos. Ele desejava evitar a repetição desse choque. Em sua análise, Bridgman descobriu que os significados newtonianos de tempo, comprimento e espaço continham elementos de definição que não se justificavam pelos resultados da experimentação física. Para Newton, o tempo era uma espécie de escala absoluta, independente de qualquer processo que pudesse ser requerido para descobrir o que é "tempo". Disse Bridgman, a respeito da definição de Newton (1927): "Não existe, atualmente, garantia de espécie alguma de que haja na natureza algo dotado de propriedades como as que foram pressupostas na definição" (pág. 4). Quando Einstein examinou alguns dos conceitos de Newton, foi levado a reformulá-los completamente. Uma característica essencial da teoria relativista de Einstein é a sua dependência fundamental das *operações* requeridas para medir tempo e posição; por exemplo, como estabelecer que dois eventos que ocorrem em lugares muito separados acontecem "ao mesmo tempo"? Obviamente, uma mensagem deve ser enviada de um lugar para o outro. Entrementes, os lugares podem ter alterado suas posições absolutas ou relativas. A resolução desses problemas conduziu Einstein à sua teoria da relatividade.

Bridgman propôs estabelecer exigências mais rigorosas para a definição dos conceitos físicos, de modo que não houvesse necessidade de ocorrer de novo na física uma revolução como a que foi provocada pela teoria da relatividade (1927, pág. 5):

> A nova atitude em relação a um conceito é inteiramente diferente. Podemos exemplificá-la considerando o conceito de comprimento: O que é que entendemos pelo comprimento de um objeto? Sabemos, evidentemente, o que queremos dizer com comprimento se pudermos indicar qual é o comprimento de todo e qualquer objeto; e, para o físico, nada mais é necessário. Para apurar o comprimento de um objeto temos de realizar certas operações físicas. Portanto, o conceito de comprimento é fixado quando se fixam as operações pelas quais o comprimento é medido; quer dizer, o conceito de comprimento implica, nem mais nem menos, um conjunto de operações; *o conceito é sinônimo do conjunto correspondente de operações.*

A última frase desta citação deve elucidar por que o ponto de vista de Bridgman foi rotulado de *operacionismo* e por que o tipo de definição por ele proposta se chamou *definição operacional.* O seu propósito foi aclarar o significado de todos os conceitos e eliminar todas as conotações de termos que pudessem não ser significativas. Por outras palavras, o propósito foi assegurar que os conceitos tivessem uma referência clara, um significado em termos de operações, tanto para o ouvinte ou o leitor como para os que os inventaram ou usam.

Há, no âmbito da ciência, uma contínua investigação e crítica do ponto de vista operacional; Benjamin (1955) examinou detalhadamente o operacionismo do ponto de vista de um filósofo da ciência. É razoável dizer-se, provavelmente, que o operacionismo é incompleto, está eivado de dificuldades filosóficas e, se tomado literalmente, não pode fornecer um programa inteiramente coerente e sistemático para o progresso científico. Não obstante, o operacionismo, como uma prescrição metodológica vagamente interpretada, ainda é viável e ainda necessita, na psicologia, eliminar a especulação cientificamente vazia de significado que continua fazendo com que a nossa trilha científica pareça mais percorrer uma floresta do que um jardim.

O operacionismo cedo foi levado para a psicologia e a sua aceitação depressa encontrou opositores. Stevens (1939) sublinhou que o operacionismo não devia ser encarado como uma religião ou uma panacéia; é, simplesmente, um enunciado formal dos métodos que sempre têm sido usados na ciência, quando é necessário esclarecer os significados de palavras ou outros símbolos. O infortúnio, por vezes, espreita nos bastidores aqueles que deixam seus conceitos verbais assumir uma exagerada identidade independente. Os conceitos não têm realidade própria e a advertência dos operacionistas ajuda o cientista a manter em mente a origem do conceito.

Houve no começo muito desacordo, argumentando-se que numerosos conceitos tinham provado ser sumamente úteis, apesar da carência de operações ou eventos diretamente observáveis a que aqueles correspondessem. Bridgman esclareceu que as operações de lápis e papel e os conceitos verbais são admissíveis, ainda que não correspondam *imediatamente* a operações físicas, mas insistiu em afirmar que eles devem ser, em última instância, redutíveis a operações que podem ser realmente efetuadas, caso contrário, não poderão ter qualquer significado para a ciência. Num livro cuja publicação teve lugar vinte e cinco anos após o seu primeiro trabalho (Bridgman, 1952), ele reafirmou a utilidade de tais conceitos abstratos. A maioria dos cientistas concordará, provavelmente, em que a ciência deve seguir mais ou menos rigorosamente a prescrição operacional em alguma etapa do jogo, se quisermos que a ciência proporcione conhecimentos comunicáveis. A experiência demonstrou que, quando um termo está sendo definido, o desacordo cessa, usualmente, quando assinalamos o que se fez para definir a palavra e dizemos: "Isto é o que eu entendo por (segue-se o termo em questão)." Nós *devemos* assegurar, de algum modo, que os nossos enunciados sejam suscetíveis de inspirar outros para um tipo previsível de resposta, pois isso faz parte da tarefa da ciência. A definição operacional constitui um modo de fazê-lo.

Físicos como Einstein e Bridgman estavam interessados na mudança num conceito que poderia ter de ocorrer em virtude de novos requisitos operacionais de um novo contexto; por exemplo, a técnica de colocar varas de medição topo a topo para determinar o comprimento deve ser abandonada se o comprimento tiver que ser medido numa escala astronômica. E surge a questão: Em que sentido os dois conceitos de comprimento são idênticos? Em psicologia, uma definição operacional de ansiedade pode envolver as respostas verbais a perguntas verbais por sujeitos humanos. Uma outra pode depender das respostas galvanocutâneas. Uma terceira definição de ansiedade poderá se basear no montante de micção e defecação por ratos, numa situação de campo aberto. As três definições dizem respeito à "mesma coisa"? Sendo assim, quais são as operações que nos permitem relacionar as três definições operacionalmente distintas? Este tipo de interrogação não é facilmente respondido mas exige uma resposta. Serve à útil finalidade de nos manter na proximidade dos nossos dados.

O OPERACIONISMO RELACIONADO COM O CONTROLE

Podemos agora voltar ao exame do controle de um outro ponto de vista. É claramente necessário especificar o contexto em que as operações são executadas, se quisermos que o significado de conceitos baseados nas operações realizadas esteja livre de toda a ambigüidade. Só então as operações podem ser repetidas de modo exato. A especificação da situação deve ser, em parte, uma descrição dos valores e relações das variáveis na situação; isto é, devemos controlar as variáveis através do uso do princípio de controle, para que possamos usar definições operacionais. Sem um controle adequado, não podemos estar certos de que as nossas operações serão idoneamente repetidas.

O cientista deseja formular enunciados sobre as relações entre eventos. Pode querer formular um enunciado da forma "A está relacionado com C". Para fazê-lo, deve estar certo de que algum outro fator não é responsável pela suposta relação. Num exemplo previamente citado, Maier desejou afirmar que o conflito era responsável pelo comportamento observado em seus animais experimentais. Contudo, os Morgans demonstraram que um outro fator — um som de alta freqüência — estava relacionado com o comportamento, na ausência do tipo original de conflito. Isto pôs em dúvida o enunciado original de Maier. Portanto, de um modo geral, os enunciados científicos positivos só podem ser formulados quando as asserções alternativas são eliminadas mediante o controle das variáveis. É claro que o controle é a característica mais generalizada do processo científico, impregnando cada uma de suas fases de desenvolvimento. Historicamente, a necessidade de controle de todas as variáveis, numa determinada situação, foi reconhecida muito antes de Bridgman propor as suas concepções de operacionismo. Não obstante, vimos que uma forma de considerar o controle é como um requisito prévio para uma adequada definição operacional de conceitos relacionais mais complexos.

HIPÓTESES CIENTÍFICAS

O exame precedente pode levar a pensar que a ciência é um corpo dissecado e murcho de enunciados. De fato, a ciência terminada pode ser altamente formalizada e a interpretação dos enunciados científicos, num dado momento, pode exigir mais perseverança do que imaginação. Entretanto, a criação de ciência requer imaginação e engenhosidade da mais alta ordem, assim como trabalho árduo. A emoção da descoberta científica é tão satisfatória quanto a que possa derivar de qualquer outra vocação. A dedicação de muitos cientistas ao seu trabalho é um testemunho dessa afirmação. O emprego de definições operacionais e o controle de variáveis são requisitos prévios de um bom labor científico mas a utilização dessas técnicas não garante que o cientista fará uma grande contribuição.

O cientista deve trabalhar com problemas significativos e formular hipóteses efetivas, se quiser realizar um trabalho importante. Deve equacionar um problema de modo que possa ser abordado por técnicas científicas. Isto subentende que quaisquer questões devem ser sempre expressas de um modo que permita serem empiricamente respondidas. As questões inicialmente formuladas não são parte da ciência, porquanto surgem de considerações pré-científicas. Mais tarde, as questões podem ser sugeridas pelos resultados de experimentos prévios ou podem decorrer de um estudo de alguma estrutura teórica que, por sua vez, esteja relacionada com resultados experimentais.

O primeiro requisito para uma hipótese científica é que ela seja testável e o primeiro requisito para uma pergunta científica é que seja respondível. Talvez isto se reduza a dizer que os termos da hipótese ou questão devem ser operacionalmente definidos, as operações realizadas de acordo com o que a questão requer e os resultados observados. Se o experimento for realizado com a finalidade de testar alguma hipótese, esta deve ser suficientemente clara no que implica, para que os resultados do experimento sejam previstos de antemão; um resultado deve ser especificado entre as várias alternativas. Mais adiante, veremos exemplos, em psicologia, de teorias sobre o comportamento que se propõem explicar o comportamento depois dele ocorrer, embora não possam prever antecipadamente que comportamento ocorrerá. Num exame mais minucioso, essas pretensas teorias resultam capazes de explicar todo e qualquer comportamento que ocorra. Em resumo, nenhum resultado possível ou imaginável poderia *refutar* a teoria ou, por outras palavras, fosse qual fosse o resultado, a teoria ver-se-ia sempre confirmada. Ora, um requisito das hipóteses científicas é que sejam enunciadas com suficiente precisão para que *possam ser refutadas*. As hipóteses que não podem ser desaprovadas são excessivamente genéricas para que se revistam de utilidade científica; a ciência esforça-se, entre outras coisas, por predizer eventos, dado um conjunto de circunstâncias precedentes. Se uma hipótese é tão genérica que não pode ser refutada, também é tão genérica que não pode ser efetivamente prevista; portanto, falece-lhe um importante teste para que seja uma hipótese científica. Por exemplo, se alguém nos diz que a razão pela qual as coisas acontecem da maneira que acontecem é porque este é o melhor dos mundos possíveis, não estaremos em melhor posição que antes para prever os eventos de amanhã. Esse tipo de comunicação é refutável e, portanto, é cientificamente inútil.

Existe um tipo de hipótese em que o requisito de ser diretamente testável ou refutável não tem aplicação. Trata-se das hipóteses que são análogas aos postulados matemáticos. A sua função não consiste em especificar diretamente um resultado empírico mas em servir de ponto de partida para a derivação de outros enunciados que, estes sim, especifiquem um resultado empírico. Tais enunciados não têm significado operacional em função de suas derivações. Exemplos disto são menos comuns em psicologia do que em algumas ciências mais avançadas mas algumas teorias matemáticas da aprendizagem parecem conter enunciados do tipo dos postulados; os enunciados de Estes (1950) sobre os "pools" de estímulos e a amostragem que o organismo faz deles são, sem dúvida, desse tipo. O enunciado de Hull (1952) sobre a interação dos estímulos aferentes também tem o caráter de postulado, no que ao seu sistema diz respeito, embora as relações "postuladas" derivem de resultados experimentalmente observados. Algumas pessoas consideram os enunciados de Freud sobre o inconsciente como do mesmo tipo, embora este caso seja menos claro. Tais postulados estão sempre sujeitos a revisão, à luz de novos resultados experimentais, apesar da sua falta de referência experimental direta, e devem ser suscetíveis de interpretação, em alguma fase, em termos empíricos. Devem *conduzir* a previsões.

Margenau e Bergamini (1967) citam um excitante exemplo de trabalho científico que expõe, claramente, a natureza de uma ciência avançada que utiliza postulados matemáticos abstratos e conduz a uma observação empírica final. Deram à história o nome de "Em Busca de Omega Minus". Em suas linhas gerais, a história é a seguinte. Murray Gell-Mann e Yuval Ne'eman, dois eminentes físicos, aplicaram independentemente um tipo de matemática do século XIX para descrever as propriedades e o comportamento de partículas atômicas. Cada partícula requeria oito números para a especificação de seus oito valores quânticos; as experiências prévias, quando analisadas, indicavam a necessidade das oito propriedades. Gell-Mann chamou ao sistema dedutivo o "caminho óctuplo", inspirado nas oito prescrições clássicas do budismo para a vida boa. O sistema classificou uma imensidade de partículas subatômicas num limitado número de classes e sugeriu que devia existir uma partícula de uma certa massa específica, nunca observada até então, à qual foi dada o nome de "Omega Minus".

A teoria predisse que uma partícula "Omega Minus" devia ser produzida uma vez em cada 50.000 fotografias, aproximadamente. As propriedades deduzidas para essa partícula até então nunca vista permitiram a Gell-Mann e Ne'eman prever o que deveria ser observado experimentalmente; isto é, os físicos experimentais podiam esperar ver uma determinada espécie de rastro na câmara de borbulho usada para detectar partículas.

Nicholas Samios foi o físico experimental que dirigiu, em Brookhaven, a busca coroada de êxito de "Omega Minus". Após 97.025 ensaios, foi produzida uma partícula de "Omega Minus", a qual se apresentou como uma minúscula marca de arranhão na fotografia; essas marcas pareciam "insignificantes ao leigo mas maravilhosamente legíveis para os técnicos, que viam um significado no minúsculo arranhão". A hipótese experimental tinha sido comprovada.

Muitos pontos podem ser aduzidos deste exemplo. Primeiro, o trabalho dependia substancialmente de experimentos e teorias passados. Segundo, tinha sido desenvolvido um sistema simbólico incomum para uma finalidade muito diversa, numa outra época, e esse sistema foi uma parte crítica do esforço científico. Terceiro, condições muito especiais tiveram de ser estabelecidas, a fim de se fazerem as observações requeridas (foi usado o desintegrador atômico de Brookhaven). Quarto, os termos da teoria tinham, pelo menos superficialmente, uma relação tênue e indireta com a observação final; entretanto, a observação era uma parte absolutamente decisiva — e, neste caso, espetacular — do processo científico. Quinto, a teoria especificou *exatamente* que observações tinham de ser feitas. As teorias são dirigidas pela observação e, por seu turno, dirigem o cientista na realização de novas observações. Sexto, a importância das observações foi enormemente incrementada por suas relações com uma teoria complexa e sofisticada. Qual é, intrinsecamente, a importância de um simples arranhão de uma polegada de comprimento numa chapa fotográfica?

Finalmente, queremos sublinhar que Gell-Mann dotou o seu sistema com um nome poético, inspirado num filósofo religioso. Talvez a beleza da sua matemática, somada ao uso a que pôde adaptá-la, o inspirasse em algo semelhante ao misticismo numérico de Pitágoras. Sem dúvida, o cientista que se defronta com as múltiplas harmonias e simetrias da natureza pode ser perdoado se os seus sentimentos de criação científica são difíceis de distinguir dos sentimentos do artista ou do místico. O papel da beleza e da elegância nas teorias científicas tem sido veementemente defendido. Podemo-nos permitir um salutar respeito pelos sistemas lógicos e matemáticos que usamos como instrumentos... desde que uma abordagem empírica e operacional torne esse respeito cauteloso.

As hipóteses e teorias científicas devem ter outras características além da sua testabilidade ou beleza. Para começar, gostaríamos que fossem tão simples quanto possível. O *princípio de parcimônia* (por vezes denominado *navalha de Occam*) é o enunciado tradicional de que a complicação desnecessária deve ser evitada. O cânone de Lloyd Morgan é uma adaptação desse princípio aos problemas psicológicos. Morgan sustentou que o comportamento nunca deve ser explicado em função de uma faculdade descoberta nos níveis superiores da escala filogenética, se alguma faculdade encontrada nos níveis inferiores da mesma escala for adequada como explicação. Morgan formulou o seu cânone como um antídoto para a tendência de atribuir características humanas aos animais, sempre que estes manifestavam um comportamento aparentemente inteligente (isto é, Morgan opunha-se ao que correntemente se designa por *antropomorfização*).

Não devemos interpretar o desejo de simplicidade no sentido de que uma hipótese mais simples deve ser sustentada em face de provas contrárias ou quando se verifica que é inadequada. Se assim fosse, os físicos ainda estariam hoje tenazmente aferrados à sua mais antiga e mais simples concepção do átomo como uma partícula singular e indivisível. Não é assim porque foram acumuladas provas para mostrar que esse simples modelo é inadequado. Os modelos e teorias *devem* ser coerentes com todas as provas conhecidas. A anuência do cientista, em face das provas, expressa-se no adágio: "Poupem os fenômenos." Uma outra versão é "o sujeito tem sempre razão" (Skinner, 1959). Quando se tornaram acessíveis os fenômenos que contradiziam o modelo do átomo como partícula indivisível, foi proposto um modelo de três partículas que aproveitou os fenômenos então conhecidos. Esse modelo, por seu turno, teve de ser substituído por uma concepção mais complexa. Quando a complexidade é necessária, a simplicidade é abandonada. Mas turmas de busca são imediatamente enviadas para encontrá-la de novo. Quando teorias complexas são requeridas para "explicar" os fenômenos, o progresso da teoria tem todas as possibilidades de assumir a forma de simplificação. Por exemplo, a teoria ptolemaica foi substituída pela mais simples teoria copernicana; esta última foi possibilitada pela adoção de um novo ponto de vista.

As considerações precedentes deixam claro que as hipóteses e teorias nunca são finais. Se as provas estão de acordo com as suas previsões, aumenta a confiança em sua validade. Se a confiança numa hipótese for grande, poder-se-á converter em parte de uma teoria. Teoria terá para nós, no caso ideal, o mesmo significado que Bergman (1957) lhe deu: "Uma teoria é um grupo de leis dedutivamente ligadas" (pág. 1). Neste sentido, uma lei científica é uma hipótese que foi comprovada, que foi amplamente aceita e cujas implicações foram confirmadas sem falhas pela observação. As nossas teorias psicológicas, infelizmente, nem sempre consistem em leis; em psicologia, as hipóteses nem sempre são incorporadas às teorias mediante provas que as corroborem e, quando têm uma ligação dedutiva, é apenas no mais lato senso da palavra.

Conquanto as hipóteses e até as leis possam ser finalmente substituídas, isso não significa, de maneira alguma, que o antigo enunciado seja inútil; ele teve, necessariamente, o seu valor preditivo, dentro da faixa de alcance e da era de sua utilidade. Ninguém pode argumentar que as leis de Newton foram ou são imprestáveis, embora tenham sido substituídas como explicações físicas *completas*. Ainda hoje os enunciados de Newton são usados para muitas aplicações, porque são eficazes, dentro de suas limitações e gama de aplicabilidade.

Para dar um outro exemplo, poderíamos predizer a passagem de calor de um corpo para outro se concebêssemos o calor como um fluido sutil, da mesma forma que hoje o consideramos relacionado com o movimento molecular. O calor deixou de ser concebido como um fluido, não porque fosse impossível predizer as mudanças de temperatura mas porque essa concepção do calor não se ajusta à explicação teórica global sobre a natureza da matéria.

O PAPEL DOS PARADIGMAS

Kuhn (1962) enfatiza um elemento muito importante que foi até aqui deixado de lado em nosso exame da ciência. A ciência normal, disse ele, progride mediante o trabalho que se desenrola dentro da moldura de um "paradigma". Um paradigma inclui leis e teorias que sugerimos serem partes importantes da ciência. Mas Kuhn concebe a ciência como sendo algo mais concreto e abrangente (1962, pág. 10):

> As suas realizações foram suficientemente inéditas para desviar um grupo permanente de adeptos dos modos concorrentes de atividade científica. Ao mesmo tempo, foram suficientemente abertas para deixar a resolução de toda a espécie de problemas a cargo do grupo redefinido de praticantes.
>
> As realizações que compartilham dessas duas características serão referidas, daqui em diante, como "paradigmas", um termo que se relaciona estreitamente com "ciência normal". Ao escolhê-lo, quis sugerir que alguns exemplos aceitos da prática científica real — exemplos que incluem e reúnem a lei, a teoria, a aplicação e a instrumentação — proporcionam modelos de que promanam certas tradições coerentes da pesquisa científica. São as tradições que o historiador descreve sob rubricas tais como "astronomia ptolemaica" (ou "copernicana"), "dinâmica aristotélica" (ou "newtoniana"), "ótica corpuscular" (ou "ótica ondulatória") etc.

De acordo com o ponto de vista de Kuhn, a ciência normal desenvolve-se mediante a resolução de problemas irresolvidos que são propostos pelos paradigmas. Uma revolução na ciência ocorre quando são descobertas anomalias que não podem ser resolvidas dentro do paradigma. Essas novidades podem ser suprimidas ou racionalizadas, poı algum tempo; mas terão de ser finalmente defrontadas. A revolução é reconhecida como tal mais facilmente se a anomalia se fizer acompanhar de um novo paradigma que abranja todos os dados antigos, assim como os novos e insólitos dados, embora o novo paradigma não tenha, necessariamente, que incluir o antigo; eles poderão ser incompatíveis em suas respectivas dimensões.

O elemento que deixamos de fora do nosso exame prévio foi o paradigma. Toda e qualquer ciência passa por uma fase mais primitiva durante a qual existem escolas concorrentes e nenhum paradigma se torna predominante. A psicologia pode estar atualmente nessa fase e, sem dúvida, esteve nessa fase no passado. Examinaremos mais adiante escolas de psicologia que são candidatas ao *status* de paradigmas. Entrementes, assinalaremos apenas que uma escola de psicologia possui algumas das propriedades gerais de um paradigma. Acreditamos, com Kuhn, que o conceito de um paradigma é importante para a compreensão do progresso da ciência. Ele parece ter a qualidade de credibilidade freqüentemente possuída por formulações que achamos que deveriam ter sido óbvias o tempo todo.

Contudo, a concepção kuhniana do papel do paradigma levou à eclosão de tumultos nas ruas filosóficas. A razão é que parece não existir uma razão clara para preferir novos paradigmas aos antigos. Assim, a noção de progresso científico é contestada. Além disso, o paradigma influi tanto para determinar que observações são feitas e como são feitas que a existência da realidade objetiva também é posta em dúvida. Kuhn liga as mudanças paradigmáticas às alternações gestaltistas, como quando a nossa percepção alterna entre ver uma velha bruxa e uma jovem atraente numa figura ambígua particularmente famosa. Se a realidade nada mais é do que uma figura ambígua e o que vemos nela é determinado pelo paradigma que já aceitamos, então o que acontece às fundações da ciência? É fácil ver que o ponto de vista kuhniano, o qual sublinha os fatores sociais e psicológicos no processo científico, não é do agrado dos filósofos tradicionais da ciência, que tendem a confiar substancialmente na análise racional do empreendimento científico.

Lakatos (1970) fez uma crítica sobremodo coerente à retirada gradual dos filósofos da ciência; primeiro, eles tiveram de renunciar ao ponto de vista de que as teorias científicas poderiam ser rigorosamente confirmadas; depois, tornou-se discutível se elas poderiam até ser ou não refutadas; e, agora, Kuhn levou-nos a indagar se uma será realmente preferível a uma outra. Lakatos acompanha Popper (1959; do original de 1935) ao enfatizar a importância da refutabilidade das teorias científicas. Lakatos sugere que podemos compreender melhor o processo científico se examinarmos o que ele chama "programas de pesquisa", em vez de paradigmas. Ele também se empenha em poupar o conceito de "progresso científico", mantendo a noção de relativa refutabilidade de um determinado tipo.

Feigl (1970) também defendeu a utilidade do conceito "ortodoxo" de teorias, embora não se empenhe em argumentar que esse conceito é correto ou completo. Nós assumimos, essencialmente, a mesma posição de Feigl e as nossas proposições anteriores sobre a refutabilidade das hipóteses científicas derivam de um ponto de vista ortodoxo. É difícil ou impossível compreender os vários pontos da tese de Kuhn sobre revoluções científicas ou da sua própria revolução filosófica pessoal sem compreender os antecedentes tradicionais, a partir dos quais se realizaram os novos desenvolvimentos.

De modo nenhum está claro que Kuhn tenha ficado satisfeito com o resultado das suas próprias investigações. O último capítulo de seu livro (1962) intitula-se "Progresso Através de Revoluções" e não formulou um veredito muito claro quer a favor ou contra a noção de progresso em ciência. Em sua edição revista (1970), mostrou considerável compreensão pelas críticas que foram suscitadas contra ele e tentou redefinir a palavra *paradigma* de um modo mais claro e satisfatório. Parece não ter conseguido; parece preferível deixá-lo como um conceito geral e global, como era originalmente. Seja o que for que aconteça a esse e outros aspectos controvertidos das concepções de Kuhn, poucas dúvidas restam de que ele será recordado pela forma convincente, minuciosa e concentrada como ele mostrou até que ponto a observação depende tanto da teoria como a teoria da observação.

Polanyi (por exemplo, 1966) e Feyerabend (por exemplo, 1970) são dois dos mais importantes filósofos da ciência que têm contribuído para o mesmo processo de indefinição que vimos tão dramaticamente exposto por Kuhn. Durante muitos anos, Polanyi vem argumentando que não existem regras explícitas para conhecer qualquer coisa. Temos critérios "tácitos" implícitos para conhecer. E Feyerabend, em sua "teoria anárquica do conhecimento" (1970), resume, provavelmente, o verdadeiro estado de coisas, de um modo perfeito, quando diz: "Verificamos, pois, que não existe uma única regra, por mais plausível que seja e por mais solidamente firmada que esteja na epistemologia, que não seja violada num momento ou outro."

O fato de trabalharem dentro do quadro científico geral parece levar os cientistas a adotarem uma atitude, de certo modo singular, em relação ao mundo e ao seu próprio trabalho. Na sua busca dos fatos, o cientista é propenso a confiar nas observações do mundo empírico como árbitro final da verdade. Dessa maneira, ele descobriu que pode fortalecer os seus enunciados e chegar a um acordo com outros cientistas. O cientista moderno tende, por um lado, a suspeitar até do que é intuitivamente óbvio, porque o óbvio tem estado tantas vezes errado; por outro lado, ele pode procurar relações que, superficialmente, não parecem possíveis. O cientista, embora seja um usuário e, por vezes, criador de sistemas abstratos de matemática e lógica, mantém-se cético no tocante às suas derivações. Está sempre preocupado com a possibilidade de que os enunciados produzidos dentro desses sistemas não resultem empiricamente verdadeiros.

O cientista moderno vê claramente o cisma existente entre os domínios empírico e formal, simbólico. Por um lado, ele diz (Bridgman, 1952): "Dir-se-ia que as operações com lápis e papel, ou os experimentos mentais em geral, podem ser úteis na sugestão de programas de investigação no laboratório" (pág. 28). Por outro lado, também diz (Bridgman, 1952): "No sentido matemático, nunca se põe a questão de chegar a um limite e, logicamente, o hiato entre as operações com lápis e papel do cálculo e as nossas operações instrumentais não pode ser fechado. Entretanto, não consideramos esse hiato algo particularmente sério e pensamos que faz sentido dizer que uma lei da natureza, quando formulada em forma diferencial, pode ser diretamente verificada" (pág. 14).

Sem dúvida, estes enunciados implicam um reconhecimento tanto da distinção entre os dois domínios como da relação entre eles. Estão relacionados de uma forma útil se o enunciado simbólico (como o cálculo) estimular o usuário do sistema a corrigir a ação e provocar nele a expectativa do que realmente ocorre.

Dado que o cientista reconhece a natureza conjetural de seus enunciados, ele mantém-se, de um modo geral, relativamente objetivo a respeito do que afirma e evita o dogmatismo. Procura ser desinteressado e sem preconceitos mesmo sobre os enunciados de que é autor; sabe que cometerá erros e que os outros também os cometerão. No plano intelectual, é suficientemente honesto para admitir quaisquer erros que descubra. Para sentir-se à vontade, deve tolerar a ambigüidade, porquanto esta é inevitável.

Devem ser reconhecidas duas importantes limitações neste retrato da atitude do cientista. Primeiro, os atributos descritos são idealizados e aplicam-se mais aos cientistas coletivamente do que, necessariamente, a qualquer cientista individual. Em grande parte, o progresso científico deve-se ao fato dos cientistas, como um grupo, mostrarem essas características; e um cientista, individualmente considerado, poderá ou não ter em alto grau qualquer dessas características. Segundo, embora em seu trabalho profissional os cientistas sejam mais propensos a comportar-se de acordo com esses atributos do que os não-cientistas, não se segue que assim o façam em suas vidas privadas. Por exemplo, o cientista que faz uma declaração política pode ser tão veemente e faccioso quanto qualquer outra pessoa e não ter mais bases para o que afirma. Quando os cientistas atuam num campo que é estranho à sua formação e competência especial, podem patentear uma acentuada falta de habilidade. Com esta afirmação, não pretendemos dizer que o cientista esteja, necessariamente, mais perdido do que outros fora da sua esfera de competência; por exemplo, aos astros de cinema também pode faltar qualquer competência no campo da política.

PENSAR SOBRE CIÊNCIA... E FAZÊ-LA

Este livro está baseado no pressuposto de que é útil ao estudante de psicologia saber alguma coisa sobre a história e filosofia da ciência, especialmente, sobre a história da psicologia. O nosso pressuposto não receberá, por certo, uma completa e universal concordância. Um que só em parte concordaria é Beveridge (1957, págs. 11-12):

> Em anos recentes, cada vez maior atenção é dada ao estudo da história da ciência e todo o cientista deve ter, pelo menos, algum conhecimento da matéria. Ela fornece um excelente corretivo a uma especialização cada vez maior e amplia as perspectivas e compreensão da ciência por parte do próprio cientista. Existem livros que tratam o assunto não como uma simples crônica de acontecimentos mas com um profundo discernimento que propicia uma apreciação do desenvolvimento do saber como um processo evolucionário. Dispomos de uma vasta literatura que se ocupa da filosofia da ciência e da lógica do método científico. Depende das inclinações pessoais de cada um interessar-se ou não por esse estudo mas, de um modo geral, será de pouca utilidade para os que se dedicam à pesquisa.

Beveridge e outros críticos talvez se sintam muito felizes ao ver que as relações entre a história da ciência e a filosofia da ciência estão sendo submetidas a um rigoroso escrutínio. Pode ser que também lhes agrade a maneira como Kuhn quase demoliu muitas das teorias favoritas dos filósofos da ciência, usando a história da ciência como sua arma. Essa colisão forneceu, sem dúvida, parte da motivação para a conferência que examinou alternativas para as relações entre os dois campos (Stuewer, 1970). É duvidoso que o futuro filósofo da ciência se atreva a entregar-se a uma excessiva análise lógica de como a ciência *deve* evoluir sem repetidas olhadas para ver como a ciência *está* evoluindo. A filosofia da ciência, provavelmente, tornar-se-á muito mais empírica, tal como a própria ciência se tornou muito mais empírica em suas fases iniciais do desenvolvimento. Já estão surgindo instrumentos muito mais sofisticados para o estudo da história e das teorias (ver o Capítulo 3) e a miscigenação da filosofia e da história promete coisas muito maiores para o futuro. McMullin (1970), depois de analisar várias abordagens da história e da filosofia da ciência, pergunta: "Pode a validade de ambas ser misturada numa única obra?" E conclui: "Segundo me parece, a resposta é que pode" (pág. 60). Cremos que McMullin está certo e que cada campo fortalecerá o outro, mesmo quando separados na obra de certos autores. O estudante do futuro beneficiará ainda mais do que o estudante do presente com o estudo da história *e filosofia* da ciência.

Embora concordasse com Beveridge sobre o valor do estudo da história, Lowry (1971) escreveu um livro enfatizando a outra face da moeda. A finalidade do seu livro, abrangendo 300 anos de teoria psicológica, foi mostrar como a ortodoxia pode cegar o psicólogo para as possibilidades que, de outro modo, fariam a ciência avançar mais rapidamente. Partindo de tal premissa, poder-se-ia argumentar que, para evitar preconceitos, deveríamos permanecer na ignorância das tradições de um campo do conhecimento. Entretanto, Beveridge, Lowry e os autores do presente livro concordariam, provavelmente, em que é preferível examinar de perto o processo, para que o seu conhecimento possa ajudar-nos a evitar uma excessiva ortodoxia.

Não obstante, estamos basicamente de acordo com o ponto de vista de Beveridge, se o interpretarmos no sentido de que os cientistas podem ficar demasiado preocupados com as questões filosóficas e de que, fundamentalmente, eles têm de aprender a sua ciência mais no laboratório (definido em termos gerais) do que através do estudo da lógica ou da filosofia da ciência. O cientista não pode permitir que a filosofia o torne demasiado cético. A ciência parece exigir um grau intermédio de ceticismo para que o seu avanço se faça com êxito. O ceticismo excessivo pode impedir o cientista de dar os primeiros passos positivos num caminho que nem sempre poderá ser claramente antevisto — passos esses que, entretanto, são necessários para um verdadeiro avanço científico; e, por outro lado, o ceticismo de menos sujeita o cientista ao sério risco de aceitar hipóteses grosseiramente inadequadas como se elas tivessem sido confirmadas. Talvez a maior parte do ceticismo deva se concentrar no nível científico, com algumas coisas aceitas como dados axiomáticos.

A coisa que o cientista mais freqüentemente aceita como um "dado" é a sua própria qualidade de cientista, evitando, por conseguinte, muitos dos mais perturbadores quebra-cabeças filosóficos. Talvez consiga escapar com êxito à armadilha do solipsismo e ignorar o problema espírito-corpo. Bridgman (1959, pág. 128) vê a questão da seguinte maneira:

> O cientista, quando atua no laboratório, não está, usualmente, cônscio de si próprio nem está explicitamente presente no relatório que faz de suas descobertas e conclusões. De fato, um dos ideais ostensivos de uma ciência como a física ou a química consiste em relatar os fatos de uma forma tão impessoal que qualquer outro cientista possa colocar-se na posição de subscrever um relatório idêntico. O físico ou químico aceita-se tal qual é — ele aceita os achados de seus próprios sentidos pelo seu valor facial e não se preocupa com questões tais como a natureza do conhecimento ou com dúvidas sobre si próprio que colocariam continuamente em questão o seu equilíbrio mental. Eis uma característica que, no uso comum, distingue claramente toda a "ciência"; isto é, a ciência, como tal, parece não levantar a questão da dúvida do cientista sobre si próprio. Entre as suas cogitações não está a interrogação existencial sobre "Quem sou eu?" Isto aplica-se não só às chamadas ciências físicas mas também à biologia ou ciências da vida e às ciências mentais, pelo menos na medida em que a ciência mental é representada pela psicologia experimental no laboratório.

RESUMO E CONCLUSÕES

O propósito deste capítulo foi examinar a natureza da ciência. As discordâncias sobre o que é ciência alertam-nos para o fato de que a ciência ainda não está definida de um modo que tenha a concordância de todos. Acreditamos, porém, que as características que sugerimos merecerão uma aceitação geral. A ciência envolve, de fato, o estabelecimento de relações, de uma forma prescrita, entre eventos e linguagem. O "método empírico" é usado. As definições operacionais, a análise, o princípio de controle e a verificação de hipóteses fazem parte do procedimento científico. A finalidade da ciência é estabelecer novas definições empírico-simbólicas que sejam "corretas", no sentido de que conduzem à previsão e ao controle. Embora as conclusões a que a ciência chega não devam ser consideradas finais, elas têm, pelo menos, a garantia de uma utilidade limitada, mediante o uso dos procedimentos acima descritos, em suas linhas gerais. Idealmente, as conclusões expressam-se numa terminologia bem definida, exata e quantitativa. Todos os métodos científicos podem ser aplicados de diferentes maneiras ou em diferentes graus; prestamos especial atenção às diferenças no modo de aplicação do princípio de controle. Apesar das aceitações bastante freqüentes de uma orientação muito descritiva, é duvidoso que o interesse no desenvolvimento da teoria esteja alguma vez ausente.

Provavelmente, todo e qualquer esforço de realização tem que aceitar algumas coisas como dados. O cientista, na grande maioria dos casos, não está preocupado com muitas questões filosóficas e o valor do estudo de tais questões é discutível. A atitude científica não é propensa a especulações altamente filosóficas. Por vezes, poder-se-á assemelhar à do poeta, em seu respeito pela criatividade humana e pela ordem universal. A franca aceitação pelo cientista do mundo tal como é contrasta vivamente com o penetrante criticismo que ele incute em sua avaliação das interpretações científicas do homem.

Somente as definições extremamente simples podem ser enunciadas em termos de características singulares. A ciência, pelo fato de ter muitas características, não pode ser facilmente definida. Examinaremos no Capítulo 3 um esquema para a construção de definições precisas de múltiplas características. O nosso exame das características da ciência, somado ao nosso exame subseqüente da natureza da definição, tornará possível aos autores e aos leitores considerarem um conjunto comum de propriedades e compartilharem de uma atitude comum em relação a uma definição, quando desejamos avaliar o *status* científico dos sistemas de psicologia.

Leituras Recomendadas

Valentine e Wickens (1949), em seu clássico *Experimental Foundations of General Psychology,* fornecem exemplos da importância do princípio de controle. A importância e interesse dos exemplos não diminuíram com a idade. *Tactics of Scientific Research,* de Sidman (1960), apresenta uma concepção positivista da prática experimental que provocou controvérsia e, simultaneamente, se tornou muito popular. *Logic of Modern Psychology* (1939), de Pratt, conquanto já não seja uma obra contemporânea, oferece uma análise lógica da metodologia do comportamento que vale a pena ser lida. *Methodology and Philosophy of Science,* de Nagel (1962), é um bom trabalho mas talvez de leitura demasiado espinhosa para estudantes menos avançados; introduções mais acessíveis a alguns dos problemas filosóficos podem ser encontradas em *Philosophy of Science,* de Caws (1965, Capítulo 35) e em *Science, Technology, and Human Values,* de Benjamin (1965). *Logic of Modern Physics,* de Bridgman (1927), é o clássico sobre operacionismo. Alguns dos pontos de vista subseqüentes de Bridgman são expostos em *The Way Things Are* (1959). Benjamin analisa a concepção operacional, do ponto de vista de um filósofo, em *Operationism* (1955). *Verbal Behavior,* de Skinner (1957b) provoca muitas reflexões no contexto deste capítulo, porque examina as relações empírico-simbólicas e descreve o que Skinner pensa que elas ocorrem. A crítica de Chomsky (1959) ao livro de Skinner assinala os pontos básicos de discordância entre Chomsky, escrevendo como um lingüista, e Skinner; essas divergências desencadearam uma controvérsia que ainda hoje perdura. Dois textos filosóficos orientados para os problemas no estudo do comportamento abordam quase todas as questões filosóficas mencionadas no presente livro; referimo-nos a *Philosophy and the Science of Behavior,* de Turner (1967) e *Explanation of Behavior,* de Taylor (1965). Taylor, embora um filósofo, focaliza os problemas que decorrem diretamente da psicologia. Turner, embora um psicólogo, parte da filosofia e abre caminho de regresso à psicologia. O estilo fluente de Turner faz com que a abordagem de difíceis problemas intelectuais seja mais um jogo do que uma árdua tarefa e o seu livro vale a pena ser lido até pelas verdadeiras jóias contidas em suas notas. Finalmente, *The Physicist's Conception of Nature,* de Heisenberg (1958), escrito por uma das personalidades mais irrequietas do mundo da ciência de todos os tempos, qualifica-se perfeitamente como uma espécie de sobremesa para a presente lista, na medida em que consegue efetuar uma panorâmica concisa da história da ciência e seus numerosos problemas básicos em menos de 200 páginas.

2. O LUGAR DA PSICOLOGIA NA CIÊNCIA

A psicologia tem sido escassa em história e historiadores. Com o passar do tempo, a escassez também passará. Há numerosos indícios de que a história da psicologia está prestes a atingir a sua maioridade com uma robusta saúde. O *Journal of the History of the Behavioral Sciences* iniciou a sua publicação em 1964 e continua proporcionando uma saída para artigos dedicados à história da nossa psicologia. A *International Society for the History of the Behavioral and Social Sciences,* criada em 1969, realiza assembléias anuais. Denomina-se Cheiron, que era o nome do mais sábio e prudente dos centauros mitológicos. A Divisão 26 da *American Psychological Association* (APA), é a divisão que se ocupa da História da Psicologia; teve a sua primeira reunião como um departamento formal em 1966. Existe atualmente um arquivo de história da psicologia na Universidade de Akron. Finalmente, o primeiro Ph. D. americano conferido na base de uma tese sobre história da psicologia foi outorgado à Dr.ª Barbara Ross, da Universidade do New Hampshire, sob a orientação do Dr. R. I. Watson, diretor do *Journal of the History of the Behavioral Sciences.* Assim, quase todos os sinais de maturidade profissional só chegaram à história da psicologia a partir de 1964.

Também há certos indícios animadores de que os historiadores profissionais, não os psicólogos profissionais, estão começando a prestar atenção à história da psicologia. Por exemplo, Sokal (1971) escreveu sobre um dos primeiros e mais eminentes psicólogos da América, James McKeen Cattell.

Ainda antes da história da psicologia evidenciar esses sintomas de maturidade, já os psicólogos se mostravam fascinados pelo seu próprio passado. Solso (1971) estudou as listas de livros recomendados pelos departamentos universitários de psicologia, nos Estados Unidos, e apurou que *A History of Experimental Psychology,* de Boring, estava no restrito grupo de livros mais recomendados em 1953 e aí permaneceu até hoje. Parece não haver dúvidas de que os psicólogos, como outros cientistas, consideram o estudo de sua história uma matéria extremamente importante. Passaremos agora a um esboço muito sucinto dessa história e a algumas lições que parecem derivar dessa panorâmica geral.

As escolas de psicologia podem ser melhor compreendidas com essas lições claramente presentes no espírito. Assim, este capítulo descreve, em suas linhas gerais, numerosas idéias que são pertinentes a uma compreensão cabal do surgimento da psicologia e da sua posição na ciência. Primeiro, examinaremos o desenvolvimento de algumas idéias filosóficas de caráter geral que parecem decisivas para o surgimento da ciência. Depois, serão descritos alguns problemas mais específicos que contribuíram para o aparecimento da psicologia como uma ciência distinta. Em terceiro lugar, a matéria inicial de estudo da psicologia é comparada com as matérias de estudo contemporâneas. Em seguida, dedicamos a nossa atenção ao lugar da psicologia no organograma da ciência, em seu conjunto. Três tópicos nos ajudam nessa avaliação: a psicologia como uma parte da hierarquia da ciência, a ciência pura *versus* ciência aplicada e os problemas especiais relacionados com o assunto da psicologia.

O DESENVOLVIMENTO DAS IDÉIAS CIENTÍFICAS

O Quadro 2-1 apresenta, para rápida referência, um resumo das contribuições de alguns dos homens que ajudaram a desenvolver as idéias científicas que culminaram numa ciência da psicologia. Suas datas de nascimento e morte são aproximadas, porque o registro histórico pode ser incompleto e porque as mudanças de calendário tornam a interpretação dos registros existentes freqüentemente difícil.

Muitos historiadores têm assinalado o progresso obviamente moroso, como que passo a passo, das ciências, começando pelas mais distanciadas do homem e caminhando para as que estão mais próximas dele e de suas preocupações imediatas, donde o desenvolvimento tardio da ciência da psicologia. A astronomia e a física foram as primeiras ciências a se desenvolver. Arquimedes, no século III A.C. foi, em certos aspectos, um físico sofisticado. No começo do século XVII, a descrição matemática de Kepler dos movimentos dos planetas em redor do Sol já constituiu a culminação de uma longa seqüência de descobertas astronômicas. O corpo humano foi investigado muito antes de existir uma ciência da "mente" humana. Harvey, em 1628, descreveu a circulação sangüínea, cerca de 250 anos antes de Ebbinghaus realizar o seu trabalho pioneiro sobre a memória.

Duas razões foram sugeridas para essa prolongada negligência do comportamento do homem. Uma, foi a santidade do ser humano, tal como era mantida por certas instituições humanas. A outra, foi a complexidade do ser humano, tal como foi proclamada por aqueles que tentaram estudá-lo. Poderíamos acrescentar que, com freqüência é mais fácil ser objetivo a respeito das coisas que menos nos interessam ou afetam.

Estes enunciados, é claro, foram implacavelmente selecionados para ilustrar a nossa tese geral. Sabemos que filósofos e leigos vêm desde há muito se esforçando por encontrar explicações do ser humano mas não existia uma *ciência* formal do comportamento, como havia outras ciências. Algumas das contribuições desses homens serão examinadas em maior detalhe no texto que se segue mas será útil que o leitor possua uma visão global dessas contribuições, antes de estudar certos conceitos fundamentais.

Explicação Externa e Interna

Houve uma época na história do homem em que os acontecimentos eram tipicamente explicados em termos de forças que se encontravam fora do âmbito dos eventos naturais observáveis. Por exemplo, a mitologia escandinava explicou as tempestades dizendo que os deuses-guerreiros estavam encolerizados; e Homero explicou a vitória na guerra em termos do favoritismo dos deuses gregos. Do ponto de vista científico, há dois erros básicos em tais explicações: (1) atribuem a explicação a causas inobserváveis; e (2) os eventos usados como explicações não se ajustam no mesmo contexto natural dos eventos a serem explicados; assim, não existe uma ligação lógica entre as causas alegadas e as suas conseqüências. Tais explicações são, portanto, chamadas *externas,* por oposição às *internas.*

Nem sempre é fácil dizer se uma determinada explicação é interna. Os casos extremos são fáceis: as explicações teológicas de acontecimentos naturais são claramente externas e as explicações científicas aceitas são usualmente internas. Paradoxalmente, algumas das mais sofisticadas explicações científicas são as mais difíceis de classificar. Elas dependem, amiúde, de entidades postuladas mas inicialmente inobservadas, como genes, elementos de estímulo ou partículas Omega Minus. A maioria dos cientistas aceita explicações apoiadas em tais conceitos como internas, porque eles ou os seus efeitos são potencialmente observáveis, são indiretamente "observados" ou têm implicações para observações efetuadas num outro nível. Contudo, surgem questões e dúvidas se não estiver bem claro que o conceito foi formulado de modo que seja potencialmente observável, se a suposta observação indireta puder ser explicada de outras maneiras ou se as implicações do sistema dedutivo que contém o conceito não forem claras.

QUADRO 2-1. Resumo das Principais Contribuições Para o Desenvolvimento da Psicologia

Nome	*Datas Aproximadas de Nascimento e Morte*	*Contribuição*
	Filosofia	
Tales	Século VI A.C.	Explicação naturalista; universo composto de água.
Sócrates	c. 470-299 A.C.	Filósofo idealista; essencialmente anticientífico.
Demócrito	c. 460-370 A.C.	Universo composto de átomos; explicação reducionista de fenômenos complexos.
Platão	427-347 A.C.	Abordagem racionalista e primado da observação.
Aristóteles	384-322 A.C.	Métodos racionalistas e observacionais; sistemas de classificação para a biologia; leis da memória associativa.
Roger Bacon	c. 1214-1294	Ênfase sobre a livre observação empírica.
Francis Bacon	1561-1626	*Novum Organum:* deu apoio filosófico à ciência empírica.
Descartes	1596-1650	Interacionismo dualista; ação mecanística do corpo.
Leibniz	1646-1716	Atividade como princípio básico; graus de consciência; co-inventor do cálculo.
La Mettrie	1709-1751	Explicação mecanística aplicada ao comportamento do homem.
Kant	1724-1804	Importância das aptidões inatas no ordenamento dos dados da experiência.
	Física e Astronomia	
Arquimedes	c. 387-212 A.C.	O primeiro físico experimental de renome.
Ptolomeu	século II	Astrônomo alexandrino; a sua concepção da Terra como centro do universo manteve-se durante séculos.
Copérnico	1473-1543	Astrônomo polonês que colocou o Sol no centro do sistema solar; alterou a concepção que o homem tinha de sua própria importância
Galileu	1564-1642	Restabeleceu a observação como recurso final de toda a investigação científica; realizou importantes descobertas físicas e astronômicas.

Kepler	1571-1630	Descrição matemática das órbitas planetárias.
Newton	1642-1727	Co-inventor do cálculo; estabeleceu o padrão da física para 200 anos.
Bessel	1784-1846	Astrônomo em Königsberg; elaborou equações pessoais e criou, assim, um problema para a psicologia.
	Ciências Biológicas	
Hipócrates	c. 460-380 A.C.	O "Pai da Medicina"; um excelente observador; concepção naturalista do homem.
Herófilo e Erasistrato	século III A.C.	Primeira inferência da distinção entre nervos sensórios e motores.
Galeno	século II	Famoso físico e anatomista; realizou experimentos animais.
Vesálio	1514-1564	Primeiro tratado geral de anatomia humana.
Harvey	1578-1657	Demonstrou a circulação do sangue.
Van Leeuwenhoek	1632-1723	Primeiro microscópio eficaz; descoberta ou identificação de protozoários, bactérias e esperma humano.
Lineú	1707-1778	Sistema binomial de classificação biológica.
Darwin	1809-1882	*A Origem das Espécies:* livro fundamental sobre a evolução orgânica.
	Surgimento da Fisiologia Moderna	
J. Mueller	1801-1858	Autor do *Handbuch der Physiologie des Menchen,* tratado geral sobre a fisiologia humana; doutrina das "energias específicas dos nervos".
Bernard	1813-1878	Conceito de meio interno.
Helmholtz	1821-1894	Eminente fisiologista; primeira medição experimental da velocidade do impulso neural; teorias da audição e visão.
	Surgimento da Psicologia	
Weber	1795-1878	Fisiologista pioneiro; formulou a lei $dR/R = C$, a qual é, realmente, uma lei psicológica.

Fechner	1801-1887	*Elemente der Psychophysik;* segundo alguns, marca o começo da psicologia experimental; modificou a lei de Weber para a forma Weber-Fechner: $S = C \log R$.
Galton	1822-1911	Trabalhos sobre eugenia, estatística, diferenças individuais; equacionou numerosos problemas para a psicologia.
Wundt	1832-1920	Fundador do primeiro laboratório psicológico, na Universidade de Leipzig.

Embora existam ainda pessoas que explicam os desastres em termos da "ira de Deus", a explicação científica não pode recorrer a tais descrições. Tales, um filósofo grego do século VI A.C., tem sido apontado, por vezes, como o iniciador das tentativas para explicar os eventos naturais em função de outros eventos naturais; ele explicou a natureza da matéria em termos de um único elemento básico *natural,* a água. Pouco depois, Demócrito explicou a matéria em função de partículas básicas a que deu o nome de *átomos* e o homem moderno ainda sustenta uma concepção semelhante. Carece de importância, porém, se esses homens realmente merecem créditos pela mudança de rumo no sentido das explicações internas; o importante é que a ciência, tal como a conhecemos, depende do uso de explicações que se referem a observáveis, dentro da mesma estrutura natural dos observáveis a serem explicados.

A cultura grega que desenvolveu essa idéia acabou se extinguindo. O ceticismo idealista de Sócrates e Platão, ainda que engenhoso, pode ter contribuído para o seu desaparecimento. A Idade Média, que lhes sucedeu, manifestou pouco interesse pelos tipos internos de explicações ou pela problemática científica; talvez a atitude fosse que um grande interesse nos eventos naturais era nocivo para a salvação da alma. O que havia de ciência durante a Idade Média localizava-se, predominantemente, no Oriente. Coube ao Renascimento, a partir (segundo as convenções mais comuns) de Galileu e seus contemporâneos, renovar o interesse europeu na ciência natural. Um exemplo do pensamento externo que predominava na Idade Média é o tratamento de convulsões pela flagelação; acreditava-se que tal ação expulsava do corpo os demônios ou espíritos malignos, que eram tidos como responsáveis pelo comportamento convulsivo. Hoje, é claro, tal tratamento não é usado porque se considera que as convulsões são determinadas por condições orgânicas, dentro do corpo (uma explicação interna). O eletrochoque convulsivo é empregado no tratamento da psicose, com explicações de sua eficácia que, provavelmente, são menos satisfatórias do que se ainda acreditássemos em espíritos demoníacos; contudo, é significativo o fato de que estamos *procurando* uma explicação interna.

Ao denegrir as explicações externas, não estamos partindo do princípio de que as implicações da explicação conduzem, necessariamente, a tratamentos ineficazes. Com freqüência, as pessoas estão "certas por razões erradas". Por exemplo, investigações recentes sobre a modificação do comportamento levar-nos-iam a acreditar que a flagelação, sistematicamente administrada toda a vez que o "espírito maligno" fosse visto em ação, seria capaz de eliminar o comportamento indesejável, em alguns casos. R. I. Watson (1963) dá-nos um exemplo demonstrativo de que uma conclusão muito mais próxima da correta pode ser aduzida de uma espécie de provas que hoje consideraríamos inteiramente inaceitável, enquanto que uma conclusão inferior sobre o mesmo problema deriva de uma tentativa de explicação "interna". Diz Watson sobre os pontos de vista de Aristóteles (1963, pág. 52):

> Ao identificar a vida com a *psique* e esta, por seu turno, com o coração, ele também rejeita a doutrina platônica do cérebro como o órgão da alma. Aristóteles usou como argumento o fato de ter verificado que o cérebro é insensível à estimulação direta. É uma ironia que Platão estivesse certo por razões erradas. Platão apontava o cérebro como sede da Razão na base de vários argumentos irrelevantes, entre os quais é típico o fato do cérebro ser a parte do homem que está mais perto do céu. Aristóteles, por outro lado, estava errado por razões certas, isto é, naturalistas.

Se algumas decisões corretas resultam de teorias errôneas, as teorias têm uma expectativa de vida maior do que se todas as decisões resultassem erradas. Os frenologistas recomendavam exercícios de álgebra àqueles que tinham uma protuberância inadequada na área responsável, segundo o sistema frenológico, pela proficiência algébrica. Se esse "tratamento", que era decorrente de uma teoria, produzisse habilidade algébrica, então a teoria poderia ser considerada como "confirmada"; de fato, a frenologia levou muito tempo a desaparecer.

Tais exemplos destacam o fato de que as observações não podem confirmar logicamente as teorias; só podem refutá-las. Na prática científica, as teorias raramente são rejeitadas por causa de uma única refutação. Elas podem ser quase sempre salvas pela descoberta de uma lacuna na observação ou nas relações entre a observação e a teoria. Mesmo que esses modos de resgaste falhem, a maioria das teorias é suficientemente complexa para que uma modificação numa parte coloque a teoria de acordo com a observação e o corpo da teoria possa ser salvo.

No aspecto confirmatório, tampouco os ditames da pura lógica são seguidos. Se uma observação ocorre como uma teoria diz que deve ocorrer, a confiança na utilidade da teoria aumenta, apesar do que há de ilógico no aumento de confiança. Certamente, o ilógico não está isento de razão; no fim de contas, *foi* demonstrado que a teoria estava "certa", com respeito à observação.

Confiança na Observação

Paralelamente ao uso da explicação interna houve um aumento de confiança na observação. A maioria dos primeiros pensadores gregos confiava mais nos métodos racionalistas do que é o caso na era moderna. Por exemplo, Euclides desenvolveu cedo uma geometria dedutiva, e Pitágoras e seus seguidores alimentavam uma crença mística na eficácia dos números. Sócrates e Platão deram força à abordagem racionalista, Sócrates com o seu procedimento de inquérito lógico e Platão com a sua ênfase na importância do mundo das idéias, que ele considerava estar, de algum modo, acima e além do mundo real. Ambos eram propensos a suspeitar da prova dos sentidos como fonte de verdade e, assim, ajudaram a virar a corrente contra o que hoje é considerado uma característica essencial do método científico: a confiança primordial na observação.

Aristóteles foi um dos primeiros pensadores a usar tanto métodos observacionais como racionais. Foi um defensor da lógica e da racionalidade. Contudo, a sua autoridade foi aceita durante a Idade Média à custa dos métodos observacionais. Galileu foi importante na renovação da atitude científica no sentido da observação e da autoridade. Por exemplo, confiou mais na *observação* do tempo de queda dos corpos de peso desigual do que na afirmação autoritária de que os corpos pesados caem mais depressa do que os leves. Francis Bacon, em seu *Novum Organum,* de 1620, formulou um dos mais famosos apelos em favor do empirismo. Pensava que a ciência devia proceder estritamente por indução, acumulando observação sobre observação até que fatos gerais surgissem dos fatos específicos.

Os empiristas ingleses que vieram depois de Bacon tentaram seguir a abordagem baconiana até à sua conclusão lógica. Locke negou as idéias inatas atribuídas ao homem por pensadores como Sócrates e Descartes. Berkeley negou que pudéssemos ter a certeza da existência do mundo externo, visto que só temos a experiência a sustentá-la. Embora ele nos devolvesse o mundo externo só ligeiramente usado, com a ajuda do pressuposto da existência de Deus, a sua posição cética foi mais convincente do que a sua retirada e tem sido mais influente. Finalmente, Hume aplicou o pensamento empírico à noção de causalidade e sustentou que tudo o que realmente conhecemos é que alguns eventos são invariavelmente contíguos no espaço e no tempo. A nossa noção de causalidade é baseada nessa observação. (Mas ver o Capítulo 4 para uma análise mais detalhada.)

Kant reagiu aos empiristas, sobretudo a Hume, e propôs um tipo de teoria de compromisso em que a experiência continua sendo a mestra mas necessita de um aluno que tenha uma certa dotação inata. Os enunciados específicos de Kant sobre o que é conhecido antes da experiência foram rejeitados mas a sua tese geral de que a realização do conhecimento requer certas capacidades prévias ainda é aceita.

Apesar do contraste entre os extremos de empirismo e racionalismo, nada existe a que se possa dar o nome de uma abordagem *puramente* racionalista ou *puramente* empírica, nem há uma linha nítida de demarcação entre as duas abordagens. Francis Bacon, ao "descartar" a abordagem racionalista teve de usar métodos racionalistas em sua argumentação. Os cientistas mais obstinadamente empíricos formulam seus enunciados gerais, em última instância, baseados em suas observações e, portanto, dependem, para a sua aplicação, do uso do método racionalista. Por outro lado, o filósofo racionalista, muito provavelmente, vai buscar os pressupostos plausíveis que lhe servem de ponto de partida a alguma espécie de observações empíricas. A utilidade científica de suas conclusões, racionalisticamente derivadas, depende da sua consonância com as observações. Embora não exista uma abordagem pura nem um método nítido de classificação das técnicas de determinados indivíduos como mais racionalistas ou mais empíricas, cremos ser razoável dizer que a ciência sempre tendeu para enfatizar mais o empírico do que o racional. O árbitro final da verdade para um cientista não é o que racionalmente *deve ser* mas o que observacionalmente *é*.

Simplificação

Tales e Demócrito tentaram simplificar a evidente complexidade da natureza, recorrendo a elementos mais simples e a pressupostos que lhes permitiram derivar a complexidade observada da simplicidade suposta. Essas tentativas também eram *reducionistas,* visto que reduziam a complexidade mediante explicações que dependiam da existência de fenômenos num nível diferente e "inferior"; por exemplo, Demócrito supôs que o homem era composto de partículas muito semelhantes às que compunham outras formas de matéria. Os psicofisiologistas formulam enunciados reducionistas semelhantes quando os dedos do comportamento são explicados em termos de eventos fisiológicos, os quais também estão num outro nível de observação. Não se segue que uma explicação reducionista também seja, necessariamente, uma explicação simples ou até a mais simples que existe num dado nível explanatório. A ciência busca e aceita não só hipóteses simples mas também a mais simples teoria geral que explique adequadamente todas as observações feitas.

As explicações reducionistas oferecem, pelo menos, uma economia potencial de conceitos, visto que um único conceito pode servir em mais de um nível de explicação. Essas economias podem servir como base para a escolha entre teorias em tudo o mais equivalentes. Disse Turner (1967, págs. 178-179):

> Quando nos voltamos para a idéia de uma hierarquia de explicações, apercebemo-nos, em especial, de que existe uma orientação implícita na invenção científica. Procura-se não só uma explicação de um determinado conjunto de acontecimentos mas também uma construção teórica que seja derivável do interior de alguma ciência ainda mais básica. As explicações químicas, por exemplo, foram concebidas em termos totalmente exclusivos da fenomenologia da própria química. Mas as vantagens e a orientação das construções atômicas são, hoje, por demais evidentes. Os geneticistas poderiam ter continuado a pensar em função das características gerais dos genotipos mas o modelo molecular da bioquímica ofereceu explicações sobre os poderes duplicativos dos genes. E a psicologia pode continuar construindo modelos hipotético-dedutivos na teoria da aprendizagem, no conhecimento (talvez inconsciente) de que as questões de teorias alternativas serão resolvidas por desenvolvimentos na neuropsicologia.

Em seu mais recente livro (1971), Turner continua favorável ao reducionismo mas analisa as questões com muito maior detalhe. Por exemplo, ele considera vários caminhos alternativos que poderiam ser adotados num programa reducionista: redução lingüística, redução mecânica (mediante a simulação por computador) e redução neurológica.

Lugar do Homem na Natureza

Os gregos parecem ter considerado que o homem não tinha qualquer *status* especial que o distinguisse do resto da natureza. Muitos filósofos gregos conviriam, provavelmente, em que o comportamento do homem é previsível e está sujeito a leis, tal como o comportamento da natureza inanimada. Contudo, a Idade Média adotou uma concepção diferente do homem. Este foi considerado uma criatura dotada de alma, possuidora de livre arbítrio, o que a colocava fora do alcance das leis naturais ordinárias e sujeita apenas ao seu próprio voluntarismo e, talvez, ao governo de Deus. Semelhante criatura, dotada de livre arbítrio, não podia ser um objeto de investigação científica. Até o corpo humano era considerado sacrossanto e a dissecação era perigosa para quem a praticava. Essas restrições contrárias à observação dificultaram o desenvolvimento da anatomia e da medicina durante séculos e concepções errôneas que hoje são consideradas inacreditáveis persistiram por mais de mil anos. Uma ciência do homem não podia florescer numa tal atmosfera.

Hoje, a preocupação pelos direitos dos vivos superou a preocupação com os direitos dos mortos. Entretanto, se o leitor for tentado a acreditar que a realização de pesquisas deixou de constituir um problema, convir-lhe-á familiarizar-se com a interminável e, amiúde, acrimoniosa controvérsia que ainda se trava em redor do tratamento de sujeitos animais e humanos. Wolfensberger (1967), por exemplo, discute o uso de sujeitos humanos. Batalhas semelhantes ocorreram em torno dos testes psicológicos. O número de novembro de 1965 da revista *American Psychologist* foi integralmente dedicado a um exame da questão dos testes. O conflito básico é entre o direito do indivíduo humano a uma vida íntima e indevassável, por um lado, e a necessidade de outros — em particular, os cientistas e órgãos governamentais — de obterem informações sobre ele. Não desejamos prejulgar tais questões; os assuntos éticos ainda não são suscetíveis de decisão por métodos científicos, de modo que nos limitaremos a sublinhar que talvez tenhamos de conviver sempre com os problemas da ética científica.

Descartes iniciou uma corrente que voltou a favorecer a pesquisa psicológica ou, pelo menos, humana. Um sistema previsível é um sistema investigável. Descartes considerou o corpo de um homem como uma máquina, cujos movimentos e conduta são previsíveis se soubermos o que "entra" nela. Pôs a salvo o livre arbítrio do homem ao atribuir-lhe a posse de uma alma, que era livre e decidia as ações do corpo. Este ponto de vista permitiu, pelo menos, o acesso da investigação científica aos corpos mortos (sem alma); os animais, que Descartes considerava carentes de alma, também eram acessíveis ao investigador.

A idéia de que o homem podia ser objeto de estudo científico foi subseqüentemente desenvolvida por La Mettrie. Ele estava convencido, em grande parte, segundo parece, devido à deterioração dos seus próprios processos mentais durante um acesso de febre, de que o homem é *inteiramente* uma máquina, dependente, tanto em sua mente como no seu corpo, de eventos físicos. Apesar da oposição com que se defrontou, defendeu esse ponto de vista até à morte.

A analogia homem-máquina para que Descartes e La Mettrie contribuíram, é um bom exemplo da espécie de analogia parcial que dá início a controvérsias persistentes. É claro que o homem não é idêntico a qualquer máquina existente, tanto em sua construção como no seu modo de funcionamento. Descartes e La Mettrie, ambos pensadores brilhantes, não podem ser considerados suficientemente estúpidos para que tivessem ignorado esse fato evidente. Como não o fizeram outros pensadores mecanicistas. Todos eles defenderam uma semelhança parcial entre o homem e a máquina. As máquinas são construídas e razoavelmente bem compreendidas pelo homem, e o seu comportamento pode ser previsto. O homem, embora não seja construído nem compreendido por si próprio, parece também ser uma criatura de sua construção e, em princípio, deve ser previsível como as máquinas. Os críticos da posição "mecanística" atacam tão freqüentemente a analogia completa e não premeditada entre o homem e a máquina quanto a analogia parcial e premeditada.

A perspectiva determinista e naturalista do homem ainda encontrava grande resistência quando Charles Darwin propôs a sua teoria da evolução orgânica. A evolução, propriamente dita, não era uma idéia nova mas Darwin escorou a teoria evolucionária com tantas provas que a comunidade científica viu-se tomada de assalto. A evolução restabeleceu a continuidade entre o homem e os animais que tinha sido negada por Descartes, quando atribuiu uma alma exclusivamente ao homem. Também entrou em contradição com o relato bíblico da criação. A oposição, teologicamente baseada, provocou uma controvérsia acalorada que persistiu até ao século XX e foi ouvida no mundo inteiro. Hoje, pouco se contesta já a validade e correção dos princípios gerais da teoria evolucionária. A evolução é um fato para a comunidade científica, se não para todas as comunidades leigas. A sua aceitação e ratificação tornou mais aceitável a ciência da psicologia, ao tornar mais plausível do que nunca o ponto de vista de que o comportamento humano está sujeito a leis. Também fez do estudo de animais uma parte importante dessa ciência; a continuidade entre animais e homens sustenta a convicção de que o conhecimento obtido no estudo de animais terá significação para o comportamento dos homens.

PROBLEMAS HERDADOS PELA PSICOLOGIA

Finalmente, pois, o comportamento do homem passou a ser considerado sujeito a leis e que uma ciência da psicologia era possível. Mas os pressupostos científicos e filosóficos básicos, requisitos prévios para o desenvolvimento de uma ciência, não foram os únicos legados que a psicologia recebeu quando se iniciou como ciência formal. A psicologia também herdou certos problemas que se desenvolveram no seio da ciência e da filosofia, antes dela ganhar a sua independência. Antes que uma nova ciência surja, devem existir problemas, assim como os necessários pressupostos. Alguns dos problemas transmitidos à psicologia estavam equacionados de tal maneira que era impossível resolvê-los cientificamente; mas, apesar de tudo, estimularam a pesquisa, na medida em que se fizeram tentativas para encontrar-lhes respostas aceitáveis. Consideraremos aqui quatro áreas problemáticas: o problema mente-corpo, a fisiologia da percepção, o problema do tempo de reação e as questões relacionadas com as diferenças individuais.

O Problema Mente-Corpo

As aparições fantasmagóricas dos sonhos podem ter convencido o homem, pela primeira vez, de que havia algo mais do que era visto pelos seus olhos físicos. Os escritos de Platão mostram que o pensamento do seu tempo dividia o homem em dois componentes. As concepções dualistas de Descartes não diferem muito das de Platão. Ambos os sistemas se ajustam à teologia cristã; dado que as partes observáveis do homem são mortais, é necessário algum componente inobservável para que a imortalidade do homem possa ser logicamente defendida. Ainda hoje, o pensamento do leigo separa o homem em dois componentes.

Se o homem tem uma mente e um corpo, então surge, naturalmente, a seguinte pergunta: "Qual é a relação entre as duas partes?" Uma longa tradição de pensamento tornou inevitável essa pergunta. Antes que a psicologia tivesse sequer o seu início formal como ciência, um físico alemão, Theodor Fechner, começou a trabalhar no problema. Era sua intenção encontrar equações que descrevessem as relações funcionais entre os domínios psíquico e físico. O resultado que ele acreditava ter encontrado é a lei Weber-Fechner, assim chamada porque E. H. Weber já expressara uma relação psicofísica quase idêntica numa forma muito mais simples e primitiva. Boring (1950, pág. 483) duvidou de que Fechner pretendesse, realmente, adotar uma posição dualista mas o certo é que o seu problema foi enunciado em termos dualistas. Por exemplo, em sua obra *Elemente der Psychophysik* (1860), Fechner declarou que estava interessado na "ciência exata das relações funcionais ou relações de dependência entre o corpo e a mente". Para demonstrar essas relações funcionais, é necessário medir separadamente o corpo e a mente; e, portanto, ter duas coisas distintas para medir. Fechner pensava estar medindo duas coisas diferentes. De um lado, ele tinha o estímulo, que atuava sobre o corpo. Do outro lado, ele tinha a sensação, que supunha ser um evento mental. Fechner desejava demonstrar a identidade das duas espécies de eventos mas era difícil voltar a unir os dois aspectos que, por pressuposto, tinham sido separados. Queria demonstrar empiricamente uma identidade que os filósofos, usando métodos racionalistas, vinham alternadamente provando e reprovando há centenas de anos.

QUADRO 2-2. *Principais Soluções Filosóficas para o Problema Mente-Corpo* (o primeiro expoente importante de cada posição é identificado entre parênteses, com a data aproximada de suas contribuições).

DUALISMO *	
Interacionismo cartesiano (Descartes, 1641)	Pressupõe dois processos distintos e interatuantes.
Paralelismo psicofísico (Spinoza, 1665)	Pressupõe dois processos distintos, independentes, mas perfeitamente correlacionados.
Ocasionalismo (Malebranche, 1675)	Pressupõe dois processos distintos e independentes, correlacionados pela intervenção de Deus.
MONISMO **	
Materialismo (Demócrito, 400 A.C.)	Pressupõe uma única realidade física subjacente.
Idealismo subjetivo (Berkeley, 1710)	Pressupõe uma realidade mental ou espiritual subjacente.
Fenomenismo (Hume, 1740)	Não há mentes nem corpos, até onde é possível conhecer-se; só existem idéias resultantes de impressões sensoriais.
SOLUÇÕES DE COMPROMISSO	
Duplo Aspecto (Russell, 1915)	Pressupõe-se dois processos que são uma função de uma realidade subjacente.
Epifenomenismo (Hobbes, 1658)	Pressupõe-se que a mente é um subproduto não-causal do corpo.

* Qualquer ponto de vista que implique uma diferença básica entre a mente e o corpo, e, portanto, uma relação a ser explicada.

** Qualquer ponto de vista que ignore a mente ou o corpo, ou que os inclua sob a mesma rubrica.

As principais posições mantidas por filósofos que abordaram o problema mente-corpo estão classificadas e resumidas no Quadro 2-2. Convém que o leitor se familiarize com os princípios gerais aqui esquematizados, pois as "soluções" reaparecem nos capítulos seguintes. Não existe nenhum método científico para decidir entre eles. Os primeiros psicólogos, entretanto, como veremos, acharam necessário assumir alguma posição no problema mente-corpo. Depois, durante algumas décadas, tornou-se de bom tom rejeitar inteiramente o problema como desprovido de significado. Hoje, quer se considere significativo ou não, solúvel ou insolúvel, parece que o problema está voltando ao primeiro plano, como um tópico de conversação psicológica. Reverteremos mais adiante ao problema, com maiores detalhes.

A Psicologia da Percepção

Outros cientistas, em especial os fisiologistas, interessaram-se por uma outra relação, notadamente, a que existe entre os processos fisiológicos e a percepção. Hermann Ludwig Ferdinand von Helmholtz é o mais famoso de quantos se interessaram nessa relação; modificou a teoria cromática de Thomas Young e desenvolveu a sua própria teoria da audição. Helmholtz, a par dos empiristas ingleses, acreditava que todo o conhecimento depende da experiência sensorial. Se adotarmos esta pressuposição, então o problema da fisiologia sensorial é também o problema da epistemologia — isto é, o problema das origens, natureza e limitações do conhecimento. As descobertas fisiológicas nesta área de estudo revestem-se de implicações filosóficas. Helmholtz tentou refutar a afirmação de Kant de que existe um conhecimento inato. Kant acreditava que os axiomas da geometria são conhecidos independentemente de qualquer experiência dos mesmos. Helmholtz perguntou a si próprio se teríamos desenvolvido a mesma geometria se tivéssemos habitado na superfície interior de uma esfera oca. Discutiu as geometrias não-euclideanas num espírito que é surpreendentemente moderno.

Se virmos as concepções de Helmholtz e Kant apenas em seus traços gerais, entretanto, as duas diferem menos do que poderíamos imaginar. Embora Kant seja classificado com os nativistas e Helmholtz com os empiristas, Kant admitiu, de fato, o papel da experiência. Helmholtz reconheceu a necessidade de algumas faculdades mentais básicas, a fim de que a mente pudesse desenvolver o conceito de espaço, a partir das matérias-primas da experiência. Existe, é claro, uma considerável diferença de ênfase. O empirista, em virtude da sua própria filosofia, quer observar e, portanto, quer que as coisas observáveis sejam o mais importante possível. O nativista, por seu lado, tende a ser racionalista e é conveniente, para os racionalistas, que ao material incerto da experiência se atribua o menor papel possível.

O Problema do Tempo de Reação

A nova ciência da psicologia recebeu um segundo problema com implicações epistemológicas. F. W. Bessel, o astrônomo, leu a notícia de demissão de um assistente no Observatório de Greenwich. As leituras do assistente não condiziam com as leituras do astrônomo-chefe e é fácil adivinhar de quem eram as tidas como erradas. Bessel reconheceu a possibilidade de que o erro fosse devido a uma diferença no tempo preciso pelos dois observadores para reagir à informação apresentada aos diferentes sentidos, em vez de ser causado por negligência.

Checou o seu palpite comparando os tempos por ele registrados para o trânsito de determinadas estrelas com os tempos de outros astrônomos, ao registrarem os mesmos trânsitos em condições idênticas de observação. Havia discrepâncias em quase todos os casos. Bessel tentou então formular equações pessoais, ou termos de correção, que reduziriam todas as leituras a uma base comum. Entretanto, era óbvio que não podia ser obtido um padrão absoluto de correção, no que ao observador humano dizia respeito. Ficou assim provado, uma vez mais, que o nosso conhecimento dependia dos observadores e dos seus métodos de observação e registro. Se a determinação do momento em que uma estrela cruza uma linha está sujeita a erro, então parece lógico concluir que julgamentos e observações mais complexos devem estar ainda mais sujeitos a tais erros. Contudo, não era o ponto filosófico que tinha importância; era, outrossim, o fato de se demonstrar que os problemas teóricos da epistemologia eram problemas práticos, concretos, que estimulavam Bessel e outros, depois dele, à ação.

Donders, um fisiologista, desenvolveu ainda mais o problema e Wundt aproveitou o procedimento subtrativo de Donders. Supunha-se que o procedimento subtrativo revelava o tempo para as funções psicológicas; o tempo para uma função de alto nível era o tempo total da atividade menos o tempo para alguma atividade de nível inferior que fizesse parte do total. Wundt e muitos outros psicólogos acreditavam que, aumentando sucessivamente a dificuldade da reação requerida, poder-se-ia encontrar o tempo da sensação, percepção, apercepção, discriminação etc. subtraindo o tempo para a reação mais simples seguinte do tempo para a reação imediatamente mais complicada. Poucos psicólogos sustentariam ainda este ponto de vista; por exemplo, não é evidente que a apercepção envolva a sensação mais a percepção. A natureza total do processo cujo tempo está sendo calculado pode mudar à medida que a tarefa é progressivamente complicada. O pressuposto subtrativo não é válido.

Diferenças Individuais

Dois campos de estudo que permaneceram extremamente importantes até ao presente são o das diferenças individuais e o da estatística, a qual foi inicialmente adotada e desenvolvida pela psicologia como um método para estudar aquelas diferenças. Uma grande parte da aceitação da psicologia nos Estados Unidos pode ser atribuída à eficácia dos testes de aptidão, que fazem parte do estudo das diferenças individuais.

Sir Francis Galton foi um pioneiro no desenvolvimento tanto da estatística como do estudo das diferenças individuais. Ele desenvolveu a técnica de correlação, em ligação com os seus estudos de hereditariedade. Foi levado a isso pela observação de que as crianças, tipicamente, *regressam* no sentido da média relativa a seus pais, em características tais como a altura e a inteligência; isto é, os filhos de pais extremamente altos ou baixos, brilhantes ou estúpidos, *tendem* a estar mais perto da norma, nessas características, do que os seus pais. A correlação é simbolizada por *r*, de regressão, e Galton é lembrado pela sua percepção pioneira da grande importância da estatística.

O principal fator subentendido no desenvolvimento desses interesses foi a teoria darwiniana da evolução. Galton, que era primo de Darwin, interessou-se pessoalmente num problema de ordem prática: o aperfeiçoamento da raça através da eugenia. Para praticar a manipulação genética, ele necessitava saber como é que os traços eram herdados. Esse tipo de preocupação prática estava na linha direta de descendência conceptual que levou da evolução ao funcionalismo americano. O ajustamento do organismo ao meio ambiente como condição determinante de sua sobrevivência ou não-sobrevivência tornou-se de interesse primordial para a psicologia. O fermento intelectual produzido pela teoria da evolução levantou questões que suscitaram diretamente o interesse de Galton nas diferenças individuais, nos testes mentais, na avaliação estatística das diferenças e à florescente escola do funcionalismo nos Estados Unidos.

A teoria da evolução também teve implicações para os pontos de vista adotados na controvérsia filosófica entre o racionalismo e o empirismo. Previamente, a maioria dos racionalistas tivera de apoiar suas posições em alguma espécie de harmonia artificial preestabelecida entre a constituição do mundo e as idéias que o homem tinha a esse respeito. Como podia acontecer que o homem possuísse idéias inatas e corretas sobre o mundo em que vive? Não é cientificamente convincente a sugestão de que Deus fornece idéias ao homem. Do ponto de vista evolucionário, entretanto, podia ser sugerido que o aspecto racional (fisiológico?) do homem foi *impelido à harmonia com o mundo* pelas pressões da própria evolução. De acordo com este argumento, podemos confiar nos resultados da análise racional porque o homem, através da evolução, acabou pensando as coisas certas a respeito do mundo. Os homens que estavam equivocados sobre o mundo em que viviam seguiram, provavelmente, o caminho errado de ação e morreram. Os que eram "racionais" sobreviveram. A evolução consolida os efeitos do mundo sobre o homem numa espécie de racionalismo fisiológico.

O OBJETO INICIAL DE ESTUDO DA PSICOLOGIA

Passemos agora do nosso exame dos desenvolvimentos científicos pré-psicológicos a um estudo dos primórdios da Psicologia. Os problemas pré-psicológicos que discutimos foram todos adotados como problemas experimentais mas a estrutura sistemática imposta à psicologia por Wilhelm Wundt, na Universidade de Leipzig, na Alemanha, não foi exatamente o que poderia se esperar.

Parece natural que a psicologia seja experimental, fisiológica e interessada em problemas de sensação e percepção. Como nasceu da filosofia, também seria de esperar que se interessasse em problemas epistemológicos. Na realidade, a fisiologia desempenhou um papel direto muito pequeno. Embora Wundt chamasse à sua psicologia uma psicologia fisiológica experimental, não havia quase experimentação fisiológica de espécie alguma; R. I. Watson (1963, pág. 249; 1971, págs. 275-276) assinala que os ritmos de pulso e respiração eram monitorados nos estudos de sentimento. A minimização da fisiologia é duplamente surpreendente porque Wundt era ele próprio um fisiologista. Contudo, a psicologia necessitava, primordialmente, do nome de fisiologia. Esta possuía o prestígio que a jovem ciência da psicologia precisava granjear. Assim, a fisiologia era freqüentemente invocada para ilustrar a respeitabilidade científica da psicologia, em geral, e das teorias específicas, em particular.

A Física e a Matemática tiveram funções semelhantes e houve controvérsias veementes sobre se a alegada dependência da Psicologia em relação às disciplinas mais antigas é bom ou mau. No caso da fisiologia, pelo menos, grandes progressos foram feitos. Hoje, os psicólogos são muito mais propensos a praticar a fisiologia e muito menos inclinados a invocá-la, simplesmente. É interessante que, apesar de sua formação, Wundt recusou-se a vincular a sua recém-nascida ciência à fisiologia há cem anos.

Wundt pôde justificar-se por não fazer experimentação fisiológica, em virtude da sua posição filosófica no problema mente-corpo. Ele acreditava que a mente e o corpo seguiam rumos paralelos mas que era impossível afirmar que os eventos corporais *causavam* os eventos mentais; simplesmente, os acontecimentos externos davam origem a certos processos corporais e, ao mesmo tempo, a processos mentais paralelos (ver o Quadro 2-3). Ele pensou que a tarefa primordial da psicologia era descobrir os elementos dos processos conscientes, a maneira como interligavam e as leis que determinavam essa conexão. Dado que a mente e o corpo seguiam rumos paralelos, a maneira mais simples de realizar essa tarefa, segundo Wundt, era proceder a um estudo *direto* dos eventos mentais, através do método de introspecção. Mais tarde, a psicologia poderia encarar a questão de quais eram os processos corporais que acompanhavam determinados processos mentais mas esse problema era secundário. Skinner, entre outros, insistiu em que o estudo *direto do comportamento* tem mais probabilidades de ser proveitoso do que a tentativa de relacioná-lo com os processos fisiológicos.

Assim, Wundt incorporou à psicologia uma espécie de problema de dualismo. Também incorporou uma forte convicção na necessidade de empregar o método experimental. As suas pesquisas baseavam-se na introspecção de laboratório, não na introspecção de gabinete. Ele pretendia excluir da psicologia a especulação metafísica. Procurava constantemente modos experimentais para abordar os processos mentais. O experimentalismo de Wundt implicava que ele tinha aceitado as idéias necessárias que se desenvolveram no seio da ciência e que tinham de ser aceitas antes de uma *ciência* da psicologia poder se converter numa realidade: a necessidade de explicação interna, a confiança na observação e a colocação do homem no domínio do cientificamente cognoscível. A sua busca de elementos da consciência também mostrou a sua tentativa de simplificação, ou o seu reducionismo, se preferirem.

O laboratório de Leipzig, oficialmente fundado em 1879, também se encarregou de muitos problemas específicos que estavam aguardando uma psicologia. O problema do tempo de reação já foi mencionado. Os problemas da sensação e percepção foram herdados de Helmholtz, Fechner e outros.

Pouco havia em Leipzig que levasse a pensar nos precursores da psicologia no outro lado do Canal. Somente graças a um impetuoso e atrevido estudante americano, James McKeen Cattell, o laboratório de Leipzig se ocupou alguma coisa do problema das diferenças individuais a que se dedicara Galton. Com exatidão profética, Wundt classificou o interesse de Cattell como *ganz amerikanisch* (tipicamente americano). De fato, seriam as forças armadas, escolas e indústrias dos Estados Unidos que acabariam dando a maior ênfase aos testes de indivíduos para sua colocação mais eficiente.

Seria interessante descrever mais detalhadamente os começos da psicologia do que permite este breve relance mas o nosso propósito atual é, simplesmente, situar o campo da psicologia numa certa perspectiva, em relação com a sua história e com o seu papel na ciência moderna. Portanto, passaremos agora a examinar o objeto de estudo da psicologia, tal como se apresenta de um ponto de vista moderno. Isto nos dará uma base para comparar o que sabemos ser o objeto de estudo do nosso campo com os pontos de vista mais limitados sobre o mesmo a que usualmente aderem os membros das várias escolas mais antigas de psicologia. Também veremos mais adiante como o aparecimento de cada nova escola tende a ampliar as concepções anteriores sobre o objeto de estudo da psicologia.

OBJETO DE ESTUDO DA PSICOLOGIA MODERNA

Não existe uma forma de definir o objeto de estudo da psicologia de uma maneira que agrade a todos os psicólogos. Qualquer definição resulta ser demasiado exclusiva para que seja útil ou demasiado genérica para ser significativa. Entretanto, é possível esboçar algumas linhas aproximadas de demarcação.

Em primeiro lugar, há um acordo praticamente universal em que a psicologia estuda o comportamento do organismo. Há aqueles que sustentam veementemente que a psicologia também estuda a experiência; são refutados pelos behavioristas metodológicos, os quais acreditam que a experiência é *usada* pelo psicólogo em seus estudos mas não tem *status* especial como objeto de estudo para a psicologia. Preferimos delinear esta questão aqui e deixar um mais detalhado exame para o capítulo sobre o behaviorismo. Entrementes, consideraremos algumas limitações possíveis no tipo de comportamento estudado pelos psicólogos.

Muitas definições de psicologia estipulam que o comportamento a ser estudado deve ser emitido por um organismo intato ou que deve ser estudado em função de grandes unidades molares. Com esta última restrição, o bambolear de um morcego seria considerado uma unidade apropriada para estudo psicológico, enquanto que a flexão do braço esquerdo não seria. Outros excluiriam as unidades menores, moleculares, argumentando que não existe finalidade alguma em tais reações, embora esta crítica seja agora menos freqüentemente ouvida. De fato, nem a restrição dos organismos intatos, nem a das unidades molares, parecem justificar-se em termos do que os psicólogos estão realmente estudando hoje. Embora seja verdade que a maioria dos estudos se interessa pelas grandes unidades de comportamento, alguns teóricos (por exemplo, Guthrie, 1952) acreditam que a mais eficiente conceptualização e experimentação será em função de unidades mais elementares de comportamento, como as flexões dos músculos. Alguns estudos recentes usaram as contrações de *unidades motoras* individuais como variável dependente. Ninguém nega que os homens que realizam esses estudos sejam psicólogos. Portanto, parece não fazer sentido negar que o que eles estão estudando é psicologia. Concordamos com Bergmann e Spence (1944) que a escolha de unidades de estudo é uma questão de conveniência.

Do mesmo modo, não vemos razão alguma para estipular que a Psicologia, por definição, só pode estudar organismos intatos. Essa estipulação excluiria da psicologia muita experimentação interessante, por exemplo, a que se realiza com macacos com lesões cerebrais (Harlow, Davis, Settlage e Meyer, 1952). A linha divisória entre organismos intatos e não-intatos teria de ser cuidadosamente traçada; trabalhos recentes sobre os efeitos da estimulação elétrica e química em minúsculas áreas do cérebro (N. E. Miller, 1958a; Olds, 1955) teriam de ser levados ante um tribunal para uma sentença sobre se a lesão causada era suficiente para desqualificar o organismo como intato. Ora, tal espécie de discussão é perfeitamente estéril. Deixemos que o homem que se intitula a si próprio psicólogo estude o que muito bem lhe agrade. Poderemos descobrir muito melhor o que é a Psicologia se virmos o que ele está estudando.

A ciência (e a psicologia, como parte dela) estuda relações. O que é, pois, que a psicologia estuda, em relação a reações? A resposta parece ser esta: "Quase tudo o que *pode* ser relacionado." A psicologia de estímulo-reação (E-R) tornou-se hoje tão popular que obscurece o fato de muitas relações estudadas pelos psicólogos serem relações entre reações que ocorrem em dois tempos diferentes; por exemplo, as respostas num teste de inteligência, ou o QI resultante, podem ser relacionadas com outros números atribuídos (determinados pelas respostas) numa dada situação escolar ou industrial. Esta é uma parte importante da psicologia. As relações estímulo-reação também são importantes. Historicamente, foram objeto de estudo desde muito cedo. Bessel interessou-se nas relações temporais entre estímulo e reação e iniciou os experimentos sobre o tempo de reação; Helmholtz, com o seu interesse na relação entre a situação estimulante e o conteúdo da percepção, estava estudando, na realidade, uma relação fundamental entre o estímulo e a resposta verbal. Assim, dificilmente nos parece necessário reiterar a importância das leis que relacionam estímulos e reações (ou respostas).

Além disso, há muitos experimentos que relacionam certos antecedentes com o comportamento, antecedentes esses que não são estímulos nem respostas. Usualmente, caracterizam-se como *variáveis de estado* (ver Skinner, 1938); por exemplo, podemos modificar o estado de um organismo injetando-lhe certas drogas, extirpando parte do cérebro, administrando eletrochoques ou fazendo-o sofrer fome ou frio. Poderíamos estudar as diferenças individuais no comportamento; isto significaria um estudo dos efeitos exercidos sobre o comportamento por distintas condições iniciais de natureza e origem desconhecidas. Poderíamos, é claro, ampliar o conceito de estímulo, a fim de incluir todos esses exemplos de antecedentes mas isso, simplesmente, faria equivaler o "estímulo" a "qualquer condição antecedente que não chamamos resposta". A outra alternativa é preservar a definição ortodoxa geral de um estímulo como uma energia física que entra em contato com um receptor e assinalar que as variáveis de estado acima mencionadas não afetam exclusivamente os receptores.

Assim, uma rudimentar definição inicial de Psicologia poderia ser esta: "Psicologia é a ciência que estuda as relações entre os acontecimentos ou condições antecedentes e o comportamento conseqüente dos organismos." Isto é, reconhecidamente, uma definição muito ampla mas a Psicologia também se tornou um campo muito vasto. Até mesmo essa definição exclui muito trabalho que está sendo realmente feito, a menos que a nossa definição de "comportamento" abranja quase tudo, incluindo as mudanças no tamanho ou composição do cérebro, por exemplo. Uma definição mais estreita poderia separar, com maior clareza, a Psicologia do resto do corpo da Ciência mas nós achamos que ela não deve ser separada. Assim como, inicialmente, os fisiologistas se viram estudando problemas psicológicos, também o psicólogo estuda problemas fisiológicos para entender melhor a psicologia. Alguns dos primeiros estudos psicológicos eram psicofísicos. Os modernos psicólogos ainda fazem medições físicas para descrever os estímulos, de modo que subsiste uma certa sobreposição com a Física. São igualmente importantes e igualmente impressionantes as sobreposições no outro extremo da escala, com a sociologia e a antropologia. Felizmente, os psicólogos não dão provas de conhecerem a definição de sua ciência. Seus intelectos e experimentação encaminham-se para onde quer que seu trabalho prévio os conduza. Não restringiram seus interesses a nenhum campo claramente definido e dificilmente ajudará ao progresso da Psicologia (ou de qualquer ciência) ser taxativo e dizer: "Como psicólogo, eu estudarei unicamente ———." Os primeiros sistemas de psicologia teriam servido melhor a seus propósitos se tivessem sido menos prescritivos quanto ao objeto de estudo da Psicologia.

Poderíamos multiplicar indefinidamente os exemplos de estudos empreendidos pelos psicólogos. O seu âmbito é imponente, abrangendo desde o puro ao aplicado, do fisiológico ao sociológico, do experimental ao clínico e das cinco horas de observação aos cinqüenta anos. Estas atividades incluem a adaptação de simples modelos matemáticos às curvas de aprendizagem para ratos brancos; à determinação dos requisitos para trajos espaciais dos astronautas, dos efeitos da radiação sobre o comportamento e do impacto cultural da integração racial; à especificação dos papéis a serem desempenhados pelos homens e pelos computadores em sistemas industriais e militares muito complexos.

Estas são apenas algumas das diversas áreas situadas dentro dos limites do objeto de estudo da Psicologia. A Psicologia de hoje nega-se a ser limitada a um estreito objeto de estudo por definições formais ou prescrições sistemáticas.

A Psicologia e Uma Hierarquia da Ciência

Uma hierarquia da ciência está diagramada no Quadro 2-3. Os principais campos científicos estão ordenados em função da sua dependência dos que se encontram abaixo deles no Quadro: o que se toma como elementos em um nível do Quadro pode ser explicado nos termos de variáveis de um nível inferior, isto é, mais básico. Por exemplo, um biologista pode empregar o comportamento das células, individualmente consideradas, para explicar um comportamento mais molar, enquanto que as funções internas da célula podem ser explicadas em termos químicos e físicos, mediante uma referência às variáveis estudadas no nível inferior seguinte; o psicólogo pode deter a sua análise num reflexo, o qual, por sua vez, se explica em função de variáveis fisiológicas (ver a análise do Reducionismo no Capítulo 1).

As chamadas ciências instrumentais estão colocadas na base da hierarquia. A matemática e a lógica são apresentadas separadamente, se bem a última, numa acepção ampla, possa abranger a primeira. Tanto a matemática como a lógica não têm qualquer conteúdo empírico próprio mas cada uma delas pode servir a todas as ciências empíricas. As ciências naturais mais fundamentais, que são a física e a química, estão colocadas imediatamente acima das ciências instrumentais, visto que tratam da estrutura básica da natureza.

Seguem-se as ciências biológicas, em um nível de organização superior; elas ocupam-se da estrutura e função de um tipo especial de matéria física, aquela de que se compõe as plantas e os animais.

A ciência do comportamento, que inclui a psicologia como exemplo principal, está imediatamente interpolada entre as ciências biológicas e as ciências sociais. Todas estas disciplinas se ocupam dos organismos vivos, em diversos graus de relacionamento e, portanto, de complexidade. Se a psicologia tem suas raízes plantadas na biologia, as suas regiões superiores estendem-se claramente pelo mais complexo domínio da ciência social. O grau de aceitação das principais ciências sociais como ciência varia mas aqui são apresentadas segundo uma ordem crescente de complexidade. As técnicas científicas podem modificar-se, até certo ponto, com o progresso da ciência e a latitude com que possa aceitar-se o caráter científico de um estudo é questão de preferência individual.

QUADRO 2-3. Uma Hierarquia da Ciência e das Ocupações Científicas

	Campo Científico	*Profissões e Ocupações*	*Técnicos*
Social:	Ciência Política	Administrador de Cidade	
	Economia	Contador Público	Guarda-Livros
	Sociologia	Assistente Social	
Comportamental:	Psicologia Social	Fiscal de Liberdade Condicional	Agente Policial
	Psicologia	Psicólogo Clínico	Psicometrista
Biológico:	Etologia	Diretor de "Zoo"	Funcionário de "Zoo"
	Fisiologia	Médico, Cirurgião	Técnico
	Embriologia		
	Genética		
	Zoologia	Veterinário	
	Botânica	Horticultor	
Físico:	Biofísica		
	Bioquímica		Farmacêutico
	Astronomia	Navegador	Marinheiro
	Geologia		
	Química Física Físico-Química	Engenheiro	Desenhador
Instrumental:	Matemática	Estatístico	Operador de contômetro ou de calculadora
	Lógica	Programador (Computador)	

A hierarquia das ciências poderia ser igualmente disposta num círculo, em vez de se dispor ao longo de uma linha, visto que, perguntar-se-á, quais são as ciências básicas para a matemática e a lógica? A resposta, se acaso existe alguma, deve ser que a psicologia e as ciências sociais estão subjacentes nessas ciências básicas, uma vez que a matemática e a lógica são construções dos homens e, portanto, as ciências que estudam o homem devem fornecer uma explicação da construção daquelas. Decorre deste ponto de vista que as ciências deveriam ser dispostas numa espécie de círculo mágico, como as cores numa roda cromática, ou deveríamos considerar as ciências como essencialmente unitárias.

Desta proposta de uma disposição circular e não linear das ciências deve ficar claro que não se trata de uma simples questão de relacionar as várias disciplinas. Uma questão intimamente aparentada é vista nos debates entre mecanicistas e vitalistas ou, mais geralmente, entre reducionistas e emergentistas. O reducionista defenderia uma disposição linear das ciências e uma redução final das disciplinas superiores, mais molares, aos conceitos e princípios das disciplinas inferiores, mais básicas. O emergentista argumentaria que novos princípios surgem com a organização mais molar e complexa da matéria; e uma disciplina molar deve reconhecer esse surgimento se espera realizar algum progresso. Por exemplo, o emergentista torna-se vitalista se argumentar que novos princípios são necessários para descrever a vida — que esta não é redutível a princípios físico-químicos; o emergentista torna-se mentalista se argumentar que o funcionamento da mente envolve princípios emergentes inimitáveis. Provavelmente, tanto a posição do reducionista extremo como a do emergentista extremo não são satisfatórias. Esta questão é demasiado complexa para que possamos tentar elaborá-la aqui; Turner (1971) dedicou a essa questão a totalidade do seu altamente sofisticado livro.

A única maneira adequada de diferençar um campo ou objeto de estudo científico é em função dos tipos de variáveis que são tratados. Esse gênero de distinção é o que está subentendido nas disposições hierárquicas do Quadro 2-3. São indicados os campos interdisciplinares, como a Bioquímica, a Biofísica e a Psicologia Social, para chamar a atenção sobre o fato de que os antigos limites entre os campos são inteiramente arbitrários, tendo sido amiúde fixados por um acidente histórico, e não representam linhas divisórias imutáveis. Algumas das investigações mais interessantes e de maior importância foram realizadas nos campos interdisciplinares. À medida que a pesquisa progride num campo interdisciplinar, o novo campo consolida-se e é cada vez mais reconhecido como um objeto de estudo ou disciplina por direito próprio (por exemplo, a Bioquímica, a Biofísica). A crescente diferenciação ocorre à medida que o corpo de ciência se amplia e justifica a progressiva especialização.

Quando as fronteiras ficam repletas de zonas interdisciplinares, a ciência torna-se, ao mesmo tempo, mais integrada e mais diferençada. As relações entre os campos tradicionais passam a ser melhor compreendidos. Um excelente exemplo seria um campo bem definido e consolidado de Física e Química. Um campo interdisciplinar nasceu, a Físico-Química. Entretanto, mesmo ao tornar-se diferençado como campo de estudo, a distinção entre Física e Química tornou-se tão vaga e imprecisa que já não é possível considerá-las campos disciplinares nitidamente distinguíveis.

Como aditamento a essa organização das ciências, indicamos à direita do Quadro 2-3 os campos de aplicação mais estreitamente relacionados com cada uma das ciências. Estão colocados sob a rubrica "Profissões e Ocupações" e o pessoal envolvido é geralmente designado como praticantes nesses campos científicos. Essas pessoas não são, em qualquer acepção rigorosa, cientistas. Elas *não* são cientistas aplicados, se bem que a designação pareça ajustar-se-lhes logicamente. São os *usuários* do conhecimento científico e dos desenvolvimentos tecnológicos. Não há razão para que não possam empreender também um trabalho científico. Na medida em que o façam, serão cientistas. Isso implicaria que eles estão ativamente empenhados em descobrir, mediante métodos científicos, novos conhecimentos, visto ser esta a característica que distingue o cientista.

De um modo geral, os vários técnicos situam-se num nível algo inferior de preparação, adestramento e competência. Como técnicos, não formulam diagnósticos nem prescrevem tratamentos; mas, em contrapartida, fornecem importantes informações técnicas e serviços ao profissional. O técnico de laboratório médico e o psicometrista são representantes conhecidos. Outros exemplos enumerados são menos claros, dado que muitas tarefas de nível técnico podem ser desempenhadas por pessoas que carecem de um verdadeiro adestramento técnico e também porque certas ocupações são difíceis de classificar com rigor. Por exemplo, um farmacêutico é um profissional ou um técnico? Esta ambigüidade explica os espaços vazios na última coluna do Quadro 2-3. Nenhum motivo impede que esses técnicos possam ser também profissionais ou mesmo cientistas. Mas, nesse aspecto, eles estão usualmente em desvantagem, em virtude da natureza especializada de sua preparação, comparada com a mais extensa formação e adestramento dos cientistas e profissionais. As suas condições de emprego criam pesadas exigências de serviço, as quais limitam o tempo que poderiam devotar a outras preocupações. Este fator também costuma limitar freqüentemente os psicólogos clínicos (para não falarmos dos professores em algumas faculdades e institutos!) em seus propósitos de fazer pesquisa científica.

Ao considerar os três tipos de atividade que delineamos aqui, é necessário lembrar que, na vida real, as distinções são freqüentemente toldadas; quer dizer, um determinado indivíduo pode não só desempenhar mais de um papel ao mesmo tempo mas também pode mudar de um para outro, à medida que progride a sua preparação ou quando muda de ocupação. A anulação parcial ou total da distinção entre cientista e profissional tornou-se muito pronunciada, em anos recentes, nos vários campos da engenharia; físicos e engenheiros empreenderam, ombro a ombro, toda a sorte de trabalhos em novas áreas, como o desenvolvimento da energia nuclear. Entretanto, a maioria dos indivíduos pode ser claramente colocada numa única categoria.

Um quarto tipo de profissional, menos estreitamente relacionado do que os outros com o mundo acadêmico, é o inventor. O seu principal objetivo é o desenvolvimento de novos tipos de aparelhos e dispositivos. Neste sentido, ele pode ser considerado um tipo especial de engenheiro ou mecânico. Poderá ter também interesses científicos e realizar importantes descobertas científicas mas isto não tem por que ser, necessariamente, uma parte de seu papel como inventor. Na prática, poderá ser impossível, por vezes, construir um novo aparelho sem que algum progresso científico pertinente tenha ocorrido preliminarmente e o inventor, nesse caso, poderá converter-se em cientista aplicado e tentar produzir o avanço necessário.

Ciência Pura e Ciência Aplicada

Não pode ser traçada uma linha firme entre os cientistas *puros* e *aplicados*. A única maneira de separá-los é em termos de suas respectivas motivações; e isto é um problema deveras delicado e cheio de espinhos, como os estudantes de Psicologia devem saber. Entretanto, pode ser estabelecida uma distinção rudimentar mas básica. Os cientistas puros são pessoas interessadas, primordialmente, na descoberta de novos fatos e no desenvolvimento de teorias, sem qualquer interesse imediato na aplicação desse conhecimento. Os cientistas aplicados são pessoas que têm o mesmo objetivo primário mas também um interesse imediato na utilidade de tal conhecimento. Existe a tendência para algumas diferenças nas espécies de problemas com que cada cientista se ocupa mas é impossível estabelecer distinções precisas entre os tipos de problemas. O cientista aplicado escolhe para investigação variáveis e relações que parecem imediatamente vinculadas a algum problema prático.

Muitos cientistas aparentemente aplicados fizeram contribuições de grande importância para o conhecimento básico. Por exemplo, o interesse primário de Pasteur era a produção de vacinas mas ele também foi decisivo e é hoje mais conhecido pelo desenvolvimento da teoria dos germes como explicação de doenças. Por outra parte, muitos cientistas aparentemente puros descobriram fatos e apresentaram teorias que foram aplicados, mais ou menos diretamente, a problemas práticos. O exemplo mais recente e mais espetacular de tal trabalho é a contribuição de um grande número de físicos matemáticos cujo trabalho, de uma forma ou de outra, foi utilizado no desenvolvimento da energia atômica. Este exemplo de colaboração entre as profissões científicas e a engenharia é característica de muitos outros casos menos óbvios e ilustra o fato de que a utilidade fundamental de novos conhecimentos não pode ser facilmente prevista de antemão (Bronk, 1954).

PROBLEMAS ESPECIAIS RELACIONADOS COM O OBJETO DE ESTUDO DA PSICOLOGIA

Controles

Enfatizamos o fato de que o controle é essencial ao desenvolvimento da ciência. Só através de medições adequadas podemos estar certos de que as relações presumidas entre variáveis são realmente válidas. Fundamentalmente, a Psicologia não difere de qualquer outra ciência no tocante à sua necessidade de controle. Difere, *sim,* na sua capacidade de impor os necessários controles, especialmente quando o objeto de nossa curiosidade é o comportamento humano. Por exemplo, podemos perguntar-nos se a percepção da forma, no ser humano, depende muito ou pouco das primeiras experiências com o mundo visual. Para investigar este problema, necessitaremos de um grupo de crianças que tenha sido privado de toda e qualquer estimulação visual durante períodos variáveis, em seus primeiros tempos de vida. Onde obter um suprimento de tais crianças? O nosso sistema de valores não aceita um tratamento dessa espécie. Podemos perguntar-nos se o isolamento social na infância é propício ao desenvolvimento da esquizofrenia; mas teremos aqui o mesmo problema de carência ou inacessibilidade de sujeitos. Poderemos querer estudar os efeitos do acasalamento de indivíduos com certas características sobre os padrões de comportamento da progênie — mas quem empreenderia esse acasalamento cuidadosamente controlado? Os exemplos podem ser multiplicados *ad infinitum.*

E óbvio que existem limites às manipulações que podemos efetuar com sujeitos humanos. É certo que, se esperarmos o suficiente, os eventos que desejamos podem acontecer por acaso ou também podemos reunir casos isolados que representem algo do tipo de tratamento que precisamos. Mas o progresso da ciência é freado quando temos de esperar que ocorram os eventos desejados.

A Psicologia e a Astronomia estão, neste aspecto, numa posição semelhante; o astrônomo deve esperar, por exemplo, até que Marte se avizinhe da Terra para poder realizar suas observações mais úteis daquele planeta. Com o desenvolvimento dos veículos interplanetários, o astrônomo talvez se encontre hoje numa situação mais cômoda. Com a preocupação crescente pela proteção dos direitos dos sujeitos, o psicólogo, pelo contrário, talvez esteja agora numa situação pior!

É largamente devido a essa espécie de limitação que muitos psicólogos se voltaram para o estudo de animais. As limitações de controle com animais são muito menos severas, de modo que o psicólogo não precisa esperar pela ocorrência ocasional da situação que deseja observar.

A Psicologia, como a Física, tem um problema com as suas observações. O princípio de Heisenberg estabelece limites claros, matematicamente enunciados, sobre a exatidão com que partículas elementares podem ser observadas. Em Psicologia, os problemas de observação não podem ser tão claramente formulados mas, não obstante, eles são muito sérios na prática. Os recentes trabalhos de Rosenthal (1966, 1968a, 1968b) são os mais conhecidos, correntemente, entre as investigações dos efeitos do experimentador sobre o resultado da experiência. Tipos óbvios de efeitos envolvem a tentativa consciente ou inconsciente de influenciar o resultado, de modo que este se coadune melhor com a hipótese fundamental do experimentador e com o registro dos resultados, de tal forma que a sua hipótese seja corroborada. Exemplos menos óbvios de tendenciosismo, por parte do experimentador, incluem a atuação diferente em relação a sujeitos masculinos e femininos (Rosenthal, 1968a). Alguns tipos de erros na experimentação poderiam ser evitados desde que o experimento seja conduzido por computador. Outros podem ser evitados pelos procedimentos usuais de "cortina dupla" *(double blind)*, em que as pessoas que conduzem o experimento ignoram em que condição se encontra qualquer sujeito, até que os dados sejam obtidos e registrados. Ainda outros — como sorrir mais para os sujeitos femininos se o experimentador é homem — devem ser especificamente frustrados, mesmo nos procedimentos de "cortina dupla", se um experimentador humano estiver envolvido. Esses problemas surgem porque as pessoas, como as partículas, são extremamente sensíveis aos efeitos da observação. Mesmo os animais inferiores revelam claramente essa propriedade no nível de comportamento ostensivo; todo o experimentador que utiliza ratos e tenha empregado câmaras operantes de plástico transparente já notou que os ratos ficam observando o experimentador por longos períodos de tempo, preferindo, aparentemente, essa atividade exploratória àquela que o animal faminto "deveria" estar fazendo: empurrar uma barra para receber alimento. A sensibilidade do rato às idéias preconcebidas do experimentador também já foi documentada (Rosenthal e Lawson, 1964).

Quantificação

A matemática é uma linguagem especializada. Está intimamente relacionada com a lógica. Ambas são abstratas, ambas estão algo distanciadas da linguagem da vida cotidiana e ambas possuem uma gramática que é restrita e precisa. Essas características tornaram úteis os sistemas simbólicos especializados para as ciências bem estabelecidas, especialmente a Física e a Química. Contudo, a matemática e a lógica são *unicamente* sistemas simbólicos e não existe neles qualquer magia. Empiricamente, são sistemas abstratos que só são testáveis quando lhes é dado algum conteúdo observacional. Deste ponto de vista, a utilidade científica de tais sistemas depende da sua capacidade de produzir previsões empíricas. Essas previsões devem ser válidas, pois, dentro dos eventos empíricos com os quais se tenha coordenado uma matemática ou uma lógica adequada, através de definições mais ou menos precisas.

Diferentes tipos de matemática são úteis para diferentes problemas, inclusive na Física. Por exemplo, o sistema de números complexos é útil para os problemas de circuitos elétricos e a geometria não-Euclideana é útil para a teoria da relatividade. Vimos no capítulo prévio que o "caminho óctuplo" requeria ainda um outro tipo. Um tipo inadequado de matemática conduziria somente à confusão, em qualquer caso dado. A única forma de descobrir se uma dada matemática, ou lógica, ou geometria, é útil para testar um sistema empírico determinado é estabelecer as definições adequadas que relacionem o sistema simbólico com o empírico. Estas regras são regras para medição. Pode, inclusive, ser impossível concluir o passo de definição. Sendo assim, poderemos então ver se as previsões feitas na base das deduções permissíveis, dentro do sistema simbólico, conduzem a algo que tenha sentido empírico ou a algo que seja empiricamente absurdo.

A Psicologia ainda não foi tão bem sucedida quanto as ciências mais antigas em suas tentativas de aplicar um tratamento matemático aos seus problemas. Entretanto, existem muitos livros recentes sobre os progressos matemáticos em Psicologia e o *Journal of Mathematical Psychology* é exclusivamente dedicado a tais progressos. Esses desenvolvimentos indicam que importantes esforços estão sendo feitos e um substancial progresso já foi conseguido nessa direção.

Antes de podermos usar a matemática, devemos estabelecer as relações requeridas entre o objeto empírico de estudo e a matemática que desejamos utilizar. A este processo dá-se o nome de *quantificação,* quando empregamos a matemática ordinária dos números reais. Uma designação mais geral para o estabelecimento da relação requerida com os elementos de qualquer sistema matemático é a de *construção de escalas (scaling).* Stevens (1951), entre outros, examinou os diferentes tipos de construção de escalas. Usualmente, a Psicologia teve de contentar-se em coordenar o seu objeto de estudo com espécies de sistemas mais frágeis do que a matemática dos números reais; a maior parte do nosso material de estudo é tratada, unicamente, com a linguagem do mundo cotidiano e as probabilidades são avaliadas com estatísticas que podem ou não ser adequadas.

O objeto de estudo da Psicologia prestar-se-á à medição tradicional e à matemática tradicional ou são necessários alguns sistemas simbólicos diferentes? É demasiado prematuro, na história da nossa ciência, para que se conheçam já as respostas a tais interrogações. Por outro lado, Weitzenhoffer (1951) sugeriu que os psicólogos persistem em suas tentativas de medir da maneira tradicional, e Reese (1943) recomendou que fôssemos em frente e usássemos a matemática como se estivéssemos justificados para fazê-lo, tendo sempre o cuidado de lembrar o que as nossas medições significam e não lhes atribuindo significado algum, além das operações realizadas. Por outro lado, Stevens (1955) declarou que a fraqueza das operações de medição em psicologia invalida muitos dos testes estatísticos efetuados. Contudo, Burke (1963) defendeu a propriedade das nossas estatísticas, em muitos casos, apesar da fraqueza das nossas medições; e alguns estudos (Box, 1953) indicam que os testes estatísticos são aproximadamente corretos, em muitos casos, apesar das violações dos pressupostos em que se baseiam (isto é, os testes são "robustos").

Stevens (1968), que tem sido um advogado da limitação das operações estatísticas, de acordo com as operações de medição que produziram os números, ampliou e aclarou o diálogo. Ele sublinhou, como nós próprios fizemos, que a ciência tem por tarefa relacionar as estruturas empíricas com as estruturas simbólicas. As estatísticas podem, de fato, continuar com as suas manipulações, independentemente do caráter das medições que produziram os seus números. Entretanto, a interrogação decisiva é esta: Qual será o efeito disso sobre o esforço "esquemapírico", em seu todo? Isto é, na tentativa global de mapear os domínios empíricos em conjunto com os domínios simbólicos? Burke tem defendido a máxima liberdade para o estatístico e Stevens a máxima prudência. Em seu artigo de 1968, Stevens advoga o cálculo, em vez do debate, a fim de apurar até que ponto uma estatística inadequada é suscetível de levar a uma conclusão discordante. (Burke acrescentaria que, paradoxalmente, há casos em que uma estatística inapropriada é menos suscetível de conduzir a uma conclusão divergente do que uma estatística apropriada.) De qualquer modo, Stevens parece disposto a submeter questões sobre medições e sua relação com a estatística ao julgamento final do tempo — e nós também.

Em vista deste estado de coisas bastante confuso, não podemos afirmar com segurança que a quantificação seja inusitadamente difícil para a psicologia ou mais difícil do que para as demais ciências; na fase atual, *parece* mais difícil. Certamente, é necessário que mais psicólogos aperfeiçoem o seu tratamento da matemática, das medições e da lógica. Podem usar ou desenvolver sistemas sofisticados, coordenações adequadas dos sistemas existentes com os problemas psicológicos ou ambas as coisas. Os psicólogos devem preocupar-se com o emprego de sistemas dedutivos, antes da Psicologia poder se considerar uma ciência completa e acabada. Não podemos dizer se, no presente, existem dados empíricos suficientes ao nosso alcance, a fim de se fazerem amplas tentativas proveitosas desse tipo.

Alguns argumentaram contra a conveniência da quantificação. Esses críticos dizem que as tentativas de quantificação tendem a interferir com o significado dos fenômenos em questão. Outros argumentam que a tentativa de quantificar é um exemplo do rabo que aciona o cachorro, do método que desnecessariamente restringe o problema. Esses críticos sustentam que a quantificação só tem êxito se o problema tratado for de tal forma limitado que perca todo o seu significado. Nenhum desses argumentos pode ser positivamente refutado mas a utilidade da quantificação nas outras ciências fala contra a sua aceitação prematura. A quantificação é uma ferramenta e não um fim em si mesma; e acreditamos que a maioria dos psicólogos reconhece claramente esse fato.

A quantificação e o tratamento matemático têm, pelo menos, duas vantagens: os enunciados são precisos e claros e a riqueza das possibilidades dedutivas é grandemente aumentada. As razões para a maior clareza são o enunciado explícito de regras para a dedução, dentro de sistemas matemáticos, e a necessidade, antes que a medição possa ter lugar, de regras de correspondência entre os acontecimentos e os símbolos numéricos empregados. A "riqueza de possibilidades dedutivas" pode ser ilustrada por um exemplo que utiliza a linguagem psicanalítica. Suponhamos que se diz que toda a neurose é causada pela expressão simbólica de conflitos intrapsíquicos. A implicação (dedução?) desse enunciado parece estar limitada à expectativa de que, sempre que encontrarmos um caso de neurose, descobriremos também a expressão simbólica de conflitos intrapsíquicos. Provavelmente, formularíamos muitas outras questões, para as quais a forma não-quantitativa do enunciado não fornece respostas. Quanta neurose encontraremos para quanto conflito intrapsíquico? As operações de medição da neurose serão diferentes das que medem um conflito intrapsíquico? (Se assim não for, o enunciado é circular e limitado.) Qual é o enunciado matemático da relação quantitativa entre os dois estudos? (Por exemplo, se a neurose for simbolizada por N e o conflito intrapsíquico por C, poderia ser que $N = C$, $N = 1/2\ C^2$ ou $N = 1/4\ C^3 +$ uma constante.) Se tivermos operações de medição e a relação funcional, por exemplo, $N = 1/2\ C^2$, poderemos fazer uma quantidade infinita de previsões exatas, quer a partir dos valores de N para os de C ou dos valores de C para os valores de N, dependendo do que medirmos primeiro. Tais possibilidades dedutivas são certamente "ricas".

Deutsch, Platt e Senghass (1971) concluíram que dois terços de todos os principais progressos na ciência social, entre 1900 e 1965, envolveram um componente quantitativo. A Psicologia que estava entre as ciências consideradas, foi líder nas contribuições. Se esses autores avaliaram a situação corretamente, não pode haver lugar para dúvidas quanto à quantificação *já* ter sido proveitosa para a Psicologia e podemos razoavelmente esperar um cada vez maior benefício, decorrente dos esforços dos psicólogos para se equiparem sempre melhor no uso da quantificação.

Subjetivismo

A Psicologia envolve o estudo de organismo vivos, freqüentemente de pessoas. Parece ser mais difícil adotar atitudes científicas isentas de preconceitos em relação a esse objeto de estudo do que em relação a qualquer outro. Sem dúvida, o estudante de Medicina tem certas apreensões quando retira o seu primeiro cadáver do formaldeído e parte dessa apreensão decorre, indubitavelmente, da compreensão de que o objeto da sua investigação e dissecação tem acentuadas semelhanças com ele próprio. A Psicologia teve algumas dificuldades do mesmo gênero; como os psicanalistas diriam, houve resistências à aceitação de certas idéias, entre elas, a idéia básica de que o comportamento do homem possa ser cientificamente estudado — especialmente se o homem formos nós próprios.

Além disso, o próprio psicólogo tem dificuldade em conseguir objetividade, no que se refere ao seu domínio. Como os psicólogos são pessoas, têm uma tendência a antropomorfizar. Os objetos de estudo psicológico parecem especialmente receptivos à projeção das nossas próprias idéias, mesmo na ausência das provas mais modestas. Também é particularmente estridente o apelo do senso comum, quando acreditamos compreender a humanidade pelo simples fato de sermos humanos. Entretanto, os fatos podem ser inteiramente diversos; poderíamos chegar a uma compreensão nem sequer sonhada se fôssemos marcianos estudando o homem à luz fria de um dia terrestre.

Complexidade

Em certos sentidos, o objeto de estudo da Psicologia parece ser mais complexo que o de muitas ciências. De um ponto de vista reducionista, por exemplo, seria preciso entender muito de química para compreender a natureza da transmissão neural, o que, por sua vez, muita gente acredita ser um requisito prévio para a compreensão completa do comportamento. Contudo, o biologista poderia argumentar que o seu campo é igualmente complexo nesse aspecto; e o sociólogo argumentaria que o seu campo é ainda mais complexo, pois a compreensão dos indivíduos seria presumivelmente necessária para entender o comportamento social.

Uma outra e, talvez, mais fundamental maneira em que a complexidade pode ser definida é em função do número de variáveis interatuantes que são eficazes na determinação de alguma conseqüência. Certamente, o comportamento parece ser influenciado por uma grande quantidade de tais variáveis. Mas a mesma coisa pode ser dita de muitas outras ciências e fica ainda por descobrir quantas variáveis importantes operam na determinação do comportamento.

O grau de complexidade que se atribui a um objeto de estudo pode depender da fase de desenvolvimento da ciência que se ocupa dessa matéria. No começo, o objeto de estudo pode parecer simples. Contudo, à medida que se coletam os fatos, os problemas desenvolvem-se e o campo começa a ter um aspecto bem mais complexo. O desenvolvimento de instrumentação especial poderá revelar novas complexidades, mesmo quando resolve antigos enigmas; por exemplo, o microscópio revelou uma variedade surpreendente de vida microrgânica, ao mesmo tempo que tornava as doenças compreensíveis. Na psicologia fisiológica, o equipamento para registrar potenciais bioelétricos desempenhou um papel semelhante. À medida que as teorias se desenvolvem, elas desempenham uma função análoga em relação à complexidade. No início, a teoria parece resolver problemas, se bem que sugira observações adicionais para a sua própria avaliação. A complexidade inicialmente reduzida parece retornar sempre, logo que são realizadas observações desconfirmatórias. O grau de complexidade manifesta pode flutuar, retornando assim ao lado mais elevado depois de, por algum tempo, ter estado, aparentemente, no lado inferior. No momento atual, a Psicologia parece estar em processo de mergulhar numa complexa abundância de fatos e isto poderá explicar a sua evidente complexidade.

Assim, o argumento usual de que o objeto de estudo da Psicologia é mais complexo do que de outras ciências não assenta em bases completamente firmes. Não obstante, os psicólogos estão de acordo em que o objeto de estudo é suficientemente complexo para eles — em muitos casos, francamente confuso. Talvez outros 100 anos de estudo venham a dar uma melhor indicação da complexidade relativa. No nosso atual estado de ignorância, é atraente o argumento de que muitas dificuldades da Psicologia podem ser explicadas dessa maneira.

A nossa tese geral foi que os critérios aplicáveis à ciência, como um todo, também se aplicam à Psicologia. O exame de problemas que parecem acentuar-se por causa da natureza do objeto de estudo não deve ser interpretado no sentido de que a Psicologia esteja, de forma nenhuma, separada da ciência. Segue-se que a Psicologia compartilha dos problemas gerais da ciência e encontrará suas soluções especiais como as demais ciências o fizeram. Talvez o único problema que não pode ser evitado é que a ciência só pode avançar mediante trabalho — e o trabalho exige tempo.

A Psicologia não tem ainda o número suficiente de anos para resolver todos os seus problemas. A fraqueza que iremos encontrar nos seus sistemas e teorias existe, em parte, por essa razão.

RESUMO E CONCLUSÕES

Muitas idéias científicas tiveram que se desenvolver dentro da ciência antes que a Psicologia pudesse surgir. Entre essas idéias destacaram-se as seguintes proposições: que a explicação de um evento deve ser procurada dentro do mesmo sistema em que o evento ocorreu; que a observação é o árbitro da verdade científica e que o homem é uma parte da ordem natural. Por conseguinte, o comportamento do homem pode ser cientificamente estudado para determinar as leis que governam esse comportamento.

A Psicologia herdou certos problemas, por causa da sua pré-história imediata, dentro da ciência e da filosofia. Entre tais problemas estavam o da relação entre os aspectos mental e físico do homem; a explicação da fisiologia da percepção e dos conteúdos perceptuais; a determinação da base para a descrição da equação pessoal; e a análise das diferenças individuais e da hereditariedade. Os efeitos desses problemas sobre a psicologia experimental, tal como foi concebida pelo seu fundador, Wilhelm Wundt, foram examinados sucintamente.

O objeto de estudo da psicologia moderna foi definido em termos amplos. Sublinhou-se a intensificação de certos problemas científicos, devido à natureza do objeto de estudo: a dificuldade das condições de controle foi acentuada, o problema da quantificação tornou-se mais difícil, o objeto de estudo dispõe o psicólogo ao subjetivismo e o mesmo objeto de estudo cresce em complexidade. Estes problemas não são exclusivos da Psicologia mas parecem agravar-se nela.

Leituras Recomendadas

Sobre os antecedentes históricos gerais da Psicologia, o estudante pode consultar: *History of Experimental Psychology,* de Boring (1950) ou *Historical Introduction to Modern Psychology,* de Murphy (1949). Os cinco volumes de material autobiográfico organizados por Murchison (1930-1936), por Boring e outros (1952), e por Boring e Lindzey (1967), são extremamente valiosos para a compreensão de alguns fatores pessoais, habitualmente em segundo plano, nas carreiras de muitos homens historicamente importantes no campo psicológico. *A Source Book in the History of Psychology* (1965), fornece uma seleção de clássicos desde Aristóteles a McDougall, para o estudante que goste de uma história em primeira mão. Para uma orientação geral na história da Ciência, podem ser recomendadas as seguintes obras clássicas: *On Understanding Science: A Historical Approach,* de Conant (1947) e *Harvard Case Histories in Experimental Science,* do mesmo autor (1957); *Origins of Modern Science: 1300-1800,* de Butterfield (1957); e *Guide to the History of Science,* de Sarton (1952). O leitor que quiser aprofundar-se nesta área dispõe de uma grande variedade de obras de filosofia da ciência. São particularmente pertinentes à questão mente-corpo: *Concepts, Theories, and the Mind-Body Problem,* volume organizado por Feigl, Scriven e Maxwell (1958) e publicado como o Vol. II nos *Minnesota Studies in the Philosophy of Science.* O Vol. I desta mesma série, organizado por Feigl e Scriven (1956) e intitulado *The Foundations of Science and the Concepts of Psychology and Psychoanalysis,* também contém numerosos estudos informativos. *Current Issues in the Philosophy of Science,* de Feigl e Maxwell (1961), contém ensaios e refutações lidos em simpósios durante as reuniões de 1959 da Associação Americana para o Progresso da Ciência. Existem numerosos livros de leituras neste campo como, por exemplo, *Philosophy of Science: A Reader,* de Danto e Morgenbesser (1960); *Readings in Philosophy of Science,* de P. P. Wiener (1953); *Readings in Philosophical Analysis,* de Feigl e Sellars (1949); e *Readings in the Philosophy of Science,* de Feigl e Brodbeck (1953). A melhor introdução aos problemas da matemática, medição e suas relações com a estatística pode ser obtida através da leitura do capítulo de Stevens, intitulado "Mathematics, Measurement, and Psychophysics", em seu *Handbook of Experimental Psychology* (1951); também deve ser lido o capítulo "Measurement Scales and Statistical Models", de Burke, que figura em *Theories in Contemporary Psychology,* de Marx (1963).

3. SISTEMAS E TEORIAS

O nosso propósito, no presente capítulo, é preparar o cenário para uma avaliação crítica de sistemas e teorias. Serão definidos termos, delineada a natureza de sistemas e teorias e proporemos alguns requisitos. Se bem que muitas das questões levantadas sejam passíveis de controvérsia, esperamos fornecer uma base que torne essa controvérsia significativa.

DEFINIÇÕES DE TERMOS BÁSICOS

Definição

O *Webster's Third New International Dictionary* fornece o seguinte significado da palavra *definir:* "Determinar com precisão ou expor claramente as fronteiras de... Distinguir contornos ou características." Esta definição de *definir* está em perfeita concordância com uma representação geométrica do processo de classificação dada por Sebestyen (1962). Como parece que esse tipo de procedimento de classificação é uma formalização da usual abordagem menos formal e mais intuitiva de definição, descreveremos uma versão simples do que é classificação. Acreditamos que poderá resultar dessa abordagem formal um ganho substancial para a compreensão.

Representação Geométrica Simples. O procedimento de Sebestyen começa com uma simples representação geométrica. A filiação numa classe é determinada observando-se se um evento particular a ser classificado se situa numa região geométrica. Se existem unicamente duas "características" ou "medidas" de objetos consideradas, a representação geométrica pode ser em duas dimensões e as regiões definidoras podem ser áreas num espaço bidimensional, uma dimensão para cada característica sob consideração. A Figura 3-1 é uma representação abstrata de um espaço de classificação com duas regiões delineadas, uma para cada uma de duas classes. Cada classe tem por centro um ponto que é a sua melhor representação. Note-se que o "melhor" exemplo, ou exemplo "prototípico" de um membro da classe 2 tem um valor de 2 na característica 1 e um valor de 2,5 na característica 2. Tudo o que se situar dentro da gama de 1 a 3 na característica 1 e dentro da gama de 1,5 a 2,5 na característica 2 é "definido" como pertencente à classe 2. A classe 1 é definida dentro do mesmo "espaço de classificação" mas difere na definição.

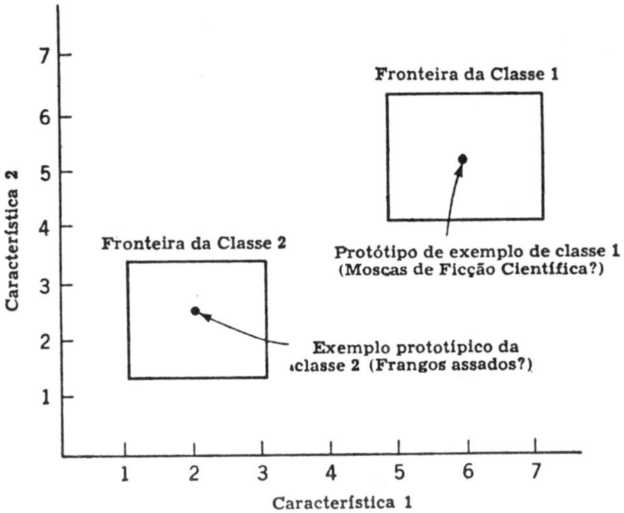

FIGURA 3-1. Um esquema de classificação que formaliza as propriedades das definições.

Se a característica 1 fosse o número de pernas e a característica 2 fosse o número de libras, então a classe 2 incluiria assar frangos. Filhotes de macaco também se ajustariam. O leitor poderá pensar em outros exemplos interessantes. A classe 1 é mais difícil de povoar. Acodem à idéia os insetos da ficção científica; animais de seis patas e 5 ou 6 libras de peso são raros (cremos que felizmente) entre as criaturas terrestres.

Ao estabelecer uma definição, o definidor tem liberdade de usar as características que preferir. Este tipo de formalização não está limitado a duas características; um número infinito de características poderá acomodar-se-lhe. A representação geométrica bidimensional pode dar conta apenas de duas características; para três características, pode ser usado o espaço tridimensional. A definição de classe será representada por um volume, dentro do espaço tridimensional. Se a representação do elemento em questão, dentro do espaço característico, se situar no interior do volume, é um membro da classe. Se forem usadas mais de três características, então a situação deverá ser representada algebricamente, não geometricamente.

Representação Algébrica. A representação algébrica do exemplo específico já citado seria a seguinte. As características importantes são o número de pernas e o peso em libras, por essa ordem. O exemplo prototípico da classe 1 seria escrito como (6,5); o exemplo prototípico da classe 2 seria escrito como (2, 2,5). A definição de classe para a classe 1 seria ($5 < C_1 < 7$; $4 < C_2 < 6$). Isto significa, simplesmente, que qualquer objeto para o qual a característica 1 está entre 5 e 7 e a característica 2 está entre 4 e 6, situa-se na classe 1. As definições que dependem de qualquer número de características podem ser tratadas aproximadamente dessa maneira, bastando para tanto aumentar o número de características para as quais se estabeleceram o número prototípico e os limites.

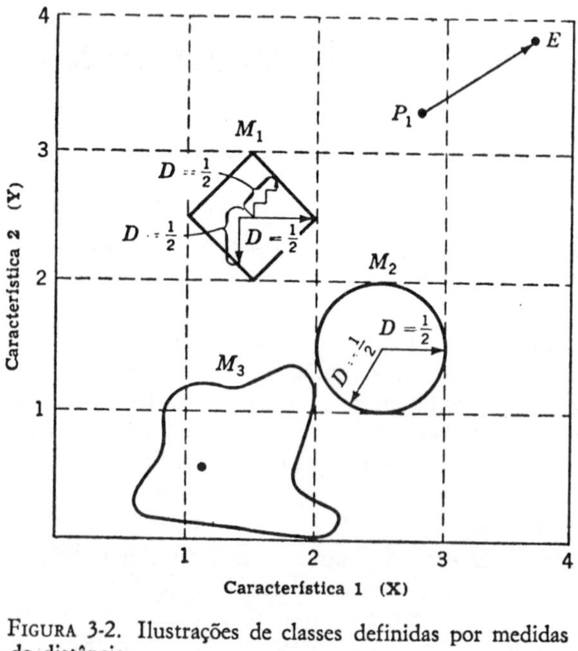

Figura 3-2. Ilustrações de classes definidas por medidas de distância.

Um método mais econômico para fixar limites de classe, o qual pode ser usado em muitos casos, envolve o estabelecimento de uma fronteira em cada classe, indicando-se uma "distância" em relação ao elemento prototípico, dentro da qual um elemento a ser classificado pode se considerar um membro da classe. A Figura 3-2 ilustra os conceitos pertinentes. No canto superior direito estão dois pontos ligados por uma linha; a linha é a distância entre os dois pontos P_1 e E. P_1 representa o valor prototípico para alguma classe. E representa um elemento cuja distância do ponto prototípico vai ser determinada. Usualmente, pensamos em distância como sendo definida nos termos euclideanos subentendidos quando se traça uma linha reta. A definição euclideana da distância entre dois pontos num espaço bidimensional é a raiz quadrada da soma dos quadrados das diferenças entre as coordenadas, isto é, $D_E = \sqrt{(X_1 - X_2)^2 + (Y_1 - Y_2)^2}$. Neste caso, as coordenadas do primeiro ponto são X_1, Y_1, e as coordenadas do segundo ponto são X_2, Y_2. A classe denominada M_2 é uma classe definida usando a medida euclideana de distância; todos os pontos situados dentro do círculo de pontos distantes meia unidade do ponto prototípico são definidos como pertencentes à classe.

A classe denominada M_1 é definida usando uma diferente definição de distância. A distância é definida como a soma das diferenças absolutas, em cada dimensão individual, entre o ponto prototípico e qualquer ponto sob exame; neste caso, $D_{CB} = | X_1 - X_2 | + | Y_1 - Y_2 |$. A esta distância foi dado o nome de *distância de uma quadra de cidade,* porque é semelhante à distância que uma pessoa tem de percorrer se andar nas ruas de uma cidade, em vez de poder "cortar caminho". Se uma pessoa vive uma quadra ao norte de nós e uma quadra a oeste de nós, ela está, na prática, a duas quadras de distância e isto é, exatamente, o que a definição de quadra de cidade nos dirá. A distância em linha reta (euclideana) seria a raiz quadrada de 2, um pouco mais de 1,4 unidades.

Ambas as definições de distância são facilmente ampliadas a qualquer número de dimensões; bastará trabalhar, simplesmente, com uma *diferença* adicional para cada *dimensão* adicional. Se, por exemplo, uma pessoa viver numa das cidades verticais em que talvez habitemos todos no futuro, tornar-se-á habitual calcular as distâncias das quadras citadinas em três dimensões, somando as distâncias norte-sul, leste-oeste *e* vertical, de ponto a ponto. Ao descrever outras coisas que não a posição física, poderá ser útil empregar mais de três dimensões, permanecendo exatamente o mesmo o procedimento geral para a determinação da distância.

Qualquer definição de distância determina o seu próprio conjunto característico de pontos que são eqüidistantes de um dado ponto. A definição euclideana de distância estabelece que os pontos situados num círculo com um dado ponto como centro são eqüidistantes desse centro; assim, todos os pontos dentro de um círculo de um determinado raio, em relação a um ponto prototípico, pertenceriam a uma classe, de acordo com a definição euclideana. Entretanto, os pontos eqüidistantes de um ponto prototípico, segundo uma definição de quadra citadina de distância, situam-se num losango! Isto é ilustrado no caso da classe M_1, na Figura 3-2.

Características Arbitrárias de Definições. Uma ponderação cuidadosa sobre este método de formalizar a definição, ou filiação numa classe, revela que as definições são arbitrárias em muitos aspectos. Primeiro, há liberdade de escolher quaisquer características definidoras que se deseje incluir. Segundo, há liberdade de escolher qualquer método acessível para fixar as fronteiras das classes. Poder-se-ia, por exemplo, desenhar uma figura à mão livre em torno do ponto prototípico, como é ilustrado por M_3 na Figura 3-2. Mesmo que seja usada uma medida de distância, há liberdade para definir a distância em qualquer de numerosas maneiras. Não examinamos as maneiras mais complexas de definir distância mas existem muitas (e deve ficar claro que algumas dimensões podem ser mais ponderadas do que outras, multiplicando as dimensões "mais importantes" por alguma constante). Terceiro, as fronteiras da classe podem se tornar exclusivas (incluindo nelas, unicamente, aqueles elementos que estão muito próximos do ponto prototípico) ou inclusivas (incluindo nelas os elementos mais distanciados do ponto prototípico). As definições podem ser alteradas, mudando qualquer uma das propriedades acima. É freqüentemente o caso de um evento a ser classificado estar dentro dos limites de mais de uma classe. Poder-se-á querer então construir um esquema definidor "mais limpo" para esse contexto.

Ilustrações de Problemas de Definição. Whittaker (1969) fornece um interessante exemplo dessa tentativa de acuidade de definição e classificação. Quase todos nós já formulamos a pergunta "Animal, vegetal ou mineral?" tantas vezes que a classificação das coisas vivas em plantas e animais parece quase um fato da natureza, em vez de um esquema de classificação imposto pelo homem.

Whittaker, entretanto, considera inadequadas as definições de plantas e animais para determinar claramente a filiação em classes de algumas coisas vivas. O esquema predominante de definição também é inadequado para refletir o que se sabe ou se suspeita sobre as relações evolucionárias entre famílias. Ele considera um sistema de classificação em quatro categorias mas prefere um sistema quíntuplo, que Whittaker acredita ser melhor para corrigir as deficiências acima. Whittaker (1969) descreveu as suas bases de definição de uma forma muito explícita: "Propomos aqui um sistema de cinco reinos, baseado nos níveis de organização e nos tipos de organização, tal como se desenvolveram em relação a três meios principais de nutrição: fotossíntese, absorção e ingestão" (pág. 158). Ele também reconheceu explicitamente o fato de que as definições não são, apesar das aparências superficiais, completamente arbitrárias. E afirmou (1969): "As classificações gerais revistas merecem ampla consideração, porquanto podem melhor expressar as principais relações no mundo vivo e classificar mais efetivamente os filos do que o sistema de dois reinos" (pág. 158).

Willems e Raush (1969, pág. 47) fornecem um exemplo que é de mais direta aplicação à psicologia e que, por sinal, usa a mesma espécie de formalização definidora que propomos aqui. É estabelecido um "espaço" para descrever as atividades de pesquisa e investigação. As duas dimensões que estabelecem o espaço são o grau de manipulação pelo experimentador das condições antecedentes e o grau de imposição de unidades ao objeto de estudo do investigador. É sugerido que uma pesquisa de baixo teor em ambas as dimensões constitui o protótipo da pesquisa naturalista; e que a pesquisa de elevado teor em ambas as dimensões é uma pesquisa experimental. Uma vez estabelecido o espaço, torna-se óbvio que a pesquisa também pode ser intermédia em uma ou outra, ou em ambas as dimensões, ou também pode ser baixa numa dimensão e alta na outra. Este fato proporciona uma ilustração dos ganhos que, por vezes, decorrem da especificação sistemática e formal do que estamos "realmente" fazendo; no caso presente, novas possibilidades são quase impostas à nossa atenção pela estrutura formal.

Resumo. Façamos agora um resumo do nosso exame de definição: (1) Uma descrição geométrica de classificação — a qual está intimamente relacionada com definição — é geral e precisa; e, portanto, possui vantagens sobre uma descrição puramente verbal de definição. (2) Tanto as dimensões da definição como as linhas fronteiriças das classes definidas dentro dessas dimensões podem ser escolhidas arbitrariamente mas algumas definições resultarão melhores do que outras porque possibilitam uma teoria melhor, propiciam distinções mais nítidas entre classes ou dirigem a atenção para as facetas mais úteis das coisas definidas. (3) As definições são flexíveis, não permanentes; aquelas que desempenham um papel em leis úteis durarão mais tempo do que as que não desempenham tal papel. (4) Portanto, existe uma relação íntima, embora freqüentemente negligenciada, entre definição e teoria. As definições são muito importantes e merecem mais ênfase do que usualmente se lhes atribui.

Termos Primitivos e Termos Definidos

Nas teorias e sistemas ocorrerão duas espécies de termos: os *definidos,* que são completamente exprimíveis no quadro de um dado sistema; e os *primitivos,* que não são suscetíveis de se expressar dessa forma (ver Achinstein, 1968, págs. 68-69). Um termo primitivo pode estar ligado (por regras semânticas) a algo que é mais familiar e extrínseco à teoria. Isto é, pode ser definido assinalando-se alguma operação, evento ou objeto observáveis. Em certos casos, os termos primitivos são deixados sem definição.

O sistema de Hull (Hilgard & Bower, 1966) é uma das tentativas mais conhecidas de "axiomatização" em Psicologia. Um dos seus postulados estabelece que a relação entre a força do hábito (H) e o número de provas (N) é

$$_{s}H_{r} = 100\ (1 - 10^{-iN})$$

Assim, H é definido em função de N. Do contexto da análise precedente pode ser depreendido que a força do hábito, como um termo no sistema de Hull, toma a sua definição de um certo número de provas, o que também faz parte do sistema (*i* é uma constante definida por Hull). Contudo, o número de provas é definido na base de uma leitura num contador, um talão numa folha de trabalho ou uma quantidade determinada por algum outro dispositivo apropriado de medição, o que *não* faz parte do sistema hulliano. *N,* portanto, é um termo primitivo.

Muitas teorias não são estruturalmente tão explícitas quanto a de Hull, tornando difícil apurar que termos teóricos são primitivos e quais são definidos. A teoria psicanalítica é um exemplo disso; Freud não esclareceu as relações entre muitos de seus termos, pelo que os que são completamente exprimíveis, dentro do seu sistema, nem sempre se distinguem dos que não o são.

Não existe impedimento lógico à definição de qualquer termo de uma teoria relacionando-o com os termos ou eventos extrínsecos à teoria. Se um termo é externamente definido, poderemos desejar estabelecer uma distinção entre o significado do termo, tal como é externamente definido, e o seu significado internamente definido. No caso de variáveis, a variável externamente definida pode ser denominada uma *variável experimental;* e à variável teoricamente definida dar-se-á o nome de *variável teórica.* Se a teoria é "correta", o valor determinado através da definição teórica será o mesmo que o valor determinado mediante observações empíricas. O termo primitivo, não tendo definição teórica, possui, no máximo, uma definição externa. Poderá, simplesmente, permanecer indefinido. Os cientistas preferem as teorias com o menor número possível de termos indefinidos mas uma teoria pode ser aceitável desde que todo e qualquer termo estabeleça, pelo menos, um contato indireto com as observações empíricas.

Construtos

Um construto é um tipo especial de conceito. É menos simples do que um conceito como "homem" ou "casa" ou "barco". Estes conceitos são corretamente designados porque, como objetos, compartilham com outros membros da classe das propriedades que lhes conferem sua filiação (ver a nossa análise de Definição). Alguns conceitos podem ser mais complexos do que os exemplos acima e os construtos são sempre mais complexos. Os construtos representam relações entre objetos ou eventos. Os construtos psicológicos comuns, tais como, "ansiedade", "medo" e "hábito", são semelhantes, neste aspecto, aos construtos mais gerais como "patriotismo", "espírito de escola" e "justiça". Assim, as reações, por si só, são insuficientes para definir o conceito de medo ou hábito; deve ser feita alguma referência à situação de estímulo, tanto quanto à situação de reação ou resposta. Ao definir-se hábito, deve ser conhecida a probabilidade de que ocorra uma certa reação a uma dada situação de estímulo, não apenas de que uma reação teve lugar. Portanto, os construtos constituem uma subclasse de conceitos, incluindo alguns dos conceitos mais complexos. English e English dizem (1958): "Em comparação com o conceito, um construto é um modelo deliberadamente criado, com plena consciência das relações entre os dados e o modelo" (pág. 116). Contudo, esses autores sublinham que a distinção entre os dois termos parece ser uma questão de grau.

Os construtos são úteis para resumir relações sucintamente e também podem ajudar a generalizar, partindo-se de alguns conjuntos de relações observadas para outros conjuntos, ainda inobservados. Entretanto, muitas dificuldades em Psicologia provêm da ambigüidade na definição de construtos. Um objetivo importante da Psicologia contemporânea é o desenvolvimento de construtos mais simples e de maior significado empírico. É nesta área que a simples proposição básica do operacionista — que devemos esclarecer os referentes empíricos dos nossos termos complexos — tem mais a oferecer-nos.

MacCorquodale e Meehl (1948) estabeleceram uma distinção muito citada entre duas "espécies" de construtos: os *construtos hipotéticos* e as *variáveis intervenientes*. Os construtos variam em numerosas dimensões mas a distinção de MacCorquodale e Meehl enfatizou uma importante dimensão mais do que as outras. A sua ênfase incidiu sobre o grau em que um construto é operacionalmente claro em seu significado. A variável interveniente, tal como eles usaram o termo, é um construto com um significado operacional claro e limitado. O construto hipotético tem "excesso de significado", no sentido de que possui significados que vão muito além daqueles que se justificam pela sua definição operacional. Um exemplo de tal excesso de significado seria o pressuposto de que determinadas mudanças fisiológicas estão subentendidas nas mudanças de comportamento que ocorrem com o aumento da força do hábito. Um outro tipo de excesso de significado seria o do gênero atribuído a um construto pelo seu papel num sistema dedutivo (teoria ou modelo).

Embora MacCorquodale e Meehl argumentassem a favor das variáveis intervenientes e contra os construtos hipotéticos, parece-nos que ambas as espécies de construtos são importantes. Não se pode endossar em branco um tipo ou outro nem condená-los em bloco. A atitude negativa inicial, em relação aos construtos hipotéticos, surgiu, provavelmente, em virtude de alguns exemplos horríveis desse tipo não possuírem um nítido significado operacional, nenhum lugar preciso numa teoria formal nem significado fisiológico e, por conseguinte, nenhum papel útil a desempenhar na ciência. Contudo, os construtos com sólido significado operacional, uma clara definição teórica e significado fisiológico potencial pareceriam ser ideais — mais interessantes do que os conceitos cujo significado foi esvaziado pelas observações já efetuadas. Se nos limitarmos a construtos deste último tipo, precisaremos de estabelecer um novo construto para todo e qualquer novo conjunto de operações. Os cientistas não procedem desta forma porque não poderiam fazê-lo. Tais construtos "esgotados" nunca foram usados e só os analisamos como um caso puramente hipotético. Não somos *contra* a identificação clara da fonte e o significado operacional dos construtos. Acreditamos, porém, que os construtos só são fecundos quando assentes num contexto teórico mais amplo.

Postulados

Este termo tem dois usos principais. Em primeiro lugar, é empregado para referir-se a um pressuposto fundamental que não será testado de um modo direto ou intencional. O pressuposto pode ser essencial para o avanço da ciência. Um exemplo é a pressuposição de que os fenômenos que se investiga estão ordenados de forma coerente e de que o homem pode descobrir essa ordem. O pressuposto pode ter uma importância mais limitada, como é o caso do que caracterizou os primórdios do behaviorismo: que todo o comportamento pode ser analisado em termos de relações estímulo-reação. Existe uma concordância geral em que esses pressupostos, freqüentemente de nível filosófico, devem ser tão poucos, simples e cuidadosamente expostos quanto possível.

O segundo tipo de postulado é uma proposição teórica que pretende ser mais diretamente testada por meio de trabalho empírico. Dentro de um determinado quadro lógico, utiliza-se um conjunto dessas proposições para dar lugar a proposições ulteriores, implícitas no conjunto original. As proposições derivadas (teoremas) dependerão tanto das regras de dedução quanto dos enunciados originais. Na Matemática ou na Lógica, dados os enunciados originais e as regras de dedução, os teoremas serão "verdadeiros" ou "válidos" por definição. Perguntar se um teorema decorrente dos postulados e regras para dedução é verdadeiro é exatamente o mesmo que perguntar se um lance de xadrez em concordância com as regras é verdadeiro ou não. A resposta é "sim" em ambos os casos, no sentido de que o teorema e o lance de xadrez decorrem de regras. Tanto o teorema como o lance poderiam ser absurdos, inúteis ou falsos como descrições de algum estado empírico de coisas.

Na Ciência, para que os teoremas tenham utilidade, devem incluir, em alguma fase, enunciados relativos a observações empíricas. Assim, os postulados são testados indiretamente, observando a concordância ou discordância entre os teoremas e as observações. O melhor exemplo de um conjunto de postulados extenso e altamente formalizado, dentro da Psicologia, é proporcionado pela obra de Hull (1943, 1951, 1952; Hull, Hovland, Ross, Hall, Perkins e Fitch, 1940), que se descreve no Capítulo 10. O seu sistema sofre de certas fraquezas lógicas a que estão imunes alguns esforços mais recentes e menos amplos; exemplos destes últimos sistemas serão abordados também nos Capítulos 10 e 13.

Hipóteses

EXPERIMENTAIS. A hipótese é uma conjetura sobre a explicação de algum fenômeno natural. A sua elaboração pode adotar muitas formas. Uma dimensão muito importante, segundo a qual variam as hipóteses, é o seu grau de especificidade. As hipóteses mais específicas aplicam-se a uma situação particular. O melhor exemplo é a *hipótese experimental,* que é a conjetura particular que se formula sobre o resultado do experimento. Essas hipóteses podem provir de quadros teóricos mais genéricos ou de conjuntos de hipóteses mais genéricas mas insuficientemente estabelecidas.

PÚBLICAS *versus* PARTICULARES. De uma forma ou outra, a hipótese desempenha um papel central no progresso da ciência. Devemos distinguir cuidadosamente dois tipos diferentes de hipóteses, com funções completamente distintas. Trata-se do que chamaremos hipóteses *públicas* e *particulares*. As primeiras são as que foram formalmente explicadas e publicamente expostas, de um modo geral em forma impressa. As hipóteses particulares são as concebidas privadamente por algum investigador ou pensador, sem que tenham sido expressas em público.

Se bem que a maior parte da nossa atenção seja dedicada à hipótese pública ou formalmente explicada, um pouco de reflexão rapidamente revela que a hipótese particular é mais comum. Para cada hipótese pública existe um número incontável de hipóteses particulares. No pensamento científico, as hipóteses particulares são objeto de uma revisão quase constante e o momento em que se tornam públicas varia de acordo com o investigador e muitos fatores situacionais. Charles Darwin, por exemplo, trabalhou em suas hipóteses particulares sobre a teoria da evolução durante mais de vinte anos, antes que o aparecimento de um manuscrito concorrente que continha a mesma idéia básica o estimulasse a tornar públicas as suas hipóteses. Se o manuscrito de Wallace não tivesse ido parar nas mãos dele, não haveria maneira de saber por quanto tempo o excêntrico Darwin teria ainda guardado as suas hipóteses para si mesmo. A hipótese inédita está na posição algo peculiar de ser decisiva para o progresso científico mas sem valor em si própria. Para que a ciência avance trata-se, de fato, em última instância, de uma questão de "publicar ou perecer", quando se trata de considerar hipóteses.

Podemos pensar na massa de todas as hipóteses científicas como um iceberg. Somente a décima parte superior do pensamento total (ou muito menos) está aberta às críticas e ao ataque empírico do público científico. Lamentavelmente, os psicólogos nem sempre reconhecem a necessidade de tornar públicas as suas hipóteses. A formalização pública de uma hipótese não requer, para o ataque empírico, que o investigador deixe de pensar e rever suas hipóteses mas é um passo necessário para que o produto do seu pensamento seja testado por outros.

CONSCIENTES *versus* INCONSCIENTES. Uma outra distinção pode ser feita — entre hipóteses conscientes e inconscientes. Sidman (1960) argumentou que muitos experimentos significativos são feitos para satisfazer simples motivos de curiosidade ou perplexidade, como pode ser expresso na frase: "Pergunto a mim mesmo o que aconteceria se..." A implicação é que a hipótese não tem por que preceder necessariamente a experimentação. Outros argumentariam que uma hipótese inconsciente está sendo testada e que a hipótese pode ser inferida do comportamento do investigador. Não podemos resolver esta discordância e diremos apenas que parece ser seguro afirmar que alguns investigadores crêem fortemente na formulação de hipóteses, enquanto que outros não.

A fonte de hipóteses — e por que algumas pessoas são muito melhores do que outras em produzi-las — constitui um problema fascinante. Até à data, pouco se progrediu na busca de uma solução para esse problema. Quase tudo o que podemos dizer é que, à medida que uma pessoa se absorve cada vez mais no seu objeto de estudo, ela tende a desenvolver mais e melhores idéias. As investigações futuras talvez possam proporcionar regras empíricas mais específicas para o desenvolvimento de idéias científicas efetivas.

Leis

Diz-se geralmente que uma lei científica é uma **relação empírica** bem estabelecida; por exemplo, a água congela a 0° C. As leis constituem os pontos de apoio para as teorias e, por vezes, a espinha dorsal da própria teoria. São generalizações de tipo empírico que têm o grau máximo de concrescibilidade. A Física desenvolveu uma grande quantidade de relações legais. Muitos observadores acreditam que a Psicologia deverá desenvolver tais leis em número superior ao atual, antes que se possa elaborar uma teoria efetiva.

O termo "lei" também se emprega em referência a uma proposição teórica especialmente bem estabelecida. A proposição estabiliza-se porque desempenha com êxito o seu papel na derivação de previsões que estão empiricamente comprovadas. É muitas vezes difícil traçar a linha divisória entre os dois tipos de utilização da palavra "lei". O passo que vai da observação concreta ao seu enunciado verbal implica sempre um certo grau de abstração. Portanto, não há leis puramente empíricas, no sentido mais estrito da palavra. Por outra parte, a proposição mais abstrata pode apoiar-se em algum tipo de observação informal da natureza. Apesar da dificuldade da distinção, devemos reconhecer as dimensões de abstração e de generalidade quando falamos de leis científicas.

A NATUREZA DOS SISTEMAS

Características dos Sistemas

A Parte II deste livro consiste na descrição e exame de sistemas psicológicos; nesta seção, estamos descrevendo algumas características gerais dos sistemas. Os sistemas psicológicos estão intimamente relacionados com os da Filosofia. Uma importante semelhança é que tanto os filósofos como os sistematizadores psicológicos tendem a dar grande âmbito aos seus sistemas; assim, um sistema é um conjunto de enunciados muito gerais. McGeoch (1933) escreve sobre sistemas tal como eles poderiam ser idealmente. A sua definição de sistema faz com que eles pareçam altamente desejáveis: "A expressão 'sistema psicológico' implica uma organização e interpretação coerente e inclusiva, se bem que flexível, dos fatos e das teorias especiais relativos ao tema" (pág. 2).

Esta definição mostra claramente que um sistema é um grande ordenamento. É inclusivo e organiza teorias que, em si mesmas, já possuem generalidade. A definição deixa muita margem para ambigüidade; palavras como *coerente, flexível, organização* e *interpretação* provêm da linguagem leiga e não estão claramente definidas. Essas palavras parecem constituir mais uma tentativa de valorizar e tornar desejáveis os sistemas do que de definir o que eles realmente são.

Segundo McGeoch, não podemos ter sistemas enquanto não tivermos fatos e teorias, visto que os sistemas são organizações desses elementos prévios. Em Psicologia, temos poucas teorias reais, na acepção estrita da palavra; a maioria das teorias psicológicas será melhor encarada como programas ou como teorias informais ou preliminares. Assim, poder-se-á perguntar se a Psicologia teve alguma vez um sistema no sentido em que McGeoch emprega a palavra. Mas certamente têm existido bastantes sistemas de um ou outro tipo.

Edna Heidbreder, psicóloga contemporânea e colega de McGeoch, escreveu (1933): "A Psicologia, especialmente nos Estados Unidos, arriscou tudo para ser uma ciência; e a ciência, em princípio, abstém-se de toda e qualquer especulação que não esteja saturada de fatos e estabilizada por estes. Entretanto, em toda a ciência da Psicologia, não existem fatos bastantes para construir um único sistema sólido" (pág. 3). Veremos que a afirmação de Heidbreder ainda hoje é verdadeira.

Funções dos Sistemas

Qual foi, então, a função dos sistemas que existiram? Se não contavam com os fatos que, segundo disse Heidbreder, a ciência requer, nem com o poder preditivo implícito na definição de McGeoch, que poder tinham? Heidbreder (1933, pág. 9) acredita que eles tinham uma espécie de poder reconfortante; na ausência de um conhecimento real, serviam como substitutivo. Nós vemos isso de um modo algo diferente. Uma teoria ou um sistema *acabado* do gênero descrito por McGeoch diria a um cientista ou a um leigo o que se deve esperar como resultado de qualquer manipulação do objeto de estudo da Psicologia; permitiria a previsão e, talvez, a manipulação dos eventos que ocorrem dentro do âmbito do sistema. De acordo com este uso, um sistema seria uma superteoria. Infelizmente, há um momento do desenvolvimento de qualquer ciência em que não se dispõe, simplesmente, da informação necessária a tal previsão e manipulação. Por conseguinte, o principal problema é *dirigir o cientista em seu estudo,* de modo que os seus esforços possam ser utilizados com a maior eficácia para um conhecimento subseqüente. Quando é esse o caso, tende a aparecer um sistema para dirigir os seus esforços. Assim, um aspecto da filosofia da ciência é uma tentativa para descrever o processo científico tal como é e como deveria ser; e, portanto, dirigir os cientistas, em geral, no que devem fazer. Um sistema de Psicologia faz, em parte, a mesma coisa, salvo que se ocupa dos psicólogos e não com os cientistas em geral. Tais sistemas contêm enunciados sobre o que é ou deveria fazer o objeto de estudo em questão. Ao proporcionarem uma finalidade aos cientistas, indicam ao psicólogo que problemas devem ser estudados. Dizem-lhe como deve abordar o estudo dos problemas sugeridos. Contudo, essas diretrizes não estão equacionadas de um modo que torne óbvias as suas funções. Não se dirigem ao cientista na forma de ordens e, no entanto, influem na sua conduta.

Para completar este ponto, podemos dar algumas diretrizes básicas de alguns sistemas psicológicos, reformulando-as para que a sua influência fique mais óbvia:

Estruturalismo. Os psicólogos devem estudar o conteúdo da consciência pelo método da introspecção.

Behaviorismo. Os psicólogos devem estudar as conexões estímulo-reação, mediante métodos estritamente objetivos.

Gestaltismo. Os psicólogos só podem chegar a formulações úteis através da consideração de grandes unidades de estímulo e resposta; devem estudar configurações ou campos.

Funcionalismo. Os interesses primordiais da Psicologia devem ser o estudo do comportamento, em sua função de adaptação ao ambiente, e a formulação de funções matemáticas que relacionem o comportamento com as variáveis antecedentes.

Associacionismo. Os psicólogos devem estudar os princípios de associação de idéias (ou de palavras ou de conexões estímulo-resposta), analisando os eventos complexos nos mais simples.

Psicanálise. O núcleo da Psicologia é a motivação, da qual uma grande parte é inconsciente e deve ser estudada através de suas manifestações em sonhos, erros, sintomas ou livre associação.

Existe uma interação contínua entre as prescrições filosóficas sistemáticas de uma determinada escola e seus achados empíricos. A Psicologia da Gestalt, por exemplo, tornou-se uma escola formal depois de certas descobertas terem sido interpretadas de um modo único pelos seus fundadores. Os enunciados empíricos, teóricos e sistemáticos tendem a misturar-se e o amálgama resultante é o sistema. Somos propensos a usar as palavras *escola* e *sistema* de um modo quase intermutável mas a palavra *escola* implica pessoas e a palavra *sistema* subentende suas crenças e conclusões (ver o Glossário).

Uma palavra que se aplica, *grosso modo,* aos aspectos diretivos e supra-ordenados de um sistema é *metateoria.* De uma forma geral, uma metateoria é um conjunto de considerações metodológicas utilizadas na construção de uma teoria; por assim dizer, é uma teoria sobre a teoria. Uma metateoria difere de um sistema psicológico pelo fato de ser mais altamente formalizada. Uma metateoria informal e indefinida pode, usualmente, ser separada de uma escola ou sistema mas ficará sempre um considerável remanescente de enunciados empíricos e filosóficos.

Prescrições Propostas Para a Psicologia

R. I. Watson (1967) adotou uma posição semelhante à que descrevemos acima, em suas linhas gerais. Ele propôs um conjunto de dimensões prescritivas e diretivas que considerou decisivo para a psicologia sistemática. Um sistema de psicologia pode ser descrito checando a sua posição em cada uma das dezoito dimensões enumeradas por Watson. Assim, as dezoito dimensões constituem um espaço dimensional idêntico aos espaços definicionais que analisamos no começo deste capítulo. A lista de dimensões dadas em seguida foi extraída de Watson (1967, págs. 436-437):

As Prescrições da Psicologia Dispostas em Pares Contrastantes

Mentalismo Consciente-Mentalismo Inconsciente (ênfase sobre a conscientização da estrutura ou atividade mental — inconsciência das mesmas).

Objetivismo de Conteúdo-Subjetivismo de Conteúdo (os dados psicológicos vistos como comportamento do indivíduo — como estrutura ou atividade mental do indivíduo).

Determinismo-Indeterminismo (os eventos humanos completamente explicáveis em função de antecedentes — não completamente explicáveis desse modo).

Empirismo-Racionalismo (a principal, se não a única e exclusiva fonte de conhecimento é a experiência — é a razão).

Funcionalismo-Estruturalismo (as categorias psicológicas são atividades — são conteúdos).

Indutivismo-Dedutivismo (as investigações começam com fatos ou observações — com supostas verdades estabelecidas).

Mecanismo-Vitalismo (as atividades dos seres vivos completamente explicáveis por constituintes fisioquímicos — não explicáveis dessa forma).

Objetivismo Metodológico-Subjetivismo Metodológico (uso de métodos abertos à verificação por um outro observador competente — inacessíveis a essa verificação).

Molecularismo-Molarismo (dados psicológicos descritos da maneira mais adequada em função de unidades relativamente pequenas — unidades relativamente grandes).

Monismo-Dualismo (o princípio ou entidade fundamental no universo é de uma espécie única — é de duas espécies, espírito e matéria).

Naturalismo-Supernaturalismo (para seu funcionamento e explicação, a natureza requer apenas princípios nela própria descobertos — requer também uma direção transcendente).

Nomoteticismo-Idiografismo (ênfase na descoberta de leis gerais — na explicação de determinados eventos ou indivíduos particulares).

Periferismo-Centralismo (ênfase nos eventos psicológicos que têm lugar na periferia do corpo — dentro do corpo).

Purismo-Utilitarismo (a busca do conhecimento pelo conhecimento — pela sua utilidade em outras atividades).

Quantitativismo-Qualitativismo (ênfase no conhecimento que é contável e mensurável — naquilo que é diferente em espécie e essência).

Racionalismo-Irracionalismo (ênfase sobre os dados que se supõe obedecerem aos ditames do bom senso e do intelecto — intrusão ou dominação de fatores emotivos e conativos sobre os processos intelectuais).

Estaticismo-Desenvolvimentismo (ênfase sobre um perfil transversal ou grupo típico num momento fixo do tempo — sobre as mudanças com o decorrer do tempo).

Estaticismo-Dinamismo (ênfase sobre os aspectos duradouros — sobre as mudanças e os fatores que propiciam as mudanças).

Qualquer lista como a de Watson está fadada a conter algum componente de arbitrariedade e as dimensões não são necessariamente independentes umas das outras. Não obstante, esta lista representa uma análise profundamente refletida por um estudioso dos sistemas psicológicos e ajudará a orientar a atenção de outros estudiosos para algumas das questões mais importantes. Como acontece com qualquer dimensão, é interessante saber se os valores dos sistemas psicológicos, nessas dimensões, podem ser idoneamente julgados por pessoas que estejam, presumivelmente, algo familiarizadas com os sistemas e com as dimensões.

Com a finalidade de se obter uma avaliação aproximada da idoneidade dos juízos de valor sobre essas dimensões, vinte e três estudantes finalistas de um curso de Psicologia Sistemática foram solicitados a classificar os seis sistemas tratados neste livro, na base das dezoito dimensões de Watson. Foi usada uma escala de cinco pontos para as clas-

QUADRO 3-1. Desvios-Padrões dos Julgamentos de 23 Estudantes de Seis Sistemas Psicológicos em Cada Uma das Dezoito Dimensões Prescritivas de Watson

Dimensões de Watson	*Sistemas*					
	Associacionismo	*Estruturalismo*	*Funcionalismo*	*Behaviorismo*	*Gestaltismo*	*Psicanálise*
Mentalismo: Consciente vs. Inconsciente	0,84	0,62	0,70	1,29	1,10	0,95
Conteúdo: Objetivo vs. Subjetivo	1,05	1,11	0,72	1,12	0,75	1,27
Determinismo-Indeterminismo	0,86	0,85	1,08	0,94	1,00	1,22
Empirismo-Racionalismo	0,88	0,99	0,83	0,80	0,87	1,07
Funcionalismo-Estruturalismo	1,12	1,06	0,83	0,94	0,93	0,71
Indutivismo-Dedutivismo	0,63	1,23	0,85	0,16	0,79	1,25
Mecanismo-Vitalismo	1,05	1,18	0,57	1,19	0,66	1,26
Métodos: Objetivismo vs. Subjetivismo	1,25	1,23	0,94	0,91	1,17	1,13
Molecularismo vs. Molarismo	0,57	1,25	0,94	1,17	1,11	1,10
Monismo-Dualismo	0,68	1,01	1,01	0,68	0,54	0,77
Naturalismo-Supernaturalismo	0,74	1,08	0,70	0,13	1,01	1,26
Nomoteticismo-Idiografismo	1,05	1,25	0,87	1,15	1,18	1,45
Periferismo-Centralismo	1,03	0,94	0,79	0,39	0,73	0,52
Purismo-Utilitarismo	0,87	1,16	0,63	0,37	0,41	0,52
Quantitativismo-Qualitativismo	1,03	0,58	0,82	0,95	0,83	0,55
Racionalismo-Irracionalismo	1,00	0,81	0,90	1,00	0,93	1,61
Estaticismo-Desenvolvimentismo	1,04	1,17	1,10	0,99	1,24	1,35
Estaticismo-Dinamismo	1,01	0,80	0,72	1,10	1,25	1,19

sificações. O número 1 representa a posição extrema à esquerda numa dimensão, ao passo que o número 5 indica a extrema direita. Por exemplo, se a Psicanálise fosse classificada, na dimensão estaticismo-dinamismo, como sendo *extremamente* dinâmica, receberia um 5. Os estudantes também escolheram e classificaram as três dimensões que

QUADRO 3-2. Julgamentos Médios por 23 Estudantes e os Autores das Posições de Seis Sistemas Psicológicos em Cada Uma das Dezoito Dimensões Prescritivas de Watson

Dimensões de Watson	*Classificações Médias*											
	Associacionismo		*Estruturalismo*		*Funcionalismo*		*Behaviorismo*		*Gestaltismo*		*Psicanálise*	
	Estudantes	*Autores*	*Estudantes*	*Autores*	*Estudantes*	*Autores*	*Estudantes*	*Autores*	*Estudantes*	*Autores*	*Estudantes*	*Autores*
Mentalismo: Consciente vs Inconsciente	2,9	2,2	1,2	1,2	2,4	2,5	3,3	4,4	2,7	2,3	4,4	4,8
Conteúdo: Objetivo vs. Subjetivo	2,3	3,2	4,1	4,9	2,3	2,1	1,6	1,1	3,8	3,8	4,1	4,2
Determinismo-Indeterminismo	2,0	1,3	2,8	2,2	2,9	2,2	1,4	1,1	3,0	2,2	1,9	1,1
Empirismo-Racionalismo	1,8	1,1	1,7	1,7	2,6	2,2	1,4	1,3	3,0	3,2	2,8	3,6
Funcionalismo-Estruturalismo	2,6	2,4	4,5	4,8	1,4	1,1	1,9	1,5	3,5	3,7	3,7	3,1
Indutivismo-Dedutivismo	2,3	1,5	2,6	3,2	1,9	1,9	1,7	1,7	3,4	4,1	3,4	4,3
Mecanismo-Vitalismo	2,5	1,4	2,9	2,0	2,8	3,0	1,4	1,1	2,8	2,9	3,4	2,3
Métodos: Objetivismo vs. Subjetivismo	1,5	1,9	3,0	5,0	2,4	2,0	1,7	1,1	3,8	3,7	4,2	4,6
Molecularismo-Molarismo	1,9	1,2	1,7	1,6	3,3	3,2	1,9	1,3	4,6	4,8	4,2	3,3
Monismo-Dualismo	2,7	3,3	3,6	4,6	2,6	4,1	1,1	1,1	3,6	4,1	3,5	4,2
Naturalismo-Supernaturalismo	1,5	2,3	2,1	1,6	1,8	1,4	1,1	1,1	2,2	2,4	2,4	1,9
Nomoteticismo-Idiografismo	2,4	1,3	2,6	1,2	3,2	2,9	2,3	1,0	2,6	4,1	3,3	3,1
Periferismo-Centralismo	1,8	2,5	3,6	4,4	2,7	2,2	1,2	1,1	3,9	4,7	4,4	4,6
Purismo-Utilitarismo	3,6	1,6	1,4	1,1	4,2	4,9	3,5	3,2	2,6	2,2	4,1	4,6
Quantitativismo-Qualitativismo	1,8	1,9	3,4	3,2	2,6	2,1	1,2	1,6	4,1	4,7	4,7	4,6
Racionalismo-Irracionalismo	2,2	1,9	2,0	2,0	2,4	3,1	3,0	4,0	4,0	2,8	3,0	4,8
Estaticismo-Desenvolvimentismo	3,2	3,3	2,7	1,3	3,2	4,1	3,0	2,8	3,9	2,3	2,7	3,6
Estaticismo-Dinamismo	3,1	2,6	1,9	1,4	3,7	4,6	3,7	2,6	3,0	4,2	3,6	4,6

consideraram ser as que recebiam maior ênfase de cada escola. Poder-se-ia esperar que a maioria dos estudantes escolhesse "objetivismo metodológico-subjetivismo metodológico" como uma das dimensões mais substancialmente enfatizadas pela escola behaviorista.

Embora as instruções para a classificação não o requeressem, a maioria dos estudantes utilizou apenas números inteiros: 1, 2, 3, 4 ou 5. Se os estudantes não soubessem absolutamente nada sobre as posições dos sistemas nas dimensões e atribuíssem os números com igual probabilidade, o desvio-padrão dos números assim atribuídos seria de 1,414. Se o desvio-padrão dos números realmente atribuídos for inferior a isso, significará que os estudantes responderam baseados em algumas informações que tinham sobre as dimensões. O Quadro 3-1 mostra que o desvio-padrão dos julgamentos dos vinte e três estudantes estava quase sempre abaixo do que seria esperado na base de uma atribuição ao acaso dos valores, embora se registrassem algumas exceções.

É interessante examinar a adequação dessas dimensões como um esquema de definição, pelo menos de um modo rudimentar. As classificações médias dos estudantes foram interpretadas como uma definição dos "pontos prototípicos" para cada um dos seis sistemas psicológicos. Depois, dois "especialistas" (os autores) também classificaram os seis sistemas. Cada um deles usou uma linha de 4 polegadas para cada dimensão, como auxiliar de classificação, e indicou a posição de cada sistema, em cada dimensão, numa das linhas. A extrema esquerda foi rotulada de 1 e a extrema direita de 5. O número atribuído a um sistema foi então determinado, medindo-se a sua posição na linha com uma régua. As classificações médias dos estudantes e dos autores estão reproduzidas no Quadro 3-2.

As médias das classificações dos autores foram feitas para cada dimensão, relativamente a cada sistema. Depois, foram determinadas as distâncias em quadras citadinas das dezoito médias dos autores, em relação às dezoito médias dos estudantes, para cada sistema. A soma das diferenças deu a distância em quadras citadinas (ver a pág. 104).

Calculou-se a distância entre o nosso próprio estruturalismo e o estruturalismo, funcionalismo, associacionismo, behaviorismo, gestaltismo e psicanálise, tal como classificados pelo "estudante médio". Essa distância foi a mais próxima do ponto prototípico dos estudantes para o estruturalismo e, portanto, teria sido corretamente identificada como um conjunto de classificações para o estruturalismo, se a sua identidade não fosse conhecida. O Quadro 3-3 mostra todas as distâncias entre sistemas. Em cinco dos seis casos, a classificação baseada nesse sistema de definição foi correta. No sexto caso — a Psicologia da Gestalt — o sistema classificou-o erroneamente como Psicanálise. Assim, parece

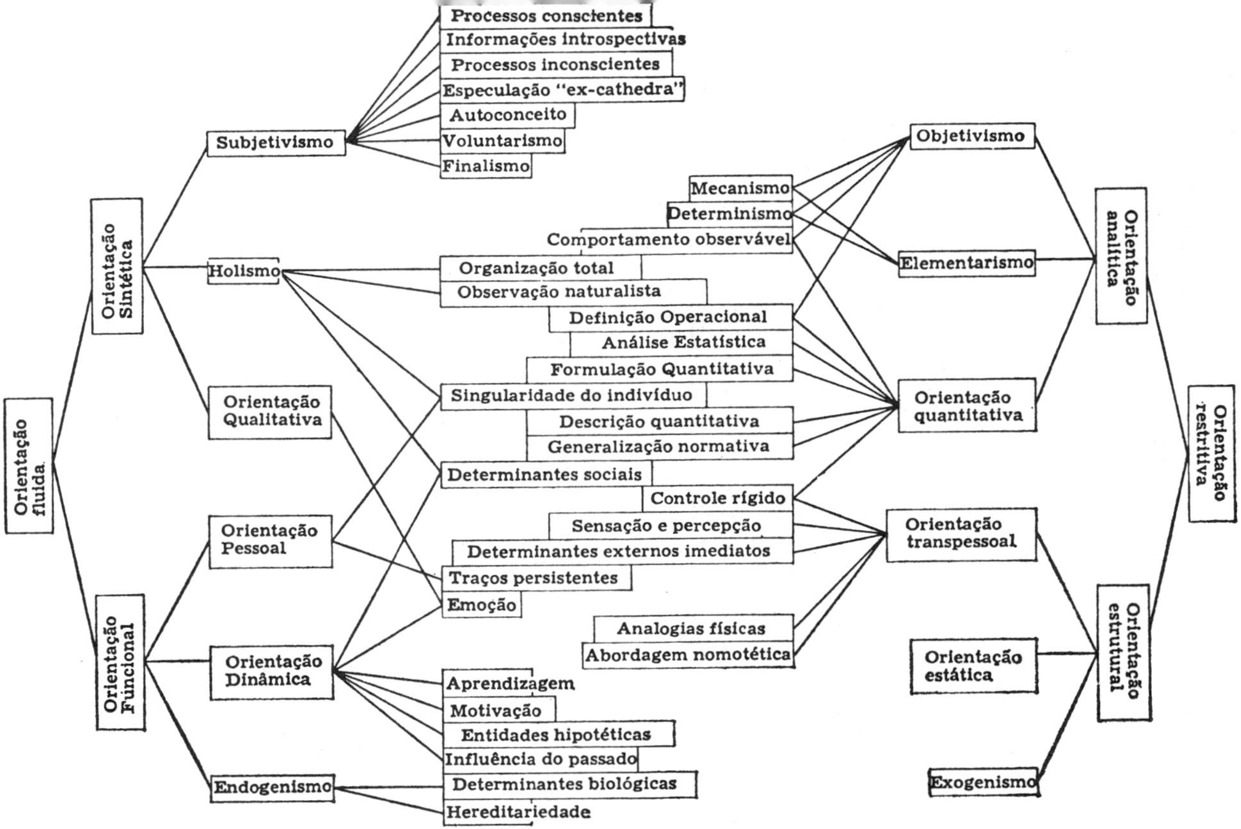

FIGURA 3-3. Uma hierarquia bipolar de variáveis teóricas. (As variáveis representadas no centro são relativamente específicas, enquanto que as situadas à esquerda e à direita representam tendências mais genéricas e mutuamente opostas.) (Reproduzido de Coan, 1968, pág. 720.)

que o sistema baseado nos critérios de Watson é um promissor esquema de definição para os sistemas psicológicos e, à medida que cada sistema for sendo estudado, remeteremos os estudantes às posições dos vários sistemas de Psicologia nessas dimensões conceptuais. Relacionar um sistema com outros, nessas dimensões, deve ajudar o estudante a obter uma visão integrada de todos os sistemas.

Características Empiricamente Derivadas de Sistemas

As dimensões de Watson, se bem que baseadas num cuidadoso estudo de história e filosofia, foram concebidas por um único indivíduo. Coan (1968) encontrou um procedimento sistemático para relacionar os julgamentos de um *grupo* de especialistas em história da Psicologia. Ele pediu a 232 correspondentes que classificassem 54 famosos psicólogos cuidadosamente selecionados quanto à ênfase por eles conferida a 34 características como, por exemplo, a ênfase nomotética. Toda a classificação foi feita numa escala de cinco pontos, variando entre a ênfase positiva sobre a característica e a rejeição da característica. O que esse estudo revelou, portanto, foi a opinião de 232 especialistas, agindo como juízes, sobre se (e em que medida) 54 psicólogos tinham ou não enfatizado 34 variáveis em suas teorizações e (ou) experimentações.

Coan derivou seis fatores específicos desses julgamentos. O Fator 1 foi denominado *subjetivista versus objetivista.* Segundo as conclusões de Coan, os teóricos subjetivistas seriam exemplificados por McDougall, Piaget e Jung, enquanto que o segundo tipo incluiu Estes, Hull e Watson. O Fator 2 é rotulado de *holístico versus elementarista.* São teóricos holistas Kurt Goldstein, Köhler e Koffka. Os teóricos elementaristas são Spence, Titchener e Ebbinghaus. Coan deu ao Fator 3 a

QUADRO 3-3. Distâncias de Quadras Citadinas Entre a Classificação Média de Cada Sistema Pelos Autores e Pelos Estudantes

		Estudantes					
		Associacionismo	*Estruturalismo*	*Funcionalismo*	*Behaviorismo*	*Gestaltismo*	*Psicanálise*
Autores	Associacionismo	12,4	16,3	17,9	15,5	23,8	27,9
	Estruturalismo	25,5	12,3	29,4	32,8	23,3	24,6
	Funcionalismo	12,7	24,0	8,8	16,4	21,1	22,6
	Behaviorismo	15,6	30,3	22,7	8,3	32,0	32,9
	Gestaltismo	24,9	18,6	21,2	32,2	10,4	10,2
	Psicanálise	27,8	26,3	22,7	31,5	16,2	11,9

designação de *transpessoal versus pessoal* e aos Fatores 4 a 6 chamou *quantitativo versus qualitativo, dinâmico versus estático* e *sintético versus analítico,* respectivamente.

Coan acha que esses fatores específicos estão correlacionados entre si, com uma tendência do subjetivismo, holismo e uma propensão qualitativa para se conjugarem, a fim de constituir uma orientação sintética oposta a uma orientação analítica composta das tendências objetivista, elementarista e quantitativa. Um segundo fator geral, neste nível, é a orientação estrutural (transpessoal, estática, exogenística) *versus* orientação funcional (pessoal, dinâmica, endogenística). Finalmente, as orientações analítica e estrutural relacionam-se com uma orientação geral de caráter restritivo, ao passo que as orientações sintéticas e funcionais se relacionam com uma orientação geral de caráter fluido.

Assim, o sistema de Coan fornece um interessante método adicional de organização das concepções de determinados sistematizadores e teóricos. Existe uma surpreendente e consoladora dose de sobreposição entre as questões suscitadas pelas prescrições de Watson e os fatores de Coan, apesar das grandes diferenças de detalhe.

Paradigmas

O leitor deve estar agora melhor equipado para relacionar os sistemas psicológicos com os paradigmas de Kuhn (ver o Capítulo 1). Kuhn considera os paradigmas como exemplos *aceitos* de prática científica, incluindo todos os seus elementos: lei, teoria, aplicação e instrumentação. O paradigma deve estimular a pesquisa ao definir os problemas de um campo e ao ser suficientemente revolucionário para afastar os indivíduos de outros campos ou abordagens do inquérito científico.

R. I. Watson (1967), acima citado, chamou à Psicologia uma ciência prescritiva porque queria distingui-la das ciências mais avançadas, as quais têm, mais claramente, paradigmas. A Psicologia nunca foi bastante "unificada" para que Watson achasse que qualquer uma das abordagens podia reivindicar um *status* paradigmático. O leitor reconhecerá que uma discussão sobre se a Psicologia tem ou não quaisquer paradigmas seria, em última instância, uma discussão sobre definição; a resolução de uma tal discussão deve ser arbitrária. Sem dúvida, se retirarmos a dimensão de "universalidade de acordo" do nosso espaço de definição, poderemos pensar em numerosos candidatos a paradigmas psicológicos: o paradigma do condicionamento clássico, o paradigma do condicionamento operante, o da aprendizagem verbal e outros. Todos eles possuem a espécie de função orientadora que Kuhn atribui aos paradigmas.

A psicologia skinneriana contemporânea — a que poderíamos chamar o *paradigma do condicionamento operante* — parece ser um candidato especialmente forte. Tem uma aceitação razoavelmente ampla e inclui lei, aplicação, instrumentação e uma teoria. Foi suficientemente revolucionária para atrair muitos e fortes adeptos e estimular a pesquisa. A "ciência normal", do tipo de resolução de problemas cotidianos enfatizado por Kuhn, está afanosamente resolvendo questões inacabadas, dentro dos limites desse paradigma.

Krantz (1972) encontrou algumas provas de que os psicólogos operantes formam uma escola. O *Journal of the Experimental Analysis of Behavior,* por exemplo, cita-se a si próprio com grande freqüência; essa elevada proporção de autocitação constitui uma certa confirmação, se bem que reconhecidamente fraca, do isolamento em que se coloca em relação a outros aspectos da Psicologia. Depois de avaliar essa e outras provas, Krantz responde com um "sim" condicional e moderado à questão sobre se a psicologia operante é uma escola. Contudo, a maioria dos estudiosos das técnicas operantes não se vê como membros de escolas. Isto é provavelmente verdade a respeito de quase todos os psicólogos passados ou presentes; todos nós somos propensos a vermo-nos como psicólogos e desagrada-nos reconhecer que fomos influenciados demais por qualquer ponto de vista.

Assim, poder-se-á afirmar ou não que a Psicologia tem paradigmas, dependendo de como cada um deseja limitar a definição. Quer tenha ou não, Watson (1971) considera muito útil a sua abordagem prescritiva do estudo da história da Psicologia. Através dela, é possível evitar, acredita Watson, tanto a excessiva ênfase sobre a concepção exclusivamente arqueológica do passado e, ao mesmo tempo, a excessiva distorção do passado por ser visto em função das conceptualizações presentes. Fuchs e Kawash (1972) utilizaram as prescrições de Watson como um ponto de partida para uma abordagem analítica fatorial semelhante à de Coan e usaram os fatores para descrever cinco escolas de Psicologia. A abordagem sistemática do estudo da história da Psicologia está se desenrolando com firmeza.

CRITÉRIOS PARA SISTEMAS

Retrocederemos agora cerca de quarenta anos para verificar como os sistemas foram vistos pelos psicólogos quando as questões sistemáticas ainda eram extremamente conspícuas. É claro que as questões formuladas eram menos sistemáticas e detalhadas e não havia tentativa alguma de tratamento quantitativo. Contudo, o nível de análise estava

QUADRO 3-4. Critérios de McGeoch Para um Sistema

I	O sistema deve conter uma definição do campo da Psicologia
II	O sistema deve apresentar explicitamente os seus postulados
	A Os postulados devem ser no menor número possível
	B Os postulados devem ser necessários
	C Os postulados devem conter pouco do sistema acabado
III	A natureza dos dados a serem estudados deve ser especificada
	A Objetiva-subjetiva
	B Qualitativa-quantitativa
	C Unidades de descrição
	D Fornecer o ponto de partida genético
IV	Deve ser assumida uma posição mente-corpo
V	A organização dos dados, seus princípios de conexão, deve ser justificada
VI	Devem ser indicados os princípios de seleção

FONTE: Adaptado de McGeoch, 1933.

próximo do mesmo nível de sofisticação dos sistemas que eram analisados. McGeoch (1933) apresentou seis critérios que, na opinião dele, devem ser satisfeitos por um sistema de Psicologia. O Quadro 3-4 é uma adaptação dos critérios de McGeoch.

Os critérios são compatíveis com a nossa afirmação de que os sistemas de Psicologia serviram, principalmente, para dirigir o comportamento dos psicólogos em sua busca de conhecimentos científicos sobre a Psicologia. Por que motivo McGeoch requer um sistema para fornecer uma definição do campo? Porque a definição funciona para dizer aos psicólogos o que devem estudar. Os postulados de que McGeoch nos fala têm, por vezes, uma função diretiva. Os postulados de McGeoch não são o tipo de que se derivam teoremas, em qualquer sentido formal; eles são os pressupostos subjacentes que dirigem ou justificam o comportamento do homem que os aceita. A natureza dos dados a serem estudados deve ser especificada com suficiente clareza para dirigir a investigação científica. Os requisitos IV a VI especificam problemas que, na opinião de McGeoch, devem ser tratados. Para satisfazer os dois últimos requisitos — justificação da organização dos dados e indicação dos princípios de seleção — o sistema teria de consistir, pelo menos, em alguma informação empírica, a menos que os princípios se baseassem completamente em conjeturas racionais.

Os psicólogos modernos, ao invés de McGeoch, são passíveis de uma atitude displicente a respeito da definição de Psicologia. Reconhecem que as fronteiras dos campos estão sempre se modificando e que novas disciplinas surgem ao longo dessas fronteiras, à medida que os campos se tornam mais especializados. Certamente, poucos psicólogos se recusariam a estudar um novo e promissor problema, simplesmente porque não se parece com "psicologia".

Os requisitos de McGeoch para os postulados, se aplicados a postulados *formais,* são indubitavelmente razoáveis. Entretanto, talvez não sejam tão importantes se se pretender aplicá-los aos pressupostos ou hipóteses não-formais que se desenvolveram — e que podem ser refutados — em ligação com o desenvolvimento dos postulados formais.

Hoje, a Psicologia utiliza toda a espécie de dados. Um determinado psicólogo usa quaisquer dados que lhe pareçam úteis para atacar um problema. Embora nos agrade pensar que os nossos dados são objetivos, a distinção entre objetivo e subjetivo é difícil de fazer. Exigimos que os nossos dados sejam de tal natureza que possam voltar a ser colhidos por qualquer outro investigador que deseje comprovar a validade dos nossos resultados. Para além disso, é pouco o que podemos dizer. As unidades de descrição são escolhidas por uma questão de conveniência e se não for possível usar dados quantitativos, recorre-se aos dados qualitativos.

É claro que McGeoch fez uma escolha arbitrária do problema mente-corpo como um daqueles em que um sistema deve tomar uma posição; ele poderia ter escolhido a questão nativismo-empirismo ou qualquer outra entre tantas que se nos deparam. Embora os critérios de McGeoch sejam algo incompletos e irrealistas, eles incluem os tipos de fatores que eram realmente considerados importantes quando as questões sistemáticas eram de grande interesse e o seu nível de sofisticação é semelhante ao refletido nos próprios sistemas.

McGeoch disse a respeito da posição mente-corpo (1933): "O problema, é claro, não precisa ser enunciado à moda metafísica tradicional... O ponto é que o problema aí está e deve ser tratado (ou evitado) de algum modo, para que um sistema adequado possa ser construído" (pág. 8). Deixou assim aberta a alternativa de evitar o problema. Hoje, muitos psicólogos escolhem essa alternativa e, inclusive, sustentam que o problema *não* está aí enquanto ninguém o propuser e que, pelo menos no presente, não traz qualquer utilidade propô-lo. Examinaremos estas questões mais detalhadamente quando considerarmos o ataque dos behavioristas à consciência.

Os dois últimos requisitos ainda são legítimos. Eles exigem, para seu cumprimento, que se enunciem variáveis pertinentes e as relações funcionais entre elas. Grande parte da ciência se ocupa de tais enunciados.

Estes critérios fornecem uma amostra do que devia ser um sistema, segundo os psicólogos de há três décadas atrás. Os requisitos são enunciados sem prestar grande atenção ao detalhe. Nenhuma tentativa é feita para aplicá-los a uma teoria ou sistema particular. As características desejadas são a generalidade e o âmbito do que se procura abranger e não o poder preditivo.

A NATUREZA DA TEORIA

Pura Versus Prática

Com freqüência, a palavra *teoria* é usada em contraste com *prática* ou *aplicação*. Este uso é correto na medida em que implica que as teorias envolvem um certo uso da abstração. Não é correto se desse modo quisermos insinuar que as teorias não são práticas nem aplicadas. As teorias, observações e aplicações surgem, usualmente, em íntima interação. Raramente o investigador encontra um sistema lógico ou matemático útil e prestante, só depois partindo para a descoberta dos dados que se ajustem a esse sistema. As teorias e áreas de investigação crescem depois das aplicações terem sido demonstradas; quem duvida de que as aplicações militares são responsáveis, em parte, pelos bilhões que foram gastos, nos últimos vinte e cinco anos, na Física das partículas?

Graus de Confirmação

Alguns autores usam a palavra *teoria* em referência a uma hipótese que recebeu considerável apoio empírico. Quando *teoria* é usada neste sentido, utiliza-se o termo *lei* para as proposições testadas e verificadas do modo mais completo (Warren, 1934, pág. 128).

Em seus usos científicos mais genéricos, a palavra *teoria* refere-se a alguma proposição da qual um grande número de observações empíricas pode ser deduzido. Por exemplo, Bergmann (1957) definiu uma teoria como um "grupo de leis dedutivamente ligadas" (pág. 31). Se ele limita os componentes da teoria às leis, então deve estar empregando uma ampla definição da palavra *lei*. Por certo, as teorias podem ser construídas a partir de postulados que não estão bem demonstrados empiricamente ou que são incapazes de demonstração empírica; ou, inclusive, podem ser construídas a partir de analogias cujas partes se sabe não corresponderem aos fenômenos cobertos pela teoria. Um exemplo deste último caso é a analogia hidráulica com as correntes elétricas. Estamos inteiramente certos de que não há água nos cabos elétricos e, no entanto, podem ser feitas previsões a partir de tal analogia, se utilizarmos a matemática apropriada.

O requisito de Bergmann para qualquer teoria é, portanto, que os componentes básicos estejam "dedutivamente ligados". Isto significa, simplesmente, que deve existir um método para chegar à formulação de novos enunciados, a partir dos enunciados originais; deve haver operações adequadas que resultem em enunciados dedutivos.

Uma Teoria Abstrata

Visto que, em qualquer teoria, se confere uma considerável ênfase à dedução, construamos e examinemos um conjunto extremamente simples de enunciados, usando uma regra dedutiva para derivar teoremas.

Postulados

1 *'*-"

2 " ' "-+

Regra para Dedução

1. Se um símbolo ou símbolos aparecem, em quaisquer postulados, em lados opostos do símbolo -, todos os símbolos de um lado do - podem ser substituídos por todos os símbolos do outro lado do -, sempre que apareçam em qualquer postulado ou teorema.

Que teoremas poderemos derivar neste simples sistema? Começando pelo postulado 2, poderemos substituir ", sempre que aparece, pelo seu equivalente do postulado 1. Teremos então *'*'*'*-+ (teorema 1).

Podemos operar com o teorema 1 numa direção para produzir o teorema 2 — + — + — ou na outra direção para produzir o teorema 3 — *'*'*'*-*'*'*'*. (Poderíamos com idêntica facilidade ter derivado o teorema 2 do postulado 2.)

O estudante que tiver um estômago forte e um alto limiar para o tédio pode seguir adiante para descobrir alguns teoremas adicionais, como "-". Outros já estarão perguntando a seus botões qual é a finalidade desta construção, tendo especialmente em vista a natureza abstrata e despida de qualquer significado dos "enunciados" feitos. O sistema é deliberadamente abstrato para que o estudante possa observar a nossa "teoria" como uma espécie de jogo, livre das distrações que a interpretação empírica acarreta, e ver, em seus contornos nítidos, a natureza de tais jogos abstratos.

À teoria pode ser dada uma interpretação empírica se fizermos com que * represente uma maçã, ' ' duas maçãs e + quatro maçãs. A operação mais, como usualmente entendida para maçãs, pode ser indicada por ' e igual a por —. Podemos agora interpretar a nossa teoria como sendo a respeito de maçãs, formulando enunciados sábios como "Uma maçã mais uma maçã mais uma maçã mais uma maçã é igual a quatro maçãs" (teorema 1). Se as nossas operações sobre maçãs empíricas são descritas por um enunciado que concorda com esta interpretação do nosso teorema abstrato, então estamos diante de uma teoria bem sucedida sobre combinações de maçãs. O nosso pequeno exercício, que começou sua vida com um sistema abstrato rudimentar, resultaria numa rudimentar teoria científica, visto que nos diz agora algo sobre maçãs. Tem todos os elementos necessários de uma teoria científica: enunciados abstrato-formais, regras para manipular esses enunciados abstratos e um "dicionário" que relaciona os termos dos enunciados com as observações empíricas.

Motivação Para a Construção da Teoria

As porções abstratas de uma teoria podem ser desenvolvidas porque o teórico tem um de dois motivos: ele pode desejar ocupar-se mais efetivamente do mundo empírico e querer então a ajuda de um sistema abstrato; ou pode, simplesmente, fazer um jogo matemático e desenvolver o sistema por uma questão de curiosidade. A geometria de Euclides baseou-se, provavelmente, em última instância, em problemas de agrimensura. Muitos matemáticos modernos manipulam os símbolos em nível muito abstrato e não se preocupam muito com qualquer possível correspondência entre o sistema matemático e um sistema empírico. Portanto, existem muitos sistemas matemáticos disponíveis para novas aplicações científicas, se o cientista possuir a necessária sofisticação para descobri-los e estabelecer relações apropriadas entre o seu objeto de estudo e o sistema matemático. Kurt Lewin (1936), por exemplo, aproveitou uma matemática relativamente nova (topologia) para desenvolver a sua teoria psicológica e desenvolveu até uma nova matemática (hodologia) para tratar da sua conceptualização da direcionalidade (vetores) no comportamento. Estes (1959) usou a matemática comum para desenvolver o seu modelo matemático de aprendizagem.

Dimensões das Teorias

As teorias científicas podem diferir em muitos aspectos. Elas geram deduções sobre diferentes *objetos de estudo*. Diferem imenso na *generalidade;* a teoria de Hull (1952) abrange todo o comportamento simples dos mamíferos, enquanto que a teoria de Estes (1950), tal como foi originalmente proposta, ocupava-se apenas de um certo tipo de resposta. As teorias diferem na *precisão* dos enunciados; algumas fazem previsões que, no melhor dos casos, são qualitativas, enquanto que, no outro extremo da escala, estão os enunciados quantitativos muito precisos. Incluso dentro do mesmo grau de quantitatividade da previsão, as teorias podem divergir quanto ao grau de *rigor* das previsões; por vezes, o argumento, embora envolvendo enunciados quantitativos, pode ser carente de rigor e ser relativamente informal. Em outros casos, os processos de derivação e previsão podem estar melhor formalizados e ser logicamente mais rigorosos. As teorias também diferem nas *origens* de seus enunciados componentes, ou postulados; algumas teorias são combinações de enunciados empiricamente fundamentados, os quais são verificáveis ou potencialmente verificáveis e outras teorias compõem-se de enunciados a que se chega de um modo mais racional do que empírico. Nenhuma teoria, sejam quais forem as suas qualidades, é definitiva, nem mesmo quando todos os enunciados preditivos que se formularam a partir dela tenham sido perfeitamente corroborados. Resta sempre a possibilidade de que qualquer teoria dada seja substituída por outro mais simples, mais geral ou mais compatível com outras teorias pertinentes.

Por outro lado, as teorias raramente são rejeitadas pelo simples fato de que sejam demasiado específicas ou mesmo porque algumas das previsões feitas na base delas sejam errôneas. Outrossim, elas são rejeitadas quando se substituem por algo melhor. Geralmente, uma teoria será modificada e usada enquanto for a única coisa disponível numa determinada área de problemas.

Modelos

Um modelo é uma subclasse particular de teoria, de acordo com a nossa definição de teoria. Alguns autores fazem uma separação completa e outros tratam o modelo e a teoria como sinônimos; mas nós preferimos fazer dos modelos uma subclasse das teorias, já que a função de ambos é a derivação de teoremas e a formulação de previsões. Boring resumiu as diferenças entre teoria e modelo em termos sucintos (1957, pág. 191):

> Hoje, ouvimos falar menos de teorias e mais de modelos. Qual é a diferença? A teoria afirma ser verdadeira, se bem que todos saibamos que a garantia sobre a validade dessas reivindicações varia muito de teoria a teoria e de época a época, para a mesma teoria. A teoria é um *como,* ao passo que o modelo é um *como se.* A teoria é indicativa; o modelo é subjuntivo. O modelo é um padrão que pode ser facilmente abandonado se o progresso o exigir.

Quando Boring afirma que a teoria é um *como* quer dizer que o teórico espera observar, ou observou, referentes empíricos para os termos da sua teoria. Os postulados da teoria são, ou podem vir a ser, leis empíricas. Em compensação, não se espera que os postulados de um modelo venham a ser leis. O construtor do modelo sabe que os seus postulados são puramente abstratos e não podem ser coordenados com as observações empíricas ao nível de postulado. Poderíamos tomar um exemplo da Psicanálise. O pensamento de Freud a respeito do Id, Ego e Superego era, provavelmente, um pensamento *como se;* esses elementos funcionaram num modelo. Entretanto, a classificação de funções ou aspectos da personalidade dessa maneira (inclusive desenhando diagramas etc.) levou muita gente a acreditar que essas três palavras representavam entidades reais, concretas e observáveis; isto é, as pessoas acreditavam que Freud tinha uma teoria, não um modelo.

Assim, um modelo matemático seria um "dispositivo de cálculo". A função matemática, evidentemente, não reflete a realidade. Um modelo físico é computacional num sentido não-matemático; isto é, comporta-se analogamente à coisa modelada e, tal como o modelo matemático, serve de base à formulação de previsões. Um homem *não* é uma máquina nem um átomo é uma coleção de bolas de bilhar; entretanto, as máquinas e as bolas de bilhar podem ser úteis analogias (modelos) e podem ser "abandonadas facilmente, se o progresso o exigir".

O modelo pode ser diferençado da metateoria em termos da sua relação mais estreita com a estrutura das medições empíricas e das observações. Isto é, a metateoria fornece diretrizes gerais para o tipo de teoria que deve ser desenvolvido; o modelo fornece diretrizes mais específicas para a pesquisa empírica e, portanto, para as leis que são desenvolvidas.

CRITÉRIOS PARA AS TEORIAS

Estes, Koch, MacCorquodale, Meehl, Mueller, Schoenfeld e Verplanck (1954) apresentaram um esquema para a crítica das teorias da aprendizagem. Uma comparação desse esquema com os critérios de McGeoch realça numerosos e impressionantes contrastes. As perguntas formuladas no esquema são específicas e logicamente refinadas. Dizem respeito à capacidade da teoria para fazer previsões. Não há perguntas ou requisitos que *exijam* quaisquer enunciados diretivos a respeito do comportamento do investigador. Há uma questão sobre a generalidade ("âmbito de dados para os quais se postula a interpretação ou explicação, em função da teoria") mas não se indica que esse âmbito deva ser grande. O interesse primordial dos autores parece estar relacionado com a *linguagem* da teoria. Isto implica um reconhecimento de que grande parte da ciência é comportamento verbal. O esquema ocupa-se mais de teorias que dos sistemas mais abrangentes e, portanto, não deve esperar-se que seja exatamente paralelo ao exame de McGeoch; entretanto, tratar de problemas mais reduzidos constitui, por si mesmo, uma tendência significativa em Psicologia. Inicialmente, todas as ciências tendem a apresentar "grandes" problemas de caráter geral. Para poder abordar experimentalmente esses problemas torna-se necessário, geralmente, decompô-los em problemas menores e, com freqüência, reformulá-los por completo.

Algumas atitudes de Estes e seus colaboradores no tocante à avaliação da teoria são refletidas numa citação de seu estudo do esquema (1954, págs. xiv, xv):

> Acreditamos que seria possível alcançar um amplo acordo entre os atuais lógicos da Ciência, no sentido de que uma revisão adequada de qualquer teoria científica deve incluir, essencialmente, as mesmas características... As teorias científicas não se avaliam por referência a alguma escala absoluta de "teoricidade" mas por referência ao que esperamos delas. Algumas funções de uma teoria útil são: (1) aclarar a descrição do mundo que é possível em linguagem ordinária; (2) resumir o conhecimento existente; (3) procurar os meios adequados para aplicar o nosso conhecimento a novas situações; (4) conduzir a linhas fecundas de inquérito experimental.

O Quadro 3-5 apresenta o esquema completo. O estudante deve examinar todos os pontos com o maior cuidado. Como já dissemos, mais de quinze anos depois desse esquema ter sido preparado, ainda consideramos úteis as questões. Tanto quanto então, as questões continuam sendo questões e as nossas esperanças para a teoria são hoje as mesmas que havia nessa época.

TENDÊNCIAS NOS SISTEMAS E TEORIAS

Crescente Clareza

Podemos agora olhar para trás e ver o que foi que ocorreu e o que está ocorrendo nos sistemas. Primeiro, estão se tornando cada vez mais limitados e mais claros ou explícitos.

Os teorizadores já não se contentam com enunciados superficiais, carentes de um real valor preditivo; até a teoria de aparência mais sofisticada é submetida a um cuidadoso exame e pode, por vezes, ser considerada deficiente. Por exemplo, Cotton (1955) demonstrou recentemente que a teoria de aprendizagem de Hull não é adequada à formulação de certas previsões, apesar do seu autor nos dar a entender que é capaz de fazê-las. Os psicólogos já não se satisfazem com generalidades cômodas que permitam rotular os resultados depois deles terem ocorrido; querem que as teorias e sistemas digam o que é que *vai* acontecer — e que o digam com clareza e exatidão. Querem que os sistematizadores e teorizadores mostrem exatamente como sabem e como predizem. Segue-se dessas exigências que qualquer sistema contemporâneo que as satisfaça deve ser um sistema miniatural, que abranja somente um único tipo de organismo numa única e simples situação, isto é, que corresponda somente a uma gama de comportamento muito limitada. Ainda dispomos de muito poucos dados para construir sistemas em grande escala.

Laboratório e Campo

A exigência de crescente rigor e precisão levou a um interesse cada vez maior pela medição e os enunciados matemáticos. Essas mesmas exigências geraram duas tendências que, à primeira vista, parecem opostas: uma tendência para o laboratório e a experimentação cada vez mais cuidadosamente controlada, e uma tendência para uma soma cada vez maior de observação naturalista. A tendência para a experimentação melhor controlada tem por finalidade assegurar que os enunciados sejam corretos; as inadequações em experimentos passados e a hesitação em aceitar os resultados, por falta de controle, levaram ao laboratório. A tendência para o naturalismo decorre, em parte, de um interesse semelhante; o "naturalista" reconhece que é tão ilegítimo generalizar quando a situação básica não logra incluir todas as *variáveis* pertinentes como quando a situação básica não inclui todos os *controles* aplicáveis ao caso. Parece-nos que ambas as tendências são desejáveis e estão ocorrendo por causa da crescente sofisticação por parte dos psicólogos. Contudo, alguns psicólogos de espírito menos exigente objetaram à crescente abstração dos enunciados matemáticos e dos ambientes artificiais que, com freqüência, caracteriza o experimento laboratorial. Skinner é um entre muitos que têm defendido a posição do psicólogo de laboratório (1957a, pág. 370):

> Seremos culpados de simplificar indevidamente as condições para obter esse nível de rigor? Teremos realmente "provado" que existe uma ordem comparável fora do laboratório? É difícil estar certo das respostas a tais perguntas. Suponha-se que estamos observando o tempo que um homem leva para beber o café do seu desjejum. É improvável que registremos uma curva uniforme. Mas ainda que a nossa curva de comportamento não seja bonita, *tampouco o seria a curva de arrefecimento para o café na xícara.* Ao extrapolarmos os nossos resultados para o mundo em geral, não podemos fazer mais do que as ciências físicas e biológicas em geral. Devido aos experimentos executados em condições de laboratório, ninguém duvida de que o arrefecimento do café na xícara é um processo regular, mesmo quando a curva real seja de difícil explicação. Analogamente, quando investigamos o comportamento nas condições vantajosas de laboratório, podemos aceitar a sua regularidade básica no mundo em geral, ainda que não possamos demonstrar totalmente a lei.

QUADRO 3-5. Esquema Para o Exame Crítico de Teorias

I. Estrutura da Teoria

A. Delineamento da área empírica

1. Linguagem dos dados

A linguagem dos dados é explícita e teoricamente neutra?

Como é que o teórico relaciona as suas variáveis empíricas com a linguagem dos dados?

2. Variáveis dependentes e independentes

Como é que a seleção das variáveis se compara com a de outras teorias de aprendizagem?

Que influência exerce a escolha de variáveis sobre a forma da teoria?

B. Conceitos Teóricos

1. Termos primitivos

Os termos primitivos da teoria são redutíveis à linguagem física ou objetal?

O uso de termos primitivos está fixado por definições implícitas ou explícitas?

2. Principais construtos

Tem estes apenas uma função resumidora ou estão relacionados, por definição ou por hipótese, com os termos de outras disciplinas (por exemplo, a fisiologia)?

3. Relações supostas entre construtos

Como é que as principais variáveis teóricas se correlacionam entre si nos pressupostos básicos da teoria?

Como se constroem essas correlações, a partir da base observacional da teoria?

4. Relações pressupostas ou derivadas entre construtos e variáveis experimentalmente definidas.

II. Características Metodológicas

A. Posição da teoria nas principais "dimensões" metodológicas

1. Axiomatização explícita
2. Quantitatividade
3. Coerência e independência dos principais pressupostos teóricos
4. Uso de modelos físicos ou matemáticos

B. Técnicas de derivação

As conseqüências empíricas da teoria são desenvolvidas por argumentos não-formais ou derivações formais?

III. Conteúdo Empírico e Adequação

A. Âmbito dos dados para os quais se propôs a interpretação ou explicação em função da teoria

B. Especificidade da previsão demonstrada

C. Deficiências manifestas na manipulação de fatos na área III-A

D. *Tours-de-force*

Foi possível prever novos fenômenos experimentais?
Foram confirmadas algumas previsões desse gênero?
A teoria explica fatos não previsíveis por teorias concorrentes na mesma área?

E. Sensibilidade às provas empíricas

F. Programaticidade

G. Virtudes ou limitações especiais. Técnicas. Técnicas que podem ser comprovadamente úteis fora do contexto da teoria específica

FONTE: Estes e outros, 1954, págs. xiii, xiv.

Existem duas outras tendências contemporâneas divergentes, as quais estão relacionadas com uma exigência de mais rigor. Por um lado, aumenta a propensão para considerar que os enunciados teóricos são *como se,* isto é, uma propensão para usar modelos em vez de teorias. Se o psicólogo ignora que eventos fisiológicos se correlacionam com as suas observações do comportamento, o rigor indica que não deve expor a sua teoria em termos fisiológicos. Muitos psicólogos ignoram, simplesmente, a fisiologia e sublinham que o valor preditivo de um modelo não depende de qualquer pressuposto sobre a existência dos componentes do modelo. Por outro lado, existem hoje muitos psicólogos que consideram lamentável a ignorância da fisiologia. Contudo, eles *não* "fisiologizam", de um modo geral; isto é, não falam sobre explicações fisiológicas na ausência completa de conhecimentos fisiológicos. Neste sentido, a fisiologização está desaparecendo, esperamos, da psicologia.

Apesar de todas as mudanças, ainda persistem partes dos antigos sistemas nos "pressupostos fundamentais" que vemos serem mencionados por alguns dos nossos principais teorizadores modernos (ver o Quadro 3-5). R. I. Watson (1967) e Koch (1959) consideram essas atitudes muito importantes. Essas atitudes orientadoras ainda são defendidas e atacadas, e a briga ainda gera atrito, calor e, assim esperamos, experimentação. Os sistemas da Psicologia podem estar mortos mas os seus restos mortais ainda estão conosco. É uma tarefa fascinante estudar as suas recomposições e modificações modernas. Se os sistemas são considerados, principalmente, especializações da filosofia geral da ciência para aplicação a uma disciplina particular, então sempre se encontrará algum tipo de sistema em toda e qualquer ciência.

RESUMO E CONCLUSÕES

Para a nossa avaliação subseqüente dos sistemas é necessária uma idéia operacional do que é e deve ser um sistema. As origens dos sistemas foram predominantemente filosóficas. Podem ser definidos, *lato sensu,* como organizações de fatos e teorias. Entretanto, os sistemas psicológicos não foram, realmente, exemplificações da nossa definição; foram menos enunciados sobre o objeto de estudo da psicologia do que enunciados sobre o modo como o objeto de estudo deve ser abordado. Tiveram alguma utilidade para motivar as pessoas na realização de experimentos e procederem com prudência e sentido crítico; e estorvaram na medida em que atraíram excessivamente as atenções para as grandes questões que, de momento, só são respondíveis na base de conjeturas racionais. Há uma tendência crescente para substituir o sistema tradicional por um mais limitado tipo de teoria; para usar tanto modelos como teorias; e para exigir mais precisão, desenvolvimento lógico e clareza no tipo mais limitado de enunciado. Entretanto, as atitudes orientadoras básicas dos antigos sistemas continuam vivendo na psicologia moderna.

Leituras Recomendadas

A introdução à obra de Estes e outros, *Modern Learning Theory* (1954), ainda é moderna, apesar da sua idade. Uma perspectiva histórica sobre o modo como as questões se modificaram (ou como permaneceram inalteradas) pode ser adquirida na leitura do trabalho de McGeoch (1933), "The Formal Criteria of a Systematic Psychology", ou do vetusto mas muito legível *Seven Psychologies* (1933), de Heidbreder. *Logic of Scientific Discovery* (1959), de Popper, *Modern Science and Its Philosophy* (1949), de P. Frank, e *Philosophy of Science* (1957), de Bergmann, merecem ser mencionados. *The Language of Psychology,* de Mandler e Kessen (1959), e *Theories in Contemporary Psychology,* de Marx (1963), tratam de importantes questões, se bem que, como os sete volumes da série organizada por Koch, sejam prosa demais para uma leitura eventual em ligação com um único capítulo! O artigo de Lichtenstein, "Psychological Systems: Their Nature and Function" (1967), dá uma boa panorâmica da área que se propôs tratar. Contudo, o melhor conjunto de leituras razoáveis talvez consista em *Structure of Scientific Revolutions* (1970), de Kuhn, acessível numa edição em brochura de 210 páginas; o artigo de R. I. Watson (1967), "Psychology: A Prescriptive Science"; o artigo de Coan (1968), "Dimensions of Psychological Theory"; e o ensaio de Lakatos (1970), "Falsification and the Methodology of Scientific Research Programmes".

Esta combinação fornecerá ao leitor dedicado um excelente quadro das finalidades da ciência, como esta se relaciona com a sua história, que prescrições interessaram aos psicólogos e que combinações prescritivas foram aceitas por psicólogos representativos (conforme a opinião dos estudiosos representativos que têm analisado a obra dos psicólogos). Duas obras recentes, historicamente orientadas, devem ser consultadas pelo estudante interessado: *Theories of Psychology: A Handbook* (1970), de Neel, e *Schools of Psychology: A Symposium* (1970), de Krantz.

PRINCIPAIS FIGURAS NA FORMAÇÃO E DESENVOLVIMENTO DE SEIS SISTEMAS PSICOLÓGICOS

Sistema	1870	1880	1890	1900	1910	1920	1930	1940	1950	1960
ESTRUTURALISMO		Wundt	Titchener							
FUNCIONALISMO	James			Dewey	Angell	Carr Woodworth	McGeoch	Melton	Underwood	
ASSOCIACIONISMO		Ebbinghaus		Pavlov	Bekhterev	Thorndike	Guthrie		Estes	
BEHAVIORISMO					Watson Meyer	Hunter Weiss	Tolman Skinner Hull	Miller	Spence	
TEORIA DA GESTALT	Mach	von Ehrenfels			Wertheimer Koffka	Köhler				
PSICANÁLISE		Breuer Freud		Adler Jung	Rank Jones Ferenczi	Horney	Sullivan	Fromm		

PARTE II

SISTEMAS DE PSICOLOGIA

Passaremos agora ao exame dos principais desenvolvimentos sistemáticos na história recente da Psicologia. O nosso plano de procedimento consiste em apresentar uma informação sucinta dos antecedentes históricos de cada um dos sistemas tratados, para indicar os seus vínculos com o passado. Em cada caso, o estabelecimento do sistema, suas principais características estruturais, no tocante ao conteúdo e à metodologia, e o seu desenvolvimento e destino, serão cabalmente tratados. Os seis critérios indicados por McGeoch (1933) são utilizados como quadro de referência para a exposição de cada sistema, a fim de facilitar comparações; e as dimensões de Coan (1968) e R. I. Watson (1967) são usadas como base para a descrição sistemática. O Quadro da esquerda mostra as principais figuras associadas à origem e desenvolvimento de cada um dos seis sistemas tratados. Esses nomes são colocados ao longo de uma linha comum de tempo, para indicar as relações temporais.

QUADRO 4-1. Personalidades Importantes na Psicologia Associacionista

Influências Antecedentes	*Associacionistas*		
	Fundador	*Promotores*	*Representantes Contemporâneos*
Aristóteles (384-322 A.C.)	David Hartley (1705-1757)	Thomas Brown (1778-1820)	William K. Estes (1919-)
		James Mill (1773-1836)	
Thomas Hobbes (1588-1679)		John S. Mill (1806-1873)	
John Locke (1632-1704)		Alexander Bain (1818-1903)	
George Berkeley (1685-1753)		Hermann Ebbinghaus (1850-1909)	
David Hume (1711-1776)		Ivan P. Pavlov (1849-1936)	
		Vladimir M. Bechterev (1857-1927)	
		Edward L. Thorndike Colúmbia (1874-1949)	
		Edwin R. Guthrie Washington (1886-1959)	

4. ASSOCIACIONISMO

O associacionismo é mais um princípio do que uma escola de Psicologia. O princípio de associação deriva de questões epistemológicas dentro da Filosofia. A interrogação epistemológica, "Como é que sabemos?" é respondida pelos filósofos empíricos: "Através dos sentidos". Surge imediatamente a interrogação seguinte: "Então donde provêm as idéias complexas, que não são diretamente sentidas?" A resposta a esta segunda questão fornece o primeiro princípio de associação: "As idéias complexas provêm da associação de idéias mais simples."

Assim, estando o associacionismo enraizado na Filosofia, a sua história remonta à Antiguidade. A sua influência veio se estendendo até ao presente, porquanto é ainda uma força ativa que está subjacente em grande parte da Psicologia. De uma ou outra forma, as idéias associacionistas têm sido encampadas por todas as escolas. Por esta razão, tratamos primeiro o associacionismo. Se bem que o estruturalismo seja usualmente considerado a primeira escola formal de Psicologia, ele foi precedido por um longo desenvolvimento histórico, dentro da tradição associacionista. Os fundadores do estruturalismo foram grandemente influenciados por essa tradição. O Quadro 4-1 indica os nomes das personalidades mais importantes na psicologia associacionista.

Provavelmente, os empiristas britânicos constituem a mais próxima abordagem de uma "escola" de associacionismo. As suas tentativas de explicação da atividade mental levaram ao enunciado de numerosos fatores importantes na formação de associações. Ao descrevermos o desenvolvimento do empirismo britânico, tentaremos mostrar a continuidade de pensamento entre o empirismo e o associacionismo. Embora esses filósofos estivessem mais interessados em problemas epistemológicos do que em problemas psicológicos, ao dedicarem-lhes algo mais do que esforços puramente filosóficos anteciparam, de um modo definido, os progressos psicológicos subseqüentes.

Historicamente, os conceitos associacionistas serviram como substitutos para mais detalhadas teorias de aprendizagem. Três homens se destacaram como contribuintes para esse aspecto do movimento associacionista. Hermann Ebbinghaus provou uma profunda modificação no modo de trabalho associacionista. Antes dos seus estudos sobre a aprendizagem de sílabas sem sentido, a tendência tinha sido para começar com as associações já formadas e tentar inferir, retrospectivamente, o processo de formação das associações. Ebbinghaus começou pelo outro extremo, estudando a formação das associações; assim, foi-lhe possível controlar as condições em que se formavam as associações e realizar o estudo científico da aprendizagem. I. P. Pavlov, o grande fisiologista russo, teve uma responsabilidade primordial numa outra mudança: a de se estudar a associação em termos de conexões E-R e não de idéias. As suas pesquisas prévias sobre o reflexo condicionado contribuíram, pois, para tornar a Psicologia objetiva. E. L. Thorndike desenvolveu a explicação mais completa dos fenômenos psicológicos, segundo uma perspectiva associacionista; portanto, trataremos o seu sistema como o representante mais apropriado do associacionismo.

É difícil destacar os sistematizadores associacionistas modernos, visto que não pertencem a qualquer escola coesa. Um homem é considerado associacionista na medida em que utiliza princípios associacionistas; mas os princípios associacionistas empregam toda a psicologia recente e contemporânea, de modo que devemos selecionar os "associacionistas" de acordo com as suas tendências para usarem *única* ou *primordialmente* princípios associacionistas.

EMPIRISMO BRITÂNICO

Os empiristas britânicos usaram os mesmos princípios de associação que tinham sido sugeridos, séculos atrás, por Aristóteles. Ele propusera que os itens semelhantes, opostos ou contíguos tendem a associar-se entre si. O último princípio, o da contigüidade, é o que mais se aproxima de uma aceitação universal: se duas coisas são experimentadas como estreitamente vizinhas no tempo, o mais provável é que sejam associadas entre si. Semelhança e contraste são princípios aceitos por alguns e rejeitados por outros. O único princípio de associação adicionado pelos empiristas britânicos à lista de Aristóteles foi o de causalidade, sugerido por Berkeley e extensamente tratado por Hume.

O Quadro 4-2 resume os princípios de associação que foram aceitos pelas figuras mais importantes do movimento associacionista.

Thomas Hobbes (1588-1679) foi um filósofo político que ajudou a fundar o empirismo britânico. Considerou a razão o fator dominante na orientação do comportamento humano; contudo, assumiu uma posição fortemente determinista e mecanística. Para explicar o conteúdo mental recorreu unicamente aos dados sensoriais, eliminando a necessidade de idéias inatas. Sustentou que a sucessão de idéias, sujeita a leis, era responsável por todo o pensamento e toda a ação. Hobbes explicou essa sucessão em termos de associação por contigüidade: se uma idéia foi seguida de uma outra, previamente, a tendência será para que conduza novamente à idéia contígua.

John Locke (1632-1704) é usualmente considerado o fundador do empirismo britânico, embora Hobbes o tivesse precedido. A primeira parte de sua vida foi principalmente dedicada a atividades políticas, tal como no caso de Hobbes, e o seu amadurecimento como filósofo foi relativamente tardio. Locke só se consagrou à filosofia nos últimos catorze anos de sua vida.

Após vinte anos de meditação sobre o problema, Locke publicou a sua famosa obra, *Essay Concerning Human Understanding* (Ensaio Sobre o Entendimento Humano), em 1690, aos 57 anos de idade. Nessa obra, a sua principal preocupação foi o problema da validade do conhecimento. Locke disse que todo o conhecimento provém da experiência, quer através dos sentidos, quer através da reflexão sobre os dados sensoriais. Este empirismo extremo, que não admitiu a existência de um conhecimento inato, representava um retorno à noção aristotélica da *tabula rasa* (simbolizando a "mente" infantil, sobre a qual se supunha que a experiência sensorial era gravada) e um ataque à convicção de Descartes sobre as idéias inatas.

As idéias de Locke sobre associação também eram semelhantes às de Aristóteles. Acrescentou um capítulo intitulado "Da Associação de

QUADRO 4-2. Princípios do Associacionismo

		Princípios			
Autor	*Data*	*Contigüidade*	*Semelhança*	*Contraste*	*Causalidade*
Aristóteles	ca. 330 A.C.	X	X	X	
Thomas Hobbes	1651	X			
John Locke	1700	X	X		
George Berkeley	1733	X	X		
David Hume	1739	X	X		X
David Hartley	1749	X			
James Mill	1829	X			
John Stuart Mill	1843	X	X		
Alexander Bain	1855	X	X		
Herbert Spencer	1855	X	X		

Idéias" à quarta edição do *Essay,* em que sublinhou que as idéias se combinavam na experiência, de acordo com princípios muito próximos dos de semelhança e contigüidade. Entretanto, a sua ênfase sobre a associação não foi grande e certamente não a guindou ao *status* de um princípio universal, subjacente em toda e qualquer conexão de idéias. Acreditava ele que as idéias estão ordinariamente ligadas por conexões "naturais" e deu claramente a entender que os princípios associacionistas são úteis, primordialmente, para explicar as conexões anormais. Assim, Locke deu início a uma seqüência de pontos de vista sobre a associação. Berkeley tornou a associação mais abrangente em seu âmbito; Hume caracterizou-a como uma "força sutil" e James Mill converteu-a num princípio inexorável de conexão. Dentro da tradição do associacionismo, a mente humana começa livre exceto por uma pequena determinação acidental, com Locke, e acaba completamente determinada, com Mill.

Locke também deu início a uma tendência com a sua teoria especial sobre qualidades primárias e qualidades secundárias, que considerou a base das "idéias" sensoriais. De acordo com a sua dicotomia, as propriedades primárias são as inerentes aos corpos. Oferecem o trajeto principal entre a mente e o mundo externo. Propriedades tais como solidez, figura, movimento e quantidade são representativas dessa categoria. As propriedades secundárias, como as cores, sons e gostos, não pertencem aos objetos mas são, outrossim, funções da própria mente. Esta distinção não tardaria a ser destruída por Berkeley (ver adiante) mas reapareceu depois com o problema de distinguir entre Psicologia e Física. Como veremos mais adiante, Wundt fez essa distinção, ao afirmar que a Física estuda a experiência *mediata* e a Psicologia estuda a experiência *imediata.* Titchener, dois séculos depois de Locke, disse que a Física estuda a experiência *independente* do organismo experiente, ao passo que a Psicologia estuda a experiência *dependente do* organismo experiente.

George Berkeley (1685-1753) foi o sucessor intelectual imediato de Locke. Tendo sido, por algum tempo, bispo de Cloyne, ele também foi um filósofo e educador. Em contraste com a publicação tardia de Locke, Berkeley escreveu suas duas obras de maior importância por volta dos 25 anos: *New Theory of Vision* (Nova Teoria da Visão), em 1709, e *Principles of Human Knowledge* (Princípios do Conhecimento Humano), em 1710.

Filosoficamente, Berkeley era um idealista subjetivo. Para ele, a mente era a realidade fundamental. A sua posição está representada pela famosa frase latina *esse est percipi* (ser é ser percebido). Para Berkeley, o problema principal não era a relação entre mente e matéria (Descartes) ou o modo como a matéria gera a mente (Locke) mas como a mente gera a matéria. Este tipo de posição, levada à sua conclusão lógica, conduz a um solipsismo (a crença em que só existe uma mente, a própria, na qual tudo o mais, incluindo as outras mentes, só existe como idéias).

Berkeley foi um ativo e engenhoso pensador psicológico. Utilizou as sensações táteis e cinestésicas para desfazer a distinção que Locke tinha formulado entre qualidades primárias e secundárias. Berkeley sublinhou que as supostas qualidades primárias também são, realmente, funções da percepção. Este argumento é congruente com o seu idealismo filosófico. Acreditava que a percepção da profundidade visual dependia da experiência. Destacou as sensações táteis e cinestésicas e a sua associação com os movimentos oculares que se produzem ao olhar para objetos próximos e distantes; a complexa associação tornou-se, então, "profundidade". Foi esta uma tentativa especificamente psicológica de responder à sua questão filosófica geral sobre o modo como a mente gera a matéria. Mostra que Berkeley inverteu a prática materialista de considerar o mundo externo como um dado axiomático e indagou como foi que chegamos ao conhecimento da sua existência. Berkeley considerou que os dados da consciência estavam acima de qualquer dúvida e o problema consistia em explicar idéias tais como as de espaço e objetos externos.

De acordo com a sua formação teológica, Berkeley tentou explicar a estabilidade, independência e ordem dos objetos externos recorrendo à mente onipercipiente de Deus. A sua posição metafísica está humoristicamente apresentada neste epigrama (citado em Russell, 1945, pág. 648, e atribuído a Ronald Knox):

Mote:
Havia um jovem que dizia:
Se Deus verificar um dia
Que esta árvore, que ninguém está vendo,
Continua sendo,
Quão estranho isso Lhe seria!

Resposta:
O estranho, caro Senhor,
É, na verdade, o seu estupor.
Eu a tudo estou vendo
E é por isso que a árvore continua sendo,
Pois tem o seu observador.

Atenciosamente Seu
Deus.

David Hume (1711-1776), tal como Berkeley, foi brilhantemente precoce. O seu *Treatise on Human Nature* (Tratado sobre a Natureza Humana), em que a maior parte de sua reputação se baseou, foi publicado em três volumes quando Hume tinha vinte e oito e vinte e nove anos de idade. Estabeleceu uma distinção entre as impressões mais vívidas (a que chamaria *sensações* ou *percepções*) e as idéias menos vívidas (a que daria o nome de *imagens* ou *recordações*). Essa distinção foi mais tarde restaurada pelos estruturalistas, quando iniciaram a análise introspectiva da mente, um processo analítico que nasceu facilmente da tradição associacionista.

Hume também aplicou as suas tendências analíticas a um dos três princípios de associação por ele "descobertos": o princípio de causa e efeito. Achou que esse princípio estava intimamente relacionado com o princípio de contigüidade e que, de fato, causa e efeito só se manifestavam como uma idéia se a causa fosse contígua ao efeito. Além disso, à causa tinha de seguir-se *invariavelmente* o efeito. Superficialmente, parece que Hume reduziu causa e efeito à contigüidade, através da sua análise, mas o caso não é assim tão simples. N. K. Smith (1949), que realizou um profundo estudo da posição de Hume, concluiu que Hume acreditava, definitivamente, que o princípio de causa e efeito retém toda a sua independência, apesar da sua estreita relação com a contigüidade temporal e espacial. Entretanto, causa e efeito não existem nas coisas observadas mas apenas na mente do observador. Poderia parecer que causa e efeito constituem uma idéia complexa, suscetível de ser reduzida a idéias mais simples, se Hume estivesse disposto a isso. Este ponto de vista também é errôneo. Turner (1967) disse o seguinte, a respeito da posição de Hume: "Verificamos, pois, que *causalidade, semelhança* e *contigüidade* são as relações por cujo intermédio associamos idéias. Como tal, essas relações não possuem significado existencial; elas representam atividades da imaginação e não idéias redutíveis, de forma alguma, a impressões" (pág. 34). Devemos concluir que Hume reteve três princípios distintos de associação.

Finalmente, as tendências céticas e antimetafísicas de Hume exerceram uma enorme influência. O seu famoso parágrafo de *An Enquiry Concerning Human Understanding* (Investigação Sobre o Entendimento Humano) (1902, pág. 165), assim reza:

> Quando, persuadidos destes princípios, passamos em revista as bibliotecas, que devastação não faremos? Se tomamos entre mãos um volume de Teologia ou de Metafísica escolástica, por exemplo, perguntemos: *Este livro contém algum raciocínio abstrato sobre quantidade ou número?* Não. *Contém algum raciocínio experimental sobre questões de fato ou de existência?* Não. Para o fogo com ele, pois outra coisa não pode encerrar senão sofismas e ilusões.

Este ponto de vista é o precursor do positivismo e operacionismo modernos. A Psicologia, desde os seus primórdios formais, tem tido o problema de libertar-se da Filosofia — e Hume é um de seus heróis.

O ASSOCIACIONISMO COMO DOUTRINA SISTEMÁTICA

O associacionismo, como sistema que se desenvolveu a partir do empirismo, foi "fundado" no século XVIII por um médico erudito, David Hartley (1705-1757). Retomou o título de um capítulo de Locke, "A Associação de Idéias" e dele fez a sua tese. Hartley desenvolveu a sua psicologia em torno das associações, convertendo assim o associacionismo numa doutrina formal com um nome.

Em contraste com os filósofos seus antecessores, politicamente ativos, Hartley teve uma vida relativamente ordenada, sem eventos excitantes que entrecortassem a sua existência pausada. A sua única publicação de vulto foi *Observations on Man* (Observações sobre o Homem) (1749). Foi muito influenciado por Newton e Locke. A sua teorização é algo semelhante à especulação anterior e menos elaborada de Hobbes sobre o movimento como conceito explicativo da atividade cerebral; Hartley postulava a existência de ações vibratórias no sistema nervoso, que correspondem às idéias e imagens. As vibrações mais intensas seriam as sensações e as menos intensas as idéias. Proporcionou, assim, uma interpretação fisiológica à distinção, introduzida por Hume, entre impressão e idéia. Como as vibrações tardam um pouco em dissipar-se, as sensações ainda perduram algum tempo depois da supressão do estímulo; isto foi proposto como uma clara alternativa do ponto de vista, então mais em voga, que defendia a existência de um fluxo de espíritos animais ao longo dos nervos tubulares. Enfatizou a contigüidade como princípio de associação e recorreu a princípios associacionistas para explicar a percepção da profundidade visual, no que acompanhou as teses de Berkeley. Os mesmos princípios explicariam também outros fenômenos diversos, como o prazer e a dor nas emoções, e o significado das palavras.

Após Hartley, o mais importante desenvolvimento seguinte no associacionismo teve lugar na Escócia. Thomas Brown (1778-1820) reformulou os princípios de Hartley como princípios de sugestão, a fim de superar a objeção da escola escocesa ortodoxa ao associacionismo e suas tendências analíticas; entretanto, não existia diferença real alguma entre a substância do que Brown estava dizendo e o que os empiristas britânicos afirmavam sobre os princípios básicos da atividade mental.

Brown foi notável por causa da sua insistência nos princípios secundários da associação. Interessava-se pelo problema da seleção, numa série de associações, daquela associação isolada que realmente ocorria, quando havia muitas outras que poderiam ocorrer em lugar dela. Neste sentido, estava interessado no problema de melhorar a previsão. Apresentou vários fatores suscetíveis de explicar a seleção de uma associação específica: o número de vezes que se associara ao conteúdo mental precedente, quão recentemente ocorrera essa associação, previamente, o vigor da associação original, sua duração e o número de idéias agora presentes que tiveram conexões com a idéia seguinte e desse modo contribuíram para a sua força associativa. Princípios análogos aos defendidos por Hartley figuram em teorias de aprendizagem muito mais recentes. Conceitos tais como o número de provas, recenticidade, dinamismo da intensidade de estímulo e soma de estímulos constituem paralelos evidentes dos princípios secundários de Brown.

James Mill (1773-1836) apresentou uma das posições associacionistas mais extremas. A sua *Analysis of the Phenomena of the Human Mind* (Análise dos Fenômenos da Mente Humana), publicada após sete anos de redação durante as férias de verão, apresenta a "mecânica mental" de Mill. Sustentava ele que a lei da associação era bastante para explicar as mais complexas experiências mentais. A idéia de "tudo", por exemplo, continha, presumivelmente, todas as idéias menores e é, simplesmente, a soma destas. Supunha que as idéias simples se conjugavam para formar as mais complexas, as quais, com o uso, se consolidavam ao ponto de parecer uma idéia única. Uma vez formada, a idéia complexa unia-se, por sua vez, com outras idéias, para dar origem a idéias ainda mais complexas. A concepção de Mill foi inultrapassável em simplicidade — quando não em rigor — devido ao simples uso da adição e de um só princípio associativo: a contigüidade.

John Stuart Mill (1806-1873) converteu a mecânica mental de seu pai numa espécie de "química mental". Segundo a sua noção mais complexa, as idéias perdem a sua identidade original quando se fundem com outras idéias mais complexas, mediante a associação. Aceitou a noção de seu pai sobre a conjugação das idéias na associação mas acreditava que as combinações muito rápidas tinham como resultado uma perda de algumas partes. Conforme Mill escreveu (1956, pág. 558):

> As leis dos fenômenos da mente são, por vezes, análogas às leis mecânicas mas, outras vezes, são também semelhantes às leis químicas. Quando muitas impressões ou idéias estão atuando juntas na mente, tem lugar, por vezes, um processo semelhante ao da combinação química. Quando as impressões são experimentadas em conjunção, com muita freqüência, ao ponto de cada uma delas provocar, fácil e instantaneamente, o aparecimento das idéias do grupo, como um todo, essas idéias costumam se misturar e fundir entre si, manifestando-se como uma só e não como várias idéias, da mesma maneira que, quando se apresenta ao olho, em rápida sucessão, as sete cores do prisma, produz-se uma sensação única de branco. Mas, neste último caso, é correto dizer que, quando as sete cores se

sucedem rapidamente, umas após outras, geram o *branco;* de modo que, em minha opinião, quando a Idéia Complexa formada pela mistura e fusão de várias idéias simples, parece realmente simples (isto é, quando os seus elementos distintos não podem se distinguir conscientemente), devemos dizer que aquela *resulta de* ou *é gerada por* idéias simples e não que consiste *nelas*... Estes são casos de química mental, na medida em que é possível afirmar que as idéias simples geram mas não compõem as complexas.

John Stuart Mill também tratou o problema de como a mente cria a matéria, problema que fora equacionado por Berkeley. Mill estava disposto a admitir o poder da expectativa sobre a mente humana. Segue-se daqui que é possível esperar certas sensações, dadas outras sensações que decorrem de um determinado "objeto". A esse conjunto de expectativas deu Mill o nome de *possibilidades permanentes de sensação* e considerou que essas possibilidades explicavam adequadamente a crença do homem no mundo material. Veremos esse mesmo problema geral reaparecer mais tarde como o problema do significado na psicologia de Titchener.

Alexander Bain (1818-1903) foi nominalmente um lógico (em Aberdeen, Escócia) mas representa o mais próximo que encontramos de um psicólogo formal. Bain era, predominantemente, o que poderíamos chamar um universitário autodidata e tropeçou com inúmeras dificuldades para conseguir cargos docentes nas universidades escocesas. Finalmente, mudou-se para os círculos londrinos, com John Stuart Mill. Publicou uma abrangente e sistemática psicologia, em dois volumes, com uma forte base associacionista: *The Senses and the Intellect* (1855) e *The Emotions and the Will* (1859) *(Os Sentidos e o Intelecto* e *As Emoções e a Vontade).* Embora a venda desses livros tivesse sido difícil no começo, eles acabaram por alcançar um grande êxito, exigindo numerosas revisões e convertendo-se no texto psicológico *standard* na Grã-Bretanha durante quase 50 anos. A sua obra pode ser considerada uma espécie de psicologia fisiológica, uma vez que atribui a maior ênfase aos fenômenos sensoriais. Em 1876, Bain fundou a primeira revista psicológica do mundo, *Mind,* por ele sustentada financeiramente até 1892.

Bain tinha um conjunto bem desenvolvido de leis de associação. Havia dois princípios básicos na formação das associações: contigüidade e semelhança. Além disso, havia uma espécie de efeito somatório, pelo qual "as associações que individualmente são demasiado débeis para fazer reviver uma idéia pretérita, podem ter êxito na ação conjunta" (1886, pág. 544). E havia um princípio de criatividade, segundo o qual, "por meio da associação, a mente tem o poder de formar *novas* combinações ou agregados, *diferentes* de quantos tiverem se apresentado no decorrer da experiência" (1886, pág. 570). Bain aceitou, portanto, o princípio secundário de que a ação conjunta de várias idéias incrementa a força associativa e a noção de J. S. Mill sobre o modo como as idéias complexas são geradas.

O associacionismo britânico deixou um legado de suprema importância para a psicologia, uma ciência experimental cujo desenvolvimento era de recente data. Um aspecto fundamental do seu significado reside no ponto de vista metodológico que o associacionismo desenvolveu e refinou. O pensamento e a experimentação, em termos de estímulo e resposta, surgiram desse ponto de vista, de um modo mais ou menos direto. Esse tipo de conceptualização integrou-se tanto em nosso modo básico de pensar — mesmo para aqueles que assumem uma atitude mais crítica diante de certos aspectos do associacionismo moderno — que tendemos a considerá-lo axiomático, junto com o resto da nossa herança cultural.

Uma parte menos importante do legado do associacionismo foi o conteúdo da teorização associacionista. Em última análise, essa contribuição consiste nas várias leis referentes à formação de associações. Uma grande parte do conteúdo histórico do associacionismo foi absorvida, mais ou menos diretamente, pelos pressupostos e preconceitos dos primeiros psicólogos; por exemplo, assinalamos a semelhança entre um aspecto da formulação sistemática de Titchener e as concepções de Locke e Hume.

Passemos agora ao tipo de associacionismo que surgiu nas últimas décadas do século XIX. Na Psicologia, a associação de idéias foi gradualmente substituída pela associação de estímulos e reações (ou respostas). Essa mudança relacionou-se com a transição da Psicologia, que durante tanto tempo foi parte integrante da Filosofia, para uma ciência empírica e natural por direito próprio.

A ASSOCIAÇÃO DE ESTÍMULO E REAÇÃO

A Invenção da Sílaba Sem Sentido, de Ebbinghaus

Hermann Ebbinghaus (1850-1909) foi um experimentalista alemão extremamente competente que publicou (1885) a primeira investigação sistemática de laboratório sobre a memória. Cabe-lhe o mérito de ter sido o primeiro psicólogo que realizou o estudo inteiramente empírico da associação, ou aprendizagem, embora o seu interesse primordial fosse a memória. Estava ele interessado em controlar o tipo de aprendizagem cuja retenção queria investigar e, para isso, inventou a sílaba sem sentido, num esforço para reduzir ao mínimo as associações prévias (quer dizer, prévias em seu estudo de laboratório). As suas sílabas sem sentido (ou sem nexo) consistiam, simplesmente, em duas consoantes separadas por uma vogal (por exemplo, WOY, XAM, PIR). Ebbinghaus pensou que poderia obter curvas de memória mais idôneas se os seus materiais fossem mais homogêneos do que as palavras comuns, cujas associações com outras palavras variavam amplamente, segundo a aprendizagem prévia. Uma indicação do êxito alcançado por Ebbinghaus é o fato da curva de aceleração negativa, por ele determinada para a memória humana (na qual a quantidade de sílabas retidas é uma função do tempo), não ter sofrido qualquer revisão radical no decurso das décadas seguintes. Raramente as curvas empíricas retêm a sua forma, apesar dos novos aparelhos e dos métodos mais refinados.

A contribuição de Ebbinghaus foi particularmente importante porque demonstrou a possibilidade de obtenção de resultados ordenados por meio de um cuidadoso controle dos dados objetivos, mesmo tratando-se de funções tão complexas e variáveis como a aprendizagem e a memória humanas. Esta primeira aplicação laboratorial dos princípios estritamente associacionistas foi um momento culminante na história da psicologia científica.

A Descoberta do Reflexo Condicionado por Pavlov

Ivan P. Pavlov (1849-1936) foi um eminente fisiologista russo, diretor do laboratório de Fisiologia do Instituto de Medicina Experimental, desde 1890 até ao ano de sua morte. Em 1904, foi galardoado com o Prêmio Nobel por suas pesquisas sobre os fatores glandulares e neurais na digestão. Um pouco antes, ele tinha feito, entretanto, uma descoberta acidental que estava destinada a modificar completamente os rumos da sua carreira científica e a exercer um efeito profundo e duradouro sobre o desenvolvimento da ciência psicológica.

Pavlov tinha aperfeiçoado um aparelho que permitia recolher e medir a quantidade de saliva segregada por um cão sob diferentes condições de alimentação. Esquematicamente, tratava-se de um tubo de vidro calibrado que se inseria, através de uma fístula, numa face do animal. Pavlov garantiu um elevado grau de controle sobre os estímulos ambientais na situação de laboratório; o animal tinha seus movimentos peados por um jogo de ataduras e era colocado dentro de uma câmara experimental relativamente isolada, a qual estava equipada, do lado de fora, com os instrumentos de registro. A descoberta de Pavlov consistiu no fato de ter notado a ocorrência persistente de um fluxo salivar *antecipatório*. Isto é, os estímulos associados previamente à alimentação do animal (por exemplo, a aproximação do assistente ou a vista de um prato de comida) chegavam a desencadear a salivação em animais, à medida que o seu adestramento se processava.

O exame das conseqüências de tais sinais no comportamento adaptativo do cão levou Pavlov a formular, finalmente, um programa de investigação ativa, destinado a alcançar, fundamentalmente, uma nova compreensão sobre a fisiologia do cérebro. Levando em conta a natureza adquirida da relação estímulo-reação, utilizou-se a expressão *reflexo condicionado.* O permanente interesse de Pavlov pelas funções corticais é indicado na sua escolha de outros termos e expressões, em referência aos processos que estava investigando; por exemplo, *irradiação,* implicando uma suposta função excitativa do cérebro e que se referia aos fenômenos que, hoje, são mais correntemente designados como *generalização.* Pavlov dedicou todo o seu programa de pesquisas a uma análise exaustiva dos fatores envolvidos no condicionamento, supondo que, através da investigação desse tipo relativamente simples de aprendizagem reflexa, poderia penetrar em alguns dos mistérios dos chamados "processos mentais superiores".

É algo irônico que a grande influência de Pavlov se fizesse sentir na Psicologia, uma disciplina para a qual ele nunca se manifestou muito favoravelmente predisposto (cf. 1932), mais do que na área da fisiologia cerebral, que era aquela em que estava primordialmente interessado. Essa ironia não foi perpetrada por causa de qualquer perversidade por parte dos fisiologistas ou dos psicólogos. A razão pela qual Pavlov foi mais respeitado e consagrado pelos psicólogos deve-se, simplesmente, ao fato de que ele estava realizando um trabalho psicológico e desenvolvendo interpretações que, embora tivessem uma ressonância fisiológica, se baseavam em observações do comportamento. A irradiação, por exemplo, pode soar como algo que ocorre no córtex mas só era conhecida através da observação daquilo a que hoje chamaríamos a *generalização do estímulo.* Kimble (1967) deu-nos uma clara exposição dessa faceta do pensamento de Pavlov.

Os pormenores da obra pavloviana excedem os limites deste livro (ver Pavlov, 1927, 1928, 1941, 1955, para alguns de seus relatórios, em tradução) mas devem ser familiares, pelo menos em forma esquemática, a todos os estudantes de Psicologia. As suas investigações representam o ponto culminante da mudança no conceito de associação, cuja aplicação se transferiu das idéias para as relações entre as secreções glandulares e os movimentos musculares — relações essas em que os behavioristas não tardariam em interessar-se. Uma vez descoberta por Watson, a obra de Pavlov forneceu o grão mais útil para o moinho behaviorista, como veremos no Capítulo 7. Contudo, o significado da sua obra para a Psicologia reflete-se claramente no fato de que sobreviveu ao período inicial do behaviorismo watsoniano e continua estimulando as teorias muito mais complexas e sofisticadas dos neo-behavioristas.

Bechterev e o Condicionamento Motor

A terceira grande figura na transição do associacionismo das idéias para o comportamento manifesto foi Vladimir M. Bechterev (1857--1927). A sua contribuição mais significativa foi a resposta motora condicionada. A pesquisa de Pavlov concentra-se quase inteiramente nas secreções glandulares, cuja influência direta no comportamento manifesto pareceu algo restrita. Bechterev, um russo contemporâneo e rival de Pavlov, ampliou o princípio do condicionamento de modo a incluir também a musculatura estriada. O seu principal paradigma investigativo envolveu a aplicação de choques na pata de um cão ou na mão de um homem, após a apresentação de um estímulo condicionado, como o toque de uma campainha (1913).

Bechterev tinha estudado psicologia com Wundt e estava muito mais interessado do que Pavlov no desenvolvimento de uma espécie de sistema de comportamento, assim como em relacionar as suas pesquisas pessoais com outros problemas de comportamento. A sua *reflexologia* tornou-se o tema dominante na psicologia russa. Embora os psicólogos americanos tenham preferido a sua técnica de condicionamento motor ao condicionamento salivar de Pavlov, eles concluíram que a experimentação abrangente e a conceptualização pavlovianas eram mais estimulantes. Por conseguinte, Bechterev desempenhou um papel menos importante do que Pavlov no desenvolvimento ulterior do associacionismo como técnica de laboratório.

O CONEXIONISMO DE THORNDIKE

A psicologia sistemática de estímulo-reação de Edward Lee Thorndike (1874-1949) representa a maior aproximação de um sistema puramente associacionista desde James Mill. Thorndike começou sua carreira psicológica estudando, em laboratório, a aprendizagem em diversas espécies animais; mas o seu interesse deslocar-se-ia em breve para a aprendizagem humana e para numerosos aspectos da psicologia social e da educação. Conquanto não tivesse iniciado uma escola, no mesmo sentido em que o fizeram Titchener ou Watson, o seu pensamento foi integralmente associacionista, em todas as investigações que empreendeu nos mais diversos campos. Portanto, o conexionismo de Thorndike oferece uma vasta aplicação do associacionismo aos problemas psicológicos.

Thorndike estudou com James em Harvard e com Cattell em Colúmbia. Iniciou as suas pesquisas sobre a aprendizagem animal em Harvard, onde treinou pintos para que corressem em labirintos improvisados (enfileirando livros a prumo como paredes). Deu prosseguimento a esse tipo de pesquisas em Colúmbia, onde trabalhou com gatos e cães numa caixa quebra-cabeça por ele inventada; e aí se doutorou em 1898. A sua dissertação intitulou-se *Animal Intelligence: An Experimental Study of the Associative Processes in Animals* (Inteligência Animal: Um Estudo Experimental dos Processos Associativos em Animais). Este trabalho foi subseqüentemente reeditado (1911), em conjunto com novos materiais sobre aprendizagem associativa em pintos, peixes e macacos.

Thorndike revela uma atitude tipicamente associacionista em sua descrição da sua própria carreira, uma descrição que é determinista, ambientalista e passiva em sua concepção do organismo (Thorndike, 1936, págs. 265-266):

> O motivo para a minha primeira investigação da inteligência animal foi, principalmente, satisfazer requisitos para cursos e graus. Qualquer outro tópico, provavelmente, ter-me-ia servido da mesma maneira... Eu relatei os meus começos como psicólogo em detalhe porque ilustram o que talvez seja o fato mais constante em toda a minha carreira ulterior como psicólogo, a saber, a minha receptividade mais às pressões externas e às oportunidades do que a qualquer necessidade interior... Obviamente, eu não "realizei a minha carreira", como os biógrafos gostam de dizer. Ela foi, outrossim, um conglomerado, uma acumulação feita ao sabor das pressões de diversas oportunidades e exigências.

Thorndike foi nomeado docente de Psicologia no *Teachers College* da Universidade de Colúmbia, em 1899. Aí permaneceu até ao fim de sua carreira. Aposentou-se em 1939, após quatro décadas de funções docentes, mas continuou suas atividades durante mais uma década, até à sua morte. Pouco depois de sua primeira nomeação, modificou os seu interesses, por sugestão de Cattell, passando a dedicar-se aos problemas de aprendizagem e educação humanas. Foi nessa área que consumiu a maior parte dos anos subseqüentes.

O sistema conexionista de Thorndike não é apresentado, completamente desenvolvido, em qualquer descrição abrangente. Isto é compreensível: Thorndike não se considerava um sistematizador nem que o seu pensamento e seus escritos contribuíssem para a fundação de uma escola. Contudo, alguns de seus últimos artigos e capítulos foram reunidos em *Selected Writings from a Connectionist's Psychology* (1949), onde se oferece, provavelmente, a melhor fonte de estudo para a sua obra. A nossa análise do seu sistema, nos termos dos critérios de McGeoch (Capítulo 3) baseou-se, primordialmente, nessa coletânea.

Definição de Psicologia

A opinião de Thorndike sobre definições é sugerida pela sua afirmação (1949) de que "um excelente trabalho pode certamente ser feito por homens com noções profundamente diferentes do que a psicologia é e deve ser; talvez o melhor de todos os trabalhos tenha sido realizado por homens como Galton, que pouco ou nada se interessou em saber o que a psicologia é ou deve ser" (pág. 9). A sua própria definição de Psicologia está implícita em seus escritos. Thorndike era um funcionalista, em sua ênfase sobre os aspectos utilitários da psicologia. Entretanto, de um modo mais particular, a psicologia era, para ele, acima de tudo, o estudo das conexões ou vínculos estímulo-reação. Mas a forma como Thorndike concebia tais associações ia muito além das simples conexões entre eventos isolados, moleculares e bem localizados, que os seus críticos costumam supor características do seu pensamento. O seguinte excerto indica o âmbito da sua interpretação das conexões e, indiretamente, fornece um quadro do que Thorndike considerou ser o objeto de estudo da Psicologia (1949, pág. 81):

> O primeiro termo da conexão tanto pode ser um estado cerebral como uma situação externa. Com freqüência, as conexões ocorrem em grandes séries, nas quais a resposta a uma situação é outra situação, que produz a resposta seguinte e assim sucessivamente. Poder-se-á tratar de partes, elementos ou características de uma situação, ou a situação como um todo. As conexões podem, em grande parte, ser determinadas por fatos que precederam os seus estímulos imediatos ou por uma parte maior ou menor da atitude concomitante ou, ainda, concebivelmente, pela compleição total e equipamento do sujeito. Elas levam a respostas de disposição ou falta de disposição, de tomada de consciência, de atenção, de interesse, de aceitação ou recusa, de ênfase ou restrição, de diferenciação e relacionamento, de direção e coordenação. As coisas vinculadas por tais conexões podem ser relações sutis ou atitudes e intenções esquivas.

Postulados

Se bem que nos escritos de Thorndike não seja possível encontrar enunciados explícitos de postulados, algumas pressuposições implícitas são claramente formuladas. O mais fundamental de todos é, provavelmente, que o comportamento pode ser analisado em termos das associações do tipo descrito na citação que acabamos de transcrever. Um outro postulado é que os processos comportamentais são quantificáveis. Thorndike é o responsável pela proposição, tão freqüentemente citada, de que se alguma coisa existe, deve existir em certa quantidade; e se existe em certa quantidade então pode ser medida. Uma interessante indicação incidental do grau em que Thorndike era propenso a aplicar seus ensinamentos sobre este tema foi o seu cálculo, feito em seu esboço autobiográfico (1949), de que tinha "passado, provavelmente, mais de 20.000 horas lendo e estudando livros e revistas científicos" (1949, pág. 7).

Posição Sobre a Questão Mente-Corpo

Thorndike era demasiado utilitarista para se preocupar com esse problema e não adotou qualquer posição formal na questão mente-corpo. Afirmou ele (1949): "Provavelmente, em nenhuma circunstância poderia ter estado apto ou disposto a ocupar-me de filosofia." (pág. 2.) O seu uso corrente das palavras "mente" e "mental" não tem, portanto, implicações para o problema mente-corpo, indicando meramente que Thorndike estava à vontade para usar a linguagem comum.

Natureza dos Dados

Os dados de Thorndike são predominantemente objetivos e, com bastante freqüência, quantificáveis, como já se mencionou. Citamos de passagem um exemplo do seu emprego de estimativas quantificadas. A sua pesquisa sobre cidades "boas" oferece-nos um exemplo ilustrativo da maneira como utilizava profissionalmente a quantificação e os dados objetivos. Segue-se o seu próprio resumo dessa pesquisa (1949, págs. 10, 11):

> Pareceu-me provável que um estudo das diferenças entre comunidades seria proveitoso para a sociologia, como é o estudo das diferenças entre indivíduos no caso da psicologia. Assim, reuni quase trezentos dados concretos respeitantes a cada uma de 310 cidades, estudei suas variações e intercorrelações, calculei para cada cidade três escores — um para a excelência geral da vida que cada cidade oferecia aos seus bons habitantes (B), outro para as qualidades pessoais dos residentes (P) e um terceiro para as suas rendas *per capita* (R) — e estudei as causas das diferenças entre cidades em B.

Princípios de Conexão

A contribuição mais conhecida e mais controvertida de Thorndike para a teoria psicológica é a sua *lei do efeito*. Nas suas primeiras pesquisas com animais e caixas quebra-cabeças, ficara impressionado com a aprendizagem gradual da resposta correta e a eliminação gradual da incorreta. Se bem que esse tipo de aprendizagem tenha acabado por ser chamado de *tentativa e erro (trial and error)*, Thorndike reconheceu, realmente, o papel primordial do *êxito acidental* na fixação de respostas. Foram conferidos certos poderes fortalecedores ao *exercício*, ou freqüência de ocorrência, mas não tantos como seria o caso quando se adiciona o êxito. Thorndike publicou o seguinte enunciado formal (1905, pág. 203):

> Todo e qualquer ato que, numa dada situação, produz satisfação, associa-se a essa situação, de modo que, quando a situação se reproduz, a probabilidade de uma repetição do ato é maior do que antes. Inversamente, todo e qualquer ato que, numa situação dada, produz desagrado, dissocia-se da situação, de modo que, quando a situação reaparece, a probabilidade de repetição do ato é menor do que antes.

Após uma extensa pesquisa sobre a aprendizagem humana (1931, 1932), Thorndike decidiu que o papel da punição ou do descontentamento não era comparável, em absoluto, em seu caráter negativo, à ação positiva da recompensa. Por conseguinte, tratou de rever a sua lei do efeito, conferindo um papel preponderante à recompensa; o castigo, disse ele, serve principalmente para fazer com que o organismo experimente algo diferente e não para dissociar diretamente a resposta da situação.

Thorndike sugeriu uma função cerebral, a chamada "reação de confirmação" (1933b), como base fisiológica do reforço; mas essa sugestão não estava intimamente relacionada com o seu programa de pesquisas estritamente comportamentais. Foi típico de Thorndike que ele não se intimidasse na formulação de sugestões fisiológicas; mas essas sugestões não foram levadas particularmente a sério nem foram decisivas para a sua experimentação ou a sua teorização.

Não obstante, devemos lembrar o inspirado comentário de Boring sobre a fácil compatibilidade entre a teoria neurônica, que apareceu na segunda metade do século XIX, e a teoria associacionista que a precedeu e se lhe seguiu. Boring diz, em parte (1950, págs. 69-70):

> O esquema mental que os associacionistas defenderam é uma disposição que se assemelha muito a essa organização física do cérebro. Para os associacionistas, a mente é composta de uma quantidade infinita de idéias distintas, tal como o cérebro é constituído por uma infinidade de células. Mas essas idéias são combinadas em idéias mais complexas ou em processos mentais superiores por um número gigantesco de associações, tal como as células nervosas são interligadas por fibras... O ponto importante é que essa nova imagem do cérebro, a que se chegou não-psicologicamente por descobertas na técnica histológica, possui, entretanto, uma estreita semelhança com a nova imagem da mente que o associacionismo produziu.

A pertinência dos comentários de Boring, no caso particular do conexionismo de Thorndike, é óbvia.

Em 1933, Thorndike propôs uma ampliação da sua teoria do reforço. Ele tinha descoberto (1933a) aquilo a que chamou uma "prova experimental independente do pós-efeito fortalecedor" (pág. 2). Era a chamada irradiação do efeito. Segundo parecia, as conexões estímulo-resposta *não-recompensadas* mais próximas da conexão recompensada também adquirem um fortalecimento decorrente do reforço. Quanto mais próxima estiver a conexão não-recompensada da recompensada, maior o fortalecimento. O fortalecimento observado era maior do que aquele que seria produzido unicamente pelo exercício.

Embora os dados empíricos que apóiam a existência desse fenômeno tenham sido amplamente verificados, a interpretação de Thorndike não recebeu uma aceitação geral (cf. Marx, 1956). Não foram eliminadas as explicações alternativas, em termos de seqüências conjeturais ou outros tipos de predisposições. Se acabar sendo demonstrado um efeito automático de fortalecimento, não dependente de fatores cognitivos (racionais), então a teoria geral de reforço, de Thorndike, terá um aspecto mais atraente. Algumas pesquisas publicadas sugeriram que a explicação básica de Thorndike poderá ser ainda comprovadamente aceitável (Marx, 1957a, 1957b; Postman, 1961).

Princípios de Seleção

As associações estímulo-resposta não só explicam a aquisição do comportamento como a sua seleção. O seguinte excerto da sua *Psychology of Learning* (Psicologia da Aprendizagem) (1913, págs. 111-112), mostra claramente que Thorndike reconheceu o problema da seleção no comportamento:

> Toda a aprendizagem do homem e, sem dúvida, todo o seu comportamento, *são seletivos*. O homem nunca absorve, ou reapresenta, ou reflete, ou copia, uma situação, de um modo uniforme, em qualquer acepção útil dessas palavras. Ele nunca atua como uma *tabula rasa* na qual as situações externas inscrevem sua contribuição inteira, ou como uma chapa sensível que reproduz indiscriminadamente tudo aquilo a que for exposta, ou como um galvanômetro que é desviado igualmente por todo e qualquer item de uma força elétrica. Mesmo quando parece mais subserviente a uma situação externa — mais compelido a receber tudo o que esta lhe oferece e a fazer tudo o que lhe sugere — é evidente que os seus órgãos sensoriais impedem o acesso a algumas características importantes da situação que não podem, assim, influenciá-lo de uma forma comparável à que é permitida a algumas outras características acessíveis; e que as suas tendências originais ou adquiridas para negligenciar ou atender concedem apenas um poder trivial a algumas, enquanto que ampliam imenso o poder de outras.

Thorndike interpretou os problemas do comportamento seletivo, como o da criatividade no pensamento *(aprendizagem por influência)*, em função do mesmo conjunto de princípios que aplicou a toda a aprendizagem, tal como foi indicado neste enunciado extraído da mesma fonte (1913, págs. 112-113):

Um exame mais minucioso do pensamento seletivo mostrará que, para explicá-lo, não são necessários outros princípios além das leis de disposição, exercício e efeito; que se trata, tão-somente, de um caso extremo do que se passa na aprendizagem associativa, conforme é descrito sob a égide da atividade "fragmentária" das situações; e que a atribuição de certas características de aprendizagem a misteriosas faculdades de abstração ou raciocínio não proporcionam qualquer ajuda real para a sua compreensão ou controle. É verdade que o comportamento do homem, ao enfrentar novos problemas, vai além ou mesmo contra os hábitos representados pelos vínculos estabelecidos em situações totais e os elementos que o uso comum extrai dessas situações. Entretanto, uma das razões para que isso ocorra é, simplesmente, que os vínculos mais finos, sutis e preferenciais que se estabelecem com os elementos mais sutis e menos freqüentemente abstraídos vão mais além e, por vezes, contra os elementos mais grosseiros e usuais. Ambos os tipos são devidos, igualmente, ao exercício e ao efeito. A outra razão é que, ao enfrentar problemas novos, a atitude ou disposição mental pode ser a de rechaçar uma resposta após outra, quando se torna evidente a sua falta de adequação para satisfazer um certo desiderato. O que permanece, como curso evidente do pensamento, inclui apenas alguns vínculos dos muitos que atuaram mas que, em sua maior parte, foram insatisfatórios para a atitude ou ajustamento dominante.

CRÍTICAS AO CONEXIONISMO

Elementarismo

A essência de uma posição associacionista é o seu caráter elementarista. Foi através do seu empirismo, elementarismo e atitude analítica que os empíricos britânicos promoveram o progresso da Psicologia como ciência. Foi através da sua aceitação dessas atitudes — tal como se manifesta em sua especificidade, seu interesse nos fatos e sua atenção ao detalhe — que Thorndike fez as suas contribuições mais importantes. Entretanto, essas concepções estão expostas a ataque, especialmente por parte daqueles que querem que a Psicologia se interesse imediatamente pelo "grande quadro".

A teoria de Thorndike sobre a transferência de adestramento (Thorndike e Woodworth, 1901) é a epítome do seu elementarismo. A teoria diz que o aumento de eficiência no desempenho de uma tarefa, adquirida em resultado do adestramento, só se transferirá para uma outra tarefa na medida em que ambas as tarefas tiverem "elementos idênticos". Quanto mais elementos idênticos houver, maior será a transferência de eficiência de uma tarefa para outra. Esta é uma concepção simples e específica, vulnerável ao ataque experimental através da manipulação do número de elementos que são semelhantes. Por conseguinte, teve certamente algum valor. Contudo, houve certas situações em que o princípio aprendido podia transferir-se perfeitamente para outras tarefas cujos elementos, individualmente considerados, eram muito diferentes; portanto, a teoria requer, pelo menos, algumas restrições, antes de poder ser aceita como uma completa teoria da transferência. Gates (1942), em sua cuidadosamente documentada defesa do conexionismo, sublinhou que Thorndike nunca teve a intenção de conceber os seus elementos, unicamente, em termos das conexões E-R mais estreitas; pelo contrário, os elementos significavam, para ele, coisas tais como fatores, características, aspectos ou relações e, assim, poderiam significar coisas tais como princípios. Também o conceito de "idêntico" poderia ser ligeiramente modificado, a fim de permitir graus de semelhança e tornar a teoria mais flexível.

Tentativa e Erro

Thorndike foi atacado pela sua ênfase sobre o caráter fortuito da aprendizagem, tal como está implícito em sua caracterização da aprendizagem como um processo de tentativa e erro *(trial and error)*. Köhler (1947) e outros gestaltistas foram críticos especialmente ativos de todos os aspectos do conexionismo de Thorndike. Os gestaltistas sugeriram que a aprendizagem em caixas quebra-cabeças e em labirintos deve parecer, necessariamente, fortuito, estúpido e carente de direção, visto que o animal não pode ter uma visão global da situação como um todo. O animal parece estúpido porque está numa situação estúpida e não porque lhe falte realmente introvisão *(insight)*.

Os defensores de Thorndike poderiam apresentar numerosas defesas contra essas críticas. Em primeiro lugar, o comportamento do animal na caixa quebra-cabeça não é, em absoluto, fortuito ou estúpido; grande parte do comportamento inicial é dirigido para a saída, mais do que para o dispositivo arbitrariamente selecionado pelo experimentador para soltar o animal. Um tal comportamento não é estúpido; é inteligente, em função da experiência passada do animal. Em segundo lugar, pode haver uma considerável soma de comportamento de tentativa e erro que não é observada ou registrada nas situações mais abertas, menos controladas, que permitem ao animal uma visão geral do problema. É possível que a situação de Thorndike estivesse planejada para revelar mais claramente a natureza do processo básico de aprendizagem. Em terceiro e último lugar, existem abundantes provas, fora da caixa quebra-cabeça, que mostram que a aprendizagem pode ser lenta, fortuita, cega e contínua, em vez de rápida, inteligente e repentina. A situação clínica ou de aconselhamento psicológico fornece muitos casos que parecem exemplificar mais os processos de aprendizagem conexionista do que os de aprendizagem gestaltista; as críticas à descrição de Thorndike devem ser amenizadas por estas considerações.

Exercício

A suficiência da freqüência de ocorrência, ou o princípio de exercício *per se,* sofreu uma séria e significativa contestação por parte dos críticos gestaltistas. Foi tão veemente essa crítica que levou Thorndike a rever a sua teoria de aprendizagem, adicionando-lhe um novo princípio, o de *pertença* (1935). A prova contra o exercício proveio, parcialmente, de experimentos que mostram como, em situações comuns de aprendizagem, os termos contíguos não estão necessariamente associados. Por exemplo, suponhamos que um sujeito aprendeu um conjunto de pares associados, como A-1, B-2, C-3, D-4. Estes pares foram apresentados na ordem indicada. O sujeito responde perfeitamente com os termos de reação 1, 2, etc. aos termos de estímulo A, B, etc. Porém, se lhe for dado um dos termos de reação — como 1 ou 2 — como um estímulo, ele não responde rapidamente com o termo de estímulo aprendido que realmente se seguiria — neste caso, B e C. E isto apesar de B seguir-se a 1 e C a 2 com a mesma vizinhança temporal com que 1 se segue a A e 2 a B. Uma situação semelhante ocorre no caso de frases sucessivas, como "João está cansado", "Jaime está ferido". Neste caso, as conexões João-cansado e Jaime-ferido são mais facilmente formadas e recordadas que a conexão cansado-Jaime, ainda que a relação puramente física desses dois termos seja muito mais contígua. Obviamente, uma associação efetiva, nestes casos, requer algo que vai além da mera contigüidade e o conceito de pertença *(belongingness)* foi o que Thorndike usou. Sustentou ele que a pertença era uma importante condição modificadora da força das associações mas que não era essencial na formação das associações.

As próprias pesquisas de Thorndike (1932, pág. 184) proporcionaram novas provas contra a suficiência da antiga lei do exercício. Sujeitos que tentavam desenhar linhas de um certo comprimento especificado de olhos vendados, não mostraram qualquer progresso, apesar de muitas e repetidas tentativas. A conclusão geral de Thorndike foi que o exercício constitui um quadro geral, dentro do qual podem operar outras condições, como o efeito.

Lei do Efeito

Esta contribuição de Thorndike, a mais antiga de todas, foi atacada pelos behavioristas e pelos gestaltistas. Em primeiro lugar, alguns behavioristas objetaram ao que, na opinião deles, era um conceito mentalista e subjetivo; interpretaram o efeito no sentido de sensações agradáveis ou algo semelhante. Contudo, Thorndike aceitou esse desafio (1913, pág. 2), assinalando que, para ele, um estado de coisas satisfatório significava, simplesmente, um estado de coisas que o animal não procurava evitar e em que, freqüentemente, fazia coisas capazes de o manter ou renovar; um estado de coisas desagradável ou incômodo era aquele em que, pelo contrário, o animal fazia freqüentemente algo para pôr-lhe fim. Thorndike não estava propondo um hedonismo; ele queria dizer efeito, não afeto.

Uma vez esclarecido que Thorndike estava definindo seus termos de um modo behaviorista, viu-se alvo da acusação de que a sua lei era circular. Os críticos disseram que a aquisição da resposta teria de ser medida para determinar se o estado de coisas era ou não satisfatório; e a aquisição era, precisamente, aquilo que a lei do efeito pretendia explicar. Se justificada, esta acusação mostraria que Thorndike estava dizendo: "Se um animal aprende quando o seu comportamento é seguido por um determinado estado de coisas, então ele aprenderá quando o seu comportamento é seguido por esse estado de coisas." Esta crítica não é inteiramente justificada, porque as operações que Thorndike especificara para a satisfação e a contrariedade podem ser diferentes das que constituem um teste de nova aprendizagem. Uma vez determinados os "satisfatores" e os "contrariadores" numa situação padronizada, eles podem ser usados em outras situações para testar a sua eficácia como reforçadores. Tais testes seriam comprovações da lei do efeito. A questão passa, então, a ser a seguinte: Qual é o grau de generalidade com que um determinado efeito reforçará o comportamento? Meehl (1950), entre outros, concentrou neste ponto uma considerável atenção.

Uma outra crítica foi que, para fortalecer uma conexão, Thorndike partiu do princípio de que o satisfator ou o contrariador teriam de agir retroativamente sobre essa conexão, uma vez que ela já tinha ocorrido. Contudo, é igualmente fácil pressupor que a ação se exerce sobre os traços ou vestígios persistentes que ainda estão ativos da ocorrência do estímulo e da resposta que precederam a satisfação ou a contrariedade. A teoria neobehaviorista de Hull (Hull, 1952) tem um postulado específico sobre os vestígios de estímulo, o qual pressupõe que a ação de um reforçador depende das suas relações temporais com esses vestígios. Isto constitui, simplesmente, um enunciado mais sofisticado da posição de Thorndike. Não existe qualquer retroação necessária implícita na lei do efeito de Thorndike.

Uma última crítica incidiu sobre a automaticidade do fortalecimento que se supunha ocorrer. Thorndike acreditava que a aprendizagem podia acontecer independentemente de qualquer conscientização do que estava sendo aprendido ou por que era aprendido (Thorndike e Rock, 1934). Ele ficou particularmente exultante com a descoberta do fenônemo da irradiação do efeito (1933a), visto que nem mesmo críticos mais veementes tentariam explicar o fortalecimento dos erros como um processo inteligente ou deliberado. Não é possível ainda determinar em que medida foi correta a ênfase atribuída por Thorndike à automaticidade, pelo que não podemos dizer se as críticas à sua posição são justificadas ou não; existe hoje um considerável acervo de provas empíricas em favor de ambas as partes. Entretanto, é interessante assinalar que a técnica de auto-estimulação intracraniana (N. E. Miller, 1958a; Olds, 1955) sugere algo muito semelhante à reação confirmatória ou reação "OK" cuja hipótese foi formulada por Thorndike; a estimulação elétrica de certas áreas cerebrais tem, ao que parece, um efeito automático de reforço sobre as respostas precedentes.

Determinismo Mecanístico

O nosso exemplo final está relacionado com a última crítica. Diz respeito ao generalizado sentimento de que a ciência mecanística, tal como representada pelo conexionismo de Thorndike, destrói os valores humanos. Thorndike tinha uma resposta característica para esse tipo de objeção. Eis como o problema foi por ele posto (1949, págs. 346--347):

> Devemos considerar uma objeção final ao uso de métodos científicos no mundo dos valores. A ciência, de acordo com um ponto de vista muito popular, ocupa-se de um mundo fatalista em que os homens, seus desejos, carências e ideais, fazem parte de um carretel que vai se desbobinando de ano em ano, torvelinhos menores numa dança de átomos previamente fixada. Os valores não podem ter lugar num tal universo e os esforços para alcançá-los pela ciência têm de fracassar.
>
> A verdade da questão, que é bastante sutil, pode ser melhor apreendida se considerarmos aquilo a que, em outro lugar, chamei o paradoxo da ciência: os cientistas descobrem seqüências "causais" e descrevem um mundo uno em que a mesma causa produzirá sempre o mesmo efeito — a fim de mudar esse mundo para uma forma que esteja mais próxima do desejo de seus corações. O homem faz do mundo um melhor lar para o homem e faz de si próprio um habitante melhor sucedido, ao descobrir os seus modos regulares e imutáveis de ação. Ele pode determinar o destino do mundo e o seu próprio bem, não através de preces ou ameaças, mas tratando o mundo e ele próprio pelo método da ciência como fenômenos que são determinados, até onde podemos vislumbrar, pelas suas histórias passadas.

E aqui está, sucintamente, a sua solução (1949, pág. 362):

> Assim, finalmente, o homem pode se converter tanto em senhor de si mesmo como em senhor do resto da natureza. Por estranho que possa soar, o homem só é livre num mundo em que possa compreender e prever todo e qualquer evento. Só assim poderá guiá-lo. Somos capitães das nossas próprias almas tão-só na medida em que elas atuam de acordo com leis per-

feitas, de modo que possamos compreender e prever toda e qualquer resposta ou reação que fizermos diante de todas as situações. Somente assim poderemos controlar o nosso próprio eu. Apenas porque os nossos intelectos e morais — a mente e o espírito do homem — são uma parte da natureza é que podemos ser, em qualquer sentido significativo, responsáveis por eles, orgulhosos dos seus progressos ou confiantes em seu futuro.

AS CONTRIBUIÇÕES DE THORNDIKE

Os cinqüenta anos de atividade profissional de Thorndike no *Teachers College* estão entre os mais férteis que até hoje foram registrados para um único homem. Quantitativamente, ele acumulou uma bibliografia que, na data de sua morte, em 1949, tinha alcançado o surpreendente total de 507 itens (Lorge, 1949). Muitos deles são extensos livros e monografias, grande parte dos quais estava abarrotada a mais não poder de dados quantitativos. Thorndike trabalhou e publicou numa gama extraordinariamente vasta de campos: iniciou a investigação sistemática de laboratório sobre a aprendizagem animal; produziu a primeira teoria formalizada da aprendizagem, em termos associacionistas; efetuou uma exaustiva análise da aprendizagem humana, em conseqüência da qual reviu a sua teoria da aprendizagem; tornou-se um líder ativo na área dos testes mentais e práticas educacionais; foi pioneiro na aplicação de medidas quantitativas a certos problemas sociopsicológicos; e contribuiu para o desenvolvimento de novas técnicas no campo da lexicografia. E tudo isto no espaço de tempo de uma só vida!

Thorndike levou para todos esses campos o mesmo tipo de abordagem direta e fatual que era tão característico do seu pensamento. Era capaz de ir diretamente ao que considerava o âmago de um problema, com um mínimo da verbosidade e ambigüidade que se encontra em muitos autores. Seja o que for que se pense de algumas de suas idéias e qualquer que seja o seu destino final, não podemos deixar de admirar a originalidade, o vigor e a perseverança de ataque que trouxe para a disciplina.

De um ponto de vista sistemático, a influência de Thorndike declinou, primeiro diante do impetuoso avanço do behaviorismo na década de 1920 e, mais recentemente, quando surgiram as versões mais sofisticadas do neobehaviorismo. Mas a sua obra continua sendo um baluarte do associacionismo, especialmente nos campos da aprendizagem animal e humana e da psicologia da educação. Hilgard (1956) dedicou o seu primeiro capítulo ao conexionismo de Thorndike, embora reconhecendo o declínio, dentro da psicologia, do interesse pelo sistema.

E citou Tolman sobre a importância de Thorndike como um padrão; a opinião de Tolman foi a seguinte (1938, pág. 11):

> A psicologia da aprendizagem animal — para não mencionar a da aprendizagem infantil — foi e ainda é, primordialmente, uma questão de concordar ou discordar de Thorndike, ou de tentar melhorá-lo em alguns aspectos secundários. Os psicólogos da Gestalt, os psicólogos do reflexo condicionado, os psicólogos da signo-gestalt — todos nós, psicólogos americanos — parece terem tomado Thorndike, aberta ou encobertamente, como ponto de partida.

Três décadas depois, o quadro modificou-se, quando novos tipos de teorias e modelos de aprendizagem surgiram. Mas o significado sistemático de Thorndike permanece garantido. Se James Mill representou a culminação de um rudimentar associacionismo de idéias, Thorndike representou o clímax de um associacionismo rudimentar de relações E-R. Se Titchener submeteu o introspecionismo a uma completa prova, Thorndike fez a mesma coisa ao simples associacionismo E-R. A sua obra foi uma contribuição fundamental e duradoura.

PAPEL CONTEMPORÂNEO DO ASSOCIACIONISMO

Interpretado em seu mais amplo sentido, o associacionismo é, praticamente, sinônimo de uma interpretação ortodoxa da ciência: é a convicção de que a tarefa primordial da ciência consiste em relacionar fenômenos, em procurar relações funcionais. Isto é uma característica metodológica que o associacionismo compartilha com o funcionalismo. Os dois movimentos sistemáticos têm estado intimamente ligados nos Estados Unidos, tal como sugerimos ao longo da nossa análise. Thorndike poderia muito bem ter sido considerado, a par de Hall e Cattell, um funcionalista pioneiro. Mas existe uma justificação para que se considere separadamente o associacionismo. Para começar, trata-se de um tipo especial de funcionalismo. E certamente é possível ser um funcionalista sistemático sem ser associacionista (James e Dewey são exemplos); inversamente, pode ser-se um associacionista sistemático aceitando apenas do funcionalismo as características metodológicas (como é o caso de muitos neobehavioristas). O funcionalista incute maior ênfase à adaptação, em geral, do que o associacionista; além disso, os funcionalistas estudam essa adaptação numa escala de tempo evolucionário, enquanto que os associacionistas tendem a limitar-se à vida do organismo individual.

Acresce que a maioria dos associacionistas tem um ponto de vista mais restrito que os funcionalistas, procurando explicar o comportamento mediante um conjunto mais limitado de variáveis. Os associacionistas mais antigos tentaram explicar o pensamento e o comportamento complexos como *nada mais* do que associação de idéias. Thorndike também pensava em termos de "nada mais": o comportamento era explicável na base de nada mais que conexões E-R, herdadas ou adquiridas. Os teóricos atuais da associação tendem a ser mais prudentes em seus objetivos e aceitam um domínio mais restrito — um sistema miniatural — para a sua teoria.

Hoje, o associacionismo como instrumento metodológico, se não como posição sistemática, foi incorporado na Psicologia; a associação de variáveis é geralmente reconhecida como uma tarefa fundamental da ciência. Contudo, um dos problemas críticos para a Psicologia continua sendo, exatamente, o que é que deve ser associado. A resposta de Thorndike enfatizou a vasta gama de possíveis fatores de estímulo e resposta, embora a sua própria obra não tenha sido uma demonstração convincente, ainda que tenha sido, de um modo limitado, de grande importância. Se o associacionismo E-R pode ser efetivamente aplicado a uma vasta gama de problemas de comportamento, é algo que necessita ser determinado pelas variedades mais refinadas do associacionismo que estão sendo atualmente desenvolvidas.

Existem quatro linhas inter-relacionadas de tal desenvolvimento. Em primeiro lugar, continua a pesquisa sistemática sobre o reflexo condicionado, como um fenômeno primário de aprendizagem. A maior parte dessas pesquisas está ocorrendo na Rússia, onde a ênfase reflexológica estimulada por Pavlov e Bechterev mantém toda a sua força (ver Apêndice B e Razran, 1961); mas, pelo menos, uma modificação desse interesse teve lugar nos Estados Unidos. Referimo-nos às pesquisas de Gregory Razran (1949), que realizou uma interessante adaptação do procedimento pavloviano de condicionamento salivar a sujeitos humanos. Razran usou tampões de algodão odontológico, metidos na boca do sujeito, para recolher a saliva; também se interessa pelos problemas de condicionamento verbal.

Em segundo lugar, a teoria neobehaviorista de estímulo-reação de Hull e seus muitos seguidores e colaboradores representa uma influência que continua sendo muito importante. Aqui, novamente, o interesse orientou-se, sobretudo, para o campo da aprendizagem, tanto animal como humana, onde — além do próprio Hull — Kenneth Spence (1956, 1960) tem sido um dos mais notáveis adeptos do associacionismo estrito (ver Capítulo 10). Um tipo mais flexível de associacionismo E-R é evidente no trabalho de Neal Miller e John Dollard (Dollard e Miller, 1950; N. E. Miller e Dollard, 1941), em que os conceitos E-R básicos foram ampliados aos campos do comportamento social e anormal (ver Capítulo 12).

Uma terceira linha é representada pela primeira teoria associacionista de Guthrie (1935, 1952) e a mais recente matematização desse tipo de pensamento na teoria estatística de associação de aprendizagem, de Estes (Estes, 1950). Talvez seja aqui que o associacionismo se apresenta em sua mais audaciosa forma, visto que um único princípio, o de contigüidade entre estímulo e resposta, é utilizado como lei fundamental da aprendizagem. Dentro da teoria da aprendizagem, Guthrie tem sido, quase sozinho, um defensor coerente da posição de simples contigüidade, na qual a aprendizagem é vista, fundamentalmente, como uma questão de associações e nada mais; a teorização matemática de Estes proporcionou uma rigorosa expressão quantitativa a esse princípio associacionista básico. Em seus escritos subseqüentes (1959, págs. 402-405), Estes indicou uma certa aceitação do reforço como conceito descritivo, quando não como um princípio explicativo. Estas questões serão tratadas nos Capítulos 10 e 13.

Finalmente, existem algumas versões do associacionismo que são algo menos ortodoxas do que as precedentes mas têm desfrutado de vigoroso êxito. Dois importantes exemplos são as teorias de aprendizagem de Tolman e Skinner. O behaviorismo intencional de Tolman (1932) é um tipo cognitivo de teoria de aprendizagem que postula a associação entre estímulos — uma teoria signo-gestaltista ou signo-significante (ver o Capítulo 11). Skinner (1938) tem se interessado pelos aspectos tanto de estímulo como de resposta da relação a que chamou, genericamente, o *reflexo;* mas a maior parte do seu interesse concentrou-se no comportamento *operante,* ou emitido, e contentou-se em pressupor a existência de forças internas que provocam tal comportamento, sem especular sobre elas nem investigá-las. Para Skinner, a associação importante é entre a resposta e o reforço (ver o Capítulo 10).

DESCRIÇÕES DIMENSIONAIS DO ASSOCIACIONISMO

Agora que já examinamos as origens do associacionismo e estudamos um teorizador que o exemplificou, em sua consumada forma americana, é apropriado vermos se será possível descrevê-lo nos termos dos sistemas dimensionais fornecidos por Coan e Watson (ver o Capítulo 3). Os autores efetuarão uma classificação aproximada do associacionismo, com base nas dimensões de Coan, após o que o estudante poderá tentar uma classificação baseada nas dezoito dimensões prescritivas de Watson, antes de ver as classificações médias de outros estudantes.

Com referência à Figura 3-3, o leitor recordará que o fator geral proposto por Coan opõe a orientação restritiva à fluida. Como já assinalamos que uma orientação "nada mais do que" é característica do associacionista, devemos colocar o associacionismo próximo do extremo restritivo. A argumentação no tocante à orientação analítica-sintética é quase igualmente clara: o associacionismo é, por sua natureza, analítico. A dimensão estrutural-funcional é menos óbvia, embora os associacionistas, em geral, tendam para uma abordagem estrutural. Um James Mill ou um Wundt (como veremos mais adiante) são mais claramente estruturais do que um Thorndike nas suas respectivas abordagens. Os fatores de primeira ordem associados à distinção estrutural-funcional parecem mais claros; de fato, o associacionista tende a adotar uma orientação transpessoal que é estática e enfatiza, *definitivamente,* os fatores exógenos. Os três últimos fatores de primeira ordem são ainda mais claros; Thorndike, por exemplo, foi a própria epítome de um objetivista que adotou uma abordagem quantitativa e elementarista.

Seria um valioso exercício para o estudante atribuir valores ao associacionismo, com base nas dezoito dimensões de Watson, tal como foram descritas no Capítulo 3, e selecionar as três dimensões mais importantes. O método usado pelos autores (págs. 99-104) é recomendado como uma técnica para a atribuição de valores. O estudante poderia verificar, então, se classifica o associacionismo mais como associacionismo do que qualquer dos outros cinco sistemas, calculando as distâncias em quadras citadinas entre os seus valores e os que foram atribuídos pelos autores (Quadro 3-2).

O consenso na classe de 23 estudantes finalistas, tal como foi medido pela freqüência de escolha de uma dimensão como sendo uma das três mais importantes, foi que o associacionismo enfatiza mais substancialmente o empirismo-racionalismo (recaindo a escolha no empirismo), o determinismo-indeterminismo em seguida (escolhendo o empirismo) e o quantitativismo-qualitativismo em terceiro lugar (com a escolha no quantitativismo).

O maior desacordo entre os autores e os estudantes ocorreu na dimensão purismo-utilitarismo, com os estudantes classificando no sentido da extremidade utilitarista da escala e a média dos autores mais próxima da extremidade purista. Possivelmente, essa diferença pode ser explicada pela falta de coerência entre os teóricos da escola associacionista. Pavlov representa uma perspectiva razoavelmente purista, enquanto que Thorndike é mais utilitarista. A discrepância observada pode ter ocorrido porque os autores estavam pensando mais em Pavlov e os estudantes mais em Thorndike. Tal variações entre os teóricos são uma fonte de dificuldades, toda a vez que se faz uma descrição das escolas.

RESUMO E CONCLUSÕES

Neste capítulo, acompanhamos o associacionismo desde suas origens e desenvolvimento no empirismo britânico — onde a importante tradição da associação de idéias foi elaborada — passando pela sua modificação mais recente, no sentido de uma associação de comportamentos, e chegando ao seu florescimento pleno, na obra de Thorndike, como uma associação de estímulo e resposta (ou reação). Tratamos o conexionismo de Thorndike como o melhor representante do associacionismo, se bem que não tenha sido por ele desenvolvido como um sistema abrangente. Procuramos indicar as espécies de respostas que podem ser dadas a algumas das principais críticas do conexionismo de Thorndike e apresentamos a nossa avaliação do significado da obra de Thorndike. Assinalamos o papel do associacionismo na psicologia contemporânea, sublinhando que, num amplo sentido metodológico, a associação de variáveis é a tarefa primordial de toda a ciência. Finalmente, delineamos as principais linhas de desenvolvimento atual do princípio associacionista básico.

É evidente que ao princípio associacionista deve ser conferido um papel fundamental na Psicologia, seja qual for o destino final dos vários sistemas e teorias que sobre ele se construíram, como princípio necessário e suficiente. Algum tipo de associacionismo é certamente necessário, pelo menos num sentido metodológico, se não num sentido sistemático ou teórico; se também será suficiente como teoria de aprendizagem é muito mais duvidoso mas, de qualquer modo, é algo que ainda fica por apurar. Em todo o caso, é notável que uma noção tão antiga e tão simples persista por tanto tempo, para não se falar do papel cada vez mais significativo que lhe é dado na teoria contemporânea do comportamento. A sua prolongada viabilidade atesta em favor da sua vitalidade, especialmente se considerarmos que testes empíricos vêm sendo aplicados desde os trabalhos de Ebbinghaus e Pavlov. Será extremamente interessante observar o destino do associacionismo sob o crescente ataque empírico e teórico que ele está atualmente suportando, como no caso das pesquisas em rápida expansão que utilizam modelos matemáticos.

Leituras Recomendadas

O estudante encontrará tratamentos históricos dos mais importantes empiristas britânicos e associacionistas na *History of Experimental Psychology* (1950), de Boring, e *Historical Introduction to Modern Psychology* (1949), de Murphy. Em *A Source Book in the History of Psychology* (1965), Boring e Herrnstein fornecem uma coletânea excelentemente introduzida, organizada e selecionada dos empiristas britânicos e teóricos afins, na primeira metade do século XX. *Philo-*

sophy and the Science of Behavior (1967), de Turner, dá-nos uma sofisticada e admirável análise desses mesmos filósofos e demonstra o seu imediato significado contemporâneo. *Conditioned Reflexes* (1927), de Pavlov, ainda é, talvez, a melhor introdução à clássica contribuição russa, embora tenham aparecido várias apresentações mais recentes da sua obra. Pesquisas recentes sobre os desenvolvimentos russos pós-pavlovianos são acessíveis através dos trabalhos publicados por Razran (1961), Mintz (1958, 1959) e Brozek (1962), assim como no capítulo do último que figura como Apêndice do presente volume. A revisão de Kimble de *Conditioning and Learning* (1961), de Hilgard e Marquis, oferece um tratamento americano bastante atualizado da vasta literatura sobre condicionamento. O conexionismo de Thorndike é mais facilmente acessível no volume único de *Selected Writings from a Connectionist's Psychology* (1949). O moderno associacionismo preconizado por Guthrie está resumido em seu livro *Psychology of Learning* (1952). O desenvolvimento da teoria estatística de Estes está documentado no Capítulo 13.

QUADRO 5-1. Personalidades Importantes do Estruturalismo

Influências Antecedentes	*Estruturalistas*	
	Pioneiros e Fundadores	*Promotores de Posições Afins*
Franz Brentano (1838-1917) Gustav Fechner (1801-1887) H. L. F. von Helmholtz (1821-1894)	Wilhelm Wundt Leipzig (1832-1920) Edward B. Titchener Cornell (1867-1927)	Carl Stumpf Berlim (1848-1936) G. E. Müller Göttingen (1850-1934) Oswald Külpe Würzburg (1862-1915) J. P. Nafe Washington University (St. Louis) (1888-1970) Edward G. Boring Harvard (1886-1968)

5. ESTRUTURALISMO

A psicologia introspectiva altamente desenvolvida que recebeu o nome de *estruturalismo* ou *existencialismo* é representada em sua definitiva forma americana pela obra de E. B. Titchener. Em 1898, Titchener apurou e dramatizou de tal modo a distinção estrutural-funcional, que James fizera quase displicentemente em 1884, que podemos dizer ter sido ele quem, efetivamente, batizou ambos os sistemas (ver R. I. Watson, 1968, págs. 397-399). Ele assinalou a analogia existente entre o tipo de psicologia que favorecia e o estudo da estrutura em Biologia. O sistema de Titchener foi um refinamento da psicologia do seu mentor, Wilhelm Wundt, fundador do laboratório de Leipzig. Durante os primeiros anos da psicologia, na Alemanha, a psicologia estrutural era *a* Psicologia. A sua finalidade era a análise introspectiva da mente humana; a psicologia era uma espécie de química da consciência. A tarefa primordial do psicólogo era descobrir a natureza das experiências conscientes elementares e, subseqüentemente, as suas relações recíprocas. Considerava-se que a introspecção por uma pessoa altamente adestrada era um instrumento necessário.

O Quadro 5-1, à esquerda, indica as figuras mais importantes no estruturalismo.

O principal significado do estruturalismo foi triplo. Em primeiro lugar, imprimiu um forte impulso científico à Psicologia, ligando pela primeira vez o nome psicologia a um empreendimento de tipo científico, com reconhecimento acadêmico formal, e claramente separado dos dois principais campos parentais, a Fisiologia e a Filosofia. Em segundo lugar, pôs à prova, de uma forma exaustiva, as possibilidades do método introspectivo clássico como o único método para uma psicologia completa. Terceiramente, proporcionou uma forte ortodoxia contra a qual as forças funcionalistas, behavioristas e gestaltistas puderam organizar a sua resistência. As escolas mais recentes surgiram de uma progressiva reformulação e recusa final dos problemas estruturais básicos. Este fato, por si só, faz da psicologia introspectiva analítica de Wundt e Titchener um objeto necessário para estudo contemporâneo.

ANTECEDENTES DO ESTRUTURALISMO

A Psicologia de Wundt

É costume, pelo menos na América, citar Titchener como fundador da psicologia estrutural. Sem dúvida, foi ele quem a batizou, desenvolveu e sustentou contra as tendências funcionalistas e behavioristas. Entretanto, o sistema de Titchener era basicamente idêntico ao de Wilhelm Wundt (1832-1920), com quem Titchener tinha estudado. O próprio Wundt foi um sistematizador escrupuloso e o "pai" da nova psicologia experimental. Instalou o primeiro laboratório formal de psicologia na Universidade de Leipzig, em 1879. Contudo, nós seguiremos a tradição americana e consideraremos Wundt um precursor da escola estruturalista, reconhecendo, porém, que ele foi mais do que um mero antecedente.

O próprio Wundt teve antecedentes, alguns dos quais foram discutidos no Capítulo 2. Um outro antecedente que, em suas concepções, foi parcialmente antagônico, foi a tradição fenomenológica encontrada na filosofia e psicologia alemã do tempo. Turner (1967, pág. 60) define a fenomenologia como uma filosofia que considera as entidades da experiência possuidoras de uma integridade irredutível que lhes é própria. Kant, na sua *Crítica da Razão Pura,* desenvolveu uma parte do ponto de vista fenomenológico. Acreditava ele que tudo o que é conhecido é fenômeno e que conhecer requer um aparecimento na consciência. O conhecimento foi, assim, restringido por Kant a "aparecimentos". Essa influência ainda é sentida na moderna fenomenologia, por exemplo, neste enunciado de Lauer (1965): "Se quisermos saber que alguma coisa é — e isto o fenomenologista quer — devemos examinar a consciência que temos dessa coisa; se tal procedimento não nos der uma resposta, nada o fará" (pág. 7).

Em 1856, Lazarus e Steinthal foram os primeiros a estabelecer a distinção entre fenomenologia e psicologia (ver Capretta, 1967). Afirmaram eles que a primeira se interessa em descrever os fenômenos da vida mental, enquanto que a segunda procura estabelecer as explicações causais desses fenômenos. Assim, quando Wundt surgiu em cena, as distinções já estavam sendo feitas, distinções essas que ajudaram a libertar a psicologia das algemas de uma particular metodologia descritiva aplicada aos eventos mentais.

A filosofia de Wundt não era materialista nem espiritualista. Ele opôs-se às concepções do segundo tipo por pensar que elas erravam ao tentar estabelecer uma ciência da experiência mental em termos de especulações sobre uma "substância pensante". Opôs-se ao materialismo por não acreditar que uma ciência da mente pudesse ser desenvolvida através das investigações físicas do cérebro. Wundt considerava que o estudo da mente deve ser uma ciência da experiência (concordando neste ponto com os fenomenologistas).

Entretanto, Wundt acreditava que a psicologia deve ser experimental. Schultz (1969) cita a seguinte afirmação de Boring: "A aplicação do método experimental ao problema da mente é o mais notável acontecimento na história do estudo da mente, um acontecimento que a nenhum outro é comparável." Temos para com Wundt uma grande dívida, ao estabelecer a psicologia como ciência experimental. Eis o que, entre outras coisas, ele deixou dito sobre o assunto (1894, pág. 10):

> Portanto, o experimento é que tem sido a fonte do decidido avanço na ciência natural e foi ele que provocou tamanha revolução em nossas concepções científicas. Apliquemos agora o experimento à ciência da mente. Devemos lembrar que, em todos os departamentos da investigação, o método experimental assume uma forma especial, de acordo com a natureza dos fatos investigados. Em psicologia, verificamos que somente aqueles fenômenos mentais que são diretamente acessíveis às influências físicas podem se tornar objeto de experimento. Não podemos experimentar sobre a mente em si mas tão-só sobre as suas extensões físicas, os órgãos dos sentidos e do movimento que estão funcionalmente relacionados com os processos mentais.

O objeto de estudo da psicologia era a *experiência imediata,* em contraste com a *experiência mediata.* Wundt entendia por experiência mediata aquela experiência que é usada como meio para conhecer algo distinto da própria experiência. Esta é a maneira habitual em que utilizamos a experiência, ao adquirir conhecimentos sobre o mundo. Dizemos, "A *folha* é verde"; isto implica que o nosso interesse primordial está na folha, não no fato de que estamos experimentando o verde. A experiência imediata era, para Wundt, a experiência *per se* e a tarefa da psicologia era o estudo dessa experiência imediata em si. Esta distinção recorda-nos a de Locke entre qualidades primárias e secundárias e, mais recentemente, a distinção de Titchener entre os objetos de estudo da psicologia e da física. Se tentarmos descrever a experiência que temos, em relação com uma dor de dentes, estaremos interessados na experiência imediata. O físico só estuda a experiência como mediata mas o psicólogo, se for um wundtiano, estudará a experiência imediata. O estudo da experiência tinha de ser realizado por *introspecção,* por auto-observação (a palavra de Wundt foi *Selbstbeobachtung*). A introspecção era a observação *controlada* do conteúdo da consciência, em condições experimentais. A introspecção não-experimental era inútil para fins científicos. Wundt esclareceu a sua posição no prefácio de seu livro *Principles of Physiological Psychology* (1904, pág. 45):

Toda a observação exata implica que o objeto de observação (neste caso, o processo psíquico) pode ser firmemente fixado pela atenção e que as mudanças que nele se produzem podem ser atentamente acompanhadas. E essa fixação por intermédio da atenção implica, por sua vez, que o objeto observado tem de ser independente do observador. Ora, é evidente que a independência requerida não pode obter-se em qualquer tentativa de auto-observação direta, sem a ajuda da experimentação. O esforço de auto-observação introduz, inevitavelmente, alterações no curso dos acontecimentos mentais — alterações que poderiam não ter ocorrido sem isso — e cuja conseqüência usual é o desaparecimento da consciência daquele processo que se pretendia observar. Em primeiro lugar, o método experimental gera as condições externas propícias à produção de um determinado processo mental, num momento dado. Em segundo lugar, permite ao observador um tal domínio da situação geral que o estado de consciência concomitante desse processo mantém-se quase sem mudanças.

Wundt acreditava que a mente e o corpo são sistemas paralelos mas não interatuantes. Assim, a mente não dependia do corpo e podia ser diretamente estudada com proveito. Formalmente, a psicologia tinha recebido a designação de *psicologia fisiológica* mas a explicação da mente pelo estudo da fisiologia só viria mais tarde. Entretanto, Wundt não pensava que a introspecção fosse a única fonte geradora de conhecimento psicológico (1904, pág. 5):

Podemos acrescentar que, felizmente para a ciência, existem outras formas de conhecimento psicológico objetivo, as quais se tornam acessíveis no próprio momento em que nos falha o método experimental... Assim, a psicologia experimental e a psicologia étnica formam os principais departamentos da psicologia científica. São suplementadas pela psicologia infantil e a psicologia animal, as quais, em conjunto com a psicologia étnica, procuram resolver o problema da psicogenia. Os que trabalham em ambos esses campos podem, é claro, aproveitar, dentro de certos limites, as vantagens do método experimental. Mas, aqui, os resultados do experimento são apenas uma questão de observação objetiva e, por conseguinte, o método experimental perde o significado peculiar que possui como um instrumento de introspecção.

Pelo menos formalmente, Wundt reconheceu métodos e áreas da psicologia diferentes daquele ramo em que estava mais interessado. Além disso, não se limitou a discorrer sobre tópicos tais como a psicologia étnica; publicou dez volumes da sua *Völkerpsychologie* (1900-1909) entre 1900 e sua morte em 1920. "Apenas falou" sobre psicologia infantil e animal. A tradução de seu livro *Vorlesungen über die Menschen und Tierseele* (Leituras sobre Psicologia Humana e Animal, 1894) dedica somente 26 de suas 454 páginas à psicologia animal. As publicações de Wundt e as de seus discípulos indicam que ele considerava esses aspectos da psicologia muito menos importantes.

Embora haja uma certa falta de uniformidade no tratamento da psicologia por parte de Wundt, as irregularidades são muito maiores no quadro que os psicólogos modernos traçaram da psicologia wundtiana. É muito provável que estereotipemos ou parodiemos a posição de quase todas as figuras históricas mas Wundt e Titchener receberam um tratamento particularmente injusto. Anderson (1971) apresentou uma lista de enunciados de Wundt a um grupo de estudantes finalistas e pediu-lhes que atribuíssem essas citações aos nomes, igualmente indicados, de várias figuras de destaque, na história da Psicologia, que pudessem ser, na opinião deles, os seus autores. Wundt também figurava nessa lista. Pois bem. Nenhuma dessas citações foi atribuída pelos estudantes a Wundt, embora ele fosse o autor de todas elas! Ficou claro que muitos desses enunciados pareciam ser demasiado modernos, experimentalmente orientados ou behavioristicamente orientados demais para que pudessem ter saído da pena de Wundt!

Para Wundt, o problema da psicologia experimental tinha três aspectos: analisar os processos conscientes em seus elementos, descobrir como esses elementos se correlacionavam entre si e determinar as leis de correlação. A sua atitude em relação à coisa analisada, à consciência, deixava margem para certa ambigüidade. Ele falou explicitamente de *processos* mentais, não de *conteúdos* mentais (1894): "Na realidade, as idéias, como todas as outras experiências mentais, não são *objetos* mas *processos, ocorrências*" (pág. 236).

Entretanto, era difícil conceber a psicologia como a ciência que busca os elementos de um processo. O resultado da falta de clareza foi o que levou Wundt a ser acusado de elementarismo estático — de considerar os conteúdos da consciência como se estes fossem elementos estáticos, estruturais. Foi atribuído à escola o nome de *existencialismo* porque parecia considerar os elementos da consciência tão existentes quanto os objetos físicos. O trabalho experimental realizado em Leipzig parecia, por vezes, justificar as acusações dos críticos, apesar da sistemática oposição de Wundt a essa maneira de ver a sua psicologia.

Não obstante, a descrição de Boring (1950) dos motivos que levaram à designação de psicologia estrutural é um belo resumo do tratamento geral dado à psicologia estrutural nos Estados Unidos: "Os inimigos desta psicologia ortodoxa deram-lhe um nome, mas sempre de acordo com o que mais lhes desagradava nela" (pág. 431).

Outros Psicólogos Europeus

Embora Wundt fosse, claramente, o mais importante sistematizador e organizador nos primeiros dias de formação da psicologia, ele não foi, de modo algum, o único psicólogo que exerceu influência sobre Titchener. Muitos seguiram a liderança de Wundt, com maior ou menor assiduidade, mas outros surgiram de uma diferente linhagem. Nenhum deles, entretanto, discordou de Wundt no tocante à importância central da introspecção como *a* metodologia a ser usado em psicologia. Como Boring (1953) sublinhou, em sua descrição histórica da introspecção, nenhum desses primeiros psicólogos se considerou particularmente *introspecionista;* eles eram, simplesmente, *psicólogos,* considerando a importância da introspecção como absolutamente axiomática. As únicas discordâncias manifestavam-se em torno dos pormenores do método.

Franz Brentano (1838-1917) foi talvez o mais influente dos não-wundtianos, por causa dos efeitos diversos que teve, dentro da psicologia. Foi originalmente educado para o sacerdócio mas obteve o doutorado em Filosofia e ensinou esta matéria, primeiro na Universidade de Würzburg e, mais tarde, na de Viena. Renunciou ao sacerdócio porque não podia aceitar a doutrina da infalibilidade do Papa. Era conhecido como um grande aristotélico e teve influência na psicologia da Gestalt e na psicanálise, além de ser um competidor contemporâneo de Wundt e Titchener.

O nome de Brentano está associado à *psicologia do Ato.* A sua tese fundamental é que a psicologia deve estudar os atos ou processos mentais e não os conteúdos mentais. Acreditava que os atos mentais se referem sempre a objetos; por exemplo, se considerarmos a audição um ato mental, este refere-se sempre a algo ouvido. Neste caso, o evento verdadeiramente mental é a audição, que é um ato e não um conteúdo. Se vemos uma cor, novamente é a visão que é mental, não a coisa vista. A sua *Psychologie* (1874) é a mais importante de suas publicações psicológicas. Basicamente, Brentano foi mais um filósofo do que um cientista, e um empirista mais do que um experimentalista. Influiu sobre a psicologia estrutural mais pela sua oposição do que por qualquer contribuição positiva e também teve uma forte influência na fenomenologia.

Carl Stumpf (1848-1936) foi o maior competidor direto de Wundt. Em 1894, foi-lhe entregue a cátedra de Psicologia alemã na Universidade de Berlim, quando Wundt, como decano dos psicólogos alemães, parecia a escolha lógica. Correram então boatos de que a oposição de Helmholtz impedira que Wundt obtivesse a nomeação.

Stumpf era fortemente influenciado por Brentano. Essa influência pode ter sido a causa de sua aceitação de um tipo menos rigoroso de introspecção do que Wundt considerava aceitável. As suas diferenças de opinião está ilustrada pelo fato de terem mantido uma azeda e prolongada discussão, através de uma série de publicações. O problema relacionava-se com as sensações tonais e a questão era se deviam ser aceitos os resultados dos especialistas altamente treinados na introspecção

(Wundt) ou dos especialistas em música (Stumpf). Stumpf recusava-se a aceitar os resultados obtidos no laboratório de Wundt. A discordância era a que se poderia esperar entre um homem que adotava um ponto de vista mais fenomenológico e outro (Wundt) que insistia num tipo mais analítico de introspecção. Foi um dos discípulos de Stumpf, Husserl, quem recebeu os créditos por ter iniciado a Fenomenologia como doutrina formal. Husserl, porém, estudara anteriormente com Brentano e essa associação, somada aos seus estudos com Stumpf, pode ter ajudado a alimentar as suas concepções fenomenológicas. Ele não teria recebido tal alimento de Wundt nem de Titchener!

O laboratório de Stumpf em Berlim nunca rivalizou com o de Wundt, quanto à amplitude ou intensidade de pesquisas, mas houve um bom número de programas de investigação. O campo especial de pesquisa de Stumpf foi a audição e o seu verdadeiro amor foi a música. De Berlim saíram também numerosos homens que estavam destinados a ter grande importância no desenvolvimento da psicologia, notadamente, os três fundadores da psicologia da Gestalt, Wertheimer, Köhler e Koffka; Kurt Lewin, um importante expositor da teoria do campo; e Max Meyer, que foi um dos primeiros behavioristas. Stumpf, tal como Brentano, teve maior significado por suas divergências com Titchener do que por suas semelhanças com ele, embora aceitasse sem discussão o uso da introspecção.

G. E. Müller (1850-1934) foi o mais capaz e produtivo psicólogo experimental do tempo. Passou quarenta anos dirigindo o laboratório da Universidade de Göttingen. A sua principal obra foi nos domínios da memória, da metodologia psicofísica e da visão. Com Pilzecker, desenvolveu a teoria da interferência para explicar o fenômeno do esquecimento e deram o nome de *inibição retroativa* ao fenômeno de interferência da nova aprendizagem na mais antiga. Müller também aperfeiçoou as técnicas psicofísicas de Fechner e ampliou a teoria de Hering sobre a visão das cores.

Mais do que Wundt e Stumpf, Müller logrou emancipar-se com êxito da filosofia e da metafísica, que tinham sido os seus próprios interesses iniciais. A tal respeito, assemelhou-se a Titchener, que também se bateu para libertar-se dos empecilhos de um excessivo interesse pela filosofia.

Oswald Külpe (1862-1915) foi treinado por Wundt no laboratório de Leipzig e, durante um período mais curto, por Müller, no laboratório de Göttingen. Enquanto permaneceu em Leipzig, Külpe tornou-se amigo de Titchener mas, subseqüentemente, os dois homens teriam divergências fundamentais; Külpe não seria um apóstolo da ortodoxia wundtiana, como Titchener essencialmente seria.

A primeira parte da carreira psicológica de Külpe foi dedicada a esforços mais ou menos clássicos de pesquisa. Publicou um compêndio (1895) que foi rapidamente traduzido por Titchener e no qual procurou relatar unicamente os fatos experimentais obtidos mediante uma cuidadosa introspecção experimental. Pouco depois, foi para Würzburg, onde dirigiu uma série de engenhosos e sugestivos experimentos introspectivos sobre o pensamento. Demonstrou que a introspecção clássica era incompleta; a continuidade do pensamento parecia furtar-se à análise introspectiva ortodoxa. A interpretação dos resultados de Würzburg foi que existiam *conscientizações impalpáveis (impalpable awarenesses)*, as quais não apareciam na consciência como os conteúdos usualmente aparecem e que, por conseguinte, deveriam ser consideradas funções. Contudo, deveriam ser incluídas como dados autênticos da consciência. Quando aceitou tanto os conteúdos como as funções (atos) como experiências conscientes, Külpe estava aderindo aos pontos de vista de Brentano e de Wundt.

Külpe teve uma relação mais direta com Titchener, na medida em que formulou a distinção entre psicologia e física numa base diferente da que Wundt empregava; para Külpe e depois para Titchener, a psicologia distinguia-se pelo seu interesse na dependência da experiência, em relação ao organismo experimentante. Segundo parece, ambos os psicólogos foram buscar essa distinção aos filósofos Mach e Avenarius, se bem que a sua relação com a distinção de Locke também seja evidente.

O ESTRUTURALISMO DE TITCHENER

Edward Bradford Titchener (1867-1927) foi exposto à concepção wundtiana da Psicologia enquanto estudava em Leipzig. Embora fosse inglês de nascimento, era um alemão em virtude de dois anos de estudos com Wundt e continuou alemão durante os 35 anos que viveu nos Estados Unidos, onde chegou em 1892 para dirigir o laboratório da Universidade Cornell. A personalidade obstinadamente germânica de Titchener tornou-se lendária: a sua personalidade autocrática, o formalismo de suas aulas em solenes trajos acadêmicos e até a sua barbuda aparência alemã. Cada aula era uma encenação teatral, com uma montagem cuidadosamente preparada pelos seus assistentes. Depois, era gravemente debatida com os membros do corpo docente e com os assistentes, cuja assistência à aula era para Titchener um ponto assente.

O germanismo intelectual de Titchener era tão notável quanto esse lendário germanismo de sua personalidade, embora não tenha sido tão enfatizado. Houve outros discípulos não-alemães cujo contato com Wundt foi mais prolongado do que o de Titchener mas cujos desvios da linha de ortodoxia estabelecida por Wundt foram acentuados; numerosos desses estudantes saíram da América e voltaram à América. Talvez a cultura inglesa donde Titchener provinha tenha proporcionado uma formação mais adequada para a psicologia alemã do que o espírito prático norte-americano. Wundt devia muito aos empiristas britânicos e, sem dúvida, Titchener já tinha sido influenciado na Inglaterra por esses predecessores de Wundt. É mesmo possível que grande parte do germanismo atribuído à sua conduta e maneiras pessoais estivesse no espírito daqueles que o viam — os provincianos americanos — que talvez não soubessem distinguir uma personalidade verdadeiramente alemã de uma européia, em geral. Seja como for, a psicologia para Titchener assemelhava-se muito ao que ela era para Wundt.

Um tema dominante na obra de Titchener é a unidade da ciência. Parecia-lhe evidente, por si mesmo, que todas as ciências se erguiam sob os mesmos alicerces: o universo da experiência humana. Quando esse universo é observado de diferentes maneiras, diferentes ciências se desenvolvem. Por exemplo, Titchener acreditava que, assim como a Física se desenvolveu quando o homem começou vendo o mundo como uma vasta máquina, também a Psicologia surgiu e evoluiu quando o homem o viu como uma entidade mental, um conjunto de experiências que estavam sujeitas às leis da psique. Para ilustrar mais completamente essa noção de unidade científica, em várias conjunturas, Titchener traçou analogias entre a então nascente ciência da psicologia e as mais consolidadas ciências da biologia (1898), da física e da química (1910).

Titchener (1910) considerou que o timbre do método científico era a observação, a qual, em sua opinião, abrangia a experimentação. Via um experimento como uma observação que podia ser repetida, isolada e variada, assim garantindo clareza e rigor. Distinguiu depois entre o tipo de observação da ciência física (olhar para) e o tipo de observação psicológica ou introspecção (olhar dentro).

Os estados de consciência eram os objetos próprios do estudo psicológico. Titchener inaugurou a psicologia estrutural nos Estados Unidos com o seu ensaio "The Postulates of a Structural Psychology" (Os Postulados de uma Psicologia Estrutural) (1898, págs. 449-450; ver também Dennis, 1948, pág. 366):

> A Biologia, definida em seu sentido mais lato, como a ciência da vida e das coisas vivas, divide-se em três partes ou pode ser abordada de qualquer um de três pontos de vista. Podemos investigar a estrutura de um organismo sem considerar a sua função — determinando as suas partes componentes mediante a análise e expondo, pela síntese, o modo de sua formação a partir dessas partes...

> Encontramos um paralelo com a morfologia numa porção muito considerável da psicologia "experimental". A finalidade primordial do psicólogo experimental foi analisar a estrutura da mente; desenredar os processos elementares da teia da consciência ou (se nos permitem mudar a metáfora) isolar os constituintes numa formação consciente dada. A sua tarefa é uma vivisseção mas uma vivisseção que produzirá resultados estruturais, não funcionais. Ele procura descobrir, sobretudo, o que ali existe e em que quantidade, não para que é que ali está.

É difícil dizer, com base nesta citação, o que é que Titchener pensava, exatamente, sobre a mente e a consciência. A meio da frase, muda deliberadamente de metáfora. Pelo contexto, parece que o conjunto de seus escritos e pensamento se adapta melhor à segunda metáfora, se bem que, em seus trabalhos mais rigorosos e escrupulosos, se refira à consciência como algo composto de processos e não de elementos. Entretanto, a palavra *estrutura* e a atitude biológica em relação à morfologia, conferem um *status* de realidade à consciência, através da analogia.

Nem é mesmo seguro supor que o fundador do ramo americano do estruturalismo tenha rejeitado o funcionalismo. Sobre este assunto, R. I. Watson (1968, pág. 393) fez a seguinte e inequívoca declaração:

> A descrição do sistema psicológico de Titchener é, por vezes, excessivamente esquematizado. Ele foi um estruturalista, dizem os críticos, significando assim que os elementos estáticos da experiência eram o objeto de seu interesse, em contraste com o estudo funcional do processo de experiência que foi esposado por James e outros. Acontece que isso, simplesmente, não é verdade. Titchener utilizou, sem dúvida, material funcional; e as descobertas da psicofísica, que constituiu um importante segmento no seu sistema, são facilmente vistas por quem quiser como dependentes das funções de discriminação e avaliação. Inequivocamente, ele aceitou a existência de um aspecto funcional da psicologia.

Não obstante, um crítico obstinado poderia argumentar que Titchener *lamentava* a existência do funcionalismo, embora a *reconhecesse.*

A consciência foi definida por Titchener como a soma total das experiências de uma pessoa, tal como estão em qualquer momento dado. A mente era considerada a soma total das experiências de uma pessoa, as quais eram vistas como algo dependente da pessoa, desde o nascimento à morte. Assim (1899, pág. 12):

> Entendemos que "mente" significa, simplesmente, a soma total dos processos mentais experimentados pelo indivíduo durante a sua vida. As idéias, sentimentos, impulsos etc. são processos mentais; a quantidade total de idéias, sentimentos, impulsos etc. experimentados por mim, durante a minha vida, constituem a minha "mente".

Titchener também indicou três problemas para a psicologia muito semelhantes aos equacionados por Wundt (1899, pág. 15):

> A finalidade do psicólogo é tripla. Ele procura (1) analisar a experiência mental concreta (real) em seus componentes mais simples; (2) descobrir como esses elementos se combinam, quais são as leis que regem a sua combinação e (3) correlacioná-los com as suas condições fisiológicas (corporais).

Titchener modificou a distinção de Wundt entre psicologia e física, assumindo uma posição semelhante à de Külpe. Não podia concordar com Wundt em que a física estudava a experiência mediata e a psicologia a experiência imediata; pensava ele que toda a experiência devia ser considerada imediata. A distinção estava, outrossim, na *atitude* a ser adotada em relação ao estudo da experiência permanentemente imediata. O físico estudava a experiência como algo independente da pessoa experimentante, ao passo que o psicólogo estudava a experiência na medida em que esta *dependia* da pessoa experimentante.

Poder-se-ia objetar que os astrônomos, depois de Bessel, passaram a estar muito interessados na dependência da experiência em relação à natureza do observador e que os físicos também estariam preparados para manifestar esse interesse. A resposta a tal objeção pode ser que o interesse dos físicos pelo papel do observador só se manifesta por causa do desejo de que as observações voltassem a ser completamente idôneas e independentes do observador, assim ilustrando mais a atitude básica dos físicos e não uma exceção.

O conceito de *erro de estímulo,* formulado por Titchener, relacionava-se com a distinção entre psicologia e física. Para Titchener, o erro de estímulo significava o erro de prestar atenção e a informar sobre as propriedades conhecidas do estímulo, mais do que a própria experiência sensorial. Provavelmente, é esse o mais importante e mais óbvio erro em que ocorrem os que praticam a introspecção, quando não estão bem adestrados. Titchener sublinhou que essa tendência para descrever o estado consciente mais em função do estímulo do que da experiência *per se* é benéfica e necessária na vida cotidiana. Portanto, todos nós desenvolvemos fortes hábitos desse tipo, visto que as respostas efetivas são, usualmente, as respostas ao caráter objetivo do estímulo. Mas se quisermos chegar a ser um observador psicológico adequado, teremos que desaprender esses fortes hábitos e a única maneira de consegui-lo é através de um novo e intensivo esforço de aprendizagem. Assim, a pessoa treinada para a introspecção é alguém que aprende a ignorar os objetos e eventos como tais e, em contrapartida, a concentrar-se na pura experiência consciente.

Um bom exemplo ilustrativo dessa situação é o uso de uma tela de redução na pesquisa visual. Se o experimentador permite que o sujeito veja o objeto-estímulo e também a iluminação que sobre ele incide, o sujeito informará que um pedaço de papel branco é branco, mesmo que esteja tenuemente iluminado e, na realidade, reflita menos energia luminosa para o olho do que, digamos, um pedaço de carvão sob iluminação intensamente brilhante. O juízo comum dos sujeitos não treinados é que o papel é mais claro que o carvão. Este erro de estímulo pode ser eliminado por meio de uma tela de redução, a qual só permite ver uma pequena parte do objeto-estímulo através de uma espécie de orifício para espreitar. Um tal dispositivo impede que o sujeito veja a natureza do objeto ou a quantidade de iluminação e, deste modo, o seu juízo obedece ao "verdadeiro" caráter da experiência sensorial isolada: a um pedaço de papel branco tenuemente iluminado é dado o nome de cinzento-escuro e a um pedaço de carvão negro brilhantemente iluminado atribui-se uma tonalidade cinzenta-clara. Estes últimos juízos estão mais de acordo com as energias físicas dos estímulos, embora sejam descrições menos exatas da reverberação luminosa do carvão e do papel. Nenhum tipo de descrição sensorial tem por que ser considerado mais verdadeiro do que qualquer outro, num sentido último. Os estruturalistas procuravam a descrição que se correlacionasse mais intimamente com a estimulação momentânea. Titchener achava necessário que se construísse uma espécie de tela de redução funcional dentro de cada sujeito que praticava a introspecção psicológica, mediante um aturado adestramento. Os físicos e todos os outros cientistas aceitam o erro de estímulo como coisa perfeitamente natural. Querem relatar suas observações de um modo que concorde com o caráter objetivo do estímulo, prescindindo dos efeitos momentâneos que possam estar determinando a sua percepção do estímulo num dado momento. Somente os psicólogos introspecionistas querem conhecer o caráter puro da experiência presente.

Titchener tinha a opinião de que a psicologia devia estudar a experiência tal como esta parece existir quando tentamos separá-la da aprendizagem; isto é, ele recusava-se a atribuir-lhe significado e, assim, evitava cometer o erro de estímulo. Esses significados vinculavam-se aos estímulos mediante a aprendizagem e a nossa reação aos estímulos incorpora tão diretamente as experiências relacionadas que o "percepto" deixa de ser apenas um produto do estímulo.

Titchener exorcizou a psicologia infantil e a psicologia animal, retirando-as do corpo principal, coisa que, como vimos, Wundt não fez. Titchener não negava que o estudo do comportamento das crianças e dos animais proporcionava informações valiosas; o que ele negava era que a informação obtida fosse *psicológica.*

O experimentalismo rígido de Wundt teve uma expressão talvez mais exagerada em Titchener. Este não só sustentava que a psicologia deve ser experimental mas também que deve ser *pura.* A ciência aplicada parecia ser, aos olhos de Titchener, uma contradição. O cientista, conforme ele o concebia, tinha de manter-se livre de considerações sobre o valor prático do que estava fazendo. Assim, nunca aceitou que o trabalho de Cattell e outros sobre as diferenças individuais constituísse uma importante contribuição para a psicologia. Censurou a idéia de que a função da psicologia fosse a descoberta de meios de assistência às mentes doentes. Eram cáusticos os seus comentários sobre a possibilidade de alguém vir a ser psicólogo através de um processo de auto-exame mórbido, não treinado.

No começo, Titchener aceitava o paralelismo psicofísico de Wundt como solução prática para o problema mente-corpo; mas, na realidade, a filosofia não lhe interessava. Aceitou-o porque isso lhe permitia continuar o estudo da psicologia com a metodologia em que acreditava. Titchener, à semelhança de Wundt, exaltava a nova liberdade da psicologia em relação à especulação filosófica. Assim, vemos nesses dois pioneiros de uma ciência que ensaiava seus primeiros passos a tendência científica para tomar a filosofia como coisa axiomática, considerá-la irrelevante para os seus propósitos e transplantar a atitude filosófica e antimetafísica de Hume para a prática laboratorial.

A nova liberdade em relação à filosofia, achavam eles, decorria em parte do uso do método experimental. O experimento psicológico devia ser uma introspecção controlada, mantendo-se constantes os estados de consciência mediante as condições externas e variando-se, um de cada vez, os fatores intervenientes na situação, nos diferentes experimentos. O experimentador só precisava de construir aparelhos, pensar e explicar o problema e registrar os comentários do introspetor adestrado.

A METODOLOGIA DO ESTRUTURALISMO

Para Titchener, tal como para Wundt, a técnica de investigação era a introspecção; mas, como indicamos acima, a introspecção de Titchener era um procedimento mais altamente formalizado e praticado do que o *Selbstbeobachtung* de Wundt. A introspecção, segundo Titchener, só podia ser realizada cientificamente por observadores excepcionalmente adestrados.

Um exemplo dos seus sentimentos sobre os observadores ingênuos e sem adestramento adequado é dado numa análise da fenomenologia (1912b, pág. 489):

> No presente contexto, uma informação fenomenológica da mente significa, em minha opinião, uma informação que se propõe aceitar os fenômenos mentais em seu valor aparente, que os registra tal como são "dados" na experiência cotidiana; a informação fornecida por um observador ingênuo, trivial e não-científico, que ainda não adotou a atitude especial do psicólogo... Rigorosamente falando, é mais do que duvidosa a possibilidade de obter semelhante informação.

É evidente que Titchener não favorecia o emprego de observadores não-adestrados, assim como, nessa época, tampouco favorecia a fenomenologia como ciência.

Para os observadores não-adestrados, é difícil dizer, exatamente, o que é que os observadores bem treinados aprenderam a fazer. A introspecção mudou, em certa medida, com o decorrer dos anos. Segundo parece, Titchener pensava que a introspecção estava se tornando mais refinada e mais geralmente aplicável com a passagem do tempo. Comentou ele (1912a): "Os nossos estudantes universitários — muito melhor treinados, é verdade, do que os da nossa geração — dedicam-se às tarefas introspectivas com uma disposição alegre que nós nem teríamos sonhado" (pág. 427).

Mesmo assim — embora nos digam que os estudantes universitários melhoraram, pelo menos, em alguma coisa — é difícil para um observador de fora saber em que consiste, seguramente, essa "alguma coisa". Foi dito que a introspecção é a observação direta da consciência, dos processos mentais. Entretanto, Titchener dizia (1912b): "O curso seguido por um observador variará nos detalhes de acordo com a natureza dos estados de consciência observados, com a finalidade do experimento e com as instruções dadas pelo experimentador. A introspecção é, pois, um termo genérico e abrange um grupo indefinidamente amplo de procedimentos metodológicos específicos" (pág. 485).

Para o próprio Titchener parece não ter sido fácil encontrar uma definição satisfatória da introspecção e acabou recorrendo a uma especificação das condições experimentais — um louvável procedimento operacional. Mas será, então, que não existem quaisquer características comuns entre as diferentes aplicações do termo? Haverá, seguramente, uma autoconsciência a respeito da introspecção, uma conscientização do ato de observar? Não para Titchener (1912a): *"Em sua atenção aos fenômenos sob observação,* o observador em psicologia, não menos que o observador em física, *esquece completamente de prestar atenção subjetiva ao estado de observação"* (pág. 443). Titchener e Wundt, antes dele, reconheceram que a autoconsciência poderia interferir com os fenômenos sob observação e, por conseguinte, invalidar os resultados (ver as críticas à introspecção, apresentadas mais adiante, neste capítulo).

Se a descrição de Titchener da introspecção é acurada e completa, então pareceria haver pouco que contestar. A informação do psicólogo seria idêntica à informação do físico sobre uma mesma coisa. Mas Titchener estava aludindo a um sujeito *treinado* para a introspecção. O que acontece ao observador, à medida que o seu adestramento progride? Notamos que ele dá informações verbais desde o começo; não negamos que é possível, na física, obter interessantes resultados aceitando os relatos de outros experimentadores que descrevem as coisas que viram e outros investigadores não contestam o fato de que vimos certas coisas. Aceitamos as palavras da informação de outrem com a única ressalva de que essa pessoa deve estar capacitada para explicar exatamente o que quer dizer, dando um exemplo, se for necessário.

Mas o observador que aprende a introspecionar encontra-se em circunstâncias diferentes. Certas classes de palavras, a que poderemos chamar "palavras significantes", não são aceitas. Um psicólogo estruturalista não está cientificamente interessado no enunciado "Eu vejo uma mesa", porque "mesa" é uma palavra significante, baseada no conhecimento preliminar do conjunto de sensações visuais e táteis pelo qual identificamos a mesa. O psicólogo estruturalista acredita estar interessado nesse agregado como algo carente de significação; não quer que o agregado seja resumido numa palavra significante, pois interessa-se pelo conteúdo direto da experiência, não pelas inferências feitas na base do conteúdo. Assim, quando o observador diz *mesa,* é advertido contra o erro de estímulo e, finalmente, exclui esse tipo de palavras do seu vocabulário profissional. E que palavras sobram, nesse caso? Ficam apenas aquelas que não têm referentes externos mas tão-só referentes na experiência? Trata-se também de uma questão difícil de responder. Wundt e Titchener enfatizaram que as condições externas deviam ser cuidadosamente controladas, para que os conteúdos da consciência pudessem ser determinados com maior precisão e para que a mesma coisa pudesse ser experimentada por mais de um observador, assim permitindo uma verificação recíproca dos resultados do experimento. Podemos então dizer que um vocabulário manipulável deve ser possível, baseado nas características comuns das várias experiências realizadas sob condições cuidadosamente controladas. Em última análise, de que outra forma poderíamos concordar numa convenção para o significado da palavra *mesa?* Uma inferência razoável é a de que checamos aquela parte da nossa experiência que ocorre sistematicamente em conjunção com o uso da palavra *mesa* por outros. Portanto, parece impossível criar uma linguagem, ou um uso da linguagem, do tipo requerido pelos estruturalistas. Entretanto, deve ser mais fácil correlacionar as palavras com objetos do que com experiências, visto que, dentro da ciência, as linguagens de objetos que possuímos são mais úteis do que as linguagens de experiência. Para quem pratica a introspecção, também pode ser muito difícil a tarefa de isolar aquele aspecto de sua múltipla experiência a que se aplica uma determinada palavra. Sem dúvida, dois introspetores não podem chegar a acordo sob o aspecto importante apontando, simplesmente, para ele, como fazemos no caso de objetos. Os dedos não servem para assinalar as regiões mais recônditas do universo da experiência. As descobertas da introspecção nem sempre mereceram uma concordância geral, mesmo com um controle muito cuidadoso das condições. Se tivesse sido possível assegurar uma suficiente concordância científica para os achados da introspecção, a escola estruturalista talvez pudesse ter continuado a ser até hoje uma força vital.

Veremos, mais adiante, que isso não foi possível. Entrementes, podemos tentar delinear a introspecção, analisando aquelas suas características que um psicólogo não-introspectivo de hoje é capaz de entender. A introspecção pode ser mais do que isto mas, no mínimo, implica um termo genérico para designar numerosos tipos de observação levados a efeito na psicologia. Diferentes investigadores, por exemplo, os de Cornell e Würzburg, foram propensos a usar subvariedades algo distintas. A variedade de observação empregada em Cornell era levada a efeito sob condições de laboratório, sendo a situação estimulante — incluindo as instruções — cuidadosamente determinada pelo investigador. Só eram usados aqueles sujeitos que tivessem sido meticulosamente adestrados pelo investigador ou por um outro investigador que fosse versado no método. O adestramento incluía, entre outras coisas, a advertência para observar o conteúdo da experiência e informar o resultado dessa observação. Também incluía a punição quando o observador usava palavras que poderemos designar como "palavras significantes" ou "palavras coisificadas", tal como ordinariamente concebemos essas classes de palavras. O emprego de palavras que eram consideradas descritivas de estados de consciência era, sem dúvida, recompensado.

Para dar ao leitor um pouco do sabor do método de introspecção, tal como foi desenvolvido por Titchener, reproduzimos abaixo uma parte de uma descrição representativa de um experimento introspectivo. Nesse experimento, os sujeitos, os observadores *(Os)* C. e P. foram instruídos para informar as suas imagens mnésicas; os estímulos empregados foram formas geométricas de várias cores. Segue-se o relato de E. Murray (1906, págs. 230-231):

Introspecções:

1. *Modo de aparecimento da imagem.* Regra geral, a imagem mnésica aparece espontaneamente no começo do período de registro ou no período

precedente da pós-imagem. Posteriormente, ela aparece em intervalos irregulares que, usualmente, aumentam ao final do minuto. Em algumas ocasiões, relata C., a imagem era aparentemente provocada por contrações fortuitas do globo ocular ou das pálpebras, pela inspiração ou, automaticamente, pela pressão rítmica da chave. Ocasionalmente, também, o observador informa uma débil ansiedade ante a falta momentânea da imagem e um tentação de provocar o seu aparecimento por um movimento dos olhos (O.C.), pela sua imobilização firme ou pela recordação de um detalhe após detalhe (O.P.).

2. *Localização da imagem.* A imagem mnésica aparece, usualmente, na mesma direção e à mesma distância do original. P. distingue-a da pós-imagem sensorial pela sua posição de dentro para fora na tela (aparecendo a pós-imagem "nas pálpebras") e comenta que "o seu aparecimento faz-se acompanhar, freqüentemente, de uma sensação de voltar-se para ela". Ocasionalmente, parece estar situada "na cabeça" mas, neste caso, a sua nitidez diminui materialmente.

Há provas abundantes de que essa localização está correlacionada com a presença de elementos motores, reais ou ideados. Assim, C. notando que a imagem mnésica aparece, usualmente, como um objeto com relações espaciais, declara que, nesse caso, está presente "a sensação de acomodação", com uma "tendência para movimentar os olhos e localizar a imagem diretamente no espaço". Quanto menos real for essa sensação (de acomodação e convergência), menos distinta será a imagem. Assim, para o final do período de registro (segundo C. relata, por vezes), as imagens tornam-se menos nitidamente "visuais", deixam quase de ser acompanhadas pela tendência para a fixação e não se localizam em qualquer porção definida do campo visual mas, vagamente, "na cabeça" — um tipo de imagem descrito por C. como "mais subjetivo" ou mais "puramente mnésico".

Parece provável que P. se refira também às sensações musculares que acompanham a fixação, em sua informação menos concretamente formulada da recordação semi-espontânea das imagens. "Pareço dirigir a minha atenção para aquele lugar onde espero que a imagem apareça. Se mantenho a minha atenção nesse lugar, é bem provável que muitas imagens mais se sigam." E, além disso, "a minha atenção vacila em torno do ponto do quadro onde é esperada a imagem, depois detém-se e a imagem desenrola-se em baixo, por vezes indistintamente; mas, quando a atenção se concentra mais deliberadamente na direção da imagem, esta aumenta progressivamente de nitidez".

3. *Natureza incompleta da imagem.* Raramente as imagens são completas. O mais freqüente é que se perca a porção inferior direita e se distinga mais nitidamente a porção superior esquerda — uma condição possivelmente correlacionada com o agrupamento característico da página impressa e o hábito adquirido de atender, primordialmente, à palavra do extremo superior esquerdo. Nos casos *em que o contorno da imagem é*

completo, é muito provável que existam, freqüentemente, lacunas no corpo principal da figura. Quer seja completa ou incompleta em relação ao original, a imagem é usualmente descrita como algo que aparece e desaparece em rápidos lampejos, como um todo, sem crescer nem sofrer alterações.

Após este exame dos problemas relacionados com a definição de introspecção, talvez diminua a tendência para troçar dos fúteis esforços de definição por parte dos que ainda estão vitalmente interessados na introspecção. Natsoulas (1970) livrou-se do problema desta maneira: "Neste caso, 'introspecção' é um termo relativamente neutro para designar o processo (ou processos) mediante o qual (os quais) se chega *in loco* à conscientização introspectiva" (pág. 90).

PROPOSIÇÕES EMPÍRICAS

Em ciência, não só as observações determinam a teoria mas a teoria também determina as observações. As proposições empíricas do estruturalismo parecem, hoje, estar misturadas com pressupostos teóricos mas, para os estruturalistas, as suas proposições pareciam estar diretamente fundadas na observação.

Os três elementos básicos da conscientização, que descendem dos filósofos empiristas ingleses, pareciam estar corroborados pelas observações introspectivas de Wundt e, subseqüentemente, de Titchener. Esses três elementos eram as *sensações,* as *imagens* e os *sentimentos.* Pensava-se que os elementos eram básicos e incapazes de ulterior redução analítica.

As imagens eram os elementos das idéias e as sensações eram os elementos da percepção. Supunha-se que as imagens diferiam das sensações por serem menos vívidas, menos claras, menos intensas e, às vezes, menos prolongadas. Tanto as imagens como as sensações tinham certos atributos básicos. Para Wundt, esses atributos eram dois: intensidade e qualidade. Titchener ampliou a lista para quatro: *intensidade, qualidade, atensidade* e *protensidade.*

A qualidade tinha o significado usual de uma diferença específica; a atensidade era sinônimo de clareza mas esta era entendida no sentido de um tipo de clareza que varia mais com a atenção do que com as características objetivas dos estímulos; a intensidade tinha o seu significado usual de força; e protensidade foi a palavra escolhida para designar a duração temporal da sensação de imagem. Algumas modalidades sensoriais produziam sensações com o atributo adicional de *extensidade* no espaço.

Titchener percebeu que não era fácil distinguir a imagem da sensação mas sustentou que havia, pelo menos, uma diferença de um gênero quantitativo; por exemplo, haveria um ponto na dimensão de atensidade em que a imagem se converteria em sensação. Um experimento realizado por Perky (1910), em Cornell, ilustrou a dificuldade em decidir o que é imagem e o que é sensação. Os sujeitos a quem foi pedido que "projetassem" uma banana numa tela branca não relataram o aparecimento de um desenho muito tênue que realmente foi projetado em "flash" na tela mas, pelo contrário, atribuíram a sensação, por parte deles, às imagens mentais extraordinariamente nítidas, nesse momento; outros sujeitos solicitados a observar a banana real não informaram quando se apagou a projeção na tela, mantendo, ao que parece, uma espécie de equivalente da tênue sensação, através de suas próprias imagens mentais. Convém assinalar que Perky estava distinguindo entre imagem e sensação na base da presença ou ausência de um estímulo objetivo; esta distinção não se baseia nos conteúdos conscientes e parece incongruente do ponto de vista de um estruturalista. Entretanto, o experimento de Perky lançou dúvidas sobre a distinção sensação--imagem e, como resultado, houve uma tendência para falar mais sobre os atributos das sensações e menos sobre as imagens. Boring (1950, pág. 201) cita um experimento ulterior de Schaub (1911) como tendo fornecido provas ainda mais convincentes de que as imagens poderiam ser mais intensas do que as sensações mas afirma que Titchener acreditava nas conclusões de Perky.

A escola de Würzburg travou uma acalorada controvérsia com Titchener em torno do "pensamento sem imagens" que os componentes daquela escola afirmavam ter "descoberto". O reconhecimento da existência de semelhante entidade teria exigido uma revisão do ponto de vista de Titchener, segundo o qual as imagens são os elementos dos pensamentos. Assim, Titchener rejeitou as concepções de Külpe, Binet e Woodworth sobre o pensamento sem imagens e achou que os resultados por ele anunciados talvez fossem devidos a uma introspecção defeituosa. Em todo o caso, não encontrou qualquer prova clara da existência desse novo elemento na consciência. Os seus sujeitos, de fato, não conseguiram confirmar as conclusões experimentais de Woodworth. O veredito de Titchener foi que o elemento chamado "pensamento" era, provavelmente, um complexo não analisado de sensações e imagens cinestésicas, as quais são sempre difíceis de encontrar na consciência. O elemento "vontade" também foi excluído. O *ato de vontade* era, simplesmente, um complexo de imagens que formam idéias antecipatórias da ação.

Titchener pôde incluir a *atenção* em seu sistema, mediante o simples expediente de equacioná-la à clareza da sensação. Em alguns dos seus sujeitos, apurou apenas a decomposição da clareza em duas partes: uma central e nítida, outra periférica e obscura. Em outros sujeitos, havia uma progressão, em múltiplos escalões, do claro para o escuro.

Titchener rejeitou a teoria tridimensional do sentimento, formulada por Wundt. Das três dimensões, agradável-desagradável, tensa-descontraída e excitada-calma, ele apenas reteve a primeira. Reduziu as outras duas a sensações e imagens, especialmente cinestésicas. Portanto, não deveriam ser consideradas características especiais de sentimentos; de fato, não eram, em absoluto, sentimentos.

Nafe (1927), um dos discípulos de Titchener, reduziu subseqüentemente esse atributo remanescente do sentimento a sensações: o prazer era considerado uma "pressão aguda" localizada no tronco, a um nível superior à "pressão obtusa" do desprazer. Sugeriu que as mudanças vasculares poderiam ser responsáveis por tais sensações. Se o ponto de vista de Nafe fosse aceito, até o afeto seria reduzido a uma sensação.

Até aqui, examinamos as proposições empíricas que tinham importância sistemática direta para Titchener. Além disso, existem também proposições mais diretamente empíricas (enunciados de resultados experimentais) que foram geralmente aceitas pelos estruturalistas; algumas delas são assistemáticas e aceitáveis para qualquer psicólogo, independentemente de suas convicções sistemáticas. Por exemplo, o primeiro capítulo "empírico" de Titchener em *An Outline of Psychology* (1899) é intitulado "The Quality of Sensation" (A Qualidade da Sensação). Nele são examinadas as qualidades das sensações visuais, auditivas, olfativas, gustativas e outras. Cada exame dessas qualidades está baseado num experimento ou demonstração pertinente. Os dados podem ser de interesse na área moderna de "sensação e percepção". Poder-se-ia argumentar que tais resultados diretamente experimentais constituem a contribuição básica de todo e qualquer sistema psicológico.

O ESTRUTURALISMO COMO SISTEMA

Definição da Psicologia

A definição estruturalista de Psicologia foi "o estudo analítico da mente humana, adulta, normal e generalizada que se realiza mediante a introspecção". Isto resume o nosso exame prévio: o termo "generalizada" corrobora a opinião de Titchener e, antes dele, de Wundt, de que a psicologia não está basicamente interessada nas diferenças individuais; e o termo "normal" exclui as mentes perturbadas e defeituosas.

Postulados Básicos

Os postulados da psicologia estrutural não eram postulados formais mas enunciados destinados a guiar o comportamento do cientista. Os pressupostos subjacentes do estruturalismo não são explicados de uma forma facilmente acessível; devem ser destrinçados do acervo de enunciados dos estruturalistas e, por vezes, devem ser extraídos por inferência da conduta de seus proponentes. É impossível formular qualquer enunciado adequado e lógico sobre o número, suficiência ou adequação dos postulados estruturalistas.

O melhor que pode ser feito é formular alguns enunciados possivelmente defensáveis sobre os pressupostos da escola. Certamente, tanto Wundt como Titchener aceitavam os dois métodos básicos da ciência: controle e análise. Deram ênfase extrema à experimentação e excluíram outros métodos como não-científicos. A psicologia tinha ganho suas asas e podia voar independentemente da metafísica. O conhecimento era empírico, não apriorístico. Pressupunha-se claramente que mente e consciência eram conceitos úteis e o domínio adequado para o estudo psicológico. Partia-se da premissa de que a introspecção era um método válido para esse estudo e um método que exigia um adestramento extenso para seu desempenho eficiente. A coerência e a lei imperavam no reino da consciência e supunha-se que a mente e o corpo eram sistemas paralelos.

A Natureza dos Dados

Resumindo o exame prévio: Titchener acreditava que os dados primários da psicologia devem ser obtidos por meio da introspecção e sob rigorosas condições experimentais. Titchener também acreditava, sem dúvida, que os dados eram tão objetivos quanto o podem ser quaisquer dados. Se hoje tivesse que surgir uma controvérsia sobre a objetividade dos dados de Titchener, seríamos objetivos quanto à formulação da distinção objetivo-subjetivo; os dados seriam encaminhados a um computador para uma análise de idoneidade. A analogia intuitiva de uma tal análise condenou os dados introspectivos à categoria subjetiva; não é certo se esse juízo particular ficou adequadamente justificado.

Posição Mente-Corpo

O postulado de Titchener a respeito da posição mente-corpo já foi discutido. Contudo, a menos que se aceite com demasiada facilidade o ponto de vista de que Titchener se limitou a aceitar o paralelismo psicofísico de Wundt, devemos assinalar um outro tema seu (1899):

"A metafísica que a Ciência nos aponta é mais uma metafísica em que tanto a matéria como o espírito desaparecem, dando lugar à concepção unitária da *experiência*" (pág. 366). Neste caso, parece que Titchener teria aceito um monismo da experiência ou a concepção segundo a qual mente e corpo são dois aspectos de uma só experiência. O seu ponto de vista é sêmelhante ao de Mach, de quem Titchener era admirador, e que enfatizava a experiência como base de toda a ciência. Titchener elaborou posteriormente a sua posição. Sublinhou ela que a concepção da mente, ditada pelo senso comum, leva a questões sem resposta. Disse ele (1910, pág. 14):

> Onde, por exemplo, nessa concepção, termina o corpo e começa a mente? Os sentidos pertencem à mente ou ao corpo? A mente está sempre ativa e o corpo sempre passivo? O corpo e a mente atuam sempre independentemente um do outro? Interrogações como estas surgem imediatamente; mas é uma tarefa árdua encontrar-lhes uma resposta. O paralelismo não tem alçapões lógicos desse gênero.

Princípios de Conexão

O problema da conexão era secundário para Titchener; enquanto a natureza detalhada dos elementos a serem interligados não fosse estabelecida, era fútil tentar ligá-los. A sua idéia de conexão era semelhante à que tinha de função; reconhecia a necessidade de vir a trabalhar, finalmente, com funções mas achava que o estudo da estrutura tinha prioridade.

Na medida em que se interessou pelas conexões, Titchener explicou-as por associação. Titchener reformulou o princípio de associação por contigüidade como sua lei principal (1910, págs. 378-379):

> Tentemos, porém, obter uma fórmula descritiva para os fatos que a doutrina da associação almeja explicar. Encontramos esta: que, sempre que um processo sensorial ou imaginal ocorre na consciência, é provável que apareçam com ele (é claro, em termos de imagens) todos aqueles processos sensoriais e imaginais que ocorreram conjuntamente em qualquer momento anterior da consciência... Ora, a lei da contigüidade pode, sem grande esforço, ser traduzida pela nossa lei geral de associação.

A sua lei de associação forneceu-lhe um princípio de conexão sucessiva; isto é, o item A tende a provocar o aparecimento do item B imediatamente a seguir. Subsistia o problema da conexão dos elementos, dentro do corte transversal que é a consciência. Isto seria resolvido pela apresentação das leis de síntese. Esta tarefa parece nunca ter sido completada. Através de seus estudos, é evidente que Titchener reconheceu a dificuldade da síntese, que os elementos não se somavam, simplesmente, à experiência unitária que estava em primeiro lugar (1899, pág. 17):

> Se os elementos conscientes fossem "coisas", a tarefa de reconstrução de uma experiência não seria difícil. Juntaríamos os fragmentos simples da mente, tal como se reúnem pedaços de madeira num quebra-cabeças infantil ou os cubos de um jardim de infância. Mas os elementos conscientes são "processos"; não se ajustam entre si, lado com lado e aresta com aresta; eles fluem juntos, misturam-se, sobrepõem-se, reforçam-se, modificam-se ou detêm-se mutuamente, em obediência a certas leis psicológicas.

Titchener nunca pôde apresentar essas leis, porque a sua primeira tarefa de análise nunca foi terminada.

Uma outra espécie de conexão que Titchener explicaria foi o problema do significado: Como é que o significado se conjuga com a sensação? Ele considerou o problema fora do âmbito da psicologia mas, de qualquer modo, desenvolveu uma explicação, a sua famosa *teoria do contexto.* O significado de uma sensação, para a teoria de Titchener, era, simplesmente, o contexto em que ela ocorria na consciência. Uma sensação simples não tem significado; só adquire significado através de outras sensações ou imagens que a acompanham. O contexto da sensação e, portanto, o seu significado, é um resultado de experiência passada com a sensação; é o resultado de associações entre sensações ou imagens passadas. Aquilo a que chamamos *significado* é, simplesmente, a totalidade sensorial que acompanha a sensação significativa (1910, págs. 367-369):

> Nenhuma sensação significa; uma sensação ocorre, simplesmente, de várias maneiras, intensamente, claramente, espacialmente etc. Todas as percepções significam... Portanto, para nós, o significado pode ser, principalmente, uma questão de sensações dos sentidos especiais, ou de imagens, ou de sensações cinestésicas, ou de outras sensações orgânicas, de acordo com o que exija a natureza da situação. Entretanto, de todas as suas formas possíveis, duas parecem ter uma importância especial: a cinestesia e as imagens verbais... Mas o significado será sempre um significado consciente? Certamente que não; o significado pode ocorrer em termos puramente fisiológicos.

Princípios de Seleção

O problema básico de explicar por que certos estímulos são selecionados na consciência foi tratado mediante o uso do conceito de atenção, a qual tinha sido reduzida à clareza sensorial. Inicialmente, Titchener acreditava que havia dois graus de clareza mas um de seus discípulos em Cornell, L. R. Geissler (1909), verificou que os sujeitos podiam ser classificados de acordo com dez gradações diferentes, numa escala numérica. Wirth, em Leipzig, apresentou resultados semelhantes (ver Titchener, 1908).

Segundo Titchener, há três fases gerais da atenção: (1) atenção inata, primária e involuntária, em que os fatores inatos como a intensidade e a qualidade da experiência sensorial determinam a atenção, enquanto dura a disposição atenta involuntária ou talvez a novidade; (2) atenção secundária voluntária, quando passa a novidade — esta fase é difícil de superar, em termos da tentativa de manter a atenção num alto nível de clareza; e (3) atenção primária derivada, ou habitual, que é o objetivo último; a atenção é novamente involuntária, agora por causa da sua história de desenvolvimento aprendido, mais do que em virtude de fatores inatos, não-aprendidos.

Como fases, estas três condições deviam ser, obviamente, consideradas contínuas e não claramente separáveis. Um exemplo dessa continuidade das fases é o desenvolvimento de interesse na leitura de uma certa espécie de assuntos, como pode ser o caso de um texto de psicologia. Originalmente, a atenção obedece a fatores tais como a novidade e certas expectativas geradas por pressupostos respeitantes ao assunto. Contudo, com a progressão da leitura, podem se desenvolver fatores negativos ou inibitórios, em conseqüência do estudante se deparar com uma terminologia nova ou pouco conhecida, exposições difíceis etc. e também, talvez, como um resultado da frustração de algumas das expectativas. Aparecerá, então, a segunda fase e o estudante achará difícil, por exemplo, seguir com clareza as leituras que lhe foram ordenadas. A fixação, nesta fase da atenção, constitui um sério problema educacional e ajuda a explicar muitas dificuldades acadêmicas, assim como muitas queixas dos estudantes. Segundo Titchener, se esta fase puder ser superada, surgirá a terceira. Então, a familiaridade com o material será suficiente para manter um certo nível de atenção. Atingir-se esta fase de atenção involuntária derivada, numa grande variedade de assuntos, é um importante objetivo da educação.

CRÍTICAS AO ESTRUTURALISMO

Assim era o sistema chamado *estruturalismo*. Deu muitas contribuições positivas para a ciência da psicologia: emancipou-a da metafísica, proporcionou-lhe um cuidadoso método experimental e um núcleo em torno do qual organizar-se, e contribuiu com fatos experimentais. Entretanto, a sua maior contribuição para a psicologia talvez tenha sido as críticas que suscitou.

Introspecção

O mais severo ataque foi dirigido contra o próprio âmago do estruturalismo: o método introspectivo. Muitas dessas críticas foram reconhecidas como problemas por Wundt e Titchener, e ambos tomaram medidas para assegurar-se de que as críticas não manteriam sua validade. Os problemas seguintes foram considerados fundamentais.

Na realidade, a introspecção deve ser sempre retrospecção, visto que informar sobre um estado de consciência exige tempo. O esquecimento é rápido, sobretudo, imediatamente depois de se ter uma experiência, de modo que talvez se perca, inadvertidamente, algo da experiência. Também é possível que a necessidade de retrospecção leve a ornamentar a experiência ou a errar, especialmente se a pessoa que pratica a introspecção tiver algum interesse na teoria que possa ser afetado pelos resultados experimentais.

Esta objeção foi respondida, parcialmente, mediante o uso exclusivo de observadores bem treinados que trabalhavam em intervalos de tempo suficientemente curtos para reduzir o esquecimento; e, também em parte, mediante o postulado de uma *imagem mnésica primária,* uma espécie de eco mental que preserva a experiência até que o introspetor possa relatá-la. Se a informação for dada dentro dos limites dessa memória imediata, antes que mude a atenção consciente, então perder-se-á pouco que seja de valor.

Uma segunda dificuldade reconhecida pelos estruturalistas e críticos é que o ato de introspecção pode mudar drasticamente a experiência. O exemplo clássico é uma introspecção relativa à cólera; se for prestada atenção ao estado, ele tende a desintegrar-se rapidamente e pode chegar até a desaparecer por completo. Assim, a técnica de medição interfere com a experiência, como acontece com os eléctrons, no caso do físico. Uma situação bastante análoga diz respeito ao papel do antropólogo cultural que deseja observar em pormenor os hábitos e costumes de alguma outra cultura. A sua própria presença numa família serve para contaminar o comportamento dos indivíduos que ele observa. Os efeitos indesejáveis de uma tal intrusão podem ser reduzidos ao mínimo se o observador passar a viver na família e acabar sendo aceito; o comportamento dos seus sujeitos tornar-se-á progressivamente mais normal e a intrusão do cientista deixará de afetá-lo. Mas este processo, como o de adestrar-se para aceitar o ato de introspecção na família mental, só pode consumar-se mediante um prolongado e árduo esforço. No caso da família mental, o estado de coisas pode ser afetado pelo processo de adestramento. Wundt postulava uma independência da coisa observada que se daria com a experiência mas Titchener, ao que parece, não reivindicava uma posição tão firme; ele achava que, com a prática, o observador experimentado se tornava inconsciente do ato de observação.

Uma terceira dificuldade é que os psicólogos que confiavam na prática do método introspectivo em diferentes laboratórios não estavam obtendo resultados comparáveis; pelo contrário, os cientistas de um laboratório afirmavam coisas que contradiziam os resultados dos cientistas de outros lugares (Boring, 1953). Em nossa análise prévia, dissemos que, *em princípio,* não parece impossível concordar numa linguagem que descreva a experiência, tal como é observada por aquele que pratica a introspecção; entretanto, isso só seria possível por causa do controle sobre as causas exteriores da sensação. Parece ter sido *empiricamente* impossível criar uma linguagem introspectiva útil e com a qual todos estivessem de acordo. Titchener continuou sustentando que esse acordo poderia ser finalmente conseguido mas em vão; a maré das críticas continuou subindo sempre, até que o estruturalismo foi por ela tragado.

Um quarto argumento foi, talvez, o mais decisivo de todos. Registrava-se um interesse crescente por dados que pareciam pertencer, legitimamente, ao campo da psicologia mas que eram inacessíveis à introspecção. O próprio Titchener reconheceu os significados inconscientes. A Escola de Würzburg exercia pressão em favor da existência de pensamentos sem imagens como elementos; hoje, poderíamos dizer que o *status* do pensamento não era claro, que o pensamento parecia se desenvolver independentemente dos elementos que a análise introspectiva revelara até então. Os psicólogos animais estavam obtendo resultados interessantes sem usar, obviamente, a introspecção; os psicanalistas tinham claramente demonstrado a importância das influências *inconscientes* nos problemas de desajustamento. A crescente maré que estivera batendo contra a muralha da ortodoxia acabou por fazê-la desmoronar e a introspecção deixou de ser o único método psicológico aceito.

Outras Objeções

Houve outras críticas além das pertinentes ao método. Atacou-se a estreiteza da psicologia estrutural. Titchener manifestava uma notável tendência para a compartimentação e, aparentemente, nos casos de dúvida, preferia colocar uma área de investigação numa categoria não-psicológica, em vez de considerá-la uma nova província da psicologia. Não se tratava de uma exclusão definicional; o catálogo de psicologia, de Titchener, parecia incluir uma adequada lista de áreas. Era, sim, uma exclusão comportamental. Os interesses pessoais de Titchener não incluíam a psicologia animal e a psicologia infantil, nem ele encorajava os seus alunos a pesquisarem nessas áreas. Quando Watson começou publicando os seus estudos behavioristas, Titchener negou saber em que consistiam mas uma coisa tinha ele a certeza de saber: que *não* eram psicologia. Até a psicologia fisiológica, tal como hoje a concebemos, era um problema subsidiário a ser atacado mais tarde. Esta concepção dos limites da psicologia era demasiado estreita para suportar a pressão explosiva dos interesses empíricos manifestados por um grupo cada vez mais numeroso de psicólogos.

O estruturalismo foi castigado por seu artificialismo e sua ênfase na análise. Essas deficiências foram atacadas da maneira mais vigorosa e implacável pelos Gestaltistas, que deploravam a perda que era forçosamente engendrada, segundo eles, pela análise. Assinalavam a primazia do todo como todo, um todo que nunca poderia ser recuperado por qualquer síntese de elementos. Para eles, o método primário era a observação fenomenológica e não a introspecção analítica de Titchener.

Uma última crítica baseou-se na atitude pragmática americana, com sua ênfase na importância do comportamento manifesto. Que importância tinham ou que diferença faziam os elementos da experiência para iniciar a ação? Os funcionalistas talvez tenham sido os primeiros a formular esse tipo de interrogações. A partir de James, a questão era: "Qual é a função da consciência no ajustamento?" Os behavioristas foram mais radicais, assinalando o fato de que a lei da conservação da energia deve vigorar nos sistemas físicos e que, portanto, a consciência é irrelevante para prever e explicar o comportamento dos organismos, considerados como sistemas físicos. Estas questões são examinadas mais extensamente em nosso estudo do behaviorismo (Capítulo 7).

O DESTINO DO ESTRUTURALISMO

O estruturalismo, como qualquer outro sistema, foi sensível à crítica e aos resultados empíricos. Começou com um ponto de vista ambíguo sobre o seu objeto de estudo, a consciência, um ponto de vista que, pelo menos, não chegou a negar com suficiente veemência a possibilidade da consciência ser considerada um existente real. Isto levou a uma designação alternativa para a escola: existencialismo. A busca dos elementos da consciência levou, finalmente, à conclusão de que só existia um elemento estabelecido: a sensação. Na publicação póstuma de Titchener, *Systematic Psychology: Prolegomena* (1929), ele concluía que a psicologia introspectiva lidava exclusivamente com materiais sensoriais. O seu problema, por essa época, fora reformulado como um exame das dimensões da sensação.

Pode se dizer que, nessa reformulação do seu problema, a psicologia estrutural resolveu o seu problema original e, ao mesmo tempo, não chegou exatamente a parte alguma. Eliminara-se o problema da busca de elementos; parecia não haver leis de combinação de elementos a procurar, visto que só existia um elemento com que trabalhar. Este impasse lógico foi brilhantemente antecipado por James no Capítulo 9, em seus *Principles of Psychology* (1890, pág. 224):

> É espantoso o estrago causado na psicologia pela admissão inicial de suposições aparentemente inocentes que, não obstante, continham uma lacuna. As más conseqüências desenvolveram-se ulteriormente e são irremediáveis, tendo-se inscrito e impregnado toda a contextura do trabalho. A noção de que as sensações, sendo as coisas mais simples, são as primeiras coisas a ser assumidas na psicologia é uma dessas suposições. A única coisa que a psicologia tem o direito de postular no início é o fato do próprio pensamento; e é este que deve ser primeiramente tratado e analisado. Se as sensações provarem, então, estar entre os elementos do pensamento, não estaremos em pior situação no que lhes diz respeito do que se as tivéssemos tomado como elementos axiomáticos desde o começo.

O tempo estava se esgotando para a psicologia estrutural, assim como estava se esgotando para Titchener. Ele tinha se retirado da psicologia com o decorrer dos anos. O seu primeiro rompante de produtividade, nos Estados Unidos, produziu cerca de nove estudos por ano durante sete anos mas declinou depois. Retirou-se cedo da Associação Psicológica Americana e fundou o seu próprio grupo. As suas relações com os outros psicólogos eram algo confusas. Houve um período feroz em suas relações com Thorndike, depois de ter estraçalhado o livro deste (Joncich, 1968). Paradoxalmente, era um admirador de Watson, embora Watson e Thorndike não parecessem diferir significativamente em atrevimento ou iconoclastia. Além disso, foi a tremendamente bem sucedida promulgação da doutrina behaviorista por Watson que serviu para atrair um número cada vez maior de psicólogos e, por conseguinte, para precipitar a morte do estruturalismo. Talvez as batalhas fossem demais e o velho guerreiro afastou-se gradualmente, até dos seus mais fiéis discípulos, abandonando finalmente o campo para se dedicar ao seu passatempo predileto, a numismática.

O livro de E. G. Boring, *The Physical Dimensions of Consciousness* (As Dimensões Físicas da Consciência) (1933), foi, com efeito, o estertor do estruturalismo. Como discípulo destacado de Titchener e, em certos aspectos, o seu sucessor mais provável, Boring, em 1933, estava principalmente interessado, na realidade, em correlacionar os processos conscientes e fisiológicos; era esse o terceiro problema de Titchener. Boring parecia estar tentando salvar ainda o que pudesse da posição sistemática estruturalista (1933, pág. vii):

> A doutrina das dimensões conscientes que, segundo creio sem provas, é o modo de Titchener enfrentar, essencialmente, o desafio da psicologia da Gestalt e dos anti-atomistas, parece-me ser muito importante e a abordagem correta para uma descrição adequada da mente. Contudo, não estou disposto a enfatizar tanto a doutrina quanto alguns de seus amigos porque

creio que as categorias de descrição, quer se trate das dimensões psicológicas de qualidade e intensidade ou das dimensões físicas de espaço, massa e tempo, são cientificamente arbitrárias e temporárias, questões de conveniência ou economia de descrição. Não se procura descobrir elementos, atributos ou dimensões conscientes; fazemo-los e usamo-los de acordo com as exigências fenomenológicas.

Neste ponto, Boring estava tentando casar o estruturalismo com a crescente sofisticação científica e lógica que dominava a sua época. Ele reconheceu a arbitrariedade dos conceitos científicos e a importância de uma convenção verbal, mesmo na comunicação dos resultados introspectivos. Entretanto, a influência de Titchener ainda era forte e Boring batia-se por salvar a consciência como objeto adequado de investigação científica.

Quatro anos depois, ele parecia ter renunciado à luta. Examinou a definição de consciência e o papel da experiência privada. Concluiu que esta só podia ser cientificamente útil quando se tornasse pública; portanto, estava fora da ciência. Depois de chegar a "uma conscientização" como o mais aproximado de uma definição de consciência, ele teve isto a dizer a respeito da palavra (1937, pág. 458):

Penso que os pensadores rigorosos e "duros" quererão abandonar definitivamente o termo *consciência*. Dificilmente uma psicologia científica ainda estará disposta a dar importância a um evento fisiológico tão mal definido quanto uma conscientização de uma conscientização. Este conceito nunca teria se destacado se as pessoas não tentassem interpretar outras em função de suas próprias mentes "particulares" — essa egocêntrica distorção copernicana que leva, justamente, a um desolado solipsismo.

Assim, Boring forneceu primeiro a pedra angular e depois a pedra tumular do estruturalismo. Hoje, o estruturalismo está morto. As suas contribuições positivas foram absorvidas de novo no corpo de sua ciência-mãe. Outros fragmentos ainda se manifestam no campo da psicologia mas são poucos e insignificantes. Morreu de estreito dogmatismo, uma doença a que nenhuma escola de psicologia pode sobreviver por muito tempo. Ao estruturalismo faltava o apoio da aplicação prática e de ligações com outras áreas da psicologia; a sua morte foi lamentada por muito pouca gente.

Os comentários acima sobre o destino do sistema estrutural não devem ser interpretados no sentido de que todo o uso da introspecção como instrumento metodológico também pertença ao passado. Não é assim. Se entendermos por introspecção o uso da experiência e dos relatos verbais baseados nessa experiência, então a "introspecção" é, simplesmente, coextensiva com a ciência e, presumivelmente, será sempre utilizada. Contudo, o tipo de introspecção usado não é o do gênero estruturalista e as informações são feitas mais na linguagem do comportamento do que na linguagem dos estruturalistas. As várias formas contemporâneas de introspecção foram resumidas por Boring (1953).

Entrementes, a tradição fenomenológica, que forneceu parte da matriz donde o estruturalismo brotou, negando a sua origem à medida que se desenvolveu, continua viva. Husserl tinha postulado o potencial do indivíduo para apreender a "essência" ou o "núcleo central" da realidade, que ele pensava residir na consciência. Sartre desenvolveu as idéias de Husserl sobre as essências e concluiu que os fenômenos não são aparências de objetos mas, outrossim, os seres que os objetos deixam ao aparecer na consciência. Ele considera a consciência o oposto de objetividade (ver Lauer, 1965, e comparar o seu ponto de vista com a concepção titcheneriana de consciência). Rollo May está entre os psicólogos recentes que tentaram vincular as idéias fenomenológicas e psicológicas. Escreveu ele (1966, pág. 75):

> A nossa ciência deve ser pertinente às características distintivas do que desejamos estudar, neste caso, o ser humano. Não negamos a existência de dinamismos e forças; isso seria absurdo. Mas sustentamos que só têm significado no contexto do ser vivo, existente.

É claro que a concepção moderna da fenomenologia e da psicologia homônima da de Titchener e de Wundt, o existencialismo, é realmente antitética das concepções de ambos. Existe uma semelhança superficial, a crença de que a consciência é decisiva. A fenomenologia e o existencialismo não parecem suscetíveis às atuais e explosivas mudanças tecnológicas que diariamente produzem alterações nos métodos de investigação científica. Por conseguinte, a fenomenologia como sistema de pensamento poderá durar tanto quanto o próprio pensamento.

DESCRIÇÕES DIMENSIONAIS DO ESTRUTURALISMO

O estruturalismo, tal como o associacionismo, está perto do pólo restritivo e ocupa uma posição elevada no tocante à orientação analítica e estrutural. Apesar das suas tendências analíticas e quantitativas, não pode ser julgada em posição destacada, quanto à objetividade. Todos concordarão em que a ciência da "mente humana generalizada" era transpessoal em sua orientação e propensa a enfatizar os fatores exógenos. Também deve ser considerada estática mas isto é um juízo imposto de fora; vimos que Wundt e Titchener tentaram encarar a consciência como um processo.

Uma vez mais, os estudantes são aconselhados a classificar o estruturalismo independentemente, na base das dezoito dimensões de Watson, e a selecionar as três dimensões mais substancialmente enfatizadas no sistema. Uma comparação das distâncias em quadras citadinas, com base nos valores dos autores (Quadro 3-2), informará o estudante sobre a sua compreensão do ponto de vista estruturalista.

Os autores e os estudantes estavam em certa discordância quanto aos valores atribuídos nas dimensões de objetivismo metodológico-subjetivismo metodológico, nomoteticismo-idiografismo e estaticismo-desenvolvimentismo (Quadro 3-2). Os autores justificaram o seu valor extremo na primeira das dimensões acima pelo fato de que a introspecção seria, por suposição, o protótipo do subjetivismo. Os autores argumentariam que a ênfase estruturalista sobre a mente humana "generalizada" faz do estruturalismo uma das escolas mais claramente nomotéticas. Finalmente, os seus críticos enfatizaram, pelo menos, o seu caráter estático. Os estudantes parecem não ter se desviado muito dos valores médios nessas dimensões.

Tal como foram ajuizadas pelos 23 estudantes finalistas, as características dimensionais mais fortemente acentuadas pelo estruturalismo foram o mentalismo, o primado da estrutura e o empirismo. (O precedente é uma expressão resumida que combina a identificação da dimensão com a identificação da posição atribuída na dimensão.)

RESUMO E CONCLUSÕES

O estruturalismo foi proclamado em 1898 por E. B. Titchener como *a* psicologia. Os seus problemas consistiram na descoberta de elementos conscientes, seu modo e leis de combinação e suas relações com o sistema nervoso. O seu método era a introspecção, concebida por Wundt como o estudo da experiência imediata e por Titchener como o estudo da experiência na dependência de um organismo experimentante. Tanto Titchener como seu mestre, Wundt, enfatizaram a indispensabilidade do método experimental para a psicologia. A escola estrutural conseguiu ganhar o reconhecimento acadêmico para a psicologia como ciência independente. Titchener tentou libertar a psicologia, como método, da metafísica e, em geral, estabeleceu-a como ciência empírica, embora o estruturalismo, como escola, não se emancipasse completamente de alguns problemas que hoje seriam considerados metafísicos.

O estruturalismo foi criticado pela sua metodologia e sua limitação, em geral. As críticas prevaleceram e a psicologia moderna tende a aceitar unicamente a atitude científica básica do estruturalismo e os resultados empíricos que foram obtidos de tal modo que se tornaram independentes dos preconceitos sistemáticos. Várias formas de introspecção ainda são utilizadas hoje mas as formulações sistemáticas do estruturalismo têm apenas interesse histórico.

Leituras Recomendadas

Os *Principles of Physiological Psychology* (1964), de Wundt, fornecem um bom quadro da posição sistemática estruturalista, em geral, como o estudante já terá percebido pelas citações do presente capítulo. Esse livro, suplementado pelos "Postulates of a Structural Psychology" (1898), de Titchener, e "History of Introspection" (1953), de Boring, é adequado para dar uma excelente compreensão do teor da psicologia estruturalista no começo do século atual. O estudante poderá também consultar os números do *American Journal of Psychology* editados antes da morte de Titchener, em 1927. Esses números permitem um vislumbre claro das implicações experimentais cotidianas da metateoria estruturalista que hoje seria impossível obter por outro meio. O *Text-book of Psychology* (1910), de Titchener; *Physical Dimensions of Consciousness* (1933), de Boring; o breve artigo de Boring, mas de extenso título, "A Psychological Function Is the Relation of Successive Differentiations of Events in the Organism" (1937), completarão o quadro, mostrando como o estruturalismo se desenvolveu e por que desapareceu. *Great Psychologists from Aristotle to Freud* (1968), de R. I. Watson, é de conveniente consulta em relação a todos os sistemas tratados neste livro. Watson está, no plano intelectual, duplamente distanciado de Titchener (ele dedicou o seu livro a E. G. Boring) e mantém essa tradição mas de uma forma bastante legível. Tal como Wundt, promove revisões numa cadência vertiginosa. A sua terceira edição, uma brochura muito acessível, seguiu-se à segunda em menos de três anos (Watson, 1971).

QUADRO 6-1. Importantes Personalidades da Psicologia Funcional Americana

Influências Britânicas Antecedentes	*Funcionalistas Americanos*		
	Pioneiros	*Fundadores*	*Promotores*
Diferenças individuais, testes mentais, estatística			
Sir Francis Galton (1822-1911)	George T. Ladd Yale (1842-1921)	John Dewey Chicago (1859-1952) Colúmbia	Robert S. Woodworth Colúmbia (1869-1962)
	Edward W. (1864-1945) Scripture Yale		
	James McKeen Cattell Colúmbia (1860-1944)		
	G. Stanley Hall Clark (1844-1924)		
Teoria evolucionária			
Charles Darwin (1809-1882)	James Mark Baldwin Princeton (1861-1934)		
	William James Harvard (1842-1910)	James R. Angell Chicago (1869-1949)	Harvey Carr Chicago (1873-1954)
Comportamento Animal			
George John Romanes (1848-1894)	Edward L. Thorndike Colúmbia (1874-1949)		
C. Lloyd Morgan (1852-1936)			

6. FUNCIONALISMO

O funcionalismo foi o primeiro sistema de psicologia genuinamente americano. O seu desenvolvimento nos Estados Unidos começou com William James, que ainda é considerado, ao que nos parece, o maior psicólogo americano (Becker, 1959) e levou diretamente ao behaviorismo watsoniano. A força original do funcionalismo derivou, em parte, da sua oposição ao estruturalismo, tal como, subseqüentemente, a força do behaviorismo derivaria de sua oposição ao estruturalismo e ao funcionalismo menos extremo.

O funcionalismo nunca foi uma posição sistemática altamente diferenciada. De fato, segundo Woodworth (1948), "dá-se o nome de *psicologia funcional* a uma psicologia que procura dar uma resposta exata e sistemática às interrogações 'O que fazem os homens?' e 'Por que o fazem?' " (pág. 13). Nos termos de uma tão débil especificação, o funcionalismo não poderia morrer enquanto os nossos hábitos lingüísticos de perguntar "o que", "como" e "por que" não fossem substituídos por outros. Mas, provavelmente, isso é uma especificação inadequada do funcionalismo. Embora a sua definição deva permanecer tão vaga quanto o sistema, podemos acrescentar, pelo menos, que um funcionalista está caracteristicamente interessado na função do comportamento e da consciência do organismo, na sua adaptação ao meio. Também é provável que o funcionalista se interesse com as relações funcionais ou de *dependência* entre antecedentes e conseqüentes; neste caso, função é usada em seu sentido matemático. A psicologia americana, influenciada pela teoria da evolução e por um espírito prático, preocupou-se com a utilidade da consciência e do comportamento. Por isso a sua tendência foi funcional.

O Quadro 6-1 (página anterior) mostra que três grupos de psicólogos contribuíram para o desenvolvimento do funcionalismo. Os *pioneiros* são os primeiros psicólogos que lançaram os alicerces para o desenvolvimento ulterior do funcionalismo, inaugurando uma grande variedade de novos campos de inquérito, como o comportamento infantil e animal. Os *fundadores,* John Dewey e James Angell, estabeleceram o funcionalismo como sistema. E os *promotores,* Harvey Carr e Robert S. Woodworth, foram responsáveis pelo amadurecimento e maior elaboração do sistema.

Três influências primordiais antecedentes, todas de origem britânica, são também assinaladas à esquerda do Quadro 6-1. Charles Darwin (1872) empenhou-se no estudo do comportamento animal, assim como no desenvolvimento da moderna teoria de evolução orgânica. Galton foi influenciado pela teoria evolucionária e iniciou o estudo científico da capacidade humana. Romanes e Morgan deram um impulso adicional ao estudo do comportamento animal. James, Hall e Baldwin foram diretamente influenciados pela teoria evolucionária, e Hall interessou-se também pelos testes e diferenças individuais. Carr estava mais interessado nos estudos animais do que o seu predecessor mais direto, Angell. Baldwin, Ladd e Scripture são incluídos porque participaram nos preparativos para o desenvolvimento da psicologia funcional; não são considerados suficientemente importantes para os princípios básicos do funcionalismo e por isso não requerem um tratamento especial no texto. No começo da sua carreira, E. L. Thorndike manifestava um acentuado interesse pela pesquisa animal e esteve intimamente relacionado com James e Cattell. O seu conexionismo poderia ser incluído neste capítulo como um tipo especial de funcionalismo e não no Capítulo 4, dedicado ao associacionismo.

O Quadro 6-1 excluiu dois homens que, embora originalmente treinados por funcionalistas, estiveram depois implicados no desenvolvimento de outras escolas. John B. Watson formou-se no funcionalismo e depois tornou-se behaviorista; graduou-se com Angell. Bergmann (1956) chegou a considerar Watson o último e o maior de todos os funcionalistas. Walter S. Hunter é um outro produto da escola de Chicago, embora a sua inclinação fosse também para considerar-se behaviorista. Não obstante, o seu desenvolvimento e direção de um laboratório pequeno mas muito ativo e produtivo na Universidade de Brown justifica, pelo menos, que o mencionemos nesta panorâmica geral. As pesquisas realizadas durante muitos anos na Brown tiveram um forte sabor funcionalista e certamente poderiam ser comparadas com as produzidas nas universidades de Colúmbia e Chicago quanto à sua excelência geral, se não em quantidade e âmbito.

Como os seus próprios líderes assinalaram, nunca houve uma só psicologia funcional, na mesma acepção em que existia um só estruturalismo. Houve, tão-somente, muitas psicologias funcionais, cada uma delas um pouco diferente das demais. Hoje, nem essas existem; o funcionalismo, como *escola,* desapareceu quando Carr se retirou de Chicago, numa época em que parecia haver pouca necessidade de ênfase sistemática. Se o funcionalismo for considerado, simplesmente, um sistema oposto ao existencialismo (estruturalismo), então morreu com o existencialismo. Se o considerarmos uma metodologia, independentemente de seu objeto de estudo, então foi suplantado pelo behaviorismo, mais vigoroso, mais extremo e audacioso. Mas o funcionalismo concebido como um conjunto fundamental de valores e procedimentos que enfatizam os atos adaptativos e as relações funcionais empiricamente demonstradas, conserva uma forte influência na psicologia e ainda hoje representa uma grande parte da corrente principal da psicologia americana.

ANTECEDENTES DO FUNCIONALISMO

Charles Darwin (1809-1882) gerou uma das maiores controvérsias na história intelectual da humanidade, uma cujos ecos ainda não se extinguiram completamente neste ano do Senhor em que vivemos. O Senhor, é claro, teve muito a ver com a controvérsia, porquanto a teoria da evolução abalou os próprios alicerces da religião.

Ironicamente, Darwin era um cientista tão prudente, para não lhe chamarmos um recluso tímido e ensimesmado, que talvez nunca tivesse divulgado seus trabalhos e iniciado a controvérsia se Alfred Russell Wallace (1823-1913) não lhe enviasse um relatório que, em linhas gerais, traçava exatamente a mesma teoria da evolução em que Darwin estivera trabalhando durante vinte anos. Como escreveu Irvine (1963, págs. 98-99):

> A carta seguinte de Wallace, contendo o famoso estudo sobre a evolução e a seleção natural, atingiu-o como uma bomba. Numa única semana, enquanto ele jazia doente com malária nas selvas da península da Malásia, Wallace tinha saltado da sua anterior posição para as mais avançadas conclusões de Darwin. Aquilo sobre que Darwin se interrogara, se preocupara e de que fora um escravo perplexo, trabalhando arduamente, com infinita angústia e dor, durante duas décadas a fio, Wallace investigara e explicara — muito menos elaboradamente, é certo, mas para chegar, precisamente, aos mesmos resultados — em cerca de três anos. As idéias familiares, não pôde o velhote deixar de notar, eram transmitidas com uma força e clareza não-darwiniana.

Caracteristicamente, Darwin foi incapaz de resolver o dilema apresentado pelo recebimento do estudo de Wallace. Dois amigos seus, Lyell e Hooker, resolveram-no por ele, fazendo a leitura do relatório de Wallace e de um esboço das idéias de Darwin durante a mesma reunião da Royal Society. É para crédito dos dois homens que permaneceram amigos a vida inteira, saindo o seu respeito mútuo sem uma beliscadura de uma situação que poderia ter se tornado extremamente acrimoniosa.

Darwin não pôde reagir pessoalmente ao furor que se levantou em torno desse estudo e que atingiria o auge com a publicação, em 1859, de *A Origem das Espécies.* O peso da batalha recaiu em cheio sobre os ombros de Thomas Henry Huxley (1825-1895), brilhante e arrebatado amigo de Darwin e seu colega biologista. Que Huxley acabou ganhando a batalha em favor da evolução (pelo menos, dentro da comunidade científica) faz hoje parte da História. Darwin, quando se sentia desagradavelmente ameaçado, achou sempre necessário retirar-se para uma estância de águas termais, a fim de cuidar de sua combalida saúde.

Apesar de suas excentricidades, esse gigante científico inglês foi um dos mais importantes antecedentes do funcionalismo. Darwin foi um penetrante observador tanto do comportamento como da morfologia animais. A sua teoria estabeleceu uma continuidade entre o homem e o animal que era necessária para justificar o extenso estudo da psicologia animal. Finalmente, a ênfase evolucionária na adaptação ao meio foi diretamente importada como uma "explicação" do comportamento através do instinto e, talvez indiretamente, como o princípio de reforço.

Sir Francis Galton (1822-1911) foi inspirado por seu primo, Darwin, para estudar o problema da hereditariedade nos seres humanos. O seu desejo aristocrático era controlar a hereditariedade mas, primeiro, teria que demonstrar a sua eficácia como um agente de mudança. Essa necessidade levou-o a estudar a hereditariedade da inteligência humana, em que, segundo parece, o próprio Galton era pródigo (o seu QI foi calculado em 200; ver Boring, 1950, pág. 461). Seu livro *Hereditary Genius* contém estudos de diferenças individuais de inteligência e abriu o caminho para os testes mentais; este campo fez muito para justificar a existência da nossa jovem ciência durante os seus anos de infância.

Romanes (1848-1894) e Morgan (1852-1936) são importantes para a psicologia por causa de seus trabalhos no campo do comportamento animal. Cada um deles representou uma atitude quanto à relação entre o homem e os animais inferiores. Darwin foi atacado pelos teólogos em virtude da convicção destes de que ele estava colocando o homem ao nível dos animais; eles admitiam a ancestralidade simiana somente com a maior e mais enfatuada das resistências. Entretanto, de um ponto de vista contemporâneo, parece que tanto Darwin como Romanes foram extremamente generosos na outra direção. Cada um deles estava desconcertadamente dispostos a atribuir faculdades humanas aos animais. Morgan não manifestaria o mesmo entusiasmo infantil deles e exigia provas rigorosas antes de conferir ao homem ou ao animal uma faculdade filética "superior", na base de um determinado desempenho. Assim, Romanes e Morgan definiram uma polaridade que ainda é visível mas ambos deram apoio ao estudo dos animais.

Herbert Spencer (1820-1903) seria caracterizado até num catálogo de gênios excêntricos. Ele antecipou-se a Darwin com uma teoria da evolução que teve o azar de ser lamarckiana e, por conseguinte, não teve influência por muito tempo. Também infelizmente, Spencer não foi muito dado a basear as suas concepções numa pesquisa aturada dos fatos. Segundo Irvine (1963, págs. 287-288):

> Nenhum pensador moderno leu tão pouco para escrever tanto. Preparou-se para a sua *Psychology* consultando, principalmente, os *Prolegomena Logicae*, de Mansel; e para a sua *Biology* folheando os *Principles of Comparative Physiology*, de Carpenter. Produziu um tratado sobre sociologia sem ler Comte e um tratado sobre ética sem que, ao que parece, tivesse lido ninguém... Tinha descoberto que as suas "sensações da cabeça", com suas concomitantes ramificações, eram devidas a uma circulação deteriorada do sangue para a cabeça... portanto... alguns dos capítulos mais abstratos da *Psychology* foram ditados... durante os intervalos de uma partida de tênis nos arredores de Londres. A sua vida racional não se tornara menos excêntrica com o passar dos anos.

Apesar das suas excentricidades (de que a transcrição acima é uma pequeníssima amostra), Spencer produziu a primeira psicologia evolucionária completa. Além disso, não hesitou, como Darwin hesitara, em formular amplas caracterizações e traçar analogias com a sociedade (Spencer, 1961). Assim, a sua influência foi acentuada no pensamento social, na sociologia e na psicologia social (Cf. Hofstadter, 1955). Spencer viu claramente que as espécies de mudanças que ocorrem através da aprendizagem, na vida do indivíduo, podem ocorrer na vida das espécies, através da seleção. Infelizmente, as suas tendências impacientes manifestaram-se de novo em sua decisão de transmitir rapidamente os comportamentos aprendidos através de uma herança lamarckiana de características adquiridas. Se ele se tivesse mostrado mais disposto a esperar por uma outra espécie de seleção, poderia ter sido considerado um psicólogo de extraordinária envergadura, em vez de ser apenas um entre tantos antecedentes da psicologia. De qualquer modo, a idéia de referir as mudanças evolucionárias e as mudanças com a aprendizagem a um quadro de referência comum foi da maior importância (ver Fisher, 1966, para um tratamento mais detalhado). Podemos esperar que a psicologia e a biologia modernas acabem por estabelecer essa relação em muito maior detalhe, quiçá envolvendo no processo de aprendizagem materiais genéticos como o DNA.

A PSICOLOGIA DE JAMES

William James (1842-1910) foi o mais destacado antecedente americano do funcionalismo, se não quisermos considerá-lo o seu fundador. A sua obra em dois volumes, *The Principles of Psychology* (1890), foi virtualmente um clássico mesmo antes de estar publicada, visto que o livro tinha aparecido em revistas, de forma periódica, à medida que os capítulos eram completados. Watson (1968) encontra-

-se entre os que têm assinalado que o livro ainda é lido por pessoas que não têm necessidade alguma de fazê-lo... um extraordinário tributo para qualquer compêndio! Uma parte da razão de sua popularidade é a personalidade afável mas entusiástica de James, que o levou a acreditar que "... o último livro que lia era sempre uma grande obra e a última pessoa que via era um homem maravilhoso" (Joncich, 1968, pág. 434). Uma tal personalidade não levou James a ser um grande experimentalista. A sua contribuição para o crescimento e desenvolvimento da psicologia deu-se através da sua imensa capacidade para sintetizar princípios psicológicos sugeridos pelos experimentos de outros, para fazer conjeturas intuitivas onde faltava o conhecimento e para apresentar os resultados numa forma verbal incrivelmente atraente.

Cronologicamente, James situa-se entre Wundt (que era dez anos mais velho) e Titchener (vinte e cinco anos mais moço). Como já foi assinalado (Heidbreder, 1933), James antecede e sucede a Titchener — no sentido de que as suas idéias possuem raízes metafísicas muito mais antigas e, ao mesmo tempo, perderam tão pouco de seu frescor que James ainda é não só legível mas também surpreendentemente moderno, se bem que forçosamente ultrapassado em muitos detalhes. Ele tinha um talento incomum para ser prático, de leitura fácil, interessante e popular — ao mesmo tempo que impunha respeito científico. Os seus escritos não foram, de maneira alguma, simples divulgação; pelo contrário, estão repletos de pensamentos e interpretações originais.

James pertencia a uma família muito conhecida da Nova Inglaterra. Seu irmão, Henry James, foi um eminente romancista. William James começou estudando medicina mas teve de interromper a carreira por uma crise de saúde. Por essa época, segundo parece, experimentou alguns sérios conflitos entre suas crenças religiosas e suas convicções científicas. Contudo, retornou aos estudos médicos e doutorou-se em Harvard. Mais tarde, lecionou Anatomia nessa universidade.

Foi enquanto lecionava Anatomia que James começou a realizar experimentos psicológicos não-formais, embora não tivesse um laboratório. Essa incursão pela psicologia ocorreu por volta de 1875, alguns anos antes da fundação formal do laboratório de Wundt em Leipzig. Pouco depois, James começou escrevendo os *Principles*, nos quais trabalhou durante cerca de doze anos, antes da sua publicação.

Como resultado dessa transição de interesses da anatomia e da fisiologia para a psicologia, o título de James mudou primeiro para professor de Filosofia e, depois, para professor de Psicologia (1889). Entretanto, quase em seguida, começaram predominando as questões estritamente filosóficas e o resto de sua carreira foi dedicado à Filosofia. O reconhecimento da sua inclinação basicamente mais filosófica do que científica ocorreu, ao que parece, desde muito cedo para James; em 1865, enquanto estava no Brasil, numa expedição científica com o naturalista Agassiz. James teria expressado tais sentimentos numa carta para a família (citada em Kallen, 1925): "Se existe alguma coisa que eu detesto, é colecionar. Não creio que se ajuste, em absoluto, às minhas disposições naturais" (pág. 22).

James Como Crítico

James rebelou-se contra o que considerava a estreiteza, artificialismo e ausência de propósito da tradição alemã, ou wundtiana, em psicologia, exemplificada por Titchener e a escola de Cornell. James foi um fator sumamente importante entre os que levaram ao protesto mais geral que os funcionalistas formulariam mais tarde. É melhor deixar falar James por si mesmo, como nas duas citações seguintes dos *Principles,* para demonstrar o vigor da sua crítica, assim como a fluência e o caráter persuasivo do seu estilo literário. De Fechner, por exemplo, disse (1890, I, pág. 549):

> Mas seria terrível se mesmo um ancião tão estimado quanto ele pudesse sobrecarregar para sempre a nossa ciência com suas pacientes extravagâncias e, num mundo tão cheio de mais nutritivos objetos de atenção, compelisse todos os estudiosos futuros a abrirem caminho, custosamente, não só através de suas próprias obras mas das outras, ainda mais áridas, que foram escritas para refutá-lo.

E, falando mais genericamente da subseqüente psicologia wundtiana (1890, I, págs. 192 e segs.):

> No espaço de alguns anos, surgiu na Alemanha o que poderemos chamar uma psicologia microscópica, levada a efeito por métodos experimentais, que exige a todo o instante dados introspectivos mas elimina a incerteza destes ao operar numa grande escala e extrair médias estatísticas. Este método exige o máximo de paciência e dificilmente poderia ter surgido num país cujos nativos possam ficar *entediados.* É claro que alemães como Weber, Fechner, Vierordt e Wundt não podem; e o êxito deles trouxe para o nosso campo uma multidão de psicólogos experimentais mais jovens, debruçados sobre o estudo dos *elementos* da vida mental, a decomposição dos resultados brutos em que estão encerrados e a redução, tanto quanto possível, a escalas quantitativas. Tendo o método simples e aberto de ataque feito o que podia, tenta-se agora o método da paciência, procurando ocupar a praça pela fome e cansaço; a Mente deve suportar um *cerco* regular, em que as vantagens minúsculas conseguidas dia e noite pelas forças sitiantes devem somar-se até conseguir, finalmente, a rendição. Há pouca grandiosidade no estilo desses novos filósofos do prisma, do pêndulo e do cronógrafo. Interessam-lhes os negócios, não os feitos de cavalaria. O que não fizeram os generosos augúrios e aquela superioridade de virtude que, como

ensinou Cícero, dá a um homem a melhor e mais profunda percepção da natureza, conseguirão algum dia, sem dúvida, seu constante espiar e espiolhar, sua implacável tenacidade e sua astúcia quase diabólica.

O Programa Positivo

Seria errôneo supor que James foi meramente um crítico perspicaz do elementarismo e do introspecionismo wundtiano. Pelo contrário, ele tinha um extenso programa positivo para a psicologia. Se bem que, pessoalmente, preferisse não experimentar, reconhecia o valor e a necessidade do método experimental, tanto para a psicologia como para as disciplinas mais antigas. Entretanto, falando em termos mais amplos, a tônica do seu programa foi a acentuação dada ao *pragmatismo,* o qual implica que a validação de qualquer conhecimento deve ser em função das suas conseqüências, valores ou utilidade. Segundo James, o conhecimento útil para a psicologia proviria do estudo tanto do comportamento como da consciência, tanto das diferenças individuais como dos princípios generalizados, tanto da emoção e dos impulsos irracionais como das aptidões intelectuais.

Subjacente em todo esse tipo de estudo estava a pressuposição geral de que a psicologia deve estudar *funções* — de que a psicologia é uma parte da ciência biológica e o homem deve ser estudado em seu ajustamento e reajustamento ao meio. De acordo com a nova e influente teoria evolucionária, James achava que o comportamento do homem e, em especial, a sua mente, deve ter alguma função para que a sua sobrevivência se justifique. Os efeitos da formação médica de James também são evidentes em seus escritos, como ao acentuar a importância das *condições* mentais e o comportamento; para ele, "condições" significava o sistema nervoso. James manteve um interesse ativo, pelo menos em nível literário, pela teorização neurofisiológica. A sua mais famosa contribuição original — a sua teoria da emoção — é um belo exemplo ilustrativo dessa tendência, porquanto James faz da retroalimentação sensorial, proveniente das ações corporais, o ponto focal do processo emocional.

James Sobre Consciência

A amplitude das concepções de James sobre a consciência, em contraste com as de Titchener, é especialmente instrutiva como uma chave para a diferença entre as abordagens estrutural e funcional da psicologia. Em primeiro lugar, James sublinhou as *características* da consciência, as quais são unicamente estudadas pela psicologia: é *pessoal,* individualista — pertence a uma única pessoa; é *permanentemente mutável* — é essencialmente um processo e deve ser estudada primordialmente como tal (a sua famosa frase "corrente de consciência" foi cunhada para expressar essa propriedade); é *sensivelmente contínua* — apesar de hiatos, a identidade individual é sempre mantida; é *seletiva* — ela escolhe, proporcionando a atenção, a pertinência e continuidade da escolha; e ocorre tanto de uma forma *transitiva* como *substantiva.*

Este último ponto, a dicotomia entre o conteúdo claro e os chamados estados limítrofes da consciência, é uma das ênfases mais dignas de nota nas concepções de James. Este sustentou que os processos conscientes transitivos são menos facilmente notados mas são muito importantes e não lhes tem sido dado suficiente crédito ou estudo. James pensava que todas as idéias entram na consciência como transitivas, marginais quanto à atenção e freqüentemente fugidias, podendo ou não passar à forma substantiva, em que a idéia tem mais estabilidade, mais "substância". Em todo o caso, as idéias transitivas ou limítrofes (como as de estranheza, falta de familiaridade, relacionamento etc.) explicam muitos significados e comportamentos.

Em segundo lugar, James enfatizou a *finalidade* da consciência. Neste caso, como sugerimos acima, ele foi muito influenciado pela nova teoria evolucionária e achava que a consciência deve ter alguma utilidade biológica, caso contrário não teria sobrevivido. A sua função é fazer do homem um animal melhor adaptado — torná-lo apto a escolher. A escolha consciente deve ser posta em contraste com o hábito, que se torna involuntário e inconsciente. A tendência da consciência é para envolver-se sempre que existe um *novo* problema, sempre que se necessita de um novo ajustamento. O seu valor de sobrevivência, como James raciocinou, tem que estar relacionado com o sistema nervoso (1890): "A distribuição da consciência mostra-nos que esta é exatamente como poderia esperar-se de um órgão adicionado com o propósito de orientar um sistema nervoso que se tornou demasiado complexo para regular-se a si próprio" (pág. 144).

Em terceiro lugar, James pensava que a psicologia tinha de estudar as condições da consciência. Em contraste com Titchener, com o seu paralelismo psicofísico, James achava que a consciência não podia ser considerada distinta do corpo. Nos *Principles,* James examinou em pormenor as soluções do seu tempo para a questão mente-corpo e concluiu que tinha de rejeitar todas elas. Mais tarde, sendo ele próprio um filósofo consumado, desenvolveu mais completamente uma posição própria sobre o problema mente-corpo (James, 1909).

Um fruto das suas especulações neurofisiológicas foi a noção de ação ideomotora. James achava que o sistema nervoso funciona de tal maneira que os processos sensoriais tendem a expressar-se nos processos motores, a menos que alguma coisa os iniba; assim, é lícito esperar que qualquer idéia, salvo se inibida por outras idéias, leve mais ou menos diretamente à ação. O próprio exemplo dado por James sobre o valor dessa hipótese foi que, se uma pessoa tem dificuldade em levantar-se da cama pela manhã, tem simplesmente que manter em sua mente a idéia de levantar-se e eliminar todas as idéias conflitantes. Segundo a hipótese, a pessoa não tardará em encontrar-se de pé.

James parece ter experimentado a usual repugnância do autor de compêndios pelo seu produto, dizendo, quando terminou de escrever, que o seu livro apenas demonstrava "não existir coisa alguma a que se possa dar o nome de ciência da psicologia" e que a psicologia ainda se encontra "num estado pré-científico" (Boring, 1950, pág. 511). Entretanto, ainda hoje James parece, por vezes, revestir-se de uma incrível modernidade. Herrnstein e Boring (1965, págs. 483-495) apresentam uma seleção de James em que o vemos refutar brilhantemente os argumentos que seriam produzidos por John B. Watson cerca de vinte e cinco anos depois como alicerces de uma psicologia behaviorista. Isso demonstra que tais questões já andavam no ar em 1890 mas também mostra James em seu usual nível elevado de incisão, reconhecendo e expondo cirurgicamente as questões metodológicas mais decisivas. Voltaremos a encontrar as mesmas características quando tratarmos dos antecedentes da psicologia da Gestalt!

FUNCIONALISTAS PIONEIROS AMERICANOS

G. Stanley Hall

Granville Stanley Hall (1844-1924) teve uma das mais surpreendentemente variadas carreiras de qualquer psicólogo profissional. Hall fazia as coisas em impulsos de grande interesse, deixando para outros a tarefa de preencher os detalhes. Ele é importante, num sentido sistemático, porque abriu novos campos e novas atividades, em sua maioria de uma natureza utilitária ou funcional. Embora não contribuísse formalmente para o estabelecimento do funcionalismo, as suas contribuições tiveram um evidente sabor funcional mesmo antes de existir uma escola funcionalista.

Criado como garoto de uma família rural no Massachusetts, Hall ingressou no *Williams College,* a fim de se preparar para o ministério religioso. Entretanto, as suas idéias pareciam demasiado liberais para essa vocação e ele voltou-se para a filosofia. Passou três anos estudando filosofia e fisiologia na Europa. Regressando aos Estados Unidos, obteve seu grau em Teologia mas só predicou durante dez semanas.

Depois de passar por vários cargos acadêmicos secundários, Hall foi estudar em Harvard e, em 1878, obteve sob a cátedra de James o primeiro doutorado americano em Psicologia. O trabalho experimental para a sua dissertação, o qual versou sobre as pistas musculares na percepção espacial, foi realizado no laboratório de filosofia de Bowditch. Havia apenas uma diferença de dois anos de idade entre Hall e James; contudo, havia uma tremenda diferença no temperamento e na subseqüente história profissional.

Após obter o seu doutorado, Hall voltou à Europa e passou mais dois anos na Alemanha, tornando-se o primeiro aluno americano de Wundt em Leipzig, em 1879. Ensaiou uma grande variedade de campos de estudo (estudando fisiologia com Ludwig, em Leipzig, por exemplo, enquanto era vizinho de porta de Fechner). Regressou então aos Estados Unidos e tratou de fundar uma considerável quantidade de instituições. Em 1883, fundou na Universidade Johns Hopkins o que se reputou ser o primeiro laboratório psicológico deste país. R. I. Watson (1963, pág. 327; 1968, págs. 374-375) provou que tal reivindicação é difícil de documentar; James parece ter granjeado o direito a esse "primeiro", ao iniciar um pequeno laboratório em Harvard, em 1875, ainda antes da data usualmente indicada para a "fundação" da psicologia.

É indiscutível o fato de que, em 1887, Hall fundou o *American Journal of Psychology*. Em 1888, foi convidado a assumir a presidência da Universidade Clark, no Massachusetts. Em 1891, fundou o *Pedagogical Seminary* (atualmente, o *Journal of Genetic Psychology*). Em 1892, no mesmo ano em que Titchener chegou aos Estados Unidos, foi planejada a criação da *American Psychological Association,* numa reunião que se realizou em seu gabinete de trabalho, e Hall tornou-se o seu primeiro presidente.

O desenvolvimento da psicologia como uma disciplina acadêmica científica, levado a efeito por Hall na Universidade Clark, é de considerável interesse; resultou na incomum situação de que a mais recente de todas as disciplinas científicas assumia o papel de maior importância nessa escola superior, primordialmente fundada para o adestramento científico. Hall trouxe da Johns Hopkins o psicólogo E. C. Sanford para dirigir o laboratório e fomentar um interesse ativo na psicologia. A sua vasta gama de interesses é ilustrada pelo seu convite a Freud, Jung e Ferenczi — eminentes psicanalistas — para que comparecessem às celebrações da Universidade Clark, em 1909.

Hall continuou desenvolvendo novas áreas da psicologia, começando pela psicologia infantil — onde popularizou o emprego do questionário como instrumento de pesquisa — passando pela psicologia do adolescente — a cujo respeito escreveu dois gigantescos volumes, intitulados *Adolescence*, que foram, provavelmente, a sua publicação mais influente — e abordando, enfim, a psicologia da velhice, ao publicar o livro *Senescence* (apropriadamente, aos 78 anos de idade!). Além disso, trabalhou nos campos da psicologia aplicada; psicologia educacional; psicologia do sexo (depois de ter descoberto Freud, em quem se interessava há muito); psicologia da religião (seu livro, *Jesus, the Christ, in the Light of Psychology*, representou uma ressurreição de seus velhos interesses teológicos); e até as sensações alimentares!

A influência de Hall foi principalmente sentida de um modo indireto, na medida em que estimulou o interesse e a atividade numa tão grande variedade de campos. Todos esses campos eram mais aplicados do que o rigoroso introspecionismo de Titchener. Embora conferisse oitenta e um doutorados na Clark (em contraste com os cinqüenta e quatro outorgados por Titchener na Cornell), apenas alguns deles se tornaram figuras proeminentes na psicologia. Lewis Terman, há muito um líder americano no domínio dos testes e diferenças individuais, é talvez o mais conhecido dentre eles. É significativo da influência pessoal de Hall que um terço dos seus candidatos doutorais tenha acabado por exercer, como ele próprio, funções administrativas. Em todo o caso, a carreira desse homem extraordinário teve muito a ver com o desenvolvimento variegado da psicologia americana, em seus primeiros tempos, e com a forte maré favorável ao funcionalismo, em particular.

James McKeen Cattell

James McKeen Cattell (1860-1944) teve uma carreira ativa e variada, semelhante à de Hall. Foi particularmente ativo no tocante à organização e publicação de revistas especializadas. Conquanto evitasse a sistematização psicológica e a filosofia, ajudou a consolidar os alicerces do funcionalismo pelo seu desenvolvimento dos testes mentais e o seu contínuo interesse nas diferenças individuais.

Em 1883, Cattell foi para Leipzig, tornando-se o primeiro (e autonomeado) assistente de Wundt no novo laboratório. Sendo ele próprio um indivíduo muito agressivo, obstinado e vigoroso, nunca aceitou completamente a definição wundtiana de psicologia e teimou, mesmo em Leipzig, em trabalhar num assunto não-ortodoxo: os tempos de reação. Três anos depois, regressou aos Estados Unidos para instalar o laboratório de psicologia da Universidade da Pensilvânia; em 1891 foi para a Universidade de Colúmbia, onde fundou também o laboratório de psicologia. Foi demitido em 1917, em virtude do seu declarado pacifismo, e voltou a dedicar-se integralmente às suas atividades editoriais e em *The Psychological Corporation,* um destacado centro de pesquisa psicológica aplicada que ele fundou em Nova Iorque.

As mais importantes realizações editoriais de Cattell foram a fundação da *Psychological Review* (com Baldwin, em 1894); a organização e redação de volumes biográficos periódicos, intitulados *American Men of Science;* e a edição do jornal *Science,* órgão oficial da *American Association for the Advancement of Science.* Esta última publicação foi vendida à Associação pela família de Cattell no ano seguinte à sua morte.

De importância mais direta para o desenvolvimento do funcionalismo foi a promoção por Cattell dos testes mentais. Na década de 1890, antes de ter sido produzida a escala Binet-Simon, Cattell já administrava testes mentais e físicos, de um modelo relativamente simples, aos estudantes da Universidade de Colúmbia. Contudo, o êxito daquela bateria mais abrangente eclipsou o trabalho que vinha sendo feito anteriormente em Colúmbia. Cattell prosseguiu em sua atividade no campo das diferenças e capacidades individuais (por exemplo, na percepção e leitura, na psicofísica, na associação livre e controlada), trabalhando sobretudo, em seus últimos anos, através de *The Psychological Corporation.*

A FUNDAÇÃO DO FUNCIONALISMO

Como escola formal, o funcionalismo teve início na Universidade de Chicago, com John Dewey e James Angell, os quais chegaram em 1894 para lecionar nessa universidade recém-fundada. Angell tinha sido antes aluno de Dewey na Universidade de Michigan e de James em Harvard.

John Dewey

John Dewey (1859-1952), filósofo, educador e psicólogo, foi um dos mais eminentes americanos de tempos recentes. Estudou com Hall na Johns Hopkins, aí se doutorando; e lecionou no Minnesota e em Michigan, antes de ir para Chicago. Foi Dewey quem enviou Angell de Michigan para Harvard, a fim de estudar com James. Por vezes, somos surpreendidos pelas muitas inter-relações que um estudo pormenorizado revela entre figuras destacadas da história da Psicologia. Isto não é, talvez, tão verdadeiro a respeito dos homens que acabamos de mencionar, os quais pertenceram a uma tradição comum, quanto o é de Watson e Titchener, examinados no capítulo prévio. As nossas categorias conceptuais parecem fazer com que visualizemos as reuniões da Associação Psicológica Americana, no passado, como se elas tivessem lugar num grande salão em que havia cartazes indicando: "Os estruturalistas inscrevem-se e reúnem-se aqui", "Os funcionalistas inscrevem-se e reúnem-se aqui" etc. Entretanto, um momento de reflexão deveria nos dizer que, se tais reuniões se realizassem hoje, os psicólogos andariam de um lado para outro, sem saber exatamente para onde ir. Assim teria acontecido também com a geração passada; embora os psicólogos, sem dúvida, se associassem seletivamente, em certa medida, havia muita mistura e os psicólogos mais destacados conheciam as obras e pesquisas uns dos outros perfeitamente.

Em 1886, Dewey publicou *Psychology*, a primeira obra do gênero por um autor americano. Foi muito popular no começo mas logo seria eclipsada pelos ainda mais populares *Principles of Psychology*, de William James.

Dez anos depois do aparecimento do seu livro, Dewey fez, num ensaio, o que foi a sua mais importante contribuição para a psicologia: "The Reflex Arc Concept in Psychology" (O Conceito de Arco Reflexo em Psicologia), publicado em 1896. Esse estudo tornou-se um clássico e é considerado o padrão mais significativo do movimento funcionalista. Dewey objetou à análise do arco reflexo, que decompunha o comportamento em unidades distintas de estímulo e reação e pressupunha que os nervos sensoriais e motores com participação nos reflexos atuavam, pois, separadamente. De acordo com o esquema do arco reflexo, a cadeia de comportamento pode ser decomposta em (1) um componente aferente, ou sensorial, iniciado pelo estímulo e mediado pelos nervos sensoriais; (2) um componente de controle, ou associativo, mediado pela medula espinhal e o cérebro; e (3) um componente eferente, ou motor, mediado pelos nervos motores e culminando numa reação (ou resposta).

Dewey foi buscar exemplos a James e Baldwin para mostrar a natureza inadequada de suas formulações do comportamento em termos de reflexos. Desenvolveu uma posição organísmica, sublinhando o comportamento como uma coordenação total que adapta o organismo a uma situação. Seguiu a idéia de James quando este insistia na continuidade da consciência, mais do que quando James discorria sobre a ação reflexa. Dewey considerava o estímulo e a resposta mais como abstrações convenientes do que como realidades; e assinalava a necessidade de haver uma resposta, antes de podermos significativamente afirmar a existência de um estímulo; o reflexo total não é uma composição formada de um estímulo e de uma resposta sucessivos, porquanto não existe tal relação sucessiva. A distinção estímulo-resposta é artificial; é um resultado de se continuar sustentando o velho dualismo mente-corpo. (Dewey dizia isto em 1896!) Os dois pontos principais enunciados por Dewey eram que o comportamento deve ser considerado tal como funciona e que deviam ser usadas unidades molares para evitar um excesso de análise elementarista. O primeiro ponto marcou o início da escola de Chicago da psicologia funcional e o segundo ponto foi uma formulação gestaltista, vinte anos antes de existir a psicologia da Gestalt.

O aspecto funcional do ensaio de Dewey é revelado no seguinte enunciado (1896, págs. 365-366):

> O fato é que estímulo e resposta não são distinções de existência mas distinções teleológicas, isto é, distinções de função ou de papel desempenhado, com referência à realização ou manutenção de uma finalidade... Existe, simplesmente, uma seqüência continuamente ordenada de atos, todos adaptados em si mesmos na ordem de sua seqüência, para se atingir um determinado fim objetivo, a reprodução da espécie, a preservação da vida, a locomoção para um certo lugar. A finalidade foi inteiramente organizada nos meios.

Lamentavelmente, o estudo sobre o arco reflexo foi uma das últimas contribuições de Dewey para a psicologia, propriamente dita. Durante a sua permanência em Chicago, trabalhou sobretudo nos domínios da educação e da filosofia. Estabeleceu o programa para o movimento da educação progressiva numa comunicação intitulada "Psychology and Social Practice" (1900), a qual foi por ele lida ao aposentar-se como presidente da Associação Psicológica Americana. Dewey continuou sendo o líder desse movimento até a sua morte. Ele, mais do que ninguém, foi o responsável pela aplicação do pragmatismo à educação — a noção de que educação é vida, aprender é fazer, e de que o ensino deve estar centrado mais no estudante do que na matéria a ensinar. Não devemos responsabilizar Dewey pelos ocasionais excessos de seus seguidores no movimento da educação progressiva. Os líderes são raramente solicitados pelos seus seguidores a aprovarem novas interpretações e aplicações, antes de pô-las em prática. Dewey pagou, simplesmente, o preço usual da fama, ao serem-lhe imputados erros que outros haviam cometido. Em 1904, Dewey transferiu-se para o *Teachers College* da Universidade de Colúmbia como professor de Filosofia, aí permanecendo o restante de sua carreira.

A importância de Dewey para a psicologia não decorreu de suas contribuições substantivas no campo. O seu trabalho psicológico mais conhecido foi uma análise do pensamento em termos de adaptação (Dewey, 1910). Dewey é lembrado pelo seu estímulo a outros, particularmente através do seu delineamento dos alicerces filosóficos do funcionalismo.

James R. Angell

James Rowland Angell (1869-1949) fez o seu mestrado em Psicologia na universidade de Michigan e estudou com James em Harvard e com Erdmann em Halle (Alemanha). Depois de um ano em Minnesota, chegou a Chicago em 1894. O seu primeiro escrito (1896), publicado conjuntamente com A. W. Moore no mesmo volume da *Psychological Review* em que Dewey publicou o seu estudo sobre o arco reflexo, foi um estudo experimental dos tempos de reação. Procurava resolver a controvérsia entre Titchener e Baldwin. Titchener sustentava que os tempos de reação eram mais rápidos quando o sujeito se concentrava na resposta (condição *motora*); Baldwin afirmava que, pelo contrário, eram mais rápidos quando o sujeito se concentrava no estímulo (condição *sensorial*). Angell e Moore relataram que havia grandes diferenças individuais nos tempos de reação entre sujeitos "ingênuos", dando alguns deles tempos sensoriais mais rápidos (corroborando Baldwin) mas que, com a prática continuada, os tempos motores eram geralmente mais rápidos (corroborando Titchener). Esta resolução sublinhou a diferença básica entre a posição estruturalista, com sua ênfase no observador altamente treinado, e a posição funcionalista em desenvolvimento, com a sua aceitação de dados de observadores tanto ingênuos como treinados.

No seu artigo em que replicou às críticas sobre o seu tipo de psicologia, Titchener foi buscar a James a expressão *psicologia estrutural,* como oposto de *psicologia funcional.* Os termos *estrutural* e *funcional* foram usados como base dos recém-definidos "ismos" em psicologia; Titchener foi, assim, o responsável pela denominação de ambos os sistemas.

Como já observamos, Titchener estava se batendo numa guerra perdida. Quando o século findou, os desenvolvimentos em psicologia educacional, psicologia animal, testes mentais e campos afins estavam ajudando a consolidar a posição funcionalista básica. Foi James Angell quem se tornou o paladino da nova tendência. Publicou um estudo sobre as relações entre a psicologia estrutural e funcional (1903), um compêndio (1904) e, finalmente, a expressão mais clara da posição funcionalista em seu discurso (1906) como presidente da Associação Psicológica Americana, intitulado, "The Province of Functional Psychology" (1907, págs. 61-94):

> A psicologia funcional é, atualmente, pouco mais do que um ponto de vista, um programa, uma ambição. Talvez a sua vitalidade provenha, primordialmente, como um protesto contra a excelência exclusiva de um outro ponto de partida para o estudo da mente e, por agora, desfruta, pelo menos, do peculiar vigor que usualmente acompanha o Protestantismo

de qualquer espécie, em suas primeiras fases, antes de se tornar respeitável e ortodoxo. O momento parece propício para tentar uma caracterização algo mais precisa do campo da psicologia funcional de que tem sido oferecida até agora.

Em seu discurso, Angell passou então a delinear três concepções distintas da psicologia funcional. Primeiro, o funcionalismo podia ser considerado uma psicologia das operações mentais, em contraste com uma psicologia dos elementos mentais. Esta concepção apresenta uma antítese direta entre as posições estruturalista e funcionalista. Do ângulo funcionalista, assinala Angell, a resposta completa à pergunta "O quê?", a respeito da mente, deve incluir respostas às perguntas corolárias "Como?" e "Por quê?". Em segundo lugar, o funcionalismo podia ser considerado a psicologia das utilidades fundamentais da consciência. Em ligação com isto, Angell apresentou uma perspectiva muito semelhante à de James, em que a mente funciona como mediadora entre o organismo e o seu meio, e torna-se ativa, primordialmente, na acomodação a uma nova situação. Em terceiro lugar, o funcionalismo podia ser considerado a psicologia das relações psicofísicas. Neste aspecto, o funcionalismo seria a psicologia da relação total entre o organismo e o meio, incluindo todas as funções mente-corpo. Este terceiro ponto de vista inaugura o estudo do comportamento habitual, não-consciente.

Angell acreditava que o primeiro e o segundo pontos de vista eram excessivamente estreitos: cada um deles restringia o funcionalismo ao estudo da experiência consciente e, além disso, o primeiro também dava demasiada ênfase à oposição ao estruturalismo. O terceiro ponto de vista era mais satisfatório, se bem que Angell achasse que as três perspectivas do funcionalismo eram interdependentes.

Em Chicago, Angell criou o Departamento de Psicologia e dele fez um centro de estudos funcionalistas. Depois, em 1921, foi para a Universidade de Yale como presidente. Aí ficou até a sua aposentadoria, em 1937; durante os seus anos em Yale, abandonou o seu papel ativo em Psicologia para concentrar-se nos problemas administrativos da universidade.

A ESCOLA DE CHICAGO: HARVEY CARR

Harvey Carr (1873-1954) doutorou-se na Universidade de Chicago em 1905. Sucedeu a Angell como diretor do Departamento de Psicologia daquela universidade, de fato em 1919 e oficialmente em 1921. Como foi sob a direção de Carr que o funcionalismo de Chicago floresceu e se definiu mais nitidamente que nunca, examinaremos o seu sistema em certo detalhe, como o representante mais abrangente do funcionalismo.

A atitude reinante em Chicago, sob a direção de Carr, não era de molde a encorajar um grande empenho ou interesse sistemático. O que estava sendo feito em Chicago era considerado *a* psicologia do tempo e não se sentia, ao que parece, muita necessidade de sistematização formal. Marx (1963, págs. 14 e segs.) situou a teorização funcional entre os extremos de uma abordagem dedutiva em grande escala e a abordagem puramente indutiva. A tendência funcionalista foi para construir teorias muito limitadas e estritamente vinculadas aos dados. A esse respeito, os funcionalistas anteciparam-se à tendência moderna para sistemas matemáticos miniaturais. Como os funcionalistas não tentaram construir um sistema coeso, não precisavam ignorar quaisquer dados ou abordagens particulares da psicologia.

Os funcionalistas também foram propensos a compartilhar da opinião de que outras posições sistemáticas "novas", como o behaviorismo, a psicologia da Gestalt e a psicanálise pouco tinham a oferecer. Esses movimentos eram vistos como ênfases exageradas e superdramatizadas de aspectos relativamente limitados da psicologia. Assim, por exemplo, o behaviorista, com sua insistência no emprego de medidas do comportamento manifesto, estava meramente ocupando um terreno que o funcionalista, mais tranqüila e silenciosamente, já desbastara e aplainara. O psicólogo gestaltista enfatizava as questões relativas ao campo do estímulo, que o funcionalista estivera investigando o tempo todo. O psicanalista estava acentuando a grande importância da motivação, um conceito que sempre tinha sido básico, a todo o momento, para a insistência funcionalista no comportamento deliberado e adaptativo. Os funcionalistas achavam, pois, que as novas escolas pouco acrescentavam ao que a sua própria e abrangente psicologia sempre incluíra em seu âmbito.

O funcionalismo de Carr, tal como se apresentou em seu compêndio *Psychology,* de 1925, será considerado de acordo com os seis critérios sistemáticos de McGeoch. A tônica dominante em todo o livro de Carr é funcional, em sua mais ampla acepção; o ajustamento organísmico é o tema central.

Definição de Psicologia

A Psicologia é o estudo da *atividade mental,* que é o termo genérico para o comportamento adaptativo. Segundo Carr (1925, págs. 72 e segs.), o ato adaptativo é um conceito básico em psicologia. Ele implica três fases essenciais: (1) um estímulo motivador; (2) uma situação sensorial; e (3) uma resposta que altera a situação para satisfazer as condições motivadoras. O motivo é um estímulo que domina o comportamento do organismo, até que este reaja de maneira tal que o estímulo deixe de ser eficaz. Assim definidos, os motivos não se consideram necessários ao comportamento, sendo concebidos, outrossim, como forças diretivas que determinam, geralmente, o que fazemos. Um ato adaptativo pode resolver um motivo de três maneiras distintas. O ato pode remover o estímulo, dissolvê-lo mediante a introdução de um estímulo mais forte ou resolvê-lo através da adaptação sensorial ao estímulo.

Na opinião de Carr, o comportamento adaptativo era o objeto de estudo tanto da psicologia como da fisiologia. Entretanto, as duas disciplinas deviam distinguir-se em função dos tipos de variáveis estudadas. Carr procedeu à seguinte distinção (1925, pág. 7):

> A psicologia interessa-se por todos os processos diretamente implicados na adaptação do organismo ao seu meio, enquanto que a fisiologia dedica-se a estudar atividades vitais como a circulação, a digestão e o metabolismo, envolvidas primordialmente na manutenção da integridade estrutural do organismo.

Carr adotou uma posição definida no tocante ao papel de uma psicologia estritamente introspecionista. Sustentou que a consciência era uma abstração artificial, uma coisificação infeliz e desnecessária; supõe-se a existência de algo quando tudo o que existe, na realidade, é um conjunto de processos. O conceito de consciência assemelha-se a outros conceitos abstratos como a inteligência, a força de vontade e a mente coletiva; nenhum destes conceitos existe independentemente dos atos que lhes conferem significado e nenhum deles pode servir diretamente como objeto de investigação empírica.

Postulados

Como no caso dos outros sistemas psicológicos dos primeiros tempos, os postulados do funcionalismo não foram explicitamente enunciados. Entretanto, destacaram-se claramente alguns pressupostos: (1) O comportamento é intrinsecamente adaptativo e intencional; (2) Todos os estímulos sensoriais afetam o comportamento — não só os motivos, como acima definidos. Para Carr, não existia uma diferença absoluta entre um motivo e qualquer outro estímulo; um motivo podia se converter num estímulo comum, depois de ter sido resolvido como motivo; (3) Toda a atividade é iniciada por algum tipo de estímulo sensorial; nenhuma resposta ou reação ocorre sem um estímulo; (4) Cada resposta (ou reação) modifica a situação estimulante. Como

Dewey já assinalara antes, o comportamento, é essencialmente, um processo contínuo e coordenado.

A Posição Mente-Corpo

Neste ponto, Carr seguiu mais a Dewey do que a James e minimizou o problema (ver o Quadro 2-2 para um resumo das posições mente-corpo). Considerava ele não ser necessária uma solução detalhada porque não existia um problema real. Supunha-se, simplesmente, a integridade psicofísica ou a integração do organismo. Assim, o funcionalismo tende a adotar uma posição monista ou de "duplo aspecto", mas não tem uma posição elaborada ou sustentada com firmeza em tal matéria. Os primeiros funcionalistas, como Angell, talvez fossem propensos a um paralelismo ou a adotar uma posição que implicava um aparente interacionismo, como James; mas Carr opinava que a psicologia, como ciência empírica e natural, não tinha por que se preocupar com problemas metafísicos. Carr assinalou a falta de adequação do paralelismo psicofísico adotado por Titchener e a posição funcionalista foi, por sua vez, vigorosamente atacada por Watson, para quem a realidade era uma posição interacionista. Anteriormente, Angell afirmara que, se a crença funcionalista em que a consciência tem valor adaptativo for aceita, então terá de ser recusada uma posição epifenomenal; a crença funcionalista parece subentender, de fato, um interacionismo.

Natureza dos Dados

Se bem que, em sua ênfase sobre a adaptação do organismo ao meio, o funcionalismo tenha um certo sabor behaviorista, não elimina, entretanto, a introspecção como método para a obtenção de dados. Os seus dados são tanto objetivos como subjetivos, com um acento cada vez maior nos primeiros, à medida que o funcionalismo foi amadurecendo como sistema.

Existem amplos estudos de animais na literatura experimental funcionalista, os quais exemplificam o emprego de dados objetivos. Por outra parte, os interesses de Carr relacionados com a percepção e o pensamento exemplificam a sua utilização de conceitos que não se ajustariam a um quadro de referência behaviorista. Tal como Carr empregava o termo, *percepção* referia-se à apreensão do meio imediato, através dos estímulos espaciais presentes; *pensamento* referia-se à apreensão de uma situação que não estava imediatamente presente no meio. Os dados introspectivos eram aceitos no estudo de ambos.

Princípios de Conexão

Os princípios de conexão são os princípios de aprendizagem e, como tal, constituíram o núcleo do programa funcionalista de pesquisas. Basicamente, a aprendizagem era um processo de estabelecimento de conexões associativas ou de organizações dos elementos do comportamento através da associação em novas e maiores unidades. A maioria dos funcionalistas, como Carr, estava disposta a adotar princípios associacionistas em suas explicações da aprendizagem. Grande parte do trabalho que resultou da tradição de Chicago não poderia se distinguir do trabalho que, nesse aspecto, tivesse resultado da tradição associacionista. Exemplos notáveis são os trabalhos sobre aprendizagem realizados por McGeoch, Melton e Underwood (ver abaixo). Suas pesquisas com sílabas sem nexo decorreram, logicamente, do trabalho de Ebbinghaus, que foi classificado como associacionista. As "escolas" difusas do associacionismo e do funcionalismo distinguem-se melhor, provavelmente, se atribuirmos suas origens históricas ao empirismo britânico ou à teoria evolucionária, em vez de procurarmos distingui-las na base das convições sistemáticas correntes de um indivíduo.

Usualmente, os funcionalistas preferiram a abordagem *relativa* na interpretação da aprendizagem. Evitavam aquilo que Carr chamou a "busca de constantes" e enfatizavam, em contrapartida, uma análise *dimensional,* mediante a estruturação de uma situação de aprendizagem total em seqüências contínuas e específicas que poderiam, em última análise, ser medidas. Como disse Underwood (1959): "Quando pode ser demonstrado idoneamente (coerentemente) que qualquer fenômeno varia em quantidade, a respeito de alguma característica específica, temos uma *dimensão*" (pág. 7). Os seus livros sobre psicologia experimental (1957, 1966) são geralmente ilustrativos da abordagem funcionalista. O discípulo e amigo de Carr, J. A. McGeoch (McGeoch e Irion, 1952), também nos forneceu um excelente exemplo dessa abordagem geral dos problemas de aprendizagem. É representativa a atitude tomada em relação ao problema da curva de aprendizagem, um tema de controvérsia que estimulou, evidentemente, as primeiras gerações de psicólogos experimentais. Enquanto não se completasse a análise dimensional, o funcionalista era propenso a aceitar que não existia curva alguma a que pudesse dar-se o nome de *a* curva de aprendizagem; os resultados dependiam demais da influência da situação específica.

Numa carta respondendo a uma pergunta sobre grafologia (1934), McGeoch expressou, certa vez, a disposição funcionalista de deixar um julgamento em suspenso até que os fatos fossem todos reunidos e conhecidos:

> Diante da sua ânsia de informações sobre grafologia, curvo-me em ignorância... mas enquanto não souber, duvido com boas e sinceras dúvidas. Entrementes, eu apegar-me-ei à minha inclinação para acreditar que, quando mais cem anos de pesquisa fundamental tiverem sido realizados sobre as complexidades das funções interligadas a que damos o nome de mente, será então o momento propício para atacar os "hinterlands" onde a previsão molar e a necromancia proximal habitam. Mas, por essa época, Robert [Woodworth] já será há muito tempo um santo e o Sr. Rhine, que recentemente borrifou umas pitadas de sal na cauda da telepatia, talvez seja um arcanjo, enquanto que eu estarei rufando tambores de recordações no inferno, para divertimento deles.

A pesquisa funcionalista ocupou-se dos fatores que influem na velocidade e no curso da aprendizagem, mais do que da natureza básica do processo; também foram investigados os problemas da retenção e da transferência. A atitude de McGeoch (1942) foi típica da usual posição ateórica, aceitando a lei empírica do efeito como um princípio explicativo adequado e recusando definir-se sobre a necessidade teórica do efeito. Um resumo da teoria funcionalista de aprendizagem e suas pesquisas é dado por Hilgard (1956) e Hilgard e Bower (1966).

Princípios de Seleção

Para Carr, os principais agentes da seleção de comportamentos eram a *atenção,* os *motivos* e a *aprendizagem.* A atenção é concebida como um ato ou adaptação sensório-motora preliminar, cuja função primordial consiste em facilitar a percepção. Os motivos, definidos como estímulos persistentes, dirigem a ação e desempenham, assim, um papel fundamental na determinação do comportamento que realmente ocorre. A aprendizagem opera de três modos principais: (1) certos mecanismos adaptativos devem ser necessariamente adquiridos para assegurar a vida; (2) adquiridos esses mecanismos adaptativos, outros aspectos da situação estimulante associam-se à resposta (como o condicionamento) e são, pois, capazes de provocá-la; e (3) certas associações são impostas pela sociedade (por exemplo, o medo do escuro ou de trovoadas, a aversão a certos grupos étnicos).

O Programa Experimental

Como sugerimos, a experimentação de laboratório foi a tônica da psicologia funcional, sob a direção de Carr, em Chicago. Um exemplo dos interesses de pesquisa do próprio Carr destaca-se como uma importante contribuição *per se* e, ao mesmo tempo, como uma interessante indicação de como os princípios funcionais eram ativamente implementados no programa experimental. As pesquisas sobre orientação, ou instrução, eram um persistente problema laboratorial. O principal problema era o de apurar em que condições e em que momentos devia ser introduzida uma orientação ativa. Foram utilizados experimentos com o rato em labirinto para desenvolver princípios importantes e de grande alcance. Por exemplo, concluiu-se que, na medida do possível, devia ser utilizada a iniciativa do próprio animal, fazendo-se escasso uso da orientação ativa, e que a orientação que se desse deveria ser administrada logo no início do adestramento. A tentativa de Carr de aplicar esses princípios ao ensino e aprendizagem humanos (1930) representa um dos bons exemplos iniciais de como os resultados obtidos com animais podem, com cautela, ser generalizados aos problemas humanos.

Além de Carr, as duas figuras mais importantes no programa experimental de Chicago foram Karl S. Lashley, um behaviorista de primeira hora cuja contribuição mais conhecida foi o seu programa de extirpações cerebrais relacionadas com a eficiência da aprendizagem (ver o Capítulo 11) e L. L. Thurstone, mais conhecido por suas contribuições para a análise fatorial e o estudo das aptidões humanas primárias. Além disso, psicólogos proeminentes de todo o país foram atraídos a Chicago por curtos períodos, especialmente durante os cursos de verão, de modo que, durante a década de 1930, a universidade converteu-se num dos centros mais importantes — se não o mais importante centro americano — de psicologia.

A ESCOLA DE COLÚMBIA: ROBERT S. WOODWORTH

Robert Sessions Woodworth (1869-1962) foi um dos homens mais extraordinários da Psicologia. A sua carreira estendeu-se desde o período dos primeiros trabalhos de Thorndike com gatos em caixas quebra-cabeças até a presente era. Recebeu a primeira Medalha de Ouro da *American Psychological Foundation* em 1956; publicou *Dynamics of Behavior* em 1958, aos 88 anos de idade; e começou revendo a sua popular obra *Contemporary Schools of Psychology,* sem dúvida no meio de um sobrecarregado programa de outras atividades. Woodworth doutorou-se em 1899 com Cattell. Depois de quatro anos, um dos quais passou em Liverpool (Inglaterra) trabalhando com o neurofisiologista Sherrington, regressou a Colúmbia e aí permaneceu até se "aposentar", em 1945. A lista de suas publicações é extensa e inclui numerosos compêndios.

O ponto de vista sistemático de Woodworth foi expresso pela primeira vez em sua obra *Dynamic Psychology* (1918). Há muitas e estreitas semelhanças entre a posição de Woodworth e a dos funcionalistas de Chicago; contudo, em elevada medida, ele desenvolveu a sua posição independentemente e a psicologia dinâmica poderia mesmo ser considerada uma escola independente. Seguiremos o exemplo de Boring (1950) e Hilgard (1956) ao incluí-la como um ramo do funcionalismo.

Woodworth tem antecedentes comuns com os funcionalistas de Chicago: James e Dewey, Hall e Cattell. O seu sistema, como o deles, é moderado e despretensioso, sem pretensões a definitivo nem completo. Ambas as concepções têm uma orientação experimental, com uma superestrutura teórica muito restrita. Woodworth mostra o ecletismo funcionalista em sua forma extrema, procurando aproveitar as melhores características de cada sistema. Mowrer conta um episódio a respeito de Woodworth que ilustra essa atitude (1959, pág. 129):

> Existe uma história, talvez apócrifa, sobre um colega que, certa vez, admoestou afavelmente o Professor Woodworth por ter estado "sentado na cerca" durante grande parte de sua vida profissional, em vez de descer a campo e envolver-se na controvérsia dominante. Após um momento de reflexão, Woodworth teria replicado: "Suponho que, como você diz, estive sentado na cerca um bom pedaço de tempo. Mas você deve reconhecer que lá de cima se tem uma boa perspectiva... e, além disso, é mais fresco!

Esse ponto de vista pode não valer para o seu livro de 1958 mas certamente é verdadeiro no que concerne ao ecletismo dos primeiros tempos de Woodworth; ele era propenso a aceitar sempre contribuições, qualquer que fosse a origem delas. Mesmo no último livro de Woodworth (Woodworth e Sheehan, 1964), fica-se com a impressão de que ela apreciava os novos experimentos, como na seguinte frase sua: "Se é um bom trabalho, então é funcional. Se é funcional, então é aceitável."

A psicologia dinâmica de Woodworth foi menos um protesto contra o estruturalismo de Titchener do que o funcionalismo de Chicago. Woodworth aceitou em maior medida as técnicas introspectivas e houve até uma época em que foi um estrênuo defensor da introspecção. Contudo, rejeitou tanto o estruturalismo como o behaviorismo, no tocante às suas possibilidades de fornecerem uma metodologia adequada à psicologia. Foi menos influenciado pelo associacionismo e por uma limitada abordagem estímulo-reação. Os teóricos E-R falavam freqüentemente como se o estímulo conduzisse diretamente a uma reação (ou resposta), sem mediação do organismo nem dependência do organismo na determinação da resposta; foi esta a base da queixa de que grande parte da psicologia se ocupa do "organismo vazio". Woodworth enfatizou a importância de se considerar o organismo e insistiu em incluí-lo na fórmula básica que expressava as relações de que a psicologia se ocupava. Assim, ele não escrevia E-R mas E-O-R. Como corolário parcial da sua ênfase no organismo, Woodworth deu maior importância do que os funcionalistas de Chicago à motivação. Carr definiria a motivação como um estímulo persistente mas Woodworth insistiu em considerar os eventos fisiológicos subjacentes na motivação.

O âmago do sistema de Woodworth é o seu conceito de *mecanismo,* que tem — aproximadamente — o mesmo significado do *ato adaptativo* de Carr. Os mecanismos, para Woodworth, eram respostas ou conjuntos de respostas intencionais. Fez a mesma distinção que Sherrington (1906) entre reações preparatórias e reações consumatórias; as primeiras, preparam as reações iminentes, enquanto que as segundas executam a intenção. Assim, abrimos a boca (reação preparatória) antes de poder receber a comida e engolir (reação consumatória).

Os impulsos, para Woodworth, estavam intimamente relacionados com os mecanismos. Embora os impulsos se definam, geralmente, como condições internas que ativam os mecanismos, Woodworth preferia pensar que os processos impulsivos internos constituem, em si mesmos, tipos de respostas. O inverso também era verdade: os mecanismos, os modos de comportamento manifesto pelos quais os impulsos são satisfeitos, podiam converter-se em impulsos! Woodworth achava que, praticamente, todos os mecanismos podiam converter-se em impulsos e, assim, correndo por conta de sua própria energia, por assim dizer. G. W. Allport (1937) proporia, mais tarde, uma noção semelhante, em sua teoria da "autonomia funcional dos motivos".

Uma contribuição subseqüente de Woodworth oferece um outro exemplo ilustrativo desse tipo de pensamento. Referimo-nos à sua sugestão de que o ato de perceber é intrinsecamente reforçador, sugestão esta que foi proposta num artigo despretensioso intitulado "Reinforcement of Perception" (1947). A percepção é interpretada aqui como um comportamento adaptativo cujo desempenho bem sucedido é reforçador, sem que operem condições impulsivas extrínsecas ou condições recompensadoras extrínsecas. Esse artigo e o seu último livro parecem colocá-lo mais no campo cognitivo do que no campo do E-R-reforço, visto que ele não considera qualquer necessidade de operações de reforço externo para que o comportamento seja mantido.

CRÍTICAS DO FUNCIONALISMO

Definição

Tem sido afirmado por alguns autores que o funcionalismo não é uma posição suficientemente bem definida para constituir um sistema significativo. Um psicólogo discípulo de Titchener, C. A. Ruckmick (1913), objetou ao que ele considerava um uso vago e vacilante da palavra *função*. Achou que estava sendo empregada em duas acepções: uma, com o significado de atividade ou uso; a outra, no sentido matemático, com o significado de dependência de uma variável em relação a uma outra (uma relação funcional). Conquanto possa ser verdade que o uso da palavra *função* pelos funcionalistas foi um tanto vago, nada existe de errado em utilizar uma palavra em duas acepções diferentes, desde que ambas sejam geralmente aceitáveis e não se permutem indevidamente. Os dois usos distintos estão intimamente relacionados; ambos se referem ao mesmo processo. O funcionalista estava interessado no processo como processo (primeiro uso) e nas suas relações com outras condições (segundo uso). Carr disse que era possível demonstrar que o significado matemático também incluía os outros.

Ciência Aplicada

O fato do funcionalista, com seus múltiplos interesses em atividades utilitárias, não distinguir meticulosamente entre a ciência pura e a ciência aplicada, foi um motivo de perturbação para alguns dos primeiros críticos. Os psicólogos contemporâneos têm uma posição muito semelhante à dos funcionalistas. De um modo geral, aceita-se hoje que os procedimentos científicos essenciais são idênticos e que ciência pura e aplicada só podem se distinguir com respeito à finalidade do investigador (isto é, o grau em que ele tem uma aplicação em mente). Muitas relações básicas importantes foram descobertas como resultado de esforços estritamente aplicados e talvez seja mais significativo o fato de algumas das *mais* importantes descobertas aplicadas terem sido resultados fortuitos da realização de investigações puras. Assim, a posição contemporânea seria que a distinção puro-aplicado não é absoluta nem mesmo muito importante e que o funcionalista deveria ser mais felicitado do que censurado por tirar importância à distinção.

Teleologia

O funcionalista, com o seu interesse pela utilidade e a finalidade, foi acusado de usar as conseqüências últimas do comportamento para explicar o próprio comportamento; na ausência de provas pertinentes, uma tal explicação é geralmente considerada *teleológica*. Esta crítica pode se aplicar a alguns funcionalistas mas não a Woodworth ou a Carr; Carr teve particular cuidado em rechaçar a teleologia e em postular unicamente os estímulos proximais como causas. Reconheceu ele que uma explicação em função dos efeitos do comportamento seria, na melhor das hipóteses, incompleta e tenderia a sustar a investigação antes de se elaborar a natureza detalhada da relação entre a situação estimulante, a fisiologia do organismo e o comportamento manifesto. Pode ser tomado como exemplo o comportamento de certas larvas, quando trepam em árvores. Essa subida tem o efeito de levá-las até um lugar onde possam alimentar-se de folhas. Assim, o comportamento pode ser um fator importante na sobrevivência evolucionária da espécie; mas se dissermos que as larvas trepam nas árvores para comer folhas, estaremos dando uma explicação teleológica que, realmente, nada nos diz sobre o "por que" do comportamento individual. Como disse Carr (1925, pág. 81): "Cada ato deve ser explicado em função da situação imediata e da organização do animal em referência a ela." Assim, se podemos assinalar que as larvas têm sempre uma reação positiva à luz e que há um gradiente de luminosidade que as orienta para cima, na árvore, teremos escapado à finalidade ilusória da explicação teleológica e estaremos no caminho de uma explicação do comportamento em termos de fatores proximais.

Existe certa semelhança entre a acusação teleológica feita contra o funcionalista, neste contexto, e a acusação dirigida a Thorndike e outros teóricos do reforço de que a sua explicação do reforço requer que uma causa atue retroativamente sobre um efeito que a precedeu no tempo. Entretanto, no caso dos "instintos" e dos "comportamentos aprendidos através da ação de reforço", a causa atua para a frente no tempo. Quando apenas os mais aptos sobrevivem, o efeito é selecionar comportamentos que já são adaptativos. Quando o reforço ocorre, o efeito é observado em tentativas subseqüentes e presume-se que tenha sido mediado por efeitos exercidos sobre a atividade contemporânea do reforço ou que se lhe seguiu imediatamente.

Ecletismo

Como os funcionalistas estavam dispostos, de um modo geral, a aceitar tantos tipos diferentes de problemas e técnicas de investigação, foram freqüentemente acusados de um ecletismo desenxabido e incaracterístico. Henle (1957) criticou a posição eclética, concentrando sobretudo a sua atenção em Woodworth. Aquela autora sustentou que um eclético tende a aceitar as características boas das posições contraditórias, à causa de obscurecer as diferenças existentes entre elas. Contudo, Henle não distinguiu claramente entre os diferentes tipos possíveis de ecletismo.

Henle discorre sobre ecletismo num nível teórico. Ela sustenta que, quando existem sistemas dedutivos alternativos para a dedução de enunciados empíricos, não podemos nos permitir ficar entre eles, sob pena de se perder a capacidade dedutiva. Assim, o eclético deve escolher uma teoria existente ou inventar uma própria. Mas existem outros *níveis* de ecletismo e outras posições ecléticas a respeito das teorias, mesmo neste nível.

Primeiramente, uma pessoa pode ser eclética no nível das regras para a construção da teoria, assim como no nível da própria teoria. Isto é, pode aceitar tanto os pronunciamentos metodológicos gestaltistas como behavioristas e realizar um trabalho típico de ambas as escolas. Podem ser aceitos dados tanto subjetivos como objetivos. Ao ecletismo da metodologia chamaremos um *ecletismo metateórico.* No atual estado de incerteza sobre as especificações da metodologia, especialmente em psicologia, um certo grau de ecletismo metateórico, tolerante mas cético, é uma necessidade, não uma desvantagem. Já vimos como uma metateoria demasiado estreita contribuiu para a decadência do estruturalismo. Em ciência, é sempre perigoso deixar de atacar os problemas porque não se ajustam a um quadro metodológico pré-estabelecido e fixo. Somente as premissas mais básicas e gerais da ciência, tal como foram examinadas nos nossos primeiros três capítulos, estão suficientemente bem estabelecidas para que as aceitemos, mesmo conjeturalmente, e elas são aceitas, de fato, em todos os sistemas.

Mesmo num nível teórico, o ecletismo pode ser seguro; isto é, o eclético pode admirar muitas teorias pelos seus êxitos e lamentar os seus fracassos, tentando idealmente melhorá-las. O eclético pode *não* aceitar teoria alguma; como não pertence a qualquer sistema, está mais livre para rejeitá-lo do que em qualquer outra situação. O eclético perde parte da estimulação, assim como da acrimônia, da controvérsia; o seu temperamento determinará se isso é ou não é bom.

A tendência dos funcionalistas foi para assumir um ponto de vista mais indutivo do que os expoentes de outros sistemas. Portanto, eles mostraram-se propensos a ignorar a construção teórica, prestando uma atenção relativamente maior às descobertas empíricas. Assim, se uma pessoa não gosta de ecletismo, uma crítica do funcionalismo baseada em que é demasiado eclético está justificada. Henle pertence a essa categoria de críticos. Contudo, o ecletismo pode ser o fundamento mais para o elogio do que para uma censura. Sem dúvida, o ecletismo dos funcionalistas de Chicago e Colúmbia não deve ser considerado prova de mentalidade branda ou de debilidade. Pelo contrário, esses funcionalistas costumavam ser críticos muito astutos e severos, sobretudo a respeito dos problemas empíricos.

Finalmente, existe uma defesa inteiramente diferente contra os que deploram o ecletismo. É que o funcionalismo não é necessariamente eclético. Podemos facilmente imaginar um estruturalismo eclético sob a orientação modesta e tranqüila de Carr e um funcionalismo rígido sob a orientação do autocrático Titchener (isto é, desde que se ultrapasse a barreira de imaginar os dois cavalheiros em questão trocando outros aspectos de suas respectivas posições sistemáticas). A questão é que o ecletismo é uma função da personalidade dos líderes de uma escola, assim como dos preceitos sistemáticos da escola. Nada existe no funcionalismo que o faça permanentemente ateórico, nem existe qualquer estipulação para que deva ter para sempre uma amplitude de interesses experimentais mais vasta do que as outras escolas. O ecletismo parece ter uma relação parcialmente subsidiária e parcialmente acidental com a posição funcionalista.

A CONTRIBUIÇÃO DO FUNCIONALISMO

Por causa da moderação e falta de presunção com que o funcionalismo se dedicou às suas tarefas, é fácil passar por alto a importância da sua contribuição para a psicologia. Certo, não erigiu grandiosas teorias; tampouco teve muito de escola ou de sistema, num sentido formal. Mas a sua oposição às restrições sufocantes do estruturalismo prestou um serviço real à psicologia americana, numa época em que estavam justamente surgindo os delineamentos embrionários da nova disciplina.

Tampouco o fato óbvio de que o funcionalismo foi deslocado do foco sistemático por escolas e sistemas de maior vivacidade deve ser interpretado no sentido de que o seu serviço à psicologia chegou ao fim. De fato, os funcionalistas continuaram ativamente estimulando e desempenhando pesquisas experimentais em todos os campos em que os primeiros funcionalistas tinham sido pioneiros: aprendizagem, tanto animal como humana; psicopatologia; testes mentais; psicologia genética e psicologia da educação.

Dois produtos de pesquisa podem ser citados como boas ilustrações do programa funcionalista. O manual de Woodworth, *Experimental Psychology* (1938; Woodworth e Schlosberg, 1954), é um clássico no seu gênero. É um manual científico no velho estilo, que trata de um modo intensivo e abrangente os dados e teorias de uma grande variedade de problemas experimentais. O outro exemplo é a extensa série de pesquisas, que atingiram recentemente o total de vinte e quatro, realizadas por Underwood sobre o fenômeno de prática distribuída na aprendizagem verbal humana (Underwood e Ekstrand, 1967). A persistente e paciente produtividade de Underwood no terreno da pesquisa ilustra excelentemente a tendência do funcionalista para tratar intensivamente as interdependências de variáveis empíricas (se bem que, teoricamente, o próprio Underwood possa ser considerado um associacionista em trajos funcionalistas).

Entre os funcionalistas que se dedicaram ativamente à pesquisa figuram alguns dos graduados por Chicago que trabalharam sob a orientação de Carr: John McGeoch, com seu extenso conjunto de estudos sobre a aprendizagem e a retenção verbais (e seus próprios protegidos e discípulos, A. W. Melton, B. J. Underwood e A. L. Irion); M. E. Bunch, com seu amplo programa de pesquisa humana e animal sobre transferência e retenção; Fred McKinney, que transferiu os seus interesses da aprendizagem para a saúde mental e o aconselhamento psicológico, dedicando-se posteriormente à instrução pela TV e ao problema dos valores no ensino; e Henry N. Peters, que se transferiu, analogamente, de uma teoria da emoção baseada em juízos para a aplicação de técnicas básicas de aprendizagem à motivação dos esquizofrênicos crônicos. Nenhum desses homens produziu algo semelhante à elaborada superestrutura teórica característica de Clark Hull e alguns outros mas todos eles exploraram, cuidadosa e intensivamente, problemas empíricos.

Finalmente, houve uma excitante ressurreição de uma perspectiva geralmente funcionalista nos campos da psicologia e da biologia. Os etologistas foram os causadores dessa excitação. Eles realizaram seus progressos através de uma cuidadosa, detalhada e neutra observação que seria característica do funcionalismo em sua melhor forma.

UMA DESCRIÇÃO DIMENSIONAL DO FUNCIONALISMO

O funcionalismo não se ajusta tão nitidamente numa extremidade do sistema dimensional de Coan quanto o estruturalismo e o associacionismo. A dificuldade começa imediatamente com a questão de apurar se ele foi basicamente restritivo ou basicamente fluido em sua orientação. Sem dúvida, o funcionalismo foi um sistema "aberto", com uma orientação funcional mas a propensão dos funcionalistas foi para serem analíticos em sua abordagem e restritivos em sua aceitação crítica da experimentação, nos elevados padrões que estabeleceram para a aceitação de dados. Os seis fatores de nível inferior oferecem menos dificuldades: os funcionalistas manifestaram uma certa tendência para o objetivismo, para o elementarismo (embora não seja sempre verdade como, por exemplo, no caso de James) e para a abordagem quantitativa, com uma orientação ligeiramente transpessoal, uma abordagem que pende ligeiramente para o pólo dinâmico, sendo levados em conta os fatores endógenos e exógenos.

As dimensões de Coan situam o funcionalismo numa posição eclética. Uma das dificuldades é que o funcionalismo foi uma escola diversificada. Carr era muito diferente de James; se tomarmos um ou outro como um funcionalista prototípico, obtemos uma posição nas dimensões de Coan que difere, em numerosos aspectos, de uma descrição do outro. Entretanto, os funcionalistas não foram propensos a adotar posições teóricas extremas e, por conseguinte, a tendência dos funcionalistas, individualmente considerados, pode ser para se situarem mais próximo de uma posição intermédia do que os membros das escolas mais radicais.

As posições distribuídas de acordo com as dezoito dimensões de Watson podem ser apreciadas no Quadro 3-2; o estudante deve, uma vez mais, atribuir os seus próprios valores e ver como eles se comparam com os apresentados no quadro. Os autores e os estudantes só diferiram significativamente nos valores atribuídos à dimensão monismo--dualismo. Os autores acham que William James impeliu, definitivamente, a tradição funcionalista para a extremidade dualista da dicotomia. Outros representantes da escola poderiam justificar perfeitamente a posição mais neutral escolhida pelos estudantes.

As características dimensionais escolhidas como as mais importantes pelos estudantes foram o funcionalismo, o utilitarismo e o molarismo; este último foi situado do lado molar a pouca distância do centro mas a dimensão foi provavelmente considerada importante pela maioria dos estudantes por ter sido dramatizada pelo contraste com o estruturalismo.

RESUMO E CONCLUSÕES

Interessamo-nos, neste capítulo, pelas origens e manifestações diversas do funcionalismo em psicologia. O funcionalismo foi descrito como um desenvolvimento sistemático informal e algo impreciso mas que representou, mais do que qualquer outro, a principal corrente da psicologia americana. Seus principais antecedentes e pioneiros foram William James, G. Stanley Hall e James McK. Cattell; os seus fundadores foram John Dewey e James Angell; os seus representantes maduros foram Harvey Carr, na Universidade de Chicago, onde ocorreu o maior desenvolvimento formal, e Robert S. Woodworth, na Universidade de Colúmbia, onde floresceu um ramo colateral sob o nome de psicologia dinâmica. Como movimento sistemático, o funcionalismo surgiu em oposição à psicologia estruturalista de Titchener. Enfatizou a aprendizagem, os testes mentais e outras questões utilitárias. O funcionalismo declinou em importância sistemática quando desapareceu a necessidade de oposição ao estruturalismo. Contudo, as suas características ajustam-se a muitos psicólogos e, portanto, o funcionalismo continuou percorrendo seu despretensioso caminho, mesmo depois do seu declínio sistemático.

O funcionalismo, especialmente tal como foi representado nas psicologias de Carr e Woodworth, foi identificado como basicamente experimental, mais interessado nas correlações funcionais entre variáveis do que nas superestruturas teóricas; aceitando os dados da introspecção e do comportamento mas utilizando, sobretudo, estes últimos; enfatizando o comportamento adaptativo e a atividade intencional e motivada, quer num quadro de referência E-R (Carr) ou E-O-R (Woodworth); e revelando sempre um ativo ecletismo sistemático, em combinação com uma severa abordagem dos problemas experimentais. Deu e continuará dando uma contribuição sumamente importante para o progresso da psicologia como ciência, apesar de fazê-lo, em grande parte, na ausência de pretensões sistemáticas.

Leituras Recomendadas

As nossas freqüentes alusões ao delicioso *Apes, Angels, and Victorians* (1963), de Irvine, devem ter já convencido o leitor de que esse livro fornece uma fácil introdução no mundo dos antecedentes ingleses do funcionalismo. *Principles of Psychology,* de James, também não necessitam ser mais recomendados por nós como fonte de informação sobre o nosso gênio americano. O ensaio de Dewey (1896) também é brilhante e abençoadamente curto, pois não constitui leitura fácil para nós, modernos sofisticados. *Psychology* (1925), de Carr, é uma boa fonte histórica para a escola de Chicago. Quanto ao desenvolvimento funcionalista de Colúmbia, o livro *Dynamic Psychology* (1918), de Woodworth, e o seu mais recente *Dynamics of Behavior* (1958), são excelentes fontes. Além disso, o compêndio sistemático de Woodworth, *Contemporary Schools of Psychology* (1948), expressa muito bem o ponto de vista funcionalista. *Experimental Psychology,* de Woodworth (1938), revisto por Woodworth e Schlosberg (1954), também deve ser mencionado; esse livro impõe-se como uma clássica abordagem experimental dos mais antigos problemas da psicologia. Para os desenvolvimentos mais recentes, os dois livros de Underwood, *Experimental Psychology* (1949, 1966) e *Psychological Research* (1957), oferecem exemplos importantes de uma abordagem integralmente funcionalista dos problemas experimentais e questões metodológicas. *Psychology of Human Learning* (1942), de McGeoch (edição revista por McGeoch e Irion, 1952), resume grande parte do tipo original de pesquisa funcionalista, utilizando materiais verbais de sujeitos humanos. O Capítulo 10 de *Theories of Learning* (1966), de Hilgard e Bower, ocupa-se da abordagem funcionalista da pesquisa e contém numerosos exemplos extraídos da literatura sobre aprendizagem. Finalmente, como última leitura, que poderíamos sugerir de melhor do que a última palavra do último grande funcionalista, *Contemporary Schools of Psychology,* de Woodworth (Woodworth e Sheehan, 1964)?

QUADRO 7-1. Importantes Personalidades do Behaviorismo

Influências Antecedentes	*Behavioristas*		
	Pioneiros	*Fundadores*	*Continuadores*
Evolução e Comportamento Animal			
Charles Darwin (1809-1882)	James McKeen Cattell Colúmbia (1860-1944)	John B. Watson Hopkins (1878-1958)	Albert P. Weiss Ohio State (1879-1931)
C. Lloyd Morgan (1852-1936)	Edward L. Thorndike Colúmbia (1874-1949)		Walter S. Hunter Brown (1889-1953)
Jacques Loeb (1859-1924)			Karl S. Lashley Chicago (1890-1958)
Ampliações das Explicações Mecanistas			
Descartes (1596-1650)	Ivan P. Pavlov S. Petersburgo (1849-1936)		Edward C. Tolman Califórnia (1886-1961)
La Mettrie (1709-1751)	Vladimir M. Bechterev S. Petersburgo (1857-1927)		Edwin R. Guthrie Washington (1886-1959)
Cabanis (1757-1808)	James R. Angell Chicago (1869-1949)		
Positivismo			
Auguste Comte (1798-1857)	Max Meyer — Missouri (1873-1967)		Clark L. Hull — Yale (1884-1952)
			B. F. Skinner — Harvard (1904-)

7. BEHAVIORISMO

O sistema de psicologia objetiva denominado *behaviorismo* pelo seu fundador, John B. Watson, é, de longe, a mais influente e a mais controvertida de todas as escolas americanas. O behaviorismo (ou condutismo) acabou desempenhando um papel preponderante não só na psicologia mas também em toda a cultura, de um modo geral, onde a sua influência vem rivalizando com a de uma importação européia, a Psicanálise.

Watson tinha dois interesses principais: um positivo e um negativo. No lado positivo, ele propôs uma psicologia completamente objetiva. Desejava aplicar as técnicas e princípios da psicologia animal, em que estivera trabalhando, aos seres humanos. A esse aspecto positivo do behaviorismo foi dado o nome de behaviorismo *metodológico* ou *empírico*. O seu principal ponto metodológico — a insistência na primazia do *comportamento (behavior)* como fonte dos dados psicológicos — foi dominante e ainda é bem aceito na atualidade; entretanto, a recente ascensão da fenomenologia e da psicologia existencial voltou a gerar controvérsia em torno desse ponto.

A ênfase negativa de Watson foi traduzida em suas invectivas contra os conceitos mentalistas em psicologia. Protestou contra a psicologia introspecionista de Titchener e contra o que considerava as inépcias do funcionalismo de Angell; alegou Watson que Angell retivera uma predisposição interacionista e ainda aceitava os dados da introspecção. Embora Watson deplorasse o predomínio dos problemas metafísicos em Psicologia, ele assumiu uma posição metafísica definida ao negar, por implicação, pelo menos, a existência da mente. Essa negação constituiu o seu behaviorismo *metafísico*, ou *radical*, que tem sido aceito muito menos universalmente. O behaviorismo radical tem sido o centro de grande parte da controvérsia travada em torno de Watson e suas idéias.

O presente tratamento começa com um exame das três principais tendências a partir das quais o behaviorismo watsoniano se desenvolveu: as tradições filosóficas do objetivismo psicológico (cuja influência direta sobre Watson é discutível), a psicologia animal e o funcionalismo. Descreveremos então a fundação do behaviorismo; exporemos, em suas linhas gerais, o sistema de Watson, com ênfase especial sobre a questão mente-corpo; consideraremos algumas das características secundárias do pensamento de Watson; e analisaremos alguns dos primeiros behavioristas mais importantes, além de Watson. Concluiremos com um exame das várias críticas endereçadas ao behaviorismo watsoniano, uma análise dos fatores responsáveis pela aceitação da escola behaviorista e, finalmente, uma avaliação da contribuição de Watson.

PRIMEIRAS TENDÊNCIAS PARA O OBJETIVISMO PSICOLÓGICO

Watson não foi, em absoluto, o primeiro a destacar a necessidade de objetividade em psicologia. Existe uma longa história de tais esforços, envolvendo, principalmente, filósofos (ver o Capítulo 2 para uma tendência afim). O nosso tratamento dessa história baseia-se, sobretudo, no estudo clássico de Diserens (1925), que definiu o objetivismo psicológico como incluindo "todo e qualquer sistema em que se realiza o esforço de substituir os dados subjetivos e o método especial de introspecção pelos dados objetivos e o método universal da ciência, a observação direta" (pág. 121).

Já vimos como Descartes e La Mettrie deram os primeiros passos no sentido do emprego de dados objetivos em psicologia, ao ampliarem as explicações mecanísticas ao corpo e, por último, à mente do homem. Depois, Cabanis (1757-1808) tentou definir a mente em função de fatores objetivos, especialmente as funções fisiológicas. Segundo ele, os eventos "mentais" são funções do organismo total e não, simplesmente, da mente (ver Boring, 1950).

O mais importante nome nessa série é o de um outro francês, Auguste Comte (1798-1857), fundador do movimento chamado *positivismo*. Todas as variedades do positivismo enfatizam o conhecimento positivo (isto é, indiscutível); por vezes, manifesta-se algum desacordo sobre que espécie de procedimento pode proporcionar tal conhecimento. Comte acreditava que só o conhecimento social, objetivamente observável, pode ter validade; a introspecção, que depende de uma consciência privada, não pode proporcionar um conhecimento válido. Ele negou a importância da mente individual e criticou vigorosamente o mentalismo e a metodologia subjetiva. Acreditava que o pensamento crítico humano se desenvolvia através de três estágios ou três modos de pensamento: primeiro, o teológico, depois o metafísico e, finalmente, o científico ou positivista. Comte referia-se à psicologia tradicional como a última fase da teologia. Afirmou (1896) que, "para poder observar, o nosso intelecto deve fazer uma pausa em sua atividade e, no entanto, é essa mesma atividade que queremos observar. Se não pudermos efetuar a pausa, não poderemos observar; se a efetuarmos, nada haverá para observar. Os resultados de semelhante método estão em proporção ao seu absurdo" (pág. 11). Mais construtivamente, Comte enfatizou dois tipos de estudo das funções afetivas e intelectuais: (1) determinar com precisão as condições orgânicas de que essas funções dependem e (2) observar a seqüência de comportamento. Estes dois tipos de estudo proporcionariam, certamente, dados aceitáveis para os behavioristas watsonianos.

Os materialistas franceses e britânicos subseqüentes, adeptos de Comte, continuaram essa tradição. Os mais importantes foram Antoine Cournot, G. H. Lewes e Henry Maudsley.

PSICOLOGIA ANIMAL

Já vimos a importância que teve a teoria evolucionária darwiniana para o desenvolvimento da psicologia como ciência e, particularmente, como fator básico na determinação da forma da psicologia funcional. A teoria também imprimiu um grande impulso ao estudo da psicologia animal, a qual, por sua vez, talvez tenha sido o fator mais importante entre os que levaram Watson a formular a sua psicologia do comportamento.

A psicologia animal nasceu mais ou menos diretamente da teoria evolucionária. A teoria de Darwin exerceu uma grande influência entre os intelectuais britânicos mas suscitou também uma forte oposição, sobretudo no clero e entre os teólogos. Uma objeção primordial foi ao pressuposto darwiniano da continuidade mental entre o homem e os animais inferiores. A resposta mais eficaz a essa objeção era demonstrar tal continuidade mental, de um modo algo semelhante às provas que Darwin já apresentara para demonstrar a continuidade física. Essa demonstração necessitava de uma psicologia animal. Portanto, um modo de defender a teoria de Darwin consistiu em mostrar a presença da mente em organismos infra-humanos (contrariamente à tradição cartesiana) e expor a sua continuidade com a mente humana.

O próprio Charles Darwin iniciou a defesa. Em *Expression of Emotions in Man and Animals* (1872), a sua principal tese foi que o comportamento emocional no homem é o resultado da herança de comportamentos que, num dado momento, foram úteis para os animais mas que hoje são inúteis para o homem. Darwin ofereceu numerosos exemplos, baseados numa grande riqueza de observações sobre animais. Um dos mais famosos é o gesto de franzir os lábios que caracteriza no homem uma expressão de desprezo; Darwin sustentou que isso era um remanescente do gesto de arreganhar os dentes caninos nos animais carnívoros enraivecidos. A tendência encontrada no cão de rodar em círculos, numerosas vezes, antes de sentar-se, seria igualmente um remanescente evolucionário de um comportamento que foi outrora útil, no estágio mais primitivo de seus ancestrais; presumivelmente, o cão realizava esse movimento como medida de precaução contra as serpentes e outros inimigos e como preparação do terreno para o repouso.

Já vimos que um dos amigos pessoais de Darwin, George John Romanes, encarregou-se posteriormente da defesa. Romanes filtrou a literatura para toda a espécie de narrativas e histórias, tanto científicas como populares, sobre o comportamento animal. Acumulou uma enorme quantidade de material que utilizou para escrever o primeiro livro de psicologia comparada, *Animal Intelligence* (1886). O método de compilação de dados empregado por Romanes tem hoje o nome de *método anedotal.* Apesar do fato dele ter explicitamente formulado regras para uso dessas histórias, Romanes não pôde evitar o emprego de algumas observações inadequadamente controladas, porquanto não dispunha de meios para checar as fontes originais. No seu desejo de demonstrar a continuidade entre o homem e o animal, Romanes não resistiu a uma tendência para a antropomorfização — isto é, a atribuição de motivos e capacidades humanos ao comportamento animal. A antropomorfização, tal como o método anedotal, são hoje completamente desaprovados em psicologia. Apesar das limitações da sua metodologia, Romanes teve o mérito de estimular o desenvolvimento inicial da psicologia comparada e de preparar o caminho para a metodologia experimental.

C. Lloyd Morgan usou uma metodologia semi-experimental e observações parcialmente controladas, no campo de seus estudos sobre formas animais inferiores. Ele é hoje melhor conhecido por suas contribuições metodológicas do que por seus achados substantivos. Morgan adaptou a lei da parcimônia (também conhecida, mais pitorescamente, pelo nome de *navalha de Occam*) à psicologia comparada. No que veio a tornar-se conhecido como o *Cânone de Morgan,* ele enunciou a sua posição (1899): "Em nenhum caso podemos interpretar uma ação como o desfecho do exercício de uma faculdade psíquica superior, se pudermos interpretá-la como o resultado do exercício de uma outra faculdade que seja inferior na escala psicológica" (pág. 59). Este enunciado teve o intuito de neutralizar a tendência antropomórfica e a tese foi bem recebida. (Ver Newbury, 1954, para um exame completo do Cânone de Morgan, em suas várias interpretações.)

Se se renunciar à antropomorfização, como demonstrar a desejada continuidade? Em primeiro lugar, o Cânone de Morgan aplicava-se não só aos animais mas também ao homem; neste último caso, a regra subentendia que temos uma tendência para "antropomorfizar" quando interpretamos o comportamento de outros homens, no sentido de que podemos atribuir excessiva importância às suas funções mentais superiores. Romanes pretendia demonstrar a continuidade encontrando a mente em toda a parte; Morgan também quis demonstrar a continuidade mas sugeriu que esse objetivo podia ser perfeitamente alcançado sem que fosse preciso encontrar a mente em parte alguma. O apelo de Morgan à simplicidade e a rejeição do antropomorfismo parecem, desde uma perspectiva moderna, ter tornado inevitável o desenvolvimento de um behaviorismo científico.

Morgan confiava mais nos hábitos do que na inteligência como principal fator explicativo e destacava a importância da aprendizagem por tentativa e erro. Partiu da suposição básica de que os processos de aprendizagem humana e sub-humana eram contínuos. A experimentação laboratorial realizada subseqüentemente por Thorndike está intimamente relacionada com o trabalho de Morgan, tanto em conteúdo como em perspectiva; Watson também foi estimulado em suas pesquisas animais pela leitura dos relatos de Morgan. É interessante assinalar que os três homens foram propensos a explicar toda a aprendizagem em função de alguns princípios muito simples, que se aplicam igualmente ao homem e aos animais inferiores na escala filética. Outros, como os gestaltistas, assemelham-se mais a Romanes, em sua tendência para descobrir a introvisão *(insight)*, característica da aprendizagem humana, mesmo em animais inferiores na escala evolucionária.

O Cânone de Morgan foi atacado por alguns psicólogos que reconhecem, cremos que corretamente, que a mais complexa das duas interpretações alternativas é, em muitos casos, a apropriada. Entretanto, isso não invalida o Cânone de Morgan ou princípio de parcimônia; essas regras só se aplicam nos casos em que todas as alternativas são igualmente corroboradas pelos dados disponíveis. Naturalmente, se na explicação mais simples houver uma lacuna, essa explicação será inaceitável. Mas incumbe a quem propõe a explicação mais complexa provar por que devemos aceitá-la; se não puder fazê-lo, é preferível optar pela explicação mais simples.

Jacques Loeb (1859-1924) foi o nome mais importante que se seguiu no desenvolvimento da psicologia animal. Loeb, um biologista alemão, foi para os Estados Unidos em 1891 e aí passou a maior parte de sua carreira profissional. Loeb é o responsável pela aceitação geral do conceito de *tropismo,* ou movimento forçado, como fator explicativo no comportamento animal. Num tropismo, a reação é uma função direta do estímulo e, neste sentido, é forçada. Loeb sustentava que todo o comportamento das formas animais inferiores é tropista e que uma considerável proporção do comportamento das formas superiores também o era. Um exemplo familiar de tropismo é o movimento aparentemente mecânico e irresistível de certos insetos para a luz (fototropismo positivo), ainda que o vôo direto para uma chama resulte na destruição deles. Evidentemente, nem todos os tropismos são tão pouco adaptativos.

Loeb não estava reagindo contra o darwinismo mas contra a tendência antropomórfica que, como vimos, era representada por Romanes. Apesar do fato de Loeb achar que os fatores tropísticos podiam explicar uma boa parte do comportamento das formas superiores, ele não tentou abordar os problemas humanos. Entretanto, contribuiu para um problema específico do ser humano: o problema da consciência. Sugeriu um modo objetivo para determinar se um dado organismo era ou não consciente. O seu critério consistia em apurar se o organismo manifestava memória associativa. Sem dúvida, esse critério não era muito abrangente; os protozoários, por exemplo, segundo o que foi dito por alguns investigadores, dão provas de uma aprendizagem associativa, se bem que tais provas também tenham sido seriamente contestadas. À questão sobre quais organismos são conscientes só podemos dar uma resposta arbitrária; o nosso critério operacional de consciência nos animais pode ser escolhido à vontade e é evidente que são possíveis muitas respostas ao problema. Qualquer outra tentativa de solução fará recairmos em nossa tendência para a antropomorfização.

Por essa época, começava a generalizar-se nas ciências biológicas o estudo do comportamento animal. Em apoio à posição de Loeb, os biologistas Thomas Beer, Albrecht Bethe e Jacob J. von Uexküll manifestaram-se veementemente pela eliminação dos termos psicológicos e sua substituição por outros mais objetivos. Por outra parte, o biologista H. S. Jennings obteve provas da modificabilidade do comportamento de um protozoário, o paramécio, e opôs-se às interpretações mecanísticas da conduta animal postuladas por Loeb. Hans Driesch também se opôs a Loeb e sustentou uma posição vitalista (isto é, existe algo qualitativamente diferente nos organismos vivos e estes não são redutíveis a reações físico-químicas). *Sir* John Lubbock realizou estudos com formigas, vespas e abelhas, e os franceses Fabre e Forel também estudaram insetos. Albrecht Brethe publicou uma interpretação mecanística da vida social das formigas e abelhas. Certamente, a psicologia animal estava suscitando um interesse crescente. A pressão dessas várias pesquisas estava começando a impelir a psicologia objetiva para um primeiro plano, muito antes da psicologia behaviorista ser fundada como escola nos Estados Unidos.

Nos Estados Unidos, já falamos sobre o trabalho sistemático que E. L. Thorndike estava realizando com animais. Nisso não estava só. Robert M. Yerkes (1876-1956) iniciou suas investigações animais em 1900. Yerkes pesquisou com caranguejos, tartarugas, rãs, camundongos, ratazanas, vermes, corvos, pombos, porcos, macacos e, finalmente, homens. A sua investigação com símios é a mais significativa; foi compreensivamente resumida em *Chimpanzees: A Laboratory Colony* (1943). Yerkes colaborou por algum tempo com Watson no desenvolvimento de técnicas para testes visuais com animais. Entretanto, Yerkes não era um behaviorista convicto, apesar do fato de ter trabalhado em psicologia comparada segundo um método tipicamente behaviorista. Yerkes era um admirador de Titchener e achava que a investigação da experiência era um dos problemas mais interessantes da psicologia. A contribuição de Yerkes para o behaviorismo foi, simplesmente, fortalecer a posição da psicologia comparada, especialmente através da instalação da estação experimental de chimpanzés em Orange Park, na Flórida; quando se retirou da sua administração ativa, em 1941, a estação recebeu, em sua homenagem, o nome de *Yerkes Laboratories of Primate Biology.* Mais tarde, o principal laboratório foi mudado para Atlanta, onde está associado à Universidade Emory; possui hoje numerosos centros regionais. Yerkes deu uma grande contribuição ao progresso da aplicação da psicologia durante a I Guerra Mundial, quando foi um líder no desenvolvimento de testes para os recrutas do Exército.

Em 1900, o mesmo ano em que Yerkes iniciou suas investigações com animais, W. S. Small inventava, na Universidade Clark, o primeiro labirinto para ratos. O rato albino adaptou-se tão bem a ser estudado em labirinto que, desde então, tem sido o animal de laboratório mais importante da psicologia e "o rato-em-labirinto" passou a ser uma situação padronizada para o estudo da aprendizagem. A partir da década de 1930, tornou-se claro que o rato branco se adaptava igualmente bem à vida na caixa de Skinner (ou, como Skinner parece preferir, à vida na câmara operante). O desenvolvimento do estudo de animais foi tão rápido entre 1900 e 1911, que se fundou nesse período o *Journal of Animal Behavior.* Finalmente, o primeiro aluno que se doutorou sob a orientação de Titchener, Margaret Floy Washburn, publicou um compêndio de psicologia animal em 1908. O livro era, essencialmente, um estudo analógico dos processos mentais humanos e animais; mas continha uma grande quantidade de informação fatual e tornou-se um clássico em seu campo. Assim, uma parte do impulso da psicologia behaviorista proveio do campo dos estruturalistas.

FUNCIONALISMO AMERICANO: 1910

O funcionalismo americano foi a terceira tendência importante que levou ao behaviorismo. Numerosos psicólogos que eram funcionalistas só parcial ou indiretamente se inclinavam também para uma orientação objetiva. Já mencionamos Cattell e Thorndike; Herrnstein (Watson, 1967, págs. 18-20) argumenta, inclusive, que a posição de Thorndike se assemelhava mais, em alguns aspectos, à dos modernos behavioristas (os papéis da aprendizagem e do reforço) do que a de Watson. Em 1904, Cattell disse (conforme citação em Woodworth e Sheehan, 1964, pág. 114): "Parece-me que a maior parte do trabalho de pesquisa que tem sido realizado por mim ou no meu laboratório é quase tão independente da introspecção quanto o trabalho nos campos da Física ou da Zoologia..." O velho adversário de Watson, William McDougall (1871-1938), tinha até definido a psicologia como a ciência positiva do comportamento. Realizou observações experimentais sobre a discriminação da cor em crianças pequenas, em 1901, e seus livros (1905, 1912) contêm dados objetivos; inclusive, o segundo livro foi intitulado *Psychology: The Study of Behavior.* Entretanto, McDougall era um intencionalista declarado, aceitava a consciência e usava dados introspectivos — em resumo, era a antítese de Watson nos aspectos mais decisivos que se possa imaginar e, por conseguinte, não pode ser considerado um sério rival de Watson na formulação de uma psicologia exclusivamente objetiva.

Max Meyer (1873-1967) seria um candidato mais sério. Em 1911, publicou *The Fundamental Laws of Human Behavior,* um livro que reflete o seu completo objetivismo. Em 1921, indicou as suas inclinações behavioristas de um modo mais aberto, ao intitular um outro livro *The Psychology of the Other One.* Contudo, Meyer evitava mais do que procurava a publicidade para o que fazia e nunca chegou a ser tão conhecido quanto Watson. Meyer contentava-se em prosseguir suas pesquisas e escrever seus livros sem aspirações sistemáticas.

Também mencionamos a escola russa da reflexologia, iniciada por I. M. Sechenov e desenvolvida por Pavlov e Bechterev; este último, deu a um dos seus principais livros o título de *Psicologia Objetiva* (traduzido para o inglês em 1913); segundo parece, o livro teria sido originalmente publicado em russo por volta de 1907. Sechenov (1965) publicou os seus *Reflexos do Cérebro*, em forma de livro, em 1873, mas esse trabalho já era conhecido em forma de monografia desde 1863! Isto é verdadeiramente espantoso, quando se pensa que a posição filosófica e metodológica básica de Sechenov era quase idêntica à de Watson em sua objetividade.

Na América, entretanto, o psicólogo mais profético foi, provavelmente, James Angell, a quem Watson esteve associado em Chicago, antes de 1908. Já travamos conhecimento com Angell como um fundador do funcionalismo. Ele parecia ter reconhecido que a psicologia, já amplamente funcional em seu caráter, estava pronta para mais um passo na direção da objetividade. Duas expressões do seu ponto de vista em gradual transformação precederam os primeiros pronunciamentos behavioristas publicados por Watson. Em 1910, nas reuniões de Mineápolis da Associação Psicológica Americana, Angell disse o seguinte (1913, pág. 25):

> Mas, em minha opinião, é perfeitamente possível que o termo "consciência" caia num desuso tão completo quanto o termo "alma", no que diz respeito a todos os propósitos cotidianos da psicologia. Isso não significará o desaparecimento dos fenômenos que chamamos "conscientes" mas, outrossim, que o interesse da psicologia deslocar-se-á para outros fenômenos ou fases dos mesmos, para os quais um termo como "comportamento" proporcionaria uma indicação mais útil.

Dois anos depois, nas reuniões da Associação em Cleveland, Angell apresentou um trabalho sobre esse tópico, o qual foi escrito pouco antes do primeiro trabalho sistemático de Watson. Angell discorria agora mais extensamente sobre a questão (1913, págs. 256 e segs.):

> Desde o princípio, aqueles que trabalham em psicologia comparada viram-se a braços com a dificuldade de atribuir aos animais processos conscientes de um tipo específico, em relação com o comportamento inteligente... É óbvio que os cientistas dedicados a esse campo de pesquisa ganhariam muito, em conveniência pelo menos, se pudessem prescindir da possível existência da consciência e descrever objetivamente todo o comportamento animal. Tampouco houve, até onde chegam meus conhecimentos, qualquer objeção geral a essa proposta... Além disso, é natural que, se o fato de se prescindir de toda e qualquer referência à consciência na psicologia animal resultar praticável e conveniente, como indubitavelmente é, se manifeste uma tendência para seguir uma linha de procedimento semelhante, ao tratarmos do comportamento humano. Essa tendência representa menos um programa formalmente reconhecido, como o dos nossos reformadores realistas do mundo, do que um impulso geral ocasionado por muitas fontes diferentes. O seu caráter não-formal e não-comprometido indica, provavelmente, uma base mais substancial e mais duradoura que a dos movimentos promovidos mais cuidadosa e deliberadamente.

Boring resumiu a situação da psicologia americana, imediatamente antes da fundação do behaviorismo por Watson, nos seguintes termos (1950): "A América tinha reagido à tutela alemã e fizera-se funcionalista... O behaviorismo, simplesmente, tomou do funcionalismo uma parte mas não toda a tradição parental... os tempos estavam propícios à maior objetividade em psicologia e Watson foi o agente dos tempos" (pág. 642).

A FUNDAÇÃO: JOHN B. WATSON

John Broadus Watson (1878-1958) nasceu na Carolina do Sul e diplomou-se na Universidade de Furman em 1900, após cinco anos de estudos superiores. Foi atraído para a Universidade de Chicago pelo interesse que John Dewey lhe despertara mas foi Angell quem o fez "mudar de rumo", orientando-o para a psicologia experimental. Também recebeu formação fisiológica e neurológica em Chicago, com H. H. Donaldson e Jacques Loeb por seus mestres. Após três anos letivos e três verões, doutorou-se em Filosofia em 1903.

Embora, como estudante, tivesse desenvolvido certo interesse pela Filosofia, disciplina em que se graduou, tornou-se-lhe evidente que esse tipo de pensamento "não se consolidaria nele por muito tempo". O próprio Watson explicou sucintamente (1936, pág. 274):

> Aproveitei algo da Escola Britânica de filósofos — principalmente de Hume, um pouco de Locke, um pouco de Hartley, nada de Kant e, por estranho que pareça, ainda muito menos de John Dewey. Nunca entendi sobre o que é que ele estava então falando e, infelizmente para mim, continuo sem saber.

Durante sua permanência em Chicago, Watson trabalhou, sobretudo, com sujeitos animais. Umas três décadas depois, descreveu os seus sentimentos desta maneira (1936, pág. 276):

> Nunca quis empregar sujeitos humanos. Eu mesmo detestava servir como sujeito. Não me agradavam as instruções sufocantes e artificiais dadas aos sujeitos. Sentia-me incomodado e não agia com naturalidade. Com os animais, em compensação, estava no meu elemento. Sentia que, ao estudá-los, mantinha-me perto da biologia e com os pés fincados na terra. E comecei então a pensar que, observando o seu comportamento, poderia descobrir tudo o que os outros investigadores e estudiosos estavam descobrindo mediante o emprego de O's [observadores].

A dissertação de Watson para o seu doutorado baseou-se, portanto, em sujeitos animais. Realizada sob a orientação conjunta de Donaldson e Angell, envolvia a correlação entre a crescente complexidade do comportamento do jovem rato albino e o desenvolvimento da medulação no sistema nervoso central. Um trabalho algo mais conhecido de pesquisa, completado em Chicago, foi a sua análise das pistas sensoriais utilizadas pelo rato numa aprendizagem de labirinto. Aqui, Watson seguiu as técnicas de Small, Morgan e Thorndike, e concluiu, após uma eliminação sistemática dos vários sentidos, que a cinestesia (que ele não pôde eliminar completamente) era o sentido mais básico na aprendizagem de labirinto.

Em 1908, Watson aceitou um cargo de professor de psicologia na Universidade Johns Hopkins. Aí continuou suas pesquisas experimentais de laboratório com animais; colaborou com Yerkes (que freqüentou por algum tempo a escola médica da Johns Hopkins) na construção de um aparelho para provar as aptidões visuais dos animais; realizou trabalhos teóricos e práticos com Jennings e, segundo parece, registrou um progresso profissional bastante satisfatório.

De acordo com a sua própria afirmação, Watson tinha começado desde muito cedo a pensar em termos mais francamente objetivos. As suas pesquisas animais em Chicago estimularam-no à sua primeira formulação, em conjunto com um colega da Universidade de Chicago, em 1903 (J. B. Watson, 1929, prefácio); essa formulação não foi encorajada. Segundo parece, a principal objeção que lhe foi feita nessa época foi que a formulação se aplicava a animais mas não a seres humanos. A sua primeira expressão pública teve lugar numa conferência que proferiu, em 1908, na Universidade de Yale, quando voltou a ser desencorajado, desta vez com o argumento de que a sua formulação era descritiva e não explicativa. Finalmente, em 1912, propôs uma expressão mais definitiva, no decorrer de algumas conferências públicas proferidas na Universidade de Colúmbia. A primeira publicação polêmica, um artigo intitulado "Psychology as the Behaviorist Views It" (A Psicologia como o Behaviorista a Vê), apareceu no ano seguinte em um número da *Psychological Review* e marcou o lançamento oficial da escola behaviorista.

Eis a tônica de posição original de Watson (1913b, pág. 158):

> A psicologia, tal como o behaviorista a vê, é um ramo puramente objetivo e experimental da ciência natural. A sua finalidade teórica é a previsão e o controle do comportamento. A introspecção não constitui uma parte essencial dos seus métodos e o valor científico dos seus dados não depende do fato de se prestarem a uma fácil interpretação em termos de consciência. Em seus esforços para obter um esquema unitário da resposta animal, o behaviorista não reconhece a existência de qualquer linha divisória entre o homem e o bruto. O comportamento do homem, com todo o seu refinamento e complexidade, forma apenas uma parte do esquema total de investigação do behaviorista... Parece ter chegado o momento em que a psi-

cologia terá de se descartar de toda e qualquer referência à consciência; em que ela já não necessita iludir-se a si própria, acreditando que o seu objeto de observação são os estados mentais.

Esse primeiro artigo sobre o behaviorismo foi seguido em breve de um outro sobre os conceitos de imagem e afeto (1913a). Watson reduziu as imagens a respostas verbais implícitas e o afeto a ligeiras mudanças vasculares nos órgãos genitais. Veremos mais adiante que Watson foi severamente criticado por essas reduções. Esses dois primeiros artigos foram combinados para formar o capítulo introdutório do seu primeiro livro, *Behavior: An Introduction to Comparative Psychology,* publicado em 1914. Esse livro foi reeditado com uma introdução de R. J. Herrnstein, que nos mostra de uma forma especialmente clara como Watson ignorou primeiro e depois aceitou de braços abertos Pavlov. Herrnstein também descreve muito bem as relações do pensamento de Watson com o de Tolman, Hull e Skinner.

Em 1919, Watson publicou um outro livro, *Psychology from the Standpoint of a Behaviorist.* Este volume completou o programa delineado em seus trabalhos anteriores. Os métodos objetivos foram definitivamente ampliados ao estudo dos problemas do comportamento humano. O comportamento verbal era aceito como dados mas a introspecção foi rejeitada. (Esta distinção levou seus críticos a fazerem-lhe veementes acusações de incoerência.) A tônica era sobre os fatores genéticos e a revisão de 1924 forneceu resultados pormenorizados do trabalho de Watson, no *Johns Hopkins Hospital,* sobre emoções infantis e condicionamento emocional.

Watson opinava que, como disciplina científica, a psicologia precisava romper completamente com o passado. Assim declarou (1929, pág. 3):

> [A psicologia] teve uma partida em falso com Wundt ... porque não enterrou o seu passado. Tratou de apegar-se à tradição com uma das mãos, enquanto que, com a outra, puxava para o lado da ciência. Antes que a astronomia pudesse progredir, foi preciso enterrar a astrologia; a neurologia teve de enterrar a frenologia; e a química teve de enterrar a alquimia. Mas as ciências sociais, a psicologia, a sociologia, as ciências políticas e a economia, não quiseram enterrar os seus "bruxos e curandeiros".

Em 1920, Watson divorciou-se e casou com Rosalie Raynor, a moça com quem ele fizera o seu famoso trabalho experimental sobre crianças. A publicidade em torno do caso foi sensacionalista. Watson foi convidado a renunciar à sua cátedra na Johns Hopkins; ele assim fez e nunca mais voltou à vida acadêmica. Desgostou-o profundamente o modo como os seus colegas tinham permitido que as opiniões sobre a sua vida pessoal influenciassem em sua carreira acadêmica e científica. Ingressou no campo da publicidade, onde permaneceu até retirar-se da vida ativa. Durante muitos anos, entretanto, continuou realizando conferências em Nova Iorque e publicando seus escritos sobre temas psicológicos. Em 1925, apareceu *Behaviorism,* coletânea de uma série de conferências que destaca fortemente a importância do meio e propõe um programa positivo para o aperfeiçoamento dos seres humanos. Foi esse o livro que provocou mais atenção, tanto favorável como desfavorável, por parte do público leigo. Watson continuou publicando ocasionalmente, incluindo um livro sobre assistência infantil e numerosos artigos de divulgação. Contudo, teve o cuidado de sublinhar, em sua autobiografia (1936), a falta de adequação científica desses últimos escritos. Depois de meados da década de 1920, Watson nada mais produziu de novo ou significativo. Esse homem, cujos pronunciamentos sistemáticos exerceram tamanha influência no curso da psicologia, abandonou completamente a atividade profissional como psicólogo. Seja qual for a nossa posição sistemática, devemos lamentar a perda prematura e desnecessária de uma figura cuja vitalidade e clareza de expressão impuseram tanta atenção e (dependendo das inclinações de cada um) tanta admiração ou assombro. Watson viu-se essencialmente relegado à sucata científica com 42 anos de idade, quando muitos psicólogos famosos estavam justamente chegando ao auge de suas capacidades.

BEHAVIORISMO WATSONIANO: CRITÉRIOS SISTEMÁTICOS

Definição de Psicologia

Para Watson, a psicologia era (1929) "aquela divisão da ciência natural que toma o comportamento humano — as ações e as verbalizações, tanto aprendidas como não-aprendidas, das pessoas como seu objeto de estudo" (pág. 4). Não há necessidade alguma de mencionar a vida psíquica ou a consciência: ambas são "puras suposições". Watson incluiu claramente a verbalização como um tipo de comportamento (1925): "*Dizer* é fazer — isto é, *comportar-se*. Falar abertamente ou para nós próprios (pensar) é um tipo de comportamento tão objetivo quanto o beisebol" (pág. 6).

O behaviorismo de Watson tinha dois objetivos específicos: conhecido o estímulo, prever a resposta: e prever (na realidade, *pós-ver*) o estímulo, conhecendo a resposta. Os termos *estímulo* e *resposta* representavam, para Watson, conceitos mais amplos do que as suas definições usuais permitem. Assim (1925, págs. 6 e 7):

A regra, ou vara de medir, que o behaviorista tem sempre à sua frente é: Posso descrever este fragmento de comportamento que estou vendo em função de "estímulo e resposta"? Por estímulo, entendemos qualquer objeto no meio geral ou qualquer mudança nos próprios tecidos, devida à condição fisiológica do animal, como a mudança que obtemos quando se impede a atividade sexual do animal, quando o impedimos de comer ou de construir um ninho. Por resposta, entendemos tudo o que o animal faça — como a reação de se aproximar ou afastar de uma luz, saltar quando escuta um som e as atividades mais altamente organizadas, como edificar um arranha-céu, traçar planos, ter filhos, escrever livros etc.

Postulados

Os pressupostos de Watson foram enunciados direta e cuidadosamente, embora não necessariamente na forma de postulados. Os mais importantes podem ser resumidos da seguinte maneira:

1. O comportamento compõe-se de *elementos* de resposta e pode ser cuidadosamente *analisado* por métodos científicos, naturais e objetivos.
2. O comportamento compõe-se *inteiramente* de *secreções* glandulares e *movimentos* musculares; portanto, é basicamente redutível a processos físico-químicos.
3. Existe uma resposta imediata, de alguma espécie, a todo e qualquer estímulo eficaz; toda e qualquer resposta tem alguma espécie de estímulo. Assim, existe no comportamento um rigoroso *determinismo* de causa-e-efeito.
4. Os processos conscientes, se é que existem, não podem ser *cientificamente* estudados; as alegações sobre a consciência representam tendências sobrenaturais e como remanescentes das fases teológicas e pré-científicas da psicologia devem ser ignoradas.

Um certo número de pressupostos secundários, relacionados com a natureza do pensamento, o papel do meio etc. será estudado numa seção subseqüente, visto que não são essenciais para a argumentação behaviorista central.

Natureza dos Dados

O caráter dos dados, para o behaviorismo, já foi indicado, de um modo razoavelmente claro, no material incluído sob os dois critérios precedentes. Resumidamente, são sempre relatos objetivos — de movimentos musculares ou secreções glandulares, no tempo e no espaço; esses relatos devem ser sempre, pelo menos em princípio, analisados quantitativamente, e as relações estímulo-resposta constituem as unidades de descrição (embora possam ser unidades em grande escala, como "edificar um arranha-céu", e não apenas "crispações musculares").

Princípios de Conexão

Inicialmente, Watson adotou apenas, como princípios de conexão, uma versão mais antiga do associacionismo: as leis de freqüência e recenticidade, pondo de lado o aspecto de "efeito" que Thorndike havia adicionado. Ao que parece, Watson via no efeito uma influência excessiva das velhas atitudes mentalistas, se bem que, como já assinalamos, seja possível uma interpretação estritamente objetiva e operacional. Watson enfatizou que a resposta bem sucedida deve sempre ocorrer e terminar o comportamento; a réplica de Thorndike foi que, muito freqüentemente, certos erros, como entrar num beco sem saída mais popular, num labirinto, ocorriam muito mais vezes do que a correspondente resposta correta. Subseqüentemente, Watson transferiu a sua ênfase para o condicionamento clássico, tal como fora demonstrado por Pavlov e Bechterev em laboratório (ver o Capítulo 4). Watson acabou reconhecendo ser essa a base para toda a aprendizagem; os hábitos mais complexos podiam ser concebidos, mais apropriadamente, como combinações e cadeias de reflexos mais simples. É interessante que, como assinala Woodworth (1948, pág. 88), apesar do seu entusiasmo pelo condicionamento clássico, Watson nunca tenha reconhecido, ao que parece, a enorme semelhança existente entre o reforço pavloviano e o efeito thorndikeano; continuou aferrado a uma lei do exercício (fatores de freqüência e recenticidade), embora aceitando os princípios do condicionamento clássico e usando-os até em seus experimentos sobre o condicionamento emocional infantil.

Princípios de Seleção

Watson pressupôs a existência de um grande número de tendências de reação, de caráter hereditário, à estimulação, assim como a transformação "quase imediata" dessas tendências, por condicionamento, em outras mais complicadas e individualmente diferenciadas. Assim escreveu êle (1925, pág. 13):

> Um dos problemas do behaviorismo é aquilo a que poderíamos chamar a amplitude cada vez maior dos estímulos a que um indivíduo responde. De fato, isso é tão notável que, à primeira vista, poderíamos duvidar da formulação que apresentamos acima, a saber, que a resposta pode ser prevista. Se observarmos o crescimento e desenvolvimento do comportamento no ser humano, verificaremos que, enquanto uma grande quantidade de estímulos provoca respostas no recém-nascido, muitos outros estímulos não o fazem. Em todo o caso, não provocam a mesma resposta que suscitarão mais tarde. Por exemplo, não iremos muito longe se mostrarmos a um bebê recém-nascido um lápis, uma folha de papel ou uma partitura impressa de uma sinfonia de Beethoven... Dado que o condicionamento tem lugar muito cedo na infância, o problema de prever uma determinada resposta será sumamente difícil para o behaviorista.

Assim, Watson sustentou que a seletividade da resposta e do estímulo suficiente depende unicamente das conexões E-R, inatas e adquiridas. A seleção não constitui um problema ímpar. Os mais antigos conceitos mentalistas de intenção e valor são eliminados como explicações.

O Problema Mente-Corpo

A solução do problema mente-corpo proposta por Watson constitui o próprio âmago do que tem sido chamado behaviorismo *radical* ou *metafísico*. Historicamente, a questão mente-corpo teve importância considerável, especialmente no que diz respeito à controvérsia sobre o behaviorismo. Por isso trataremos o problema com certa extensão. Há dez anos, a questão parecia estar morta e não se prestar mais a controvérsias, com a posição behaviorista dominando completamente, pelo menos no campo da psicologia. Hoje, a questão foi reanimada (Wann, 1964) pelos fenomenologistas e existencialistas, e a inexpugnabilidade total da posição behaviorista é novamente alvo de debate. Não obstante, concordamos com o ponto de vista mais fraco (que Watson subscreveu, por vezes), segundo o qual não existe, atualmente, uma metodologia adequada que possa fazer da mente um objeto direto de estudo.

É lamentável que a ênfase dada por Watson à questão mente-corpo tenha contribuído para preservá-la como um problema para a psicologia. Séculos de esforço filosófico pouco produziram de valor científico, no tocante a esse problema filosófico. Ninguém formulou um conceito de mente em termos tais que requeira a atenção do cientista; o seu único significado legítimo para fins científicos é o de um construto, o que quer dizer que a mente não tem um *status único* como objeto de estudo. As questões científicas são, fundamentalmente, questões de fato; isto significa que deve existir alguma base empírica para aceitar ou rejeitar os enunciados, com o resultado de que esses enunciados ganham aceitação científica ou são rejeitados. Ainda não existem enunciados fatuais sobre a questão mente-corpo. Se surgirem, eventualmente, dados empíricos que exijam a formulação de um conceito como o de mente para seu exame e explicação, a mente passará então a ser um campo de interesse da psicologia. Hoje, não estamos sequer em posição de formular perguntas cientificamente úteis a respeito da mente, para não falarmos já de soluções. Enquanto não existirem dados pertinentes, o psicólogo continuará estudando o que puder estudar, sem se preocupar com a sua classificação ou relação com o problema mente-corpo.

Contudo, os behavioristas confessos sentiram a necessidade de adotar alguma posição mais positiva. Não desejavam estudar a consciência ou a mente e, portanto, queriam negar a sua importância; isto só poderia ser feito se aceitassem alguma posição adequada na questão mente-corpo. Das posições existentes (ver Quadro 2-2), havia duas que se ajustavam melhor aos seus propósitos. Primeiramente, um ponto de vista epifenomenal implicaria que a consciência não tem eficácia causal e, portanto, seria de escasso interesse para a ciência; a consciência podia ou não acompanhar os eventos corporais e seria de pouca importância. De acordo com esta posição, a mente teria um papel comparável ao de uma sombra; amiúde mas não sempre, acompanharia e mais ou menos seguiria o contorno do objeto físico (corpo), com o qual está relacionada mas, em si mesma, não teria substância alguma e não suscitaria efeitos causais sobre os objetos físicos que a produzem (isto é, não interatuaria). Esta analogia com a sombra, como todas as analogias, é imperfeita mas serve para esclarecer a natureza geral do ponto de vista epifenomenal.

Em segundo lugar, um monismo completamente físico negaria a própria existência da mente e, deste ponto de vista, serviria admiravelmente aos propósitos do behaviorismo.

Os primeiros pronunciamentos de Watson foram de um tipo menos extremo. Por exemplo (1913b, pág. 174):

> Será postergado, em psicologia, um mundo de puro psíquico, para usar o termo de Yerkes? Confesso que não sei. Os planos que eu mais favoreço para a psicologia levam, praticamente, a ignorar a consciência, no sentido em que o termo é usado hoje pelos psicólogos. Virtualmente, neguei que esse reino do psíquico esteja aberto à investigação experimental. De momento, não desejo ir mais além, pois cairia, inevitavelmente, na metafísica. Se ao behaviorista for concedido o direito de usar a consciência, tal como os outros cientistas naturais a empregam — isto é, sem fazer da consciência um objeto especial de observação — terá sido concedido tudo o que a minha tese requer.

Outras expressões deste ponto de vista podem ser encontradas nos escritos de Walter Hunter e A. P. Weiss. Hunter, por exemplo, disse (1926, pág. 89):

> Uma breve inspeção dos escritos de qualquer behaviorista será bastante para convencer o leitor de que ele não é cego, surdo, anôsmico, agêusico ou anestésico. Ele vive e admite francamente que vive, no mesmo mundo de objetos e acontecimentos que o psicólogo e o leigo reconhecem. Tratemos, pois, de deixar de ouvir do psicólogo que o seu oponente nega a existência dessas coisas.

Weiss também aceitou a realidade dos processos conscientes, ainda que somente como epifenômenos. Sustentou ele (1917) que "... a consciência (a totalidade das nossas sensações, imagens e afetos) é uma experiência puramente pessoal e não tem qualquer valor ou validade científico, a menos que se *expresse* em alguma forma de comportamento, como a fala ou outra forma de representação" (pág. 307). A posição geral aqui enunciada é que os fatos físicos do comportamento são suficientes; os correlatos "mentais" desses fatos são supérfluos e carentes de idoneidade.

A aceitação desse behaviorismo metodológico coloca o behaviorista na posição algo embaraçosa de admitir que a experiência existe, ainda que de um modo impreciso, mas não é suscetível de ser atacada pelos instrumentos científicos. Assim, ante o dilema de admitir que existem certos fatos psicológicos que as técnicas da ciência natural não podem explicar ou de negar a existência de tais fatos alegados, o behaviorista radical — seguindo Watson — opta pela segunda alternativa: a negação explícita da existência de quaisquer correlatos conscientes para as informações introspectivas.

Em 1924, Watson parece ter chegado a essa alternativa. Por exemplo, em seu debate com McDougall (J. B. Watson e McDougall, 1929), ele afirmou que a consciência "nunca foi vista, tocada, cheirada, saboreada ou movida. É uma suposição pura e simples, tão indemonstrável quanto o velho conceito de alma" (pág. 14). E, num trecho mais extenso (pág. 26):

> Assim, aquele que introduzir a consciência, quer como epifenômeno ou como uma força ativa que interfere nos acontecimentos físicos e químicos do corpo, fá-lo-á por causa de suas inclinações espiritualistas e vitalistas. O behaviorista não pode encontrar a consciência no tubo de ensaio da sua ciência. Não encontra, em parte alguma, provas de uma corrente de consciência, nem mesmo de uma tão convincente quanto a que foi descrita por William James. Ele encontrará, entretanto, provas convincentes de uma corrente de comportamento em contínua expansão.

Um outro dos primeiros behavioristas, K. S. Lashley, sustentou igualmente uma posição extrema. Em sua única excursão pelo campo da polêmica, escreveu Lashley (1923, págs. 351-352):

> O behaviorista não pode fazer qualquer objeção válida ao método introspectivo enquanto não se pretenda que tal método revela algo distinto da atividade do corpo... Os atributos da mente, tal como definíveis na base de provas introspectivas, são precisamente os atributos da complexa organização fisiológica do corpo humano; e um enunciado destes últimos constitui uma descrição da consciência tão completa e adequada quanto a que seria possível, ao que parece, por qualquer tipo de análise introspectiva.

Este ponto de vista reduz inteiramente a mente às funções fisiológicas e representa, pois, uma posição behaviorista radical.

Houve muitos argumentos behavioristas comuns contra a existência da consciência. Embora os apresentemos, não garantimos a sua validade. Primeiro, as críticas indagaram como podiam ser explicadas as chamadas lacunas na consciência, como as que alegadamente ocorrem durante o sono. O que é que se perde? O que é retorna? Não parece existir qualquer perda física e mensurável. Mas existem diferenças no comportamento. Os behavioristas responderam que a inconsciência (como no caso do sono ou anestesia) significa, simplesmente, que certos percursos neurais estão bloqueados, de modo que a pessoa não pode informar sobre a estimulação.

Segundo, os behavioristas sustentaram que o estímulo é realmente a coisa importante em introspecção e não os alegados correlatos conscientes. A introspecção é, simplesmente, um modo de relatar o que foi aprendido pelo treino de linguagem. As situações em que os termos "errados" são aprendidos são situações instrutivas; por exemplo, se uma pessoa daltônica chama "cinzento" a um estímulo "vermelho", isso só está errado porque não é coerente com a maioria dos outros relatos lingüísticos sobre o mesmo estímulo.

Terceiro — e mais importante — os behavioristas argumentaram que a suposição de que eventos não-físicos possam interatuar com eventos físicos viola o princípio de conservação da energia. A Física ensina-nos que a energia não é criada nem destruída nos sistemas físicos; é apenas transformada. Toda a energia existente nos sistemas físicos pode ser fisicamente explicada; nada se ganha de qualquer sistema não-físico ou nada se perde para ele. Se os eventos conscientes afetassem o corpo ou seus processos fisiológicos, então teriam de fazê-lo acrescentando ou subtraindo energia ou massa. Mas isto é impossível, de acordo com o princípio de conservação de energia, que dificilmente pode ser derrubado na base de velhos dogmas teológicos ou filosóficos. Assim, o fato da experiência, o processo alegadamente mental, não pode influir sequer nos esforços musculares necessários à articulação da fala. E se as idéias *podem* influenciar músculos, então elas próprias devem ser também eventos físicos que ocorrem no sistema nervoso e, por conseguinte, não-mentais.

Para desenvolver as implicações decorrentes dessa argumentação, o behaviorista radical eliminou então ambas as principais posições dualistas, da seguinte maneira: Se aceitarmos a mente, por mera hipótese, para fins de argumentação, então ela deve (1) afetar o comportamento (interacionismo) ou (2) não afetar o comportamento (paralelismo). Mas, se (1) for verdade, então é violada a lei de conservação de energia, que na Física permanece inviolada. Se (2) é certo, como pode alguém dizer que tem uma "idéia", a menos que o dizê-lo seja induzido pela própria "idéia", o que, de acordo com (2), não pode ser? A crença num tal conjunto de coincidências bem coordenadas excede os limites da credulidade e a suposição de alguma força coordenadora exterior — como Deus (ocasionalismo) — é cientificamente inaceitável. Assim, a existência de idéias só pode ser provada se elas afetarem o sistema nervoso mas, para tanto, elas devem estar dentro do sistema físico e isto é perfeitamente satisfatório para o behaviorista, pois significa que as idéias deixaram de ser "mentais".

Finalmente, os behavioristas insistiram em que o princípio de conservação de energia pode ser aplicado à concepção epifenomenal. Se aceitarmos os correlatos conscientes como eventos estritamente não-causais, eles devem, não obstante, ser produzidos por eventos físicos. Mas isto significa que é usada energia para produzi-los; de que outra forma poderiam operar os eventos físicos? Um tal dispêndio de energia, sem perda física demonstrável de energia ou de massa, é igualmente incompatível com os princípios físicos geralmente aceitos.

O behaviorista radical voltou-se, pois, para um rigoroso monismo físico, de acordo com o qual o "mental" é, meramente, uma descrição do modo como os eventos físicos funcionam e a consciência não tem uma existência independente ou particular.

O PROGRAMA EXPERIMENTAL DE WATSON

Embora os primeiros trabalhos de Watson se relacionassem com problemas animais, como indicamos acima, o melhor exemplo de seu programa behaviorista experimental é, provavelmente, a pesquisa que realizou sobre o condicionamento e recondicionamento das reações emocionais em crianças pequenas. Esse trabalho também representa o melhor exemplo da aplicação da técnica de condionamento por qualquer dos primeiros behavioristas clássicos. As pesquisas iniciais foram descritas, da maneira mais abrangente e compreensiva, pelo próprio Watson, em três estudos incluídos no volume *Psychologies of 1925,* e a exposição que se segue foi derivada, principalmente, desses relatos.

Apoiando-se no vantajoso ponto de partida fornecido pelos extensos estudos de comportamento durante os períodos fetal e pós-natal em animais, Watson iniciou o estudo comparativo de crianças muito pequenas, num esforço para determinar a espécie e variedade de comportamento congênito que pudesse ser idoneamente identificado e presumivelmente herdado. Afirmou ele que realizou para isso "observações quase diárias" de muitas centenas de crianças, durante os seus primeiros trinta dias de vida pós-natal, e um número menor durante períodos mais prolongados da infância. O resultado dessas observações foi um catálogo do "equipamento inato do ser humano jovem", segundo as próprias palavras de Watson. Foi elaborada uma extensa lista de comportamento, com descrições objetivas para cada um deles; mas as únicas observações experimentais ou semi-experimentais dessa época envolveram um interessante trabalho sobre os fatores causais do predomínio de uma ou outra mão, realizado com vinte bebês. A conclusão de Watson (1926a) foi que "... não existe uma diferenciação fixa de respostas para uma ou outra mão, até que o uso social comece a estabelecer o predomínio de uma delas" (pág. 29).

Watson também se interessou no estudo genético (longitudinal) da vida emocional do bebê e da criança. Também neste caso aplicou a técnica objetiva de descrição do comportamento, desta vez, de um modo intensivo, com uma amostra de crianças de três anos. Watson verificou, sem muita surpresa, que a maioria das crianças de três anos está cheia de reações emocionais inúteis e, de fato, perniciosas. Não contente com o que descreveu como a interpretação historicamente ortodoxa, segundo a qual esse comportamento emocional seria herdado, Watson percebeu a necessidade de novas técnicas experimentais. Não tardou em descobrir que as crianças provenientes de lares típicos não davam bons sujeitos para o estudo da origem das emoções. A óbvia necessidade de antecedentes emocionais controlados, em tais sujeitos, foi suprida pelo uso de "crianças fortes e saudáveis, entregues a amas-de-leite em hospitais, e outras crianças criadas em família mas sob a vigilância dos experimentadores" (1926a, pág. 42). Com esses sujeitos, instituiu uma prolongada série de testes simples, que consistiam, primordialmente, na apresentação de várias espécies de animais, tanto no jardim zoológico como no laboratório. Watson não pôde encontrar prova alguma de medo e concluiu que as explicações sobre o caráter herdado das respostas emocionais a esses estímulos eram falsas.

Em conseqüência de ulteriores observações semi-experimentais, uma das mais conhecidas contribuições dessa fase do programa de Watson foi a sua descrição das condições básicas de que poderia depender, idoneamente, a produção do medo, ira e amor nos bebês. Como a grande maioria dos estudantes de psicologia geral elementar sabe, Watson descobriu que o medo era produzido por sons fortes e súbita perda de apoio; a ira, pelos obstáculos ao movimento corporal; e o amor pelas cócegas, palmadinhas, balanço e carícias na pele.

A pesquisa pioneira de Watson constituiu um avanço e uma estimulação para as investigações subseqüentes. Bridges (1932) pôs em dúvida a capacidade do bebê para discriminar diferentes emoções e os seus resultados mostraram que a única distinção segura era a que existia entre um estado de excitação geral e um estado de repouso ou sossego. Hoje, é geralmente aceito que os adultos não podem formular juízos idôneos da emoção que é manifestada por um bebê, a não ser que tenham conhecimento da situação estimulante (por exemplo, um beliscão ou uma carícia). Apesar da modificação das conclusões de Watson sugerida por pesquisas ulteriores, a sua tese básica de que as crianças muito pequenas mostram muito poucas variedades de comportamento emocional inato nunca foi contraditada.

A partir de 1918, relata Watson, realizou experimentos destinados a determinar alguns dos fatores subjacentes na aquisição e perda de respostas emocionais em crianças. "No início, tivemos certa relutância em realizar tais experimentos", disse Watson (1926b), "mas a necessidade desse tipo de estudo era tão grande que decidimos, finalmente, experimentar a possibilidade de fabricar medos na criança e depois, ulteriormente, estudar métodos práticos para removê-los" (pág. 51). Watson descobriu que era relativamente fácil estabelecer o medo num sujeito, mediante um simples procedimento de condicionamento. Esse aspecto da pesquisa foi completado pela demonstração de que a resposta condicionada de medo se espalhava ou generalizava a estímulos semelhantes mas previamente neutros, de um modo comparável ao que se verificava com outras espécies de respostas condicionadas sem componentes emocionais.

Finalmente, Watson voltou-se para o problema de eliminar os medos condicionados. Uma variedade de técnicas correntemente usadas foi ensaiada, primeiro, experimentalmente, em sujeitos em que tinham sido produzidos medos condicionados: desuso, exortações verbais, aplicações freqüentes do estímulo de medo, uso de um modelo social (livre de medo). Nada disso teve eficácia. Então, num experimento realizado por Mary Cover Jones sob a direção de Watson, a técnica de descondicionamento, ou recondicionamento, provou claramente a sua eficácia, ao ser aplicada intensivamente a um sujeito. Isso foi conseguido, enquanto a criança comia, colocando-se o estímulo condicionado provocador de medo a uma certa distância, de modo a não suscitar uma reação de medo. Depois da apresentação diária do estímulo (um coelho) em pontos cada vez mais próximos, sobre a comprida mesa da sala de jantar, a criança foi capaz, finalmente, de agarrá-lo, enquanto continuava comendo. As respostas generalizadas de medo a objetos semelhantes também foram eliminadas, como se provou, por esse mesmo procedimento.

Watson concluiu que os resultados preliminares dessa pesquisa demonstravam que a organização emocional está sujeita às mesmas leis dos outros hábitos; congratulou-se por ter colocado o estudo da emoção numa base científica natural. Sem dúvida, estava certo ao afirmar que a sua formulação levaria a mais pesquisas do que a anterior formulação do problema da emoção, por James, tinha conseguido.

CARACTERÍSTICAS SECUNDÁRIAS DO BEHAVIORISMO WATSONIANO

Hoje, considera-se que as características metodológicas da posição behaviorista são as mais básicas, por causa da ampla aceitação do ponto metodológico e da rejeição de outros pontos ou da controvérsia em torno destes últimos. Os aspectos secundários do pensamento de Watson não estão subentendidos na palavra *behaviorista*. Entretanto, grande parte do ataque ao behaviorismo foi dirigido a esses pontos secundários e são, muitas vezes, confundidos ou misturados, indiscriminadamente, com as características primárias (ver Koch, 1954, págs. 5-6).

É mais seguro distinguir as proposições decisivas das secundárias. Por exemplo, embora seja natural que o behaviorista considere o pensamento como um processo periférico facilmente acessível à observação behaviorista, não é necessário que se aceite o periferismo de Watson para continuar sendo um "bom" behaviorista metodológico. Características como essa são tratadas como secundárias. Examinaremos o desenvolvimento lingüístico e o pensamento, o papel dos fatores ambientais no comportamento, o determinismo e a responsabilidade pessoal, como exemplos de características secundárias.

Desenvolvimento Lingüístico e Pensamento

Por causa do seu uso como exemplo de uma interpretação behaviorista de um conceito mentalista, a teoria do desenvolvimento da linguagem desempenha um papel básico no pensamento behaviorista. Eis o que ela nos diz: Primeiramente, muitas sílabas distintas são naturalmente produzidas pelo aparelho fonador normal de qualquer criança. A instigação normal para a primeira dessas emissões vocais — por exemplo, o som comum *dá* — é, provavelmente, algum estímulo fisiológico obscuro. Finalmente, uma *resposta condicionada circular* acaba por se estabelecer em resultado da concorrência do som *dá* com a sua elocução. Isto é, a criança ouve *dá* enquanto o diz e o próprio som converte-se num estímulo condicionado para a elocução — circular porque se perpetua a si mesmo, obviamente. Deste modo se desenvolve o balbuciar que é característico das primeiras vocalizações; a criança só suspende a seqüência de sílabas repetidas quando é distraída por algum outro estímulo mais forte ou quando fica cansada. Em segundo lugar, a mãe ou algum outro adulto ouve esse balbuciar e repete o som, assim produzindo o estímulo condicionado e fazendo com que a criança o repita. Desta maneira, a criança depressa aprende a imitar muitos dos sons que a mãe emite — ou, pelo menos, uma aproximação dos mesmos. Finalmente, a mãe mostra à criança um objeto, como uma boneca (em inglês, *doll*), enquanto repete a sílaba apropriada. Assim, desenvolvem-se novas conexões entre os estímulos visuais e os sons correspondentes. O processo ulterior de desenvolvimento da linguagem é uma longa e contínua elaboração e refinamento desse processo básico.

As provas da solidez dessa interpretação geral foram aduzidas de casos de surdos-mudos — crianças surdas de nascença cujo balbucios iniciais não são continuados e que não aprenderam a falar, presumivelmente, por causa da ausência dos normais estímulos condicionados auditivos. Com as crianças normais, o behaviorista pode assinalar também a ocorrência comum de pais que usam o chamado "linguajar infantil" para se comunicar com seus filhos pequenos.

Em tudo isto, insiste o behaviorista em assinalar, nada mais existe do que ligações e religações cerebrais, não sendo necessário recorrer a eventos mentais. A criança aprende a dizer *blue* (azul) ou *red* (vermelho) ou *green* (verde), ou *loud* (alto) ou *shrill* (agudo) ou *bass* (grave), por causa do condicionamento de eventos cerebrais e não por causa de experiências sensoriais, como as sensações. Watson, pessoalmente, preferia evitar a velha terminologia, contaminada de conotações mentalistas; mas Weiss e alguns behavioristas menos radicais estavam dispostos a empregar os antigos termos, dotando-os de novos significados behavioristas.

Watson ampliou essa interpretação ao campo do pensamento, considerado um comportamento implícito ou encoberto. Tal comportamento consiste em tendências para os movimentos musculares ou secreções glandulares que não podem ser diretamente observáveis pelas técnicas usuais de observação mas que, não obstante, desempenham um importante papel na ativação ou mediatização de outro comportamento mais manifesto (por exemplo, as *correntes de ação* captáveis na musculatura por meio de dispositivos eletrônicos, na ausência de quaisquer movimentos manifestamente observáveis. À medida que se desenvolvem as funções da linguagem na criança, a partir dos dois anos de idade, grande parte da sua atividade motora tende a fazer-se acompanhar de uma descrição verbal mais ou menos completa. Por exemplo, quando come, a tendência da criança é para dizer "Joãozinho come" ou coisa parecida. Sob as pressões dos pais e outros adultos, entretanto, a criança é forçada a reduzir, gradualmente, essas elocuções, que são geralmente encaradas com desagrado. Ela inclina-se, então, para a fala silenciosa — ou pensamento — que atinge sua expressão máxima na idade adulta.

O adestramento passado, na forma de condicionamento, explica tanto o comportamento corporal manifesto' como as respostas lingüísticas, manifestas ou implícitas. Se os aspectos de comportamento manifesto são inibidos, as respostas em linguagem implícita poderão ainda ser mantidas; diz-se então que a pessoa está pensando. Assim, o pensamento é, primordialmente, um comportamento por tentativa e erro do mecanismo laríngeo (ou, como um humorista epigramaticamente disse, Watson "botou a traquéia para pensar porque não tinha mente"). Entretanto, Watson assinalaria ainda que, sob certas condições, o comportamento lingüístico desse tipo também poderia ser suprimido e, nesse caso, o pensamento continuaria na forma de atividades corporais manifestas ou de reações viscerais. Uma posição watsoniana mais recente seria, portanto, que pensamos com todo o nosso corpo. Em virtude das fracas conexões existentes entre as séries viscerais e laríngeas de mudanças musculares, as respostas do pensamento visceral são, em grande parte, não-verbalizadas. Portanto, são fundamentalmente importantes no pensamento de um tipo não-verbalizado (tendências determinantes, palpites e intuições, sensações de familiaridade, de estranheza, quase-familiaridade, certeza etc.). Se bem que o pensamento ocorra, primordialmente, em termos verbais, também pode adotar outras formas.

A posição de Watson sobre o controle do desenvolvimento do pensamento não-verbalizado foi bem resumida no seguinte enunciado (1956b, pág. 56):

> Por vezes, quero desenvolver a tese de que a sociedade nunca foi capaz de dominar essas nossas reações viscerais e glandulares implícitas, caso contrário já as teria adestrado em nós, porque, como todos sabem, a sociedade tem uma grande propensão para regularizar todas as nossas reações. Daí que a maior parte das nossas reações adultas manifestas — a nossa fala e os movimentos de nossos braços, pernas e tronco — está adestrada e habitualizada. Entretanto, a sociedade não pode apossar-se do comportamento visceral e promulgar leis e regulamentos para a sua integração, em virtude da natureza encoberta desse comportamento. Segue-se, como corolário, que não temos nomes, não dispomos de palavras, para descrever essas reações. Elas permanecem não-verbalizadas.

Embora Watson sustentasse uma teoria essencialmente periférica de pensamento, com ênfase sobre as reações musculares e as tendências para elas, outros behavioristas levaram o pressuposto de uma progressiva supressão das ações musculares à sua conclusão lógica. Isto significou uma teoria central do pensamento que envolve unicamente estados cerebrais. Seja como for que este problema seja finalmente resolvido, não afetará os postulados metodológicos do behaviorismo mas, tão-só, a elaboração watsoniana dos mesmos. O tratamento do comportamento verbal por B. F. Skinner (1957b) mostra que a posição behaviorista básica de Watson, no que diz respeito à linguagem e ao pensamento, mantém hoje muita de sua vitalidade.

A Importância Atribuída ao Meio

Se bem que, nos seus primeiros escritos, Watson aceitasse a importância das tendências comportamentais herdadas, seus trabalhos ulteriores passaram a dar maior ênfase ao papel do meio na formação do comportamento humano adulto. Declarou que o conceito de instinto já não era necessário em psicologia mas esforçou-se por deixar bem claro que não duvidava do importante papel das *estruturas* herdadas. O desempenho dependia, pois, do modo como o meio atuava sobre tais estruturas. Watson procurou esclarecer a sua posição no seguinte exemplo (1926a, pág. 2):

> O behaviorista *não* diria: "Ele herdou a capacidade ou talento de seu pai para ser um excelente esgrimista." O behaviorista dirá: "Esta criança tem, certamente, a compleição esguia de seu pai, o mesmo tipo de olhos, a mesma agilidade... Também tem a compleição de um esgrimista." E dirá ainda: "... e seu pai tem pelo filho um grande carinho. Colocou-lhe na mão uma pequena espada, quando ele tinha apenas um ano de idade, e em todos os passeios que dão juntos fala-lhe sobre a arte de esgrimir, ataque e defesa, o código do duelo e coisas parecidas." Um certo tipo de estrutura mais um adestramento desde muito cedo — *inclinação* — explicam o desempenho adulto.

Ao enfatizar a importância dos fatores ambientais, Watson assinalou a grande variedade de características e hábitos humanos associados a diferentes climas e culturas. Embora reconhecendo as limitações dos dados existentes, ele achou que todo e qualquer bebê humano normal tinha potencialidades essencialmente semelhantes. Esse pressuposto levou-o a fazer previsões que despertaram fortes ataques dos seus críticos. Por exemplo, Watson afirmou (1926a): "Estou perfeitamente confiante em que a criação cuidadosa de um bebê *saudável e bem formado,* nascido de uma longa ascendência de vadios, assassinos, ladrões e prostitutas, teria, em última instância, um resultado favorável. Quem possui provas em contrário?" (pág. 9). Depois, indo reconhecidamente além dos fatos, Watson formulou então um desafio pelo qual é famoso (1926a, pág. 10):

> Gostaria de avançar mais um passo esta noite e dizer: "Dêem-me uma dúzia de crianças saudáveis, bem formadas, e um ambiente para criá-las que

eu próprio especificarei, e eu garanto que, tomando qualquer uma delas ao acaso, prepará-la-ei para tornar-se qualquer tipo de especialista que eu selecione — um médico, advogado, artista, comerciante e, sim, até um pedinte e ladrão, independentemente de seus talentos, pendores, tendências, aptidões, vocações e raça de seus ancestrais." ...É favor notar que, quando esse experimento for realizado, estarei autorizado a especificar o modo como elas serão criadas e o tipo de mundo em que terão de viver.

Determinismo e Responsabilidade Pessoal

No tocante à divergência de longa data entre a ciência, com a sua aceitação de um mundo natural estritamente determinado, e a teologia e diversos tipos de filosofia, em que o livre arbítrio é geralmente aceito, não cabem dúvidas sobre a posição do behaviorismo watsoniano. Como todo o comportamento, incluindo o chamado *voluntário* e envolvendo escolhas, é interpretado em termos físicos, todos os atos estão fisicamente determinados de antemão.

O interesse pessoal de Watson estava menos no problema teórico do determinismo *per se* do que na questão conseqüente ou corolária da responsabilidade pessoal. Com muitos outros psicólogos e sociólogos de inclinação behaviorista, Watson opôs-se fortemente ao pressuposto de que os indivíduos são pessoalmente responsáveis por suas ações, no sentido do livre arbítrio. As implicações dessa convicção têm particular importância em relação a problemas sociais como a criminalidade. O behaviorista aceitava a punição dos criminosos como parte de um sistema geral de controle social mas não na base de uma teoria de retribuição. Em vez de um tratamento retributivo pelo qual um indivíduo desviado da lei tem de pagar por suas violações, Watson defendia um tratamento baseado na necessidade de reeducação do indivíduo. Admitia que, se os criminosos não pudessem ser recuperados para a sociedade — isto é, se não pudesse ser realizado um satisfatório recondicionamento — então eles deviam ser mantidos sob reclusão ou destruídos.

O próprio Watson desenvolveu um programa visionário de progresso social — uma ética experimental, por assim dizer, baseada no behaviorismo. Assim, a sua formação funcionalista dos primeiros tempos (se podemos aplicar um conceito behaviorista à carreira do próprio Watson) manifestou-se por inteiro, sobretudo nas páginas finais de seu livro *Behaviorism,* onde ele afirma (1925, pág. 248):

> Penso que o behaviorismo estabelece as bases para uma existência mais sã. Deve ser uma ciência que prepare homens e mulheres para a compreensão dos princípios fundamentais de seu próprio comportamento. Deve fazer com que os homens e mulheres desejem reorganizar suas próprias vidas e, especialmente, preparar-se para criar seus filhos de um modo saudável. Gostaria de ter tempo para descrever isto de um modo mais completo, para retratar-lhes a espécie de indivíduo maravilhoso e fecundo que faríamos

de toda e qualquer criança saudável, se apenas lhe permitíssemos que se modelara apropriadamente a si mesma e, depois, lhe propiciássemos um universo em que pudesse exercer essa organização — um universo que não estivesse agrilhoado ao folclore lendário de acontecimentos de milhares de anos atrás; que não seja estorvado por uma vergonhosa história política; livre dos costumes e convenções imbecis que não têm, em si mesmos, qualquer espécie de significação mas que cercam o indivíduo como um apertado cinturão de aço.

OUTROS BEHAVIORISTAS IMPORTANTES

Se bem que Watson fosse, indubitavelmente, o primeiro e o mais sistemático dos behavioristas, ele teve numerosos adeptos importantes e, por vezes, de grande veemência. Um deles, Albert P. Weiss (1879-1931), nasceu na Alemanha mas chegou aos Estados Unidos muito jovem. Foi nomeado assistente de Max Meyer que, por sua vez, tinha saído da Universidade de Berlim para estabelecer o laboratório de psicologia da Universidade do Missouri, em 1900. Meyer já foi mencionado como um dos primeiros objetivistas, cuja "psicologia do outro" precedeu o behaviorismo de Watson. Weiss doutorou-se em Filosofia com Meyer em 1916 e desenvolveu uma carreira muito ativa na Universidade Estadual de Ohio. O livro *Theoretical Basis of Human Behavior,* de Weiss, teve sua primeira edição em 1925. Weiss considerava o comportamento redutível, em última instância, redutível a termos físico-químicos. Portanto, a psicologia era, para ele, um ramo das ciências físicas. O primeiro capítulo do seu livro, por exemplo, intitula-se "The Ultimate Elements" (Os Elementos Fundamentais) e consiste numa análise da estrutura da matéria, a natureza da energia, o conceito de força etc.

O leitor não deve ser levado à suposição de que Weiss foi, meramente, um teórico artificial e irrealista. Pelo contrário, foi um dos mais meticulosos e engenhosos dos primeiros behavioristas, certamente muito mais meticuloso do que Watson no tocante à definição de termos e ao desenvolvimento de conceitos. Um único exemplo bastará para indicar essa qualidade do seu pensamento teórico: a sua tentativa de explicação da atividade voluntária (um problema cuja resolução Watson não se deu ao trabalho de tentar). Para Weiss, o problema consistia em determinar que tipo de comportamento está condicionado à palavra *voluntário.* Enquanto que o mentalista diz que a mente faz a escolha, o behaviorista afirma que operam estados fisiológicos cerebrais e que o termo *voluntário* se aplica quando existe algum conflito, pelo menos um conflito potencial, entre as tendências para a ação, associadas a diferentes conjuntos de estímulos. Finalmente, um conjunto de estímulos consegue obter um canal fisiológico desimpedido e um indivíduo faz uma "escolha". É claro, isso está determinado pela experiência pretérita, na medida em que moldou as conexões cerebrais. A "força de vontade", que é alegadamente exercida nas escolhas difíceis, nada mais significava, para Weiss, do que o extravasamento das excitações cerebrais nas tensões motoras, as quais se acumulam porque não lhes é permitido um escoamento imediato. O esforço da "vontade" consiste, simplesmente, em contrações musculares que são, elas próprias, subprodutos da ação cerebral. Assim, o comportamento voluntário não é basicamente diferente de outros tipos mas tem, evidentemente, essa característica adicional da tensão muscular.

Weiss considerou a psicologia uma disciplina biossocial, por causa da natureza das variáveis em que estava interessada. Estabeleceu um programa experimental de pesquisas sobre o comportamento infantil mas a sua morte prematura impediu a sua realização.

Edwin B. Holt (1873-1946) exerceu influência, principalmente, através dos seus livros, que proporcionaram um forte apoio filosófico ao movimento behaviorista. Como Boring assinalou (1950), a maior influência específica de Holt na psicologia contemporânea ocorreu, provavelmente, através do seu papel junto de E. C. Tolman, a quem estimulou numa combinação behaviorista do intencionalismo e da teoria cognitiva. *The Freudian Wish and Its Place in Ethics* foi publicado em 1915, e *Animal Drive and the Learning Process* veio a lume em 1931. Holt era um neo-realista filosófico que tentava integrar as partes essenciais dos movimentos behaviorista e psicanalista ("dinâmico") num único sistema. Doutorou-se em Harvard (1901) e lecionou, subseqüentemente, nessa universidade e em Princeton.

Walter S. Hunter (1889-1953) realizou algumas das mais importantes contribuições metodológicas para o campo da aprendizagem animal. Tal como Watson, Hunter recebeu em Chicago uma formação funcionalista, aí se doutorando em 1912, com Angell e Carr. Depois de lecionar nas universidades do Texas, Kansas e Clark, fixou-se na Universidade Brown de 1936 até a data de sua morte. Na Brown, ele desenvolveu e manteve um pequeno mas ativo departamento de experimentalistas. As suas inovações metodológicas incluíram as tarefas de resposta diferida e de dupla alternação, as quais foram planejadas para investigar as aptidões simbólicas superiores em animais. Hunter estava primordialmente interessado na pesquisa de laboratório e não na teorias mas, apesar disso, tentou impor uma nova designação para a ciência do comportamento: *antroponomia* (1926). Tal como a maioria das inovações terminológicas, esta também não vingou.

Karl S. Lashley (1890-1958) foi um discípulo de Watson e recebeu o seu doutorado na Johns Hopkins em 1915. Posteriormente, esteve nas universidades de Minnesota e Chicago, depois em Harvard e, finalmente, no *Yerkes Laboratory of Primate Biology*. Lashley foi um eminente psicofisiologista e só ocasionalmente se interessou pelos problemas sistemáticos. É mais conhecido por seus trabalhos de extirpação cerebral em ratos, com os quais demonstrou os limites da localização.

Os dois famosos princípios de Lashley — equipotencialidade e ação maciça — são generalizações baseadas nesse trabalho de extirpação. O primeiro princípio declara que uma parte do córtex é essencialmente igual a uma outra, no que diz respeito à sua contribuição para tarefas como a aprendizagem de labirinto. O segundo princípio diz que a eficiência da aprendizagem depende da massa total de córtex que se deixa em funcionamento.

Lashley afastou-se de um quadro de referência E-R para ingressar no da teoria de campo (ver Capítulo 11), em parte como conseqüência do significado teórico de suas próprias descobertas sobre as funções cerebrais. Essa mudança não deve ser interpretada no sentido de que a atitude de Lashley para com a psicologia behaviorista tenha basicamente mudado; a sua posição apenas se alterou a respeito de alguns pontos secundários de Watson. Ele já não acreditava que a análise mais produtiva tivesse de ser efetuada em termos de conexões E-R separadas, as quais fossem fortalecidas através de alguma espécie de processo condicionante.

Floyd H. Allport (1890-) doutorou-se em 1919 em Harvard e, em seu compêndio de Psicologia Social (1924), dedicou-se à divulgação de conceitos behavioristas (por exemplo, a teoria do reflexo condicionado circular no desenvolvimento da linguagem, acima descrita). Allport continuou, na Universidade de Syracuse, a aplicar os princípios behavioristas à psicologia social. Mais recentemente, ele voltou-se para a psicologia dos processos sensoriais (Allport, 1955). Talvez seja mais conhecido por causa da sua descrição da curva J, a qual descreve a distribuição das respostas quando alguma instituição social exerce pressão no sentido de um modo prescrito de resposta. Em tais casos, a maioria das pessoas comporta-se de acordo com a prescrição e o número das que respondem desse modo é responsável pela parte superior da curva J. Outras, porém, distanciam-se da resposta modal, tal como é representada pela parte inferior do J. Um exemplo correntemente citado é o comportamento das pessoas diante de um sinal vermelho: a maioria obedece à pressão social e pára completamente, outras quase se detêm e alguns casos extremos seguem em frente, sem diminuir a marcha.

Z. Y. Kuo (1898-) é um psicólogo chinês que recebeu sua formação nos Estados Unidos (Universidade de Colúmbia). Adotou uma posição extremamente ambientalista (1922, 1924), muito mais radical ainda do que a de Watson. Todos os supostos instintos deviam ser explicados na base da estrutura herdada e das influências do meio. Kuo não foi um especulador de gabinete sobre o problema. Observou o desenvolvimento do comportamento no embrião do pinto, substituindo uma parte da casca do ovo por uma janela transparente (1932a, 1932b, 1932c, 1932d, 1932e). Descobriu que grande parte do comportamento que parecia ser instintivo no pinto é realmente aprendido durante o período embrionário, como uma função das condições internas do ovo. Por exemplo, demonstrou que o comportamento de passos alternados que se observa nos pintos normais recém-chocados, dependia de certos movimentos alternados das patas, mecanicamente induzidos, dentro da casca. As restrições da gema atuavam, freqüentemente, como um estímulo para os movimentos. Kuo diferia de Watson na medida em que preferia pensar que uma explicação básica para as mudanças de conduta era a continuidade e não o condicionamento.

Numa outra pesquisa, Kuo demonstrou que as reações do gato diante dos ratos não são estritamente determinadas pela hereditariedade mas podem ser alteradas facilmente de sua forma predatória normal por experiências adequadas (1930, 1938). Todos esses resultados se ajustam ao seu ambientalismo. Kuo concluiu que as estruturas herdadas são importantes mas que até elas podem ser moldadas através de influências ambientais. Não acreditava que existissem quaisquer tendências inatas diretas, além daquelas que são, estritamente, o resultado de fatores estruturais.

Kuo, atualmente em Hong-Kong, voltou recentemente a escrever (1967), ao que parece, em resposta à nova ênfase etológica sobre comportamentos herdados. A sua concepção atual sobre os fatores exógenos e endógenos é consideravelmente moderada, em relação aos seus anteriores pontos de vista; mas, de qualquer modo, continua sendo um inexorável antimentalista. Mesmo a sua posição moderada sobre o ambientalismo enfatiza muito mais a aprendizagem do que é típico dos etologistas atuais.

BEHAVIORISTAS CONTEMPORANEOS

Uma lista de psicólogos contemporâneos que aceita, o ponto de vista metodológico behaviorista seria deveras extensa. Entretanto, há quatro homens que serviram de ponte entre Watson e o presente; eles já eram importantes durante a vida de Watson e ainda hoje continuam sendo importantes. Esses quatro homens são E. C. Tolman, E. R. Guthrie, C. L. Hull e B. F. Skinner. A sua importância contemporânea é tamanha que os seus respectivos sistemas serão analisados na terceira parte deste livro. O papel deles, no passado, consistiu em selecionar o que havia de bom no behaviorismo watsoniano, acrescentando-lhe suas próprias contribuições pessoais. Assinalemos ainda o importante papel de homens tais como C. H. Graham (1951, 1958) e W. R. Garner (Garner, Hake e Eriksen, 1956), na aplicação das noções behavioristas básicas à psicologia experimental da percepção visual; e de D. O. Hebb (1949) e R. C. Davis (1953), na aplicação dessas noções à psicologia fisiológica. A psicologia que resultou dos esforços criadores de todos esses homens é muito mais sofisticada do que tudo o que Watson produziu.

BEHAVIORISMO WATSONIANO: CRÍTICAS E RÉPLICAS

Os ataques críticos desfechados contra Watson e seu behaviorismo atingem todos os aspectos do sistema. Como não podemos considerar todos, selecionaremos aqueles que se referem aos pontos de vista metodológicos e metafísicos, por serem os mais decisivos. Além disso, as críticas à ética experimental de Watson são apresentadas como representativas dos ataques contra os aspectos mais peculiarmente watsonianos do behaviorismo.

Behaviorismo Metodológico

Se bem que a psicologia estivesse razoavelmente bem preparada para a ênfase objetivista, nem todos os psicólogos ficaram satisfeitos com os pronunciamentos de Watson. Uma objeção imediata foi que a formulação extrema de Watson deixava de fora importantes componentes da psicologia. Este ponto foi ventilado até por aqueles que, de um modo geral, apoiavam grande parte do programa objetivo. Woodworth, por exemplo, queixou-se de que a insistência behaviorista inicial numa estrita objetividade dificultou o desenvolvimento da pesquisa dos processos sensoriais e perceptuais, ao desviar a atenção dos investigadores mais jovens dessa área de problemas. A aceitação por Watson do "relato verbal" não era satisfatória. Por exemplo, Woodworth criticou Watson por tentar ocupar-se dos fenômenos das pós-imagens, dentro de um quadro rigorosamente objetivo. Disse ele (1948, pág. 84):

Os "fenômenos" que Watson acha tão interessantes e valiosos no experimento de pós-imagem são as próprias pós-imagens e não os movimentos vocais do sujeito. Podemos concluir que o relato verbal não é um método behaviorista e que o seu uso por Watson é, praticamente, uma confissão da derrota do behaviorismo metodológico.

Um ataque mais amplo e vigoroso foi desfechado por McDougall, que se apresentava, como já assinalamos, como um dos primeiros proponentes e utilizadores do experimento estritamente behaviorista, ainda antes de Watson. As restrições de McDougall à posição metodologicamente deficiente de Watson podem ser resumidas na afirmação de que uma abordagem completamente objetiva é incapaz de fornecer uma explicação adequada de (1) as relações funcionais das experiências conscientes (por exemplo, sua dependência das condições externas ou corporais), (2) a exatidão do relato verbal (por exemplo, se um sujeito está ou não simulando doença, como no caso de querer fugir ao serviço militar) e (3) o significado do relato verbal (por exemplo, a respeito da análise de sonhos). McDougall foi particularmente eloqüente a respeito da insuficiência da explicação behaviorista para as coisas mais requintadas da vida, especificamente a música (J. B. Watson e McDougall, 1929, pág. 63):

> Chego a este salão e vejo um homem, sobre uma plataforma, arranhando as tripas de um gato com os pêlos do rabo de um cavalo; e, sentados silenciosamente, em atitudes de atenção extática, estão milhares de pessoas que, daí a pouco, irrompem em aplausos desenfreados. Como é que o behaviorista explicará esses estranhos incidentes? Como explicará o fato de que as vibrações emitidas pelas tripas de um gato estimulam todos esses milhares de pessoas a permanecer em absoluto silêncio e imobilidade? E também o fato de que a cessação do estímulo parece agir como estímulo para a mais frenética atividade? O senso comum e a psicologia concordam em aceitar a explicação de que o auditório escutava a música com intenso prazer e deu rédea solta à sua gratidão e admiração pelo artista, com gritos e palmas. Mas o behaviorista nada sabe de prazer e dor, de admiração e gratidão. Ele relegou todas essas "entidades metafísicas" para a lata do lixo e tem de procurar alguma outra explicação. Deixemos que a procure. Isso o manterá inofensivamente ocupado durante mais alguns séculos.

Watson argumentaria que McDougall e Woodworth, apesar de suas objeções, têm de usar o comportamento como dado. Sempre que a metafísica de ambos os leva a tentar usar alguma outra coisa, eles vêem-se em apuros; e observamos que aqueles que tentam usar a consciência como dado básico se envolvem em altercações estéreis sobre o que nela encontraram. A consciência é um instrumento para o cientista, não um objeto de estudo. Utiliza-a para estudar pós-imagens e bloqueios concretos mas não a estuda em si mesma.

Como exemplo da atitude behaviorista, consideremos um homem cego que está interessado em estudar pós-imagens. Supondo que alguém instale o equipamento, ele poderá com êxito realizar a pesquisa, escrevendo as respostas verbais emitidas pelo seu assistente e pelos seus sujeitos experimentais. Ele não poderia usar diretamente a sua própria experiência para fornecer-lhe dados; usaria o comportamento de terceiros. Se ele próprio pudesse reagir à luz, estaria em condições de usar as suas próprias respostas aos dados mas não usaria diretamente a sua experiência pessoal. O cego seria verdadeiramente objetivo na coleta de dados, pois qualquer um poderia estudar todos os seus dados e não existiriam dados provenientes de sua própria reação à luz. Se ele fosse um cético, talvez duvidasse de que a *consciência* dos seus sujeitos, em suas reações à luz, fossem diferentes das dele próprio, se bem que aqueles respondessem diferentemente. Mesmo essa crença não mudaria os dados. Como Washburn (1908) já assinalava, a situação é exatamente a mesma tanto para animais como para pessoas, salvo nós próprios; podemos somente *inferir* que os outros são conscientes e a inferência não tem utilidade científica.

Em um nível algo diferente de argumentação, Boring também criticou Watson pela sua aceitação do relato verbal (1950, pág. 645):

> Watson desejou aceitar o depoimento verbal discriminatório quando era exato e verificável, como, por exemplo, na observação de tons diferentes, e rejeitá-lo quando era inverificável, como quando consiste em enunciados sobre a natureza do sentimento ou sobre os conteúdos impalpáveis do pensamento sem imagens... A admissão do relato verbal foi uma concessão perniciosa, porquanto deu a entender que o behaviorismo estava apenas pedindo mudanças de nomenclatura e não uma reforma dos procedimentos científicos.

A resposta do behaviorista moderno à objeção de Boring é, simplesmente, a concordância. O ponto básico de toda a revolução behaviorista foi o uso exclusivo de dados verificáveis e exatos em psicologia. O comportamento e só o comportamento fornece tais dados. O comportamento verbal é comportamento e constitui um dado valioso se for verificável e repetível. Nem todo o comportamento e, logo, nem todo o comportamento verbal, fornece dados úteis; o behaviorista não é obrigado a aceitar indiscriminadamente os dados. O próprio Boring (1964) descreve uma controvérsia insensata entre Wundt e Stumpf sobre "... se um intervalo tonal percebido é bissecionado, psicologicamente, pela média aritmética ou a média geométrica dos seus estímulos tonais" (pág. 683). Os behavioristas acreditavam, certo ou errado, que essas discordâncias decorriam, em parte, do tipo de dados utilizados.

Woodworth e Sheehan (1964) apresentaram o enigma básico em dois parágrafos moderados e eloqüentemente contemporizadores que comunicam, de um modo tranqüilo, a desesperança de qualquer resposta final (págs. 3-4):

> Para um grupo de psicólogos, o conteúdo apropriado parecia ser, razoavelmente, a experiência consciente do homem que, sustentavam eles, podia ser investigada através da introspecção. Trata-se de um método de auto-observação que, como veremos mais adiante, pode adotar várias formas, desde o simples relato por uma pessoa da imediata impressão sensorial de um estímulo, até à prolongada sondagem, durante a terapia analítica, das experiências emocionais do indivíduo. Por muito improváveis que essas "introspecções" possam parecer, elas têm em comum uma qualidade particular que as distingue dos métodos da Física, Química ou Biologia. Nestas ciências, qualquer número de observadores pode depor sobre o que é visível no tubo de ensaio ou sob o microscópio, ao passo que a "experiência" psicológica só pode ser relatada por um único observador.
>
> Até que ponto essa distinção é real continua sendo um problema epistemológico causador de perplexidades. Cada observador vê no tubo de ensaio ou sob o microscópio um fragmento do mundo real exterior ou cada um relata, meramente, a sua experiência subjetiva, resultante de algumas emanações do mundo real? Se esta última hipótese for válida, não poderá ser traçada uma nítida linha divisória entre os dados das ciências "objetivas" e os dados subjetivos da psicologia. Em todos os casos, o sujeito observador estará relatando o conteúdo privado da sua própria "consciência".

Ainda mais recentemente, O'Neil (1968) tentou esclarecer a posição do behaviorista sobre a consciência, relacionando o behaviorismo com o realismo na filosofia; e consegue mostrar que a consciência não é um problema para os behavioristas radicais; mas continua sendo um problema para os outros.

As tentativas iniciais de Watson para traduzir alguns dos antigos conceitos mentalistas da psicologia em linguagem behaviorista foram criticadas desde dois pontos de vista. Por um lado, alguns têm afirmado que a aceitação de quaisquer termos mentalistas enfraquece o seu sistema rigorosamente objetivo. Por outro lado, Heidbreder chamou Watson à pedra por causa de (1933, pág. 275):

> ...uma tendência para deleitar-se com as proezas de tradução e, por vezes, ao que parece, para considerar a tradução como uma explicação. Quando se lê alguns enunciados behavioristas, é difícil fugir à impressão de que os autores consideram uma explicação dizer que um desejo é uma disposição orgânica; que um significado é uma atitude corporal; que os pensamentos são mecanismos da linguagem. Contudo, tais afirmações nada acrescentam ao conhecimento de desejos, significados e pensamentos, visto que, em última análise, tudo o que elas fazem é retomar o que já é conhecido sobre esses acontecimentos pelo senso comum e a psicologia mais antiga, e idear — nem sempre com base em fatos conhecidos — alguma possível explicação fisiológica.

Embora concordemos com Heidbreder em que Watson, realmente, pouco fez com essas traduções, pensamos que elas podem ser consideradas pontos de partida na objetivação dos problemas psicológicos. Se bem que Watson tenha sido culpado de um entusiasmo prematuro, as avaliações finais do êxito do programa plenamente objetivo têm de aguardar as aplicações mais extensas da pesquisa detalhada, como a que o próprio Watson iniciou sobre o condicionamento emocional em crianças. Hoje, nenhum behaviorista ficaria satisfeito com uma tradução puramente verbal e, provavelmente, tampouco era isso o que Watson realmente pretendia. A questão é que os termos mentalistas, tal como eram usados, careciam de significado comportamental, e a tradução era, na realidade, uma definição. O conceito não era explicado, pois, mas definido e posto em situação que o tornava mais exeqüível como instrumento de trabalho. Os desejos e pensamentos não precisavam de tradução; precisavam de *algum* significado que fosse útil, num contexto de ciência natural. O livro *Verbal Behavior* (1957b), de Skinner, deu sua principal contribuição mais através de tal reformulação do que através da apresentação de novos resultados empíricos. Esse livro apresenta muitas variáveis independentes que parecem ser úteis na explicação do comportamento verbal. Para dar um exemplo, ele não traduz idéias para outros termos; simplesmente, as idéias não fazem parte da formulação. O próprio Watson contentava-se, freqüentemente, em deixar desaparecer os termos mentalistas, em vez de traduzi-los para alguma outra linguagem. Essa eliminação dos conceitos estéreis e a atitude inflexível em relação a todos os conceitos foram destacadas contribuições do behaviorismo.

Uma outra linha de crítica metodológica envolve a acusação de que Watson estava fazendo marcha à ré no tocante à sua própria limitação da psicologia ao observável, quando admitiu a inclusão de tendências implícitas de comportamento, as quais não eram diretamente observadas, se bem que, em teoria, fossem observáveis. Woodworth, por exemplo, queixou-se de que Watson, mesmo quando postulava tal comportamento implícito, limitara a sua própria pesquisa sobre a emoção aos aspectos manifestos e diretamente observáveis do comportamento e não fizer esforço algum para investigar os componentes viscerais, presumivelmente importantes.

A resposta a esta objeção é semelhante à anterior. Sem dúvida, Watson, em seu entusiasmo impaciente por chegar a uma nova psicologia, inteiramente objetiva, foi mais além dos dados disponíveis ao extrair conclusões e não iniciou toda a pesquisa necessária para corroborar seus pressupostos. Entretanto, não existe uma necessária incompatibilidade entre a suposição de tendências implícitas de comportamento e a manutenção de um quadro sistemático e experimental estritamente objetivo. Uma pessoa não pode fazer tudo. Efetuaram-se tentativas para observar as respostas implícitas, por exemplo, os movimentos da língua, boca e laringe na fala implícita, e até, muito depois, os potenciais musculares em surdos-mudos. As próprias pesquisas de Watson utilizaram, para seus dados, respostas observáveis. Era natural que o behaviorismo formulasse um sistema explicativo congruente com o sistema de dados e não se esperava que as respostas *permanecessem* inobserváveis.

Essa tendência pode ser observada em toda a psicologia. Por exemplo, a explicação dos processos subconscientes dada por Freud decorreu da espécie de dados acessíveis ao psicanalista; e a teoria de aprendizagem de Hull foi diretamente formulada a partir de resultados experimentais. A teorização de Watson sobre mudanças internas, especialmente a emoção, parece estar amplamente corroborada pelos resultados de estudos recentes sobre a aprendizagem de respostas viscerais e glandulares (N. E. Miller, 1969). Foi tal o êxito desse trabalho que a sociedade poderá, eventualmente, ficar apta a regularizar essas respostas, aquelas cuja liberdade de todo o controle Watson parecia estar amargamente celebrando em 1926.

Uma crítica semelhante foi desenvolvida, em termos veementes, por um outro behaviorista confesso, E. C. Tolman, que atribuiu ao comportamento manifesto uma intencionalidade que Watson não admitia. Tolman começara por criticar a pesquisa de Watson sobre emoções e enunciou a sua posição, em termos muito sucintos, da seguinte maneira (1932, págs. 6-7):

> Em resumo, devemos concluir que Watson utilizou, na realidade, duas noções diferentes de comportamento, embora ele próprio não tenha enxergado claramente até que ponto eram diferentes. Por um lado, definiu o comportamento em função de seus rigorosos detalhes físicos e fisiológicos subjacentes... Designaremos isto como a definição *molecular* do comportamento. E, por outro lado, acabou reconhecendo... que o comportamento, como tal, é mais do que (e diferente de) a soma de suas partes fisiológicas. O comportamento, como tal, é um fenômeno "emergente" que tem propriedades descritivas e definidoras próprias. E a isto daremos o nome de definição *molar* do comportamento.

A psicologia de Tolman é uma prova de que ele prefere a definição molar do comportamento, de que está convencido da necessidade de introdução da intencionalidade para que se possa ter uma psicologia útil. De um modo geral, a intenção refere-se, nos termos usados por Tolman, a alguma influência do comportamento do animal sobre o meio; por exemplo, podemos dizer que a intenção do comportamento de um animal consiste em soltar uma ração de comida quando aciona uma barra ou aperta um botão. Usualmente, dobrar uma perna não é considerado uma intenção, embora isso possa ser uma descrição intencional quando se compara com a flexão de um músculo. Tolman afirma que é mais útil definir as respostas em termos de comportamento molar do que fazê-lo em termos fisiológicos moleculares. Watson, tal como a maioria dos psicólogos anteriores e posteriores a ele, concordava, na prática, com esse ponto de vista. O que ele desejava era acrescentar a isso que o comportamento intencional é, em princípio, redutível ao nível fisiológico, se bem que, na realidade, não tivesse trabalhado nesse nível. Outros behavioristas, como Guthrie (1952), tentaram trabalhar num nível mais molecular. Se o problema da psicologia é explicar o comportamento de um animal em seu meio e se definirmos a intenção em termos da influência exercida pelo animal no meio, então parece evidente que uma psicologia completa deve considerar a intenção assim definida. Watson seria, sem dúvida, um intencionalista, quando a intenção é definida nesses termos. O enunciado de Tolman acima citado sugere que ele acreditava ter Watson reconhecido esse tipo de intencionalismo, já que acusa corretamente Watson de usar o termo *comportamento* em ambos os sentidos. Entretanto, Watson não concordaria, como tampouco o faria a maior parte dos behavioristas contemporâneos, em que a intenção seja um legítimo conceito explicativo, no sentido que lhe é dado por McDougall.

Como veremos no capítulo seguinte, os psicólogos da Gestalt reagiram clamorosamente contra a alegada corrente molecular da psicologia E-R. Mas, uma vez mais, foi do próprio campo behaviorista que veio uma argumentação particularmente significativa. Como já vimos acima, K. S. Lashley iniciou sua carreira profissional como um behaviorista confesso e entusiasta. Contudo, as suas próprias pesquisas convenceram-no de que algumas pressuposições behavioristas estavam erradas. Ele próprio conta a história (1931, pág. 14):

> Comecei a vida como um ardente advogado da psicologia das crispações musculares. Adquiri prática na formulação de todos os problemas da psicologia em termos de estímulo-resposta e na exploração de tudo como reflexos condicionados... Entreguei-me, entusiasticamente, a um programa de experimentos para provar a adequação da teoria de integração da cadeia motora. E o resultado foi como se eu tivesse perversamente planejado um ataque contra todo o sistema... Resultou que o reflexo condicionado não era um reflexo nem mesmo a chave simples e básica para o problema da aprendizagem... Para que o conceito de estímulo-resposta tivesse algum valor científico, devia transmitir uma noção de como um determinado estímulo gera uma determinada resposta e não uma outra... Quando considerada em relação com os problemas da neurologia, a natureza do estímulo e a da resposta é tal, intrinsecamente, que exclui a teoria da simples conexão ponto-por-ponto em reflexos.

Os esforços de pesquisa do próprio Watson não foram, certamente, da variedade de "crispação muscular", com a qual ele é tão freqüentemente identificado; grande parte do debate em torno do behaviorismo resultou da discrepância entre o verdadeiro programa experimental do behaviorismo e o seu quadro teórico de referência. De acordo com o quadro teórico de referência de homens como Watson e Weiss, todo o comportamento complexo é, em última instância, redutível a combinações e encadeamentos de simples reflexos e até a termos físicos e químicos. Foi esta aspiração que se tornou responsável por grande parte da oposição. Mas seria um erro supor que o behaviorismo está vinculado a uma concepção da psicologia que se resume a contrações musculares. Seria ainda errôneo supor que Lashley se tornou menos behaviorista por causa de suas descobertas. No sentido metodológico, é possível ser, simultaneamente, um partidário da teoria do campo e um behaviorista; um bom exemplo é o próprio Tolman. A oposição entre os behavioristas E-R ortodoxos, por um lado, e os behavioristas E-E (Tolman) e teóricos do campo, por outro lado, ainda continua sendo uma fonte de controvérsia sistemática mas o seu desfecho nada terá a ver com a aceitação do behaviorismo.

Behaviorismo Metafísico

Como indicamos acima, as críticas à rejeição watsoniana da introspecção foram amortecidas pela sua aceitação do relato verbal como comportamento. O argumento de que ele estava negligenciando dados úteis não era, portanto, válido. O peso do ataque crítico foi então transferido para o argumento essencialmente metafísico contra o interacionismo e contra a negação por Watson da existência — e não apenas da utilidade científica — da mente. Como já dissemos, não consideramos esta questão um problema legítimo para a psicologia corrente. A defesa feita por Watson da sua posição não tem, portanto, mais valor científico do que os ataques críticos dos seus detratores. Entretanto, os argumentos apresentados revestem-se de um interesse que transcende o meramente histórico, na medida em que se relacionam com problemas metodológicos mais estritamente científicos, como tentaremos mostrar.

Os primeiros ataques contra a posição behaviorista extrema partiram tanto do campo behaviorista como do antibehaviorista. Angell, por exemplo, advertiu (1913, pág. 267):

> Subjacente em tudo o que é dito e feito, existe algo que corresponde à consciência, em seu vago significado comum, e é no seu âmbito que surgem os problemas da ciência. Devemos, pois, ser cautelosos para que, ao procurar os mais aperfeiçoados meios de conhecimento da natureza humana, em sua totalidade, não cometamos o absurdo supremo de negar qualquer

significação prática àquilo que é a sua principal distinção — a presença de algo que corresponde ao termo mente — a única coisa sobre a qual o tolo pode estar tão seguro quanto o sábio.

Analogamente, o behaviorista Hunter (1924) expressou dúvidas sobre a posição radical em sua conclusão de que "... a mera negação da existência da 'consciência' não pode desfrutar permanentemente de uma vasta aprovação entre os psicólogos" (pág. 4). Esta previsão de Hunter parece ter sido amplamente corroborada, visto que a posição behaviorista radical nunca foi, na realidade, geralmente aceita.

Alguns dos ataques ao behaviorismo metodológico podem ser atribuídos, mais ou menos diretamente, ao pressuposto subjacente da posição metafísica monista. Um bom exemplo é a crítica de Heidbreder. Sublinhou ela que, se o behaviorista faz uma negação frontal da consciência (1933, pág. 281):

> ...acha extremamente difícil explicar o que signific um alguns dos termos que emprega. Quando diz que o pensamento é, meramente, uma questão de mecanismos da linguagem, ou que a emoção se resume a reações viscerais ou glandulares, não encontra um meio de nos explicar onde arranjou os termos "pensamento" e "emoção". Não pode obtê-los através da sua própria conscientização de sua fala interior ou das batidas alteradas do seu coração, visto que, por hipótese, tal conhecimento é impossível. O coração e a laringe pertencem, sem dúvida, ao mundo físico mas a nossa conscientização imediata da sua ação só pode ser baseada nas sensações pessoais e particulares de cada um. Quer o behaviorista dizer, então, que uma pessoa não pode estar cônscia de sua própria ira, salvo por intermédio dos traços de um oscilógrafo, da análise do sangue ou de alguma outra prova de suas reações corporais, que seja tão acessível a outros como a ela própria — por exemplo, surpreendendo num espelho seu rosto congestionado ou vendo diretamente seus punhos cerrados?

Heidbreder também assinalou (1933) que "... na prática real, o behaviorismo rejeita a conscientização que ocorre por intermédio dos interoceptores e proprioceptores; a conscientização que surge através dos exteroceptores é aceita sem discussão. Neste fato reside a chave das aceitações e refutações que caracterizam o behaviorismo" (pág. 218).

A réplica do behaviorista consistiria, provavelmente, em sublinhar que é difícil para qualquer pessoa dizer como atribui significado a palavras como *pensamento* e *emoção*. Na realidade, insistiria o behaviorista, elas não se aprendem por alguma espécie de conexão com os eventos internos; nós aprendemos a dizer *dor* em certas situações, como ao observarmos sangue em outras pessoas ou em nós próprios, ou *pensamento,* quando se apresentou um problema e a pessoa se orienta para esse problema sem se mover. Na realidade, não aprendemos essas coisas apenas na base do conteúdo da nossa própria consciência; caso contrário, a nossa linguagem seria particular. Não é surpreendente que a conscientização originada através dos interoceptores seja rejeitada, ao passo que se aceita a proveniente dos exteroceptores. Pois a linguagem dos exteroceptores baseia-se em eventos públicos, observáveis simultaneamente por qualquer um. A linguagem dos interoceptores baseia-se em eventos privados, observáveis unicamente por um indivíduo. A ciência é um empreendimento público e só uma linguagem pública, só os eventos públicos, são apropriados como seu objeto de estudo.

A mais recente crítica à posição metafísica extrema de Watson é representada pela avaliação filosófica profissional de Bergmann (1956): "O erro particular de Watson foi que, para estabelecer a inexistência de mentes interatuantes, o que é certo, achou necessário afirmar também que *não existem mentes,* o que não só é falso mas idiota" (pág. 266). Bergmann sugere que Watson foi incapaz de contornar a dificuldade, porque se via a si mesmo como o campeão de uma revolta não só contra o estruturalismo mas também contra o funcionalismo; por essa razão, presumivelmente, não se contentou em ficar nas posições metafísicas mais moderadas dos sistematizadores anteriores.

O ponto de vista de Bergmann é, provavelmente, o mais representativo da moderna atitude em relação à metafísica de Watson. Este parecia ter achado necessário fazer mais do que divorciar a psicologia da metafísica; isso já tinha sido tentado por outros psicólogos, dentro da escola a que ele se opunha. Watson achou necessário destruir a própria existência da mente, para que os psicólogos se emancipassem do erro metodológico de tentar estudar essa suposta entidade. Portanto, uma parte da contribuição de Watson foi estar errado num ponto metafísico — tão corajosa e vigorosamente errado que pôde arrancar os psicólogos da esterilidade e liderá-los para uma falsa plataforma. (O que acima dizemos, é claro, não deve ser tomado como uma descrição literal da motivação de Watson.)

Críticas às Propriedades Secundárias

Tem havido uma pletora de ataques às posições mais específicas que o próprio Watson assumiu sobre os problemas psicológicos. Uma questão particular é de generalidade e interesse bastante para justificar uma descrição detalhada, como representante de tais argumentos. É a questão que se refere à posição de Watson sobre o determinismo e a responsabilidade pessoal, na medida em que se relaciona com a sua defesa da ética experimental.

Para começar, foi sublinhado que existe um paradoxo na situação em que um rigoroso determinista fala como se tentasse dizer às pessoas o que devem fazer... como se elas pudessem decidir ou escolher por si mesmas! Um argumento afim é dirigido contra a suposição behaviorista de uma estrita interpretação E-R do comportamento, a qual é considerada mecanista e, portanto, de um duvidoso valor explanatório no tocante aos problemas práticos. McDougall, por exemplo, disse (J. B. Watson e McDougall, 1929, págs. 71-72):

> Se todos os homens acreditarem nos ensinamentos da psicologia mecanista (e só as crenças que regem a ação constituem crenças reais), nenhum homem levantaria um dedo sequer, no esforço de impedir a guerra, de realizar a paz ou trabalhar por qualquer outro ideal. Assim, eu afirmo que a psicologia mecanista é inútil e, muito pior do que inútil, paralisa o esforço humano.

Antes de se descrever a resposta behaviorista a esses ataques, gostaríamos de esclarecer uma confusão que está bem representada pelo excerto de McDougall. Trata-se da confusão entre determinismo e mecanismo. Ora, pondo de lado a defesa do mecanismo, não existe nenhuma boa razão para que uma posição basicamente determinista seja mais mecanista do que não-mecanista. É certo que homens como Watson, que sustentam o que parece ser uma concepção mecanística, também são deterministas; mas também o são a maior parte dos teóricos de campo, pelo menos alguns como Köhler e Lewin. Eles compartilham da convicção geral de que o comportamento como processo é legítimo mas divergem acentuadamente a respeito do tipo de legitimidade envolvido. O mecanismo implica a crença em que os organismos se comportam à semelhança de máquina e, portanto, implica um subtipo particular de determinismo. O determinismo apenas requer que os acontecimentos ocorram de acordo com *alguma* espécie de lei natural e, por conseguinte, não é necessariamente mecanístico.

O behaviorista assinalaria também que a existência de dificuldades práticas, como as mencionadas por McDougall, não anula o determinismo nem estabelece o livre arbítrio. Poderá ser verdade que o homem não é capaz de trabalhar pelo seu próprio aperfeiçoamento, por muito indesejável que isso possa parecer. O behaviorista diria ainda que os adversários do determinismo se enganam quando afirmam ser pela liberdade; na realidade, eles não são por uma verdadeira liberdade mas por um determinismo de uma espécie diferente da que é endossada pelo cientista. Geralmente, pelo menos no caso da maior parte daqueles antagonistas que têm uma formação teológica fundamentalista, trata-se de um determinismo por obra e graça de alguma força divina; o indivíduo só está livre para que possa aceitar a lei plenamente determinada de Deus.

Finalmente, o behaviorista assinalaria um erro dos que esperam estabelecer a existência do livre arbítrio. O princípio de incerteza (ou de mensurabilidade limitada) de Heisenberg tem sido freqüentemente inovado como prova de que o livre arbítrio deve existir para o ser humano, já que, presumivelmente, existe para o eléctron. Mas o princípio de Heisenberg não envolve semelhante afirmação a respeito do eléctron. É, simplesmente, uma demonstração matemática de que é impossível medir, simultaneamente, a posição e o momento de um eléctron. Os físicos discordam sobre as implicações filosóficas dessa demonstração; Einstein, por exemplo, não afastaria, com base nesse princípio, a possibilidade de um rigoroso determinismo no comportamento de um eléctron. Mesmo que o behaviorista aceitasse a sua própria medicina positivista, a respeito da importância da determinação nos eléctrons, sob tais circunstâncias, ainda teria uma saída. Antes do princípio poder ser aplicado a problemas do comportamento, seria necessário demonstrar que as variáveis comportamentais são influenciadas pela indeterminação do comportamento do eléctron. Pode ser que a indeterminação, ao nível atômico, desapareça no nível muito mais molar do comportamento; sem dúvida, a indeterminação tem apenas efeitos minúsculos e profundamente insignificantes sobre os eventos físicos molares, como o vôo de uma bola de golfe. A conclusão do behaviorista seria que não existe, realmente, qualquer base científica sólida, no presente, para tentar utilizar o princípio de Heisenberg em relação a problemas psicológicos.

Gostaríamos de acrescentar alguns comentários finais a esta análise. O determinismo equivale, sobretudo, a uma espécie de fé, visto que, na melhor das hipóteses, o nosso conhecimento só parcialmente pode ser completo. Não pode ser obtida uma prova de completo determinismo. Isto não constitui, em absoluto, um apoio à afirmação oposta de que existe alguma espécie de livre arbítrio. A nossa própria posição neste problema é semelhante à que enunciamos antes a respeito da velha questão mente-corpo; será necessária uma grande quantidade de dados pertinentes, muitos mais do que aqueles de que dispomos hoje ou podemos sequer vislumbrar, antes de podermos assumir uma sólida posição científica sobre o problema.

Voltando agora ao problema originalmente formulado pelo paradoxo do determinista que tenta influenciar as pessoas, devemos admitir que na realidade, não há uma resposta completamente lógica e satisfatória. Provavelmente, o determinista concordará com o ponto de vista de Thorndike, que já apresentamos (Capítulo 4). Essencialmente, só somos livres se estivermos determinados; só podemos determinar o comportamento de outras pessoas e construir um mundo melhor se o mundo estiver sujeito a leis. Mas se tudo e todos estiver determinado, incluindo os nossos esforços para modificar a natureza, como supomos, o behaviorista só poderá alimentar a esperança de estar favoravelmente determinado e de que o mundo melhore. Sem dúvida, a afirmação de McDougall de que os mecanistas (ele quer dizer, realmente, deterministas) não mexeriam um dedo para impedir a guerra etc. é falsa. Pessoas que defendem vigorosamente esse ponto de vista, como Watson e Thorndike, *tentaram* melhorar o mundo. Isto é, simplesmente, uma questão de observação.

Dois outros aspectos da posição individual de Watson sofreram pesado ataque. Um deles foi o seu ambientalismo. Se bem que nada exista de moralmente repreensível em ser-se ambientalista, é provavelmente certo que os fatores inatos do comportamento foram mais negligenciados do que deviam ser durante o período ascendente do behaviorismo watsoniano. Talvez estejamos vendo esse fenômeno comum, a oscilação do pêndulo intelectual para o outro lado do centro, com a ascensão da etologia. O segundo ponto de ataque concentrou-se no uso por Watson do termo E-R. As suas definições eram demasiado displicentes e flexíveis, prestando-se facilmente a uma certa propensão *post hoc* para explicar resultados — quaisquer que fossem os resultados! Esta questão será examinada mais detalhadamente no Capítulo 10, quando tratarmos da controvérsia Skinner-Chomsky sobre linguagem.

Para refutar esses argumentos contra Watson, poder-se-ia argumentar que uma ciência jovem deve, por vezes, excluir certas áreas e mostrar-se algo sobranceira a respeito de definições, se quiser decolar do terreno filosófico onde se encontra atolado. Também neste ponto as prescrições de Watson podem ser defendidas na base de seus resultados.

A ATRAÇÃO DO BEHAVIORISMO

A reação à defesa de Watson da objetividade completa nos métodos e fatos da psicologia está longe de ser predominantemente negativa. Tanto dentro como fora do campo da psicologia, ele foi saudado e aclamado como um homem de grande e arrojada visão.

A razão primordial para a atração exercida pelo behaviorismo watsoniano foi que os psicólogos americanos estavam prontos e desejosos de abandonar os limites sufocantes do estudo introspectivo. O apelo de Watson em favor de uma ampliação explícita da metodologia científica natural ao campo do comportamento estava destinado a um acolhimento entusiástico por parte de muitos psicólogos mais jovens. Uma indicação do grau desse entusiasmo foi fornecida por E. C. Tolman, que disse (1927, pág. 433):

Este estudo dever-se-ia intitular "A Tentativa Frenética de um Behaviorista para Definir a Consciência". De fato, a doutrina que vou apresentar parece-me deveras indemonstrável e ao leitor parecerá, sem dúvida, algo muito pior ainda. Contudo, é tão grande a minha fé no triunfo final do behaviorismo que prefiro apresentar a hipótese que se segue, mesmo que seja muito duvidosa, do que fechar a boca e nada dizer.

A fiel adesão de Tolman à sua doutrina mostra que os cientistas nem sempre satisfazem os padrões de objetividade que estabeleceram como ideal da Ciência. No caso de Tolman, porém, a sua desconcertante honestidade humana diz-nos que, num nível superior, ele atingiu o grau de objetividade requerido para reconhecer o exercício de seus próprios preconceitos. Isto era a conduta típica de um leal cidadão que, após servir ao seu país, durante a II Guerra Mundial, na Repartição de Serviços Estratégicos, preferiu demitir-se, quando estava na casa dos sessenta, a assinar um juramento de lealdade que considerou iníquo.

O movimento operacionista, na Física, que teve uma rápida aceitação na psicologia, e o neopositivismo filosófico do Círculo de Viena, proporcionaram um forte apoio suplementar à doutrina behaviorista. As relações desses movimentos com o behaviorismo foram bem analisadas por Stevens (1939). Em traços largos, existe uma relação de equivalência com o behaviorismo metodológico. Todos esses movimentos insistem no emprego do mesmo tipo de dados e na mesma atitude em relação a eles:

Existem numerosas razões secundárias para o impressionante êxito do chamado às armas de Watson. Essas razões foram bem resumidas por McDougall em sua polêmica com Watson. Em primeiro lugar, o behaviorismo era tão simples que podia ser facilmente compreendido e empreendido, em contraste com a psicologia da Gestalt e o estruturalismo, de um modo particular; McDougall acrescentaria ainda que as concepções de Watson (J. B. Watson e McDougall, 1929, pág. 41-42):

> ...aboliram de um só golpe muitos problemas árduos com que os maiores intelectos se debateram sem conseguir mais do que um êxito apenas parcial... mediante o simples e corajoso expediente de convidar o estudante a fechar os olhos, afastar-se resolutamente de tais problemas e esquecer a sua existência. Naturalmente, isso inspira um sentimento de profunda gratidão em muitos jovens, especialmente naqueles, talvez, que têm de passar nos exames.

Em segundo lugar, além da sua natural simplicidade, o behaviorismo watsoniano tinha a vantagem de ser um produto peculiarmente americano e, portanto, de ser facilmente compreendido nesse país. Terceiro, a vigorosa personalidade de Watson foi um fator decisivo na expansão do seu evangelho.

Dois fatores adicionais foram sugeridos por McDougall. Em primeiro lugar, o behaviorismo seria atraente porque algumas pessoas são seduzidas por qualquer coisa que seja bizarra e absurda. Segundo, houve os que — especialmente se estavam bem informados — se ligaram ao behaviorismo por um sentimento de compaixão, diante do que consideravam os esforços desorientados de Watson. Estas explicações da atração do behaviorismo são mais humorísticas do que sérias. McDougall, embora pareça ter considerado o behaviorismo bastante bizarro, certamente mostrou por ele muito pouca compaixão. Neste aspecto, foi um representante típico dos adversários do behaviorismo; houve pouca compaixão de ambos os lados.

A resposta ao desafio de Watson, fora da psicologia e da esfera científico-acadêmica, foi ainda mais impressionante, em alguns aspectos. Woodworth (1948, págs. 93-94) cita alguns interessantes comentários de jornais e revistas sobre o livro *Behaviorism,* de Watson, que formulava um apelo às reformas sociais. Os mais instrutivos são os que se referem às breves citações do *New York Times* ("Marca uma época na história intelectual do homem") e do *New York Herald Tribune* ("Talvez este seja o mais importante livro escrito até hoje. Por um instante, uma pessoa sente-se ofuscada por uma grande esperança"). Woodworth concluiu que o behaviorismo de Watson foi "uma religião para tomar o lugar da religião". Não há dúvida de que em seu fervor e em sua fé, o behaviorismo teve alguns dos aspectos da religião e que estes foram responsáveis, em parte, pela sua grande atração.

A CONTRIBUIÇÃO DO BEHAVIORISMO WATSONIANO PARA A PSICOLOGIA

Por esta altura, provavelmente, já ficou clara a nossa opinião de que, apesar de suas deficiências, Watson deu uma contribuição muito importante para o desenvolvimento da psicologia científica. A contribuição primordial é a que citamos como responsável pelo acolhimento favorável que o behaviorismo teve por parte de muitos psicólogos: o seu apelo vigoroso e claro a um estudo estritamente científico do comportamento. A influência do behaviorismo watsoniano na objetivação da psicologia, tanto em seus aspectos metodológicos como terminológicos, foi enorme. O behaviorismo metodológico incorporou-se tão bem à psicologia americana que já não precisa ser defendido. Como disse Bergmann (1956): "O behaviorismo metodológico, tal como o funcionalismo, ganhou o direito à imortalidade. Também se converteu num truísmo. Virtualmente, todo e qualquer psicólogo americano, quer o saiba ou não, é hoje um behaviorista metodológico" (pág. 270).

Um número apreciavelmente menor de autores gostaria de ser incluído na lista de behavioristas watsonianos. O comentário de Woodworth em 1924 ainda é pertinente e aplicável a muitos psicólogos (1924, pág. 264):

> Em resumo, se me perguntarem se eu sou um behaviorista, tenho de responder que não sei nem me interessa muito saber. Se o sou, é porque acredito em numerosos projetos formulados pelos behavioristas. Se não o sou, é porque, em parte, também acredito em outros projetos que os behavioristas parecem evitar e, em parte, porque não sou capaz de ver qualquer grande coisa ser chamada de "behaviorismo" — qualquer coisa como um grande e abrangente empreendimento, reunindo os vários projetos do behaviorista numa união mais íntima do que a que lhe compete por ser, cada uma delas, uma linha promissora de trabalho em psicologia.

A posição metafísica extrema de Watson que, acreditamos, era desnecessária, foi — em certa medida — uma contribuição. Assim como o grande esforço de Titchener para desenvolver o estruturalismo wundtiano constituiu uma verdadeira prova para esse ramo da psicologia, também a insistente elaboração watsoniana da questão mente-corpo ajudou a assinalar que o problema era cientificamente estéril. Não existe uma relação necessária entre a posição de um psicólogo na questão mente-corpo e suas pesquisas experimentais ou teóricas. A posição de cada um na questão mente-corpo não é, usualmente, bastante específica para dirigir a pesquisa; contudo, o tipo de pesquisa em que uma pessoa se empenha pode influenciar a sua posição no problema mente-corpo. O próprio Titchener parecia estar pouco preocupado com o problema e conduziu-se como se desejasse prescindir dele e dedicar suas investigações a problemas mais estritamente psicológicos. Watson ajudou a eliminar esse problema para os experimentadores hodiernos. Inclusive em campos como o da medicina psicossomática, em que a relação mente-corpo tem uma superficial plausibilidade, essa questão parece ter escassa influência sobre a pesquisa. Entretanto, o exame das operações reais do pesquisador indicará a curto prazo que tal relação é ilusória.

A contribuição pessoal de Watson, como disse Boring (1950), teve as características básicas das de "um polemista dramático e um líder entusiasta" (pág. 645). Além disso, já descrevemos numerosos exemplos de pesquisa importante, com animais e bebês humanos. Não obstante, é verdade que suas contribuições pessoais não se revestiram de muita importância no que se refere a uma nova técnica ou uma nova teoria substantiva; mesmo as suas noções vagamente formuladas sobre o pensamento e outros temas semelhantes foram, em sua maior parte, revisões de idéias mais antigas. Bergmann chegou ao ponto de dizer sobre Watson (1956): "Tal como eu o vejo, Watson teve, sobretudo, o papel de completar e consumar; foi o maior dos funcionalistas, se bem que, cronologicamente, não tenha sido o último" (págs. 267-268). É sempre difícil dizer se um homem foi, realmente, um originador. Mas se ele enuncia as questões, pela primeira vez, de um modo claro e inequívoco, como Watson fez, pode-se dizer que, pelo menos nisso, ele é inovador. Raros homens exerceram um impacto tão grande quanto Watson no método e na formulação geral de uma ciência.

A ênfase de Watson sobre a não-interação da mente e do corpo, num indivíduo, foi indicada por Bergmann como o ponto principal em seu programa behaviorista; mas, em nossa opinião, a contribuição mais importante de Watson assenta na afirmação, cientificamente mais significativa, de que não existe interação *entre as mentes*. Washburn acreditava que o conceito de consciência era útil e que também o era o método de introspecção. Entretanto, ela reconheceu que a existência da consciência em qualquer outro organismo tem de apoiar-se numa analogia. Deve ser apenas uma inferência baseada em observações do comportamento. A grande importância da revolução watsoniana para a psicologia residiu no esclarecimento e elaboração deste ponto: As mentes só interatuam entre si através de eventos físicos, como palavras ou outras formas de pistas do comportamento manifesto. Como Watson desejava relegar as mentes místicas para o monte de sucata, far-lhe-íamos mais justiça dizendo que os organismos só interatuam através de processos físicos. Dado que a ciência é feita por organismos humanos e que estes a definiram como um conhecimento *público*, o objeto de estudo da ciência deve ser observável por mais de um membro da espécie. Deve ser *objetivo*. Foi esta a contribuição metodológica, muito mais importante do que a rejeição filosófica da interação mente-corpo.

Em conclusão, os comentários do próprio Watson sobre as suas contribuições são interessantes. As citações pertencem ao seu primeiro enunciado polêmico e ao que, provavelmente, foi a sua última palavra profissional (1913b, pág. 175):

> Concluindo, suponho que devo confessar uma profunda predileção por essas questões. Dediquei cerca de doze anos à experimentação com animais. É natural que tenha chegado a uma posição teórica em harmonia com o meu trabalho experimental. Possivelmente, enfrentei-me com um espantalho e estive lutando com ele. Pode não haver uma absoluta falta de harmonia entre a posição aqui delineada e a da psicologia funcional. Entretanto, estou inclinado a pensar que as duas posições não podem ser facilmente harmonizadas. Sem dúvida, a posição que advogo ainda é bastante frágil e pode ser atacada de muitos ângulos. Mas, ainda admitindo tudo isso, continuo acreditando que as considerações por mim apresentadas devem ter uma grande influência sobre o tipo de psicologia que será desenvolvido no futuro.

E, nesta sua breve declaração autobiográfica, Watson concluiu (1936, pág. 281):

> Continuo acreditando, tão firmemente como sempre, na posição behaviorista geral que adotei abertamente em 1912. Por estranho que pareça, também penso que ela provocou um temporário abrandamento na marcha da psicologia, porque os professores mais velhos não a aceitaram sinceramente e, por conseguinte, não puderam apresentá-la de forma convincente em suas aulas. Os jovens não receberam uma apresentação justa e por isso não enveredaram com franco entusiasmo por uma carreira behaviorista; mas, de qualquer modo, já não aceitam mais os ensinamentos de James, Titchener e Angell. Creio sinceramente que a psicologia tem sido estéril por muitos anos. Precisamos de professores mais jovens que ensinem a psicologia objetiva, sem referência à mitologia que foi inculcada à grande maioria dos psicólogos atuais. Quando chegar esse dia, a psicologia terá um renascimento maior do que ocorreu na ciência ao findar a Idade Média. Creio tão firmemente como sempre no futuro do behaviorismo — um behaviorismo companheiro da zoologia, da fisiologia, da psiquiatria e da físico-química.

PROPRIEDADES DIMENSIONAIS DO BEHAVIORISMO

O behaviorismo, como indicamos, teve o encanto da clareza. Descrevendo-o nos termos da figura de Coan (Figura 3-3), é deliciosamente simples. Tende para situar-se do lado direito da figura em todos os nove fatores: os seis fatores de primeira ordem, os dois fatores de segunda ordem e o fator geral. Os modernos psicólogos de uma filiação geralmente behaviorista quanto à natureza dos dados serão menos elementaristas, mais quantitativos, menos exclusivamente transpessoais, menos estáticos e menos exógenos em sua ênfase do que Watson era. Entretanto, seriam propensos a colocar-se, pelo menos, ligeiramente à direita do centro; caso contrário, como poderiam denominar-se behavioristas?

A clareza relativa da posição behaviorista manifesta-se de forma objetiva nas classificações dos estudantes, de acordo com as dimensões prescritivas de R. I. Watson. Essas classificações (Quadro 3-1) tendem a ser menos variáveis (e, portanto, a ter um menor desvio-padrão) no caso do behaviorismo do que no caso de qualquer outro sistema. Poder-se-ia argumentar que a pequena variabilidade pode ser explicada pela maior familiaridade dos estudantes com o sistema mas isto poderia ser contraditado pelo argumento de que a psicanálise deveria ser idoneamente classificada, se fosse essa a explicação. Mas não foi e parece razoável argumentar que a psicanálise é metodologicamente menos clara do que o behaviorismo.

Remetemos de novo os estudantes para o Quadro 3-2, no qual podem cotejar as classificações dos autores para o behaviorismo, segundo as dimensões de Watson, e as que foram atribuídas pelos estudantes finalistas. Uma vez mais, seria vantajoso que cada estudante atribua primeiro os seus próprios valores nas três dimensões mais importantes do behaviorismo, antes de uma comparação com o quadro.

A concordância entre as classificações dos autores e dos estudantes para o behaviorismo é muito grande. Um ponto interessante sobre o qual houve discordância foi a dimensão mentalismo consciente-mentalismo inconsciente. Os estudantes podem ter achado que a dimensão não se aplica, de forma alguma, ao behaviorismo, visto que nenhuma estrutura mental, seja de que espécie for, é intencionalmente apresentada pelos behavioristas. Os autores, por seu lado, acharam que, se for aceito que o mentalismo está envolvido, então terá de ser inconsciente. Não restam dúvidas de que os behavioristas levaram em grande conta os fatores inconscientes na determinação do comportamento. A consciência, para um behaviorista, não desempenha um papel causal, mesmo que exista. Contudo, os autores admitem livremente que os *fatores* inconscientes não implicam, necessariamente, um *mentalismo* inconsciente.

Os estudantes atribuíram o maior peso às características dimensionais de objetivismo de conteúdo, objetivismo metodológico e determinismo, por esta ordem.

RESUMO E CONCLUSÕES

O behaviorismo, como todas as outras escolas, tem um extenso passado. Remonta diretamente a Descartes, que considerou o corpo do homem como uma máquina complexa. A contribuição real de Watson foi a coerência sistemática e o extremismo do seu ponto de vista básico; ele simplificou e tornou objetivo o estudo da psicologia, ao negar a utilidade científica da mente e da consciência. Adotou uma metafísica compatível com a sua metodologia e achou necessário negar não só a utilidade mas a própria existência da consciência ou, no máximo, considerá-la um epifenômeno sem efeitos causais sobre o comportamento. Hoje, o seu ponto de vista metodológico é aceito, intencionalmente ou não, por quase todos os psicólogos experimentais. A maior parte dos demais psicólogos também é behaviorista metodológica mas as indicações, no presente, são de que a unanimidade já não será alcançada e, pelo contrário, pode estar decrescendo.

O seu ponto de vista metafísico, como a maioria das concepções metafísicas na ciência, não é aceito nem rejeitado para fins científicos mas, simplesmente, considerado irrelevante. Parece haver escassas provas de que a posição mente-corpo exerça uma influência acentuada no trabalho realizado por um psicólogo. Pelo contrário, parece que o cientista é mais suscetível de adotar uma posição mente-corpo que se harmonize com o trabalho que ele já está realizando.

As posições secundárias de Watson em questões tais como o mentalismo e o periferismo serviram para encorajar a pesquisa. Contudo, são hoje consideradas formulações preliminares que já perderam utilidade ou significado, pelo menos em sua redação original.

As razões para a aceitação do behaviorismo watsoniano estão relacionadas com a clareza e a força do próprio Watson. A íntima relação entre a sua psicologia e a tradição norte-americana também contribuiu para tornar o seu credo mais desejável. Os progressos contemporâneos e algo posteriores na Física (operacionismo) e na Filosofia (positivismo) combinaram-se tão bem com o behaviorismo que a conjunção dos três movimentos reforçou todos eles. A influência confinante do estruturalismo também imprimia redobrado impulso a qualquer movimento que se afastasse dele.

As críticas ao behaviorismo foram e continuam sendo veementes. Elas varreram a maioria dos excessos do behaviorismo e alteraram acentuadamente a sua forma. O behaviorismo metafísico, muitos dos postulados secundários de Watson e todas as concepções mecanísticas que possam ter estado associadas a uma formulação demasiado rígida do reflexo E-R desapareceram na tempestade de protestos. A pedra fundamental, a metodologia behaviorista, resistiu obstinadamente e deve ser hoje considerada uma contribuição sólida e obviamente duradoura de John B. Watson. Contudo, uma pedra não é uma casa; e uma restrição metodológica não é um sistema. De modo que, assim como hoje não existe estruturalismo, tampouco existe um sistema completo a que se possa dar o nome de *behaviorismo*.

Leituras Recomendadas

O estudo de Diserens (1925) sobre o objetivismo psicológico constitui um tratamento histórico clássico sobre os antecedentes do behaviorismo. As publicações fundamentais mais úteis de um tipo behaviorista são: *Behaviorism* (1930), de Watson: *Psychology of the Other One* (1921), de Meyer e *Theoretical Basis of Human Behavior* (1925), de Weiss. Com uma introdução da autoria de Herrnstein, o livro de Watson, *Behavior: An Introduction to Comparative Psychology,* foi reeditado em 1967. *Purposive Behavior in Animals and Men* (1932), de Tolman, representa uma importante ampliação da doutrina behaviorista básica. Para quem quiser saborear as primeiras polêmicas, será aconselhável consultar o pequeno mas interessante volume que relata o debate entre Watson e McDougall, *The Battle of Behaviorism* (1929). Um volume abrangendo as várias facetas do problema mente-corpo foi organizado por Feigl, Scriven e Maxwell (1958). As fontes secundárias, sobretudo críticas, são: *Contemporary Schools of Psychology* (1948), de Woodworth; *Seven Psychologies* (1933), de Heidbreder; *Historical Introduction to Modern Psychology* (1949), de Murphy; e *History of American Psychology* (1952), de Roback. O estudo clássico de Stevens (1939), "Psychology and the Science of Science", relaciona a tendência behaviorista com o positivismo lógico e o operacionismo, sendo uma exposição histórica muito útil. Um ensaio especialmente interessante, utilizando o conceito de choque paradigmático de Kuhn, é o de autoria de Burnham (1968). Finalmente, um tratamento do behaviorismo desde um ponto de vista altamente favorável encontra-se no ensaio de Spence, "The Methods and Postulates of Behaviorism" (1948). Outros tratamentos mais recentes são citados no Capítulo 10.

8. PSICOLOGIA DA GESTALT

A psicologia da Gestalt nasceu com o artigo (1912) de Max Wertheimer (1880-1943) sobre o movimento aparente. O artigo era o relato de uma investigação realizada por Wertheimer, Wolfgang Köhler (1887-1967) e Kurt Koffka (1886-1941), os co-fundadores da nova escola. Como a maioria das novas escolas, a psicologia da Gestalt eliminou alguns dos velhos problemas da psicologia e apontou o caminho para outros novos. A sua rejeição do artificialismo de grande parte da análise psicológica do tempo provocou um interesse colateral pelos problemas mais próximos das experiências da vida cotidiana. Foram enfatizados o problema da organização dos elementos em todos e as leis de tal organização. Iniciou o tipo gestaltista de exame e explicação dos fenômenos perceptuais, como as pós-imagens e o movimento aparente. Os teóricos da aprendizagem foram obrigados a considerar os princípios gestaltistas, como os de organização e introvisão *(insight)*, na formulação de suas teorias. Já vimos que a "pertença" de Thorndike é um exemplo de tal concessão aos princípios gestaltistas.

A psicologia da Gestalt foi e é especialmente propensa à incompreensão. Trata-se de um produto da cultura européia (ver o Quadro 8-1, que enumera os nomes das figuras mais importantes da escola), com o seu credo publicado originalmente em língua alemã. Felizmente, a psicologia da Gestalt teve fundadores que permaneceram ativos na psicologia. O fato dos três fundadores passarem a residir nos Estados Unidos, em sua fuga ao nazismo, ajudou a esclarecer a posição gestaltista e a tornar os seus princípios acessíveis em inglês. Os mal-entendidos iniciais estão começando a dissipar-se. O livro de Köhler (1947) foi especialmente prestimoso nesse sentido. Por exemplo, ele sublinhou (pág. 168) que a psicologia da Gestalt não rejeita a análise, em geral. Muitos psicólogos americanos tinham acreditado que a rejeição gestaltista da análise introspectiva artificial subentendia uma rejeição de toda e qualquer análise. Köhler também sublinhou que a oposição gestaltista aos enunciados quantitativos era uma prescrição para a psicologia por

QUADRO 8-1. Importantes Personalidades da Psicologia da Gestalt

Influências Antecedentes	*Gestaltistas*		
	Pioneiros	*Fundadores*	*Promotores*
Franz Brentano (1838-1917)	G. E. Müller Göttingen (1850-1934)	Max Wertheimer Frankfurt (1880-1943)	Kurt Lewin Berlim (1890-1947)
Ernst Mach (1838-1916)	Erich R. Jaensch Göttingen (1883-1940)	Wolfgang Köhler Frankfurt (1887-1967)	Raymond H. Wheeler Kansas (1892-1961)
Christian von Ehrenfels (1859-1932)	David Katz Göttingen (1884-1957)	Kurt Koffka Frankfurt (1886-1941)	Kurt Goldstein Berlim (1878-1965)
Alexius Meinong (1853-1920)	Edgar Rubin Göttingen (1886-1951)		
G. F. Stout (1860-1944)			
William James (1842-1910)			
John Dewey (1859-1952)			

causa da sua juventude, não uma objeção à conveniência fundamental de tais formulações.

Essa melhor compreensão da posição gestaltista e a interação da psicologia da Gestalt com as correntes mais americanizadas resultou na aceitação geral de muitas idéias básicas da Gestalt, mesmo no clima relativamente inamistoso da psicologia americana. Uma aceitação da tese gestaltista de que existem todos que perdem muita de sua identidade e importância quando analisados em suas partes, ajudou a tornar mais respeitável, na psicologia experimental, o estudo de variáveis globais, relativamente não-analisadas. Atualmente, considera-se que o tamanho da unidade de análise é arbitrário e uma simples questão de conveniência. Esta posição é muito diferente da tendência teórica de Watson para reduzir todo e qualquer ato molar a cadeias de reflexos, usando somente unidades de análise relativamente moleculares. Um "reducionismo atomista" deixou de ser o interesse exclusivo da psicologia. Se o psicólogo analisa as situações em função de um número de variáveis mais simples, ele reconhece a necessidade do que pode ser chamado *leis da combinação.* Estas leis da combinação especificam as relações entre numerosas variáveis simples e dizem-nos como se combinam na produção do comportamento final. Já não se considera suficiente especificar as relações entre a variável dependente e cada uma das variáveis independentes, "sendo iguais todas as outras condições". As situações só podem ser completamente compreendidas quando sabemos como interatuam as diversas variáveis pertinentes. É aceito o ponto de vista gestaltista de que novos fenômenos são criados *(emergem)* em situações complexas.

A ênfase gestaltista sobre a fenomenologia torna difícil aos usuários atuais da introspecção ignorar o conteúdo fenomenológico da experiência, isto é, as informações diretas e ingênuas de observadores não-treinados. Como a informação fenomenológica contém significado, diretamente, deixa de ser necessário tergiversar em torno dos erros de estímulo, os quais decorrem, presumivelmente, de um conhecimento prévio a respeito dos estímulos. A informação, com o seu significado próprio, pode ser aceita como tal. Como se supõe que os todos dados na experiência fenomenológica são fenômenos legítimos *per se,* há menos interesse numa tentativa de decompor cada todo experimentado em seus elementos constituintes. O conceito de constância em percepção foi repensado. O antigo conceito, que se baseava na constância da resposta quando a estimulação local variava (quando nos distanciamos de um homem e a imagem retiniana se modifica mas ele continua parecendo que tem a mesma altura), perdeu o seu significado. Os gestaltistas insistiram em que não havia por que esperar que a estimulação *local* coincidisse com a resposta *local,* pois ambas são partes de um campo total cuja influência é de se esperar que modifique a natureza da resposta, a toda e qualquer estimulação local que se faça presente. Assim, *espera-se* que o homem conserve a mesma altura perceptual, porquanto o campo de que ele faz parte retém muitas de suas relações, apesar da alteração na distância.

J. J. Gibson elaborou, durante anos, com impressionante detalhe, a natureza das propriedades que permanecem invariáveis sob certas espécies de mudanças. Em seu livro mais recente, ele apresentou a sua teoria geral de percepção visual. O seu ponto de vista é que os sentidos existem para obter informação; eles foram criados como sistemas eficazes para realizar essa função. Uma propriedade desejável num sistema de coleta de informação consistiria em fazê-lo extrair características constantes do fluxo de experiência. Nesta conformidade, Gibson (1966) escreveu: "Sobretudo, devemos recordar que as variáveis informativas da estrutura óptica são *invariantes sob as mudanças na intensidade de iluminação e sob as mudanças no ponto em que o observador se coloca*" (pág. 242). Se considerarmos a quantidade infinita de mudanças em iluminação e pontos de observação que têm lugar durante a vida de um ser humano, é evidente que um sistema que preserve os resultados de tais mudanças encontrar-se-á rapidamente sobrecarregado. Deste ponto de vista, torna-se claro que a preocupação estruturalista com os detalhes analíticos da estimulação local estava mal orientada, se o interesse científico tiver que se concentrar nas mesmas coisas durante um razoável período de vida, o organismo deve ser construído de modo que se concentre nas invariantes; e resulta que essas invariantes são propriedades bastante complexas e relacionais dos todos. Assim, uma definição eficiente do estímulo deve ser uma definição molar do estímulo.

OS ANTECEDENTES DO MOVIMENTO GESTALTISTA

Quando se fala dos antecedentes dos sistemas psicológicos modernos, o nome de Wundt é o que acode mais facilmente ao espírito. Ele era o vilão contra quem se rebelavam todos os sistematizadores — e o seu papel era necessário. A sua posição elementarista foi um alvo para a psicologia da Gestalt, tal como era para o funcionalismo e o behaviorismo. Contudo, Wundt foi um antecedente num sentido mais direto; o seu princípio de síntese criadora foi um dos primeiros conceitos a implicar um certo reconhecimento da diferença entre os todos e a soma de suas partes. Esse conceito era muito semelhante com o de química mental, de John Stuart Mill. Ambas as idéias reconheceram que novas características podem emergir da combinação de elementos em todos. Contudo, nem Wundt nem Mill elaboraram suficientemente essa noção de molde a satisfazer os fundadores da psicologia da Gestalt.

Franz Brentano, a quem mencionamos em relação com a psicologia wundtiana (Capítulo 5), acreditava que a psicologia devia se concentrar no processo ou ato de sentir e não na sensação como um elemento. Ele utilizou a introspecção mas a sua introspecção inclinava-se mais para uma variedade ingênua de fenomenologia. Considerou que a introspecção de Wundt era artificial e forçada. Assim, antecipou-se ao método introspecionista da Gestalt e conferiu respeitabilidade à expressão direta e ingênua da experiência. Contudo, não reconheceu a emergência de novos fenômenos dotados de uma crescente complexidade.

Carl Stumpf (1848-1936) foi um outro precursor da psicologia da Gestatl mas num sentido algo estranho. Köhler dedicou um livro (1920) a Stumpf, que foi seu mestre; Wertheimer e Koffka também estudaram com Stumpf. Seria de esperar que o homem que ensinou a todos os fundadores da psicologia da Gestalt tivesse insuflado muitas de suas idéias do novo movimento. Entretanto, de acordo com Hartmann (1935, pág. 32), o próprio Stumpf negaria qualquer influência sistemática direta de sua parte sobre o novo movimento. Tampouco os três fundadores mencionaram tal influência direta. Não obstante, a psicologia de Stumpf representa uma certa concessão à fenomenologia. Boring (1950, pág. 595) informa que Husserl e Brentano atraíram Stumpf para a fenomenologia.

A maioria dos outros antecedentes e precursores exerceu uma influência sistemática mais direta. Ernst Mach (1838-1916) foi um físico que ingressou na história da psicologia pela porta dos fundos. É verdade que se interessou pela nova psicologia e para ela contribuiu, tanto em teoria como em experimentos. Insistiu em afirmar que as sensações formam a base de toda a ciência. Isto é algo que pode ser dito tanto por um físico como por um psicólogo, uma vez que se relaciona com a questão geral da epistemologia. Entretanto, em sua especificação da natureza das sensações, ele foi levado a postular a existência de dois tipos inteiramente novos de sensação: a sensação de forma espacial, como num círculo ou qualquer outro tipo de forma geométrica, e a sensação de forma temporal, como no caso de uma melodia. Mach afirmou corretamente (de acordo com os psicólogos da Gestalt) que essas sensações de forma espacial e forma temporal são independentes dos seus respectivos elementos. Por exemplo, os círculos podem ser vermelhos, azuis, grandes ou pequenos, sem nada perder de sua circularidade. Analogamente, as notas da melodia podem ser tocadas numa outra clave sem que ocorra qualquer alteração em sua forma temporal.

Christian von Ehrenfels (1859-1932) compartilhava com Mach de um interesse pela nova psicologia. Se bem que fosse, sobretudo, um filósofo, elaborou as noções psicológicas de Mach sobre os novos elementos numa teoria a que chamou *Gestaltqualität* (qualidade da forma total). Ehrenfels é geralmente reconhecido como o precursor intelectual imediato do movimento gestaltista, embora os teóricos da Gestalt tenham negado qualquer influência direta. Em sua análise dos novos elementos das sensações, ele deparou-se com o problema de apurar se tais elementos eram realmente novos. Poderiam as novas qualidades ser reduzidas a combinações das outras qualidades? Ehrenfels decidiu que, embora as qualidades dependessem de elementos organizados num certo padrão, elas são, entretanto, experimentadas de um modo imediato e não são inerentes em qualquer dos elementos componentes. Estão presentes na mente e não nos eventos físicos.

Esses homens postularam novos elementos mas não foram psicólogos gestaltistas. Não seremos capazes de entender a revolução gestaltista se não percebermos que os seus precursores, como Mach e Ehrenfels, eram, na realidade, meros continuadores da antiga tradição atomista. Não evitaram o elementarismo; simplesmente, descobriram novos elementos. Assinalaram o problema mas deram-lhe uma solução inteiramente errada. Complicaram mais do que simplificaram. Foi por essa razão primordial que os gestaltistas negaram qualquer relação direta com esses antecessores.

Alexius Meinong (1853-1920) deu a mesma resposta errada que von Ehrenfels tinha dado. Foi aluno de Brentano e o líder da escola de Graz. Elaborou as idéias de von Ehrenfels e alterou a sua terminologia mas nada acrescentou de essencialmente novo. A sua metodologia era de tendência fenomenológica, antecipando também o gestaltismo. O rompimento da psicologia do ato e da psicologia da escola de Graz com a tradição acadêmica não foi suficientemente clara.

Helson (1969), em seu artigo "Why Did Their Precursors Fail and the Gestalt Psychologists Succeed?" (Por Que Falharam os Seus Precursores e Triunfaram os Psicólogos Gestaltistas?) sublinha igualmente esse ponto: "Acima de tudo, foi um movimento radical. Referi-me certa vez ao grupo Benussi como gestaltistas da esquerda, com a sua pressuposição de processos mentais superiores para explicar as qualidades do todo, e Koffka disse: 'Não, nós somos os radicais na rejeição de tais processos', e ele tinha razão, é claro" (pág. 1007).

O grupo Benussi, a que Helson se referiu, compunha-se de estudantes e outros colaboradores de Benussi, que era ele próprio um discípulo de Meinong. Como os outros predecessores, não lograram dar o passo radical; o elementarismo não foi rejeitado por eles.

Assim, essas escolas não floresceram nem conquistaram adeptos, como a psicologia da Gestalt conseguiria depois. Não satisfaziam a uma das condições de Kuhn para o estabelecimento de um paradigma e não houve, na realidade, uma escola, visto que para haver escolas são necessários "alunos". E, embora possamos hoje considerá-las antecedentes, no sentido intelectual e sistemático, não houve continuidade real entre as pessoas dessas primeiras escolas e os criadores da psicologia da Gestalt. Portanto, a origem da psicologia da Gestalt pode ser atribuída à ocorrência do próprio processo que a psicologia da Gestalt iria subseqüentemente advogar como base de toda a aprendizagem: uma introvisão!

Numerosos psicólogos de Göttingen foram importantes precursores e adeptos da psicologia da Gestalt. G. E. Müller dirigia aí o laboratório experimental e patrocinou um programa de pesquisa introspectiva que tinha o sabor de uma abordagem fenomenológica gestaltista. Ele afirmaria depois (Müller, 1923) que na abordagem gestaltista nada havia de novo para a teoria da percepção. As pesquisas de outros três homens, tivessem tido a inspiração de fazer dos seus resultados a base para uma escola, os nomes dos fundadores da psicologia da Gestalt poderiam ter sido Erich R. Jaensch (1883-1940), David Katz (1884-1957) e Edgar Rubin (1886-1951). Todos os três trabalhavam e publicavam investigações fenomenológicas em 1911 ou 1912, o ano em que Wertheimer publicou os seus próprios resultados e lançou a psicologia da Gestalt.

Jaensch estava trabalhando sobre a acuidade visual e mostrou que grandes sistemas interatuantes tinham de ser considerados no estudo da acuidade; a abordagem elementar atomista não servia. Katz já tinha publicado uma investigação sobre a cor em 1907 e, em 1911, publicou uma extensa monografia sobre o mesmo assunto. Continha uma cuidadosa descrição fenomenológica dos diferentes tipos de cores: cores de superfície, cores de volume e cores peliculares. Descreveu as condições em que cada tipo de cor podia ser observado e *não* tentou explicar os diferentes tipos mediante o recurso à combinação das sensações de cor com alguns outros elementos, como teriam feito os wundtianos. Rubin só iniciou seus trabalhos em 1912, o ano em que a escola gestaltista foi fundada. Em sua investigação fenomenológica, desenvolveu a distinção entre figura e fundo. Assinalou que, correntemente, destaca-se uma parte da configuração total do estímulo (a figura), enquanto que uma outra parte recua e é mais amorfa (o fundo). Apresentou numerosas demonstrações em que a figura e o fundo podem ser invertidos. Nada publicou até 1915; gestaltistas saltaram imediatamente sobre o trabalho de Rubin e não perderam tempo em adequá-lo ao seu sistema, uma vez que era mais outra prova de que, para explicar a estimulação, é necessário considerar a sua totalidade.

Entrementes, outros autores estavam sendo seduzidos por problemas semelhantes àquele que o triunvirato gestaltista resolvera tão engenhosamente. Na Inglaterra, G. F. Stout (1860-1944) levantou uma série de questões, em 1896, sobre a relação parte-todo. Ele estava principalmente interessado na forma e concluiu (1902) que "... um elemento que é apreendido primeiro como parte de um todo e, depois, como parte de um outro, apresenta-se sob dois pontos de vista diferentes e, portanto, sofre uma transformação" (pág. 71). Ele tinha enunciado claramente a tese gestaltista de que existem todos que influem no modo de existência das partes.

Ainda antes, já William James, nos Estados Unidos, havia desafiado o atomismo psicológico. Disse ele (1890, Vol. I): "O psicólogo tradicional fala como se um rio não consistisse em mais do que no conteúdo de baldes, caçambas, colheradas e outras formas moldadas de água. Mesmo que houvesse, realmente, baldes e caçambas mergulhados na mesma corrente, o rio ainda continuaria fluindo livremente entre eles" (pág. 255). Tal como a água, a corrente de consciência também possuía, para James, uma realidade independente da sua análise atomista.

Curiosamente, James também usou uma analogia que é quase exatamente idêntica à que seria usada por Köhler muitos anos depois (James, 1890, Vol. I, pág. 279, nota de página):

> Num certo sentido, uma bola de sabão tem partes; é a soma de triângulos esféricos justapostos. Mas esses triângulos não são realidades separadas. Se tocarmos na bola, os triângulos desaparecem. Do mesmo modo, se descartarmos um pensamento, as suas partes dissipar-se-ão prontamente. Construir um novo pensamento com as idéias que certa vez nos serviram seria algo parecido a construir uma nova bola de sabão com os triângulos de outras bolas. Cada bola, cada pensamento, é uma nova unidade orgânica *sui generis*.

Se James se tivesse considerado apto a elaborar suficientemente esse ponto de vista, a psicologia da Gestalt poderia ter tido um fundador mais antigo.

Já mencionamos um outro americano que esteve surpreendentemente próximo dos princípios gestaltistas, embora as suas formulações se relacionassem com uma outra área empírica. John Dewey, em seu estudo sobre o arco reflexo (1896) advogava uma abordagem de campo, um estudo da situação total em si mesma e a rejeição da análise artificial em estímulo e resposta. O arco reflexo era considerado uma unidade orgânica que perdia todo o seu significado e realidade na análise (cf. Capítulo 6).

A própria atmosfera do pensamento que antecedeu de perto a fundação da psicologia da Gestalt parecia estar impregnada da noção de campos, da noção de todos orgânicos. E o pensamento dessa espécie não estava limitado a psicólogos e filósofos. Por exemplo, E. B. Wilson, um eminente biologista, disse que a célula não devia ser considerada como unidade independente, porquanto a única unidade real era a do organismo.

A FUNDAÇÃO DA ESCOLA GESTALTISTA

Em 1910, Max Wertheimer chegou ao Instituto Psicológico de Frankfurt-sobre-o-Meno. Köhler e Koffka ajudaram-no em suas pesquisas sobre o movimento aparente, servindo como sujeito; e os três tiveram longas discussões sobre os resultados da pesquisa. O fenômeno do movimento aparente, cuja aplicação cotidiana mais conhecida é, provavelmente, o cinema, tinha sido durante muito tempo um difícil problema para a interpretação psicológica. Em essência, o problema consistia em como explicar a percepção do movimento resultante de uma série de estímulos imóveis.

Wertheimer trabalhava com duas ranhuras, uma vertical e a outra inclinada uns 20 ou 30 graus em relação à vertical. Quando a luz era projetada primeiro através de uma ranhura e, depois, através da outra, a fenda iluminada parecia deslocar-se de uma posição para a outra, se o tempo entre a apresentação das duas luzes se mantivesse dentro de limites adequados. Wertheimer calculou os limites de tempo em que o movimento era percebido. O intervalo ótimo situava-se em torno de 60 milissegundos. Se o intervalo entre as apresentações excedesse cerca de 200 milissegundos, a luz era vista, sucessivamente, primeiro numa posição e depois na outra. Se o intervalo fosse demasiado curto, 30 milissegundos ou menos, as duas luzes pareciam estar continuamente acesas. Wertheimer deu a esse tipo de movimento o nome de *fenômeno phi;* desejou dar-lhe um nome que enfatizasse o seu caráter independente como um fenômeno *per se.* Era um fenômeno que não podia resultar da soma de estimulações individuais, pois que um elementarista não poderia argumentar, certamente, que a adição de uma segunda estimulação estacionária a uma primeira estimulação estacionária, resultaria, por soma, numa sensação de movimento. Os fundadores da psicologia da Gestalt tiveram sorte, talvez, ao trabalhar com um paradigma experimental que tornava tão transparente a demonstração de que a situação global é decisiva para determinar o que é percebido.

A monografia de Wertheimer (1912) descrevendo a pesquisa contém uma explicação do movimento aparente tão simples e, ao mesmo tempo, tão engenhosa, que serviu de base para a nova escola de psicologia. A explicação era, essencialmente, que o movimento aparente não necessita de explicação! Ele existe, simplesmente, como um fenômeno irredutível a sensações mais simples de qualquer espécie. Uma tentativa de analisá-lo em sensações mais simples, à maneira wundtiana ortodoxa, destruiria a realidade do fenômeno como tal. O movimento aparente só existe naquelas situações em que vigoram certas *relações* prescritas entre os elementos.

Este começo aparentemente simples da psicologia da Gestalt não foi, na realidade, tão simples quanto poderia parecer. Os seus princípios eram completamente contrários à maioria da tradição acadêmica da psicologia alemã. Proclamar que uma experiência complexa tinha existência própria equivalia a uma revolução. Sustentar, como fez Wertheimer, que os dados *primários* da percepção são, tipicamente, estruturas *(Gestalten)* era uma heresia para a tradição introspecionista alemã e para a sua réplica americana, que estava florescendo à sombra de Titchener. Para esses psicólogos, as estruturas eram coisas a decompor em seus elementos — e só estes eram primários.

Além disso, Wertheimer sustentava que era legítimo usar na introspecção palavras simples, ingênuas e descritivas. Manteve que não deveríamos esperar que as sensações locais concorressem com a estimulação local, pois ambas fazem parte de um campo, de um todo, que influencia as partes individuais de um modo que depende da estrutura do todo.

Não só Wertheimer advogou essas idéias mas Köhler e Koffka também as defendiam e de maneira veemente. Como Köhler disse em seu obituário para Koffka (1942, pág. 97):

> Aqueles foram anos de jubilosa revolta na psicologia alemã. Todos nós tínhamos um grande respeito pelos métodos exatos pelos quais certos dados sensoriais e fatos da memória estavam sendo investigados; mas também sentíamos profundamente que um trabalho de tão pouco âmbito nunca poderia nos proporcionar uma psicologia adequada dos seres humanos reais. Alguns acreditavam que os patriarcas da psicologia experimental tinham cometido uma grave injustiça contra as formas superiores da vida mental. Outros, suspeitavam de que, na própria base da nova ciência, havia algumas premissas que tendiam a tornar estéril todo o seu trabalho.

Este último ponto concorre com um que foi brilhantemente enunciado por James e citado no Capítulo 6 (ver págs. 192-3).

Com tão fogosos revolucionários, o movimento logo ganhou impulso. Tal como nos Estados Unidos (por exemplo, Helson, 1925, 1926), havia muitos na Alemanha que estavam descontentes com o artificialismo e a pobreza dos resultados obtidos pela psicologia mais antiga. A psicologia da Gestalt ganhou rapidamente o apoio de todos eles. Muitos psicólogos estavam felizes por descobrir um caminho que evitava a proliferação de elementos necessários para explicar cada experiência nova e complexa. Não acreditavam que a legitimidade da abordagem fenomenológica, ou dos fenômenos reais emergentes, pudesse continuar a ser negada. Este era o pressuposto primordial da escola em desenvolvimento. Examinemos mais de perto o conjunto de princípios desenvolvidos pela nova psicologia.

OS PRINCÍPIOS DA PSICOLOGIA DA GESTALT

A Atitude Parte-Todo

EXEMPLOS ILUSTRATIVOS DO PROBLEMA. A atitude dos gestaltistas em relação aos todos é uma das mais difíceis de apreender em toda a psicologia. Devemos, pois, dedicar-lhe a mais cuidadosa atenção. A distinção que eles fazem entre um todo e a soma de suas partes não é nova, por certo. O sábio chinês Lao-Tse, segundo se conta (G. W. Hartmann, 1935, pág. 9), teria expressado, em 600 A.C., a noção de que a soma das partes é diferente do todo. Skinner (1938, pág. 29) também afirmou que a questão de se o todo é ou não diferente da soma de suas partes constitui um pseudoproblema. Por outra parte, Weiss (1967) deu a um extenso e belamente ilustrado artigo o título de "$1 + 1 \neq 2$" (Um mais um não é igual a dois), e não há dúvida alguma de que ele considerou isso um problema significativo. Muitos têm se preocupado com ele e poderá justificar tanta investigação quanto aqueloutro e duradouro quebra-cabeças, o problema mente-corpo, a fim de se descobrir se é uma questão que vale a pena ser formulada.

Max Wertheimer abordou o problema todo-parte, ao referir-se ao dado em experiência (Wertheimer, 1938): *"O dado está, em si mesmo, estruturado* (Gestaltet) *em graus variáveis; consiste em todos mais ou menos definitivamente estruturados e em processos-globais, com suas propriedades e leis do todo, tendências características do todo e determinações das partes pelo todo. As peças aparecem quase sempre como partes no processo global"* (pág. 14).

Wertheimer estava aqui enfatizando o fato de que a estrutura da experiência, tal como a estrutura de uma casa, é importante. A natureza do ser humano é tal que a nossa percepção, se bem que possa ser baseada em agregados não-estruturados de itens, está em si mesma estruturada, em certa medida. E a experiência, enquanto estruturada, tem um caráter estrutural que é único para uma estrutura particular; e se a experiência for estruturada de algum outro modo, será inteiramente diferente. Visualizemos, por exemplo, seis pontos numa linha, em comparação com os mesmos pontos num círculo. Aqui, as estruturas diferentes são dadas no estímulo mas existe, por certo, uma vasta diferença entre as experiências. Orbison (1939) ofereceu uma demonstração que pode ser usada como prova clara e espetacular de que o modo de aparecimento de uma parte é afetado pela estrutura de que faz parte. Os quadrados objetivamente idênticos da Figura 8-1 parecem muito diferentes porque são partes de todos, ou configurações, diferentes.

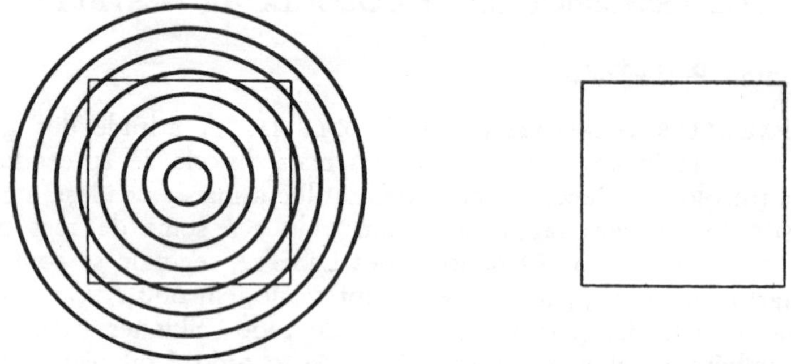

FIGURA 8-1. Um exemplo ilustrativo da dependência da percepção de uma parte em relação ao padrão total. (Adaptado de Orbison, 1939, pág. 42.)

São comuns as analogias oriundas de outros campos que demonstram a importância da estrutura e a diferença entre todos e somas de partes. Uma das mais antigas e conhecidas é a água, a qual é muito diferente de uma simples mistura dos seus elementos, hidrogênio e oxigênio. A água tem qualidades emergentes, isto é, qualidades que emergem somente na combinação de seus elementos. Só podemos conhecer as características do composto "água" se estudarmos diretamente a água; essas características não podiam ser previstas, pelo menos até data muito recente, a partir do conhecimento exclusivo das características dos elementos. Embora os novos progressos nas teorias e técnicas da mecânica ondulatória tenham possibilitado tais previsões, pode ser argumentado que tais progressos não poderiam ter ocorrido sequer na ausência da observação dos todos.

C. S. Smith, um cientista de materiais, numa recapitulação crítica do *status* do seu próprio campo, formula numerosos enunciados que indicam que os cientistas físicos estão sendo cada vez mais forçados a reconhecer a importância dos todos organizados, em seus estudos de materiais (1968, pág. 638):

> A principal característica da ciência hodierna de materiais é um interesse marcado pelas propriedades e a dependência das propriedades em relação à estrutura. É neste ponto, exatamente, que a história começa. A história dos materiais tem sido uma longa jornada em busca de conhecimentos em terreno estranho e difícil, para retornar, finalmente, à cena familiar com uma compreensão imensamente superior... A matéria não pode ser entendida sem um conhecimento dos átomos; entretanto, está ficando cada vez mais evidente que as propriedades dos materiais que desfrutamos numa obra de arte ou exploramos num foguete interplanetário não são, realmente, as propriedades dos átomos mas as dos agregados; com efeito, elas emergem no comportamento de eléctrons e prótons, dentro de uma estrutura de núcleos dispostos numa complexa hierarquia de numerosos estágios de agregação. Não é forçar demasiado a analogia se sugerirmos que a explicação química da matéria é análoga ao uso de uma identificação dos tipos individuais de ladrilhos para explicar Hagia Sophia. O louvável esforço dos cientistas para eliminar a prova dos sentidos tem produzido, por vezes, um resultado insensato.

Para eliminar qualquer dúvida de que Smith está falando a respeito do problema todo-parte, atente-se para este excerto posterior (1968, págs. 643-644):

> À imensa compreensão que resultou do aprofundamento das explicações atômicas seguiu-se uma compreensão de que isso deixava de fora algo essencial. Em seu rápido avanço, a ciência tivera de ignorar o fato de que um todo é mais do que a soma de suas partes.
>
> Polanyi (1968) argumentou convincentemente que a biologia não é redutível à física e à química, visto que a morfologia existente de um organismo, a qual fornece as condições dentro de cujos limites as leis físicas ou químicas operam, é física e energeticamente indistinguível de outras morfologias não menos prováveis que acontece não terem ocorrido. Este argumento é válido e aplica-se até aos agregados muito mais simples dos materiais de engenharia.

Die physischen Gestalten (1920), de Köhler, é uma exposição relativamente clara da concepção gestaltista da relação todo-parte, se bem que um problema tão complexo, com tantas facetas, nunca seja realmente simples. Eis o que, em parte, Köhler disse (1920):

> Consideremos em que condições um sistema físico atinge um estado que é independente do tempo (isto é, um estado de equilíbrio ou um chamado estado estacionário). Em geral, podemos dizer que tal estado é atingido quando se satisfaz uma certa condição para o sistema *como um todo*. A energia potencial deve ter atingido um mínimo, a entropia um máximo

> etc. A solução do problema não exige que as forças ou potenciais assumam valores particulares nas regiões individuais mas que as disposições totais dessas forças, em relação umas às outras, no sistema como um todo, sejam de um certo tipo definido. Portanto, o estado do processo, em qualquer lugar, depende, em princípio, das condições existentes em todas as outras partes ou lugares do sistema. Se as leis de equilíbrio ou estado estacionário para as partes individuais podem ser formuladas separadamente, então essas partes não constituem, em conjunto, um sistema físico *singular* mas cada parte será um sistema em si mesmo.
>
> Assim, um circuito elétrico é um sistema físico precisamente porque as condições que prevalecem em qualquer ponto dado são determinadas pelas que regem em todas as outras partes do sistema. Contrariamente, um grupo de circuitos elétricos completamente isolados uns dos outros constitui um complexo de sistemas singulares e independentes. Esse complexo *somente* é um "todo" na mente de quem quiser pensá-lo como tal; de um ponto de vista físico é apenas uma soma de entidades independentes.

Weiss (1967) fornece muitos exemplos banais de sistemas inter-relacionados de forma complexa que podem ser melhor considerados como todos. Um desses exemplos é a teia de aranha. As mudanças feitas pela aranha perto do centro da teia têm efeitos que, literalmente, *podemos ver* reverberarem em toda a teia, como quando uma aranha de jardim faz vibrar a sua teia em resposta a um intruso. Podemos ver que as múltiplas interconexões entre todas as partes da teia explicam a sua ação mas essas interconexões desafiam qualquer análise das partes — logo, "o todo é diferente da soma das partes".

Para um tipo de exemplo contrastante, considere-se uma coleção de 500 bolas de gude espalhadas no chão. Suponhamos que uma bola de gude jogada de fora atinge uma das bolas da coleção. Seguir-se-ão múltiplos entrechoques, desde que a massa e a velocidade da primeira bola de gude sejam suficientemente grandes. Não obstante, esse "sistema" é muito diferente do primeiro e as mudanças nas posições das bolas de gude pareciam ser potencialmente analisáveis numa coleção de interações entre os pares individuais de bolas de gude. Em contraste, a teia de aranha não fornece um lugar onde possamos enterrar os nossos dentes analíticos e constitui um verdadeiro sistema, não a espécie de pseudo-sistema oferecido pelas bolas de gude.

Implicações para uma Mundivisão. G. W. Hartmann assinalou que existem duas concepções extremas do mundo físico e do papel nele desempenhado pelos sistemas. Uma concepção é que o mundo compõe-se de partes aditivas independentes, cujo total constitui a realidade. A outra concepção é que todas as coisas se relacionam com todas as outras coisas e não existem sistemas independentes. Os gestaltistas não defendem nem uma nem outra dessas concepções extremas, embora se inclinem mais para a segunda. Eles reconheceram a existência de sistemas que podem ser considerados independentes para fins práticos (incluindo os fins práticos da ciência). Hartmann concluiu (1935): "Ambos os males são evitados assim que se reconhece que *as leis da ciência são as leis de sistemas,* isto é, estruturas de extensão finita — uma generalização aplicável tanto à física como à psicologia" (pág. 42).

Assim, os gestaltistas desejaram ampliar essas idéias sobre sistemas físicos à psicologia. Sustentaram que, na biologia e na psicologia, tal como na física, há fenômenos cujo caráter depende do caráter do campo total. Na percepção visual, por exemplo, a coisa vista é uma função da estimulação retiniana global, total, mais do que da estimulação de qualquer ponto local e específico. Lamentavelmente, a natureza do campo psicológico nem sempre é clara.

Em 1955, na reunião da Associação Psicológica Americana, em São Francisco, o físico Robert Oppenheimer (1956) afirmava não ter idéia alguma do que poderia significar um "campo psicológico". A afirmação arrancou risos e aplausos de uma platéia de psicólogos americanos. Evidentemente, muitos deles tampouco faziam idéia, nem acreditavam que existe alguma coisa assim; ou, em todo o caso, achariam que se tratava de um conceito mal definido de que todo o mundo abusava. Entretanto, a analogia de Köhler, acima citada, parece bastante simples e razoável. A verdadeira questão é se poderá ou não ser aplicada à psicologia, de uma forma significativa. Examinemos a seguinte questão: "Em psicologia, que significado podem ter os todos, sistemas cujas partes dependem do todo, ou os campos?"

Uma das chaves consiste na determinação do que constitui um sistema isolado. A afirmação gestaltista foi que os campos ou sistemas estão amplamente difundidos na psicologia e que a análise elementarista do estruturalismo ou do behaviorismo destrói as relações significativas que esses campos poderiam ter nas leis psicológicas. Ao mesmo tempo, os gestaltistas não negaram que o uso apropriado da análise é necessário. Como poderemos determinar se um campo particular pode ser ulteriormente analisado sem que se destruam as próprias relações que se pretendia estudar? Parece que a única maneira de fazê-lo é tentar tanto a análise como o uso do campo não-analisado, na construção das leis psicológicas. A decisão sobre qual a abordagem que deve ser empregada deve ser tomada, em última instância, numa base pragmática. Se a abordagem molar, gestaltista, conduzir a leis mais úteis e não for necessária uma análise ulterior, então será essa a abordagem adotada para o fim particular em vista. Por outro lado, se essa abordagem não tiver êxito, deve ser levada a efeito uma análise mais detalhada.

Um instrumento muito importante para determinar o grau e tipo de sistema com que se está lidando é a análise fatorial. Se puderem ser tomadas várias medidas do comportamento do sistema, a matriz de intercorrelações talvez revele aspectos significativos da estrutura do sistema. Neste livro, já vimos como a análise de Coan elucida uma certa estrutura das questões sistemáticas. Além disso, parece existir na Alemanha, entre os psicólogos atuais, uma tendência para o retorno a alguns dos problemas qualitativos do gestaltismo, usando a análise multivariada. Thurstone, embora não seja um gestaltista, tornou-se muito conhecido pela sua análise multifatorial. Gulliksen diz a seu respeito (1968, pág. 800):

> O experimentador tampouco poderia esperar aprender muita coisa de um experimento que envolvesse apenas duas ou três variáveis. Nos últimos 25 anos de seu estudo, Thurstone investigou, tipicamente, 40-60 variáveis de uma só vez, a fim de obter um bom domínio sobre as inter-relações entre todas elas.
>
> Poder-se-ia dizer que foi esse o maior legado que ele nos deixou: a ênfase sobre a experimentação acurada e as análises acuradas, na situação multivariada que é essencial à psicologia.

O psicólogo gestaltista procede de acordo com o pressuposto de que a unidade de descrição deve ser escolhida pelo organismo que está sendo estudado; isto é, as respostas do organismo determinam o que constitui um todo significativo. Por exemplo, se um observador, num estudo de percepção, informa que vê uma árvore, então "árvore" tornar-se-á uma unidade de descrição, em vez de alguma combinação de verdes, marrons, contexturas etc. Para essa análise particular, supõe-se que a árvore, tal como é percebida, é um sistema razoavelmente isolado e uma unidade significativa de análise. A aceitação da descrição fenomenológica implica uma aceitação das unidades escolhidas por quem as descreve fenomenologicamente.

Muitas vezes, é escolhida a unidade que parece mais natural ao cientista; ele próprio toma uma decisão fenomenológica. Por exemplo, pode escolher como unidade de resposta qualquer manipulação de uma barra por um rato. Esta é a unidade de resposta que lhe parece mais útil. Como os que fazem a ciência são seres humanos, esse tipo de método parece inevitável. Em sua aceitação pressurosa da descrição fenomenológica, o gestaltista reconheceu que o conhecimento sempre dependerá, em parte, da natureza do organismo percipiente e, ao mesmo tempo, decidiu viver complacentemente com essa limitação.

A psicologia da Gestalt tem freqüentemente usado o conceito de campo e foi buscar à física a maioria dos seus exemplos de campos. A partir das observações de Oppenheimer, podemos inferir que campo nem sempre significa a mesma coisa na psicologia que na física, dado que ele entende uma espécie de campo e não a outra. Na física, o campo é uma inferência feita diretamente a partir dos movimentos de partículas numa porção de espaço. Ao campo é então dado uma descrição matemática, de modo que tais movimentos possam ser previstos com base na descrição. O campo só tem essas propriedades matemáticas; não tem propriedades existenciais.

Em psicologia, *pode* ocorrer uma situação semelhante. Ao falar de um *campo perceptual,* o psicólogo cuidadoso referir-se-á tão-só a certas relações antecedente-conseqüente, e à descrição verbal ou matemática de um estado de coisas que permita a derivação das observações. O mais provável é que o conceito de campo seja usado quando o conseqüente (informação verbal ou outro comportamento) não depende ponto-por-ponto das características locais do estímulo. Se "campo" for usado nesta acepção estrita, como um recurso matemático para descrever relações, existe um acentuado parentesco entre os campos psicológico e físico. É claro, se o campo psicológico não permite previsões, é essencialmente carente de significado. O campo psicológico, assim usado de forma estrita, é muitas vezes mais "físico" do que a maioria dos campos fisiológicos, os quais, muito provavelmente, não passam de pressupostos puros, especialmente quando usados por psicólogos. Quer dizer, não haverá, freqüentemente, observações de espécie alguma ao nível fisiológico. Se reconhecermos que o campo fisiológico é um modelo que ajuda a fazer previsões, o seu uso será perfeitamente válido, pois não faz diferença alguma para o seu poder de previsão que se lhe atribua uma localização fisiológica ou não. A coisa lamentável é que o leitor possa ser levado erroneamente a pensar que o campo fisiológico se baseia em alguma prova fisiológica.

Até hoje, o quadro da ação cerebral é muito incompleto. Os primeiros trabalhos de ablação realizados por Franz e Lashley, a que nos referimos no Capítulo 7, já haviam demonstrado que o modo de ação do cérebro deve ser extremamente complexo, uma conclusão que nunca foi posta em dúvida. De um modo geral, Lashley favoreceu o ponto de vista de que o comportamento é determinado mais por um padrão total de atividade neural do que por uma atividade localizada (ver o Capítulo 11 para uma análise mais completa dos pontos de vista de Lashley). Entretanto, Lashley, Chow e Semmes (1951) realizaram experimentos cujos resultados puseram em dúvida toda a concepção gestaltista de que a atividade do campo elétrico no cérebro é subjacente à percepção. Lashley e seus colaboradores, simplesmente, levaram a posição gestaltista a sério e decidiram encurtar as correntes de campo no córtex visual do macaco, colocando lâminas de ouro na superfície cortical ou alfinetes metálicos no córtex estriado. Não verificaram deterioração alguma da discriminação visual e concluíram que os campos corticais não estão, provavelmente, relacionados com a percepção visual. Esse tipo de experimento foi subseqüentemente ampliado (Sperry e Miner, 1955; Sperry, Miner e Myers, 1955), sem que afetasse, uma vez mais, a discriminação visual.

Köhler (1958) achou que os experimenatos de Lashley não tinham sido adequados para encurtar as correntes corticais mas ficou mais interessado nos resultados da deterioração mais completa que tinha ocorrido nos experimentos de Sperry. Contudo, Köhler sustentou que os resultados obtidos por Sperry não eram compatíveis com *qualquer* teoria de mecanismos corticais, visto que a lesão tinha sido tão extensa que a discriminação visual devia, de toda a forma, ter sido deteriorada. Desconfiou de que algumas pistas estranhas poderiam explicar esses resultados, com a discriminação visual essencialmente contornada.

A tentativa de explicar a ação cerebral sem a invocação de um conceito de campo não foi abandonada (Hebb, 1949, 1959). E, seja qual for a explicação final, não existe, por certo, uma detalhada explicação de campo que seja atualmente aceita. A descrição dos campos cerebrais dada pelos psicólogos gestaltistas depende, predominantemente, dos dados de experimentos perceptuais, não fisiológicos. Prentice (1958, pág. 451) cita pesquisas fisiológicas que fornecem algumas exceções ao enunciado acima; contudo, os resultados fisiológicos relatados até agora não são definitivamente convincentes.

Podemos concluir que os enunciados fisiológicos dos gestaltistas devem ser encarados como modelos que, presumivelmente, possibilitam as previsões de resultados em nível psicológico (comportamental), embora não esteja claro que tais previsões sejam realmente possíveis em todos os casos.

Um exemplo instrutivo é a teoria das forças coesivas e restritivas. As forças coesivas são tendências das excitações corticais para se atraírem mutuamente, quando nada há que as restrinja. As forças restritivas impedem esse movimento e, geralmente, são o resultado da estimulação presente. Quando uma estimulação é apresentada e depois removida, as forças coesivas podem se manifestar livremente. Brown e Voth (1937) demonstraram os efeitos coesivos num experimento sobre o movimento aparente. Foram dispostas quatro luzes, formando um quadrado, e acenderam-se sucessivamente, uma de cada vez, em torno do quadrado. Ao incrementar o ritmo de sucessão, o movimento aparente era percebido de uma posição para a seguinte. Se a rapidez da apresentação era aumentada ainda mais, a trajetória do movimento tornava-se curva e, finalmente, circular. A trajetória percebida tinha um diâmetro demasiado pequeno para que pudesse interceptar as posições reais das luzes no perímetro do quadrado! Um círculo, para que pudesse passar pelas luzes, teria que ter um diâmetro consideravelmente maior do que a trajetória do movimento percebido.

Esse fenômeno foi explicado mediante recurso às forças coesivas. As excitações iniciadas pelos "flashes" das luzes atraíam-se entre si, assim contraindo a trajetória do movimento percebido. O *locus* da atração é, presumivelmente, o cérebro. Entretanto, é evidente que a inferência sobre as forças coesivas é feita a partir da observação de uma relação estímulo-resposta e as forças coesivas seriam igualmente úteis como um conceito explicativo, se supusermos que ocorrem no campo de estímulo, ou num campo psicológico.

Isomorfismo

Os teóricos gestaltistas foram propensos a formular inferências fáceis das observações estímulo-resposta para os eventos fisiológicos porque aceitam o princípio do isomorfismo. Um isomorfismo é uma relação 1:1, a qual, neste caso, se supõe haver entre os campos cerebrais e a experiência. Os gestaltistas supõem que as propriedades estruturais dos campos cerebrais e da experiência são topograficamente idênticas; isto é, no que se refere à ordem, podemos admitir que a relação existente entre ambos é de identidade.

Köhle enunciou um isomorfismo, no tocante ao espaço experimentado, da seguinte maneira (1947): *"A ordem experimentada no espaço é sempre estruturalmente idêntica à ordem funcional, na distribuição dos processos cerebrais subjacentes"* (pág. 61). Woodworth (1948, pág. 135) usou uma analogia das relações entre um mapa e a região que ele representa, para elucidar o que os gestaltistas entendem por isomorfismo. O mapa e a região não são a mesma coisa mas as suas estruturas são idênticas, no sentido de que podemos ler as características da região no mapa e vice-versa. A identidade é muito restrita. Tudo o que o gestaltista parece pedir é que os campos fisiológico e experimental tenham *alguma* identidade, talvez não tão forte quanto a identidade que existe entre um mapa e uma região. Para continuar com a analogia de Woodworth, a "escala em milhas" envolvida na passagem da fisiologia para a experiência e vice-versa pode não ser a mesma para todas as partes do mapa ou da região. Além disso, o mapa pode, é claro, ser dobrado ou enrolado sem destruir o isomorfismo. Não obstante, o gestaltista pressupõe que chegará o momento em que estaremos aptos a tomar conhecimento da fisiologia através do que saibamos da experiência e vice-versa; necessitaremos, tão-só, de mais instruções para a leitura e de um acesso mais fácil à observação de eventos fisiológicos.

A doutrina do isomorfismo conduz, facilmente, a uma outra forma de abordagem do problema todo-parte. Recapitulando, os gestaltistas enfatizaram as propriedades do todo e uma abordagem fenomenológica da percepção. Gibson mostrou que as propriedades informativas do nosso universo de estímulos requer uma complexa descrição "holística". Esses fatos têm suas réplicas nas observações fisiológicas realizadas anos depois da doutrina isomórfica ter sido proposta. Em seu artigo hoje clássico, Maturana, Lettvin, McCulloch e Pitts (1960), descreveram unidades na faixa óptica da rã que reagiam quando os estímulos tinham certas características complexas, como um determinado grau de curvatura, mas que não reagiam quando essas características estavam ausentes. É evidente que uma fisiologia ou uma psicologia que estude apenas reações locais a estímulos locais achará impossível lidar com tais propriedades complexas. Provavelmente, existem numerosos exemplos de tais redes neurais que extraem características complexas dos estímulos, tanto nas rãs como no homem. Essas redes podem extrair, precisamente, as espécies de características portadoras de informação que Gibson enfatizou.

Nativismo-Empirismo e o Princípio de Contemporaneidade

Ambos os componentes do isomorfismo dos gestaltistas são componentes que, de fato, existem. Tanto a fisiologia como a experiência correlacionada são acessíveis ao estudo, em nosso tempo. Assim, a experiência presente só é explicável na base de suas relações com o estado presente do campo fisiológico. É perfeitamente natural que esse ponto de vista relativamente a-histórico tenha levado os gestaltistas a mostrar menos interesse pela experiência passada que os membros das outras escolas. Eles não negaram que a experiência passada possa desempenhar um papel na percepção e no comportamento mas tendem a reduzir a importância desse papel. Enfatizaram que a experiência passada deve ter modificado a condição presente do organismo, antes que possa exercer qualquer efeito. Assim, um conhecimento completo do presente nada deixaria fora da explicação causal imediata, enquanto que um estudo do passado seria prejudicado pelas distorções causadas nos eventos anteriores pelos ulteriores, assim como pelas complexidades introduzidas pela participação do efeito histórico no campo presente.

Köhler pronunciou-se contra a experiência passada, como princípio explanatório exclusivo, nos seguintes termos (1938, pág. 58):

> Seria extremamente lamentável que, neste ponto, se deixasse o problema de lado como se, no fim de contas, nada mais fosse do que um outro caso da influência da experiência passada. Ninguém duvida de que a experiência passada seja um fator importante em *alguns* casos mas a tentativa de explicar toda a percepção em tais termos está seguramente condenada ao fracasso, pois é fácil demonstrar casos em que a percepção não é influenciada, de forma alguma, pela experiência passada. A Fig. 1 é um exemplo. Vemos um grupo de retângulos; mas a figura também pode ser vista como dois H's, com um certo número de linhas adicionadas a ambos os lados das duas letras. Apesar da nossa extensa experiência passada com a letra H, é, não obstante, a articulação do *objeto apresentado* que determina o que veremos.

Eis a Figura 1 citada por Köhler:

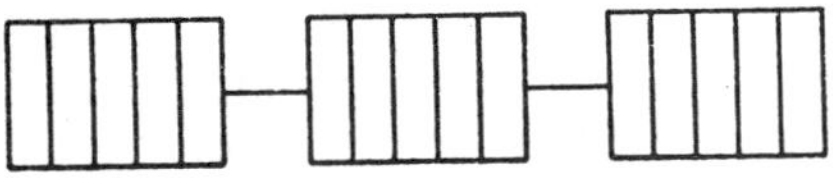

Köhler não insistiu em que a experiência passada é irrelevante para a percepção presente nem afirmou que o comportamento perceptual seja inato. Existem três tipos de variáveis que podem influenciar a percepção: genéticas, históricas e presentes. O nativismo é correntemente entendido como a posição que sustenta que as variáveis genéticas determinam completamente a resposta perceptual presente. A posição gestaltista não é nativista neste sentido. Os gestaltistas insistiram, simplesmente, em que as variáveis históricas não determinam completamente as respostas perceptuais e, concomitantemente, enfatizaram as duas outras classes de variáveis.

Egon Brunswik foi um psicólogo com inclinações gestaltistas (ver o Capítulo 11). Contudo, ele nada viu de contraditório na posição de que as leis gestaltistas de organização, que dizem respeito às características do estímulo apresentado, podem ser aprendidas. Brunswik e Kamiya (1953) realizaram um estudo preliminar dos estímulos fornecidos em fotografias de objetos naturais, a fim de apurar se era concebível que os elementos em proximidade pudessem ser vistos como partes do mesmo objeto, por causa das pessoas terem *aprendido* que os elementos em proximidade pertencem ao mesmo objeto. Se os elementos em proximidade num estímulo tendiam a pertencer ao mesmo objeto, então as pessoas poderiam aprender a organizar os objetos próximos num mesmo todo, visto que outras experiências tinham demonstrado que esses elementos perceptuais procediam, provavelmente, do mesmo objeto. Brunswik e Kamiya descobriram que há uma tendência, relativamente fraca, para que os elementos próximos pertençam ao mesmo objeto. Concluíram que o princípio de proximidade podia ser aprendido pelo indivíduo, embora a demonstração disto exigisse novas investigações. Teria de ser eliminada a possibilidade de que o sistema visual tinha "aprendido" o princípio através do processo de evolução.

A Atitude em Relação à Análise

A psicologia da Gestalt começou, em parte, como uma revolta contra a análise, alegadamente artificial, dos introspecionistas. Entretanto, os psicólogos da Gestalt reconheceram que a análise está no próprio âmago da ciência. A objeção não era dirigida tanto à análise como tal mas a uma espécie particular de análise. Köhler (1947) disse que, se analisarmos da mesma maneira que os introspecionistas fazem, então aquelas experiências que são de suprema importância serão completamente negligenciadas. A experiência comum, a experiência da vida cotidiana, não pode ser encontrada na psicologia do introspecionista. Köhler não argumentou que as descobertas do introspecionista sejam irreais mas, simplesmente, que se tratava de uma realidade fabricada e artificial. Os psicólogos gestaltistas não objetaram ao artificialismo do laboratório como tal mas ao artificialismo de um tipo bombástico de método, inspirado numa concepção estéril. O gestaltismo não é uma psicologia aplicada mas os gestaltistas tentaram fazer dele uma psicologia cujos resultados se aplicam à experiência real.

Os gestaltistas também têm sido interpretados como se rejeitassem a quantificação na psicologia. Na realidade, eles não consideravam a quantificação ilegítima ou desnecessária, limitando-se a dizer que ela era, freqüentemente, prematura. Sustentavam que a psicologia deveria interessar-se, primeiramente, pelas descobertas qualitativas importantes. A atitude em relação à quantificação *como tal* não era negativa mas a atitude para com a quantificação *pela quantificação* era inteiramente negativa. Essa opinião foi resumida pela afirmação de Köhler (1947) de que "... dificilmente poderá ser exagerado o valor da informação qualitativa como um suplemento necessário do trabalho quantitativo" (pág. 49). E, mais adiante, a propósito do seu próprio trabalho sobre aprendizagem, disse: "Tudo o que é valioso nestas observações desapareceria se os 'resultados' fossem manipulados de uma forma estatística abstrata" (pág. 50). Não é com freqüência que surge uma oportunidade para assinalar uma analogia entre a atitude do psicólogo gestaltista e a do condicionador operante, mas aqui está uma exceção!

Koffka (1935, pág. 13-15) deu um tratamento mais completo e sofisticado da quantificação, sublinhando, essencialmente, os mesmos pontos. Destruiu a antítese que alguns achavam existir entre quantidade e qualidade, concluindo que "... a descrição quantitativa, matemática, da ciência física, longe de se opor à qualidade, nada mais é do que um modo particularmente exato de representar a qualidade" (pág. 14). Portanto, Koffka estaria de acordo em que a psicologia deve, em última instância, expressar as suas leis em forma quantitativa, a fim de alcançar a precisão máxima.

ENUNCIADOS EMPÍRICOS

Os Princípios de Organização

Os mais conhecidos enunciados empíricos formulados pelos psicólogos da Gestalt são os princípios da organização da percepção, propostos por Wertheimer (1923). Esses princípios costumavam ser testados, tipicamente, mediante um tipo de prova demonstrativa e nós seguiremos aqui esse precedente. Hochberg e McAlister comentaram o seguinte, a respeito do *status* das leis de organização (1953): "O estudo empírico dos princípios gestaltistas da organização perceptual é, apesar do seu grande valor heurístico, freqüentemente dificultado pela sua formulação subjetiva e qualitativa" (pág. 361). Assim, se o leitor tem, por vezes, dificuldade em compreender as leis seguintes, não precisa sentir que a inadequação é exclusivamente sua; até os mais enfatizados fatores perceptuais, abaixo descritos, carecem de precisão em seu enunciado.

(a) *Proximidade.* Os elementos próximos no tempo ou no espaço tendem a ser percebidos juntos. Por exemplo, as linhas na Figura 8-2a tendem a ser vistas como três pares de linhas, mais do que de qualquer outra maneira.

(b) *Similaridade.* Sendo as outras condições iguais, os elementos semelhantes tendem a ser vistos como pertencentes à mesma estrutura, como na Figura 8-2b.

(c) *Direção.* Tendemos a ver as figuras de maneira tal que a direção continue de um modo fluido. Este fator é ilustrado na Figura 8-2c.

(d) *Disposição Objetiva.* Quando vemos um certo tipo de organização, continuamos a vê-lo, mesmo quando os fatores de estímulo que levaram à percepção original estão agora ausentes. Consideremos a série mostrada na Figura 8-2d. Se observarmos os pontos progressivamente, da esquerda para a direita, a tendência será para continuarmos vendo os pares de pontos como na esquerda, mesmo quando, à direita, o fator de proximidade já não favorece essa organização.

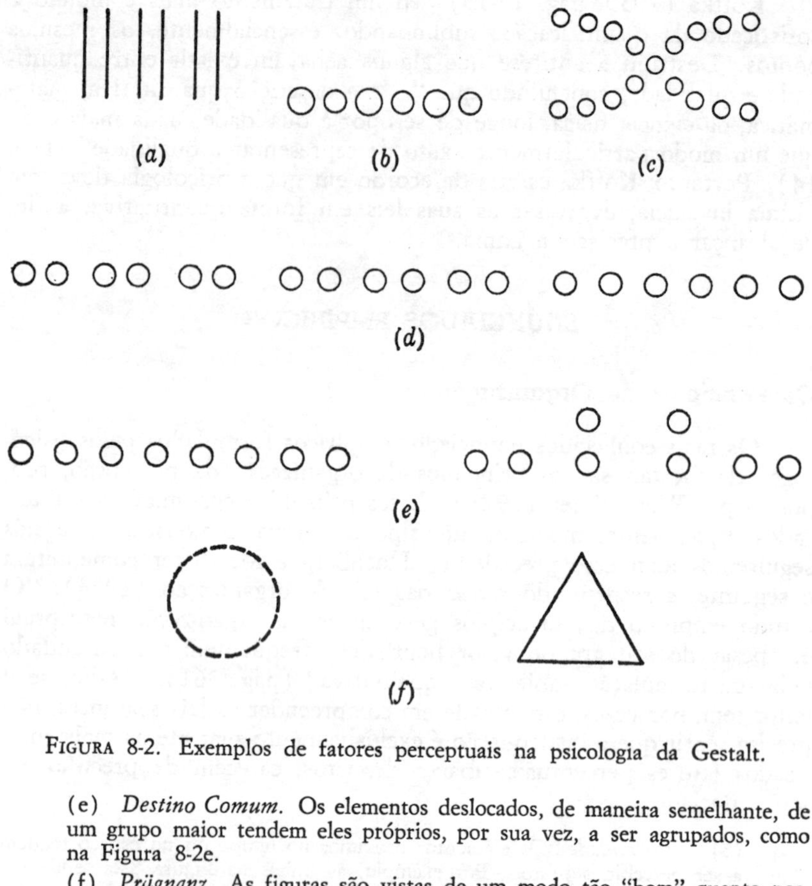

FIGURA 8-2. Exemplos de fatores perceptuais na psicologia da Gestalt.

(e) *Destino Comum.* Os elementos deslocados, de maneira semelhante, de um grupo maior tendem eles próprios, por sua vez, a ser agrupados, como na Figura 8-2e.

(f) *Prägnanz.* As figuras são vistas de um modo tão "bom" quanto possível, sob as condições de estímulo. A boa figura é uma figura estável. Por exemplo, como se mostra na Figura 8-2f, as lacunas numa figura são freqüentemente fechadas porque a figura resultante é mais "pregnante" (subprincípio de fechamento). Uma boa figura é aquela que não pode se tornar mais simples ou mais ordenada por um deslocamento perceptual.

Wertheimer reconheceu a influência da experiência ou hábito passado. Se vimos freqüentemente uma dada figura, somos mais suscetíveis de vê-la de novo. Contudo, os gestaltistas menosprezam, geralmente, a influência da aprendizagem na percepção (Köhler, 1947).

Wertheimer reconheceu também que as leis de organização estavam longe de ser enunciado final ou mesmo completo. Por implicação, sugeriu algum do trabalho que precisava ser feito para melhorá-las

(1923): "O que acontecerá quando *dois* desses fatores aparecerem na mesma constelação? Pode ser que cooperem ou podem ser colocados em oposição... Desta maneira, é possível testar a força desses fatores" (págs. 76-77 na tradução inglesa de Ellis, 1938).

Koffka, escrevendo doze anos depois, pôde dizer (1935): "Uma medição da força relativa desses fatores seria possível, como Wertheimer já sugeriu, variando essas distâncias relativas" (pág. 166). Agora, há cerca de meio século do enunciado de Wertheimer, não existe ainda qualquer formulação quantitativa das forças relativas dos fatores na organização.

Infelizmente, esse gênero de situação é comum na psicologia. São conhecidas as variáveis eficazes ou, pelo menos, algumas delas; mas desconhecem-se as relações funcionais exatas entre as variáveis independentes efetivas e as variáveis dependentes em questão. Os gestaltistas procederam justamente da mesma maneira que criticavam em outros. Construíram demonstrações em que se podia observar claramente a operação de fatores individuais, *em igualdade das outras condições*. Estavam e estão faltando as leis de combinação de fatores, suas forças relativas e mesmo definições precisas dos significados das variáveis.

Princípios de Aprendizagem

A aprendizagem não recebeu, por parte dos psicólogos da Gestalt, uma atenção tão extensa quanto a que dedicaram à percepção. Contudo, efetuaram alguns estudos sumamente sugestivos. *The Mentality of Apes* (A Mentalidade dos Símios) (1925b), de Köhler, baseou-se, sobretudo, nos estudos que levou a cabo na estação antropóide de Tenerife, nas Ilhas Canárias, onde ele ficara retido durante a I Guerra Mundial.

Foi natural que Köhler visse o processo de solução de problemas de um modo inteiramente diferente dos behavioristas e associacionistas, inclusive dos funcionalistas. A psicologia da Gestalt está baseada na premissa de que a percepção é determinada pelo caráter do campo como um todo. O que poderia haver de mais natural, pois, que os gestaltistas explicassem a aprendizagem e a resolução de problemas de uma forma análoga? Foi exatamente isso o que Köhler fez. Para ele, a solução de problemas tornou-se uma *reestruturação* do campo perceptual. Quando o problema é apresentado, está faltando algo que é necessário a uma solução adequada. A solução ocorre quando o ingrediente que falta é fornecido de tal modo que o campo torna-se significativo, em relação ao problema apresentado. Por exemplo, a um dos chimpanzés com que Köhler realizava seus experimentos, foram entregues duas varas que podiam ser unidas, habilitando o animal a alcançar uma banana que não podia ser apanhada de qualquer outra maneira. Depois de muitas e infrutíferas tentativas de alcançar a banana com uma única vara, o chimpanzé renunciou e entreteve-se brincando com as duas varas. Quando, acidentalmente (ou, pelo menos, sem intenção) uniu as duas varas, percebeu as implicações daí resultantes e imediatamente a estendeu para fora, apanhando a banana. Tinha sido fornecido o ingrediente perceptual que faltava para a solução do problema. O campo perceptual tinha sido reestruturado. Assim como as "boas" figuras perceptuais são estáveis, também a aprendizagem, uma vez realizada através dessa reestruturação, resultante de uma introvisão, é estável. Os gestaltistas consideraram que algumas espécies de aprendizagem exigiam um único ensaio ou tentativa, sendo o desempenho facilmente repetido sem necessidade de uma prática mais extensa.

A maior parte do trabalho dos gestaltistas interessou-se mais pela resolução de problemas do que pela aprendizagem. As duas áreas podem ser separadas, de um modo mais ou menos tosco. A solução de problemas envolve a combinação de elementos já conhecidos, de tal forma que uma solução será obtida. Usualmente, a aprendizagem refere-se à aquisição de respostas relativamente mais simples e mais individualizadas. A distinção é, em certa medida, arbitrária, como ficou certamente evidenciado pelos experimentos de Köhler com chimpanzés, que poderiam ser considerados tanto aprendizagem como solução de problemas.

Em *Productive Thinking* (Pensamento Produtivo) (1945), Wertheimer sugeriu métodos efetivos para a solução de problemas. Ele aplicou os princípios gestaltistas da aprendizagem ao pensamento criador humano. Disse Wertheimer que o pensamento deve ser em função de todos. É necessário possuir uma vasta panorâmica da situação, sem nos perdermos em detalhes. Os erros, se forem inevitáveis, devem ser, pelo menos, bons erros, isto é, erros com uma possibilidade de êxito, não erros cegos que se cometem sem levar em conta as limitações da situação como um todo, tendo em vista soluções aceitáveis. Assim como um aprendiz deve *considerar* a situação como um todo, também aquele que ensina deve *apresentar* a situação como um todo. Ele não deve esconder a verdadeira solução ou o caminho correto, como fazia Thorndike, nem instigar os erros. A ninguém deve ser sugerido que dê um passo às cegas nem deveria permitir-se-lhe que o fizesse; pelo contrário, deve ser solicitado a não perder nunca de vista a meta e os requisitos para atingi-la com êxito.

Duncker (1945) realizou uma extensa análise gestaltista do processo de solução de problemas. Analisou os fatores na situação e no procedimento de resolução de problemas que determinam a dificuldade da solução. Tal como Wertheimer, acreditava que um dos obstáculos mais sérios a um desempenho coroado de êxito é a tendência do indivíduo para limitar o número de soluções possíveis. Dedicou muita atenção ao estudo da fixidez das respostas. Os erros foram considerados úteis no sentido de que o pensamento não retorna às idéias originais sobre soluções possíveis, quando se descobre que as pistas são falsas. Assim, os erros, tanto quanto serem simplesmente eliminados, também podem orientar para novas respostas, tendo, neste caso, uma função útil e postiiva. Os requisitos da situação problemática "pedem" uma solução que inclua os atributos requeridos; isto é, as respostas são determinadas pela situação total, o campo do problema. A monografia clássica de Duncker contém muitas idéias e exemplos engenhosos mas tem a usual característica gestaltista de ser programática e, em sua grande parte, não-experimental.

De um modo geral, os gestaltistas enfatizaram o caráter *dirigido* do comportamento em situações de resolução de problemas. Thorndike destacou a importância da aprendizagem por tentativa e erro (*trial-and--erros),* como se o comportamento do animal na situação fosse cego e fortuito. Köhler e Wertheimer sublinharam a cegueira da situação de Thorndike. Acreditavam eles que a natureza fortuita da atividade não era inerente no animal mas na situação. Uma boa solução só é possível quando *toda* a situação é acessível ou está à disposição do animal. Na situação da caixa quebra-cabeças de Thorndike, somente o experimentador pode ver a situação global. O animal está *reduzido* à tentativa e erro pela situação em que o colocam mas dizer que a aprendizagem é realizada, em geral, por tentativa e erro é, em si mesmo, um erro.

Thorndike, um alvo favorito dos gestaltistas (ver o Capítulo 4), afirmara que a aprendizagem é um processo gradual de eliminação de erros, com a concomitante fixação da resposta correta. Os gestaltistas afirmaram que, mais freqüentemente, a aprendizagem nada tem de gradual mas é, outrossim, um processo que envolve introvisão (*insight*). Poderíamos considerar a introvisão uma súbita alteração no campo perceptual. Parece não existir uma razão teórica básica para que os gestaltistas digam que a alteração perceptual deve ser súbita e não gradual mas as observações empíricas de Köhler indicaram-lhe que ocorre, de fato, uma aprendizagem súbita. Quatro indicadores comportamentais de aprendizagem por introvisão são usualmente citados: a súbita transição da incapacidade para o domínio do problema; o desempenho rápido e desembaraçado, uma vez que o princípio correto tenha sido apreendido; a boa retenção; e o imediatismo com que a solução pode ser transferida para outras situações semelhantes, envolvendo o mesmo princípio. Uma vez que as varas foram unidas para alcançar a banana, elas serão unidas de novo, em outras situações, para alcançar outros objetos, se uma introvisão estiver realmente envolvida.

A discordância sobre se a aprendizagem é contínua, como Thorndike pensava, ou súbita, como os gestaltistas querem que seja o caso típico, deu origem à controvérsia continuidade-descontinuidade em aprendizagem. De acordo com a posição continuísta, cada ensaio ou reforço contribui para incrementar a força da resposta. Este pressuposto é negado pelos que defendem a posição descontinuísta, os quais enfatizam os incrementos súbitos e descontínuos, tal como estão associados às introvisões, em vez de uma lenta acumulação de força.

Esta controvérsia, como tantas outras, já não é considerada como algo respondível em termos de sim-ou-não. De fato, ocorrem progressos contínuos e descontínuos no desempenho. Uma completa teoria de aprendizagem definirá todas as variáveis que afetam a aprendizagem e indicará as suas relações funcionais com o desempenho. Serão possíveis curvas de aprendizagem tanto contínuas como descontínuas, dependendo dos valores de cada uma das variáveis efetivas durante sucessivos ensaios.

Spence (1940) mostrou que a teoria de Hull, que é uma rigorosa teoria de continuidade, pode prever súbitos incrementos de desempenho, se forem adequadamente escolhidas as constantes em suas equações. Portanto, se houver uma súbita mudança num parâmetro, como "horas de privação", entre um ensaio e o seguinte, verificar-se-á um súbito incremento no desempenho. A asserção gestaltista é, tão-somente, que podem ocorrer tais mudanças súbitas, embora em função, presumivelmente, de outras variáveis além das alterações na privação. Os teóricos gestaltistas da aprendizagem defrontam-se agora com a tarefa de escrever as equações necessárias para tornar a teoria gestaltista da aprendizagem tão sofisticada quanto as suas concorrentes que podem, atualmente, prever os mesmos fenômenos. Contudo, a ocorrência da introvisão não é tão decisiva quanto alguns dos princípios mais básicos da teoria da Gestalt.

A introvisão envolve a estruturação, ou reestruturação, da situação como um todo. A teoria da Gestalt permite predizer, pois, que haverá ocasiões em que o animal não responderá, em absoluto, ao estímulo local e sim a uma relação entre estímulos. É exatamente esta a situação sustentada pelos gestaltistas em matéria de percepção, em que esta se encontra mais de acordo com o campo total do que com a estimulação local e elementar. Logo, o comportamento dependerá da situação como um todo.

O experimento de transposição é um exemplo desse princípio. Um animal é adestrado para responder ao mais escuro de dois cartões cinzentos; ele encontra sempre comida atrás desse cartão. A tradicional explicação associacionista do que aconteceu no adestramento diria que o cartão mais escuro ficou associado à recompensa e, por conseguinte, o animal aproxima-se dele. O cartão mais claro carece de associações e, portanto, o animal não se aproxima dele. Contudo, quando o cartão mais escuro é colocado ao lado de um outro ainda mais escuro, o animal, sob certas condições, escolhe agora o novo cartão mais escuro, ainda que a resposta a ele nunca tenha sido reforçada. Koffka (1935) disse que, ao observar os dois cartões, um *degrau* é percebido do menor para o maior brilho e o animal responde ao degrau inferior. Assim, ao fazerem-se previsões, deve ser considerado o campo em seu todo.

Spence (1937b) derivou a resposta relacional observada, introduzindo gradientes de *generalização* do reforço do cartão reforçado para outros valores de cinzento e de *inibição* do cartão mais claro para outros valores. Se às curvas de generalização forem dados formatos adequados, o animal responderá ao novo cartão de acordo com os princípios associativos. O aspecto significativo da demonstração de transposição, de Spence, é que ela não só levou em conta a previsão do fenômeno da Gestalt mas também previu e encontrou o "efeito de distância", que a teoria gestaltista não pôde manipular. Hearst (1968) obteve provas de que os gradientes empiricamente derivados de inibição e excitação podem ser usados para prever com êxito o comportamento discriminatório. Mesmo assim, a tese geral gestaltista continua válida — isto é, a combinação de elementos simples apresenta uma complexidade cuja descrição requer novas leis (neste caso, novas equações que descrevem os gradientes de generalização e os métodos para combiná-los). Talvez os próprios gestaltistas insistissem em que qualquer abordagem associativa é inerentemente errônea e antieconômica; mas parece que não precisam insistir nisso.

Krechevsky (1932) observou que os animais tendem a obstinar-se em respostas sistemáticas, no decorrer de numerosos ensaios. Por exemplo, o animal poderá responder em função de um hábito de posição e, depois, mudar subitamente para a escolha do mais claro de dois estímulos. A essas tendências consistentes chamou ele *hipóteses,* por analogia com uma situação em que o ser humano tenta várias soluções alternativas até descobrir a correta. Esta conclusão proporcionou certo apoio à afirmação gestaltista de que os animais não respondiam cega ou fortuitamente na solução de seus problemas. Spence (1936) observou que a *hipótese* é apenas um nome para uma tendência de resposta persistente cuja história de reforço não conhecemos. Harlow (1951) sublinhou que o paradigma típico da aprendizagem por introvisão é aquele em que ignoramos a experiência passada do animal com as partes componentes do problema. A introvisão não ocorre em alguns experimentos em que os sujeitos são animais destituídos de tal experiência prévia. A psicologia da Gestalt assinalou numerosos fenômenos interessantes no campo da aprendizagem mas não elaborou muitas respostas detalhadas e à experimentação faltou, amiúde, qualquer controle dos fatores críticos antecedentes que poderiam influir nos resultados. A teorização dos gestaltistas é muito genérica e suas explicações são, usualmente, *ad hoc*.

Lewin é um caso típico. É um teórico do campo e a sua é a mais sofisticada de todas as teorias de campo da aprendizagem. Apesar disso, o exame da teoria (Estes, 1954b) revelou que a sua utilidade está bastante cerceada, por causa da sua incapacidade para formular previsões específicas, capazes de verificação ou de refutação. Se a mais sofisticada de todas as teorias gestaltistas da aprendizagem sofre com tal avaliação, às menos sofisticadas deverá faltar ainda mais qualquer poder de previsão. A teoria de Lewin será tratada em maior detalhe no Capítulo 11, porque o seu interesse não é meramente histórico mas também contemporâneo.

A PSICOLOGIA DA GESTALT COMO SISTEMA

Definição de Psicologia

A tendência dos gestaltistas é para definirem a Psicologia como o estudo da experiência imediata do organismo total. Pretendem incluir todas as áreas da psicologia em sua perspectiva mas começaram pela percepção e por isso enfatizaram mais a importância dessa área do que a de outras. Assim, os gestaltistas e os que os seguiram prestaram mais atenção às relações entre os antecedentes e a percepção do que às relações entre a percepção e o comportamento. Eles contrastam acentuadamente com os behavioristas, que puseram de lado a percepção para estudar diretamente as relações entre os antecedentes e o comportamento.

Postulados

Apresentaremos aqui apenas alguns postulados que consideramos serem os mais básicos; e, mesmo estes, dividi-los-emos num grupo primário e num secundário. O leitor poderá encontrar uma lista mais complexa em Helson (1933) ou nas fontes originais.

Tal como o behaviorismo, a psicologia da Gestalt parece ter só um postulado realmente fundamental, o qual se relaciona com o seu nome e que acabou, finalmente, por impor uma vasta aceitação. Trata-se do postulado relativo à atitude todo-parte. Qualquer exame mais sucinto do que já foi feito nas páginas anteriores deste capítulo será, necessariamente, insuficiente para fazer justiça à importância desse postulado; mas os parágrafos seguintes indicam a natureza dessa atitude. O todo domina as partes e constitui a realidade primária, o dado primário da psicologia, a unidade mais proveitosa para a análise. O todo não é a soma nem o produto ou qualquer simples função de suas partes mas um campo cujo caráter depende, sobretudo, de si mesmo.

Os postulados secundários, como os do behaviorismo, não são necessários a uma psicologia da Gestalt, embora os seus fundadores tenham feito deles uma parte de *a* psicologia gestaltista que desenvolveram. O mais importante é o princípio do isomorfismo. Um princípio afim ou, talvez, um seu corolário, é o princípio de contemporaneidade. Os princípios secundários mais específicos que se relacionam com a atitude todo-parte são as leis de organização. O postulado de descontinuidade, relativamente à aprendizagem, foi examinado como secundário.

Nenhum dos postulados gestaltistas era inteiramente novo. Mesmo o postulado básico já tinha sido formulado antes. A coisa que fez da psicologia da Gestalt uma novidade foi, precisamente, uma Gestalt. Foi a organização, o padrão, a configuração ou estrutura das coisas que os gestaltistas disseram a respeito da atitude todo-parte que distinguiu a sua psicologia dos precursores filosóficos que já tinham defendido a *emergência* e dos precursores psicológicos que já tinham falado de *fenomenologia.*

O Problema Mente-Corpo

Como a maioria dos psicólogos, os gestaltistas tentaram esquivar-se a esta questão assinalando a unidade do organismo e sustentando que não existe um problema real. Contudo, o seu reconhecimento da experiência e a sua utilização do princípio de isomorfismo implica em certa espécie de dualismo, visto que o isomorfismo deve ser uma relação entre dois conjuntos diferentes de fenômenos. O isomorfismo, propriamente dito, nada nos diz sobre a subvariedade particular de dualismo que deve ser escolhida. Como os gestaltistas tentaram elucidar o problema e como a atitude mente-corpo por eles adotada enfatizou a emergência de novos níveis de descrição, de novos *aspectos* de fenômenos complexos, a posição mente-corpo que parece mais coerente com a sua posição geral é uma concepção de duplo aspecto. Esta concepção reconhece dois aspectos que podem ser isomórficos mas também admite o enunciado de que, realmente, só existe uma realidade básica, vista de duas perspectivas — de que, de algum modo, o organismo é realmente unitário e integrado.

Prentice expressou o desejo gestaltista de evitar a questão (1958, pág. 435):

> Permitam-me dizer, desde já, que o conceito de isomorfismo não é uma tentativa para resolver o problema mente-corpo, em sua forma metafísica usual. Não toma posição de espécie alguma na questão sobre se a "mente" é mais ou menos "real" do que a "matéria". As questões de realidade e existência não são ventiladas, de forma alguma. Mente e corpo são tratados como dois fenômenos naturais cujas inter-relações estamos tentando compreender... Aproxima-se mais, talvez, do que tem sido chamado, por vezes, a teoria do "duplo aspecto", um ponto de vista segundo o qual os eventos corticais e os fatos fenomenais são, meramente, duas maneiras de ver o mesmo fenômeno natural, duas faces da mesma moeda, por assim dizer.

Contudo, ao que parece, Prentice não pôde dizer a este respeito a "última palavra", pois R. I Watson declararia (1968): "... mediante o seu enunciado sobre o isomorfismo, Köhler estava oferecendo a sua solução particular para o velho problema mente-corpo. O isomorfismo era a sua maneira de integrar a mente com o resto do mundo" (pág. 448). Obviamente, não é fácil concordar sobre que espécie de posição deve ser requerida, exatamente, para constituir uma postura em relação ao problema mente-corpo.

Natureza dos Dados

A experiência imediata e não-analisada que é obtida através da introspecção ingênua forneceu a maior parte dos dados à psicologia da Gestalt. O "dado", como os gestaltistas chamaram a essa experiência, foi utilizado como elemento básico. Os dados comportamentais também foram empregados, notadamente nos campos da aprendizagem e da solução de problemas; mas os dados comportamentais foram menos importantes, por causa do número muito maior de estudos da percepção.

Como os behavioristas tinham outros propósitos e davam pouca importância à experiência, é fácil perder de vista que ambas as escolas convergiam para um mesmo critério quanto à aceitabilidade dos dados. Os behavioristas, embora rejeitassem a consciência, aceitavam o comportamento verbal como dado sempre que havia coerência e acordo dentro da condição experimental dada. Os gestaltistas, por seu lado, embora aceitassem a consciência e a experiência, rejeitavam uma certa espécie de análise dessa experiência. Retinham o dado na consciência. Ora, esse dado era, em geral, praticamente coincidente com a classe de comportamento verbal que era aceitável para o behaviorista. Wertheimer, quando falava do dado, falava sobre árvores e janelas. Watson, quando queria mostrar que a consciência não fazia parte da ciência, punha-a em contraste com as coisas que faziam dela parte: conteúdos de tubos de ensaio, coisas que podiam ser vistas, sentidas e agarradas. Ambos os homens usavam, primordialmente, uma linguagem objetal — uma linguagem que uma longa história de uso verbal tinha dotado de uma grande soma de concordância sobre o seu significado. Assim, embora as duas escolas partissem de pontos muito diferentes, ambas tendiam a aceitar as mesmas espécies de dados como sendo de interesse em suas respectivas psicologias. Os gestaltistas foram mais tolerantes; podiam se permitir o reconhecimento de um certo tipo de realidade nos resultados da velha introspecção, enquanto que os behavioristas, cuja existência mesma estava baseada numa premissa metodológica, não podiam fazê-lo.

Princípios de Seleção

Para a psicologia da Gestalt, todas as partes do campo desempenham algum papel na estruturação perceptual. Assim, o problema para o gestaltista não era tanto como o dado é selecionado mas como é estruturado. Por que razão, de todas as alternativas possíveis, emergiu a estrutura atual? Um dos princípios diz que, dado um todo perceptual, parte da percepção será figura e o resto fundo. As leis de Rubin que regem a seleção da figura estabelecem como essa segregação tem lugar. As leis de organização de Wertheimer também são leis de seleção, no mesmo sentido; elas explicam a forma particular adotada pela figura. Rubin e Wertheimer não elaboraram leis em grande detalhe, como já vimos no caso de Wertheimer. O trabalho mais recente de J. J. Gibson (1966) fez muito mais pela especificação de propriedades dos estímulos que os tornam acessíveis como invariantes para o processo de estimulação do organismo. Maturana e seus colaboradores (1960) usaram respostas fisiológicas objetivas para descobrir algumas das propriedades dos estímulos a que o olho da rã respondia. Encarando a questão por outro ângulo, eles estavam procurando apurar que características do estímulo eram destacadas e alvo de resposta. O trabalho desses homens ajusta-se magnificamente à tradição gestaltista.

Princípios de Conexão

A forma do problema da conexão também era diferente para um gestaltista. Como o elementarismo foi rejeitado, uma forma da questão conexionista também podia ser ignorada. Não tem significação alguma tentar reconstruir todos mediante a ligação dos elementos que se supõe serem partes do todo. Os gestaltistas acreditavam que a *hipótese do feixe* era completamente falaciosa. A hipótese do feixe tratou as percepções complexas como se elas fossem um feixe de percepções simples; e tratou o significado como se este decorresse de tal enfeixamento. Assim, um dos princípios da Gestalt era negativo; dizia que a hipótese do feixe é inválida e, portanto, um dos problemas da conexão é um problema artificial, decorrente de uma análise artificial. As leis de organização não são princípios de conexão, visto que as organizações não são elementos ligados entre si. As leis enunciam que estruturas surgirão, não os elementos que se interligarão.

Uma outra forma do problema de conexão não pode ser evitada por qualquer sistema. Trata-se do problema da conexão ou relação entre os antecedentes e os conseqüentes nas leis. Os gestaltistas afirmaram que as relações são dinâmicas e que as relações significativas são as que existem entre os campos. Os seus experimentos ilustraram algumas dessas relações e o princípio de isomorfismo propõe, antecipadamente, uma outra relação. Mas os gestaltistas não especificaram esses princípios como, na verdade, nenhum sistema pode fazê-lo atualmente.

CRÍTICAS À TEORIA DA GESTALT

A psicologia da Gestalt foi criticada, principalmente, pelo seu caráter nebuloso. Muitos cientistas obstinados sustentaram que ela, na realidade, não afirma coisa alguma. Esta crítica parece ser justificada, pelo menos em parte. A atitude de Harrower, uma discípula de Koffka, pode considerar-se típica da escola gestaltista, em relação ao problema da definição de termos em psicologia (1932, pág. 57):

> Muitas críticas têm sido endereçadas à teoria da Gestalt pelo seu uso do termo "organização", que até agora não foi ainda definido de um modo suficientemente rigoroso para satisfazer as exigências de muitos psicólogos. E se, no domínio da percepção, onde até agora tem sido predominantemente empregada, nos deparamos com críticas ao seu caráter vago e ambíguo, como não estará ela muito mais vulnerável aos ataques, em suas incursões preliminares pelo domínio da investigação dos processos mentais superiores!
>
> Entretanto, deixamos deliberadamente sem definição precisa o nosso uso desse termo pois acreditamos, como Dewey, que "as definições não são fins em si mesmas e sim instrumentos que facilitam o desenvolvimento

de um conceito em formas onde a sua aplicabilidade a determinados fatos pode ser melhor testada". E como acreditamos que o conceito já atingiu uma forma que o torna aplicável aos nossos fatos, deixamos uma definição mais precisa para quando os resultados experimentais puderem contribuir para ela.

Harrower revela uma tendência para se curvar friamente na direção da definição e depois ignorá-la. Isto não fornece qualquer ajuda para a interpretação dos fatos experimentais. O psicólogo precisa dispor de algum modo de distinguir uma situação que é uma organização de uma que não é, se quiser realizar investigações empíricas sobre o assunto. Vimos que a mesma crítica foi praticamente formulada em relação aos princípios de organização e os campos selecionados para a crítica, neste ponto, são bastante típicos da psicologia da Gestalt como um todo. Entretanto, o gestaltista pode certamente defender-se, espetando o seu dedo na direção de outros psicólogos, que também são, freqüentemente, obscuros ou incompletos em suas definições, se bem que estejam, presumivelmente, muito mais preocupados com problemas de definição. Os usos, amiúde conflitantes, das palavras básicas *estímulo* e *resposta,* são exemplos; Koch (1954) fornece-nos um exemplo específico de uso conflitante por parte de um só autor, o qual poderia ser facilmente aplicado a muitos outros. Talvez o gestaltista tenha sido mais prudente, preferindo aguardar mais resultados antes de estabelecer rigidamente o significado das palavras.

A psicologia da Gestalt foi criticada por ter uma proporção demasiado elevada de teoria e de crítica, em comparação com os seus experimentos e enunciados empíricos positivos. A psicologia da Gestalt tem sido certamente experimental mas as devastações provocadas por suas críticas nem sempre foram rapidamente reparadas por seus enunciados positivos. Uma crítica estreitamente relacionada a essa diz que a psicologia da Gestalt não forneceu, freqüentemente, um sistema dotado de poder preditivo. Gates, ao defender a teoria de transferência dos elementos idênticos, de Thorndike, formulou uma crtíica que, se justificada, invalida a teoria gestaltista da transferência (1942, pág. 153):

> Os gestaltistas insistem, de um modo algo semelhante, que a transferência depende da "introvisão" *(insight).* A objeção que fazemos a este ponto de vista não é o seu caráter errôneo mas, simplesmente, a sua impressão e limitação. Dizer que transferimos a nossa aprendizagem quando generalizamos não é afirmar muito mais do que "nós generalizamos quando generalizamos". "Obtém-se uma transferência quando se transfere." Ora, é preciso ir mais a fundo do que isso. Num sentido científico, nenhuma teoria de transferência é uma explicação completa ou final mas as formulações de Thorndike, pelo menos, assinalam um certo número de fatores cuja observação e estudo nos habilita a aperfeiçoar a aprendizagem.

Provavelmente, a crítica de Gates pode ser generalizada a outras áreas mas é especialmente válida no tocante à aprendizagem, uma área onde os associacionistas, funcionalistas e behavioristas puderam apresentar algumas teorias bastante específicas. Com efeito, os gestaltistas disseram: "A vossa teoria é necessariamente inadequada pelas seguintes razões e uma teoria adequada deve adotar a seguinte forma." Mas os gestaltistas não costumam dizer-nos quais devem ser os enunciados específicos dessa teoria programática. Assim, o proponente da teoria atacada pode dizer, freqüentemente, que o gestaltista está certo em suas críticas mas nada fez de melhor ou, de fato, não apresentou *mais do que* críticas. Claro que isto é verdade a respeito da grande maioria dos críticos. Eles não têm tempo para apresentar teorias corretas em detalhe, especialmente quando tais teorias devem aguardar um paciente trabalho empírico.

Estas duas primeiras críticas retratam a psicologia da Gestalt como mais nebulosa e programática do que a maioria dos sistemas. Aceitando que haja, pelo menos, uma ponta de verdade nessas críticas, a terceira — que a psicologia da Gestalt é metafísica e mística — não tem, certamente, justificação alguma. A opinião de que ela é mística resulta em grande parte, provavelmente, da dificuldade em apresentar com clareza os seus pontos centrais. Essa dificuldade foi inicialmente criada nos Estados Unidos pelas dificuldades de tradução e pelo fato de que a psicologia da Gestalt teve antecedentes culturais algo estranhos ao clima intelectual americano. Quando a psicologia da Gestalt é adequadamente compreendida, parece ser uma ciência natural tanto quanto o behaviorismo e, com freqüência, mais sofisticada. Os gestaltistas rejeitam universalmente o vitalismo que, amiúde, é indicativo de um certo grau de misticismo. Por vezes, certos behavioristas que só são capazes de raciocinar em termos mecanistas acusam de vitalistas aqueles que rejeitam as explicações mecanísticas e, sem dúvida, uma parte do paradigma da psicologia da Gestalt é uma rejeição de uma perspectiva simplista de mecanismo.

Weiss resumiu a origem dessa espécie de objeção e responde-lhe da seguinte maneira (1967, pág. 801):

> Os dissidentes não-ortodoxos expressam, usualmente, seus argumentos no velho adágio de que "o todo é *mais* do que a soma de suas partes". Atente-se para esta frase e descobrir-se-á logo a raiz da desconfiança e, de fato — da rejeição aberta do válido princípio nela subentendido. O que foi que eles quiseram dizer ao enunciar que "um organismo é *mais* do que a soma de suas células e humores"? Que uma célula é *mais* do que o seu conteúdo de moléculas"? Que "a função do cérebro é *mais* do que o agregado de atividades dos seus neurônios constituintes"? etc. Como o termo "mais" indiscutivelmente conota alguma adição tangível, um mais algébrico, é natural que se indagasse: "Mais do quê? Dimensões, massa, cargas elétricas?"

Nada disso, por certo. Então o quê? Talvez algo insondável, imponderável, incomensurável, imaterial? Toda a espécie de agentes foi, de fato, invocada, nessa capacidade: enteléquia, *élan vital,* impulso formativo, princípio vital — tudo palavras ociosas, intragáveis para a maioria dos cientistas como sendo, simplesmente, nomes fantasiosos para uma incógnita X.

Infelizmente, na aversão deles ao sobrenatural, os puristas científicos jogaram fora o bebê junto com a água intelectualmente suja do banho, ao repudiarem os próprios aspectos de totalidade na natureza que tinham invocado aqueles termos de cobertura para a ignorância.

Uma objeção séria e comum à psicologia da Gestalt envolveu o seu emprego de analogias de "campo" inspiradas na Física. Essas críticas são discutidas mais detalhadamente no Capítulo 11, onde a questão central é a noção de campo. Por agora, anteciparemos esse exame sublinhando apenas que tanto físicos (Oppenheimer, 1956) como psicólogos (Estes, 1954b; Spence, 1948) puseram seriamente em dúvida se a analogia entre o termo *campo,* tal como é usado na Física e como é usado pelos gestaltistas, em Psicologia, será bastante próxima para ter utilidade.

Uma das objeções específicas contra a especulação no sistema da Gestalt orientou-se para os seus pressupostos fisiológicos. Como sublinhamos previamente, o princípio de isomorfismo tornou fáceis essas especulações. Entretanto, a especulação é uma parte útil de todo e qualquer sistema. Os gestaltistas admitiram francamente, na maioria dos casos, que as suas incursões no campo da fisiologia eram especulativas. Isso não afeta a validade de seus resultados experimentais e, de fato, estimulou ou sugeriu a experimentação. (Ver Prentice, 1958, para uma elucidativa exposição da relação entre teoria e experimento.) Além disso, a fisiologização ortodoxa, como as pressuposições de Thorndike sobre as mudanças sinápticas causadas pela aprendizagem, é igualmente especulativa e não tem mais probabilidades de ser correta.

A crítica de que a psicologia da Gestalt é anti-analítica já foi respondida no exame da atitude gestaltista em relação à análise.

A experimentação dos psicólogos da Gestalt foi criticada por ser mediocremente controlada, não-quantitativa e não-estatística. Os experimentadores foram acusados de proporcionar pistas aos sujeitos, afetando assim a aprendizagem de um modo incontrolável e, além disso, ignorando os efeitos possíveis da experiência passada. É verdade que o nível de sofisticação dos gestaltistas em seus experimentos não esteve à altura de suas críticas nem da construção metateórica. Contudo, eles acreditavam, conscientemente, que os resultados qualitativos deviam ter prioridade. Assim, os experimentos foram, deliberadamente, não-quantitativos e não-estatísticos. Como foram exploradas novas áreas ou as antigas áreas foram exploradas de um ponto de vista inteiramente novo, é natural que os experimentos realizados tenham resultado, com freqüência, de um tipo preliminar, conjetural. De qualquer modo, uma tal crítica à experimentação, se bem que válida em alguns casos individuais, não é uma crítica à psicologia da Gestalt mas a determinados psicólogos gestaltistas. Por certo, a psicologia da Gestalt não advogava experimentos mediocremente planejados. Maus experimentos têm sido executados sob a égide de todas as escolas mas sem a sanção favorável de nenhuma delas.

Outras críticas poderão ser tratadas muito ligeiramente. Uma delas diz que a psicologia da Gestalt não é nova. Isto é algo que sempre pode ser dito mas (1) a psicologia da Gestalt é tão nova quanto qualquer outra escola pode ser, um ponto que é demasiado óbvio para merecer discussão; e (2) a crítica não é pertinente sequer aos méritos do sistema, tal como este se encontra atualmente. A crítica de que a psicologia da Gestalt levanta homens de palha para atacar cada um dos sistemas mais antigos também é deslocada e irrelevante; aplica-se à psicologia da Gestalt como uma objeção a outros sistemas mas não ao seu programa positivo.

CONTRIBUIÇÕES E STATUS ATUAL DA PSICOLOGIA DA GESTALT

Os experimentos realizados pelos gestaltistas constituem uma contribuição indiscutível à Psicologia. A validade desta afirmação é a mais segura para qualquer sistema a que se refira. Os psicólogos da Gestalt realizaram, freqüentemente, experimentos que desafiaram as crenças mais caras a outros psicólogos. Por exemplo, a aprendizagem latente e os efeitos de Zeigarnik (ver o Capítulo 11), experimentalmente demonstrados, contribuíram para as dificuldades em que se encontraram os teóricos associacionistas da aprendizagem e estimularam novas pesquisas. Por vezes, a psicologia da Gestalt não pôde prever, por si mesma, os resultados mas toda a nova modalidade de pensamento pode se permitir criar dificuldades para si mesma e para os outros.

Não há indícios de que a psicologia da Gestalt tenha parado em sua criação experimental de dificuldades. Hochberg (1957) fez uma recapitulação crítica de alguns resultados experimentais num simpósio sobre a revolução gestaltista e concluiu que as percepções de espaço, profundidade e distância são problemas que, em grande parte, ainda não estão resolvidos. O exame dos experimentos por Ivo Kohler (1951) é de um particular interesse. Kohler efetuou experimentos com numerosos pontos de perturbações na estimulação normal e observou as adaptações da percepção e do comportamento a essas perturbações. Num de seus experimentos bastante representativos, ele coloriu de azul as metades esquerdas de cada par de óculos e as metades direitas de amarelo. Depois, quando se usava o par de óculos, os objetos brancos para a esquerda do centro viam-se azuis e os objetos brancos para a direita viam-se amarelos. Após longa adaptação, os objetos permaneciam constantes na cor, apesar do movimento ocular. Depois, quando se tirava os óculos, o mundo parecia amarelo com os olhos voltados para a esquerda e azul com os olhos para a direita! Este fato ilustra uma determinação relacional de cor que é *completamente* independente da estimulação local. Dificilmente a psicologia da Gestalt poderia ter solicitado à natureza que proporcionasse uma demonstração mais clara da inadequação da "hipótese do mosaico".

Outros experimentos realizados por Johansson (1950) demonstraram que o movimento percebido depende, de uma forma complexa, da totalidade da estimulação, sendo freqüente que o movimento comum das partes se "desparcialize" e seja visto como um movimento do todo, com o movimento de cada parte contribuindo somente para o movimento residual. Assim, o movimento visto de uma parte depende, como deve ser para os gestaltistas, das propriedades do todo.

Estes e outros experimentos proporcionam abundantes exemplos ilustrativos de que a estimulação local pode não estar bem correlacionada com a sensação local. Embora as observações de Kohler enfatizem a importância da aprendizagem perceptual, essa direção da ênfase não é, em absoluto, diametralmente oposta aos preceitos gestaltistas. A posição gestaltista tendia ao nativismo porque era necessário um antídoto. Os estruturalistas também haviam sido propensos, freqüentemente, a abusar das associações passadas, escondendo-se atrás delas sempre que os fatos empíricos desmentiam o que a sua análise elementarista os levara a esperar. Ora, desaparecido o estruturalismo e não servindo mais de refúgio às nebulosas associações passadas, a posição gestaltista sobre o nativismo-empirismo pode se descontrair e adotar agora uma posição neutra mais natural.

As provas reunidas por Land (1959), independentemente, ao que parece, de quaisquer preconceitos sistemáticos, proporcionam um poderoso apoio à hipótese antimosaico da Gestalt. Segundo Land, a percepção da cor é, em grande parte, independente da natureza da estimulação dos receptores retinianos, individualmente considerados; a percepção da cor depende mais das relações que abrangem a totalidade da retina. Land acreditava que a informação sobre cores é coletada e que, portanto, as cores são vistas porque os objetos de diferentes cores refletem diferentes proporções de luz "quente" e "fria". Assim, negativos expostos através de filtros que tapam longas (quentes) e curtas (frias) partes do espectro de um modo diferente contêm informações sobre as cores dos objetos presentes. Quando os dois negativos são sobrepostos e projetados numa tela, o observador vê uma gama de cores, *embora só fosse usado um filme branco-e-preto!* Os achados de Land não poderiam ter dado melhor apoio à psicologia da Gestalt se tivessem sido especificamente realizados para corroborar a teoria. Isto *não* significa apoio em questões de detalhe, pois Land acreditava que os seus resultados exigiam uma reformulação da teoria da cor, incluindo teorias sustentadas por membros da escola da Gestalt. Walls (1960) discordou de Land, sustentando que as explicações tradicionais, em termos de princípios tais como os de contraste e indução, eram adequadas para explicar os fenômenos. Independentemente de quaisquer que venham a ser as explicações mais econômicas, essa reorientação da atenção sobre os fenômenos de cor, provocada por Land, veio reafirmar, uma vez mais, a ênfase metodológica geral dos gestaltistas sobre os fenômenos de campo.

Portanto, a psicologia da Gestalt não é, como o estruturalismo, um útil fracasso. O seu interesse continua vivo. É hoje uma escola mais ativa do que qualquer dos sistemas examinados até agora. Um dos seus fundadores, Wolfgang Köhler, recebeu em 1956 da Associação Psicológica Americana o *Distinguished Contribution Award* (Diploma por Contribuições Extraordinárias); em 1959, foi eleito para a presidência da APA. Uma das razões pelas quais a psicologia da Gestalt ainda possui o seu caráter de escola é, provavelmente, que muitos de seus pontos principais ainda não foram tão bem assimilados à Psicologia quanto os pontos principais das escolas mais antigas e, no caso dos Estados Unidos, o behaviorismo nativo. Até à morte de Köhler, em 1967, possuía ainda um fundador em torno do qual se organizar. As suas proposições, especialmente aquelas que dizem respeito à relação todo-parte, envolviam complexidades que ainda requerem elaboração mais detalhada e que têm mantido os cientistas interessados. A moderna teoria sistemática está apenas começando a desenvolver algumas das técnicas requeridas para tratar dos todos organizados.

Köhler viveu o bastante para ver a atitude gestaltista todo-parte aceita como, pelo menos, teoricamente correta. A Psicologia também aceitou a correção teórica do princípio de contemporaneidade, embora muitos psicólogos ainda estudem as variáveis históricas, por causa da sua maior acessibilidade. Também foram aceitas a primazia da percepção e a dependência metodológica da sensação, relativamente à percepção. Além disso, a psicologia da Gestalt levou diretamente à realização de um trabalho estimulante e significativo nas áreas ortodoxas da psicologia geral (por exemplo, Asch, Hay e Diamond, 1960, em aprendizagem verbal; Katona, 1940, sobre memória).

Finalmente, a psicologia da Gestalt contribuiu para a Psicologia até quando seus princípios foram rejeitados. Suas agudas críticas obrigaram ao reexame e reformulação por parte de todos os sistemas que desejavam opor-se-lhe. Assinalaram fenômenos que os sistemas existentes não podiam incorporar e esses sistemas foram vitalizados por uma ordem de críticas e concorrência, o que talvez não tivesse ocorrido se as coisas fossem diferentes.

UMA DESCRIÇÃO DIMENSIONAL DA PSICOLOGIA DA GESTALT

A psicologia da Gestalt assumiu posições bastante claras nos fatores de primeira ordem de Coan. Há, certamente, uma ênfase sobre os processos conscientes e, portanto, a psicologia da Gestalt tem um certo sabor subjetivista. O seu princípio básico é holístico e, por conseguinte, o fator secundário não apresenta problemas. Köhler, Koffka e Wertheimer estão entre os teóricos mais positivos na orientação transpessoal e, assim, tampouco há dúvidas a esse respeito. A tendência antiquantitativa dos gestaltistas, pelo menos para a fase atual de desenvolvimento da Psicologia, não exige uma análise mais detalhada. Wertheimer é citado entre os teóricos negativos (isto é, mais estáticos) na dimensão seguinte mas é difícil para nós reconciliar isso com a ênfase mais geral do gestaltismo sobre as propriedades do campo, que tendem a ser dinâmicas, a reestruturar-se e a mudar completamente sempre que as suas partes mudam ou quando o campo é integrado num todo diferente. Diríamos, pois, que os psicólogos gestaltistas situam-se, pelo menos, numa posição intermédia quanto à dimensão estática-dinâmica e talvez se inclinem até, conceptualmente, para o pólo dinâmico. Coan não acha que os psicólogos gestaltistas ocupem qualquer posição extrema na dimensão exógena-endógena mas — pelo menos no contexto de teorias oponentes — eles tendem a parecer endógenos por causa de sua ênfase no nativismo, em comparação com os associacionistas e behavioristas.

No segundo nível, os gestaltistas teriam de ser considerados o protótipo para o pólo sintético da orientação analítica-sintética (embora tenhamos visto que a questão não é simples). A posição deles na dicotomia funcional-estrutural é menos clara, embora se aproximem do lado funcional em alguns aspectos. Isto faz com que a sua posição seja fluída, de um modo geral, no fator de ordem superior.

As classificações da psicologia da Gestalt nas dezoito dimensões de Watson são dadas no Quadro 3-2 e o leitor achará interessante reportar-se-lhes. Recordemos (Quadro 3-3) que as classificações dos autores divergiram suficientemente das dos estudantes para que uma classificação que tome as médias estudantis como definidoras dos pontos prototípicos para cada sistema identifique erradamente as classificações relativas ao gestaltismo e possa levar o leitor a aproximá-las das classificações dadas pelos estudantes para a psicanálise. É instrutivo atentar para as razões dessa discordância.

As maiores discrepâncias ocorreram nas dimensões nomoteticismo-idiografismo, racionalismo-irracionalismo, estaticismo-desenvolvimentismo e estaticismo-dinamismo. Os autores classificaram o gestaltismo como altamente idiográfico e os estudantes classificaram-no como ligeiramente nomotético, à direita do centro. A colocação por Coan de todos os três psicólogos fundadores da Gestalt entre os que têm uma orientação transpessoal argumenta que a média estudantil está mais próxima da opinião dos especialistas do que a dos autores. Argumentarem eles, provavelmente de um modo especioso, que a insistência gestaltista em considerar todas as variáveis e suas interações tornou-os idiográficos em sua abordagem, visto que cada todo ou campo individual representaria uma concatenação ímpar de variáveis — ou, melhor ainda, uma Gestalt única.

Os estudos de Köhler em Tenerife também foram realizações *individuais,* não estatisticamente tratadas. Um exame mais meticuloso do significado que poderia ser dado à dimensão nomotética-idiográfica revela que muitas coisas podem ser confundidas ao pensar sobre essa dimensão — a ênfase sobre dados grupais *versus* individuais, a busca de leis gerais *versus* a ênfase na explicação de indivíduos (o que, embora se suponha ser *a* base principal de distinção, não nos parece ter esse sentido) e a insistência em criar "realismo" nas situações experimentais, ao incluir todas as variáveis *versus* uma ênfase sobre a experimentação laboratorial controlada. Na primeira e terceira destas subdimensões potenciais, a psicologia da Gestalt seria classificada como idiográfica mas, na segunda, "substancialmente pesada", seria nomotética. Parece que as dimensões de Watson talvez não sejam todas unidimensionais, não na prática, pelo menos.

Ao classificarem a dimensão racionalismo-irracionalismo, os autores estavam considerando um tipo de racionalismo fisiológico. Deste ponto de vista, um organismo era construído de certas maneiras e, portanto, responde de certas maneiras. Usualmente, o nativismo tende a estar associado ao racionalismo. A tradição gestaltista produziu livros como *Productive Thinking* (1945), de Wertheimer, que sublinha a aprendizagem por introvisão *(insight)*, de preferência à aprendizagem mais irracional por tentativa e erro *(trial-and-error)*.

A discordância estaticismo-desenvolvimentismo pode ter ocorrido porque os autores pensavam que o princípio de contemporaneidade, na psicologia da Gestalt, enfatizava uma orientação estática, ao passo que os estudantes podem ter pensado no caráter geralmente fluido da abordagem gestaltista. Na realidade, os gestaltistas dedicaram relativamente pouco tempo ao estudo dos processos de desenvolvimento.

Os autores classificaram decididamente a psicologia da Gestalt no sentido do dinamismo, enquanto que a classificação dos estudantes recaiu à direita da média entre o estaticismo e o dinamismo. A opinião dos autores foi que a ênfase da Gestalt incidia sobre a interpretação "total" e as inter-relações, o que implicava dinamismo. Como todas as partes estão inter-relacionadas, uma mudança numa parte requer uma reestruturação e mudança do todo.

As características dimensões mais acentuadas foram o molarismo, o centralismo e o purismo (embora com uma classificação muito moderada na última).

RESUMO E CONCLUSÕES

A psicologia da Gestalt teve sua origem em Frankfurt-sobre-o-Meno (Alemanha), entre 1910 e 1912. Wertheimer, Köhler e Koffka formularam a sua posição básica depois de um exame da experiência do movimento aparente (fenômeno phi). A sua psicologia era mais fenomenológica do que a de Wundt; eles aceitavam a introspecção mas alteraram o seu caráter. Uma das suas objeções básicas à psicologia antiga referia-se ao artificialismo da análise. Aos gestaltistas desagradava a busca dos elementos da experiência e assinalavam que a simples combinação de elementos não é adequada para produzir as características do todo. Em psicologia, tal como na física, o *todo* requer leis próprias e a tarefa da psicologia consiste em tentar descobrir essas leis.

Para os gestaltistas, as leis da ciência são as leis de sistemas. Decidiram aplicar seus pontos de vista aos campos da percepção e aprendizagem. Na percepção, formularam as leis da organização. Na aprendizagem, encontraram o mesmo tipo de princípios. Objetaram ao abuso da experiência passada como conceito explicativo tanto na percepção como na aprendizagem. Consideraram que a aprendizagem e a solução de problemas se relacionam com a reestruturação do campo perceptual. Somente as influências nesse campo que estivessem atualmente ativas poderiam ser usadas na explicação da percepção e do comportamento.

A psicologia da Gestalt foi aceita, em parte, na América. Muitas de suas críticas à psicologia estruturalista e behaviorista foram aceitas como lógicas e convincentes; e essas críticas forçaram uma reformulação dessas posições teóricas. A psicologia da Gestalt ainda é uma força ativa em si mesma.

Leituras Recomendadas

Gestalt Psychology (1935), de G. W. Hartmann, é uma excelente fonte para o estudante que desejar informações sobre a psicologia da Gestalt e uma avaliação da mesma, num só livro. Fornece uma excelente panorâmica dos antecedentes históricos e uma boa explicação dos seus pontos básicos. *Gestalt Psychology* (1947), de Köhler, é a de mais fácil leitura entre as fontes primárias da autoria dos três fundadores; *Principles of Gestalt Psychology* (1935), de Koffka, conquanto de leitura menos fácil, é mais profundo. O livro de Koffka é o mais completo tratamento dado em inglês por um dos fundadores. Wertheimer está representado em inglês pelo seu póstumo *Productive Thinking* (1945), que é breve e incompleto. A *Source Book of Gestalt Psychology* (1938), de Ellis, inclui traduções dos primeiros ensaios gestaltistas e, como o título sugere, é uma fonte clássica para alguns dos mais importantes escritos básicos da psicologia da Gestalt. O artigo de Prentice intitulado "The Systematic Psychology of Wolfgang Köhler" (1959), é um resumo facilmente acessível da obra de um dos fundadores. *Documents of Gestalt Psychology* (1961), de Henle, também fornece uma útil fonte para muitos dos escritos gestaltistas básicos. *Task of Gestalt Psychology* (1969), de Köhler, preparado para edição póstuma por Solomon Asch, Mary Henle e Edwin Newman, apresenta uma vasta recapitulação do movimento gestaltista (incluindo um elogio introdutório por Carroll Pratt). Recentemente, Henle (1971) organizou uma nova coletânea de artigos de Köhler, contendo dois que eram ainda inéditos em inglês, sete traduzidos do alemão e um recém-traduzido do francês. Um artigo por Crannell (1970 é interessante pela sua descrição da coragem pessoal de Köhler em face da perseguição nazista. Fritz Heider (1970) fornece um bom estudo dos antecedentes da teoria da Gestalt, incluindo descrições de Meinong e Benussi que não foram cobertas no presente texto. O resumo de Hochberg do simpósio da Universidade Cornell (1957) é um sucinto aperitivo para os que estão curiosos sobre a espécie de trabalho perceptual que está sendo atualmente realizado com uma metodologia que é de orientação gestaltista. Finalmente, o artigo de Weiss (1967) pode ser recomendado, sem hesitações, aos que ainda não acreditam que, sob certas condições, $1 + 1 \neq 2$.

QUADRO 9-1. Figuras Importantes na Psicanálise

Influências Antecedentes	*Psicanalistas*		
	Pioneiros	*Fundadores*	*Promotores*
G. W. Leibniz (1646-1715)	Johann Fried. Herbart (1776-1841)	Sigmund Freud (1856-1939)	Alfred Adler (1870-1937)
Johann W. Goethe (1749-1832)	Arthur Schopenhauer (1788-1860)		Carl G. Jung (1875-1961)
Gustav Th. Fechner (1801-1887)	Jean Martin Charcot (1825-1893)		Sandor Ferenczi (1873-1933)
Charles Darwin (1809-1882)	Joseph Breuer (1842-1925)		Otto Rank (1884-1939)
			Karen Horney (1885-1952)
			Harry S. Sullivan (1892-1949)
			Erich Fromm (1900-)

9. PSICANÁLISE

A psicanálise é o sistema psicológico mais amplamente divulgado, especialmente entre os que não são psicólogos. Embora tenha sido há muito rejeitada por alguns psicólogos acadêmicos, a sua popularidade é maior em outras áreas científicas e técnicas, nos círculos literários e junto do público leigo. Mais recentemente, tem merecido um interesse crescente por parte de alguns dos grupos previamente recalcitrantes de psicólogos acadêmicos.

O acervo de escritos psicanalíticos é enorme. Só as obras completas de Freud, em sua tradução inglesa, alcançam 24 volumes. Nenhum capítulo com o âmbito do presente pode tentar dar um quadro abrangente de uma das teorias psicanalíticas, quanto mais de todas elas; portanto, apresentaremos um tratamento sinóptico, enfatizando certos problemas de caráter mais decisivo do sistema.

O fato de que um exame da psicanálise adota um tom crítico não pode ser hoje interpretado como uma negação de que Freud e seus seguidores tenham feito uma contribuição enorme para a psicologia; a importância dessa contribuição é geralmente bem aceita. O leitor deve ter isso presente em seu espírito quando ler as partes de crítica do presente capítulo, as quais poderiam, em si mesmas, ser interpretadas como uma refutação. Essas críticas devem ser consideradas, outrossim, como uma indicação de importantes falhas que devem ser eliminadas para que a psicanálise seja acolhida na comunidade científica.

O Quadro 9-1 indica os mais importantes nomes associados à Psicanálise.

ANTECEDENTES HISTÓRICOS DA PSICANÁLISE

A Psicanálise caiu no mundo como uma bomba. O impacto causado por alguns de seus conceitos e princípios foi tão grande que muita gente considerou a Psicanálise algo inteiramente novo. Entretanto, ela também teve numerosos antecedentes — tantos que, uma vez mais, temos de render-nos ao fato de que raramente existe alguma coisa inteiramente nova no mundo das idéias.

No desenvolvimento da psicanálise há duas espécies de influências. Existe uma tradição intelectual em que Freud pode ser situado, como sugeriu Bakan (1958), e há um outro conjunto de influências mais diretas e pessoais sobre Freud. Consideremos primeiro a tradição intelectual.

No início do século XVIII, Leibniz desenvolveu uma teoria sobre os elementos de realidade que diferiam especificamente da maior parte das teorias prévias. Os seus elementos eram chamados *mônadas*, extremamente diferentes dos átomos mecanicistas de Demócrito. Nem mesmo eram materiais, no sentido usual, mas poderiam ser melhor descritos como centros de energia. Cada um desses centros é independente dos demais, com uma fonte de impulsos em si mesmo; uma mônada poderia ser considerada um centro de motivação, uma entidade auto-impulsionada. A atividade era a condição básica para ser. Freud deu um passo decisivo em sua carreira quando abandonou a tradição mecanicista, em que fora academicamente formado, para adotar a tradição mais dinâmica representada por Leibniz.

Leibniz também assinalou o inconsciente e os graus de consciência. Um século depois, Herbart retomou algumas das idéias de Leibniz e elaborou uma matemática do conflito de idéias, quando se esforçam por tornar-se conscientes. Assim, Freud não foi o primeiro a "descobrir" o inconsciente; sua contribuição ímpar consistiu na caracterização detalhada do inconsciente e seu modo de funcionamento. Freud (1938, pág. 939) também reconheceu que Schopenhauer o precedera na idéia de repressão no inconsciente e de resistência ao reconhecimento do material reprimido; contudo, afirmou que desenvolvera as mesmas idéias sem ter lido Schopenhauer.

Freud assistiu às aulas de Franz Brentano, que era nessa época um conferencista muito popular em Viena. Sem dúvida, Brentano introduziu Freud no modo de pensamento leibniziano, visto que o próprio Brentano baseava as suas atividades psicológicas mais na *atividade* do que nos elementos.

A tradição científica romântica alemã desempenhou, para Freud, um papel algo mais direto. Schelling e Goethe foram duas das mais importantes figuras nessa tradição. Segundo parece, Freud decidiu optar por uma carreira científica depois de ler um dos ensaios de Goethe sobre a natureza. Jones (1953) sugeriu que Freud vislumbrou o caminho para a sua própria afirmação através de uma compreensão realmente profunda da natureza.

Contudo, a educação formal de Freud colocou-o numa outra tradição inteiramente distinta: a escola mais mecanicista de Helmholtz. Para Freud, o representante direto dessa escola foi Ernst Brücke, com quem ele esteve inteiramente associado por vários anos no Instituto Fisiológico de Viena. Brücke, Ludwig e Du Bois-Raymond tinham formado um pacto antivitalista com Helmholtz, quando todos eles andavam pela casa dos vinte anos (Boring, 1950, pág. 708). Pretendiam impor a aceitação da noção de que não existem, nos corpos vivos, forças que não sejam igualmente encontradas nos corpos inanimados. Parte do que motivou Helmholtz a escrever o seu primeiro trabalho sobre o princípio de conservação da energia foi um desejo de mostrar que, no organismo — considerado como um sistema físico — não existe uma energia *sui generis* e inexplicada. Talvez o contato de Freud com essa tradição tenha ajudado Freud, subseqüentemente, a considerar os sonhos e fantasias, os caprichos e erros, do homem como determinados, e a formular então a sua própria versão sobre a determinação do comportamento humano, a que deu o nome de *determinismo psíquico*. É possível que a familiaridade com o conceito de "inferência inconsciente", de Helmholtz, usado como um modo de descrever como chegamos a conclusões na percepção, na ausência de processos cognitivos identificáveis, tenha constituído uma ajuda mais direta para assinalar a Freud a importância dos processos inconscientes.

Freud foi, sem dúvida, reforçado em seu determinismo pela leitura e discussão da tese evolucionária de Charles Darwin com outros colegas no Instituto e no hospital onde estudou, durante o curso para obter seu diploma de médico. Era propenso a adotar uma perspectiva biológica do homem, de acordo com a concepção biológica darwiniana, e muitas de suas idéias basearam-se diretamente na teoria evolucionária; um exemplo disso é o instinto de morte, que dependeu de suas especulações, afirmou Freud, sobre as origens da vida.

Hughlings Jackson combinou uma perspectiva fisiológica e uma perspectiva evolucionária em sua influência sobre Freud. Ele concebeu a noção de que os sistemas nervosos realizam, através do desenvolvimento evolucionário, uma estrutura hierárquica em que as camadas superiores são mais complexas mas menos completamente determinadas em estrutura. As interconexões precisas das estruturas superiores desenvolvem-se, então, durante a vida do indivíduo. Jackson pensou que, nas doenças nervosas, ocorria um processo a que ele chamou *dissolução*, que era o oposto aproximado do processo de desenvolvimento evolucionário. Freud, por sua vez, teria baseado a sua idéia de regressão na dissolução proposta por Jackson (Herrnstein e Boring, 1965, pág. 248).

Assim, duas tradições algo conflitantes, a que poderíamos chamar a romântica e a mecanista, exerceram certa influência sobre Freud. O aspecto romântico e místico foi reforçado pela formação religiosa judaica de Freud, que continha fortes componentes místicos. Os escritos judaicos também atribuem um significado místico ao sexo. Bakan (1958) documentou essa influência.

Um homem, Gustav Fechner, parece ter compartilhado com Freud do conflito mecanístico-romântico e, finalmente, tê-lo resolvido mediante a adoção de uma rigorosa posição científica a respeito de um problema essencialmente místico e romântico: a questão mente-corpo. Parece que a espécie de vocação mais peculiar à psicologia tem sido justamente desse tipo. Entre outros que "naturalizaram" alguma espécie de fenômenos até então considerados de essência mística podemos mencionar Darwin (seleção e avaliação naturais), Ebbinghaus (memória), Pavlov (associações no comportamento) e Skinner (comportamento "supersticioso"). Ellenberger (1956), entre outros, mostrou em certo detalhe que existe uma relação direta entre Fechner e Freud. Freud confessou a sua admiração por Fechner e estava familiarizado com seus escritos. O interesse de Freud pela intensidade da estimulação, a energia mental e o conceito topográfico da mente, estava relacionado com a obra prévia de Fechner.

A VIDA DE SIGMUND FREUD

Sigmund Freud (1856-1939) é quase universalmente considerado um gigante entre os psicólogos, mesmo por aqueles que o consideram um gigante equivocado. Os detalhes da vida de tal homem merecem mais atenção do que os da vida de psicólogos menos importantes. Além disso, a espécie de sistema que Freud criou está mais intimamente relacionado com a sua vida do que os sistemas mais acadêmicos com as vidas dos seus respectivos fundadores; assim, a compreensão de sua vida tem uma importância mais do que ordinária para a avaliação do seu sistema.

Freud nasceu em 6 de maio de 1856, no que hoje é Pribor, na Tchecoslováquia. A cidade chamava-se então Freiberg e pertencia à Áustria. Seu pai, Jacob Freud, era um comerciante de lanifícios relativamente pobre. A família mudara-se para Viena quando Sigmund tinha quatro anos. Jacob Freud teve um total de oito filhos; Sigmund foi o mais velho dos que lhe deu a sua segunda e jovem esposa. Desde muito cedo revelou grande aptidão acadêmica e, finalmente, decidiu que seria médico, uma profissão mais acessível a rapazes judeus do que muitas outras. Embora tivesse optado pela carreira médica, não gostava da prática de medicina e nunca se identificou com a profissão. Protelava os seus exames, enquanto passava o tempo trabalhando com Brücke, no Instituto, em problemas que eram puramente científicos e, assim, mais compatíveis com o seu temperamento. Mais do que médico, ele ambicionava tornar-se um professor de anatomia. Finalmente, abandonou a esperança de um progresso na carreira acadêmica e decidiu fazer seus exames de Medicina, passando a exercitar-se no hospital a fim de poder dedicar-se à clínica particular. Segundo parece, Brücke tê-lo-ia ajudado a tomar essa decisão. O judaísmo de Freud talvez tenha impedido o seu avanço acadêmico mas um outro fator foi, evidentemente, o grande prazo de tempo que iria transcorrer até que uma posição magistral estivesse ao seu alcance.

Mesmo antes dos seus exames para doutorar-se em Medicina, Freud já estava primordialmente interessado em neurologia ou psiquiatria, entre as especialidades médicas. No hospital, essa inclinação foi reforçada. De 1880 em diante, hesitou entre o estudo da anatomia do sistema nervoso e o estudo da psiquiatria. Publicou muitos artigos sobre anatomia, entre eles, um respeitante a um novo método para colorir o tecido nervoso, com fins de observação microscópica, e um que conteve o germe da teoria neurônica. Em certa época, interessou-se pela cocaína e sugeriu a sua eficácia a um dos seus colegas, que descobriu as suas propriedades anestésicas; Freud parecia mais interessado em sua potência como tranqüilizante e recomendou o seu uso a amigos. Pelo menos, um deles substituiu uma viciação anterior pela cocainomania e a atitude algo imprudente de Freud valeu-lhe ásperas reprimendas de colegas que já suspeitavam dos perigos da cocaína.

Desde a década de 1870 até aos primeiros anos da de 1890; Freud esteve sob a proteção de Josef Breuer, um clínico geral. Breuer deu dinheiro ao seu mais jovem e empobrecido colega, assim como conselhos e uma sincera amizade. Estes dois últimos aspectos de suas relações dissiparam-se na época em que Freud passou a estar intimamente ligado a um outro médico, Wilhelm Fliess. A associação com Fliess resultou em relações extraordinariamente estreitas durante os anos em que Freud começou formulando suas primeiras noções psicanalíticas.

Em 1885, Freud obteve uma bolsa para estudar em Paris. Esteve cerca de meio ano estudando com Charcot, um famoso hipnotizador parisiense, professor e uma autoridade em histeria. Freud já alimentava então um certo interesse pela hipnose como método de tratamento e Charcot fortaleceu nele esse interesse. De volta a Viena, relatou a seus colegas o que tinha visto e aprendido sobre histeria e hipnose. A sua comunicação foi friamente recebida e o jovem pioneiro sentiu-se amargurado. Entretanto, continuou usando a hipnose em sua clínica, para suplementar as massagens, banhos e um tipo moderado de eletroterapia que estavam então em moda. Posteriormente, abandonou a eletroterapia, comentando que a única razão pela qual discordava daqueles que atribuíam os efeitos da eletroterapia à sugestão era que não tinha observado quaisquer resultados que corroborassem essa explicação.

Em 1895, Freud já tinha perdido o seu interesse pela anatomia. Ele e Breuer publicaram em conjunto o trabalho intitulado *Studien über Hysteria* (Estudos Sobre Histeria), que assinalou o começo da escola psicanalítica. Não escreveu mais artigos ou livros sobre neurologia, com a exceção de um artigo para uma enciclopédia, em 1897.

Foi por essa altura que Freud também esfriou suas relações com Breuer e estabeleceu Fliess como seu mentor — apesar de ser dois anos mais jovem do que Freud e intelectualmente inferior a ele. Freud dependeu muito de Fliess durante esse período sumamente neurótico de sua vida. Era, nessa época, um homem excessivamente dependente, ciumento, por vezes prepotente e tirânico, demasiadamente preocupado com a morte e hipocondríaco; nunca logrou superar algumas dessas tendências até ao fim.

Em 1897, Freud iniciou uma auto-análise em grande escala. Um dos resultados foi o desenvolvimento da sua capacidade para exercer maior autonomia em seus próprios atos, caminhando por seu próprio pé sem necessidade do arrimo de outros. Fliess e Freud tiveram um desentendimento em 1900, talvez a respeito de algumas idéias altamente especulativas de Fliess sobre a periodicidade do comportamento. Mais tarde, Freud atribuiu o afastamento a uma análise que fizera da escolha de ocupação de Fliess. A separação final ocorreu muitos anos depois; Freud tinha sido indiretamente responsável pelo fato de um dos seus próprios pacientes tivesse plagiado as idéias de Fliess sobre a bissexualidade; recusou-se primeiro a reconhecer qualquer responsabilidade no caso mas depois pediu desculpas.

Talvez o evento mais notável e de maior envergadura na carreira de Freud tenha sido a publicação de *Die Traumedeutung* (A Interpretação de Sonhos), em 1900, dois anos após a morte de seu pai. Segundo Jones (1953, pág. 324) e a própria interpretação de Freud, a necessária libertação do inconsciente só pode ocorrer após a morte do pai. Pouco depois, Freud já começava a ser reconhecido e não tardou em reunir à sua volta um grupo de colaboradores. O seu papel tornou-se o do pai, não mais o do filho. Jung, Adler, Rank e Ferenczi foram primeiro discípulos e depois rebeldes. Várias dificuldades na interação pessoal deram, usualmente, origem à rebelião e o jovem grupo de psicanalistas era intolerante no capítulo de discordâncias em suas fileiras. Num dado momento, formou-se um comitê dos fiéis, composto por Abraham, Eitingon, Ferenczi, Rank, Jones e Sachs. A missão desse comitê consistia em promover o trabalho analítico. Freud ofereceu a cada membro o modelo para um anel de sinete idêntico ao que ele usava.

Através do comitê e de um sempre crescente corpo de publicações, Freud alcançou o êxito e tornou-se amplamente conhecido. Um dos primeiros indícios do seu reconhecimento internacional foi o convite que lhe dirigiu G. Stanley Hall para falar na Universidade Clark, durante as celebrações do 20.° aniversário dessa instituição, em 1909. Além de Freud, também falou Jung; Ferenczi, Jones e Brill estavam entre os analistas presentes, enquanto que Titchener, Cattell e James eram os psicólogos acadêmicos mais famosos que se encontravam entre os ouvintes. James Putnam, um professor de neurologia da Universidade de Harvard, tornou-se nessa altura um firme partidário da psicanálise.

Jung regressou mais tarde aos Estados Unidos para novas conferências e informou que a doutrina analítica seria aceita com menos dificuldades se ela deixasse de enfatizar tão substancialmente o papel do sexo. Essa declaração aprofundou ainda mais a brecha já existente entre Jung e Freud.

Apesar do reconhecimento e êxito crescentes, as dificuldades pessoais de Freud não estavam, de modo algum, superadas. Havia dissensões e deserções dentro das fileiras analíticas, e as finanças foram sempre um assunto de grande preocupação para Freud e sua vasta família imediata, incluindo seis filhos e uma cunhada. A I Guerra Mundial provocou angústias e privações mas Freud continuou trabalhando, apesar de tudo isso, e a sua fama cresceu ainda mais. Atraiu um número cada vez maior de estudantes ingleses e americanos que o ajudaram a subsistir nos anos posteriores à guerra, quando a moeda austríaca perdeu todo o seu valor. Continuou ampliando e modificando as suas teorias, ao mesmo tempo que se preocupava em regulamentar a rápida expansão da psicanálise. Um dos recursos por ele utilizados para esse controle foi a sua volumosa correspondência, através da qual admoestava ou elogiava os seus seguidores.

No fatídico ano de 1923, foi descoberto um câncer na boca de Freud. Parece altamente provável que o câncer de Freud estivesse relacionado com o fato de, caracteristicamente, fumar vinte charutos por dia. Tiveram de ser removidas partes do palato e do maxilar superior, sendo necessária a instalação de uma prótese para separar a boca da cavidade nasal, de modo que Freud pudesse comer e falar.

Freud aceitou a série de operações e as dores quase contínuas que o acompanharam durante seus dezesseis anos de vida com a sua característica mistura de realismo, pessimismo e fatalismo.

Finalmente, o ano de 1938 trouxe a invasão há muito temida da Áustria pelos nazistas. Ernest Jones, temendo que Freud pudesse ser perseguido, combinou com ele a sua mudança para a Inglaterra. Que os temores de Jones eram fundados ficou provado pelo fato de que quatro irmãs de Freud foram mortas mais tarde.

Freud foi bem acolhido na Inglaterra mas não pôde desfrutar o seu último ano de vida naquele país como gostaria, por causa da sua doença. Nunca se recuperou realmente da última operação de uma série de mais de trinta e faleceu em 23 de setembro de 1939.

A FUNDAÇÃO DA PSICANÁLISE

O germe da psicanálise apareceu num estudo publicado por Breuer e Freud em 1895 a que já fizemos referência: *Estudos Sobre a Histeria.* Freud conhecera Breuer, bem mais velho do que ele, no final da década de 1870, e ambos compartilhavam de um forte interesse científico. Estavam os dois interessados no hipnotismo como um recurso terapêutico. Breuer tinha um caso interessante, o da *Fraulein* Anna O., a quem ele tratara até 1882; no outono desse ano, comentou a tal respeito com Freud. A moça, dotada de grande inteligência, apresentara-se a Breuer com múltiplos sintomas, incluindo a paralisia de três membros, contrações e uma tendência para a dupla personalidade. No decurso do tratamento, foi observado que se a paciente relatava a origem de um sintoma a Breuer, enquanto se encontrava numa espécie de estado de transição entre as duas personalidades, o sintoma desaparecia. Breuer começou então a hipnotizá-la diariamente, para que ela pudesse livrar-se mais depressa dos sintomas. Anna O. batizou o método que tinham descoberto como "cura falante" ou "limpeza de chaminé" (hoje correntemente designado como *catarse*). Breuer dedicou-lhe uma hora (ou horas, segundo a descrição de R. I. Watson, de 1968) por dia, durante mais de um ano; e, no decurso desse período, desenvolveu uma forte afeição por ela. Quando reconheceu a situação que estava sendo criada, Breuer ficou profundamente preocupado e terminou o tratamento, tendo então fugido, literalmente, de Viena, para uma segunda lua-de-mel com sua esposa, que por essa altura já estava bastante ciumenta.

Freud interessou-se imenso pelo caso e instigou Breuer a publicá-lo. Contudo, os *Estudos sobre a Histeria,* em sua versão completa, só foram publicados treze anos depois do caso e mesmo um relatório preliminar esteve onze anos em elaboração.

Entrementes, em 1885, Freud passara seis meses com Charcot, que já era famoso pelo seu tratamento da histeria e outras doenças nervosas funcionais pela hipnose. Freud retornou depois a Viena e reatou o exercício da clínica particular. Foi por essa época que ele abandonou a eletroterapia. Também observou que nem todos os seus pacientes podiam ser hipnotizados e, talvez achando que a sua técnica era deficiente, foi estudar em Nancy com Bernheim, durante algumas semanas. Levou consigo um paciente em quem não conseguira induzir um transe profundo mas Bernheim também fracassou. Contudo, Freud ficou impressionado pela sua observação de que podiam ser realizadas sugestões pós-hipnóticas e a sugestão esquecida; talvez tenha sido igualmente impressionado pela demonstração de que o paciente recordava a sugestão, após uma insistência suficiente por parte do hipnotizador.

Freud começou então a modificar a sua técnica nos casos em que era impossível induzir a hipnose. Ele estava decidido a salvar a "cura falante"; insistiu em que o paciente era capaz de recordar a origem de sintomas, mesmo que não estivesse hipnotizado, e reforçou a sua insistência com sugestões de que o paciente se lembrava de quando Freud fazia pressão na sua testa com os dedos. Nesta fase, Freud estava exercendo uma grande dose de orientação sobre os processos de associação do paciente. Foi quando um dos pacientes se queixou de que ele o interrompia demasiado e devia ficar calado. Essa sugestão foi o impulso final que converteu Freud do transe hipnótico à livre associação como método de tratamento.

Na época em que os *Estudos* apareceram a público, Breuer e Freud já estavam na posse de muitas das idéias que forneceriam a base para a psicanálise; muitas dessas idéias provinham das observações de Breuer no caso de Anna O. e outras das observações de Freud com pacientes histéricos. A primeira dessas idéias foi uma convicção sobre a importância dos processos inconscientes na etiologia das neuroses. Essa convicção decorreu, em parte, da observação de que os sintomas pareciam, freqüentemente, expressões de acontecimentos que o paciente não podia recordar ou de impulsos de que ele não estava cônscio. A influência das sugestões pós-hipnóticas, que o sujeito não recordava de momento, pode ter contribuído também para a convicção sobre a robustez dos processos inconscientes.

Por essa altura, Freud estava pessoalmente convencido de que o sexo desempenha um papel predominante nas aberrações psíquicas do neurótico. Breuer não compartilhava da certeza de Freud nesse ponto e essa discordância parece ter resultado num tratamento secundário do tema — a contragosto de Freud — na sua publicação conjunta dos *Estudos*. Ao que parece, Charcot já assinalara, em dado momento, que um certo tipo de casos tinha sempre uma base sexual. Freud também afirmou que Breuer e um ginecólogo chamado Chrobak tinham realizado observações semelhantes a respeito dos distúrbios nervosos. O próprio Freud observou que a maioria das suas pacientes histéricas relatava experiências sexuais traumáticas, freqüentemente com membros de suas próprias famílias, durante a infância delas. Ele concluiu então que nenhuma neurose é possível numa pessoa com uma vida sexual normal.

A importância do simbolismo também foi reconhecida por Freud nessa época. Os sintomas pareciam ser representações distorcidas mas simbólicas de acontecimentos ou conflitos reprimidos. No caso de Anna O., a relação simbólica entre a origem do sintoma e o próprio sintoma tornou-se clara para a paciente e para Breuer quando ela foi capaz de recordar a origem de um determinado sintoma. Portanto, os sintomas não eram arbitrários.

Em todo o caso, a situação no momento em que o sintoma se originava tinha envolvido fortes impulsos a fazer algo, os quais tinham sido contrariados por forças que impediam a moça de realizar o seu desejo. Por exemplo, ela poderia querer chorar na presença de seu pai, por causa de seu pesar pela doença dele; entretanto, ela era incapaz de chorar por temor de preocupá-lo com o seu estado. O impulso reprimido manifestar-se-ia subseqüentemente, em forma simbólica, como uma incapacidade para ver. A existência de tendências contraditórias era uma prova da importância do conflito na criação de sintomas e na produção de neuroses, em geral.

Como está implícito no exame precedente, uma aceitação do inconsciente está interligada com a noção de repressão no inconsciente; os impulsos e recordações indesejáveis são recalcados para o inconsciente e esquecidos, tornando-se inacessíveis como material consciente, em circunstâncias ordinárias. Somente através da sua recuperação e elaboração *(ab-reação)* pode o paciente ser curado.

Na busca das origens dos sintomas, do material reprimido representado pelos sintomas, Freud foi empurrado cada vez mais na direção da infância; a sua crença na importância das experiências infantis para a produção de neuroses estava se consolidando. Muitas dessas experiências da infância eram de natureza sexual; na histeria, em particular, Freud registrou depoimentos sobre remotas experiências sexuais de seus pacientes. Contudo, ele acreditava que tais experiências só ganhavam sua força traumática depois do paciente ter atingido a puberdade. Não fora ainda impelido às suas opiniões ulteriores sobre a gênese da sexualidade na infância.

A última e, talvez, a mais importante descoberta foi a relação de transferência. Já vimos como Breuer contraiu um profundo afeto pela sua paciente (contra-transferência); também era verdade que ela ficara enamorada dele. Parecia que a paciente transferira para o seu terapeuta os sentimentos que ela alimentara antes por outras pessoas, especialmente os seus pais. Em algumas fases da relação terapêutica, esses sentimentos podiam ser fortemente positivos, mesmo sexuais, em sua natureza; ulteriormente, podiam se tornar fortemente negativos. Num caso ou outro, o paciente era capaz de viver e resolver os impulsos que antes fora incapaz de expressar. Assim, a transferência converteu-se num dos instrumentos mais úteis do terapeuta.

Contudo, a transferência podia suscitar temor numa pessoa tímida, como vimos no caso de Breuer. Provavelmente, foi a sua ansiedade sobre as relações de transferência que ele próprio descobrira que o levou a desertar o campo que os dois tinham começado a desvendar. Havia também a tempestade que ameaçava desencadear-se sobre os dois homens a respeito da importância atribuída à sexualidade. Como Breuer não podia decidir se a sexualidade era realmente importante ou não, escolheu o caminho mais fácil e deixou a psicanálise para Freud.

O SISTEMA DE FREUD

Passemos agora a uma apresentação do sistema de Freud, em sua forma final. Deve ser feita uma clara distinção entre a superestrutura teórica dos construtos que Freud elaborou, que é o que mais diretamente nos interessa, e as técnicas psicanalíticas como (1) terapia e (2) produtoras de dados empíricos. Estas três facetas da psicanálise devem ser separadamente avaliadas; muita da confusão reinante nas críticas à psicanálise resulta, justamente, do fato de não se proceder a essa separação. Por exemplo, as críticas metodológicas do sistema não têm por que aplicar-se à terapia e, inversamente, os resultados positivos da terapia não fornecem, necessariamente, uma base de apoio para o sistema.

Deve ser compreendido que Freud não desenvolveu subitamente as idéias que apresentou nem sempre continuou aderindo a uma idéia se esta lhe parecesse contradizer as provas que ele próprio reunira em seu trabalho. Por exemplo, ocorreu uma pronunciada modificação da sua posição a respeito da histeria depois de descobrir que, em muitos casos, os incidentes sexuais traumáticos relatados pelos pacientes não tinham acontecido, em absoluto; entretanto, resistira a todas as tentativas feitas por outros analistas para levá-lo a modificar a sua posição, só o fazendo quando ele próprio se certificou de que tal modificação era comprovadamente válida. R. I. Watson escreveu sobre esse incidente (1968, pág. 467):

> Pouco tempo depois de ter publicado esse artigo, a horrível verdade começou a despontar nele — que essas seduções na infância, na maioria dos casos mas não em todos, nunca tinham realmente ocorrido.
>
> Um homem de estatura inferior à sua poderia ter escondido o seu erro e tentado esquecê-lo. Um indivíduo clinicamente menos perspicaz poderia ter "corajosamente" confessado o seu erro e passado a outros assuntos mais proveitosos. Freud não fez uma coisa nem outra... Não seria o próprio fato das fantasias dos seus pacientes assumirem a forma de problemas sexuais uma prova de que havia, de fato, uma coloração ou base sexual no pensamento deles? E uma prova de que ele estava certo ao enfatizar a base sexual das dificuldades dos seus pacientes, embora as situações que eles descreviam nunca tivessem realmente ocorrido? Apesar do revés temporário, esse "erro" seria ulteriormente visto como um verdadeiro progresso.

Para um investigador científico, Freud era extremamente insensível às críticas de fora, especialmente dos que eram hostis à psicanálise; entretanto, era muito sensível à autocrítica e, nessa conformidade, o seu sistema era flexível. Raramente apresentou as suas teorias como certezas; elas eram usualmente apresentadas, outrossim, como conclusões conjeturais que pareciam ser corroboradas por seus dados clínicos. A sua resistência às críticas externas e a sua opinião de que o apoio experimental não era necessário às suas noções foram responsáveis, em grande parte, pela sua reputação de presunçoso e dogmático a respeito de suas conclusões.

Freud tinha uma surpreendente atitude em relação à realidade das suas concepções. Quando conscientizava o que era metodologicamente correto, era capaz de admitir que essas concepções eram ficções convenientes, por ele inventadas com propósitos explicativos; mas a sua atitude usual era que estava lidando com coisas reais. Por exemplo, empregou uma vez a afirmação de Janet de que o inconsciente era "uma maneira de falar", como um exemplo do baixo nível de compreensão de Janet (Jones, 1957, pág. 214). Parece ser que Freud considerava realmente o inconsciente uma região que ele estava explorando e não como um sistema que estivesse construindo. Podemos ser propensos a esquecer a formação de Freud em neurologia, antecedentes esses que conduzem facilmente à crença de que se está trabalhando com estruturas *reais*.

O Aparelho Psíquico

Como já vimos, Freud acreditava ter encontrado dois "estados" dentro da "região", o consciente e o inconsciente. Diferentes tipos de leis determinam o que acontece nesses dois estados: o inconsciente opera de acordo com disposições a que Freud deu o nome de *processo primário* e o consciente de acordo com o *processo secundário.* A lógica comum aplica-se a este último processo mas não ao primeiro; os mecanismos que podem ser observados em sonhos caracterizam a ação do processo primário. Algumas das coisas que podem ocorrer são a *condensação* de vários pensamentos num único símbolo, o *deslocamento* de um impulso ou afeto de um símbolo para outro, a *intemporalidade* característica dos sonhos, a *conversão* de um impulso no seu oposto etc. A falta de lógica do sonho é característica do processo primário, como um todo.

Uma parte da energia para o aparelho mental é denominada *libido;* a sua fonte está nas tensões biológicas e certamente a mais importante dessas tensões para a economia mental é a sexual. A maior parte da energia sexual deriva das zonas erógenas, as áreas do corpo especialmente sensíveis à estimulação. O *id* é o reservatório primordial dessa energia e, sendo inconsciente, opera de acordo com o processo primário. Vários instintos que residem no id exercem pressão no sentido da descarga de sua energia libidinal. Portanto, cada instinto tem uma *fonte* nas tensões biológicas, uma *finalidade* de descarga em alguma atividade particular e um *objeto* que servirá para facilitar a descarga.

O id opera de acordo com o *princípio de prazer.* Em geral, a eliminação da tensão é o que define um estado de prazer, embora nem sempre seja claro se o que resulta em prazer é a eliminação de toda a tensão ou a manutenção de um nível constante de tensão. O abandono de um baixo nível de tensão ou qualquer intensificação de tensão resultam desagradáveis. Convém recordar que o id opera *exclusivamente* de acordo com o princípio de prazer; por exemplo, não distingue entre a satisfação alucinatória de uma necessidade gerada pela fome e a satisfação real dessa necessidade. Entretanto, a tensão só permanece reduzida através do contato com objetos que são, na realidade, apropriados.

Nesta conformidade, desenvolve-se uma outra estrutura psíquica em complemento do id. Dá-se-lhe o nome de *ego.* O ego opera de acordo com as leis do processo secundário e, por estar em contato com a realidade, opera segundo o *princípio de realidade;* quer dizer, trata-se de um agente avaliador que seleciona inteligentemente aquela linha de comportamento que reduza ao mínimo a dor e eleve ao máximo o prazer. O ego está ainda ao serviço do princípio de prazer através do princípio de realidade mas, por vezes, deixa temporariamente de lado a gratificação direta das necessidades para que uma satisfação global seja maior.

Em conseqüência do contato com as realidades culturais, especialmente consubstanciadas nos pais, desenvolve-se uma terceira agência mental. Esta funciona como supressora da atividade agradável, da mesma forma que as agências externas o fizeram, num dado momento. Tem dois subsistemas: uma consciência moral, que pune, e um ego-ideal que recompensa o comportamento. A consciência moral provoca sentimentos de culpa e o ego-ideal sentimentos de orgulho. O *superego* distingue-se do ego (que serve ao princípio de prazer e apenas protela a gratificação) em suas tentativas para sustar completamente certas atividades agradáveis. A ação do superego, é em grande parte, inconsciente; isto é, uma grande parte de seu funcionamento obedece às leis do processo primário.

Freud chegou depois à conclusão de que os instintos ativos em todo o aparelho psíquico podiam ser divididos em dois grupos: os instintos de vida e os instintos de destruição. Estes últimos são mais correntemente designados por *instintos de morte,* visto que a sua finalidade é a morte do indivíduo. Freud considerou os instintos conservadores; isto é, eles almejam um retorno a um estado prévio e assim explicam a *compulsão de repetição* que se manifesta em certos comportamentos. Como a matéria viva provém da matéria morta, o estado prévio deve ser, em última instância, um estado de completa quietude, de morte. Os instintos de morte agem para a desintegração do indivíduo, ao passo que os instintos de vida trabalham pela contínua integração do indivíduo. O instinto de morte é a parte da teoria de Freud menos freqüentemente aceita por outros psicanalistas; muitos artigos aparecidos em publicações analíticas têm sido desfavoráveis a essa concepção freudiana (Jones, 1957, pág. 276). Os instintos de vida e de morte tinham para Freud a vantagem de proporcionar-lhe uma polaridade, um par de elementos opostos em conflito. Jones (1957, pág 422) sublinha como Freud apreciava profundamente o modo dualista de pensamento, de preferência às concepções monistas ou pluralistas.

Freud deu o nome de *libido* à energia ao serviço dos instintos de vida; nenhum nome foi especialmente dado à energia que ativava os instintos de morte. À medida que o indivíduo desenvolve o seu ego, a energia psíquica disponível vai ficando cada vez mais sob o domínio do ego, abandonando o id que originalmente a controla e dirige. O ego vincula a energia às representações psíquicas de objetos externos; a essa vinculação dá-se o nome de *catexe.* A espécie de objeto catectado depende do instinto que tem energia disponível; a distribuição de energia pelos instintos é flexível. Na versão original da teoria analítica, supunha-se que a distribuição mudava gradualmente, de modo que cada vez havia mais energia disponível para os instintos de autoconservação do ego e cada vez menos para os instintos sexuais do id. Esta versão estabeleceu como base do conflito a autoconservação *versus* os instintos sexuais, mais do que a vida *versus* morte.

No decurso do desenvolvimento de um indivíduo, existe uma fase em que grande parte da energia libidinal é catectada no genitor do sexo oposto; no caso do rapaz, isso leva ao desenvolvimento do conflito edipal. Tal como o Édipo mítico, o rapaz ama sua mãe. Também sente ciúme e ressentimento em relação ao seu rival, o pai. Os seus sentimentos sexuais são dirigidos à mãe mas a criança é bloqueada na expressão direta dos impulsos instintivos, no sentido do incesto. Em virtude dos seus impulsos, que são reprimidos, o rapaz tem medo de castração pelo pai. É nessa época que os impulsos em relação à mãe são reprimidos no inconsciente, repressão essa que se faz com tanta força que todos os impulsos sexuais entram num período de latência. Eles manifestam-se de novo na puberdade, quando o aumento das tensões sexuais é suficiente para perturbar a economia psíquica e permitir que os impulsos derrotem as forças repressivas. Freud via no conflito edipal uma contribuição fundamental da psicanálise; um dos pressupostos necessários para a sua aceitação é que a sexualidade se desenvolve, realmente, muito cedo na vida do indivíduo.

Tratamento da Neurose

Vejamos agora as implicações da posição psicanalítica para o tratamento dos neuróticos. Ao fazê-lo, devemos ter em conta que estamos invertendo o processo que realmente ocorreu; na realidade, a teoria surgiu da terapia e das observações que a acompanharam e não ao contrário, como o nosso exame poderia erroneamente sugerir.

Em primeiro lugar, os métodos ordinários de compilação de informações sobre a gênese dos sintomas não servem. Já vimos como as recordações e impulsos desagradáveis são recalcados pelo ego, mediante solicitação da realidade, ou pelo superego. Não são conscientes. Não se encontram sequer na zona intermédia a que Freud chamou o *pré-consciente,* onde a simples aplicação de um esforço suficiente pode torná-los conscientes. Qualquer tentativa de recordá-los deparar-se-á com uma *resistência;* assim, é requerido um método especial, como a hipnose ou a livre associação. Os sonhos, dado que são governados, em considerável medida, pelo processo primário, proporcionam um caminho para o conhecimento do inconsciente, desde que sejam corretamente interpretados. A interpretação correta depende do conhecimento de que a função do sonho é satisfazer desejos; como o id não reconhece a diferença entre a satisfação alucinatória dos desejos e a real, as tensões psíquicas existentes podem pressionar no sentido de uma descarga nos sonhos. Para determinar o significado preciso do sonho — isto é, para descobrir os impulsos ocultos (latentes) nele expressos — o paciente é instruído para que diga quais são as suas associações com os elementos oníricos. Desta maneira, os símbolos no sonho podem ser relacionados com o seu significado e o material reprimido terá acesso à consciência.

A análise da resistência a recordar os materiais reprimidos é, pois, uma das tarefas mais difíceis e mais importantes do analista. Se a resistência for demasiado forte, o paciente continuará se recusando a reconhecer a existência do material reprimido, mesmo quando o analista pode apresentá-lo verbalmente durante a sessão. Somente quando o paciente é capaz de superar a sua resistência interior e aceitar a análise é que está em condições de melhorar. Ao superar a sua resistência, ele coloca os impulsos sob o controle do ego, onde passam a obedecer às leis do processo secundário. À medida que se amplia o domínio do ego, este fortalece-se e o paciente adquire o controle racional dos seus impulsos. Não pode libertar-se da regência do princípio de prazer mas pode obter mais gratificação global quando os impulsos se harmonizam também com o princípio de realidade.

A superação da resistência é possibilitada, pelo menos em alguns casos, pela transferência para o terapeuta de uma considerável porção da energia libidinal. Portanto, essa energia fica à disposição do terapeuta para a aplicação de uma contraforça à resistência. Por sua vez, a própria transferência converte-se em objeto de análise e deve ser superada antes que o paciente seja independente e possa considerar-se curado.

No processo de superação da resistência e de rastreio dos materiais significativos reprimidos, o paciente deve ser forçado a recordar materiais cada vez mais antigos. Os anos da infância são críticos no desenvolvimento de todo e qualquer indivíduo; se ele se fixa em alguma das primeiras fases do desenvolvimento sexual ou retorna (regride) a uma dessas fases para enfrentar traumas ulteriores, o palco está montado para o desenvolvimento da neurose. As mais remotas experiências suscetíveis de punição e, portanto, de repressão, relacionam-se com o sexo. Portanto, o material significativo que se recupere dirá respeito ao sexo. Ainda mais especificamente, podemos dizer que o conflito edipal e sua resolução serão centrais para a análise e a sua introvisão *(insight)* pelo paciente é central para a sua cura.

No exame da cura da neurose, vemos em ação a posição algo peculiar de Freud sobre o determinismo. Ele acreditava no determinismo psíquico e é famoso o seu trabalho sobre a determinação dos erros na fala e na escrita, os esquecimentos e as perdas de objetos. Freud demonstrou que a natureza aparentemente fortuita desses eventos esconde o fato de que o erro revela a motivação inconsciente da pessoa que cometeu o lapso ou esquecimento. Um exemplo publicado (Freud, 1938, pág. 75) diz respeito a um membro das *United Daughters of the Confederacy;* essa senhora, ao concluir o seu elogio de Jefferson Davis, disse "o grande e único Presidente dos Estados Confederados da América... Abraham Lincoln!" Aparentemente, ela devia ter pertencido a uma outra organização.

A peculiaridade da posição de Freud decorre do fato de que ele parecia acreditar que o determinismo pode ser abolido se os impulsos puderem ser colocados sob a influência do processo secundário. Desta maneira, o paciente realiza o controle do *eu,* em vez do controle do *impulso.* Freud não estava muito preocupado com a operação do determinismo no processo secundário, embora seus seguidores (incluindo sua filha, Anna Freud) consumissem mais tempo no estudo dos processos ou mecanismos do ego. Para Freud, a esperança de aperfeiçoamento do homem residia em tornar-se racional, no verdadeiro sentido da palavra. Embora Freud e seus seguidores não acreditassem que a obtenção da introvisão fosse uma condição suficiente para realizar a cura, ela era, pelo menos, uma condição necessária. Além disso, a introvisão tinha de ser "profunda"; isto é, tinha de ser uma autêntica aceitação emocional da análise, não apenas um papaguear intelectual de suas palavras.

OS REBELDES

Quatro membros importantes do grupo inicial de Freud ocuparam primeiro uma posição privilegiada e depois discordaram das convicções freudianas e estabeleceram facções analíticas rivais. Foram eles, por ordem, Adler, Jung, Rank e Ferenczi. As suas deserções têm sido usadas pelos adversários da psicanálise para demonstrar que nem todos os analistas estão de acordo entre eles próprios ou então que Freud era uma espécie de tirano despótico que não tolerava qualquer oposição aos seus dogmas. Como seria de esperar, tais acusações não são inteiramente válidas nem inteiramente falsas. Houve concordâncias e discordâncias fundamentais entre os cinco homens que vamos agora estudar. Quanto aos fatores de personalidade, são difíceis de avaliar; em todo o caso, cada um deles teve, provavelmente, a sua parte de culpa. Diremos algumas palavras sobre o assunto quando tratarmos de cada um dos "rebeldes". Talvez seja correto aplicar a Freud a sua própria sentença; disse ele (Freud, 1943) que, quando um indivíduo é repetidamente "vitimado" pela mesma espécie de circunstâncias externas, podemos estar razoavelmente certos de que a sua própria compleição psicológica é tal que reiteradamente se coloca em situações em que pode ser vitimado. Com este apropriado prefácio, passemos agora a uma breve exposição dos quatro rebeldes e das modificações que propuseram.

Alfred Adler

Alfred Adler (1870-1937) era um médico vienense que se ligou desde cedo ao grupo que, às quartas-feiras à noite, começou se reunindo com Freud, em 1902, para discutir psicanálise. Adler e Stekel foram os dois mais antigos seguidores de Freud; abandonaram a sociedade em anos sucessivos (1911 e 1912). Stekel teve importantes contribuições no campo do simbolismo mas, segundo Jones (1955, pág. 135), não possuía consciência científica e não formou qualquer escola própria, após deixar o rebanho psicanalítico.

O caso de Adler foi muito diferente: deu uma contribuição muito maior à psicanálise, formulou uma teoria do comportamento parcialmente independente e estabeleceu uma escola rival.

As dificuldades entre Freud e Adler intensificaram-se depois que Freud insistiu em que Jung fosse eleito presidente da associação internacional; os vienenses era ciosos de suas posições, já que tinham sido os primeiros seguidores. Depois, no ano seguinte às reuniões internacionais de 1910, foi decidido realizar discussões e debates em torno das teorias de Adler. Após os debates, as divergências sobre a teoria tornaram-se óbvias e Adler demitiu-se, com a sua facção, da sociedade das quartas-feiras, antes do final de 1911. Adler formou então uma escola rival, a que deu, finalmente, o nome de *psicologia individual.*

No começo, Freud tolerou ou acolheu até de bom grado as contribuições de Adler. Inicialmente, Adler sublinhava a inferioridade orgânica nos antecedentes da neurose. À primeira vista, essa noção parece mais biológica do que a do próprio Freud. Entretanto, neste caso, as aparências enganam, pois Adler enfatizava a reação psicológica a uma inferioridade orgânica ou *imaginada,* em vez dos próprios fatos biológicos. A *compensação* dessa inferioridade explica a natureza de muitos sintomas neuróticos e ajuda a determinar o *estilo de vida* do indivíduo, o modo como ele trata dos problemas em geral. A análise dos mecanismos compensatórios foi considerada por Adler a tarefa principal tanto da teoria como da prática psicanalíticas.

Embora Adler destacasse o conflito entre a masculinidade e a feminilidade como muito importante, as suas concepções de sexualidade eram muito diferentes das de Freud. Ele considerou da maior importância a superação da feminilidade por parte tanto dos homens como das mulheres ("protesto masculino") e não a sexualidade em si mesma. A vontade de poder foi considerada por Adler a mais importante força motivadora na vida dos homens e, por vezes, o sexo era um sintoma dessa vontade, representando o ato sexual mais a dominação da fêmea do que o desafogo de impulsos verdadeiramente sexuais.

A vontade de poder e a necessidade de superar a inferioridade resultam, segundo Adler, das condições de vida que imperam universalmente para as crianças. O bebê não é um pequeno animal sexual cujos desejos incestuosos devam ser reprimidos mas um pequeno e impotente organismo cujas necessidades têm de ser atendidas por adultos relativamente poderosos. Por conseguinte, a criança desenvolve, necessariamente, sentimentos de inferioridade em relação a esses adultos e deve esforçar-se por superar essa inferioridade e sobrepor-se ao seu estado de dependência. O conflito edipal, se acaso existe, deve ser entendido mais como uma conquista da mãe do que como uma expressão direta de qualquer sexualidade infantil.

Destarte, Adler transferiu a ênfase das energias e instintos biológicos inatos para as relações sociais, dentro da família, à medida que a criança cresce; concluiu ele que a posição na família (como filho primogênito, filho segundo, filho caçula) é extremamente importante para determinar como um indivíduo enfrenta a realidade (isto é, o seu estilo de vida). A rivalidade entre irmãos ocorrerá forçosamente e afetará a personalidade. Na teoria de Adler, vemos que os conflitos importantes ocorrem, freqüentemente, entre o indivíduo e o seu meio, mais do que no íntimo do indivíduo, como Freud sustentava.

Adler apresentou uma concepção do homem mais otimista do que os psicanalistas ortodoxos. Viu o homem não como um agregado de segmentos em guerra entre si mas, sobretudo, como um indivíduo dinâmico e integrado. Deu muito menos ênfase à revelação do inconsciente e de suas forças sombrias. Adler concebeu o homem como um ser amplamente consciente e criador, vivendo em parte pela adesão a um "futuro fictício", o qual consiste em preceitos em que atualmente se crê. Tais preceitos, se bem que não sejam necessariamente certos, podem dirigir, não obstante, o comportamento, por exemplo, o preceito "sua recompensa o aguarda no Céu".

Adler e sua escola fizeram da terapia um processo mais breve e, pelo menos em algumas ocasiões, dispensaram o divã freudiano. As aplicações práticas da teoria adleriana aos problemas educacionais e sociais ajudaram a popularizar a psicologia individual, assim como a facilidade com que expressões tais como *complexo de inferioridade* e *rivalidade fraterna* foram assimiladas na linguagem leiga. De um modo geral, a teoria de Adler está mais próxima do senso comum do que a de Freud e, provavelmente, compartilha das forças e fraquezas comuns a tais teorias.

Carl Jung

Relações com Freud. Carl Gustav Jung (1875-1961) era um psiquiatra suíço que se interessou pelas teorias de Freud depois de ler *A Interpretação de Sonhos,* publicado em 1900. Jung visitou Freud em sua Sociedade das Quartas-Feiras em Viena, em 1907, e os dois homens imediatamente ficaram ligados por fortes laços de amizade. Freud não tardou em considerar Jung o príncipe herdeiro do movimento psicanalítico. Em 1909, como já vimos, Jung acompanhou Freud aos Estados Unidos para as conferências na Universidade Clark e, posteriormente, voltou sozinho à América para mais conferências. Na primeira assembléia da nova Associação Psicanalítica Internacional, Freud insistiu, apesar da oposição vienense, para que Jung fosse eleito presidente. Ele queria um homem mais moço e que não fosse judeu à testa do novo movimento, pois pressentia que a resistência aos judeus era capaz de impedir o progresso do movimento analítico se um judeu liderasse a Associação. Nessas condições, Jung parecia ser a eleição lógica. Os vienenses, que em sua quase totalidade eram judeus, eram ciosos de sua prioridade no movimento e também alimentavam um certo ressentimento em relação a Jung, porque o supunham anti-semita. Mas Freud derrotou as objeções e Jung foi eleito.

Pouco depois, as relações entre Jung e Freud começaram a enfraquecer. Jung não desempenhava suas obrigações presidenciais tão bem quanto Freud tinha esperado; ele diminuía a importância do sexo em suas conferências e análises terapêuticas, e alterou por sua conta o conceito de libido. Os atritos pessoais estavam tornando cada vez mais tensas as relações entre os dois homens. No final de 1912, concordaram em interromper sua correspondência pessoal. Em 1914, Jung retirara-se completamente do movimento; nunca reatou a sua anterior amizade com Freud e logo fundou uma nova escola, a que deu o nome de *psicologia analítica.*

Atitudes Básicas e Metodologia. Nos primórdios de sua carreira, Jung tinha pressuposto a existência de algumas mudanças físicas que explicavam o desenvolvimento da esquizofrenia. Ele estava assim enfatizando um fator contemporâneo, em vez de um fator histórico, como Freud tinha o hábito de fazer. Se bem que Freud, nesse tempo, concordasse com Jung, sobre esse ponto particular, ele discordaria em geral da ênfase de Jung sobre o presente, em vez do passado, no estudo das neuroses. Jung estava mais próximo dos gestaltistas e Freud dos behavioristas, sobre essa questão. Não só Jung enfatizou a importância do *presente* mas também considerava necessário compreender o futuro, as potencialidades, do homem, a fim de que, ao falar-se dele, tudo fizesse sentido. As metas e intenções dos homens eram, para Jung, tão importantes para dirigir o comportamento do homem quanto a sua história. Deplorou a tendência de Freud para estudar a causalidade exclusivamente em função do passado e considerou a teorização freudiana excessivamente redutiva e mecanística. Mais tarde, Jung sugeriu (Jung e Pauli, 1955) um princípio chamado *sincronicidade* para aqueles eventos que ocorrem juntos no tempo mas não se causam uns aos outros; os seus arquétipos, que são imagens primordiais que acarretam tendências herdadas de respostas, realizar-se-iam psíquica e fisicamente no mundo real, ao mesmo tempo, sem que as duas manifestações estejam causalmente relacionadas. Esta concepção soa como a análise da causalidade e contemporaneidade, de Hume, ou a doutrina do paralelismo psicofísico.

Jung alterou, com o decorrer do tempo, a sua posição no tocante à metodologia científica. No começo, ele esteve interessado em anular a divergência entre a psicologia acadêmica e a psicanálise, através do experimento de associação. Ele esperava, assim, tornar a psicanálise mais científica. Mais tarde, Jung perdeu interesse em "provar" a análise através de experimentos tradicionalmente planejados. Ele e seus seguidores voltaram-se então para o estudo da mitologia e da arte como métodos mais proveitosos para revelar a forma do inconsciente. Jung tornou-se o mais negativo de todos os analistas eminentes, em relação aos métodos tradicionais da ciência empírica.

A terapia de Jung, de acordo com essas concepções básicas, deu menos relevo ao passado do indivíduo e mais à sua situação presente e desejos para o futuro. Jung viu o homem como um recipiente mais criador e menos passivo das influências ambientais do que Freud; concomitantemente, Jung foi mais otimista em sua psicologia analítica. Freud considerou a terapia junguiana como algo que poderia ser esperado de um sacerdote, com exortações morais, apelos à força de vontade e uma tentativa de desenvolver os anseios humanos de divindade (Freud, 1938, pág. 975). Jung acreditava que os impulsos primitivos do homem podiam ser canalizados para uma busca de individuação ou de divino; se a energia não fosse reconhecida e utilizada apropriadamente pelo ego, poderia perturbar tanto o funcionamento do ego que o homem se converteria num neurótico ou psicótico.

Energias e Instintos Básicos. As concepções de Jung sobre a energia básica do homem acercam-se mais do que as de Freud do senso comum. Ele considerava a libido uma energia vital e biológica geral, não uma energia que fosse, necessária e predominantemente, de caráter sexual. Enquanto Freud via a energia sexual concentrada em diferentes zonas corporais, durante sucessivas fases diferentes (oral, anal, fálica, latente e genital), Jung considerava, simplesmente, que a energia vital se manifestava na forma que, de momento, fosse a mais importante para o organismo, por exemplo, em relação à alimentação, eliminação e sexo. A concentração inicial da gratificação na zona oral foi explicada pela relação óbvia da zona oral com a alimentação e não por sua relação com as sensações agradáveis (concebidas por Freud como sexuais, no mais amplo sentido da palavra) que decorrem da estimulação oral. Jung não gostava que Freud agrupasse todas as sensações agradáveis sob a designação de sexuais.

Dado que não concebia a energia básica como totalmente sexual, Jung estava livre para reinterpretar as observações analíticas que previamente se supusera representarem impulsos sexuais. O conflito edipal foi reinterpretado, tal como já acontecera com Adler. Como era de se esperar, as funções nutritivas, desta vez, tornaram-se importantes na atitude da criança em relação à mãe. A essas funções sobrepuseram-se sentimentos sexuais, combinando-se estes com aquelas à medida que a criança se desenvolve em seu funcionamento sexual. Certas predisposições inconscientes primitivas conjugaram-se com esses sentimentos para reagir em relação à mãe. Portanto, a relação edipal não se baseia, como Freud pensava, quase exclusivamente na sexualidade.

Jung transferiu quase diretamente os conceitos físicos para seus enunciados sobre a energia psíquica. Acreditava que a energia psíquica era tanto ou mais indestrutível que a energia física. Se a energia é utilizada em alguma função psíquica, o montante disponível para essa função diminuirá, para reaparecer na forma de um aumento da energia disponível para alguma outra função. Se a energia desaparece de algum sistema psíquico, reaparecerá num outro. Este ponto de vista não é muito distinto do de Freud; também este falou do reaparecimento da energia psíquica não utilizada em outras formas, por exemplo, quando a energia sexual é sublimada e usada para a criatividade artística. Jung não acreditava que a soma de energia psíquica disponível permanecesse constante, pois a energia pode ser permutada com o mundo externo através de coisas tais como o trabalho muscular e a ingestão de alimentos. Como a energia pode fluir de um sistema psíquico para outro, tende a deslocar-se dos pontos de energia superior para os pontos de energia inferior. Em resumo, o sistema tende para realizar um estado de equilíbrio, embora essa tendência nunca chegue a ser plenamente realizada. Mesmo que o equilíbrio fosse alcançado, logo seria perturbado pelas permutas entre algum sistema psíquico e o mundo exterior. Por exemplo, se a maior parte da energia disponível se concentrasse no inconsciente pessoal, este tenderia a repartir a energia com outros sistemas, como o ego. Poderia ocorrer então uma permuta com o mundo exterior. O ego aumentaria ainda mais o suprimento de energia e a direção seria agora invertida.

PONTOS DE VISTA SOBRE AS ESTRUTURAS PSÍQUICAS. C. S. Hall e Lindzey (1957, pág. 79) oferecem-nos um excelente resumo da posição de Jung:

> "A personalidade total ou psique, como Jung lhe chamou, consiste num certo número de sistemas distintos mas interatuantes. Os principais são o *ego*, o *inconsciente pessoal* e seus *complexos*, o *inconsciente coletivo* e seus *arquétipos*, a *persona*, a *anima* ou o *animus* e a *sombra*. Além destes sistemas interdependentes, existem ainda as *atitudes* de introversão e extroversão e as *funções* de pensamento, sentimento, sensação e intuição. Finalmente, existe um *eu* que é a personalidade plenamente desenvolvida e plenamente unificada."

O ego de Jung é algo como a concepção que o leigo tem a respeito de si mesmo; é a mente consciente em contato com a realidade e contém as recordações conscientes. É sentido como o centro da identidade e da personalidade. O ego de Jung não é dessemelhante do ego de Freud.

O inconsciente pessoal é a região que fica imediatamente "interior" ao ego. Como está contíguo e em contato com o ego, os materiais podem ser reprimidos do ego para essa região. O inconsciente pessoal equivale a um misto do inconsciente e do pré-consciente freudianos; os conteúdos do inconsciente pessoal são acessíveis à consciência e contêm apenas os materiais que chegaram ao inconsciente como resultado das experiências pessoais do indivíduo e do inconsciente coletivo.

Situado ainda mais profundamente do que o inconsciente pessoal está o inconsciente coletivo. Nessa região obscura e nebulosa estão aquelas coisas que o homem herdou filogeneticamente. Às coisas que são assim herdadas deu-se o nome de *arquétipos;* estes são algo entre símbolos e predisposições para perceber ou atuar de uma certa maneira. Os arquétipos formam-se em conseqüência das experiências universais do homem em sua evolução; assim, Jung aceitou a doutrina da herança de características adquiridas. Como as supostas experiências são universais, os arquétipos também são. Jung descobriu a sua existência em resultado do seu profundo e exaustivo estudo dos mitos e das produções artísticas de diferentes eras e diversas culturas; encontrou certos símbolos que eram comuns a todas elas, apesar do fato de nenhum intercâmbio direto entre tais culturas poder ter jamais ocorrido. Exemplos de arquétipos são o nascimento, a morte, o herói, o filho e Deus.

Quatro arquétipos estão melhor desenvolvidos do que quaisquer outros: a *persona,* a *anima,* o *animus* e a *sombra.* Foram tão bem desenvolvidos que se converteram em sistemas distintos de personalidade. A *persona* é a máscara apresentada por um indivíduo à sua sociedade. É a parte dele próprio que deseja tornar pública e pode ou não servir à função de esconder a personalidade real.

Anima e *animus* representam o reconhecimento por Jung da bissexualidade humana. *Anima* representa a parte feminina do homem e *animus* a parte masculina da mulher. Estes arquétipos desenvolveram-se, como os demais, em resultado de experiências: *anima,* como resultado das experiências do homem com a mulher; e *animus,* como resultado das experiências da mulher com o homem.

A *sombra* consiste na parte do inconsciente que foi herdada dos ancestrais pré-humanos do homem; são os instintos animais. Os impulsos imorais e passionais emanam, em grande parte, da sombra. Quando esses impulsos aparecem na consciência, podem ser expressos ou reprimidos; e, neste último caso, alguns dos materiais do inconsciente pessoal têm sua origem na sombra.

Um quinto arquétipo bem desenvolvido é o mais importante deles todos. Trata-se do *eu.* Jung encontrou esse arquétipo representado em várias culturas por um símbolo a que chamou *mandala* ou *círculo mágico.* Representa os esforços do homem para alcançar a unidade, a totalidade, a integração da personalidade. Nesta conformidade, Jung fez do eu um sistema distinto, modificando a sua anterior concepção do eu como equivalente da psique total. O eu mantém coesos todos os demais sistemas. Bate-se, aparentemente, pela unicidade do indivíduo com o mundo, através das experiências religiosas, assim como pela unidade dos sistemas psíquicos dentro do indivíduo. O eu só pode aparecer se os demais sistemas psíquicos se tornam suficientemente separados para exigir uma integração, o que não ocorre antes do indivíduo atingir uma idade mediana. Uma parte da discordância de Jung com Freud baseou-se nesse "ponto de ruptura" na idade mediana; Jung achava que Freud podia estar essencialmente correto sobre a importância da motivação sexual antes da idade mediana mas acreditava que Freud tinha, simplesmente, ignorado o que acontecia depois desse ponto ter sido ultrapassado, quando o eu já se encontra desenvolvido e o sexo passou a merecer uma consideração subsidiária.

As duas atitudes para com o mundo assinaladas por Jung, extroversão e introversão, conhecem-se melhor do que qualquer outra parte do seu sistema. Na extroversão, a maior parte da atenção do indivíduo é dirigida para o mundo exterior; na introversão, dá-se o caso oposto. Usualmente, o ego e o inconsciente pessoal têm atitudes opostas, visto que ambas as atitudes estão sempre presentes algures na personalidade, em maior ou menor grau; a atitude não-dominante tende, pois, a ser reprimida. Quanto mais forte é a expressão consciente de uma atitude, mais forte é o desenvolvimento inconsciente da outra. Por vezes, uma perturbação permite que a libido vinculada à atitude inconsciente supere a repressão e a atitude dominante é vencida.

Finalmente, temos as funções, qualquer das quais pode ser dominante. As definições junguianas de pensamento, sentimento, sensação e intuição não diferem de seus significados comuns. Jung não pensou que fosse arbitrário fixar em quatro o número de funções; para ele, tratava-se de uma questão de fato. Geralmente, duas funções predominam à custa das outras duas; as últimas desenvolvem-se então no inconsciente, tal como no caso da atitude reprimida. Se um indivíduo é descrito em termos de função e atitude, obtém-se uma espécie de tipologia; assim, um indivíduo perceptivo-intuitivo-introvertido pode ser um profeta ou um monge. Todas as funções e ambas as atitudes são necessárias para uma existência bem sucedida; assim, não existem tipos puros. O indivíduo total harmoniza todos esses fatores. Na medida em que os indivíduos se aproximam dos tipos puros, também se avizinham do patológico.

Contribuição e Avaliação. Jung é especialmente difícil de avaliar. Quando Freud era vivo, Jung e todos os outros analistas estavam na sua sombra. Além disso, foi freqüentemente assinalado que Jung é difícil de compreender; como disse Jones (1957): "Assim, a sua mentalidade tinha o grave defeito de carecer de lucidez. Lembro-me de que, certa vez, encontrei alguém que fora seu condiscípulo na escola e perguntei-lhe como tinha sido Jung em criança. Sua resposta me impressionou: 'Tinha uma mente confusa'. Não era eu, então, a única pessoa que fizera essa observação" (pág. 32).

Se bem que Jones possa ter sido algo tendencioso, por causa da sua amizade com Freud, parece haver uma certa justificação para a sua atitude. Recentemente, um crítico da tradução inglesa das obras publicadas de Jung disse que a afirmação deste a respeito de um de seus livros parecia aplicável a muitos (Jung, 1956): "Foi escrito a toda a velocidade, em meio à pressa da minha prática médica, sem atender ao tempo ou método. Tive de reunir e expor o meu material apressadamente, tal como o encontrei. Não houve oportunidade para deixar meus pensamentos amadurecerem. A coisa surgiu-me, em sua totalidade, como uma avalancha que não pode ser contida" (pág. xxiii). Um livro assim escrito não pode ser fácil para o leitor. Além do problema de estilo, o leitor de língua inglesa teve até 1966 o problema da tradução, quando o último dos dezoito volumes foi traduzido.

Mesmo quando o difícil problema de ler e compreender Jung é superado, muitos outros subsistem. A aversão de Jung pela metodologia científica tradicional torna o seu tipo de persuasão insólito para os psicólogos que preferem lidar com provas estatísticas ou laboratoriais. Se tais provas forem exigidas, Jung pode ser imediatamente posto de lado.

Inclusive, será difícil encontrar qualquer sistema lógico para avaliar, já que Jung não era um sistematizador. Seja qual for o sistema que ele apresente, terá de ser destilado de seus escritos e depois concatenado; Jung não apresentou postulados ou derivações. Neste aspecto, ele faz companhia aos outros analistas.

Entretanto, Jung parece ter crescido de importância em anos recentes. Sobreviveu vinte e dois anos a Freud e suas obras estão sendo publicadas mais freqüentemente em inglês e outros idiomas. Suas idéias são originais e provocantes. A sua concepção do homem fornece um refrescante antídoto para a de Freud. É otimista e coerente com o ponto de vista religioso. Jung interessava-se pessoalmente pelos mitos e religiões, especialmente as religiões orientais. A sua posição permite um lugar confortável e compatível de repouso para os que se sentem empanturrados de abordagens científicas e seus resultados. A psicologia junguiana é uma boa companhia para o existencialista (da moderna variedade). O fato, talvez acidental, de que o interesse por esses assuntos — religião oriental, misticismo, existencialismo — desfruta de um ressurgimento nos últimos anos serviu para reforçar a posição de Jung.

É significativo que o adestramento científico de Jung não tenha sido tão longo nem intenso quanto o de Freud. Assim, Jung pôde, finalmente, aceitar um ponto de vista consistentemente anticientífico. Freud teve de enfrentar muitos e temíveis testes de coragem — a sexualidade infantil e o seu próprio erro em acreditar nas histórias de episódios sexuais dos seus pacientes, por exemplo — mas jamais concebeu a possibilidade de desertar completa e deliberadamente, em face da ciência organizada. Jung desertou. Isto será a sua perda ou a sua salvação. Jung era um erudito e um entusiasta; seus seguidores eram fiéis e sentiam-se profundamente impressionados, logo que o compreendiam em toda a sua extensão. Não nos atreveremos a apostar sobre o que os anos vindouros poderão fazer à popularidade da psicologia de Jung.

Rank e Ferenczi

Estes dois homem podem ser tratados em conjunto porque publicaram juntos e suas deserções de Freud estão, de algum modo, relacionadas entre si. O cisma de Rank foi anterior, mais severo e mais completo do que o de Ferenczi. Se bem que nenhum dos dois tenha alcançado a estatura de Freud, Adler ou Jung, ambos deram significativas contribuições para a teoria ou prática da psicanálise.

Em 1922, Otto Rank (1884-1939) começou apresentando suas idéias sobre o trauma do nascimento. Além disso, ele e Ferenczi colaboraram num livro intitulado *The Development of Psychoanalysis* (1925). O livro defendeu a possibilidade de uma terapia mais breve e provocou consideráveis divergências, mais tarde, entre os analistas. Ainda mais perturbador foi o livro que Rank escreveu sozinho, *The Trauma of Birth* (O Trauma de Nascimento) (1929). No princípio, o próprio Freud reagiu muito positivamente ao livro mas, depois, mostrou uma certa ambivalência. A aversão de Rank por Ernest Jones ainda mais complicou o quadro; ao que parece, Freud não sabia que partido tomar nessas divergências. Uma série de declarações de independência, por parte de Rank, seguidas de declarações de amizade, resultou, finalmente, na completa separação de Rank do movimento analítico ortodoxo e do próprio Freud.

Inicialmente, Ferenczi manisfestou certa hostilidade aos membros do comitê e ficou decepcionado pelo tratamento que lhe era dispensado nos congressos do "partido"; nunca foi eleito presidente por unanimidade de votos dos congressos e viu-se sempre preterido por outras figuras de proa do movimento. Contudo, a sua separação de Freud não foi tão cedo nem tão dramática quanto a de Rank. Simplesmente, afastou-se dos outros analistas, em parte por causa de suas convicções terapêuticas. Houve pouco ou nenhum azedume entre ele e Freud, pelo menos até muito perto da morte de Ferenczi, em 1933; por essa época, a enfermidade física de Ferenczi talvez já estivesse afetando a sua mente (Jones, 1957, pág. 176).

A formação de Rank contribuiu para a psicanálise com uma problemática profissional. Ele tinha ingressado na Sociedade das Quartas-Feiras proveniente de uma escola técnica e foi encorajado a freqüentar a universidade. A sua aplicação da psicanálise aos desenvolvimentos culturais tornou-o caro aos olhos de Freud. Rank fez, por isso, com que Freud se inclinasse em favor dos analistas leigos. Freud nunca se identificara pessoalmente com a profissão médica e não via qualquer necessidade absoluta de se estudar Medicina para se praticar a análise.

A contribuição mais direta de Rank está preponderantemente relacionada com o trauma de nascimento. Num certo sentido, Rank estava levando o interesse de Freud pelos primeiros anos de vida do indivíduo à sua conclusão lógica. Considerou que as neuroses têm sua origem no trauma de nascimento, quando a criança experimenta uma expulsão forçada e dolorosa do conforto do ventre materno para os terrores do mundo. Esse trauma, acreditava Rank, jamais é esquecido. A "angústia de separação" que resulta do trauma de nascimento é básica nos sintomas neuróticos. Também é importante o choque de vontades entre a criança e os pais, que acompanha ulteriormente o processo de crescimento. Assim, a tarefa do terapeuta consiste em aliviar a culpa do paciente a respeito desse choque e a angústia decorrente da separação. Para conseguir que o paciente trabalhe, realmente, durante a terapia e não caia numa excessiva dependência do terapeuta, estabelece-se de antemão uma data definitiva para a separação do terapeuta e do paciente. Portanto, a terapia termina no prazo combinado e o paciente desenvolve, no decorrer da terapia, a capacidade para funcionar sozinho depois desse período.

Há uma circunstância interessante que esclarece a teoria de Rank. Habitualmente, Freud opunha-se a todo e qualquer tratamento estatístico. A única exceção conhecida ocorreu quando Freud decidiu criticar a teoria de Rank; sugeriu ele (Jones, 1957, pág. 68) que Rank jamais deveria ter proposto a sua teoria sem uma prévia avaliação estatística das mentalidades dos indivíduos que tinham nascido de primeiro parto, que tinham sido partos difíceis ou haviam nascido através de operação cesariana.

Sandor Ferenczi (1873-1933) não realizou modificações teóricas tão importantes quanto as de Rank. As suas divergências principais diziam respeito à técnica terapêutica. Compartilhava com Rank da convicção de que nem sempre é necessário desenterrar as origens históricas dos sintomas neuróticos; assim, uma terapia mais breve seria possível. Ferenczi pensava que, na vida da maioria de seus pacientes neuróticos, faltara uma relação afetuosa com a mãe e que cumpria ao terapeuta fornecer esse elemento ausente. Assim, tratava com ternura os seus pacientes, sentando-os em seu colo e beijando-os, por vezes (Jones, 1957, págs. 163-164). Para Freud, isso era abrir a porta a técnicas terapêuticas que poderiam desacreditar por completo a psicanálise e Ferenczi sentiu-se magoado pelas dúvidas do seu mestre. Contudo, não foi dissuadido em sua convicção de que a passagem ao ato *(acting out)* dos problemas inconscientes era o caminho para a saúde mental e continuou usando a sua terapia singular até que a sua saúde se agravou tanto que não pôde continuar a trabalhar.

Assim concluímos a parte puramente expositiva do presente capítulo. Não é, de forma alguma, uma história completa da Psicanálise, nem mesmo até à morte de Freud em 1939; é apenas uma amostra de seus aspectos culminantes. Os desenvolvimentos mais recentes serão apresentados mais adiante mas também o serão de uma forma incompleta. A psicanálise é um movimento orgânico em constante crescimento e modificação de suas partes, de modo que nenhum corte transversal poderá fornecer um quadro realista ou completo. Entretanto, passaremos agora a fazer uma avaliação da seção transversal que apresentamos até aqui.

Em virtude das diferenças entre aqueles sistemas usualmente considerados *psicanalíticos,* não poderemos examinar a Psicanálise como um sistema único. Contudo, existem importantes traços comuns entre esses sistemas amplamente divergentes e tentaremos conservar esses traços em foco ao longo do exame seguinte. Sempre que focalizarmos um ponto que não seja comum a todos os sistemas, seguiremos o sistema de Freud com preferência sobre qualquer dos outros. Mesmo com essas restrições, é preciso forçar um pouco o sistema freudiano para que caiba nos limites dos critérios estabelecidos por um psicólogo acadêmico. Não obstante, as questões suscitadas pelos critérios de McGeoch são importantes para a Psicanálise.

Definição de Psicologia

Se bem que Freud não se enquadre na tradição da psicologia como tal, talvez a Psicanálise fosse, para ele, a única psicologia digna desse nome. Estava interessado em desenvolver uma estrutura sistemática mas não em enunciar definições. Os seus seguidores não diferiram dele nesse aspecto. Numa dada altura, Freud *distinguiu* a psicanálise pelo seu interesse na resistência e na transferência; numa outra altura, declarou que a marca característica de um analista era o seu interesse pelos fatores sexuais. Mas nada disso são definições. Podemos tentar uma definição "desde fora", baseada no que a psicanálise nos parece ser. A psicanálise é aquela disciplina que teve início com o estudo da neurose por meio das técnicas de hipnose, análise de sonhos e livre associação. Ela destacou a importância das condições motivacionais inconscientes. Desde então, ampliou os seus campos e métodos de estudo para incluir a investigação antropológica, os experimentos de laboratório, as técnicas de testes e o estudo das pessoas normais, culturas e documentos culturais. Rapaport esclarece o fato de que a psicanálise não pretende definir a psicologia de um modo que permita à psicanálise abrangê-la (1959, pág. 79):

> Finalmente, nos últimos anos da década de 1930 e nas décadas de 1940 e 1950, a influência da psicanálise e da nova psicologia psicanalítica do ego ampliou-se a toda a psicologia, primeiro através das técnicas projetivas na psicologia clínica, depois na psicologia clínica experimental e, finalmente, na psicologia experimental propriamente dita. Assim, a reivindicação original do caráter abrangente dessa teoria está sendo gradualmente realizada.

Os analistas formularam numerosos pressupostos básicos, os quais devem ser incluídos como uma parte da definição da escola psicanalítica; somente aqueles que aceitam um número mínimo de tais pressupostos são aceitos como analistas. Examinaremos em seguida esses postulados básicos.

Postulados Básicos

Segundo Munroe (1955), praticamente todas as variedades de psicanalistas aceitam quatro pressupostos básicos. Primeiro, a vida psíquica é *determinada*. Segundo, o *inconsciente* desempenha um papel preponderante na determinação do comportamento do homem, que previamente se acreditava obedecer a padrões racionais de determinação. Terceiro, os conceitos explicativos mais importantes são *motivacionais* (isto é, "dinâmicos"). Muitas manifestações diferentes do comportamento podem ser explicadas por meio de um único conceito motivacional subjacente; a ênfase incide sobre a intencionalidade da ação e não sobre as conexões mais mecânicas do tipo E-R. Quarto, a *história* do organismo é de importância extrema na determinação do comportamento contemporâneo.

Além destes quatro postulados primários, os analistas mais ortodoxos aceitam, usualmente, muitos outros, que podem ser resumidos da seguinte maneira. O impulso básico é sexual e tem seus alicerces na biologia do organismo. A manifestação dessa energia biológica primordial é vista nos diversos instintos. Existe um conflito básico entre os instintos de vida e de morte (já vimos que este é um dos postulados de menor aceitação geral). É necessário um modelo estrutural, topográfico, para explicar a atividade inconsciente; as estruturas usualmente aceitas são o id, ego e superego, de Freud. As relações dos pais com a criança pequena explicam as neuroses. O indivíduo passa por diversas fases ou estágios de desenvolvimento libidinal: oral, anal, fálico, latente e genital. Os mecanismos de defesa, sob o controle do ego, protegem o indivíduo dos danos psicológicos. Finalmente, os sonhos, os lapsos de língua, os ditos de espírito e vários erros têm um significado simbólico que está relacionado com o conteúdo sexual reprimido.

Embora tenhamos incluído os pressupostos acima sob a designação genérica de *postulados*, este termo não deve ser interpretado literalmente. Freud era um pensador indutivo, pelo menos, em sua concepção pessoal do processo. Não se via a si próprio formulando postulados mas, tão-somente, informando ou resumindo os resultados de suas observações. A sua reação à afirmação de Janet de que o inconsciente era um modo de falar mostra que Freud não gostava que os seus conceitos fossem interpretados ao nível de postulados. O comportamento de muitos de seus seguidores indica que também eles eram propensos a pensar dessa forma. Isto não é, necessariamente, uma crítica significativa, pois não interessa como os conceitos possam ser encarados, desde que desempenhem um papel útil na teoria.

Natureza dos Dados

Os dados básicos da psicanálise foram coletados na situação terapêutica. São dados provenientes de informações verbais ou da introspecção. O tipo de introspecção é acentuadamente diferente do tipo clássico mas as dificuldades que eivavam o tipo clássico ainda estão presentes, amiúde sob uma forma agravada. Se supusermos que a introspecção psicanalítica dá informações sobre acontecimentos passados, então os estímulos originais para a informação ou depoimento verbal ocorreram meses ou anos antes. Muitas das hipóteses psicanalíticas referem-se a relações entre os acontecimentos da história do paciente e o seu comportamento atual. De fato, alguns críticos (por exemplo, Skinner, 1954a) opinaram que uma das principais contribuições da psicanálise foi a sua ênfase sobre a importância causal dos acontecimentos na vida do indivíduo. Entretanto, esses eventos foram pouco estudados de uma forma direta. Os dados são as produções verbais *presentes* do paciente. O próprio Freud ficou perplexo quando verificou, ao checar as informações dos seus pacientes com os depoimentos de outros membros da família, que muitos dos acontecimentos relatados não podiam ter ocorrido. Decidiu então que não fazia diferença alguma se o acontecimento tinha ocorrido ou não: o fato de que o acontecimento tinha sido fantasiado tornava-o importante para a terapia. Ezriel (1951) argumentou, na base de tal raciocínio, que a análise *não é* um método histórico. Parece-nos que ele tem razão. Na realidade, o analista trabalha em cima da suposição de que os *relatos* sobre o passado são importantes; operacionalmente falando, o analista nada tem a ver com o passado do paciente. Ele estuda a personalidade do indivíduo observando a sua interação com uma outra pessoa (o próprio analista), não através da reconstrução do seu passado. A psicanálise é um método dinâmico e não um método genético, trabalhando mais com os dados contemporâneos do que com os genéticos.

Assim, a relação entre os dados e a teoria psicanalítica está longe de ser clara. Se a teoria se refere aos fatores genéticos, então a maioria dos dados é sumamente discutível. Os acontecimentos passados devem ser *inferidos* da espécie de dados recolhidos atualmente. Lembremos, das críticas à psicologia estrutural, que os psicólogos, de um modo geral, não confiam na memória humana além de alguns segundos, mesmo sob condições estritamente controladas. Se os dados forem reconhecidos por aquilo que são — isto, apropriados a declarações sobre o presente, apenas — então a forma da teoria freudiana exigiria, ao que parece, uma modificação. Este tipo de crítica é, evidentemente, menos adequado para Jung, ou mesmo para Adler, visto que ambos reconheceram mais explicitamente do que Freud a importância do presente, em suas formulações teóricas. Entretanto, mesmo no caso de ambos, muitas das hipóteses são sobre o passado — no caso de Jung, inclusive sobre o passado filogenético, sobre o qual não existem, em absoluto, quaisquer dados acessíveis.

Uma segunda dificuldade surge, necessariamente, da natureza da relação terapêutica. Muitos dos depoimentos apresentados pelo paciente devem ser mantidos no mais rigoroso sigilo. O analista tem que desempenhar, durante uma sessão analítica, o papel de terapeuta; e só depois da sessão terminar é que poderá assumir o papel desprendido de um cientista. Pode esquecer ou selecionar somente os dados confirmatórios. O que o paciente diz pode ser influenciado por declarações prévias do analista. O próprio Freud ensinou aos seus pacientes alguma teoria analítica, no processo terapêutico, embora não o fizesse tão extensamente nos últimos anos; as sugestões podem, assim, ter inclinado os pacientes a fazer aquelas declarações que seriam confirmatórias da teoria. O resultado líquido é que os dados não são, geralmente, acessíveis, nem mesmo para o público científico. Por conseguinte, os cientistas em geral não podem avaliar a qualidade desses dados. A confirmação por um paciente de que uma análise de algumas de suas produções (por exemplo, um sonho) é correta, tem escasso valor científico. O próprio paciente, em certa medida, participa da interpretação e o seu acordo ou verificação pode ser um resultado da sugestão não-intencional do analista de que a interpretação é correta. Não há uma fonte exterior que possa confirmar ou negar a correção da análise.

Poder-se-ia desejar ignorar a necessidade de tais dados e exigir somente dados sobre o êxito da terapia. Contudo, até os dados sobre o êxito terapêutico raramente estão disponíveis, em qualquer quantidade apreciável. É claro que existe uma grande abundância de relatórios sobre pacientes que melhoraram mas há poucos estudos realizados com grupos de controle, iguais em outros aspectos, e aos quais se administre algum outro tipo de terapia ou nenhuma. Cada analista vê poucos pacientes, mesmo durante uma vida inteira no exercício da profissão terapêutica, de modo que é difícil obter uma grande amostragem. Mesmo que se pudesse contar com tais grupos de controle e tais amostras, seria extremamente difícil demonstrar que a aplicação da teoria, por cada analista, foi correta ou que fatores estranhos não contribuíram para o resultado final. Tudo considerado, é muito difícil demonstrar uma estreita relação lógica entre a teoria e o resultado terapêutico. Uma situação terapêutica não parece ser o lugar ideal para provar uma teoria científica.

Não obstante, num ano, Dittmann (1966) encontrou cinco estudos de resultados terapêuticos (usualmente, não relacionados com a terapia psicanalítica). O estudo crítico de Dittmann não pode ser usado para apoiar quaisquer enunciados sobre a teoria ou terapia psicanalítica mas fornece alguns exemplos ilustrativos das armadilhas envolvidas em tal pesquisa. Um desses estudos é particularmente instrutivo (Nash, Frank, Imber e Stone, 1964). Estes quatro investigadores descobriram, segundo Dittmann, "um enorme efeito do tratamento inicial, um efeito que começou antes de ser administrada qualquer terapia e que parecia não ter relação alguma com o tipo de tratamento, fosse medicação ativa ou passiva". Quando efeitos como esses são predominantes, não surpreende que os terapeutas melhor intencionados superestimem a eficácia de seu próprio trabalho.

Dados observacionais provieram de outras situações. Kardiner (1939), Mead (1950) e Malinowski (1950) reuniram dados importantes por eles coletados em sociedades primitivas. Esses dados corroboraram, por vezes, o sistema e, outras vezes, acarretaram a necessidade de sua modificação; por exemplo, esses dados não confirmaram a suposta universalidade do Complexo de Édipo (Toulmin, 1948).

Hilgard (1952), entre outros psicólogos, informou sobre dados obtidos de sujeitos humanos, em situações de laboratório ou de sala de aula. Esses dados são necessariamente fragmentados. Referem-se a parcelas isoladas da teoria psicanalítica, tão rigorosamente controlados quanto um estudo dessa natureza deve ser, na fase atual. Ainda carecemos, entretanto, de um estudo longitudinal laboriosamente detalhado, o qual seria imprescindível para corroborar, de um modo sólido, os pressupostos genéticos psicanalíticos. Pumpian-Mindlin (1952) é um representante típico dos que acham necessário a criação de um instituto psicanalítico que realize tal pesquisa.

Sears (1943) efetuou uma recapitulação crítica das pesquisas anteriores a 1942 que tentaram verificar os conceitos psicanalíticos. Muitos desses estudos foram feitos com animais e um número desproporcionalmente grande consistiu em testes de fixação ou regressão. Horwitz (1963) sublinhou que os psicanalistas se mostram, na maioria dos casos, sublimemente desinteressados em tais experimentos. Com demasiada freqüência, as hipóteses investigadas são triviais ou o investigador experimental não se deu ao trabalho de obter mais do que um conhecimento superficial da teoria que está tentando testar. Em tais condições, a atitude do psicanalista é certamente compreensível. Não obstante, os experimentos são relativamente bem controlados e indicam uma salutar preocupação com a aceitabilidade científica dos conceitos testados. O excessivo interesse por conceitos limitados indica, provavelmente, uma fraqueza da teoria; a maioria dos enunciados analíticos é demasiado genérica ou demasiado ambígua para permitir um teste fácil. Na maior parte dos casos, não é possível testar as previsões baseadas em derivações de numerosos postulados, visto que nunca há um enunciado quantitativo e raramente existe sequer um enunciado qualitativo sobre a importância dos numerosos fatores possíveis que poderiam influir num resultado comportamental. Assim, os tipos de dados e sua importância para a teoria analítica são parcialmente limitados pela condição da própria teoria.

Posição Mente-Corpo

Freud foi um moderno neste aspecto; nunca se interessou muito pelo problema. Jones (1953, pág. 367) disse que podiam ser citadas passagens de Freud que o colocariam em qualquer das muitas posições filosóficas sobre o problema mente-corpo; o próprio Freud se declarou um "paralelista psicofísico". Sustentou que os processos psíquicos não podem ocorrer na ausência de processos fisiológicos e que estes últimos precedem os primeiros. Atribuiu, assim, uma certa prioridade ao material, uma prioridade que talvez remonte aos seus tempos de estudante, quando abraçou um materialismo radical.

Princípios de Conexão

Como os psicanalistas estão fora da psicologia acadêmica, é desnecessário, para eles, começarem com o problema da conexão, como tal. Entretanto, o seu método básico é o método de livre associação; e é lícito perguntar como acontece que as associações se ligam de uma tal maneira que proporcionam, como Freud disse a respeito do sonho, uma "estrada real para o inconsciente". Os princípios de conexão são de numerosos tipos.

Em primeiro lugar, temos os princípios clássicos de contigüidade, semelhança e oposição. Os elementos que foram contíguos entre si nas experiências de um indivíduo tendem, depois, a ligar-se numa seqüência associativa. Os elementos que são semelhantes ou opostos num indivíduo também podem ser evocados ou substituídos reciprocamente. Embora a aceitação desses princípios clássicos possibilite uma rudimentar teoria de aprendizagem, Rapaport diz, explicitamente (1959): "Se quisermos destacar uma limitação notável à pretensão dessa teoria a ser abrangente, então deveremos escolher a sua falta de uma teoria específica de aprendizagem" (pág. 79).

Os mais importantes princípios de conexão são aqueles que se relacionam com fatores motivacionais. Numa associação, a semelhança ou oposição pode ser em termos de motivo ou sentimento, em vez de estímulos objetivos. Um reconhecimento deste fato habilita o analista a reconhecer conexões que não são evidentes ao psicólogo acadêmico. A determinação de associações por esses fatores também explica por que as "livres" associações do paciente envolvem material importante para os seus problemas básicos; esses problemas suscitam motivos que, por seu turno, controlam as associações.

Para explicar completamente por que certos sintomas decorrem dos seus problemas e por que certos conteúdos manifestos surgem, nos sonhos, de seus conteúdos latentes, outros e ainda mais complexos princípios são necessários. Referimo-nos aos princípios especiais do simbolismo, que já mencionamos antes: distorção, deslocamento e condensação constituem tais princípios. Finalmente, temos os chamados mecanismos de defesa do ego — racionalização, projeção etc. — que explicam as conexões entre certos comportamentos manifestos e suas bases motivacionais. A complexidade desses princípios de simbolismo e defesa é tal que têm sido objeto de extensas investigações psicanalíticas.

Princípios de Seleção

A motivação fornece também a chave para a seleção, tanto quanto para a conexão; parece que, na maioria dos sistemas, os princípios tendem a ser, simplesmente, o anverso uns dos outros. Os analistas enfatizaram a seletividade exercida no movimento do material, desde o pré-consciente ou o inconsciente para a consciência, muito mais do que a seleção de estímulos no meio circundante. A seleção de uma idéia ou recordação depende do equilíbrio dinâmico entre as forças repressoras e aquelas forças instintivas que se esforçam pela expressão do material reprimido. A repressão atua seletivamente para remover o material da consciência; e as resistências atuam para controlar os materiais emocionalmente carregados. A tarefa do analista consiste em redistribuir a energia libidinal disponível, para que as forças repressoras do ego e do superego sejam atenuadas, em relação às forças expressivas. Com freqüência, a libido vinculada ao material reprimido é tão poderosa que força a sua própria seleção para passar ao ato (*acting out*) sob uma força disfarçada; por exemplo, a hostilidade reprimida pode se expressar através de sua projeção em outras pessoas, às quais acusa então de serem hostis. O ego está continuamente selecionando apropriados materiais reprimidos para tal expressão simbólica. Os princípios de conexão também estão envolvidos na seleção; o ego deve *selecionar*, de acordo com os princípios de *conexão*, os símbolos que se fizerem necessários para dar largas aos impulsos reprimidos.

Vemos, por estes exemplos, que uma parte considerável da contribuição de Freud foi o desenvolvimento pormenorizado dos princípios de conexão e seleção, em casos que previamente tinham sido considerados arbitrários e desregrados. Ampliou esses princípios ao inconsciente, onde leis diferentes são requeridas; e essa ampliação constitui o próprio cerne do seu sistema.

Recentemente, pesquisas envolvendo o chamado *new look* em percepção interessaram-se pelos efeitos da motivação sobre a percepção de estímulos objetivos. Tal percepção seletiva foi demonstrada em laboratório e representa uma extensão da espécie de pensamento que é típico da psicanálise. Embora a interpretação dada aos experimentos esteja em dúvida (por exemplo, Goldiamond, 1958), o certo é que, no contexto perceptual, estão sendo hoje estudadas variáveis que antes se consideravam inadequadas. Um exemplo dos resultados observados é a descoberta de que se requer mais tempo para a percepção de uma palavra que suscita sentimentos de culpa do que para a percepção de uma palavra neutra. A interpretação analítica diria que um mecanismo de defesa do ego está em ação e tende a reprimir essa percepção.

CRÍTICAS À PSICANÁLISE

Imoralidade

Os públicos leigo e religioso foram muito severos para com Freud e a psicanálise, por causa da sua alegada irreligiosidade, amoralidade e ênfase sexual. Foi dito que Freud insultou e profanou a religião e a infância. Pessoalmente, Freud não era religioso e procurou explicar a religiosidade em termos naturais e científicos. Também é verdade que ampliou o conceito de sexualidade à infância e defendeu a adoção de atitudes menos repressoras em relação ao sexo; era, por exemplo, favorável a uma educação sexual de um tipo realista.

Independentemente dos sentimentos pessoais de Freud ou do que ele tinha dito sobre esses assuntos, os argumentos contra ele empregados são inteiramente irrelevantes e nada têm a ver com a verdade ou falsidade de qualquer hipótese científica. Se alguém considerar que os pronunciamentos de Freud sobre esses assuntos são mais filosóficos do que científicos, então a sua rejeição pode ser feita em termos de valor mas não em termos de verdade. Assim, se a um leitor desagradar o pessimismo de Freud como fliosofia de vida, poderá rejeitá-lo e escolher uma perspectiva mais otimista. A sua aceitação ou refutação, porém, nada terá a ver com a ciência.

Origens

Muitos críticos assinalaram as relações existentes entre a personalidade ou os antecedentes de Freud e a teoria por ele desenvolvida. Por exemplo, alguns podem interpretar o livro de Bakan (1958) como uma denúncia de psicanálise, visto que aponta, de um modo claro e erudito, as relações entre o misticismo judaico e a psicanálise, realizando excursos pelos sentimentos messiânicos de Freud e suas implicações para a teoria. Não é raro ver o papel edipal da análise explicado mediante as relações do próprio Freud com a sua jovem mãe ou ver a sua tendência para opor-se às concepções tradicionais como uma reação ao fato de pertencer à minoria judaica.

Essas críticas também são fundamentalmente irrelevantes. Entretanto, a psicanálise tem estado mais sujeita a semelhantes críticas do que as disciplinas melhor estabelecidas. Já vimos que os seus dados não têm a qualidade de convicção que é típica dos dados mais científicos. Portanto, se um crítico explica uma parte da psicanálise recorrendo ao misticismo, incumbe ao defensor da psicanálise mostrar que essa parte da teoria assenta em bases mais firmes de dados cientificamente aceitáveis.

Teoria

Nenhum dos sistemas até agora discutidos neste livro apresentou algo que se aproxime de uma teoria adequada, no sentido de Bergmann (ver Capítulo 3), que é, essencialmente, o sentido em que temos empregado a palavra. A psicanálise não constitui exceção. Só numa acepção extremamente ampla da palavra poderá existir uma teoria psicanalítica. Existe um grande número de generalizações empíricas e algumas partes constituem um modelo rudimentar. Walker (1957) descreveu muito claramente a natureza do inconsciente como um modelo científico. Freud considerava-se apenas um principiante e afirmava que o seu sistema era apenas um começo. Talvez a analogia entre a psicanálise e a frenologia não seja tão injusta (ver Dallenbach, 1955) quanto parece à primeira vista; ambas as disciplinas deram importantes passos iniciais no sentido das ciências e Bakan (1968), recentemente, defendeu a virtude da frenologia, pelo que não vemos a necessidade de alguém ficar ofendido por uma analogia entre a psicanálise e essa dama científica de duvidosa reputação.

Como nenhuma teoria psicológica, seja qual for o seu âmbito, é completamente satisfatória, a única interrogação razoável que pode ser formulada é se uma determinada teoria tem possibilidades de *vir a ser* uma boa teoria. Rapaport (1959) expressou pessimismo a tal respeito, duvidando de que a teoria possa ser confirmada alguma vez, gerando e testando previsões. Horwitz (1963) é mais otimista e não vê por que razão isso não possa ser feito, finalmente. Uma explicação devastadora, se for confirmada, foi dada por Ford e Urban (1967) numa crítica ao movimento psicanalítico:

> Do mesmo modo, embora 30 a 40 artigos e livros psicanalíticos tenham sido examinados, não lhes conferimos aqui qualquer destaque. O nosso exame dessa literatura dá uma forte impressão de que pouco ou nenhum desenvolvimento substantivo está em marcha... Existe pouca novidade substantiva em todos esses escritos e é bem provável que só tenham algum interesse para os seguidores do ponto de vista neles representado... Esses livros, a literatura psicanalítica deste ano, e a nossa leitura dessa literatura durante os últimos três ou quatro anos, levaram-nos à conclusão de que o movimento psicanalítico está vazio de todo o gás inovador. Os principais avanços teóricos e técnicos, no futuro, virão de outras orientações, provavelmente, embora as contribuições teóricas do passado continuem sendo influentes.

Em vista destas considerações, não é surpresa que não exista, realmente, algo a que se possa chamar uma teoria psicanalítica. Se alguém quisesse testar a teoria psicanalítica, ficaria sem saber onde encontrá-la. Presumivelmente, a teoria existe nas obras completas de Freud ou, talvez, em intérpretes como Fenichel (1945), mas em parte nenhuma se enuncia claramente quais são os postulados, quais são os teoremas, quais são as relações que têm entre si, quais são os valores quantitativos que devem ser atribuídos; em resumo, falta toda a parafernália que está associada, usualmente, a uma teoria científica. Os dados acumulados até agora relacionam-se com generalizações empíricas, não com deduções de qualquer teoria.

Existem numerosas razões pelas quais o observador casual pode ser erroneamente levado a pensar que existe alguma teoria. Em primeiro lugar, os analistas formularam um grande número de enunciados sobre questões de fato. Quem está de fora poderá acreditar que esses enunciados, alguns dos quais talvez sejam corretos, derivaram de alguma teoria. Ora, a verdade é que eles foram derivados, geralmente, da observação; trata-se de enunciados descritivos ou de generalizações feitas a partir destes. Uma segunda razão é que os analistas se mostraram dispostos a explicar toda a sorte de comportamentos possíveis e imagináveis: sonhos, esquecimentos, sintomas e a gênese de determinadas neuroses. Como existe uma linguagem e um conjunto de enunciados acessíveis ao observador para explicar tais ocorrências, de outra forma inexplicáveis, ele poderá ser levado a crer na existência de uma teoria científica. A lamentável verdade, porém, é que *os enunciados dos analistas são tão genéricos que podem explicar qualquer comportamento que ocorra.* Uma autêntica explicação científica não pode fazer tal coisa; ela deve prever um comportamento, com exclusão de todos os outros comportamentos. Caso contrário, a teoria é empiricamente vazia e, com efeito, está dizendo: "Tudo pode acontecer."

Como é usual em sistemas como a psicanálise, as confirmações empíricas devem se aplicar a enunciados limitados e confirmáveis e não à própria teoria. Entretanto, Skinner (Hall, 1967) afirmou: "Não podemos esperar que um freudiano diga, sim, reconheço que a única contribuição de Freud foi a demonstração de algumas relações causais incomuns entre a experiência pretérita e o comportamento atual. Ele adora... as várias geografias da mente e todo esse negócio" (pág. 69).

Farrell (1951) forneceu uma lista de proposições que, nessa época, pareciam confirmadas: que as crianças pequenas obtêm prazer através da estimulação oral ou genital; que a masturbação manual é mais freqüente entre os rapazes em idade pré-escolar do que entre as meninas dessa idade; e que os jogos pré-genitais são muito freqüentes entre crianças. Outras proposições foram consideradas não confirmadas: que as meninas pequenas têm inveja de pênis e desejam ser rapazes, que todas as crianças manifestam atração e apego sexual pelos pais do sexo oposto e ciúme sexual pelos pais do mesmo sexo. Uma terceira classe de proposições é considerada incomprovada ou incomprovável, como a hipótese sobre a natureza substituível das zonas erógenas.

Quer se concorde ou não com a classificação de Farrell sobre essas proposições, o seu procedimento ilustra, pelo menos, a natureza necessariamente fragmentária do processo de confirmação. É irrealista esperar qualquer confirmação ou refutação cabal da teoria, no momento presente. Devemos concordar com Farrell em que "a teoria psicanalítica, como teoria, é incrivelmente ruim". Embora isto seja válido para a maioria das teorias psicológicas, os analistas parecem estar menos preocupados com esse indesejável estado de coisas do que a maioria dos psicólogos acadêmicos. Dissemos antes que, quase sempre, as teorias não se rejeitam porque sejam erradas mas porque são melhoradas e substituídas por outras teorias superiores. Kuhn (1962) defende o mesmo ponto de vista em seu estudo das revoluções científicas. Walker (1957) afirma que a psicanálise preenche a necessidade de um modelo que "irá a qualquer parte, fará qualquer coisa e será bom para lidar com pessoas" (pág. 122). Horwitz (1963) diz, dentro do mesmo espírito, que existe nos clínicos o sentimentos implícito de que "a psicanálise não é a melhor teoria do comportamento humano; é a *única* teoria" (pág. 429).

Mesmo que fosse esse o caso — e acreditamos que começa a haver motivos para duvidar disso — estamos dispostos a argumentar que já é tempo de pôr de lado a tradição e pararmos de nos preocupar seriamente com a teoria psicanalítica, *mesmo que nada exista para substituí-la*. A uma camponesa foi certa vez ouvido comentar, depois que seu bebê morreu afogado numa poça de lama em que tinha caído, que seria mais fácil arranjar um novo do que limpar o antigo. Talvez seja este o caso da psicanálise. Se bem que Freud fosse, indubitavelmente, um gênio e tivesse dado contribuições de imensa importância, ele não deixou, realmente, uma teoria nem nos legou algo suficientemente parecido com uma teoria para que o homem mortal possa fazê-la funcionar. Já é tempo, acreditamos nós, de fazer uma revisão geral no porão intelectual que é a psicanálise, guardando apenas uma ou outra rara pérola ocasional que possa ser validada pelos métodos atuais da ciência e voltando a fechar por mais 100 anos, quando talvez se tornem valiosas, as poeirentas cartas de amor que não são, realmente, bem entendidas por muita gente da nossa geração.

Críticas aos Resultados Terapêuticos

Toulmin (1948) disse que "... se uma explicação analítica plenamente desenvolvida não faz parte de uma cura bem sucedida, não a consideramos uma explicação 'correta'; o fracasso terapêutico é tão fatal para uma explicação psicanalítica quanto o é o fracasso preditivo para uma explicação física" (pág. 29). Devemos discordar de Toulmin neste ponto. Uma explicação analítica pode ser correta mas o curso da doença talvez seja irreversível porque o analista nem sempre tem sob o seu controle as variáveis independentes cuja manipulação permitiria a cura.

Um desafio bastante análogo seria pedir a um físico que mudasse a órbita de Marte e recusar depois a sua explicação das leis dos movimentos dos corpos celestes, no caso de não ser capaz de atender ao nosso pedido. Portanto, a falta de resultados terapêuticos favoráveis pode servir de base para criticar a viabilidade ou utilidade da terapia mas não pode constituir uma base para criticar a teoria. Só seria válido criticar a teoria, na base dos resultados terapêuticos, se fosse possível demonstrar que a teoria era aplicável ao caso e foi-lhe aplicada perfeitamente; e, segundo, que o terapeuta estava capacitado para manipular todas as circunstâncias como melhor lhe agradasse. Já sublinhamos que existem poucos dados controlados sobre os resultados terapêuticos; podemos agora acrescentar que uma dificuldade para obter esses dados é que não existem critérios científicos adequados e acessíveis para avaliar as melhoras obtidas. Pode ser usado o juízo subjetivo do paciente, do analista ou dos parentes mas tudo isto é passível de sérias dúvidas.

É interessante assinalar que os órgãos reguladores não tratam a psicoterapia da mesma forma que tratam a farmacoterapia. Se uma determinada droga não for comprovadamente eficaz, o governo, através da *Food and Drug Administration,* intervém e suspende a sua venda ou restringe a sua publicidade. São exigidos testes rigorosos para demonstrar que o tratamento não tem efeitos perniciosos. A psicoterapia opera sem tais restrições e o terapeuta nem precisa ser registrado, em alguns Estados. Até que provas mais adequadas sejam reunidas, a terapia psicanalítica, em particular, constitui um anacronismo vulnerável, dispendioso e mal defendido.

Falta de Controle

De uma certa forma, esta crítica já foi encontrada em todas as outras críticas. Constitui, por assim dizer, o fulcro de todas elas. Como dissemos antes (ver Capítulo 1), o controle de que estamos aqui falando não é o controle de que um físico precisaria se desejasse alterar a órbita de Marte; referimo-nos, outrossim, ao controle das variáveis que o habilitariam a dizer que fatores estavam em ação em qualquer observação dada. Ao analista falta esse tipo de controle. Não pode isolar, uma por uma, as possíveis influências que atuam sobre um paciente mas deve tentar destrinçar as relações da complexa matriz da vida, tal como o paciente a vive. Não pode ter a certeza de que as descrições do passado, ou mesmo do presente, são adequadas ou exatas. Não pode retroceder e apurar o que teria acontecido se os acontecimentos tivessem mudado, de algum modo; não pode comprovar o efeito de alguma manipulação isolada sobre o comportamento futuro do paciente, pois não há como isolar as pessoas de uma multidão de outras influências. Não admira que tenha sido dito que a situação é incontrolada!

Uma resposta comum a esta crítica é que os analistas procedem mediante uma *validação clínica.* Isto parece significar que as sucessivas confirmações de uma previsão teórica, levadas a cabo num contexto clínico, constituem demonstrações aceitáveis da exatidão dos princípios envolvidos. Um tal argumento é basicamente infundado. Teríamos de saber que explicações alternativas são possíveis e essas alternativas teriam de ser eliminadas por meio de adequadas mudanças controladas na situação. Caso contrário, apesar de uma quantidade infinita de validações clínicas, é sempre possível que os resultados coerentes com as previsões teóricas obedeçam aos mesmos artifícios não reconhecidos. Na realidade, é extremamente improvável que a validação clínica chegue a ser, alguma vez, sistemática e cuidadosa, mesmo nas circunstâncias que retratamos aqui; é difícil imaginar que um clínico encontre casos suficientes e apropriados a alguma previsão que lhe permitam repetir, teste após teste, alguma boa e clara hipótese, operacionalmente definida.

Não é fácil sugerir métodos aperfeiçoados para testar as proposições psicanalíticas. Isto deve-se, claramente, ao estado da teoria. Um passo necessário, envolvendo uma soma gigantesca de trabalho e argúcia, é melhorar a definição de termos e a formalização da teoria. Portanto, uma medida preliminar seria tentar definir, operacionalmente, os termos que ocorrem nas proposições isoladas, para que estas sejam mais experimentalmente testáveis. Mullahy (1948, págs. 316 e segs.) deu numerosos exemplos da necessidade de elucidação e eliminação de contradições. Já indicamos a nossa opinião de que o esforço requerido seria em pura perda.

É provável, entretanto, que existam muitos dispostos a realizar esse esforço. Para esses, sugeriremos a direção que a confirmação — ou tentativa de confirmação — da teoria deve tomar.

Existem numerosos níveis de observações comportamentais e concomitantes universos de discurso envolvidos na teoria analítica e sua comprovação. A maioria das observações ortodoxas refere-se a materiais verbais. Neste nível de observação, as investigações poderiam ser melhoradas pelo uso de medidas mais objetivas do comportamento verbal do sujeito, por exemplo, recorrendo a testes psicológicos de vários tipos. Stephenson (1953) desenvolveu uma técnica, a "seleção Q" *(Q sort),* que é um compromisso entre a usual situação analítica completamente livre e o tipo mais estritamente objetivo de teste de personalidade, e mostrou como a técnica pode ser empregada para testar proposições analíticas. Essa técnica tem a vantagem de lidar, de um modo quantitativo, com algumas dimensões de atitudes que estão relacionadas com a teoria psicanalítica.

Um segundo nível em que as proposições analíticas podem ser investigadas é o do comportamento da vida cotidiana. Os assistentes sociais podem realizar observações sobre as características da vida real do indivíduo e relacionar essas observações com os eventos na terapia. Esses dados ultrapassam o que está usualmente à disposição do analista. Já sugerimos que também são necessárias as observações comportamentais não relacionadas com a terapia; embora Freud opinasse que a melhor maneira de adquirir informações sobre o aparelho psíquico era o estudo dos casos em que se verificava o seu malfuncionamento, também precisamos de mais informações sobre os eventos genéticos na vida de pessoas normais.

Num terceiro nível de investigação, os estudos na própria situação terapêutica podem ser melhorados em função tanto de controle como de sofisticação da abordagem. Horwitz relata o seguinte sobre alguns desses mais engenhosos e cuidadosos estudos (1963, pág. 431):

> A situação de tratamento, que há muito é sujeito de estudos positivos, está se tornando agora o foco de estudos preditivos. Bellak e Smith (1956) relataram um estudo meticulosamente controlado de previsões a curto prazo, respeitantes aos desenvolvimentos esperados no tratamento analítico de pacientes cujas horas precedentes haviam sido cuidadosamente estudadas por um grupo de analistas-preditores que não estavam tratando do paciente. Robbins e Wallerstein (1956, 1958, 1960) iniciaram um estudo de longo alcance tanto do processo como do resultado, em que um método básico é a formulação de previsões, antes do início do tratamento. Uma característica fundamental dessa investigação é a formulação da base teórica para cada previsão, num esforço para validar e ampliar a teoria psicanalítica.

Um quarto nível em que as proposições necessitam de estudo mais detalhado é o nível plenamente experimental, em que são alcançados a abstração e o controle científicos totais. Embora muitas pessoas analiticamente inclinadas duvidem da possibilidade de testar as proposições dessa forma, nunca poderemos ter a certeza se não tentarmos. Poderíamos até perguntar se os que fazem tais objeções duvidam da possibilidade ou temem o resultado. Além disso, essas investigações seriam valiosas *per se,* independentemente de sua influência sobre as proposições psicanalíticas. Seria deveras surpreendente se qualquer investigação produzisse resultados perfeitamente compatíveis com as especulações originais que a instigaram. Se isso acontecesse, geralmente, a experimentação tornar-se-ia desnecessária.

Dogmatismo e Culto

Este ponto já foi abordado em outros contextos; por exemplo, vimos em que sentido Freud era dogmático e em que sentido não o era. Já travamos conhecimento com o "comitê", composto de homens a quem poderíamos quase chamar "os discípulos"; Eitingon, por exemplo, fez sempre uma peregrinação para ver Freud no dia de seu aniversário. Há outros indícios que sugerem a existência do culto: "Só os analisados podem analisar", como se cada um tivesse de passar por uma iniciação pessoal, através de uma prova de fogo, antes de ir pelo mundo espalhando o Verbo.

Uma dada interpretação psicanalítica de um caso particular é freqüentemente aceita sem discussão pelo seu proponente; as opiniões alternativas não são, simplesmente, alimentadas. Finalmente, a adesão a um ponto de vista sistemático único combina-se, freqüentemente, com um fervor emocional que raramente é encontrado nos círculos científicos.

Estas características indicam por que motivo a psicanálise, vista de fora, parece uma religião, tanto quanto uma ciência. Repetimos, este argumento nada tem a ver, logicamente, com o valor da teoria ou da terapia; mas tem muito a ver com a aceitação da teoria pelos cientistas, os quais sempre foram da opinião de que a ciência não é um culto. A concordância com um evangelho ou com as avaliações subjetivas das pessoas não deveria ter coisa alguma a ver com a avaliação de proposições científicas e, por vezes, a psicanálise parece ter usado aqueles critérios.

Uma interessante forma de dogmatismo é a crítica pelos psicanalistas aos detratores da psicanálise. Se um crítico se recusa a aceitar algum aspecto da psicanálise, decreta-se que ele está manifestando uma resistência. Podemos encontrar esse dogmatismo inerente no próprio Freud. Quando desejou mostrar por que Adler estava errado, disse (Freud, 1938): "Portanto, utilizarei a análise somente para mostrar como esses desvios da análise puderam ter lugar entre os próprios analistas" (pág. 964). Sem dúvida, Adler analisou, por sua vez, a Freud, a fim de mostrar por que é que Freud tinha resistido às novas idéias.

CONTRIBUIÇÕES DA PSICANÁLISE

A psicanálise encontra-se na posição paradoxal de ser freqüentemente rejeitada como um sistema científico, ao mesmo tempo que é aceita por suas notáveis contribuições para a ciência. Freud é mais amiúde considerado um pioneiro, um pré-cientista, do que um cientista; apelidou-se a si mesmo um "conquistador". Seja como for que lhe chamemos, ele é reconhecido, mesmo pelos seus adversários, como um grande homem e talvez o maior gênio da psicologia. Deu contribuições para muitos campos. Vejamos algumas das suas contribuições no campo da psicologia.

Estimulou o pensamento e a observação em muitas áreas, até então negligenciadas, da psicologia: o significado dos fatores inconscientes na determinação do comportamento; a importância geral do sexo no comportamento normal e anormal; a importância do conflito, da infância, do irracional e do emocional. Pessoalmente, Freud realizou argutas observações durante uma longa vida de trabalho incansável e cotidiano e contribuiu com hipóteses ou fatos — não podemos dizer ainda quais são o que — sobre vastas áreas do comportamento humano.

Desenvolveu explicações altamente provocantes e audaciosas para tipos de comportamento que eram previamente considerados fora do âmbito da explicação científica, como os erros e os sonhos. O fato de que essas áreas são examinadas e essas explicações desenvolvidas por um trabalhador sério teria sido, por si só, uma importante contribuição, independentemente da eventual correção ou mesmo da utilidade das explicações propostas. Um campo de estudo foi inaugurado, o qual estava virgem para todos os fins práticos quando Freud o abordou e começou a desvendá-lo.

Mesmo na técnica e na metodologia, onde a psicanálise tão freqüentemente insatisfaz os critérios científicos tradicionais, Freud deu suas contribuições ou reforçou teses defendidas por outros. O seu desenvolvimento das técnicas de livre associação e de análise de sonhos, para o estudo dos processos inconscientes, foi comparado à invenção do microscópio para estudar os processos celulares. Igualmente importante, a sua ênfase sobre o estudo dos processos inconscientes precedeu e reforçou a tese behaviorista e gestaltista de que os métodos tradicionais de introspecção eram totalmente inadequados para o desenvolvimento de uma completa ciência do homem. Poder-se-ia argumentar que Freud enunciou, incidentalmente, o que viria a ser uma tese central do behaviorismo. Neste sentido, a psicanálise constituiu a fonte de um grande otimismo; a psicologia é hoje vista como uma disciplina que certamente se converterá numa ciência plenamente desenvolvida e capaz de produzir toda e qualquer técnica que se faça necessária. Sem Freud, essa convicção poderia ter tido um crescimento mais lento.

A psicanálise contribuiu imenso para a observação empírica. A literatura psicanalítica oferece-nos, como nenhuma outra fonte, estudos intensivos de casos individuais. O próprio Freud publicou apenas quatro históricos de seus pacientes, mas outros psicanalistas deram muito mais numerosas contribuições e a destilação de tais observações aparece, presumivelmente, de uma forma indireta, nas proposições analíticas. C. S. Hall e Lindzey (1957) acreditam que o emprego, por Freud, da congruência interna como método para testar hipóteses, foi uma das suas mais importantes contribuições para a estratégia da pesquisa. Tal como se aplica na psicanálise, a congruência interna refere-se à verificação e reverificação de uma determinada hipótese por meio de uma grande variedade de diferentes indicadores; a homogeneidade dos resultados é interpretada como corroboração da hipótese, acontecendo algo parecido como ao avaliar-se um teste em função da correlação positiva entre os itens distintos. A congruência interna só se torna importante como uma estratégia de pesquisa quando existem dados numerosos sobre um único caso. Possibilita uma espécie de idoneidade que, de outra forma, não seria facilmente obtida.

Uma outra contribuição não pode ser facilmente pesada numa balança científica: a psicanálise contribuiu para a popularidade da psicologia e da psiquiatria no público leigo. O homem comum tem palavras analíticas e noções de todas as escolas em seu repertório, e usa alguns modos analíticos de pensamento a respeito do comportamento dos outros — e, talvez, ocasionalmente, a respeito da sua própria conduta. Assim, a psicanálise revelou a importância da psicologia ao público leigo de uma forma que os outros sistemas não fizeram. Talvez o dinheiro e talento sejam hoje mais fáceis de recrutar para as ciências da Psicologia por causa das contribuições psicanalíticas.

A psicanálise apresenta explicações do comportamento normal e neurótico numa linguagem e num nível que as pessoas são propensas a acreditar que entendem. Para melhor ou pior, ocupa-se de situações práticas, de uma maneira excitante e provocante. O seu método e a sua teoria contrastam, acentuadamente, com o lento, exaustivo e penoso programa que caracteriza a maior parte da pesquisa científica e da construção de teorias. Aí reside o seu maior atrativo e a sua maior fraqueza.

ANÁLISE DIMENSIONAL DA PSICANÁLISE

A psicanálise, na maioria de seus aspectos, ocupa a extremidade esquerda do diagrama de variáveis teóricas de Coan. Poderia ser caracterizada como subjetiva, qualitativa, pessoal, dinâmica, funcional e fluida, sem que isso provoque muita controvérsia. Isso cobre todas as dimensões de Coan, salvo no tocante ao holismo e ao endogenismo. A psicanálise é holística no sentido de que se faz uma tentativa para considerar as interações complexas de variáveis na explicação do comportamento. Contudo, é analítica em sua tentativa de reduzir a personalidade total do paciente a unidades mais manipuláveis, como as fixações (em fases ou estágios), as catexes (em relação a pessoas, objetos etc.), as repressões, transferências etc. A posição analítica no endogenismo-exogenismo também não é clara. Freud enfatizou os instintos numa época em que, pelo menos na América, um ambientalismo extremo fazia com que a sua posição parecesse acentuadamente endógena. Contudo, qualquer pessoa que enfatizasse tanto quanto Freud as variáveis históricas e desenvolvimentistas, em sua explicação teórica, dificilmente poderia ser acusada de ter negligenciado as variáveis exógenas, tal como usualmente as concebemos. Freud é qualificado entre os teóricos endógenos e Coan (1968, pág. 719) adverte:

> Uma ênfase constitucional tende, evidentemente, para acompanhar a primeira e uma ênfase ambiental a última, mas a dicotomia natureza-criação não representa, é claro, o foco central do fator. Pelo contrário, a distinção essencial parece ser entre as orientações contrastantes — no sentido das fontes internas de comportamento e das fontes externas — que encontram expressão ocasional na controvérsia natureza-criação.

Freud seria um endogenista num tal fator porque era propenso a enfatizar a causalidade interior no comportamento *corrente,* não porque atribuísse maior destaque à causalidade interna como explicação básica do comportamento. De fato, vimos que Skinner opinou que uma das maiores contribuições de Freud foi a sua identificação do papel causal dos eventos na história do indivíduo.

O leitor é convidado a consultar o Quadro 3-2 para as classificações dos autores relativamente à psicanálise, com base nas dezoito dimensões de Watson, e as dos estudantes. A maior discordância ocorreu nas dimensões mecanismo-vitalismo, racionalismo-irracionalismo e estaticismo-dinamismo. Os desvios-padrões dos julgamentos dos estudantes em todas as três dimensões foram elevados, como pode ser observado no Quadro 3-1. Os psicanalistas consideraram a psicanálise muito mais vitalista que os autores. Isto é surpreendente, porquanto Freud foi um grande determinista e estendeu o pensamento mecanista a processos inconscientes tais como os sonhos e os lapsos de língua Ele também sustentou os pontos de vista de Brücke e de outros que celebraram o pacto antivitalista.

Os autores classificaram a psicanálise como muito irracionalista, ao passo que os estudantes a consideraram neutra nessa dimensão. Contudo, houve bastante divergência entre as classificações individuais dos estudantes (Quadro 3-1). As suas classificações na dimensão racionalismo-irracionalismo tiveram um desvio-padrão superior ao que seria de esperar se os números de 1 a 5 tivessem sido atribuídos ao acaso! Watson afirmou que tinha em mente, para essa dimensão, o grau em que os fatores emocionais e conativos interferem no funcionamento intelectual. Os autores acreditam que a psicanálise pertence, claramente, ao pólo irracionalista dessa dimensão. Se Watson não tivesse enunciado explicitamente a sua definição, poderíamos argumentar que a contribuição inigualável da psicanálise foi ter tornado racional o que era aparentemente irracional, ao assinalar a sua gênese na expressão simbólica dos motivos reprimidos. Nesse sentido especial, a psicanálise *é* racionalista mas não foi isso o que Watson pretendeu dizer. Deve ser também lembrado que toda a ênfase de Freud recaiu sobre a irracionalidade do homem; de fato, foi esse um dos principais pontos de queixa dos seus críticos.

Na dimensão estaticismo-dinamismo, os autores e os estudantes concordaram quanto à direção da ênfase — dinamismo — mas a classificação dos autores foi muito superior. Provavelmente, isso foi mais uma expressão da tendência natural dos estudantes para situar suas classificações mais próximo da média.

Os estudantes pesaram o mentalismo inconsciente, o determinismo e o irracionalismo como as três características dimensionais mais críticas na definição de psicanálise.

RESUMO E CONCLUSÕES

A psicanálise ocupa-se das regiões interessantes e misteriosas mas práticas e importantes da existência do homem. Os seus adeptos uniram-se numa espécie de culto; aparentemente, a psicanálise não é compreendida, de uma forma cabal, por muitas pessoas, salvo os analistas. Contudo, uma parcela considerável de sua teoria e de sua prática filtraram-se de tal modo em outras áreas que os seus termos enriquecem o vocabulário leigo muito mais do que os termos provenientes de qualquer outro sistema psicológico.

A psicanálise é mais uma arte, uma filosofia e uma prática do que uma ciência. A teoria é vaga e nebulosa, por vezes até autocontraditória. A terapia não demonstrou uma eficácia superior a outros tipos de terapia, as quais, por seu turno, raramente apresentaram provas concludentes de serem melhores do que nenhuma terapia. Os dados e a metodologia que deram lugar à teoria analítica são acentuadamente inadequados. Tipicamente, os analistas mostraram muito pouco desejo de melhorar a forma da teoria ou as provas em favor desta; isto não implica que a teoria não mostre freqüentes mudanças, em conseqüência de novas observações na terapia ou, ocasionalmente, em estudos melhor controlados, embora os exemplos destes últimos sejam difíceis de demonstrar.

Muitas das modernas variações sobre a teoria de Freud seguiram Adler em sua acentuação dos fatores culturais, retirando importância, em compensação, aos fatores biológicos. Dedicou-se um considerável esforço analítico à melhor especificação da natureza e gênese do funcionamento do ego; esta área de estudo será, provavelmente, a mais promissora de uma reaproximação com a psicologia acadêmica. Jung é um representante típico daqueles que conferiram uma crescente importância à unidade e potencial criador do Eu. A rejeição comum do instinto de morte é típica dos psicanalistas modernos, que nos oferecem uma perspectiva menos pessimista da natureza humana. A teoria psicanalítica tem sido uma poderosa força desde 1900 e algumas de suas idéias básicas estão recebendo uma aceitação cada vez maior. Entre essas idéias estão o modelo do inconsciente e a importância da sexualidade. Ainda existem numerosos institutos para a formação de analistas nos Estados Unidos. Entretanto, há os que afirmam que a psicanálise está morta ou agonizante. Tem gritantes defeitos sistemáticos e científicos. A eficácia da sua terapia nunca foi adequadamente demonstrada. Se quiser permanecer como uma força viável, essas falhas deverão ser remediadas num futuro próximo antes que seja deslocada por um dos seus concorrentes cada vez mais eficazes. Se uma posição concorrente desfrutar de um êxito espetacular num futuro próximo a psicanálise, como teoria abrangente, desaparecerá tão dramaticamente como surgiu.

Ao dizermos isto, não queremos depreciar o lado positivo da psicanálise. Entre as suas colaborações sólidas para a psicologia estão a abertura de novas áreas de investigação, como o inconsciente e o sexo, o impulso dado à pesquisa motivacional, a importância atribuída à infância e aos fatores genéticos na personalidade, a maioria das observações empíricas e as descobertas respeitantes aos mecanismos de defesa, que são freqüentemente aceitas por psicólogos não-simpatizantes. Uma tarefa significativa dos futuros cientistas do comportamento será a de converter as brilhantes intuições de Freud em proposições cientificamente aceitáveis. Nesse processo, é provável que se perca o sabor peculiar da psicanálise.

Leituras Recomendadas

Tanto tem sido escrito sobre psicanálise que uma lista de leituras deve ser apresentada como uma temeridade. Os livros que se seguem são bons mas representam apenas uma fração minúscula do número total de bons livros. Os três volumes de Ernest Jones, *The Life and Work of Sigmund Freud* (1953-1957), são — em muitos aspectos — a melhor fonte singular sobre psicanálise. Eles podem ser lidos como uma biografia absorvente e inculcam uma farta quantidade de conhecimentos, de modo indolor, num cérebro desprevenido. Os formidáveis volumes de Jones foram resumidos por Trilling e Marcus (1961). Um pequeno e excelente livro, que é apenas aquilo que pretende ser, é *Primer of Freudian Psychology* (1954), de C. S. Hall. Esse livro fornece uma sólida introdução básica ao sistema de Freud. C. S. Hall e Lindzey, em *Theories of Personality* (1970), fazem a mesma coisa para todas as teorias psicanalíticas importantes. *Schools of Psychoanalytic Thought* (1955), de Munroe, é uma panorâmica da psicanálise por um psicólogo simpatizante. Se o estudante alimentar antipatia pela psicanálise e quiser verificar como os seus críticos podem ser cáusticos, o livro *Doctor Freud* (1947), de Ludwig, constitui o exemplo extremo. Por outro lado, *Sigmund Freud and the Jewish Mystical Tradition* (1958), de Bakan, assinala relações que, de outro modo, seriam insuspeitadas de todos, exceto os estudiosos mais devotados; e vale a pena ser lido como um exemplo de como a tênue linha entre erudição e legibilidade pode ser percorrida por um escritor de talento. *A General Introduction to Psychoanalysis* (1943) é, provavelmente, o esforço mais didático empreendido pelo próprio Freud. As traduções de Brill de *The Basic Writings of Sigmund Freud* (1938) são de fácil acesso e fornecem uma boa amostra da obra freudiana. Uma exposição clássica da teoria psicanalítica é *Psychoanalytic Theory of Neurosis* (1945), de Fenichel. Úteis críticas metodológicas, incluindo algumas do tipo amistoso, podem ser lidas no número de novembro de 1954 da revista *Scientific Monthly,* dedicado a um simpósio sobre Psicanálise; os artigos de Skinner (1954a) e Frenkel-Brunswik (1954) são especialmente valiosos. O capítulo de Rapaport (1959) na série Koch tem a mesma espécie de finalidades sistemáticas que tivemos na elaboração do presente capítulo, mas Rapaport está mais positivamente orientado para a psicanálise e é mais otimista a respeito do seu futuro. O leitor interessado encontrará muitas e profundas sugestões em Rapaport e as suas referências constituem um excelente guia para estudos mais extensos.

PARTE III

TEORIAS CONTEMPORÂNEAS

Esta parte final do presente volume ocupa-se de alguns desenvolvimentos teóricos na psicologia contemporânea. Se bem que a nossa finalidade primordial seja apresentar as teorias, também procuramos mostrar as relações entre as teorias contemporâneas e os mais antigos sistemas.

Selecionamos aquelas teorias que, de um modo geral, têm sido mais influentes na psicologia norte-americana e que se relacionam com considerações sistemáticas gerais, deixando em segundo plano as que se ocupam de temas específicos. Portanto, algumas teorias muito importantes mas mais especializadas (como no campo da visão cromática) foram omitidas.

As teorias contemporâneas foram tratadas em três grupos, os quais podem ser mais ou menos identificados com o esquema funcional de estímulo-organismo-resposta (E-O-R). Assim, as teorias de estímulo-resposta foram primordialmente centradas na resposta; as chamadas teorias de campo foram predominantemente desenvolvidas a partir da psicologia da Gestalt e primordialmente centradas no estímulo (ou na percepção); e as teorias da personalidade concentram-se no organismo e suas características. Este simples esquema não pode ser levado longe demais, visto que poucas teorias se ocupam exclusivamente de uma dessas categorias; mas serve para indicar a tônica dominante.

O capítulo final ocupa-se de um novo e excitante desenvolvimento: as influências dos conceitos e procedimentos matemáticos e da engenharia sobre a teoria psicológica. Podemos prever, com certa segurança, que essas influências terão um efeito cada vez maior numa vasta gama de pesquisas e construções teóricas em psicologia.

10. VARIEDADES DA TEORIA E-R

Qualquer pessoa que tente definir a psicologia E-R deve estar preparada para um exercício de tolerância da frustração e ambigüidade. Parece evidente que devemos definir primeiro estímulo e resposta se quisermos chegar a uma definição de psicologia de estímulo-resposta. Lamentavelmente, não existem definições que gozem de concordância geral. Não estamos em posição para legislar um uso mas podemos, pelo menos, assinalar algumas das possibilidades alternativas. A alternativa escolhida determinará o que é tido como psicologia E-R.

Uma questão diz respeito a se o estímulo deve ser definido independentemente ou se é apenas "aquilo que produz uma resposta". Já vimos que, em 1896, Dewey deplorou a análise artificial do reflexo em estímulo e resposta. Skinner (1938) concordou no sentido em que achava útil considerar um estímulo e uma resposta quaisquer aspectos situacionais e comportamentais de um contexto que se pudesse demonstrar terem uma relação ordenadamente funcional. J. J. Gibson (1960) criticou este tipo de formulação e assinalou a possibilidade dela conduzir à circularidade, em alguns casos (isto é, o estímulo poder-se-ia converter em qualquer coisa que fosse necessária para provocar uma resposta, sem deixar um termo independente para explicar a resposta). Hocutt (1967) defendeu a significação dos termos relacionais desse tipo. Entre os exemplos citados por Hocutt de tais conceitos estão os de marido e mulher, os quais não podem ser definidos independentemente da relação de casamento. Apesar da sua falta de independência, falar-se de uma esposa como "a parceira feminina de uma relação matrimonial" não perde o seu significado. Mesmo no caso de um estímulo ser inicialmente conceptualizado como independente das respostas e definido em termos de energias físicas, só se revestirá de interesse se entrar em alguma espécie de relação com uma resposta. Parece, pois, que um psicólogo E-R necessita apenas de ser cuidadoso para ter um meio de identificar os estímulos e poder manipulá-los; ele poderá, dessa forma, apurar se o estímulo independentemente identificado entra ou não em relação com respostas independentemente identificadas.

Uma segunda questão importante diz respeito ao nível relativo de molaridade da definição de estímulo e resposta. Do lado do estímulo, encontramos uma versão desse problema no contraste entre a concepção molecular do estímulo adotada pelos estruturalistas e a concepção molar dos gestaltistas. O modelo do cristalino, de Brunswik (ver Capítulo 11), e o seu esquema do organismo em seu meio circundante são exposições claras de algumas das possibilidades de definição tanto de estímulo como de resposta. O argumento geral de Brunswik tende para as definições molares em psicologia, pelo menos no começo. Provavelmente, o psicólogo E-R típico é mais molecular do que Brunswik desejaria e, a este respeito, será um descendente da mais molecular e analítica escola associacionista.

Uma terceira questão de definição deve ser incluída na conceituação de estímulo e resposta. A questão molar-molecular relaciona-se com o problema de abrangência mas muito mais do que isso está envolvido. As interrogações específicas relacionadas com a questão geral incluem: "A privação é um estímulo?" e "Uma injeção de hormônios masculinos é um estímulo?" Por acreditar que tais coisas *não* são estímulos, Skinner não se considera um psicólogo E-R (Evans, 1968, pág. 20; Skinner, 1966, pág. xii). Por outro lado, Kimble, pelo fato de utilizar os termos *estímulo* e *resposta* de um modo mais abrangente, conclui: "Assim, os fatos da psicologia resultam ser E's e R's, um estado de coisas que sugere, com uma certa insistência, que as leis da psicologia devem ser redutíveis a esses termos e que uma psicologia E-R é uma inevitabilidade" (pág. 76).

É evidente que existe discordância sobre se é lícito ser um psicólogo E-R, pelo fato de existir discordância sobre o que é um psicólogo E-R. Esta última discordância decorre, por sua vez, do fato de estímulo e resposta serem definidos de maneira diferente por pessoas diferentes. Deixaremos este problema neste ponto e passaremos agora ao exame de algumas teorias sobre as quais usualmente se concorda que são teorias E-R. Este exame revelará algumas das propriedades que são geralmente compartilhadas por tais teorias. A teoria E-R contemporânea pode ser dividida em duas amplas classes, as quais diferem no papel conferido ao processo de *reforço* ou de fortalecimento da resposta.

À primeira destas classes poder-se-á chamar *teoria E-R do reforço.* Os dois principais subtipos desta teoria atribuem um papel central ao reforço mas interpretam a natureza desse papel de um modo diferente. Muitos psicólogos, como Hull, interessaram-se pelo mecanismo do processo de reforço; quase sempre tem sido postulada alguma forma de "redução da necessidade" como condição necessária e suficiente para o reforço. Outros, como Skinner, sublinharam a importância do reforço sem compromisso algum com a natureza subjacente do processo. Este ponto de vista pode ser classificado como uma *teoria E-R descritiva,* uma vez que o fato do reforço é aceito num sentido descritivo ou teoricamente neutro.

A segunda classe de teoria E-R moderna é a geralmente designada como *teoria da contigüidade.* Em concordância com Guthrie, os teóricos da contigüidade sustentam que a única coisa que é essencial à aprendizagem é a contigüidade de estímulo e resposta. O reforço, no sentido de apresentação de um chamado estímulo reforçador — como a comida ou o dinheiro — só é importante porque altera a situação de estímulo e, assim, preserva as associações já estabelecidas. De um ponto de vista histórico, a moderna teoria da contigüidade é um associacionismo altamente refinado (ver Capítulo 4).

Numerosos autores sugeriram combinações desses dois principais pontos de vista. Essas teorias de dois-fatores serão tratadas brevemente. Excetuando-se a versão de Mowrer (1960a), elas apresentam poucas posições teóricas novas mas reorganizam os pontos básicos já presentes nas duas posições principais.

Todas as várias teorias E-R têm muito em comum, provavelmente mais do que as teorias da percepção ou da personalidade. Antes de mais, todas elas são, primordialmente, teorias de *aprendizagem.*

Quase todas as teorias E-R fazem hoje a distinção entre aprendizagem e desempenho (Kimble, 1961), com algumas variáveis afetando somente o último; mas, de qualquer modo, a aprendizagem continua sendo central. Em virtude do papel importante que a aprendizagem desempenhou nessas teorias, é freqüentemente muito difícil distinguir entre teoria da aprendizagem e teoria geral do comportamento. Hull, por exemplo, considerou-se um teórico geral do comportamento e concebia os construtos da aprendizagem como determinantes centrais mas não exclusivos do desempenho. Contudo, para a maioria dos psicólogos, Hull foi um teórico da apreendizagem porque se interessou, primordialmente, pela *modificação* do comportamento. Enunciados semelhantes poderiam ser formulados a propósito da maioria dos teóricos examinados no presente capítulo.

Uma segunda característica comum a todos os teóricos E-R é o seu neobehaviorismo. A diferença mais acentuada entre o neobehaviorismo e o behaviorismo watsoniano é a sofisticação teórica altamente incrementada do primeiro. Watson, Weiss e Holt tiveram de se contentar com a formulação de generalizações rudimentares, baseadas em provas empíricas muito limitadas. Hoje, porém, os neobehavioristas exigem — e deles se exige — justificações lógicas e provas empíricas detalhadas.

TEORIA E-R DE REFORÇO: A ESCOLA HULL-SPENCE

As principais diretrizes da moderna teoria E-R de reforço foram estabelecidas por Clark L. Hull. No desenvolvimento desse esforço de sistematização, ele teve a assistência de muitos psicólogos, notadamente, de Kenneth Spence e Neal Miller. Ambos estiveram associados a Hull, por muitos anos, na Universidade de Yale, e contribuíram para a determinação do modo como a teoria de Hull se desenvolveu. Spence, em especial, esteve continuamente interessado na forma da teoria, tendo formado e incentivado um grande número de adeptos teóricos. Por esta razão falamos da "escola Hull-Spence". Miller não só trabalhou diretamente na teoria mas também a ampliou à explicação da personalidade. Isto confere-lhe um lugar não só neste capítulo mas também no Capítulo 12.

A Carreira de Hull

Clark L. Hull (1884-1952) nasceu em Nova Iorque e foi criado em Michigan. Durante a sua infância e primeiros anos de adulto, foi flagelado por doenças e sofreu de uma visão muito deficiente durante toda a vida. A poliomielite deixou-o aleijado de uma perna e ele próprio acreditava que muita de sua motivação era derivada dessa deficiência; contudo, há certas razões para duvidar de que seja essa a história completa. Os seus próprios "livros de idéias" referem-se a uma possível grandeza futura, sete anos antes dele ter contraído a pólio (Hays, 1962).

A educação de Hull foi interrompida por esses problemas físicos e por falta de dinheiro; teve de ensinar em escolas rurais e numa escola normal do Kentucky por vários períodos. Não obstante, ele conseguiu obter o seu grau de bacharel na Universidade de Michigan, onde Pillsbury era uma influência dominante, e foi completar suas pesquisas para a tese de dcutorado na Universidade do Wisconsin. A sua dissertação foi um estudo sobre a formação de conceitos (Hull, 1920). Estava com 34 anos de idade quando completou a sua corrida pessoal de obstáculos que o levou à obtenção final do seu doutorado em Filosofia. Os seus livros de idéias (Hull, 1962) mostram que ele se preocupava freqüentemente com a possibilidade de que esse início tardio de carreira pudesse impedi-lo de alcançar a grandeza a que aspirava.

Numa determinada fase, previu que só lhe restavam seis anos de atividade criadora; depois, ampliou essa expectativa para onze anos, depois de ler que homens como Kant e Leibniz tinham criado grandes obras em idades avançadas. Quando fez a estimativa de onze anos, Hull tinha, na realidade, vinte anos produtivos pela frente.

Depois de se doutorar, Hull permaneceu na Universidade de Wisconsin como membro do corpo docente de Psicologia. Um dos seus primeiros empreendimentos de pesquisa dizia respeito aos efeitos do fumo sobre a eficiência do comportamento. Esses tão citados experimentos (Hull, 1924) caracterizaram-se pelo excelente controle dos fatores sensoriais envolvidos no ato de fumar (por exemplo, o aquecimento do ar produzido por um cachimbo). O controle da sugestibilidade, escondendo se o fumo estava realmente presente, já pressagiava o interesse ulterior de Hull pelo problema geral da sugestão.

Ao ser nomeado para um curso de testes e medidas, Hull fez um levantamento geral da literatura nesse campo e acabou publicando um importante compêndio, *Aptitude Testing* (1928). Entretanto, não deu prosseguimento a essas atividades, por causa do que ele chamou a sua "opinião pessimista quanto ao futuro dos testes nesse campo" (1952, pág. 151). Neste ponto, Hull forneceu-nos de novo uma boa justificação para duvidarmos da sua avaliação dos seus próprios motivos, porquanto diz num livro de idéias de 1929 que ainda planeja realizar "um grandioso experimento, numa escala gigantesca" (1962, pág. 827), com a intenção de construir uma bateria universal de aptidões. As considerações de Hull nesse escrito transmitem a clara impressão de que o trabalho sobre aptidões estava sendo meramente protelado porque, em sua opinião, era o tipo de trabalho que um homem mais idoso e menos criativo do que ele podia então realizar com êxito.

Em seguida, Hull interessou-se persistentemente nas pesquisas sobre sugestibilidade, hipnose e outros temas afins. Isso foi devido ao fato de que teve de realizar aulas e demonstrações de laboratório para estudantes de Medicina. Dedicou dez anos férteis às pesquisas sobre a sugestão, supervisando um grande número de teses de estudantes finalistas. Pela sua própria conta, umas vintes pessoas estiveram empenhadas na pesquisa, a qual foi tema de trinta e dois ensaios. Depois de sua mudança para Yale, o interesse de Hull pelas pesquisas hipnóticas não foi encorajado, por causa da oposição médica com que não se enfrentara no Centro-Oeste (1952). A sua publicação do livro que resume toda a pesquisa, *Hypnosis and Suggestibility* (1933), assinalou o fim dessa fase de sua carreira de pesquisador. O livro é hoje um clássico no campo da hipnose.

O terceiro e final interesse importante de Hull em matéria de pesquisa foi a teoria da aprendizagem. Estudou Pavlov na tradução de

Anrep (*Conditioned Reflexes,* 1927) e interessou-se cada vez mais pela aprendizagem e a teoria geral do comportamento. Em 1929, foi nomeado professor de pesquisa no Instituto de Psicologia de Yale (que em breve se converteria no Instituto de Relações Humanas daquela universidade). Daí em diante, dedicou-se ao desenvolvimento da teoria do comportamento, numa base em grande escala. Continuou um zeloso e devotado trabalho nessa área sumamente importante da sua contribuição para a psicologia, apesar de uma saúde cada vez mais deficiente nos seus últimos anos de vida, até seu falecimento em 1952. Deixou uma hoste de seguidores e estudantes tão dedicados a ele quanto Hull se lhes dedicara.

Desenvolvimento do Sistema de Hull

O fulcro do pensamento teórico de Hull foi o reflexo condicionado, tal como Pavlov o conceptualizou. Hull considerava-o uma espécie de situação simplificada de aprendizagem que se adequava admiravelmente às análises experimentais. Os achados assim obtidos poder-se-iam ampliar então a outros e mais complexos fenômenos. Hull realizou essa ampliação, baseando os axiomas do seu sistema nas conclusões dos experimentos de condicionamento. Por exemplo, o postulado II do sistema final de Hull estabelece o valor do "vestígio de estímulo molar" como função do tempo transcorrido desde a estimulação.

Postulado II. Recepção do Estímulo

A. Quando um breve estímulo (e) incide sobre um receptor adequado, está iniciada a fase de recrutamento de um impulso autopropagador do vestígio aferente molar (e′), cujo equivalente do estímulo molar (E′) surge como uma função potencial de tempo (t), desde o início do estímulo, isto é,

$$E' = 465{,}190 \times t\ 7.6936 + 1.0,$$

atingindo E′ o seu máximo (e terminação) quando t é igual a cerca de .450″.

B. Após o máximo da fase de recrutamento do vestígio de estímulo molar, ocorre uma fase de aquietação mais prolongada (e′), cujo equivalente de estímulo decresce como função potencial de tempo (t′), isto é,

$$E' = 6.9310\ (t' + .01)^{-1.0796}$$

em que $t' = t - .450''$.

C. A intensidade do vestígio de estímulo molar (e′) é uma função logarítmica do equivalente do estímulo molar do vestígio, isto é, $e' = \log E'$.

Este postulado mostra muito claramente algumas características da teoria de Hull. Ele foi enunciado de um modo formal e cuidadoso. Os símbolos são apresentados e definidos, tornando possíveis os enunciados matemáticos. Estes são, freqüentemente, muito precisos, embora a sua precisão possa ser enganadora, tendo em vista a incerteza dos enunciados e o caráter relativamente rudimentar dos dados que justificam os postulados.

O Postulado II, como muitos dos postulados de Hull, surgiu, de uma forma algo direta, das relações empíricas observadas em experimentos de condicionamento. Koch (1954, págs. 70 e segs.) examinou os problemas relacionados com a indução de postulados a partir dos dados. Evidentemente, os dados podem ser limitados ou inválidos mas esta não é a principal questão que nos interessa aqui. A questão mais séria é se os postulados diretamente baseados nos dados de certos experimentos têm qualquer possibilidade razoável de serem úteis numa teoria geral. A história da ciência sugere que a probabilidade de tais dados serem, em última instância, provadamente úteis para uma teoria geral abstrata é extremamente baixa. O postulado mais abstrato encontra-se, usualmente, a uma considerável distância das formas funcionais observadas diretamente nos dados.

Um tal uso dos experimentos de condicionamento como fonte de axiomas é uma mudança decisiva e distinta da prática behaviorista anterior; Watson, por exemplo, usou mais grosseiramente o reflexo condicionado, como um elemento a partir do qual o comportamento complexo podia ser diretamente construído, mediante o encadeamento dos elementos. É claro que a teorização de Hull constituiu um grande salto para a frente, dentro da tradição behaviorista, pelo menos, na sofisticação da metodologia teórica.

Para justificar os seus procedimentos, Hull publicou, durante a década de 1930, uma série de ensaios teóricos, brilhantemente concebidos, sobre condicionamento. Talvez o mais conhecido de todos eles seja o que constou do seu discurso de posse na presidência da Associação Psicológica Americana, intitulado, "Mind, Mechanism, and Adaptive Behavior" (Mente, Mecanismo e Comportamento Adaptativo) (1937). A finalidade geral desses ensaios, exemplificada no título acima citado, foi mostrar como podiam ampliar-se os princípios básicos do condicionamento aos processos complexos do comportamento. Como behaviorista metodológico, mais do que metafísico (ver o Capítulo 7), Hull não negou a existência de fenômenos mentais. Contudo, ele pensou que os fenômenos mentais *necessitavam de explicação,* em vez de serem úteis como recursos explicativos. Propôs-se, portanto, fazer um relato tão completo quanto possível da ação e esperava que tal descrição ajudasse, algum dia, a explicar a consciência. Hull acreditava que a abordagem comportamental dos fenômenos mentais não passara ainda por uma prova completa. Queria submetê-la a essa prova, a qual pudesse ser coroada de êxito ou, pelo contrário, mostrar que tal abordagem não tinha possibilidade alguma de funcionar.

A esses primeiros trabalhos teóricos seguiu-se uma breve excursão pelo campo da aprendizagem verbal mecânica (*verbal rote learning*). Aqui, Hull mobilizou a ajuda de um grupo de matemáticos e lógicos, assim como de psicólogos, e tentou uma rigorosa análise quantitativa do tipo de aprendizagem verbal mecânica que fora estudada por Ebbinghaus, pela primeira vez (ver o Capítulo 4). Embora o livro que resultou desse empreendimento tenha sido saudado como um padrão no desenvolvimento da psicologia científica, raramente foi lido, menos freqüentemente entendido e não produziu quaisquer novas pesquisas. Assim, *Mathematico-Deductive Theory of Rote Learning* (Hull, Hovland, Ross, Hall, Perkins e Fitch, 1940) continuava sendo um modelo idealizado mas relativamente estéril de construção teórica em psicologia.

A seguinte publicação importante de Hull, *Principles of Behavior* (1943), teve um efeito inteiramente oposto. O seu aparecimento marcou o começo de uma era de pesquisa psicológica em que Hull se converteu no líder indiscutível da pesquisa sobre aprendizagem nos Estados Unidos e uma das figuras mais controvertidas nesse campo. Em *Principles of Behavior,* Hull tentou estabelecer a estrutura de uma teoria abrangente de todo o comportamento mamífero. Delineou um conjunto de postulados e corolários, logicamente interligados ao estilo hipotético-dedutivo, que ele tinha acabado por considerar um modelo da teorização científica.

Se bem que, para muitos psicólogos, o livro não tivesse cumprido a grande promessa implícita nos primeiros estudos teóricos de Hull, o fato é que *Principles of Behavior* exerceu, não obstante, uma influência enorme sobre as pesquisas na área da aprendizagem. Hull tornou-se, de longe, o autor mais citado nesse campo. Uma quantidade inumerável de teses de mestrado e dissertações de doutorado puseram à prova as várias implicações do sistema teórico de Hull. Até à data de sua morte, em 1952, Hull continuou sendo a figura dominante no campo da teoria da aprendizagem.

Um ator fundamental no êxito de *Principles of Behavior* na estimulação de pesquisas foi a sua detalhada exposição e redação do grupo de postulados e corolários. Deliberadamente, Hull expôs o seu sistema da maneira mais explícita possível, a fim de permitir uma contínua e persistente verificação empírica. Esta característica foi, provavelmente, o traço mais importante do seu empreendimento sistemático.

Em termos de conteúdo, talvez o aspecto mais importante da teorização de Hull tenha sido a sua tentativa de reconciliar a noção básica de efeito, de Thorndike, com o paradigma do condicionamento e a metodologia de Pavlov (ver o Capítulo 4). Em essência, o que Hull tentou foi incorporar o princípio de efeito — hoje denominado *reforço* — ao quadro de referência do condicionamento. Ao invés de Watson, Hull não pensava que a freqüência e a recenticidade da resposta fossem princípios suficientes para explicar a aprendizagem. A ênfase que atribuiu ao efeito ficou evidenciada na última organização do seu conjunto de postulados. Hull começou pelos postulados introdutórios que tratam das "conexões estímulo-resposta não aprendidas" (postulado I) e da "recepção do estímulo" (postulado II). Enunciou então o princípio fundamental do reforço, descrito primeiramente como a *lei do reforço primário* (1943, pág. 80), como segue (1953, págs. 5-6):

> *Postulado III. Reforço Primário*
>
> Sempre que a atividade de um efetor (R) está intimamente associada a um impulso aferente de um estímulo ou ao seu vestígio (e), e a conjunção de ambos está intimamente associada a uma rápida diminuição do estímulo motivacional (E_D ou E_G) resultará um incremento ($\triangle$) na tendência desse estímulo para evocar essa resposta.

Seguiram-se imediatamente os corolários que tratam da motivação secundária e do reforço secundário. O postulado IV enunciou a lei da formação do hábito, utilizando como variável a quantidade de reforços.

Os últimos livros de Hull foram *Essentials of Behavior* (1951) e *A Behavior System* (1952). Este último trabalho procurou ampliar a aplicação dos métodos quantitativos dentro do sistema e ampliar o sistema aos problemas do comportamento individual. Nunca chegou a iniciar uma última obra programada sobre comportamento social. De fato, Hull, que esteve muito doente em seus últimos anos, não chegou sequer a viver o suficiente para rever as provas de *A Behavior System*.

A maioria das modificações introduzidas no sistema original (1943) pelos últimos livros de Hull é relativamente secundária, consistindo, principalmente, em reordenações dos postulados e corolários e em correções de detalhes. A modificação mais importante verificou-se nas relações entre as determinantes do estímulo antecedente e os construtos ${}_EH_R$ e ${}_EC_R$ Esta modificação situou o construto ${}_EH_R$ (representativo do hábito') como função exclusiva do número de reforços; e atribuiu maior importância ao construto $_EC_R$ (representativo da convocação de reação), na medida em que era diretamente determinado pelos fatores de estímulo que anteriormente se considerava afetarem $_EH_R$ (ver a Figura 10-1). Depois dessa alteração, é possível derivar, de uma forma relativamente simples, a aprendizagem latente (ver Hilgard e Bower, 1966; Koch, 1954). A aprendizagem latente foi um dos mais importantes resultados experimentais apresentados pelos teóricos do esquema cognitivo não-E-R e propostos como particularmente embaraçosos para a teoria E-R hulliana (ver o Capítulo 11).

Metodologia de Hull

OBJETIVIDADE. Hull foi, acima de tudo, um behaviorista. Rejeitou o behaviorismo metafísico, com sua negação da consciência (ver o Capítulo 7), mas endossou plena e entusiasticamente o behaviorismo metodológico. Na década de 1940, Hull foi considerado um arqui-objetivista tanto pelos seus seguidores, que se deleitavam nessa identificação, como pelos seus adversários, que escolheram isso como um ponto de ataque. Ao dar seguimento ao seu programa behaviorista, Hull tentou utilizar conceitos que, pelo menos em princípio, fossem redutíveis a termos físicos.

Hull (1943) deu definições fisicalistas de estímulo e resposta; o estímulo foi definido, em parte, como "energia estimulante, em geral; por exemplo, a energia do som, da luz ou das ondas térmicas, pressão etc." (pág. 407). Koch (1954) fez um excelente trabalho ao mostrar que as operações de Hull com estímulos não estavam, em absoluto, em harmonia com a sua definição. Na prática, um estímulo era uma parte do meio que o experimentador discriminou e à qual respondeu. Assim, como a maioria dos objetivistas, Hull não seguiu, realmente, as definições fisicalistas, em seu trabalho experimental. Contudo, até os seus críticos consideraram a linguagem dos dados de Hull suficientemente objetiva.

Hull, com o seu behaviorismo mais sofisticado, interessou-se intensamente por alguns problemas metodológicos que não foram considerados por Watson. A teoria de Hull contém uma quantidade de variáveis intervenientes explícitas, ao passo que a teorização de Watson envolvia, no máximo, variáveis intervenientes implícitas. As variáveis intervenientes de Hull foram funções de condições antecedentes, tais como, o número de ensaios de reforço, a intensidade do estímulo ou as horas de privação. Essas quantidades intervenientes figuram. depois, em novas equações que determinam quais devem ser as propriedades da resposta observada (cf. Figura 10-1). Num sistema psicológico, é freqüentemente tentador postular variáveis intra-organísmicas cuja quantidade seja adequada para prever as propriedades de resposta necessárias no sistema. Hull teve o cuidado de evitar esse tipo de armadilha; insistiu em que cada variável interveniente esteja fundada nas condições antecedentes e nas condições de resposta. Na medida em que essa fundação fosse bem sucedida, assegurava-se às variáveis intervenientes um significado claro. Se as previsões geradas coincidissem com os dados observados, podia se dizer que as variáveis intervenientes "resumiam" as relações observadas.

A Forma Hipotético-Dedutiva. Hull estava grandemente impressionado pela elegância dos sistemas matemáticos e físicos formais, como os desenvolvidos por Euclides e Newton. Na medida em que o seu interesse em desenvolver um sistema geral do comportamento crescia, decidiu adotar esses exemplos como seu modelo. O resultado foi que ele tentou construir uma teoria do comportamento altamente formalizada e abrangente, num quadro hipotético-dedutivo. Ofereceu postulados e corolários formais, junto com teoremas estabelecidos como conseqüências dedutivas. Um tal sistema é hipotético-dedutivo porque começa com *hipóteses* que estão suficientemente bem interligadas num sistema lógico para permitir que suas conseqüências sejam *deduzidas*. O teorizador relaciona as deduções (teoremas) com enunciados sobre as observações empíricas que devem ser feitas sob as condições especificadas pelo teorema. A validade dos enunciados empíricos é então checada pelo experimento. Se os enunciados são verdadeiros, as hipóteses são conservadas; se falsos, as hipóteses requerem modificação ou rejeição.

Em *Principles of Behavior* (1943), Hull estabeleceu dezesseis princípios primários, como postulados, e um grande número de corolários; na revisão do sistema (1951), apresentou um total de dezoito postulados e doze corolários. De acordo com o procedimento hipotético-dedutivo que Hull propôs-se seguir, esses princípios primários seriam usados dedutivamente para prever os princípios secundários, como o gradiente-meta e a aprendizagem latente.

Um só exemplo relativamente simples servirá para ilustrar o modo como Hull usou alguns conhecimentos empíricos anteriores, um ou mais princípios primários (postulados ou corolários) e algumas derivações dedutivas, combinados com uma certa soma de quantificação, para produzir teoremas que pudessem ser empiricamente testados. Consideremos o problema da ordem de eliminação de "becos sem saída" na aprendizagem de labirinto por um rato, por exemplo. Já era conhecido há muito que os becos sem saída mais próximos da meta são eliminados primeiro, um princípio a que Hull deu o nome de "hipótese do gradiente-meta" (1932). Hull incorporou esse fato empírico num postulado lógico, partindo do pressuposto de que o potencial de resposta de qualquer resposta é uma função da distância, em tempo, em relação ao evento reforçador (neste caso, alcançar o incentivo alimentar na caixa-meta). Assim, o corolário iii, demora no reforço (J), diz o seguinte (1952): "A. *Quanto maior for a demora no reforço de um elo, dentro de uma cadeia de comportamento dada, mais fraco será o resultante potencial de reação do elo em questão aos vestígios de estímulo presentes no momento*" (pág. 126).

Este princípio, cuja derivação lógica foi dada por Hull (1952, Cap. 5), levou a numerosas previsões empíricas, enunciadas como teoremas, sobre a aprendizagem em labirinto multidirecional (1952, Cap. 9). Entre elas, por exemplo, estavam as proposições de que um extenso beco sem saída será eliminado mais rapidamente do que um beco sem saída curto, já que aquele acarreta um maior prazo temporal de reforço (teorema 104, pág. 282); e que o regime de locomoção através do labirinto será cada vez mais rápido para as partes posteriores, em comparação com as primeiras (teorema 110, pág. 286). Ora bem: é importante assinalar que nenhuma dessas duas previsões poderia ser diretamente gerada do primeiro resultado empírico, isto é, da observação de um gradiente de eliminação do erro, mas ambas puderam ser logicamente derivadas do princípio geral sobre a demora temporal de reforço que se desenvolveu a partir dos dados empíricos. De um modo geral, considera-se que essa dedução lógica de muitas previsões empíricas novas e diferentes, a partir de um número menor de princípios básicos, constitui a contribuição fundamental de um sistema hipotético-dedutivo. *A Behavior System,* de Hull, está repleto de tais derivações, com cálculos quantitativos, e representa, pois, uma aproximação à metodologia hipotético-dedutiva muito maior do que o mais programático *Principles of Behavior.*

Para crédito de Hull, deve ser dito que ele não tentou apegar-se a um sistema estático ou fixo; de fato, o seu pensamento era extremamente fluido e sua teoria formal passou por uma série quase contínua de revisões. Assim, ele usou o sistema hipotético-dedutivo do modo que se propusera. Uma indicação da medida em que ele praticou a metodologia que pregava pode ser vista em sua redação dos "livros de idéias" e sua distribuição de memorandos mimeografados para críticas. O seu primeiro "livro de idéias" abrangeu o período de 1902 a 1906, quando suspendeu a sua redação até janeiro de 1916. Depois disso, continuou escrevendo regularmente seus famosos apontamentos, até dezoito dias antes de sua morte (Hays, 1962). Existe uma interessante divergência sobre o número desses livros; Hull afirmou (1951, pág. 120) que totalizavam vinte e cinco volumes e Hays diz que, na data da morte de Hull, em 1952, eles somavam setenta e três! Talvez Hull pensasse que alguns de seus cadernos manuscritos de apontamentos não eram de qualidade suficientemente elevada para que pudessem ser considerados entre os seus "livros de idéias".

CARÁTER QUANTITATIVO. Hull estava profundamente convencido de que o progresso teórico, em psicologia, chegaria como uma conseqüência da expansão vitoriosa da quantificação. A sua própria teoria devia ser primordialmente quantitativa. Nos *Principles of Behavior,* a quantificação de Hull foi predominantemente programática e mais aparente do que real. Muitos postulados não tinham forma matemática ou careciam de valores numéricos para as constantes. Hull estava profundamente cônscio das deficiências do seu sistema de 1943 e das dificuldades associadas a enunciados genuinamente quantitativos. Decidiu-se imediatamente a realizar uma quantificação genuína e publicou cinco artigos que relatavam o seu trabalho. O experimento básico (Felsinger, Gladstone, Yamaguchi e Hull, 1947; ver também Koch, 1954) foi um estudo da latência de resposta a um "manipulandum"; a latência foi medida desde o momento em que era removido um taipal para tornar o "manipulandum" acessível. O método de comparações emparelhadas, de Thurstone, foi usado para calcular o montante de ${}_{E}C_{R}$ (potencial de reação) que dava origem à resposta.

Sempre que variáveis intervenientes que não podem ser diretamente observadas estão envolvidas numa cadeia teórica, devem ser tomadas decisões racionais, implicando num elemento de conjetura, quanto às inter-relações quantitativas entre todas as variáveis na teoria. Parece não haver possibilidade alguma de se fugir a esta conclusão. As conjeturas que produzem uma útil teoria geral exigem um alto grau de criatividade, somado a uma certa dose de sorte. Logan (1959, págs. 303-306) forneceu um exemplo conciso do método geral pelo qual Hull tratou de combinar as observações empíricas com as conjeturas racionais, a fim de produzir a sua versão de uma teoria quantitativa do comportamento.

Resumo do Sistema

Essencialmente, como um sistema E-R, a teoria hulliana ocupa-se de três tipos de variáveis: o estímulo (antecedente ou entrada: *input*), a variável interveniente (intraorganísmica) e a resposta (conseqüente ou saída: *output*). A descrição muito abreviada que oferecemos em seguida tem o propósito de fornecer algo da natureza e sabor gerais do sistema. O sistema básico está representado no diagrama da Figura

10-1. Para uma exposição mais detalhada, o leitor poderá consultar algumas das fontes originais (por exemplo, Hull, 1943, 1951, 1952) ou uma fonte explicativa secundária (por exemplo, Hilgard e Bower, 1966; Spence, 1951a, 1951b).

As variáveis de entrada ou estímulo são fatores objetivos tais como o número de ensaios reforçados, a privação de incentivo, a intensidade do estímulo condicionado e o montante de recompensa. Estes vários fatores estão diretamente associados aos processos resultantes que, por hipótese, funcionam dentro do organismo: as variáveis intervenientes de primeira ordem. Exemplos destas são a *força do hábito* ($_{E}H_{R}$) como função do número de ensaios (N), o *impulso* (D) como função de condições impulsivas tais como a privação de incentivo (C_D), o *dinamismo da intensidade do estímulo* (V) como função da intensidade do estímulo (E) e o *reforço do incentivo* (K) como função do montante de recompensa (w).

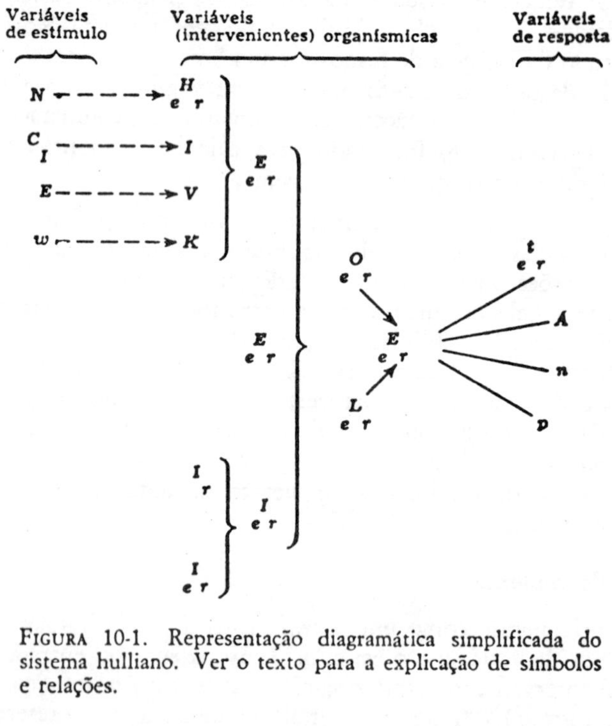

FIGURA 10-1. Representação diagramática simplificada do sistema hulliano. Ver o texto para a explicação de símbolos e relações.

Supõe-se, atualmente, que alguns destes construtos diretos, ou de primeira ordem, coligam-se numa quantidade menor de variáveis intervenientes de segunda ordem. O principal construto é o potencial de reação ou convocação da resposta ($_E C_R$), o qual é uma função conjunta de $_E H_R$, D, V e K. Também deve ser considerado neste nível o potencial de reação generaliado ($_E C_R$), é uma função do montante de semelhança entre o estímulo condicionado presente e os estímulos previamente experimentados, ante os quais foram estabelecidas as forças de hábito; e, por último, o agregado das tendências de reação negativa ($_E I_R$). Este último construto é uma função da inibição reativa (I_R) e da inibição aprendida ou condicionada ($_E I_R$), as quais são ambas, por sua vez, uma conseqüência direta do trabalho desempenhado na resposta.

No último nível, existem construtos intervenientes de ordem superior que são, pois, a potência de reação líquida ($_E C_R$), uma função dos dois fatores excitatórios e do fator inibitório já mencionado, e dois construtos mais especulativos e não tão bem especificados que modificam a sua ação. Estes são a oscilação ($_E O_R$) e o limiar de potencial de reação ($_E L_R$). Finalmente, do lado da saída *(output)*, existem quatro medidas principais sobre a eficácia da resposta: a *latência* ($_E t_R$), a *amplitude* (A), o *número de respostas* até à extinção (n) e a *probabilidade de resposta* (p).

Existem outros conceitos sobre o vestígio do estímulo que servem como suplemento da descrição acima; por exemplo, o estímulo-impulso (E_D) e a resposta fracional à meta (E_G), que têm uma importância primordial no sistema e também nas modificações mais recentes do mesmo, especialmente a de Spence (1956). Omitimos estes conceitos da descrição resumida para que o sistema essencial pudesse ser apresentado de uma maneira tão simples quanto fosse compatível com o seu caráter.

Também há um certo número de princípios secundários ou derivados de grande importância, embora não tenham sido incluídos no resumo acima, que Hull desenvolveu num esforço para eliminar o hiato entre as complexidades normais do comportamento molar e a simplicidade abstrata do seu conjunto de postulados. Os mais importantes entre esses princípios são o da *hierarquia da família de hábitos,* que consiste no conjunto total de hábitos que podem ocorrer numa dada situação de estímulo e que se ordenam numa hierarquia de forças; e o *gradiente-meta,* que já foi por nós descrito.

Questões Sistemáticas

Quem quer que aspire à construção de uma teoria do comportamento como a de Hull deve enfrentar um certo número de problemas muito difíceis. Existe uma probabilidade muito baixa de que esses problemas possam ser atualmente resolvidos, para não falarmos de quando Hull ainda estava vivo. Contudo, podemos deixar as críticas às aspirações de Hull para depois e observar agora a natureza dos problemas que essas aspirações o levaram a enfrentar.

É preciso decidir, o mais cedo possível, que variáveis independentes e dependentes serão discriminadas pelo teorizador e utilizadas na teoria. Algumas diretrizes serão fornecidas pela prática experimental mas ainda ficam por tomar muitas decisões. Por exemplo, será proveitoso tentar prever todas as variáveis de resposta, a partir da mesma teoria?. Hull enfatizou a previsão de latência, amplitude, números de respostas até à extinção e probabilidade de resposta. Skinner acredita que o regime de resposta é a melhor medida a usar; estuda, primeiramente, os operantes livres, respostas que o animal tem liberdade de repetir "à sua vontade". Hull preferiu estudar primeiramente os operantes controlados, em cujo caso o experimentador controla as oportunidades de emissão de resposta, como numa pista de corrida. A sua decisão de relacionar a sua variável interveniente final — o potencial de reação líquida generalizada — com quatro medidas de resposta tornou legítimo indagar se essas medidas estavam realmente correlacionadas, como a teoria disse que deveriam estar. Hull poderia ter evitado questões embaraçosas desse gênero se formulasse previsões de apenas uma medida de resposta — mas, se o fizesse, teria perdido uma boa dose de generalidade.

Problemas semelhantes tiveram de ser enfrentados ao nível das variáveis intervenientes. Por exemplo, houve a decisão de Hull de contar, essencialmente, com um único construto de aprendizagem excitatória, $_{E}H_{R}$. Se o teórico estivesse trabalhando hoje, certamente acharia necessário ter construtos distintos (ou teorias distintas) para diferentes espécies de aprendizagem; por exemplo, a aprendizagem motivada por comida poderia ser distinta da aprendizagem motivada pelo sexo, dentro da teoria.

Um problema muito geral relacionado com as variáveis intervenientes diz respeito ao que poderíamos chamar o *status de realidade*. Sem dúvida, Hull e seus colegas tiveram centenas de discussões sobre se seria sensato dar aos construtos da teoria uma interpretação fisiológica. Nós temos caracterizado as variáveis intervenientes de Hull como "organísmicas", o que implica em certo compromisso fisiológico. Uma descrição mais neutral seria, simplesmente, que as variáveis intervenientes são intrateóricas — o que indubitavelmente são — em vez de intraorganísmicas, o que podem ou não ser. Examinaremos as características dos construtos mais detalhadamente no Capítulo 13, visto que o problema tem muitas facetas.

Mesmo depois dos construtos de um sistema serem isolados e de ser tomada uma decisão sobre o seu tipo geral, ainda subsistem problemas sobre a definição de cada construto e a especificação das inter-relações do construto. Como um exemplo de tais problemas, poderíamos tomar o caso do aparentemente inócuo N, o número de ensaios reforçados. O que é um ensaio reforçado? Tanto o conceito hulliano inicial de reforço como redução de necessidade quanto a sua ênfase ulterior na redução do estímulo-impulso como condição necessária ao reforço não conseguiram eliminar a possibilidade de circularidade. Assim, poder-se-ia passar a contar com a redução da necessidade ou do estímulo-impulso *depois* de se observar que o comportamento foi consolidado naquelas situações em que o experimentador não reduziu, intencionalmente, qualquer necessidade e em que nenhum estímulo-impulso óbvio foi readuzido. As dificuldades de Hull com o conceito de reforço mostram até que ponto é difícil construir boas definições. A forma como a imprecisão na definição de reforço torna o conceito de N impreciso ilustra o modo como os problemas com uma definição podem afetar outros conceitos, no decorrer de todo o esforço teórico.

A especificação das inter-relações do construto é, pelo menos, uma fonte tão fértil de problemas quanto qualquer outra. O construto do hábito, ${}_{E}H_{R}$ pode, uma vez mais, servir de exemplo. Na teoria original de Hull, numerosas variáveis, incluindo o impulso (D) e o incentivo (K), influenciaram o hábito. O hábito, por seu turno, influenciou o potencial de reação. Como o hábito se modificou lenta e continuamente, não é possível derivar da teoria súbitas modificações no desempenho. Como tais modificações ocorreram nos experimentos de aprendizagem latente (Hilgard e Bower, 1966), era necessária, obviamente, uma mudança na teoria. Hull alterou as inter-relações do construto, de modo que D e K afetassem ${}_{E}C_{R}$ em vez de ${}_{E}H_{R}$ e, assim, tornou-se possível uma rápida modificação na força da resposta, em conseqüência de mudanças na privação ou no incentivo. Não estamos sugerindo que Hull alterou as inter-relações do construto *para explicar* a aprendizagem latente. Tanto Hilgard e Bower (1966) como Koch (1954) acreditam que a alteração foi realizada para que ${}_{E}H_{R}$ pudesse ser mais facilmente quantificado. É evidente, porém, que a alteração nas inter-relações do construto possibilitaram, de fato, a explicação de alguns fenômenos da aprendizagem latente, pelo menos, qualitativamente.

O enunciado mais preciso das relações entre construtos gerou também controvérsias adicionais. Tomemos de novo, como exemplo,

$_EH_R$. Foi postulado que a sua relação matemática com o número de ensaios (N) é a seguinte:

$$_EH_R = 1 - 10^{-aN}$$

Supõe-se que os ensaios estão espaçados de maneira uniforme e considerou-se que a constante *a* é, aproximadamente, 0.03 em valor numérico (Hull, 1951, pág. 32).

Este claro enunciado matemático implica que cada ensaio contribui com um incremento para a força de H e, por conseguinte, para a tendência a responder, ainda que de forma indireta. Embora isto não seja, verdadeiramente, uma função contínua, visto que N aceita apenas valores separados, a teoria de Hull foi chamada uma teoria de *continuidade,* com o propósito de distingui-la do ponto de vista de que a aprendizagem é um processo basicamente súbito ou um processo de tudo-ou-nada. Esta última concepção seria exemplificada pela posição gestaltista, a qual defende que a aprendizagem é súbita e decorrente de uma introvisão *(insight),* logo, descontínua. A rigidez dos enunciados matemáticos de Hull fizeram com que as discordâncias surgissem a nu e resultaram em controvérsias como, entre outras, a controvérsia continuidade-descontinuidade e a travada em torno da aprendizagem latente, culminando em questões sobre a generalidade dos impulsos em hábitos ativantes.

Críticas ao Sistema Hulliano

Poucos psicólogos terão enfrentado críticas tão penetrantes e amiúde veementes quanto Hull. Como um líder neobehaviorista, ele herdou o tipo de críticas que antes eram formuladas contra Watson. Muitas dessas críticas foram polêmicas ou basearam-se em divergências fundamentais de opinião, em matéria metodológica ou teórica; outras parecem ter sido triviais ou mesmo de natureza pessoal. Não obstante, os pontos críticos mais sólidos persistentemente formulados contra Hull merecem a nossa atenção.

Abordagem Sintética. Como vimos, Hull tentou elaborar uma teoria completa e abrangente para explicar, quase de um só golpe, o comportamento mamífero. O seu empreendimento sistemático foi essencialmente sintético. Esforçou-se por reunir e ajustar as peças do seu quebra-cabeça sem realizar, antecipadamente, muitas pesquisas. Entretanto, em defesa de Hull, deve ser reconhecido que começou com tantas provas empíricas quantas pôde encontrar e empenhou-se, insistentemente, em acumular provas adicionais.

Hull tentou rivalizar com a elegância formal dos sistemas de Euclides e Newton num prazo de tempo muito inferior ao que foi requerido pelo desenvolvimento desses sistemas formais maravilhosamente integrados. A concisão e elegância do produto final escondem as vacilações e sobressaltos do desenvolvimento real, no caso da teoria hulliana formal; talvez o progresso teórico tivesse sido facilitado por esforços menos ambiciosos no ponto de partida. Hoje, é geralmente reconhecido, mesmo pelos que simpatizam com o tipo hulliano de psicologia, que os seus esforços representaram uma abordagem francamente otimista de um conjunto excessivamente complexo de problemas.

Abordagem Particularista. Talvez a crítica mais persistente, por parte dos simpatizantes, seja que Hull confiou demais em certos valores particulares de algumas variáveis críticas, dentro de circunstâncias experimentais especiais. O problema da generalidade, sempre espinhoso na teoria do comportamento, foi logo assinalado por Koch (1944, pág. 283) em sua crítica de *Principles of Behavior;* mais recentemente, Hilgard e Bower (1966, pág. 186) referiram-se ao mesmo ponto, sublinhando que o sistema de Hull depende de constantes particulares, obtidas na experimentação com ratos (acionando uma barra) e com a pálpebra humana.

Uma indicação do particularismo extremo de certos aspectos da teorização de Hull, no sentido de dependência de disposições experimentais particulares, pode ser vista em sua definição provisória do *wat* (em homenagem a Watson) como a unidade de potencial de reação (1951, pág. 100):

> O wat é o desvio-padrão médio do potencial de reação momentâneo ($_{E}C_{R}$) de ratos albinos típicos, de 90 dias de idade, em situação de aprendizagem de um simples ato de manipulação que requer uma pressão de 10 gramas, mediante ensaios distribuídos ao longo de 24 horas, após 23 horas de fome (dieta de água), com a recompensa na forma de uma reação de 2,5 gramas do usual alimento desidratado para cães, sendo a média tomada de todos os ensaios de reforço que produzam uma força de hábito de .75 até .85 habs, inclusive.

Deve ser evidente a improbabilidade de uma generalização bem sucedida, a partir de tais valores particulares como o peso da comida e a pressão do manipulandum, para outras variáveis no comportamento animal e muito menos para as funções mais complexas de comportamento das formas mamíferas superiores, como os seres humanos. Assim, conquanto a especificidade de Hull seja, em alguns aspectos. admirável, as aspirações da sua teorização parecem bastante distanciadas de suas realizações concretas. Em seus últimos escritos, o próprio Hull pôs cada vez mais reservas à generalidade da sua teoria (cf. Koch,

1954, págs. 167 e segs.), como ficou especialmente evidenciado no tom mais comedido de sua obra final (Hull, 1952).

A única resposta razoável a essas críticas é, simplesmente, que os resultados determinarão a eficácia da abordagem. Mais importante ainda, trata-se também da única resposta à crítica mais geral feita contra os teóricos E-R: a de que eles simplificam excessivamente problemas de comportamento que são complexos. Até que o tentemos, não podemos estar realmente certos sobre se uma abordagem como a de Hull será adequada para explicar as complexidades do comportamento mamífero — e a única maneira científica para ter a certeza é tentá-lo.

Fraqueza Lógica. Provavelmente, o ataque crítico mais eficaz à teoria de Hull envolve a demonstração de que o seu sistema não é, em absoluto, o sistema lógico solidamente construído que pretendia ser e que muitos, por largo tempo depois da sua publicação, acreditavam ser. Por vezes, Hull não foi capaz de estabelecer conexões logicamente necessárias entre os seus construtos. Surgiram então alguns ataques críticos cuidadosamente formulados. A crítica de Koch (1954) é particularmente devastadora, em virtude da sua documentação extremamente pormenorizada e sofisticação lógica (apesar da sua atitude desfavorável e, por vezes, injusta). Hoje, está comprovado que a fácil testabilidade das relações de construto, que Hull previra, é largamente ilusória. Cotton (1955) fornece-nos uma demonstração persuasiva e magnificamente elaborada da impossibilidade de realizar previsões com base na teoria de Hull, tal como foi apresentada. As dificuldades subsistem mesmo quando são formulados pressupostos "amistosos", na tentativa de tornar as derivações possíveis. Somos forçados a concluir que a teoria de Hull não foi completa e acabada, mesmo no sentido lógico.

Há duas reações típicas à crescente compreensão de que a teorização de Hull peca por inadequação lógica: a primeira consiste num acentuado deslocamento para um tipo de positivismo puramente descritivo, como o que Skinner nos oferece; e a segunda é uma intensificação da atenção prestada aos chamados sistemas miniaturais, mediante os quais se abordam mais completamente certas áreas mais limitadas de problemas (cf. Capítulo 3). O próprio Hull deu provas de imitar a sua abordagem em *A Behavior System* (1952), onde ele explorou sistematicamente algumas áreas problemáticas e reduziu a ênfase previamente dada ao sistema global.

Contribuições de Hull

Terminologia e Metodologia Objetiva. A própria vida de Hull foi a de um cientista e um erudito, uma vida dedicada às coisas do espírito. Mas, em sua psicologia, ele estava decidido a começar com a ação, a ficar com a ação e a ver até onde a ação poderia levá-lo. Portanto, os seus termos não eram nomes novos para velhos conceitos. *Inibição, força do hábito, potencial de reação* eram palavras que continham alguma da vitalidade ativa do seu criador, ressonantes de promessas de espalhar o programa evangélico do behaviorismo no mundo incrédulo, nas celebrações do culto psicológico a Watson. O tipo de metodologia subentendida por esses termos não será esquecido, seja qual for o destino da teoria em que Hull os incorporou.

Acreditamos que a mais importante contribuição de Hull à psicologia foi a sua demonstração do valor de alargar as vistas para a meta final de uma teoria inteiramente científica e sistemática do comportamento. Hull dedicou sua própria vida científica à perseguição desse objetivo final e assim influenciou até aqueles que discordaram mais veementemente dos detalhes de seu trabalho. Poucos psicólogos exerceram um efeito tão profundo e duradouro sobre a motivação profissional de tantos investigadores. Ele popularizou, como nunca se conseguira antes dele, uma abordagem behaviorista rigorosamente objetiva.

Novas Áreas de Problemas. Hull inaugurou novas áreas de problemas num sentido algo peculiar. Não desenvolveu novos e importantes aparelhos nem iniciou pesquisas em áreas previamente virgens. O que ele fez, outrossim, foi reconceber os modos de encarar os problemas e sugeriu novas relações a serem estudadas. Era um psicólogo teórico, no mesmo sentido em que alguns físicos são físicos teóricos. Infelizmente, era um teórico que não fora precedido por nenhum Einstein, Newton, Copérnico ou mesmo um Arquimedes, no campo da psicologia. Não obstante, quando formulava um postulado ou derivava um teorema do seu conjunto de postulados, havia outros investigadores dispostos a realizar experimentos para testar as relações enunciadas; por exemplo, depois que Hull afirmou a sua convicção sobre o formato do gradiente de generalização, as pesquisas foram logo focalizadas para a demonstração empírica do gradiente. A própria tentativa de formalizar uma teoria do comportamento obrigou Hull e seus seguidores a verem o que deveria ser conhecido, antes dessa formalização poder ser completada. Conceitos básicos como o de estímulo e processos básicos como o de reforço tiveram de submeter-se a um exame intensivo.

Embora Hull fosse fortemente atacado pelos teóricos cognitivos e os teóricos do campo (cf. Capítulo 11), num aspecto o seu sistema é mais "de campo" do que a teoria típica de campo. Hull especificou tantas variáveis importantes quantas as que pôde razoavelmente conceber e também enunciou o seu modo hipotético de interação (cf.

Figura 10-1). Esse elevado grau de especificidade teórica não só supera em muito a utilização, predominantemente especulativa, do condicionamento pelos primeiros behavioristas, como Watson, mas também oferece algo muito mais concreto do que qualquer dos críticos de Hull, os quais eram mais propensos a contrapor à especulação watsoniana a sua própria especulação do que a fornecer uma especificação da composição do campo psicológico (cf. Estes, 1954b).

Finalmente, Hull foi criticado por alguns psicólogos de outras persuasões por dar uma excessiva direção ao esforço de pesquisa. Ele e o seu sistema concentraram esforços na solução daqueles problemas teóricos que ele considerava necessário resolver para que a teoria do comportamento pudesse efetuar significativos progressos. Entretanto, alguns opinaram que, no momento atual, não podemos nos permitir uma decisão sobre a direção da pesquisa, em bases teóricas formais. Pelo contrário, devem ser estudadas aquelas áreas empíricas que estão produzindo resultados que são interessantes em si mesmos. Por nossa parte, acreditamos que ambos os pontos de vista são valiosos e que é uma felicidade existirem psicólogos, em grande número, dispostos a enveredar por ambos os caminhos; Hull deu uma grande contribuição ao proporcionar uma espécie de orientação.

O Lugar de Hull na História

O lugar de Clark Hull na história da Psicologia parece estar assegurado. Ele pode ter sido um daqueles raros homens cuja influência ativa, em seu tempo, foi de tal ordem que são capazes de reorientar uma ciência. Por outro lado, talvez haja quem prefira o ponto de vista alternativo de que essa influência aparente é uma ilusão, resultante do fato de um homem ter se limitado a acompanhar, meramente, a corrente histórica dos acontecimentos e, portanto, nada mais ter feito do que caminhar, realmente, *com* o seu tempo. Este último ponto de vista foi particularmente enfatizado por Boring (1950), tal como o ilustra o conceito de *Zeitgeist,* ou "espírito dos tempos", em contraste com a interpretação da história em torno do "grande homem", de Carlyle.

Seja qual for a causalidade, o certo é que Clark Hull encontrou a psicologia debatendo-se ainda, afanosamente, com amplas questões sistemáticas, e deixou grandes segmentos dela debatendo-se com as críticas aos seus postulados e teoremas. Num certo sentido, ambos os tipos de luta são mal empregados. As questões sistemáticas eram inimigos esquivos para o psicólogo e o sistema de Hull revelou, aos olhos do estudioso sério, lacunas que tornaram as críticas quase supérfluas. Entretanto, Hull ensinou à psicologia um novo tipo de jogo, tão fascinante que, hoje, todos querem jogá-lo, com exceção dos positivistas mais rigorosos.

É paradoxal que Hull tenha modificado a metateoria, por causa da sua preocupação com a teoria. Os seus predecessores, os primeiros behavioristas, fizeram o máximo que podiam para afastar a psicologia das questões verbais e aproximá-la dos problemas de maior significado empírico. Mas nunca o conseguiram de todo. Hull logrou-o com um efeito positivo. Sem dúvida, Hull estava profunda e inteligentemente interessado na metateoria, e o seu sistema foi o mais grandioso jamais tentado pela tradição behaviorista. A sua distinção e a sua influência baseiam-se no fato de que ele não parou aí. A sua tentativa de avançar pelo desconhecido e emaranhado terreno onde as questões específicas são resolvidas foi, em grande parte, um fracasso. Isso era inevitável naquele tempo. Não regressou com mapas que pudessem ser prestáveis mas ninguém, antes de Hull, dera aos exploradores psicológicos um sentimento tão nítido do que uma teoria psicológica deveria ser.

Um outro paradoxo é a falta de rigor de Hull. O seu sistema tinha a aparência mas não a realidade. Nunca teve tempo de alisar rugas ou limar arestas. Nisto, ele está na boa companhia de todos os grandes homens da psicologia. Se, em psicologia, existe um homem excessivamente temeroso de estar errado, esse homem não publica qualquer teoria extensa. Hull, ainda que se esforçasse por formular enunciados rigorosos, teve de permanecer junto dos que não conheciam o medo. Desta maneira um tanto peculiar, ele gravou seu nome num dos nichos da História, ladeado pelos sistematizadores anteriores e pelos seguidores que construirão teorias mais duradouras do comportamento.

Por algum tempo, pareceu que Hull fizera da psicologia o seu quintal particular. No começo da década de 1950, ele foi citado mais freqüentemente do que qualquer outro psicólogo no *Journal of Experimental Psychology* (Ammons, 1962) e os *Principles of Behavior* (1943) foram o livro mais vezes citado, com o seu rival mais próximo citado quatro vezes menos do que ele no *Journal of Experimental Psychology* e três outras revistas incluídas na tabulação. Entre 1930 e 1950, Hull foi considerado o mais notável teorizador psicológico (Coan e Zagona, 1962, pág. 319). Recentemente, porém, dir-se-ia que a sua queda das alturas do favoritismo tem sido rápida. O pêndulo do estilo teórico passou, rapidamente, para os procedimentos indutivos mas existem indícios de que está oscilando de volta. Os modelos matemáticos de âmbito menos grandioso estão se tornando populares (ver o Capítulo 13) e não há como negar a prioridade de Hull e sua influência pioneira nesse tipo de empreendimentos.

Os Discípulos de Hull

Kenneth W. Spence (1907-1967) foi o mais importante sucessor de Hull, no que se refere ao tipo de teoria que Hull estava tentando desenvolver. Formou-se na Universidade de Yale, onde foi fortemente influenciado pela sua associação com Hull, embora se doutorasse sob os auspícios de Yerkes; durante quatro anos, trabalhou no *Yale Laboratory of Primate Biology,* em Orange Park. De 1938 a 1964, esteve na Universidade de Iowa, onde trabalhou ativamente em pesquisas sobre aprendizagem e motivação. Em 1964, transferiu-se para a Universidade do Texas, onde permaneceu até à sua morte, na idade relativamente prematura de 59 anos. Enquanto esteve em Iowa, publicou uma série de ensaios teóricos em colaboração com Gustav Bergmann, o filósofo. As principais obras de Spence são *Behavior Theory and Conditioning* (1956) e *Behavior Theory and Learning: Selected Papers* (1960). A primeira baseou-se nas *Silliman Lectures* de 1955, realizadas em Yale; Spence foi o primeiro psicólogo a ser distinguido por um convite para proferir aquelas conferências.

As primeiras pesquisas e teorizações importantes de Spence trataram do problema da aprendizagem da discriminação (1936; 1937a, 1937b). Apresentou uma demonstração clássica de como uma teoria de condicionamento, envolvendo tendências de reação positivas e negativas que interatuam algebricamente, pode explicar os dados primários de discriminação e transposição. O seu debate com os gestaltistas sobre a explicação desses fenômenos (cf. Capítulo 8) é uma excelente ilustração de abordagens opostas para uma explicação psicológica. De um lado, vemos Spence operando no modo redutivo característico da psicologia associacionista, da psicologia E-R como uma versão mais moderna, de Hull e do próprio Spence. O Cânone de Lloyd Morgan é um dos primeiros princípios de teorização para essa tradição. A teorização de Spence sobre discriminação e transposição serve como um inspirador modelo de simplicidade e claridade para os expoentes dessa abordagem geral. Os primeiros trabalhos de Hull sobre a derivação de comportamentos complexos, a partir do condicionamento, foram semelhantes nesse aspecto.

Embora reconhecendo a sua dívida para com a teoria básica hulliana, Spence teve o cuidado de sublinhar as diferenças entre seus próprios esforços teóricos e os de Hull (cf. especialmente seu livro de 1956). Ele estava menos interessado na formalidade abrangente com que Hull dotara sua obra e mais preocupado com a quantificação de variáveis. Não compartilhava do entusiasmo de Hull pelas sugestões e especulações fisiológicas, pensando que, enquanto a fisiologia não tenha algo mais a oferecer à psicologia, ela pode ser lucrativamente excluída da teoria do comportamento. Disse ele (1956, pág. 57) que não aceitava a ênfase hulliana sobre a redução da necessidade como o componente essencial do processo de reforço; por sua parte, não formulou qualquer pressuposto fisiológico específico sobre a natureza da ação de um reforçador. Finalmente, foi muito mais cauteloso do que Hull ao não "arriscar um conjunto de postulados teóricos na base de um mínimo de dados empíricos" (1956, pág. 58). Spence também acentuou que, no tocante à questão afim da generalidade, pretendia que o seu próprio trabalho se restringisse às situações experimentais particulares donde seus dados provinham. Spence adotou a abordagem hulliana básica e muitos dos seus construtos teóricos mas deu menos destaque à abordagem postulacional e modificou alguns dos postulados de Hull que por ele foram aceitos.

Spence tratou as variáveis motivacionais básicas de um modo algo diferente do de Hull. Ambos supuseram que havia uma relação multiplicativa entre a motivação e o hábito na produção de resposta (potencial de reação). Contudo, Spence teorizou que os fatores de incentivo e privação se somavam para produzir a motivação; Hull colocava o incentivo e a privação numa relação multiplicativa. A formulação de Spence permitia a ocorrência de uma resposta, mesmo quando o incentivo ou o impulso estava em zero, desde que o outro fator fosse não-zero. A relação multiplicativa de Hull pedia um valor zero de $_EC_R$ quando o incentivo ou o impulso era não-zero; entretanto, é difícil embaraçar Hull sobre este ponto, pois não é fácil ter a certeza de que o impulso está completamente ausente. Tampouco é fácil optar entre os pressupostos aditivo e multiplicativo, mediante um estudo paramétrico em que se varie D e K. A razão é que se supõe que K está relacionado com as respostas fracionais antecipatórias da meta e com os estímulos por elas produzidos. Assim, a motivação acabou tendo um componente aprendido e a relação entre impulso, incentivo e potencial de reação fica ainda mais complicada. Num certo sentido, as duas teorias receberam uma "cadeia secundária" que deve ser tomada em conta quando se formula previsões. Isto é, suponha-se que estamos calculando $_EC_R$ para uma resposta, após numerosos ensaios. O seu montante dependerá de K. Por sua vez, o montante de K dependerá do $_EC_R$ das respostas fracionais antecipatórias da meta, condicionadas às pistas presentes. Assim, temos de calcular $_EC_R$ duas vezes, a primeira vez na cadeia teórica secundária que determina um valor para K.

Spence também adotou um ponto de vista do reforço muito diferente do de Hull. Em seu último livro, ele supôs que a formação do hábito não dependia do reforço. Sugeriu uma teoria de aprendizagem de dois fatores que é precisamente o inverso da usual. Supõe-se, usualmente, que os fatores de contigüidade explicam o condicionamento clássico e que o reforço explica o condicionamento instrumental. A explicação de Spence da contigüidade, para o condicionamento instrumental, não requer qualquer mudança na forma básica da teoria; ela modifica, simplesmente, a definição do que constitui um ensaio para fins teóricos. Quanto a Hull, um ensaio era um ensaio *reforçado*. Para Spence, o reforço não importava; só interessava que a resposta fosse desempenhada na presença do estímulo. Neste ponto, a posição de Spence assemelhava-se à de Tolman (ver o Capítulo 11); Spence estava interessado na teoria concorrente de Tolman e bastante próximo deste em algumas de suas atitudes metodológicas (Kendler, 1967).

Após o seu desenvolvimento inicial da teoria aplicável à aprendizagem da discriminação simples, Spence dirigiu ou supervisou programas de pesquisa sobre o condicionamento da pálpebra, aprendizagem latente, transposição, reforço secundário e "ansiedade", medida por uma técnica de questionário (ver Spence, 1960). O seu trabalho, grande parte do qual foi realizado em colaboração com Janet Taylor Spence, sobre a relação entre ansiedade e aprendizagem é profusamente citado em artigos sobre personalidade.

Uma das preocupações de Spence em seu trabalho subseqüente foi destrinçar os fatores cognitivos dos resultados de estudos sobre o condicionamento da pálpebra humana. Os trabalhos anteriores tinham demonstrado evidentes diferenças qualitativas entre o condicionamento da pálpebra em animais inferiores e no homem. Tipicamente, os sujeitos humanos extinguiam o pestanejar condicionado num número muito pequeno de ensaios, usualmente um ou dois, apenas, ao passo que os animais continuavam dando respostas condicionadas durante centenas de ensaios. Spence e seus alunos utilizaram uma engenhosa tarefa de mascaramento para esconder a verdadeira natureza do experimento, assim eliminando, aparentemente, a influência de fatores cognitivos inibitórios e obtendo um comportamento de extinção, em sujeitos humanos, que era paralelo ao comportamento tipicamente observado em sujeitos animais (ver Spence, 1966).

Este último trabalho de Spence prende-se à história dos sistemas psicológicos de uma forma deveras interessante. Em primeiro lugar, a situação experimental está especialmente planejada para reduzir um aspecto do funcionamento dos sujeitos humanos ao nível de funcionamento animal. Depois de Darwin, os que trabalhavam de acordo com uma tradição reducionista tiveram de enfrentar, freqüentemente, a acusação de que estavam tentando, em geral, reduzir as capacidades humanas ao nível das aptidões animais. A investigação de Spence sobre o condicionamento da pálpebra exemplifica, assim, em nível experimental, uma tendência redutiva que, com demasiada freqüência, se manifestava apenas num nível teórico. Ao mesmo tempo, a tentativa de redução impôs o reconhecimento claro de uma diferença qualitativa entre o funcionamento humano e animal. As diferenças, tal como as semelhanças, tinham permanecido nebulosas e teóricas quase o tempo todo. Ao dar seguimento ao programa redutivo de Hull, Spence descobriu fatores que, pelo menos agora, não podem ser redutivamente explicados com êxito. Assim, como tantos cientistas honestos, Spence proporcionou uma contribuição favorável aos que sustentavam pontos de vista contrários sobre a natureza do homem.

Hull teve outros discípulos que também se tornaram importantes teóricos por direito próprio. Destacaremos apenas dois deles: O. H. Mowrer, que será focalizado brevemente numa parte ulterior deste capítulo por causa do seu desenvolvimento de uma teoria bifatorial de aprendizagem, e Neal Miller (1909-), que tem sido quase inacreditavelmente fértil, sobretudo na investigação empírica, mas também, em certa medida, em desenvolvimentos teóricos que resultam diretamente dos dados por ele colhidos. Ele trabalhou em colaboração com John Dollard para integrar a teoria da aprendizagem com a teoria psicanalítica, em *Personality and Psychotherapy* (Dollard e Miller, 1950). É provável que esse livro tenha sido um fruto dos seminários de Hull, em 1936 e 1937, sobre as relações entre essas duas áreas aparentemente diversas da psicologia. Por sua vez, não há dúvida de que o trabalho de Dollard e Miller ajudou a preparar o caminho para os mais recentes progressos no domínio da modificação do comportamento.

Miller também realizou uma obra mais do que suficiente para constituir uma carreira completa e bem sucedida na psicologia fisiológica. Alguns desses estudos e muitas das suas investigações comportamentais são recapitulados no seu artigo para a série Koch (N. E. Miller, 1959).

Alguns dos experimentos de Miller envolveram a estimulação elétrica dos centros cerebrais; alguns, os efeitos da alimentação fistular; e outros, o enchimento prévio do estômago com diversas substâncias, antes da ingestão de alimentos ou do início de comportamentos instrumentais. Ainda outros estudos consistiram em exames de alimentação sem quaisquer conseqüências nutritivas e muitos focalizaram os efeitos de drogas sobre o comportamento.

Não surpreende que Miller tenha sido levado a uma cuidadosa e sofisticada análise do início e cessação do comportamento. Em primeiro lugar, ele estava cônscio do fato de que, sob certas condições, a estimulação elétrica de centros cerebrais será alternativamente iniciada e parada por ratos que tenham liberdade de fazer ambas as coisas. Em segundo lugar, Miller sabia que a alimentação pode, por vezes, ser iniciada por estimulação cerebral ou interrompida pela carga estomacal, e que a ingestão de alimentos pode *não* parar quando "devia", após a provocação de lesões cerebrais hipotalâmicas.

A reflexão sobre os mecanismos de "pare" e "siga" pode ter ajudado, por sua vez, a levar Miller para as suas concepções teóricas sobre a natureza do reforço. Ele também recebeu, em 1954, a influência de algumas das idéias de Sheffield (Haber, 1966, págs. 98 e segs.). Sheffield tinha sugerido que um *aumento* no impulso, produzido direta ou indiretamente pela recompensa, poderia explicar melhor a aprendizagem do que o declínio no impulso ou no estímulo impulsivo, tipicamente suposto em teorias anteriores. Hull e Miller teriam, em certa altura, aceito o ponto de vista de que o reforço é eficaz porque reduz a intensidade dos estímulos de impulso. É razoável admitir que Sheffield tenha contribuído para a decisão de Miller de alterar a sua teoria de reforço.

Miller sugeriu (1963) que as operações de reforço são eficazes porque têm um mecanismo ativo de "siga". As respostas que ocorrem quando o mecanismo é ativado são intensificadas e aumentam de freqüência, segundo o ponto de vista de Miller. A aprendizagem requer apenas contigüidade entre estímulo e resposta mas a aprendizagem é incrementada por aumentos na intensidade ou freqüência do emparelhamento. O reforço (ativação do mecanismo de "siga") aumenta, indiretamente, a aprendizagem, mediante o incremento das oportunidades para que a contigüidade produza aprendizagem.

Esta engenhosa proposta é semelhante às sugestões de muitos outros teorizadores. Tem uma impressionante semelhança com a teoria de Guthrie, segundo a qual a contigüidade, por si só, seria bastante para a aprendizagem (ver a discussão deste ponto mais adiante, neste capítulo). A "reação confirmatória" de Thorndike é algo parecida com o mecanismo de "siga", de Miller; este último, porém, afetaria a aprendizagem indiretamente, através de um recrudescimento no desempenho (que é o modo como Tolman veria também o problema), em vez de um fortalecimento direto das conexões, como Thorndike tinha sugerido.

Recentemente, Miller empenhou-se em numerosos estudos sobre se as respostas autonômicas podem ser condicionadas através de técnicas operantes (N. E. Miller, 1969). Essas investigações tratam de um problema que foi central para Hull; já vimos que Hull aceitou o princípio de efeito, de Thorndike, como condição básica para a aprendizagem. Hull tinha rejeitado o seu anterior compromisso conjetural com a contigüidade (como no condicionamento clássico) como condição suficiente para a aprendizagem. O trabalho de Miller, demonstrando que o sistema autonômico é surpreendentemente suscetível a modificações, através da aprendizagem do efeito, corrobora a formulação mais recente de Hull, embora indiretamente.

Ironicamente, mais ou menos na mesma época em que Miller estava ampliando o âmbito do comportamento, o qual podia ser modificado através da aprendizagem de recompensa, Brown e Jenkins (1968) relataram que o comportamento de bicada num interruptor podia ser induzido, simplesmente, iluminando o interruptor antes do suprimento de comida, isto é, mediante um procedimento muito parecido com o do condicionamento clássico. É possível que estejamos prestes a perder uma das nossas distinções clássicas — entre o condicionamento clássico e o condicionamento operante. Poderá surgir reformulada como uma distinção entre programas independentes da resposta e dependentes da resposta (Staddon e Simmelhag, 1971).

TEORIA DO REFORÇO: O POSITIVISMO SKINNERIANO

A Carreira de Skinner

B. F. Skinner tem tido uma carreira das mais notáveis. Assemelha-se à de *Sir* Francis Galton em sua demonstração de uma vasta gama de interesses e excepcional talento para as operações empíricas. As contribuições de Skinner têm sido caleidoscópicas. Sua irrequieta curiosidade intelectual tem se recusado a ser contida nos estreitos limites de uma área especializada. Interessou-se pela análise da aprendizagem verbal, pelo adestramento de pombos para guiar mísseis, pelas máquinas de ensinar e pelo controle do comportamento mediante o reforço programado. Os engenhosos aparelhos a seu crédito incluem um dispositivo automático para cuidar de bebês, utilizado primeiro com um de seus próprios filhos e depois comercializado. Em suas horas de ócio, Skinner ainda arranjou maneira de escrever um romance sobre um tema utópico: *Walden Two* (1948b).

Skinner doutorou-se em Harvard, em 1931. Após vários anos de bolsas pós-doutorais, lecionou na Universidade de Minnesota (1936 a 1945) e na Universidade de Indiana (1945 a 1947), onde foi presidente. Regressou a Harvard em 1947. Durante as décadas de 1930 e 1940, a influência de Skinner foi inferior à de Hull e Tolman mas hoje é muito maior (Coan e Zagona, 1962). A sua influência sobre os mais jovens psicólogos tem sido particularmente impressionante. Uma parte da razão para a sua ascendência atual está no desapontamento reinante com a teoria compreensiva do tipo hulliano. As inclinações positivistas de Skinner estão no pólo oposto à preferência de Hull pelo desenvolvimento de teorias formais.

Ênfase Metodológica

Skinner é mais conhecido pela sua insistência numa abordagem estritamente descritiva e ateórica da pesquisa sobre o comportamento. Ele é desde há muito da opinião de que o estado de conhecimentos em psicologia é inadequado para justificar uma teorização elaborada e formal. Os skinnerianos afirmam, freqüentemente, que quando se desenvolve e defende uma teoria, as satisfações pessoais obtidas das confirmações e refutações tendem a ocupar o primeiro plano, deslocando a aquisição de fatos. Skinner acredita que, através de uma cuidadosa coleta de dados, pode se obter um progresso mais efetivo no sentido da previsão e controle do comportamento. O seu objetivo tem sido a "análise funcional do comportamento". Para alcançá-lo, devem ser utilizadas técnicas experimentais e estabelecidas as relações entre variáveis. Finalmente, sustenta Skinner, serão estabelecidas suficientes relações empíricas para justificar a formação de algumas teorias limitadas ou de generalizações mais abrangentes; mas estas devem ser preparadas com prudência. Deve ser permitido o desenvolvimento de tais princípios integradores e não forçá-los prematuramente.

Skinner não é contra toda a teoria e talvez acredite que a psicologia não está hoje mais madura para a teorização do que estava há quarenta anos, quando ele ingressou no campo. De qualquer modo, foi ele quem afirmou (Evans, 1968): "Mas eu antevejo uma teoria global do comportamento humano que reunirá uma quantidade imensa de fatos e os expressará de um modo mais abrangente e universal. Eu estaria muitíssimo interessado em ajudar e instigar o estabelecimento dessa teoria, pois considero-me um teorizador" (pág. 88). De fato, Skinner empenhou-se em ressaltar o seu interesse na teoria, subintitulando um de seus livros (1969) como *A Theoretical Analysis* e pormenorizando, no seu prefácio, os numerosos artigos teóricos que escreveu. É perigoso elaborar excessivas generalizações com Skinner, tal como ocorre no caso de um Titchener ou de um Thorndike — ou de qualquer grande figura na história da psicologia. Os homens brilhantes raramente adotam posições tão extremas quanto as que lhes são atribuídas por críticos incautos.

Um segundo ponto metodológico importante de Skinner foi a sua insistência numa completa análise do comportamento de um único organismo e sua relutância em usar grupos numerosos de sujeitos. Com excessiva freqüência, afirmou ele, são usadas grandes quantidades de sujeitos para encobrir a falta de controles experimentais; com adequadros controles, deve ser suficiente um único sujeito ou um número muito reduzido de sujeitos. O emprego de numerosos sujeitos, diz Skinner, também conduz, indiretamente, a outras dificuldades. Quando é usado um grande grupo, o experimentador fica atento, primordial ou exclusivamente, a certas propriedades estatísticas do grupo, em vez de atentar para os comportamentos dos indivíduos que o compõem. Assim, as variações individuais podem se perder e as medidas estatísticas talvez não descrevam as características de *nenhum* indivíduo, dentro do grupo (Sidman, 1960). Skinner não acredita que tais experimentos sejam suscetíveis de conduzir a uma ciência em que a previsão e o controle do comportamento de organismos individuais sejam possíveis. Por outro lado, quando se coletam grandes quantidades de dados de um único animal, sob condições rigorosamente controladas, os resultados serão claramente repetíveis com outros animais. Não serão necessárias técnicas estatísticas.

Em terceiro lugar, Skinner objetou particularmente à especulação fisiológica sob o disfarce de teoria. Tem se manifestado contra o que considera uma excessiva e fútil "fisiologização"; quando os dados fisiológicos oferecerem mais pontos concretos sobre os quais a observação do comportamento possa apoiar-se, então deverá permitir-se que eles influam na psicologia, mas não antes. Esta atitude geralmente afisiológica foi compartilhada por Spence e, em conjunto, eles contribuíram para o destaque, no pensamento psicológico recente, da era do chamado "organismo vazio". Mesmo nesta questão, é fácil cair num excesso de dramatização da atitude de Skinner. A sua oposição a uma excessiva fisiologização parece ser, em grande parte, uma questão de autodisciplina. Disse ele (Evans, 1968): "Jamais falei contra o estudo da fisiologia e creio que fiz tudo o que estava ao meu alcance para facilitá-lo, esclarecendo os problemas com que a fisiologia deve lidar. Ao mesmo tempo, não quero pedir o apoio da fisiologia quando a minha formulação desmorona" (pág. 22).

Uma quarta característica metodológica fundamental de Skinner tem sido a sua ênfase sobre o comportamento operante, em comparação com o comportamento respondente. Skinner desde muito cedo estabeleceu a distinção entre respostas produzidas em reação direta à estimulação (como as respostas condicionadas clássicas de um tipo pavloviano) e aquelas que são emitidas pelo organismo na ausência de qualquer estimulação externa aparente (as respostas operantes). Os estímulos que suscitam as operantes são desconhecidos. A operante livre é uma operante cuja emissão não impede diretamente as emissões sucessivas da mesma resposta; o seu estudo foi especialmente favorecido pelos skinnerianos. A operante livre é melhor exemplificada no caso do acionamento de uma barra ou alavanca pelos ratos e das bicadas numa chave ou interruptor pelos pombos. Ambos os animais respondem, usualmente, na caixa de Skinner. As caixas de Skinner estão isoladas contra ruídos, a temperatura e a iluminação estão rigorosamente controladas. Os dados obtidos sob tais condições controladas tendem a ser mais uniformes do que os usualmente coletados. Tipicamente, Skinner usou o índice de emissão de uma resposta como sua variável dependente; a resposta é simples e a medida, portanto, é relativamente livre de complicações. Para registrar os dados, foi empregado um registrador cumulativo que apresenta diretamente uma curva de freqüências cumulativas de respostas, em vez da típica curva de aprendizagem.

A operante livre como objeto de estudo, o uso de índices como dados primários e o registrador cumulativo como instrumento — estes três elementos, na opinião de Skinner, constituem uma combinação única que é propícia ao progresso. O índice só passa a ser uma medida significativa quando os operantes livres estão sendo estudados e o registrador cumulativo mostra as características do índice durante um longo período de tempo. O experimentador pode ver o que está acontecendo ao índice quase ao mesmo tempo que ele se apresenta, e pode modificar os seus procedimentos se isso lhe parecer adequado. Skinner (1966, pág. 16) assinala como foi importante na química usar pesos incolores e monótonos como medida, a fim de pôr ordem no caos que reinava nesse campo de estudo. Ele acha que o emprego de índices como medidas pode ter um efeito análogo na psicologia.

Principais Contribuições

Talvez a característica mais significativa da pesquisa e do pensamento de Skinner tenha sido o seu perseverante trabalho sobre o problema da programação do reforço no condicionamento operante. A sua ênfase original no reforço intermitente (1938) culminou no exaustivo volume *Schedules of Reinforcement* (Ferster e Skinner, 1957). Trabalhou primeiro com ratos na caixa de Skinner, depois com pombos numa câmara semelhante e, por último, com sujeitos humanos. O emprego de crianças como sujeitos em estudos de condicionamento operante, envolvendo vários programas de reforço, tornou-se uma característica muito importante das pesquisas sobre comportamento, incluindo psicólogos de vários graus de adesão aos princípios skinnerianos.

Essas pesquisas com crianças refletiram-se no trabalho aplicado com crianças (Risley, 1968); na obra citada, Risley e seus colaboradores utilizaram técnicas de condicionamento operante para ensinar comportamentos verbais e outros a crianças culturalmente desfavorecidas. Ullman e Krasner (1965) apresentam numerosos casos em que o comportamento foi modificado em crianças e em psicóticos adultos mediante a aplicação de técnicas operantes. O livro de ambos é apenas um dos primeiros a relatar o que está acontecendo atualmente no movimento de modificação comportamental. O instrumento primordialmente utilizado pelos investigadores desta tradição é o reforço, aplicado de uma forma sistemática. Usualmente, essa aplicação sistemática envolve privar o paciente do reforçador e estabelecer um programa em que o reforço é rigorosamente dependente do comportamento do paciente.

Podem ser citados numerosos exemplos de situações da vida cotidiana para ilustrar a eficácia do reforço intermitente no controle do comportamento. Um dos mais apropriados é o controle do comportamento exercido pela recompensa ocasional das máquinas caça-níqueis ou outros dispositivos de azar. O exame de outras situações indica que o programa de reforço é caracteristicamente intermitente e não contínuo, como costuma ser a programação típica em experimentos de aprendizagem. Assim, o comportamento da criança produz a aprovação no pai (ou mãe) mas não invariavelmente; o estudante tem êxito nos exames mas também falha ou deixa em branco determinados itens; e o pescador típico regressa a casa de mãos vazias, numa proporção muito grande de suas viagens.

Nas investigações de laboratório sobre os efeitos de diferentes programas de reforço, quatro tipos principais têm sido usados. São eles: o *intervalo fixo* (IF), em que se reforça a primeira resposta produzida após um certo período fixo de tempo; o *intervalo variável* (IV), em que se reforça a primeira resposta produzida após um certo período variável de tempo; a *proporção fixa* (PF), em que se reforça a primeira resposta produzida depois de uma certa quantidade fixa de respostas; e a *proporção variável* (PV), em que é reforçada a primeira resposta produzida depois de um certo número variável de respostas. Os dois programas de variáveis (IV e PV) e o programa de proporção fixa (PF) têm a característica comum de produzir notavelmente regulares e elevados índices de desempenho. O programa de intervalos fixos produz, idealmente, curvas de desempenho cumulativo mais cíclicas, com características rajadas de respostas que precedem imediatamente o tempo usual de reforço e pausas ou índices muito baixos de respostas imediatamente após o reforço. Este padrão de resposta confere à curva cumulativa a sua aparência ondulada.

A pesquisa de Skinner com o controle de comportamento animal é uma outra e duradoura contribuição. Ele desenvolveu o método de *modelagem (shaping)*. A modelagem é obtida proporcionando-se ao animal uma recompensa se a sua resposta se aproxima da resposta desejada. Por exemplo, se um rato vai ser ensinado a subir uma escada, receberá primeiro comida se, simplesmente, se aproximar da escada; depois, poder-se-á exigir-lhe que atinja a escada, depois que se coloque nela e, finalmente, que a suba, para receber a sua recompensa em comida. O método de Skinner tem sido aproveitado por um grande número de treinadores de animais. Um dos seus primeiros discípulos, Keller Breland, abandonou o campo acadêmico para dedicar-se ao adestramento de animais e tem sido muito bem sucedido (Breland e Breland, 1951, 1961).

As observações feitas pelos Brelands, no decurso do adestramento de muitas espécies de animais, levaram-nos a afastarem-se, em alguns aspectos, dos pontos de vista skinnerianos sobre condicionamento operante. Os Brelands (1961) assinalaram numerosos incidentes de fracasso, no ensino dos comportamentos operantes desejados. Por exemplo (ver Breland e Breland, 1966, págs. 67-68), os guaxinins, porcos, macacos de cheiro e outros animais mostraram, freqüentemente, ter dificuldade em soltar uma ficha que estavam aprendendo a inserir num distribuidor de comida, do mesmo modo que os humanos inserem moedas em máquinas. Os Brelands acreditam que os comportamentos mais primitivos, relacionados com alimento, foram ativados em ensaios anteriores e que esses comportamentos mais primitivos interferem no desempenho da resposta operante. Descreveram essa "inclinação instintiva" da seguinte maneira (1961, pág. 684):

> O princípio geral parece ser que, quando um animal tem fortes condutas instintivas na área da resposta condicionada, o organismo — depois de uma operação contínua — tenderá para a conduta instintiva, em detrimento do comportamento condicionado e até com retardamento ou exclusão do reforço.

Os Brelands, embora fossem formados por Skinner na tradição ambientalista que tem sido uma característica comum da perspectiva behaviorista, destacaram-se entre os psicólogos que foram, em parte, responsáveis pela reviravolta no sentido do nativismo, iniciado pelos etologistas e hoje evidente na psicologia americana. Lockard (1971) documentou uma parte da tendência nativista, aquela que está mais estreitamente relacionada com o comportamento animal, pormenorizando algumas contribuições dos Brelands e de etologistas como Lorenz e Tinbergen. As conclusões de Lockard são claramente apresentadas em enunciados como o seguinte (1971, pág. 171):

> Cientificamente falando, apenas duas peças informativas eram necessárias para incluir o comportamento na moderna síntese da nova biologia: o fato de que o comportamento possui uma base genética, tornando-o, assim,

transmissível e, portanto, sujeito à seleção natural; e o fato de que o comportamento ou, melhor, determinados comportamentos, são adaptativos — que têm relações íntimas com aspectos particulares do meio, de modo que resulte alguma vantagem. A base genética de centenas e centenas de comportamentos particulares foi demonstrada, acima de qualquer dúvida, e o significado adaptativo de certos comportamentos ficou demonstrado em centenas de casos.

Durante a II Guerra Mundial, Skinner realizou pesquisas aplicadas com animais, sob os auspícios dos *General Mills*, em Minneapolis. Segundo parece, ele estava bem avançado no desenvolvimento de um programa de treinamento pelo qual poderiam ser usados pombos no dispositivo de direção de bombas, quando o progresso das armas atômicas pôs fim à guerra e eliminou a urgência imediata dessa pesquisa. O projeto foi arquivado mas Skinner deu-nos dele uma fascinante descrição (1960).

Uma das mais impressionantes demonstrações de Skinner da potência da modelagem no comportamento animal foi a sua pesquisa sobre o "comportamento supersticioso" em pombos (1948a). Skinner demonstrou que podem se desenvolver rapidamente respostas claras e distintamente individuais em pombos famintos, quando o alimento lhes é administrado em intervalos regulares, sem levar em conta o seu comportamento. Um tal arranjo, em que a comida é entregue independentemente do animal acionar uma barra, dar bicadas num botão ou chave, ou conduzir-se de qualquer outro modo especificado, constitui um programa *não-contingente* (também designado, por vezes, por programa *incontingente*). Numa tal situação, geralmente, fixar-se-á alguma resposta operante, precisamente alguma que preceda um dos primeiros reforços da sessão e que perdurará no repertório comportamental do animal durante o período experimental. Isto ocorre porque um ou dois dos reforços iniciais aumentam o índice de emissão da resposta particular, tornando assim cada vez mais provável a sua ocorrência imediatamente prévia aos reforços subseqüentes. A resposta particular reforçada, como bater as asas, erguer o pescoço, levantar uma pata etc., varia de um animal a outro. Provavelmente, o resultado desse procedimento depende da interação entre o repertório inicial do animal na situação e o programa particular de fornecimento de reforço. Herrnstein (1966) relata um estudo em que o animal é ensinado primeiro a responder segundo um programa de intervalo fixo e, depois, transferido para um programa não-contingente; este procedimento dá ao experimentador o controle sobre o repertório do animal, pelo menos, na medida em que lhe permite especificar quais as respostas que serão de freqüência máxima quando a condição não-contingente é iniciada. Nessas circunstâncias, Herrnstein verificou que a resposta de alta freqüência era mantida num regime muito acima do nível operante, no decorrer de numerosas sessões. Entretanto, esse resultado depende, provavelmente, da relação entre as condições contingentes e não-contingentes, uma vez que Edwards, West e Jackson (1968) apuraram que os regimes de resposta declinam muito rapidamente quando as condições não-contingentes são instituídas.

O conceito de comportamento supersticioso foi generalizado para explicar alguns aspectos do comportamento que ocorre sob condições contingentes. Por exemplo, um certo número de diferentes respostas estereotipadas pode ocorrer em diferentes sujeitos, mesmo que nenhuma topografia particular seja necessária para produzir o reforço. Parece provável que algumas das topografias sejam mais esforçadas do que se fazia necessário. Poder-se-ia dizer que as topografias são supersticiosamente condicionadas por causa do seu emparelhamento adventício com o reforço.

Skinner assinalou o fato de que a conexão entre resposta e reforço, na maior parte do trabalho operante, é simplesmente uma relação temporal; como ele escreveu (1966): "A resposta só produz o fornecimento de comida no sentido de que a comida se lhe segue — uma versão de causalidade ao estilo de Hume" (pág. 14). Ele também está cônscio de que os comportamentos supersticiosos decorrem de relações resposta-reforço não especificadas pelo experimentador; e generalizou esse pensamento às condições contingentes (1966): "É característico da maioria das contingências não serem precisamente controladas e, em todo o caso, elas só são eficazes em combinação com o comportamento que o organismo leva para o experimento" (págs. 20-21). Schoenfeld, Cumming e Hearst (1968) sugeriram um esquema de classificação para os programas de reforço que os caracterizaram em função de variáveis estritamente temporais; as propriedades críticas dos programas, consideradas pelos autores, foram o comprimento do período durante o qual o reforço esteve disponível e o "comprimento total do ciclo", o qual inclui tanto o período de acessibilidade como o de inacessibilidade do reforço. Se o animal respondeu durante o período de acessibilidade, o reforço foi administrado; durante o resto do período, a resposta não produziu resultados. Eles apuraram um aumento do regime de resposta quando, para um ciclo de duração fixa, foi aumentado o tempo de acessibilidade do reforço. Inversamente, os regimes de resposta tendiam a declinar quando o tempo de acessibilidade do reforço diminuía.

Esse trabalho e o pensamento do próprio Skinner parecem apontar para uma descrição das contingências amparada em termos mais básicos do que os correntemente usados. Descrever um programa como "intervalos fixos de quinze segundos" deixa de fora as propriedades críticas da relação entre o fornecimento do reforço e o comportamento do organismo. Também encoraja uma distinção entre um tal programa e um programa de regime fixo de vinte e cinco segundos, quer essa distinção se revista ou não de importância num determinado contexto. Finalmente, as semelhanças que possam existir entre programas de reforço intermitente e fornecimento livre de alimento, numa base não-contingente, são suscetíveis de obscurecimento. Uma descrição geral em termos das propriedades mais básicas dos vários programas, na medida em que se relacionam com as respostas do organismos, deverá possibilitar a descrição de todos os tipos de programas num quadro de referência comum com o fornecimento não-contingente de reforço.

O primeiro fator que acode ao espírito é a probabilidade de que um reforço suceda a qualquer resposta específica sob estudo. Por exemplo, é fácil especificar essas probabilidades, num experimento de acionamento de barra, com um programa tradicional de regime fixo de cinco segundos, pelo menos, para a resposta de acionamento da barra. A probabilidade de que cada uma das primeiras quatro respostas a seguir ao reforço seja ela própria reforçada é zero. A probabilidade de que a quinta resposta seja reforçada é 1. É óbvio que qualquer distribuição desejada de probabilidades poderá ser programada para cada ciclo de cinco respostas. Qualquer programa baseado em cinco respostas pode ser chamado um programa de *ciclo cinco* para expressar o fato de que o mesmo conjunto de cinco probabilidades se repete durante toda a sessão. As cinco probabilidades poderiam ser 0.2, 0.4, 0.6, 0.8 e 1.0, ou poderiam ser 0.92, 0.30, 0.61, 0.00 e 0.24. Um raciocínio semelhante aplica-se aos programas intervalares, excetuando-se que as respostas são descritas em função do *tempo* decorrido desde o último reforço, não em termos do número de respostas desde o último reforço. Num programa típico, essas relações de probabilidade com a resposta conservam-se simples e somente são especificadas no tocante à resposta que está sendo registrada. Num esquema descritivo geral, não devem existir limitações quanto às distribuições de probabilidade, à propriedade da resposta de que a probabilidade é uma função ou ao número de respostas a que as distribuições de probabilidade podem ser vinculadas. Na situação não-contingente, o experimentador não especifica de antemão, habitualmente, essas distribuições de probabilidade mas elas existem — no sentido de que o animal chega à situação com várias respostas ocorrendo em diversos regimes. Estes regimes, em conjunto com o regime não-contingente de fornecimento do reforçador, determinam a probabilidade de que cada uma das respostas, no repertório, seja aquela, inicialmente, que precede o fornecimento do reforço. Esperar-se-ia que o fornecimento do reforço altere os regimes de todas as respostas no repertório e, por conseguinte, afete a probabilidade de que cada uma delas preceda o segundo reforço.

Dois estudos recentes parecem corroborar a expectativa de que o estudo do comportamento supersticioso pode ser particularmente instrutivo e de que é revelador considerar todas as respostas no repertório do animal ou, pelo menos, mais de uma. Staddon e Simmelhag (1971) estudaram a ocorrência de um número de comportamentos numa situação de reforço não-contingente. Eles apuraram, entre outras coisas, que ocorriam seqüências de comportamento altamente características; as respostas componentes das seqüências nunca ocorreram "fora de posição". Esses autores comparam os resultados de programas independentes da resposta e dependentes da resposta e sugeriram um novo enfoque da modificação do comportamento adaptativo, como um resultado da comparação de respostas múltiplas nas duas situações.

Dunham (1971) usa um procedimento básico de resposta múltipla algo semelhante para examinar o que acontece a numerosas respostas, no repertório de um animal, quando a punição é introduzida numa situação em curso. O seu estudo habilitou-o a contestar a versão dominante da teoria de punição — de que as respostas são suprimidas por punição porque as respostas alternativas são fortalecidas e concorrem com elas. Dunham também prova que apenas uma das várias respostas alternativas é, usualmente, a beneficiária do enfraquecimento da resposta punida. Parece haver poucas dúvidas de que muitos progressos serão feitos através de um exame mais cuidadoso e detalhado das relações entre reforços ou punidores e o repertório corrente do comportamento do animal.

O tempo médio de demora entre a resposta reforçada e o reforço efetivo seria também, ao que parece, uma importante propriedade de um programa de reforço. Esse período de demora mantém-se fixo e breve, usualmente, nos estudos de programas de reforço mas não é controlado nos estudos sobre os efeitos do reforço não-contingente. Quando existe uma contingência de resposta-reforço, o período de demora será constante de ensaio para ensaio, exceto no caso de variações secundárias devidas ao tempo variável de operação do equipamento ou a variações no tempo que o sujeito leva a responder à presença do reforçador. Contudo, o intervalo de reforço da resposta seria mais variável quando os reforços não-contingentes estão sendo fornecidos e seria mais longo, em média, do que no usual caso contingente. Entretanto, deve ficar claro que só o experimentador sabe se existe ou não uma contingência. Para o animal, toda a situação poderá parecer um jogo de "encontre a contingência, se existir alguma". Ele poderia ser visto por nós como uma máquina detetora de causalidade, a qual examina as relações resposta-reforço para determinar se qualquer delas se qualifica como relação causal. As características dessas relações (que supusemos acima serem descritas pela probabilidade de reforço e as propriedades dos períodos de demora resposta-reforço) são *tudo* o que o sujeito experimental precisa, em seu trabalho, para informá-lo da contingência.

O rato, como David Hume, não pode estar certo de que a causalidade existe. Tampouco pode estar certo, no caso supersticioso, de que a causalidade não existe. Se Skinner reduziu a relação a uma contigüidade temporal, como pode o animal saber que a manipulação de uma barra tem mais probabilidades de estar relacionada com o fornecimento de comida do que, por exemplo, ficar de pé nas patas traseiras? Consideremos o dilema do nosso rato-filósofo, "pensando" a respeito de um bruto choque que acaba de receber. No momento em que o choque teve início, ele estava pacatamente urinando num canto tranqüilo, tendo começado dois segundos antes. O início da urinação foi imediato mas o choque persistiu enquanto o rato saltava numerosas vezes na gaiola e parou um segundo depois dele esgravatar desesperadamente no canto sudoeste. Se o rato for muito versado em assuntos psicológicos, sabe que o experimentador podia estar tentando o choque como uma punição pelo fato dele urinar no canto (e a definição dessa classe de respostas pode ser muita ampla ou muito limitada). Por outra parte, o choque poderia estar servindo como reforçador negativo para o comportamento de esgravatar no canto sudoeste. Somente mais um ensaio, ou muitos ensaios, lhe fornecerão a informação sobre a relação resposta-reforço de que o animal precisa para destrinçar as várias possibilidades. A única diferença entre o caso aversivo e o caso de reforço positivo é que tanto o início como a compensação são dramáticos para os estímulos aversivos, enquanto que limitamos o nosso interesse, em sua maior parte, ao *fornecimento* do reforço positivo.

Se o esquema descritivo de probabilidade-tempo de demora acima exposto for aceito, as distinções correntes entre tipos de programas poderiam cair em desuso e ser consideradas casos especiais, dentro de um quadro de referência mais genérico. As realizações precisas de tais programas talvez exigissem um controle por computador do fornecimento de reforço e o uso de estimulação cerebral como reforçador, a fim de colocar o tempo de demora sob rigoroso controle. A redução dos programas ao *status* de casos especiais, dentro de um quadro de referência mais genérico, poderia ser precursora do desenvolvimento de uma teoria mais abrangente de comportamentos operantes.

Um dos outros interesses centrais e persistentes de Skinner tem sido a pesquisa e pensamento sistemático sobre o comportamento verbal. A sua conceptualização dos importantes problemas da linguagem, no comportamento humano, tem exercido grande influência neste campo. O seu interesse culminou com a publicação de uma obra capital, *Verbal Behavior* (1957b). De acordo com a interpretação de Skinner, a linguagem como comportamento verbal é basicamente semelhante a outros comportamentos e pode ser melhor entendida quando encarada nesse quadro conceptual geral.

Skinner caracteriza o comportamento verbal como comportamento cujo reforço é mediado por um outro organismo que foi especificamente condicionado para ser o mediador de tais reforços. Os operantes verbais, tal como outros operantes, são reconhecidos por causa de uma relação com uma condição antecedente que consiste, tipicamente, num estímulo controlador. Um exemplo de uma relação funcional entre uma variável antecedente e uma resposta verbal seria uma pessoa escrever "cadeira" como resposta ao objeto em que está sentada. Tais respostas são chamadas *tatos* por Skinner, visto que a sua variável controladora é *contato* com um objeto, evento ou propriedade de um objeto ou evento. Se uma pessoa diz "café" porque está privada dessa substância, ela está emitindo, para Skinner, uma *manda,* por causa da sua *demanda* de um reforçador apropriado. Skinner acredita que o curso apropriado da investigação da linguagem envolve, tão-somente, a análise funcional da relação entre os antecedentes e o comportamento verbal. O organismo não dá qualquer contribuição real para o comportamento verbal mas deve ser considerado, outrossim, um *locus* através do qual atuam as variáveis.

Usualmente, Skinner tem a seu crédito o grande interesse contemporâneo pela aprendizagem programada, um crédito que, provavelmente, ele merece em grande parte. Poderíamos considerar o seguinte trecho, que transcrevemos de Boring e Lindzey, 1967, pág. 322:

> Numa janela do pequeno aparelho apresentou-se uma questão de múltipla escolha (quatro, neste caso) a que o estudante respondeu apertando o botão correspondente à resposta que julgou ser a certa. Se fosse, apresentava-se então a questão seguinte; mas, se não fosse, teria de tentar de novo até encontrar a resposta correta. Entrementes, um contador mantinha um registro cumulativo dos seus ensaios. Além disso (duas características que nenhum dispositivo tivera até então), se uma alavanca era levantada, o dispositivo convertia-se numa máquina para calcular automaticamente os escores e testar as recompensas; qualquer que fosse o botão pressionado, a questão seguinte aparecia mas o contador registrava apenas as certas; da mesma forma, quando o ponto certo de um dial de recompensa era alcançado, um caramelo era automaticamente apresentado...

Esta transcrição não é da autobiografia de Skinner mas da de Pressey e a máquina descrita foi exibida em 1925. Entretanto, as máquinas de ensinar só vingaram muito mais tarde. É interessante indagar por quê. As próprias máquinas passaram por mudanças mas algumas das que obtiveram maior êxito são muito simples — não mais complexas do que a muito mais antiga criação de Pressey. Os modernos expoentes da aprendizagem programada insistiriam, provavelmente, em que os materiais estão hoje melhor organizados e que as características técnicas dessa organização são responsáveis pelo maior êxito atual da aprendizagem programada.

Entretanto, não deixa de ser interessante admitir a possibilidade de que a razão do êxito de Skinner na divulgação dessa abordagem da aprendizagem, quando Pressey fracassara trinta anos antes, é que Skinner tinha melhores razões para crer que a técnica tinha de funcionar. Além disso, Skinner contava com um grupo coeso e entusiasta de seguidores e Pressey não. Os princípios do condicionamento operante estavam funcionando no controle do comportamento animal e esforços concorrentes indicavam que também funcionariam no controle do comportamento humano. Assim, estava se desenvolvendo um *Zeitgeist,* no qual a aprendizagem programada poderia prosperar. Provavelmente, o destino de Pressey foi estar, em 1925, um pouco adiantado em relação ao seu tempo.

Mais recentemente, o último livro de Skinner, *Beyond Freedom and Dignity* (1971), lançou a luva da nossa sociedade. O Vice-Presidente Spiro Agnew levantou-a (Goodall, 1972). Julgando pelo fato de que o livro tem andado na cabeça das listas de *best-sellers* há muito tempo, os membros individuais da nossa sociedade também a apanharam. Sem dúvida, Skinner lançou um desafio deliberado quando deu a entender que a liberdade e a dignidade, duas das nossas vacas sagradas, estão no caminho do progresso para um mundo melhor. Agnew, o protótipo de um bom hindu americano, dificilmente estará disposto a comer essas vacas, mesmo que o mundo morra de fome. Estes autores não têm comentários a fazer sobre se essas vacas pertencem à rua ou à mesa; contudo, parece provável que a sociedade se prepara para levar a psicologia cada vez mais a sério e o livro de Skinner é um dos acontecimentos mais importantes para atrair as atenções da sociedade. Pode ser que, no futuro, a psicologia obtenha um apoio mais compatível com a importância dos problemas com que deve lidar.

Críticas a Skinner

Os ataques mais persistentes concentraram-se no positivismo de Skinner. Os críticos sustentam que Skinner está se iludindo a si próprio se acredita que a teoria não tem valor. A teoria é inevitável. Todo e qualquer experimento, toda e qualquer observação, de um modo ou outro, são planejados e baseados em idéias ou palpites; portanto, dizem os críticos, é preferível pôr desde logo os pressupostos a descoberto e formalizá-los. Assim, eles poderão ser reconhecidos e avaliados criticamente, em vez de se refugiarem no anonimato. Além disso, a teoria formal nas ciências mais antigas permitiu uma generalidade que a coleta de dados, como quer Skinner, jamais conseguirá obter só por si.

Skinner dispõe de várias respostas. Primeiro, ele não é antiteórico; é apenas contra certos tipos de teorias, as que são prematuras ou aquelas que são meras tentativas para evitar a necessidade de um trabalho empírico ou de uma explicação autêntica. De fato, ele acredita que as teorias podem guiar os investigadores na realização de esforços improfícuos para confirmar ou desconfirmar teorias, quando eles poderiam dedicar-se mais lucrativamente à exploração de interessantes situações empíricas. As teorias devem ser primordialmente indutivas e não baseadas em conjeturas lógicas. As teorias *devem ser* um produto final do esforço científico mas têm de ser propostas apenas quando se dispõe de todos os dados necessários para apoiá-las. Em segundo lugar, Skinner insistiria, provavelmente, em que os pressupostos precisam ser mantidos num mínimo. A especulação prematura, mesmo que não conduza a um caminho errado, é sempre uma perda de tempo. No pior dos casos, será enganadora, um desperdício de tempo, tanto direta como indiretamente, e uma fonte de envolvimento pessoal e controvérsia.

Skinner também foi criticado pelo seu periferalismo. Este tipo de argumentação tem duas facetas principais. Uma envolve as suas inclinações afisiológicas; isto é, em grande parte, uma questão de gosto. Se alguém prefere não pensar em termos fisiológicos, certamente está em seu pleno direito. A outra faceta envolve a sua recusa em contar com processos intervenientes de uma natureza psicológica (tal como a força do hábito ou inibição, de Hull, a motivação incentivadora, de Spence etc.). Também neste caso se trata de uma questão de preferência pessoal mas as dificuldades surgem quando uma das partes tenta impor os seus pontos de vista à outra.

Já assinalamos, de passagem, a afirmação do próprio Skinner de que não é contra uma verdadeira psicologia fisiológica. É unicamente contra a prática de refúgio na terminologia fisiológica quando as explicações comportamentais falham. O uso de explicações meramente verbais, sejam elas fisiológicas, mentalistas ou de qualquer outra espécie, é desencorajado por Skinner.

Em alguns casos, Skinner ou seus seguidores podem ter se excedido em seu entusiasmo, nos esforços que empregaram para purificar a linguagem psicológica mediante a eliminação de termos tais como *emoção, motivação* e *percepção*. O abuso desses termos é sumamente variável no significado e, no entanto, podem ter ainda algum núcleo de significação útil. Sendo assim, os críticos poderiam afirmar legitimamente que certos problemas estavam sendo negligenciados por causa de uma insistência positivista na pureza da linguagem. A resposta, neste caso, pode ser que os problemas da natureza insistem, eventualmente, em que se lhes preste atenção. Entrementes, abundam os problemas sugeridos por conceitos que são dotados de uma comprovada significação. O crítico prefere dedicar o seu tempo a questões que são comprovadamente significativas ou aos problemas que não têm um significado claro?

Skinner foi criticado por ir muito mais além dos seus dados (cf. suas propostas sobre complexos problemas humanos em *Science and Human Behavior*, 1953a). Neste ponto, Skinner parece ser algo vulnerável. Todo o espírito da sua metodologia parece gravitar em torno da noção de se manter fiel aos fatos já observados. Entretanto, as suas generalizações para o comportamento humano vão, claramente, muito além das observações do laboratório.

Também existe uma resposta para esta espécie de crítica. Bem e Bem (1968), ao examinar as relações entre *Verbal Behavior*, de Skinner, e *Biological Foundations of Language*, de Lenneberg, indica a direção que tal defesa poderia adotar: "Em suma, ambas as obras constituem argumentos plausíveis para concepções particulares do comportamento verbal" (pág. 497). Skinner afirmou claramente que essa era a maneira como ele via a sua análise do comportamento verbal e que poderia, facilmente, ampliar esse argumento às suas outras extrapolações. Se elas são aceitas como simples sugestões decorrentes de sua estrutura conceptual, então podem servir, pelo menos, como um estimulante intelectual. O grau em que simples princípios podem ser aplicados a situações e processos manifestamente complexos é um problema empírico e não pode ser prejulgado com segurança.

No que diz respeito ao ataque de Chomsky contra o tratamento da aprendizagem verbal de Skinner, coube a MacCorquodale (1969) publicar uma extensa e detalhada defesa e explicação do esforço de Skinner.

Todas as críticas precedentes envolveram amplas características metodológicas e atitudes da posição assumida por Skinner. É quase tão difícil marcar pontos contra Skinner em tais questões como seria criticá-lo, de forma efetiva, pelo fato dele preferir uma abordagem behaviorista a uma existencial. São questões de um tipo sobre o qual se diz, freqüentemente, que os oponentes falam uns *para* os outros e não uns *com* os outros, isto é, sem estabelecerem um contato recíproco.

Existem algumas questões que podem ser mais concretamente abordadas; uma delas refere-se ao uso da estatística. Skinner e seus seguidores não estão, usualmente, interessados em provas estatísticas; essa atitude foi bem apresentada por Sidman (1960). O próprio Skinner disse (Evans, 1968): "Que eu saiba, nenhum dos meus alunos planejou jamais um experimento" (pág. 89). Tipicamente, a metodologia skinneriana envolve uma investigação intensiva e meticulosamente controlada de um pequeno grupo de sujeitos. O objetivo é descobrir relações funcionais idôneas; e a idoneidade é estabelecida mediante a demonstração da mesma relação funcional em numerosos organismos *individuais*, preferivelmente, sob diversas condições diferentes. A abordagem estatística usa, mais tipicamente, grupos mais numerosos de sujeitos e examina os índices quantitativos de desempenho do grupo. Skinner não acredita que tenhamos probabilidades de chegar à formulação de leis que nos ajudem a prever e controlar o comportamento do indivíduo, a menos que observemos os indivíduos. Como todas as questões de caráter geral, esta questão é discutível mas os skinnerianos colocaram em foco, certamente, alguns problemas importantes para que possam ser cuidadosamente examinados e esclarecidos em maior detalhe. Alguns aspectos da metodologia operante são indubitavelmente úteis e os skinnerianos puderam demonstrar que algumas questões sobre as relações entre funções individuais e grupais são corretas. Os que advogam uma abordagem abertamente estatística estão provavelmente certos quando sustentam que os skinnerianos devem tomar algumas decisões estatísticas, por exemplo, sobre se o regime de resposta se estabilizou e sobre se as manipulações experimentais demonstraram, de forma idônea, ter produzido um determinado efeito.

Foi também discutida a eficiência da abordagem não-teórica. O livro *Schedules of Reinforcement* (Ferster & Skinner, 1957) foi usado como um exemplo dos perigos de uma abordagem demasiado indutiva e positivista. Ele resumiu cerca de setenta mil horas de comportamento continuamente registrado de pombos, individualmente estudados, período esse durante o qual os pombos emitiram, aproximadamente, 250 milhões de respostas (Skinner, 1958b). Os dados são apresentados num total de 921 expressões numéricas distintas, com uma quase total ausência de comentários interpretativos ou mesmo de resumos. Esse procedimento harmoniza-se bem com a convicção de Skinner de que o cientista deve ser colocado em contato direto com os dados; mas não se harmoniza tão bem com o temperamento científico daqueles cujos interesses imediatos estão nos princípios gerais.

Cook (1963) criticou os skinnerianos por uma aplicação excessivamente literal à aprendizagem programada das técnicas apropriadas à câmara de condicionamento operante. Em primeiro lugar, existem abundantes provas de que os seres humanos *não* precisam formular uma resposta manifesta para aprenderem e, de fato, aprendem freqüentemente melhor se não lhes for solicitada uma resposta manifesta (Hillix e Marx, 1960, Rosenbaum e Hewitt, 1966; Rosenbaum e Schutz, 1967). Além disso, é muito freqüente eles aprenderem tão bem quando se lhes diz de antemão qual é a resposta certa como no caso em que são reforçados depois de darem a resposta certa. Ambos esses erros na aplicação de técnicas operantes a seres humanos são exemplos específicos da crítica geral à extrapolação prematura.

A crítica mais conhecida às extrapolações de Skinner foi feita por Chomsky (1959). Em sua famosa crítica de 32 páginas ao livro *Verbal Behavior,* Chomsky analisa a formulação de Skinner com grande cuidado e seus comentários críticos revestem-se de grande acuidade e eficácia. Dedicou muita atenção aos termos *estímulo, resposta* e *reforço,* visto que se trata de termos decisivos na explicação de Skinner do comportamento verbal. Sérios problemas decorrem do emprego de cada um desses três termos, quando são usados na análise do comportamento verbal. Assinalaremos aqui apenas algumas das dificuldades no emprego de *reforço.*

Chomsky observa que, nos experimentos de acionamento de uma barra, o reforçador é um estímulo identificável e que os enunciados sobre reforço têm, portanto, um referente significativo, o que, por sua vez, torna significativo o uso do conceito de reforço na explicação do comportamento. Chomsky declara que a ampliação à explicação do comportamento verbal é, contudo, inteiramente injustificada. Em apoio de seu argumento, ele cita, do próprio Skinner, numerosos exemplos em que *o reforço não se refere* a um estímulo identificável. Skinner usa amiúde um auto-reforço automático (não identificável como estímulo!) como explicação dos motivos pelos quais o comportamento verbal é mantido. Também se recorre a reforços futuros, como quando se diz que um escritor foi reforçado por causa do efeito que a sua obra terá sobre futuras gerações. A respeito de semelhante uso, Chomsky escreve (1959): "De fato, o termo é usado de tal modo que a afirmação de que o reforço é necessário à aprendizagem e à contínua disponibilidade do comportamento é, igualmente, vazia de sentido" (pág. 37).

A crítica de Chomsky lembra-nos a de Koch sobre a obra de Clark Hull. Ambas são extremamente sofisticadas, cuidadosas e profundas. Ambas atacam questões específicas com grande força e penetração. Entretanto, de um ponto de vista, ambos os críticos foram injustos. A razão é que tanto Hull como Skinner estavam ambos sendo programáticos. Nenhum deles acreditou que estivesse correto em detalhe; de fato, foi intenção explícita de Hull estabelecer hipóteses que outros pudessem provar estarem erradas ou não. Contudo, Chomsky retorquiria, provavelmente, que os defeitos em detalhe de Skinner são tão grandes que todo o seu programa se torna vazio de sentido. Atualmente, o pêndulo da História parece oscilar na direção de um veredito favorável a Chomsky.

Entretanto, Skinner parece confiante em que o pêndulo acabará por oscilar de volta para o seu lado e por lhe conferir os louros da vitória final (M. H. Hall, 1967, págs. 69-70):

> O que falta aos psicolingüistas é qualquer concepção de uma análise funcional, em oposição à análise estrutural do comportamento verbal... Eles escoram-se pesadamente na psicologia mentalista e acabarão por ser derrotados, visto que tal psicologia não existe. Mas, como disse antes, eles estão postulando agora idéias inatas e isso não tem valor quase nenhum, além de ser um tanto cômico. Mas eu não tenho pressa nem estou interessado em discutir com todos eles. Quando toda a sua maquinaria mítica acabar enguiçando e for posta de lado, descartada, então veremos o que é que será relembrado daqui a cinqüenta ou cem anos, quando a verdade tiver sido completamente desvendada aos olhos de todos.

MacCorquodale (1969), concorda com Skinner. Depois de recriminar Chomsky pelo que considera uma incompreensão das finalidades de Skinner, MacCorquodale afirma (1969, pág. 841):

> Infelizmente, para seus propósitos, Chomsky não apreendeu as diferenças entre o behaviorismo skinneriano e o watsoniano-hulliano, e suas críticas, embora estilisticamente efetivas, foram sumamente irrelevantes para *Verbal Behavior*.
>
> Ele estava simplesmente errado. Trata-se de um *grande* livro.

O Papel de Skinner na Psicologia Sistemática Contemporânea

A extensão das contribuições sistemáticas de Skinner para a psicologia experimental moderna está magnificamente resumida na citação formal que acompanhou a concessão que lhe foi feita, em 1958, pela Associação Psicológica Americana, do *Distinguished Scientific Contribution Award*. Essa citação diz o seguinte (*American Psychologist*, 1958):

> Um cientista imaginativo e criador, caracterizado por grande objetividade em questões científicas e por sua afabilidade e entusiasmo nos

contatos pessoais. Ao escolher como objeto de estudo o comportamento operante simples, desafiou as análises alternativas do comportamento, insistindo em que a descrição tem precedência sobre as hipóteses. Mediante o cuidadoso controle das condições experimentais, apresentou dados relativamente livres de variação fortuita. Apesar da sua posição antiteórica, é considerado um importante sistematizador e desenvolveu uma descrição intrinsecamente coerente do comportamento que aumentou muito a nossa capacidade de previsão e controle do comportamento de organismos, desde o rato ao homem. Poucos psicólogos americanos exerceram um impacto tão profundo sobre o desenvolvimento da psicologia e sobre os mais jovens e promissores psicólogos.

Ao passo que no período de 1945 a 1950 não houve um grupo de psicólogos mais entusiástico do que o que trabalhava ativamente dentro do quadro sistemático Hull-Spence, a mesma coisa pode ser hoje dita a respeito dos skinnerianos, como freqüentemente são chamados. Além do grupo que trabalha com Skinner em Harvard, existe há muitos anos um outro grupo muito coeso que foi formado sob a égide de Fred Keller e William Schoenfeld na Universidade de Colúmbia. Os psicólogos skinnerianos, ressentidos com as restrições ortodoxas das revistas oficiais da Associação Psicológica Americana (em particular, os regulamentos não escritos sobre o tamanho das amostras e os testes estatísticos), fundaram em 1958 o *Journal for the Experimental Analysis of Behavior.* As técnicas skinnerianas são quase universalmente aceitas, para alguns propósitos, mesmo pelos adversários do ponto de vista de Skinner. Os jovens psicólogos que estão ansiosos por ajudar a fazer do estudo do comportamento uma ciência exata continuam se reunindo sob a bandeira skinneriana, muitas vezes para desconsolo dos que sustentam pontos de vista opostos. A imprensa popular está começando a reconhecer em Skinner o maior behaviorista contemporâneo (*Time,* 1969, pág. 52) e as suas concepções teóricas são consideradas um sério competidor das de Freud. Ele revigorou e ampliou a posição estritamente comportamental. Como disse um crítico (MacLeod, 1959): "O espírito de Watson é indestrutível. Limpo e purificado, ele continua respirando através dos escritos de B. F. Skinner" (pág. 34).

TEORIA DA CONTIGÜIDADE: O ASSOCIACIONISMO DE GUTHRIE

A Carreira de Guthrie

Edwin Guthrie (1886-1959) foi, durante muitas décadas, o principal expoente da contigüidade simples como princípio da aprendizagem. Durante um longo período, enquanto se desenrolavam primeiro uma e depois outra escola oponente, Guthrie firmou-se obstinadamente num pequeno número de rigorosos princípios associacionistas. Essa paciência foi recompensada, finalmente, pelo aparecimento moderno de modelos estatísticos de aprendizagem, baseados, em grande parte, no padrão guthriano. Contudo, a contribuição pessoal de Guthrie foi mais a de um profeta e supervisor do que de um experimentalista ativo ou teórico minucioso.

Guthrie permaneceu numa única escola, a Universidade de Washington, ao longo de toda a sua carreira acadêmica (1914 a 1956). Não teve a usual preparação formal em Psicologia mas em Filosofia e Matemática. Doutorou-se em 1912, na Universidade da Pensilvânia, depois de obter outros graus na Universidade de Nebraska. Com uma exceção importante (Guthrie e Horton, 1946), ele preferiu escrever e argumentar, em vez da experimentação. Seus numerosos livros, especialmente *The Psychology of Learning* (1935, revisto em 1952) e *The Psychology of Human Conflict* (1938), estão repletos de persuasivos argumentos episódicos para os seus princípios associacionistas gerais mas contém poucas provas controladas.

As doutrinas de Watson influenciaram tanto Guthrie que se converteu num genuíno behaviorista, embora diferisse de Watson em muitos pontos teóricos. O interesse de Guthrie pela psicologia foi despertado, segundo parece, durante o seu estágio de graduação com o filósofo E. A. Singer. Segundo afirmou o próprio Guthrie, o seu ano de colaboração num compêndio com o psicólogo Stevenson Smith (S. Smith e Guthrie, 1921), proporcionou-lhe uma "inestimável preparação" em psicologia. Ao longo de toda a sua carreira, conservou os seus interesses iniciais pelos problemas de filosofia da ciência; a sua obra final e mais importante (Guthrie, 1959) revela um permanente interesse pelas questões metodológicas gerais, como as relações entre lógica, linguagem e progresso científico.

Os Princípios Básicos de Guthrie

Guthrie acreditava que um pequeno número de princípios primários é suficiente para explicar os fatos fundamentais da modificação do comportamento. O seu mais famoso princípio é popularmente conhecido como *aprendizagem por um ensaio (one-trial learning)*. Guthrie sustentou que as associações E-R, como base da aprendizagem, são estabelecidas mediante a contigüidade *per se,* num único emparelhamento de estímulo e resposta. Cedo enunciou esse princípio da seguinte maneira (1935): "Uma combinação de estímulos que acompanhou um movimento tenderá a ser seguida por esse movimento sempre que se repetir" (pág. 26). Um princípio afim é o seguinte

(1942): "Um padrão de estímulo ganha sua plena força associativa na ocasião do seu primeiro emparelhamento com uma resposta" (pág. 30). Guthrie ofereceu uma simplificada versão final (1959): "O que está sendo observado converte-se num sinal para o que está sendo feito" (pág. 186). Este enunciado reflete o seu interesse pelo papel ativo do organismo (o velho problema da atenção). No seu estudo final, também conferiu maior ênfase ao problema da padronização de estímulos complexos (cf. Guthrie, 1959, págs. 186 e segs.).

A sua distinção inicial entre atos e movimentos habilitou Guthrie a sustentar o seu princípio básico de aprendizagem por um ensaio e explicar também o fato de que a modificação do comportamento requer, tipicamente, repetidos emparelhamentos da pista e da resposta, antes de poder ser idoneamente previsto que a resposta ocorrerá na presença da pista. Segundo Guthrie, as conexões básicas estão entre estímulos e movimentos mas o que usualmente se mede são os *atos* e não os movimentos. Um exemplo de um ato seria o serviço de uma bola de tênis no *court;* cada movimento muscular separado que foi necessário serve perfeitamente como exemplo do que Guthrie entende por um movimento. Se bem que observáveis, em princípio, esses movimentos não são facilmente notados na prática e, de um modo geral, são negligenciados na teorização. Contudo, quem tiver recebido alguma vez lições de tênis conhece o fato de que esses movimentos devem, por vezes, ser levados em conta e cuidadosamente aprendidos, especialmente quando estão envolvidas coordenações complexas.

Isto não significa que os movimentos são equivalentes às contrações dos músculos, individualmente considerados. Num certo sentido, o que Guthrie entendeu por movimento é, em si mesmo, uma espécie de resultado comportamental; é um resultado em função do que está acontecendo a uma parte do organismo mas não é um resultado em termos de meio ambiente. Não é o nível de descrição mais molecular que poderia ser usado. Como disse Guthrie (1959): "Uma descrição da ação dos músculos individuais interessados seria uma irremediável confusão" (pág. 183).

A situação é semelhante, do lado do estímulo. Guthrie considerou um estímulo complexo como uma coleção de numerosos componentes de estímulo, em que nem todos esses componentes estão presentes em cada ocasião. Os resultados líquidos dessa complexidade de componentes de estímulo e resposta consistem na necessidade de um grande número de apresentações do estímulo bruto e de ocorrências da resposta bruta (o ato), antes que se possa encontrar uma regularidade satisfatória no comportamento que está sendo medido. Isto acontece assim porque numerosos componentes de estímulo e resposta têm de estar envolvidos, necessariamente, no processo de condicionamento. Se pudessem ser realizadas réplicas exatas dos estímulos e respostas, apresentações singulares seriam suficientes para produzir um condicionamento perfeito.

Para Guthrie, o processo de condicionamento é o seguinte: Aspectos da situação total de estímulo, presentes num dado ensaio, ficam associados a um movimento bem sucedido, isto é, a um movimento que faz parte da seqüência que constitui o "ato" bem sucedido. Por sua vez, o movimento bem sucedido gera estímulos produzidos pelo movimento, os quais, somados aos estímulos externos presentes no meio, na medida em que este pode ser alterado pelo movimento, se associam ao subseqüente movimento bem sucedido. Esta cadeia de movimentos, ligada pelos estímulos produzidos pelo movimento, é o que constitui um *ato*. Quando o ato termina, deve resultar na remoção dos estímulos pertinentes, se é para ser retido. Caso contrário, outros movimentos virão associar-se aos mesmos estímulos.

Num ensaio subseqüente, em que diferentes aspectos da situação total de estímulo estão presentes, o sujeito entregar-se-á a comportamentos fortuitos até que possa desempenhar de novo o ato com êxito. Os movimentos constitutivos do ato, nessa ocasião, estão associados, conseqüentemente, ao estímulo complexo que se fez presente durante o segundo ensaio. Esse processo associativo repetir-se-á nos ensaios adicionais, até que os movimentos bem sucedidos se condicionem a todos os aspectos da situação estimulante. Quando este ponto é alcançado, o condicionamento está completo e o ato ocorrerá regular e normalmente, qualquer que seja o aspecto da situação estimulante que aconteça estar presente.

Finalmente, convém sublinhar que, na opinião de Guthrie, a aprendizagem ocorre através da contigüidade pura de estímulo e resposta. Isto poderia ser considerado uma concepção desvirtuada do processo de formação de associações, visto ser óbvio que os reforçadores desempenham um importante papel na aprendizagem. Guthrie não precisava negar que os reforçadores são eficazes; a sua teoria, simplesmente, explicou a eficácia dos reforçadores de um modo diferente e engenhoso. Partiu do princípio de que o reforçador altera a situação de estímulo em que a resposta acabou de ser formulada. Portanto, a situação original de estímulo (pré-reforçador) não pode ser desligada da resposta recém-formulada e ligada a uma nova resposta; assim, a conexão é preservada por causa da mudança de estímulo produzida pela presença do reforçador. A desaprendizagem, ou extinção, na realidade, é a aprendizagem de respostas diferentes ao mesmo estímulo, segundo Guthrie. Portanto, ele pôde apresentar um quadro magnificamente parcimonioso e coerente da totalidade da modificação do comportamento.

Avaliação de Guthrie

Os pontos de vista de Guthrie foram, em sua grande maioria, corroborados no laboratório pela sua própria investigação do estereótipo no comportamento do gato na caixa quebra-cabeças (Guthrie e Horton, 1946) e por duas investigações realizadas por Voeks (1948, 1954). Guthrie não apresentou qualquer teoria altamente formalizada; afirmou (1959) que, em sua opinião, a psicologia ainda não avançara o bastante para justificar uma tal teoria. Voeks (1950) publicou, não obstante, uma útil formalização da posição de Guthrie. O postulado de "postremidade" ou "recenticidade", apresentado por Voeks, por exemplo, estabelece que só a última resposta dada a um estímulo permanece condicionada. Guthrie já dissera a mesma coisa mas não fez esforço algum para enunciá-la formalmente ou combiná-la com outros postulados, a fim de formar um sistema a partir do qual deduções pudessem ser feitas.

Embora Guthrie não nos deixasse qualquer teoria abrangente, é interessante examinar alguns experimentos que foram planejados para testar o seu enunciado de que a última resposta dada é a única que será preservada e repetida na apresentação seguinte da mesma pista. Voeks (1948) apurou que os sujeitos humanos, na aprendizagem de labirinto, dão a resposta postrema muito mais freqüentemente do que a resposta que tinha, previamente, sido a mais freqüente. A postremidade levou a melhor sobre a freqüência na previsão de respostas para cinqüenta e seis em cinqüenta e sete sujeitos, nos casos em que os dois princípios fizeram previsões opostas. Seward, Dill e Holland (1944), entretanto, verificaram que os sujeitos numa situação de múltipla escolha deram, usualmente, a resposta que constituíra a resposta mais antiga e não a mais recente a uma determinada pista (cor). Assim, seria lícito deduzir desses dois estudos que o princípio de postremidade funciona algumas vezes mas nem sempre — um enunciado que é verdadeiro com perturbadora freqüência, quando aplicado a princípios psicológicos.

A crítica mais incisiva à teoria de Guthrie foi feita por Mueller e Schoenfeld (1954). Indicaram eles que a simplicidade das noções de Guthrie é mais aparente do que real e só foi obtida à custa de não explicitar certos problemas fundamentais. Também sugeriram que Guthrie não desenvolveu um sistema real, em claro contraste com muitos dos mais destacados teorizadores adversários. Satisfez-se, meramente, com a repetição, ao longo dos anos, de certos pressupostos básicos com que começara. Finalmente, eles levantaram algumas questões sérias a respeito da interpretação dos dados de Guthrie e Horton (1946) sobre o estereótipo de comportamento. Quem se interessar por uma avaliação da teoria de Guthrie deve consultar esse tratamento de Mueller e Schoenfeld, assim como o estudo final e autorizado de Guthrie (1959).

Se levarmos em conta a relativa pobreza de apoio experimental recebido pela sua teoria, não pode deixar de surpreender o sucesso que Guthrie obteve na manutenção de sua liderança como teórico da aprendizagem. Provavelmente, esse êxito foi devido à combinação de vários fatores. O primeiro entre todos é a evidente simplicidade da sua teoria, comparada com as alternativas mais importantes, como a de Hull, por exemplo. Não é difícil apreender, pelo menos, os pontos de vista básicos de Guthrie e essa mesma simplicidade atrai muitos psicólogos. Um segundo fator é a dificuldade experimentada pelos teorizadores adversários para apresentar provas que contradigam claramente a teoria guthriana. Finalmente, é um fato que Guthrie e alguns de seus adeptos, notadamente Sheffield, conseguiram assinalar sistematicamente as fraquezas e contradições das explicações adversas. Um alvo especial foi o princípio de redução da necessidade enunciado por Hull (por exemplo, Sheffield, 1948; Sheffield, 1949; Sheffield e Roby, 1950; Sheffield, Wulff e Backer, 1951). O fato de que esses bem sucedidos ataques dependeu da maior especificidade preditiva das explicações alternativas não parece ter reduzido a eficácia do ataque guthriano. Uma conseqüência desse êxito na crítica foi que a teoria de Guthrie continuou sendo uma formidável explicação alternativa, apesar dos seus louros terem sido ganhos, em grande parte, num terreno negativo.

Apesar dessas limitações, Guthrie foi mais do que um mero crítico arguto e um proponente de simples generalizações, apoiadas em fluentes narrativas episódicas. Impôs-se como teorizador, graças às suas próprias armas teóricas, esposando consistentemente o princípio de contigüidade como base de toda a aprendizagem. Destacou e defendeu os movimentos como elementos teóricos de resposta, apoiando-se para tanto em estudos experimentais sobre os estereótipos; e também mostrou que a estereotipia observada por outros experimentadores pode ser abrangida em suas análises teóricas. Guthrie demonstrou o papel teórico que pode ser desempenhado por mecanismos mediadores tais como os estímulos produzidos pelo movimento. Esse mecanismo engenhoso é muito parecido com a resposta fracionária de antecipação da meta, de Hull, na medida em que ambos servem como forjadores de elos na cadeia de comportamento. Finalmente, Guthrie não tinha dito muito porque não acreditava dispor de informações bastantes para dizer muito mais do que disse. Em 1958, o ano anterior ao de sua morte, Guthrie, o psicólogo coerente, recebeu a Medalha de Ouro da *American Psychological Foundation,* em reconhecimento por suas notáveis contribuições. Essas contribuições não pararam com a sua morte; William K. Estes modelou a sua teoria estatística de associação de acordo com os princípios guthrianos. A teoria de Estes será discutida no Capítulo 13, a par de outros desenvolvimentos matemáticos.

TEORIAS DE DOIS FATORES

Há muito tempo que vinha sendo evidente que os procedimentos thorndikianos e pavlovianos para estudar a aprendizagem diferiam nas operações empregadas. No procedimento pavloviano, o estímulo não-condicionado segue-se ao estímulo condicionado, seja o que for que o sujeito experimental faça. No procedimento thorndikiano, a recompensa só se apresenta se o sujeito manifestar, previamente, o comportamento requerido pelo experimentador. Esta diferença básica no procedimento implica certas distinções, como seus corolários. No paradigma pavloviano, o estímulo condicionado, que suscita a resposta condicionada se a aprendizagem ocorrer, é um estímulo identificável e manipulado pelo experimentador. O estímulo não-condicionado suscita uma resposta não-condicionada identificável. A resposta não-condicionada, nos estudos pavlovianos, era sempre — ou quase sempre — uma resposta involuntária mediada pelo sistema nervoso autônomo. Tipicamente, a resposta condicionada tem uma íntima relação com a resposta não-condicionada, se não lhe for idêntica na medição experimental. O procedimento thorndikiano é diferente em todos os aspectos acima mencionados: Não existe um estímulo condicionado experimentalmente identificado; a resposta suscitada pelo reforço não é de grande interesse nem os arranjos experimentais "forçam" o desempenho da resposta não-condicionada ante a recompensa; a resposta a ser aprendida pode não estar, em absoluto, formalmente relacionada com a resposta dada à recompensa; e as respostas de interesse são mediadas pelo sistema nervoso "voluntário".

Uma análise dessas diferenças operacionais entre o condicionamento pavloviano (clássico) e a aprendizagem thorndikiana (instrumental) leva-nos, muito naturalmente, à questão sobre se diferentes leis de modificação do comportamento estarão envolvidas nas duas situações. Por exemplo, é lícito indagar se as associações de estímulos, no condicionamento pavloviano, e as associações estímulo-resposta, enfatizadas no procedimento thorndikiano, são formadas por diferentes processos básicos. Rescorla e Solomon (1967), em sua recapitulação crítica da literatura sobre as teorias de aprendizagem bifatoriais, afirmam que três conjuntos diferentes de variáveis são usualmente subentendidos por quantos pensam que existem dois processos basicamente diferentes. Os três conjuntos são a classe de respostas afetadas pelo processo, os reforçadores efetivos envolvidos e os resultados do processo de aprendizagem. A distinção mais comum, baseada nas características da resposta, tem sido que o condicionamento clássico envolve respostas autonômicas, ao passo que a aprendizagem instrumental envolve respostas somáticas (esqueletais), mas também foram sugeridas muitas outras distinções além desta. É mais difícil encontrar uma base para distinguir os tipos de reforçadores mas foi sugerido que as "recompensas" usadas na aprendizagem instrumental têm que ter um caráter afetivo, enquanto que os reforçadores pavlovianos não precisam tê-lo; também foram propostas várias bases para uma distinção entre os reforçadores. Finalmente, entre as muitas distinções possíveis para os "produtos" da aprendizagem está a sugestão de que o condicionamento clássico envolve conexões estímulo-estímulo, ao passo que a aprendizagem instrumental produz conexões estímulo-resposta. Não existem provas empíricas altamente convincentes que forcem a adesão a qualquer dessas distinções teóricas mas tampouco existem provas suficientes para rejeitar uma ou outra.

A estratégia teórica mais popular tem sido uma tentativa para reduzir os dois procedimentos operacionalmente diferentes a uma estrutura teórica comum que possa explicar ambos. Hull, por exemplo, aceitou as leis do condicionamento pavloviano como básicas mas modificou a concepção mais comum do processo ao enfatizar a necessidade de que ocorra uma redução do impulso para que a aprendizagem seja coroada de êxito. A solução mais complexa e, portanto, menos popular consiste em supor que existem dois processos diferentes em causa e propor uma teoria que relacione esses dois processos entre si. Se esta abordagem for aceita, é natural supor que o condicionamento clássico envolve a contigüidade como um processo básico e que a aprendizagem instrumental envolve a recompensa como um componente básico.

Kimble (1961) relata que Miller e Konorski apresentaram uma primeira versão da teoria dos dois fatores em 1928, sendo seguidos nesse campo por Schlosberg (1937) e Skinner (1938). A distinção de Skinner entre condicionamento do tipo E e do tipo R tornou-se, desde então, parte do jargão da nossa disciplina; o primeiro era essencialmente pavloviano e o segundo thorndikiano. Skinner estava muitíssimo mais interessado na variedade operante (thorndikiana) e apresentou provas de que o puro condicionamento pavloviano era discutível.

Mais tarde, Mowrer tornou-se e manter-se-ia como o mais renomado teórico bifatorial, por causa da rígida disciplina do seu raciocínio, do trabalho empírico em que assentou as suas propostas e sugestões, e a extensão e número de suas publicações sobre o assunto (1947, 1951, 1954). Estabeleceu um contraste entre o condicionamento e a aprendizagem de soluções. A aquisição de emoções, significados, atitudes etc. realiza-se através da simples contigüidade dos estímulos (condicionamento). A aprendizagem instrumental manifesta (aprendizagem de soluções) ocorre mediante o reforço, ou a lei do efeito. A mudança de Mowrer é importante, visto que ele foi, inicialmente, um decidido partidário do reforço hulliano. A sua interpretação foi criticada, entre outros, por um dos seus primeiros colaboradores, Neal Miller (1951).

Em suas *Silliman Lectures* (1956), Spence sugeriu um diferente tipo de teoria bifatorial. Conforme ele próprio assinalou, as suas sugestões poderiam ser desenvolvidas numa teoria de dois fatores "exatamente oposta à conhecida teoria bifatorial defendida por Schlosberg, Mowrer e outros" (pág. 151). Segundo Spence, o reforço teria um papel determinante no caso das respostas condicionadas à maneira clássica (as que são salientadas na teorização sistemática de Spence), mais determinante, inclusive, que no caso do comportamento instrumental.

O esforço mais ambicioso no sentido de uma teoria bifatorial foi empreendido por Mowrer (1956, 1960a, 1960b), numa drástica revisão da sua anterior teoria bifatorial. Na realidade, essa nova teoria já não é de "dois fatores", no sentido original; Mowrer passava agora a aceitar o condicionamento ou aprendizagem de signos como o único processo básico de aprendizagem; e a aprendizagem de soluções seria apenas um caso especial, derivado do condicionamento. Entretanto, continua sendo uma teoria de dois fatores, no sentido de que destaca *dois tipos de reforço*. O *reforço por decréscimo* (ou decremental) refere-se ao tipo de processo de redução de necessidade salientado por Thorndike e Hull em suas teorias; o *reforço incremental* refere-se ao aumento do "medo", com o conseqüente comportamento de evitação ante uma excessiva estimulação.

A presente teoria desenvolveu-se, principalmente, por meio de uma ampliação do princípio de reforço secundário. Mowrer supõe que, quando um animal faminto obtém comida, os estímulos produzidos pela resposta condicionam-se como reforçadores secundários — como estímulos "promissores" que dão lugar a uma "esperança". Nessa teoria de "retroalimentação do hábito" *(feedback theory of habit)*, como lhe chama Mowrer, a esperança condiciona-se de uma forma análoga ao medo, na aprendizagem aversiva. O paralelismo foi assim enunciado por Mowrer (1960b): "Um estímulo condicionado não só faz o sujeito salivar mas também o torna *esperançoso,* assim como um estímulo que se associou ao começo da dor faz um sujeito *medroso*" (pág. 8).

Ainda é muito cedo para dizer se a aprendizagem acabará incluída num único conjunto de leis, em dois ou mais conjuntos. Rescorla e Solomon (1967) citam numerosos estudos empíricos que demonstram a existência de interações entre o condicionamento clássico e instrumental. Mudanças no regime de respostas instrumentais podem ser produzidas pela introdução de estímulos condicionados previamente utilizados no contexto pavloviano. Essas demonstrações empíricas não provam, obviamente, que existem duas espécies de aprendizagem mas, na verdade, mostram que é proveitoso estudar as relações entre situações em que a *contigüidade* de estímulo é preparada (paradigma pavloviano) e situações em que se prepara uma *contingência* de reforço de resposta. As teorias bifatoriais poderão, em última instância, não ser "corretas" mas, pelo menos, têm a grande virtude de encorajar o estudo de tais relações.

RESUMO E CONCLUSÕES

Neste capítulo, procedemos ao levantamento de algumas posições teóricas chamadas, num sentido muito amplo, "teorias E-R". Trata-se, principalmente, de posições neobehavioristas e concentram-se no estudo do problema da aprendizagem. É possível estabelecer distinções entre elas, com base no tratamento que dão ao problema do reforço.

A teoria do reforço de Clark L. Hull representa uma combinação da lei do efeito de Thorndike e o paradigma do condicionamento pavloviano. Esse sistema hipotético-dedutivo está altamente formalizado. É, de longe, o mais ambicioso esforço teórico e sistemático do seu gênero. Comparado com Watson, Hull foi um teórico mais sofisticado, muito interessado nas especificações lógicas e experimentais, assim como nos testes empíricos; foi um behaviorista mais metodológico do que metafísico. Apesar de suas grandes aspirações — e talvez por causa delas — a influência sistemática direta de Hull declinou acentuadamente em anos recentes. Esse declínio esteve em função tanto de algumas deficiências fundamentais encontradas no seu sistema como da crescente popularidade de uma psicologia estritamente positivista, do gênero proposto por B. F. Skinner. Hoje, a psicologia hulliana é principalmente representada pelos esforços teóricos de Kenneth W. Spence e seus associados; e, em forma muito mais modificada, pela obra de Neal E. Miller.

Skinner está muito menos interessado em teoria formal do que esteve Hull. Acredita que a teoria deve se desenvolver indutivamente e ser determinada pelos dados, em vez de partir de postulados que determinem então que dados devem ser reunidos. Skinner parece ter moderado ou esclarecido a sua posição; começou pelo que parecia ser uma posição antiteórica e evoluiu no sentido de uma atitude positiva, em relação a certos tipos limitados de teoria.

Congruente com suas convicções metateóricas, Skinner manteve uma concepção de reforço estritamente ateórica e descritiva. A sua pesquisa encontra-se entre as mais estimulantes e provocadoras que se pode encontrar na Psicologia. Os seus interesses vão livremente das caixas para bebês às comunidades utópicas.

Dentro do campo E-R, a principal oposição às várias teorias do reforço foi fornecida pelos teóricos da contigüidade, os quais sustentam algum tipo de princípio associacionista. Argumentam eles que o reforço opera, principalmente, para proteger as conexões E-R formadas através da contigüidade *per se*. E. R. Guthrie foi o mais influente teórico da contigüidade, durante várias décadas. Nos últimos dez anos, porém, o princípio guthriano básico da contigüidade foi vazado em forma matemática por W. K. Estes e seus colaboradores. O uso de modelos matemáticos imprimiu um forte impulso à pesquisa empírica, assim como ao desenvolvimento teórico.

Também se desenvolveram várias teorias bifatoriais. Estas procuraram, historicamente, combinar as posições de reforço e contigüidade. A mais recente dessas teorias, formulada por O. H. Mowrer, oferece-nos uma nova abordagem. Implica duas espécies de reforço, ambas baseadas no princípio de condicionamento ou da contigüidade.

Uma importante conclusão a extrair da grande variedade de abordagens teóricas aqui delineadas é que não pode ser assegurado de antemão que um procedimento seja mais fértil do que qualquer outro. Pelo contrário, todos os tipos de empreendimentos empíricos e teóricos devem ser encorajados, desde que os requisitos fundamentais do procedimento científico sejam respeitados. Cada abordagem que receba um ensaio completo ajudará a motivar e organizar a pesquisa. O veredito da História decidirá que tipo de pesquisa será, finalmente, visto como o mais significativo.

Leituras Recomendadas

Para uma boa compreensão do sistema de Hull, os mais úteis de seus livros são, provavelmente, *Principles of Behavior* (1943) e *A Behavior System* (1952). O seu estudo de 1937 sobre a teoria do condicionamento, citado no texto, indica o desenvolvimento fundamental do seu pensamento e o seu depoimento autobiográfico (1952) é extraordinariamente sincero na pormenorização de fatores pessoais em sua carreira. A adaptação da teoria hulliana por Spence é apresentada em seu livro *Behavior Theory and Conditioning* (1956) e no volume de coletânea de diversos ensaios, *Behavior Theory and Learning* (1960). Entre os numerosos artigos e livros de Skinner, as fontes mais importantes são o seu texto inicial, *Science and Human Behavior* (1953a) e a sua coletânea de ensaios. *Cumulative Record* (1959). Há dois livros particularmente influentes, da autoria de psicólogos de orientação skinneriana: *Principles of Psychology* (1950), de Keller e Schoenfeld, que apresenta um conjunto integrado de princípios baseados no condicionamento operante; e *Tactics of Scientific Research* (1960), de Sidman, que é uma persuasiva elaboração da abordagem positivista da experimentação. Guthrie está representado por seus dois livros básicos: *The Psychology of Learning* (1935) e *The Psychology of Human Conflict* (1938). A mais simples introdução ao modelo matemático de Estes é, possivelmente, o seu ensaio "Growth and Function of Mathematical Models for Learning" (1961). Dois livros são particularmente valiosos pelo material que contêm de especial importância para a maioria das teorias E-R por nós examinadas: *Modern Learning Theory,* de Estes e outros (1954), o qual inclui ensaios críticos sobre Hull (por Koch), Skinner (por Verplanck) e Guthrie (por Mueller e Schoenfeld): e *Psychology: A Study of a Science* (Vol. 2, 1958), de Koch, o qual contém dois estudos sobre o sistema de Hull e seus derivativos (por Logan e Miller), o esforço sistemático final de Guthrie, o ensaio intitulado "Case History in Scientific Method", de Skinner e uma excelente e detalhada descrição das teorias estatísticas por Estes. *Theories of Learning* (1966), de Hilgard e Bower, descreve todas as teorias E-R acima citadas, algumas teorias de campo e os mais importantes progressos contemporâneos.

11. VARIEDADES DA TEORIA DO CAMPO

Muitos teóricos psicológicos têm sido denominados *teóricos do campo* por causa de uma suposta analogia entre suas teorias e as teorias do campo da Física. Já vimos no Capítulo 8 que Robert Oppenheimer, o qual, é de presumir, entendia a natureza da teoria do campo muito bem, contestou a utilidade dessa analogia. Na versão publicada do seu discurso perante a Associação Psicológica Americana, ele colocou a questão em termos muito polidos (1956, págs. 133-134):

> Mas, provavelmente, entre ciências de caráter muito diferente, as analogias formais e diretas de suas respectivas estruturas não serão de grande proveito. Sem dúvida, o que os pseudonewtonianos fizeram com a Sociologia foi um negócio humorístico; e coisas semelhantes têm sido feitas com as noções mecânicas sobre o modo como os fenômenos psicológicos devem ser explicados... Eu sei que, quando ouço a palavra "campo" usada na Física e na Psicologia, fico nervoso de uma forma que não sou capaz de explicar completamente.

Como psicólogos, é claro que nos apressaremos a considerar a possibilidade de estarmos, simplesmente, diante do caso de um combalido físico que se lança na defesa do seu próprio território. Entretanto, poderíamos muito bem engrossar indevidamente as fileiras do adversário se colocássemos todos os que contestam essa analogia nas suas hostes. Por exemplo, um dos nossos próprios homens (o psicólogo William K. Estes) disse, a respeito do seu exame da teoria de Kurt Lewin (1954b, págs. 318-319):

> Ora, poderemos perguntar, quais são as características distintivas dos empreendimentos que reivindicam ou, pelo menos, permitem a designação de teoria de campo? Convém notar, primeiramente, que a maioria dos atributos reclamados pelos teóricos de campo e seus críticos simpatizantes tende a desaparecer ou, pelo menos, a tornar-se indistinta, quando submetida a uma análise crítica. Este autor não consegue vislumbrar em que sentido a expressão "teoria de campo" é especialmente aplicável ao sistema de Lewin, Koffka, Köhler ou Tolman. O termo "campo" foi tomado da Física mas não é fácil encontrar uma base para a suposta analogia entre as teorias de campo da Física e as chamadas teorias de campo da Psicologia.

Estes passa então a sublinhar que muitos dos adjetivos que se supõe descreverem as teorias de campo, em psicologia, aplicam-se igualmente bem às teorias E-R, por exemplo, *dinâmicas* e *multideterminadas*.

Dois pontos podem ser extraídos das objeções de Oppenheimer e Estes. Primeiro, *não há* uma estreita relação técnica ou formal entre a teoria de campo da física e a teoria de campo da psicologia. Veremos que Lewin desenvolveu a teoria de campo mais formalizada de toda a psicologia e que utilizou um sistema formal inteiramente diferente e um conjunto de variáveis inteiramente diferente dos usados por qualquer teoria de campo existente na física.

O segundo ponto é que o programa metateórico que se supõe dirigir os esforços dos teóricos de campo psicológicos não produziu teorias que ostentem as marcas distintivas da metateoria. Um exame detalhado deste ponto levar-nos-ia muito longe dos nossos propósitos atuais e Estes (1954b) já documentou essa asserção.

O que é que sobra, então, para discutir a respeito da teoria de campo? Há duas coisas. Primeiro, podemos examinar a analogia, em nível *metateórico,* entre as teorias de campo da física e as da psicologia, visto não existir, ao que parece, qualquer analogia válida num nível mais técnico. Segundo, podemos estudar a natureza das teorias que foram denominadas *teorias de campo,* em psicologia, sem levar em conta se elas são, realmente, mais ou menos "de campo" (no sentido da física) que as suas concorrentes. Por conseguinte, daremos uma olhada amistosa à teoria de campo, tentando avaliá-la mais em função de suas próprias aspirações do que em função das aspirações de um crítico de fora. Acreditamos que os teóricos de campo, em psicologia, deram contribuições extremamente importantes para a nossa metodologia e que isso, só por si, justifica uma inspeção meticulosa de suas sugestões e críticas.

AS ANALOGIAS METATEÓRICAS

A teoria especial da relatividade de 1905, de Einstein, e a sua teoria geral da relatividade de 1915, exerceram um impacto sem paralelo na concepção do mundo que físicos e filósofos alimentavam. Avanços concomitantes na teoria quântica revolucionaram ainda mais a *Weltanschauung* do homem. O reverente temor com que essas contribuições ainda são encaradas, por vezes, é revelado por Gillispie (1960), quando escreve: "E a Lorentz faltou apenas aquela qualidade fundamental de algo como a divindade no espírito de Einstein, que tomava as mesmas provas e com elas transformava inteiramente o formato do mundo que a Física vê na natureza" (pág. 506).

Mesmo antes da formulação da teoria especial de Einstein, a teoria de campo de Maxwell já provocava grande admiração. Em tais circunstâncias, era natural e desejável que a ciência da psicologia, ainda em desenvolvimento, tentasse emular as ciências mais consolidadas, apropriando-se das lições aprendidas na transformação da física clássica em teoria da relatividade, a mais prestigiosa representante da teoria de campo na física.

A filosofia da teoria da relatividade é um mar em que todo o homem pode encontrar água mais funda do que a sua estatura. Não obstante, devemos tentar extrair dele aquelas características adotadas pelos teóricos de campo em suas atitudes metateóricas, em psicologia.

A teoria da relatividade de Einstein, tal como foi modificada por Minkowski, coloca os eventos num campo espaço-tempo tetradimensional. A descrição de eventos é "holística" nessa e em outras teorias, no sentido de que a teoria inter-relaciona, inextricavelmente, as variáveis, ao descrever a "trajetória" dos eventos através desse campo tetradimensional. Essa propriedade holística geral das teorias de campo foi adotada pelos teóricos de campo, em psicologia, como parte do seu equipamento metateórico, quer se torne alguma vez visível ou não como uma característica de suas teorias.

Uma segunda qualidade suposta da teoria física de campo — o seu caráter dinâmico — é mais controvertida; isto é, não existe uma concordância geral em que a teoria da relatividade, pelo menos, seja realmente dinâmica, no sentido de admitir mudanças num grau superior ao das teorias mais "mecanísticas" da física clássica. Foi argumentado que a teoria da relatividade proporciona uma visão completa e *estática* da existência, com o passado e o futuro dispostos ao longo da dimensão temporal, tal como o sol e as estrelas estão dispostos nas dimensões espaciais. Quer se concorde ou não com essa posição (ver Fraser, 1966, págs. 417-454, para ambas as partes da discussão), é difícil ver por que as teorias de campo, na física, poderiam ser consideradas mais dinâmicas do que as teorias de não-campo. Em psicologia, "dinâmico" acabou tendo uma conotação muito diferente, que envolve a motivação, especialmente a motivação inconsciente, além do significado mais próximo do físico que enfatiza a mudança.

Na física, as teorias de campo, geralmente, provêem à continuidade, por exemplo, no espaço e no tempo. Portanto, as propriedades do campo podem mudar continuamente e essa continuidade de mudança — uma continuidade matemática — pode, de algum modo, ter uma conotação dinâmica. É curioso, pelo menos superficialmente, que a teoria da Gestalt tenha dado origem a uma concepção não-contínua da aprendizagem, apesar da estreita relação da metateoria gestaltista com as suas precursoras na teoria física de campo.

A teoria einsteiniana estabeleceu limites bem definidos para a gama de causalidade. Os acontecimentos que estavam demasiado distantes no espaço-tempo não podiam interatuar; nenhum fator causal poderia se propagar mais rapidamente do que a velocidade da luz num vácuo. Os percursos dos planetas foram reconcebidos como sendo os mais curtos na curvatura espacial produzida pela presença de outros corpos. Deixava de existir uma atração gravitacional *per se,* visto que, em alguns casos, essa atração teria de ocorrer instantaneamente sobre grandes distâncias. O campo em que o planeta se movia, no momento, produzia o movimento do planeta. A ação a uma determinada distância deixou de ser requerida. As teorias psicológicas de campo parecem ter aceito, de um modo geral, essa concepção; elas estão de acordo, geralmente, com o "princípio de contemporaneidade", o qual estabelece que só as condições realmente presentes, num dado momento, podem afetar os eventos que ocorrem nesse momento.

Existe uma relação algo estranha e tortuosa entre o positivismo e a teoria da relatividade. Mach foi o físico e filósofo positivista que dotou Einstein com o ceticismo de que este precisava para reexaminar os alicerces da Física e eliminar, através de sua brilhante síntese, as noções newtonianas de espaço e tempo absolutos. Fazia parte do espírito positivista que Einstein indagasse como poderia alguém determinar, a partir de duas plataformas movendo-se em relação uma à outra, se dois eventos ocorrendo alhures eram ou não simultâneos. Portanto, foi uma conseqüência direta do pensamento de Mach que levou Einstein à conclusão de que dois homens honestos e em seu perfeito juízo, colocados nas duas plataformas, chegariam necessariamente a conclusões opostas sobre a ordem de sucessão dos eventos, desde que certas condições fossem asseguradas.

Também estava na tradição positivista a interrogação de Heisenberg sobre o modo como poderia ser determinada a velocidade e a posição de um eléctron; a lógica impeliu-o à conclusão de que havia uma incerteza irredutível produzida pela interação do eléctron com o sistema de medição. Portanto, o eléctron *não tem,* do ponto de vista do positivista, uma posição determinada e velocidade, ao mesmo tempo.

Começam agora as contorções. Einstein, que se iniciou como filho do positivismo, descobriu que não era possível continuar sendo um bom e leal filho. Não desejava aceitar uma indeterminação básica no próprio âmago da Física, se bem que ela tivesse sido exigida pelos mesmos tipos de questões que Einstein formulara a respeito do universo, numa escala muito ampla. O relativismo poderia reinar nas vastidões do espaço, desde que o seu sombrio irmão caçula deixasse o átomo com sua existência determinada.

Uma outra contorção decorre do fato de que o positivismo, que começou sendo uma busca de conhecimento *positivo*, levou à conclusão inexorável de que existem limitações rigorosas ao que pode ser conhecido. Alguns concluíram, erroneamente, que isso significava que o subjetivismo estava agora justificado, por causa da relatividade ou do princípio de indeterminação. Isto não é verdade; os "fatos" são perfeitamente objetivos em ambos os casos e terão o acordo de todos os que fizerem observações sob as mesmas condições físicas. Na psicologia, a teoria de campo parece ter substituído, pelo menos em alguns casos, o relativismo por uma versão de subjetivismo; veremos que Lewin, à semelhança dos psicólogos da Gestalt, aceita a eficácia causal do "campo psicológico" do indivíduo; este campo psicológico parece estar insuficientemente objetivado para fins científicos.

Pondo de lado estas considerações metateóricas, o conteúdo teórico, entre as teorias de campo, possui um alto grau de características comuns. A mais importante, para nós, é o interesse amplamente compartilhado pelos problemas de percepção e cognição, e a tendência correlata para utilizar os processos perceptuais e cognitivos como fatores explicativos. Isto não causará muito surpresa, se atentarmos para as estreitas relações existentes entre as modernas teorias de campo e a psicologia gestaltista clássica, a qual se interessava, primordialmente, por ênfases semelhantes.

Principalmente, mas de maneira nenhuma exclusivamente, a teoria de campo, tal como é usada na psicologia, refere-se à metateoria de Kurt Lewin; portanto, o seu sistema será o primeiro das várias versões descritas no presente capítulo. A combinação única de behaviorismo e psicologia da Gestalt, realizada no intencionalismo de E. C. Tolman, foi incluída como o segundo espécime importante de teoria de campo. O pensamento teoricamente mais circunscrito mas de crescente influência de Egon Brunswik, foi descrito em seguida. Depois, faremos um exame de algumas das contribuições de Roger Barker, o qual combina algumas idéias de Lewin com as de Brunswik, em algumas investigações de grande originalidade. Finalmente, apresentamos uma descrição mais sucinta de outros sistematizadores (K. S. Lashley, J. R. Kantor e R. H. Wheeler), cujos trabalhos podem ser situados numa classificação geral que abranja os vários tipos de teoria de campo.

TEORIA VETORIAL: O ESPAÇO VITAL DE LEWIN

As contribuições dadas por Kurt Lewin (1890-1947) para a teoria psicológica situaram-se entre as mais significativas de décadas recentes. Por um lado, Lewin foi um brilhante pesquisador. Mesmo os seus críticos mais severos reconhecem nele um experimentador extremamente engenhoso; a série de estudos experimentais que ele dirigiu quando estava na Universidade de Berlim, na década de 1920, é um modelo de criatividade e imaginação teóricas, combinadas com uma sólida metodologia experimental. Por outro lado, ao longo de toda a sua carreira, ele manteve-se um veemente advogado da primazia da teoria diretiva na pesquisa e ficou mais conhecido pelo seu desenvolvimento do sistema de psicologia motivacional, ou vetorial, mais correntemente designado como *teoria de campo.*

Embora Lewin estivesse associado a um ativo centro de psicologia da Gestalt em Berlim, manteve escassa identificação com o grupo ortodoxo e a sua sistematização foi muito além dos limites usuais da escola. De fato, não existia uma relação formal entre as suas teorias e as dos gestaltistas. Os esforços iniciais de Lewin concentraram-se, preponderantemente, nos problemas motivacionais do sujeito individual, os quais o levaram a um interesse pelos problemas da organização da personalidade; seus esforços subseqüentes visaram uma ampla variedade de problemas da psicologia social, incluindo a sua iniciação do movimento de dinâmica de grupo e a sua assistência no desenvolvimento da *pesquisa de ação* (isto é, pesquisa dirigida para a produção de mudanças sociais). Entrementes, interessou-se, perifericamente, pelos problemas da natureza da aprendizagem, fatores culturais na estrutura da personalidade, desenvolvimento infantil e outros. Mas em todas essas diversas áreas, Lewin fez com que a mesma abordagem fundamental influísse em todas as questões críticas: uma ênfase que incidiu sempre sobre os fatores psicológicos, em vez de simples fatores ambientais, na situação (ou campo). Essa ênfase é comparável à distinção gestaltista original, mais explicitamente formulada por Koffka, entre o meio "comportamental" e o "geográfico". O ponto crucial da distinção é que o significado efetivo das condições ambientais depende de algo mais do que os meros atributos físicos; isto é, uma descrição feita somente nos termos de tais fatores é inadequada. É a *percepção* dos atributos físicos pelo indivíduo que determina como ele reagirá.

A Carreira de Lewin

Kurt Lewin nasceu na Prússia e recebeu sua educação superior nas universidades de Freiburg, Munique e Berlim, doutorando-se em 1914. Esteve presente, pois, aos anos de formação do movimento gestaltista. Após um interregno de cinco anos em serviço militar, voltou a Berlim e aí exerceu várias atividades acadêmicas até 1932, quando foi para os Estados Unidos. Passou esse primeiro ano como professor visitante na Universidade de Stanford e os dois anos seguintes na Cornell. A decisão de estabelecer residência permanente nos Estados Unidos foi uma conseqüência da ascensão do nazismo na Alemanha, onde a sua ancestralidade judaica representava uma perigosa desvantagem. Lewin foi para o Departamento de Bem-Estar Infantil da Universidade Estadual de Iowa, como professor de Psicologia Infantil, em 1935; e, finalmente, em 1944, para o Instituto de Tecnologia de Massachusetts. Foi no MIT que, como diretor do Centro de Pesquisas de Dinâmica de Grupo, iniciou um movimento que mal dera os seus primeiros passos quando a morte o surpreendeu, em 1947.

As principais publicações de Lewin são na forma de relatórios para revistas e contribuições para diversas coletâneas de estudos. Os seus próprios trabalhos foram coligidos em quatro pequenos volumes. Os dois primeiros, *A Dynamic Theory of Personality* (1935) e *Principles of Topological Psychology* (1936), representam a fase européia da sua carreira; as duas últimas coletâneas, *Resolving Social Conflicts* (1948) e *Field Theory in Social Science* (1951), relacionam-se com a última fase americana.

Topologia e Espaço Hodológico

Lewin escolheu a topologia, uma relativamente nova geometria, porque lhe proporcionava um modelo matemático em que poderia basear a sua representação conceptual dos processos psicológicos. Em poucas palavras, a topologia é uma geometria em que as relações espaciais são representadas de uma forma estritamente não-métrica. As relações posicionais entre as áreas ou regiões são mantidas, apesar de várias espécies de mudanças, no tamanho e na forma. O interesse primordial é pelas conexões entre regiões delimitadas e pelas suas relações espaciais; por exemplo, uma área pode permanecer dentro de uma outra, durante uma grande variedade de alterações e distorções. (Ver Brown, 1936, para uma introdução relativamente simplificada ao uso da geometria topológica por Lewin.) Lewin opinava que tais relações posicionais eram a melhor maneira de conceptualizar a estrutura das relações psicológicas. Contudo, havia uma séria limitação à topologia: a sua falta de conceitos direcionais. Para representar o conceito psicológico de direção, Lewin inventou então uma nova geometria qualitativa (1938), a que deu o nome de *espaço hodológico* (do grego *hodos*, traduzido como "caminho"). Desenvolveu as características desse espaço, que ele achou necessárias a uma adequada representação dos fatores dinâmicos nas relações psicológicas, usualmente chamados *vetores*.

Cartwright (1959, págs. 61-65) informa que pesquisadores recentes substituíram a topologia mais hodologia, de Lewin, por um novo

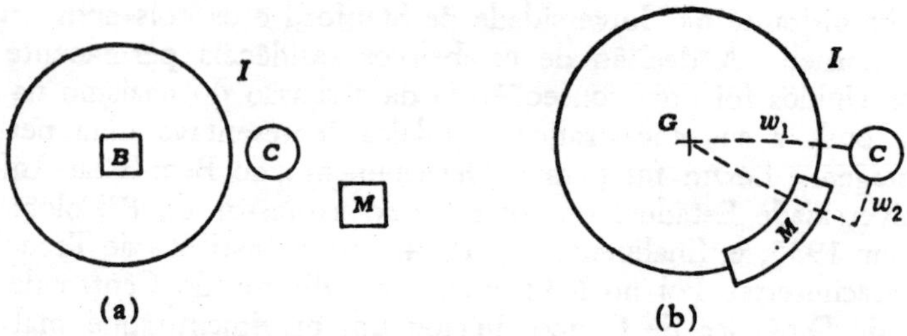

FIGURA 11-1. Situação em que uma criança pequena deseja alcançar um brinquedo que está dentro de uma barreira circular. (a) Situação física; (b) situação psicológica. C, criança; B, brinquedo; M, mãe; G, meta; w_1, w_2, percursos. (Extraído de Lewin, 1936, pág. 147.)

instrumento matemático, o gráfico linear. Nos mapas planares que Lewin empregou usualmente para representar seus espaços vitais, não mais do que quatro regiões podem ter fronteiras mútuas. Isto limita a complexidade da estrutura que pode ser representada num mapa planar, bidimensional. Num gráfico linear, um número indefinido de pontos (que substituem as regiões no espaço vital) podem ser mutuamente interligados. O mapa linear também permite a representação de relações assimétricas, como no caso de movimentos que podem ocorrer da região A para a região B mas não o inverso. Não existe uma forma natural de representar essas assimetrias no mapa.

Espaço Vital

O objetivo de Lewin ao adaptar e, inclusive inventar essas geometrias foi elucidar a sua conceptualização do campo psicológico ou *espaço vital.* O espaço vital é definido, da maneira mais simples, como a totalidade de fatores *psicológicos* efetivos para uma determinada pessoa, em algum momento particular. Consiste num certo número de *regiões* diferenciadas que representam condições significativas na vida da pessoa. Embora a totalidade de fatores seja enfatizada em definições como a acima citada, na prática real só os fatores mais importantes são incluídos nas representações diagramáticas do conceito de espaço vital.

Um exemplo relativamente simples, baseado nos escritos de Lewin, servirá para ilustrarmos a distinção entre as representações físicas e psicológicas. A Figura 11-1*a* mostra a situação física e a Figura 11-1*b* mostra a representação psicológica, onde um objeto-meta (brinquedo) é colocado fora do alcance, dentro de uma área circular. A abordagem física direta da meta, via trajeto w_1, não é possível mas a locomoção

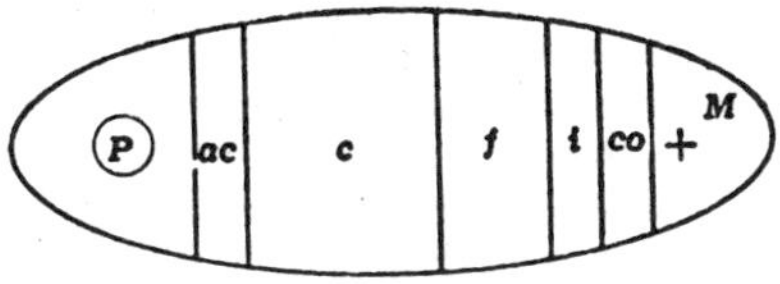

FIGURA 11-2. Situação de um rapaz que quer ser médico. P, pessoa; M, meta; ac, admissão no colégio; c, colégio; f, faculdade de Medicina; i, internato hospitalar; co, instalação de um consultório particular. (Extraído de Lewin, 1936, pág. 48.)

psicológica, via trajeto w_2, é eficaz se a mãe puder ser persuadida a alcançar o brinquedo. Embora o exemplo descrito envolva uma barreira física, a mesma situação psicológica poderia ser obtida com uma barreira produzida por uma restrição verbal envolvendo o brinquedo, especialmente no caso de uma criança mais crescida. Ou, em situações algo semelhantes, a barreira poderia consistir em fatores mais estritamente pessoais ou intra-organísmicos, como a polidez numa criança preparada para não apanhar coisas sem pedir, ou a timidez ou até o medo em alguma outra criança. Nestes casos, o quadro físico não mostraria barreira alguma mas a representação psicológica, para essa fatia do espaço vital, teria um aspecto muito semelhante à que se mostra na Figura.

Um exemplo algo mais abrangente de um espaço vital típico é reproduzido na Figura 11-2. Aqui, Lewin descreveu uma série de locomoções envolvendo uma determinada escolha ocupacional de um jovem. Lewin (1936) sublinhou que o fato de passar nos exames de admissão à universidade, embora não seja uma locomoção física, representa uma "mudança real de posição no espaço vital... quase-social... Muitas coisas estão agora ao seu alcance que antes não estavam" (pág. 48). Este tipo de passagem de uma região para outra é a que se enfatiza no esquema do espaço vital.

Segundo a conceptualização de Lewin, as características de temporalidade e de realidade são importantes dimensões do espaço vital. À medida que a criança vai crescendo, o seu espaço vital não só se diferencia cada vez mais em regiões, como uma função de sua crescente maturidade e expansão dos problemas pessoais, mas também desenvolve as dimensões de temporalidade e realidade-irrealidade. Por exemplo, a criança começa a fazer planos para o futuro, assim como a responder mais efetivamente em unidades mais extensas de tempo. Além disso, ela começa a usar imagens mentais e fantasias, e a viver, pois, em certo grau, num nível de irrealidade; neste nível, o seu comportamento é menos restringido pelas barreiras usuais do mundo real.

A dimensão de realidade está ilustrada na Figura 11-3, na qual Lewin indicou três níveis dessa variável no espaço vital.

Lewin considerou essa dimensão de importância primordial numa análise psicológica e por isso recebeu considerável atenção em sua

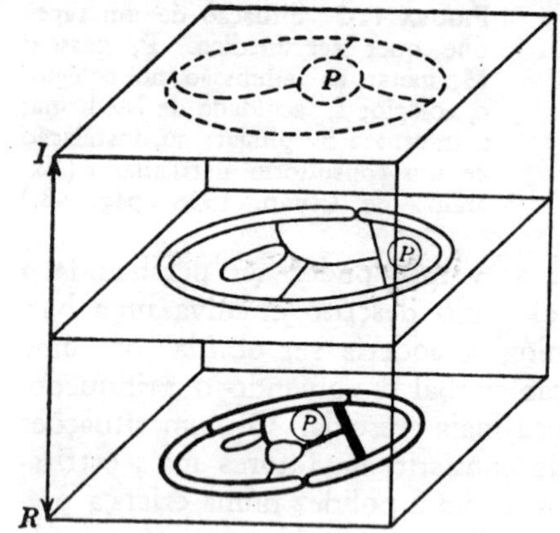

FIGURA 11-3. Representação de diferentes graus de realidade por uma dimensão adicional do espaço vital. R, nível mais real; I, nível mais irreal; P, pessoa. Num nível de maior realidade, as barreiras são mais fortes e a pessoa P está mais claramente separada do seu meio ambiente. (Extraído de Lewin, 1936, pág. 200.)

obra. Lewin não acreditava que uma dimensão absoluta de realidade ou irrealidade pudesse ser postulada, dado que o campo de experiências está sujeito a contínuas transformações; isto é, o que num caso pode ser considerado realidade absoluta, pode ser alterado por novos eventos e experiências. Além disso, à medida que o indivíduo amadurece, a dimensão realidade-irrealidade amplia-se e torna-se mais diferenciada (1936, pág. 204).

Talvez a mais conhecida contribuição de Lewin, dentro da estrutura do espaço vital, tenha sido a sua conceptualização de conflito. Ele afirmou que existem três tipos básicos de conflito que produzem frustração: aproximação-aproximação, aproximação-evitação e evitação-evitação. O conflito de aproximação-aproximação ocorre quando um indivíduo deseja realizar dois objetivos que são mutuamente incompatíveis (por exemplo, quando uma pessoa tem dois convites para a mesma noite). O conflito de aproximação-evitação é caracterizado por um objetivo que é desejado e indesejado ao mesmo tempo (por exemplo, quando uma pessoa deseja dinheiro mas não o esforço acarretado por um emprego que lhe é oferecido). Um conflito de evitação-evitação apresenta-se quando as conseqüências previstas são ambas indesejáveis (por exemplo, quando uma pessoa deve aceitar um convite que não lhe agrada ou ofender um amigo estimado). Este tipo de conflito é caracterizado por uma vacilação entre as alternativas ou por uma tentativa de escapar à situação ("abandonar o campo").

O Sistema de Lewin

É impossível descrever um único sistema integrado construído por Lewin (como o que descrevemos no caso de Hull, no capítulo 10).

Isso deve-se, principalmente, ao fato de Lewin nunca ter tentado produzir tal sistema integrado; quando não estava interessado nos problemas metodológicos da teoria de campo, ele estava trabalhando numa variedade de problemas diferentes. Todos eles implicavam, de algum modo, o mesmo tipo geral de pressupostos e procedimentos operacionais, e os mesmos construtos — em grande parte. Entretanto, Lewin não realizou qualquer tentativa séria de coordenar esses conceitos num só quadro sistemático (cf. Cartwright, 1959).

A série coordenada de pesquisas em torno do pressuposto lewiniano de *sistema de tensão* foi escolhida como o melhor exemplo de seu trabalho; em alguns aspectos, aproxima-se de um verdadeiro sistema integrado. Uma série contínua de estudos experimentais, alguns dos quais serão descritos adiante, baseou-se totalmente nas implicações desse conceito central. O próprio Lewin forneceu uma descrição teórica dessas pesquisas, enfatizando os pressupostos formais e suas derivações (Lewin, 1940, págs. 13-28; 1944, págs. 4-20). O nosso tratamento acompanha essa descrição, assim como a descrição mais informal dada por Deutsch (1954, págs. 199 e segs.).

Os antecedentes básicos para o desenvolvimento por Lewin do construto do sistema de tensão remontam às suas primeiras pesquisas psicológicas (1917). Ele estava interessado em refinar algumas das pesquisas anteriores de Ach (1910) sobre a força de vontade. O procedimento geral consistiu em estabelecer associações de sílabas sem sentido, através de repetidos emparelhamentos, e avaliar depois a força do fator voluntário, manipulado por instruções, em oposição à tendência habitual. (Ver Hilgard, 1956, págs. 258 e segs., para uma descrição dessa pesquisa e seus argumentos lógicos teóricos.) Finalmente, Lewin rejeitou a tentativa de Ach de suplementar o fator de associação com novos construtos tais como a disposição e a tendência determinante, na tradição da escola de Würzburg, a que Ach pertencia (ver Capítulo 4). Lewin achava que Ach não tinha chegado suficientemente longe em sua interpretação. Em vez de aceitar os fatores de associação *e* os voluntários, Lewin concluiu que a melhor conceptualização era admitir, simplesmente, a existência de dois fatores voluntários. Sublinhou que a associação *per se* não proporcionava qualquer poder motivador. Como diria mais tarde (1940, pág. 14):

> Dinamicamente, uma "associação" é algo como um elo numa cadeia, isto é, um padrão de forças restritivas sem tendência intrínseca para criar uma mudança. Esta propriedade de uma necessidade ou quase-necessidade pode ser representada pela coordenação com um "sistema em tensão". Levando a sério este construto e usando certas definições operacionais, particularmente pela correlação da "descarga de tensão" com uma "satisfação da

necessidade" (ou "alcance da meta"), e do "estabelecimento da tensão" com uma "intenção" ou uma "necessidade num estado de fome", foi possível chegar a muitas conclusões testáveis.

O primeiro esforço formal para testar a proposição do sistema de tensão assim desenvolvido por Lewin foi a pesquisa realizada por Zeigarnik (1927), para a sua dissertação doutoral, sob a orientação pessoal de Lewin. Os experimentos daquela psicóloga basearam-se nos pressupostos de que (1) se estabeleceriam sistemas de tensão num sujeito, quando se lhe dessem tarefas simples para executar, e (2) se esses sistemas de tensão não se dissipassem, o que normalmente deveria ocorrer ao completarem-se as tarefas, a sua persistência resultaria numa probabilidade maior de que o sujeito recordasse, subseqüentemente, os nomes das tarefas. Os resultados de Zeigarnik confirmaram substancialmente, numa variedade de tarefas, essa previsão, já que as tarefas interrompidas eram, de um modo geral, melhor recordadas pelos sujeitos que as tarefas completadas. Existe uma extensa literatura experimental (cf. Alper, 1948; Deutsch, 1954) a respeito desse interessante fenômeno, o chamado *efeito de Zeigarnik*.

O teste experimental seguinte sobre o construto do sistema de tensão foi realizado por Ovsiankina (1928). Ela demonstrou que os sujeitos reatavam voluntariamente as atividades interrompidas mais freqüentemente do que retornavam a atividades que tivessem sido antes completadas.

Após os resultados confirmatórios desses dois primeiros estudos, efetuaram-se novos testes experimentais em grande número. Entre os mais conhecidos, podemos citar os estudos de Lissner (1933) e Mahler (1933) sobre o papel das atividades substitutivas como fatores eficazes de descarga de tensão; de Hoppe (1930) e J. D. Frank (1935), sobre o êxito e fracasso, especialmente na medida em que ambos se relacionam com o "nível de aspiração" manifestado pelo sujeito; e de Karsten (1928), sobre a "saciedade psíquica", que se relaciona com o problema da redução no desempenho de uma atividade, como função da repetição contínua dessa atividade. Um resumo desses e outros estudos afins é fornecido por Lewin (1935, págs. 239 e segs.). Embora não disponhamos aqui de espaço bastante para apresentar um maior desenvolvimento das contribuições de Lewin para a pesquisa e teoria, através do construto do sistema de tensão, o caráter frutuoso desse construto está bem atestado pela maneira como esses conceitos e problemas têm sido utilizados na teoria da personalidade (cf. Deutsch, 1954).

O interesse ulterior de Lewin pelos problemas sistemáticos da psicologia social pode ser ilustrado pela sua interessante e algo incomum pesquisa sobre os hábitos alimentares das pessoas, realizada durante a guerra (Lewin, 1943b; ver também Lewin, 1951, Cap. 8). Lewin formulou primeiro a questão: Por que é que as pessoas comem o que comem? Foi investigada a interação de fatores psicológicos (por exemplo, tradição cultural, preferência individual) e fatores não-psicológicos (por exemplo, disponibilidade de alimentos, preço), dentro da estrutura da chamada teoria de canal. Segundo este ponto de vista, a maioria do alimento que aparece na mesa acaba sendo comida por um ou outro membro do grupo familiar, de modo que a questão primária se reduz a uma outra que diz respeito aos canais particulares por intermédio dos quais o alimento é obtido para uso familiar. As duas principais fontes de alimentos nos Estados Unidos, durante a II Guerra Mundial, foram as compras em armazéns e a horticultura (canais secundários foram as compras no campo, conservas caseiras etc.). Lewin enfatizou o papel do "guarda-portão" — usualmente a dona de casa — como o indivíduo que determina a quantidade de víveres que se obterá de cada canal e passará pelas várias fases de preparação para seu consumo (no caso da horta doméstica, é claro, é necessário um maior número de fases, antes dos produtos finais poderem estar disponíveis para a mesa).

A psicologia do guarda-portão, como Lewin lhe chamou, converteu-se, pois, num ponto central dessa pesquisa. Embora, no decurso da exploração do problema, tenha sido formulado um grande número de questões interessantes, limitar-nos-emos a delinear uma que recebeu considerável atenção empírica. Trata-se da questão de apurar o procedimento mais eficaz para modificar opiniões. A atenção concentrou-se nos procedimentos individuais *versus* procedimentos de grupo. Lewin sublinhou (1951, Cap. 10) que uma expectativa *a priori* poderia muito bem ser que, sendo os indivíduos "mais dóceis" do que os grupos de pessoas de mentalidade semelhante, eles também sejam mais fáceis de convencer. Entretanto, uma conclusão oposta é apoiada pela preponderância de muitas pesquisas (sobre uma variedade de problemas sociais, como o alcoolismo e os preconceitos, assim como os hábitos alimentares). Uma vez alterados os próprios padrões do grupo, mediante discussões grupais em vez de individuais, as opiniões do indivíduo alteram-se mais facilmente.

Um estudo ilustrativo diz respeito ao aumento de consumo de leite fresco. Nenhuma pressão foi usada nas discussões individuais ou grupais, e um tempo igual foi gasto em cada caso. Os resultados mostraram claramente que a anuência das donas de casa à mudança solicitada era maior quando seguia o procedimento do grupo. Resultados semelhantes foram apurados para outros tipos de alimentos (como, por exemplo, leite em pó e suco de laranja) e para outros problemas sociais muito diferentes (como, por exemplo, o aumento de produtividade entre operários industriais). Um compromisso público com um novo rumo de ação parece, geralmente, produzir maior permanência das atitudes ou comportamentos alterados. Em alguns casos, o grau de mudança pode até aumentar durante um período de tempo a seguir às manipulações experimentais; quando isso acontece, diz-se que houve um "efeito de dormência".

Esta pesquisa é um bom exemplo do modo como o trabalho de Lewin combinou questões teoricamente importantes com problemas e procedimentos de significação prática. A aceitabilidade de alimentos era de grande importância prática quando Lewin iniciou a sua pesquisa, durante a guerra e, na medida em que aumenta a população mundial, o problema promete tornar-se de permanente significado prático. De um modo mais geral, os processos grupais são importantes para o sentimento de bem-estar do homem e para a sua própria sobrevivência. O surto contemporâneo de interesse pelos T-grupos etc. pode ser atribuído, em grande parte, de uma forma direta, ao trabalho de Lewin (ver, por exemplo, Bradford, Gibb e Benne, 1964).

Críticas a Lewin

A maioria das objeções críticas a Lewin foi de ordem metodológica, gravitando em torno do seu desenvolvimento e uso da abordagem teórica do campo.

Uma crítica persistente diz respeito ao alegado uso impróprio ou inconveniente dos conceitos tipológicos por parte de Lewin (London, 1944). A acusação diz que Lewin se apropriou, meramente, da terminologia e de certas conceptualizações grosseiras dessa geometria, sem que fosse capaz de utilizar plenamente o conjunto de relações topológicas fundamentais. Em resposta a essa objeção, Lewin argumentou que tudo o que pode ser legitimamente exigido de um psicólogo que tenta aplicar um modelo matemático é que coordene algumas das relações conceptuais com processos empíricos (1951): "Não pode haver outro significado nem outra prova da aplicabilidade dessa geometria à psicologia do que a natureza frutuosa das previsões baseadas nessa coordenação" (pág. 22). Se aceitarmos esse modesto objetivo como legítimo e suficiente, dificilmente se poderá argumentar contra a apropriação e as invenções geométricas de Lewin, pelo menos, no que se refere a esse aspecto da sua metodologia.

Uma outra crítica, formulada tanto por alguns dos que simpatizam fortemente com Lewin (Deutsch, 1954), como pelos seus críticos menos amistosos, foi que ele não conseguiu especificar qual era, entre muitas interpretações possíveis, a que ele dava aos seus termos básicos, como *pessoa,* ou às suas relações básicas, como de *pessoa* como *espaço vital.* Uma crítica afim mas muito mais fundamental (Estes, 1954b) foi que, de um modo geral, Lewin não foi capaz de indicar a base empírica de seus conceitos psicológicos, como o de espaço vital, por exemplo, apesar da sua admirável ênfase na necessidade de definições estritamente operacionais que estabeleçam as coordenações entre os conceitos.

Um corolário da restrição acima é a objeção de que Lewin, ao enfatizar os aspectos cognitivos centrais do comportamento, foi propenso a ignorar os aspectos motores. De um modo geral, os teóricos do campo, com sua orientação perceptual e cognitiva, foram propensos a subestimar o aspecto da resposta na formulação E-O-R.

Numa crítica muito citada, Brunswik foi ainda mais longe, sustentando que a "encapsulação na camada central", por Lewin, significa que o seu espaço vital "é pós-perceptual e pré-comportamental" (Brunswik, 1943). A réplica de Lewin a esse comentário foi que, em seu entender, a psicologia não precisava estudar os fatores físicos e sociológicos objetivos que não têm implicações para o comportamento. Contudo, ele estava disposto a incluir o estudo daqueles fatores objetivos que são determinantes potenciais do espaço vital; esse tipo de estudo recebeu o nome de *ecologia psicológica* (Lewin, 1943a). O estudo de Cartwright contém uma formulação cuidadosamente detalhada desse problema da "zona fronteiriça" do espaço vital (1959, págs. 69 e segs.).

Outras avaliações críticas dos aspectos mais técnicos da teoria de campo lewiniana podem ser encontradas em Leeper (1943) e Cartwright (1959). As críticas abrangentes de Deutsch (1954) e Escalona (1954) cobrem todas as contribuições de Lewin para a psicologia social e a psicologia infantil, respectivamente.

Finalmente, uma séria objeção a Lewin foi a sua incapacidade para tornar o seu sistema conceptual geral suficientemente preciso e específico, de modo que pudesse ser corroborado ou refutado por testes experimentais. Citando Estes (1954b, pág. 332):

> Esse desenvolvimento não-formal de definições coordenadoras em uso, habilita o teorizador a propor explicações plausíveis de situações concretas mas sem possibilidade alguma de que a teoria seja refutada pelo desfecho da situação comportamental, visto que a correspondência entre os termos teóricos e empíricos é ajustada de acordo com os achados empíricos e nunca é formalmente incorporada ao sistema. A flexibilidade é obtida à custa da testabilidade.

É necessário reconhecer a importante distinção entre a pesquisa teórico-experimental efetiva de Lewin sobre problemas específicos (que destacaremos na seção seguinte) e os seus esforços teóricos de um tipo sistemático (que foram criticados no parágrafo precedente pela sua carência de uma adequada especificação empírica). Em particular os esquemas de espaço vital parecem ser de um valor muito limitado no estabelecimento de experimentos. Eles servem como recurso pedagógico e talvez proporcionem um efeito estimulante geral ao experimentador. Embora seja impossível identificar as fontes de influência de um homem com absoluta certeza, parece-nos provável que a tremenda influência contemporânea de Lewin decorra menos da sua teorização formal do que da sua teorização não-formal e trabalhos empíricos afins.

Contribuições de Lewin

Lewin teve poucos pares como conceptualizador criativo *e* experimentador engenhoso. Em grande parte, foi essa capacidade para implementar suas intuições teóricas com situações empíricas concretas que explica a proeminência por ele alcançada. Tal capacidade baseava-se, evidentemente — pelo menos, em parte — em suas observações argutas e penetrantes da vida cotidiana. Por exemplo, a sua conceptualização do sistema de tensão em relação à memória (cf. o efeito de Zeigarnik, acima descrito) foi sugerida, segundo consta, pela sua observação de que os garçons nos restaurantes de Berlim tinham uma memória extraordinariamente exata para os detalhes de cada conta... até que esta era paga (G. W. Hartmann, 1935, pág. 221). Analogamente, em sua carreira ulterior, o seu interesse pelos problemas de interação social, como o papel de uma minoria social, foi estimulado, pelo menos parcialmente, pela sua própria conscientização profunda e dolorosa das tragédias que observava no mundo real (Deutsch, 1954).

Em segundo lugar, as contribuições específicas de Lewin para a teoria psicológica foram de grande amplitude e profundidade. Desenvolveu conceitos e técnicas experimentais, como o nível de aspiração, que gozaram de vasta aceitação nos campos da personalidade e da motivação. Essas contribuições para a teoria da personalidade têm tido uma poderosa e contínua influência.

Finalmente, os esforços pioneiros de Lewin, na esfera da psicologia social, seriam suficientes para assegurar-lhe um duradouro e proeminente lugar na história da psicologia. Suas primeiras pesquisas no domínio da psicologia social, nos Estados Unidos, são exemplificadas pelos estudos pioneiros (Lewin, 1939; Lippitt, 1940; Lippitt e White,

1943) sobre o comportamento em climas sociais que foram experimentalmente manipulados. Por exemplo, as técnicas de liderança foram experimentalmente variadas em clubes de jovens (*laissez faire,* democrática, autocrática) e vários comportamentos, como o de agressão, foram correlacionados com os diferentes climas sociais que resultaram (Lippitt e White, 1943). Esses estudos não só inauguraram uma nova e importante área de pesquisa social mas também tiveram certa influência sobre as práticas educacionais e sociais (Cartwright, 1959).

A fase final de pesquisas de Lewin, principalmente dedicada à dinâmica de grupo, encontrou-o no desempenho de um papel mais administrativo e supervisor, deixando a outros a detalhada elaboração das hipóteses e a coleta de dados. Em *Resolving Social Conflicts* (1948), Lewin relatou vários esforços experimentais realizados para mudar a conduta social em situações reais da vida cotidiana (como, por exemplo, em oficinas industriais inter-raciais). Lamentavelmente, a sua morte relativamente prematura impediu que Lewin desse novas contribuições para esse tipo de programa de pesquisas.

As linhas de trabalho iniciadas por Lewin não pararam com a sua morte. Ele foi um daqueles raros indivíduos que estão em sintonia com os tempos vinte e cinco a cinqüenta anos depois de já não pertencerem a este mundo. Os problemas relacionados com a influência e liderança sociais ainda estão sob ativo estudo. As observações de campo, que tantas vezes inspiraram Lewin, estão ganhando rapidamente a respeitabilidade como uma fonte de informação psicológica (Willems e Raush, 1969). A sua preocupação, no final da vida, com a ecologia psicológica, deve ter proporcionado boa parte do impulso para o trabalho de Barker que resultou num livro dedicado, precisamente, a esse tópico (1968). Até a sua tentativa para encontrar paralelos entre diferentes campos, que se reflete melhor em sua atitude geral em relação à teoria do campo e sua tentativa para usar o formalismo matemático, podem ter, pelo menos em parte, proporcionado o pano de fundo para o desenvolvimento da teoria geral dos sistemas (ver Buckley, 1968, para estudos nessa área). Dizer que Kurt Lewin foi uma das figuras germinais da psicologia moderna é um elogio demasiado débil.

TEORIA COGNITIVA DO CAMPO: BEHAVIORISMO INTENCIONAL DE TOLMAN

A mais importante contribuição de Edward C. Tolman (1886-1959) para o desenvolvimento do behaviorismo já foi assinalada no Capítulo 7. A ênfase que ele atribuiu desde cedo a uma interpretação *molar* do comportamento como *intencional* (1932) persistiu ao longo de sua ilustre carreira. Embora não possamos dizer que Tolman desenvolveu uma teoria definitiva, o seu sistema de psicologia, com sua posição primordialmente cognitiva, ou E-E, foi extremamente influente no domínio da aprendizagem. De todos os behavioristas confessos, Tolman foi o melhor aceito pelos psicólogos de orientação não-behaviorista. O seu sistema representa uma combinação aparentemente paradoxal de elementos importantes do behaviorismo e da psicologia da Gestalt. A sua orientação primordial foi mais cognitiva ou centrada no estímulo do que E-R; em seus últimos escritos (por exemplo, 1949a), não só professou uma profunda admiração pelas concepções teóricas de campo, de Kurt Lewin, como também adotou uma posição essencialmente lewiniana no tocante a problemas teóricos fundamentais. Por estas razões é Tolman tratado neste capítulo, como uma espécie de teórico de campo.

A Carreira de Tolman

Edward Tolman nasceu no Massachusetts e formou-se em engenharia no Instituto de Tecnologia de Massachusetts. Transferiu-se depois para a psicologia, concluindo o mestrado em 1912 e doutorando-se em 1915 na Universidade de Harvard. Trabalhou como instrutor de Psicologia na Universidade do Noroeste de 1915 a 1918. Tolman mudou-se então para a Universidade da Califórnia, onde instalou um laboratório de ratos. Durante a II Guerra Mundial, serviu durante dois anos (1944 e 1945) na Repartição de Serviços Estratégicos. Em 1950, aos 64 anos de idade, Tolman demonstrou o seu patriotismo de um modo diferente, ao liderar a luta contra o juramento de lealdade ao Estado. Durante os três anos seguintes, enquanto a questão estava sendo resolvida, Tolman exerceu cargos nas universidades de Chicago e Harvard. A sua humanidade, que dele fez um mestre amado por seus alunos, revela-se até na conclusão da sua declaração final, publicada em 1959 (pág. 152):

> Eu gostava de pensar a respeito de psicologia de um modo que fosse comprovadamente compatível comigo. Como todas as ciências e, especialmente, a psicologia ainda estão imersas em domínios tão tremendos do incerto e do desconhecido, o melhor que qualquer cientista — sobretudo qualquer psicólogo — pode fazer, como indivíduo, é seguir o seu próprio lampejo e a sua própria inclinação, por muito inadequada que possa parecer. De fato, acredito ser isso o que todos nós realmente fazemos. Ao fim e ao cabo, o único critério seguro é divertirmo-nos. E eu diverti-me imenso.

Tolman, o homem, era algo de um apartidário e de um dissidente. Também veremos que o sistema produzido por esse homem recusa-se a caber facilmente em qualquer das categorias usuais.

O Sistema de Tolman

Os alicerces do behaviorismo intencional de Tolman já estavam presentes se bem que vagamente formulados, em seu primeiro e mais importante livro, *Purposive Behavior in Animals and Men* (1932). Até há pouco tempo, não se consumia grande esforço na organização de idéias fundamentais em algo que se parecesse com um sistema integrado. As previsões sobre resultados experimentais não eram relacionadas entre si de um modo logicamente rigoroso. Numa palavra, Tolman foi considerado, durante muito tempo, um teórico programático. Uma tentativa meticulosa de uma formalização mais definitiva de seus princípios fundamentais foi realizada por MacCorquodale e Meehl (1954); e, num trabalho final, o próprio Tolman (1959) empenhou-se em apresentar um quadro mais organizado do seu sistema. Apresentaremos agora um resumo de alguns de seus princípios mais salientes.

O princípio básico no pensamento sistemático de Tolman sobre o comportamento é que, em suas atividades intencionais ou adaptativas, o organismo utiliza objetos ambientais e desenvolve uma *capacidade de prontidão meios-fim (means-end readinesses)* em relação àqueles e a seu papel no comportamento. Esta frase não é mais do que uma das muitas expressões complicadas que Tolman cunhou no início de sua carreira e utilizou sistematicamente em seus escritos; esta de que nos ocupamos agora foi particularmente enfatizada em seu ensaio "Principles of Purposive Behavior" (1959). O termo é aproximadamente sinônimo de *cognições* ou *expectativas.* Refere-se à espécie de aprendizagem que, segundo Tolman, é central para o comportamento — a aprendizagem de signos. Em poucas palavras, o organismo aprende "o que é que conduz a quê". Tal como os teóricos gestaltistas, Tolman achava que o comportamento real tem relativamente pouca importância; os determinantes primordiais da ação são centrais e não periféricos, como sustentaria um teórico E-R típico.

Em seu enunciado abrangente final, Tolman desenvolveu uma estrutura mais formalizada para o seu sistema (1959). Apresentou um esquema sistemático para cada uma de cinco situações representativas: a simples abordagem do alimento, a simples fuga de um choque elétrico, a simples evitação do choque elétrico, a aprendizagem do ponto de opção e a aprendizagem latente.

Sem entrarmos numa explicação pormenorizada desses paradigmas e do sistema de notação usado por Tolman, poderemos assinalar várias considerações salientes sugeridas pelo esquema. Em primeiro lugar, é evidente uma certa semelhança superficial com o sistema de Hull. Até certo ponto, essa inter-relação lógica de conceitos foi induzida pela forma de apresentação solicitada pelo editor do livro para o qual esse estudo particular foi preparado; talvez que, em certa medida, esse tipo de formalização tivesse sido encorajado pelo esforço anterior de Mac-Corquodale e Meehl para formular o pensamento de Tolman em moldes hullianos. Em todo o caso, é justo que se mencione também que Tolman usara antes (por exemplo, 1936, 1938) um arranjo tabular algo comparável, embora muito mais simples.

Segundo — e mais importante — a formulação final de Tolman ilustra o papel central desempenhado em sua teoria pelos construtos cognitivos. Faz-se necessário, neste ponto, citar um pequeno detalhe explicativo. Estão envolvidos dois construtos cognitivos fundamentais. A capacidade de prontidão meios-fim é uma disposição cognitiva adquirida e relativamente pura — pura no sentido de que perdura independentemente do atual estado motivacional do organismo; isto é, o organismo pode saber onde está a comida, quer esteja ou não faminto. A expectativa, por outro lado, é o produto concreto da capacidade de prontidão meios-fim — um evento cognitivo que se refere direta e especificamente à situação presente. Tolman resumiu os dois conceitos (1959, págs. 113-114):

> Uma capacidade de prontidão meios-fim é, tal como eu a concebo, uma condição do organismo, a qual é equivalente ao que, na linguagem vulgar, chamamos uma "crença" (uma prontidão ou disposição), para o efeito de que, se a um caso deste *tipo* de situação de estímulo se reage com um caso deste *tipo* de resposta, isto conduzirá a um caso desse *tipo* de situação de estímulo ulterior, ou então, que um caso deste *tipo* de situação de estímulo será simplesmente acompanhado, ou seguido, por um caso desse *tipo* de situação de estímulo. Além disso, suponho que as diferentes prontidões ou crenças (disposições) estão armazenadas juntas (no sistema nervoso). Quando são concretamente ativadas na forma de expectativas, elas tendem a interatuar e (ou) consolidar-se entre si. E eu afirmaria ainda que o "pensamento", tal como o conhecemos nos seres humanos, nada mais é, em essência, do que uma interação ativada entre expectativas resultantes dessas disposições previamente adquiridas, as quais, por sua vez, resultam em novas expectativas e novas prontidões meios-fins.

Tolman reconheceu a fragilidade desta formulação, em termos de medidas empíricas específicas. Reconheceu a dificuldade de implementar operacionalmente tais construtos mas, ao mesmo tempo, assinalou repetidamente o que, em sua opinião, era uma fraqueza comparável no construto rg — eg e Hull-Spence (ver o Capítulo 10).

Se bem que o conceito de cognição, seja como for que se enuncie, constitua o conceito básico no sistema de Tolman, ele considerou outros tipos de conceitos e outras espécies de aprendizagem. No seu esforço (1949b) para abranger todos os tipos principais de processos de aprendizagem, Tolman assinalou os seguintes seis "tipos de conexões" ou "engates": as *catexes,* que representam as propriedades afetivas adquiridas pelos objetos (semelhante ao conceito de *valência,* de Lewin); as *crenças de equivalência,* que são as representações cognitivas de submetas. reforçadores secundários ou perturbações iminentes; *expectativas de campo* (antes chamadas *expectativas signo-Gestalt*), que são representações do meio que possibilitam a aprendizagem latente, os encurtamentos etc.; os *modos de cognição de campo,* funções de ordem superior que produzem expectativas de campo através dos processos de percepção, memória ou inferência; as *discriminações de impulso,* que são as aptidões demonstradas de animais para se comportarem de forma diferente sob diferentes condições de privação; e os *padrões motores,* que são as próprias respostas ou combinações de respostas (aptidões).

Tolman realizou apenas um esforço muito esquemático para indicar as espécies de leis ou relações empíricas entre variáveis que poderiam relacionar-se com essas várias espécies de aprendizagem. Nenhuma lei foi seriamente sugerida, por exemplo, para os importantes modos de cognição de campo nem para as discriminações de impulso. Um simples princípio de contigüidade, à maneira de Guthrie, foi aceito para os padrões motores. A hulliana redução de necessidade foi considerada responsável, pelo menos parcialmente, pelas catexes e crenças de equivalência. E não foram propostas interpretações definitivas para o conceito básico de expectativas de campo, embora ao princípio de reforço fosse especificamente negado, neste ponto, mais do que um papel incidental.

O modelo de Tolman (1951b) continha três construtos principais: o *sistema de necessidades,* intimamente relacionado com as noções ortodoxas de impulso; o *espaço comportamental,* estreitamente relacionado ao espaço vital, de Lewin, descrito numa seção anterior deste capítulo; e a *matriz de crenças-valores,* a qual consiste em hierarquias de expectativas aprendidas a respeito de objetos ambientais e seus papéis em relação ao comportamento.

Este esboço sucinto da abordagem de Tolman deve indicar a natureza essencialmente conjetural e preliminar do seu sistema. Raramente se sentiu suficientemente seguro do terreno que pisava para sugerir relações legais ou mesmo relações lógicas entre as variáveis do seu sistema. Tolman estava profundamente cônscio do *status* discutível de alguns aspectos do seu sistema (1959): "... Penso que os dias de tais sistemas grandiosos e abrangentes, em psicologia, como o meu tentou ser, estão liquidados, pelo menos no presente... Tenho uma inveterada tendência para complicar demais as minhas idéias, para querer que elas voem alto demais, de modo que se tornam cada vez menos suscetíveis de verificação empírica" (págs. 93-94).

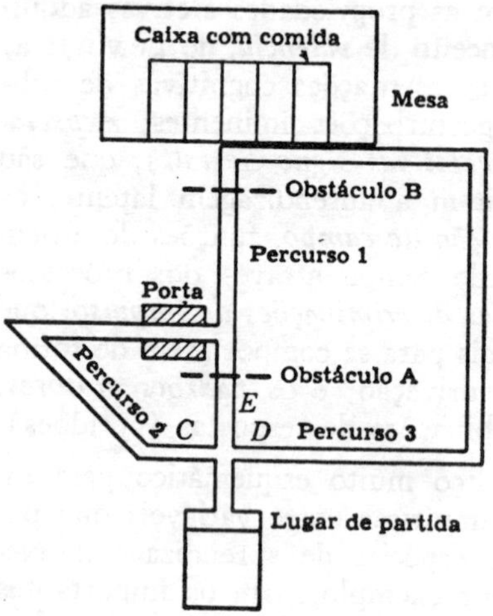

FIGURA 11-4. Labirinto usado para testar a introvisão *(insight)* em ratos. Os percursos são estabelecidos como uma hierarquia, de acordo com o comprimento: o percurso 1 é preferido ao percurso 2 e este é preferido ao percurso 3. Se o percurso 1 for fechado com o obstáculo A, os ratos correm pelo percurso 2. Se o percurso 1 for fechado com o obstáculo B, os ratos correm pelo percurso 3, se se aperceberam, por introvisão, de que a barreira fecha tanto o percurso 2 como o percurso 1. (Extraído de Tolman e Honzik, 1930, pág. 223.)

Tolman não produziu o tipo de sistema que apresentou por causa de seus princípios metateóricos ou de sua ignorância metodológica mas porque era, simplesmente, o gênero de pessoa que era. Em seus primeiros trabalhos (1936, 1938), ele especificou, em certo detalhe, as variáveis particulares que considerava significativas no comportamento e indicou o tipo de situação experimental "padrão" em que os seus valores poderiam ser determinados. Também se interessou desde muito cedo pelo protótipo do projeto experimental destinado a identificar as inter-relações funcionais das variáveis independentes, intervenientes e dependentes. Assim, Tolman aceitou uma rigorosa metodologia empírica destinada a revelar as relações legais entre variáveis mas nunca levou à prática as suas convicções. A dose de tédio que isso envolveria pode muito bem tornar um tal programa de execução impraticável para qualquer um e certamente não era essa a espécie de divertimento preferida por Tolman.

A Experimentação de Tolman

O tipo de pesquisa experimental realizada por Tolman está bem ilustrado num de seus primeiros estudos sobre a aprendizagem por introvisão *(insight)* no rato (Tolman e Honzik, 1930). Foi utilizado um labirinto elevado com três caminhos alternativos para a caixa-meta, como se mostra na Figura 11-4. Os três caminhos eram de comprimento variado. No adestramento preliminar, o caminho 1, o mais curto, foi bloqueado e os animais aprenderam então a usar o caminho

2, que era o mais curto dos restantes. Note-se que os caminhos 1 e 2 têm a parte final da pista reta para a caixa-meta em comum. Durante as provas de adestramento, o bloqueio foi colocado perto do ponto de partida, muito antes do segmento comum dos caminhos 1 e 2. Para as provas do teste, o obstáculo foi deslocado para a posição B, quase no final do segmento comum e perto da caixa-meta. De acordo com a previsão de introvisão, o animal optaria agora pelo caminho 3, em vez do caminho 2 previamente preferido, porque este também estava bloqueado. Um ponto de vista de simples E-R, que não levasse em conta a introvisão, preconizaria, presumivelmente, a passagem mecânica à mais forte resposta seguinte na hierarquia estabelecida durante o adestramento, isto é, percorrer o caminho 2. A maioria dos animais testados no estudo escolheu o caminho 3, assim apoiando a posição cognitiva ou expectativista de Tolman.

A este experimento seguiram-se numerosas réplicas e modificações, as quais não deram todas resultados claramente confirmatórios (cf. Hilgard, 1956, pág. 195). Não obstante, foi uma importante pesquisa que não só corroborou a teoria cognitiva geral de Tolman mas também serviu para estimular ulteriores pesquisas mais analíticas. Neste aspecto, é representativa de grande parte da experimentação de Tolman.

Ainda mais característico da pesquisa de Tolman é o experimento sobre aprendizagem latente, originado por Blodgett (1929) no laboratório da Universidade da Califórnia. Aqui, o problema fundamental é se a recompensa (ou reforço) é ou não essencial para que a aprendizagem ocorra. Como teórico cognitivista, que definia a aprendizagem mais em termos perceptuais do que de fatores de resposta, Tolman insistiu em que a aprendizagem ocorrerá na ausência de recompensa mas, simplesmente, não será demonstrada enquanto não existirem as condições motivacionais apropriadas.

Num típico experimento de aprendizagem latente, planejado para testar a posição cognitivista de Tolman, foi permitido o acesso de um animal faminto a um dispositivo de aprendizagem, como um labirinto, sem recompensá-lo com comida na caixa-meta. Após um certo número de tais provas, durante os quais o animal comete numerosos erros e evidencia uma limitada aprendizagem manifesta, ele encontra comida na caixa-meta pela primeira vez. As provas subseqüentes do teste mostram, geralmente, um desempenho muitíssimo melhorado, indicando que o animal estivera aprendendo alguma coisa sobre o labirinto nas provas anteriores mas não fora motivado para desempenhar-se apropriadamente da tarefa (isto é, tomar o caminho verdadeiro para a caixa-meta e evitar os becos sem saída). Quando a recompensa é introduzida, o desempenho desses animais experimentais aproxima-se rapidamente do desempenho dos sujeitos de controle, os quais tiveram o mesmo número de provas mas todas reforçadas com comida.

Embora exista ainda alguma controvérsia sobre esta questão, especialmente porque se suspeita agora de que operam várias fontes sutis de reforço (por exemplo, a remoção do animal do labirinto), a maioria dos resultados parece corroborar a posição original de Tolman. (Ver Kimble, 1961; MacCorquodale e Meehl, 1951; e Thistlethwaite, 1951, para críticas sobre a literatura pertinente.)

Críticas a Tolman

A crítica mais persistente à obra de Tolman já foi indicada: a falta de desenvolvimento de algo que se pareça com uma teoria logicamente integrada. A este respeito, podem ser instrutivos alguns dos seus próprios comentários. Por exemplo, ao negar-se a comentar sobre uma distinção solicitada entre o seu uso da linguagem dos dados imediatos e da linguagem dos construtos, Tolman assinalou (1959) que "eu próprio não posso interessar-me grande coisa nem entender completamente essas distinções lógicas mais refinadas" (pág. 149). Ao que parece, a sua falta de interesse pelos problemas das relações lógicas explica, pelo menos em parte, a natureza programática da sua sistematização.

Uma crítica particular e importante que Tolman compartilhou com Lewin é que prestou insuficiente atenção ao problema de relacionar o comportamento manifesto com a cognição e outros estados centrais semelhantes. Guthrie, por exemplo, comentou (1935) que Tolman deixou o rato "enterrado em pensamento" (pág. 172). Essa fraqueza do sistema de Tolman pode ser vista como uma parte da inadequação global de especificação, acima discutida.

Finalmente, como representante de uma espécie de abordagem de senso comum do comportamento, Tolman foi alvo de uma grande variedade de críticas, por parte dos psicólogos mais austeros. Um óbvio ponto de ataque envolveu o seu alegado mentalismo, em conseqüência da espécie de linguagem que Tolman usou e da natureza centralista dos seus construtos. Em resposta a esses ataques, Tolman defendeu vigorosa e persistentemente o seu behaviorismo básico. Entretanto, mesmo os críticos mais favoráveis a Tolman alimentaram algumas dúvidas sobre esse ponto. Assim, MacCorquodale e Meehl assinalaram (1954) "uma certa afinidade com o dualismo", conquanto não pretendam "nem mesmo sugerir que Tolman seja outra coisa senão um behaviorista, consciente ou inconscientemente" (pág. 185). Ao considerar essa crítica, Tolman teve, pelo menos, uma explicação parcial, quando não uma justificação, a oferecer, em termos de sua exposição inicial ao objetivismo. Afirmou ele (1959) que "... embora me formasse no objetivismo e behaviorismo como *o* método da psicologia, as únicas categorias que eu tinha à mão eram mentalistas. Assim, quando comecei as minhas tentativas para desenvolver um sistema behaviorista de minha própria lavra, o que eu realmente estava fazendo era tentar reescrever uma psicologia mentalista de senso comum... em termos behavioristas operacionais" (pág. 94).

Contribuições de Tolman

Apesar da inegável natureza programática da sua sistematização, Tolman exerceu uma grande influência no curso da psicologia nas últimas quatro décadas. Descreveremos várias formas gerais dessa influência e, depois, mencionaremos algumas contribuições específicas.

O papel de Tolman na fermentação do pão behaviorista, em seu período formativo inicial, foi dos mais significativos. Embora a sua ênfase sobre um ponto de vista molar e a sua aceitação da intencionalidade nunca fossem inteiramente aprovadas por alguns behavioristas, essa espécie de interpretação serviu, não obstante, para tornar o sistema muito mais compreensível e aceitável aos olhos de muitos outros. Assim, Tolman poupou para a consideração da ciência da psicologia certos conceitos que, de outro modo, teriam sido completamente descartados pelo fato de não ser fácil a sua definição operacional. O veredito da História favoreceu claramente Tolman, particularmente no caso da "intenção": a ciência da cibernética objetivou e definiu precisamente o que, para uma máquina, significa ter uma intenção, de modo que, dentro ou fora da psicologia, devem sobrar poucos que mantenham agora que o conceito não pode ser objetivado.

A influência do seu sistema de aprendizagem cognitiva também foi muito grande. Durante duas décadas, a posição cognitiva de Tolman ofereceu a principal alternativa à teoria hulliana de redução da necessidade. De fato, grande parte da experimentação e literatura sobre aprendizagem estava diretamente relacionada com uma ou outra tentativa de instigar a teoria cognitiva contra a teoria do reforço. Assim, numa recapitulação crítica da literatura sobre aprendizagem para o primeiro número da *Annual Review of Psychology,* Melton (1950) pôde dizer que "... estes últimos vinte anos de desenvolvimento teórico-experimental têm estado, cada vez mais, sob a influência dos sistemas teóricos opostos de Tolman e Hull" (pág. 9).

Uma espécie diferente de influência geral pode ser assinalada na preferência duradoura de Tolman pelo rato como animal de laboratório e como sujeito apropriado até para o seu pensamento centralista e teórico de campo. Esse uso por Tolman, do seu animal favorito de laboratório foi responsável, sem dúvida, pela grande aceitação geralmente concedida à "psicologia do rato", apesar da forte oposição de muitos psicólogos. A sua posição sobre este assunto foi muito clara e vigorosamente enunciada num delicioso ensaio (1945). Aí, Tolman, sempre modesto e bem-humorado mostra-se em sua melhor forma. As frases concludentes são especialmente dignas de nota (1945, pág. 166):

> Em resumo, o que podemos dizer agora sobre as contribuições que damos, nós, psicólogos de roedores, para o comportamento humano? Com o que poderemos nós, os perseguidores de ratos, contribuir ainda para a compreensão dos feitos e malfeitorias, dos absurdos e tragédias do nosso amigo e nosso inimigo, o *homo sapiens?* A resposta é que, conquanto os êxitos, persistências e divagações socialmente inaceitáveis do homem — isto é, sua inteligência, suas motivações e suas instabilidades — estejam, em última análise, moldadas e materializadas por culturas específicas, não é menos verdade que a maioria das leis formais subjacentes da inteligência, da motivação e da instabilidade pode ser tão bem estudada — e mais facilmente — nos ratos quanto nos homens.
>
> E, como peroração final, permita-me que assinale que os ratos vivem em gaiolas; que não vão da farra na noite anterior a um experimento programado; que não se matam uns aos outros em guerras; que não inventam engenhos de destruição e, se os inventassem, não seriam tão ineptos quanto os humanos para controlar tais engenhos; não sabem o que seja conflito de classes ou de raças; evitam a política, a economia e os ensaios sobre psicologia. São animais maravilhosos, puros e deliciosos. E, assim que puder, vou trepar de novo por esse bom e velho ramo filogenético e aí me sentarei, desta vez do lado certo e sem me envergonhar, cofiando meus bigodes ante o espetáculo oferecido pelos espécimes do *homo sapiens,* tão tolos e, ao mesmo tempo, tão complicados, a quem verei então pavoneando-se, brigando, baralhando tudo, no terreno lá bem abaixo de mim.

Das muitas contribuições particulares feitas por Tolman, é preciso mencionar duas das primeiras. Uma delas foi a sua invenção (1936) do paradigma da variável interveniente, mais tarde adotada e mais completamente implementada por Hull (ver o Capítulo 10). Uma variável interveniente é uma função intraorganísmica (por exemplo, a fome) postulada para explicar um tipo particular de comportamento (por exemplo, comer) numa certa situação de estímulo (por exemplo, a apresentação de um objeto comestível, após um dia de privação de alimento). Embora Tolman, ao que parece, intentasse um uso puramente abstrativo da variável interveniente, ele acabou renunciando a esse emprego em favor do "construto hipotético" (cf. Marx, 1963, Caps. 1, 5), operacionalmente menos válido. Mais tarde, ele afirmaria (1959): "As minhas variáveis intervenientes são, falando de um modo geral, meras generalizações indutivas, mais ou menos qualitativas, nas quais se acredita temporariamente e que categorizam e resumem, para meu uso, várias relações empiricamente encontradas" (pág. 97). E observou ainda (1959) que "não são primordialmente neurofisiológicas... mas derivam, antes, da intuição, da experiência comum, de uma pitada de neurologia elementar e da minha própria fenomenologia" (págs. 98 e segs.).

Concede-se geralmente a Tolman o crédito por ter realizado a primeira distinção efetiva, na literatura psicológica, entre aprendizagem e desempenho. Ele já assinalara que a aprendizagem, só por si, não é suficiente para produzir o comportamento aprendido, que as condições motivacionais também devem ser apropriadas. A distinção entre aprendizagem e desempenho foi de suma importância no desenvolvimento da teoria e pesquisa de aprendizagem. Tolman atribuiu os méritos a Blodgett, que realizou o primeiro experimento de aprendizagem latente, por tê-lo convencido dessa distinção; e também sublinhou (1958, pág. 149) que Lashley se lhe antecipara.

Finalmente, deve-se reconhecer em Tolman o mérito de ter desempenhado um papel importante na abertura de muitas áreas significativas de pesquisa. Destas, as mais importantes são, provavelmente, o problema da aprendizagem latente, que trata da necessidade do princípio de reforço em aprendizagem; o problema da transposição, que diz respeito à dependência da aprendizagem em referência às pistas relativas, contrastando com as pistas absolutas; e a questão continuidade-descontinuidade, que implica no problema de apurar se cada reforço ou não-reforço tem um efeito sobre a aprendizagem (a posição de continuidade). Cada uma destas áreas problemáticas relaciona-se diretamente com a oposição teórica entre Hull e Tolman. Conquanto as questões sistemáticas em grande escala equacionadas por esses dois pontos de vista já não sejam de interesse primordial para os teóricos da aprendizagem, muitas das áreas problemáticas desenvolvidas no decurso da controvérsia teórica não só produziram uma valiosa série de pesquisas mas também ainda se revestem de importância destacada para as investigações sobre aprendizagem. Assim, Tolman, à semelhança de Hull, exerceu uma grande e contínua influência sobre a psicologia teórico-experimental.

A TEORIA DE CAMPO DA REALIZAÇÃO: O FUNCIONALISMO PROBABILISTA DE BRUNSWIK

O funcionalismo probabilista desenvolvido e proposto por Egon Brunswik (1903-1955) é difícil de classificar dentro do quadro teórico simplificado que utilizamos, para fins expositivos, no presente volume. Brunswik não foi, certamente, um teórico E-R, se bem que, sob a influência de Tolman e outros, se orientasse, de um modo muito definitivo, na direção do behaviorismo, depois de chegar aos Estados Unidos. É igualmente certo que ele não foi, de qualquer maneira óbvia, um teórico do campo do tipo representado por Kurt Lewin. Embora as suas pesquisas sobre constâncias perceptuais o relacionassem, freqüentemente, com a psicologia gestaltista ortodoxa, o próprio Brunswik (1949, pág. 57) negou explicitamente qualquer relação histórica ou conceptual dessa natureza.

A razão primordial que nos levou a classificar Brunswik como teórico de campo foi a maneira tão persistente e bem sucedida como considerou a totalidade dos fatores interatuantes, na sua tentativa para estabelecer uma significativa estrutura sistemática em que pudesse avaliar os sistemas psicológicos e problemas do comportamento. Neste aspecto, ele superou o próprio Lewin, especialmente em sua ênfase explícita sobre as condições antecedentes e conseqüentes distais, em comparação com as proximais. Além disso, a sua insistência num plano representativo, em vez de meramente sistemático, para a experimentação, também indica uma profunda preocupação com todos os fatores interatuantes envolvidos na determinação do comportamento. Estas afirmações devem ficar mais claras depois do leitor ter apreendido alguns dos pontos básicos que Brunswik procurou estabelecer e implementar, através de suas próprias pesquisas.

A Carreira de Brunswik

Egon Brunswik nasceu na Hungria, onde recebeu uma educação invulgarmente variada. Depois de ter feito estudos de engenharia e passar nos primeiros exames de Estado, resolveu mudar para o estudo de psicologia na Universidade de Viena. Aí foi muito influenciado pelos contatos com os positivistas lógicos do Círculo de Viena — Schlick, Carnap, Wittgenstein e outros. Estudou psicologia com Karl Bühler, recebendo o seu doutorado em 1927. Entretanto, fora aprovado no exame de Estado para lecionar matemática e física.

Após vários anos no exercício de vários cargos docentes, uma reviravolta decisiva ocorreu na carreira de Brunswik durante o ano letivo de 1933-1934. E. C. Tolman, de visita a Viena, conheceu e ficou muito impressionado com Brunswik. Dois anos depois, Brunswik recebeu uma bolsa da Fundação Rockefeller e, em grande parte por instigação de Tolman, foi convidado a lecionar como professor visitante e pesquisador associado de psicologia no *campus* de Berkeley da Universidade da Califórnia. Em 1937, regressou a Berkeley como professor-assistente. Aí passou o resto de sua vida.

A Investigação de Brunswik

Brunswik é mais conhecido na psicologia pela amplitude e intensidade da sua pesquisa sobre os fatores da constância visual, geralmente denominada *constância objetal*. Esse programa investigativo iniciou-se na Europa e constituiu um fator decisivo na atração que Brunswik exerceu sobre Tolman. O núcleo das pesquisas sobre a constância objetal é a dicotomia entre a natureza física de um objeto e a sua representação sensorial. O problema fundamental, nesse tipo de investigação, é o grau em que o efeito perceptual tende a aproximar-se do valor físico, mais remoto (distal), ou do valor sensorial, mais imediato (proximal). Consideremos, por exemplo, uma mesa de madeira. Como objeto distal, a mesa tem, certamente, um comprimento físico determinado; como objeto próximo, na percepção, também tem um certo comprimento, equivalente à distância física delimitada na apropriada superfície do receptor do sujeito. A dimensão física ou distal mantém-se relativamente estável, enquanto que a dimensão proximal é afetada por uma grande variedade de outras condições, como a distância ou o ângulo de visão.

O principal achado das pesquisas de Brunswik sobre a constância objetal foi que, na experiência ou, falando mais operacionalmente, no juízo formulado e informado pelo sujeito, existe um compromisso quase inevitável entre as dimensões distais e proximais. Normalmente, o sujeito tende a aproximar-se mais das características distais ou reais do objeto, apesar das diversas condições causadoras de distorções: daí a expressão *constância objetal*. Entretanto, instruções adequadas podem reduzir acentuadamente a influência do fator distal, de modo a produzir-se uma maior aproximação da dimensão proximal. O índice dessa influência (a "regressão ao real" de Thouless) recebeu o nome de *coeficiente de Brunswik*. Este coeficiente é a unidade quando a constância é perfeita — isto é, quando fatores percebidos como tamanho, formato e brilho são independentes da distância, ângulo de visão, fluxo luminoso etc. Quando o estímulo proximal (retiniano) determina completamente a percepção visual, o coeficiente de Brunswik é zero. De modo que o coeficiente indica, numa escala de zero à unidade, o grau em que os aspectos constantes da situação de estímulo determinam a percepção.

Em pesquisas subseqüentes, Brunswik ampliou essa metodologia básica a novos problemas, de um interesse algo mais vasto. Primeiro, na área da percepção, incluiu em seus experimentos variáveis tais como o valor monetário. Por exemplo, num experimento (Brunswik, 1934, págs. 147-150; ver também Brunswik, 1956, pág. 78), o experimentador pede aos sujeitos que façam comparações entre cartões que apre-

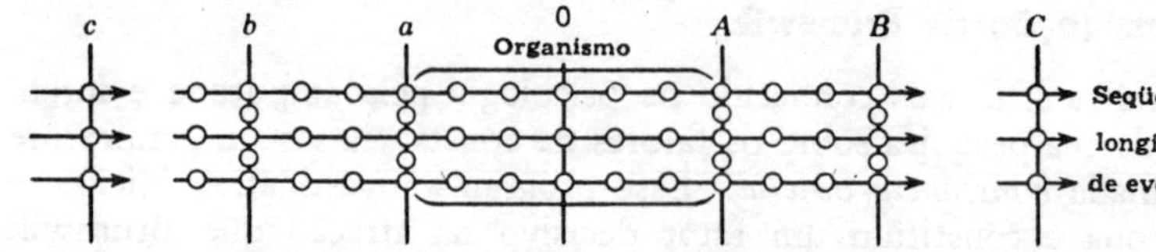

FIGURA 11-5. Esquema do organismo em seu meio circundante. (De Brunswik, 1939a, pág. 37.)

sentavam diversas quantidades de moedas, de tamanhos e valores monetários variados. De acordo com o princípio básico demonstrado na pesquisa mais simples, os juízos de igualdade entre os estímulos estavam comprometidos, até certo ponto, por cada uma das três variáveis. Posteriormente, sob a influência de Tolman e do neobehaviorismo americano, Brunswik passou a interessar-se pelo comportamento instrumental, tanto quanto pela percepção (cf. o primeiro estudo de colaboração, Tolman e Brunswik, 1935). Num importante ensaio (Brunswik, 1939b), ele atacou o problema do que hoje se chama *reforço parcial* ou *intermitente*. Brunswik considerou que a situação de recompensa de tudo-ou-nada, usada quase invariavelmente até então, na experimentação norte-americana sobre aprendizagem, não era representativa, em absoluto, das situações normais. Por conseguinte, ele variou a proporção de recompensa nos ensaios totais, nos dois extremos de um labirinto-padrão em T. Os ratos cooperaram e expressaram preferências que se correlacionavam, de um modo geral, com o grau de probabilidade da recompensa nas duas extremidades. Essa pesquisa está conceptualmente relacionada com as investigações anteriores sobre percepção, na medida em que o interesse primordial se concentrou de novo no grau em que o sujeito realiza, normalmente, um tipo de relação de constância.

O Sistema de Brunswik

O funcionalismo probabilístico que, para Brunswik, era o que sistematizava mais adequadamente os problemas psicológicos, foi uma decorrência bastante direta e lógica do programa de pesquisas acima delineado. O sistema de Brunswik é *probabilístico* porque sustenta que as metas perceptuais e comportamentais, no meio natural, relacionam-se, usualmente, de uma maneira equívoca e raramente de uma

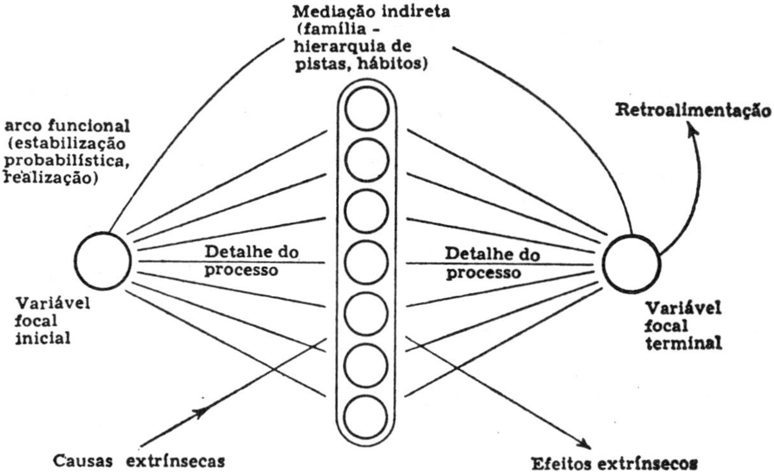

FIGURA 11-6. O modelo do cristalino: quadro composto da unidade funcional do comportamento. (De Brunswik, 1952, pág. 20.)

maneira unívoca com as pistas e respostas. O sistema é um *funcionalismo* porque se interessa, primordialmente, pelo grau de êxito, ou de realização, na percepção e no comportamento instrumental.

Um exemplo ilustrativo do pensamento sistemático de Brunswik é o seu quadro de referência conceptual (1939a), em que se visualiza uma sucessão de "níveis" ou "camadas" temporal e espacialmente ordenados. Eles dispõem-se entre os temporalmente mais remotos (os que estão mais recuados no passado do indivíduo), passando pelos objetos físicos manipuláveis (estímulos distais), até às áreas físicas externas do organismo (estímulos proximais) e daí às funções e estados intra-organísmicos; do lado da resposta, é conceptualizada uma disposição comparável, que vai desde as reações proximais, passando pelos efeitos distais (realizações em relação aos objetos ambientais), até aos êxitos a longo prazo e os produtos fundamentais do tempo de vida do indivíduo. Essas relações estão representadas na Figura 11-5. Brunswik usou a sua estrutura conceptual na análise, ou caracterização, dos sistemas psicológicos. Por exemplo, os psicólogos estruturalistas e gestaltistas, segundo a análise de Brunswik da situação, limitaram-se, primordialmente, ao estudo das relações entre estímulos proximais (nível *a* no esquema) e os eventos e disposições intra-organísmicos (nível 0). O behaviorismo clássico estudou, sobretudo, as relações *a-A*. A psicanálise, vista de uma maneira simplificada, seria descrita como um sistema que se concentrou nas relações *c-O*. A concentração de um funcionalismo ou de um behaviorismo molar tenderia para ser sobre as relações *b-B* (O nível 0 participaria em quase todas as posições sistemáticas, segundo o investigador esteja interessado na fisiologia ou na análise introspectiva).

O modelo do cristalino de Brunswik (1952), reproduzido na Figura 11-6, ilustra como um único fator focal (por exemplo; um objeto na situação de estímulo na pesquisa de percepção ou algum aspecto de um problema de aprendizagem, na pesquisa sobre comportamento instrumental) pode dar início a uma grande variedade de processos diferentes mas interatuantes; e também o modo como um conjunto analogamente diferençado de processos de resposta mediados no organismo podem focalizar-se numa única realização perceptual ou instrumental. Para uma aplicação ilustrativa comum do modelo do cristalino, considere-se o comportamento de um jogador de beisebol que está tentando apanhar uma bola em vôo (a "variável focal inicial"). Da bola em vôo emana um grande número de diferentes pistas perceptuais — sua velocidade, altura etc. — que o jogador deve ter em conta, rapidamente, ao calcular a sua trajetória e destino final. Também pode ser preciso considerar tais "causas extrínsecas" como a direção e força do vento e a posição do sol. Do lado da resposta, o jogador deve mobilizar as suas energias de modo a sincronizar adequadamente os seus movimentos em relação à bola, sem interferência de outras causas extrínsecas, como os seus companheiros de equipe, cercas e outros obstáculos etc. Os "efeitos extrínsecos" seriam exemplificados, pois, por colisões com outros jogadores, choques com as cercas etc. Uma realização instrumental básica, como agarrar uma bola difícil (a "variável focal terminal"), dependeria, portanto, da coordenação bem sucedida de uma variedade de "detalhes de processo" tanto do lado da percepção como da resposta.

Segundo Brunswik, o modelo de dupla convexidade representa a maneira como um organismo está apto a mobilizar suas funções, de modo a utilizar ao máximo as pistas que emanam dos estímulos distais e obter uma razoável soma de êxito em seu controle do meio. Opinou ele que os problemas das relações distais devem ser estudados primeiro, antes dos problemas de mediação pelos processos de detalhe intra-organísmico serem investigados. A sua própria pesquisa representa um exemplo tão bom quanto os melhores desse tipo de experimentação.

Hursch, Hammond e Hursch (1964) deram continuidade à sugestão de Brunswik de que as relações representadas no modelo do cristalino poderiam ser estudadas mais precisamente mediante o emprego dos métodos de múltipla correlação. As suas técnicas tornam possível determinar se um sujeito está tendo um bom desempenho, na base de várias pistas ecológicas, e se ele está utilizando realmente bem as pistas ao seu dispor. Aqueles autores demonstraram como a sua análise pode ser aplicada a um caso de aprendizagem de probabilidade e a um caso de inferência clínica. Embora alguns experimentos adicionais tenham empregado esse tipo de análise (por exemplo, C. R. Peterson, Hammond e Summers, 1965; Summers e Hammond, 1966), é provável que o uso dessa derivação particular do pensamento de Brunswik não tenha alcançado, de modo algum, o seu ponto máximo de popularidade. Com a crescente respeitabilidade dos estudos naturalistas e o tremendo interesse pela ecologia, em geral, parece inevitável que as técnicas estatísticas aplicáveis sejam muito mais procuradas.

Uma razão fundamental pela qual Brunswik sentiu que os problemas envolvendo determinados mecanismos devem aguardar até que sejam elaborados os princípios básicos de realização é o alto grau de substituibilidade entre tais mecanismos. Do lado instrumental, isto pode ser ilustrado, simplesmente, pela variedade de respostas particulares (hábitos) que um rato pode usar para acionar uma barra ou um gato para dar um tapa numa tranca e assim abrir uma porta que restringia os seus movimentos, como no experimento de Guthrie e Horton (1946). Nestes casos, o efeito focal-terminal é o mesmo, seja qual for o mecanismo particularmente usado.

Do lado perceptual, a mesma relação de permutabilidade entre mecanismos pode ser ilustrada pela variedade de pistas que servem de mediadoras da percepção de profundidade visual (cf. Postman e Tolman, 1958, págs. 511 e segs.). Neste caso, o estímulo distal é representado como um ponto focal, mostrado à esquerda no modelo lenticular de dupla convexidade da Figura 11-6. Uma variedade de diferentes tipos de energias físicas, representados pelas linhas divergentes do modelo lenticular, serve para produzir as pistas de distância proximal (disparidade retiniana, acomodação, convergência, perspectiva linear etc.), as quais estão representadas por círculos no centro do modelo. Os processos mediadores intra-organísmicos relacionam cada pista proximal com o evento perceptual terminal, neste caso, o juízo formulado sobre a distância.

Numerosos pontos interessantes são sugeridos por este tipo de análise. A *validade ecológica* das pistas (ou hábitos) é definida como o grau de correlação entre cada condição proximal e o valor do estímulo distal. Por exemplo, a validade ecológica da disparidade retiniana, como pista para a distância, é geralmente superior à da acomodação ou da convergência. Isto significa, simplesmente, que a disparidade retiniana é uma pista mais eficaz, com uma correlação mais elevada com a distância física. Mas não é essencial; outras pistas podem substituí-la e servir de mediadoras para a percepção de profundidade. Em sua adaptação normal ao fluxo de eventos no meio, o organismo deve ser consideravelmente flexível, em relação às pistas (ou hábitos) que, com maior freqüência, são consideradas de mais importância ou peso. A natureza necessariamente probabilística dos eventos focais terminais (perceptuais e instrumentais) é claramente indicada por esta análise. Como disse Brunswik (1955a, pág. 207):

> O padrão geral da estratégia mediadora do organismo apóia-se na limitada validade ecológica ou idoneidade das pistas... Isto impõe ao organismo uma estratégia probabilística. Para melhorar suas possibilidades, deve acumular e combinar chaves... Entretanto, seja qual for o grau em que a realização é melhorada, a função distal permanecerá inerentemente probabilística.

A Ênfase de Brunswik Sobre o Plano Representativo

Talvez o aspecto de maior alcance na formulação conceptual de Brunswik seja a sua crescente ênfase na necessidade da psicologia usar o que ele chamou o plano *(design) representativo,* em vez de sistemático, em suas experimentações (Brunswik, 1956). Essa ênfase decorre diretamente do funcionalismo probabilístico que ele próprio desenvolveu. Na medida em que o controle rigoroso de variáveis é praticado — no plano sistemático ortodoxo usado pela maioria dos psicólogos — haverá sérias limitações ao grau em que os resultados experimentais são representativos do comportamento natural do sujeito. Para permitir uma análise mais adequada das realizações do organismo em relação ao meio — o que, para Brunswik, em sua posição funcionalista, era o problema básico da psicologia — uma amostragem mais ampla de variáveis efetivas deve ser utilizada, mesmo quando isso signifique um controle menos rigoroso no sentido usual.

Como corolário dessa posição, as leis altamente genéricas que a pesquisa sistemática ortodoxa almejava formular deveriam ser substituídas por enunciados estatísticos em que somente valores probabilísticos pudessem se expressar. Tais expressões estatísticas dizem respeito às probabilidades verificadas de que as várias condições amostradas se correlacionem com as realizações do organismo, em seu trato com o meio. Assim, nos planos representativos, as técnicas de correlação substituem os testes estatísticos de diferenças que são usuais nos planos sistemáticos.

Embora o aspecto positivo destas propostas metodológicas pareça razoavelmente claro, já que decorrem diretamente do próprio programa de pesquisas de Brunswik, as suas críticas ao tipo ortodoxo de plano

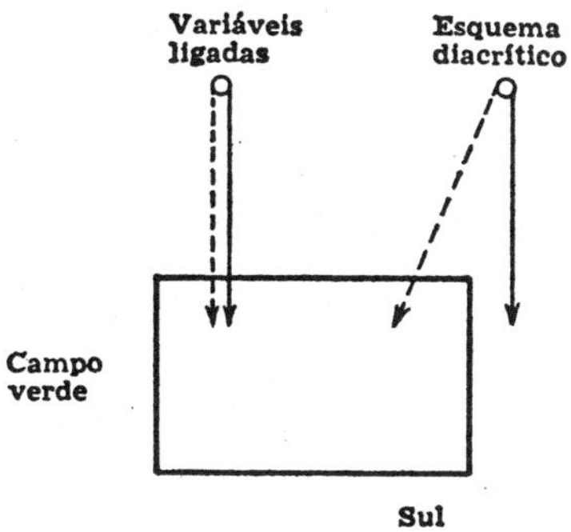

FIGURA 11-7. Esquema sistemático no estudo de constância do comportamento. Ver o texto para explicação. (De Brunswik, 1955a, pág. 194.)

sistemático podem exigir maior especificação. Para Brunswik, qualquer experimento que trate de uma só variável de cada vez, à maneira clássica, é irremediavelmente inadequado para apresentar um quadro realista do comportamento do organismo. Embora a tendência recente para o plano multivariado tenha sido considerada um passo na direção certa, foi, não obstante, um passo pequeno e seriamente limitado. Além disso, as variáveis usualmente manipuladas são mais proximais do que distais, na estrutura conceptual acima descrita; do ponto de vista de Brunswik, isso coloca a ênfase sobre a espécie errada de investigação.

Brunswik também criticou severamente o modo como as variáveis são artificialmente "engatadas" e "desengatadas", assim como "interligadas", no plano sistemático ortodoxo. Embora uma especificação detalhada desses problemas esteja fora do âmbito do presente livro, a tese geral apresentada por Brunswik é que um plano verdadeiramente representativo permitiria uma covariação mais livre entre fatores (ver Postman e Tolman, 1959, págs. 516 e segs., para uma apresentação especialmente clara desse argumento). O ponto pode ser ilustrado por um exemplo relativamente simples que Brunswik (1955a, págs. 194 e segs.) desenvolveu, na base de um problema anteriormente sugerido por E. B. Holt (1915). Imagine-se um bando de pássaros voando (1) sobre um campo verde (linha tracejada) e (2) rumo ao sul (linha cheia). Como se mostra na Figura 11-7, essas duas variáveis estão confundidas ou engatadas entre si. O mero retorno dos pássaros ao ponto 0 não resolve a confusão nem adiciona novos sujeitos da mesma população. A técnica típica usada para "desengatar" (desvincular) essas duas variáveis, na experimentação sistematicamente planejada, recebeu de Brunswik o nome de técnica *diacrítica*. Na Figura 11-7, está indicada pelo movimento dos pássaros para uma nova posição, de modo que as duas interpretações alternativas podem separar-se nitidamente, isto é, ter conseqüências diferentes (os pássaros voam sobre o campo verde e não diretamente para o sul ou voam para o sul e, por conseguinte, perdem o campo verde). Mas Brunswik sublinha (1955a, pág. 195):

> Cedo descobrimos que a orientação rumo ao sul ainda está vinculada a fatores tais como a área geral de largada, a temperatura e outras condições climáticas, os marcos topográficos, as pistas magnéticas etc.; e, do mesmo modo, o verde do campo está ligado ao seu formato ou tamanho. O que realizamos no plano diacrítico foi separar ou "dividir" um conglomerado original de variáveis em dois subconglomerados; mas, na realidade, não "isolamos" a nossa variável, como poderia parecer à primeira vista, e, portanto, ainda não estamos autorizados a falar de sua realização como uma função constante.

Para Brunswik, a única solução satisfatória para esta espécie de problema seria um plano verdadeiramente representativo, no qual fosse possível uma amostragem mais adequada das variáveis situacionais. Uma solução parcial não seria bastante. Um simples exemplo da inadequação dessa desvinculação artificial de variáveis, no plano sistemático, foi fornecido por Brunswik (1956, pág. 27). Num experimento sobre o juízo de traços de personalidade, os sujeitos são colocados em posições corporais idênticas e recebem roupas idênticas para vestir. Conquanto este procedimento experimental controle a influência dessas duas variáveis, também impossibilita a avaliação de qualquer interação normal entre os traços de personalidade calculados e fatores tais como o tono corporal e os hábitos de vestir. Para Brunswik, esse experimento típico está, pois, incompletamente planejado. Para que fosse completo, seria necessário incluir, na amostragem de comportamento, uma gama muito mais ampla de variáveis importantes (por exemplo, sujeitos que adotam posições diferentes ou vestem roupas diferentes).

O problema equacionado é, de fato, semelhante ao problema com que se defronta o pesquisador instruído para avaliar a opinião pública. O pesquisador gostaria de realizar um levantamento da população toda mas isso é impraticável. Portanto, ele decide-se por uma "amostra representativa" da população. Do mesmo modo, o experimentador talvez gostasse mais de ter em sua amostragem todas as variáveis e todas as correlações entre variáveis, a fim de chegar à formulação de leis psicológicas. Então, poderia usar um plano sistemático e este dar-lhe-ia todas as inter-relações das variáveis. Um tal procedimento é ainda mais difícil do que a amostragem de uma população completa. Assim, o experimentador também deve adotar uma amostra e a mais útil de todas as amostras será aquela que não for arbitrariamente escolhida mas a que caracterizar as variáveis, seus valores e interações, *tal como ocorrem no meio real.* Mesmo que pudéssemos realizar um completo experimento sistemático, não saberíamos o que os organismos fazem enquanto não estudarmos as situações a que eles estão expostos. Assim, os planos representativos são necessários, tanto em princípio como na prática.

Contribuições de Brunswik Para a Psicologia

É quase certo que a análise lógica de Brunswik a respeito dos problemas de planejamento *(design)* terá maior influência sobre o curso futuro da ciência psicológica do que a habitual nesse tipo de empreendimentos lógicos. Já existem provas de que a sua posição está sendo implementada muito mais além do estudo experimental da percepção, onde foi iniciada. Um exemplo destacado disso é a demonstração de K. R. Hammond (1954, 1955) sobre a importância de se considerar o plano representativo na psicologia clínica. As pesquisas sobre o uso diagnóstico de escores de testes são criticadas por não incluírem uma amostragem adequada das características de personalidade dos próprios examinadores e as variáveis situacionais envolvidas na administração do teste. De fato, é freqüente limitar-se severamente o número de examinadores, inclusive a uma só pessoa, com finalidade expressa de eliminar a variabilidade nos resultados. Uma tal aplicação do plano sistemático típico não impediu, infelizmente, que os investigadores generalizassem os seus resultados, pelo menos implicitamente, a uma gama presumivelmente vasta de examinadores e situações, assim como uma população de indivíduos testados (a representatividade de cuja seleção na amostragem é, de um modo geral, explicitamente considerada). Pareceria indicada uma certa ampliação dos princípios de um plano representativo mais completo a outras situações experimentais e clínicas, independentemente do grau em que se aceitem ou não as restrições de Brunswik ao plano sistemático ortodoxo.

A maioria das críticas aos pontos metodológicos de Brunswik gravitou em torno da sua aparente oposição à investigação dos mecanismos mediadores e à sua aparente pressuposição de uma básica não-uniformidade ou não-universalismo das leis do comportamento (cf. Hilgard, 1955; Postman, 1955). Quanto ao primeiro ponto, Postman e Tolman (1959, pág. 558) tentaram uma elucidação. Disseram eles que Brunswik não se opunha tanto à análise experimental dos mecanismos de mediação quanto a que se lhes conferisse prioridade sobre a pesquisa das correlações distais que envolvem realizações perceptuais e instrumentais. É claro, Brunswik estava em seu direito ao emitir uma opinião sobre esse ponto mas, como já assinalamos antes, é difícil dizer de antemão qual dos diversos procedimentos alternativos será o mais eficaz; a posição mais segura consiste, simplesmente, em deixar que cada pesquisador siga as suas próprias inclinações na matéria, desde que esteja familiarizado com as alternativas. Os pontos de vista de Brunswik devem ser admitidos entre os mais cuidadosamente argumentados e persuasivos de quantos têm sido formulados por psicólogos interessados nos problemas metodológicos gerais. Sobre o segundo ponto, Brunswik preocupou-se em explicar que não pensa que as leis do comportamento sejam fundamentalmente probabilísticas mas, tão-só, que o seu estabelecimento está necessariamente limitado a uma expressão estatística ou probabilística, por causa das limitações impostas pela grande variedade de fatores interatuantes no comportamento. Segundo as suas próprias palavras (1955b): "O ponto crucial é que, embora Deus não jogue, os animais e os seres humanos devem arriscar uma jogada, e não podem fazer outra coisa senão jogar, em face a uma ecologia que é, em sua essência, só parcialmente acessível à sua capacidade de previsão" (pág. 236).

À parte o significado fundamental da sua posição metodológica, Brunswik contribuiu substancialmente para o progresso da nossa compreensão das constâncias perceptuais. Em segundo lugar, ajudou a emancipar a pesquisa sobre a aprendizagem instrumental de algumas de suas anteriores limitações, como foi acima descrito. Essas realizações, somadas às suas penetrantes análises dos problemas de plano (*design*), são mais do que suficientes para garantir-lhe um lugar destacado na história da psicologia sistemática.

VÁRIAS TEORIAS AFINS

Psicologia Ecológica de Barker

Roger G. Barker (1903-   ) recebeu todos os seus graus acadêmicos na Universidade de Stanford, onde se doutorou em 1934. Quando Kurt Lewin chegou a Stanford como professor-visitante, em 1932, ele e Barker iniciaram uma colaboração que resultou na publicação do estudo laboratorial clássico sobre frustração e regressão em crianças (Barker, Dembo e Lewin, 1941), sobre o qual teremos ainda que falar mais adiante. Depois de lecionar como instrutor em Harvard, de 1937 a 1938, como professor-assistente na Universidade do Illinois, de 1938 a 1942, como professor associado em Stanford, de 1942 a 1945, e como professor na Universidade Clark, de 1945 a 1947, Barker instalou-se na Universidade de Kansas como professor efetivo. Com o seu colega Herbert F. Wright, Barker estabeleceu a *Midwest Psychological Field Station,* em Oskaloosa, Kansas, em 1947. O lugar de Barker neste volume baseia-se, principalmente, em seus vinte anos de trabalho na *Midwest Station* e numa estação que instalou em 1954, operando em regime periódico, em Leyburn, Yorkshire (Inglaterra).

As comparações entre os trabalhos e conclusões obtidas nas duas estações experimentais contribuíram para o fascínio das descobertas realizadas por Barker e seus colaboradores.

Um cínico poderia insinuar que a nossa inclusão de Barker como teórico de campo se baseia apenas no trocadilho bastante ruim entre *teoria de campo* e *trabalho de campo,* no qual Barker foi muito ativo. Mas nós já vimos que o significado de *campo* na física e o seu significado na psicologia são tão distantes um do outro que a aplicação da mesma palavra a teorias das duas disciplinas já é, por si só, quase um trocadilho. Além disso, existe uma relação distante entre a metateoria da teoria de campo e o encorajamento das observações naturalistas — de campo. Finalmente, há a ligação histórica entre Barker e Lewin, que foi o teórico paradigmático de campo na psicologia.

A obra de Barker é uma combinação e extensão natural dos interesses de Brunswik e Lewin. O interesse mais persistente de Brunswik foi a percepção, tendo insistido na importância dos estudos naturalistas das realizações perceptuais, numa amostra representativa de situações ecológicas. Lewin interessou-se no que poderíamos chamar uma "ecologia social", quando foi obrigado a examinar os mecanismos por cujo intermédio o alimento encontra seu caminho para a mesa, em ligação com as suas pesquisas, durante a guerra, sobre a manipulação de atitudes em relação a determinados alimentos. Se bem que Brunswik, por vezes, enfatizasse a natureza desordenada e probabilista do meio ambiente, outras vezes as suas avaliações intuitivas eram proféticas dos achados empíricos de Barker (Brunswik, 1956, pág. 39):

> A generalidade ecológica dos resultados experimentais ou estatísticos pode ser estabelecida, pois, a par da generalidade populacional. De fato, uma amostragem adequada de situações e problemas pode, em última instância, ser mais importante do que uma amostragem adequada de sujeitos, considerando o fato de que os indivíduos são, provavelmente, no seu todo, muito mais semelhantes do que as situações entre si.

O seguinte enunciado de Barker, que *não* estava conjeturando, apresenta afinidades muito estreitas com o ponto de vista de Brunswik (1968, pág. 4):

> Considero que o meio ambiente consiste na disposição altamente estruturada e improvável de objetos e eventos que forçam o comportamento a manifestar-se de acordo com a própria padronização dinâmica daqueles. Quando, no começo do nosso trabalho na *Field Station,* realizamos extensos registros do comportamento de crianças em contextos da vida real, de acordo com uma abordagem tradicional centrada na pessoa, verificamos que alguns atributos do comportamento variavam menos entre crianças num determinado contexto do que de um contexto para outro, dentro dos dias das crianças. Apuramos, em poucas palavras, que podíamos prever mais adequadamente alguns aspectos do comportamento das crianças a partir do conhecimento das características de comportamento das "drugs-

tores", classes de aritmética e jogos de basquetebol que elas freqüentavam do que do conhecimento das tendências de comportamento de crianças particulares (Ashton, 1964; Barker e Gump, 1964, Raush e outros, 1959, 1960). Foi esta experiência que nos levou a observar o meio da vida real em que o comportamento ocorre, com as conseqüências metodológicas e teóricas que são relatadas neste livro.

Só podemos ser gratos a Barker e seus colaboradores por terem sido levados a observar de perto esse "meio da vida real em que o comportamento ocorre", pois os resultados desse trabalho têm a espécie de robusta e inconsciente beleza observada nas bem-nutridas vacas Hereford que podem ser admiradas nas cercanias de Oskaloosa, Kansas. Os dados apresentados por Barker para ilustrar as unidades molares do comportamento individual exemplificam o vigoroso empirismo geral da abordagem. Maud Pintner, de cinco anos de idade, está na "drugstore" de Clifford (1968, pág. 146):

> Maud sentou-se ao balcão, esperando que sua mãe pedisse o que lhe prometera. No banco ao lado de Maud estava seu irmão de dois anos, Fred; a mãe sentou-se ao lado de Fred.
>
> 2:48 da tarde. Do bolso das suas calças Lee, Maud tirou um lápis cor de laranja. Esfregou-o nos lábios, como se fosse um batom.
>
> Depois, Maud debruçou-se, deslizando os braços pelo balcão, enquanto observava um homem servindo um refresco de morango a sua filha, uma garotinha de cabelos louros e encaracolados de três anos.
>
> Maud parecia fascinada pelo procedimento; ela anotou cada detalhe da situação.

Desta cena, duas unidades molares de comportamento, denominadas *episódios de comportamento,* foram extraídas: *simular o uso de batom* e *observar a menina com o refresco.* O isolamento dessas unidades, que poderiam parecer, no início, constituir uma simples tarefa, é difícil e de importância decisiva, se um trabalho efetivo de campo tiver de ser feito. Barker (1968) diz-nos o seguinte a respeito dos episódios de comportamento: "Tal como os cristais e as células, que também têm atributos característicos e dimensões limitadas, os episódios de comportamento têm uma posição tão clara na hierarquia das unidades de comportamento quanto aquelas têm nas hierarquias das unidades físicas e orgânicas" (pág. 146).

Barker favorece a coleta de dados que não estejam contaminados pela operação do psicólogo na situação; o psicólogo de campo pode atuar, simplesmente, como um transdutor (e, por conseguinte, colhe dados T, em vez dos dados O colhidos pelo psicólogo que também opera na situação). Barker ilustra as possíveis conclusões errôneas que podem ser extraídas dos dados O. As suas restrições são duplamente impressionantes pelo fato de usar o seu próprio estudo clássico como um horrível exemplo! Diz Barker (1968, págs. 144-145):

Os experimentos forneceram informações básicas sobre as conseqüências da frustração para as crianças, tal como foi definida e deliberadamente planejada nos experimentos, por exemplo, em Barker e outros (1941). Mas Fawl, que *não* maquinou a frustração para os seus sujeitos mas estudou-a nos registros transduzidos do comportamento cotidiano de crianças, relatou (Fawl, 1963, pág. 99): "Os resultados... foram surpreendentes em dois aspectos. Primeiro, mesmo com uma interpretação liberal de frustração, foram registrados menos incidentes do que esperávamos... Segundo... não conseguimos descobrir relações significativas entre a frustração... e o comportamento conseqüente, como seja... a regressão... e outras manifestações comportamentais teoricamente significativas.

Por outras palavras, a frustração foi rara nos dias das crianças e quando ocorreu não teve as conseqüências comportamentais que são observadas no laboratório. Ao que parece, os experimentos anteriores haviam simulado a frustração muito bem, tal como é definida e prescrita nas teorias; mas os experimentos não simulavam a frustração tal como a vida a prescreve para as crianças.

Isto constitui, indiretamente, uma defesa para o estudo completo e profundo da ecologia em que o homem cresce e se comporta, estudo esse que Barker não hesitou, certamente, em realizar, de um modo direto, em outros lugares. Sublinhou ele que é irônico o fato de conhecermos a percentagem de cada elemento que pode ser encontrado na crosta terrestre mas não termos um conhecimento análogo sobre o meio circundante *comportamental* do homem. Barker deu sua contribuição para esse esforço, catalogando os "contextos comportamentais" de Oskaloosa, Kansas (a *Midwest Psychological Field Station*). O seu apêndice registra 220 contextos comportamentais, desde os escritórios registrados de empresas até laboratórios de raios-X. São todos eles contextos comportamentais públicos; nota-se a ausência, por exemplo, da sala de visitas de Maud Pintner e espera-se que o salão nobre de "Masters and Johnson", de Oskaloosa, Kansas, preencha o quadro ecológico.

Para fazer o levantamento dos contextos comportamentais, Barker teve que definir, primeiro, um contexto comportamental — descobrir ou inventar os seus atributos de identificação. Indicaremos apenas os três primeiros de sete atributos. Primeiramente, um contexto comportamental consiste em um ou mais padrões estabelecidos de comportamento. Barker afirma que tais padrões estão claramente localizados no tempo e no espaço e dá como exemplos os jogos de basquetebol, os serviços de culto e as lições de piano. Segundo, um contexto comportamental consiste em padrões estabelecidos de comportamento e meio. Isto é, o contexto inclui tanto o meio circundante como o comportamento e esse meio tanto pode ser criado pelo homem (como um edifício) ou natural (como as árvores). Terceiro, o meio é circunjacente ao comportamento — isto é, o meio cerca o comportamento e não o inverso. Convidamos o leitor interessado a consultar Barker (1968) para as restantes características definidoras, assim como para os detalhes de outros aspectos de seus dados e teoria.

Finalmente, Barker examina as interações entre os contextos comportamentais e os comportamentos das pessoas que habitam neles. Seria de esperar que ele visse o contexto comportamental como um campo e as pessoas nele abrangidas como partículas, na base de uma analogia com a física. Mas, em vez disso, Barker foi buscar uma analogia quase oposta a Heider e assemelha o contexto comportamental a uma "coisa" e as pessoas que o habitam a um "meio". Um exemplo de uma coisa é uma pedra, que pode ser atirada num lago, que é o meio. Embora tenha características próprias, o meio é mais flexível do que a coisa e, portanto, adapta-se a ela. De um modo geral, as pessoas adaptam-se aos contextos comportamentais, em parte por causa da intervenção das "unidades de força ambientais". Mas isto é uma outra parte da história e não podemos contá-la toda aqui. Concluiremos com o seguinte comentário: o trabalho de Barker combina, de um modo invulgar, a abordagem imaginativa do teórico de campo com o empirismo persistente que, aparentemente, tem sido relacionado, com mais freqüência, com a imagem do psicólogo associacionista. A acessibilidade de categorias descritivas usáveis faz de Barker um dos poucos psicólogos suficientemente rico para oferecer as seguintes guloseimas, entre outras, numa única página (1968, pág. 141): Na experiência de uma criança, ocorrem perturbações a uma taxa mediana de 5,4 por hora, sendo metade das perturbações ocasionadas por adultos; as unidades das crianças do Centro-Oeste são mais curtas, em média, do que as de crianças comparáveis de "Yoredale"; as crianças de Yoredale recebem dos adultos uma contribuição desvalorizadora quatro vezes mais freqüente do que as crianças do Centro-Oeste.

A Neuropsicologia de Lashley

Karl S. Lashley (1890-1958) não pode ser facilmente situado em qualquer categoria simples e única. Já o encontramos no Capítulo 7, dado que foi um dos mais entusiásticos dos primeiros behavioristas. Entretanto, ele também pertence a este capítulo, visto que, à medida que sua carreira se desenvolvia, Lashley deslocou-se cada vez mais na direção de um certo tipo de teoria de campo e pôde ser localizado, de um modo cada vez mais nítido, no lado gestaltista ou da teoria de campo, a respeito de algumas questões teóricas.

Lashley realizou os seus estudos de graduação na Universidade de Pittsburgh e na Universidade Johns Hopkins, doutorando-se em psicologia nesta última escola, em 1914. Os seus principais cargos docentes foram nas universidades de Minnesota e Chicago, e em Harvard. Em 1942, foi nomeado diretor do *Yerkes Laboratory of Primate Biology,* a mundialmente famosa estação de pesquisas com chimpanzés em Orange Park, Flórida. Nessa capacidade, ele conservou o seu cargo de professor em Harvard, porque as duas instituições estavam administrativamente relacionadas.

As primeiras pesquisas de Lashley foram realizadas em colaboração com o biologista H. S. Jennings e com o behaviorista John B. Watson, na Johns Hopkins. Os seus interesses de pesquisador foram muito amplos, indo desde os problemas respeitantes à hereditariedade do tamanho na paramécia até aos fatores cerebrais da enxaqueca em seres humanos (ver Beach, Hebb, Morgan e Nissen, 1960, para esses e muitos de seus outros estudos). Contudo, o problema da função cerebral relacionada com o comportamento foi o seu mais importante e mais persistente interesse, e aquele por que ficou mais conhecido.

O interesse de Lashley pela função cerebral manifestou-se no começo de sua formação acadêmica mas só em 1917, quando se associou ao eminente neurofisiologista Franz, é que se dedicou à linha de pesquisa que utilizou a ablação do cérebro do rato como técnica para determinar a localização de funções.

É lamentável que os que não conhecem bem a obra de Lashley o recordem, quase inevitavelmente, por dois vagos princípios com atraentes nomes: *ação em massa* e *eqüipotencialidade.* Mesmo estes nomes não são recordados de um modo preciso, pelo que transcrevemos abaixo o enunciado de Lashley dos seus famosos princípios (1929, pág. 25):

> *Eqüipotencialidade das partes.* O termo 'eqüipotencialidade' é por mim usado para designar a capacidade aparente de qualquer parte intata de uma área funcional para executar, com ou sem redução em eficiência, as funções que se perderam pela destruição do todo. Essa capacidade varia de uma área para outra e com o caráter das funções envolvidas. Provavelmente, só vale para as áreas de associação e para funções mais complexas do que a simples sensibilidade ou coordenação motora.
>
> *Função em Massa.* Já apresentei provas... de que a eqüipotencialidade não é absoluta mas está sujeita a uma lei de ação em massa, pela qual a eficiência do desempenho de uma função complexa total pode ser reduzida na proporção do grau de lesão cerebral numa área cujas partes não são mais especializadas para um componente da função do que para um outro.

Uma leitura cuidadosa destes dois princípios torna desnecessário qualquer comentário sobre a sua natureza vaga (e até alguma possível circularidade). Krech (1962), em sua excelente análise do problema da localização cortical, atribui a Lashley o mérito de estar cônscio de sua própria imprecisão ao enunciar esses princípios; Lashley enunciou vagamente os princípios porque o estado dos conhecimentos sobre os mecanismos cerebrais era vago!

Assim sendo, por que motivo deve Lashley ser recordado? Pierre Flourens tinha chegado a conclusões semelhantes, com base nos resultados de ablações análogas, há cerca de cem anos antes. A contribuição ímpar de Lashley foi ter estabelecido a cooperação entre as técnicas analíticas *comportamentais* e as técnicas fisiológicas existentes. Lashley não se limitou ao estudo dos efeitos de operações em comportamentos que ocorrem naturalmente; ele também criou, experimentalmente, comportamentos em labirinto e problemas de discriminação, e estudou a sua retenção e reaquisição após ablações cuidadosamente planejadas. A sua metodologia foi brilhante, para o seu tempo, e suas técnicas eram excelentes. Ele tinha sido antecedido, em certa medida, por seu mestre, Franz, tanto quanto Isaac Newton foi precedido no desenvolvimento do cálculo por seu professor, Isaac Barrow; ambos os discípulos foram muito além dos mestres.

Não há dúvida que Lashley, apesar da imprecisão de seus enunciados, opôs-se fortemente à convicção comum sobre a localização de função. O problema não está solucionado, de forma alguma, e a decisão "final" desse problema favorecerá, provavelmente, muito mais a localização do que Lashley acreditava ser possível. Ainda compreendemos muito pouco sobre a estrutura do comportamento para saber o que é uma "função" unitária; enquanto não soubermos, é difícil atacar o problema da localização. Lashley deu uma tremenda contribuição para o início desse ataque, pelo lado comportamental da questão.

O tributo rendido pelo neurologista Stanley Cobb sugere até que ponto Lashley foi reconhecido não só pelos psicólogos mas também pelos fisiologistas. Diz Cobb (Beach e outros, 1960) que, nos primeiros tempos na Johns Hopkins, Lashley "nos fascinava pela amplitude dos seus interesses e o seu faro para a experimentação engenhosa e ousada" (pág. xvii). E acrescentou: "Durante os quarenta anos seguintes, Lashley seria o psicólogo mais freqüentemente escolhido pelos neurologistas e psiquiatras para ir às suas reuniões e ler um de seus trabalhos ou discutir os trabalhos apresentados por outros" (pág. xviii). E Cobb concluiu dizendo: "E assim, ao rendermos a Karl Lashley as nossas homenagens, reivindicamos, pelo menos, uma pequena parcela do seu trabalho para a neurologia!" (pág. xx).

Mas, é claro, não é apenas por suas contribuições neurológicas que Lashley é honrado na psicologia. Numa introdução ao volume "in memoriam" dos escritos selecionados de Lashley (Beach e outros, 1960), E. G. Boring fez uma recapitulação crítica das contribuições sistemáticas de Lashley à teoria psicológica. O sabor da teoria de campo das interpretações de Lashley é ilustrado em certas citações selecionadas por Boring. Por exemplo, Lashley escreveu que "... o que determina o efeito funcional é o padrão e não a localização de energia no órgão sensorial" (pág. 492); e, referindo-se à ação cerebral, que "... todas as células do cérebro estão constantemente ativas e participam, mediante uma espécie de soma algébrica, em toda e qualquer atividade" (pág. 500).

A orientação teórica de campo de Lashley também é ilustrada pela sua posição em apoio de uma interpretação configurativa, ou relacional, da aprendizagem da transposição, em contraste com a posição E-R, ou conexionista. Em seu discurso de posse na presidência da Associação Psicológica Americana, em 1930, ele atacou a simples concepção conexionista. Mais tarde, apresentou uma nova alternativa à interpretação E-R ortodoxa da aprendizagem da generalização e discriminação. A hipótese Lashley-Wade diz que, para ocorrer a generalização, é necessário o adestramento diferencial com vários valores da dimensão de estímulo, negando assim o pressuposto E-R fundamental de que o reforço de um único valor do estímulo produz um gradiente de generalização pelo qual os valores similares do estímulo adquirem, automaticamente, uma potência similar mas reduzida para provocar a resposta condicionada. A controvérsia assim gerada estimulou numerosas pesquisas. Kimble (1961, págs. 369 e segs.) apresentou uma recapitulação geral da questão. Terrace (1966), mais recentemente, chegou a uma conclusão que favorece Lashley e Wade: "Um procedimento de reforço diferencial é necessário para que surja um gradiente de generalização típica" (pág. 339). Finalmente, Kalish (1969) chegou a uma espécie de posição de compromisso, depois de uma completa e ponderada revisão crítica das provas.

Lashley deu ainda outras contribuições experimentais e metodológicas. Quanto às primeiras, sua extensa série de pesquisas sobre a discriminação visual e a análise do córtex visual (ver Beach e outros, 1960) talvez constitua o melhor exemplo; quanto às segundas, a sua invenção da plataforma de saltos, que obriga um animal, como um rato, a avançar ou saltar de um trampolim para uma ou duas portas discrimináveis, foi, provavelmente, a sua contribuição mais importante. Esse novo dispositivo experimental facilitou imenso a aprendizagem de discriminação no rato, presumivelmente pelo fato de obrigar o animal a prestar uma atenção mais direta às pistas visuais pertinentes. Entre os muitos que depois utilizaram esse dispositivo, deve ser mencionado, no presente contexto, Norman R. F. Maier. Não só foi responsável pela mais controvertida utilização da plataforma de saltos (1938, 1949; ver também o Capítulo 1), mas também foi um firme defensor da posição das teorias de campo (por exemplo, Maier e Schneirla, 1935).

Em conclusão, é apropriado citar o tributo final de Boring à perspicácia científica de Lashley (Beach e outros, 1960): "O que mais impressiona nos estudos deste volume é o modo como a descoberta leva à especulação, não a especulação à descoberta" (pág. xvi).

O Interbehaviorismo de Kantor

Jacob Robert Kantor (1888-) nasceu na Pensilvânia e formou-se na Universidade de Chicago, onde se doutorou em 1917. Foi instrutor de filosofia e de psicologia durante dois anos na Universidade de Minnesota e, depois, três anos na Universidade de Chicago, após ter obtido o seu doutorado. Em 1920, foi lecionar na Universidade de Indiana, onde serviu como professor de psicologia desde 1923 até a sua aposentadoria. Kantor foi um escritor prolífico e constante; a sua bibliografia inclui oitenta e oito itens, sete dos quais são livros e algumas obras em vários volumes. A erudição de Kantor também é atestada pela sua publicação de oitenta e três críticas de livros. De fato, Kantor converteu-se no decano da psicologia americana, após a morte de E. G. Boring, em 1968. Tal como Boring, permaneceu ativo mesmo depois de sua aposentadoria formal; o segundo volume de seu estudo histórico, *The Scientific Evolution of Psychology,* foi publicado em 1969.

Kantor foi, acima de tudo, um analista lógico e um crítico da cena científica, em geral, com referência especial à psicologia. Seu interesse fundamental durante mais de meio século tem sido, segundo as suas próprias palavras, "aplanar o caminho da psicologia até a sua meta de ciência natural" (1958, pág. 223). Dois alvos favoritos foram (1) as "ficções mentais", tal como são representadas nas construções teóricas da psicologia, e (2) os postulados fundamentais da psicologia fisiológica. Atribuiu esses e outros "erros" afins à ampla aceitação da herança dualista em nossa cultura, com a resultante dificuldade, por parte de muitos cientistas, para observar minuciosamente os seus dados. Achava que os problemas gerados pela herança dualista são especialmente agravados na psicologia. Skinner, pelo menos, apreciou as críticas de Kantor ao mentalismo sobrevivente na psicologia (1967): "Um outro behaviorista cuja amizade tenho em alta conta é J. R. Kantor. Em muitas discussões com ele, na Universidade de Indiana, lucrei imenso com a sua extraordinária erudição. Ele convenceu-me de que eu não exorcizara completamente todos os 'espectros' que rondavam o meu pensamento" (pág. 411).

Kantor não tem um sistema, no mesmo sentido em que Hull, ou mesmo Tolman ou Lewin os tiveram. Kantor foi, sobretudo, um metateórico que enfatizou uma ampla abordagem filosófica dos problemas do comportamento, mais do que soluções específicas para tais problemas. Ele escreveu sobre psicologia fisiológica (1947), linguagem (1936), lógica (1945, 1950, 1953) e história (1963, 1969) mas não concentrou os seus esforços em qualquer campo determinado de modo que pudesse ter sido proeminente numa área. Ofereceu aquilo a que chamou um sistema lógico formal (1958, pág. ix). Este último livro mencionado foi preparado, como ele assinalou, a fim de apresentar as suas idéias mais eficientemente e evitar um excesso de duplicação de obras anteriores.

O núcleo do sistema lógico de Kantor é a noção do campo intercomportamental (ou intercondutista), o qual consiste numa interação entre as "funções de resposta" do organismo e as "funções de estímulo" do meio. Estes dois fatores básicos devem ser considerados sempre em conjunto, no ponto de vista de Kantor. As propriedades da interação entre organismo e estímulo são construídas, em grande parte, no decurso da história da relação intercomportamental. É necessário que tanto os fatores biológicos como os culturais sejam considerados.

Exceto, talvez, por entusiasmo decrescente pela psicologia E-R, as concepções críticas de Kantor mudaram pouco ao longo de sua extensa carreira, a qual começou com a publicação dos seus *Principles of Psychology,* em 1924. Ele continuou destacando o campo psicológico e suas interações em constante mudança, pelo que decidimos incluí-lo neste capítulo. Este aspecto de suas concepções está relacionado com os pontos de vista de Dewey, tal como foram expressos em seu famoso estudo sobre o arco reflexo, e até com a doutrina gestaltista de emergência. Entretanto, Kantor mostrou-se ansioso por distinguir suas concepções das dos psicólogos gestaltistas e da maior parte dos outros teóricos de campo, pois via nas concepções destes alguns remanescentes das "ficções mentalistas".

O destaque atribuído por Kantor ao holismo levou-o a criticar a doutrina de localização de função (1947, págs. 80 e segs.) e a considerar a linguagem e a lógica como exemplos dos muitos produtos das relações intercomportamentais e de participantes típicos nessas relações. Kantor também viu claramente que os objetos ambientais participam, de modo importante, nas relações sociais (1929); as suas opiniões a tal respeito são compatíveis com as de Barker, cuja posição acabamos de examinar.

Muitos trabalhos publicados por Kantor e discípulos simpatizantes com suas idéias (sobre os quais ele tem exercido uma influência extraordinariamente forte e duradoura) podem ser lidos na revista *Psychological Record,* fundada por Kantor. Existem certas provas de que a influência de Kantor pode estar aumentando, apesar dele não ter fundado uma ativa escola experimental; N. W. Smith (comunicação pessoal) apurou que a obra de Kantor é citada duas vezes mais no período de dez anos que terminou em 1966 do que na década imediatamente precedente. Talvez a psicologia esteja, finalmente, disposta a reconhecer esse seu venerando e austero crítico.

O Sistema Organísmico de Wheeler

Raymond Holder Wheeler (1892-1961) nasceu no Massachusetts e estudou na Universidade Clark, onde se doutorou em Filosofia em 1915. Lecionou depois na Universidade do Oregon (1915-1925). A parte mais importante da sua carreira foi passada na Universidade do Kansas (1925-1947), a qual, sob a sua influência, se converteu numa espécie de oásis gestaltista no clima geralmente behaviorista ou, pelo menos, funcionalista que predominava no Centro-Oeste americano. Essa influência persistiu muito depois de Wheeler ter partido do Kansas.

Wheeler desenvolveu uma espécie de sistema gestaltista americanizado. A sua formalização, pelo menos em nível programático, dos princípios gestaltistas básicos teve um âmbito muito maior do que os esforços comparáveis feitos pelos principais proponentes alemães, cujo trabalho tendeu a permanecer mais próximo das demonstrações originais sobre a percepção visual (cf. Capítulo 8). Köhler relacionara os princípios psicológicos da Gestalt com a física; Wheeler tentou relacioná-los com a biologia. A sua referência particular foi à disciplina da embriologia experimental, em rápido desenvolvimento, onde os princípios da teoria do campo encontravam a sua maior utilidade biológica. (Ver Hilgard, 1948, Cap. 9, para uma análise simplificada dessas relações, assim como uma descrição completa do sistema de Wheeler e sua aplicabilidade à aprendizagem e à educação, especialmente.)

As leis dinâmicas que Wheeler estabeleceu para o seu sistema organísmico, ou holístico, gravitaram, predominantemente, em torno do conceito básico do todo. Foram apresentadas da maneira mais simples em sua versão original (Wheeler e Perkins, 1932) e só mais tarde receberam ligeiras modificações (por exemplo, Wheeler, 1940). Esses princípios ocuparam-se diretamente das funções dos todos e podem ser resumidos da seguinte maneira: Os todos são mais do que a soma de suas partes; os todos determinam as propriedades e atividades de suas partes; os todos evoluem e funcionam (ajustando-se às perturbações e respondendo às transações de energia) como todos; e as partes emergem dos todos, não o inverso. Um princípio adicional implica a lei da ação mínima: Quando o organismo dispõe de comportamentos alternativos, consome o mínimo de energia.

Uma interessante linha lateral na carreira de Wheeler foi a sua pesquisa e especulação a respeito das múltiplas formas como o clima afeta o comportamento. Num sentido literal, essa aplicação de uma abordagem de campo dos problemas do comportamento pode ser considerada do âmbito mais amplo possível. Em conseqüência da sua pesquisa histórica sobre o tema, Wheeler concluiu (1946) que "... um padrão cultural representando todas as fases importantes da atividade humana flutua, de um modo rítmico, para trás e para a frente, como um todo ou Gestalt complexo, vasto e integrado, em que cada um dos detalhes se relaciona logicamente com os outros, de uma maneira tão íntima e tão clara que, conhecendo-se um deles, os outros podem ser previstos" (pág. 81). Além de sua exaustiva investigação histórica e climatológica sobre o problema, Wheeler supervisou investigações de laboratório sobre o comportamento de ratos brancos, mantidos sob condições de temperatura quente, fria e normal. Os dados desses estudos foram interpretados como corroboração da sua posição geral (Wheeler, 1946, págs. 84-85).

Embora as formulações organísmicas de Wheeler tenham sido influentes durante um certo tempo, essa influência declinou muito na década passada. É provável que isso se deva, principalmente, ao caráter bastante polêmico da sua apresentação e ao fato de não ter surgido delas uma efetiva pesquisa empírica. À semelhança de Tolman, Wheeler apresentou um grande número de noções estimulantes e sugestivas, sem enunciados teóricos definitivos do gênero tentado por Hull; mas, ao invés de Tolman, Wheeler não foi capaz de traduzir com êxito essas noções para planos e demonstrações de caráter empírico igualmente estimulantes. A título de indicação do declínio da influência de Wheeler, poderíamos citar o comentário de Hilgard (1956): "Como a teoria de Wheeler deixou de ser influente, o capítulo foi retirado desta edição, apesar de algumas idéias provocantes contidas na sua teoria" (pág. 225).

RESUMO E CONCLUSÕES

Neste capítulo foram passadas em revista as concepções de três teóricos de "campo" e a obra de numerosos teóricos que formularam concepções afins. De um modo geral, esses teóricos enfatizaram os padrões de organização, à custa de conexões distintas. Em decorrência dessa atitude geral, registrou-se uma tendência marcada para estudar as variáveis molares e para recorrer às observações de campo, a fim de se obter uma visão global do comportamento e das leis comportamentais.

A concepção teórica do campo inclina-se a afastar as pessoas do pensamento de causa-e-efeito simples, por causa do grande número de variáveis potenciais nos campos ou todos. Além disso, a insistência na totalidade e um certo tom de subjetivismo que freqüentemente acompanha a teoria de campo levaram à inclusão de variáveis centrais, cognitivas, que são muitas vezes difíceis de medir. O número de variáveis possíveis e de interações entre essas variáveis, somado ao caráter vago e não-operacional de algumas delas, tende a perder o experimentador potencial num labirinto de complexidades, podendo paralisar as investigações experimentais. Entretanto, os pontos metateóricos formulados por teóricos da envergadura de Lewin e Brunswik são extremamente persuasivos.

A saída para o impasse parece ter sido mostrada por homens como Kantor, que conserva uma orientação geral de campo mas, ao mesmo tempo, fornece um poderoso antídoto para a subjetividade e o dualismo que podem estar associados a essa orientação. O próprio Skinner, que nunca foi acusado, até onde sabemos, de ser um teórico de campo, manifesta, pelo menos, uma atitude típica dos teóricos de campo quando tenta deixar que o organismo experimental — em vez do experimentador — decida qual deverá ser a unidade básica de análise, o operante. Uma reaproximação dos interesses da teoria de campo com os eventos cognitivos está também representada por um interesse crescente pelas chamadas teorias E-R de mediação. Por outro lado, vemos homens como Barker, que partiu de uma base teórica predominantemente de campo, adotar algumas colorações dos teóricos E-R, ao realizar observações empíricas extremamente cuidadosas e persistentes. Willems (1969) descreve as atividades de pesquisa em função de um espaço bidimensional, no qual há lugar para os tipos de atividades que são típicas do teórico de campo; esse espaço impõe o reconhecimento de que existe uma continuidade entre as duas espécies de atividades, as quais contribuem ambas para o progresso científico total. As duas dimensões de Willems são o grau de manipulação das condições antecedentes e o grau de imposição de unidades. Os teóricos de campo foram propensos a atribuir um valor baixo a ambas as dimensões e os teóricos E-R um alto valor às mesmas. Os investigadores contemporâneos tendem a espalhar-se por muitas e interessantes posições intermédias, assim como a ocupar os antigos territórios.

Uma reaproximação ainda maior é representada pela crescente popularidade da análise multivariada, a qual combina o rigor típico do psicólogo E-R com a tentativa de lidar com inter-relações complexas, o que é exigido pelo teórico de campo.

Brunswik foi o teórico de campo mais particularmente insistente sobre o valor do estudo naturalista e ecológico do organismo em seu meio. Sem dúvida, tais estudos fornecem uma oportunidade única para a descoberta de sistemas de variáveis inter-relacionadas que ocorrem naturalmente e impedem que o investigador "desperdice tempo" estudando variáveis que são irrelevantes para o mundo tal como existe. Entretanto, um interesse *exclusivo* pelos estudos naturalistas pode impedir os investigadores de pesquisarem sistemas potenciais mas inexistentes que poderiam ser artificialmente criados com grande benefício para a humanidade. Na medida em que o homem determina cada vez mais o seu próprio meio ambiente, a acusação de "artificialismo" das pesquisas psicológicas torna-se cada vez menos significativo.

A primeira das três teorias de campo consideradas foi a apresentada por Kurt Lewin. As contribuições de Lewin incluíram uma brilhante série de ataques experimentais aos fatores de motivação e personalidade e o início do movimento da dinâmica de grupo; teoricamente, porém, ele é mais conhecido pela sua conceptualização do espaço vital. A segunda teoria de campo considerada foi a de E. C. Tolman, que defendeu um behaviorismo molar, intencionalista. As suas inovações experimentais e conceptuais fermentaram a doutrina behaviorista e deram à psicologia cognitivista uma base experimental; durante algum tempo, Tolman favoreceu o que parecia ser um claro contraste com as doutrinas hullianas do tipo E-R. A terceira teoria foi o funcionalismo probabilístico de Egon Brunswik, que ofereceu alternativas para muitos pressupostos metodológicos sobre a percepção e a aprendizagem que até então vinham sendo considerados indiscutíveis.

Uma consideração mais breve foi dada à psicologia ecológica de Barker, à teoria neurofisiológica de Lashley, ao interbehaviorismo de Kantor e à teoria organísmica de Wheeler.

A força básica da teoria de campo provém do fato de que se interessou, sem hesitar, por alguns problemas críticos que a teoria E-R ortodoxa foi propensa a evitar. Trata-se, em geral, de problemas concernentes a funções centrais (cf. Hebb, 1949; G. A. Miller, Galanter e Pribram, 1960), mais do que a funções periféricas; estas últimas têm sido o objetivo típico de interesse dos teóricos E-R.

Atualmente, a espécie de abordagem dos problemas do comportamento representada pelo teórico de campo está sendo progressivamente suplementada por novas técnicas tanto conceptuais (por exemplo, o modelo de pensamento do computador) como experimentais. A necessidade mais fundamental dessa espécie de abordagem é articular mais adequadamente os referentes empíricos das funções centrais equacionadas. Tomando um exemplo deste capítulo, o conceito de intenção, tal como foi concebido por Lewin e Tolman, é obviamente significativo para o comportamento mas parece que pouco foi feito para desenvolver uma adequada abordagem *experimental* desse conceito. Lamentavelmente, a estimulante diretriz apontada por Lewin, particularmente em sua pesquisa e conceptualização sobre o sistema de tensão, ainda não foi seguida de um modo proveitoso. Quando esse tipo de pesquisa for inteiramente desenvolvido, talvez como resultado de um amálgama das abordagens teóricas de campo e de outras mais empiricamente orientadas, é possível que a promessa implícita nas primeiras teorias de campo seja finalmente concretizada.

Leituras Recomendadas

Volumes que procuraram elucidar a metodologia cognitiva ou teórica de campo são: *The Phenomenological Problem* (1959), de Kuenzli, e *Contemporary Approaches to Cognition* (1957), de Bruner e outros.

A melhor introdução a Lewin é fornecida por seus quatro e breves livros publicados em inglês. *A Dynamic Theory of Personality* (1935) e *Principles of Topological Psychology* (1936) resumem a fase européia de sua carreira. *Resolving Social Conflicts* (1948) e *Field Theory in Social Science* (1951) relacionam-se com a fase posterior de seu trabalho nos Estados Unidos. A sua monografia, *The Conceptual Representation and Measurement of Psychological Forces* (1938) é uma exposição mais elaborada mas difícil de sua posição metateórica. Entre as fontes secundárias mais úteis sobre Lewin e sua psicologia, podemos citar uma crítica mais antiga de Leeper (1943), a avaliação muito crítica de Estes (1954b) e duas análises mais favoráveis de Deutsch (1954) e Cartwright (1958). Uma adição mais recente à literatura sobre Lewin é *Practical Theorist,* de Marrow (1969). Tolman está bem representado por uma de suas primeiras obras, *Purposive Behavior in Animals and Men* (1932), por sua coletânea de estudos, *Collected Papers in Psychology* (1951a) e pela sua formulação sistemática final (1959). Além disso, MacCorquodale e Meehl (1954) fornecem uma interessante e prestimosa formulação do sistema de Tolman. Embora não haja caminhos fáceis para o pensamento de Brunswik, o leitor pode recorrer ao seu muito citado ensaio, "The Conceptual Focus of Some Psychological Systems" (1939a); à sua monografia metodológica mais difícil, *Perception and the Representative Design of Psychological Experiments* (1956) e seus dois trabalhos (1955a, 1955b) para o simpósio sobre teoria da probabilidade. Estes últimos, incluídos no número de maio de 1955 da *Psychological Review,* acompanham outros trabalhos importantes sobre o mesmo tópico e devem ser consultados por qualquer estudante interessado. O sistema de Brunswik também foi intensamente tratado por Postman e Tolman (1958). Barker empregou o seu melhor talento na redação do interessante e muito legível livro intitulado *Ecological Psychology* (1968). Lashley está bem representado por *The Neuropsychology of Lashley,* volume organizado por F. A. Beach e outros (1960). *Interbehavioral Psychology* (1958), de Kantor, é a melhor introdução ao seu pensamento sistemático. O volume *Science of Psychology* (1940), de Raymond H. Wheeler, constitui, provavelmente, a melhor e mais útil fonte para a compreensão de sua obra.

12. VARIEDADES DA TEORIA DA PERSONALIDADE

A teoria da personalidade é uma teoria do comportamento. Já consideramos antes duas das mais importantes teorias da personalidade: a teoria psicanalítica e a teoria lewiniana. Contudo, a teoria clássica da personalidade possui algumas características gerais que permitem distingui-la como uma subvariedade da teoria do comportamento. A própria palavra *personalidade* diz-nos que, pelo menos no início, a teoria da personalidade se baseou no estudo de pessoas. Na maioria das teorias da personalidade, as diferenças individuais entre pessoas são consideradas uma fonte muito importante de variação no comportamento; a informação sobre as características únicas das pessoas é, portanto, da maior utilidade na formulação de previsões sobre o comportamento.

Existe uma grande variedade de opinião e de ênfase a respeito de numerosas questões relacionadas com o estudo da pessoa. A primeira é o próprio conjunto básico de opiniões concernentes ao montante de variação que é atribuído às pessoas, em comparação com o montante atribuído às situações. No último capítulo, vimos que Brunswik e Barker concordaram em que o comportamento podia ser previsto, em considerável medida, a partir do conhecimento da situação, independentemente da pessoa na situação. Rogers, que enfatiza a tendência da pessoa para desenvolver suas capacidades "de dentro para fora" (a ele deu o nome de *auto-realização*), talvez seja quem representa melhor o extremo oposto — ele é o maior otimista sobre a extensão da capacidade do indivíduo para determinar o seu próprio destino. A este respeito, Rogers está próximo dos existencialistas, os quais acreditam que cada indivíduo tem uma responsabilidade irrevogável pelas suas próprias opções. De um modo geral, os teóricos E-R enfatizam a influência da situação, ou estímulo, e mostram menos interesse pelas características únicas da pessoa individual. Esses teóricos têm uma tendência afim para negar a generalidade e permanência de "traços" da personalidade; por exemplo, seria característico dos teóricos E-R negar que a honestidade seja um traço comum ou que tenha a possibilidade de ser uma característica permanente de uma determinada pessoa. Isto é coerente com a chamada abordagem do organismo vazio, que confia pouco nas supostas funções fisiológicas ou nas igualmente supostas estruturas da personalidade, como os traços ou atitudes. Neste sentido, as teorias E-R são teorias do comportamento geral, *não* teorias da personalidade, em qualquer sentido restrito. Contudo, examinaremos adiante uma teoria E-R, em parte para salientar a continuidade entre teorias do comportamento e teorias que são mais representativas da teoria da personalidade.

Ainda uma outra questão diz respeito à extensão em que a estrutura da personalidade — seja qual for a forma que ela adote — é determinada por fatores nativistas e a extensão em que é determinada pela aprendizagem. Os chamados teóricos do eu são mais suscetíveis de reservar um lugar em seus esquemas para os fatores nativistas do que os teóricos E-R, os quais insistem, muito naturalmente, na importância da aprendizagem. Mais adiante, veremos que existem ainda outras questões relacionadas com a questão geral da importância relativa das diferenças individuais mas, de momento, abordaremos um outro conjunto de características que distinguem as teorias da personalidade.

As teorias da personalidade procuram ser completas, abrangentes. Isto pode constituir uma característica cada vez mais evidente porque os teóricos em outras áreas da psicologia estão *menos* enamorados da tentativa de desenvolver "teorias grandiosas" do que costumavam estar. Eles limitam-se, cada vez mais, a explicações parciais ou totais de coisas como a aprendizagem por um ensaio, graças ao método de pares associados em listas de sílabas sem sentido, os efeitos do limiar auditivo ou alguma outra área estritamente circunscrita. O mesmo não ocorre com os teóricos da personalidade. Eles decidiram, deliberadamente, explicar o comportamento complexo do organismo humano total. Em certa medida, isso levou ao desencorajamento e à dispersão de esforços, por parte do teórico da personalidade. Adelson (1969, págs. 136-137) disse a este respeito:

> O impulso para a síntese, para a descoberta de unidades, foi posto de lado, de momento. Assim, por exemplo, as controvérsias que temos — e elas são surpreendentemente poucas — raramente focalizam grandes questões ou problemas substantivos e, usualmente, envolvem uma guerra cruenta sobre esta ou aquela medida, método ou técnica, dentro de um domínio específico de pesquisa.
>
> A extensão e diversidade, no campo da personalidade, podem ser vistas como uma causa e uma conseqüência do abandono virtual das grandes ambições teóricas.

As outras características distintivas da teoria da personalidade estão relacionadas com a sua tentativa usual de inclusividade ou abrangência. Em primeiro lugar, deve ser assinalada a natureza funcional da personalidade. As teorias da personalidade concentram-se numa compreensão do desenvolvimento, sobrevivência e adaptação geral do organismo. Em segundo lugar, é característico de tais teorias que enfatizem os processos motivacionais ("dinâmicos"). Terceiramente, o objeto de estudo é a pessoa total, em seu habitat natural. Neste ponto, o estudo da personalidade separa-se, claramente, da tradição experimental em psicologia, a qual tem advogado, tipicamente, o estudo de aspectos mais limitados do comportamento. Em quarto lugar, as teorias da personalidade são caracteristicamente integradoras, enquanto que a maior parte da psicologia moveu-se na direção das tentativas explanatórias mais especializadas. Quinto, as teorias da personalidade rebelaram-se, freqüentemente, contra o pensamento psicológico predominante no seu tempo. Sem dúvida, a teoria psicanalítica de Freud ofereceu princípios explicativos dissidentes, no momento de seu aparecimento. Mais recentemente, Gordon Allport persistiu em defender os princípios básicos que achou necessários a uma adequada teoria da personalidade, mesmo quando parecia estar sozinho. O fato de que grande parte da teoria da personalidade tenha se desenvolvido fora da corrente principal da psicologia acadêmica — freqüentemente como um resultado da observação clínica — pode explicar, em parte, que tenha enveredado pela rodovia, enquanto o resto da psicologia avançava pelas estradas vicinais.

Assim, nas teorias da personalidade, encontramos um interesse por variáveis que as teorias mais limitadas deixam de fora. A psicanálise inaugurou o estudo das determinantes inconscientes do comportamento e ofereceu um modelo da estrutura da personalidade; o Capítulo 9 contém um exame mais completo das áreas empíricas cujo estudo foi iniciado pela psicanálise. Essa e outras teorias da personalidade assinalaram a necessidade de um estudo detalhado das variáveis dinâmicas (motivacionais), das diferenças individuais, da hereditariedade, dos fatores biológicos, da psicologia infantil e do desenvolvimento, da psicologia anormal e social, e de todas as relações entre esses e outros campos. Cada um desses campos desempenha um papel importante em qualquer tentativa de formulação de uma completa teoria da personalidade.

Na precedente discussão das características da personalidade estão implícitas as suas fraquezas e suas forças. O teórico da personalidade defronta-se com um dilema composto, por um lado, pela crescente necessidade de prever e controlar o comportamento humano e, por outro lado, por uma confrangedora escassez de conhecimentos sobre

QUADRO 12-1. Comparação Dimensional de Teorias da Personalidade

	Ênfases Interdisciplinares																					
	Intenção	*Determinantes inconscientes*	*Recompensa*	*Contigüidade*	*Processo de Aprendizagem*	*Análise Formal*	*Estrutura da Personalidade*	*Hereditariedade*	*Experiências no Início do Desenvolvimento*	*Continuidade de Desenvolvimento*	*Ênfase organísmica*	*Ênfase no campo*	*Singularidade*	*Unidades molares*	*Mecanismos homeostáticos*	*Meio psicológico*	*Conceito de eu*	*Determinantes da filiação grupal*	*Biologia*	*Ciência Social*	*Multiplicidade de Motivos*	*Mecanismos múltiplos*
Freud	A	A	A	M	M	M	A	A	A	A	M	B	M	M	A	A	A	M	A	A	B	A
Jung	A	A	M	B	B	M	A	A	M	B	A	B	M	M	A	A	A	B	A	B	M	A
Adler	A	M	B	B	B	M	M	A	A	A	M	A	A	M	A	M	A	A	M	A	B	B
Horney	A	A	M	B	M	B	M	B	M	M	M	M	M	M	A	M	A	A	B	A	B	B
Fromm	A	M	M	B	M	M	M	B	M	M	M	M	M	M	A	M	M	A	B	A	B	M
Sullivan	A	M	M	A	M	M	M	B	M	A	M	A	M	M	B	A	M	A	M	A	M	M
Lewin	M	B	M	B	M	A	M	B	B	B	B	A	A	B	A	A	M	A	B	M	A	M
Allport	A	B	B	M	M	M	A	M	B	B	A	M	A	A	A	M	A	B	A	B	A	M
Murray	A	A	M	B	B	M	A	M	A	A	A	A	A	M	A	A	M	M	A	A	A	A
Angyal	A	M	B	B	M	A	M	M	B	A	A	A	M	M	A	A	A	B	M	B	B	M
Goldstein	A	B	B	B	M	M	B	M	B	B	A	M	M	M	A	A	M	B	A	B	B	B
Sheldon	B	M	B	B	B	B	A	A	B	A	A	B	A	B	B	B	B	B	A	B	B	M
Cattell	M	M	M	M	M	B	A	A	M	M	B	M	M	M	B	B	A	M	M	B	A	A
Dollard e Miller	B	M	A	M	A	A	B	B	A	A	B	B	B	B	B	B	B	M	M	A	M	M
Skinner	B	B	A	M	A	A	B	M	M	A	B	B	B	B	B	B	B	B	B	B	B	B
Rogers	A	B	B	B	B	M	B	B	B	B	A	M	M	A	A	A	A	M	B	M	B	B
Binswanger e Boss	A	B	B	B	B	B	B	M	B	B	M	A	A	A	M	A	M	B	M	B	B	B

CHAVE: A, alto (enfatizado); M, moderado; B, baixo (pouca importância).

FONTE: C. S. Hall & Lindzey, *Theories of Personality* (2.ª edição), Nova Iorque, Wiley, 1970, pág. 592.

as leis básicas necessárias para a tarefa. Por conseguinte, a estrutura da teoria da personalidade tende a cimentar-se de um modo impreciso, por falta de um material suficientemente coeso, na forma de dados observáveis empíricos. A principal fragilidade de tal teoria e a deficiência que a crítica continuamente lhe imputa é a sua desproporção entre os princípios explicativos e o montante de dados empíricos de que se dispõe. Analogamente, é freqüente as teorias da personalidade não serem capazes de distinguir com clareza entre o que pressupõem e o que pode ser empiricamente verificável. Por conseguinte, a derivação de previsões e hipóteses empíricas, a partir dessas teorias, é severamente dificultada.

Entretanto, apesar desses problemas, tem havido uma boa soma de pesquisa na área da personalidade. Adelson (1969), na recapitulação da literatura de um ano, por ele publicada em 1969, diz que uma estimativa extremamente modesta do volume do ano cifra-se em 500 citações; no seu estudo, Adelson faz referência a 210 delas. Dahlstrom, em sua recapitulação de 1970, refere-se a 366 artigos de um conjunto presumivelmente mais vasto. O problema não é a falta de dados mas a falta de um estreito relacionamento entre os dados e um quadro geral de referência teórica. Mesmo a esse respeito, não devemos ser inteiramente pessimistas; C. S. Hall e Lindzey, depois de examinarem dezessete teorias da personalidade, concluíram que doze delas foram responsáveis pela produção de um considerável montante de pesquisa. O comentário desses autores sobre essa conclusão foi a seguinte (1970, pág. 595):

> É tranqüilizador que, apesar das limitações das teorias da personalidade como geradoras de pesquisas, a grande maioria de tais teorias foi acompanhada de uma considerável quantidade de pesquisa. Quaisquer que sejam as limitações de procedimento inerentes nessas investigações, permanece o fato de que elas documentam o interesse dos teóricos no exame da eficácia de suas teorias, em face dos dados empíricos. É difícil acreditar que, a longo prazo, essa atitude não acarrete mudanças progressivas que resultarão em teorias mais efetivas.

De fato, é consolador encontrar opiniões otimistas sobre o futuro da teoria da personalidade, porquanto existem, atualmente, mais fraquezas do que as que mencionamos até aqui. Por exemplo, a teoria da personalidade também pode ser criticada na base do seu critério auto-enunciado — a tendência para ser abrangente — quando se observa que, até a data, são muito poucas as teorias que tentaram tratar adequadamente de todas as áreas consideradas essenciais a uma teoria abrangente. O Quadro 12-1, adaptado de C. S. Hall e Lindzey (1970, pág. 592), indica a avaliação desses autores do grau de atenção prestado aos vários fatores pelos teóricos que eles analisaram em seu livro.

Freud, Sullivan e Murray parecem ter merecido os escores mais elevados em "abrangência" e isso apesar de prestarem escassa atenção a algumas questões.

Quanto às outras limitações, podemos poupar muito tempo assinalando que a teoria psicanalítica de Freud é, em muitos aspectos a mais influente teoria da personalidade e que a maioria das críticas endereçadas à forma da sua teoria e suas provas também é válida para as demais teorias da personalidade. Entretanto, esse juízo será modificado em algo, à medida que as diversas teorias forem sendo individualmente examinadas.

E que dizer das funções positivas da teoria da personalidade? Curiosamente, suas forças derivam, com freqüência, das mesmas características que motivam suas fraquezas. Graças à sua rebeldia e suas tentativas de integração e abrangência, ela atraiu as atenções para problemas previamente negligenciados. A motivação, que só recentemente recebeu uma ampla atenção por parte dos psicólogos, foi proclamada há muito tempo, pelos teóricos da personalidade, como básica para a compreensão do comportamento. Além disso, as teorias da personalidade geraram investigações empíricas, tanto direta como indiretamente; diretamente, ao proporcionarem um quadro de referência para a pesquisa e os parâmetros e dimensões adequados à investigação das questões suscitadas pela teoria; indiretamente, ao engendrarem curiosidade ou convicção naqueles que se depararam com os esforços dos teóricos da personalidade para descreverem a natureza complexa do comportamento humano.

TEORIAS E-R

C. S. Hall e Lindzey (1970) indicam duas posições E-R entre as as suas teorias da personalidade: a teoria de Dollard e Miller e a de Skinner e seus seguidores. Uma olhada ao Quadro 12-1 mostra que Skinner presta pouca atenção a quinze das vinte e duas áreas consideradas importantes por Hall e Lindzey, e que Dollard e Miller ignoram dez áreas. Cremos que esse fato é indicativo de que as teorias E-R *não* são, realmente, teorias da personalidade mas a índole obstinada dos nossos tempos levou muitos psicólogos a perguntarem se as teorias da personalidade serão mais úteis para compreendermos a personalidade do que as teorias E-R, as quais podem, pelo menos parcialmente, ser aplicadas à personalidade. O êxito dos modificadores do comportamento no trabalho com problemas clínicos emprestou algum crédito a esse ponto de vista e ajudou a justificar a inclusão de Skinner, especialmente, entre os teóricos da personalidade. Contudo, nós tratamos

Skinner e suas idéias de um modo bastante completo no Capítulo 10 e seus pontos de vista sobre a personalidade estão muito próximos dos que defendeu sobre o comportamento em geral. Portanto, remeteremos o leitor, simplesmente, para a nossa anterior análise da "teoria da personalidade" de Skinner, tal como o faremos no caso de Lewin, Freud e, em certa medida, outros dos primeiros psicanalistas.

O trabalho de Dollard e Miller, no tocante à teoria da personalidade, difere da de Skinner em que aqueles autores realizaram o seu trabalho como um esforço algo distinto de tudo o que tinham feito antes e depois desse período. Por conseguinte, escolhemo-los como o nosso exemplo dos teóricos da personalidade cuja teoria mais se aproxima da teoria tradicional do comportamento. Eles, tal como Skinner, tentaram desenvolver uma teoria da personalidade baseada em dados experimentais e com um mínimo de conceitos adicionados aos seus princípios básicos de aprendizagem e conduta.

A Teoria E-R de Dollard e Miller

John Dollard (1900-   ) e Neal Miller (1909-   ) iniciaram a sua colaboração no recém-criado Instituto de Relações Humanas da Universidade de Yale, na década de 1930. O Instituto — uma inovação na cooperação entre as ciências comportamentais da psicologia, psiquiatria, sociologia e antropologia — proporcionou uma atmosfera propícia à investigação psicanalítica e que, ao mesmo tempo, era fortemente influenciada por Clark Hull. Já mencionamos no Capítulo 10 que Hull estava pessoalmente interessado em explorar as relações entre os seus conceitos e os de Freud, e organizou um seminário sobre o tema no ano letivo de 1936-1937. Dollard e Miller conduziram pesquisas no Instituto e cedo começaram uma série de publicações conjuntas. O primeiro trabalho (com outros co-autores) foi *Frustration and Aggression* (Dollard, Doob, Miller e Mowrer, 1939), no qual os conceitos E-R foram aplicados ao problema da frustração. Pouco depois, Miller e Dollard (1941) publicaram um volume sobre aprendizagem social que forneceu um quadro de referência básica, em termos E-R, dentro do qual podiam ser conceptualizados os problemas do comportamento complexo. Subseqüentemente, explicaram sua teorização conjunta em *Personality and Psychotherapy* (Dollard e Miller, 1959). Dollard permaneceu em Yale, onde se tornou professor emérito em 1969. Miller mudou-se em 1966 de Yale para a Universidade Rockefeller.

À parte o seu esforço teórico conjunto, Dollard e Miller contribuíram para diferentes áreas da psicologia. Ambos receberam treino de laboratório e clínico. Contudo, o trabalho de Dollard centrou-se menos nos problemas experimentais do que o de Miller. Dollard doutorou-se em sociologia na Universidade de Chicago e lecionou antropologia e sociologia em Yale. Seu estágio ulterior no Instituto Psicanalítico de Berlim cristalizou o seu interesse pela psicanálise. Dollard dedicou-se perseverantemente à unificação das ciências sociais e publicou livros nas áreas da antropologia e sociologia (por exemplo, 1937). Durante a II Guerra Mundial, realizou uma análise psicológica do comportamento militar, publicada com o título de *Fear in Battle* (Medo em Combate) (1943).

Miller doutorou-se em Yale e, pouco depois, recebeu uma bolsa do *Social Science Research Council.* Durante a sua estada na Europa como bolsista, recebeu treino analítico no Instituto de Psicanálise de Viena. Durante os anos da guerra, Miller dirigiu pesquisas psicológicas para a Força Aérea e depois regressou a Yale. É, caracteristicamente, um cuidadoso experimentalista e teórico, tendo executado numerosos estudos sobre a aquisição de impulsos, reforço, conflito e, mais recentemente, os efeitos de drogas e variáveis fisiológicas sobre o comportamento (ver o Capítulo 10 para mais detalhes).

Em seu trabalho de colaboração, Dollard e Miller aproximaram-se mais de uma teoria da personalidade do que qualquer outro teorizador E-R, embora Guthrie (1938) e Skinner (1953a) tenham generalizado livremente suas descobertas para o caso humano. Lundin (1969) fornece uma completa explicação da abordagem skinneriana da personalidade. Mowrer (1950) também se interessou na personalidade, além da aprendizagem; contudo, nenhum desses homens desenvolveu uma teoria E-R da personalidade tão integrada e completa quanto a de Dollard e Miller.

Dollard e Miller (1950; N. E. Miller, 1959) consideraram que o sistema hulliano, sobre o qual basearam, em última análise, a sua teoria da personalidade, não era adequado para a tarefa sem considerável interpretação. Ambos os autores estão interessados tanto na teoria psicanalítica como na teoria E-R e a sua interpretação caracteriza-se pela redução de muitos conceitos psicanalíticos a termos E-R (por exemplo, N. E. Miller, 1948). A finalidade deles é combinar as vantagens dos dois sistemas; eles precisam da amplitude da teoria psicanalítica para dispor de algo como a desejada cobertura de variáveis dependentes e independentes. Alguém pode encontrar em Hull uma investigação da culpa ou ansiedade neurótica? Ao mesmo tempo, eles preferem a maior precisão de enunciados e o mais elevado grau de confirmação empírica oferecidos pela teoria hulliana. O delineamento de paralelos rigorosos entre teorias tão diferentes quanto a psicanálise e a teoria hulliana é sempre difícil, talvez impossível, por vezes. Entretanto, Dollard e Miller realizaram uma tentativa de integração que é estimulante e valiosa, se bem que, no seu sistema, seja possível enxergar os contornos de dois subsistemas distintos.

Há semelhanças sistemáticas entre a psicanálise e a teoria hulliana que tornam um amálgama parcial mais fácil do que poderia parecer à primeira vista. Em ambas se encontra uma versão da lei do efeito. Freud fala-nos da manutenção de um nível fixo de tensão ou da redução do nível de tensão como uma meta do organismo. Hull fala-nos da redução de impulso ou de uma redução na intensidade de um estímulo de impulso como uma condição que fortalece o comportamento. Ambas as formulações são essencialmente idênticas nesse ponto. Também existem semelhanças na atitude em relação à aprendizagem. O construto básico de aprendizagem de Hull, $_EH_R$, é concebido como uma acumulação através da prática repetida e que se estabiliza num alto nível; uma vez que $_EH_R$ tenha sido construído, não é destruído. Se o comportamento que reflete $_EH_R$ cessa, isso acontece por causa da existência de fatores inibitórios que se lhe opõem ou porque não há motivação para o comportamento. Esta explicação da aprendizagem, com o seu pressuposto da permanência dos efeitos da experiência, é muito semelhante à de Freud; também este parecia acreditar que as experiências dos primeiros anos de vida deixam efeitos inerradicáveis, se bem que esses efeitos possam não ser facilmente vistos por causa da repressão, um conceito que, neste caso, desempenha o mesmo papel da inibição hulliana.

O núcleo da explicação de Dollard-Miller é a aprendizagem ou formação de hábitos. Eles destacam quatro características significativas do processo de aprendizagem: impulso, pista, resposta e recompensa. Dão-nos como exemplo uma criança procurando uma bala escondida numa sala com estantes de livros. O *impulso* inicial é o desejo de comer a bala; as *pistas* são as instruções para fazer o jogo, mais os estímulos da sala; são feitas *respostas* variadas, até que a bala é encontrada atrás de um livro; e a resposta de retirar o livro apropriado é reforçada pela descoberta e fruição da bala — a *recompensa*. Se o jogo continua com a bala escondida no mesmo lugar todas as vezes, o impulso decresce gradualmente; somente as pistas discriminatórias que ajudam a dar a resposta correta se tornam significativas; e a resposta ocorre agora mais rápida e vigorosamente. Desta maneira os *hábitos* são reforçados, convertendo-se nos elementos básicos e duradouros da personalidade.

Dollard e Miller não foram buscar apenas os conceitos mais simples da teoria de Hull (1943); encontraram também utilidade na hierarquia de respostas, no reforço secundário, no gradiente de generalização e outras noções teóricas mais complexas. Também revelaram grande perícia em relacionar os conceitos complexos com os mais simples, assim "explicando" o que está envolvido. A sua tentativa de manejar os problemas do comportamento simbólico é particularmente valiosa.

Uma das contribuições dadas por Dollard e Miller é, pois, a integração de duas teorias originalmente separadas — se não opostas — de tal maneira que se torna razoável aplicar os resultados de investigações de laboratório com animais a problemas humanos de ordem prática. Embora Hull pretendesse, de fato, que a sua teoria tivesse tais aplicações, ele nunca se dedicou, pessoalmente, a mostrar como isso poderia ser feito. Dois desses problemas humanos tratados por Dollard e Miller foram o medo e o conflito.

O medo, no ser humano neurótico, pode parecer uma coisa irracional. Entretanto, Dollard e Miller acreditam que essa irracionalidade é apenas uma questão de aparência; nós, como observadores do comportamento humano irracional, chegamos demasiado tarde à cena para observar o desenvolvimento do medo e, com freqüência, não conhecemos o bastante das leis que determinam a aprendizagem e difusão do medo. Consideremos, numa situação análoga, um rato colocado numa caixa branca e que recebe choques elétricos. Se ao animal for permitido que escape por uma porta para uma caixa preta, ele aprenderá rapidamente a ter medo da caixa branca. Além disso, continuará respondendo de modo a escapar da caixa branca, mesmo quando não ocorra mais qualquer choque. O medo pode até generalizar-se a todas as caixas semelhantes. Se não tivéssemos observado o processo de aprendizagem mas unicamente o animal assustado, numa caixa branca inofensiva, consideraríamos esse medo irracional. Analogamente, se não entendêssemos o processo de generalização, consideraríamos irracional o medo de uma caixa *cinza-claro,* ainda que tivéssemos observado o processo.

Dollard e Miller deram uma explicação igualmente estimulante da natureza do conflito. A sua abordagem analítica envolve, pelo menos, cinco pressupostos derivados da teoria ou de observações empíricas. Supuseram eles que (1) a tendência de aproximação de uma meta aumenta à medida que diminui a distância da meta; (2) a tendência de evitação de um estímulo negativo (punição) aumenta à medida que a distância desse estímulo diminui; (3) o gradiente para os estímulos negativos é mais abrupto do que o gradiente para os estímulos positivos; (4) as mudanças no impulso aumentam ou diminuem o *nível* (não a vertente) dos gradientes apropriados; (5) se duas respostas (digamos, aproximação e evitação) concorrem em qualquer ponto, ocorrerá aquela que estiver associada à tendência mais forte. Os estudos empíricos deste modelo envolveram, tipicamente, ratos brancos, choque, comida e uma escala espacial mas o modelo foi livremente aplicado a situações muito diferentes como, por exemplo, pessoas solteiras que pretendiam casar. Miller forneceu resumos das pesquisas experimentais sobre este problema (1944, 1958b). Ele também procedeu a uma revisão crítica das relações entre os resultados experimentais respeitantes ao conflito e a conduta psicoterápica, num breve capítulo (1964) que examina, igualmente, outras implicações da moderna teoria do comportamento para a psicoterapia. Finalmente, o trabalho de Miller sobre o condicionamento operante de respostas autonômicas (1969) reveste-se de excitantes implicações para a aquisição e tratamento de sintomas psicossomáticos, e terá de ser incorporado, necessariamente, aos esquemas conceptuais de todas as teorias da personalidade.

Este esboço deve ser suficiente para indicar que a contribuição original de Dollard e Miller compartilha das forças e fraquezas da teoria E-R, mais do que das da teoria psicanalítica. A sua abordagem tende mais para a análise e a aplicação dos princípios de laboratório ao comportamento humano. Adotam a teoria hulliana como modelo metodológico; a teoria psicanalítica foi usada porque ela se baseia no conteúdo, nas observações, que eles desejavam explicar. Dollard e Miller parecem estar vazando o *conteúdo* psicanalítico no *molde* E-R. Pode se argumentar que, assim procedendo, eles incorporam a fraqueza elementarista da teoria E-R. As suas "personalidades" convertem-se em feixes de hábitos sem a consistência e a intencionalidade que a maioria dos outros teóricos da personalidade vêem na orientação do comportamento humano. Ao escolherem uma teoria que trata a aprendizagem de um modo muito mais completo do que outras determinantes do comportamento, Dollard e Miller adotam uma posição mais ambientalista do que muitos teóricos consideram justificável.

Apesar dessas críticas, a teoria Dollard-Miller parece ter merecido um importante lugar na história do desenvolvimento da teoria da personalidade. Skinner seguiu-os pela porta que eles haviam aberto para o clube dos teóricos da personalidade como um novo sócio — não necessariamente com boas recomendações nesse campo. Hoje, é um procedimento respeitável aplicar conceitos e métodos modelados pelos resultados de experimentos de laboratório às situações clínicas; de fato, dificilmente será respeitável proceder de qualquer outro modo. Com efeito, Dollard e Miller afirmaram que, de tudo aquilo sobre que o psicanalista fala, eles também podiam falar; e reforçaram a afirmação com exemplos detalhados. A sua argumentação foi convincente para muitos, especialmente os que preferiam a linguagem E-R da teoria do reforço à linguagem da psicanálise. Grande parte do interesse nos detalhes da teoria Dollard-Miller esmoreceu, provavelmente, pois ambas as teorias componentes em que o empreendimento se baseou caíram em certo descrédito. A teoria de Hull já não domina o campo da aprendizagem e Freud está sob fortes ataques no campo da personalidade. Não obstante, Dollard e Miller merecem uma tremenda soma de crédito por terem indicado o caráter, o âmbito e a viabilidade da sintetização de conceitos derivados do laboratório e derivados da clínica numa teoria da personalidade. *Personality and Psychotherapy* foi um marco histórico, talvez ainda não inteiramente apreciado em toda a sua significação, no desenvolvimento da ciência psicológica.

TEORIAS DE TRAÇO E TEORIAS FATORIAIS

Além da abrangência, as teorias da personalidade têm uma outra característica que, geralmente, as coloca à parte das demais teorias do comportamento. Quase todas as teorias da personalidade incluem um conceito que serve para explicar e enfatizar a *coerência* do comportamento *per se.* As demais teorias, tipicamente, só predizem tal coerência na medida em que se trata de uma coerência de circunstâncias; isto é, somente se observará a mesma resposta se os estímulos externos forem os mesmos, se eles forem equivalentes, porque as experiências com cada um deles foram as mesmas, ou se estiverem relacionados de um modo bastante estreito, através da generalização, para produzir a mesma resposta. Obviamente, os "ses" da frase precedente conferem ao teórico E-R latitude suficiente para prever uma certa coerência de comportamento; mas a maioria dos teóricos da personalidade não se contentou com isso. Eles insistem em que o comportamento é o mesmo, ou é coerente, porque o indivíduo que se comporta é o mesmo. Nós sublinhamos no início deste capítulo que, de um modo geral, os teóricos clássicos da personalidade sustentam que grande parte das variações de comportamento pode ser atribuída a diferenças individuais; o corolário disto é que grande parte da coerência no comportamento é atribuível à *identidade individual* — isto é, o mesmo indivíduo está se comportando em diferentes ocasiões ou em diferentes situações.

Duas categorias gerais de teoria da personalidade que, usualmente, não são classificadas em conjunto, são semelhantes na medida em que conferem uma atenção primordial ao problema da coerência no comportamento, embora de um modo acentuadamente diferente. Referimo-nos às teorias de traços, que têm o seu melhor exemplo nas concepções de G. W. Allport, e as teorias fatoriais, representadas pelos trabalhos de Eysenck e Cattell.

O teórico dos traços acredita que a missão dos teóricos da personalidade consiste em isolar e descrever certas propriedades do indivíduo que sublinham e determinam o comportamento manifesto, assim proporcionando ao comportamento do indivíduo uma direção coerente e integrada. A essas propriedades dá-se o nome de *traços* e estes podem ser muito gerais, influenciando todo ou quase todo o comportamento do indivíduo, ou podem ser muito específicos, em cujo caso somente o comportamento em certas espécies de situações é influenciado pelo traço.

Teoria do Traço de Personalidade, de Allport

Gordon Willard Allport (1897-1967) foi educado numa grande variedade de campos e manteve o seu interesse em muitos deles. Formou-se em Economia na Universidade de Harvard, ensinou Sociologia e Inglês em Istambul, retornou a Harvard para doutorar-se e, subseqüentemente, estudou em três universidades européias: Berlim, Hamburgo e Cambridge. Enquanto estava na Europa, Allport desenvolveu um persistente interesse pelas questões de política internacional. Como subproduto de sua permanência no estrangeiro, chegou a ser um dos principais intérpretes da psicologia alemã nos Estados Unidos.

Allport lecionou no Departamento de Ética Social em Harvard, após o seu regresso aos Estados Unidos e, depois, transferiu-se por um breve período para Dartmouth. Em 1930, regressou a Harvard, onde permaneceu até a sua morte em 1967. Em Harvard, ajudou a estabelecer o Departamento de Relações Sociais, no qual psicólogos, sociólogos e antropólogos combinavam seus respectivos talentos. Allport recebeu altas honrarias profissionais em 1963, quando lhe foi conferida a Medalha de Ouro da *American Psychological Foundation,* e 1964, quando recebeu da APA o diploma e prêmio por notáveis contribuições científicas.

As publicações de Allport refletem a sua diversidade de interesses e o seu reconhecimento da complexidade e unicidade do comportamento humano. Ex-diretor do *Journal of Abnormal and Social Psychology,* Allport escreveu sobre temas que vão desde *The Individual and His Religion* (O Indivíduo e Sua Religião) (1950a) até *The Psychology of Radio* (A Psicologia do Rádio) (G. W. Allport e Cantril, 1935). As suas principais obras na área da teoria da personalidade são *Personality: A Psychological Interpretation* (1937), *The Nature of Personality: Selected Papers* (1950b), *Becoming: Basic Considerations for a Psychology of Personality* (1955), *Personality and Social Encounter: Selective Essays* (1960) e *Pattern and Growth in Personality* (1961). Muitos de seus escritos importantes foram coligidos no volume *The Person in Psychology: Selected Essays* (1968). Finalmente, na área de construção de testes, Allport colaborou com seu irmão Floyd no desenvolvimento do *A-S Reaction Study* (G. W. Allport e F. Allport, 1928) e com P. E. Vernon para produzir *A Study of Values* (1931).

Allport reconheceu a existência de muitos fatores que determinam o comportamento. Eles formam uma hierarquia desde o mais específico ao mais genérico, como segue: reflexo condicionado, hábito, atitude, traço, eu e personalidade. Os fatores mais genéricos dominam, geralmente, os mais específicos. A personalidade, considerada o fator mais genérico, foi definida por Allport da seguinte maneira (1937): "Personalidade é a organização dinâmica, dentro do indivíduo, daqueles sistemas psicofísicos que determinam os seus ajustamentos particulares ao seu meio" (pág. 48).

Apesar da posição dominante da personalidade na hierarquia de fatores, Allport acreditava que o nível mais proveitoso de estudo para o teórico da personalidade era o traço, cuja definição mais conhecida foi dada por ele (1937): "Um sistema neuropsíquico (peculiar ao indivíduo), generalizado e focalizado, com a capacidade de tornar muitos estímulos funcionalmente equivalentes, de iniciar e guiar formas coesas (equivalentes) de comportamento adaptativo e expressivo" (pág. 295).

Esta definição abrangente, embora vaga, sublinha claramente o papel do traço como determinante da coerência no comportamento e revela a ênfase que Allport conferiu à individualidade, assim como o seu interesse pelo comportamento adaptativo e expressivo. Os seus estudos do comportamento expressivo (G. W. Allport e Vernon, 1933) proporcionaram provas para a coerência; também indicam o seu interesse pela investigação mais idiográfica do que nomotética. Os estudos idiográficos levam a um intensivo estudo dos indivíduos. A investigação nomotética ocupa-se das regularidades legais no indivíduo "típico" e Allport acreditava que tais estudos tendem a passar por alto certas características significativas do comportamento. O comportamento expressivo é aquele aspecto da conduta que se relaciona com o estilo próprio de comportar-se do indivíduo, mais do que com a função do comportamento na adaptação; por exemplo, dois indivíduos que escrevem ou dizem as mesmas palavras, em resposta a uma pergunta, podem fazê-lo de maneiras muito diferentes e seus modos individuais expressam as suas próprias personalidades.

Allport e Vernon estudaram os aspectos expressivos de numerosos tipos de comportamento, obtendo trinta e oito medidas. Determinaram que havia uma idoneidade satisfatória para as medidas quando o comportamento era repetido e quando o mesmo comportamento era medido em diferentes grupos de músculos. Depois, examinaram as intercorrelações das suas trinta e oito medidas para ver se alguns traços ou fatores gerais podiam explicar as intercorrelações observadas. Concluíram que três fatores gerais eram indicados pelos dados; um era uma espécie de expansividade motora, indicada principalmente pela extensão de respostas tais como escrever; um segundo traço era o chamado *fator de grupo centrífugo,* relacionado com a distância do centro do indivíduo e que tem a ver com a tendência de dentro para fora e a extroversão; e o terceiro refere-se à ênfase, tal como é indicada pelos gestos feitos enquanto se fala, a pressão ao escrever etc.

Tipicamente, Allport não se contentou com o aspecto grupal do estudo. Ele e Vernon dedicaram-se então a um estudo intensivo de quatro indivíduos e concluíram que as medidas expressivas eram inteiramente congruentes com as estimativas subjetivas do estudo da personalidade. Esta parte do estudo é típica tanto da força como da fraqueza da abordagem de Allport; os resultados são subjetivos e estimulantes mas, de certo modo, algo inconvincentes, por causa da sua subjetividade e falta de previsões específicas.

São muitos os aspectos da psicologia de Allport que merecem comentário, à parte a sua definição e estudos dos traços. Allport destacou a complexidade e individualidade do comportamento, em conjunto com a multiplicidade de seus fatores determinantes. Por esse motivo, não foi atraído pelos estudos assépticos de laboratório que outros têm usado na construção de suas teorias da personalidade. Era sua firme opinião que os estudos de tendências grupais numa busca de leis universais eram excessivamente enfatizados na psicologia americana; esses estudos têm o nome de *nomotéticos*. Allport desejava promover estudos intensivos do indivíduo através de métodos que tornassem possível predizer o seu comportamento; a essa abordagem dá-se o nome de *idiográfica*. Quando Allport (1937) inseriu nos estudos da personalidade essa distinção nomotética-idiográfica (originalmente formulada, em 1921, pelo filósofo Windelband), provocou agitada controvérsia (Skaggs, 1945) e novas discussões do problema (ver Beck, 1953; Eysenck, 1954; Falk, 1956). Allport tinha atingido em cheio um nervo.

A distinção nomotética-idiográfica é complexa e não podemos deter-nos para analisar aqui todas as questões a ela pertinentes. A tese de Allport tinha sido formulada no sentido muito limitado de que o estudo intensivo dos indivíduos devia ser agora considerado necessário. Vimos que até Skinner e seus adeptos chegaram a essa conclusão mas os seus motivos eram diametralmente opostos aos de Allport. Os estudos de condicionamento operante abordam o caso individual intensivamente mas para assegurarem-se de que todos os indivíduos obedecem às mesmas leis do comportamento; isto é, são estudadas as diferenças individuais com o propósito de verificar, com segurança, que tais diferenças não interferem nas relações funcionais reveladas por *todos* os indivíduos no experimento. O condicionador operante estuda indivíduos a fim de poder eliminá-los de suas leis; Allport queria, pelo contrário, que estudássemos os indivíduos para que pudéssemos compreendê-los em sua singularidade. Por exemplo, no seu detalhado estudo de "Jenny" (1965), Allport defende a sua abordagem idiográfica afirmando estar em condições de predizer o comportamento futuro dela por causa da sua coerência com o que, no passado, ela tinha feito. Essa generalidade limitada no tempo parecia ser tudo aquilo a que pode aspirar o cientista verdadeiramente idiográfico. A ciência tradicional tem, de um modo geral, procurado a formulação de leis dotadas da mais vasta gama possível de generalidade; embora toda e qualquer condição estudada possua algumas características únicas, o cientista procurou extrair de situações únicas aquelas características que são genéricas. Poucos psicólogos têm estado dispostos a trocar esse ponto de vista pela perspectiva mais idiossincrásica de Allport.

R. R. Holt (1962), que realizou uma das mais recentes e mais complexas análises das questões suscitadas por Allport, tentou sepultar definitivamente o problema. Primeiro, decidiu mostrar como a oposição idiográfica à ciência natural (caracterizada nessa altura como nomotética) surgiu no seio do movimento romântico. Depois, Holt examinou sistematicamente cada pressuposto idiográfico e concluiu que a expressão *ciência idiográfica* é uma contradição em termos. Contudo, *não* aceita a conclusão de que a ciência seja por isso forçosamente nomotética (1962, págs. 399-400):

> A concepção nomotética de ciência deve ser rejeitada como uma caricatura do que o cientista contemporâneo está fazendo. A única maneira de justificar a aplicação do termo nomotético à ciência natural do presente é mudando tanto a definição do termo que deixe de ter qualquer semelhança com o seu significado original e se converta numa redundância desnecessária... o nomotético está hoje tão morto quanto o idiográfico e nenhum destes termos acrescenta coisa alguma à filosofia contemporânea da ciência.

O pensamento de Allport numa outra área foi muito mais amplamente aceito. A teoria psicanalítica introduziu a moda de enfatizar as experiências passadas e as influências inconscientes na determinação do comportamento. Allport forneceu um necessário antídoto, ao assinalar a necessidade de determinação do comportamento presente pelas influências presentes e ao insistir que, pelo menos nas pessoas normais, as influências conscientes sobre o comportamento são muito mais poderosas do que as inconscientes. Segue-se que o depoimento verbal de um indivíduo sobre as razões do seu comportamento talvez seja a melhor fonte de informações sobre essas razões. Além disso, as *intenções* conscientes de um indivíduo fornecem uma melhor indicação de como ele se comportará no futuro do que qualquer busca nas profundezas do seu passado (ver, especialmente, G. W. Allport, 1955).

As idéias de Allport sobre a *autonomia* funcional de motivos (Allport, 1937) inspiraram mais críticas (ver Bertocci, 1940, para um dos primeiros exemplos) do que qualquer outra de suas idéias. De acordo com esse ponto de vista, o comportamento pode persistir independentemente do motivo que foi responsável, na origem, pela sua ocorrência. Não é necessário que qualquer outro motivo biológico ou primário substitua o original; o comportamento, uma vez que se torne funcionalmente autônomo, pode ser levado a efeito unicamente pelos seus próprio motivos. O astro das pistas de atletismo da universidade, que corria pela adulação ou pelo pagamento, pode continuar correndo ainda por muitos anos, quando já não existe motivo — exterior ao próprio comportamento — para continuar.

É fácil perceber que um tal conceito convida ao ataque crítico. Allport não pode estar afirmando que todo o comportamento se torna funcionalmente autônomo pois, se assim fosse, a extinção nunca seria observada. Portanto, ele deveria dar uma explicação dos motivos por que alguns comportamentos se tornam autônomos e outros não. Foi isso o que Allport tentou fazer (1961). A sua exposição das razões da autonomia funcional parece constituir uma moderação da sua posição original. Para uma classe de comportamentos autônomos, ele aceita uma explicação em termos de mecanismos razoavelmente tradicionais, como uma resistência incomum à extinção. Para a segunda classe, ele sustenta que os comportamentos continuam porque são compatíveis com a estrutura adquirida da pessoa. Parece que a posição mais recente de Allport foi mais congruente com os pontos de vista dos teóricos da aprendizagem. Uma vez mais, Allport conseguiu atrair as atenções para um sério problema, exagerando os termos das suas alegações. A maioria dos psicólogos concordaria agora, pelo menos, em que se deve prestar atenção à dinâmica contemporânea de qualquer comportamento dado; não se pode confiar exclusivamente numa informação sobre os motivos que estavam ativos quando o comportamento foi originalmente adquirido.

Assinalamos a maneira como Allport se opôs, por vezes, à opinião predominante. Entretanto, em muitos aspectos, a teoria de Allport é um protótipo da maioria das teorias da personalidade. Ele enfatizou a estrutura e a organização hierárquica da personalidade. Insistiu na complexidade e individualidade da personalidade e na determinação múltipla do comportamento. Opôs-se aos métodos de laboratório e aos estudos nomotéticos, preferindo uma certa imprecisão numa conceptualização mais abrangente em vez da supersimplificação. Para os mais severos, tudo isso é um grave defeito; para os mais tolerantes, as mesmas atitudes são fontes de inspiração e sabedoria.

Teorias Fatoriais

As teorias fatoriais estão conceptualmente relacionadas com a teoria do traço de personalidade de Allport, se bem que, historicamente, se relacionem mais estreitamente com uma técnica estatística denominada *análise fatorial* (Spearman, 1931). A busca do psicólogo que analisa fatores leva a algo que explica a coerência observada de comportamento, isto é, a algo muito parecido com os traços de Allport. Entretanto, pelo rigor do seu método de investigação, a teoria fatorial tende a afastar-se da teoria dos traços e a aparentar-se espiritualmente com as teorias E-R, se bem que as duas avancem para a meta da precisão por caminhos muito diferentes (Cattell, 1959).

As teorias fatoriais estão mais estreitamente relacionadas com um método particular de estudo do que outras teorias da personalidade. Para compreendê-las, devemos saber algo do raciocínio subjacente na análise fatorial como técnica estatística. Para concretizar a exposição, relacionaremos a análise fatorial com o estudo da inteligência, em cujo contexto ela realmente se desenvolveu.

Poderemos encarar o problema da seguinte maneira. Suponhamos que observamos, grosso modo, que algumas pessoas se situam sistematicamente numa posição superior à de outras numa certa dimensão vagamente definida a que chamaremos *inteligência*. Entendemos muito pouco a respeito da dimensão ou das razões que explicam as variações individuais no montante de inteligência. Suponhamos agora que podemos concordar sobre um grande número de medidas de comportamento que se relacionam com essa dimensão geral, a inteligência. Podemos agora apurar os escores de um grande número de pessoas em cada uma das medidas. Se verificarmos uma tendência das pessoas que obtêm um escore elevado num teste para ter também escores elevados em todos os outros testes, é evidente que essas pessoas devem possuir um montante superior ao usual de algum fator geral que desempenha um papel na determinação de todos os escores de testes. Se subgrupos menores dos testes têm uma relação maior do que a que pode ser explicada pelo fator geral, então é porque existe um fator grupal que subentende o desempenho apenas naqueles grupos de testes afins. Qualquer variação remanescente nos escores do teste é atribuível a fatores unicamente úteis num teste particular, ou a "erros", ou a circunstâncias únicas que cercam a administração do teste. Burt (1941) deu-nos uma descrição completa desses vários tipos de fatores.

De um modo geral, existem numerosas maneiras em que os testes podem ser associados, para que se obtenha o isolamento matematicamente razoável de fatores. Ao selecionar um fator entre os vários que podem explicar as correlações observadas, a decisão deve se basear em alguma variedade de agudeza psicológica.

Uma vez determinados os fatores, as medidas, ou testes, podem ser novamente observados. Podemos perguntar agora até que ponto, para uma medida individual, o seu valor foi determinado pelo fator geral, até que ponto por cada um dos fatores do grupo envolvidos e até que ponto pelos fatores específicos e de erro. O padrão de determinação para a medida tem o nome de *carga fatorial* — ou *saturação* — da medida.

Finalmente, podemos reexaminar o conceito de inteligência e responder a perguntas sobre a sua composição, sua natureza e sua utilidade como conceito. O resultado da análise fatorial terá sugerido novos modos de testar a inteligência e de conceber a inteligência; nesta altura, poderá parecer que a inteligência não é o que pensávamos que fosse ou que as nossas medidas não são boas medidas daquilo que desejamos continuar chamando de *inteligência.*

Embora a nossa exposição tenha se preocupado com o tipo mais ortodoxo de análise fatorial, em que são analisados os escores de muitos indivíduos, também é possível aplicar a análise fatorial às correlações entre diferentes testes, tomados repetidamente com um único indivíduo. Stephenson (1953, 1961) combinou a análise fatorial com a sua classificação Q *(Q sort)* para obter informações sobre a organização de atitudes das pessoas, individualmente consideradas. Os seus sujeitos foram solicitados a formular juízos a respeito deles próprios e de outros numa grande variedade de situações, a fim de fornecerem dados à análise fatorial. Nessa aplicação da análise fatorial a um indivíduo, os sucessivos escores de cada indivíduo podem ser tratados como se fossem de diferentes pessoas.

Neste ponto, deve ser evidente que a análise fatorial é um método complexo, sofisticado e fascinante para o estudo de variáveis múltiplas. Como tal, é claramente aplicável ao estudo da personalidade. Mas, como qualquer outro método, em qualquer ciência, não substitui o engenho, a argúcia e a intuição. Não produzirá hipóteses nem interpretações. Além disso, é importante lembrar que os resultados de uma análise fatorial não podem ser melhores do que os dados que a alimentam (ver Anastasi, 1958, págs. 335 e segs., para uma explicação simples e bem argumentada desse problema).

Teoria Fatorial de Eysenck. Hans Jurgen Eysenck (1916-), alemão de nascimento, abandonou sua pátria durante a ascensão nazista e passou a maior parte de sua vida na Inglaterra. Depois de se doutorar na Universidade de Londres, Eysenck trabalhou como psicólogo clínico num hospital, durante a II Guerra Mundial. Regressou depois à Universidade de Londres e foi nomeado diretor do departamento psicológico do Instituto de Psiquiatria, onde dirigiu pesquisas nos hospitais subordinados ao Instituto. Eysenck está atualmente associado com a Universidade de Londres e serve como psicólogo-chefe em dois hospitais. Durante suas visitas aos Estados Unidos, lecionou por breves períodos nas universidades da Pensilvânia e da Califórnia.

As contribuições de Eysenck para a teoria da personalidade estão exemplificadas por *Dimensions of Personality* (1947), *The Scientific Study of Personality* (1952b), *The Structure of Human Personality* (1953a), *The Dynamics of Anxiety and Hysteria: An Experimental Application of Modern Learning Theory to Psychiatry* (1957), sua editoriação do abrangente *Handbook of Abnormal Psychology* (1961) e *The Causes and Cures of Neurosis* (1965), do qual Rachman foi co-autor. As publicações de Eysenck também se desviaram, ocasionalmente, do seu principal campo de interêsse, sendo exemplos disso *The Psychology of Politics* (1954) e *Uses and Abuses of Psychology* (1953b).

Como destacado teórico fatorial contemporâneo, Eysenck tende para um enfoque rigoroso e operacional. Não dá muito crédito às dimensões da personalidade que foram iniciadas fora do âmbito do método quantitativo. A sua atitude geral, com a qual concorda entusiasticamente a maioria dos que integram o chamado "movimento de modificação do comportamento", ficou bem expressa na seguinte citação (Eysenck e Rachman, 1965): "A teoria da aprendizagem não postula... causas 'inconscientes' mas considera os sintomas neuróticos, simplesmente, hábitos aprendidos; não existe uma neurose subjacente ao sintoma e o que existe é, meramente, o próprio sintoma. *Se o indivíduo se libertar do sintoma (esqueletal ou autonômico), terá eliminado a neurose*" (pág. 10).

A estrutura básica da teoria de Eysenck não difere da de Allport. Ele também reconhece uma organização hierárquica das coerências, do mínimo para o máximo: a resposta específica, a resposta habitual, o traço e o tipo. O traço é uma coerência observada das tendências de ação, enquanto que o tipo é uma constelação de traços. O interesse de Eysenck dirige-se, sobretudo, para os tipos, se bem que uma boa parte da sua pesquisa esteja interessada, necessariamente, nos traços; não se pode formar constelações de regularidades no comportamento sem que primeiro se descubram os traços. Eysenck, com a sua orientação operacional, só aceita os traços desde que tenham sido operacionalmente validados.

Em sua pesquisa com 700 soldados neuróticos, Eysenck (1947) descobriu duas variáveis subjacentes fundamentais ou polaridades típicas: introversão-extroversão e neurotismo. A primeira dessas variáveis foi reconhecida por Eysenck como sendo quase exatamente idêntica à introversão-extroversão anteriormente proposta por Jung como dimensão básica da personalidade. É principalmente diferente pelo fato de Eysenck tê-la extraído das intercorrelações de um grande número de qualificações e classificações, obtidas com numerosas pessoas. Um resultado principal desse estudo foi apurar-se que o tipo neurótico era inferior em quase todos os aspectos: intelectual, física e emocionalmente — e, em especial, quanto à capacidade de sustentar a motivação.

Eysenck divide a personalidade, na clássica tradição britânica, em áreas ou setores: o cognitivo ou intelectual, o conativo, o afetivo e o somático. Quanto às três primeiras dessas áreas, Eysenck está disposto a sugerir fatores gerais subjacentes. Para a primeira, é claro, o fator é a inteligência. O neurotismo, num certo sentido, é um defeito conativo ou de caráter, uma vez que representa a incapacidade para persistir em face de obstáculos. Introversão-extroversão é um fator geral na área afetiva.

Mais recentemente (1952b), num estudo de sujeitos normais e pacientes mentais hospitalizados, Eysenck descobriu um terceiro tipo: o psicotismo. De certo modo, isto não parece surpreendente. Os psicóticos, tal como os neuróticos, tendem a um desempenho mais medíocre que os normais, se bem que isso não se verifique, necessariamente, em todos os testes. Os psicóticos distinguem-se dos normais e dos neuróticos por várias deficiências específicas de comportamento.

Eysenck deu uma contribuição metodológica que promete ser importante. Recebeu o nome de *método de análise do critério* (1950). O método consiste, simplesmente, numa estipulação de que o analista fatorial deve começar com dois grupos, sobre os quais se sabe que diferem em algum fator subjacente hipotético. Os sujeitos normais e psicóticos de Eysenck fornecem um exemplo. Quando se obtêm medidas dos dois grupos, só se pode supor, justificadamente, que se relacionem com o fator hipotético aquelas medidas que discriminam entre os grupos. Se for usada a análise de critério de Eysenck, ela assegura que o investigador planejará a sua investigação cuidadosamente, de antemão; ele não pode, simplesmente, administrar uma pilha fortuita de testes a um montão de sujeitos selecionados ao acaso e deixar que os fatores caiam onde caírem.

Eysenck tem sido uma figura extremamente controvertida. Ele é um tipo de homem que, se vivesse na Índia, poderia tentar subsistir na base de almôndegas cruas. É um psicólogo clínico que caracterizou a psicoterapia como uma forma indistinta de arte e pôs seriamente em dúvida se ela acarretará algum bem (1952a). O comportamento desassombrado de Eysenck não o torna querido de todos os seus colegas, que não hesitaram em aplicar à obra dele os mesmos padrões elevados que Eysenck aplica às dos outros. Sérias interrogações têm sido formuladas sobre os aspectos teóricos e empíricos da sua pesquisa. Foi freqüentemente assinalado que as provas para as suas asserções são tipicamente escassas; também tem sido criticado por ignorar interpretações alternativas dos seus dados, na ausência de controles adequados para eliminar tais fatores (por exemplo, cf. Jensen, 1958, pág. 300).

Não obstante, a influência de Eysenck sobre a teoria da personalidade foi substancial e suas pesquisas parecem promissoras. Tem sido propenso a um pensamento rígido, sem eliminar valiosos métodos de observação. Aplicou dados quantitativos aos dados do clínico; esta é uma das necessidades clamorosas da pesquisa da personalidade. Eysenck tem se manifestado tão disposto a eliminar um conceito como a aceitá-lo; contudo, não foi, em absoluto, um antiteórico. Se essas técnicas resultarem numa integração mais completa dos fatores relativamente fragmentários que até agora têm sido isolados e testados, elas terão dado uma contribuição sumamente significativa para a teoria da personalidade.

A Teoria Fatorial de Cattell. Raymond Bernard Cattell (1905-) nasceu e educou-se na Inglaterra, onde foi reconhecido como um líder no campo da pesquisa da personalidade, antes de mudar para os Estados Unidos. Cattell doutorou-se na Universidade de Londres e ocupou posições acadêmicas e clínicas nessa instituição, em rápida sucessão. A sua carreira ulterior caracterizou-se por vastos interesses, abrangendo ambas essas áreas da psicologia.

Nos Estados Unidos, Cattell lecionou no *Teachers College* da Universidade de Colúmbia, na Universidade Clark, em Harvard e na Universidade do Illinois, onde atualmente é professor de pesquisa científica. As suas principais obras incluem *Personality and Motivation Structure and Measurement* (1957) e dois manuais por ele organizados e para os quais contribuiu com capítulos: *Handbook of Multivariate Experimental Psychology* (1966) e *Handbook of Modern Personality Theory* (1970). Além de outros, mais antigos ou menos importantes trabalhos em teoria da personalidade, Cattell também tem a seu crédito trabalhos nas áreas de medidas (1936, 1946) e da psicologia experimental e social (1952). Cattell foi o autor de três testes amplamente empregados: o *Culture Free Test of Intelligence* (1944), o *O-A Personality Test Battery* (1954) e *The 16 Personality Factor Questionnaire* (1950). Estes são apenas alguns dos testes em que Cattell tem estado envolvido; basta dizer que Cattell e Warburton (1967) enumeraram mais de 400 testes construídos por Cattell e seus alunos!

Tal como Eysenck, tem uma dívida intelectual para com os analistas fatoriais; isto não é surpreendente, visto que estudou com Spearman, que desenvolveu as idéias essenciais da análise fatorial, por ele aplicadas ao estudo da inteligência. A teoria geral da personalidade de Cattell mostra semelhanças com a de McDougall, em sua tendência para procurar as dimensões subjacentes do comportamento; mais diretamente, Cattell adotou a noção de sentimento de autoconsideração de McDougall. A teoria do desenvolvimento de Cattell, por outro lado, é acentuadamente freudiana.

Cattell combina as qualidades dos teorizadores fatoriais de mentalidade rigorosa, como Eysenck, com as dos teóricos mais tradicionais da personalidade, que sublinham a capacidade de compreensão. Portanto, a sua teoria é, ao mesmo tempo, extensiva e, em parte, quantitativa, na ênfase e no conteúdo. Eysenck mostra tendência muito mais forte a limitar-se aos conceitos derivados dos estudos fatoriais; Cattell, por vezes, permite-se maior amplitude, a fim de tornar a sua teoria mais abrangente e evitar ignorar os dados oriundos de outras fontes.

Cattell (1950) definiu personalidade como "aquilo que permite uma previsão do que uma pessoa fará numa dada situação" (pág. 2). Esta definição é compatível com a nossa afirmação de que uma teoria da personalidade é realmente idêntica a uma teoria geral do comportamento, pois a difinição de Cattell também se ajustaria às teorias do comportamento.

Os elementos básicos da personalidade são, para Cattell, os traços. Ele reconhece explicitamente que os traços são conceitos utilizados para explicar as coerências observadas no comportamento; e concorda com Allport e Eysenck em que há muitos níveis de generalidade dos traços, alguns deles aplicando-se apenas a determinados indivíduos ou circunstâncias particulares e outros a grupos muito vastos. Entretanto, ele interessou-se principalmente pela organização intra-individual de traços.

A principal distinção feita por Cattell foi entre *traços superficiais* e *traços fundamentais*. Os primeiros baseiam-se, simplesmente, nos comportamentos observados que ocorrem conjuntamente, enquanto que os segundos estão subjacentes nos traços superficiais, determinando — através de combinações particulares — as coerências observadas no comportamento. Existe uma correspondência, grosso modo, entre o traço de Eysenck e o traço superficial de Cattell, e entre o tipo de Eysenck e o traço fundamental de Cattell. Este último é, em ambos os casos, mais estável e mais geral; e ambos os investigadores concentraram seus respectivos interesses nesses fatores gerais.

Cattell também reconhece dois gêneros de traços, segundo as suas origens: traços constitucionais e traços moldados pelo meio. Realizou algumas pesquisas engenhosas, na tentativa de descobrir até que ponto os traços são determinados por meio dessas duas influências. Por exemplo, num estudo (Cattell, Blewett e Beloff, 1955), um teste de personalidade foi administrado a gêmeos idênticos, gêmeos fraternos, irmãos criados juntos e separados, e a sujeitos sem parentesco. O teste mediu traços estabelecidos como fatores de personalidade significativos em anteriores estudos fatoriais. O estudo dos resultados obtidos com esses sujeitos, que assim diferiam em vários graus tanto em sua hereditariedade como na semelhança ambiental, permitiu aos envestigadores avaliarem, parcialmente, as contribuições relativas da hereditariedade e do meio para os fatores estudados. Essa pesquisa é digna de nota, na área da personalidade, por sua coerência lógica e coordenação com as pesquisas anteriores, assim como pela sua engenhosidade.

Cattell estabeleceu uma diferenciação entre os traços fundamentais, na base de suas origens. O *erg* é um traço fundamental dinâmico, com uma origem constitucional; o *metaerg* é idêntico, salvo que a sua origem é ambiental. Ambos determinam padrões de comportamento porque consistem em predisposições motivacionais em relação aos objetos ambientais. Os metaergs estão ainda subdivididos em atitudes, interesses e sentimentos. Os sentimentos formam a classe mais estável.

O mais poderoso de todos os sentimentos é o sentimento de eu. Cattell, como outros teóricos da personalidade, introduz o eu para explicar a coerência que parece impregnar todo o comportamento de um indivíduo. Assim, o sentimento de eu age sobre todos os outros sentimentos e pode fortalecer ou inibir a tendência à ação suscitada por outros sentimentos. Existem dois eus: o real e o ideal. Estes têm dois significados óbvios: o eu real é a estimativa mais realista que um indivíduo pode fazer de si mesmo: e o eu ideal é o indivíduo como ele, idealmente, gostaria de ser.

O desenvolvimento da personalidade depende da evolução dos ergs e metaergs e da organização do eu, através do processo de aprendizagem. Cattell aceita a contigüidade e o reforço como princípios da aprendizagem. Considera a aprendizagem algo que ocorre através de uma série de fases, cada uma das quais envolve resultados alternativos a que Cattell chamou *encruzilhadas*.

O quadro de referência em que o desenvolvimento da personalidade tem lugar é o contexto social. Cattell dedicou seus talentos tanto à descrição da personalidade como à descrição desse contexto. As dimensões das instituições sociais combinam-se para formar algo análogo à personalidade individual: a *sintalidade* das instituições. Em numerosos estudos (por exemplo, Cattell, 1949; Cattell e Wispe, 1948), ele encontrou fatores que acredita serem úteis à descrição de famílias e nações. O uso de uma variedade de medidas para derivar fatores sociais é ainda um outro exemplo da originalidade e espírito de iniciativa de Cattell.

Cattell fez maiores esforços para sintetizar explicitamente os seus conceitos do que a maioria dos teóricos da personalidade. Um exemplo disso é a sua *treliça dinâmica* (1950), a qual inter-relaciona diagramaticamente os ergs, sentimentos e atitudes que constituem os elementos mais importantes da estrutura da personalidade. Essa treliça retrata as conexões entre ergs (por exemplo, sexo, proteção e segurança) e sentimentos (por exemplo, em relação à esposa), as quais, por sua vez, estão relacionadas com as atitudes (por exemplo, em relação ao penteado da esposa). Além disso, os elementos ao mesmo nível podem ser inter-relacionados (por exemplo, sentimentos a respeito da conta bancária própria e da esposa).

Finalmente, Cattell sugere um modo explícito para combinar a informação sobre um indivíduo, a fim de prever o que ele fará numa situação específica. Isto é feito através da *equação de especificação:*

$$R = s_1 T_1 + s_2 T_2 + s_3 T_3 + \ldots + s_n T_n$$

Aqui, s_1 representa o "peso" do traço número 1 (T_1) na situação em questão etc. A forma da equação é uma simples soma linear. Cattell reconhece que a forma da equação talvez precisasse ser complicada para representar interações mais complexas entre traços e que um tipo mais elaborado de modelo talvez acabasse por ser necessário. Contudo, ele também assinala que uma pessoa deve primeiro andar, antes de correr, e que a sua equação *pode* ser aplicada à previsão de coisas como o desempenho acadêmico (Cattell e Butcher, 1968); isto é mais do que a oposição poderia dizer.

Allport, Eysenck e Cattell desenvolveram teorias que possuem uma considerável semelhança lógica. Os três homens assemelham-se em seu vigor e em suas tendências iconoclastas — traços de que a psicologia necessita atualmente, em especial na teoria da personalidade. Allport é muito diferente dos outros dois em sua atitude e método de estudo, alimentando poucas simpatias pela análise fatorial ou os experimentos maciços. Eysenck e Cattell mostraram aptidões incomuns para criar planos experimentais que harmonizam os métodos quantitativos com o estudo da personalidade. As suas teorias prometem um longo e feliz casamento.

TEORIAS ORGANÍSMICAS

Muitos teóricos da personalidade partem de um ponto de vista sistematicamente próximo ao dos psicólogos da Gestalt. Murphy, Rogers, Goldstein, Angyal, Maslow, Lecky, Murray e Sheldon são membros dessa classe. Qualquer destes homens (ou todos eles) poderia ser incluído entre os teóricos organísmicos. A decisão deve se basear na medida em que a orientação gestaltista, holística, em relação ao indivíduo, é uma característica *central* de suas respectivas teorias da personalidade. Muito arbitrariamente, escolhemos Goldstein e Sheldon como teóricos organísmicos e omitimos os restantes ou tratamo-los numa seção separada. A escolha de Goldstein não requer justificação; Sheldon poderia ser colocado numa outra classe porque a característica realmente central da sua teoria é a sua preocupação com as influências constitucionais sobre a personalidade; entretanto, ele adota um ponto de vista geralmente organísmico e o seu interesse pelos efeitos orgânicos qualifica-o como um teórico organísmico, na acepção popular da palavra.

A Teoria Holística de Goldstein

Kurt Goldstein (1878-1965) adquiriu a sua reputação como neuropsiquiatra na Europa, antes de ir para os Estados Unidos em 1935. Tendo-se formado em Medicina pela Universidade de Breslau, ingressou no Hospital Psiquiátrico de Köningsberg. Ainda muito jovem, foi nomeado professor de neurologia e psiquiatria na Universidade de Frankfurt, sendo pouco depois convidado para diretor do Instituto Neurológico dessa universidade. Posteriormente, ocupou idêntico cargo na Universidade de Berlim.

Durante a I Guerra Mundial, Goldstein realizou os estudos fundamentais sobre soldados com lesões cerebrais que serviram de base à sua teoria organísmica (1942) e à sua obra de maior significado, *The Organism* (1939).

Nos Estados Unidos, Goldstein ocupou posições acadêmicas e clínicas em várias instituições, além de manter uma clínica particular de neuropsiquiatria e psicoterapia em Nova Iorque, durante muitos anos. Proferiu conferências em Harvard, sob a égide das *William James Lectures,* tendo por tema o exame da natureza humana à luz da psicopatologia (1940), e esteve vinculado a diversos estabelecimentos de ensino superior, como o *New York Psychiatric Institute,* a *Tufts Medical School,* em Boston, o *City College* de Nova Iorque, a *New School for Social Research,* além das universidades de Colúmbia e Brandeis. Goldstein faleceu em 1965 e a sua autobiografia, publicada a título póstumo (1967) resume a história do seu desenvolvimento intelectual do princípio ao fim, literalmente.

À parte o seu trabalho teórico e clínico, Goldstein publicou obras sobre distúrbios de linguagem (1948) e, em colaboração com Gelb (1920), sobre o problema gestaltista das relações figura-fundo (embora Goldstein refutasse quaisquer vínculos com a psicologia da Gestalt).

O organismo normal é estruturado mas flexível, capaz de ajustar o seu comportamento às necessidades da situação de estímulo em curso. O comportamento só pode ser compreendido como parte de uma unidade orgânica e o seu significado só pode ser avaliado como uma contribuição para as metas que o organismo vai sucessivamente fixando.

Para Goldstein, a meta do organismo é unitária. É a individuação (*self-actualization*). A individuação resume todas as necessidades do organismo. Um organismo sexualmente impulsionado realiza-se no coito, um organismo faminto na alimentação; mas a auto-realização, a individuação, do complexo adulto humano expressa-se em muitos atos dirigidos de um modo menos orgânico. É evidente que, neste ponto, Goldstein está próximo de Carl Rogers, para quem a individuação também é um conceito crucial. De fato, é inevitável que exista um estreito parentesco nuclear entre todas as teorias do eu e todas as teorias organísmicas, pois ambas enfatizam a unidade básica da personalidade. Os dois tipos de teorias diferem — quando diferem — na medida em que os teóricos do eu manifestam maior tendência para analisar estruturas subsidiárias que possuem um certo grau de existência independente.

Goldstein acreditava que o organismo fortemente organizado é capaz de escolher, em certa medida, um meio favorável ou de manipular um desfavorável. Assim, ele não é a vítima de forças cegas ou o peão num tabuleiro de situações-estímulo fortuitas. Mas nenhum organismo está isolado dos efeitos ambientais; portanto, ele tem de chegar a um acordo com o seu meio. O organismo só pode continuar em sua tentativa de individuação desde que aceite aqueles termos do meio ambiente que não podem ser evitados ou modificados. Este aspecto do pensamento de Goldstein coloca-o perto dos fenomenologistas e existencialistas — uma semelhança que o próprio Goldstein não deixou de assinalar quando, na casa dos oitenta anos, escreveu sobre sua vida (1967, págs. 161-164).

Os teóricos organísmicos tendem a evitar a análise; Goldstein não constituiu uma exceção. Se é necessário estudar todo e qualquer evento comportamental no contexto do organismo, em sua totalidade, é tentador permanecer no nível de generalidade, sem chegar a termos com o problema da especificidade de previsão. Também nisto Goldstein não foi uma exceção. O seu conceito central, a individuação, deixa-nos na incerteza quanto às características definidoras de tal comportamento e sobre se existirá muito comportamento que não seja, em algum sentido, propício à individuação. Dirá esse conceito muito mais do que um organismo fará aquilo que fará e que, se o fizer, devemos pressupor que precisava fazê-lo para realizar-se como indivíduo?

É interessante que os pacientes com lesões cerebrais e seus sintomas tenham levado Goldstein ao seu ponto de vista holístico. Ele apurou que o comportamento manifestado por um paciente portador de uma lesão cerebral só podia ser entendido em termos de um exame da matriz total do comportamento desse paciente. O que, no começo, parecia ser um resultado direto da lesão podia resultar, afinal, num exame mais minucioso, numa reação indireta cuja causa era uma tentativa de ajustar as conseqüências da lesão ao mosaico da vida. A mesma lesão física poderia conduzir a uma grande variedade de síndromes do comportamento, dependendo das circunstâncias do paciente e da sua estrutura de personalidade. De um modo geral, uma deterioração específica de alguma capacidade levaria um paciente a ser, geralmente, mais sensível, menos autoconfiante e mais retraído; se isto for ignorado, vários decréscimos de desempenho podem ser atribuídos, de um modo acrítico, aos resultados diretos da lesão, mais do que a essas manifestações indiretas.

Com essa base de experiência clínica, é natural que Goldstein preferisse o estudo intensivo do indivíduo à abordagem grupal. Através da sua abordagem, Goldstein fez a sua descoberta mais conhecida: A diferença mais característica entre pacientes com extensa lesão cerebral e indivíduos normais consiste em que os primeiros perderam a atitude abstrata. A sua capacidade para fazer coisas concretas e reagir a situações concretas pode ficar relativamente intata; mas é provável que a sua capacidade de abstração fique extremamente limitada. Por exemplo, o paciente portador de uma lesão cerebral pode ser incapaz de formular enunciados que sejam obviamente contrários aos fatos, como "a lua é verde". Não é capaz de extrair propriedades comuns de objetos dessemelhantes, como um aparelho de rádio e um jornal. Essa falta de capacidade de abstração impregna todo o seu comportamento. Goldstein e Scheerer (1941, 1953) desenvolveram testes para determinar o grau de deterioração do comportamento abstrato; portanto, esses testes ajudam a diagnosticar lesões cerebrais.

Goldstein foi um exemplo de teorizador organísmico dotado das melhores condições possíveis para a observação clínica. Foi um anti-experimentalista convicto, que compartilhava da crença organísmica em que, com a restrição de condições e o controle do comportamento típicos do experimento, perdemos o significado que a atividade poderia ter em seu contexto natural. Mas Goldstein foi suficientemente arguto e industrioso para tirar proveito da riqueza de material que passava por suas mãos, em sua clínica psiquiátrica. Metodologicamente, acrescentou poucas inovações ao ponto de vista organísmico, o qual diz, essencialmente: "Tome os princípios gestaltistas do estudo da percepção e aplique-os ao estudo do indivíduo total."

A Tipologia de Sheldon

William H. Sheldon (1899-   ) tem formação médica, como os seus esforços teóricos para relacionar os componentes comportamentais e corporais podem indicar. Depois de se doutorar em Filosofia e Medicina na Universidade de Chicago, trabalhou como interno num hospital de crianças. Sheldon foi depois lecionar nas universidades de Chicago, do Noroeste e do Wisconsin, antes de continuar seus estudos, com dois anos de treino psiquiátrico no estrangeiro. As suas relações com Jung, Freud e Kretschmer contribuíram diretamente para a sua teorização ulterior, que deve o máximo a teóricos constitucionais como Kretschmer e Viola; mas também mostra semelhanças com a teoria freudiana e, em particular, com a junguiana.

Em Harvard, Sheldon estabeleceu estreitas relações de colaboração com o experimentalista S. S. Stevens, o qual incutiu na obra de Sheldon uma nova sofisticação em seus procedimentos e medições. Em conjunto, publicaram as obras básicas de psicologia constitucional: *The Varieties of Temperament: A Psychology of Constitutional Differences* (1942) e *The Varieties of Human Physique: An Introduction to Constitutional Psychology* (1940).

Os escritos de Sheldon caracterizaram-se por seu interesse na identificação e estabelecimento de relações entre os fatores estruturais e temperamentais, com aplicação particular nos problemas de delinqüência (1949b). Escreveu um guia somatotipológico, *Atlas of Men: A Guide for Somatotyping the Adult Male of All Ages* (1954). Sempre taxonomista, Sheldon aventurou-se temporariamente fora da teoria da personalidade, apenas para produzir *Early American Cents* (1949a)... uma classificação de moedas!

O caminho de Sheldon não foi fácil. De um modo geral, a psicologia americana tem sido hostil à idéia de que os fatores constitucionais exercem influências importantes sobre o comportamento. Os nossos ideais democráticos e, mais especificamente, o ambientalismo extremo de John B. Watson, fizeram-nos relutantes à crença de que as predisposições inatas possam ter, realmente, uma influência condutora sobre a nossa personalidade.

Apesar dessa resistência, continuou sendo óbvio para o homem da rua que existem associações entre os fatores constitucionais e a personalidade. Para ele, os gordos parecem joviais; o garoto magrela, escanifrado, de óculos, continua sendo um rato de biblioteca, tímido e ensimesmado. Não é surpreendente, pois, que o homem que reforçou essas crenças populares, de há muito alimentadas, seja um dos teorizadores mais conhecidos.

Sheldon também é muito conhecido dos estudantes de psicologia em começo de curso, talvez porque se destaca entre os teóricos da personalidade como um homem que disse algo compreensível para o calouro. Lamentavelmente, Sheldon tem sido apresentado, por vezes, como autor de enunciados cômicos ou incautos. Pode ter advogado algo impopular ou suscetível de interpretações errôneas mas não de algo cômico.

O sistema de Sheldon é uma versão moderna de enunciados que remontam, pelo menos, a Hipócrates, o qual acreditava na existência de associações entre os fluidos corporais e os temperamentos, e de dois típicos básicos de físico: baixo e gordo ou alto e magro. Ernst Kretschmer, muitos anos depois, acrescentou um terceiro tipo de corpo — o muscular — entre os dois tipos extremos e designou-os da seguinte maneira: o pícnico, baixo e atarracado; o atlético, troncudo e muscular; e o astênico, alto e magro. Ele estudou as relações entre esses três tipos e as variedades de psicoses. A continuidade de Sheldon com os seus antecessores tipológicos também contribuiu, provavelmente, para a sua dificuldade em obter um acolhimento francamente favorável por parte dos psicólogos americanos. Hipócrates e seus temperamentos biliosos eram um alvo fácil de chacota e essa atitude em relação aos "humores" acabou se generalizando de modo a envolver Sheldon. A psicologia sempre desconfiou da tipologia como uma solução demasiado fácil; até a descrição da personalidade em termos de padrões de traços não está isenta de algumas suspeitas. Os que estão familiarizados com a triste história da frenologia reconhecem a sua semelhança com a psicologia dos traços e com a tipologia constitucional, pois não é verdade que a frenologia e a tipologia constitucional avaliam a personalidade a partir de medidas físicas? É fácil compreender as dificuldades do caminho profissional percorrido por Sheldon. Felizmente, Sheldon parece bem equipado para ripostar à punição, tanto quanto para absorvê-la. Escreveu críticas pungentes e mordazes sobre os outros, além de defender a sua própria posição.

As contribuições de Sheldon foram, primordialmente, uma elaboração e consolidação dos tipos físicos básicos de Kretschmer e um trabalho empírico ulterior para relacionar esses tipos com variáveis de comportamento. Existe uma importante diferença entre o seu trabalho e as teorizações anteriores, como a de Kretschmer. Sheldon reconheceu que qualquer indivíduo dado é marcado por um certo *grau* de cada tipo e, assim, neste sentido, é sempre mais uma mistura de tipos do que um tipo puro.

A tentativa de Sheldon de estabelecer uma inter-relação constitucional entre o comportamento e a compleição física apoiou-se na convicção de que o aspecto físico externo (o fenotipo) é determinado e guiado por um hipotético processo biológico (o morfogenotipo). A medida do físico é utilizada por Sheldon numa tentativa para avaliar, indiretamente, a função do morfogenotipo. Os dados obtidos repartem-se por três categorias de tipos corporais: endomorfismo, mesomorfismo e ectomorfismo.

Esta tricotomia foi determinada pela avaliação de 4.000 fotografias padronizadas, as quais haviam sido batidas de três ângulos: de frente, de costas e de perfil. Essas fotos foram secionadas em dezessete partes (Sheldon, 1940, pág. 55), das quais era possível obter medidas antropométricas. Assim, Sheldon foi o único, entre os teóricos da personalidade, que trabalhou com variáveis que podem ser — e foram — medidas com uma régua. Depois de analisar os dados, Sheldon concluiu que todas as características físicas podiam ser agrupadas em três componentes, de acordo com a presumida origem embrionária da maioria do tecido do indivíduo na camada exterior (ectomórfica), média (mesomórfica) ou interior (endomórfica).

O endomorfo tende a ser um indivíduo mole, carnudo e redondo; o mesomorfo é espadaúdo, rijo, muscular, compacto e atlético; o ectomorfo é alto, delgado, frágil e de ossatura pequena. O endomorfo é maciço em relação à sua área de superfície; o mesomorfo, intermédio; e o ectomorfo, mais exposto ao mundo, por causa da sua elevada proporção de área superficial em relação à massa.

Além dos componentes primários do tipo corporal, há muitos outros que se classificam como secundários. São estes: a displasia (desarmonia entre as partes do corpo), a ginandromorfia (bissexualidade denotada pelo físico) e a textura (como no caso da pilosidade do corpo) (1940, pág. 7).

De acordo com Sheldon, três componentes do temperamento correspondem aos três componentes do físico: visceratonia, somatotonia e cerebrotonia. O indivíduo visceratônico gosta do conforto, de comer e de afeição e é bem-humorado. O somatotônico é um indivíduo ativo, vigoroso, agressivo, ambicioso e amigo dos exercícios físicos. A pessoa cerebrotônica é comedida, sensível, tímida, amante da especulação intelectual e dos livros, que se retrai aos contatos sociais.

Supondo que existem esses componentes identificáveis da constituição e da personalidade, estarão relacionados ou não? Sheldon (1942, pág. 400) achou uma correlação notavelmente elevada entre os componentes que se podia esperar encontrar em associação: endomorfismo-visceratonia, mesomorfismo-somatotonia e ectomorfismo-cerebrotonia. Estas correlações situam-se todas por volta de 0,80! Raras vezes os teóricos da personalidade encontram suas expectativas corroboradas de um modo tão gratificante.

É fácil duvidar dos componentes da personalidade propostos por Sheldon, por parecerem tão próximos dos estereótipos do leigo, até se descobrir que os conglomerados de traços foram derivados de cuidadosos estudos correlacionais, usando um grande número de traços originais, e não das profundezas de uma poltrona (Sheldon, 1944, págs. 526-549). Cada um dos componentes da personalidade, de Sheldon, está definido por vinte traços relacionados (Sheldon, 1943, pág. 26).

Sheldon parece apoiar-se em terreno firme quando sustenta que, descritivamente, as correlações postuladas existem. Entretanto, outros experimentadores apuraram, de um modo geral, que as correlações existem mas são muito inferiores às obtidas por Sheldon (Child, 1950; Lindzey, 1967; Sanford, 1953; Seltzer, Wells e McTernan, 1948). As correlações inflacionadas entre temperamento e físico poderiam ser atribuídas a um "efeito de halo", visto que ambos os conjuntos de classificações foram levados a cabo pela mesma pessoa; isto é, não se verificou uma tentativa de análise cega. Se bem que, em *The Varieties of Temperament* (1942, págs. 411-425), Sheldon tenha se esforçado por justificar a sua posição, a sua tentativa não nega, de modo algum, a possibilidade de que uma predisposição subjetiva tenha contaminado os resultados. O procedimento, apesar dessa possibilidade de subjetivismo, manteve-se inalterado.

Uma crítica adicional foi feita por Lubin (1950), o qual descobriu que alguns dos coeficientes indicados nas tabelas de intercorrelação entre os traços temperamentais (Sheldon, 1942, págs. 506-511) eram matematicamente impossíveis.

Sheldon também foi atacado por ter suposto que fatores genéticos, estritamente biológicos, explicavam as correlações observadas. Se Sheldon sustentasse, realmente, que essas influências biológicas diretas eram *a* razão das correlações, estaria exposto ao ataque. Mas não fez isso; ele reconhece, tal como os seus detratores, que as diferentes expectativas culturais ou as recompensas diferenciais relacionadas com as diferentes compleições corporais podem explicar as diferenças de personalidade observadas. Por exemplo, um rapaz que é muscular por natureza, encontrará, provavelmente, mais recompensas no atletismo que um tipo endomórfico. As recompensas do esporte incrementariam então o comportamento competitivo ativo e a acumulação de tecido muscular. Sheldon admite que, embora o morfogenotipo seja invariante, o fenotipo (do qual se tomam as medidas) flutua por causa das influências culturais e outras. Esse reconhecimento forçou Sheldon a abandonar, parcialmente, a sua relação teórica básica entre a constituição e o temperamento. Diz ele que a relação crucial é entre o morfogenotipo e o temperamento. O fenotipo é apenas uma tentativa para medir o morfogenotipo; essa medição é o melhor de que dispomos até a data, apesar de sua inexatidão. Parece-nos que os critérios operacionais são altamente aplicáveis a esta questão. Operacionalmente, o morfogenotipo não tem significado algum que não seja esgotado pelas medidas do fenotipo. A noção de morfogenotipo pode merecer alguma *credibilidade* por analogia com outras características genéticas mas nenhuma observação genética justifica, diretamente, o uso teórico do morfogenotipo. Portanto, sugerimos, em atenção à parcimônia, que as relações enunciadas se restrinjam às existentes entre propriedades observáveis.

Sheldon é mais reticente em reconhecer a possibilidade de que fatores exclusivamente ambientais, como a dieta, expliquem as relações observadas. Entretanto, Anastasi (1958) assinalou que "a superalimentação habitual leva à acumulação do tecido gordo. É interessante notar, a este respeito, que a literatura recente, no campo da psicologia anormal, assim como na medicina psicossomática, contém muitas referências à 'superalimentação psicológica' resultante da frustração e outros problemas emocionais" (pág. 182).

Anastasi também afirmou (1958) que "a identificação original dos três componentes temperamentais... pode igualmente ser discutida, por causa da inadequação dos dados" (pág. 177). Isto é, no estudo original havia apenas trinta e três sujeitos universitários, do sexo masculino; e, embora tentativas ulteriores fossem feitas para rever os vinte e dois traços originais, o procedimento para fazê-lo foi claramente dependente do estudo original e seus resultados.

Uma contribuição importante da teoria de Sheldon foi ter mantido público o fato de que existe algum tipo de relação entre o físico e o temperamento; atualmente, porém, não podemos determinar a sua direção. Será que o físico dirige o temperamento ou o temperamento determina o físico? Ou, mais logicamente, haverá um processo bidirecional cujas inter-relações exatas ainda não foram apuradas?

TEORIAS NEO-ANALÍTICAS DA PERSONALIDADE

Existem numerosas teorias da personalidade estreitamente relacionadas entre si que devem muito à teoria psicanalítica. Se bem que não sejam idênticas, de modo algum, as suas semelhanças de formação e ênfase justificam o seu tratamento sob uma única epígrafe. O termo neo-analítico é usado para refletir o seu quadro de referência basicamente psicanalítico, assim como as modificações que, de uma forma ou de outra, introduziram nesses princípios.

Karen Horney, Erich Fromm, Harry Stack Sullivan e Henry Murray desenvolveram todos as suas próprias teorias da personalidade como improvisações sobre os temas freudianos, adlerianos e junguianos básicos (ver o Capítulo 9). Nessas teorias mais recentes, são enfatizados os fatores sociais. Ao destacar o papel dos fatores sociais, manifestou-se uma tendência concomitante para minimizar os fatores biológicos. Essa relativa negligência do instintivo é o que afasta as novas teorias da teoria analítica freudiana e o que, pelo menos no caso dos três primeiros nomes citados, os impede de ter qualquer aspecto básico comum com a teoria junguiana.

Os quatro teorizadores e, em especial, Sullivan, contribuíram para a teoria de funcionamento do ego. Essa ênfase sobre o funcionamento do ego foi considerada um ponto forte pelos adeptos da neopsicanálise; por outro lado, alguns freudianos consideram-na uma prova de que as teorias neo-analíticas representam mais uma elaboração da teoria freudiana do que qualquer contribuição realmente original. Independentemente da originalidade básica, cada um desses teorizadores disse coisas diferentes sobre a relação do indivíduo com a sua sociedade.

A Teoria Social de Horney

A formação e as contribuições de Karen Horney (1885-1952) tiveram lugar, inteiramente, no campo da psicanálise, embora ela representasse uma importante ramificação da teoria psicanalítica ortodoxa. Alemã de nascimento, Horney estudou medicina na Universidade de Berlim e recebeu sua formação analítica no Instituto Psicanalítico de Berlim, onde foi analisada por Karl Abraham e Hans Sachs.

Nos Estados Unidos, Horney trabalhou como diretor-associado do Instituto Psicanalítico de Chicago, foi analista didática do Instituto Psicanalítico de Nova Iorque e exerceu clínica privada de psicoterapia. Os seus esforços para romper com a psicanálise ortodoxa levaram-na à formação da Associação para o Progresso da Psicanálise e do Instituto Americano de Psicanálise, do qual foi diretora.

A ênfase teórica de Horney está refletida nos títulos de três de suas obras sobre teoria da personalidade: *Neurotic Personality of Our Times* (A Personalidade Neurótica do Nosso Tempo) (1937), *Our Inner Conflicts* (Nossos Conflitos Interiores) (1945) e *Neurosis and Human Growth* (Neurose de Desenvolvimento Humano) (1950). A sua teoria foi explicada ainda mais detalhadamente em *New Ways in Psychoanalysis* (Novos Rumos da Psicanálise) (1939) e *Self-Analysis* (Conheça-se a Si Mesmo) (1942).

A teoria social de Horney arvora a bandeira da *ansiedade básica*. Este fator essencial no desenvolvimento da personalidade é (Horney, 1937) "o sentimento que uma criança tem de estar isolada e impotente num mundo potencialmente hostil" (pág. 79). O conceito de impotência de Horney, tal como é experimentada pela criança pequena, não tem o mesmo sabor universal que Adler lhe atribuía. Gera uma predisposição para o futuro desenvolvimento de condições patológicas; não leva a uma luta pela superioridade mas acentua, tão-só, uma predileção pela segurança.

O ambiente do lar e a estrutura social, no seio da família, recebem o máximo destaque na teoria de Horney. Em sua opinião, a chave do desenvolvimento da personalidade individual reside nessa estrutura e na reação da criança à mesma. A razão predominante para que a ansiedade básica se desenvolva, a partir das relações filho-pais, é a ausência de um amor e afeto genuínos e isto pode ser quase invariavelmente atribuído a pais neuróticos. Entretanto, convém sublinhar que Horney define a neurose como qualquer desvio do comportamento normal e eficiente; o termo não é usado num contexto patológico, a menos que assim se o indique expressamente.

A criança responde à sua ansiedade básica mediante o desenvolvimento de alguma estratégia de comportamento, as *tendências neuróticas,* numa tentativa de superá-la. Esta estrutura de caráter, decorrente da reação à ansiedade básica, é o que explica os sintomas neuróticos; *não* se trata, como disse Freud, de uma frustração do instinto sexual. Além disso, não é uma experiência de compulsão de repetição, baseada em experiências inalteradas e reprimidas da infância (Horney, 1939): "Não existe coisa alguma que seja uma repetição isolada de experiências isoladas; mas a totalidade das experiências infantis combina-se para formar uma certa estrutura de caráter e é dessa estrutura que emanam as dificuldades subseqüentes" (pág. 9).

A criança também desenvolve um conceito idealizado de eu, ao internalizar os níveis de aspiração e a ética de outros membros da sua cultura. Este conceito desenvolve-se sem atender às próprias potencialidades ou limitações do indivíduo. Por conseguinte, quanto tenta realizar esses conceitos ideacionais, é estorvada por suas próprias limitações e pelas que lhe são impostas pela cultura existente. Por outras palavras, o conflito básico numa pessoa é entre a auto-realização e a auto-idealização. O eu idealizado converte-se numa muleta para a pessoa neurótica. Ela acaba por acreditar que *é* a sua imagem idealizada. Esta solução acarreta uma redução temporária da ansiedade mas, a longo prazo, aumenta-a. As tentativas do neurótico para corresponder à imagem idealizada, irrealista, que fez de si mesmo, resulta em novos conflitos e, por conseguinte, em maior tensão. O único conflito real que Horney reconheceu é o da situação presente e das exigências que essa situação faz ao indivíduo.

Os recursos que o indivíduo utiliza para enfrentar os seus conflitos (tendências neuróticas) são, geralmente, irrealistas e levam a um certo grau de comportamento neurótico. Podem se classificar em duas categorias: (1) os que têm suas raízes no período inicial de desenvolvimento da criança e que demonstram uma etiologia discernível; e (2) os que constituem uma reação a alguma tensão situacional e, usualmente, são transitórios (Munroe, 1955). Uma vez iniciadas essas tendências neuróticas, desenvolve-se um círculo vicioso. A ansiedade causa o comportamento original que, por sua vez, em virtude da sua inadequação, leva a uma ansiedade subseqüente que dá início a um outro ciclo.

Na tentativa de uma pessoa para encontrar segurança, ela utiliza três tipos de padrões de comportamento. Pode mover-se em direção às pessoas, contra elas ou afastando-se delas (Horney, 1945). São fundamentais para estes três tipos de comportamento a necessidade de afeição, a necessidade de exploração do próximo e a necessidade de auto-suficiência. Segundo a modalidade de comportamento escolhida, existem três tipos correspondentes de personalidade: complacente, agressivo e desligado. Uma vez mais, é preciso advertir contra a suposição de que um indivíduo utiliza só um único tipo. A pessoa utiliza o tipo mais eficiente para cada situação específica, enquanto vacila de uma situação para outra. Contudo, se um padrão for usado exclusivamente, seja qual for a situação, isso é um indício de neurose.

Um indivíduo complacente confia nas outras pessoas; é ostensivamente carinhoso, amável e leal; e acha as críticas pessoais devastadoras. O cinismo, a filosofia de sobrevivência dos mais fortes e uma extrema independência caracterizam a personalidade agressiva. O indivíduo desligado é um perfeccionista, não é criador e tem escassas relações interpessoais.

Horney destacou apenas dois dos muitos mecanismos de defesa inconscientes: a racionalização e a exteriorização. A racionalização é usada no sentido freudiano, exceto em que é explicada por Horney no contexto da sua teoria social; isto é, diz respeito ao organismo, em seu todo, e não está relacionada com os componentes instintivos da personalidade, propostos por Freud. A exteriorização é, meramente, um termo mais genérico para a projeção. O organismo, como um todo, participa numa tentativa de explicar *todos* os motivos e *todas* as ações externamente, não apenas os indesejáveis.

Horney era otimista quanto à possibilidade de evitar reações neuróticas, o que é uma propensão natural dos que acreditam na importância preponderante dos fatores sociais. Um lar seguro e amoroso é uma garantia contra o desenvolvimento de uma estrutura de caráter neurótica. Aqueles que, como Freud, enfatizam os fatores biológicos, acham mais difícil ser otimista; se o conflito se baseia em fatores hereditários, a mudança só pode ocorrer lentamente. As concepções mais otimistas de Horney foram acolhidas com júbilo por muitos, como um alívio do pessimismo opressivo dos pressupostos freudianos ortodoxos. Horney tentou apontar o caminho para melhores famílias, melhores sociedades e, através delas, melhores pessoas. Apesar da sua longa associação com o treino didático de psicanalistas, Horney nunca formou uma escola coesa de seguidores nem suas concepções teóricas inspiraram, diretamente, o desenvolvimento de pesquisas. Com o decorrer do tempo, as importantes contribuições de Horney ficarão cada vez menos associadas, provavelmente, ao seu nome e cada vez mais serão vistas como uma parte do *Zeitgeist* geral da psicologia.

A Teoria do "Medo à Liberdade", de Fromm

Erich Fromm (1900-) nasceu e estudou na Alemanha. Cursou sociologia e psicologia nas universidades de Munique, Frankfurt e Heidelberg, onde se doutorou em Filosofia. O seu treino psicanalítico foi realizado, principalmente, no Instituto Psicanalítico de Berlim.

Fromm não pode ser claramente identificado pela sua filiação com qualquer instituição, embora tenha lecionado no Instituto Psicanalítico de Chicago e em numerosas universidades e institutos dos Estados Unidos, para onde migrou em 1933. Desde 1951 que é professor da Universidade do México, onde atualmente vive. Também é diretor do Instituto Mexicano de Psicanálise.

Escape from Freedom (O Medo à Liberdade) (1941), *Man for Himself* (Análise do Homem) (1947) e *The Sane Society* (Análise da Sociedade Contemporânea) (1955) — as principais contribuições de Fromm para a teoria da personalidade — atraíram, provavelmente, mais atenção transcientífica e pública do que as obras de qualquer outro neofreudiano.

Os interesses primordiais de Fromm residem nos segmentos mais amplos da sociedade, na medida em que afetam o indivíduo (Fromm, 1955, 1961b). De fato, Fromm é um maior admirador de Marx (Fromm, 1961b) do que de Freud (Fromm, 1959) e tanto poderia ser apropriadamente classificado como um teórico marxista da personalidade ou como um teórico freudiano da personalidade (ver C. S. Hall e Lindzey, 1970, pág. 130). Tal classificação, entretanto, não se ajusta bem ao sistema de categorização da psicologia americana!

Seja como for que se classifique, Fromm acredita que as nossas organizações políticas já não fornecem uma direção firme nem uma estrutura segura, que proporcionavam quando as unidades de organização política eram menores e o homem tinha menos liberdade para determinar o seu próprio destino. Hoje, o homem sofre um sentimento de solidão insegura, engendrada pela sua falta de um quadro de referência estrutural; isto é, o homem deseja realizar seu potencial próprio e desenvolver um sentimento de pertença, de afiliação.

A premissa básica de Fromm — que um indivíduo tenta fugir à liberdade e regressar a uma existência mais segura — ganhou notoriedade pública através do seu livro *Escape from Freedom*. A condição física de uma criança ao nascer e no período imediatamente posterior faz com que a sua sobrevivência dependa do seu meio, em geral, e de sua mãe, em particular. A criança logo é desvinculada de seu ambiente pós-natal e vai adquirindo, gradualmente, uma independência cada vez maior. Entretanto, carece notoriamente da concomitante dotação de força necessária para aumentar a sua independência e enfrentar os elementos da sociedade. Além disso, só o homem tem o poder de raciocinar e imaginar; e, com a aquisição dessas faculdades, perdeu a capacidade animal de reagir instintiva, íntima e diretamente, à natureza. Assim, o homem encontra-se numa posição única: está separado dos seus semelhantes por condições políticas e do resto da natureza por ser homem. A sua primeira reação a essa situação é uma tentativa de recuperação da sua forma anterior de segurança. Ao verificar que isso é fisicamente impossível e socialmente ineficaz, tenta outros meios. As duas soluções mais comuns são o *autoritarismo* e o *humanismo*.

Definido a traços largos, o autoritarismo é aquilo que impõe exteriormente um conjunto de princípios à sociedade. Pode ser exemplificado por um estado totalitário, ou uma ditadura, ou a crença num ser supremo. Esta solução é inadequada porque não permite ao indivíduo uma oportunidade de realizar as suas potencialidades. Mobilizam-se, então, a frustração e a hostilidade contra as condições impostas.

Fromm acredita que o humanismo é uma melhor solução. Todas as realidades da vida humana têm uma oportunidade de se desenvolver através do amor ao semelhante e da cooperação mútua. Numa sociedade humanista, cada homem seria um irmão para cada homem e nenhum homem estaria só.

Fromm identificou quatro maneiras de escapar ao isolamento e à insegurança que prevalecem na sociedade moderna. Referiu-se-lhes como tipos de orientação ou de relacionamento. São os tipos de orientação receptiva, exploradora, acumulativa e mercantil. Além destas, existe ainda a orientação saudável, ou produtiva. Nenhuma pessoa exibe uma orientação pura. Entretanto, é possível que um tipo se manifeste de modo a subordinar todos os outros.

A orientação receptiva (Fromm, 1947) "é freqüentemente encontrada em sociedades onde o direito de um grupo a explorar um outro está firmemente estabelecido" (pág. 79). Os indivíduos com este tipo de orientação sacrificam tudo para manter a sua identificação com o grupo ou o líder. Esperam receber algo grátis e quando ocorrem adversidades são extremamente rebeldes e agressivos, manifestando um comportamento que não é muito diferente do de uma criança mimada.

A filosofia de "a força faz o direito" caracteriza os indivíduos exploradores. O valor que eles atribuem a um objeto é diretamente proporcional ao valor que os outros lhe conferem. Não sentem constrangimento algum em tomar um objeto, sem outra razão que não seja o alto apreço em que outros o tenham.

A orientação acumulativa é o que se poderia esperar; frugal, estéril, avara e desconfiada. A segurança é avaliada em termos de riqueza física tangível.

A última orientação, a mercantil, é relativamente nova e está associada ao advento do capitalismo moderno. A ênfase recai sobre tais objetivos superficiais como viver ao nível dos "grandes", ascender na escala social etc.

Fromm (1964) acrescentou mais tarde o tipo biófilo, que está apaixonado pela vida. Se o amor à vida for frustrado, a pessoa pode se converter em necrófila (atraída para a morte).

Tal como a sociedade se encontra hoje, é absolutamente necessário deformar o indivíduo para que se ajuste aos moldes da sociedade humana. Se bem que o homem sempre tenha de amoldar-se às necessidades sociais, Fromm deposita suas esperanças numa sociedade que dê a cada homem uma oportunidade de se desenvolver como criatura humana em sua plenitude. A sua sociedade ideal deu Fromm o nome de *socialismo humanista comunitário.* A sua preocupação desesperada pelo desenvolvimento de uma tal sociedade nasceu, em parte, da sua própria fuga ao nazismo e colocou Fromm na vanguarda da ciência da psicologia, que só agora está tendo o seu despertar social. Se, em vez de setenta anos, Fromm tivesse apenas trinta, ele seria hoje, provavelmente, um herói popular da juventude nos Estados Unidos. Não há dúvida alguma que o seu pensamento influenciou as recentes convulsões sociais na América, embora seja impossível, como de costume, avaliarmos a extensão dessa influência. Parece claro, entretanto, que Fromm é um importante pai intelectual de alguns acontecimentos extremamente importantes.

A Teoria da "Pressão-Necessidade" de Murray

Henry Murray (1893-) era um cientista biológico, rigorosamente treinado e produtivo, antes de se dedicar à psicologia. Os seus graus acadêmicos incluem uma licenciatura em História por Harvard, um doutorado pela Faculdade de Médicos e Cirurgiões da Universidade de Colúmbia e um mestrado em Biologia, também em Colúmbia. Foi, subseqüentemente, interno de cirurgia no Hospital Presbiteriano de Colúmbia, ensinou fisiologia em Harvard, dirigiu pesquisas embriológicas no Instituto Rockefeller para Pesquisas Médicas e, depois, viajou para a Inglaterra, a fim de se doutorar em Ciências Bioquímicas na Universidade de Cambridge.

Enquanto estava na Europa, uma visita a Jung alterou dramaticamente os interesses de Murray, orientando-o para a psicologia de profundidade. Pouco depois, ocupou uma posição em psicologia acadêmica em Harvard, passando a dirigir aí a Clínica Psicológica. Esteve trabalhando, durante a II Guerra Mundial, na Repartição de Serviços Estratégicos, após o que retornou a Harvard como professor da faculdade anexa à Clínica Psicológica, onde permaneceu até a sua aposentadoria como professor emérito em 1962. O treino psicanalítico de Murray foi efetuado sob a direção de Franz Alexander e Hans Sachs; Murray pagou sua dívida para com a psicanálise ajudando a fundar a Sociedade Psicanalítica de Boston e estimulando o interesse pela pesquisa psicanalítica entre os seus alunos. C. S. Hall e Lindzey (1970, pág. 166) lamentam que as conversas de Murray não tivessem sido preservadas, pois a riqueza do seu pensamento e de suas contribuições não está inteiramente representada nas obras que publicou. Veremos, entretanto, que as suas contribuições em forma impressa são consideráveis! Murray, tal como um outro cientista apartidário e franco-atirador, Gordon Allport, recebeu as duas distinções mais elevadas que a sua profissão tem para oferecer: o prêmio e diploma por Contribuição Científica Notável, da APA, e a Medalha de Ouro da Fundação Psicológica Americana.

O Teste de Apercepção Temática (1943), que Murray desenvolveu, tornou-se um dos instrumentos empíricos mais amplamente usado pelos clínicos e os teóricos da personalidade. O seu principal trabalho teórico é *Explorations in Personality* (1938). Contudo, o seu *Assessment of Men* (Office of Strategic Services, 1948), escrito como resultado do seu trabalho naquela repartição durante a II Guerra Mundial, também é considerado uma contribuição significativa para a área da avaliação da personalidade. Como atividade intelectual marginal, Murray dedicou-se durante vinte e cinco anos ao estudo de Herman Melville e publicou uma análise (1951) do significado psicológico do romance *Moby Dick*.

Não é possível ler Murray (por exemplo, 1959) sem receber a impressão de que ele está profundamente preocupado com as noções de processo e campo. Entretanto, Murray é demasiado acurado em suas idéias para negar a importância de uma abordagem controlada e redutiva da psicologia. A abordagem redutiva é certamente estranha à natureza pessoal de Murray, pois ele vislumbra nitidamente as interações que ocorrem entre todos os processos que constituem um sistema. Para Murray, como para o gestaltista, o sistema é a unidade a ser estudada. Só os sistemas mantêm os seus limites e proporcionam a esperança daquela estabilidade que é tão rara na natureza mas tão necessária ao estudo científico. Murray não considera que a ciência opere, primordialmente, com estruturas estáveis mas, outrossim, com processos que possam — com alguma probabilidade — ser previsíveis.

Murray disse a seu próprio respeito (1959): "Mas em momento nenhum, para desgosto dos meus amigos, fui um bom junguiano, um bom freudiano, um bom adleriano ou um bom escolar de qualquer estirpe" (pág. 13). Apesar dessa independência de pensamento, Murray está próximo de Freud em muitas atitudes básicas, assim como em alguns detalhes da sua teoria. Duas dessas atitudes são uma crença na grande importância na história dos primeiros tempos do organismo e uma ênfase sobre os processos fisiológicos que acompanham os eventos comportamentais em que o psicólogo está interessado. Murray aceita, mais do que Freud, as mudanças de personalidade por eventos posteriores. Contudo, reconhece ainda a possibilidade de que os efeitos das experiências infantis possam ser tão grandes que redundem em diversos complexos na idade adulta. Quanto à questão fisiológica, Murray está com Freud ao reconhecer a independência da ciência da psicologia em relação à fisiologia, conquanto sublinhe, ao mesmo tempo, haver uma relação necessária de dependência entre os dois tipos de eventos: sem processos fisiológicos não podem haver processos psicológicos. Qualquer configuração dominante de processos particulares no cérebro acompanha sempre um processo consciente particular.

Um outro tema na teorização de Murray é a sua clara e repetida afirmação de que os conceitos da sua teoria são construções, entidades hipotéticas, e não a realidade: Murray não é a espécie de homem para acreditar que pregar um nome ao fluxo de processos seja bastante para fazer com que esse fluxo se imobilize ou se comporte como uma estrutura conveniente para que o cientista possa tratá-la complacentemente. Murray é mais o tipo de homem que constrói um mapa transparente, com linhas e sombreados rudimentares, através do qual pode observar a realidade mais convenientemente; constrói e reconstrói sistemas de classificação, analisa e reanalisa processos, à medida que a sua compreensão se enriquece. A sua teoria é tanto um instrumento como uma descrição.

Murray apresentou uma das mais elaboradas taxonomias das necessidades (1938). Não procurou falar das necessidades como coisas isoladas do contexto do comportamento. Embora as necessidades se relacionem com estados internos, elas também estão relacionadas à presença de valiosos estímulos externos que impelem à ação (pressões). A necessidade dirige o comportamento para objetos que podem levar a um estado desejável; conquanto esse estado possa envolver, freqüentemente, a redução da tensão, também pode, às vezes, implicar um recrudescimento de tensão. Murray não acredita que a pessoa normal procure sempre o amortecimento da não-tensão. A maioria das necessidades tem como acompanhantes certas emoções e sentimentos.

Murray redefiniu o termo freudiano *catexe* para descrever os objetos relacionados com uma necessidade; um objeto pode ter uma catexe positiva ou negativa, de acordo com a sua capacidade para pressionar o indivíduo a dar respostas de aproximação ou evitação. O que o indivíduo experimenta em relação ao objeto chama-se *sentimento*. Portanto, a catexe e o sentimento referem-se à mesma relação entre pessoa e objeto; uma é aplicável quando nos interessam as propriedades do objeto, o outro quando estamos interessados nas propriedades da pessoa. Assim, Murray subdividiu o conceito de catexe de Freud em duas partes.

As necessidades estão inter-relacionadas e, ao mesmo tempo, inculcadas nos processos em curso. Algumas necessidades são subsidiárias de outras necessidades mais globais e superordenadas; e a satisfação da necessidade subsidiária não é um fim em si mas apenas um passo para a maior satisfação. Diferentes necessidades podem ocorrer no indivíduo, simultaneamente, em cujo caso um conflito é engendrado; uma das necessidades será ou poder-se-á tornar a mais forte, em cujo caso é chamada uma *necessidade prepotente* e exigirá satisfação antes das necessidades concorrentes poderem ser atendidas.

Estreitamente relacionada com a aceitação por Murray de possíveis necessidades de aumento de tensão, está a sua descrição de dois tipos de necessidades que não envolvem um tipo thorndikiano de efeito. Murray adicionou ao tipo thorndikiano de necessidade as *necessidades de processo* e as *necessidades modais*. As necessidades de processo são "necessidades de fazer"; por exemplo, o adulto pode necessitar de exercício ou o bebê pode precisar de tagarelar. As necessidades modais são necessidades de aperfeiçoar algum comportamento e só diferem das necessidades de processo no fato de estar envolvida uma necessidade de aperfeiçoamento.

O modo acabado de Murray em seu tratamento das necessidades também se reflete no seu exaustivo exame das unidades significativas de comportamento. Encontrou escassa utilidade para uma formulação tão molecular quanto a E-R. A sua unidade mais analítica é o *procedimento*, que é uma interação envolvendo uma pessoa e um objeto ou uma pessoa e uma pessoa; a interação deve ser suficientemente extensa para ter um significado dinâmico. O procedimento não tem por que ser manifesto; pode ser uma divagação ou um projeto.

Os procedimentos podem seguir-se uns aos outros de um modo coerente, em cujo caso constituem uma outra unidade, um *seriado.* O seriado envolve planejamento e organização, e a sua natureza impõe direção aos vários procedimentos que o constituem. Um matrimônio é um exemplo de seriado. Os procedimentos e, portanto, os seriados, podem se sobrepor e entrelaçar; todos nós estamos envolvidos em muitos esforços num único dia ou mesmo numa hora.

Um *tema* é outra das unidades comportamentais de Murray. Confere mais ênfase à pressão e à necessidade que determinam o comportamento em questão e, portanto, é uma unidade mais analítica e teórica do que o procedimento, este mais descritivo. O tema, tal como o procedimento, pode estar organizado de um modo seriado. O tema é menos fixo do que o procedimento em seu âmbito e pode persistir durante um período de tempo mais prolongado, a duração temática.

Um programa seriado também pode ser considerado uma unidade de comportamento mas enfatiza os planos do indivíduo. Este pode planejar uma meta vital, por exemplo, um grau universitário, o qual envolve uma grande quantidade de submetas, antes de poder ser realizado. Uma submeta pode ser a aprovação num exame ou a conclusão de um curso.

Podemos ver que, em sua teoria da personalidade, Murray antepõe o realismo à precisão e a criatividade à compulsão. Conquanto muitas de suas idéias sejam, basicamente, psicanalíticas, é um pensador que, indubitavelmente, não teme modificar ou inovar, sempre que se convence de que as provas estão a seu favor. Também inventou novos métodos para obter provas, como sabemos pela construção do seu Teste de Apercepção Temática (TAT) (1943), e pela engenhosidade do seu trabalho, durante a guerra, quando se dedicou à avaliação de homens para missões especiais (Repartição de Serviços Estratégicos, 1948).

C. S. Hall e Lindzey (1970) avaliaram a teoria de Murray e suas pesquisas como estando fora de sintonia com os tempos: "Há muito de poeta e pouco de positivista em sua compleição" (pág. 205). Murray nunca mostrou um grande desejo de sintonia com os tempos e não lhe faltavam recursos independentes para que pudessem dispensar tal preocupação. A sua adoção de pontos de vista impopulares pode ter sido responsável, como ele pensou, por só ter obtido dignidades magistrais aos 55 anos de idade. De qualquer modo, ele mostrou-se recentemente muito preocupado com a possibilidade de ter atingido respeitabilidade demais (1967): "Em devido tempo, a prática da introspecção e o conceito de força motivadora, em formas alteradas e sob o disfarce de novos rótulos, recuperaram, sub-repticiamente, a perdida respeitabilidade; e, depois da II Guerra Mundial, a teoria freudiana *in toto* invadiu vastas áreas da psicologia americana, como Napoleão inundou a Europa... Murray encontrou-se ocupando uma posição de incômoda respeitabilidade" (pág. 295).

Como indicamos no Capítulo 9, somos da opinião de que a teoria freudiana encontrou o seu Waterloo e está exilada numa ilha tranqüila, no oceano da psicologia acadêmica. Assim, Murr (o nome que Murray usa para si próprio em sua autobiografia) pode descansar, pelo menos, numa heterodoxia parcial, uma situação que ele sempre achou confortável e produtiva.

A Teoria Interpessoal de Sullivan

Harry Stack Sullivan (1892-1949) fui, sobretudo, um psiquiatra, embora a sua contribuição para a psicologia, através da sua teoria da personalidade, seja inegável e também tenha exercido grande influência como estadista científico e educador. Depois de formar-se em Medicina na Faculdade de Medicina e Cirurgia de Chicago, Sullivan passou a fazer parte do quadro médico da Junta Federal de Educação Vocacional dos Estados Unidos. Mais tarde, ingressou no Serviço de Saúde Pública dos Estados Unidos; serviu no *Saint Elizabeth's Hospital,* de Washington, D.C.; e lecionou na escola médica da Universidade de Maryland, onde dirigiu investigações sobre a esquizofrenia.

Como estadista científico, Sullivan foi consultor do Sistema de Serviço Seletivo e do Projeto de Tensões da UNESCO. Ajudou a planejar o Congresso Internacional de Saúde Mental. Também dirigiu *Psychiatry,* uma revista cuja publicação foi estimulada, principalmente, pela necessidade de divulgar a teoria de Sullivan.

O neuropsiquiatra William Alanson White exerceu uma influência permanente sobre Sullivan, que depois viria a ser presidente da Fundação William Alanson White, quando fundou e dirigiu a sua instituição de treinamento psiquiátrico, a *Washington School of Psychiatry.* As influências de Sigmund Freud e Adolph Meyer também são discerníveis na teoria de Sullivan. Na área da teoria da personalidade, Sullivan publicou um único livro, *Conceptions of Modern Psychiatry* (1947). Após a sua morte, ele tornou-se muito mais influente; isto é, cinco livros baseados em suas notas e conferências gravadas foram publicados em 1953, 1954, 1956, 1962 e 1964.

A teoria interpessoal de Sullivan é menos exclusivamente analítica do que a de Horney ou de Fromm. Embora Sullivan reconhecesse a sua dívida intelectual para com Freud, a sua teoria tem maiores semelhanças com a de Adler. Grande parte do pensamento de Sullivan está relacionado com homens que têm uma abordagem não-analítica, por exemplo, William Alanson White, Adolph Meyer e George Herbert Mead. Além disso, a relação mais íntima de Sullivan com a psiquiatria e com os acadêmicos (em particular, com cientistas sociais) resultou numa maior aceitação da sua teoria e pode ter algo a ver com o seu enunciado mais completo (Sullivan, 1953); estas características da sua teoria levaram, por seu turno, a uma aceitação maior entre os clínicos.

Tal como Sullivan a definiu (1953), a personalidade é "o padrão relativamente duradouro de situações interpessoais que se repetem e caracterizam a vida humana" (pág. 111). Isto é, a personalidade é considerada uma variável interveniente inferida do comportamento do indivíduo, em relação com outras pessoas e com objetos. A personalidade só existe nas relações interpessoais. Segue-se que a personalidade não pode ser estudada, a menos que esteja interatuando mais de uma pessoa, se bem que uma das pessoas possa não estar fisicamente presente; as interações de uma pessoa podem ser com uma imagem, um sonho, um personagem fictício etc. Sullivan não rejeitou inteiramente as influências da hereditariedade e os fatores biológicos; de fato, reconheceu a sua importância durante a infância e a puberdade. Propôs uma hierarquia de necessidades fisiológicas das quais as tensões decorrem, as quais devem ser dissipadas pela satisfação dessas necessidades. Entretanto, sustentou que as características distintamente humanas se desenvolvem interpessoalmente e podem afetar as necessidades fisiológicas, de uma forma direta.

Sullivan afirmou que três processos são evidenciados no desenvolvimento da personalidade: dinamismo, personificações e processos cognitivos. Um dinamismo é um padrão de comportamento prolongado que se revela nas relações interpessoais características. Os dinamismos podem ser também descritos como classes de hábitos ou traços de personalidade que caracterizam um indivíduo; em relação a certas pessoas, um indivíduo pode manifestar um dinamismo de hostilidade ou de amizade, dependendo do seu comportamento habitual para com elas. O dinamismo do eu é a imagem que o indivíduo possui de si mesmo, percebida através de suas interações sociais.

As personificações são imagens que um indivíduo tem de outras pessoas ou de si mesmo. Com freqüência, são produtos da sua infância. Se permanecerem intatas, de modo a influenciar a sua futura opinião das pessoas, chamam-se *personificações eidéticas*. Um exemplo disto poderia ser a atitude de uma criança em relação a um pai dominante; essa personificação poderá influir nas reações ante outras figuras autoritárias. Contudo, quando uma imagem somente ocorre em ligação com uma situação particular, usa-se apenas a palavra *personificação*. Um estereótipo é qualquer personificação que seja alimentada por um grupo de pessoas. É interessante assinalar que, em certos aspectos, isto constitui uma versão socializada e consciente dos arquétipos de Jung.

Os processos cognitivos estão subdivididos em três classes: *prototáxicos, paratáxicos* e *sintáxicos*. No modo prototáxico, o indivíduo simplesmente experimenta, de uma forma direta, sem relacionar os sentimentos entre si nem atribuir-lhes significado. Não é muito distinto do que se chamou uma "corrente de consciência": todos os pensamentos, visões, idéias, sensações e percepções que ocorrem em qualquer momento dado. Segue-se-lhe o modo paratáxico, no qual o indivíduo relaciona as suas experiências à medida que ocorrem e sem atender às suas relações lógicas: relações causais entre eventos e experiências não-relacionados. As conexões lógicas são realizadas no modo sintáxico, mediante o uso de símbolos *consensualmente validados*. A validação consensual é um conceito de Sullivan que se refere a qualquer símbolo a que foi atribuído um significado particular e que desfruta da concordância (ou consenso) de numerosas pessoas. É utilizado, principalmente, para a comunicação e as palavras são o exemplo mais comum de tais símbolos.

Sullivan propôs seis fases no desenvolvimento do indivíduo. São aproximadamente delineadas em grupos etários correspondentes a níveis de amadurecimento. Contudo, a importância da maturação está limitada ao grupo em que habilita o indivíduo a realizar um novo e mais elevado nível de relações interpessoais.

Sullivan notou que, no desenvolvimento do indivíduo, é freqüentemente evidente que certas entidades estão fora da esfera de sua conscientização. Três razões fundamentais podem ser propostas para isso: inatenção seletiva, dissociação e distorção paratáxica. A inatenção seletiva é, meramente, a relutância, por parte do indivíduo, em perceber no meio imediato aquilo que contradiz as suas próprias convicções. A dissociação é, aproximadamente, aquilo a que os freudianos se referem como *repressão*. A distorção paratáxica ocorre quando os significados pessoais e autísticos de um indivíduo, mais do que os significados socialmente validados, se incorporam a um símbolo e influenciam o seu pensamento.

Em resumo, Sullivan sustentou que o indivíduo funciona porque precisa assegurar a sua satisfação; as suas necessidades básicas não são instintivas ou biológicas, como Freud nos fazia acreditar, mas baseiam-se nas interações com pessoas.

É deveras curioso que tão poucas críticas tenham sido dirigidas à posição de Sullivan. Um levantamento de numerosos volumes muito recentes (por exemplo, C. S. Hall e Lindzey, 1970; Levy, 1970; Maddi, 1968) não conseguiu descobrir qualquer crítica. O sistema de Sullivan é abrangente e não contém as características salientes e algo exóticas (por exemplo, a inveja do pênis) que atraem as críticas para tais posições alternativas como a de Freud. Também tentou amortecer as críticas mediante a incorporação de muitos pontos de vista originalmente antagônicos em seu sistema. Não obstante, alguns comentários críticos podem ser feitos.

Uma omissão imediatamente evidente é a falta de atenção direta, por parte de Sullivan, para os fatores emocionais do comportamento. Essa omissão é incongruente num sistema que em tudo o mais é abrangente e, sobretudo, se considerarmos o fato de que Sullivan descreve a personalidade adulta como algo que se desenvolveu a partir de uma base fisiológica. Conquanto fale de ansiedade, este conceito não é definido de uma forma nítida.

A par dos outros teóricos da personalidade especialmente orientados, Sullivan deve ser também creditado por ter ajudado a acrescentar uma dimensão muito necessária e sumamente valiosa à teoria basicamente biológica de Freud. Entretanto, à semelhança dos outros, Sullivan tampouco tentou pormenorizar o modo como o processo de socialização ocorre ou a maneira como a psicopatologia é adquirida.

Sullivan também pode ser creditado por ter sido o único teórico da psicologia social do seu tempo que tentou ampliar as fases freudianas de desenvolvimento para além da puberdade. Contudo, também nesse aspecto ele foi programático: não delineou a transição de uma fase para outra, os fatores que operam para produzir transições normais ou difíceis, o papel do contexto familiar (que é central na sua teoria, como nas de Horney e Adler), o papel da ordem social (que é o fulcro da teoria de Fromm) e o modo como as duas últimas condições interatuam.

Finalmente, Sullivan pode ser criticado pelo fato de não ter estimulado a pesquisa empírica. Essa omissão pode estar relacionada com a maneira algo vaga e quase displicente como ele utilizou a maioria dos seus conceitos (por muito proveitosos que estes tenham sido em seu trabalho clínico). Por exemplo, torna-se amiúde difícil para o leitor distinguir entre dois de seus conceitos mais decisivos, dinamismos e personificações.

Assim, temos em Sullivan um teórico de enorme influência e compreensividade, cuja força reside no fato de poder harmonizar-se com o que Freud, por um lado, e os teóricos de orientação social, por outro lado, disseram mas cuja fraqueza reside em não ter fornecido a espécie de precisão nas definições e especificação teórica de conceitos básicos que seria imprescindível para a estimulação de importantes pesquisas empíricas.

TEORIAS DO EU

Hábitos, traços e fatores de vários graus de generalidade, o organismo, interações sociais — já percorremos toda uma gama de conceitos que são usados para explicar ou para descrever a coerência do comportamento de um indivíduo. O último organizador é o eu. Existem quase tantas definições de eu quantas as psicologias do eu e, com freqüência, as definições parecem carecer de significado operacional; contudo, o elemento comum em todas as definições do eu é o caráter do eu como um organizador que impõe coerência ao comportamento.

Existem três maneiras em que, de uma forma geral, o eu tem sido postulado como o agente que estabelece a harmonia de diversas atividades. A maneira tradicional consiste em usar o eu como se fosse um homem-dentro-do-homem, encarregado de ordenar todas as atividades, de modo que estas se ajustem aos interesses de sua majestade imperial o Eu. Possuindo suas fontes próprias de energia e vontade, esse eu é inacessível à investigação científica e está desacreditado em todas as psicologias científicas, incluindo as modernas teorias do eu.

Uma segunda maneira em que o eu pode organizar o comportamento é uma espécie de gabarito ou moldura em que todo o comportamento em curso deve se ajustar. Se o eu for um conjunto existente e objetivo de representações dos comportamentos e experiências passados de um indivíduo, essas representações podem, de algum modo, resistir a mudanças que resultariam do impacto de novas e divergentes experiências sobre a velha estrutura chamada *eu.* Podemos conceber este eu como se fosse uma imagem contra a qual se projeta um novo comportamento que se tem em vista; se a discrepância entre a imagem que atualmente existe e a imagem como teria de ser modificada para acomodar o novo comportamento for muito grande, o comportamento não ocorre.

A terceira concepção de eu é uma designação sucinta para um conjunto de processos psicológicos. Os processos exatos que são abrangidos em tal conjunto variam de um teórico para outro mas, em geral, incluem as funções de avaliação e as atitudes. Esses processos, atuando sobre os materiais que governam o comportamento, podem desempenhar, assim, um papel decisivo na direção do comportamento.

Um perigo latente nas teorias do eu é a possibilidade de ocorrência de uma regressão dos significados 2 e 3 para o significado 1. Por certo, nenhum teórico pretenderá tal regressão e, quando definir o eu para fins teóricos, excluirá cuidadosamente o significado 1. Uma razão para o retrocesso, no sentido do significado 1, pode ser o fato dele ser mais claro que os outros dois. No segundo caso, é possível ainda uma curiosidade sobre o modo como as discrepâncias entre o eu e a experiência ou comportamento são resolvidas. Serão pelo "homenzinho" dentro do homem? Se assim for, a regressão é imediata. Caso contrário, então a estrutura que resolve as discrepâncias substitui, simplesmente, o "homenzinho". No caso do significado 3, o eu-como-processo compartilha da usual imprecisão de tais conceitos processuais; e, além disso, deixa-nos duvidando da necessidade de tal conceito — pelo menos, se tivermos inclinações positivistas. Portanto, os teóricos do eu parecem estar precisando, logicamente, de avaliar a fidelidade de representação dos complexos processos humanos, conferindo-lhe mais valor do que a um estrito positivismo. De fato, é o que eles fazem.

A Teoria do Eu, de Rogers

A carreira de Carl Ransom Rogers (1902-) foi marcada por um interesse em campos divergentes, o primeiro dos quais foi a agricultura científica, que ele contraiu durante os seus tempos de rapaz numa fazenda (ver Rogers, 1959, 1967a, para informações autobiográficas). Subseqüentemente, Rogers freqüentou a Universidade do Wisconsin e o Seminário Teológico da União, antes de concluir a sua educação no *Teachers College* (o correspondente a uma Faculdade de Educação) da Universidade de Colúmbia, onde se doutorou e sentiu a influência filosófica de John Dewey. Colúmbia também propiciou a Rogers o seu primeiro contato com a psicologia clínica; adquiriu maior familiaridade com esse campo durante o seu estágio no Instituto de Orientação Infantil, de tendências psicanalíticas. Enquanto aí permaneceu, Rogers deu-se conta de um conflito definido entre a teoria psicanalítica e a influência estatística thorndikiana que tinha prevalecido em Colúmbia.

Rogers serviu como diretor da Clínica de Orientação de Rochester, encontrando um forte estímulo no eclético *staff* dessa instituição. A constante busca, por parte desse grupo, de um tratamento eficaz foi um problema a que Rogers se dedicou em *The Clinical Treatment of the Problem Child* (1939). Depois, transferiu-se para a psicologia acadêmica, lecionando na Universidade Estadual de Ohio, na Universidade de Chicago e na Universidade do Wisconsin; mas permaneceu ativo em suas atividades clínicas. Recebeu em 1956 o prêmio e diploma por Contribuição Científica Notável da APA. No Wisconsin, Rogers foi ficando cada vez mais desiludido com o que considerava serem regras insuportavelmente absurdas e frustradoras, impostas em nome de elevados padrões pelo departamento de psicologia. Em 1963, demitiu-se do departamento; em janeiro de 1964, ingressou no *staff* do *Western Behavioral Sciences Institute,* em San Diego (Califórnia), como investigador-residente; em 1968, tornou-se investigador-residente do *Center for Studies of the Person,* na mesma cidade.

O principal estímulo para a teoria da personalidade de Rogers proveio do seu trabalho clínico-terapêutico, embora fosse influenciado fortemente pelo psicanalista Otto Rank. Rogers formulou, pela primeira vez, as suas concepções sobre a personalidade em *Counseling and Psychotherapy: Newer Concepts in Practice* (1942). A esse livro seguiu-se a sua principal obra teórica, *Client-centered Therapy* (1951). Explicou mais detalhadamente a sua posição no capítulo que escreveu para *Psychology: A Study of a Science* (1959), um volume organizado por Koch. Um grande número de seus estudos mais importantes foi organizado e editado sob o título de *On Becoming a Person* (1961); e o seu mais extenso esforço de pesquisa foi publicado ulteriormente (1967b).

O conceito central da teoria de Rogers é o eu. A terapia desenvolvida por Rogers é coerente com a sua convicção de que o paciente tem uma estrutura do eu que ele próprio deve mudar para que ocorra uma melhora. Rogers acredita que as suas observações exigem esse tipo de terapia e um conceito de eu semelhante ao que ele formulou.

Para Rogers, o eu é uma estrutura composta de experiências que o indivíduo é capaz de atribuir ao seu próprio corpo ou aos resultados do seu próprio comportamento; o eu, assim, é uma auto-imagem ou uma conscientização do eu. As experiências chegam-nos valorativamente etiquetadas; isto é, alguns aspectos da auto-imagem são positivos, enquanto que outros são negativos. O eu regula o comportamento, pois o comportamento que não é coerente com a auto-imagem ou não ocorre ou não se ajusta nessa representação.

Embora Rogers estivesse, por vezes, sujeito a influências psicanalíticas, a sua tendência é para rejeitar a ênfase analítica sobre os processos inconscientes. Reconheceu a possibilidade de que ocorram comportamentos incongruentes com o eu, em resultado de influências inconscientes; mas, apesar de tudo, acredita que a compreensão de um indivíduo pode ocorrer mais facilmente se o terapeuta puder penetrar no campo fenomenal que se apresenta ao paciente. Para Rogers, a consciência do indivíduo contém a maior parte do que é necessário para compreender a sua personalidade.

Rogers não supôs que a auto-imagem fosse uma coisa estática; embora a sua estrutura tenha uma certa estabilidade, ela pode, por vezes, assimilar novas experiências, de tal modo que a estrutura se modifica e o tipo particular de experiência é, subseqüentemente, experimentado com mais facilidade. O eu ameaçado é rígido e intolerante mas o eu seguro é fluido e tolerante. Este simples enunciado é a base conceptual da terapia não-diretiva de Rogers.

A terapia não-diretiva estabelece uma situação em que o paciente pode aceitar experiências na estrutura do eu, porque o eu não é ameaçado em momento algum e as informações sobre experiências nunca são rejeitadas ou menosprezadas pelo terapeuta. Os estudos mostraram que, em circunstâncias terapêuticas, as concepções dos pacientes sobre si próprios e sobre os seus eus ideais chegam à uma concordância muito mais completa (Butler e Haigh, 1954; Rudikoff, 1954, págs. 85-98). Quer a mudança ocorra na auto-imagem, como tal, ou no eu ideal, as mudanças observadas na terapia devem ser úteis. As experiências do indivíduo serão assimiladas mais facilmente na medida em que o eu real for aceito como uma estrutura satisfatória, em relação ao ideal. O eu sentir-se-á menos ameaçado e mais sujeito ao ajustamento requerido pelas experiências vitais.

Rogers, como Goldstein, acredita que o organismo tem uma única meta. Luta por realizar-se, superar-se e manter-se. As linhas possíveis de realização são estabelecidas pela hereditariedade e o organismo tem, como parte de seu equipamento inato, uma premente necessidade de criação. Contudo, os seres humanos não podem realizar-se eficazmente se não forem capazes de simbolizar suas experiências e de escolher os caminhos que levam à sua própria superação.

É a incapacidade de simbolizar toda a experiência que torna importante a distinção formulada por Rogers entre o mundo objetivo e o mundo tal como é percebido pelo indivíduo. O indivíduo responde mais ao seu mundo percebido do que, de um modo direto, ao mundo objetivo; assim, é essencial ao seu ajustamento que os dois mundos sejam tão semelhantes quanto possível.

Carl Rogers é um clínico de clínicos. Passou grande parte de sua vida profissional em seu papel de terapeuta e a sua teoria dificilmente poderia deixar de ter estreitas relações com a sua terapia. Não esperemos que a sua teoria seja simples, estática, dogmática ou completa. É o oposto de tudo isso. A sua teoria é e será indutiva.

Um aspecto surpreendente e amiúde criticado da teoria de Rogers é a sua forte insistência nos processos conscientes; poder-se-ia esperar que adotasse diretrizes mais behavioristas ou psicanalíticas, uma vez que estudou em Colúmbia, onde os pontos de vista de Thorndike desfrutavam de forte predomínio, e com Otto Rank. Embora Thorndike não fosse um behaviorista, quem estivesse familiarizado com seus escritos sabia que ele acreditava na automaticidade inconsciente do funcionamento da lei do efeito. Não obstante, Rogers preferiu uma atitude semelhante à de Snygg e Combs (1949) e sustentou que o mundo experimentado, tal como é acessível à consciência do indivíduo, desempenha um papel preponderante na determinação do seu comportamento. Assim, Rogers está com Allport e outros na tarefa de refrear a maré psicanalítica, que hoje parece correr com menos força para as profundezas do inconsciente. Que os pontos de vista pessoais de Rogers sobre o *status* atual da psicologia não diferem muito dos nossos é evidenciado em uma de suas declarações, ao descrever uma estada no Centro de Estudos Avançados de Ciências do Comportamento, na Universidade de Stanford (1967a, pág. 372):

> Uma outra influência importante foi o meu contato com Erik Erikson, uma esplêndida pessoa cuja aparência, por si só, já é terapêutica, e com muitos outros psicanalistas, tanto estrangeiros como americanos. Deles aprendi aquilo de que já suspeitava fortemente — que a psicanálise como escola de pensamento está morta — mas que, por lealdade e outros motivos, só os analistas mais corajosos se atrevem a mencionar esse fato, à medida que continuam desenvolvendo teorias e métodos de trabalho muito remotos das concepções freudianas — quando não são inteiramente opostos.

Rogers difere dos psicanalistas não só quando atribui um papel muito pequeno aos processos do inconsciente mas também em que o eu rogeriano é uma entidade menos diferençada do que o aparelho mental dos psicanalistas. De fato, Rogers interessou-se mais pela *mudança* de personalidade do que pela personalidade. Em nossa opinião, ele contribuiu muito mais para a teoria terapêutica do que para a teoria da personalidade. Mesmo quando discute a personalidade, a sua atenção concentra-se no *desenvolvimento, colapso* ou *funcionamento* da personalidade (ver Rogers, 1959, págs. 221-235), não na sua *estrutura.*

É interessante comparar Rogers com Skinner, tal como o comparamos com Freud. Rogers e Skinner são usualmente considerados em pólos opostos. Os psicólogos americanos parecem ser da opinião de que colocar Rogers e Skinner num mesmo simpósio é um esporte mais excitante do que caçar ursos e quem conseguir organizar o jogo pode estar certo de uma platéia gigantesca e de muita animação (ver Rogers, 1956; Wann, 1964). Entretanto, o contraste tem sido exagerado, em alguns aspectos. Foi o próprio Skinner quem disse (citado em Evans, 1968, págs. 67-68):

> Tudo se resume a uma questão de método. É esse o ponto crucial da minha controvérsia com Carl Rogers; eu gostaria que as pessoas fossem, aproximadamente, como Rogers quer que elas sejam. Eu quero pessoas independentes e com isso significo pessoas que não precisem que se lhes diga quando devem agir ou que não façam coisas apenas porque lhes foi dito que essas são as coisas certas a fazer... Concordamos em nossos objetivos; ambos queremos que as pessoas sejam livres do controle exercido por outras sobre elas — livres da educação que têm tido, para que possam lucrar com ela mas não lhe fiquem escravizadas etc.

Skinner e Rogers, apesar de muitas discordâncias de método, provavelmente têm algumas atitudes comuns até a esse respeito. Nem um nem outro está interessado em descobrir os detalhes do aparelho mental inconsciente. Nem um nem outro está grandemente preocupado em desvendar as origens no passado dos sintomas do paciente. Ambos prestam atenção às verbalizações correntes, embora a atitude para com as verbalizações seja diferente. Inclusive, algumas prescrições de Rogers podem ser traduzidas em linguagem operante e a tradução aprovada por Skinner. Por exemplo, Rogers, ao delinear as condições necessárias para a terapia, diz que um requisito é "que duas pessoas estejam em *contato*". Skinner poderia concordar em que somente no caso do paciente se comportar na presença do terapeuta este tem possibilidades de mudar, efetivamente, o comportamento daquele. Rogers: "O terapeuta está *experimentando um sentimento positivo e incondicional de respeito* pelo paciente." A tradução skinneriana: "Um organismo que está manifestando um deficit de comportamento pode ser encorajado a comportar-se se um reforço livre se seguir a todo e qualquer comportamento identificável que for emitido." Finalmente, Skinner e Rogers são otimistas sobre as possibilidades de melhorar a sorte da humanidade.

Não desejamos sofismar as divisões existentes entre Rogers e Skinner (e, por conseguinte, estragar o esporte favorito dos espectadores na arena da psicologia) nem temos ilusões sobre a possibilidade de que, subitamente, Skinner e Rogers experimentem sentimentos positivos e incondicionais de respeito profissional um pelo outro. Contudo, vale a pena assinalar que eles têm alguns pontos fundamentais de concordância — como a relutância em abordar as complexas estruturas internas — assim como algumas discordâncias básicas sobre outros aspectos de filosofia e método.

O fato de Rogers ter dado as costas à postulação de complexas estruturas internas tornou suas idéias mais vulneráveis ao ataque empírico do que as idéias de alguns outros teóricos da personalidade. C. S. Hall e Lindzey (1970, pág. 538) relatam uma descoberta bastante divertida do extenso estudo de Rogers (1967b) da terapia com esquizofrênicos. Numerosas escalas de classificação estavam sendo aplicadas à interação terapêutica e a sua idoneidade estava sendo avaliada. Uma dessas escalas era para medir "o sentimento positivo e incondicional de respeito", um dos construtos básicos de Rogers (ver, por exemplo, 1959): "Pondo tudo isto em termos mais simples, sentir um respeito positivo e incondicional para com outrem é 'estimá-lo' (para usar o termo de Dewey, recentemente empregado nesse sentido por Butler)" (pág. 208).

Infelizmente, havia uma correlação *negativa* entre a avaliação pelo terapeuta da interação terapêutica e as avaliações pelos pacientes ou por investigadores independentes. Isto foi deveras embaraçoso em suas implicações sobre a capacidade do terapeuta para julgar se uma relação terapêutica merece ser poupada — mas é ainda mais embaraçoso se a descoberta for atribuída a defesas inconscientes por parte do terapeuta!

É para crédito de Rogers e de sua teoria que possam ser embaraçados. Poucas teorias da personalidade são suficientemente explícitas para serem testadas sem percalços e os expoentes daquelas que são explícitas raramente as testam. Rogers tentou.

Recentemente, Rogers desviou suas atenções para as intensivas experiências de grupo com indivíduos normais, assim começando a explorar mais um outro campo. Está usando a mesma abordagem existencial e fenomenológica que vinha utilizando antes desses rótulos ingressarem na psicologia americana. O seu interesse por grupos, tal como a sua obra anterior, ajusta-se perfeitamente à "terceira força" — a alternativa humanista para o behaviorismo e a psicanálise — que surgiu na psicologia. Rogers é *um* líder ou *o* líder desse movimento. Quase no final da sua autobiografia (1967a), Rogers diz: "Eu quero ter *impacto.* Não sou uma pessoa ambiciosa, no sentido vulgar... Mas é importante para mim exercer influência. Quero que o que faço *conte,* que tenha conseqüências algures" (pág. 380). Rogers teve o seu desejo satisfeito. Ele conta. Até que alturas a história o levará depende agora do destino que estiver reservado à nossa terceira força. É possível que, de fato, suba a grandes alturas.

A Síntese da Personalidade, de Murphy

Gardner Murphy (1895-) acarretou para a psicologia uma vasta gama de interesses e fez contribuições profissionais em cada uma de suas áreas de interesse aparentemente divergentes. Educado em Yale, Harvard e Colúmbia, Murphy dedicou-se inicialmente à psicologia acadêmica. Enquanto lecionava em Colúmbia, colaborou com Likert na publicação de *Public Opinion and the Individual* (1938) sobre o tema de medição de atitudes e comportamento eleitoral nas urnas. Murphy tornou-se depois diretor de departamento no *City College* de Nova Iorque. Durante quinze anos, de 1952 a 1967, foi diretor de pesquisa da Fundação Menninger. Em 1967, foi para a Universidade George Washington como professor-visitante e ainda permanece aí.

Interessado há muito em parapsicologia, Murphy exerceu o cargo de presidente da *Society for Psychical Research,* de Londres, e tem sido um veemente e obstinado expoente da necessidade de expansão das pesquisas parapsicológicas.

Na área da paz mundial e das relações internacionais, Murphy estudou as tensões sociais na Índia como consultor da UNESCO e publicou *Human Nature and Enduring Peace* (1945). Também é o autor de dois compêndios de introdução à Psicologia (1933, 1951) e escreveu sobre a história da Psicologia (1949), psicologia social (Murphy e Murphy, 1931), percepção (Solley e Murphy, 1960) e o efeito das opções científicas de hoje sobre o mundo de amanhã (1958). Murphy deu a sua principal contribuição para a teoria da personalidade em *Personality: A Biosocial Approach to Origins and Structure* (1947). Murphy manteve-se muito produtivo mas os seus interesses mais recentes têm incidido sobre temas históricos e parapsicológicos, mais do que sobre o estudo da personalidade.

Pareceria que a teoria da personalidade de Murphy pode ser tratada sob qualquer epígrafe. Murphy inclui conceitos de todos os predecessores importantes em sua teoria. A sua erudição é altamente apreciada e reconhecida. Ele exemplifica o fato de que, na teoria da personalidade, o eclético tem de lidar com a psicologia como um todo. Tem sido nossa opinião firme que a forma final da teoria da personalidade será, simplesmente, uma síntese de toda a psicologia; Murphy aproximou-se mais desse objetivo de uma síntese seletiva do que qualquer outro teórico da personalidade. Ele também introduziu numerosos conceitos básicos que têm exercido grande influência.

Depreciar Murphy é, pois, o mesmo que depreciar uma grande parte da psicologia da personalidade e comete com Murphy uma injustiça ainda maior do que com a maioria dos outros teóricos da personalidade. Murphy deu à sua abordagem o nome de *biossocial* e pode se dizer que nela tudo é enfatizado: o organismo biológico, a personalidade individual, a sociedade, o meio físico, a natureza de campo dos acontecimentos em que as permutas entre o organismo e o meio têm lugar, as fases do desenvolvimento da personalidade — tudo isto foi tratado por Murphy.

Murphy manifesta mais seletividade crítica do que originalidade. A sua força reside na síntese. Contudo, existem alguns aspectos impressionantes na teoria de Murphy; por exemplo, a sua definição de eu é insuperável em brevidade e simplicidade: "O indivíduo tal como é conhecido pelo indivíduo" (1947). Esta definição destaca-se como uma ilha num mar túrgido.

Um dos mais conhecidos conceitos de Murphy é o de *canalização*. Há uma certa semelhança entre a canalização e a autonomia funcional de Allport. O termo de Murphy refere-se à tendência que os indivíduos podem desenvolver para satisfazer os seus impulsos de formas muito particulares; por exemplo, o impulso de fome poderá ser sempre satisfeito comendo comida alemã, ou um tipo particular de comida alemã, quando qualquer espécie de alimento poderia igualmente satisfazer a necessidade biológica. A canalização de Murphy não requer que a atividade seja empreendida *per se* mas é como se algo parecido à autonomia funcional de Allport inclinasse a balança motivacional a favor do modo preferido de redução da necessidade.

A pesquisa de Murphy salta por sobre as várias fronteiras da psicologia. É freqüentemente usada por ele para demonstrar a unidade do indivíduo, cujo funcionamento só pode ser entendido desde que se observem os seus processos parciais, tal como estão encaixados no todo. Um dos mais conhecidos estudos de Murphy (Levine, Chein e Murphy, 1942) tem sido amplamente citado como demonstração de que a tendência de sujeitos famintos para indicarem a presença de mais objetos alimentares em figuras ambíguas é uma função da privação de alimento. Isto, segundo Murphy, demonstra a tese geral de que nenhum aspecto do comportamento (como, por exemplo, a percepção) pode ser considerado à parte de outros aspectos (como as necessidades). Postman e Murphy (1943) demonstraram, igualmente, que o grau em que os pares a serem associados na memória se ajustam ao quadro de referência de atitudes do sujeito tem um importante efeito na capacidade de aprender e recordar os pares associados. Posteriormente, Murphy empenhou-se, quando estava na Fundação Menninger, num amplo programa de estudos de aprendizagem perceptual (Murphy, Santos e Solley, 1968; Santos e Murphy, 1960).

Existem numerosos perigos e armadilhas na tentativa de querer ser todas as coisas para toda a gente, como Murphy, num certo sentido, quis ser. No seu caso, também há muitos benefícios. A sua teoria, mais do que qualquer outra, tenta lidar com todos os fatos, em toda a sua obstinação, preferindo tratar e relacionar todas as características da teoria da personalidade, a ignorar fatores que talvez não se ajustassem a alguma teoria preconcebida. Em 1957, C. S. Hall e Lindzey (pág. 548) atribuíram a Murphy e Sullivan, os únicos entre dezessete teóricos da personalidade citados, o mérito de terem dedicado o grau médio ou elevado de atenção a cada uma das dezoito dimensões da personalidade consideradas (o que ilustra os riscos do ecletismo). O ecletismo erudito tende a ser pouco ou nada excitante. Os iconoclastas, como muitos teóricos da personalidade foram, são umas criaturas excitantes mas, para um erudito — e Murphy era-o — a iconoclastia é uma coisa muito difícil.

Pensamos que os ecléticos honestos merecem melhor sorte, especialmente quando eles combinam suficiente iconoclasma para realizar um sério estudo a longo prazo da percepção extra-sensorial. Se as capacidades extra-sensoriais algum dia vierem a ser características a tomar em consideração nas descrições da personalidade, como Murphy acredita que poderá acontecer, então Murphy será o homem do momento.

Entrementes, poderemos recordar o próprio e cauteloso credo de Murphy (1947, pág. 927):

> Apesar de todas essas lições do passado, escrevemos e pensamos hoje como se conhecêssemos, em toda a sua plenitude, o conceito e a estatura do homem. Mas, tal como os nossos predecessores, não corrigiremos erros mediante alguns reajustes secundários das linhas de argumentação e pensamento mas, sobretudo, pelo reconhecimento das limitações fundamentais do atual sistema de concepções, em seu todo. A pesquisa séria deveria ser orientada no sentido de nos preparar para essa destruição e renascimento do conhecimento.

RESUMO E CONCLUSÕES

O presente capítulo tentou oferecer uma vasta panorâmica das principais abordagens teóricas da personalidade. Classificamos essas teorias em cinco categorias principais: *E-R* (Dollard e Miller); *traço e fator* (Allport, Eysenck e Cattell); *organísmica* (Goldstein, Sheldon); *neo-analítica* (Horney, Fromm, Murray, Sullivan); e *eu* (Rogers, Murphy). As características salientes de cada um desses tipos de teoria foram devidamente examinadas.

É necessário fazer alguns comentários finais sobre o *status* contemporâneo e as perspectivas futuras do tipo de teoria geralmente denominado "personalidade". Assim fazendo, distinguiremos entre dois grupos de teoria da personalidade; as teorias E-R e fatoriais serão consideradas no primeiro grupo e todos os outros tipos de teoria no segundo.

Já indicamos a nossa convicção de que a psicanálise deixou de ser uma teoria viável da personalidade. Quanto às teorias organísmicas e do eu, parece que os seus teorizadores têm o ponto de vista certo. Neste caso, o comentário seguinte será: "E daí?" Um ponto de vista não é uma teoria e não temos conhecimento de qualquer teoria organísmica ou do eu que possua, realmente, uma estrutura bastante para qualificar-se como uma teoria autêntica. As teorias de traço estão muito certas mas, se não forem também teorias fatoriais, carecem, a nosso ver, de uma base empírica suficientemente sólida para se qualificarem como teorias. A nossa conjetura é que, dentro de mais vinte anos, o interesse por todas as teorias precedentes será mínimo em psicologia como disciplina científica. A psicologia humanista, que se empenha em sublinhar os valores humanos no estudo do comportamento, ainda não é hoje uma ciência acabada. Essas teorias poderão ter um lugar — até, quem sabe, um lugar mais importante do que ocupam hoje — na psicologia humanista.

Também indicamos que as teorias E-R não são, realmente, teorias da personalidade. Os tipos E-R de teoria continuarão se desenvolvendo, é claro. Talvez, com os psicólogos E-R trabalhando cada vez mais na esfera dos problemas clínicos, alguém dessa persuasão acabe por elaborar uma teoria da personalidade. Contudo, talvez seja mais provável que algum teórico da personalidade do futuro incorpore, simplesmente, os conceitos E-R numa teoria da personalidade independentemente desenvolvida. É quase certo que a tecnologia E-R será cada vez mais utilizada na terapia.

Dito isto, restam-nos as teorias fatoriais. A teoria fatorial de Cattell é a melhor elaborada de todas elas e assenta na maior quantidade de dados empíricos. É suficientemente abrangente para se qualificar como uma teoria da personalidade. Leva em conta variáveis constitucionais e ambientais. É uma teoria flexível. A sua forma atual está longe de ser a última palavra e a teoria talvez não tenha ainda contribuições bastantes da situação clínica e da terapia. Não obstante, se alguma das "teorias grandiosas" estiver fadada a sobreviver, pode muito bem ser a de Cattell. Foi uma sorte que ele tivesse baseado o seu trabalho na metodologia da análise fatorial; isso parece proporcionar uma abordagem sistemática e uma disciplina que são especialmente necessárias na atmosfera um tanto desordenada do campo e da clínica.

Entrementes, como assinalamos no início deste capítulo, continua se desenvolvendo uma grande atividade de pesquisa sobre problemas específicos. Pode ser que uma teoria inteiramente nova — ou mesmo um novo tipo de teoria — se destaque da poeira desse empirismo todo. Estamos confiantes em que as futuras teorias da personalidade incorporarão de um modo mais completo o trabalho do laboratório e o trabalho da clínica. Uma tal aproximação marcará o verdadeiro amadurecimento de uma teoria científica da personalidade.

Leituras Recomendadas

A segunda edição (1970) de *Theories of Personality,* de Hall e Lindzey, está provavelmente destinada a permanecer como a fonte de introdução clássica nesta área. Oferece uma boa panorâmica geral, equilibrada e crítica, e este capítulo baseou-se, em considerável medida, no tratamento que aqueles autores deram às teorias da personalidade. Em *Interpreting Personality Theories,* Bischof (1970) parece, por vezes, estar amedrontado com a amplitude da sua tarefa (como certamente estava) mas o seu livro constitui um bom suplemento ao de Hall e Lindzey, pois trata de alguns importantes teóricos (por exemplo, Murphy e George Kelly) que eles não abordaram e apresenta excelentes listas de referências. Recomendamos os dois excelentes capítulos de revisão crítica já mencionados (Adelson, 1969; Dahlstrom, 1970) para um quadro de tendências muito recentes e como fontes de novas referências para os compêndios e manuais editados nestes últimos tempos. Quanto aos autores individuais tratados neste capítulo, o leitor poderá consultar diretamente as referências dadas.

13. INFLUÊNCIAS DA ENGENHARIA E DA MATEMÁTICA NA PSICOLOGIA

A psicologia experimentou muitas revoluções. A revolução numa dada ciência se torna mais difícil à medida que o corpo de conhecimentos consolidados amplia-se, sendo que a psicologia está registrando suficiente confiança em sua própria validade interna a fim de que possa reagir mais friamente em relação aos novos progressos verificados em outros campos do conhecimento. Apesar disso, a psicologia sofreu, ao longo desses últimos vinte e cinco anos, uma transformação no seu ponto de vista, devido à explosão técnica operada no campo da ciência da engenharia. Retrospectivamente, registramos a gênese dessa transformação no campo da matemática, com o primeiro progresso de monta registrável há cerca de cem anos passados.

Nos últimos anos, a engenharia tem-se preocupado crescentemente com a manipulação das informações. No passado mais distante, os engenheiros mostravam-se mais interessados na produção de maquinaria cujo rendimento principal ligava-se ao trabalho, ao calor ou aos materiais. Presentemente, os engenheiros voltaram sua atenção para os equipamentos que elaboram atividades próprias ao homem, equipamentos para o processamento de dados. Tais instrumentos não são inteiramente novos, tendo-se desenvolvido ao longo de séculos, desde o ábaco até à máquina de somar, mas as perspectivas dos êxitos alcançados mostra-se agora de uma feição diferente de amplitude. Precisamos reconhecer que os nossos dias assinalam a época da automação, enquanto que as épocas passadas assim não podiam caracterizar-se. Os nomes dos computadores transformam-se em palavras corriqueiras, mas tão logo ganham esta dimensão o computador Eniac já está ultrapassado pelo seu congênere Illiac e este, por sua vez, pelo Univac. E, à medida que o homem se torna familiarizado com o computador, sua atitude para com ele se modifica. Primeiramente, talvez, tratava-se de um feito técnico, de uma curiosidade, de um objeto de deleite e de deslumbramento; em seguida, dado que seu potencial passava a ser mais amplamente apreciado, tornou-se fonte de otimismo extremo — ou de extremo pessimismo — a máquina iria subjugar o homem. Agora, que os computadores têm estado em funcionamento por toda parte já há vinte e cinco anos, ou coisa parecida, a imaginação popular parece haver-se atenuado, e a maioria das pessoas provavelmente toma-os como uma tênue ameaça ou como uma expressão de utilidade menor.

Que tem isto a ver com a psicologia? Talvez as implicações da automação, para a psicologia, possam ser sumariadas dizendo-se que a substituição da função humana encoraja o estudo da função humana. Se quisermos ter um computador que reconheça a fala humana, temos de começar, conseqüentemente, por saber de que maneira os indivíduos humanos reconhecem a fala. Se um mecanismo se propõe a detectar sinais, pode muito bem dar-se o fato de que macaqueie o ser humano no ato de detectar estes sinais. Ao decidirmos se um determinado mecanismo é necessário ou útil, comparamos seu custo e desempenho com o custo e desempenho humanos. Uma brincadeira corrente nos círculos que tratam de computadores é esta — que o ser humano ainda é o único computador de finalidades gerais, com um peso de cerca de 80 quilos e que tem uma produção em massa sem ônus. A psicologia comparada, do homem e do mecanismo instrumental, está-se desenvolvendo através da demarcação disciplinar que divide a psicologia e engenharia, muito à feição da psicologia comparada do homem e do animal, originada de biologia e da psicologia há cerca de um século atrás.

Esta nova psicologia comparada acha-se relacionada ao uso dos modelos matemáticos, mas é algo mais do que isto. Há uma distância muito grande do espaço hodológico de Lewin (veja-se o Capítulo 11) ao programa de computador que reconhece os números dígitos à medida que são enunciados diante de um mecanismo sensível. A consideração realmente séria e prática acerca de como uma função humana pode ser realizada mecânicamente empresta interesse, urgência e precisão à tarefa de descrever-se o processo. O engenheiro que deseja automatizar uma função força o psicólogo a reconhecer que realmente não conhece como uma função se desenvolve. A comprovação efetiva da teoria transposta para os mecanismos fornece um conhecimento imediato dos resultados que desencoraja o pensamento indistinto.

A ênfase posta nos insrumentos não deve conduzir alguém à conclusão de que são os instrumentos *per se* que são importantes para a psicologia. Antes, as coisas importantes são a agudeza conceitual que tem a possibilidade de socorrer o progresso dos instrumentos e a sua aplicação às funções humanas, e, ainda, o ímpeto que o progresso comunica à psicologia. Este ímpeto origina-se em parte nos engenheiros, cuja intenção primordial é antes de ordem prática do que científica; e, em parte, dos psicólogos que vêem no computador e no seu programa um instrumento sem paralelo para a elaboração da teoria.

O PAPEL DO COMPUTADOR

Há dois tipos de computadores: o analógico e o digital. O computador analógico é projetado para aceitar variáveis contínuas como elementos de entrada e oferecer resultados que são, também, funções contínuas. O ser humano pode comportar-se como um computador analógico, sob diversos aspectos; até mesmo as células nervosas individuais podem mostrar variações contínuas numa certa gama de valores, em lugar de comportarem-se estritamente de uma maneira tudo-ou-nada. Todavia, tem havido relativamente pouco interesse geral em relação aos computadores analógicos, e a nossa atenção, daqui por diante, concentrar-se-á nos computadores digitais.

O computador digital assim se chama porque suas entradas e resultados só podem lidar com valores digitais, com a exclusão de valores fracionários entre números. Podemos, por conseguinte, especificar exatamente a amplitude dos números que podem ser representados num registro de um computador digital particular. Um registro representativo pode armazenar dez dígitos decimais. A esmagadora maioria dos computadores digitais é eletrônica. O computador digital eletrônico pode ser rapidamente adaptado a problemas novos sem alterações físicas de maior calibre; os programas, ou seqüências de instruções, a serem cumpridos, são mudados. A presença de um programa de operação distingue os computadores dos calculadores. O operador humano "instrui" uma simples máquina de calcular, uma instrução de cada vez, tocando as teclas. O operador instrui o computador, várias instruções de cada vez, registrando uma seqüência de operações por escrito, que o computador deve levar a efeito. Assim, uma vez posto em movimento o computador, passa ele através de toda a tarefa programada, sem intervenção externa. É esta independência em relação ao operador humano que permite ao computador ser tão rápido, — por exemplo, somar 200 000 números por segundo. Quaisquer cifras que se tomem como a velocidade adquirida pelo computador se tornam demasiadamente conservadoras; os engenheiros já estão falando em termos de operações básicas de computador que ocorrem em bilionésimos de segundo. Não é de admirar que máquinas que realizam milagres de computação desse tipo tomem conta da imaginação.

Não é a sua velocidade, no entanto, que faz com que os computadores sejam de importância singular para a psicologia. As suas velocidades fazem deles maravilhosos maquinismos que poupam o nosso tempo, e ajudam o psicólogo, assim como ajudam qualquer outro cientista. Os problemas de redução de dados que tomariam anos sem a intervenção de um computador podem exigir alguns minutos com a sua ajuda, embora a elaboração de um programa possa, no momento, necessitar de alguns anos. Problemas que não podiam, em épocas anteriores, ser atacados podem, no presente, ser estudados. Todavia, este fato, em si mesmo, não poderia ter outra significação teórica diversa da que teria a invenção de uma máquina de lavar gaiolas que facilitasse pesquisas maiores sobre os animais. O fato de que o homem criou o computador à sua imagem faz com que o computador seja singularmente fascinante para o psicólogo. Um computador é semelhante ao homem, é claro, num sentido funcional antes que num sentido estrutural. Não nos importamos se o computador opera de uma forma que fisicamente macaqueie o homem, uma vez que suas respostas sejam "corretas", ou seja, as mesmas respostas que um homem daria às mesmas perguntas propostas. Isto exige que o computador seja idêntico ao homem, em determinado sentido lógico.

N. Wiener (1948) e Von Neumann (1958) assinalaram uma similaridade lógica entre o homem e o computador, até mesmo quanto aos elementos básicos de seus sistemas de informação-processamento. Quer dizer, a concepção clássica do neurônio humano via-o respondendo completamente ou não oferecendo resposta alguma (a lei do "tudo-ou-nada"), exatamente como o elemento do computador se encontra num estado ou num outro (geralmente chamado "on" versus "off" ou "0" versus "1"). Fisicamente, os elementos do computador são maiores, mais rápidos, em menor número e mais simples — atualmente. La Brecque (1970) informa: "Hoje em dia, a microminiaturização ultrapassou a miniaturização, e 100 000 circuitos integrados podem ser facilmente colocados numa única cápsula de silicone, do tamanho de uma moeda de meio dólar... outras pesquisas visam a desenvolver mecanismos até mesmo mais integradamente condensados, alguns quase tão compactos quanto o sistema bioelétrico do cérebro humano" (p. 8). Devemos chamar a atenção, porém, para o fato de que qualquer semelhança física entre os elementos do computador e os neurônios humanos não está relacionada com uma semelhança lógica, que é a nossa preocupação fundamental aqui.

Há mais de um século atrás, George Boole (1854) desenvolveu uma álgebra que veio a mostrar-se muito útil nos projetos de computadores. Trata-se de uma lógica de dois valores, baseada na idéia de que os elementos estão dentro ou fora de um conjunto. Esta lógica de computador foi desenvolvida por Boole como expressão das leis do pensamento *humano;* não tinha ele intenção alguma de escrever uma lógica que fosse aplicável ao pensamento *mecanizado.* Ironicamente, os símbolos para *ou, e, não,* etc., na álgebra de Boole encontraram os seus análogos diretos no "ORgate", "ANDgate", etc., no computador digital.

Os computadores digitais utilizam-se de um sistema numérico de dois valores, compatível com a álgebra de Boole e com o caráter a dois valores dos elementos do computador. Este sistema, chamado sistema de número binário (a dois valores) é digno de examinar-se, por causa da sua utilização quase universal nos computadores digitais e porque a compreensão dos números binários é necessária à compreensão das medidas de informação. Os equivalentes binários dos números decimais são $0 = 0$, $1 = 1$, $10 = 2$, $11 = 3$, $100 = 4$, $101 = 5$, $110 = 6$, $111 = 7$, $1000 = 8$, e $1001 = 9$. Fica claro que apenas uma de duas coisas pode ocorrer numa coluna binária particular, 0 ou 1. No sistema numérico decimal, dez alternativas podem ocorrer numa única coluna. Os números para cada uma das 10 vezes 10 eventos podem ser escritos em duas colunas decimais, 10 vezes 10 vezes 10 (10^3) eventos em três colunas, etc. Correspondentemente, dois eventos podem ser simbolizados numa coluna binária, 2^2 em duas, 2^3 em três, 2^4 em quatro, etc. Por exemplo, os números para 1 024 eventos claramente precisam de quatro colunas decimais (poderíamos subir a 9 999 no mesmo espaço); escrevendo-se o equivalente binário de 1 024 números decimais, precisaríamos de dez colunas. Os números binários usam muito mais espaço no papel, mas podem ser representados fisicamente com elementos mais simples, mais corretos e mais baratos. Pelo menos, uma parte da operação lógica da mente animal parece ter sido projetada com as mesmas qualidades de fidedignidade e de baixo custo em vista!

A adição binária é fácil de especificar-se: $0 + 0 = 0$, $0 + 1 = 1$, $1 + 0 = 1$ e $1 + 1 = 10$. Por exemplo:

$$
\begin{array}{r}
11110110 = 246 \\
11101100 = 236 \\
\hline
111100010 = 482
\end{array}
\qquad
\begin{array}{r}
111 = 7 \\
1111 = 7 \\
\hline
110 = 14
\end{array}
$$

A tábua de multiplicação é igualmente simples: $0 \times 0 = 0$, $0 \times 1 = 0$, $1 \times 0 = 0$, $1 \times 1 = 1$. Por exemplo:

$$
\begin{array}{r}
11010 = 26 \\
1011 = 11 \\
\hline
11010\phantom{{}=286} \\
11010\phantom{0{}=286} \\
00000\phantom{00{}=286} \\
11010\phantom{000{}=286} \\
\hline
100011110 = 286
\end{array}
$$

O computador digital opera internamente com números binários e até mesmo as operações simples da adição binária e da multiplicação dependem de várias operações ao nível da álgebra booleneana; cada soma levada a efeito num adicionador é o resultado de um número de operações "E" e "OU". Por exemplo: o computador coloca um 0 na primeira coluna depois da soma se os dois componentes da soma forem ambos 0 *ou* se ambos forem 1; a segunda coluna tem um 1 se um componente na segunda coluna tiver 1 *e* ambos os componentes na primeira coluna tiver um 1 *ou* se um componente na segunda coluna tiver um 1 *e* ambos os componentes na primeira coluna tiver um 0. O estudante curioso pode ampliar a tradução de somas em linguagem lógica de "OUS" e de "ES" como exercício (se tiver tido um curso recente sobre álgebra de Boole bem feito).

O computador digital pode fazer coisas complexas porquanto acha-se capacitado a combinar literalmente milhões de operações elementares. Os "OUS" e "ES" lógicos combinam-se para tornar as operações aritméticas possíveis. Os números podem, desta maneira, ser combinados e o computador pode comparar estes números uns com os outros e realizar diferentes operações, dependendo dos resultados de tais comparações. Uma vez que rumos alternantes de ação podem ser incluídos, os computadores podem, por exemplo, disparar um revólver se as suas computações, baseadas em várias fontes de informação, indicarem que um determinado nível preestabelecido de ameaça foi excedido. O autor mais jovem lembra-se claramente de um de seus primeiros encontros com a aparente inteligência do computador. Estava ele fazendo entrar um novo programa, ao que se supunha, no computador, que já continha um programa chamado "compilador" *(compiler)*. Este programa "compilador" iria traduzir o novo programa da linguagem em que havia sido escrito para uma linguagem que o computador poderia usar mais tarde. Ao mesmo tempo que era colocado o novo programa, tinha de ser alimentada a data da carga do computador (período de funcionamento) mas aconteceu que a data fora deixada de fora. As luzes do computador piscaram durante uma fração de segundo e, então, o computador escreveu uma simples pergunta, aparentemente aborrecido: "Data?", na sua máquina de escrever automática. Alertado desta forma, o programador inseriu a data e novamente calcou o botão de partida. O computador, seguindo as diretrizes do seu primeiro programa, examinou o suposto novo programa que havia sido inserido e começou a revelar uma corrente de erros humanos, datilografando uma série de comentários indignados, tais como "Rotina indefinida proveniente da Célula 27624". Várias páginas adiante a máquina de escrever caiu num silêncio temperamental; pode-se imaginar o computador aguardando um programador mais inteligente a fim de lhe fornecer uma programação mais adequada a ser compilada.

Depois deste exercício de projeção (no computador "irado", "temperamental"), apressamo-nos a dizer que o computador não se achava programado para ficar irado ou temperamental, e, por conseguinte, não propomos seriamente que ele experimentasse tais emoções. Uma seqüência de operações de um computador é completamente fixada por uma série de operações preparadas por um programador humano de computadores. Devido a este fato, aqueles que defendem pontos de vista conservadores em relação ao computador e suas capacitações podem sustentar que os computadores não estão aptos a demonstrar um comportamento inteligente, uma vez que seguem servil e meramente as instruções que se lhes dão.

Não se deve aceitar o ponto de vista conservador sem maiores cautelas, dado "que aquilo que o computador é comandado a fazer" pode ser algo como "aprender a executar essa tarefa de um modo melhor". Por exemplo, Samuel (1963) elaborou um programa instruindo um computador a jogar damas e a jogá-las melhorando a sua capacidade para tal. Depois de uma determinada prática, o computador jogou com Robert W. Nealy, um dos jogadores mais fortes do país. Seu comentário, em parte, foi o seguinte (Wooldridge, 1968, p. 105):

> Até ao 31.º lance, tudo o que se passou no nosso jogo havia sido previamente publicado exceto quando eu evitei "o livro" por várias vezes, num vão esforço para pôr o computador fora do seu ritmo de tempo. Na diferença 31-27 e subseqüentemente, todo o jogo passa a ser original de ambos os lados, na medida em que pude verificar. É bastante interessante para mim registrar que o computador teve de fazer vários lances de sorte a fim de assegurar-se da vitória, e que tive várias oportunidades de empatar de uma outra forma. Foi por isto que eu fiz com que o jogo continuasse. A máquina, por conseguinte, jogou um final perfeito sem uma jogada em falso. Em matéria de final de partida, nunca experimentei uma competição como essa de qualquer ser humano desde 1954, quando perdi o meu último jogo.

Wooldridge acredita que um comportamento de computador, desta espécie, é uma prova adequada de inteligência. O leitor pode tirar as suas próprias conclusões, quanto à suficiência da comprovação. A prova poderia, sem dúvida, ser multiplicada com exemplos de comportamentos de outros tipos — jogo de xadrez, composição musical e coisas do gênero — mas estes outros exemplos exibem essencialmente os mesmos princípios.

Sugeriram alguns (p. ex., Newell, Shaw, e Simon, 1958; Newell e Simon, em 1961) que os programas de computador podem constituir uma teoria de comportamento *humano* inteligente. Todavia, há grande perigo em atirar-se à conclusão de que, pelo fato de um programa de computador operar numa forma particular, assim também opera o ser humano. O programa de computador parece-se mais com o modelo matemático tradicional, a este respeito; cada qual pode permitir que a predição correta seja feita, mas nenhum deles é capaz de descrever como o ser humano realiza o que realiza.

Sem o seu programa, o computador nada "sabe". O trabalhador humano a quem se dão instruções incompletas ou inadequadas pode conseguir safar-se de um modo ou de outro ou pode até chegar a valer-se de conhecimentos prévios ou de experiências pretéritas e sair-se perfeitamente bem. É bem provável que tanto o trabalhador como o instrutor não estejam aptos a dizer precisa e completamente de que maneira a tarefa foi executada. É devido a isto que a estupidez completa e imbecil de um computador pode, algumas vezes, representar uma vantagem. Se um computador é encarregado de realizar uma tarefa em função de um programa que seja, *de qualquer forma,* incompleto, ele simplesmente não pode seguir adiante. Imagine-se que um teórico da aprendizagem esteja programando um computador para produzir um "comportamento" que seria predizível através de sua teoria. Pode descobrir que uma parte de seu pensamento não está suficientemente explícita para escrevê-la no programa, embora até o momento a sua teoria lhe parecesse perfeitamente clara. Pode descobrir que, quando o programa entra em ação, os resultados não se conformam com as descobertas empíricas em vários casos incomuns que, anteriormente, não havia-se preocupado em examinar. Em resumo, a estupidez do computador não-programado exige completa previsão da parte de qualquer pessoa que deseje que o computador faça alguma coisa; nenhum fornecedor de tarefas humano terá a possibilidade de exigir uma tal explicitude de declaração. Não obstante o computador, uma vez programado, é tão veloz que pode dar-se o trabalho de examinar condições desfavoráveis e é tão rígido e tão perfeito que examina até mesmo aquelas condições que o ser humano poria de lado como "obviamente" irrelevantes para as finalidades em questão (mas que podem vir a ser não apenas relevantes mas também decisivas).

A simulação das funções humanas é capaz de levar o psicólogo ou o engenheiro a tomar uma série particular de medidas. Em qualquer caso particular, a série de medidas tem a possibilidade de ser desarticulada, não relacionada e sem direção. Pode ser reconhecido apenas mais tarde, ou talvez nunca, o fato de que qualquer simulação da função humana foi efetivada. Todavia, se o processo é autoconsciente, as medidas podem dar-se como se segue: Uma função tem necessidade de ser levada a efeito, — por exemplo, a detectação de um alvo num painel de radar. Tanto o homem quanto a máquina são tomados como substituíveis um pelo outro. O homem é observado enquanto realiza a tarefa. Seu comportamento é descrito matematicamente. Este comportamento é comparado com o comportamento de instrumentos existentes ou realizáveis que farão o mesmo trabalho. Um instrumento novo é, ou não, fabricado. Se o for, seu comportamento pode ser comparado com o comportamento humano.

Cada uma das várias etapas nesse processo é provável que seja bastante interessante e instrutiva para a ciência da psicologia. A descrição matemática, no entanto, é talvez capaz de ser a mais útil de todas. Seu raio de interesse pode vir a estender-se consideravelmente para além da situação em que se desenvolveu; mais tarde haveremos de ver duas excelentes ilustrações a respeito.

Uma gama crescente de funções humanas pode ser efetivada por instrumentos inanimados. As funções mais complexas são realizadas menos bem; já vimos que os computadores podem jogar damas (um jogo relativamente simples) com um nível extremamente alto de competência. O xadrez, que é mais complexo, é jogado menos bem; Simon (1970) afirma: "Nenhum programa pode ainda jogar um xadrez de mestre, ou mesmo um xadrez Classe A, mas o programa de Greenblatt, talvez o mais forte no seu campo atualmente, ganhou uma classificação Classe A da *American Chess Federation,* na base de sua participação em torneios (contra pessoas). Isto o coloca, estou seguro disto, muito acima da força média dos jogadores de xadrez que lêem *Science*" (pp. 630-631). Os computadores já mostraram ser uma promessa bastante definida tanto que Hilgard e Bower (1966) incluem um capítulo sobre os modelos informação-processamento em seu livro, *Theories of Learning.* Os autores descrevem a maior parte dos importantes tipos de programa que simulam o comportamento humano.

Até onde pode levar a simulação do computador? Há duas espécies de respostas que podem ser dadas a esta pergunta. A primeira delas, empírica, é esta "Espere para ver". Extrapolando-se dos primeiros vinte e cinco anos, pode-se imaginar que a tendência está-se desenvolvendo no bom caminho, não sendo exagerado conjeturar que possa vir a incluir o xadrez de alto nível, a boa tradução das línguas naturais, etc., mas que o progresso rumo a essas coisas não será muito rápido. A compreensão *científica* do ser humano ainda não foi tremendamente incrementada pelos computadores, mas a influência das "teorias de informação — processamento" tem sido, em nossa opinião, significativa e positiva.

A segunda espécie de resposta — à pergunta "Até que ponto é possível ir?" — deriva logicamente do raciocínio lógico e matemático. Há três descobertas lógicas fundamentais, que têm influência importante na extensão em que se pode esperar que uma determinada máquina tenha capacidade de simular um homem. A primeira descoberta deve-se a Turing (1937; veja-se Arbib, 1964, para um exame da "segunda espécie de resposta"). Em poucas palavras, o que Turing mostrou foi que *qualquer* relacionamento bem definido de entrada-resultado pode ser simulado por um tipo simples de máquina (que veio, é claro, a ser denominada *máquina de Turing*). Desta forma, quaisquer descobertas da psicologia E-R poderiam ser simuladas por uma máquina se tais "descobertas" fossem da forma de relacionamentos E-R bem definidos. A segunda descoberta deveu-se a McCulloch e Pitts (1943), que mostraram que as funções de um computador digital poderiam ser realizadas por uma rede de nervos, e vice-versa. Assim, é razoável supor-se que a lógica da operação do sistema nervoso humano pode ser exatamente simulada por um computador. A terceira descoberta foi feita por Kurt Gödel em 1931 (veja-se Arbib, 1964, para um relato em língua inglesa). Comprovou uma característica dos sistemas formais, que Arbib (1964) sumariou da seguinte maneira: "Seu teorema estatui que *qualquer* lógica aritmética consistente e adequada é incompleta, isto é, que existem proposições verdadeiras acerca dos números inteiros que não podem ser provadas dentro de uma tal lógica" (pp. 122-123). O teorema de Gödel tem sido usado para argumentar-se que há limites à extensão em que o pensamento humano pode ser simulado por computadores. O argumento é mais ou menos do seguinte teor: Os computadores digitais são máquinas lógicas. Como tais, são abrangidas pelo teorema de Gödel. Os seres humanos não são máquinas lógicas; por conseguinte, não estão abrangidas e, desta forma, não se acham limitadas. Assim, as máquinas não podem simular exaustivamente o homem.

Discordamos em que o teorema de Gödel aplica-se às máquinas mas não se aplica ao homem. O teorema nada diz acerca de como se representa o sistema lógico — se por transistores ou por neurônios, por exemplo — e desta forma parece não ter força para limitar a extensão da simulação. De qualquer modo, nós, ao nos atermos à prática científica corrente, estamos muito mais impressionados pelas demonstrações empíricas sobre a capacidade de simular o comportamento humano do que pelas provas dedutivas de que a simulação tem, ou não, probabilidade de ser possível.

Podemos, agora, abordar duas influências específicas que ultrapassaram as fronteiras entre a engenharia e a psicologia: a teoria da informação (Cf. Attneave, 1959) e a teoria da detecção (Cf. Licklider, 1959). O presente capítulo não é o lugar para um exame substantivo detalhado de qualquer dessas teorias mas é o lugar adequado para que as examinemos de uma ampla perspectiva.

Ambas estas teorias cresceram em associação íntima com os problemas de engenharia. Shannon (1951) executou o seu trabalho sobre a teoria da informação nos Laboratórios da Bell Telephone e, sem dúvida nenhuma, muito do ímpeto de seu trabalho adveio do desejo de a Bell Telephone desenvolver melhores equipamentos para a transmissão de informação. A teoria da detecção surgiu, em grande parte, do *Electronic Defense Group,* na Universidade de Michigan, e os dispositivos para a detecção são, certamente, produtos almejados por esse grupo. No momento, um ser humano tem a possibilidade de ser parte de um tal dispositivo de detecção como esse.

A TEORIA DA INFORMAÇÃO

As Medidas de Informação

De acordo com Norbert Wiener, ninguém pode ser creditado pelo desenvolvimento de uma medida de informação (1948): "Esta idéia ocorreu mais ou menos na mesma época a vários expositores, dentre os quais o estatístico R. A. Fisher, o Dr. Shannon dos *Bell Telephone Laboratories,* e o autor" (p. 18). Todavia, Shannon tem trabalhado da maneira mais persistente no desenvolvimento teórico da teoria da informação e tem disseminado, da maneira mais ampla, a teoria da informação através de sua publicação tanto da teoria quanto de dados correlatos (p. ex., Shannon, 1951; Shannon & Weaver, 1949). Podemos, desta forma, dar a Shannon a primazia desse crédito.

O argumento que está subjacente à definição de uma medida de informação pode ser apresentado de uma maneira bastante simples, desde que nos contentemos com um tratamento aproximado e intuitivo. Shannon, como dissemos, estava preocupado com os sistemas efetivos de comunicação, que contêm, pelo menos, um transmissor, um canal de comunicação e um receptor. O que se desejava era uma medida da capacidade dos canais para conduzirem a informação. Shannon descreveu uma medida deste tipo.

Primeiramente, suponhamos que apenas um número limitado de alternativas pode ser transmitido por intermédio de qualquer sistema de comunicação. Por exemplo: se um locutor de rádio de língua inglesa está transmitindo o seu conjunto de mensagens limita-se às palavras da língua inglesa. O que faz ele, ao falar, é escolher dentre todas as palavras possíveis uma única palavra a ser transmitida. Até que comece a falar, uma pessoa qualquer no receptor mostra-se incerta quanto a que palavra será enunciada. Ela sabe, efetivamente, que uma palavra em meio à coleção ou série de palavras inglesas será escolhida. O processo de transmissão da informação pode ser tomado como um processo de reduzir-se a incerteza. Se não há nenhuma incerteza como resíduo, depois de que a mensagem tenha sido transmitida e recebida, então o quantitativo de informação transmitido é o mesmo que o quantitativo de incerteza que inicialmente existia. Parece razoável fazer-se o quantitativo de incerteza proporcional ao número de mensagens possíveis que poderiam, concebivelmente, ser enviadas; quanto maior for o número de alternativas, tanto mais difícil será calcular-se qual delas há de ser enviada.

Shannon notou que seria possível enumerar todas as alternativas utilizando-se o sistema binário, como assinalamos quando do nosso exame dos números binários. Se houver 64 alternativas, numerá-las-íamos de 0 até 111111 (que corresponde a um decimal 63). Isto exige um número binário de seis casas para que se complete a numeração.

Vimos mais atrás que se tivermos um número *N* de colunas de números binários, podemos designar por 2 as diferentes alternativas. No caso presente, $2^6 = 2 \times 2 \times 2 \times 2 \times 2 \times 2 = 64$. Shannon faz com que o número de colunas de algarismos binários necessários para numerar as mensagens alternativas seja o mesmo do número de unidades de informação. Estas unidades de informação são chamadas *bits*, uma abreviatura da expressão "*bi*nary digi*ts*". Se soubermos qual das 64 alternativas é a verdadeira, ter-se-ão recebido 6 bits de informação. O logarítmo de um determinado número *X* é definido como a potência a que um certo número de base deve ser elevado a fim de obter-se X; ou seja, $\text{base}^{\log X} = X$. Por exemplo, se se usa 2 como base, $2^{\log X} = 64$. Acabamos de registrar $2^6 = 64$; por conseguinte, log 64 à base 2 é igual a 6. Isto geralmente é escrito $\log_2 64 = 6$. Sugere o fato que podemos encontrar o número de bits necessários para selecionar-se um dentre uma coleção de *N* alternativas tomando-se $\log_2 N$, e esta é na verdade a maneira por que o bit é definido, como $\log_2 N$. O estudioso deve lembrar-se que $\log_2 N$ é idêntico ao número de colunas necessárias para numerar-se uma coleção de alternativas com os algarismos binários.

Um exemplo concreto, a esta altura, pode ter a sua utilidade. Considere-se um jogo em que uma pessoa tem de descobrir qual o livro, numa estante com 16 livros, que está marcado com uma nota de 10 dólares inserta entre as suas páginas. Seu problema consiste em localizar o livro fazendo o mínimo de perguntas indiretas. (Sem dúvida, não pode a pessoa saber que livro está marcado, a partir da sua aparência externa, e não pode fazer uma pergunta direta como "Que livro é este?" As únicas perguntas permitidas são às que se possa responder com "sim" ou "não".) A providência correta, sob o ponto de vista de reduzir o número das perguntas, é perguntar primeiramente: "O livro está à direita (ou à esquerda) do centro?" Depois de responder a esta pergunta, restarão 8 em lugar de dezesseis possibilidades. A mesma pergunta, cortando ao meio as possibilidades de cada vez, deve ser em seguida feita, até que o livro marcado tenha sido isolado. Quatro perguntas deste tipo são necessárias, para que se alcance esta determinação, como facilmente se pode verificar através de uma prova empírica. Este número é exatamente o número de colunas das unidades binárias que se exigem com o fim de designar-se 16 alternativas; do mesmo modo, $\log_2 16 = 4$, que é o número de bits de informação transmitido. Neste caso, a informação foi transmitida, com 1 bit de cada vez, através das quatro respostas. Até mesmo se a proposição "É o décimo-terceiro livro a contar da esquerda" fosse diretamente enunciada, 4 bits teriam, ainda assim, sido transmitidos.

A utilização da simples definição do número de bits, $H = \log_2 N$, fica justificada apenas se cada mensagem tiver a possibilidade idêntica de ocorrer. Parece intuitivamente óbvio que a ocorrência de eventos não prováveis é mais informativa do que a ocorrência de eventos bastante prováveis. Desta forma, "o homem morde o cão" é digno de ser noticiado, enquanto que "o cão morde o homem" não o é. A diferença em conteúdo de informação como função da probabilidade da ocorrência de uma alternativa particular é considerada na fórmula mais geral, $H = \log_2 1/P$, em que P é a probabilidade de que a mensagem tivesse ocorrido. Se um dado honesto mostra 4, a ocorrência deste evento transmite $\log_2 1\ 1/6$ bits $= \log_2 6$ bits $= 2.58$ bits. Se o dado estiver pesadamente viciado, a ocorrência de um 4 pode transmitir quase nenhuma informação. Um dado que sempre mostra 4 transmite $\log_2 1/1 = 0$ bits de informação quando mostra 4.

Freqüentemente a ocorrência de uma seqüência de mensagens pode apresentar problemas muito similares a uma transição gradativa de uma situação como a de jogar um dado honesto a outra de jogar um dado viciado; quer dizer, a ocorrência de uma mensagem particular na primeira posição pode alterar as probabilidades na posição seguinte e assim por diante, ao longo de toda a série de mensagens. A linguagem é um exemplo excelente desta espécie de relacionamento entre as mensagens numa seqüência. Em inglês, a letra *T* é muito provavelmente capaz de ser seguida por um *H* e de maneira alguma terá probabilidade de ser seguida por um *L*. O efeito de 100 letras na 101a. é tão grande que a 101a. conduz algo entre 0.6 e 1.3 bits de informação independente (não tem sentido prático fazer-se determinações exatas). Se toda letra fosse igualmente provável, a ocorrência de uma letra ou de um espaço na posição 101 conduziria $\log_2 27 = 4.76$ bits. É claro, por conseguinte, que uma carga determinada de informação transmitida por meio da língua inglesa é compartilhada entre muitos símbolos. Em outras palavras, cada símbolo na realidade conduz *menos* do que o máximo de informação que seria capaz de conduzir.

Os sistemas desta espécie são chamados de *redundantes,* e a língua inglesa parece ser redundante em seus três quartos. A redundância não é má de todo; se a informação transmitida é compartilhada com outras palavras, *a informação* pode ser acessível, muito embora parte da mensagem se encontre ausente. Por exemplo, o espaço em branco na palavra *psicol gia* pode facilmente ser preenchido com um *o,* porquanto as letras restantes nos transmitem suficiente informação e, com efeito, ainda temos aqui toda a mensagem. Se refletirmos na freqüência com que as crianças respondem com um "Ham?" a uma tentativa de comunicação, mostraremos, sem dúvida, gratidão por toda a redundância que se contém na língua inglêsa. Provavelmente a pergunta da criança é produzida mais freqüentemente por uma capacidade inferior de reconstruir as partes que faltam da mensagem do que por uma deficiência auditiva.

Estudos Empíricos

Com esta breve introdução, podemos agora passar ao exame da aplicação psicológica das medidas de informação e do ponto de vista propiciado pela teoria da informação. Podemos indagar qual é a capacidade do canal humano e indicar algumas das respostas que foram dadas. Pierce e Karlin (1957) indicaram um dos mais altos índices de transmissão contínua. Fizeram com que os sujeitos lessem palavras em voz alta tão rapidamente quanto possível a partir de um vocabulário fixo. As seqüências das palavras eram construídas ao acaso, desta forma, era fácil calcular-se a carga de informação envolvida ao lerem-se as palavras e a informação não se perdeu diante dos usuais efeitos seqüenciais. Cerca de 45 bits por segundo foram transmitidos. Os maridos sabem de há muito que a informação se apresenta mais depressa verbalmente, mas é confortador ter-se uma comprovação quantitativa deste fato.

Durante algum tempo pareceu que o índice de transmissão de informação do canal humano podia ser quase que independente da natureza da tarefa de transmissão, mas presentemente parece que isso está longe de constituir a verdade. No ato da leitura das palavras o índice de informação iguala-se à informação por palavra multiplicada pelas palavras por unidade de tempo. Dado que a informação por palavra equivale a $\log_2$ (tamanho do vocabulário), vocabulários maiores têm de ser lidos mais vagarosamente do que vocabulários pequenos, se o índice de informação-transmissão tiver de permanecer constante. Todavia, Pierce e Karlin — e, mais anteriormente, Sumby e Pollack

(1954) — observaram que a velocidade de leitura não decresce marcadamente com os aumentos na amplitude do vocabulário. Para um número fixo de sílabas por palavra, o índice de transmissão aumenta quase linearmente à medida que o vocabulário se amplia.

Na tarefa de ler, os indivíduos transmitiam informação continuadamente. É também possível ter-se indivíduos a observar uma única e breve apresentação de um estímulo e depois fazê-los responder calmamente ao que foi observado. Aqui, a medida é mais uma medida de uma espécie de índice "absorção" do que aquilo que, intuitivamente, acharíamos dever ser chamado um índice de "transmissão". Pode ser considerado uma medida da capacidade do canal sensorial envolvido. G. A. Miller (1956) reexaminou as provas apresentadas num determinado número de estudos sobre as capacidades humanas para discriminar entre diversos estímulos, ao longo de uma única dimensão. Julgamentos de timbre, volume, posição de indicador e dimensões de um quadrado são exemplos das tarefas em pautas. Surpreendentemente, o número de valores dos estímulos que podem ser discriminados com rigor é pequeno, o "o sete mais ou menos dois!" de Miller. Este número é muito menor do que o número de diferenças apenas perceptíveis no curso dessas escalas. A tarefa do indivíduo é muito diferente na situação que Miller está examinando e na situação em que as diferenças apenas perceptíveis estão sendo determinadas. No último caso, a referência é apresentada de modo a que o indivíduo é solicitado a dizer qual das diferentes alternativas foi apresentada; não tem ele nenhuma referência presente e tem de fazer uma discriminação "absoluta". Muito supreendentemente, o número de valores absolutamente discrimináveis é insensível à espacialidade ao longo da escala dos valores escolhidos, pelo menos numa extensão considerável (Attneave, 1959, pp. 67 e segs). Garner (1960) ressaltou, todavia, que uma maior carga de informação se transmite por escalas de graduação que se utilizam de números maiores de valores; a informação total transmitida aumenta com o número dos valores da escala até vinte.

Vários experimentos (Klemmer & Frick, 1953; Pollack & Ficks, 1953; Pollack & Klemmer, 1954) indicam que aumentando-se o número de dimensões de estímulo aumenta-se o número de bits que podem ser assimilados numa única observação. Klemmer e Frick, por exemplo, obtiveram um valor de transmissão de 7.8 bits para estímulos de 8 dimensões, em comparação com um valor, para estímulos a uma dimensão, de cerca de 3 bits. Quastler, Osborne e Tweedell (1955) investigaram a melhor combinação de número de escalas e de número de divisões e encontraram o fato de que cinco ou seis escalas, cada uma dividida em cinco ou seis posições de escala, poderiam ser ordenadas para transmitirem 12 bits por observação. A utilização de três símbolos em articulação com um dial ampliava a transmissão para 17.6 bits. Outros estudos (Augenstine, 1958) apontam para o fato de que a maior parte da apreensão da informação ocorre nos primeiros 40 milissegundos, com pequena informação adicional assimilada nos subseqüentes 200 milissegundos.

MacKay (1952, 1969) estabeleceu uma diferenciação entre duas espécies de conteúdo de informação de estímulos ao discorrer sobre este conjunto de resultados. Chamou à informação veiculada pelos diferentes valores ao longo de uma única escala o *conteúdo metron,* e à informação veiculada pelas diferentes dimensões, o *conteúdo logon.* Parece que o conteúdo metron de utilidade, então, acha-se limitado a cerca de oito valores, e a informação adicional pode ser melhormente veiculada aumentando-se o conteúdo logon.

As medidas de informação mostram-se úteis no estudo tanto da memória quanto no da transmissão da informação humana. Por exemplo, Pollack (1954) verificou que a extensão da memória imediata é aproximadamente constante em cerca de sete unidades, se as unidades são números binários que contenham apenas 1 bit de informação por número inteiro, sendo que os números decimais contêm $\log_2 10 = 3.32$ bits, ou as letras do alfabeto, que contêm 4.76 bits. Ocorreu a S. K. Smith e a Miller (1952) que a extensão da informação pode ser aumentada para as unidades menores se forem codificadas em unidades que contenham mais informação; então as unidades maiores serão lembradas e descodificadas de volta nas unidades menores, à medida que são reproduzidas. Os números inteiros binários poderiam ser facilmente codificados três de cada vez, como se segue: 000 = 0, 001 = 1, 010 = 2, 011 = 3, 100 = 4, 101 = 5, 110 = 6 e 111 = 7. O código seria, então, lembrado e convertido novamente em números inteiros binários, quando necessário. Por exemplo: os números inteiros de estímulo 111011100010001 seriam convertidos a 73421, que facilmente seria lembrado. Se o processo de conversão-reconservão fosse perfeitamente eficiente, a duração da memória para os números inteiros seria ampliada de três vezes. Empiricamente, o progresso que se verifica não é muito grande.

As medidas de informação encontraram uma outra aplicação na descrição do processo relativo à percepção. Attneave (1954) e Hochberg e McAlister (1953) ressaltaram a aplicabilidade das mensurações de informação aos conceitos da Gestalt. Por exemplo: notaram eles que as boas figuras contêm menos informação. É mais fácil predizer-se a continuação de uma linha a partir de um conhecimento de porções prévias da linha numa boa figura do que numa figura pobre. Pode-se completar um círculo a partir do conhecimento de qualquer arco diminuto, ou um triângulo, a partir do conhecimento de seus três ângulos.

Tais figuras são altamente organizadas, redundantes e boas. Descrições informacionais similares podem ser feitas em relação a vários outros princípios de organização da Gestalt. As medidas de informação são mais precisas como medidas de organização e, correlativamente, devem ajudar a carrear, daqui para diante, os princípios qualitativos da Gestalt para o setor da psicologia quantitativa.

Garner (1962) examina algumas das dificuldades em efetivar-se a tradução de conceitos de Gestalt para termos de informação; o problema se levanta porque os princípios da Gestalt supõe-se sejam aplicados a estímulos *únicos*, enquanto que os conceitos de informação são projetados para aplicar-se às características de estímulos de coleções ou de séries. Mais tarde, Garner (1966) levantou hipótese convincente para tomar-se os estímulos como indicativos de membros de uma classe. Considerou o ato de perceber análogo ao de conhecer-se a estrutura e a organização de *coleções* de estímulos. As séries de suas experiências fornecem um excelente exemplo da utilidade do ponto de vista oferecido pela teoria da informação, embora pouca coisa da teoria tivesse diretamente sido utilizada.

O que se disse até aqui consistiu numa recapitulação sumária do trabalho ultimado, em que se utilizam as medidas ou conceitos de informação. Omitimos problemas importantes como o da determinação da informação transmitida quando o transmissor e o receptor não se acham em concordância, ou seja, quando os seus comportamentos se mostram menos que perfeitamente correlacionados. Attneave (1959), Quastler (1955), Garner e Hake (1951) e McGill (1954) enunciaram métodos para calcular-se a informação transmitida a partir de um determinado conhecimento de entradas, de saídas e de seus relacionamentos. Não podemos tratar desses problemas mais técnicos aqui, mas esperamos que a diversidade de áreas em que a teoria da informação desempenha o seu papel tenha sido apresentada.

A força da teoria da informação está em que as suas medidas não especificam, em absoluto, a natureza da mensagem. Pode aplicar-se a coisas tão diferentes como números inteiros binários, notas musicais e o fluxo de hormônio de uma parte a outra do corpo. A generalidade é baseada na introvisão simples mas engenhosa de que qualquer coleção finita de alternativas pode ser codificada numerando-se as alternativas. Esta mesma possibilidade é a base da variedade de capacidades que um computador digital pode exibir. A generalidade da teoria da informação transforma-a num instrumento bastante útil com o fim de unificar-se os pontos de vista sobre as diferentes ciências — por exemplo, psicologia e biologia. Poder-se-á perguntar se a quantidade de informação que pode ser armazenada num dado número de moléculas RNA é suficiente para representar um quadro de um tamanho

TABELA 13-1. Matriz de Resultados para uma Experiência de Detecção

sinal apresentado?	*decisão do indivíduo* *sim*	*não*
Sim	10	—5
Não	—1	1

determinado em relação a uma dada solução. Antes que estivessem ao nosso alcance as medições de informação, uma pergunta como esta teria sido considerada sem sentido.

Durante os seus anos de elaboração, a teoria da informação era vista em psicologia como um progresso tremendamente estimulante, talvez um progresso que poderia revolucionar o seu campo. Uma boa parte deste estímulo parece ter-se dissipado. A teoria da informação é tomada, presentemente, como um dos instrumentos matemáticos básicos para os psicólogos, do mesmo modo que o cálculo. Fica claro, do rápido sumário dado aqui, que a teoria da informação já provou a sua utilidade e que terá um futuro também útil. É pertinente concluir nosso exame com o mesmo parágrafo cauteloso que há alguns anos atrás citamos (Attneave, 1959, p. 88):

> Embora as técnicas da teoria da informação sejam úteis no estudo dos processos de manipulação de informações dos organismos, outras técnicas podem ser freqüentemente mais úteis e mais apropriadas. Este aspecto das medidas de informações, que lhes dá uma amplitude tão grande de aplicação, limita também a sua utilidade em qualquer área específica... O valor dos conceitos da teoria da informação ao nos conduzir a novas áreas de investigação não é diminuído, todavia, se, na perseguição dessas investigações, acharmos possível abandonar as medidas de informação em favor de outras mais informativas.

TEORIA DA DETECÇÃO

Durante a Segunda Guerra Mundial, os engenheiros desenvolveram uma teoria da detecção que era aplicável à detecção de alvos por meio de receptores de radar. Tanner e Swets (1953, 1954) e M. Smith e Wilson (1953) adotaram o tratamento matemático e o aplicaram à detecção humana. Estes pesquisadores e muitos outros, desde então, ampliaram a teoria.

A teoria da detecção de sinais é um caso especial da teoria estatística das decisões. Uma detecção envolve mais uma decisão baseada em considerações estatísticas do que numa simples enunciação da forma "Sim, ouvi o sinal" ou "Não, não ouvi o sinal". A teoria da detecção considera a experiência que tenta determinar um limiar sensorial como um jogo entre o sujeito e o experimentador. Segundo este ponto de vista, o sujeito sempre dirá que ouviu o sinal, tenha-o ou não ouvido, se souber de antemão que o mesmo será apresentado. Não significa isto que os sujeitos devem ser tomados, simplesmente, como desonestos; significa que não existe uma rígida divisão entre o detectar-se e o não se detectar um determinado sinal. O sujeito está sempre tomando uma decisão baseada em informação probabilística antes que em informação certa. Há uma compatibilidade óbvia de ponto de vista entre a teoria da detecção e Brunswik, com o seu funcionalismo probabilístico (Veja-se o Capítulo 11).

Dado que as decisões precisam estar baseadas mais em informação probabilística que em informação certa, são elas freqüentemente influenciadas por valores ou custos que podem estar associados à sua elaboração e ao caráter certo ou errado da decisão. Os valores e os custos associados com o estar certo ou errado a respeito de cada decisão possível, determinam uma *payoff matrix* (matriz de resultados). Se há apenas duas decisões possíveis — por exemplo, "Sim, mostrou-se um sinal" ou "Não, não se mostrou um sinal" — a matriz de resultados terá apenas quatro entradas. Dá-se um exemplo na Tabela 13-1. Segundo a matriz, o paciente ganha 10 unidades (digamos, 10 centavos) se disser que o sinal apresentou-se quando efetivamente se apresentou, mas perde 5 unidades (digamos, 5 centavos) se disser que o sinal se apresentou quando na verdade não foi. Se tomar uma decisão incorreta quando um sinal não estava presente, perde 1 centavo, e ganha 1 centavo quando tomar a decisão correta. É intuitivamente claro que, dada esta matriz de resultados, os casos em que a probabilidade de que um sinal apresentado seja mais ou menos igual à probabilidade de que o sinal não seja apresentado devem ser resolvidos a favor do sinal. Ganhar-se-á mais se isto vier a ser correto do que se perderá, se vier a ser errado; em outras palavras, ganha-se mais ao dizer-se "sim" corretamente do que ao dizer-se "não" corretamente.

Se, a princípio, esta teoria parece não se aplicar às situações da vida real, considerem-se alguns exemplos interessantes de tomada de decisões sob condições incertas, em que valores e custos estão obviamente envolvidos:

Caso n.º 1. Você se encontra numa festa, e pensa detectar um possível sinal (indício) de interesse da parte de uma atraente pessoa do sexo oposto. As circunstâncias são tais que haverá um possível constrangimento se você estiver errado.

Caso n.º 2. Sua esposa acha que ouviu um ladrão que está no primeiro andar. Você acha que não se trata de ladrão. Será que você não estaria procurando matrizes diferentes de valor-custo?

Um outro fator combina-se com a matriz de resultados para deformar tendenciosamente as decisões. Constitui isto a probabilidade prévia, ou *a priori,* de que um sinal será apresentado. Mais uma vez nossa intuição nos mostra que, se conhecermos previamente o fato de que os sinais serão apresentados em nove de cada dez intervalos, podemos dizer "sinal apresentado" em casos incertos. A probabilidade *a priori,* em conjunto com a matriz de resultados, determina um critério — um número — geralmente chamado *beta,* com o qual um número originado da observação sensorial deve ser comparado, a fim de conseguir-se a melhor decisão. Se o número derivado da entrada sensorial excede o critério, o observador ideal diz "sinal"; se não o excede, o observador ideal diz "nenhum sinal".

O valor do critério é escolhido de modo que a função seja levada ao máximo. É presumido que o observador ideal deseja tomar decisões de tal modo que a maior vantagem seja obtida, as decisões mais corretas tomadas, ou um outro objetivo desejado conseguido. W. W. Peterson, Birdsall e Fox (1954) discutiram a questão dos objetivos possíveis e desenvolveram para cada um deles as equações que combinam as probabilidades *a priori* e a matriz de resultados, a fim de determinar-se o critério ótimo de valor.

Duas probabilidades devem ser computadas com o fim de retirar da observação sensorial o número mais útil. A primeira é a probabilidade de que *se* um sinal tiver sido apresentado, a entrada sensorial observada terá ocorrido. A segunda é a probabilidade de que a entrada sensorial tenha ocorrido quando nenhum sinal haja sido apresentado. A primeira probabilidade é, então, dividida pela segunda com o fim de formar a *razão de probabilidade (likelihood ratio).* Esta probabilidade é comparada com o critério, a fim de conseguir-se uma decisão ótima, como acima indicado. Pode-se mostrar que a razão de probabilidade contém todas as informações de que precisa o observador a fim de tomar uma decisão ótima. Este fato simplifica vastamente o processo da decisão, comparado, digamos, com a necessidade de lembrar-se exatamente o que era o sinal detalhado.

O leitor pode estar perguntando, a esta altura, se faz algum sentido, realmente, considerar a probabilidade de ocorrer uma entrada sensorial quando não se apresenta nenhum sinal. Uma tal probabilidade torna-se admissível na suposição de que há sempre um estímulo fortuito, ou ruído, presente em qualquer sistema sensório. O nome

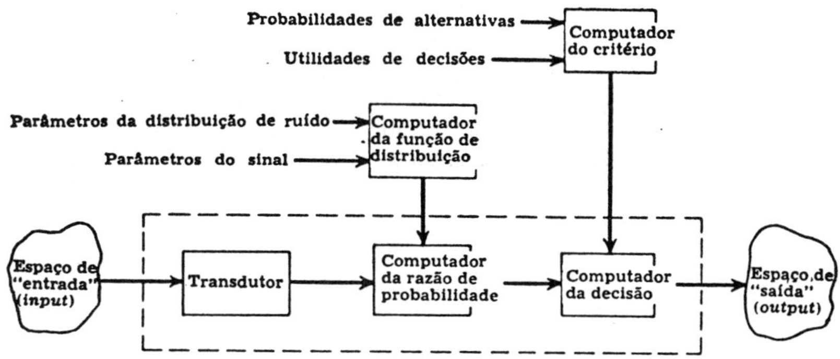

FIGURA 13-1. Diagrama geral do observador ideal na teoria da detecção. (Extraído de Tanner, 1961.)

geralmente dado a um sistema sensório no contexto de uma teoria da detecção é *receptor*. Naquilo que diz respeito a um receptor, há duas espécies de ruídos. Uma delas provém do mundo exterior, e a outra dos mecanismos internos do próprio receptor. No caso em que o receptor seja um observador humano, o ruído interno é geralmente denominado ruído *neural*. Estes ruídos internos nunca podem ser completamente eliminados, ainda que fosse possível eliminar completamente o ruído à entrada do receptor. A origem do ruído, no que diz respeito ao rendimento do detector, é irrelevante. Qualquer ruído degradará o desempenho do sistema. A maioria das pessoas já teve a experiência de ouvir vozes espectrais que emanam do seu aparelho de televisão, a que respondem: "Será que isto é do aparelho (ruído interno) ou vem da emissora (ruído externo)?" O leitor, a estas alturas, já terá também notado a possibilidade de que os "ruídos espectrais" possam ser produzidos por, digamos, um conjunto de música "rock" — o que nos dá todos os elementos de um problema de detecção.

A determinação das necessárias probabilidades para as computações da razão de probabilidade não é uma tarefa trivial. Realmente, é essa determinação o que distingue a teoria da detecção da teoria da decisão, ou da comprovação das hipóteses estatísticas em geral. A dificuldade básica em caracterizar-se a razão de probabilidade associada a uma dada entrada sensorial está em que a entrada é inicialmente dada como uma forma contínua de onda, enquanto que a teoria da decisão estatística visa a trabalhar com distintas medidas numéricas. Se a forma de onda tem certas propriedades, pode ser caracterizada, sem perda de informação, por um limitado número de medidas. O número de medidas necessárias depende da maior freqüência presente à forma da onda *(W)* e período de tempo *(T)* ao longo do qual a forma da onda vai ser medida; o número de medições requerido é exatamente $2WT$. Outras dificuldades precisam, ainda, ser sobrepujadas, antes que o sinal e o ruído possam, significativamente ser comparados; o leitor interessado nos detalhes deste problema pode consultar Licklider (1958). Green e Swets (1966) também tratam deste problema, assim como de outros aspectos relevantes da teoria da detecção, em seu excelente livro.

A figura 13-1 é um diagrama geral do observador ideal tal como visualizado na teoria da detecção. Examinemos, agora, uma situação experimental em concomitância com este diagrama de conjunto, a fim de obtermos uma idéia mais clara do que os teóricos da detecção pensam acerca da detecção de sinal.

Dois tipos gerais de situações podem apresentar-se ao observador. Deve dizer se um sinal foi ou não apresentado no período de um único intervalo fixado, ou deve dizer qual dentre os vários intervalos especificados continha um sinal, sabendo que um deles o continha efetivamente. É mais fácil discorrer acerca da primeira situação, embora seja mais fácil correlacionar a teoria com a última. No caso do intervalo múltiplo, a tarefa do indivíduo é a de escolher o intervalo que contenha o evento sensorial com a mais ampla razão de probabilidade; as possibilidades *a priori,* a matriz de resultados e, conseqüentemente, o critério, são os mesmos para todos os intervalos. Os erros dos indivíduos ao calcularem ou combinarem os fatores de critério, portanto, não afetam a sua decisão.

No outro caso, em que o indivíduo deve dizer se um sinal ocorreu ou não num intervalo único, um certo número de tipos de erros pode ocorrer. O indivíduo poderia não usar as possibilidades *a priori* corretamente, poderia não usar corretamente a matriz de resultados, poderia não tentar levar ao máximo a quantidade desejada ou então poderia não combinar os fatores corretamente para esse fim. Em acréscimo a tudo isto, os indivíduos submetidos a uma ou outra destas condições podem não computar corretamente a razão de probabilidade.

Vamos considerar o diagrama em conjunto, na medida em que se relaciona com o caso do intervalo único. É mais simples admitir que ao computador de distribuição-função são dadas as distribuições sinal-mais-ruído e só-ruído, de modo que não precisem ser computadas da experiência. Em ambos os casos, as distribuições devem estar disponíveis, de modo que a razão de probabilidade possa ser computada das suas probabilidades componentes.

As probabilidades *a priori* de que o sinal-mais-ruído, ou só-ruído, sejam apresentadas numa experiência particular são necessárias ao computador de critério. A matriz de resultados seria também necessária à sua computação do critério.

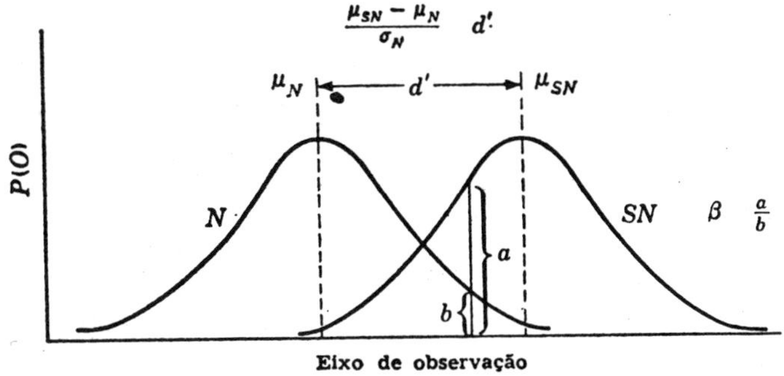

FIGURA 13-2. Uma visualização de alguns conceitos da teoria de detecção de sinal. Ver o texto para a explicação.

Com as distribuições e o critério em mãos, o observador ideal acha-se pronto para iniciar as suas observações. Uma entrada apresenta-se no decorrer de um intervalo. O observador obtém a amostragem através do seu transdutor, que realiza as necessárias operações a fim de obter-se as medições $2WT$. O resultado do transdutor é alimentado no computador de probabilidades juntamente com as funções de distribuição para as duas distribuições. Esta informação é suficiente para que o computador de razão de probabilidade compute o seu resultado. O computador de decisões necessita apenas comparar a razão de probabilidade com o critério calculado pelo computador de critérios, a fim de tomar a sua decisão.

De que maneira pode um observador ideal sair-se bem, quanto a discriminar entre sinal-mais-ruído e só-ruído? Isto depende exatamente de que propriedades descrevem o sinal e o ruído, ou seja, de quais as características disponíveis que são capazes de determinar o valor da razão de probabilidade. Se o *valor exato* do sinal a ser esperado é conhecido em cada um dos pontos no intervalo de observação, então a observação real pode ser correlacionada ponto por ponto com o sinal que se espera. Sob tais condições, a teoria da detecção mostra que o desempenho ótimo possível depende da relação entre a energia do sinal (E) e a potência por unidade de amplitude da faixa de ruído (N). Para sermos mais específicos, a distância nas unidades de desvio-padrão entre os meios de distribuição das razões de probabilidade para os sinais-mais-ruídos e para só-ruídos, numa escala logarítmica, é a raiz quadrada de $2E/N$. Esta distância entre as distribuições é chamada d'. O valor de d' determina que desempenho pode ser obtido pelo receptor.

A figura 13-2 ilustra alguns dos conceitos da teoria da detecção. Esta figura está baseada na suposição de que os eventos sensoriais que ocorrem sob condições de só-ruído *(N)* podem ser representados ao longo de um "eixo de observação" multidimensional. Os eventos *N* e os eventos *SN* (quando o sinal-mais-ruído se apresenta) são tomados como capazes de distribuir-se normalmente com variações iguais neste eixo de observação, isto é, as probabilidades relativas de ocorrência de vários valores ao longo do eixo de observação são representadas por distribuições normais de probabilidade. Então, *d'* é a distância entre as médias das distribuições *N* e *SN*, em unidades de desvio-padrão comum. (Se os desvios-padrões não são iguais, o desvio-padrão da distribuição de ruído determina as unidades). Num determinado ponto ao longo do eixo de observação, a ordenada da distribuição *SN* (*a* na figura) dividida pela ordenada da distribuição *N* (*b*) será igual ao valor do critério da razão de probabilidade (β). Para este caso, todas as observações à direita desse ponto devem ser chamadas *sinais* e todas as observações à esquerda desse ponto, *ruídos*. Dado que as duas distribuições se sobrepõem, até mesmo um observador ideal, perfeito, só deverá "atingir" o sinal quando ocorrer aquela proporção do tempo representada pela área sob a distribuição *SN* à direita do ponto de intersecção. O observador pode, sem dúvida, mover seu ponto de intersecção (corte) tanto para a direita quanto para a esquerda. Se o deslocar para a direita, cometerá um número menor de falsos alarmas, mas também terá menos *hits*. Se o deslocar para a esquerda, terá mais *hits*, mas também um menor número de falsos alarmas. Veremos logo como o movimento do critério traça uma curva "operacional característica do receptor". Neste ponto, devemos notar que a irritabilidade (medida por *d'*) e o critério (β) acham-se separados pela teoria da detecção; desta forma, as medidas de sensibilidade são mais suscetíveis de permanecer constantes através de alterações situacionais que possam afetar uma colocação de critério do indivíduo.

Um desempenho perfeito seria definido pela observação de que o indivíduo sempre disse "sinal" quando um sinal foi de fato apresentado e nunca disse "sinal" quando só-ruído estava presente. Como vimos, um desempenho perfeito seria possível somente se as distribuições *N* e *SN* não se extrapolassem. A boa qualidade dos desempenhos imperfeitos deve ser sempre descrita como um certo relacionamento entre a probabilidade de um *hit*, $P_s(S)$, e a probabilidade de um falso alarma, $P_s(N)$. Uma vez que $P_s(S)$ e $P_s(N)$ podem ser determinados a partir do valor de *d'*, a computação inversa mais algumas pressuposições darão *d'*, se se conhecer $P_s(S)$ e $P_s(N)$. Isto é, na verdade, um fato auspicioso, quando *d'* tiver de ser computado para o observador humano, porquanto, neste caso, não é possível medir-se a distribuição de ruído que se acha presente no computador de distribuição-função, ou, para este fim, medir-se a distribuição sinal-mais-ruído.

O ruído neural não pode ser medido. Por conseguinte, é impossível computar-se *d'* de um conhecimento de *E* e de *N* à medida que surgem através do transdutor humano. Em lugar disso, o experimentador computa o que *d'* teria de ser a fim de que o observador ideal duplique os valores observados de P_s *(S)* e deP_s *(N)*. O necessário *d'* pode então ser comparado com o valor mais alto de *d'* computado de quaisquer medidas físicas que o observador ideal usaria. Os observadores reais nunca podem desempenhar-se melhor do que (e provavelmente nunca tão bem quanto) o observador ideal. Desta forma, a teoria é "normativa" no sentido em que nos permite dizer quão bem um observador "deve" atuar. Além disso, a teoria nos permite postular que um observador ideal acha-se limitado a uma informação abaixo-da-perfeita informação e também nos permite comparar este desempenho limitado com o de um observador humano; se o ideal limitado é muito parecido com o humano, então temos um indício relativamente a como o humano pode efetivamente processar sua informação sensória.

Os valores *d'* até aqui obtidos para os observadores humanos mostraram uma boa consistência em relação a um dado indivíduo em uma considerável gama de valores de uma probabilidade *a priori* e de uma matriz de resultados. É esta consistência que representa talvez a maior vitória da teoria da detecção, porquanto essa consistência não pode ser obtida pela teoria tradicional baseada em limiares. Sabe-se que o limiar varia com as condições. As correções para conjeturas não podem eliminar as inconsistências no limiar. Psicofísicos estavam chegando a considerar que os limites só são significativos sob condições especificadas, em que o limiar tenha sido determinado. A medida *d'*, com a sua maior generalidade, escapa a essa limitação. Se *d'* tiver sido determinado para um determinado par de valores P_s *(S)* e *P (N)*, então o emparelhamento de outros valores P_s *(S)* e P_s *(N)* pode ser dado com maior generalidade (para um indivíduo particular, dado que valores na matriz de resultados e nas probabilidades *a priori* são alterados).

A capacidade de atuar dessa maneira origina-se do fato de que *d'* determina uma curva operacional do receptor, ou ROC *(receiver operating curve)*. A Figura 13-3 mostra um grupo de tais curvas. A linha diagonal representa o desempenho fortuito; notamos que se o observador não dá nenhum falso alarma, nunca poderá corretamente bradar "sinal". Todavia, se estiver com vontade de dizer "sinal" a cada vez, estará sempre correto *se* o sinal estiver presente e sempre incorreto se o ruído estiver presente. A linha diagonal é a única ROC possível se *d'* for igual a 0; à medida que *d'* aumenta, a ROC afasta-se mais da linha diagonal. Nunca há qualquer deslocamento para um novo nível de resposta à medida que o sinal e o ruído passam a ser mais

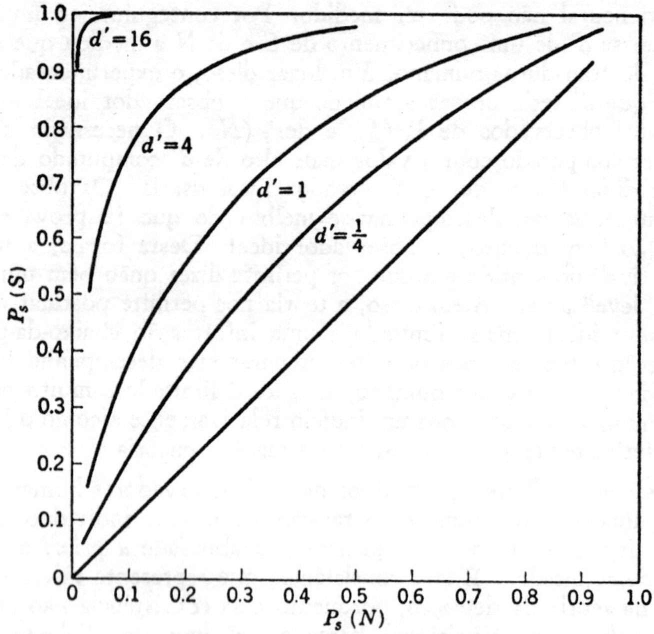

FIGURA 13-3. Curvas de operação do receptor para diversos valores de *d'*. (Extraído de Peterson *et al.*, 1954.)

discrimináveis, como um ponto de vista ingênuo do conceito de limiar pode sugerir. Swets (1961) examinou várias versões da teoria do limiar e mostrou que as modificações necessárias para colocar a teoria dos limiares em harmonia com os resultados empíricos podiam complicá-la de tal modo que começaria a parecer bastante idêntica à teoria da detecção. Swets (1964) coligiu também muitos dos estudos experimentais sobre a teoria da detecção num volume de leituras facilmente acessível.

A teoria da detecção tem mostrado a sua utilidade na predição de resultados no campo da psicologia sensorial, particularmente quanto à visão e à audição (Carterette & Cole, 1962). Isto não é de surpreender, porquanto a teoria desenvolveu-se com o fim de tratar dos problemas "sensoriais". Um dividendo inesperado, todavia, tem sido a aplicação da teoria da detecção a problemas no campo da memória, começando com Egan (1958) e continuando até o momento presente (por exemplo, Banks, 1970; Lockhart & Murdock, 1970). Como já mencionamos, a teoria tem estreitas relações com a teoria mais geral das decisões estatísticas e, por conseguinte, aplica-se em parte aos jogos e testes estatísticos. A teoria da detecção, desta forma, apresenta uma aplicação surpreendentemente vasta e sua futura importância na psicologia parece assegurada. Novas técnicas estão sendo aperfeiçoadas, o que faz com que seja possível a aplicação de testes tradicionais de significação aos parâmetros da teoria da detecção (Dorfman & Alf, 1968, 1969), integrando, assim, a teoria mais intimamente à estatística tradicional.

Passemos, agora, em revista o que foi apresentado e registremos os relacionamentos entre o ponto de vista da teoria da detecção e algumas considerações bastante sistemáticas. Já vimos que o ponto de vista probabilístico de Brunswik, quanto ao intercâmbio organismo-meio, é compatível com a teoria da detecção.

O dado primário para o teórico da detecção é uma *decisão* tomada pelo organismo que observa (ou pelo equipamento que observa). O observador está fazendo um jogo (no sentido matemático) que se esforça por ganhar, antes que descrevendo uma experiência sensorial. Se o organismo tem informação de que a probabilidade *a priori* de que um tigre esteja presente é igual a 1.00, o organismo nem mesmo atende aos estímulos presentes; não introspecta — foge. O observador, na experiência psicológica, é tomado como uma expressão similar de uma tendência de um organismo adaptativo para usar qualquer informação que *deva* ser relacionada com uma decisão, sem qualquer preconceito de que todas as informações relevantes são dadas num canal sensorial, numa prova particular. Este ponto de vista se parece com o ponto de vista funcionalista em sua ênfase da adaptação, e é behaviorístico em sua aceitação da decisão manifesta como dado experimental significativo. É moderno em seu uso de um sistema matemático como modelo; mostra o impacto de uma outra influência moderna da matemática na psicologia em seu relacionamento com a teoria do jogo (veja-se Birdsall, 1953). Seu campo de relevância é limitado, e sua especificidade é freqüentemente muito alta; não obstante, a teoria tem suficiente generalidade, de modo que os resultados experimentais que pareciam discordar possam ser relacionados numa maneira consistente e plena de sentido. A despeito do fato de que a teoria é específica e, por conseguinte, sensível a resultados experimentais, não é tão rígida que possa cair toda vez que ocorra qualquer desvio da experiência em relação à teoria; pode ser modificada para acomodar, até um certo limite, novos e inesperados resultados.

Tanto a teoria da detecção quanto a da informação representam o que se pode considerar um novo caminho intermediário para a teoria psicológica. São um fator de equilíbrio entre a especificidade e a generalidade, e entre a sensitividade e a flexibilidade. Ambos os corpos da teoria são bastante rigorosos, comparados com a teoria e os sistemas do passado, e nenhuma delas toma todo o conhecimento psicológico como seu campo de ação. Ambas as teorias têm caminhos que cruzam os jardins uma da outra; ou, para sermos mais rigorosos, suas raízes acham-se efetivamente nos jardins da engenharia e suas ramadas na psicologia. Finalmente, não estão isoladas uma da outra ou de outras teorias em termos das pessoas nelas interessadas, das disciplinas em pauta ou dos problemas tratados. Num nível de generalidade, têm muito de comum. Ambas as teorias tratam com sinais num sentido matemático; ambas originaram-se do estudo do equipamento e ambas se aplicam, de um modo absolutamente satisfatório, ao estudo do homem. Ambas estão cheias de considerações de probabilidades de mensagens ou de sinais, respectivamente. Nenhuma delas acha-se divorciada do estudo da cibernética (aqui poder-se-ia notar, outra vez, a discussão levantada por Wiener, sobre as medidas de informação, em seu livro intitulado *Cibernética*). Como já vimos anteriormente, os computadores desempenham seu papel no pensamento dos homens interessados em todas essas áreas. Na verdade, há um sentido bastante amplo em que a "teoria da informação" ou as "teorias de processamento da informação" podem ser usadas para representar as teorias que se utilizam de conceitos de todos os campos até aqui discutidos neste capítulo: a teoria da comunicação estatística (a teoria da informação no sentido estrito), a simulação de computador, a teoria da detecção e a cibernética (que não examinamos). Todas estas teorias devem convergir no robô completo. Se o robô completo existisse, seria uma teoria ambulante do comportamento humano.

Há um grupo bastante coeso de cientistas interessados nos problemas esboçados nesta seção. Provavelmente poderiam ser chamados uma "escola" de psicologia com maior justificativa do que, digamos, os funcionalistas, que eram um grupo disperso. Os psicólogos contemporâneos de engenharia, como os condicionadores operantes, têm uma comunidade de interesses que se parece com a das primeiras escolas de psicologia, que nos agrada afirmar terem desaparecido nas últimas décadas.

Antes de entrarmos na consideração dos modelos matemáticos, na psicologia, voltemos rapidamente nossa atenção para uma espécie correlata de desenvolvimento no seio da psicologia experimental: o da análise das atividades de processamento de informação no indivíduo humano.

PROCESSAMENTO DE INFORMAÇÃO

Posner (1964) encontra-se entre os que fizeram uso amplo do ponto de vista de processamento de informação do comportamento humano. Sugere ele, por exemplo, que tais tarefas podem ser utilmente categorizadas como tarefas de conservação (nas quais o objetivo é o de transmitir informação exatamente como é recebida, como nas tarefas de memória), tarefas de redução (como na adição de números, em que o objetivo é mapear múltiplos estímulos numa única resposta) e tarefas de criação (nas quais o objetivo é dar respostas múltiplas a um único estímulo, como nas múltiplas associações). Posner acha previsíveis as relações empíricas entre o montante de transformação de informação necessário e a adequação do comportamento; por exemplo, o tempo de reação amplia-se à medida que o montante de redução de informação aumenta. Fitts e Posner (1967) organizam seu livro *Human Performance*, em grande parte, à volta do modelo de informação.

Neisser (1964) levou a cabo uma série de estudos do processo de busca de palavras-alvo, números, faces e coisas do gênero num fundo de itens similares. Registra ele que o processo de busca não exige que todo o montante da informação seja processado integralmente e que as diferentes tarefas podem exigir vários níveis diferentes de análise de informação, do extremamente tosco ao extremamente cuidadoso. Esta conclusão pode ser enunciada por causa dos índices extremamente diferentes de exame e de informação sob diferentes condições. Uma das descobertas mais interessantes e contra-intuitivas de Neisser é a de que os esquadrinhadores experientes podem procurar informação relativa a alvos múltiplos tão rapidamente quanto a procuram para objetivos únicos. Por exemplo: um esquadrinhador experimentado pode examinar uma lista em busca de um de quatro nomes tão rapidamente quanto pode procurar um único nome, nessa mesma lista.

Sternberg (1966) desenvolveu uma técnica engenhosa para estudar o processo de esquadrinhar a memória, de preferência a estímulos externos. Depois que um indivíduo memoriza uma seqüência de símbolos, a ele se pede para dar um "sim" como resposta se um símbolo recém-apresentado estivesse na seqüência lembrada e para dar um "não" como resposta se o símbolo assim apresentado nela não estivesse. Os sujeitos são solicitados a responder o mais rapidamente possível. O tempo necessário à resposta é uma função crescente, aparentemente linear, do número de itens guardados na memória, e é o mesmo se o símbolo se acha presente na coleção lembrada ou ausente dela. Sternberg conclui que o processo de busca consiste em comparações seriais entre o "novo" item e os guardados na memória e que a busca é exaustiva mesmo que seja encontrado um símile.

OS MODELOS MATEMÁTICOS NA TEORIA DE APRENDIZAGEM

A Utilidade da Matemática

A matemática sempre foi um instrumento para o cientista. Já se disse que a matemática empresta à ciência o rigor, a precisão, a lógica e outras propriedades altamente apreciadas. Nós próprios já dissemos muitas coisas laudatórias a respeito de dois progressos matemáticos, a teoria da informação e a teoria da detecção. Não é de surpreender que a psicologia, que tem sido uma espécie de prima científica distante, se volte cada vez mais para as matemáticas como um portão para a respeitabilidade. Todavia, não se pode garantir que a matemática seja esse portão; antes de nos voltarmos para novas incursões da matemática na psicologia, consideremos rapidamente o que a matemática pode e não pode fazer.

Lógica e matemática estão relacionadas muito intimamente. Podemos afirmar, no mínimo, que qualquer sistema matemático se funda em postulados formais. Estes postulados são de tal natureza que proposições posteriores (teoremas) podem ser deles derivadas através das regras válidas para a dedução lógica. Os teoremas matemáticos são, desta forma, derivados dos postulados para servirem a um particular sistema matemático.

Considere-se um sistema matemático que possa ser usado como modelo para um sistema físico. Novas proposições válidas dentro do sistema matemático podem originar-se. Se estas novas proposições vierem a ser verdadeiras quanto ao sistema físico, o modelo matemático é, a esse ponto, um modelo bem sucedido. Se a proposição matematicamente válida não se mostra adequada ao sistema físico, o modelo fracassa. A possibilidade de comprovar-se proposições dessa maneira é a base do enfoque hipotético-dedutivo e permanece subjacente ao esforço para construir modelos matemáticos.

Há duas maneiras extremas segundo as quais um teórico pode proceder para relacionar um sistema matemático a um sistema físico. Pode selecionar relacionamentos empíricos a que as matemáticas em vigor se aplicam sem modificações. Num certo sentido, este não é um processo comum; a teoria da detecção, por exemplo, tomou uma estrutura matemática e a especializou para que se aplicasse a uma área existente da investigação psicológica. Algum grau de especialização é quase sempre necessário, mesmo que se não precise de qualquer inovação matemática real. O sistema matemático seria completo, com postulados e a maior parte dos teoremas catalogados e configurados, neste caso.

No outro extremo, o teórico poderia decidir-se por uma área empírica definida e construir qualquer tipo de modelo que se ajustasse a essa área. Hull e seus colaboradores (Hull, Hovland, Ross, Hall, Perkins e Fitch, 1940) parece terem feito uma tentativa dessa espécie. A estrutura postulacional necessária para abranger a área de aprendizagem mecânica era tão formidável que o modelo provocou mais estupefação do que interesse da parte dos psicólogos. O modelo era por demais complexo e incontrolável para revelar-se de alguma utilidade, ainda que houvesse fornecido progressos significativos em relação aos possíveis avanços a partir de generalizações empíricas mais simples.

Rashevsky (p. ex., 1948) e Lewin (veja-se o Capítulo 11) dão outros exemplos de brilhantismo matemático que tem sido vastamente desperdiçado, no que diz respeito ao interesse psicológico contemporâneo. Rashevsky circunscreveu-se, primordialmente, à adaptação da matemática corrente aos problemas fisiológicos e psicológicos. Lewin modificou a forma da matemática, como vimos, numa tentativa para fazê-la adequar-se melhor à área empírica. Rashevsky parece não ter estado em contacto suficientemente íntimo com um programa experimental, de modo que suas idéias pudessem receber uma adequada comprovação. Lewin, embora estivesse intimamente associado com a experimentação, experimentou independentemente dos detalhes de sua formulação matemática. A lição da história recente parece ser a de que os modelos matemáticos viáveis devem ser desenvolvidos e modificados num intercâmbio extremamente íntimo com os resultados experimentais.

A matemática é útil à ciência porque fornece um equipamento dedutivo, conveniente e convencional, para a predição e a generalização. Há muitos tipos gerais de matemática assim como vários modelos possíveis dentro de um determinado tipo. Não é preciso perguntar se é adequado usar a matemática, porquanto a capacidade de predizer e de generalizar é útil, e porque a matemática, numa concepção bastante ampla, é exatamente o instrumento para a realização dessas funções. Se alguns novos instrumentos precisam ser inventados para uso da psicologia, é coisa que resta ver.

O estudante de psicologia dos nossos dias que negligencia a matemática pode, na verdade, estar concordando em disputar de muletas a corrida intelectual de sua vida. Platt (1962), em seu exame da criatividade, apóia este ponto de vista: "O terceiro componente da mestria intelectual é o uso do melhor equipamento de que se possa dispor. São as tendas de nylon e as balas de oxigênio, e a simples caravana de mulas até onde for possível, que demarca a diferença ao escalar-se o Everest. Não se deve perder nenhuma oportunidade para aperfeiçoar o equipamento de manipulação intelectual; quer dizer, o aparelho simbólico com o qual se realizam as operações mentais" (p. 123).

A Matemática e a Medição

Algumas pessoas confundem matemática com medição, mas as duas são, em larga extensão, independentes. A medição, no que nos diz respeito, é um processo que estabelece uma correspondência entre os sistemas matemáticos e os sistemas empíricos. As manipulações, dentro do sistema abstrato da matemática, são possíveis, existam ou não quaisquer correspondências. A medição tradicional estabelecia uma correspondência entre um determinado sistema numérico (geralmente os números reais) e uma certa propriedade de um sistema empírico (como o deslocamento ou o desvio de uma agulha num medidor apropriado, aplicado a um ponto num sistema físico). Coombs (1964) mostrou que a correspondência entre os números, resultantes de operações de medição e de eventos empíricos não é simples, direta, ou destituída de pressupostos.

Está claro que o problema da medição acha-se inextricavelmente entrelaçado com o problema de construção de modelos matemáticos, embora a medição não seja necessariamente uma parte da matemática *per se*. Como haveremos de ver mais tarde, ao estudarmos o modelo de Estes, não é preciso que todos os elementos abstratos sejam medidos diretamente, mas a medição no sentido de estabelecimento de correspondência entre o modelo e os dados empíricos é, não obstante, uma parte absolutamente essencial do processo de modelagem.

As Propriedades dos Modelos Matemáticos

Não existe um critério único para definir-se o que seja um modelo matemático. Uma relação única funcional entre duas variáveis pode ser considerada um modelo matemático, uma vez que fornece um método de deduzir valores de uma variável a partir dos valores da outra. Esta função pode ter validade apenas para uma situação altamente restritiva, como na aprendizagem mecânica de números dígitos apresentada a um índice fixo, sob condições rigidamente especificadas, e dados apenas vários parâmetros da equação.

No outro extremo, devemos considerar toda a mecânica newtoniana como um outro modelo matemático. Aqui o modelo é de um âmbito enorme e bastante mais complexo.

Uma dimensão de modelos, portanto, está no seu âmbito. Em psicologia vemos, num extremo, a curva de aprendizagem empírica de Ebbinghaus (veja-se Hilgard, 1956), e, no outro, a teoria de Hull, relativa ao comportamento dos mamíferos (p. ex. Hull, 1952). Uma dimensão afim é a complexidade. Embora seja desejável a simplicidade, não é legítimo criticar-se um modelo por causa da sua complexidade, porquanto pode ser que até um modelo complexo seja o mais simples de todos os modelos possíveis.

Uma outra dimensão dos modelos tem a ver com as suas origens; a pergunta mais comum formulada é se uma porção do modelo foi derivada empiricamente ou racionalmente. Outras questões, ademais, dizem respeito à adequação dos pontos de vista enunciados, quaisquer que eles sejam. Todas estas perguntas são legítimas, mas não podem ter nenhuma incidência na adequação do modelo. Se o modelo tiver sido, como se fossem mandamentos, simplesmente transmitido ao teórico, não haverá fundamentos formais passíveis de crítica. O crítico poderá, justificadamente, ser ou cético ou ciumento (dependendo de suas crenças religiosas), mas o veredito final sobre o modelo deve, em qualquer hipótese, depender mais da sua adequação empírica que da sua origem.

Uma outra ampla categoria de dimensões é a adequação matemática e lógica do modelo. O modelo deve atender aos critérios usuais, tais como a independência e a consistência das pressuposições, e a necessária correspondência entre modelo e dados deve ser estabelecida a fim de que as operações matemáticas sejam justificadas.

Não é provavelmente fácil avaliar os méritos lógicos relativos de um modelo ou o grau da verificação empírica das previsões realizadas através do uso do modelo. A maioria dos modelos pode realizar previsões particulares com apenas uma probabilidade particular, e modelos competitivos podem realizar a mesma previsão com maior ou menor probabilidade. Não é tarefa simples relacionar hipóteses a resultados empíricos; alguns trabalhos excelentes têm sido devotados a este problema (p. ex. Watanabe, 1960). É suficiente, para os nossos objetivos, dizer que um modelo bem sucedido deve ter previsto todos os resultados a que se aplica com alguma probabilidade maior do que zero e que em geral, quanto maior for a probabilidade e maior o número de resultados previstos, melhor será o modelo.

Uma propriedade final dos modelos matemáticos é o tipo de sistema matemático ou lógico utilizado. O trabalho de Lewin, discutido anteriormente no Capítulo 11, é uma ilustração de que a costumeira espécie de matemática ensinada nos cursos de álgebra e de cálculo não é o único tipo que se tem procurado aplicar à psicologia. Não há nenhuma razão *a priori* para preferir-se um tipo de matemática a outro. O tipo de matemática a ser preferido na psicologia será determinado em outras bases que não a fundamentação *a priori,* lógica. É claro que um modelo não pode ser bem sucedido sem um esforço diligente e prolongado. Não há nenhuma panacéia adrede preparada, tanto na nova e esotérica quanto na velha e consolidada matemática.

Um Modelo Representativo

W. K. Estes tem sido um pioneiro francamente bem sucedido, entre os psicólogos contemporâneos que tentaram desenvolver modelos matemáticos para a aprendizagem (veja-se também Capítulo 10). A sua primeira exposição da versão preliminar de seu modelo de associação estatística foi publicada em 1950. A amplitude do esforço que se inseriu no desenvolvimento do seu modelo acha-se refletida num artigo abrangente (1959a). O presente capítulo só pode considerar algumas das atitudes orientadoras envolvidas, as pressuposições básicas subjacentes ao modelo e uma amostra das técnicas empregadas.

Estes pertence ao número crescente dos psicólogos que se mostram desejosos de prestar compromisso de obediência aos métodos básicos das ciências mais antigas, especialmente à física. Sua orientação é quantitativa, operacional, fisicalística — em geral, obstinada. Esta orientação parece ser típica daqueles que estão ou têm estado no setor de atividades que envolvem tarefas de construção de modelos matemáticos.

Estes é francamente behaviorista. Sua orientação geral em relação à teoria da aprendizagem é idêntica à de Guthrie. É uma teoria E-R, que considera um determinado estímulo como passível de ser decomponível em elementos e que considera a terminação de uma situação um evento de reforço; é uma teoria da contigüidade.

A este último respeito, a posição recente de Estes é menos clara do que a sua posição inicial. Afirmou ele (1956b): "Em resumo, nossa resposta à pergunta "reforço ou contigüidade?" é simplesmente "Ambos". Quanto à questão se devemos ficar com o bolo e comê-lo, ao mesmo tempo, é coisa muito mais difícil" (p. 405). A despeito desta barreira aparente, Estes inclinou-se para as proposições de contigüidade. Mais tarde (1959a, 1960; Estes, Hopkins & Crothers, 1960) realizou uma mudança radical nas proposições básicas que estavam subjacentes à sua teoria da aprendizagem da associação estatística. A teoria mais recente, sustentada por resultados experimentais da aprendizagem humana de pares associados toma a aprendizagem como um processo de tudo-ou-nada. O padrão de estímulo a ser aprendido acha-se associado ou não a uma resposta correta numa prova determinada. Há uma certa prova de probabilidade de que a associação será esquecida, de modo que uma resposta correta num teste será seguida por uma resposta incorreta num outro subseqüente. (Até o momento, não é ainda certo se a série correto-incorreto deva ser atribuída em sua maior parte ao esquecimento ou à mudança observada no padrão de estímulo.) Se a associação correta não é aprendida numa tentativa particular, parece não haver qualquer aumento em relação à probabilidade de oportunidade de que uma resposta correta será efetivada num teste subseqüente.

A despeito da drástica revisão havida nos pressupostos básicos, preferimos apresentar a versão mais clássica de Estes, relativa à teoria da associação estatística. Mais dados se coligiram em testes da teoria original, e a teoria clássica pode ainda vir a ser mais apropriada na análise da situação de livre resposta.

Em seu modelo original, Estes (1950; veja-se também Hilgard & Bower, 1966) tomava a aprendizagem como um processo basicamente estatístico. O estímulo é entendido como uma coleção de elementos de estímulo. Nem todos os elementos são disponíveis em qualquer tentativa realizada; ou seja, em qualquer tentativa efetiva, o organismo escolhe uma certa proporção da coleção total de elementos. Se um certo elemento é escolhido para um ensaio e uma certa resposta termina o ensaio, esse elemento será condicionado (conectado) a essa resposta como resultado deste emparelhamento único. Qualquer elemento de estímulo pode ser conectado a apenas uma resposta de cada vez. A extinção ocorre, então, toda vez que os elementos de estímulo se ligam a alguma outra resposta diversa daquela previamente reforçada.

A medida de resposta utilizada é a probabilidade da resposta. Tal medida é bastante simples de obter-se, quando se dá um determinado intervalo fixo em que um organismo possa responder ou não, ou em que o organismo deve escolher uma resposta dentre uma coleção antes que a prova se encerre. Algumas dificuldades se deparam quando a situação for de livre resposta e quando múltiplas respostas ocorrerem dentro de uma única sessão experimental.

Estes sobrepuja essa dificuldade admitindo um tempo mínimo necessário à execução da resposta; expressemos isto em minutos por h. Então, $1/h$ respostas podem ocorrer por minuto. Por exemplo: se o animal necessita de 1/60 minuto para completar uma resposta, o índice máximo de resposta é de 60 por minuto. Se o índice máximo é de 60 respostas por minuto, mas a probabilidade de que uma resposta ocorra em qualquer intervalo é de apenas 0.25, então o índice será apenas de $0.25 \times 60 = 15$ respostas por minuto. A esta altura, o resultado teórico, uma probabilidade, estabeleceu contacto com uma medida empírica, um índice.

Em qualquer intervalo de tempo T, haverá T/h intervalos, ou T/h possíveis respostas. No nosso caso hipotético haverá $60 \times 10 =$

600 intervalos ou respostas possíveis num período de 10 minutos. Dado que a probabilidade de responder num determinado intervalo é de apenas P, e não de 1.00, PT/h respostas são de esperar que ocorram. No nosso caso, ocorrerão 150 respostas. Cada resposta exigia h minutos, no nosso caso 1/60 minuto. Estas respostas exigirão um total de $PT/h \times H = PT$ minutos (no nosso caso, 2.5 minutos), deixando-se $T - PT$ minutos (7.5 minutos) para os intervalos em que não houve respostas. Desta forma, o intervalo médio *entre* as respostas para o nosso exemplo é 7.5/150, ou 0.05 minuto. Em benefício da simplicidade, Estes conta a latência como sendo o período total entre o fim de uma resposta e o fim da seguinte; isto vem a ser exatamente h/P. Para encontrar a latência e o esperado número de respostas, uma vez dada a probabilidade, não havia necessidade de quaisquer pressuposições especiais. Como Estes afirmou (1958a, p. 395):

> Não temos nenhuma garantia de que a nossa abordagem levará a qualquer coisa passável como uma teoria da aprendizagem, mas podemos manifestar alguma confiança em que, se tivermos chegado a uma teoria, esta não será encontrada flutuando ociosamente no ar, enquanto os construtores tentam, tardiamente, lançar alguns cabos de amarração para o terreno do observável.

Na linguagem do nosso exame anterior, poderíamos dizer que Estes cuidou do problema da medida de respostas logo no começo do processo da teoria da construção.

Voltemos, agora, ao aspecto de estímulo do modelo e vejamos como pressupostos e derivações quase igualmente simples levam a algumas predições acerca das curvas de aprendizagem.

Uma pergunta crítica, a que se deve responder, diz respeito a que proporção de elementos de estímulo é separada pelo organismo numa tentativa particular. Ignoremos, por um instante, o problema de como esta proporção é determinada e admitamos que a conhecemos. Chamaremos a esta proporção de *theta* (θ). A pergunta, então, é esta: "Que efeito terá uma única tentativa na probabilidade de efetivar-se uma resposta especificada?"

Podemos dividir, a qualquer momento, o número total de elementos de estímulo S em duas classes: os condicionados à resposta em questão e os condicionados a outras respostas. Seja X o número de elementos condicionados à resposta em questão. Se S é o número total, então haverá $S - X$ elementos condicionados a alguma outra resposta. Considere-se o que representa isto para uma situação em que a resposta em questão sempre ocorre em último lugar e termina um ensaio, ou seja, um processo de correção em que o ensaio não termina enquanto o sujeito não der a resposta certa e for reforçado.

Que número de elementos esperamos ter condicionado como resultado de um único ensaio reforçado? Será o número total dos elementos inicialmente incondicionados $(S - X)$ vezes a probabilidade de que qualquer elemento seja condicionado num ensaio (θ). Para tomar uma única amostra com um número finito de elementos, suponhamos que há 100 elementos, 80 dos quais não estão condicionados, com $\theta = 0.05$. Então, o número que se espera de elementos condicionados como resultado de uma tentativa seria 4. Uma "equação de diferença", em função do número de elementos mudados em cada tentativa, por conseguinte, lê-se $\triangle X = \theta(S - X)$. Uma vez que a probabilidade de resposta é tomada como sendo igual a X/S, podemos escrever uma equação de diferença — em termos da mudança de *probabilidade*, e não em termos de mudança do número de elementos condicionados — dividindo, simplesmente ambos os termos da equação precedente por S para obtermos $\triangle P = \theta(1 - P)$. Com esta equação em mãos, podemos sempre dizer qual será em média, a probabilidade da resposta, se conhecermos a probabilidade da resposta na tentativa prévia. Se P_n é a probabilidade da resposta na *enésima* tentativa, e $P_n + 1$ é a probabilidade da resposta na tentativa seguinte, então $P_n + 1 = P_n + \theta(1 - P_n)$. Esta é a equação de aprendizagem básica de Estes.

É também relativamente fácil derivar-se uma equação geral para a probabilidade de resposta em qualquer tentativa, dados θ e a probabilidade de resposta na primeira tentativa; é $P_n = 1 - (1 - P_1)(1 - \theta)^{n-1}$. Note-se que esta equação representa um menos a probabilidade de que um elemento não tivesse sido conectado na tentativa 1 e tivesse permanecido inconectado (porque não havia sido escolhido) em qualquer das tentativas prévias à tentativa em questão. Um menos a probabilidade de que *não* foi conectado é a probabilidade de que *é* conectado, o que é exatamente aquilo de que necessitamos. Esta equação tem fornecido uma boa adequação à aquisição de dados obtidos de ratos em pistas retas de corrida, em labirintos em forma de T, e em experimentos de acionamento de barras em gaiolas. (Veja-se Estes, 1959b.)

Com isto, concluímos nossa rápida análise da primeira versão da teoria de Estes, mas há uns poucos pontos que devem ser esclarecidos antes que passemos a considerar alguns acréscimos à teoria. Em primeiro lugar, a questão de determinar-se θ, a proporção dos elementos selecionados. A determinação não pode ser feita diretamente por qualquer espécie de observação de um processo de seleção de amostras; em primeiro lugar, não há correspondência estabelecida entre os elementos do estímulo teórico e os elementos de qualquer estímulo experimentalmente definido. Ainda que tal correspondência existisse, é difícil visualizar-se como se poderia determinar que proporção de elementos um organismo escolheria numa dada tentativa. A determinação de θ deve, então, ser indireta. Este valor de θ é escolhido para fornecer a melhor adequação da curva teórica aos dados de aquisição. A esta altura, o modelo se torna, momentaneamente, supérfluo; isto é, se o êxito em ajustar uma curva aos dados fosse *tudo* que o modelo proporcionou, o teórico não estaria em melhor situação do que se tivesse começado diretamente em busca de uma curva. Todavia, se o valor de θ obtido de uma parte da coleção de dados dá uma boa adequação ao restante, isto equivale a uma vantagem em relação ao que poderia esperar-se da extrapolação de uma curva. Se os valores de θ obtidos numa situação aplicam-se a outras, isto significa uma vantagem substancial. Vimos na primeira parte deste capítulo que a medida de separação *d'*, utilizada na teoria da detectabilidade do sinal, fornece esta espécie de previsibilidade de situação para situação, enquanto o limiar, como medida, não o fornecia. É ainda muito cedo para dizer que amplitude de generalidade pode-se esperar de θ como parâmetro, mas os resultados até o presente momento são promissores.

Uma das mais importante modificações da teoria de Estes foi a adição de uma "barreira" que divide o conjunto total de elementos de estímulo em dois subconjuntos. Um subconjunto é composto daqueles elementos que estão disponíveis para amostragem. Durante um certo período de tempo, os elementos se deslocam de um conjunto para outro. Dado que cada subconjunto se divide, por sua vez, em dois subconjuntos, à base de condicionamento a uma resposta particular, há na realidade quatro subconjuntos ao todo. Está claro que o movimento dos elementos incondicionados para o subconjunto disponível pode diminuir a probabilidade de resposta, enquanto que o movimento dos elementos condicionados rumo ao subconjunto disponível aumenta esta probabilidade. O conjunto total de elementos de estímulo tem a propriedade de que as proporções dos elementos condicionados e incondicionados nos conjuntos disponíveis e não-disponíveis tende a tornar-se igual durante um certo período de tempo. O leitor pode verificar que esta complicação do modelo faz com que seja possível manipular tais fenômenos como efeitos de aprendizagem interpolada, de espaçamento de tentativas, de recuperação espontânea, e de esquecimento. Estes sugeriu (1958, 1961) que os efeitos do impulso podem ser também acessíveis a este tratamento.

SUMÁRIO E CONCLUSÕES

Um grupo coerente de idéias originárias da engenharia e da matemática forma um núcleo que está servindo para organizar-se uma nova escola em psicologia. Os conceitos desta organização são a transmissão de informação, a teoria da decisão e da detecção, a realimentação (*feedback*) e a simulação da função humana pelo computador. No presente capítulo, os conceitos básicos da teoria da informação e da teoria da detecção foram apresentados. Uma indicação dos relacionamentos entre a tecnologia do computador e estes desenvolvimentos teóricos foi oferecida.

Finalmente, a teoria da aprendizagem estatística de Estes foi examinada em sua forma inicial. O desenvolvimento matemático apresentado por Estes é um parente distante da teoria da detecção e da teoria da informação; apenas a farta utilização dos modelos estatísticos as aproxima. Este relacionamento, todavia, coloca estas teorias estatísticas suficientemente fora do âmbito da psicologia mais tradicional, de maneira a que pudessem ser tratadas em conjunto.

A psicologia matemática saiu da sua adolescência, explosivamente, nas décadas de 1950 e de 1960. Agora tem já o seu manual em multivolume (Luce, Bush & Galanter, 1963-1965), as suas próprias antologias de leituras (Atkinson, 1964; Luce, Bush & Galanter, 1963), uma opção para manuais de introdução (Coombs, Dawes & Tversky, 1970; Restle & Greeno, 1970) e a sua própria publicação (o *Journal of Mathematical Psychology*). Abriu mão das suas noções grandiosas da adolescência para mudar rapidamente o mundo, por um fiat, e aquietou-se em consonância com a paciente, árdua tarefa a que todas as ciências que atingiram a maturidade devem submeter-se.

Leituras Complementares

A dificuldade em sugerir-se leituras no campo da psicologia matemática para o estudante médio atual de psicologia está em encontrar aquelas leituras que sejam relevantes mas que não sejam demasiadamente matemáticas. G. A. Miller, Galanter e Pribram fornecem uma boa oportunidade, como qualquer outra do gênero, em *Plans and the structure of behavior* (1960), que mostra como as tarefas do computador libertaram o teórico em psicologia a fim de considerar novos tipos cognitivos de explanações. Wooldridge, em *Mechanical man* (1968), vai ainda mais longe, num tom ainda mais popular. G. A. Miller, com o seu *Mathematics and psychology* (1964), apresenta uma bela coletânea, em brochura, de artigos que cobrem as características gerais da matéria — análise fatorial, teoria da detecção, teoria da informação, e os computadores — tudo está aí, até certo ponto, representado, como estão as teorias matemáticas da aprendizagem e outros tópicos com uma história mais longa. *Uncertainty and structure as psychological concepts* de Garner (1962) não exige conhecimentos matemáticos e ilustra quão útil é o ponto de vista da teoria da informação nas experiências psicológicas e na formulação de teorias. O pequeno livro de Attneave, *Applications of information theory to psychology: A summary of basic concepts, methods, and results* (1959) ainda é um modelo de concisa clareza que deve ser lido por qualquer estudante mais adiantado de psicologia. A coisa é mais árdua com o livro de Green e de Swets, *Signal detection theory and psychophysics* (1966), mas esta é simplesmente a feição natural do que se passa com a teoria da detecção. Estes ainda se acha muito bem representado por seu artigo "Statistical approach to learning theory"

(1959b) como por qualquer outro artigo autônomo; um artigo mais antigo acha-se reimpresso no livro de G. A. Miller, *Mathematics and Psychology* (1964), e Estes acha-se também representado no *Handbook of mathematical psychology* (Luce e outros, 1963-1965). Este manual é uma obra de consulta excelente e essencial ao psicólogo matemático e serve como um notável mapa de estrada para a literatura específica, até mesmo para o não-especialista; todavia, pressupõe o domínio de várias sutilezas matemáticas e, por conseguinte, não pode ser abordado levianamente por aqueles dentre nós que apenas somos semi-alfabetizados em matemática. Finalmente, sugerimos leitura complementar em relação a um assunto que nem chegamos a cobrir, a teoria do jogo. A razão está em que o tópico é importante e o autor de *Two-person game theory* (1969) e de *N-person game theory*, Anatol Rapoport, é um desses escritores raros que combinam o talento e a paciência necessários a levar os tópicos matemáticos aos leitores basicamente sem preparo matemático. Merece ele a nossa atenção.

EPÍLOGO

O FUTURO DA PSICOLOGIA COMO CIÊNCIA E COMO PROFISSÃO

Os acontecimentos dos dez anos que se passaram desde a primeira edição convenceram-nos de que não podemos olhar para o futuro. Mesmo se pudéssemos, ainda assim hesitaríamos em fazer prognósticos; os acontecimentos dos nossos dias parecem bastantes a tornar baças as bolas de cristal de qualquer número de videntes. Todavia, como a maioria dos que fazem profissão de predizer o futuro, podemos nos proteger muito bem se ficarmos nas amplas generalidades e, mesmo a este nível, afirmarmos que qualquer coisa é possível. Ao procedermos desta maneira, ficamos também muito perto dos nossos modelos no campo da teoria psicológica.

Em primeiro lugar, precisamos decidir se seremos otimistas ou pessimistas. Há sinais de que a psicologia continua a experimentar um rápido e saudável crescimento. Em 1963, quando o nosso primeiro epílogo lançava um desafio ao futuro, havia mais de vinte mil companheiros, membros, e associados da American Psychological Association. Em 1970, havia mais de trinta mil. Continuamos a avançar fagueiramente rumo à realização da jocosa profecia de que por volta do ano 2000 haverá mais psicólogos do que pessoas. Do jeito que as coisas vão, *precisamos* mais de psicólogos que de pessoas.

Na página mais sombria da escrituração, devemos registrar o fato de que toda a comunidade intelectual acha-se em desgraça e que há fatores que indicam que os psicólogos em particular assim permanecerão por muito tempo. Nossas tendências liberais colocam-nos demasiado perto dos estudantes radicais para o gosto da sociedade em geral, pelo menos na sua disposição atual. Embora os psicólogos sejam, é claro, argutos e equilibrados em perspectiva, isto não basta para que deixemos de ser suspeitos nestes tempos conturbados. Uns poucos anos mais de financiamento estático ou decrescente de pesquisas de base e de comunidade acadêmica inevitavelmente farão paralisar o nosso progresso. Isto é irônico, na medida em que a sociedade está nos bloqueando exatamente no momento em que grande número de psicólogos se convenceram, afinal, de que devem voltar sua atenção para os problemas societários, a despeito de sua longa idiossincrasia para fazê-lo.

Embora esta situação política complique ainda mais a tarefa já impossível de predição, escolheremos uma visão geralmente otimista do futuro sob o fundamento de que os problemas do mundo são desesperadamente urgentes, de que é admissível que os psicólogos sejam mobilizados para trabalharem nesses problemas, e de que o público, a despeito de seus preconceitos, escolherá, ao cabo de contas, uma solução racional.

Embora seja plausível que a psicologia deva ter capacidade para contribuir na solução dos problemas urgentes da nossa sociedade, certamente não somos possuidores de nenhuma bomba atômica psicológica que possamos atirar nesses problemas. Os instrumentos que possuímos têm de ser tornado visíveis e outros, melhores ainda, têm de ser descobertos; de outro modo, nossos argumentos de plausibilidade tornar-se-ão progressivamente mais vãos nos próximos vinte e cinco anos, até que joguemos os olhos ao nosso redor para verificarmos que a maior parte dos nossos dinheiros foi redistribuída em novas dotações.

Um exemplo especial da dificuldade de predizer-se qual será a contribuição psicológica é apresentado pelos psicólogos clínicos que trabalham com pacientes perturbados. A grande estória dos últimos dez anos tem sido a da crescente incorporação de técnicas de modificação de comportamento nos programas de tratamento. A extrapolação mais simples seria, então, que esse processo continuará e que essa será a mais cômoda extrapolação para o futuro da psicologia clínica (embora o processo certamente não esteja livre de suas próprias tensões).

Há, desafortunadamente, uma alternativa extrema, menos simples e menos cômoda, que é a de que não haverá qualquer psicoterapia voltada para a cura da psicose, no final dos próximos vinte anos. Os psiquiatras adotam, freqüentemente, um "modelo de doença" da psicose. Se fosse comprovado que ele é essencialmente correto, através da descoberta de defeitos fisiológicos e de curas para eles, a procura da psicoterapia, entre os psicóticos, seria grandemente reduzida. O psicólogo, como se poderia esperar, prefere o modelo da psicose — um modelo de "aprendizagem social" — que justifica o uso dos talentos psicológicos. O modelo preferido por um indivíduo parece estar mais intimamente relacionado à sua profissão do que a qualquer prova rigorosa ao seu alcance.

O problema da predição é colocado pela nossa suposição de que o nível das sutilezas metodológicas e teóricas no momento prontas para serem aplicadas aos problemas da psicose está-se aproximando do nível requerido por alguns testes bastante úteis do modelo da doença. Há a possibilidade de que a esquizofrenia, ou algumas de suas subvariedades, venha a ser curável por técnicas químicas dentro de vinte anos. Compete, por conseguinte, àqueles que desejam evitar o destino dos bombeiros de estrada de ferro assegurarem-se de que o seu vagão vocacional não se acha atrelado a um modelo particular de psicose. Se o atual interesse febril em interações de grupo continuar, o líder do grupo dotado de habilidade não precisará preocupar-se acerca do decréscimo em número de psicóticos que precisam de novas experiências sociais de aprendizagem, porquanto a procura das pessoas normais em relação aos serviços psicológicos excederá a oferta. A natureza da nossa atual sociedade parece criar uma grande necessidade de mais interações interpessoais intensivas e os psicólogos continuarão a desempenhar um papel importante em fornecê-las, até que outras instituições societais sejam criadas para oferecer os serviços necessários.

O PRESENTE E O FUTURO DOS ESTUDOS EMPÍRICOS

É difícil negar-se que a maior parte dos estudos psicológicos atinge o não-especialista como se fosse uma caceteação esmagadora. Não obstante, a pequena percentagem de achados excitantes é tão gratificadora que não temos necessidade alguma de um maior entusiasmo no futuro. Em primeiro lugar, áreas que previamente eram tabu passaram a exame empírico cuidadoso — o sexo e a morte, por exemplo. Masters e Johnson (1970), como resultado de suas pesquisas sobre o sexo, tornam público extraordinários índices de cura para a incompatibilidade sexual. Os resultados sobre a morte não são ainda tão notáveis.

Os velhos tabus estão sendo substituídos, até certo ponto, por um novo tabu. É, no momento, muito difícil realizar-se qualquer pesquisa em que o indivíduo esteja sendo enganado, ameaçado ou levado a sentir dor ou mal-estar. Não estamos falando a favor ou contra este tabu, mas simplesmente mostrando a sua existência. Está institucionalizado, sob a forma de comitês de revisão de pesquisas, que geralmente são exigidos em qualquer pesquisa que envolva fundos financeiros do governo. Apenas desejamos fosse possível aplicar-se os mesmos altos padrões para o tratamento do indivíduo em qualquer área da vida, não apenas na área da pesquisa de laboratório utilizando sujeitos humanos. Suspeitamos também que a nossa preocupação com o sujeito de laboratório é ampliada pelo mal-estar engendrado pelos *resultados* de algumas experiências nas quais os sujeitos foram levados a sentir-se indispostos. Por exemplo, Milgram (1963), em suas experiências controvertidas, verificou que os sujeitos "administravam dor" em situações experimentais, numa extensão não previamente esperada. Tais resultados poderiam ser suscetíveis de corroborar a asserção de que temos tendências inatas maiores para a agressão do que cuidamos admitir.

A excitação é também originada quando os buracos clamorosos no panorama da pesquisa podem ser preenchidos por causa dos progressos tecnológicos realizados. O crescente refinamento da eletrofisiologia, mais uma ampliada concepção de quais as propriedades de estímulo que podem ser manipuladas, fizeram com que se tornasse possível estudar o comportamento de comunidades de células neurais. Os exemplos incluem os estudos clássicos do olho do sapo "falando" a respeito de mosquitos ao seu cérebro, os estudos dos centros de um cérebro de mariposa que dirige o seu vôo em relação aos sons (como os guinchos do morcego), os estudos dos campos receptivos de células particulares (e as espécies de estímulos a que reagem as células, como o movimento para a esquerda) e os estudos de diferentes potenciais evocados no cérebro humano quando os estímulos se acham dentro e fora do foco na retina. Bentley (1971) relatou, recentemente, sobre o controle genético do trinado de apelo do grilo; os trinados diferem de maneiras precisas, fáceis de serem controladas e gravadas. Além do mais, a atividade motora mobilizada no trinado de apelo é gerada por uma pequena cadeia neurônica e pode ser estudada através de técnicas eletrofisiológicas. O trabalho bioquímico deve também ser possível com a mesma preparação. Poder-se-ia dar outros exemplos, mas estes são suficientes para mostrar que dispomos hoje de algo que no passado havia em muito pouca quantidade: uma psicologia fisiológica que começa a estar capacitada para oferecer uma descrição detalhada do relacionamento entre o comportamento de grupos identificáveis de células e os comportamentos significativos no organismo. No passado, havia estudos do comportamento de neurônios únicos e — separadamente — estudos de comportamento. A única exceção eram as observações muito rudimentares como as que se referiam aos efeitos das ablações ou do igualmente rudimentar EEG, obtido enquanto o indivíduo estava dormindo ou acordado. Há um número tremendo de brechas a preencher antes que compreendamos, realmente, a relação entre o microcosmo neural e o macrocosmo comportamental, mas um sólido começo, finalmente, foi realizado. A observação empírica de "cadeia de nervos" tornou-se mais emocionante porque é parte essencial da teoria de Hebb (1949), e as suas capacitações lógicas foram trabalhadas exaustivamente por McCulloch e Pitts (1943). O futuro verá, em nossa opinião, uma considerável irrupção de estudos neste nível.

Estudos afins que encorajam a inferência de que há cadeias de nervos pré-organizadas são os que mostram que o comportamento maternal ou o de acasalamento pode ser emitido por ratos naturais na presença de estímulos adequados, injetada a estimulação hormonal apropriada.

Sperry (1961) e todos aqueles que participaram da sua experiência inicial de "cérebro-dividido", ou a secundaram, também provocaram um tremendo entusiasmo. Não se trata exatamente de que o *corpus callosum,* no ponto de transferência inter-hemisférico, seja compreendido; trata-se do fato de que os dois hemisférios separados mostram tamanha independência que somos tentados a afirmar que duas "mentes" separadas compartilham do mesmo corpo. Tais achados podem, no futuro, ser integrados às teorias da personalidade, particularmente às teorias do eu.

Uma outra área de estudo que está, finalmente, oferecendo campo à alta aventura, prometida de há muito, é a da comunicação animal, particularmente a dessa velha atração para a imaginação popular: a comunicação dos animais com o homem. Os sinais sonoros da baleia de corcova estão agora em pauta, embora não saibamos o que estão dizendo elas, e Premack (1970) nos deu algumas das elocuções da chimpanzé Sara, embora ela não cante. Os porcos-do-mar (delfins) também têm estado sob observação, mas os resultados são equívocos. Estes estudos de animais, assim como os estudos de computadores que jogam xadrez, justificam, além do mais, o parentesco que se admite entre o homem e outras entidades lógicas, tanto animadas quanto inanimadas.

A despeito desse trabalho sobre a linguagem animal, e de um número rapidamente crescente de publicações sobre a linguagem humana — encorajadas pela discussão entre Skinner (1957b) e Chomsky (1959) — os psicólogos ainda não possuem quaisquer chaves inequívocas quanto ao relacionamento entre o homem e a sua linguagem. O "segundo sistema de sinal" de Pavlov tem-se tornado, tardiamente, num tópico de conversação de bom-tom, mas parece ter quase que a mesma carga de poder teórico que o campo fisiológico. O estudo psicológico da linguagem acha-se na sua infância, no que diz respeito a quaisquer resultados de maior profundidade. As próximas décadas verão esta situação alterada de maneira assinalada. Pode ser até que, com grande sorte, novas e insuspeitadas idéias acerca da consciência e da natureza do eu emergirão dos futuros estudos da linguagem do homem — qual delas foi criada pelo homem, ou o criou, ou ambas as coisas. Segal e Lachman (1972) acreditam que os problemas da linguagem jogaram a sua pá de cal no neobehaviorismo, depois que a teoria da informação e a utilização psicológica da matemática finita iniciou a tendência para uma abordagem mais cognitiva. O resultado, afirmam eles, foi que "... a estrutura que era o behaviorismo E-R não tem mais quaisquer propriedades. Em resumo, evaporou-se" p. 53).

O livro de Zimbardo (1969) sobre a motivação sustenta o ponto de vista expresso por Segal e Lachman. Seu ponto de vista é cognitivo, deriva do ponto de vista da simulação informação-teoria-computador, pelo menos parcialmente, e efetivamente se opõe ao quadro neobehaviorístico do homem. Todavia, Atkinson e Birch (1970) apresentam uma engenhosa teoria da motivação que, embora não seja explicitamente uma teoria E-R, tem óbvias afinidades com as teorias de Guthrie e daqueles que modificaram a sua teoria básica. Atkinson e Birch tratam as imagens como *reações* dissimuladas; a percepção, que pode atingir a consciência, está correlacionada com o comportamento dissimulado mas não o causa. Tanto o comportamento manifesto quanto o dissimulado estão relacionados com os mesmos instigadores internos e externos do comportamento. Este ponto de vista conserva o homem sob o controle do meio ambiente, em última análise, e é behaviorista em suas características básicas. Desta forma, parece-nos que o desaparecimento do behaviorismo E-R é apenas parcial; a parte E-R desapareceu mais completamente do que a parte behaviorística e, mesmo esta, sobreviveu em forma grandemente modificada.

A descoberta do modo de ação do material genético DNA deu início a uma era de grandes esperanças no campo da aprendizagem. A procura do mecanismo do armazenamento da memória havia sido, desde há muito e até então, infrutífera. A costumeira parcimônia da natureza encorajou os experimentadores da aprendizagem a acreditar que o DNA, ou o seu parente RNA, poderiam ser a molécula da memória assim como a molécula genética. Resultados animadores foram fáceis de produzir mas difíceis de repetir-se. Embora haja ainda controvérsia acerca das experiências da transferência de memória, é muito difícil para os críticos verificarem por que as experiências devem ser bem sucedidas mesmo admitindo que o DNA ou o RNA *é* a molécula da memória. Há um Prêmio Nobel aguardando a pessoa ou pessoas que, algum dia, haverão de seguir os caminhos químicos da memória, mas a estrada para esse prêmio não vai ser fácil de percorrer.

Talvez um instrumento para desaferrolhar as chaves do engrama possa vir a ser o experimento de consolidação. A ciência, geralmente, costuma vir a saber como as coisas funcionam fazendo com que elas parem de funcionar, e a interrupção da memória através de choque ou agente químico pode nos informar alguma coisa sobre a natureza de um processo que seja interrompido por esses meios. E se a ruptura for *evitada* por outros agentes químicos, que estarão estes fazendo? Trata-

-se de um belo problema, e os meios de ataque estão começando a vir à baila.

As áreas que examinamos até aqui neste epílogo foram em grande medida desenvolvidas por psicólogos americanos. Afortunadamente, não tivemos de nos abastecer a nós próprios de todos os nossos instrumentos de alerta intelectuais. Os europeus tiveram muita satisfação em nos ajudar. Nosso apêndice a respeito da psicologia européia entra nesses detalhes. Aqui podemos, pelo menos, mencionar três influências bastante importantes: Jean Piaget (1952) e a sua teoria do desenvolvimento intelectual, os etologistas e sua contribuição derivada do estudo do comportamento animal, e os filósofos existencialistas, que tiveram grande influência na psicologia humanística dos Estados Unidos.

Piaget deu à psicologia um impulso rumo a uma psicologia cognitiva e do desenvolvimento, de caráter descritivo. Dado que seu enfoque é cognitivo, Piaget coloca-se numa vinculação não-intencional com os teóricos dos computadores e outros centralistas. Embora não seja ele um nativista, não é também um teórico do meio ambiente e, daí, o fato de todo mundo tomá-lo inicialmente como um inimigo, e, mais tarde, como um amigo. A maior parte dos seus estudos pode ser criticada como clássica da falta de rigor naturalístico ou então louvada como exemplos de esforços intuitivos brilhantes, guiados, mas não dominados, por uma teoria geral do desenvolvimento intelectual.

A segunda contribuição, etológica, tem Lorenz (p. ex., 1970) e Tinbergen (p. ex., 1967) entre os seus nomes principais, com Hinde (1970) como o seu proeminente sistematizador e sintetizador atual. Estes homens apoiaram o uso da pesquisa naturalista da maneira mais consistente possível: com *descobertas* provenientes de tais pesquisas. Incluem elas várias descrições tremendamente detalhadas de comportamentos específicos da espécie e de circunstâncias que os tornam possíveis. Aos psicólogos americanos, pareceu como se fosse o retorno dos reprimidos — banidos — instintos e isso constituía um choque severo para a pudicícia do nosso ambientalismo.

O terceiro desenvolvimento, existencial, vindo de Heidegger (1962), de Sartre (1956), e de outros, aglutinou-se ao novo movimento humanístico na América. O existencialismo desafia o determinismo e, portanto, os fundamentos de uma ciência humana mecanística. Mais ainda, eleva a consciência humana a uma posição de dignidade sombria e pessimista. O existencialismo casa-se muito bem com o estado de espírito destes tempos mas não perfeitamente com a visão tradicional que informa a ciência. Uma das questões mais interessantes a ser posta a prova de sobrevivência nos próximos vinte anos, mais ou menos, vai ser como o existencialismo afetará o desenvolvimento da psicologia como ciência e como profissão.

O PRESENTE E O FUTURO: QUESTÕES SISTEMÁTICAS GERAIS

Muito daquilo que é novo e estimulante em psicologia é completamente independente das questões levantadas pelos sistemas mais antigos. Este foi um tema capital para a primeira edição nossa, publicada em 1963. Parece haver, agora, alguma desaceleração da tendência para o crescente uso dos modelos e do pensamento como-se que eles caracterizavam. Turner (1971) argumenta que precisamos da orientação da realidade a fim de nos ajudar a escolher entre os modelos alternativos; desta forma, precisamos de teorias cujos componentes correspondam realmente a alguma coisa. Estes, a quem já conhecemos como um dos principais construtores de modelos, achou recentemente (1970) que valia a pena retornar a algumas das teorias mais velhas e mais grandiosas a fim de se verificar se tinham ou não alguma coisa com que contribuir para a compreensão do retardamento mental. Atkinson e Birch (1970) afirmam coisas como esta: "... nós... compartilhamos da necessidade de que a teoria tenha as virtudes gêmeas da amplitude e da precisão" (p. vii); e como esta: "Tivemos de formular o que considerávamos os melhores palpites em muitos aspectos" (p. ix). Atkinson e Birch estão falando como Hull! É nossa suposição que haverá menos preocupação com um operacionismo extremo no futuro e, simetricamente, menos preocupação exclusiva com os sistemas miniaturais. Haverá mais desenvolvimento teórico vindo de cima. Uma parte da razão para esta inversão das expectativas de dez anos atrás é um crescente refinamento histórico e filosófico entre os psicólogos; reconhecemos agora que a ciência nunca foi exclusivamente indutiva e que até mesmo os nossos melhores esforços nessa direção nunca poderiam eliminar os pressupostos, de qualquer modo. Desta forma, pode ser que coloquemos os nossos pressupostos em cima da mesa e continuemos com as nossas tarefas.

Embora os psicólogos não sejam propensos a ceder ao velho hábito de uma linha de pensamento de um sistema ou escola particular, à maneira tradicional, existem certas provas, pelo menos em um caso, de que há uma moderna contrapartida de uma escola. Krantz (1972) encontrou provas de que as psicologias operante e não-operante estão mutuamente isoladas. Outros candidatos a um isolamento mútuo, por exemplo, o grupo da simulação de computador, simplesmente não têm sido estudados. Poder-se-ia objetar que nenhum desses psicólogos se vê como membro de escolas ou como advogado de uma posição sistemática particular, mas os membros das escolas tradicionais não foram provavelmente diferentes a este respeito.

Independentemente de saber se ainda há, ou não, fidelidades sistemáticas, está claro que uma grande questão, em torno da qual gravita muita controvérsia, é a do nativismo-empirismo. Na verdade, alguns dos desenvolvimentos dos anos recentes poderiam ser titulados como "o ressurgimento do nativismo". Os livros de Ardrey (1961, 1966), por exemplo, popularizaram uma interpretação nativista da agressão humana e da sua suposta tendência para defender o seu território. Ardrey acredita que muitas das modernas agressões do homem podem ser atribuídas a um ancestral carnívoro, portador de armas, o Australopithecus. Desmond Morris (1968) juntou-se, então, à mesma posição geral com a sua imagem do homem como o macaco nu. Antes que o fizesse, a batalha já estava travada; Ashley Montagu (1968) tem sido um dos opositores mais vociferantes de Ardrey, e uma leitura de Montagu sugeriria que a única razão para o interesse renovado no nativismo é a capacidade de Ardrey para burilar frases dramáticas. Mais recentemente, Tiger e Fox (1971) acrescentaram *The imperial animal* ao grupo de livros que argumentam que as capacidades do homem podem ser melhor compreendidas relacionando-as à sua herança biológica.

Sugeriríamos nós, todavia, que até mesmo um escritor da habilidade de Ardrey precisa de alguns fatos favoráveis com que amparar seu raciocínio e que não seria ele ouvido se o clima psicológico em que os seus leitores vivem não fosse, de certa maneira, favorável. Já mencionamos, de passagem, o trabalho dos etologistas, que angariaram algumas provas relativamente à determinação inata dos comportamentos espécie-específicos. Pode não ser válido para Ardrey (ou para Lorenz quando *ele* escreve sobre a agressão) argumentar do animal para o homem, mas há provas suficientes nos animais *per se,* embora os animais precisem ser selecionados cuidadosamente.

Há outros elementos de comprovação nativista coletados recentemente que Ardrey, ao que sabemos, não utilizou. T. G. R. Bower (1966) encontrou provas impressionantes de que a constância da forma é inata nos bebês humanos. Um círculo visto de um certo ângulo tem como reação um círculo, não uma elipse. Os Gibsons (p. ex., Gibson & Walk, 1960) e outros relacionaram comprovantes indicando que a percepção de profundidade é inata em muitas espécies. Desta forma, no campo perceptivo, em que a disputa nativismo-empirismo tem sido sempre acesa, há uma certa inclinação para o lado nativista.

O derradeiro insulto do nativismo, todavia, é a sua recente invasão do antigo baluarte do ambientalismo, o campo da aprendizagem. Nada existe que seja sagrado? Seligman (1970) sugeriu que os fatores nativistas estão subjacentes à relativa associabilidade de várias combinações estímulo-resposta. Algumas combinações são *preparadas* para serem associadas, e algumas *contrapreparadas*. Rozin e Kalat (1971) cantam um refrão idêntico em seu artigo "Fomes específicas e evitação de veneno como especializações adaptadoras da aprendizagem". Ambos valem-se fortemente do trabalho de Garcia e de seus colegas (por ex., Garcia, McGowan & Green, no prelo), que repetidamente mostraram que algumas combinações estímulo-resposta são fáceis de associar, ou podem ser associadas a despeito de retardamentos E-R extremamente longos, e que outras combinações são mais difíceis de associar, ou não podem ser associadas durante longos retardamentos. É fácil ver que o trabalho dos Brelands, citado anteriormente, e o dos etologistas, particularmente sobre a estampagem *(imprinting)*, são muito relevantes na contribuição nativista para a aprendizagem.

Há também alguma motivação que nos poderia levar a achar a posição nativística mais cômoda do que costumava ser. Em primeiro lugar, agora sabemos alguma coisa sobre o modo como o DNA codifica a informação. É, portanto, possível alimentar a esperança de que não se necessitará estar sempre atado aos nossos erros genéticos ou imperfeições; talvez algum dia, se não gostarmos do código que herdamos, possamos trocá-lo e tornarmo-nos mais altos e mais magros ou mais elegantes. Uma crença no nativismo sempre foi cômoda para os conservadores e o nosso estado de ânimo pode, neste país, estar caminhando agora nessa direção.

O estado de ânimo da ciência social está longe de ser conservador, todavia, particularmente com respeito às questões raciais. Se alguém ousar sugerir que possa haver fatores raciais relacionados com a inteligência, parece que estará destinado a sofrer vexames. Jensen (1969) defendeu-se contra os que o atacaram severamente por essa mesma sugestão. Embora possa muito bem haver razões científicas válidas para pôr em dúvida quaisquer conclusões, as razões para ignorar uma área de estudos são raramente científicas. Os autores deste livro sentem-se incomodados quando tabus sociais e culturais coíbem o estudo de questões delicadas. Poderíamos nos encontrar severamente limitados em nossa abordagem da psicologia (como os russos se encontraram, quando tinham de ser extremamente cautelosos para não se "desviarem" de Pavlov ou quando tinham de aceitar a crença na hereditariedade dos caracteres adquiridos).

Ghiselin (1972), fazendo a resenha de um livro de autoria de John S. Haller Jr., repete a descoberta de Haller de que nenhum cientista durante os anos 1880 e 1890, nos Estados Unidos, contestou a opinião de que os pretos eram inferiores. O problema era o mesmo que hoje em dia, mas a "resposta" era a inversa. Os liberais dos nossos dias louvariam um cientista que, naquela época, desafiasse o consenso geral; mas Jensen, que agora pelo menos levanta questões acerca da posição do consenso geral, não recebe quaisquer cumprimentos por isto.

Não pretendemos sugerir que a psicologia está prestes a voltar para uma ingênua teoria do instinto ou para um extremo nativismo. O ponto geral de que a natureza e a criação interatuam é muito bem compreendido para que isso venha a acontecer. O que estamos sugerindo é que os psicólogos estão, outra vez, reconhecendo a importância do genotipo; não são mais apenas Tryon (1940), com os seus ratos inteligentes de labirinto, ou Scott e Fuller (1965), com os seus variegados cachorros, que prestam atenção a esses assuntos. O estudo das inter-relações de comportamento e de genética acha-se em pleno rendimento e completamente aceito como um campo de pesquisas.

A questão nativismo-empirismo não é certamente a única que está sendo reavaliada, embora o seu reexame pareça ser, no momento, o mais dramático de todos. Devemos certamente notar a renovada ênfase dada ao estudo dos processos cognitivos, e até mesmo alguma vantagem na respeitabilidade do estudo da consciência. Quando Kimble, de há muito aparentemente um arquibehaviorista, escreve um artigo sobre a volição (1970) e Ryan (1970) escreve um livro sobre uma análise intencional dos motivos, está-se tornando claro que a psicologia está afrouxando as suas proscrições conceituais.

O progresso mais estimulante e sistemático, todavia, e que está conturbando a certos respeitos, é o exame crítico retardado da própria fundamentação da ciência. Por um lado, há vários cientistas que estão sugerindo que a paisagem mais antiga, do progresso científico bem ordenado e lógico, era altamente enganadora; já citamos Kuhn (1962; 1970) no começo deste livro, pela sua crença de que o progresso na ciência deve ser, algumas vezes, cataclísmico. As coisas velhas devem ser postas abaixo e substituídas por novos paradigmas. Polanyi (1958) é um filósofo que acredita que muito do nosso conhecimento é sustentado e obtido numa base muito menos lógica do que gostaríamos de acreditar. No Capítulo 1 notamos que Feyerabend está argumentando a favor de uma teoria anarquista do conhecimento, e parece ser completamente sério acerca disso. Afirma ele: "... acredito que uma reforma das ciências que a faça mais anarquista e mais subjetiva (no sentido de Kierkegaard) é por conseguinte urgentemente necessária." Todos estes homens colocam uma espécie de subjetividade na própria base do edifício científico. Rosenthal (1966) acrescenta a prova experimental dessa subjetividade, na própria produção dos nossos dados. Não obstante, estes quatro críticos e seus simpatizantes são essencialmente cordiais em relação à ciência e provavelmente aceitam a conveniência de um enfoque de certo modo objetivo e analítico. Ressaltam erros e concepções equivocadas de modo a que possam ser tomados em consideração no processo científico e para que a ciência possa ser, por isso mesmo, aperfeiçoada.

Embora esses homens sejam amigos estaríamos seriamente nos enganando a nós mesmos se negássemos a presença de outros menos amistosos. Alguns psicólogos parecem achar que a ciência, como entendemos este termo no passado, acha-se deficiente, de uma maneira tão fundamental, que não admite reparos. Há, desta forma, um cisma em desenvolvimento nas fileiras dos psicólogos, que não mais envolve a questão relativamente trivial de como se tornar ótimo o progresso simultâneo da ciência e da profissão de psicólogo. O cisma no interior da psicologia reflete o cisma mais amplo entre a ciência e algumas partes da nossa sociedade. Até aqui, o número de psicólogos no lado científico ou anticientífico da divisão é bastante pequeno. Não obstante, a psicologia acha-se *em processo de cisão;* já existem organizações para os que consideram a *American Psychological Association* muito ingênua (por exemplo, a *Psychonomic Society*) e para os que a acham muito intolerante (por exemplo, a *Society for Humanistic Psychology*). Sempre duvidamos que a formação de tais grupos possa impedir o progresso da psicologia como ciência; ao contrário, provavelmente ajudam a provocar entusiasmo e motivação para as nossas tarefas. A lição da história é a de que o progresso sólido chega como produtos de grupos que, a princípio, eram tidos como extremos e que, no fim de contas, acabam incorporados à corrente principal.

Ficaríamos alarmados se grandes progressos fossem feitos por qualquer grupo anticientífico. Há, usualmente, uma grande quantidade de sentimento anticientífico no nosso meio cultural geral. Todavia, é ainda um sentimento à procura de um paradigma. Durante um certo tempo, pareceu-nos uma competição renhida se a ciência em geral e a psicologia em particular conseguiriam incorporar novos pontos de vista antes que um paradigma anticientífico mais atrativo fosse encontrado. Agora, Fischer (1971) ofereceu uma "cartografia" dos estados de consciência; o novo mapeamento congrega conceitos que podem muito bem interessar os simplórios e conceitos que podem satisfazer os intolerantes. Quase ao mesmo tempo, Blackburn (1971) assinalava a sensualista complementaridade intelectual que, segundo ele, a ciência deveria reconhecer se quisesse sobreviver no mundo moderno. Blackburn, como Fischer, casa alguns interesses da contracultura com alguns interesses da ciência tradicional. Com inovadores como esses homens e com a mais prestigiosa revista de divulgação científica disposta a publicar suas especulações, pensamos hoje que a instituição da ciência é bastante flexível para sobreviver aos nossos tempos de mudança. Duvidamos de que uma posição filosófica concorrente, oposta à ciência, logre captar muitos adeptos nas próximas décadas — mas essa verificação será parte do fascínio para os psicólogos no futuro próximo.

REFERÊNCIAS

Ach, N. *Über den Willensakt und des Temperament: Ein experimentelle Untersuchung.* Leipzig: Quelle & Meyer, 1910.

Achinstein, P. *Concepts of science.* Baltimore: Johns Hopkins Press, 1968.

Adelson, J. Personality. *Annual Review of Psychology,* 1969, *20,* 217-252.

Allport, F. H. *Social psychology.* Boston: Houghton Mifflin, 1924.

Allport, F. H. *Theories of perception and the concepts of structure.* Nova Iorque: Wiley, 1955.

Allport, G. W. *Personality: A psychological interpretation.* Nova Iorque: Holt, 1937.

Allport, G. W. *The individual and his religion.* Nova Iorque: Macmillan, 1950. (a)

Allport, G. W. *The nature of personality: Selected papers.* Reading, Mass.: Addison--Wesley, 1950. (b)

Allport, G. W. *Becoming: Basic considerations for a psychology of personality.* New Haven, Conn.: Yale University Press, 1955.

Allport, G. W. *Personality and social encounter: Selected essays.* Boston: Beacon Press, 1960.

Allport, G. W. *Pattern and growth in personality.* Nova Iorque: Holt, 1961.

Allport, G. W. *Letters from Jenny.* Nova Iorque: Harcourt, Brace & World, 1965.

Allport, G. W. *The person in psychology: Selected essays.* Boston: Beacon Press, 1968.

Allport, G. W., & Allport, F. H. *A-S reaction study.* Boston: Houghton Mifflin, 1928.

Allport, G. W., & Cantril, H. *The psychology of radio.* Nova Iorque: Harper, 1935.

Allport, G. W., & Vernon, P. E. *A study of values.* Boston: Houghton Mifflin, 1931.

Allport, G. W., & Vernon, P. E. *Studies in expressive movement.* Nova Iorque: Macmillan, 1933.

Allport, G. W., & Vernon, P. E. *A study of values.* (Ed. rev.) Boston: Houghton Mifflin, 1951.

Alper, T. G. Memory for completed and incompleted tasks as a function of personality: Correlation between experimental and personality data. *Journal of Personality,* 1948, *17,* 104-137.

American Psychologist, 1958, *13,* 735.

Ammons, R. B. Psychology of the scientist. II. Clark L. Hull and his "idea books". *Perceptual and Motor Skills,* 1962, *15,* 800-802.

Anastasi, A. *Differential psychology.* (3.ª ed.) Nova Iorque: Macmillan, 1958.

Anderson, R. J. Attribution of quotations from Wundt. *American Psychologist,* 1971, *26,* 590-593.

Angell, J. R. The relations of structural and functional psychology to philosophy. *Philosophical Review,* 1903, *12,* 243-271.

Angell, J. R. *Psychology: An introductory study of the structure and function of human consciousness.* Nova Iorque: Holt, 1904.

Angell, J. R. The province of functional psychology. *Psychological Review,* 1907, *14,* 61-91.

Angell, J. R. Behavior as a category of psychology. *Psychological Review,* 1913, *20,* 255-270.

Angell, J. R., & Moore, A. W. Reaction time: A study in attention and habit. *Psychological Review.* 1896, *3,* 245-258.

Arbib, M. *Brains, machines, and mathematics.* Nova Iorque: McGraw-Hill, 1964.

Ardrey, R. *African genesis.* Nova Iorque: Atheneum, 1961.

Ardrey, R. *The territorial imperative.* Nova Iorque: Atheneum, 1966.

Asch, S. E., Hay, J., & Diamond, R. M. Perceptual organization in serial rote-learning. *American Journal of Psychology,* 1960, *73,* 177-198.

Asch, S. E., & Lindner, M. A note on "strength of association". *Journal of Psychology,* 1963, *55,* 199-209.

Ashton, M. An ecological study of the stream of behavior. Tese de formatura, Universidade de Kansas, 1964.

Atkinson, J. W., & Birch, D. *The dynamics of action.* Nova Iorque: Wiley, 1970.

Atkinson, R. C. *Studies in mathematical psychology.* Stanford, Calif.: Stanford University Press, 1964.

Attneave, F. Some informational aspects of visual perception. *Psychological Review,* 1954, *61,* 183-193.

Attneave, F. *Applications of information theory to psychology: A summary of basic concepts, methods, and results.* Nova Iorque: Holt, 1959.

Augenstine, L. G. *Human performance in information transmission. VI. Evidence of periodicity in information processing.* Relatório R-75, Universidade de Illinois, Laboratório de Sistema de Controle, 1958.

Bain, A. *The senses and the intellect.* Londres: Parker, 1855 (Republicado: 1886).

Bain, A. *The emotions and the Will.* Londres: Parker, 1859.

Bakan, D. *Sigmund Freud and the Jewish mystical tradition.* Princeton, N. J.: Van Nostrand, 1958.

Bakan, D. Is phrenology foolish? *Psychology Today,* 1968, *1,* 44-51.

Banks, W. Signal detection theory and human memory. *Psychological Bulletin,* 1970, *74,* 81-99.

Barker, R. G. *Ecological psychology.* Stanford, Calif.: Stanford University Press, 1968.

Barker, R. G., Dembo. T., & Lewin, K. Frustration and regression: A study of young children. *University of Iowa Studies in Child Welfare,* 1941, *18,* 1.

Barker, R. G., & Gump, P. V. *Big school, small school.* Stanford, Calif.: Stanford University Press, 1964.

Beach, F. A., Hebb, D. O., Morgan, C. T., & Nissen, H. W. (Orgs.) *The Neuropsychology of Lashley: Selected papers of K. S. Lashley.* Nova Iorque: McGraw-Hill, 1960.

Beck, S. J. The science of personality: Nomothetic of idiographic? *Psychological Review,* 1953, *60,* 353-359.

Becker, R. J. Outstanding contributors to psychology. *American Psychologist.* 1959. *14,* 297-298.

Bekhterev, V. M. *Objektive Psychologie: Oder Psychoreflexologie, die Lehre von den Assoziationsreflexen.* (Trad. da ed. russa original de 1910.) (Republicado: Londres, Jarrolds Publishers, 1933.)

Bellak, L., & Smith, M. B. An experimental exploration of the psychoanalytic process. *Psychoanalytic Quarterly,* 1956, *25,* 385-414.

Bem, D. J., & Bem, S. L. Nativism revisited: Review of E. H. Lenneberg's *Biological foundation of language. Journal of Experimental Psychology,* 1968, *11,* 497-501.

Benjamin, A. C. *Operationism.* Springfield, Ill.: Charles C. Thomas, 1955.

Benjamin, A. C. *Science, technology, and human values.* Columbia: University of Missouri Press, 1965.

Bentley, D. R. Genetic control of an insect neuronal network. *Science,* 1971, *174,* 1139-1141.

Bergmann, G. The contribution of John B. Watson. *Psychological Review,* 1956, *63,* 265-276.

Bergmann, G. *Philosophy of science.* Madison: University of Wisconsin Press, 1957.

Bergmann, G. & Spence, K. W. The logic of psychophysical measurement. *Psychological Review,* 1944, *51,* 1-24. (Também em M. H. Marx (Org.), *Psychological theory: Contemporary readings.* Nova Iorque: Macmillan, 1951. Pp. 256-276.)

Berkeley, G. *An essay toward a new theory of vision.* Dublim: Jeremy Pepyat, 1709.

Berkeley, G. *Principles of human knowledge.* Oxford: Oxford University Press, 1710.

Berkeley, G. Theory of vision vindicated. Em A. A. Luce & T. E. Jessop (Orgs.), *Works.* Vol. 1. Nova Iorque: Nelson, 1948. Pp. 251-279

Berleyne, D. E. *Conflict, arousal, and curiosity.* Nova Iorque: McGraw-Hill, 1960.

Beveridge, W. I. B. *The art of scientific investigation.* Nova Iorque: Vintage Books, 1957.

Birdsall, T. An application of game theory to signal detectability. Relatório Técnico 20, Grupo de Defesa Eletrônico, Universidade de Michigan, 1953.

Blackburn, T. R. Sensuous-intellectual complementarity in science. *Science,* 1971, *172,* 1003-1007.

Blodgett, H. C. The effects of the introduction of reward upon the maze performance of rats. *University of California Publications in Psychology,* 1929, *4,* 113-134.

Boole, G. *An investigation of the laws of thought.* Nova Iorque: Dover, 1854.

Boring, E. G. *The physical dimension of consciousness.* Nova Iorque: Appleton-Century-Crofts, 1933.

Boring, E. G. A psychological function is the relation of successive differentiations of events in the organism. *Psychological Review,* 1937, *44,* 445-461.

Boring, E. G. Mind and mechanism. *American Journal of Psychology,* 1946, *59,* 173-192.

Boring, E. G. *A history of experimental psychology.* New York: Appleton-Century--Crofts, 1950.

Boring, E. G. Vol. I, Murchison, C. (1930) Vol. II, Murchison C. (1932) Vol. III, Murchison, C. (1961) Vol. IV, Boring E. G.; Langfeld, H. S.; Wernor, H.; & Yerkes, R. M. Vol. V, Boring, E. G., & Lindzey, G. (Orgs.) *A history of psychology in autobiography.* Worcester, Mass.: Clark University Press, 1952.

Boring, E. G. A history of introspection. *Psychological Bulletin,* 1953, *50,* 169-187.

Boring, E. G. When is human behavior motivated? *Scientific Monthly,* 1957, *84,* 189-196.

Boring, E. G. Lashley and cortical integration. Em F. A. Beach *et al.* (Orgs.), *The neuropsychology of Lashley.* Nova Iorque: McGraw-Hill, 1960. Pp. xi-xvi.

Boring, E. G. Cognitive dissonance: Its use in science. *Science,* 1964, *145,* 680-685.

Boring E. G., S Lindzey, G. (Orgs.) *A history of psychology in autobiography.* Nova Iorque: Appleton-Century-Crofts, 1967.

Bower, T. G. R. The visual world of infants. *Scientific American,* 1966, *215,* 80-92.

Box, G. E. P. Non-normality and tests on variance. *Biometrika,* 1953, *40,* 318-335.

Bradford, L. P., Gibb, J. R., & Benne, K. D. *T-group theory and laboratory method: Innovation in re-education.* Nova Iorque: Wiley, 1964.

Braithwaite, R. B. *Scientific explanation.* Londres: Cambridge, 1955.

Breland, K., & Breland, Marion. A field of applied animal psychology. *American Psychologist,* 1951, *6,* 202-204.

Breland, K., & Breland, Marion. The misbehavior of organisms. *American Psychologist,* 1961, *16,* 681-684.

Breland, K., & Breland, Marion. *Animal behavior.* Nova Iorque: Macmillan, 1966.

Brentano, F. *Psychologie von empirischen Standpunkte.* Leipzig: Meiner, 1874, e Heiner, 1955. Nova ed.

Breuer, J., & Freud, S. *Studien über Hysterie.* Viena: Franz Deuticke, 1895.

Bridges, Katherine M. B. Emotional development in early infancy. *Child Development,* 1932, *3,* 324-341.

Bridgman, P. W. *The logic of modern physics.* Nova Iorque: Macmillan, 1927.

Bridgman, P. W. *The nature of some of our physical concepts.* Nova Iorque: Philosophical Library, 1952.

Bridgman, P. W. *The way things are.* Cambridge, Mass.: Harvard University Press, 1959.

Bronk, D. W. The role of scientists in the furtherance of science. *Science,* 1954, *119,* 223-227.

Brown, J. F. On the use of mathematics in psychological theory. *Psychometrika,* 1936, *1,* 7-15; 77-90. Também em M. H. Marx (Org.), *Psychological theory: Contemporary readings.* Nova Iorque: Macmillan, 1951. Pp. 233-256.

Brown, J. F., & Voth, A. C. The path of seen movement as a function of the vector--field. *American Journal of Psychology,* 1937, *49,* 543-563.

Brown, P. L., & Jenkins, H. M. Auto-shaping of the pigeon's key-peck. *Journal of the Experimental Analysis of Behavior*, 1968, *11*, 1-8.

Brozek, J. Current status of psychology in the U.S.S.R. *Annual Review of Psychology*, 1962, *13*, 515-566.

Bruner, J. S., Brunswik, E., Festinger, L., Heider, F., Muenzinger, K. F., Osgood, C. E., e Rapaport, D. *Contemporary approaches to cognition: A symposium held at the University of Colorado*. Cambridge, Mass.: Harvard University Press, 1957.

Brunswik, E. *Wahrnehmung und Gegenstandswelt*. Viena: Franz Deuticke, 1934.

Brunswik, E. The conceptual focus of some psychological systems, *Journal of Unified Science*, 1939, *8*, 36-49. Transcrito em M. H. Marx (Org.), *Psychological theory: Contemporary readings*. Nova Iorque: Macmillan, 1951, pp. 131-143. (a)

Brunswik, E. Probability as a determiner of rat behavior. *Journal of Experimental Psychology*, 1939, *25*, 175-197. (b)

Brunswik, E. Organismic achievement and environmental probability. *Psychological Review*, 1943, *50*, 255-272.

Brunswik, E. Discussion: Remarks on functionalism in perception. *Journal of Personality*, 1949, *18*, 56-65.

Brunswik, E. The conceptual framework of psychology. *International Encyclopedia of Unified Science*, 1952, *1*, N.º 10. Pp. 1-102.

Brunswik, E., & Kamiya, J. Ecological cue-validity of "proximity" and of other gestalt factors. *American Journal of Psychology*, 1953, *66*, 20-32.

Brunswik, E. Representative design and probabilistic theory in a functional psychology. *Psychological Review*, 1955, *62*, 193-217. (a)

Brunswik, E. In defense of probabilistic functionalism: A reply. *Psychological Review*, 1955, *62*, 236-242. (b)

Brunswik, E. *Perception and the representative design of psychological experiments*. Berkeley: University of California Press, 1956.

Buckley, W. (Org.) *Modern systems research for the behavioral scientist: A sourcebook*. Chicago: Aldine, 1968.

Burke, C. J. Measurement scales and statistical models. Em M. H. Marx (Org.), *Theories in contemporary psychology*. Nova Iorque: Macmillan, 1963. Pp. 147-160.

Burnham, J. C. On the origins of behaviorism. *Journal of the History of the Behavioral Sciences*, 1968, *4*, 143-151.

Burt, C. L. *The factors of the mind*. Nova Iorque: Macmillan, 1941.

Bush, R. R., & Mosteller, F. A mathematical model for simple learning. *Psychological Review*, 1951, *58*, 313-323. (a)

Bush, R. R., & Mosteller, F. A model for stimulus generalization and discrimination. *Psychological Review*, 1951, *58*, 413-423. (b)

Bush, R. R., & Mosteller, F. *Stochastic models for learning*. Nova Iorque: Wiley, 1955.

Butler, J. M., & Haigh, G. V. Changes in the relation between self-concepts and ideal concepts consequent upon client-centered counseling. Em C. R. Rogers & Rosalind F. Dymond (Orgs.), *Psychoterapy and personality change: Coordinated studies in the client-centered approach*. Chicago: University of Chicago Press, 1954. Pp. 55-76.

Butterfield, H. *The origins of modern science: 1300-1800*. (Ed. rev.) Nova Iorque: Macmillan, 1957.

Cabanis, P. J. *Rapports du physique et du moral de l'homme*. Paris: Crapart, Caille et Ravier, 1805.

Capretta, P. J. *A history of psychology in outline*. Nova Iorque: Dell, 1967.

Carr, H. A. *Psychology: A study of mental activity*. Nova Iorque: Longmans, 1925.

Carr, H. A. Teaching and learning. *Journal of Genetic Psychology*, 1930, *37*, 189-219.

Carr, H. A. The question for constants. *Psychological Review*, 1933, *40*, 514-532.

Carterette, E. C., & Cole, M. Repetition and confirmation of messages received by ear and by eye. Relatório Técnico N.º 3, Universidade da Califórnia em Los Angeles, Departamento de Psicologia, 1959.

Carterette, E. C., & Cole, M. Comparison of the receiver-operating characteristics for messages received by ear and eye. *Journal of the Acoustical Society of America*, 1962, *34*, 172-178.

Cartwright, D. Lewinian theory as a contemporary systematic framework. Em S. Koch (Org.), *Psychology: A study of a science.* Vol. 2. *General systematic formulations, learning and special processes.* Nova Iorque: McGraw-Hill, 1958. Pp. 7-91.

Cattell, R. B. *A guide to mental testing.* Londres: University of London Press, 1936.

Cattell, R. B. *The culture free test of intelligence.* Champaign, Ill.: Institute of Personality and Ability Testing, 1944.

Cattell, R. B. *Description and measurement of personality.* Nova Iorque: Harcourt, Brace & World, 1946.

Cattell, R. B. *A guide to mental testing.* (Ed. rev.) Londres: University of London Press, 1948.

Cattell, R. B. The dimensions of culture patterns by factorization of national character. *Journal of Abnormal and Social Psychology,* 1949, *44,* 443-469.

Cattell, R. B. *Personality: A systematic theoretical and factual study.* Nova Iorque: McGraw-Hill, 1950.

Cattell, R. B. *Factor analysis: An introduction and manual for psychologist and social scientist.* Nova Iorque: Harper & Row, 1952.

Cattell, R. B. *The O-A personality test battery.* Champaign, Ill.: Institute of Personality and Ability Testing, 1954.

Cattell, R. B. *Personality and motivation structure and measurement.* Nova Iorque: Harcourt, Brace & World, 1957.

Cattell, R. B. Personality theory growing from multivariate quantitative research. Em S. Koch (Org.), *Psychology: A study of a science.* Vol. 3. *Formulations of the person and the social context.* Nova Iorque: McGraw-Hill, 1959. Pp. 257-327.

Cattell, R. B. (Org.) *Handbook of multivariate experimental psychology.* Chicago: Rand McNally, 1966.

Cattell, R. B. (Org.) *Handbook of modern personality theory.* Chicago: Aldine, 1970.

Cattell, R. B., Blewett, D. R., & Beloff, J. R. The inheritance of personality. *American Journal of Human Genetics,* 1955, *7,* 122-146.

Cattell, R. B., & Butcher, H. J. *The prediction of achievement and creativity.* Indianápolis: Bobbs-Merrill, 1968.

Cattell, R. B., Saunders, D. R., & Stice, G. F. *The 16 personality factor questionnaire.* Champaign, Ill.: Institute of Personality and Ability Testing, 1950.

Cattell, R. B., & Warburton, F. W. *Objective personality and motivation tests.* Urbana: University of Illinois Press, 1967.

Cattell, R. B., & Wispe, L. G. The dimension of syntality in small groups. *Journal of Social Psychology,* 1948, *28,* 57-78.

Caws, P. *The philosophy of science,* Princeton. N. J.: Van Nostrand, 1965.

Child, I. L. The relation of somatotype of self-ratings on Sheldon's temperament traits. *Journal of Personality,* 1950, *18,* 440-453.

Chomsky, N. Review of *Verbal behavior* by B. F. Skinner. *Language,* 1959, *35,* 26-58.

Coan, R. W. Dimensions of psychological theory. *American Psychologist,* 1968, *23,* 715-722.

Cobb, S. A. Salute from neurologists. Em F. A. Beach, D. O. Hebb, C. T. Morgan, & H. W. Nissen (Orgs.), *The Neuropsychology of Lashley: Selected papers of K. S. Lashley.* Nova Iorque: McGraw-Hill, 1960. Pp. xvii-xx.

Cohen, M. R., & Nagel, E. *Introduction to logic and scientific method.* Nova Iorque: Harcourt, Brace, 1934.

Comte, A. *The positive philosophy.* (Trad. para o inglês por H. Martin) Londres: G. Bell, 1896 (1824).

Conant, J. B. *On understanding science: A historical approach.* New Haven, Conn.: Yale University Press, 1947.

Conant, J. B. *Harvard case histories in experimental science.* Cambridge, Mass.: Harvard University Press, 1957.

Cook, J. O. "Superstition" in the Skinnerian. *American Psychologist,* 1963, *18,* 516-518.

Coombs, C. H. *A theory of data.* Nova Iorque: Wiley, 1964.

Coombs, C. H., Dawes, R. M., & Tversky, A. *Mathematical psychology: An elementary introduction.* Englewood Cliffs, N. J.: Prentice-Hall, 1970.

Cotton, J. W. On making predictions from Hill's theory. *Psychological Review*, 1955, *62*, 303-314.

Crannell, C. W., Wolfgang Köhler. *Journal of the History of the Behavioral Sciences*, 1970, *6*, 267-268.

Dahlstrom, W. G. Personality. *Annual Review of Psychology*, 1970, *21*, 1-48.

Dallenbach, K. M. Phrenology versus psychoanalysis. *American Journal of Psychology*, 1955, *68* (4), 511-525.

Danto, A., & Morgenbesser, S. (Orgs.) *Philosophy of science: A reader*. Nova Iorque: Meridian Books, 1960.

Darwin, C. *Expression of emotions in man and animals*. (2.ª ed.) Londres: J. Murray, 1872.

Darwin, C. *Origin of species*. (2.ª ed.) Londres: Collier, 1909.

David, H. P., & Brengelmann, J. C. (Orgs.) *Perspectives in personality research*. Nova Iorque: Springer, 1960.

David, H. P., & von Bracken, H. (Orgs.) *Perspectives in personality theory*. Nova Iorque: Basic Books, 1957.

Davis, R. C. Physical psychology. *Psychological Review*, 1953, *60*, 7-14.

Dennis, W. (Org.) *Readings in the history of psychology*. Nova Iorque: Appleton-Century-Crofts, 1948.

Deutsch, K. W., Platt, J., & Senghass, D. Conditions favoring major advances in social science. *Science*, 1971, *171*, 450-459.

Deutsch, M. Field theory in social psychology. Em G. Lindzey (Org.), *Handbook of social psychology*. Reading, Mass.: Addison-Wesley, 1954. Pp. 181-222.

Dewey, J. *Psychology*. Nova Iorque: Harper, 1886.

Dewey, J. The reflex arc concept in psychology. *Psychological Review*, 1896, *3*, 357-370.

Dewey, J. Psychology and social practice. *Psychological Review*, 1900, *2*, 105-124.

Dewey, J. *How we think*. Boston: Heath, 1910.

Diserens, C. M. Psychological objetivism. *Psychological Review*, 1925, *32*, 121-152.

Dittman, A. J. Psychotherapeutic processes. *Annual Review of Psychology*, 1966, *17*, 57-78.

Dollard, J. *Caste and class in a Southern town*. New Haven, Conn.: Yale University Press, 1937.

Dollard, J. *Fear in battle*. New Haven, Conn.: Yale University Press, 1943.

Dollard, J., Doob, L. W., Miller, N. E., Mowrer, O. H., & Sears, R. R. *Frustration and aggression*. New Haven, Conn.: Yale University Press, 1939.

Dollard, J., & Miller, N. E. *Personality and psychotherapy: An analysis in terms of learning, thinking, and culture*. Nova Iorque: McGraw-Hill, 1950.

Dorfman, D. D., & Alf, E., Jr. Maximum likelihood estimation of parameters of signal-detection theory: A direct solution. *Psychometrika*, 1968, *33*, 117-124.

Dorfman, D. D., & Alf. E., Jr. Maximum-likelihood estimation of parameters of signal-detection theory and determination of confidence intervals-rating method data. *Journal of Mathematical Psychology*, 1969, *6*, 487-496.

Driesch, H. A. *The problem of individuality*. (Curso de quatro lições dado na Universidade de Londres em 1913 por H. Driesch) Londres: Macmillan, 1914.

Duncker, K. On problem solving. (Trad. para o inglês por L. S. Lews da ed. original de 1935.) *Psychological Monographs*, 1945, *58*, (270).

Dunham, P. J. Punishment: Method and theory. *Psychological Review*, 1971, *78*, 58-70.

Ebbinghaus, H. *Uber das Gedachtnis*, 1885. (Republicado como *Memory*. (Trad. para o inglês por H. A. Ruger & C. E. Busenius.) Nova Iorque: Teachers College, 1913.)

Edwards, D. D., West, J. R., & Jackson, V. The role of contingencies in the control of behavior. *Psychonomic Science*, 1968, *10*, 39-40.

Egan, J. P. *Recognition memory and the operating characteristic*. Relatório Técnico N.º AFCRC-TN-58-51, AD-152650, Universidade de Indiana, Laboratório de Audição e Comunicação, 1958.

Ellenberger, H. Fechern and Freud. *Bulletin of the Menninger Clinic*, 1956, *20*, 201-214.

Ellis, W. D. *A source book of Gestalt psychology*. Nova Iorque: Harcourt, Brace & World, 1938.

English, H. T., & English, A. C. *A comprehensive dictionary of psychological and psychoanalytical terms.* Nova Iorque: McKay, 1958.

Escalona, S. K. The influence of topological and vector psychology upon current research in child development: An addendum. Em L. Carmichael (Org.), *Manual of child psychology.* (2.ª ed.) Nova Iorque: Wiley, 1954. Pp. 971-983.

Estes, W. K. Toward a statistical theory of learning. *Psychological Review,* 1950, *57,* 94-107.

Estes, W. K. Models for learning theory. *Symposium on psychology of learning basic to military training problems.* Washington, D.C.: Committee on Human Resources, Research and Development Board, 1953, 21-38.

Estes, W. K. Individual behavior in uncertain situations: An interpretation in terms of statistical association theory. Em R. M. Thrall, C. H. Coombs, & R. L. Davis (Orgs.), *Decision processes.* Nova Iorque: Wiley, 1954. Pp. 127-137. (a)

Estes, W. K., Kurt Lewin. Em W. K. Estes *et al., Modern learning theory.* Nova Iorque: Appleton-Century-Crofts, 1954. Pp. 317-344. (b)

Estes, W. K. Stimulus-response theory of drive. Em M. R. Jones (Org.), *Nebraska symposium on motivation.* Vol. 6. Lincoln: University of Nebraska Press, 1958.

Estes, W. K., Component and pattern models with Markovian interpretations. Em R. R. Bush & W. K. Estes (Orgs.), *Studies in mathematical learning theory.* Stanford, Calif.: Stanford University Press, 1959. Pp. 9-52. (a)

Estes, W. K. The statistical approach to learning theory. Em S. Koch (Org.), *Psychology: A study of a science.* Vol. 2. *General systematic formulations, learning and special processes.* Nova Iorque: McGraw-Hill, 1959. Pp. 380-491. (b)

Estes, W. K. Learning theory and the new "mental chemistry". *Psychological Review,* 1960, *67,* 207-223.

Estes, W. K. Growth and function of mathematical models for learning. Em R. A. Patton (Org.), *Current trends in psychological theory.* Pittsburgh: University of Pittsburgh Press, 1961. Pp. 134-151. (Transcrito também em M. H. Marx (Org.), *Theories in contemporary psychology.* Nova Iorque: Macmillan, 1963. Pp. 132-146.)

Estes, W. K. *Learning theory and mental development.* Nova Iorque: Academic Press, 1970.

Estes, W. K., & Burke, C. J. A theory of stimulus variability in learning. *Psychological Review,* 1953, *60,* 276-286.

Estes, W. K., Hopkins, B. L., & Crothers, E. J. All-or-none and conservation effects in the learning and retention of paired associates. *Psychological Review,* 1960, *60,* 329-339.

Estes, W. K., Koch, S., MacCorquodale, K., Meehl, P. E., Mueller, C. G., Jr., Schoenfeld, W. N., & Verplanck, W. S. *Modern learning theory.* Nova Iorque: Appleton-Century-Crofts, 1954.

Evans, R. I. *B. F. Skinner: The man and his ideas.* Nova Iorque: Dutton, 1968.

Eysenck, H. J. *Dimensions of personality.* Londres: Routledge, 1947.

Eysenck, H. J. Criterion analysis: An application of the hypothetico-deductive method of factor analysis. *Psychological Review,* 1950, *57,* 38-53.

Eysenck, H. J. The effects of psychotherapy. *Journal of Consulting Psychology,* 1952, *16,* 319-324. (a)

Eysenck, H. J. *The scientific study of personality.* Londres: Routledge, 1952. (b)

Eysenck, H. J. *The structure of human personality.* Nova Iorque: Wiley, 1953. (a)

Eysenck, H. J. *Uses and abuses of psychology.* Baltimore: Penguin, 1953. (b)

Eysenck, H. J. *The psychology of politics.* Londres: Routledge, 1954.

Eysenck, H. J. *The dynamics of anxiety and hysteria: An experimental application of modern learning theory to psychiatry.* Nova Iorque: Praeger, 1957.

Eysenck, H. J. (Org.) *Handbook of abnormal psychology.* Nova Iorque: Basic Books, 1961.

Eysenck, H. J., & Rachman, S. *The causes and cures of neurosis.* San Diego: Knapp, 1965.

Ezriel, H. The scientific testing of psychoanalytic findings and theory. *British Journal of Medical Psychology,* 1951, *24,* 26-29.

Falk, J. L. Issues distinguishing idiographic from nomothetic approaches to personality theory. *Psychological Review,* 1956, *63,* 53-62.

Farrell, B. A. The scientific testing of psychoanalytic findings and theory. *British Journal of Medical Psychology*, 1951, *24*, 35-41.

Fawl, C. L. Disturbances experienced by children in their natural habitats. Em R. G. Barker (Org.), *The stream of behavior*. Nova Iorque: Appleton-Century--Crofts, 1963. Pp. 99-126.

Fechner, G. T. *Elemente der Psychophysik*. Leipzig: Breikopf & Härtel, 1860.

Fechner, G. T. *Elements of psychophysics*. Vol. 1. Traduzido para o inglês por H. E. Adler, D. H. Howes, & C. O. Boring (Orgs.) Nova Iorque: Holt, Rinehart & Winston, 1966.

Feigl, H. The "orthodox" view of theories: Remarks in defense as well as critique. Em M. Radner & S. Winokur (Orgs.), *Analyses of theories and methods of physics and psychology*. Minneapolis: University of Minnesota Press, 1970.

Feigl, H., & Brodbedk, M. (Orgs.) *Readings in the philosophy of science*. Nova Iorque: Appleton-Century-Crofts, 1953.

Feigl, H., & Maxwell, G. (Orgs.) *Current issues in the philosophy of science*. Nova Iorque: Holt, 1961.

Feigl, H., & Scriven, M. (Orgs.) *Minnesota studies in the philosophy of science*. Vol. 1. Minneapolis: University of Minnesota Press, 1956.

Feigl, H., Scriven, M., & Maxwell, G. (Orgs.) *Minnesota studies in the philosophy of science*. Vol. 2. Minneapolis: University of Minnesota Press, 1958.

Feigl, H., & Sellars, W. (Orgs.) *Readings in philosophical analysis*. Nova Iorque: Appleton-Century-Crofts, 1949.

Felsinger, J. M., Gladstone, A. I., Yamaguchi, H. C., & Hull, C. L. Reaction latency (sta) as a function of the number of reinforcements (N). *Journal of Experimental Psychology*, 1947, *37*, 214-228.

Fenichel, O. *The psychoanalytic theory of neurosis*. Nova Iorque: Norton, 1945.

Ferenczi, S., & Rank, O. *The development of psychoanalysis*. (Trad. para o inglês por Caroline Newton) Nova Iorque: Nervous and Mental Disease Publishing, 1925.

Ferster, C. B., & Skinner, B. F. *Schedules of reinforcement*. Nova Iorque: Appleton--Century-Crofts, 1957.

Festinger, L. *A theory of cognitive dissonance*. Nova Iorque: Harper & Row, 1957.

Feyerabend, P. K. Against method: Outline of an anarchistic theory of knowledge. Em M. Radner & S. Winokur (Orgs.), *Analyses of theories and methods of physics and psychology*. Minneapolis: University of Minnesota Press, 1970, Pp. 17-130.

Fischer, R. A cartography of the ecstatic and meditative states. *Science*, 1971, *174*, 897-904.

Fisher, R. Biological time. Em J. T. Fraser (Org.), *The voices of time*. Nova Iorque: George Braziller, 1966. Pp. 357-382.

Fitts, P. M., & Posner, M. I. *Human performance*. Belmont, Calif.: Brooks/Cole, 1967.

Ford, D. H., & Urban, H. B. Psychotherapy. *Annual Review of Psychology*, 1967, *18*, 333-372.

Frank, J. D. Some psychological determinants of the level of aspiration. *American Journal of Psychology*, 1935, *47*, 285-293.

Frank, P. *Modern science and its philosophy*. Cambridge, Mass.: Harvard University Press, 1949.

Fraser, J. T. *The voices of time*. New Iorque: George Braziller, 1966.

Frenkel-Brunswik, E. Meaning of psychoanalytic concepts and confirmation of psychoanalitic theories. *Scientific Monographs*, 1954, *79*, 239-300.

Freud, S. The history of the psychoanalytic movement. Em A. A. Brill (Org. & Trad.), *The basic writing of Sigmund Freud*. Nova Iorque: Random House, 1938. Pp. 933-977.

Freud, S. *A general introduction to psychoanalysis*. (Trad. para o inglês por J. Riviere) Garden City, Nova Iorque: Doubleday, 1943.

Freud, S. Beyond the pleasure principle. Em J. Strachey (Org. & Trad.), *The complete psychological works of Sigmund Freud*. Vol. 18. Londres: Hogarth Press, 1955.

Fromm, E. *Escape from freedom*. Nova Iorque: Holt, 1941.

Fromm, E. *Man for himself*. Nova Iorque: Holt, 1947.

Fromm, E. *The sane society*. Nova Iorque: Holt, 1955.

Fromm, E. *Sigmund Freud's mission*. Nova Iorque: Harper, 1959.

Fromm, E. *Marx's concept of man.* Nova Iorque: Ungar, 1961. (a)

Fromm, E. *May man prevail? An inquiry into the facts and fictions of foreign policy.* Garden City, Nova Iorque: Doubleday, 1961. (b)

Fromm, E. *The heart of man.* Nova Iorque: Harper & Row, 1964.

Fuchs, A. H., & Kawash, G. F. Prescriptive dimensions of five schools of psychology. Manuscrito inédito, 1972.

Garcia, J., McGowan, B. K., & Green, K. F. Biological constraints on conditioning. Em A. Black & W. F. Prokasy (Orgs.), *Classical conditioning.* Nova Iorque: Appleton-Century-Crofts, 1972.

Garner, W. R. Rating scales, discriminability and information transmission. *Psychological Review,* 1960, *67,* 343-352.

Garner, W. R. *Uncertainty and structure as psychological concepts.* Nova Iorque: Wiley, 1962.

Garner, W. R. To perceive is to know. *American Psychologist,* 1966, *21,* 11-19.

Garner, W. R., & Hake, W. H. The amount of information in absolute judgments. *Psychological Review,* 1951, *58,* 446-459.

Garner, W. R., Hake, W. H., & Eriksen, C. W. Operationism and the concept of perception. *Psychological Review,* 1956, *63,* 149-159.

Garner, W. R., Hunt, H. F., & Taylor, D. W. Education for research in psychology. *American Psychology,* 1959, *14,* 167-179.

Gates, A. I. Connectionism: Present concepts and interpretations. *Yearbook of National Society of the Study of Education,* 1942, *41,* Parte II.

Geissler, L. R. The measurement of attention. *American Journal of Psychology,* 1909, *20,* 473-529.

Gelb, A., & Goldstein, K. *Psychologische Analysen Hirnpathologischer Faelle.* Leipzig: Barth, 1920.

Ghiselin, M. T. A discarded consensus. *Science,* 1972, *175,* 506-507.

Gibson, E. J., & Walk, R. Visual cliff. *Scientific American,* 1960, *202,* 2-9.

Gibson, J. J. The concept of stimulus in psychology. *American Psychologist,* 1960, *15,* 694-703.

Gibson, J. J. *The senses considered as perceptual systems.* Boston: Houghton Mifflin, 1966.

Gibson, J. J. On the proper meaning of the term "stimulus". *Psychological Review,* 1967, *74,* 533-534.

Gillispie, C. C. *The edge of objectivity.* Princeton, N. J.: Princeton University Press, 1960.

Goldiamond, I. Indicators of perception. I. Subliminal perception, subception, unconscious perception. *Psychological Bulletin,* 1958, *55,* 373-411.

Goldstein, K. *The organism.* Nova Iorque: American Book, 1939.

Goldstein, K. *Human nature in the light of psychopathology.* Cambridge, Mass.: Harvard University Press, 1940.

Goldstein, K. *After-effects of brain injuries in war.* Nova Iorque: Grune & Stratton, 1942.

Goldstein, K. *Language and language disturbances.* Nova Iorque: Grune & Stratton, 1948.

Goldstein, K. Kurt Goldstein. Por E. G. Boring & G. Lindzey (Orgs.), *A history of psychology in autobiography.* Vol. 5. Nova Iorque: Appleton-Century-Crofts, 1967. Pp. 145-166.

Goldstein, K., & Scheerer, M. Abstract and concrete behavior: An experimental study with special test. *Psychological Monographs,* 1941, *53,* N.º 2.

Goldstein, K., & Scheerer, M. Tests of abstract and concrete thinking. A. Tests of abstract behavior. Em A. Weidler (Org.), *Contributions toward medical psychology.* Nova Iorque: Ronald Press, 1953. Pp. 702-730.

Goodall, K. Tie line. *Psychology Today,* 1972, janeiro, 24-28.

Graham, C. H. Visual perception. Em S. S. Stevens (Org.), *Handbook of experimental psychology.* Nova Iorque: Wiley, 1951. Pp. 868-920.

Graham, C. H. Sensation and perception in an objective psychology. *Psychological Review,* 1958, *65,* 65-76.

Green, D. M., & Swets, J. A. *Signal detection theory and psychophysics.* Nova Iorque: Wiley, 1966.

Gulliksen, H. Louis Leon Thurstone, experimental and mathematical psychologist. *American Psychologist*, 1968, *23*, 786-802.

Guthrie, E. R. *The psychology of learning*. Nova Iorque: Harper & Row, 1935.

Guthrie, E. R. *The psychology of human conflict*. Nova Iorque: Harper & Row, 1938.

Guthrie, E. R. Conditioning: A theory of learning in terms of stimulus, response and association. *Yearbook of National Society of the Study of Education*, 1942, *41*, Parte II, 17-60.

Guthrie, E. R. Psychological facts and psychological theory. *Psychological Bulletin*, 1946, *43*, 1-20.

Guthrie, E. R. *The psychology of learning*. (Ed. rev.) Nova Iorque: Harper & Row, 1952.

Guthrie, E. R. Association by contiguity. Em S. Koch (Org.), *Psychology: A study of a science*. Vol. 2. *General systematic formulations, learning and special processes*. Nova Iorque: McGraw-Hill, 1958. Pp. 158-195.

Guthrie, E. R., & Horton, G. P. *Cats in a puzzle box*. Nova Iorque: Holt, 1946.

Haber, R. N. (Org.) *Current research in motivation*. Nova Iorque: Holt, Rinehart & Winston, 1966.

Hall, C. S. *A primer on Freudian psychology*. Cleveland: World Publishing. 1954.

Hall, C. S., & Lindzey, G. *Theories of personality*. Nova Iorque: Wiley, 1957.

Hall, C. S., & Lindzey, G. *Theories of personality*. (2.ª ed.) Nova Iorque: Wiley, 1970.

Hall, G. S. *Adolescence*. Nova Iorque: Appleton, 1904.

Hall, G. S. *Jesus, the Christ, in the light of psychology*. Garden City, Nova Iorque: Doubleday, 1917.

Hall, M. H. An interview with "Mr. Behaviorist" B. F. Skinner. *Psychology Today*, 1967, *1*, 21-23, 68-71.

Hammond, K. R. Representative vs. systematic design in clinical psychology. *Psychological Bulletin*, 1954, *51*, 150-159.

Hammond, K. R. Probabilistic functioning and the clinical method. *Psychological Review*, 1955, *62*, 255-262.

Hammond, K. R. (Org.) *The psychology of Egon Brunswik*. Nova Iorque: Holt, 1966.

Hammond, W. A. *Aristotle's psychology*. Londres: Swan Sonnenschien, 1902.

Harlow, H. F. Primate learning. Em C. P. Stone (Org.), *Comparative psychology*. Englewood Cliffs, N. J.: Prentice-Hall, 1951. Pp. 183-238.

Harlow, H. F. Learning set and error factor theory. Em S. Koch (Org.), *Psychology: A study of a science*. Vol. 2. *General systematic formulations, learning and special processes*. Nova Iorque: McGraw-Hill. Pp. 492-537.

Harlow, H. F., Davis, R. T., Settlage, P. H., & Meyer, D. R. Analysis of frontal and posterior association syndromes in brain damaged monkeys. *Journal of Comparative and Physiological Psychology*, 1952, *45*, 419-429.

Harrower, M. R. Organization in higher mental processes. *Psychologische Forschung*, 1932, *17*, 56-120.

Hartley, D. *Observations on man, his duty, and his expectations*. Londres: W. Eyres, 1749.

Hartmann, G. W. *Gestalt psychology*. Nova Iorque: Ronald Press, 1935.

Hartmann, H. Comments on the psychoanalytic theory of instinctual drives. *Psychoanalytic Quarterly*, 1948, *17*, 368-388.

Hartmann, H. Comments on the psychoanalytic theory of the ego. Em A. Freud *et al.* (Orgs.), *The psychoanalytic study of the child*. Vol. 5. Nova Iorque: International Universities Press, 1950. Pp. 74-96.

Hartmann, H., & Kris, E. The genetic approach in psychoanalysis. Em Freud *et al.* (Orgs.), *The psychoanalytic study of the child*. Vol 1. Nova Iorque: International Universities Press, 1945. Pp. 11-30.

Hays, R. Psychology of the scientist. III. Introduction to "Passages from the 'idea books' of Clark L. Hull". *Perceptual and Motor Skills*, 1962, *15*, 803-806.

Hearst, E. Discrimination learning as the summation of excitation and inhibition. *Science*, 1968, *162*, 1303-1306.

Hebb, D. O. *The organization of behavior*. Nova Iorque: Wiley, 1949.

Hebb, D. O. A neuropsychological theory. Em S. Koch (Org.), *Psychology: A study of a science*. Vol. I. *Sensory, perceptual, and physiological formulations*. Nova Iorque: McGraw-Hill, 1959. Pp. 622-643.

Heidbreder, E. *Seven psychologies.* Nova Iorque: Appleton-Century-Crofts, 1933.

Heidegger, M. *Being and time.* Nova Iorque: Harper & Row, 1962.

Heider, F. Gestalt theory: Early history and reminiscences. *Journal of the History of the Behavioral Sciences*, 1970, *6*, 131-139.

Heinsenberg, W. *The physicist's conception of nature.* (Trad. para o inglês por A. J. Pomerans.) Nova Iorque: Harcourt, Brace & World, 1958.

Helson, H. The psychology of Gestalt. *American Journal of Psychology*, 1925, *36*, 342-370, 454-526.

Helson, H. The psychology of Gestalt. *American Journal of Psychology*, 1926, *37*, 25-62, 189-223.

Helson, H. The fundamental propositions of Gestalt psychology. *Psychological Review*, 1933, *40*, 12-32.

Helson, H. Why did their precursors fail and the Gestalt psychology succed? *American Psychologist*, 1969, *24*, 1006-1011.

Henle, M. Some problems of eclecticism. *Psychological Review*, 1957, *64*, 296-305.

Henle, M. (Org.), *Documents of Gestalt psychology.* Berkeley: University of California Press, 1961.

Henle, M. (Org.), *The selected papers of Wolfgang Köhler.* Nova Iorque: Liveright, 1971.

Herrnstein, R. J. Superstition: A corollary of the principles of operant conditioning. Em W. K. Honig (Org.), *Operant behavior areas of research and application.* Nova Iorque: Appleton-Century-Crofts, 1966. Pp. 33-51.

Herrnstein, R. J., & Boring, E. G. *A source book in the history of psychology.* Cambridge, Mass.: Harvard University Press, 1965.

Hilgard, E. R. *Theories of learning.* Nova Iorque: Appleton-Century-Crofts, 1948.

Hilgard, E. R. Experimental approaches to psychoanalysis. Em E. Pumpian-Mindlin (Org.), *Psychoanalysis as science.* Stanford, Calif.: Stanford University Press, 1952. Pp. 3-45.

Hilgard, E. R. Discussion of probabilistic functionalism. *Psychological Review*, 1955, *62*, 226-228.

Hilgard, E. R. *Theories of learning.* (Ed. rev.) Nova Iorque: Appleton-Century-Crofts, 1966.

Hilgard, E. R., & Bower, G. H. *Theories of learning.* Nova Iorque: Appleton-Century--Crofts, 1966.

Hillix, W. A., & Marx, M. H. Response strengthening by information and effect in human learning. *Journal of Experimental Psychology*, 1960, *60*, 97-102.

Hinde, R. A. *Animal behaviour: A synthesis of ethology and comparative psychology.* (2.ª ed.) Nova Iorque: McGraw-Hill, 1970.

Hobbes, T. *Leviathan.* Londres: Oxford University Press, 1651.

Hochberg, J. E. Effects of the Gestalt revolution: The Cornell symposium on perception. *Psychological Review*, 1957, *64*, 73-84.

Hochberg, J., & McAlister, E. A quantitative approach to figural "goodness". *Journal of Experimental Psychology*, 1953, *46*, 361-364.

Hocutt, M. On the alleged circularity of Skinner's concept of stimulus. *Psychological Review*, 1967, *74*, 530-532.

Hofstadter, R. *Social Darwinism in American thought.* Boston: Beacon Press, 1955.

Holt, E. B. *The Freudian wish and its place in ethics.* Nova Iorque: Holt, 1915.

Holt, E. B. *Animal drive and the learning process.* Nova Iorque: Holt, 1931.

Holt, R. R. Individuality and generalization in the psychology of personality. *Journal of Personality*, 1962, *30*, 377-404.

Holton, G. (Org.) Science and the modern world view. *Daedalus*, 1958, 87.

Holton, G. (Org.) Science and technology in contemporary society. *Daedalus*, 1962, 91.

Hoppe, F. Erfolg und Misserfolg. *Psychologische Forschung*, 1930, *14*, 1-62.

Horney, K. *Neurotic personality of our times.* Nova Iorque: Norton, 1937.

Horney, K. *New ways in psychoanalysis.* Nova Iorque: Norton, 1939.

Horney, K. *Self-analysis.* Nova Iorque: Norton, 1942.

Horney, K. *Our inner conflicts.* Nova Iorque: Norton, 1945.

Horney, K. *Neurosis and human growth.* Nova Iorque: Norton, 1950.

Horwitz, L. Theory construction and validation in psychoanalysis. (Também em M. H. Marx. (Org.), *Theories in contemporary psychology*. Nova Iorque: Macmillan, 1963. Pp. 413-434.)

Hull, C. L. Quantitative aspects of the evolution of concepts. *Psychological Monographs*, 1920, *28*, N.º 123.

Hull, C. L. The influence of tobacco smoking on mental and motor efficiency. *Psychological Monographs*, 1924, *33* (N.º 3), 1-60.

Hull, C. L. *Aptitude testing*. Yonkers, Nova Iorque: World, 1928.

Hull, C. L. The goal gradient hypothesis and maze learning. *Psychological Review*, 1932, *39*, 25-43.

Hull, C. L. *Hypnosis and suggestibility: An experimental approach*. Nova Iorque: Appleton-Century, 1933.

Hull, C. L. Mind, mechanism, and adaptive behavior. *Psychological Review*, 1937, *44*, 1-32.

Hull, C. L. *Principles of behavior*. Nova Iorque: Appleton-Century-Clofts, 1943.

Hull, C. L. *Essentials of behavior*. New Haven, Conn.: Yale University Press, 1951.

Hull, C. L. *A behavior system*. New Haven, Conn.: Yale University Press, 1952.

Hull, C. L. Psychology of the scientist. IV. Passages from the "idea books" of Clark L. Hull. *Perceptual and Motor Skills*, 1962, *15*, 807-882.

Hull, C. L., Felsinger, J. M., Gladstone, A. D., & Yamaguchi, H. C. A proposed quantification of habit strength. *Psychological Review*, 1947, *54*, 237-254.

Hull, C. L., Hovland, C. L., Ross, R. T., Hall, M., Perkins, D. T., & Fitch, F. G. *Mathematico-deductive theory of rote learning*. New Haven, Conn.: Yale University Press, 1940.

Hume, D. *A treatise on human nature*. Londres: Longmans, 1886 (1739-1740).

Hume, D. An enquiry concerning human understanding. (2.ª ed.; L. A. Selby-Bigge (Org.) Oxford: Clarendon Press, 1902 (1748).

Hunt, W. A. Clinical psychology — science or superstition. *American Psychologist*, 1951, *6*, 683-687.

Hunter, W. S. The problem of consciousness. *Psychological Review*, 1924, *31*, 1-31.

Hunter, W. S. Psychology and anthroponomy. Em C. Murchison (Org.), *Psychologies of 1925*. Worcester, Mass.: Clark University Press, 1926 (Cap. IV). Pp. 83-107.

Hursch, C. J., Hammond, K. R., & Hursch, J. L. Some methodological considerations in multiple-cue probability studies. *Psychological Review*, 1964, *71*, 42-60.

Irvine, W. *Apes, angels, and Victorians*. Nova Iorque: Time-Life, 1963.

James, W. A. *The principles of psychology*. Nova Iorque: Holt, 1890. Vols. I, II.

James, W. A. *A pluralistic universe*. Nova Iorque: Longmans, 1909.

Jeffress, L. A. (Org.), *Cerebral mechanisms in behavior*. Nova Iorque: Wiley, 1951.

Jensen, A. Personality. *Annual Review of Psychology*, 1958, *9*, 295-322.

Jensen, A. Input. *Psychology Today*, 1969, *3*, 4-6.

Jessor, R. The problem of reductionism in psychology. Em M. H. Marx (Org.), *Theories in contemporary psychology*. Nova Iorque: Macmillan, 1963. Pp. 245-256.

Johansson, G. *Configurations in event perception*. Uppsala: Almquist & Wiksell, 1950.

Johnson, H. K. Psychoanalysis: A critique. *Psychiatric Quarterly*, 1948, *22*, 321-338.

Joncich, G. E. L. Thorndike: The psychologist as a professional man of science. *American Psychologist*, 1968, *23*, 434-446.

Jones, E. *The life and work of Sigmund Freud*. Vol. 1. Nova Iorque: Basic Books, 1953.

Jones, E. *The life and work of Sigmund Freud*. Vol. 2. Nova Iorque: Basic Books, 1955.

Jones, E. *The life and work of Sigmund Freud*. Vol. 3. Nova Iorque: Basic Books, 1957.

Jones, E. *The life and work of Sigmund Freud*. L. Trilling & S. Marcus (Orgs.) Nova Iorque: Basic Books, 1961.

Jung, C. G. *Symbols of transformation*. Nova Iorque: Random House, 1956.

Jung, C. G., & Pauli, W. *The interpretation of nature and the people*. Nova Iorque: Random House, 1955.

Kalish, H. I. Stimulus generalization. Em M. H. Marx (Org.), *Learning processes*. Nova Iorque: Macmillan, 1969. Pp. 205-298.

Kallen, H. M. (Org.), *The philosophy of William James*. Nova Iorque: Modern Library, 1925.

Kantor, J. R. *Principles of psychology*. Vol. 1. Nova Iorque: Knopf, 1924.

Kantor, J. R. *Principles of psychology*. Vol. 2. Nova Iorque: Knopf, 1926.

Kantor, J. R. *An outline of social psychology*. Chicago: Follett, 1929.

Kantor, J. R. *An objective psychology of grammar*. Bloomington: Indiana University Press, 1936. (Republicada: Bloomington, Ind., Principia Press, 1952.)

Kantor, J. R. *Psychology and logic*. Vol. 1. Bloomington, Ind.: Principia Press, 1945.

Kantor, J. R. *Psychology and logic*. Vol. 2. Bloomington, Ind.: Principia Press, 1950.

Kantor, J. R. *Problems of physiological psychology*. Bloomington, Ind.: Principia Press, 1947.

Kantor, J. R. *The logic of modern science*. Bloomington, Ind.: Principia Press, 1953.

Kantor, J. R. *Interbehavioral psychology*. Bloomington, Ind.: Principia Press, 1958.

Kantor, J. R. *The scientific evolution of psychology*. Vol. 1. Bloomington, Ind.: Principia Press, 1963.

Kantor, J. R. *The scientific evolution of psychology*. Vol. 2. Bloomington, Ind.: Principia Press, 1969.

Kardiner, A. *The individual and his society*. Nova Iorque: Columbia University Press, 1939.

Karsten, A. Psychische Sattigung. *Psychologische Forschung*, 1928, *10*, 142-154.

Katona, G. *Organizing and memorizing*. Nova Iorque: Columbia University Press, 1940.

Katona, G. *The powerful consumer*. Nova Iorque: McGraw-Hill, 1960.

Katz, D. Die Erscheinungsweisen der Faben. *Zeitschrift für Psychologie*, 1911, *7*, 1-3.

Keller, F. S., & Schoenfeld, W. N. *Principles of psychology*. Nova Iorque: Appleton--Century-Crofts, 1950.

Kendler, H. H., Kenneth W. Spence. *Psychological Review*, 1967, *74*, 335-341.

Kimble, G. A. *Conditioning and learning*. (Rev. por E. R. Hilgard & D. G. Marquis), Nova Iorque: Appleton-Century-Crofts, 1961.

Kimble, G. A. *Foundations of conditioning and learning*. Nova Iorque: Appleton--Century-Crofts, 1967.

Klemmer, E. T., & Frick, F. C. Assimilation of information from dot and matrix patterns. *Journal of Experimental Psychology*, 1953, *45*, 15-19.

Kluver, H. Psychology at the beginning of World War II: Meditations on the impending dismemberment of psychology written in 1942. *Journal of Psychology*, 1949, *28*, 383-410.

Koch, S. Review of C. L. Hull, *Principles of behavior*. *Psychological Bulletin*, 1944, *41*, 269-286.

Koch, S. C. L. Hull. Em W. K. Estes *et al*., *Modern learning theory*. Nova Iorque: Appleton-Century-Crofts, 1954. Pp. 1-176.

Koch, S. (Org.) *Psychology: A study of a science*. Nova Iorque: McGraw-Hill 1958-1963. 6 vols.

Koch, S. Epilogue. Em S. Koch (Org.), *Psychology: A study of a science*. Vol. 3. *Formulations of the person and the social context*. Nova Iorque: McGraw-Hill, 1959. Pp. 729-788.

Koffka, K. *Principles of Gestalt psychology*. Nova Iorque: Harcourt, Brace, 1935.

Köhler, I. Uber Aufbau und Wahrnehmungswelt. *Oesterr. Akad. Wiss. Philos.-Histor., Kl.; Sitz-Ber.*, 1951, *227*, 1-118.

Köhler, W. *Die physischen Gestalten in Ruhe und im stationaren Zustand*. Erlangen: Weltkreisverlag, 1920.

Köhler, W. Gestaltprobleme und Anfänge einer Gestalttheorie. *Jahresbericht über die gesamte physiologie und experimentelle pharmakologie*, 1924, *3*, 512-539.

Köhler, W. *The mentality of apes*. Nova Iorque: Harcourt, Brace, 1925.

Köhler, W. Some Gestalt problems. Em W. D. Ellis (Org.), *A source book of Gestalt psychology*. Londres: Routledge & Kegan Paul, 1938. Pp. 55-70.

Köhler, W. Kurt Koffka. *Psychological Review*, 1942, *49*, 97-101.

Köhler, W. Max Wertheimer, 1880-1943. *Psychological Review*, 1944, *51*, 143-146.
Köhler, W. *Gestalt psychology: An introduction to the new concepts in modern psychology*. Nova Iorque: Liveright, 1947.
Köhler, W. The present situation in brain physiology. *American Psychologist*, 1958, *13*, 150-154.
Köhler, W. *The task of Gestalt psychology*. Princeton, N. J.: Princeton University Press, 1969.
Köhler, W., & Wegener, J. Currents of the human auditory cortex. *Journal of Cellular and Comparative Psychology*, 1955, *45*, 24-53.
Krantz, D. L. *Schools of psychology: A symposium*. Nova Iorque: Appleton-Century -Crofts, 1970.
Krantz, D. L. Schools and systems: The mutual isolation of operant and non-operant psychology as a case study. *Journal of the History of the Behavioral Sciences*, 1972, *8*, 86-102.
Krech, D. Cortical localization of function. Em L. Postman (Org.), *Psychology in the making*. Nova Iorque, Knopf, 1962. Pp. 31-72.
Krechevsky, I. "Hypotheses" in rats. *Psychological Review*, 1932, *39*, 516-532.
Kris, E. The nature of psychoanalytic propositions and their validation. Em M. H. Marx (Org.), *Psychological theory: Contemporary readings*. Nova Iorque: Macmillan, 1951. Pp. 332-351.
Kuble, L. S. Problems and techniques of psychoanalytic validation and progress. Em Pumpian-Mindlin (Org.), *Psychoanalysis as science*. Stanford, Calif.: Stanford University Press, 1952. Pp. 46-124.
Kuenzli, A. E. *The phenomenological problem*. Nova Iorque: Harper & Row. 1959.
Kuhn, T. S. *The structure of scientific revolutions*. Chicago: University of Chicago Press, 1952.
Kuhn, T. S. *The structure of scientific revolutions*. (2.ª ed.) Chicago: University of Chicago Press, 1970.
Kulpe, O. *Outlines of psychology, based upon results of experimental investigation*. (Trad. para o inglês por E. B. Titchener) Nova Iorque: Macmillan, 1895.
Kuo, Z. Y. The nature of unsuccessful acts and their order of elimination. *Journal of Comparative Psychology*, 1922, *2*, 1-27.
Kuo, Z. Y. A psychology without heredity. *Psychological Review*, 1924, *31*, 427-448.
Kuo, Z. Y. The genesis of the cat's response to the rat. *Journal of Comparative Psychology*, 1930, *11*, 1-35.
Kuo, Z. Y. Ontogeny of embryonic behavior in Aves. I. The chronology and general nature of the behavior of the chick embryo. *Journal of Experimental Zoology*, 1932, *61*, 395-430. (A)
Kuo, Z. Y. Ontogeny of embryonic behavior in Aves. IV. The influence of embryonic movements upon the behavior after hatching. *Journal of Comparative Psychology*, 1932, *14*, 109-122. (B)
Kuo, Z. Y. Ontogeny of embryonic behavior in Aves. II. The mechanical factors in the various stages leading to hatching. *Journal of Experimental Zoology*, 1932, *61*, 453-489. (C)
Kuo, Z. Y. Ontogeny of embryonic behavior in Aves. V. The reflex concepts in the light of embryonic behavior in birds. *Psychological Review*, 1932, 39, 499-515. (D)
Kuo, Z. Y. Ontogeny of embryonic behavior in Aves. III. The structure and environmental factors in embryonic behavior. *Journal of Comparative Psycology*, 1932, *13*, 245-272. (E)
Kuo, Z. Y. Further study of the behavior of the cat toward the rat. *Journal Comparative Psychology*, 1938, *25*, 1-8.
Kuo, Z. Y. *The dynamic of behavior development*. Nova Iorque: Random House, 1967.
LaBrecque, M. Very short circuits. The sciences, 1970, *10*, 8-10.
Lakatos, I. Falsification and the methodology of scientific research programmes. Em A. Musgrave & I. Lakatos (Orgs.), Criticism and the growth of knowledge. Nova Iorque: Cambridge University Press, 1970. Pp. 91-195.
Lamarck, J. B. *Zoological philosophy: An exposition with regard to the natural history of animais*. (Trad. para o Inglês por H. Elliot) Londres: Macmillan, 1914.

La Mettrie, J. O. *De L'homme machine.* Leyden, 1748. (Republicado como *Man a machine*, La Salle, Ill., Open Court, 1912.)

Land, E. H. Experiments in color vision. *Scientific American*, 1959, *200*, 84-99.

Laplace, P. S. *Essai philosophique sur les probabilities.* Paris: Gauthier-Villars, 1921.

Lashley, K. S. The behavioristic interpretation of consciousness. *Psychological Review*, 1923, *30*, 329-353.

Lashley, K. S. *Brain mechanisms and intelligence.* Chicago: University of Chicago Press, 1929.

Lashley, K. S. Cerebral control versus reflexology: A reply to Professor Hunter, *Journal of General Psychology*, 1931, *5*, 3-20.

Lashley, K. S., Chow, K. L., & Semmes, J. An examination of the electrical field theory of cerebral integration. *Psychological Review*, 1951, *58*, 123-136.

Lauer, Q. *Phenomenology: Its genesis and prospect.* Nova Iorque: Harper & Row, 1965.

Lawson, R., & Marx, M. H. Frustration: Theory and experiment. *Genetic Psychology Monographs*, 1958, *57*, 393-464.

Leeper, R. W. *Lewin's topological and vector psychology.* Eugene: University of Oregon Press, 1943.

Leeper, R. W. Cognitive processes. Em S. S. Stevens (Org.), *Handbook of experimental psychology.* Nova Iorque: Wiley, 1951. Pp. 730-757.

Levine, R., Chein, I., & Murphy, G. The relation of the intensity of a need to the amount of perceptual distortion: A preliminary report. *Journal of Psychology*, 1942, *13*, 283-293.

Levy, L. *Concepts of personality: Theories and research.* Nova Iorque: Random House, 1970.

Lewes, G. H. *Study of psychology*, 1879.

Lewin, K. Die psychische Tatigkeit bei der Hemmung on Willensvorgangen und das Grundgestz der Assocization. *Zeitschrift für Psychologie*, 1917, *77*, 212-247.

Lewin, K. *A dynamic theory of personality.* (Trad. para o inglês por K. E. Zener & D. K. Adams) Nova Iorque: McGraw-Hill, 1935.

Lewin, K. *Principles of topological psychology.* (Trad. para o inglês por F. Heider & G. Heider) Nova Iorque: McGraw-Hill, 1936.

Lewin, K. *The conceptual representation and measurement of psychological forces.* Durham, N. C.: Duke University Press, 1938.

Lewin, K. Field theory and experiment in social psychology: Concept and methods. *American Journal of Sociology*, 1939, *44*, 868-896.

Lewin, K. Formalization and progress in psychology. *University of Iowa Studies in Child Welfare*, 1940, *16*, 9-42.

Lewin, K. Defining the "field at a given time". *Psychological Review*, 1943, *50*, 292-310. (a) (Também em M. H. Marx (Org.), *Psychological theory: Contemporary readings.* Nova Iorque: Macmillan, 1951. Pp. 299-315.)

Lewin, K. Forces behind food habits and methods of change. *Bulletin of the National Research Council*, 1943, *108*, 35-65. (b)

Lewin, K. Constructs in psychology and psychological ecology. *University of Iowa Studies in Child Welfare*, 1944, *20*, 1-29.

Lewin, K. *Resolving social conflicts.* Nova Iorque: Harper & Row, 1948.

Lewin, K. *Field theory in social science.* Nova Iorque: Harper & Row, 1951.

Lichtenstein, P. E. Psychological systems: Their nature and function. *Psychological Record*, 1967, *17*, 321-340.

Licklider, J. C. R. Three auditory theories. Em S. Koch (Org.), *Psychology: A study of a science.* Vol. 1. *Sensory, perceptual, and physiological formulations.* Nova Iorque: McGraw-Hill, 1958. Pp. 41-144.

Lindzey, G. Behavior and morphological variation. Em J. N. Spuhler (Org.), *Genetic diversity and human behavior.* Chicago: Aldine, 1967. Pp. 227-240.

Lippitt, R. An experimental study of authoritarian and democratic group atmospheres. *University of Iowa Studies in Child Welfare*, 1940, *16*, 43-195.

Lippitt, R., & White, R. K. The "social climate" of children's groups. Em R. G. Barker, J. S. Kounin & H. F. Wright (Orgs.), *Child behavior and development.* Nova Iorque: McGraw-Hill, 1943. Pp. 485-508.

Lissner, K. Die Entspannung von Bedurfnissen durch Ersatzhandlungen. *Psychologische Forschung*, 1933, *18*, 218-250.

Lockard, R. B. Reflections on the fall of comparative psychology: Is there a message for us all? *American Psychologist*, 1971, *26*, 168-179.

Locke, J. *An essay concerning human understanding.* Vol. 2. (Transcrito da 20.ª edição londrina) Boston: David Carlisle, 1803.

Lockhart, R. S., & Murdock, B. B. Memory and the theory of signal detection. *Psychological Bulletin*, 1970, *74*, 100-109.

Logan, F. A. A micromolar approach to behavior theory. *Psychological Review*, 1956, *63*, 73-80.

Logan, F. A. The Hull-Spence approach. Em S. Koch (Org.), *Psychology: A study of a science.* Vol. 2. *General systematic formulations, learning and special processes.* Nova Iorque: McGraw-Hill, 1958. Pp. 293-348.

Logan, F. A. *Incentive.* New Haven, Conn.: Yale University Press, 1960.

London, I. D. Psychologists' misuse of the auxiliary concepts of physics and mathematics. *Psychological Review*, 1944, *51*, 42-45.

Lorenz, K. *On aggression.* Nova Iorque: Harcourt, Brace & World, 1966.

Lorenz, K. *Studies in animal and human behaviour.* Volume 1. R. Martin (Trad.) Cambridge, Mass.: Harvard University Press, 1970.

Lorge, I. D. (Comp.) Edward L. Thorndike's publications from 1940 to 1949. *Teachers College Record*, 1949, *51*, 42-45.

Lowry, R. *The evolution of psychological theory 1650 to the present.* Chicago: Aldine--Atherton, 1971.

Lubin, A. A note on Sheldon's table of correlations between temperamental traits. *British Journal of Psychology and Statistics*, 1950, *3*, 186-189.

Luce, R. D. (Org.) *Developments in mathematical psychology.* Nova Iorque: Free Press, 1960.

Luce, R. D., Bush, R. R., & Galanter, E. *Handbook of mathematical psychology.* Nova Iorque: Wiley, 1963-1965. 3 vols.

Luce, R. D., Bush, R. R., & Galanter, E. *Readings in mathematical psychology.* Vol. 1. Nova Iorque: Wiley, 1963.

Ludwig, E. *Doctor Freud.* Nova Iorque: Hellman, Williams, 1947.

Lundin, R. W. *Personality: A behavioral analysis.* Nova Iorque: Macmillan, 1969.

Luria, A. R. *The role of speech in the regulation of normal and abnormal behavior.* Nova Iorque: Lippincott, 1961.

MacCorquodale, K. B. F. Skinner's Verbal behavior: A retrospective appreciation. *Journal of the Experimental Analysis of Behavior*, 1969, *12*, 831-841.

MacCorquodale, K., & Meehl, P. E. On a distinction between hypothetical constructs and intervening variables. *Psychological Review*, 1948, *55*, 95-107.

MacCorquodale, K., & Meehl, P. E. On the elimination of cul entries without obvious reinforcement. *Journal of Comparative Physiological Psychology*, 1951, *44*, 367-371.

MacCorquodale, K., Meehl, P. E. Edward C. Tolman. Em W. K. Estes *et al.*, *Modern learning theory.* Nova Iorque: Appleton-Century-Crofts, 1954. Pp. 177-266.

MacKay, D. M. The nomenclature of information theory. Em H. von Foerster (Org.), *Transactions of the eighth conference on cybernetics: Circular causal and feedback mechanisms in biological and social systems.* Nova Iorque: Josiah Macy, Jr., Foundation, 1952. Pp. 222-235.

MacKay, D. M. *Information, mechanism, and meaning.* Cambridge, Mass.: M.I.T. Press, 1969.

MacLeish, A. Why do we teach poetry? *Atlantic Monographs*, 1956, *197* (3), 49-51.

Macleod, R. B. Review of B. F. Skinner, *Cumulative record. Science*, 1959, *130*, 34-35.

Maddi, S. R. *Personality theories: A comparative analysis.* Homewood, Ill.: Dorsey Press, 1968.

Mahler, V. Ersatzhandlungen verschiedenen Realitatsgrades. *Psychologische Forschung*, 1933, *18*, 26-89.

Maier, N. R. F. Experimentally produced neurotic behavior in the rat. Trabalho apresentado na reunião da Associação Americana para o Progresso da Ciência, Richmond, 1938.

Maier, N. R. F. *Frustration: The study of behavior without a goal.* Nova Iorque: McGraw-Hill, 1949.

Maier, N. R. F., & Schneirla, T. C. *Principles of animal psychology.* Nova Iorque: McGraw-Hill, 1935.

Malinowski, B. *Argonauts of the western Pacific.* Nova Iorque: Dutton, 1950.

Malmo, R. B. Activation: A neuropsychological dimension. *Psychological Review,* 1959, *66,* 367-386.

Mandler, G., & Kessen, W. *The language of psychology.* Nova Iorque: Wiley, 1959.

Margenau, H., Bergamini, D., & Redatores de *Life. The scientist.* Nova Iorque: Time-Life, 1967.

Marrow, A. J. *The practical theorist: The life and work of Kurt Lewin.* Nova Iorque: Basic Books, 1969.

Marx, M. H. (Org.) *Psychological theory: Contemporary readings.* Nova Iorque: Macmillan, 1951.

Marx, M. H. Spread of effect: A critical review. *Genetic Psychology Monographs,* 1956, *53,* 119-186.

Marx, M. H. Gradients of error-reinforcement in a serial perceptual-motor task. *Psychological Monographs,* 1957, *71,* 1-20. (a)

Marx, M. H. Gradients of error-reinforcement in normal multiple-choice learning situations. *Journal of Experimental Psychology,* 1957, *54,* 225-228. (b)

Marx, M. H. (Org.) *Theories in contemporary psychology.* Nova Iorque: Macmillan, 1963.

Masters, W. H., & Johnson, V. E. *Human sexual inadequacy.* Waltham, Mass.: Little, Brown, 1970.

Maturana, H. R., Lettvin, J. Y., McCulloch, W. S., & Pitts, W. H. Anatomy and physiology of vision in the frog (Rana pipiens). *Journal of Genetic Physiology,* 1960, *43,* 129-175.

Maudsley, H. *Physiology of mind.* Nova Iorque: Appleton, 1899. (Republicado: Appleton-Century-Crofts, Nova Iorque, 1953.)

May, Rollo (Org.) *Existential psychology.* Nova Iorque: Random House, 1966.

McClelland, D. C., *et al. The achievement motive.* Nova Iorque: Appleton-Century--Crofts, 1953.

McCulloch, W. S., & Pitts, W. A logical calculus of the ideas immanent in nervous activity. *Bulletin of Mathematical Biophysics,* 1943, *5,* 115-133.

McDougall, E. *Physiological psychology.* Londres: Dent, 1905.

McDougall , E. *Psychology: The study of behavior.* Londres: Williams & Norgate, 1912.

McGeoch, J. A. The formal criteria of a systematic psychology. *Psychological Review,* 1933, *40,* 1-12.

McGeoch, J. A. Carta a Charles Mullett, não publicada, 1934.

McGeoch, J. A. *The psychology of human learning.* Nova Iorque: Longmans, 1942.

McGeoch, J. A., & Irion, A. L. *The psychology of human learning.* (2.ª ed.) Nova Iorque: Longmans, 1952.

McGill, W. J. Multivariate information transmission. *Psychometrika,* 1954, *19,* 97-116.

McMullin, E. The history and philosophy of science: A taxonomy. Em R. H. Stuewer (Org.), *Historical and philosophical perspectives of science.* Minneapolis: University of Minnesota Press, 1970.

Mead, M. *Coming of age in Samoa.* Nova Iorque: Morrow, 1928. (Republicado: Garden City, Nova Iorque: Doubleday, 1950.)

Meehl, P. E. On the circularity of a law of effect. *Psychological Bulletin,* 1950, *47,* 52-57.

Mehrens, W. A., & Ebel, R. L. (Orgs.) *Principles of educational and psychological measurement: A book of selected readings.* Chicago: Rand McNally, 1967.

Melton, A. W. Learning. *Annual Review of Psychology,* 1950, *1,* 9-30.

Mendnick, S. A., & Freedman, J. L. Stimulus generalization. *Psychological Bulletin,* 1960, *57,* 169-200.

Merleau-Ponty, M. *The structure of behavior.* Boston: Beacon Press, 1963.

Meyer, M. *The fundamental laws of human behavior.* Boston: R. G. Badger, 1911.

Meyer, M. *The psychology of the other one.* Colúmbia: Missouri Book Store, 1921.

Milgram, S. Behavioral study of obedience. *Journal of Abnormal and Social Psychology,* 1963, *67,* 371-378.

Mill, J. S. *Analysis of the phenomena of the human mind.* Vol. 1. Londres: Longmans, 1829.

Mill, J. S. *A system of logic.* Londres: Longmans, 1843. (Republicado: 1956.)

Miller, G. A. The magical number seven, plus or minus two: Some limits on our capacity for processing information. *Psychological Review,* 1956, *63,* 81-87.

Miller, G. A. *Mathematics and psychology.* Nova Iorque: Wiley, 1964.

Miller, G. A., Galanter, E., & Pribram, K. H. *Plans and the structure of behavior.* Nova Iorque: Holt, 1960.

Miller, N. E. Experimental studies of conflict. Em J. McV. Hunt (Org.), *Personality and the behavior disorders.* Vol. 1. Nova Iorque: Ronald Press, 1944. Pp. 431-465.

Miller, N. E. Theory and experiment relating psychoanalytic displacement to stimulus-response generalization. *Journal of Abnormal and Social Psychology,* 1948, *43,* 155-178.

Miller, N. E. Comments on multiple-process conceptions of learning. *Psychological Review,* 1951, *58,* 375-381.

Miller, N. E. Central stimulation and other new approaches to motivation and reward. *American Psychologist,* 1958, *13,* 100-108.

Miller, N. E. Liberalization of basic *S-R* concepts: Extensions to conflict behavior, motivation, and social learning. Em S. Koch (Org.), *Psychology: A study of a science.* Vol. 2. *General systematic formulations, learning and special processes.* Nova Iorque: McGraw-Hill, 1959. Pp. 196-292.

Miller, N. E. Some reflections on the law of effect produce a new alternative to drive reduction. *Nebraska symposium on motivation.* Lincoln: University of Nebraska Press, 1963. Pp. 65-112.

Miller, N. E. Some implications of modern behavior theory of personality change and psychotherapy. Em P. Worchel & D. Byrne (Orgs.), *Personality change.* Nova Iorque: Wiley, 1964. Pp. 149-175.

Miller, N. E. Learning of visceral and glandular responses. *Science,* 1969, *163,* 434-445.

Miller, N. E., & Dollard, J. *Social learning and imitation.* New Haven, Conn.: Yale University Press, 1941.

Mintz, A. Recent developments in psychology in the U.S.S.R. *Annual Review of Psychology,* 1958, *9,* 453-504.

Mintz, A. Further developments in psychology in the U.S.S.R. *Annual Review of Psychology,* 1959, *10,* 455-487.

Montagu, M. F. A. (Org.) *Man and aggression.* Londres: Oxford University Press, 1968.

Morgan, C. L. *Introduction to comparative psychology.* Londres: W. Scott, 1891. (2.ª ed., 1899.)

Morgan, C. L. *Animal behavior.* Londres: E. Arnold, 1900.

Morgan, C. T., & Morgan, J. D. Auditory induction of an abnormal pattern of behavior in rats. *Journal of Comparative Psychology,* 1939, *27,* 505-508.

Morris, D. *The naked ape.* Nova Iorque: McGraw-Hill, 1968.

Mowrer, O. H. On the dual nature of learning: A re-interpretation of "conditioning" and "problem solving". *Harvard Educational Review* 1947, *17,* 102-148.

Mowrer, O. H. *Learning theory and personality dynamics.* Nova Iorque: Ronald Press, 1950.

Mowrer, O. H. Two-factor learning theory: Summary and comment. *Psychological Review,* 1951, *58,* 350-354.

Mowrer, O. H. Learning theory: Historical review and re-interpretation. *Harvard Educational Review,* 1954, *24,* 37-58.

Mowrer, O. H. Two-factor learning theory reconsidered with special reference to secondary reinforcement and the concept of habit. *Psychological Review,* 1956, *63,* 114-128.

Mowrer, O. H. Review of R. S. Woodworth, *Dynamics of behavior. Contemporary Psychology,* 1959, *4,* 129-133.

Mowrer, O. H. *Learning theory and behavior.* Nova Iorque: Wiley, 1960. (a)

Mowrer, O. H. *Learning theory and the symbolic behavior.* Nova Iorque: Wiley, 1960. (b)

Mueller, C. G., Jr., Schoenfeld, W. M., & Guthrie, E. R. Em W. K. Estes *et al., Modern learning theory.* Nova Iorque: Appleton-Century-Crofts, 1954. Pp. 345-379.

Mullahy, P. *Oedipus: Myth and complex*. Nova Iorque: Hermitage House, 1948.

Müller, G. E. Komplextheorie und Gestalttheorie: Ein Beitrag zur Wahrenemungs -psychologie, *Göttinger*, 1923.

Munroe, R. *Schools of psychoanalytic thought*. Nova Iorque: Holt, 1955.

Murchison, C. (Org.) *A htstory of psychology in autobiography*. Vols. 1-3. Worcester, Mass.: Clark University Press, 1930-1936.

Murphy, G. *General psychology*. Nova Iorque: Harper, 1933.

Murphy, G. *Human nature and enduring peace*. Boston: Houghton Mifflin, 1945.

Murphy, G. *Personality: A biosocial approach to origins and structure*. Nova Iorque: Harper & Row, 1947.

Murphy, G. *Historical introduction to modern psychology*. Nova Iorque: Harcourt, Brace & World, 1949.

Murphy, G. *Introduction to psychology*. Nova Iorque: Harper & Row, 1951.

Murphy, G. *Human potentialities*. Nova Iorque: Basic Books, 1958.

Murphy, G., & Likert, R. Public opinion and the individual. Nova Iorque: Harper & Row, 1938.

Murphy, G., & Murphy, L. B. *Experimental social psychology*. Nova Iorque: Harper & Row, 1931.

Murphy, G., Murphy, L. B., & Newcomb, T. M. Experimental social psychology (Ed. rev.) Nova Iorque: Harper & Row, 1937.

Murphy, G., Santos, J. F., & Solley, C. M. Development and transfer of attentional habits. *Perceptual and Motor Skills*, 1968, *26*, 515-519.

Murray, E. Peripheral and central factors in memory: Images of visual form and color. *American Journal of Psychology*, 1906, *17*, 225-247.

Murray, H. A. Manual of thematic apperception test. Cambridge, Mass.: Harvard University Press, 1943.

Murray, H. A. In nomine diaboli. *New England Quarterly*, 1951, *24*, 435-452. (Transcrito em *Princeton University Library Chronicle*, 1952, *13*, 47-62.)

Murray, H. A. Preparations for the scaffold of a comprehensive system. Em S. Koch (Org.), *Psychology: A study of a science*. Vol. 3. *Formulations of the person and the social context*. Nova Iorque: McGraw-Hill, 1958. Pp. 7-54.

Murray, H. A. Henry A. Murray. Em E. G. Boring & C. Lindzey (Org.), *A history of psychology in autobiography*. Vol. 5. Nova Iorque: Appleton-Century-Crofts, 1967. Pp. 283-310.

Murray, H. A., *et. al. Explorations in personality*. Nova Iorque: Oxford University Press, 1938.

Nafe, J. P. The psychology of felt experience. *American Journal of Psychology*, 1927, *39*, 367-389.

Nagel, E. *Methodology and philosophy of science*. Stanford, Calif.: Stanford University Press, 1962.

Nagel, E. The nature and alm of science. Em S. Morgenbesser (Org.), *Philosophy of science today*. Nova Iorque: Basic Books, 1967. Pp. 3-13.

Nagel, E., Suppes, R., & Tarski, A. (Orgs.) Logic, methodology, and philosophy of science. *Proceedings of the 1960 International Congress*. Stanford, Calif.: Stanford University Press, 1962.

Nash, E. H., Frank, J. D., Imber, S. D., & Stone, A. R. Selected effects of Inert medication on psychiatric outpatients. *American Journal of Psychology*, 1964, *18*, Supl. 1, 33-48.

Natsoulas, T. Concerning introspective "knowledge". *Psychological Bulletin*, 1970, *73*, 89-111.

Neel, A. F. *Theorics of psychology: A handbook*. Cambridge, Mass.: Schenkman, 1970.

Neisser, U. Visual Search. *Scientific American*, 1964, *210*, 94-102.

Newbury, E. Current interpretation and significance of Lloyd Morgan's canon. *Psychological Bulletin*, 1954, *51*, 70-74.

Newell, A., Shaw, J. C., & Simon, H. A. Elements of a theory of human problem solving. *Psychological Review*, 1958, *65*, 151-166.

Newell, A., & Simon, H. A. The simulation of human thought. Em W. Dennis *et al.* (Orgs.). *Current trends in psychological theory*. Pittsburgh: University of Pittsburgh Press, 1961. Pp. 152-179.

Newman, E. B. Public relations — for what? *American Psychologist*, 1957, *12*, 509-514.

Office of Strategic Services Assessment Staff. *Assessment of men.* Nova Iorque: Holt, 1948.

Olds, J. Physiological mechanism of reward. Em M. R. Jones, (Org.), *Nebraska symposium on motivation.* Lincoln: University of Nebraska Press, 1955. Pp. 73-139.

Olds, J. High functions of the nervous system. *Annual Review of Physiology*, 1959, *21*, 381-402.

O'Neil, W. M. Realism and behaviorism. *Journal of the History of the Behavioral Sciences*, 1968, *4*, 152-160.

Oppenheimer, R. Analogy in science. *American Psychologist*, 1956, *11*, 127-135.

Orbison, W. D. Shape as function of the vector field. *American Journal of Psychology*, *4*, 1939, *52*, 31-45.

Ovsiankina, M. Die Wideraufnahme von unterbrochenen Handlugen. *Psychologische Forschung*, 1928, *11*, 302-379.

Pavlov, I. P. *Conditioned reflexes.* Londres: Oxford University Press, 1927.

Pavlov, I. P. *Lectures on conditioned reflexes.* Nova Iorque: Liveright, 1928.

Pavlov, I. P. The reply of a physiologist to psychologists. *Psychological Review*, 1932, *39*, 91-127.

Pavlov, I. P. *Lectures on conditioned reflexes.* Vol. 2. *Conditioned reflexes and psychiatry.* (Trad. & org. por W. H. Gantt) Nova Iorque: International Publishers, 1941.

Pavlov, I. P. *Selected works.* (Trad. para o inglês por S. Belsky; org. por J. Gibbons, sob a supervisão de Kh. S. Koshtoyants) Moscou: Editora em Línguas Estrangeiras, 1955.

Perky, C. W. An experimental study of imagination. *American Journal of Psychology*, 1910, *21*, 422-452.

Peterson, C. R., Hammond, K. R., & Summers, D. A. Optimal responding in multiple--cue probability learning. *Journal of Experimental Psychology*, 1965, *70*, 270-276.

Peterson, W. W., Birdsall, T. G., & Fox, W. C. The theory of signal detectability. *Transactions of Professional Group on Information Theory, Institute of Radio Engineers*, 1964, PGIT-4, 171-212.

Piaget, J. *The origins of intelligence in children.* (Trad. para o inglês por M. Cook da edição francesa original de 1936) Nova Iorque: International Universities Press, 1952.

Pierce, J. R., & Karlin, J. E. Reading rates and the information rate of a human channel. *Bell System Technical Journal*, 1957, *36*, 497-516.

Platt, J. R. *The excitement of science.* Nova Iorque: Houghton Mifflin, 1962.

Polanyi, M. *Personal knowledge.* Chicago: University of Chicago Press, 1958.

Polanyi, M. *The tacit dimension.* Nova Iorque: Doubleday, 1966.

Polanyi, M. Life's irreducible structure. *Science*, 1968, *160*, 1308-1312.

Pollack, I. The assimilation of sequentially-encoded information. *HFORL Memo Report*, TR-54-5, 1954.

Pollack, I., & Ficks, L. Information on multidimensional auditory displays. *Journal of the Acoustical Society of America*, 1953, *25*, 765-769.

Pollack, I., & Klemmer, E. T. The assimilation of visual information from linear dot patterns. *Air Force Cambridge Research Center, Technical Report*, 1954, *54*, 16.

Popper, K. *The logic of scientific discovery.* Nova Iorque: Basic Books, 1959. (Original: *Logik der Forschung.* Viena: Springer, 1935.)

Posner, M. I. Information reduction in the analysis of sequential tasks. *Psychological Review*, 1964, *71*, 491-504.

Postman, L. The probability approach and nomothetic theory. *Psychological Review*, 1955, *62*, 218-225.

Postman, L. Spread of effect as a function of time and intraserial similarity. *American Journal of Psychology*, 1961, *74*, 493-505.

Postman, L. (Org.) *Psychology in the making.* Nova Iorque: Knopf, 1962.

Postman, L., & Murphy, G. The factor of attitude in associative memory. *Journal of Experimental Psychology*, 1943, *33*, 228-238.

Postman, L., & Tolman, E. C. Brunswik's probabilistic functionalism. Em S. Koch (Org.), *Psychology: A study of a science.* Vol. 1. *Sensory, perceptual, and physiological formulations.* Nova Iorque: McGraw-Hill, 1959. Pp. 502-504.

Pratt, C. C. *The logic of modern psychology*. Nova Iorque: Macmillan, 1939.

Premack, D. The education of Sarah. *Psychology Today*, 1970, *4*, 54-58.

Prentice, W. C. H. The systematic psychology of Wolfgang Köhler. Em S. Koch (Org.), *Psychology: A study of a science*. Vol. 1. *Sensory, perceptual, and physiological formulations*. Nova Iorque: McGraw-Hill, 1958. Pp. 427-445.

Pumpian-Mindlin, E. The position of psychoanalysis in relation to the biological and social sciences. Em E. Pumpian-Mindlin (Org.), *Psychoanalysis as science*. Stanford, Calif.: Stanford University Press, 1952. Pp. 125-158. (a)

Pumpian-Mindlin, E. (Org.) *Psychoanalysis as science*. Stanford, Calif.: Stanford University Press, 1952. (b)

Quastler, H. (Org.) *Information theory in psychology: Problems and methods*. Nova Iorque: Free Press, 1955.

Quastler, H., Osborne, J. W., & Tweedell, K. Human performance in information transmission. III. Relatório da Universidade de Illinois, Laboratório dos Sistemas de Controle, 1955.

Rank, O. *The trauma of birth*. Nova Iorque: Harcourt, Brace, 1929.

Rapaport, D. The structure of psychoanalytic theory: A systematizing attempt. Em S. Koch (Org.), *Psychology: A study of a science*. Vol. 3. *Formulations of the person and the social context*. Nova Iorque: McGraw-Hill, 1959. Pp. 55-183.

Rapoport, A. *Two-person game theory*. Ann Arbor: University of Michigan Press, 1969.

Rapoport, A. *N-person game theory*. Ann Arbor: University of Michigan Press, 1970.

Rashevsky, N. *Mathematical biophysics*. Chicago: University of Chicago Press, 1938.

Rashevsky, N. *Mathematical biophysics*. (Ed. rev.) Chicago: University of Chicago Press, 1948.

Rashevsky, N. *Mathematical Biophysics*. (Ed. rev.) Chicago: University of Chicago Press, 1961, 2 vols.

Raush, H. L., Dittmann, A. T., & Taylor, T. J. Person, setting, and change in social interaction. *Human Relations*, 1959, *12*, 361-378.

Raush, H. L., Dittmann, A. T., & Taylor, T. J. Person, setting, and change in social interaction. II. A normal control study. *Human Relations*, 1960, *13*, 305-332.

Razran, G. Stimulus generalization of conditioned responses. *Psychological Bulletin*, 1949, *46*, 337-365.

Razran, G. The observable unconscious and the inferable conscious in current Soviet psychophysiology: Interoceptive conditioning, semantic conditioning, and the orienting reflex. *Psychological Review*, 1961, *68*, 81-147.

Reese, T. W. The application of the theory of physical measurements to the measurement of psychological magnitudes, with three experimental examples. *Psychological Monographs*, 1943, *55*, 1-88.

Reid, L. "Comment of Grubo Psychology." *Psychological Bulletin*, 1967, *67*, 226.

Reinforcement therapy: short cut to sanity? *Time*, 1969, *94* (2), 52-54.

Rescorla, R. A., & Solomon, R. L. Two-process learning theory: Relationships between Pavlovian conditioning and instrumental learning. *Psychological Review*, 1967, *74*, 151-182.

Restle, F., & Greeno, J. C. *Introduction to mathematical psychology*. Reading, Mass.: Addison-Wesley, 1970.

Risley, T. Learning and lollipops. *Psychology Today*, 1968, *1*, 28-31, 62-65.

Roback, A. A. *A history of American psychology*. Nova Iorque: Library Publishers, 1952.

Rogers, C. R. *The clinical treatment of the problem child*. Boston: Houghton Mifflin, 1939.

Rogers, C. R. *Counseling and psychotherapy: Newer concepts in practice*. Boston: Houghton Mifflin, 1942.

Rogers, C. R. *Client-centered therapy: Its current practice, implications, and theory*. Boston: Houghton Mifflin, 1951.

Rogers, C. R. Some issues concerning the control of human behavior. (Simpósio com B. F. Skinner) *Science*, 1956, *124*, 1057-1066.

Rogers, C. R. A theory of therapy, personality, and interpersonal relationships, as developed in the client-centered framework. Em S. Koch (Org.), *Psychology: A study of a science*. Vol. 3. *Formulations of the person and the social context*. Nova Iorque: McGraw-Hill, 1959. Pp. 184-256.

Rogers, C. R. *On becoming a person.* Boston: Houghton Mifflin, 1961.

Rogers, C. R. Carl R. Rogers. Em E. G. Boring & G. Lindzey (Org.), *A history of psychology in autobiography.* Vol. 5. Nova Iorque: Appleton-Century-Crofts, 1967. Pp. 341-384. (a)

Rogers, C. R. (Org.) *The therapeutic relationship and its impact: A study of psychotherapy with schizophrenics.* Madison: University of Wisconsin Press, 1967. (b)

Romanes, G. J. *Animal intelligence.* Londres: Kegan Paul, Trench, Trubner, 1886.

Romanes, G. J. *Mental evolution in animals.* Nova Iorque: Appleton, 1898.

Romanes, G. J. *Mental evolution in man.* Nova Iorque: Appleton, 1902.

Rosenbaum, M. E., & Hewitt, O. J. The effect of electric shock on learning by performers and observers. *Psychonomic Science,* 1966, *5,* 81-82.

Rosenbaum, M. E., & Schutz, L. J. The effects of extraneous response requirements on learning by performers and observer. *Psychonomic Science,* 1967, *8,* 51-52.

Rosenthal, R. *Experimenter effects in behavioral research.* Nova Iorque. Appleton--Century-Crofts, 1966.

Rosenthal, R. Experimenter expectancy and the reassuring nature of the null hypothesis decision procedure. *Psychological Bulletin Monograph Supplement,* Parte II, 1968, 48-62. (a)

Rosenthal, R. Self-fulfilling prophecy. *Psychology Today,* 1968, *2,* 44-51. (b)

Rosenthal, R., Kuhn, R., Greenfield, R. M., & Carota, N. Data desirability, experimenter expectancy, and the results of psychological research. *Journal of Personality and Social Psychology,* 1966, *3* (1), 20-27.

Rosenthal, R., & Lawson, R. A longitudinal study of the effects of experimenter bias on the operant learning of laboratory rats. *Journal of Psychiatric Research,* 1964, *2,* 61-72.

Royce, J. R. Factors as theoretical constructs. *American Psychologist,* 1963, *18,* 522-528.

Rozin, R. & Kalat, J. W. Specific hungers and poison avoidance as adaptive specializations of learning. *Psychological Review,* 1971, *78,* 459-486.

Rubin, E. *Syncopleoede figurer.* Kobenhavn: Gyldendalske Boghandel, 1915.

Ruckmick, C. A. The use of the term function in English textbooks of psychology. *American Journal of Psychology,* 1913, *14,* 99-123.

Rudikoff, E. C. A comparative study of the changes in the concepts of the self, the ordinary person, and the ideal eight cases. Em C. R. Rogers & R. F. Dymond (Orgs.), *Psychotherapy and personality change: Coordinated studies in the client--centered approach.* Chicago: University of Chicago Press, 1954. Pp. 85-98.

Russell, B. *A history of western philosophy.* Nova Iorque: Simon & Schuster, 1945.

Ryan, T. A. *Intentional behavior: An approach to human motivation.* Nova Iorque: Ronald, 1970.

Samuel, A. L. Some studies in machine learning using the game of checkers. Em E. Feigenbaum & J. Feldman (Orgs.), *Computers and thought.* Nova Iorque: McGraw-Hill, 1963. Pp. 71-105.

Sanford, R. N. Physical and physiological correlates of personality structure. Em C. Kluckhohn, H. A. Murray, & D. Scheider (Orgs.), *Personality in nature, society, and culture.* (2.ª ed.) Nova Iorque: Knopf, 1953. Pp. 100-103.

Santos, J. F., & Murphy, G. An odyssey in perceptual learning. *Bulletin of the Menninger Clinic,* 1960, *24,* 6-17. (Transcrito em C. S. Hall, & G. Lindzey (Orgs.), *Theories of personality: Primary sources and research.* Nova Iorque: Wiley, 1965. Pp. 521-527.)

Sarton, G. *A guide to the history of science.* Waltham, Mass.: Chronica Botanica, 1952.

Sartre, J. P. *Being and nothingness.* (Trad. para o inglês por H. Barnes) Nova Iorque: Philosophical Library, 1956.

Schaub, A. de V. On the intensity of images. *American Journal of Psychology,* 1911, *22,* 346-368.

Schlosberg, H. The relationship between success and the laws of conditioning. *Psychological Review,* 1937, *44,* 379-394.

Schoenfeld, W. N., Cumming W. W., & Hearst, E. On the classification of reinforcement schedules. Em A. C. Catania (Org.), *Contemporary research in operant behavior.* Glenview, Ill.: Scott, Foresman, 1968. Pp. 113-118.

Schultz, D. P. *A history of modern psychology*. Nova Iorque: Academic Press, 1969.

Scott, J. P., & Fuller, J. L. *Genetics and the social behavior of dogs*. Chicago: University of Chicago Press, 1965.

Sears, R. R. *Survey of objective studies of psychoanalytic concepts*. Nova Iorque: Social Science Research Council, 1943.

Sebestyen, G. S. *Decision makin processes in pattern recognition*. Nova Iorque: Macmillan, 1962.

Sechenov, I. M. *Reflexes of the brain*. Cambridge, Mass.: M.I.T. Press, 1965 (1863).

Segal, E. M., & Lachman, R. Complex behavior or higher mental process: Is there a paradigm shift? *American Psychologist*, 1972, *27*, 46-55.

Seligman, M. E. P. On the generality of laws of learning. *Psychological Review*, 1970, *77*, 406-418.

Seltzer, C. C., Wells, F. L., & McTernan, E. B. A relationship between Sheldonian somatotype psychotype. *Journal of Personality*, 1948, *16*, 431-436.

Seward, J. P. An experimental study of Guthrie's theory of reinforcement. *Journal of Experimental Psychology*, 1942, *30*, 247-256.

Seward, J. P., Dill, J. B., & Holland, M. A. Guthrie's theory of learning: A second experiment. *Journal of Experimental Psychology*, 1944, *34*, 226-238.

Shannon, C. E. Prediction and entropy of printed English. *Bell System Technical Journal*, 1951, *30*, 50-64.

Shannon, C. E., & Weaver, W. *The mathematical theory of communication*. Urbana: University of Illinois Press, 1949.

Sheehan, J. G. *Stuttering: Research and therapy*. Cambridge, Mass.: Schenkman, 1970.

Sheffield, F. D. Avoidance training and the contiguity principle. *Journal of Comparative Physiological Psychology*, 1948, *41*, 165-167.

Sheffield, F. D. "Spread of effect" without reward or learning. *Journal of Experimental Psychology*, 1949, *39*, 575-579.

Sheffield, F. D., & Roby, T. B. Reward value of a non-nutritive sweet taste. *Journal of Comparative Physiological Psychology*, 1950, *43*, 471-481.

Sheffield, F. D., Wulff, J. J., & Backer, R. Reward value of copulation without sex drive reduction. *Journal of Comparative Physiological Psychology*, 1951, *44*, 3-8.

Sheldon, W. H., com a colaboração de S. S. Stevens & W. B. Tucker. *The varieties of human physique: An introduction to constitutional psychology*. Nova Iorque: Harper & Row, 1940.

Sheldon, W. H., com a colaboração de S. S. Stevens. *The varieties of temperament: A psychology of constitutional differences*. Nova Iorque: Harper & Row, 1942.

Sheldon, W. H. Constitutional factors in personality. Em J. McV. Hunt (Org.), *Personality and the behavior disorders*. Nova Iorque: Ronald Press, 1944. Pp. 526-549.

Sheldon, W. H. *Early American cents, 1793-1814*. Nova Iorque: Harper & Row, 1949. (a)

Sheldon, W. H., com a colaboração de E. M. Harth & E. McDermott. *Varieties of delinquent youth: An introduction to constitutional psychiatry*. Nova Iorque: Harper & Row, 1949. (b)

Sheldon, W. H., com a colaboração de C. W. Dupetuis & E. McDermott. *Atlas of men: A guide for somatotyping the adult male at all ages*. Nova Iorque: Harper & Row, 1954.

Sherif, M. Social psychology problems and trends in interdisciplinary relationships. Em S. Koch (Org.), *Psychology: A study of a science*. Vol. 6. *Investigation of man as socius: Their place in psychology and the social sciences*. Nova Iorque: McGraw-Hill, 1963. Pp. 30-93.

Sherrington, C. S. *The integrative action of the nervous system*. Londres: Constable, 1906. (Republicado com um novo prefácio e uma bibliografia das publicações de Sherrington: New Haven, Conn., Yale University Press, 1947.)

Sidman, M. *Tactics of scientific research*. Nova Iorque: Basic Books, 1960.

Silverstein, A. The Grubo Psychology: Or can a science over 95 be happy without reductionism? *Psychological Bulletin*, 1966, *66*, 207-210.

Simon, H. A. Letters. *Science*, 1970, *169*, 630-631.

Skaggs, E. B. Personalistic psychology as a science. *Psychological Review*, 1945, *52*, 234-240.

Skinner, B. F. *The behavior of organisms.* Nova Iorque: Appleton-Century-Crofts, 1938.

Skinner, B. F. "Superstition" in the pigeon. *Journal of Experimental Psychology,* 1948, *38,* 168-172. (a)

Skinner, B. F. *Walden two.* Nova Iorque: Macmillan, 1948. (b)

Skinner, B. F. Are theories of learning necessary? *Psychological Review,* 1950, *57,* 193-216.

Skinner, B. F. *Science and human behavior.* Nova Iorque: Macmillan, 1953. (a)

Skinner, B. F. Some contributions of an experimental analysis of behavior to psychology as a whole. *American Psychologist,* 1953, *8,* 69-78. (b)

Skinner, B. F. Critique of psychoanalytic concepts and theories. *Scientific Monthly,* 1954, *79,* 300-305. (a)

Skinner, B. F. The science of learning and the art of teaching. *Harvard Educational Review,* 1954, *24,* 86-97. (b)

Skinner, B. F. A case history in scientific method. *American Psychologist,* 1956, *11,* 221-233.

Skinner, B. F. The experimental analysis of behavior. *American Scientist,* 1957, *45,* 343-371. (a)

Skinner, B. F. *Verbal behavior.* Nova Iorque: Appleton-Century-Crofts, 1957. (b)

Skinner, B. F. Teaching machines. *Sciences,* 1958, *128,* 969-977.

Skinner, B. F. A case-study in scientific method. Em S. Koch (Org.), *Psychology: A study of a science.* Vol. 2. *General systematic formulations, learning and special processes.* Nova Iorque: McGraw-Hill, 1959. Pp. 359-379. (a)

Skinner, B. F. *Cumulative record.* Nova Iorque: Appleton-Century-Crofts, 1959. (b)

Skinner, B. F. Pigeons in a pelican. *American Psychologist,* 1960, *15,* 28-37.

Skinner, B. F. The flight from the laboratory. Em *Current trends in psychological theory.* Pittsburgh: University of Pittsburgh Press, 1961. Pp. 50-69.

Skinner, B. F. Operant behavior. Em W. K. Honig (Org.), *Operant behavior: Areas of research and application.* Nova Iorque: Appleton-Century-Crofts, 1966. Pp. 12-32.

Skinner, B. F. B. F. Skinner. Em E. G. Boring & G. Lindzey (Orgs.), *A history of psychology in autobiography.* Nova Iorque: Appleton-Century-Crofts, 1967. Pp. 385-413.

Skinner, B. F. *Contingencies of reinforcement: A theoretical analysis.* Nova Iorque: Appleton-Century-Crofts, 1969.

Skinner, B. F. *Beyond freedom and dignity.* Nova Iorque: Knopf, 1971.

Smith, C. S. Matter versus materials: A historical view. *Science,* 1968, *162,* 637-644.

Smith, M., & Wilson, E. A model of the auditory threshold and its application to the problem of the multiple observer. *Psychological Monographs,* 1953, *67,* N.º 9. Pp. 1-35.

Smith, N. K. *The philosophy of David Hume.* Londres: Macmillan, 1949.

Smith, S., & Guthrie, E. R. *General psychology in terms of behavior.* Nova Iorque: Appleton, 1921.

Smith, S. K., & Miller, G. A. The effects of coding procedures on learning and memory. Relatório de progresso trimestral do Laboratório de Pesquisas de Eletrônica, M.I.T., ao Laboratório de Pesquisas de Recursos Humanos da Força Aérea, 1952.

Snygg, D., & Combs, A. W. *Individual behavior.* Nova Iorque: Harper & Row, 1949.

Sokal, M. M. The unpublished autobiography of James McKeen Cattell. *American Psychologist,* 1971, *26,* 626-635.

Solley, C. M., & Murphy, G. *Development of the perceptual world.* Nova Iorque: Basic Books, 1960.

Solso, R. L. Recommended readings in psychology during the past 17 years. *American Psychologist,* 1971, *26,* 1083-1084.

Spearman, C. R. *Creative mind.* Nova Iorque: Appleton, 1931.

Spence, K. W. The nature of discrimination learning in animals. *Psychological Review,* 1936, *43,* 327-449.

Spence, K. W. Analysis of the formation of visual discrimination habits in chimpanzees. *Journal of Comparative Psychology,* 1937, *23,* 77-100. (a)

Spence, K. W. The differential response in animals to stimuli varying within a single dimension. *Psychological Review*, 1937, *44*, 430-444. (b)

Spence, K. W. Continuous vs. non-continuous interpretations of discrimination learning. *Psychological Review*, 1940, *47*, 271-288.

Spence, K. W. The methods and postulates of "behaviorism". *Psychological Review*, 1948, *55*, 67-78. (Transcrito em M. H. Marx (Org.), *Theories in contemporary psychology*. Nova Iorque: Macmillan, 1963. Pp. 272-286.)

Spence, K. W. Theoretical interpretations of learning. Em C. P. Stone (Org.), *Comparative psychology*. (3.ª ed.) Englewood Cliffs, N. J.: Prentice-Hall, 1951. Pp. 23-291. (a)

Spence, K. W. Theoretical interpretation of learning. Em S. S. Stevens (Org.), *Handbook of experimental psychology*. Nova Iorque: Wiley, 1951. Pp. 69-729. (b)

Spence, K. W. *Behavior theory and conditioning*. New Haven, Conn.: Yale University Press, 1956.

Spence, K. W. *Behavior theory and learning: Selected papers*. Englewood Cliffs, N. J.: Prentice-Hall, 1960.

Spence, K. W. Cognitive and drive factors in the extinction of the conditioned eye blink in human subjects. *Psychological Review*, 1966, *73*, 445-458.

Spencer, H. *The principles of psychology*. Nova Iorque: Appleton, 1855.

Spencer, H. *The study of sociology*. Ann Arbor: University of Michigan Press, 1961.

Sperry, R. W. Cerebral organization and behavior. *Science*, 1961, *133*, 1749-1757.

Sperry, R. W., & Miner, N. Pattern perception following insertion of mica plates into visual cortex. *Journal of Comparative and Physiological Psychology*, 1955, *48*, 463-469.

Sperry, R. W., Miner, N., & Myers, R. E. Visual pattern perception following subpial slicing and tantalum wire implantations in the visual cortex. *Journal of Comparative and Physiological Psychology*, 1955, *48*, 50-58.

Staddon, J. E. R., & Simmelhag, V. L. The "superstition" experiment: A reexamination of its implications for the principles of adaptive behavior. *Psychological Review*, 1971, *78*, 3-43.

Stengel, E. The scientific testing of psychoanalytic findings and theory. *British Journal of Medical Psychology*, 1951, *24*, 26-29.

Stephenson, W. *The study of behavior: Q-technique and is methodology*. Chicago: University of Chicago Press, 1953.

Stephenson, W. Scientific-creed — 1961: Philosophical credo, abductory principles, the centrality of self. *Psychological Record*, 1961, *11*, 1-18.

Sternberg, S. High speed scanning in human memory. *Science*, 1966, *153*, 625-654.

Stevens, S. S. Psychology and the science of science. *Psychological Bulletin*, 1939, *36*, 221-263.

Stevens, S. S. (Org.), *Handbook of experimental psychology*. Nova Iorque: Wiley, 1951.

Stevens, S. S. On the averaging of data. *Science*, 1955, *121*, 113-116.

Stevens, S. S. Measurement, statistics, and the schemapiric view. *Science*, 1968, *161*, 849-856.

Stout, G. F. *Analytic psychology*. Nova Iorque: Macmillan, 1902.

Stuewer, R. H. (Org.) *Historical and philosophical perspectives of Science*. Minneapolis: University of Minnesota Press, 1970.

Sullivan, H. S. *Conceptions of modern psychiatry*. Washington, D.C.: William Alanson White Psychiatric Foundation, 1947.

Sullivan, H. S. *The interpersonal theory of psychiatry*. Nova Iorque: Norton, 1953.

Sullivan, H. S. *The psychiatric interview*. Nova Iorque: Norton, 1954.

Sullivan, H. S. *Clinical studies in psychiatry*. Nova Iorque: Norton, 1956.

Sullivan, H. S. *Schizophrenia as a human process*. Nova Iorque: Norton, 1962.

Sullivan, H. S. *The fusion of psychiatry and social science*. Nova Iorque: Norton, 1964.

Sumby, W. H., & Pollack, I. Short-time processing of information. Relatório HFORL TR-54-6, 1954.

Summers, D. A., & Hammond, K. R. Inference behavior in multiple-cue tasks involving both linear and nonlinear relations. *Journal of Experimental Psychology*, 1966, *71*, 751-757.

Swets, J. A. Is there a sensory threshold? *Science*, 1961, *134*, 168-177.

Swets, J. A. (Org.) *Signal detection and recognition by human observers: Contemporary readings.* Nova Iorque: Wiley, 1964.

Swets, J. A., Green, D. M., & Tanner, W. P. On the width of critical bands. *Journal of the Acoustical Society of America*, 1962, *34*, 108-113.

Tanner, W. P., Jr. Physiological implications of psycho-physical data. *Annals of the New York Academy of Science*, 1961, *89*, 752-765.

Tanner, W. P. & Swets, J. A. A new theory of visual detection. Relatório Técnico 18, Grupo de Defesa Eletrônica, Universidade de Michigan, 1953.

Tanner, W. P., & Swets, J. A. A decision-making theory of visual detection. *Psychological Review*, 1954, *61*, 401-409.

Taylor, C. *The explanation of behavior.* Nova Iorque: Humanities Press, 1965.

Terrace, H. S. Stimulus control. Em W. K. Honig (Org.), *Operant behavior: Areas of research and application.* Nova Iorque: Appleton-Century-Crofts, 1966. Pp. 271-344.

Thistlethwaite, D. A. A critical review of latent learning and related experiments. *Psychological Bulletin*, 1951, *48*, 97-129.

Thorndike, E. L. *The elements of psychology.* Nova Iorque: A. G. Seiler, 1905.

Thorndike, E. L. *Animal intelligence.* Nova Iorque: Hafner, 1911.

Thorndike, E. L. *Educational psychology.* Vol. 2. *The Psychology of learning.* Nova Iorque: Teachers College, 1913.

Thorndike, E. L. *Human learning.* Nova Iorque: Century, 1931.

Thorndike, E. L. *The fundamentals of learning.* Nova Iorque: Teachers College, 1932.

Thorndike, E. L. An experimental study of rewards. *Teachers College Contributions to Education*, 1933, N.º 580. (a)

Thorndike, E. L. A theory of the action of the after-effects of a connection upon it. *Journal of Psychology*, 1933, *40*, 434-439. (b)

Thorndike, E. L. *The psychology of wants, interests, and attitudes.* Nova Iorque: Appleton-Century-Crofts, 1935.

Thorndike, E. L. *Selected writings from a connectionist's psychology.* Nova Iorque: Appleton-Century-Crofts, 1949.

Thorndike, E. L. E. L. Thorndike. Em C. Murchison. (Org.), *A history of psychology in autobiography.* Vol. 3. Worcester, Mass.: Clark University Press, 1936. Pp. 263-270.

Thorndike, E. L., & Rock, R. T., Jr. Learning without awareness of what is being learned or intent to learn it. *Journal of Experimental Psychology*, 1934, *17*, 1-19.

Thorndike, E. L., & Woodworth, R. S. The influence of improvements in one mental function upon the efficiency of other functions. *Psychological Review*, 1901, *8*, 247-261, 384-395, 553-564.

Thurstone, L. L. Primary mental abilities. *Psychometric Monograph*, 1938, *1*. Pp. IX-121.

Tiger, L., & Fox, R. *The imperial animal.* Nova Iorque: Holt, Rinehart & Winston, 1971.

Tinbergen, N. The evolution of signalling devices. Em W. Etkin (Org.), *Social behavior and organization among vertebrates.* Chicago: University of Chicago Press, 1964. Pp. 206-230.

Tinbergen, N. *The herring gull's world.* Garden City, Nova Iorque: Anchor Books, 1967.

Titchener, E. B. *An outline of psychology.* Nova Iorque: Macmillan, 1899.

Titchener, E. B. *Lectures on elementary psychology of feeling and attention.* Nova Iorque: Macmillan, 1908.

Titchener, E. B. *Text-book of psychology.* Nova Iorque: Macmillan, 1910.

Titchener, E. B. Prolegomena to a study of introspection. *American Journal of Psychology*, 1912, *23*, 427-488. (a)

Titchener, E. B. The schema of introspection. *American Journal of Psychology*, 1912, *23*, 485-508. (b)

Titchener, E. B. Psychology as the behaviorist views it. *Proceedings of the American Philosophical Society* 1914, *53*, 1-17.

Titchener, E. B. *Systematic psychology: Prolegomena.* Nova Iorque: Macmillan, 1929.

Titchener, E. B. The postulates of a structural psychology. *Philosophical Review*, 1898, 7, 449-465. Segundo a explanação de W. Dennis (Org.), *Readings in the history of psychology*. Nova Iorque: Appleton-Century-Crofts, 1948. Pp. 366-376.

Tolman, E. C. A behaviorist's definition of consciousness. *Psychological Review*, 1927, *34*, 433-439.

Tolman, E. C. *Purposive behavior in animals and man*. Nova Iorque: Appleton, 1932.

Tolman, E. C. Operational behaviorism and current trends in psychology. *Proceedings of the Twenty-fifth Anniversary Celebrating Inauguration of Graduate Studies*. Los Angeles: University of Southern California Press, 1936. (Também em M. H. Marx (Org.), *Psychological theory: Contemporary readings*. Nova Iorque: Macmillan, 1951. Pp. 87-102.)

Tolman, E. C. The determiners of behavior at a choice point. *Psychological Review*, 1938, *45*, 1-41.

Tolman, E. C. A stimulus-expectancy need-cathexis psychology. *Science*, 1945, *101*, 16-166.

Tolman, E. C. The psychology of social learning. *Journal of Social Issues, Supplement Service*, 1949, *3*, 5-18. (a)

Tolman, E. C. There is more than one kind of learning. *Psychological Review*, 1949, *56*, 144-155. (b)

Tolman, E. C. *Collected papers in psychology*. Berkeley: University of California Press, 1951. (a)

Tolman, E. C. A psychological model. Em T. Parsons & E. A. Shils (Org.), *Toward a general theory of action*. Cambridge, Mass.: Harvard University Press, 1951. Pp. 279-361. (b)

Tolman, E. C. Principles of purposive behavior. Em S. Koch (Org.), *Psychology: A study of a science*. Vol. 2. *General systematic formulations, learning and special processes*. Nova Iorque: McGraw-Hill, 1958. Pp. 92-157.

Tolman, E. C., & Brunswik, E. The organism and the causal texture of the environment. *Psychological Review*, 1935, *42*, 43-77.

Tolman, E. C., & Honzik, C. H. "Insight" in rats. *University of California Publications in Psychology*, 1930, *4*, 215-232.

Toulmin, S. The logical status of psychoanalysis. *Analysis*, 1948, *9*, 23-29.

Tryon, R. C. Genetic differences in maze-learning ability in rats. *Thirtieth Yearbook, National Society for Studies in Education*, 1940.

Turing, A. M. On computable numbers, with an application to the Entscheidung's problem. *Proceedings of the London Mathematical Society*, 1937, *42*, 230-265; 1937, *43*, 544-546. Também em M. Davis (Org.), *The Undecidable*. Hewlett, Nova Iorque: Raven Press, 1965.

Turner, M. *Philosophy and the science of behavior*. Nova Iorque: Appleton-Century--Crofts, 1967.

Turner, M. B. *Realism and the explanation of behavior*. Nova Iorque: Appleton-Century-Crofts, 1971.

Ullman, L. P., & Krasner, L. *Case studies in behavior modification*. Nova Iorque: Holt, Rinehart, and Winston, 1965.

Underwood, B. J. *Experimental psychology*. (Ed. rev.) Nova Iorque: Appleton-Century-Crofts, 1966.

Underwood, B. J. *Psychological research*. Nova Iorque: Appleton-Century-Crofts, 1957.

Underwood, B. J., & Ekstrand, B. R. Studies of distributed practice: XXIV. Differentiation and proactive inhibition. *Journal of Experimental Psychology*, 1967, *74*, 574-580.

Underwood, B. J., Keppel, G., & Schulz, R. W. Studies of distributed practice: XXII. Some conditions which enhance retention. *Journal of Experimental Psychology*, 1962, *64*, 355-363.

Valentine, W. L., & Wickens, D. D. *Experimental foundations of general psychology*. (3.ª ed.) Nova Iorque: Holt, 1949.

Verplanck, W. S., & Skinner, B. F. Em W. K. Estes *et al.*, *Modern learning theory*. Nova Iorque: Appleton-Century-Crofts, 1954. Pp. 267-316.

Voeks, V. W. Postremity, recency, and frequency as bases for prediction in the maze situation. *Journal of Experimental Psychology*, 1948, *38*, 495-510.

Voeks, V. W. Formalization and clarification of a theory of learning. *Journal of Psychology*, 1950, *30*, 341-362.

Voeks, V. W. Acquisition of S-R connections: A test of Hull's and Guthrie's theories. *Journal of Experimental Psychology*, 1954, *47*, 137-147.

Von Neumann, J. *The computer and the brain.* New Haven, Conn.: Yale University Press, 1958.

Von Neumann, J., & Morgenstern, O. *Theory of games and economic behavior.* Princeton, N. J.: Princeton University Press, 1953.

Walker, N. Science and the Freudian unconsciousness. Em T. Reik (Org.), *Psychoanalysis and the future.* Nova Iorque: National Psychological Association for Psychoanalysis, 1957. Pp. 117-124.

Wallerstein, R. S., Robbins, L. L., *et al.* The psychotherapy research project of the Menninger foundation. *Bulletin of the Menninger Clinic*, 1956, *20*, 221-276.

Wallerstein, R. S., Robbins, L. L., *et al.* The psychotherapy research project of the Menninger foundation: 2nd report. *Bulletin of the Menninger Clinic*, 1958, *22*, 115-116.

Wallerstein, R. S., Robbins, L. L., *et al.* The psychotherapy research project of the Menninger foundation: 3nd report. *Bulletin of the Menninger Clinic*, 1960, *24*, 157-216.

Walls, G. L. "Land! Land!" *Psychological Bulletin*, 1960, *57*, 29-48.

Wann, T. W. (Org.) *Behaviorism and phenomenology.* Chicago: University of Chicago Press, 1964.

Warren, H. C. (Org.) *Dictionary of psychology.* Boston: Houghton Mifflin, 1934.

Washburn, M. F. *The animal mind.* Nova Iorque: Macmillan, 1908.

Watanabe, S. Information: Theoretic aspects of inductive and deductive inference. *IBM Journal of Research & Development*, 1960, *4*, 208-231.

Watson, J. B. Image and affection in behavior. *Journal of Philosophy*, 1913, *10*, 421-428. (a)

Watson, J. B. Psychology as the behaviorist views it. *Psychological Review*, 1913, *20*, 158-177. (b)

Watson, J. B. *Behavior: An introduction to comparative psychology.* Nova Iorque: Holt, 1914.

Watson, J. B. *Psychology from the standpoint of a behaviorist.* Filadélfia: Lippincott, 1919.

Watson, J. B. *Behaviorism.* Nova Iorque: Norton, 1925.

Watson, J. B. Experimental studies on the growth of the emotions. Em C. Murchison (Org.), *Psychologies of 1925.* Worcester, Mass.: Clark University Press, 1926. Pp. 52-53. (a)

Watson, J. B. Recent experiments on how we lose and change our emotional equipment. Em C. Murchison (Org.), *Psychologies of 1925.* Worcester, Mass.: Clark University Press, 1926. Pp. 59-81. (b)

Watson, J. B. What the nursery has to say about instincts. Em C. Murchison (Org.), *Psychologies of 1925.* Worcester, Mass.: Clark University Press, 1926. Pp. 1-35. (c)

Watson, J. B. *Psychology from the standpoint of a behaviorist.* (3.ª ed.) Filadélfia: Lippincott, 1929.

Watson, J. B. *Behaviorism.* (Ed. rev.) Nova Iorque: Norton, 1930.

Watson, J. B. J. B. Watson. Em C. Murchison. (Org.), *A history of psychology in autobiography.* Vol. 3. Worcester, Mass.: Clark University Press, 1936. Pp. 271-281

Watson, J. B. *Behavior: An introduction to comparative psychology.* Nova Iorque: Holt, Rinehart & Winston, 1967.

Watson, J. B., & McDougall, W. *The battle of behaviorism.* Nova Iorque: Norton, 1929.

Watson, R. I. Psychology: A prescriptive science. *American Psychologist*, 1967, *22*, 435-443.

Watson, R. I. *The great psychologists from Aristotle to Freud.* Filadélfia: Lippincott, 1963.

Watson, R. I. *The great psychologists from Aristotle to Freud.* (Ed. rev.) Filadélfia: Lippincott, 1968.

Watson, R. I. *The great psychologists.* (3.ª ed.) Filadélfia. Lippincott, 1971.

Weiss, A. P. Relation between structural and behavior psychology. *Psychological Review*, 1917, *34*, 301-317.

Weiss, A. P. *A theoretical basis of human behavior.* Columbus, Ohio: Adams, 1925.

Weiss, A. P. 1 + 1 ≠ 2 (one plus one does not equal two.) Em G. C. Quarton, T. Melnechuk & F. O. Schmitt (Orgs.), *The neurosciences.* Nova Iorque: Rockefeller University Press, 1967. Pp. 801-821.

Weitzenhoffer, A. M. Mathematical structures and psychological measurement of psychological magnitudes with three experimental examples. *Psychological Monographs,* 1943, *55,* 1-88.

Weitzenhoffer, A. M. Mathematical structures and psychological measurements. *Psychometrika,* 1951, *16,* 398-496.

Wertheimer, M. Experimentelle Studien uber das Sehen von Bewegung. *Zeitschrift für Psychologie,* 1912, *61,* 121-165.

Wertheimer, M. Untersuchungen zur Lehre von der Gestalt. II. *Psychologische Forschung,* 1923, *4,* 301-350.

Wertheimer, M. The general theoretical situation. Em W. D. Ellis (Org.), *A source book of Gestalt psychology.* Nova Iorque: Harcourt, Brace & World, 1938. Pp. 12-16.

Wertheimer, M. *Productive thinking.* Nova Iorque: Harper & Row, 1945.

Wheeler, R. H., & Perkins, F. T. *Principles of mental development.* Nova Iorque: Crowell, 1932.

Wheeler, R. H. *The science of psychology.* (2.ª ed.) Nova Iorque: Crowell, 1940.

Wheeler, R. H. Climate and human behavior. Em P. L. Harriman (Org.), *Encyclopedia of psychology.* Nova Iorque: Philosophical Library, 1946. Pp. 78-86.

White, T. W. Motivation reconsidered: The concept of competence. *Psychological Review,* 1959, *66,* 297-333.

Whittaker, R. H. New concepts of kingdoms of organisms. *Science,* 1969, *163,* 150-160.

Wiener, N. *Cybernetics, or Control and communication in the animal and the machine.* Cambridge, Mass.: Technology Press (c1948). Nova Iorque: Wiley, 1948.

Wiener, N. *Cybernetics, or Control and communication in the animal and the machine.* (2.ª ed.) Cambridge, Mass.: M.I.T. Press, 1961.

Wiener, P. P. (Org.) *Readings in philosophy of science.* Nova Iorque: Scribner, 1953.

Willems, E. P. Planning a rationale for naturalistic research. Em E. P. Willems & H. L. Raush (Orgs.), *Naturalistic viewpoints in psychological research.* Nova Iorque: Holt, 1969. Pp. 44-71.

Willems, E. P., & Raush, H. L. (Orgs.) *Naturalistic viewpoints in psychological research.* Nova Iorque: Holt, 1969.

Windelband, W. *An introduction to philosophy.* (Trad. para o inglês por J. McCabe) Londres: T. Fisher Unwin, 1921.

Wolfensberger, W. Ethical issues in research with human subjects. *Science,* 1967, *155,* 47-51.

Woodworth, R. S. *Dynamic psychology.* Nova Iorque: Columbia University Press, 1918.

Woodworth, R. S. Four varieties of behavior. *Psychological Review,* 1924, *31,* 257-264.

Woodworth, R. S. *Experimental psychology.* Nova Iorque: Holt, 1938.

Woodworth, R. S. Reinforcement of perception. *American Journal of Psychology,* 1947, *60,* 119-124.

Woodworth, R. S. *Contemporary schools of psychology.* Nova Iorque: Ronald Press, 1948.

Woodworth, R. S., & Schlosberg, H. *Experimental psychology.* Nova Iorque: Holt, 1954.

Woodworth, R. S. *Dynamics of behavior.* Nova Iorque: Holt, 1958.

Woodworth, R. S., & Sheehan, M. R. *Contemporary schools of psychology.* Nova Iorque: Ronald Press, 1964.

Wooldridge, D. E. *Mechanical man: The physical basis of intelligent life.* Nova Iorque: McGraw-Hill, 1968.

Wundt, W. *Human and animal psychology.* Nova Iorque: Macmillan, 1894.

Wundt, W. *Principles of physiological psychology.* Nova Iorque: Macmillan, 1904.

Wundt, W. *Völkerpsychologie.* Vols. 1-10. Leipzig: Engelmann, 1900-1920.

Yamaguchi, H. G., Hull, C. L., Felsinger, J. M., & Gladstone, A. I. Characteristics of dispersions based on the pooled momentary reaction potentials (sEr) of a group. *Psychological Review*, 1948, *55*, 216-238.

Yerkes, R. M. *Chimpanzees: A laboratory colony*. New Haven, Conn.: Yale University Press, 1943.

Zeigarnik, B. Das Behalten erledigter und unerledigter Handlungen. *Psychologische Forschung*, 1927, *9*, 1-85. (Trad. para o inglês e cond. com o título de "On finished and unfinished tasks" em W. D. Ellis (Org.), *A source book of Gestalt psychology*. Nova Iorque: Harcourt, Brace & World, 1938. Pp. 300-314.)

Zeigler, B. Uber das Behalte von erledigten und unerledigten Handlungen. *Psychologische Forschung*, 1927, *9*, 1-85.

Zeigler, H. G. Electrical stimulation of the brain and psychophysiology of learning and motivation. *Psychological Bulletin*, 1957, *54*, 363-382.

Zimbardo, P. G. *The cognitive control of motivation*. Glenview, Ill.: Scott, Foresman, 1969.

APÊNDICE A

PSICOLOGIA NA EUROPA, AUSTRÁLIA E CANADÁ

John Brebner e James Drever,
Universidade de Adelaide, Austrália, e
Universidade de Dundee, Escócia

EUROPA

Ao examinar-se a psicologia européia sente-se a tentação de destacar-se todas as tendências de origem européia. Contudo, mesmo restringindo-se a tarefa ao trabalho atual no âmbito europeu, é impossível num estudo conciso dessa espécie fazer justiça à variedade de pesquisas em andamento num só país, quanto mais na Europa inteira. Nem adiantaria coisa alguma, mesmo que fosse possível, apresentar uma bibliografia com anotações que pretendesse ser completa. Além do mais, a publicação pela APA de *International opportunities for advanced training and research in psychology* (1966) dá uma cobertura das instituições européias e dos cursos de Psicologia que elas oferecem que não poderia ser igualada aqui. Em vez disso, selecionamos algumas figuras de primeira plana. A posição teórica de cada uma delas é sucintamente indicada e, em certos casos, fornecemos um exemplo da espécie de dados em que repousa a posição.

Embora a II Guerra Mundial interrompesse o desenvolvimento teórico da Psicologia na Europa, as tendências principais foram conservadas e reconstituídas sob a orientação de psicólogos cuja reputação se estabelecera firmemente antes da guerra. A morte ou aposentadoria de gigantes dessa geração, como Piéron, Michotte e Von Frisch, juntamente com uma expansão do assunto, elevou muitos psicólogos mais jovens à posição de preeminência. Provavelmente é verdade que nenhum deles assumiu ainda a categoria de "gigante", mas para muitos como Broadbent, Ekman e Fraisse, já se passou bastante tempo desde a época em que eram considerados como psicólogos adolescentes.

Ao descrever-se a psicologia européia é conveniente usar-se as fronteiras lingüísticas, e não as nacionais. Uma língua comum significa uma literatura de pesquisa comum, e surgem prontamente outras espécies de afinidades. Para os fins que temos em vista, alemão, francês e inglês constituem as línguas mais importantes. Os psicólogos pertencentes aos grupos lingüísticos menores, tais como os da Escandinávia ou Países Baixos, procuram publicar seus trabalhos em uma ou outra das três línguas principais. Por exemplo, o *Scandinavian Journal of Psychology* é publicado em inglês. A exceção mais notável continua a ser a literatura de pesquisa italiana, que é considerável.

Alemanha

O trabalho psicológico na Alemanha provavelmente faz jus ao primeiro lugar, pelo menos sob o fundamento histórico. A II Guerra Mundial teve um efeito tremendamente prejudicial no que concerne à pesquisa na Alemanha e Áustria em conseqüência das grandes perdas sofridas pelo exílio na década anterior. Em parte, também, isso foi devido ao fato de que os psicólogos alemães estavam há muito tempo acostumados a influenciar os outros e reputavam o mundo exterior como uma espécie de colônia cultural. Nessas condições, o isolamento não foi considerado como um contratempo, por mais sérios que tenham sido os seus efeitos. O impacto na psicologia americana da corrente imigratória de psicólogos alemães foi descrito por Wellek (1964) e Bühler (1965). O efeito total sobre a psicologia alemã é difícil de avaliar-se, mas a intensificação de certas espécies bem características do trabalho alemão seguiu — nos estudos específicos, verbais e descritivos da personalidade — o que hoje parece pertencer mais à literatura do que à ciência. Em sua manifestação inicial, essa concepção era importante, e continua a ter alguma influência, especialmente em suas formas tipológicas. *Types of men* (1928), de Spranger, levou a *The study of values* (1951), de Allport e Vernon. *Psychological types* (1924), de Jung, deu-nos as palavras *extrovertido* e *introvertido*. *Physique and character* (1925), de Kretschmer, é a formulação antiga de uma classificação que influenciou, entre outros, Eysenck. Finalmente, os elementos tipológicos do *Psychodiagnostics* (1942), de Rorscharch, embora muito menos significativos, são suficientemente precisos para tornar claro que ele também pertencia a esse importante movimento de língua alemã. Seu trabalho deu origem a uma completa literatura de pesquisa, própria, independente.

É fácil ver quão arbitrárias e intuitivas as tipologias podiam tornar-se em condições desfavoráveis, tais como as proporcionadas pelo nacional-socialismo. Algum trabalho bom subsistiu, porém, e desde fins da década de 1940 tornou-se firmemente mais empírico. Um estudo apreciável de todo esse campo, com comparação entre a concepção alemã e outras, encontra-se em *Perspectives in personality theory* (David e von Bracken, 1957).

Há, felizmente, indícios claros de que a psicologia alemã está saindo de seu antigo insulamento. Por exemplo, a Deutsche Forschungemeinschaft determinou uma análise do reinício do desenvolvimento da psicologia alemã, a partir da guerra (Hoyos, 1961). Mais recentemente, foram feitas comparações diretas entre a Psicologia na Alemanha e a Psicologia na América (Merz, 1960; Murch & Wesley, 1966; Russell & Roth, 1958; Wesley, 1966) e têm aparecido compêndios escritos em alemão que apresentam alguns dos trabalhos recentes fora da Alemanha (Foppa, 1965).

É claro, pela análise de Hoyos, que os psicólogos alemães ainda adotam a concepção da personalidade com um tratamento dúplice, que é nomotético quando tipológico e ideográfico no estudo do caráter. Um texto recente no estudo do caráter é o livro de Wellek (1966). A concepção tipológica alemã tem sido mais claramente continuada por Eysenck na Grã-Bretanha, com suas tentativas recentes de encontrar uma base genética e fisiológica para a introversão-extroversão (1963; 1963-1964).

Outro campo no qual a psicologia alemã tem mantido uma posição característica é o da percepção. Os psicólogos gestaltistas, primeiro em Frankfurt-sobre-o-Meno e depois em Berlim, exerceram uma influência profunda de 1920 até 1934. Os membros mais antigos do grupo — Wertheimer, Köhler, Koffka e Lewin — foram para o exílio, mas um ou dois dos bons experimentalistas da geração mais nova continuaram no país. Desses, Metzger foi o mais produtivo. Seu livro *Gesetze des Sehens* apareceu em segunda edição em 1953 com muitos dados novos. Em geral, a obra de Metzger se assemelha bastante à de Koffka (1936), mas aumenta o grau de complexidade do estímulo. Em especial, há alguns dados muito interessantes sobre as espécies de organização perceptual que ocorrem quando nos são apresentados estímulos visuais em movimento.

A extensão do trabalho atual sobre percepção na Alemanha vazado no molde gestaltista pode surpreender a pessoa que acredita que a teoria da informação absorveu a *Gestalttheorie*. Se isso seria possível é uma questão levantada por Green e Courtis (1966). O argumento desses autores é que as tentativas de aplicar a teoria da informação à percepção da figura se concentraram nas propriedades de uma figura, e não no processo perceptual, e que, ao fazerem isso, deixaram de definir os conjuntos de sinais e suas probabilidades associadas de ocorrência, que são essenciais para qualquer medida de associação, como, por exemplo, nossas medidas de informação.

Bem típicos do vulto dos estudos perceptuais recentes na Alemanha são os trabalhos de Farne (1965), acerca dos efeitos subseqüentes das figuras; Graefe (1964), acerca dos efeitos dos contornos internos sobre a discriminação da forma; e Schmitt (1966), que invoca uma nova ilusão perceptual. O trabalho de Kiekheben (1966), no qual ele apresenta um estudo sobre um "efeito motivador de *não--prägnanz*", embora enunciado em termos gestaltistas, tem afinidades com o trabalho de Berlyne sobre novidade perceptual e inspeção.

Foi publicado (Volkelt, 1963) um relato do trabalho da escola bem menor de Psicologia *"Ganzheit"*, de Leipzig — os *"Ganzheiten"* se distinguem dos *"Gestalten"* por incluírem no "todo" os efeitos de experiências anteriores.

Mais original, e atualmente mais influente no campo da percepção, tem sido o trabalho que se vem realizando em Innsbruck. Ivo Köhler realizou uma série de visitas aos Estados Unidos e alguns de seus experimentos são bem conhecidos. O que Köhler faz, como explica ele, é encavalitar seu laboratório no nariz de seu sujeito — isto é, ele usa prismas e filtros numa armação de óculos que permite que um experimento dure várias semanas.

Nessa armação, é possível encaixar-se primas de dez graus, com a mesma orientação, a fim de produzir um deslocamento horizontal dos objetos visuais. Os prismas não são corrigidos esférica ou cromaticamente. A princípio o sujeito tropeça nos obstáculos, vê linhas retas verticais como curvas e acha que o mundo se torna curiosamente elástico quando ele move a cabeça. Além disso, todos os gradientes verticais de iluminação nítidos mostram uma franja acentuada de azul ou laranja. Durante um período de três dias de uso contínuo, esses efeitos, em grande parte, desaparecem. Algumas das modificações já foram descritas por Gibson (1933). A adaptação cromática é rara, porém, já que as sensações subseqüentes complementares são obtidas quando os prismas são tirados. Eles não são retinianos, mas podem fixar-se nos gradientes verticais de iluminação, embora os olhos possam mover-se. A teoria que Köhler formulou para explicar esses fenômenos, e muitos outros semelhantes, que ele demonstrou, não difere do nível de adaptação de Helson (1958). O organismo estabelece com o tempo um ponto nulo para qualquer elemento constante do ambiente do estímulo (Köhler, 1963). O trabalho de Köhler, publicado inicialmente em duas partes em 1951 e 1953, apareceu mais recentemente em forma de monografia em inglês (1964). Uma apreciação interessante do trabalho de Köhler e de outros psicólogos sobre a visão deslocada é a realizada por Harris (1965).

Um trabalho posterior em torno dos mesmos princípios (Hajos & Ritter (1965) mostrou que alguns efeitos subseqüentes negativos são observados em ambos os olhos, mesmo que um olho tenho sido coberto enquanto o outro estava vendo o mundo através de um prisma. Usando prismas em direções opostas nos dois olhos, os mesmos pesquisadores também demonstraram que cada olho pode estabelecer sua própria adaptação independentemente do outro. Usando uma estimativa um pouco mais moderada, Ebenholtz (1966) achou uma transferência um tanto menos interocular.

Outro aspecto importante do trabalho de Köhler é a sua demonstração dos efeitos da "contingência do olhar", que se adaptam à transformação prismática, e dos efeitos subseqüentes produzidos por tal transformação. A luz incidindo sobre um olho do sujeito através de um prisma entra no prisma em ângulos diferentes, dependendo da direção do olhar do sujeito. Por conseguinte, se ocorrer a adaptação, o sujeito deve adaptar-se às variações nas características da transformação que ocorre quando ele move os olhos, ou quando a direção do olhar se mantém constante e o sujeito move a cabeça. Um estudo recente, porém, deixou de encontrar efeitos subseqüentes das cores na contingência do olhar (Harrington, 1965).

Os interesses cibernéticos de Köhler são indicados, de maneira elementar, em seu esboço de um simples análogo eletromecânico para o condicionamento clássico (1962).

A terceira, e durante as décadas de pós-guerra a mais conhecida, área da pesquisa alemã tem sido a do comportamento animal. Enquanto os psicólogos americanos estavam passando cada vez mais a depender do labirinto e da caixa de Skinner, os biologistas alemães, protegidos contra a insegurança metodológica por uma grande tradição, continuaram a observar os animais em seu ambiente natural. Suas observações eram sistemáticas, e hoje continua-se a realizar um bocado de experimentação controlada; contudo, tem-se dado sempre mais importância às reações de uma determinada espécie às várias características de seu ambiente natural.

A literatura sobre o assunto é enorme, e um ou dois estudos notáveis devem representá-la. Von Frisch, cujo trabalho sobre as abelhas há muito se tornou famoso, fez algumas observações durante a II Guerra

Mundial que suscitaram bastante incredulidade. Afirmou ele que as obreiras, retornando à colmeia depois de descobrirem uma nova fonte de mel, podem indicar tanto a direção quanto a distância a suas companheiras. Fazem isso dançando. Há duas danças — a "dança de roda" e a "dança saracoteada". As danças de roda sistematicamente indicam alimento a 50 metros ou menos da colmeia, enquanto as danças saracoteadas são usadas para distâncias maiores, mas há uma amplitude que varia de 50 a 100 metros quando uma das duas pode ocorrer. Acima de 100 metros, o aumento da distância é dado num código que compreende modificações de ritmo e ênfase. A direção do alimento é indicada simplesmente pela direção da parte reta da dança saracoteada se a abelha estiver numa superfície horizontal; se a abelha estiver numa superfície vertical, indicará a direção por um código bem complicado, usando a posição do Sol. Se a parte saracoteada da dança mover-se para cima, o alimento está na direção do Sol; se mover-se para baixo, o alimento está na direção oposta ao Sol. Uma dança para a direita significa que o alimento está à direita do Sol e no ângulo pelo qual a dança se desvia da vertical. O mesmo acontece com respeito a todas as outras direções. Essas notáveis observações têm sido desde então confirmadas. Uma descrição das danças e o quadro de observações podem ser encontrados traduzidos para o inglês em "The dances of the honey bee" (Von Frisch, 1947) e em *The dancing bees* (Von Frisch, 1954).

Para a Psicologia, o mais importante dos estudiosos alemães do comportamento animal é provavelmente Lorenz. Particularmente, seu trabalho sobre os estímulos exigidos para "liberar" certas normas características de comportamento deu origem a uma nova espécie de Psicofísica. Uma das inúmeras contribuições de Lorenz é o conceito de *estampagem* (imprinting), o processo pelo qual os filhotes de uma espécie se tornam normalmente apegados às mães. A princípio isso foi descrito como repentino e irreversível. Talvez não seja tão dramático assim, mas ainda acontece bem depressa, e a espécie sobre que um indivíduo "estampa" pode determinar sua escolha de um companheiro (ou companheira) na maturidade sexual. Schutz mostrou recentemente, por exemplo, que os patos selvagens podem tornar-se homossexuais se forem criados apenas com machos durante todo o tempo em que seu vínculo com a espécie esteja em formação (1965a).

A exploração dos parâmetros dos estímulos compreendidos na estampagem mostra que eles variam de espécie para espécie. Os patinhos se apegarão a uma caixa dotada de rodas e com uma cigarra. Os gansinhos selvagens da Europa se convencerão de que são humanos se um ser humano for o primeiro objeto móvel grande que eles virem, e assim por diante. Contudo, o trabalho sobre a formação dos vínculos sociais tem demonstrado que os vínculos da espécie se formam um pouco mais tarde do que a estampagem inicial (Schutz, 1965b). A literatura sobre estampagem está crescendo e foi analisada por Sluckin (1964).

O próprio Lorenz talvez tenha atingido o máximo em inglês no delicioso e popular *King Solomon's ring* (1956). Uma explanação mais técnica desse tipo de trabalho pode ser encontrada em *A study of instinct* (1951), de autoria de Tinbergen, discípulo de Lorenz. *Learning and instinct in animals* (1963), de Thorpe, faz uma tentativa de relacionar esse campo biológico com os estudos de aprendizagem animal.

Lorenz recentemente (1965) empreendeu uma defesa tipicamente vigorosa da importância do desenvolvimento filogenético para a compreensão do comportamento animal e um ataque igualmente causticante a essa espécie de opinião de operacionista, proposta por D. D. Jensen (1961).

Sucintamente falando, a opinião de Lorenz é que, para o estudo do comportamento adaptativo, o biologista se empenha em estudar não somente a aprendizagem pelo organismo, mas também a informação codificada e armazenada. Esta última, Lorenz dá-se ao trabalho de assinalar, origina-se da internação *eficiente* com o ambiente de uma espécie e deve constar de todos os processos de aprendizagem.

A concepção do biologista quanto à informação filogeneticamente armazenada é o experimento da privação, em que a oportunidade de reagir a alguma situação ambiental é negada ao animal antes do teste. Tal experimentação depende do isolamento eficiente da situação que está sendo testada, o que às vezes é difícil e sempre requer familiaridade completa com o comportamento da espécie. Os experimentos de privação são valiosos, porém, para mostrar os pontos no comportamento de uma espécie em que os processos de aprendizagem são programados para ocorrer e também para demonstrar quais os reforços que são eficazes. Sem esse conhecimento intrinsecamente interessante, nossa compreensão da aprendizagem ficará evidentemente incompleta.

O livro de Lorenz sobre a agressão (1966), que foi o primeiro publicado na Alemanha em 1963, trata da agressividade, em distinção da predação, salientando as funções sociais da agressão, como nas exibições que fazem parte do comportamento da defesa territorial. No capítulo final do livro em questão, Lorenz discute o comportamento agressivo do homem.

Um último desenvolvimento na psicologia alemã é digno de nota. Desde a década de 1950, tem havido um grande tráfego psicológico, em ambos os sentidos, através do Atlântico. Em conseqüência, uma nova geração de psicólogos alemães está começando a fazer sentir a sua presença. Seu trabalho mostra o rigor e refinamento metodológico que tanto faltaram nos anos imediatamente anteriores à II Guerra Mundial, aliados a uma amplitude e solidez que se originam da tradição universitária alemã. Pode-se obter uma idéia da crescente comunidade de interesses entre a psicologia anglo-saxã e a alemã folheando-se o volume *Psychologie* (Hoffstätter, 1965), na série Fischer Lexikon. Tal livro, escrito originalmente em 1957, foi revisto em 1964 e alcançou a nona edição em 1965. A propósito, é positivamente o melhor texto para um estudante de Psicologia que deseja melhorar seu alemão (ou mesmo, em sua tradução italiana, seu italiano). É dotado de clareza e bem ilustrado com material bastante familiar para servir de guia através das novidades lingüísticas.

Outro texto digno de menção é *Gesamtverzeichnis der deutschsprachigen psychologischen Literatur der Jahre 1942 bis 1960* (Wellek, 1965). É de esperar que esse livro, que dá os títulos dos artigos alemães sobre Psicologia de 1942 a 1960, seja rapidamente traduzido para o inglês, em proveito do mundo psicológico que não fala a língua alemã.

França

Há muitos anos que o cenário psicológico francês é dominado pela influência de três indivíduos: Piéron, Michotte e Piaget. Cada um deles tem sido influente à sua própria maneira característica. É interessante, mas provavelmente não significativo, que apenas Piéron seja francês; Michotte é belga e Piaget é suíço. Algumas obras de cada um deles têm sido publicadas em inglês; Piaget é particularmente acessível a esse respeito. Dos três, Piéron é menos fácil de identificar-se quanto à sua filiação teórica; acima de tudo, é um empirista e experimentalista. Ele próprio talvez se tenha preparado para atribuir sua linhagem a Helmholtz. Eles comungam um interesse pelos processos sensoriais e a convicção de que a Psicologia e a Filosofia não devem afastar-se muito uma da outra. Pode-se obter uma impressão da enorme contribuição de Piéron à Psicologia, manuseando-se as páginas de *L'Année Psychologique* (fundado em 1898) sobre os últimos quarenta anos. Como complicador, pesquisador e analista, ele tem desempenhado um papel extraordinário. Uma comparação entre *L'Année Psychologique* e *Annual Review of Psychology* (fundada em 1949) mostra que o volume de material do campo experimental, e especialmente do fisiológico, é maior na publicação francesa, embora a diferença não tenha sido tão acentuada nos últimos anos. O capítulo sobre as funções do cérebro, de Hernandez-Peòn e Sterman, na *Annual Review* (1966), comprova a contribuição contínua dos pesquisadores franceses no campo da Psicologia Fisiológica. Outrossim, é verdade que o estereótipo que representa a psicologia européia como fundamentalmente verbal e filosófica não encontra apoio na Sorbone. *L'Année Psychologique* é sem dúvida não somente uma análise das publicações de pesquisa num determinado ano; é por si mesmo uma fonte importante de material novo.

Piéron é um tanto inadequadamente representado em inglês; seu *Thought and the brain* (1927) foi superado pelos acontecimentos. *The sensations* (1952) talvez seja uma amostra melhor de seu trabalho, mas a pessoa que não lê francês ou que ignora a posição dominante da Sorbone na vida cultural francesa não pode apreciar a extensão da influência de Piéron. Pode-se ter uma idéia do ponto de vista de Piéron sobre a Psicofísica compulsando-se o *Traité de psychologie expérimentale* (1963), Vol. 2, em que ele discute criticamente *"la psychophysique subjective"*, pela qual designa os processos que não se originam do limiar e da "determinação de diferença epenas perceptível", e. g., estimativa da magnitude e graduação das categorias.

Michotte, em contraste, parece pertencer a uma tradição bem diferente. É um fenomenalista, interessado nas características da experiência imediata. Ao mesmo tempo, ele ilustra o fato importante de que se pode ser fenomenalista e também experimentalista de primeira categoria. Provavelmente Wertheimer é o psicólogo com quem Michotte tem mais em comum, e assim pode-se admitir que ele tenha desenvolvido de maneira extremamente original certas idéias apresentadas pelos psicólogos gestaltistas. *The perception of causality* (1963) foi publicada originalmente em francês em 1946 e é provável que permaneça como obra clássica. Exemplifica admiravelmente as concepções de Michotte. O que ele faz aí é estudar as condições sob as quais os movimentos aparentes de dois objetos visuais parecem relacionar-se casualmente um com o outro. A impressão de relação causal é dita como sendo imediata, não dependendo de inferência ou experiência anterior. Embora ele mais tarde usasse um par de projetores sincronizados, seu primeiro aparelho era muito simples e engenhoso. Duas tiras de cores diferentes são traçadas num disco de modo que se aproximem e se afastem uma da outra. Quando o disco gira a várias velocidades atrás de uma fenda de largura igual a cada tira, dois objetos quadrados parecem mover-se um na direção do outro e afastar-se novamente. As características espaço-temporais desse movimento determinam se é visto como envolvendo uma relação causal ou não. Se é visto assim, a relação causal pode ser de duas espécies: *L'effet lancement,* ou o efeito-lançamento, ocorre quando um quadrado parece empurrar ou propulsionar o outro mais ou menos da mesma maneira que uma bola de bilhar faria quando batesse noutra, no decorrer de uma partida.

L'effet entraînement, ou efeito-arrastamento, é completamente distinto. Aqui um quadrado parece arrastar ou levar consigo o outro. Todas as condições físicas para esses dois fenômenos foram cuidadosamente elaboradas, podendo-se agora fazer previsões bem seguras. Mais recentemente, Michotte ocupou-se de características fenomenais que parecem distinguir entre causalidade mecânica e propósito ou intencionalidade. Suas conclusões têm muito em comum com as apresentadas por Heider e Simmel (1944). A obra *Causalité, permanence et réalité phénoménales* (1962), de Michotte, reúne importantes publicações suas e mais algumas de colegas e discípulos seus.

Piaget ainda está muito ativo e sua influência está-se espalhando não somente através do Atlântico, mas através dessa barreira muito mais formidável, o canal da Mancha. É difícil situar-se um pensador tão original em qualquer seqüência histórica. Claparède proporcionou a oportunidade fundando o Instituto J. J. Rousseau, em Genebra, e Binet fez uma importante tentativa pioneira de resolver problemas relacionados com o desenvolvimento intelectual das crianças pequenas, mas a mistura de Lógica e Biologia de Piaget é criação sua e pode perfeitamente constituir a contribuição contemporânea mais importante para a Psicologia na Europa. Há os que pensam que seu descaso pelos pontos mais conceituados da metodologia torna seus resultados duvidosos. Talvez ele de fato generalize muito prontamente. É importante, porém, compreender exatamente o que Piaget está fazendo. Ele não é um formalista hipotético-dedutivo que procura convencer a si mesmo e a seus colegas que pode operar à maneira das Ciências Físicas mais avançadas. Ao contrário, é um naturalista na fase descritiva, de coleta de dados, e pequenos erros de entrosamento e identificação têm pouca importância em comparação com a riqueza de percepções e observações que ele apresenta. Uma estrutura classificatória não é como uma teoria dedutiva, que pode ser invalidada por uma previsão errada. Seu valor depende das simplificações que ela nos capacita a fazer e dos experimentos controlados que nos estimula a realizar. Em Montreal um grupo de psicólogos canadenses — Thérèse Décarie, Monique Laurendeau e Adrien Pinard — estão na vanguarda da tentativa de avaliar os conceitos de desenvolvimento de Piaget com o rigor metodológico de que carecem às vezes seus próprios estudos (e. g., Décarie, 1966).

A própria obra de Piaget mostra algo das características de desenvolvimento que expõe. As idéias em seus primeiros livros, tais como sobre a linguagem e pensamento das crianças (Piaget, 1926) e sobre o julgamento e raciocínio das crianças (Piaget, 1928), foram desenvolvidas e especificadas por estudos posteriores sobre a concepção do número (Piaget, 1952) e espaço (Piaget & Inhelder, 1956) das crianças. Esta última obra é de especial interesse devido à sua relação com a Psicologia da Percepção. Por meio do uso de certos materiais como desenhos e testes de realização simples, traça-se o desenvolvimento do pensamento espacial desde o princípio mais remoto em noções como proximidade, separação e demarcação até as operações geométricas plenamente desenvolvidas. A maneira como Piaget trata a ordem linear e circular pode ser usada para ilustrar seus métodos. Contas de madeira coloridas ou pedaços de papel são dispostos em ordem ao longo de um pedaço de barbante que, para começar, é mantido em posição reta e horizontal. Dá-se à criança um segundo pedaço de barbante e pede-se-lhe que reproduza a ordem das cores no primeiro. Antes da idade de três anos e meio, em média, as crianças, embora possam enumerar todas as cores exigidas, parecem não ter capacidade de arranjá-las na ordem desejada. Aos quatro anos, a maioria das crianças começa a copiar com a noção de uma seqüência ordenada desde que se lhes permita pôr o seu barbante de teste ao lado do modelo e confrontar os objetos coloridos um por um. É claro, pelos tipos de erros cometidos, que a segunda etapa foi atingida, porque a criança se tornou capaz de manter uma ordem constante de progressão. A princípio, porém, é muito fácil romper a seqüência ordenada movendo o modelo para um lado ou fazendo a criança reproduzir uma ordem vertical num barbante horizontal. O padrão perceptual é necessário para manter a direção constante. Entre os cinco e seis anos, começam a surgir novas possibilidades. A criança pode manter a seqüência e até invertê-la sem uma comparação de ponto por ponto. Dá-se-lhe então o modelo com os objetos arranjados em círculo e pede-se-lhe que produza a ordem numa linha reta. Aqui ela deve trabalhar num nível mais abstrato, sendo que a separação perceptual das duas extremidades do fio causa-lhe certo embaraço. Somente aos seis ou sete anos de idade é que a criança é capaz de lidar com a ordem espacial como tal e de reproduzir ou inverter os modelos que lhe são apresentados verticalmente, circularmente, ou mesmo torcidos, formando um oito.

Pode-se ver como essa exploração paciente e um tanto informal poderia ser usada como a base de elaboração de testes ou como um processo experimental mais rigoroso, mas os próprios interesses de Piaget parecem consistir em avançar na direção de uma análise teórica do pensamento como tal. *The growth of logical thinking from childhood to adolescence* (1958) e, mais recente, sua obra sobre classificação e seriação (Piaget & Inhelder, 1964) dão alguma indicação da atividade de Piaget no campo do pensamento. *L'image mentale chez l'enfant* (1966) é uma das obras mais recentes de Piaget sobre o pensamento e os processos simbólicos das crianças. A obra de Piaget até cerca de 1960 é discutida no livro útil de Flavell intitulado *The developmental psychology of Jean Piaget* (1963).

A extensão da influência de Piaget é vista claramente em *Psychologie et épistémologie génetiques: thèmes Piagetiens* (Bresson & Montmollin, 1966). Os colaboradores desse volume, publicado em homenagem a Piaget, compreendem Berlyne (Canadá), Smedslund (Noruega) e Fraisse (França). Os últimos escritos de Piaget são *Biologie et connaissance: Essai sur les relations entre les régulations organiques et les processus cognitifs* (1967) e, em tradução para o inglês, *Six psychological studies* (1967b).

Apesar da envergadura de Piaget como inovador, seria errôneo considerar o trabalho desse autor de Genebra como, de algum modo, isolado da psicologia francesa em geral. Há muitos vínculos com o trabalho de Michotte, no que concerne aos estudos da causalidade, movimento e velocidade como são entendidos pelas crianças, enquanto Fraisse na Sorbone em *Les structures rhythmiques* (1957) partilha com Piaget do interesse pelo desenvolvimento da percepção do tempo. Uma introdução ao trabalho de Piaget e Fraisse que pode ser útil a quem não tem conhecimento anterior do trabalho de Piaget sobre a esquematização cognitiva e a percepção ou do trabalho de Fraisse sobre a percepção do tempo é dada no Vol. 6 de *Traité de psychologie expérimentale* (Fraisse & Piaget, 1963).

A história da Psicologia na Bélgica, e uma apreciação das tendências recentes naquele país, encontramos na monografia de Nuttin (1961). O próprio ataque de Nuttin experimentalmente baseado na concepção da lei do efeito (1961b) de Thorndike tem sido grandemente negligenciado nos Estados Unidos. Seu trabalho sobre a propagação do efeito demonstra esse ataque. Aqui, Nuttin ocupa-se em demolir a interpretação conexionista de Thorndike do fenômeno da propagação do efeito, que admitiu que as ligações entre estímulo e reação são reforçadas pela recompensa e enfraquecidas pela punição.

Nuttin (1949) sugere que mais de um fator atua para produzir o resultado da propagação do efeito, e ele demonstra um fenômeno semelhante que é atribuído à "propagação da recordação". O que Nuttin demonstra é que, se *alguém recompuser a ordem* de uma lista que foi apresentada uma vez a um sujeito, os itens são lembrados agora como tendo sido recompensados se, na segunda apresentação (ou teste), estiverem perto de itens que foram recompensados. Isto é, a recordação de itens como tendo sido recompensados ocorre significantemente com mais freqüência com respeito aos itens que estão agora mais perto dos itens recompensados do que dos itens que estavam mais perto na primeira apresentação da lista.

Marx (1956), que na época parecia ser o único dentre os psicólogos americanos que levava em consideração o trabalho de Nuttin, achou difícil distinguir entre a interpretação de Nuttin do fenômeno e a de Thorndike. Greenwald (1966) mostra claramente que Nuttin procura destrinçar os efeitos das compensações como associações de reforço na verificação da aquisição e, alternativamente, apresenta recordações erradas de ter sido recompensado — como uma função da proximidade das coisas recompensadas, mesmo quando a ordem da lista é recomposta — na verificação do teste.

A propagação da recordação de Nuttin não é certamente como Thorndike via a propagação do efeito operando e pode ser considerada como um complemento, e não como um suplemento da concepção de Thorndike. Mas Marx tem razão em indagar como Nuttin definiria a força de uma reação, rejeitando, como Nuttin explicitamente o faz, o aumento da freqüência da repetição da reação no decorrer de um experimento de aprendizagem. Talvez a questão aqui seja que, para Thorndike, a recompensa atua na conexão entre os itens de estímulo e reação; para Nuttin, o efeito da reação generaliza-se do item recompensado para outros itens próximos.

Nuttin podia ter postulado um declínio gradual do efeito da recompensa para explicar por que, em seus experimentos, há sempre uma tendência na verificação do teste para os itens mais perto dos recompensados na verificação da aquisição para serem lembrados como tendo sido recompensados, mesmo que estejam agora mais longe de um item recompensado. Contudo, Nuttin parece preferir a alternativa de que tanto a propagação do efeito quanto a propagação da recordação comprovam o fenômeno.

O trabalho de Nuttin é prejudicial ao conexionismo de Thorndike, mas o ponto de vista conexionista continua válido em Psicologia. Bem recentemente, por exemplo, Broadbent (1958, p. 298) afirmou que, a longo prazo, o organismo armazena as probabilidades condicionais dos acontecimentos passados. Isso, pode-se argumentar, era precisamente o que Thorndike manipulava através de reforço em sua "seleção e conexão".

Essa linha de descendência um tanto improvável da idéia de Broadbent sobre o que se aprende — que, de fato, provavelmente se origina das concepções da teoria da informação — pode também ter incluído a probabilidade de reação de Skinner na árvore genealógica. Tecnicamente, a principal diferença entre Thorndike e Skinner é simplesmente que, aceitando a possibilidade de recompensar segmentos menores do comportamento, Skinner consegue um controle mais rápido e mais preciso do comportamento do seu sujeito do que conseguia Thorndike.

Grã-Bretanha

A psicologia inglesa tende a olhar agora através do Atlântico, mas ainda mantém alguns aspectos característicos. Muito estranho é que, no país dos empiristas e associacionistas "ingleses", um desses aspectos seja a falta de interesse pelo associacionimo (Drever, 1965). Isso é provavelmente conseqüência de acidentes históricos. A Psicologia empírica formulada no início do século atual pelos filósofos Ward (1918) e Stout (1913) foi transformada pelo pensamento alemão pós-kantiano. Bartlett, que mais do que qualquer outro determinou a natureza atual da psicologia inglesa, foi discípulo de Ward. Isso não o tornou filósofo — ele sempre foi refratário à teorização "de gabinete" — mas o fez duvidar do método simples de estímulo e reação. É importante que os psicólogos nos Estados Unidos, ou na Rússia, no que concerne a isso, compreendam que a indiferença um tanto generalizada dos europeus ao associacionismo provém do fato de que é um ponto de vista "antiquado" e que já se achava plenamente desenvolvido no século XVIII. Embora a reformulação kantiana da teoria de Hume não tenha tratado do associacionismo como tal, ela pressupunha a existência de outras estruturas cognitivas que não as baseadas na contigüidade e freqüência. Desde essa época, todas as variantes do tema simples de estímulo e reação passaram a parecer muito fáceis. Afirma-se que essa prevenção é justificada pelos acontecimentos, havendo uma forte desconfiança de que a soma de informação geradas por quilômetro percorrido por rato durante os últimos cinqüenta anos não foi grande.

Remembering, de Bartlett, é um estudo da percepção e do pensamento, bem como da memória, e seu mais recente *Thinking* nada mais faz do que desenvolver alguns dos temas de sua obra anterior. Mas Bartlett tem sido muito mais influente através de seu ensinamento do que através de seus escritos. O laboratório de Cambridge foi durante muitos anos um autêntico celeiro de psicólogos experimentais. Em certa época, mais de dois terços das cadeiras dessa matéria na Grã-Bretanha eram ocupadas por discípulos de Bartlett. Nem todos provavelmente são submissos, mas a maioria deles mostra características identificáveis, entre as quais se destacam a preferência pelos sujeitos humanos, em vez de sujeitos animais, e a tendência de usar tipos cognitivos de explicação. Estes últimos hoje em dia são mais freqüentemente expressos em termos neurológicos ou eletrônicos do que em termos lógicos.

Uma figura exponencial no desenvolvimento da psicologia inglesa nos campos da percepção e do pensamento foi Craik, que morreu, ainda jovem, em conseqüência de um acidente rodoviário, em 1945.

Ele era filósofo por formação, experimentalista por inclinação e um gênio para inventar implementos. Algumas das idéias básicas da Cibernética devem sua origem a ele. Uma sucinta exposição de sua formulação teórica pode ser encontrada em *The nature of explanation* (1943), sendo que trabalhos selecionados de Craik foram recentemente publicados (Craik, 1966).

Broadbent (1958) descreveu importante trabalho experimental realizado com base nas idéiais de Craik. Segundo Broadbent, dois dos problemas fundamentais da percepção, em relação com o desempenho da habilitação, são a capacidade e seletividade do canal. Quanta informação pode um operador humano captar e como pode ele proteger-se contra a sobrecarga ou contra os sinais não desejados? Na visão muitos dos ajustamentos necessários são realizados perifericamente, mas na audição eles devem ser feitos centralmente. Assim Broadbent usa os estímulos auditivos em experimentos onde o sujeito tem de escutar seletivamente uma entre duas mensagens simultâneas ou uma mensagem acompanhada de ruído irrelevante, o processo de filtragem que ocorre é mais central do que sensorial. Depende da soma de informações, como é de esperar, mas também depende de uma extensão acentuada dos valores de probabilidade contidos nas duas mensagens. É isso que torna a palavra *estímulo* mais ou menos tão específica e psicologicamente útil quanto a palavra *coisa*. A formulação teórica sugerida pelo trabalho de Broadbent se assemelha à preconizada por Bruner (1957) e outros nos Estados Unidos.

Broadhurst (1966), que é considerado como grandemente responsável pelo recente renascimento do interesse pela Psicogenética experimental na Grã-Bretanha, viu no interesse de Broadbent pela introversão-extroversão "um indício dos interesses combinados de Broadbent e Eysenck que, caso isso se transforme num esforço de colaboração, poderá resultar na criação por parte da psicologia inglesa, de um impacto nascido do pensamento coerente, coisa que anteriormente ainda não tinha sido realizada". Isso, porém, parece ignorar o fato de que Broadbent (1958) relaciona a introversão-extroversão com a extensão da "amostra" dos dados de captação usados pelo indivíduo. Também não leva em conta o fato de que as previsões baseadas no modelo de Broadbent da introversão-extroversão têm entrado às vezes em conflito com as previsões baseadas no modelo eysenckiano (e. g., Broadbent, 1958; Griew & Lynn, 1960).

O trabalho da Unidade de Pesquisa de Psicologia Aplicada, em Cambridge, sob a direção de Broadbent acha-se em linhas gerais na corrente da influência bartlettiana. Alguns dos aspectos do trabalho da unidade são descritos por Poulton (1966) em seus capítulos sobre Psicologia Organizacional na *Annual Review of Psychology* e de roldão em *Acquisition of skill,* de Bilodeau (196ç). Este último livro trai o fato de que o desempenho nos Estados Unidos, até certo ponto, ainda é estudado como uma subdivisão da aprendizagem. Isso também ocorre com o ponto de vista soviético com respeito à habilitação, e não é de estranhar que em ambos esses países teorias monolíticas de aprendizagem, que admitem a resposta condicionada como uma unidade fixa de comportamento, venham predominando há tanto tempo. Nos Estados Unidos toda a extensão da influência de Watson e Hull pode ser vista no fato de que mesmo os autores que rejeitaram a resposta condicionada (por exemplo, Tolman e Skinner) ainda discutem a unidade (fixa) de comportamento (Skinner, 1959; Tolman, 1932). Berlyne (1965) encontra certa dificuldade em negar essas unidades fixas: "... a teoria psicológica contemporânea do estímulo e resposta se preocupa com associações não entre estímulos simples e reações simples (sejam lá quais forem), mas entre classes de situações de estímulos e classes de comportamento (p. 8)". A tentação que sentimos é para acrescentar "sejam lá quais forem" novamente, mas a principal diferença é que mantemos a liberdade de *definir* e, se necessário, *redefinir* as classes empiricamente, em vez de tentar enquadrar forçadamente nossa análise do comportamento em classes impróprias.

A tradição de Cambridge no estudo do desempenho da habilitação contrasta com isso, fazendo a pergunta: "Como é organizado o comportamento intencional complexo?" e trabalhando por indução, da averiguação para o modelo, e não dedutivamente da teoria para a previsão. A improdutividade, para os hullianos, da previsão que não é confirmada não é mais admitida por eles do que a precariedade do método teórico de Skinner é admitida pelos skinnerianos.

A tradição de Cambridge no estudo do desempenho da habilitação é exposta no Vol. 27 de *Acta Psychologica,* que é um volume especial sobre atenção e desempenho, dedicado à memória de Paul Fitts.

Outro trabalho importante que se acha fora da corrente da influência de Bartlett é também realizado em Cambridge. Duas séries de estudos são dignas de nota: primeiro, o trabalho de Gregory sobre a percepção (Gregory, 1966a, 1966b, Gregory & Wallace, 1963). A teoria de constância do tamanho das ilusões, de Gregory, em especial, tem despertado grande interesse entre outros pesquisadores europeus (Virsu, 1967; Zanforlin, 1967) e também um bocado de crítica. Segundo, o trabalho em Cambridge sobre os efeitos da ablação cortical nos primatas (Cowey, 1967; Cowey & Weiskrantz, 1967; Humphrey & Weiskrantz, 1967) tirou seu ímpeto inicial do interesse ativo de Zangwill pelos efeitos das lesões específicas no comportamento. Até onde o recente interesse de Cambridge pela criatividade (Hudson, 1966) provém de Bartlett não está claramente comprovado, mas ele certamente preconizou uma modificação na forma usual do teste de inteligência (1954). "A inteligência é pelo menos tanto uma questão dos meios pelos quais um quesito, ou a resposta de um problema, é encontrado, quanto se o quesito, ou a resposta, pode ser chamado *correto*."

O trabalho de Hudson é sobre o pensamento convergente e divergente, que segue Guilford (1950). Ele mostrou que a tendência é para que os divergentes procurem especialismos das artes e os convergentes escolham as Ciências Físicas. Hudson rejeita a complacente identificação da criatividade com o pensamento divergente, frisando que nas Ciências Físicas, que atraem os convergentes, os indivíduos criadores ainda tendem a ser convergentes, embora possam ser um pouco mais como os divergentes do que seus congêneres menos criadores. As raízes do pensamento convergente e divergente, segundo sugere Hudson, devem ser encontradas na educação da criança. Os convergentes são formados pelos pais que são incapazes de mostrar afeição facilmente. Esses pais, sugere-se, podem achar tipicamente mais fácil oferecer uma espécie convencional de aprovação de habilitações menos impessoais, levando assim a criança a adquirir essas habilitações e a achar sua segurança nelas. Os pais do divergente, por outro lado, tendem a menosprezar a importância das realizações práticas e a reservar sua aprovação e afeição para relacionamentos pessoais. Tais pais, argumenta Hudson, produzem crianças que são "afeiçoadas às pessoas", vendo-as como a fonte de sua segurança.

Uma segunda corrente da psicologia inglesa pode ser atribuída à influência de Galton através de Spearman, Thomson e Burt. Foi no que concerne ao estudo das diferenças individuais e ao desenvolvimento das técnicas estatísticas apropriadas que a Inglaterra fez a sua contribuição psicológica mais característica durante o primeiro quartel do século atual. Spearman enunciou sua teoria hierárquica da inteligência em *The nature of "intelligence" and principles of cognition* (1923), a que se seguiu *The abilities of man* (1927). Thomson esperou até 1939 para publicar *The factorial analysis of human ability,* mas os dois há muito que travavam um vigoroso duelo acadêmico. A atitude de Thomson para com Spearman, e mais tarde para com Thurstone, foi de modo geral de ceticismo. Ele duvidou, especialmente, da alegação de Spearman de que a análise fatorial podia ser usada para provar a necessidade de uma determinada solução. Burt ainda está ativo na Psicologia Estatística, sendo que seu livro *The factors of the mind* (1940) é um resumo objetivo das antigas controvérsias e da afirmação da posição ainda caracteristicamente inglesa no campo da análise fatorial. Burt também foi o primeiro psicólogo que aplicou a Genética mendeliana ao estudo da hereditariedade mental, e é dele que se origina o atual interesse pela Psicogenética na Grã-Bretanha (Broadhurst, 1959).

A aplicação de testes mentais na educação inglesa tem sido surpreendentemente ampla para um país com tamanha reputação para o conservantismo. Até que o Governo atual indicou sua intenção de alterar o sistema educacional, a maioria das crianças do sistema escolar estatal era submetida ao chamado exame 11 mais, que é um teste de inteligência e realização. O que acontece educacionalmente depois é determinado, talvez demasiadamente, pelos resultados. Em conseqüência, grande parte da pesquisa inglesa atual nessa área tem uma inclinação acentuadamente prática e educacional, e questões teóricas não são mais levantadas. Dos autores cuja contribuição principal pertence ao período a partir da II Guerra Mundial, P. E. Vernon é sem dúvida o mais influente. Ele é discípulo de Bertlett que pertence à escola de Burt. Em *The structure of human abilites* (1950), ele mostra um processo empírico e cauteloso com a inclinação acentuadamente prática que mencionamos acima. Um livro publicado em 1964 é uma apreciação crítica da avaliação da personalidade. As principais conclusões teóricas desse livro estão resumidas num artigo (Vernon, 1965) publicado num volume de ensaios pelos ex-discípulos de Burt e outros, compilado em reconhecimento de sua formidável contribuição à Psicologia.

O ponto de vista inglês sobre a natureza da inteligência difere da concepção americana por ser hirárquico. Thorndike (1914) considerava a inteligência como uma infinidade da habilitações específicas. Thurstone (1938) posteriormente trabalhou com uma coleção relativamente grande de habilidades democraticamente ordenadas. Os pesquisadores ingleses nesse campo, embora difiram entre si, têm optado por uma análise da inteligência que começa com um fator geral. Uma vez que o fator geral tenha sido removido da matriz da intercorrelação do teste, verifica-se que dois grandes fatores grupais tendem a aparecer — um deles de natureza verbal-numérico-educacional e o outro espacial-prático-mecânico. Abaixo desses existem fatores grupais menores que correspondem mais ou menos às habilidades mentais primárias de Thurstone, com fatores específicos derivados de determinadas habilitações e circunstâncias lá embaixo. As diferenças entre o ponto de vista inglês e o americano não são básicas, mas dependem, até certo ponto, de método. Por exemplo, Thurstone tem um fator geral de segunda ordem. que em alguns aspectos se assemelha ao fator "g" original de Spearman.

Para o observador de fora, Eysenck talvez pareça pertencer a esse grupo também, mas a impressão é enganadora. É verdade que seu trabalho inicial se baseava na análise fatorial dos testes de personalidade, e em certa fase ele foi influenciado por Burt, mas seus processos estatísticos são apenas parte de uma estratégia mais ampla. Mais recentemente, a teoria de aprendizagem hulliana foi utilizada da mesma maneira. Como se sugeriu, Eysenck tem muito em comum com os tipologistas alemães, embora seus métodos sejam muito mais rigorosos do que os deles tendem a ser. Mesmo assim, existem os que acham que ele às vezes usa seus dados de um modo mais retórico do que científico. Em todo caso, sua produção é muito maior do que a de qualquer outro psicólogo inglês do momento e abrange desde obras altamente técnicas até obras populares. Talvez *The scientific study of personality* (1952) apresente a melhor exposição geral de sua formulação teórica. Ele se preocupa, com base em dados de testes objetivos, em enquadrar seus sujeitos numa série de dimensões das quais as de introvertido-extrovertido e normal-neurótico são as mais importantes. Tendo feito isso, ele espera identificar as variáveis neurológicas fundamentais dessas dimensões. Grande parte de seu trabalho tem sido feita em ambiente clínico e ele organizou um manual de Psicologia dos Anormais (1960) no qual a maioria dos colaboradores são colegas atuais ou ex-colegas seus.

É uma força da teoria de Eysenck que suas tentativas de correlacionar os numerosos e diversos resultados sobre a introversão-extroversão parecem ter receptividade nas novas tendências da Psicologia. Que o *zeitgeist* ronda os corredores do Maudsley é usada igualmente às vezes como uma crítica pelos antagonistas de Eysenck, que frisam seu inter-relacionamento, um tanto livre, da inibição reativa de Hull, da inibição cortical de Pavlov, da "força" do sistema nervoso de Pavlov, e, mais recentemente, da atividade tônica da formação reticular do tronco cerebral.

Foi sugerido por Eysenck (1963), com uma hesitação que muitos podem julgar incaracterística, que a formação reticular ascendente tem afinidades com os conceitos psicológicos do potencial excitatório e inibitório. Certamente, os experimentos com drogas estimulantes e depressivas que atuam através da formação reticular têm demonstrado que o comportamento mais introvertido segue a administração das primeiras e que o comportamento mais extrovertido segue a administração das segundas.

Isso é uma base sugerida para a tendência geneticamente constituída, segundo se presume, para a introversão ou extroversão, apresentada por Shields (1962). Shields comparou as personalidades dos gêmeos monozigóticos e fraternos criados separadamente ou juntos. A correlação dos escores de extroversão para os gêmeos fraternos criados separadamente foi +0,61 (quarenta e dois pares), e para os gêmeos idênticos criados juntos foi +0,42 (quarenta e três pares), enquanto para os gêmeos fraternos criados juntos foi —0,17. Embora os estudos de gêmeos estejam sempre cercados de dificuldades, esses dados parecem indicar uma base genética para a introversão-extroversão.

É desnecessário fazer mais do que notar de passagem que o estudo naturalista do comportamento animal, que era uma característica da biologia inglesa no fim do século XIX, está outra vez tornando-se mais predominante em conseqüência de influências do continente europeu. Já se fez referência aos trabalhos de Tinbergen, atualmente em Oxford, e de Thorpe, que se acha em Cambridge. Apareceu um trabalho recente de Tinbergen sobre a evolução dos dispositivos de sinalização (1964), e tanto Tinbergen (comportamento e seleção natural) quanto Thorpe (desenvolvimento do comportamento) contribuíram com capítulos para *Ideas in modern biology* (Moore, 1965). Outra contribuição foi feita por Thorpe e Davenport (1964) para o estudo da aprendizagem nos invertebrados. Outras publicações nesse campo abrangem *Brain and behaviour in cephalopods,* de Wells (1962), cujo trabalho tem mais em comum com o de J. Z. Young do que com o de Tinbergen. Esse método parece mais compatível com os psicólogos ingleses do que o uso de labirintos e caixas de Skinner, mas um bocado de pesquisa animal com base em normas quantitativas está sendo igualmente realizado.

Escandinávia

A Escandinávia, que parece ser geograficamente distante, às vezes se acha associada aos desenvolvimentos científicos e culturais avançados. A psicologia como profissão obteve ali um reconhecimento mais oficial do que em qualquer outro lugar da Europa, sendo que especialmente na Noruega pôs-se em execução um esquema admirável de instrução e diplomação de psicólogos.

No setor da pesquisa há uma ampla atividade em muitos campos da Psicologia. A influência de Piaget é evidente na Escandinávia, como em outras partes da Europa (ver Smedslund, 1964), sendo também óbvio certo interesse pela aprendizagem humana. O livro de Bjorgen sobre aprendizagem de cor (1964) é uma tentativa de relacionar a significância e a velocidade da aprendizagem com algum mediador que permite que o item a ser aprendido seja integrado no acervo de experiências do sujeito. Mas a percepção continua a ser de longe o campo mais ativo da pesquisa psicológica escandinava. Katz, embora tenha chegado tarde a Estocolmo, foi muito influente. O ponto de vista fenomenológico, também esposado por Rubin, é bem exposto por von Fieandt, de Helsinque (1958). Johansson, em Upsala, é mais um experimentalista do que um teórico (ver Johansson & Ottander, 1964), mas ambas as suas obras (1958, 1964) como também a de von Fieandt (von Fieandt & Gibson, 1959) mostram afinidades com a de Gibson em Cornell. A importância da Psicofísica na psicologia escandinava pode ser vista no fato de que ocorre um grande vínculo entre a psicologia escandinava e a americana através do trabalho de psicofísicos recentes — Gibson, Helson e Stevens. Isso não quer dizer que existe sempre concordância entre os dois grupos de autores; o livro de Ross sobre medição psicológica e sua lógica fundamental (1964) afirma que, em seus métodos diretos de medição escalar, Stevens (em cujo laboratório Ross trabalhou um ano) estabelece uma psicologia subjetiva. O argumento de Ross não é apoiado pelo trabalho anterior de Goude (1962), sendo que a questão é amplamente discutida por Eisler (1965). A influência de Helson pode ser vista na obra de von Wright e Mikkonen (1963).

Grande parte do trabalho atual em Psicofísica na Escandinávia tem sua origem direta nos laboratórios em Estocolmo, onde Ekman é uma figura de reputação internacional nos campos da Psicofísica e da medição escalar. O capítulo de Ekman, escrito com Sjoberg, sobre medição escalar (Ekman & Sjoberg, 1965) dá uma idéia da contribuição que ele e seus colaboradores fizeram nesse campo. No setor fisiológico, ritmos de excreção da adrenalina e noradrenalina nas tarefas cognitivas sob tensão têm sido objeto de uma série de experimentos levada a efeito por Frankenhaeuser e seus colegas (Frankenhaeuser, 1966a, 1966b).

Parece também ter surgido uma escola escandinava com um método comum para resolver problemas que põem ênfase na reestruturação da experiência passada (J. Jensen, 1960a, 1960b; Raaheim, 1960, 1961, 1962; Szekely, 1958, 1959).

Holanda

A Holanda hoje em dia tem muito em comum com a Escandinávia. A Psicologia aplicada está bem adiantada, especialmente nos campos industrial e cultural, mas não há formulação teórica característica. A Psicologia Social é altamente desenvolvida na Holanda, como o é na Bélgica e na França, mas até agora não há indício de qualquer desafio europeu a Michigan. Embora as universidades contribuam com uma proporção da atual pesquisa sobre a percepção, como Amesterdã faz sob a orientação de Duijker (e. g., Moed, 1964, 1965 e 1966), o Instituto de Percepção R.V.O.-T.N.O. em Soesterberg está contribuindo com uma parcela crescente da produção (e. g., Michon, 1965; Sanders, 1963, 1966), e uma boa monografia (Levelt, 1965), sobre rivalidade binocular, já saiu do instituto. Alguns dos trabalhos do instituto são apresentados no volume especial de *Acta Psychologica* mencionado acima (Vol. 27).

Itália

A psicologia italiana manteve suas características filosóficas mais tempo do que as psicologias dos países mais meridionais da Europa. Um desenvolvimento notável e pioneiro de trabalho experimental ocorreu na Universidade Católica de Milão. Ali, Gemelli competiu com Pierón na extensão de sua produção e o superou em diversidade. Nos últimos anos, tem havido muitos indícios de influência americana direta sobre a psicologia italiana, mas antes disso Gemelli desempenhou um papel duplo. Não somente era um pesquisador produtivo e orientador, mas também mantinha um contato mais íntimo com o mundo psicológico em geral do que qualquer outro de seus colegas.

O trabalho aplicado na Itália, como o realizado no Instituto Nacional de Psicologia em Roma, originou-se principalmente de Gemelli, mas também em menor grau de contribuições de Ponzo para os testes e seleção de aptidão e o reconhecimento que seus esforços obtiveram para a Psicologia aplicada na educação, indústria e orientação vocacional (ver Misiak & Staudt, 1953).

Grande parte da pesquisa psicológica na Itália ou tem uma orientação aplicada — há, por exemplo, um amplo interesse em áreas como prevenção de acidentes (Cesa-Bianchi & Di Naro 1966; Tacono, 1966; Migliorino, 1965) — ou é realizada em áreas em que os quesitos aplicados e teóricos se aproximam mais uns dos outros, por exemplo, a formulação do ritmo de culturalização de Tretini (1966), expresso como a inteligência desprovida de cultura sobre a inteligência culturalizada, para ser usado com crianças socialmente destituídas; o trabalho sobre o comportamento da assunção de risco, de Spaltro (1965), comparando decisões grupais e individuais; e o de Chiari (1966), que estudou atitudes e percepção de risco em adolescentes nas atividades cotidianas e ocupacionais.

Continua a realizar-se, porém, um pouco de pesquisa teoricamente orientada, e mesmo agora — como no trabalho sobre estruturas sintáticas, de Battachi e Montanini (1965) — é possível descobrir-se ecos da pesquisa original pioneira de Gemelli, nesse caso seu trabalho sobre a análise acústica da linguagem. No Norte, em Trieste sob a orientação de Kanizsa e em Pádua sob a orientação de Metelli, a pesquisa pura floresce no campo da percepção (e. g., Flores d'Arcais, 1965). Esses estudos sobre a percepção mostram a influência que a psicologia alemã, e especialmente os gestaltistas como Köhler, exercem na Itália.

AUSTRÁLIA

Historicamente, a Psicologia na Austrália teve seu início na educação. Assim que a Psicologia começou a firmar-se, a tendência dos psicólogos australianos, tais como A. H. Martin e H. T. Lovell, era no sentido da Psicologia aplicada e, especificamente, vocacional. Existem agora divisões de orientação vocacional em todo estado, dirigidas pelo Departamento do Trabalho da Comunidade (Federal), mas a psicologia australiana se desenvolveu tão rapidamente que não há tendência desproporcional no trabalho atual para indicar suas origens.

Há três correntes principais do desenvolvimento da psicologia australiana. A primeira, originando-se talvez da influência de Champion e seus colegas em Sydney, é um amplo método behaviorístico com respeito à aprendizagem animal.

A segunda, provindo originalmente da influência de A. J. Marshall na Austrália Ocidental e O'Neill em Sydney, é a atual atividade em percepção. Aqui, como na Escandinávia, há certa identificação com o método de Gibson. A linha de pesquisa mais forte é indubitavelmente o estudo dos efeitos subseqüentes dirigido por Day em Monash e por seu colaborador Singer em Maquarie. Dois exemplos particularmente interessantes dessa atividade são o trabalho de Day e Power e a explicação da adaptação sensorial e o efeito subseqüente fornecida por Day e Singer. Day e Power (1965) apresentaram juntos, sob uma única interpretação, as inversões do movimento rotativo, mostradas, por exemplo, pela janela de Ames; inversões aparentes na orientação de figuras estáticas, das quais o moinho de vento ambíguo é um exemplo; e o efeito da profundidade cinética. Todos esses efeitos são explicados em termos de "uma identidade das projeções retinianas para dois ou mais movimentos ou orientações de um objeto no espaço". Day e Singer, seguindo Barlow e Hill (1963), sugerem que a codificação neural da estimulação é representada pela diferença em níveis de disparo entre grupos de neurônios que são específicos a uma determinada forma de estimulação, por exemplo, movimento no sentido dos ponteiros do relógio ou no sentido contrário e luz azul ou amarela. O que se sugere é que, com a estimulação prolongada, a atividade do grupo de neurônios estimulados diminui — produzindo adaptação — de modo que, na cessão da estimulação, há uma atividade relativamente maior por parte do grupo de neurônios não-estimulados, dando assim origem a um efeito subseqüente ou a uma imagem subseqüente negativa até que os níveis de disparo de ambos os grupos de neurônios se equilibrem novamente.

Há alguns problemas com respeito a esse método, especialmente onde os efeitos intersensoriais nos efeitos subseqüentes foram observados (e. g., Day & Singer, 1964a, b), mas não parece de todo impossível que finalmente um grupo processador comum de unidades neurais venha a ser identificado como aceitando e integrando informações semelhantes decorrentes de modalidades diferentes (e. g., Morrell, 1967).

Certamente a existência de efeitos transmodais nos efeitos subseqüentes faz isso parecer inteiramente possível.

A terceira corrente da pesquisa psicológica tem suas raízes num ambiente em que as influências sociais na personalidade não somente eram consideradas como sendo uma área importante do interesse teórico, mas também eram concebidas como um campo da técnica social aplicada. A maior parte desse tipo de trabalho centralizou-se em Melbourne (e. g., Oeser & Emery, 1954; Oeser & Hammond, 1954; Oeser & Harary, 1964; Oeser & O'Brien 1967).

É possível discernir que poderá haver dentro em pouco uma quarta tendência importante na psicologia australiana, relacionada com a Psicologia Fisiológica e particularmente com os processos perceptuais. A origem desse trabalho provavelmente remonta ao próprio Eccles, mas atualmente o trabalho compreende o interesse de Bishop pela visão dos invertebrados e, mais recentemente, mas também em Canberra, o trabalho de Horridge sobre invertebrados. O que está faltando atualmente é um número suficiente de psicólogos interessados em tentar relacionar esse trabalho com a percepção.

Fora das tendências principais, a maior impressão que se obtém da Psicologia na maioria das instituições australianas é que ela possui um alto grau de ecletismo. Assim, Sydney é um centro não somente do behaviorismo no trabalho de Champion, mas também da Psicometria (Sutcliffe, 1964, 1965; Sutcliffe & Bristow, 1966), e Canberra combina a Psicologia Social e um grupo piagetiano ativo com um interesse essencialmente britânico pelo desempenho humano. As duas universidades de Adelaide são complementares em sua cobertura. A universidade mais antiga de Adelaide obteve seu ímpeto inicial do interesse de M. A. Jeeves pela Psicologia Cognitiva e mostra força em Psicologia Fisiológica e Comparativa (e. g., Glow, Richardson & Rose, 1967; Glow & Rose, 1966; Munn, 1964) e estudos operantes, juntamente com uma inclinação crescente para os problemas culturais e sociais da população aborígine da Austrália. Mais recentemente, porém, sob a liderança de A. T. Welford, tem-se dado cada vez mais importância ao método bartlettiano de analisar as questões teóricas e práticas na organização do desempenho humano das habilitações. A mais nova Universidade Flinders, por outro lado, vem-se dedicando a trabalhar em Psicologia Social e da Personalidade; e. g., os estudos de Feather sobre a persistência e a motivação do desempenho é um prolongamento do trabalho original de McClelland e Atkinson. A contribuição de Feather pode ser apreciada em seu livro, escrito juntamente com Atkinson, intitulado *A theory of achievement motivation* (Atkinson & Feather, 1966).

A Psicologia Clínica e da Personalidade provavelmente está melhor representada fora das universidades mais antigas em Nova Gales do Sul (e. g., Hammer & Johnson, 1965) e Austrália Ocidental (e. g., Sarbin, Taft & Bailey, 1960; Taft, 1959, 1966; Yates, 1962, 1966). O trabalho australiano vai além das tendências mencionadas acima, é claro (e. g., Lafitte, 1957; O'Neill, 1962), mas nenhuma inovação psicológica importante até agora originou-se na Austrália.

CANADÁ

Verifica-se atualmente um grande volume de pesquisa psicológica no Canadá, com amplo interesse em dois campos. O primeiro é o que diz respeito à pesquisa da aprendizagem verbal e da memória (Earhard & Eahard, 1967; Earhard & Mandler, 1965a, 1965b; Jung, 1967; Marshall, 1967; Murdock, 1967; Murray, 1967). O segundo campo é motivação. Appley, que com Cofer escreveu *Motivation: Theory and research* (Cofer & Appley, 1967), e Bindra, o autor de *Motivation: A systematic reinterpretation* 1959), pertenciam ambos a universidades canadenses. O trabalho de Malmo sobre motivação em McGill relaciona-se com a noção de um impulso não-dirigido generalizado e incitação fisiológica (Malmo, 1958), e ele tende a procurar usar indícios fisiológicos de impulso e emoção, em lugar das medidas behaviorísticas mais tradicionais (1957, 1965). O trabalho de Berlyne sobre a "novidade" ou "surpreendimento" (1954, 1960, 1961, 1963) relacionou-se com o estado interno do animal, que pode ser chamado *atencional* e que abrange o nível de incitação, e a aprendizagem. Ele pode ser vagamente agrupado com os pesquisadores motivacionais canadenses, embora seus interesses pareçam pender no sentido de dar aos neo-associacionistas um ponto de apoio firme no campo do pensamento. O livro de Berlyne *Structure and direction in thinking* (1965) é uma tentativa de compreender as "reações implícitas" dos processos intelectuais em termos dos princípios do behaviorista do comportamento aberto.

O que é mais caracteristicamente canadense em Psicologia, porém, ainda se origina de Hebb (1949). Parece haver duas linhas principais de descendência na psicologia canadense. A primeira compreende o trabalho sobre isolamento sensorial (Bexton, Heron & Scott, 1954), o qual está sendo continuado por Zubek e seus colaboradores (Schutte & Zubek, 1967; Zubek & MacNeill, 1967). O trabalho sobre isolamento perceptual não se limita ao Canadá (ver Fuller & Clark, 1966a, 1966b; Mason & Sponholz, 1963; Schultz, 1965), mas o projeto de Zubek é uma análise sistemática dos efeitos separados dos fatores presentes nos estudos originais.

A segunda compreende estudos que talvez não sejam imediatamente reconhecíveis como intimamente relacionados uns com os outros, mas que não obstante têm ligação em sua descendência do trabalho de Hebb. Hebb (1949, pp. 49-50) citou o (então) inédito trabalho de Mishkin e Forgays (1952), mostrando que, quando as palavras são taquistoscopicamente expostas no campo visual esquerdo ou direito, são mais prontamente reconhecidas no campo visual direito. Hebb usou esses dados em seu ataque ao trabalho de Lashley sobre eqüipotencialidade. Heron (1957) encontrou resultados que contrariaram a hipótese de Mishkin e Forgays de que "uma organização neural mais eficiente" se acha estabelecida no hemisfério cerebral esquerdo para o material verbal. Heron preferiu explicar os dados em termos de um processo atencional pós-exposição, envolvendo os movimentos oculares aprendidos, que se desenvolve ao se aprender a ler. Esse trabalho provocou um grande número de outros estudos, principalmente usando-se técnicas taquistoscópicas sobre os efeitos da localização retiniana, dominância cerebral e hábitos de leitura direcionais (Bryden, 1965, 1967; Bryden & Rainey, 1963; Hirata & Osaka, 1967; Kimura, 1961).

CONCLUSÃO

Um olhar retrospectivo à Psicologia nessas três partes do mundo, de modo geral, permite-nos alguns comentários impressionistas. Em conseqüência do uso de técnicas de computador, teoria de informação e teoria de decisão estatística, a descoberta de uma linguagem comum entre psicólogos experimentais e entre psicólogos, matemáticos e técnicos em comunicação, exemplificada em *On human communication* (1961), de Cherry, continua. O próprio Cherry (1957) fez uma advertência salutar sobre as limitações da teoria da comunicação como um instrumento da psicologia experimental, mas os ganhos do desenvolvimento teórico, que se originam desse processo, ainda não se esgotaram. Outros sistemas cognitivos estão sendo usados em outros contextos. A análise do pensamento das crianças, de Piaget, é lógica tanto quanto descritiva.

O que está patentemente ausente do cenário europeu é a teoria da aprendizagem sistemática do tipo hulliano. Isso foi principalmente um fenômeno americano, assim como uma teoria rígida de reflexo condicionado tinha de ser uma característica da Rússia. Pondo-se de parte a divisão política Oriente-Ocidente, a maior separação no mundo psicológico ainda é a existente entre a América e a Europa. Por razões que são provavelmente lingüísticas, pode-se fazer exceção nos casos da Grã-Bretanha e Escandinávia. No que concerne a outros países europeus, porém, o tráfego que se verifica no que diz respeito a pesquisa e idéias parece ser grandemente num só sentido, com a Europa seguindo a orientação americana. Essa tendência contribui para reduzir ainda mais a influência da psicologia européia, mesmo dentro da própria Europa, e retarda a assimilação das descobertas européias na psicologia americana.

Não obstante, as peculiaridades geográficas da Psicologia estão lentamente cedendo terreno ante a inclinação americana atual para os tipos de formulação de mediação e o crescente interesse russo pelos processos simbólicos, demonstrado, por exemplo, por Luria (1959).

A influência de Skinner, nunca muito grande na pesquisa européia, está crescendo um pouco nos campos aplicados, como no uso dos dispositivos educacionais ou no trabalho clínico. Mas a pesquisa no condicionamento operante como processo terapêutico ainda não é comum em grande parte da Europa, onde muitos clínicos depositam sua confiança firmemente no avanço dos métodos físicos, especialmente para o tratamento da esquizofrenia e outras doenças depressivas.

O legado particular de Skinner à Psicologia consistirá em algumas generalizações válidas e importantes e em várias técnicas úteis. Na Europa, pelo menos, elas podem ser incorporadas à Psicologia sem produzir o esforço de pesquisa que geralmente envolve uma teoria complexa e grandemente não-testada tal como Hull, por exemplo, nos legou.

Finalmente, parece verdade que as novas tendências principais da Psicologia são internacionais. O movimento no sentido da simulação de computador como o novo instrumento da Psicologia; no sentido da Psicolingüística como um campo de expansão rápida; e no sentido do pensamento de Piaget como, possivelmente, a principal fonte crescente de influência, pode ser visto em quase todas as partes do mundo psicológico. Esse processo é outro passo importante na maturação da Psicologia como ciência experimental.

REFERÊNCIAS

Allport, G. W., & Vernon, P. E. *The study of values: A scale for measuring the dominant interests in personality* (Ed. rev.) Boston: Houghton Mifflin, 1951.

American Psychological Association. *International opportunities for advanced training and research in psychology.* Washington: D.C.: A.P.A., 1966.

Annual Review of Psychology, 1949, 1.

Atkinson, J. W., & Feather, N. T. *A theory of achievement motivation.* Nova Iorque: Wiley, 1966.

Barlow, H. B., & Hill, R. M. Evidence of a physiological explanation of the waterfall phenomenon and figural aftereffects. *Nature*, 1963, *200*, 1345-1347.

Bartlett, F. C. *Remembering.* Londres: Cambridge University Press, 1932.

Bartlett, Sir F. C. Intelligence tests. *Times Science Review*, verão, 1954.

Bartlett, F. C. *Thinking.* Londres: Methuen, 1958.

Battachi, M. W., & Montanini, M. M. Strutture sintattiche e modelli de ordinamento seriale. *Revista de Psicologia Sociale*, 1965, *32*, 193-205.

Berlyne, D. E. A theory of human curiosity. *British Journal of Psychology*, 1954, *45*, 180-191.

Berlyne, D. E. *Conflict, arousal, and curiosity.* Nova Iorque: McGraw-Hill, 1960.

Berlyne, D. E. Conflict and the orientation reaction. *Journal of Experimental Psychology*, 1961, *62*, 8-13.

Berlyne, D. E. Motivational problems raised by exploratory and epistemic behaviour. Em S. Koch (Org.), *Psychology: A study of a science.* Vol. 5. *The process areas, the person, and some applied fields: Their place in psychology and in science.* Nova Iorque: McGraw-Hill, 1963. Pp. 284-364.

Berlyne, D. E. *Structure and direction in thinking.* Nova Iorque: Wiley, 1965.

Bexton, W. H., Heron, W., & Scott, T. H. Effects of decreased variation in the sensory environment. *Canadian Journal of Psychology*, 1954, *8*, 70-76.

Bilodeau, E. A. (Org.) *Acquisition of skill.* Nova Iorque: Academic Press, 1966.

Bindra, D. *Motivation: A systematic reinterpretation.* Nova Iorque: Ronald Press, 1959.

Bjorgen, I. A. *A re-evaluation of rote learning.* Oslo: Oslo University Press, 1964.

Bresson, F., & de Montmollin, M., (Orgs.) *Psychologie et épistémologie génetiques: Thèmes Piagetiens.* Paris, Dunod, 1966.

Broadbent, D. E. *Perception and communication.* Londres: Pergamon Press, 1958.

Broadhurst, P. L. Application of biometrical genetics to behavior in rats. *Nature*, 1959, *148*, 1517-1518.

Broadhurst, P. L., & Broadhurst, A. Psychology in Britain today. *Indian Psychological Review*, 1966, *3*, 1-12.

Bruner, J. S. On perceptual readiness. *Psychological Review*, 1957, *64*, 123-152.

Bryden, M. P. Tachistoscopic recognition, handedness, and cerebral dominance. *Neuropsychologia*, 1965, *3*, 1-8.

Bryden M. P. A model for the sequential organization of behaviour. *Canadian Journal of Psychology*, 1967, *21*, 37-56.

Bryden, M. P., & Rainey, C. A. Left-right differences in tachistoscopic recognition. *Journal of Experimental Psychology*, 1963, *66*, 568-571.

Bühler, C. Die Weiner Psychologische Schule in der Emigration. *Psychological Rundschau*, 1965, *16*, 187-196.

Burt, C. *The factors of the mind.* Londres: University of London Press, 1940.

Cesa-Bianchi, M., & Di Naro, C. Ricerga sugli atteggiamenti verso i mezzi di protezione individuali. *Securitas*, 1966, *51*, 89-126.

Champion, R. A. The latency of the conditioned fear-response. *American Journal of Psychology*, 1964, *77*, 75-83.

Champion, R. A. Reduced stimulus intensity as a CS in GSR conditioning. *Journal of Experimental Psychology*, 1967, *73*, 503-508.

Champion, R. A., & Allen, G. An acquired drive based on conflict. *American Journal of Psychology*, 1966, *79*, 111-115.

Champion, R. A., & Leung, S. Amount of reinforcement in human learning. *Australian Journal of Psychology*, 1964, *16*, 185-189.

Champion, R. A., & Smith, L. R. Predicting discrimination learning from differential conditioning with amount of reinforcement as a variable. *Journal of Experimental Psychology*, 1966, *71*, 529-534.

Cherry, E. C. On the validity of applying communication theory to experimental psychology. *British Journal of Psychology*, 1957, *48*, 136-188.

Cherry, E. C. *On human communication.* (3.ª ed.) Nova Iorque: Science Editions, 1961.

Chiari, S. Concetto di pericolo e percezione del rischio nell'etá evolutiva: Un sondaggio preliminare. *Securitas*, 1966, *51*, 127-141.

Cofer, C. N., & Appley, M. H. *Motivation: Theory and Research.* (2.ª ed.) Nova Iorque: Wiley, 1967.

Cowey, A. Perimetric study of field defects in monkeys after cortical and retinal ablations. *Quarterly Journal of Experimental Psychology*, 1967, *19*, 232-245.

Cowey, A., & Weiskrantz, L. A comparison of the effects of inferotemporal and striate cortex lesions on the visual behaviour of rhesus monkeys. *Quarterly Journal of Experimental Psychology*, 1967, *19*, 246-253.

Craik, K. J. W. *The nature of explanation.* Londres: Cambridge University Press, 1943.

Craik, K. J. W. *The nature of psychology.* Londres: Cambridge University Press, 1966.

David, H. P., & von Bracken, H. *Perspectives in personality theory.* Londres: Tavistock Publications, 1957.

Day, R. H., & Power, R. P. Apparent reversal (oscillation) of rotary motion in depth. *Psychological Review*, 1965, *72*, 117-127.

Day, R. H., & Singer, G. A. Spatial aftereffects within and between kinesthesis and vision. *Journal of Experimental Psychology*, 1964, *68*, 337-343. (a)

Day, R. H., & Singer, G. A. A tactile spatial aftereffect. *Australian Journal of Psychology*, 1964, *16*, 33-37. (b)

Day, R. H., & Singer, G. Sensory adaptation and behavioural compensation with spatially transformed vision and hearing. *Psychological Bulletin*, 1967, *67*, 307-322.

Décarie, T. *Intelligence and affectivity in early childhood: An experimental study of Jean Piaget's object concept and object relations.* Nova Iorque: International Universities Press, 1966.

Drever, J. The historical background for national trends in psychology: On the non-existence of English associations. *Journal of Historical Behavior Science*, 1965, *1*, 123-130.

Earhard, B., & Earhard, M. Role of interference factors in 3-stage mediation paradigms. *Journal of Experimental Psychology*, 1967, *73*, 526-531.

Earhard, B., & Mandler, G. Mediated associations: Paradigms, controls and mechanisms. *Canadian Journal of Psychology*, 1965, *19*, 346-378. (a)

Earhard, B., & Mandler, G. Pseudomediation: A reply and more data. *Psychonomic Science*, 1965, *3*, 137-138. (b)

Ebenholtz, S. M. Adaptation to a rotated visual field as a function of degree of optical tilt and exposure time. *Journal of Experimental Psychology*, 1966, *72*, 629-634.

Eisler, H. On psychophysics in general and the general psychophysical equation in particular. *Scandinavian Journal of Psychology*, 1965, *6*, 85-102.

Ekman, G., & Sjöberg, L. Scaling. *Annual Review of Psychology*, 1965, *16*, 451-474.

Eysenck, H. J. *The scientific study of personality*. Londres: Routledge, 1952.

Eysenck, H. J. (Org.) *Handbook of abnormal psychology*. Londres: Pitman, 1960.

Eysenck, H. J. Biological basis of personality. *Nature*, 1963, *199*, 1031.

Eysenck, H. J. The biological basis of criminal behaviour. *Advancing Science*, 1963--1964, *20*, 1-11.

Farne, M. Figural after-effects with short exposure time. *Psychologische Forschung*, 1965, *28*, 519-534.

Flavell, J. H. *The developmental psychology of Jean Piaget*. Princeton, N. J.: Van Nostrand, 1963.

Flores d'Arcais, G. B. Über die Wirkung figuraler Merkmale auf die enstehende "induzierte Bewegung". *Psychologische Forschung*, 1965, *28*, 153-178.

Foppa, K. *Lernen Gedächtnis, Verhalten*. Colônia e Berlim: Kiepenheurer und Witsch, 1965.

Fraisse, P. *Les structures rhythmiques*. Paris: Presses Universitaires de France, 1957.

Fraisse, P., & Piaget, J. (Orgs.) *Traité de psychologie expérimentale*. Paris: Presses Universitaires de France, 1963.

Frankenhaeuser, M. Experimental approaches to the study of psychological stress. *Symposium on higher nervous functions and occupational health*. Viena: Academia Vienense de Medicina, 1966. (a)

Frankenhaeuser, M. Physiological behavioural and subjective reactions to stress. *Proceedings of the Second International Symposium on Environmental Problems of Man in Space*. Viena: Springer, 1966. (b)

Fuller, J. L., & Clark, L. D. Effects of rearing with specific stimuli upon postisolation behaviour in dogs. *Journal of Comparative Physiological Psychology*, 1966, *61*, 258-263. (a)

Fuller, J. L., & Clark, L. D. Genetic and treatment factors modifying the postisolation syndrome in dogs. *Journal of Comparative Physiological Psychology*, 1966, *61*, 251-257. (b)

Gibson, J. J. Adaptation, after-effect, and contrast in the perception of curved lines. *Journal of Experimental Psychology*, 1933, *16*, 1-31.

Glow, P., Richardson, A., & Rose, S. The effect of reduced cholinesterase activity on the maintenance of an operant response. *Journal of Comparatvie Physiological Psychology*, 1967, *63*, 155-157.

Glow, P., & Rose, S. Some relationships between enzyme activity levels and behavior. *Proceedings of the Eighteenth International Congress of Psychology*. Moscou, 1966.

Goude, G. *On fundamental measurement in psychology*. Estocolmo: Almquist & Wirksell, 1962.

Graefe, O. Qualitative Unterseuchungen über Kontur und Fläche in der optischen Figurwahrnehmung. *Psychologische Forschung*, 1964, *27*, 260-306.

Green, R. T., & Courtis, M. C. Information theory and figure perception: The metaphor that failed. *Acta Psychologica*, 1966, *25*, 12-35.

Greenwald, A. G. Nuttin's neglected critique of the law of effect. *Psychological Bulletin*, 1966, *65*, 199-205.

Gregory, R. L. *Eye and brain*. Nova Iorque: World University Library, 1966. (a)

Gregory, R. L. Visual illusions. Em B. M. Foss (Org.), *New horizons in psychology*. Baltimore: Penguin, 1966. Pp. 68-96. (b)

Gregory, R. L., & Wallace, J. G. Recovery from early blindness. *Quarterly Review of Experimental Psychology*, Monogr. 2, 1963.

Griew, S., & Lynn, R. Constructive "reactive inhibition" in the interpretation of age chances in performance. *Nature*, 1960, *186*, 182.

Guilford, J. P. Creativity. *American Psychology*, 1950, *5*, 444-454.

Hajos, A., & Ritter, M. Experiments on the problem of interocular transfer. *Acta Psychologica*, 1965, *24*, 81-90.

Hammer, A. G., & Johnson, L. Overinclusiveness in schizophrenia and organic psychosis. *British Journal of Social Clinical Psychology*, 1965, *4*, 47-51.

Harrington, T. L. Adaptation of humans to colored split-field glasses. *Psychonomic Science*, 1965, *3*, 71-72.

Harris, C. S. Perceptual adaptation to inverted, reversed and displaced vision. *Psychological Review*, 1965, *72*, 419-444.

Hebb, D. O. *Organization of behavior.* Nova Iorque: Wiley, 1949.

Heider, F., & Simmel, M. An experimental study of apparent behavior. *American Journal of Psychology*, 1944, *57*, 243.

Helson, H. Adaptation-level theory. Em S. Koch (Org.), *Psychology: A study of a science.* Vol. I. *Sensory, perceptual, and physiological formulations.* Nova Iorque: McGraw-Hill, 1958. Pp. 565-621.

Hernandez-Peón, R., & Sterman, M. B. Brain functions. *Annual Review of Psychology*, 1966, *17*, 363-394.

Heron, W. Perception as a function of retinal locus and attention. *American Journal of Psychology*, 1957, *70*, 38-48.

Hirata, K., & Osaka, R. Tachistoscopic recognition of Japanese letter materials in left and right visual fields. *Psychologia*, 1967, *10*, 7-18.

Hofstätter, P. R. (Org.), *Psychologia.* Frankfurt sobre o Meno: S. Fischer Verlag GmbH, 1965.

Hoyos, C. *Denkschrift zur Lage der Psychologie.* Wiesbaden: Steiner, 1961.

Hudson, L. *Contrary imaginations.* Londres: Methuen, 1966.

Humphrey, N. K., & Weiskrantz, L. Vision in monkeys after removal of the striate cortex. *Nature*, 1967, *215*, 595-597.

Iacono, G. Osservazioni sulla prevenzione degli infortuni ni aziende siderurgiche statunitenzi. *Securitas*, 1966, *51*, 119-126.

Jensen, D. D. Operationism and the question, "Is this behaviour learned or innate?" *Behaviour*, 1961, *17*, 1-18.

Jensen, J. On functional fixedness: Some critical remarks. *Scandinavian Journal of Psychology*, 1960, *1*, 157-162. (a)

Jensen, J. On the Einstellung effect in problem solving: Some critical remarks. *Scandinavian Journal of Psychology*, 1960, *1*, 163-168. (b)

Johansson, G. Rigidity, stability, and motion in perceptual space. *Acta Psychologica*, 1958, *14*, 359-370.

Johansson, G. Perception of motion and changing form. *Scandinavian Journal of Psychology*, 1964, *5*, 181-208.

Johansson, G., & Ottander, C. Recovery time after glare. *Scandinavian Journal of Psychology*, 1964, *5*, 17-25.

Jung, C. G. *Psychological types.* Londres: Routledge, 1924.

Jung, J. Cued versus non-cued incidental recall of successive work associations. *Canadian Journal of Psychology*, 1967, *21*, 196-203.

Kiekheben, F. Der einfluss cines kaleidoskopischen figurwandels auf das erkundengsverhalten. *Psychologische Forschung*, 1966, *30*, 105-150.

Kimura, D. Cerebral dominance and the perception of verbal stimuli. *Canadian Journal of Psychology*, 1961, *15*, 166-171.

Koffka, K. *Principles of Gestalt psychology.* Londres: Kegan Paul, Trench, Trubner, 1936.

Köhler, I. Pavlov and his dog. *Journal of Genetic Psychology*, 1962, *100*, 331-335.

Köhler, I. The concept of adaptation in perception. Trabalho apresentado no 17.º Congresso Internacional de Psicólogos, Washington, D.C., agosto, 1963.

Köhler, I. The formation and transformation of the perceptual world. *Psychological Issues*, 1964, *3*, 1-173.

Kretschmer, E. *Physique and character.* Londres: Kegan Paul, Trench, Trubner, 1925.

Lafitte, P. *The person in psychology: Reality or abstraction.* Londres: Routledge, 1957.

Levelt, W. J. M. *On binocular rivalry.* Soesterberg: Instituto de Percepção R.V.O.-T.N.O., 1965.

Lorenz, K. Z. *King Solomon's ring.* Londres: Methuen, 1956.

Lorenz, K. Z. *Evolution and modification of behavior.* Chicago: University of Chicago Press, 1965.

Lorenz, K. *On aggression.* Nova Iorque: Harcourt, Brace, & World, 1966.

Luria, A. R. & Vinogradova, O. S. An objective investigation of the dynamics of semantic systems. *British Journal of Psychology*, 1959, *50*, 89-105.

Malmo, R. B. Anxiety and behavioural arousal. *Psychological Review*, 1957, *64*, 276-287.

Malmo, R. B. Measurement of drive: An unsolved problem. Em M. R. Jones (Org.), *Nebraska Symposium on Motivation*. Lincoln: University of Nebraska Press, 1958. Pp. 229-265.

Malmo, R. B. Physiological gradients and behaviour. *Psychological Bulletin*, 1965, *64*, 225-234.

Marshall, G. R. Effect of total association and conceptual cohesiveness among words on recall, clustering, and recognition association. *Psychological Reports*, 1967, *20*, 39-44.

Marx, M. H. Spread of effect: A critical review. *Genetic Psychology Monographs*, 1956, *53*, 119-186.

Mason, W. A., & Sponholz, R. R. Behaviour of rhesus monkeys raised in isolation. *Journal of Psychiatric Research*, 1963, *1*, 229-306.

Meili, R., & Rohracher, H. (Orgs.) *Lehrbuch der experimentellen Psychologie*. Berna: Hans Huber, 1963.

Merz, F. Amerikanische und deutsche Psychologie. *Psychologie und Praxis*, 1960, *4*, 78-91.

Metzger, W. *Gesetze des Sehens*. (2.ª ed.) Frankfurt: Waldemar Kramer, 1953.

Michon, J. Studies on subjective duration. II. *Acta Psychologica*, 1965, *24*, 205-219.

Michotte, A., *et al. Causalité, permanence et réalité phénoménales*. Louvain: Publications Universitaires, 1962.

Michotte, A. *The perception of causality*. (Tradução para o inglês de T. R. Miles e Elaine Miles) Nova Iorque: Basic Books, 1963.

Migliorino, G. La percepcion visual en relacion a la conduccion de vehiculos rapidos. *Revista de Psicologia General y Applicada*, 1965, *20*, 15-28.

Mikkonen, V., & von Wright, J. M. Changes in reproduction as a function of adaptation level. II. *Report of the Psychological Institute, University of Turku*, 1963, N.º 8.

Mishkin, M., & Forgays, D. G. Word recognition as a function of retinal locus. *Journal of Experimental Psychology*, 1952, *43*, 43-48.

Misiak, H., & Staudt, V. M. Psychology in Italy. *Psychological Bulletin*, 1953, *50*, 347-361.

Moed, H. K. W. Constancy and contrast. I. *Acta Psychologica*, 1964, *22*, 272-320.

Moed, H. K. W. Constancy and contrast. II. *Acta Psychologica*, 1965, *24*, 91-166.

Moed, H. K. W. Constancy and contrast. III. *Acta Psychologica*, 1966, *25*, 222-292.

Moore, J. A. (Org.) *Ideas in modern biology*. Nova Iorque: Natural History Press, 1965.

Morrell, F. Electrical signs of sensory coding. Em G. C. Quarton, T. Melnechuk, F. O. Schmitt, & Associates & Staff of the Neurosciences Research Program (Orgs.), *The Neurosciences: A study program*. Nova Iorque: Rockefeller University Press, 1967. Pp. 452-469.

Munn, N. L. Discrimination-reversal learning in kangaroos. *Australian Journal of Psychology*, 1964, *16*, 1-8.

Murch, G. M., & Wesley, F. German psychology and its journals. *Psychological Bulletin*, 1966, *66*, 10-15.

Murdock, B. B. Distractor and probe techniques in short-term memory. *Canadian Journal of Psychology*, 1967, *21*, 25-36.

Murray. D. J. The role of speech responses in short-term memory. *Canadian Journal of Psychology*, 1967, *21*, 263-276.

Nuttin, J. R. "Spread" in recalling success and failure. *Journal of Experimental Psychology*, 1949, *39*, 690-699.

Nuttin, J. R. *Psychology in Belgium*. Louvain: Publications Universitaires, 1961. (a)

Nuttin, J. R. *Tâche réussité et échec: Théorie de la conduite humaine*. (2.ª ed.) Louvain: Publications Universitaires, 1961. (b)

Oeser, O. A., & Emery, F. E. *Social structure and personality in a rural community*. Londres: Routledge, 1954.

Oeser, O. A., & Hammond, S. B. (Orgs.) *Social structure and personality in a city.* Londres: Routledge, 1954.

Oeser, O. A., & Harary, F. A mathematical model for structural role theory. II. *Human Relations*, 1964, *17*, 3-17.

Oeser, O. A., & O'Brien, G. A mathematical model for structural role theory. III. *Human Relations*, 1967, *20*, 83-97.

O'Neil, W. M. *An introduction to method in psychology.* (2.ª ed.) Melbourne: Melbourne University Press, 1962.

Piaget, J. *The language and thought of the child.* Londres: Routledge, 1926.

Piaget, J. *Judgment and reasoning in the child.* Londres: Routledge, 1928.

Piaget, J. *The child's conception of number.* Londres: Routledge, 1952.

Piaget, J. *The growth of logical thinking from childhood to adolescence.* Londres: Routledge, 1958.

Piaget, J. *L'image mentale chez l'enfant.* Paris: Presses Universitaires de France, 1966.

Piaget, J. *Biologie et connaissance: Essai sur les relations entre les régulations organiques et les processus cognitifs.* Paris: Editions Gallimard, 1967. (a)

Piaget, J. *Six psychological studies.* Nova Iorque: Random House, 1967. (b)

Piaget, J., & Inhelder, B. *The child's conception of space.* Londres: Routledge, 1956.

Piaget, J., & Inhelder, B. *The early growth of logic in the child: Classification and seriation.* Nova Iorque: Harper & Row, 1964.

Piéron, H. (Org.) *L'année psychologique.* Paris: Presses Universitaires de France, 1898.

Piéron, H. *Thought and the brain.* Nova Iorque: Harcourt, Brace, 1927.

Piéron, H. *Les problèmes fondamentaux de la psycholophysique dans la science actuelle.* Paris: Herman & Cie, 1951.

Piéron, H. *The sensations.* New Haven, Conn.: Yale University Press, 1952.

Poulton, E. C. Engineering psychology. *Annual Review of Psychology*, 1966, *17*, 177-200.

Raaheim, K. Problem solving and the ability to find replacements. *Scandinavian Journal of Psychology*, 1960, *1*, 14-18.

Raaheim, K. Problem solving: A new approach. *Acta Universitaires de Bergensis*, Ser. Hum. Litt. N.º 5, Bergen, Noruega, 1961.

Raaheim, K. Problem solving and the awareness of the missing part. *Scandinavian Journal of Psychology*, 1962, *3*, 129-131.

Rorschach, H. *Psychodiagnostics.* Nova Iorque: Grune & Stratton, 1942.

Ross, S. *Logical foundations of psychological measurement.* Copenhague: Livros Universitários Escandinavos, 1964.

Russell, W. A., & Roth, E. Psychologie in Deutschland und in Amerika: Eine Studie in Gegensätzen. *Psychologie und Praxis*, 1958, *2*, 223-231.

Sanders, A. F. *The selective process in the functional visual field.* Soesterberg: Instituto de Percepção R.V.O.-T.N.O., 1963.

Sanders, A. F. Expectancy: Application and measurement. *Acta Psychologica*, 1966, *25*, 293-313.

Sarbin, T. R., Taft, R., & Bailey, D. E. *Clinical inference and cognitive theory.* Nova Iorque: Holt, 1960.

Scandinavian Journal of Psychology. Estocolmo: Almquist & Wiksell, 1960.

Schmitt, G. F. Eine neue wahrnehmungstauschung. *Psychologische Forschung*, 1966, *30*, 200-240.

Schultz, D. P. *Sensory restriction: Effects on behaviour.* Nova Iorque: Academic Press, 1965.

Schutte, W., & Zubek, J. P. Changes in olfactory and gustatory sensitivity after prolonged visual deprivation. *Canadian Journal of Psychology*, 1967, *21*, 337-345.

Schutz, F. Homosexualität und Prägung. *Psychologische Forschung*, 1965, *28*, 439--463. (a)

Schutz, F. Sexuelle Prägung bei Antiden. *Zeitschrift für Tierpsychologie*, 1965, *22*, 50-103. (b)

Shields, J. *Monozygotic twins.* Londres: Oxford University Press, 1962.

Singer, G., & Day, R. H. The effects of spatial judgements on the perceptual aftereffect resulting from prismatically transformed vision. *Australian Journal of Psychology*, 1966, *18*, 63-70. (a)

Singer, G., & Day, R. H. Interlimb and interjoint transfer of a kinesthetic spatial aftereffect. *Journal of Experimental Psychology*, 1966, *71*, 109-114. (b)

Singer, G., & Day, R. H. Spatial adaptation and aftereffect with optically transformed vision. *Journal of Experimental Psychology*, 1966, *71*, 725-731. (c)

Skinner, B. F. *Cumulative record*. Nova Iorque: Appleton-Century-Crofts, 1959.

Sluckin, W. *Imprinting and early learning*. Londres: Methuen, 1964.

Smedslund, J. "Educational Psychology." Em P. R. Farnsworth, O. McNemar e Q. McNemar (Orgs.), *Annual Review of Psychology*. Califórnia: Annual Reviews, 1964.

Spaltro, E. An analysis of risk-taking behaviour. *Archivio di Psicologia, Neurologia e Psichiatria*, 1965, *26*, 7-25.

Spearman, C. *The nature of "intelligence" and the principles of cognition*. Londres: Macmillan, 1923.

Spearman, C. *The abilities of man: Their nature and measurement*. Londres: Macmillan, 1927.

Spranger, E. *Types of men*. Halle: Niemeyer, 1928.

Stout, J. F. *Manual of psychology*. Londres: University Tutorial Press, 1913.

Sutcliffe, J. P. Some aspects of rank ordering and scaling with paired comparisons data. *Australian Journal of Psychology*, 1964, *16*, 137-149.

Sutcliffe, J. P. A probability model for errors of classifications. I. General considerations. *Psychometrika*, 1965, *30*, 73-96.

Sutcliffe, J. P., & Bristow, R. A. Do rank order and scale properties remain invariant under changes in the set of scaled stimuli? *Australian Journal of Psychology*, 1966, *18*, 26-40.

Szekely, L. Some comments on problem solving, availability and test magic. *Nordisk Psychologi*, 1958, *10*, 108-113.

Szekely, L. The problem of experience in Gestalt psychology. *Theoria*, 1959, *25*, 179-186.

Taft, R. Multiple methods of personality assessment. *Psychological Bulletin*, 1959, *56*, 333-352.

Taft, R. Accuracy of empathic judgements of acquaintances and strangers. *Journal of Personality and Social Psychology*, 1966, *3*, 600-604.

Thomson, G. H. *The factorial analysis of human ability*. Londres: University of London Press, 1939.

Thorndike, E. L. *Educational psychology*. Vol. 3. Nova Iorque: Teachers College, 1914.

Thorpe, W. H. *Learning and instinct in animals*. Londres: Methuen, 1956.

Thorpe, W. H. *Learning and instinct in animals*. (2.ª ed.) Londres: Methuen, 1963.

Thorpe, W. H. The ontogeny of behaviour. Em J. A. Moore (Org.), *Ideas in modern biology*. Nova Iorque: Natural History Press, 1965. Pp. 483-518.

Thorpe, W. H., & Davenport, D. (Orgs.) Learning and associated phenomena in invertebrates. *Animal Behaviour*, Supl. 1, 64.

Thurstone, L. L. Primary mental abilities. *Psychometric Monograph*, 1938, *1*.

Tinbergen, N. *A study of instinct*. Oxford: Clarendon Press, 1951.

Tinbergen, N. The evolution of signalling devices. Em W. Etkin (Org.), *Social behaviour and organization among vertebrates*. Chicago: University of Chicago Press, 1964.

Tinbergen, N. Behaviour and natural selection. Em J. A. Moore (Org.), *Ideas in modern biology*. Nova Iorque: Natural History Press, *Ideas in modern biology*. Nova Iorque: Natural History Press, 1965. Pp. 519-542.

Tolman, E. C. *Purposive behaviour in animals and men*. Los Angeles: University of California Press, 1932.

Tretini, G. Quotient of acculturalization and adjustment classes in the actual social--scholastic situation in Italy. *Archivio di Psicologia, Neurologia e Psichiatria*, 1966, *27*, 243-310.

Vernon, P. E. *The structure of human abilities*. Londres: Methuen, 1950.

Vernon, P. E. *Personality assessment: A critical study*. Londres: Methuen, 1964.

Vernon, P. E. The personality system. Em C. Banks (Org.), *Stephanos; studies in psychology presented to Cyril Burt.* Londres: University of London Press, 1965.

Virsu, V. Contrast and confluxion as components in geometric illusions. *Quarterly Journal of Experimental Psychology*, 1967, *19*, 198-207.

Volkelt, H. *Grundfragen der Psychologie.* Munique: Beck, 1963.

Von Fieandt, K. Towards a unitary theory of perception. *Psychological Review*, 1958. *65*, 315-320.

Von Fieandt, K., & Gibson, J. J. The sensitivity of the eye to two kinds of continuous transformation of a shadow pattern. *Journal of Experimental Psychology*, 1959, *57*, 344-347.

Von Frisch, K. The dances of the honey bee. *Bulletin of Animal Behaviour*, 1947, *5*, 1-22.

Von Frisch, K. *The dancing bees.* Londres: Methuen, 1954.

Von Wright, J. M., & Mikkonen, V. Changes in reproduction as a function of adaptation level. I. *Report of the Psychological Institute, University of Turku*, 1963, N.º 1.

Von Wright, J. M., & Mikkonen, V. Changes in reproduction as a function of adaptation level. III. *Report of the Psychological Institute, University of Turku*, 1964, N.º 12.

Ward, J. *Psychological principles.* Londres: Cambridge University Press, 1918.

Wellek, A. Der Einfluss der Deutschen Emigration und die Entwickling der Americanischen Psychologie. *Psychologische Rundschau*, 1964, XV, 1-4.

Wellek, A. (Org.) *Gesamtverzeichnis der deutschsprachigen psychologischen Literatur der Jahre 1942 bis 1960.* Göttingen: Verlag für Psychologie, 1965.

Wellek, A. *Die Polarität im Aufbau des Charakters: System der Konkreten Characterkunde.* Berlim: Franke, 1966.

Wells, M. J. *Brain and behaviour in cephalopods.* Londres: Heinemann, 1962.

Wesley, F. Assessing German psychology. *Journal of Genetic Psychology*, 1966, *75*, 273-277.

Yates, S. J. *Frustration and conflict.* Londres: Methuen, 1962.

Yates, A. J. Psychological deficit. *Annual Review of Psychology*, 1966, *17*, 111-144.

Zanforlin, M. Some observations on Gregory's theory of perceptual illusions. *Quarterly Journal of Experimental Psychology*, 1967, *19*, 193-197.

Zubek, J. P., & MacNeill, M. Perceptual deprivation phenomena: Role of the recumbent position. *Journal of Abnormal Psychology*, 1967, *72*, 147-150.

APÊNDICE B

PSICOLOGIA SOVIÉTICA

Josef Brožek,
Universidade Lehigh,
Bethlehem, Pensilvânia

INTRODUÇÃO

O objetivo deste capítulo é familiarizar os leitores com o cenário soviético contemporâneo no que concerne à Psicologia. A psicologia soviética ainda é em grande parte uma *terra incognita* no Ocidente. Ao primeiro contato, ela parece complicada também. Dois recentes "exploradores" americanos (Cole & Maltzman, 1969, p. 37) descreveram suas reações iniciais em termos vívidos:

> Entrar em contato com a psicologia soviética e a psicologia fisiológica (termo empregado pelos autores para designar a fisiologia da atividade nervosa superior, de Pavlov) pela primeira vez é um pouco como Darwin visitando pela primeira vez as ilhas de Galápagos. Diferentes formas de espécies se desenvolveram, em conseqüência de isolamento e cruzamento, que são adaptáveis a seu ambiente.

Cole e Maltzman também arrasam o freqüentíssimo estereótipo americano da Psicologia na União Soviética (1969, p. 37):

> Muito freqüentemente a psicologia soviética tem sido caracterizada como uma adesão rígida ao condicionamento pavloviano. Este não é simplesmente o caso; mas a pesquisa e teoria do condicionamento pavloviano constituem realmente uma coisa mais sofisticada e complicada do que o quadro estereotipado e grosseiramente ultra-simplificado que é apresentado na maioria dos compêndios (introdutórios) americanos.

Desde que o capítulo sobre a psicologia soviética para a primeira edição deste livro foi escrito, em 1962, muita coisa mudou. Primeiro que tudo, muitos dos indivíduos cujo trabalho é ali discutido — K. M. Bykov, N. I. Krasnogorskii, N. N. Ladygina-Kots — morreram. Profundas alterações, para melhor, ocorreram na situação da Psicologia na U.R.S.S. Enquanto a ideologia partidária e as formulações rigidamente padronizadas do materialismo dialético continuam a imperar de maneira incontestável nos editoriais das revistas e nas introduções dos compêndios, a pesquisa e teoria psicológicas têm avançado vigorosamente.

Por todas essas razões, alguns retoques no capítulo anterior simplesmente não adiantariam nada. Esta apresentação é um "suplemento", que procura refletir os desenvolvimentos recentes e o cenário atual, e não uma "revisão". Dar-se-á atenção especial às publicações traduzidas para o inglês.

ALGUMAS CONSIDERAÇÕES METATEÓRICAS

O trabalho de investigação do cientista se envolve numa rede de conceitos e interesses que vão além (*meta,* em grego) dos fatos específicos e "teorias em miniatura" relativas a fatos enquadrados numa área restrita. A complexidade das idéias fora do domínio dos fatos concretos colocados numa perspectiva de pequeno alcance tem uma variedade de funções. Podem tais idéias servir como fonte de inspiração ("mundo novo, admirável e livre", "socialismo com aspecto humano", "sociedade comunista"); como guia na seleção de problemas de pesquisa; como normas éticas e metodológicas; como esclarecimento dos fundamentos filosóficos da ciência (desde que digam respeito a questões ontológicas ou epistemológicas, isto é, a natureza da realidade ou a natureza do conhecimento científico); e como uma estrutura de interpretação (teoria da evolução, Cibernética).

Essas considerações — ideológicas, filosóficas e metateóricas — são uma matriz em que mergulham a compilação de dados e a elaboração de microteorias.

A matriz é universal, no sentido de estarem presentes tanto o Oriente quanto o Ocidente. Não é idêntica, quer em conteúdo, quer em grau, com o que os psicólogos se interessam nessas matérias.

Na América, o interesse pelas "metateorias" é menos intensivo e menos propagado. A índole é (ou tem sido) principalmente não-filosófica. Caracteristicamente, tem-se defendido amplamente a opinião de que o pesquisador científico é mais eficaz se trabalha com afinco e constância e atua estritamente dentro da estrutura dos dados empíricos e teorias em miniatura. Isso não quer dizer que os psicólogos não tenham, de fato, embora tacitamente na maior parte, certas pressuposições metateóricas. Watson (1967) denomina-as *prescrições*.

Na União Soviética, a presença das considerações metateóricas torna-se mais palpável pelo fato de que o país é governado há mais de cinqüenta anos por um único partido político, com uma ideologia clara, eloqüente, e uma submissão à herança filosófica de Marx, Engels e Lênine.

É útil frisar que o marxismo-leninismo (Anônimo, 1961) é muitas coisas: uma teoria da realidade e do conhecimento (materialismo dialético); uma filosofia da história (materialismo histórico); uma teoria socioeconômica do capitalismo, socialismo e comunismo; e a teoria e tática do movimento comunista internacional.

Nas palavras de Nikita Khrushchev, em 1959: "As idéias do marxismo-leninismo (são) a ideologia que tem um domínio completo sobre a sociedade soviética" (Blakely, 1961, p. 147). O importante é que não somente essas idéias são obrigatórias para os filósofos soviéticos, mas também "são os pontos de orientação para a consideração de todos os problemas teóricos da ciência" (Blakely, 1961, p. 98). Conseqüentemente, constituem também "a base filosófica da Psicologia soviética" (Blakely, 1961, p. 103). Com o tempo, o trabalho de I. P. Pavlov sobre a "atividade nervosa superior" foi acrescentado como um ingrediente essencial da base metateórica da psicologia soviética.

Pontos de Vista Filosófico-Teóricos Sobre a Natureza da Mente e Sua Relação com a Matéria

A síntese da Filosofia marxista-leninista e da "Fisiologia da atividade nervosa superior", de Pavlov, só foi realizada após um longo período de discussão e debate, às vezes acrimoniosos. Devido à sua importância fundamental para a psicologia soviética, os princípios da psicologia "dialética" e "pavloviana" serão apresentados com certo detalhe, fazendo-se referência específica à formulação de Rubinshtein. Em nossa apresentação dependeremos imensamente da monografia bem documentada de Payne (1968).

Na década de 1930, Rubinshtein procurou uma reunificação da Psicologia, então dividida em "escolas" antagônicas. Seu interesse especial era a consecução de uma síntese entre os pontos de vista, aparentemente irreconciliáveis, dos introspeccionistas, que consideravam os dados imediatos da consciência como o único tema legítimo da Psicologia, e os behavioristas, que menosprezavam a consciência e limitavam a Psicologia ao estudo das relações objetivamente registradas do organismo, animal e humano. Rubinshtein concebeu uma reunificação da Psicologia baseada no princípio de uma "unidade dialética" da consciência e do comportamento, enquadrado no conceito da atividade humana, de Marx (Payne, 1968, p. 50):

> Através da atividade o sujeito se revela, objetivando o mundo interior de sua consciência... Ao mesmo tempo, o homem, por sua atividade, forma e desenvolve seu mundo subjetivo. (Essa atividade) não é meramente individual, mas, acima de tudo, social. A consciência do homem, que é o guia de sua atividade, evoluiu originalmente no processo da atividade social, e o mundo externo, com o qual o homem entra em síntese por sua atividade, não é somente o mundo da natureza, mas, ao mesmo tempo, também da sociedade. Em conseqüência, a atividade humana continua a ser sempre um fenômeno socialmente condicionado.

A consciência e o comportamento não são considerados como aspectos separados do organismo humano, uma (a consciência) inteiramente "interna" e subjetiva e o outro (o comportamento) inteiramente "externo" e objetivo. Ao contrário, representam uma interação, nos dois sentidos, com a realidade externa, do objeto para o sujeito e do sujeito para o objeto. A consciência é uma forma de atividade do organismo exigida para sua adaptação às necessidades do ambiente constantemente em mutação. Ela dirige as ações do homem através das quais ele modifica e altera o ambiente.

Em *Fundamentos da Psicologia Geral* (em russo), Rubinshtein formulou três princípios que ele considerava como básicos:

> 1 O princípio da unidade psicofísica. A mente forma uma unidade dialética dupla: com seu substrato orgânico, o cérebro (do qual é uma função) e com o mundo externo (do que é um reflexo).
>
> 2 O princípio do desenvolvimento mental. A mente *(psyche)* desenvolve-se juntamente com as modificações na estrutura dos organismos e o modo de vida.
>
> 3 O princípio da "historicidade". A consciência humana modifica-se com as condições sociais do homem.

O quarto princípio, notado por Payne (1968, p. 52), o princípio da unidade da teoria e prática, é um princípio geral do marxismo-leninismo aplicável a todas as ciências e não específico à Psicologia.

No início da década de 1950, Rubinshtein respondeu à crítica de que os fundamentos filosófico-teóricos da Psicologia eram inadequados e deviam ser "reconstruídos", levando-se em conta as implicações da herança pavloviana. Em seu artigo de 1952, Rubinshtein reconheceu que o defeito principal dos *Fundamentos de Psicologia Geral* era o fato de ter deixado de seguir a trajetória traçada por Pavlov e também a sua aceitação indiscriminada de certos princípios da psicologia estrangeira.

O âmbito real da "reconstrução" pavloviana da Psicologia, sob a direção de Rubinshtein, foi menor do que se poderia esperar. A modificação primordial foi a substituição do princípio da unidade psicofísica pelo princípio do *monismo materialista,* acentuando a primazia do material, inclusive os processos fisiológicos do cérebro. Os processos mentais são agora *identificados* com a atividade "nervosa superior", "reflexa", do cérebro.

O princípio da unidade psicofísica aparentemente passou a ser considerado como extremamente "dualista", significando que a atividade mental se *baseia* na atividade nervosa superior, o que por sua vez é uma função direta do cérebro. Por outras palavras, o princípio parecia ou realmente dava a entender que a atividade mental e a atividade nervosa superior representam duas séries de eventos intimamente relacionados, porém distintos. De acordo com o monismo materialista, a atividade mental e a atividade nervosa superior constituem um único processo.

Contudo, Rubinshtein continua a insistir que a atividade mental é caracterizada não somente por seus mecanismos fisiológicos, mas também por seu conteúdo, isto é, pelo fato de que é um reflexo, pelo cérebro, do mundo material (externo).

Isso dá especificidade aos fenômenos mentais que não podem ser reduzidos, "sem um resíduo", aos processos estudados pelo neurofisiologista. A fisiologia se abstrai de certos aspectos do processo da interação do homem com o mundo exterior. São esses aspectos "subjetivos" que formam o objeto específico da Psicologia. Os fenômenos mentais, tais como percepções, pensamentos e sentimentos, representam uma "forma de manifestação" *(forma proyavleniya)* nova, original, dos fenômenos fisiológicos.

O "reflexo" do mundo pelo homem não é um processo passivo, uma recepção passiva de imagens, mas envolve a atividade cognitiva do sujeito; as quatro operações cognitivas básicas são: análise e síntese, abstração e generalização. Segundo, o conhecimento da realidade exterior é condicionada pelas características pessoais (personalidade) do sujeito (Payne, 1968, p. 143). A personalidade é definida como "uma totalidade *(sovokupnost')* das condições internas (do organismo humano) através das quais todas as influências externas se refratam".

Na formulação atual (Leont'ev, 1967), a Psicologia é definida como o estudo dos fenômenos mentais (tais como sensação, percepção, pensamento e emoções), considerados como processos de um reflexo ativo da realidade objetiva. Leont'ev afirma categoricamente que os pré-requisitos *(predposylki)* filosóficos para o desenvolvimento da Psicologia como uma ciência objetiva foram fornecidos pelo materialismo dialético. Uma "reconstrução" *(perestroika)* da Psicologia nessa base foi iniciada, na U.R.S.S., somente na década de 1920.

A mente *(psikhika)* está intimamente associada ao desenvolvimento da "matéria viva". Serve para orientar os organismos com respeito a seu ambiente e rege seu comportamento. O desenvolvimento da mente especificamente humana, no decurso da evolução humana, é considerado como uma conseqüência das atividades sociais ligadas ao trabalho humano, requerendo comunicação interpessoal (designação verbal) e facilitando o desenvolvimento da consciência *(soznanie)* como uma forma especial de "reflexo" da realidade. A linguagem se torna o meio *(nositel')* da "consciência social" e o "substrato" da consciência dos indivíduos.

Há uma relação nos dois sentidos entre as atividades externas e internas: As operações externas (comportamento) são transformadas em internas, operações mentais (processo de interiorização), mas também as operações internas, mentais, se expressam em atividades externas (processo de exteriorização).

Conquanto, até agora, a apresentação de Leont'ev tenha sido muito mais "marxista-leninista" do que "pavloviana", ele não deixa de frisar que o estudo do homem está intimamente ligado ao estudo fisiológico das atividades do cérebro. Contudo, a mente não se reduz a uma "atividade nervosa superior"; o "reflexo" mental da realidade — a própria substância da Psicologia — é produzido por uma interação ativa do indivíduo com seu ambiente, formada no decorrer do desenvolvimento sócio-histórico da humanidade. Nesse processo, o homem como um ser biológico é transformado num ser biossocial. O reflexo da realidade tem um teor específico.

A PSICOLOGIA SOVIÉTICA PELO PRISMA OCIDENTAL

A psicologia soviética é obviamente distinta no que diz respeito à "metateoria", embora, em parte, isso seja uma diferença de vocabulário, estrutura, maneira de apresentação e insistência. Por outro lado, não há uma só teoria que possa caracterizar a psicologia científica na União Soviética como uma "escola" ou "sistema". O campo é mais diversificado do que freqüentemente se imagina.

A totalidade da psicologia soviética então corrente foi analisada em várias ocasiões (Brožek, 1964; Brožek & Hoskovec, 1966). Não faremos nenhuma tentativa nesse sentido novamente aqui, especialmente levando em conta que nosso interesse é familiarizar o leitor com aspectos selecionados, "significantes".

Tal como a beleza, a significância histórica dos homens, acontecimentos e idéias está, em parte, na "maneira de ver" do observador.

A fim de podermos oferecer um quadro mais objetivo, despido de idiossincrasias de um determinado indivíduo, e para que o leitor possa satisfazer, em primeira mão, sua curiosidade, independentemente de nosso resumo e comentário, esta seção se baseia em monografias soviéticas traduzidas para o inglês e publicadas comercialmente fora da União Soviética. A seleção do material a ser traduzido obedece à apreciação e julgamento de muitas pessoas. Proporciona o que de melhor se pode encontrar no que diz respeito ao critério objetivo de significância, embora *significância* seja aqui encarada pragmaticamente e do ponto de vista "ocidental".

Presumivelmente, o quadro resultante não é representativo. A tendenciosidade se manifesta claramente quando os tópicos são comparados com o espectro real da atual pesquisa psicológica soviética (Brozek, 1969). A predominância da pesquisa de orientação fisiológica e a gritante deficiência no que concerne à referência a tais áreas como a Psicologia Educacional e a Psicologia dos Esportes (tal como o caviar, uma especialidade russa) se tornam patentes.

Raízes Históricas

O trabalho multiface de I. M. Sechenov abrange contribuição à Psicologia, Neurofisiologia, Fisiologia do Trabalho e Química Fisiológica (Koshtoyants, 1964, caps. 11-15). *Autobiographical notes* (1965a), de Sechenov, fornece um relato informativo, pessoal, da vida (1829-1905) de um dos espíritos propulsores da ciência soviética na segunda metade do século XIX. O trabalho avançado de Sechenov, intitulado *Reflexos do cérebro* e publicado originalmente em 1863, foi efetivamente posto à disposição do público científico de língua inglesa, sob o título de *Reflexes of the brain,* cerca de cem anos depois de ter aparecido na Rússia (Sechenov, 1965b).

Em seu pós-escrito (Sechenov, 1965, pp. 143-145), W. A. Rosenblit destaca três aspectos da obra de Sechenov:

1 Seu método reflexológico pioneiro no que concerne ao estudo do comportamento, como um prelúdio à pesquisa de Pavlov.

2 Sua descoberta do fenômeno da inibição central, antecipando as investigações neurofisiológicas sobre a formação reticular — um dos tópicos centrais da pesquisa moderna do cérebro.

3 Sua antecipação da Cibernética Fisiológica e seu papel como um "precursor intelectual muito pouco apreciado de Norbert Wiener", o autor de *Cybernetics, or control and communication in the animal and the machine* (1948).

Em seu *Reflexos do cérebro,* Sechenov considera a atividade mental do homem como uma função do cérebro, manifestada externamente por movimentos musculares, quer digam respeito aos grupos de músculos que controlam a atividade física, quer os que controlam o comportamento verbal.

Ambos os tipos de manifestações externas da atividade cerebral, isto é, "ações" e "palavras", podem ser reduzidos, finalmente, a um único fenômeno — movimentos musculares. A tarefa do cientista consiste em determinar as maneiras pelas quais esses movimentos se originam no cérebro considerado como uma máquina muito intricada.

Sabe-se muito bem que os reflexos simples ("puros") podem ser obtidos por estimulações dos nervos sensoriais apropriados. Sechenov demonstrou experimentalmente, em 1862, a existência de mecanismos no cérebro da rã que *inibem* os movimentos reflexos espinhais iniciados pela estimulação da pele.

O conceito de que os movimentos reflexos podem ser tanto inibidos quanto intensificados pela estimulação de diferentes partes do cérebro tem conseqüências importantes para a teoria dos fenômenos "mentais" de Sechenov. Assim, no medo, os efeitos dos estímulos sensoriais são intensificados por processos que ocorrem nos hemisféricos cerebrais.

No comportamento humano, papel importante é desempenhado pelas reações (reflexos) adquiridas pela aprendizagem: o desenvolvimento mental se baseia na memória, que preserva, no sistema nervoso central, sons e imagens em estado latente. Essas reações abrangem a fala, que compreende a formação das associações das sensações auditivas com as sensações cinestéticas, visuais e táteis. As palavras são "sons condicionados".

No pensamento silencioso, a reação motora (o último membro de um reflexo iniciado pela estimulação sensorial que evoca processos centrais e, às vezes, sensações) é inibida. Expressando de outro modo, para Sechenov o pensamento é "os primeiros dois terços de um reflexo mental". De modo semelhante, outros fenômenos mentais, tais como intenções ou desejos, podem ser considerados como reflexos sem manifestação externa. Em contraste com os reflexos mentais com um "fim inibido", as emoções representam reflexos mentais com um "fim intensificado".

Com respeito ao que parece ser uma ação "voluntária", o ponto de vista de Sechenov é rigorosamente determinista: Dadas as mesmas condições internas e externas, a ação do homem será semelhante.

Sechenov estava cônscio das limitações e deficiências de *Reflexos do cérebro,* mas sentia que realmente demonstrara a exeqüibilidade do que era indicado pelo título inicial do ensaio: "Uma tentativa de estabelecer a base fisiológica dos processos psicológicos".

Diferenças Individuais

Uma das poucas áreas em que o grito pela "pavlovização" da Psicologia, ouvido no princípio da década de 1950, resultou num grande volume de pesquisa inovadora, empírica, foi a do estudo das diferenças individuais realizado em Moscou num dos laboratórios do Instituto de Psicologia, da Academia de Ciências Pedagógicas da U.R.S.S. A série de volumes, começada em 1956 e organizada por B. M. Teplov, em que os resultados eram comunicados, chamou-se inicialmente *Aspectos tipológicos da atividade nervosa superior no homem*. Dificilmente poderia ter-se encontrado um título mais pavloviano. A mudança do título da série, a partir do sexto volume, para *Problemas de Psicofisiologia diferencial,* é altamente significativa. O organizador (Nebylitsyn, 1969) frisa que, em parte, a mudança do título reflete o esforço de harmonizá-lo com uma terminologia científica mais atualizada. Mais importante ainda, a mudança indica uma modificação na ênfase com respeito ao estudo da relação entre as "propriedades do sistema nervoso", comportamento emocional e desempenho em trabalho prolongado e sob o impacto de outras tensões.

Na tradição pavloviana, o *tipo do sistema nervoso* refere-se a dois conceitos diferentes:

1 Um complexo de características específicas dos dois processos nervosos básicos, opostos (excitação e inibição), isto é, a "força" dos processos excitatórios, o "equilíbrio" entre os processos excitatórios e inibitórios, e a "mobilidade". Os pólos opostos das três dimensões são: fraqueza, desequilíbrio e inércia.

2 Padrões característicos do comportamento animal e humano.

O tipo no primeiro sentido (um complexo de propriedades específicas dos processos nervosos) era considerado como um *genótipo* e era também designado, na terminologia de Pavlov, como *temperamento, constituição nervosa,* ou *tipo de atividade nervosa superior.*

O tipo no segundo sentido (padrão habitual de comportamento) representa um *fenótipo,* também designado como *caráter.* Na formulação de Pavlov de 1930, referente ao homem (Teplov, 1964, p. 36):

> A personalidade humana é determinada tanto pela hereditariedade biológica quanto pelo ambiente, isto é, as condições de educação. A força (isto é, o tipo) do sistema nervoso (temperamento) é uma propriedade inata; o caráter ou a forma do comportamento consiste, em grande parte, em aquisições, hábitos formados durante a existência do indivíduo.

Em afirmações posteriores, Pavlov falou nas propriedades do sistema nervoso como "inatas" ou "congênitas", e não como "herdadas", embora ainda mantendo o termo *genótipo.* Nisso Pavlov foi influenciado pelas deduções de Kupalov de que as propriedades do sistema nervoso podem ser modificadas durante o desenvolvimento intra-uterino.

Historicamente, as diferenças individuais entre os cães foram primeiramente descritas em termos do comportamento geral dos animais (isto é, as reações motoras visualmente observadas na situação experimental e "em liberdade"). Gradualmente, passou-se a depositar confiança nas indicações estritamente experimentais provenientes do estudo das reações condicionadas salivares.

A *força* do sistema nervoso refere-se à "capacidade de trabalho das células cerebrais", definida como a capacidade das células nervosas de suportarem uma longa excitação concentrada ou a ação de um estímulo "ultraforte", sem entrarem em inibição.

A *mobilidade* é definida em termos da velocidade com que um estímulo produz uma reação. Um aspecto importante da mobilidade é a capacidade dos organismos de adaptarem suas reações a uma imersão do sinal — positivo (excitatório) ou negativo (inibitório) — dos estímulos condicionados.

Os testes específicos para a caracterização das propriedades tipológicas do sistema nervoso animal são descritas com detalhe (Teplov, 1964, pp. 59-112).

Teplov (1964, p. 127) acha fútil, e talvez até prejudicial, tentar encontrar métodos rápidos de determinar o tipo do sistema nervoso do homem, isto é, métodos que requereriam apenas alguns dias ou mesmo algumas horas. Isso equivaleria a um "processo testológico", pelo qual ele não tem simpatia.

Os cinco relatórios de experimentos do laboratório de Teplov, selecionados por Gray (1964, pp. 367-464), tratam da dimensão da força do sistema nervoso do homem.

Gray (1964, pp. 157-287) resumiu os resultados da pesquisa então em evidência realizada na laboratório de Teplov, sobre a força dos processos excitatórios (força da atividade nervosa, força do sistema nervoso), inclusive uma análise fatorial, de 1960, das intercorrelações entre vinte e uma medidas. Além disso, ofereceu uma nova interpretação (pp. 289-364) das deduções empíricas obtidas no laboratório de Teplov. A interpretação de Gray emprega conceitos mais familiares aos psicólogos ocidentais do que os de Pavlov e denota confiança nas deduções neurofisiológicas mais recentes. Especificamente, ele vê mérito em substituir-se a dimensão da força do sistema nervoso pela da incitabilidade (níveis de incitação) e também expressa (1964, p. 289) a crença de que, fazendo tal substituição, podemos unir duas áreas diferentes de pesquisa e assim sugerir linhas produtivas de nova pesquisa.

Uma Vasta Memória

Embora os estudos sobre crianças em idade pré-escolar e escolar abundem na psicologia soviética (Cole & Maltzman, 1969, pp. 41-273), o volume de Luria (1968) estende o segmento do ciclo vital, em observação, da adolescência à maturidade, explorando as maneiras pelas quais o desequilíbrio no funcionamento mental afeta a formação da personalidade.

De vários modos, o "pequeno livro sobre uma vasta memória" é um caso típico fascinante. Primeiro, abrange um período de trinta anos. Segundo, trata de um indivíduo notável. Terceiro, examina o indivíduo amplamente, como pessoa, não somente como um virtuoso mnemônico.

A memória do sujeito era, na verdade, fabulosa, como documenta a sua capacidade de reproduzir longas tábuas de números, letras e sílabas sem sentido, como também fórmulas complexas. Os mecanismos de memorização variavam. O sujeito era capaz de formar e reter, durante anos, imagens das tábuas, simplesmente "lendo" os algarismos ou letras. As palavras eram convertidas em imagens gráficas. Mais tarde, quando fez exibições públicas como mnemonista, ele reforçou a precisão de seu desempenho, "ampliando" as dimensões de suas imagens, assegurando-se de que as imagens gráficas fossem claramente visíveis ("claramente iluminadas") e adequadamente dispostas espacialmente (e. g., ao longo de uma rua imaginária). Finalmente, ele criou um sistema de imagens simplificadas, uma espécie de taquigrafia visual.

O aspecto singular mais notável de seus processos perceptuais era sua natureza multissensorial (sinestesia). Os sons produziam-lhe imediatamente uma sensação de luz e cor, e freqüentemente também de paladar e tato. As palavras não somente tinham seus significados, mas também "formas" e cores. Assim, *vinho* era percebido como uma "palavra escura". Ao pôr seu irmãozinho para dormir, ele tinha de "cantar em voz *alta,* já que tinha de estar *nebuloso* para que alguém caísse no sono".

Os aspectos sinestéticos da percepção eram importantes em sua recordação, já que forneciam pistas durante a rememoração.

A duração da retenção do sujeito do que ele memorizava e o fato de que vestígios deixados por um estímulo não inibiam a rememoração de outros estímulos semelhantes eram espantosos. Ao mesmo tempo, sua memória não era igualmente excelente para todos os tipos de material. Especificamente, ele se queixava de que tinha uma péssima memória para fisionomias, que eram vistas como figuras sempre mutáveis de luz e sombra.

Seu sentido predominante era a visão, e seu "pensamento" era fundamentalmente uma manipulação de suas imagens visuais vívidas. Certa vez ele comentou: "Outras pessoas *pensam* quando lêem, mas eu *vejo* tudo". Ou disse noutra oportunidade: "Só posso entender o que posso visualizar." Sobrecarregado pela riqueza das imagens visuais, ele achava o pensamento abstrato difícil ou impossível. Tinha dificuldade em entender poesia e expressões metafóricas em geral. Na conversação, a corrente firme de imagens que surgiam levava-o a digressões intermináveis.

Sua imaginação vívida permitia-lhe controlar algumas das funções autonômicas de seu corpo, tais como a velocidade cardíaca e a temperatura do corpo. Suas imagens eram tão vívidas que adquiriam a impressão de realidade. Isso resultava em devaneios perpétuos, que se tornavam um substituto da ação. Sua atitude para com a vida se caracterizava pela expectativa de que alguma coisa maravilhosa lhe aconteceria, levando-o a considerar todos os acontecimentos reais como "temporários", como um prelúdio — um prelúdio de uma coisa que nunca se concretizou.

Patologia do Pensamento nas Doenças Mentais

Na década de 1920, Blyuma V. Zeigarnik, autora de *A patologia do pensamento* (*The pathology of thinking,* 1965), era aluna de Kurt Lewin em Berlim. Na tenra idade de vinte e sete anos (tenra, isto é, para a galeria da fama da Psicologia) ela se tornou um epônimo, dando nome ao fenômeno *Zeigarnik* (Zeigarnik, 1927), que se refere a uma recordação melhor de tarefas que não foram terminadas, e mais livremente, ao interesse de um indivíduo por problemas não-resolvidos. Depois de seu retorno à União Soviética, ela trabalhou no campo da psicologia dos anormais com o versátil L. S. Vygotskii. A patologia do pensamento tornou-se sua especialidade.

Seu trabalho enquadra-se no padrão da longa, embora não ininterrupta, tradição russa dos laços íntimos entre a psicologia científica e a psiquiatria, acentuados por S. S. Korsakov, V. M. Bekhterev e V. Kh. Kandinskii, os fundadores da psiquiatria russa moderna. Na estrutura da clínica neuropsiquiátrica de Korsakov, A. A. Tokarskii criou um laboratório de Psicologia em 1894. Há muitos anos que Blyuma Zeigarnik dirige o laboratório de psicologia experimental associado ao Instituto de Pesquisa de Psiquiatria de Moscou, do Ministério da Saúde.

Ela chama a aplicação dos métodos psicológicos no contexto psiquiátrico de *Patopsicologia.* Isso é um conceito mais restrito do que *Psicologia Médica,* que abrange, o que é muito importante, a Psicoterapia. A Patopsicologia é um ramo da Psicologia. Em termos ocidentais, pode-se considerar como um setor da Psicologia Clínica que se interessa pela caracterização psicológica dos indivíduos mentalmente doentes. O livro de Blyuma Zeigarnik se centraliza num aspecto do funcionamento mental, os processos do pensamento.

A tarefa da Patopsicologia tem dois objetivos:

1 Atender às necessidades de prática psiquiátrica contribuindo para o estabelecimento do diagnóstico: outros autores incluiriam também a contribuição da Patopsicologia para a avaliação da eficácia da terapia e, especificamente, a avaliação da terapia por medicamentos.

2 Utilizar as informações adquiridas no trato com esses problemas práticos para o desenvolvimento posterior da teoria psicológica. É este último aspecto que é de interesse direto aqui.

O pensamento é definido por Blyuma Zeigarnik (1965), na estrutura e terminologia leninista, como "um reflexo generalizado e indireto do mundo exterior" (p. 67), manifestado na vida prática como aquisição e assimilação de fatos e utilização de conhecimento. O pensamento diz respeito aos processos de análise e síntese em que a cognição sensória e racional se combina numa única atividade: Acentuando a unidade dialética dessas duas etapas da cognição (sensorial e racional), os fundadores do marxismo-leninismo frisam que é a etapa racional que torna possível investigar a essência das coisas e dos acontecimentos na natureza e na sociedade.

Somente o pensamento conceptual proporciona um reflexo pleno da realidade, capacitando-nos a compreender as ligações internas entre os fenômenos.

A tese concernente às duas etapas da cognição é considerada como estando em harmonia com a teoria de Pavlov dos dois sistemas de sinais, sensorial e simbólico. Os símbolos, dos quais as palavras são a categoria mais importante, são "sinais de sinais". A fala fornece o meio para a análise e síntese das impressões sensoriais recebidas pelo organismo humano do mundo exterior e das imagens.

A essência do livro de Blyuma Zeigarnik (1965) consiste na descrição de um estudo sobre as perturbações do pensamento nos pacientes psiquiátricos. Os pacientes são agrupados em nove categorias de doença, com o tamanho dos grupos variando de quinze a bem mais de cem.

Usando uma variedade de processos de testes, a autora russa examinou as perturbações em três aspectos do pensamento: 1) abstração e generalização; 2) tendência lógica do pensamento; e 3) o caráter intencional e crítico do pensamento.

Os dados fornecidos por ela indicam que as formas específicas do pensamento desordenado não se limitam estritamente a determinadas categorias nosológicas. Tira-se a conclusão de que os resultados dos exames psicológicos das perturbações do pensamento podem ajudar a estabelecer-se o diagnóstico, mas não são bastante específicos, por si mesmos, para finalidades diagnósticas.

Blyuma Zeigarnik sugere que a presença de um determinado tipo de perturbação do pensamento num grupo de doenças mentais indica uma disfunção mental básica comum: astenia, com fatigabilidade e instabilidade (nos pacientes com doenças cerebrovasculares e psicose pós-traumática) e inércia (nos oligofrênicos e epilépticos, que carecem de capacidade para generalização e são absorvidos pelos detalhes).

Embora o estudo se concentrasse nas perturbações dos processos de pensamento, a psicóloga soviética afirma que o pensamento não pode ser considerado como uma "função mental" isolada, existindo independentemente das necessidades e atitudes do homem. O que parece ser uma capacidade debilitada para o pensamento crítico pode refletir uma atitude de indiferença para com as tarefas apresentadas ao paciente.

Ela discorda da opinião de que a disfunção mental do adulto é uma regressão a uma etapa anterior do desenvolvimento mental e insiste em afirmar que, apesar de algumas semelhanças externas, existem diferenças qualitativas entre o pensamento de um adulto mentalmente defeituoso e o pensamento de uma criança (Zeigarnik, 1965): "A desintegração da atividade mental não é a antítese de seu desenvolvimento" (p. 193). Na estrutura pavloviana, tais manifestações da disfunção mental do adulto como flutuação no nível do desempenho mental e hipercapacidade de reação a estímulos estranhos são interpretadas como conseqüências da inibição cortical debilitada. Por outro lado, a distratibilidade da criança é considerada como a manifestação de um poderoso reflexo de orientação que indica um alto nível de atividade cortical.

Cérebro e Vísceras

Na opinião de Pavlov, a função do cérebro é manter a adaptação do organismo ao ambiente mutável (princípio da unidade do organismo com o ambiente). O ambiente é dúplice: externo e interno. Sob a influência do fisiologista francês Claude Bernard (1813-1878), o ambiente interno *(milieu intérieur)* era considerado, restritamente, como os fluidos que banham as células dos tecidos dos organismos multicelulares. A exploração da função dos receptores localizados nas vísceras, sua representação cortical, e a interação viscerocerebral e cerebrovisceral tem sido empreendida vigorosamente pelos fisiologistas russos, como indicam as numerosas referências mencionadas na monografia de Chernigovskiy (1967). Na monografia, os interoceptores são agrupados em quatro classes (mecanorreceptores, quimiorreceptores, termorreceptores e osmorreceptores), e os mecanismos de seu funcionamento são analisados.

L. A. Bekkers e V. M. Shumovskii comunicaram em 1862 que, dilatando as paredes da bexiga urinária e enchendo-a de líquido, introduzido através de um cateter fino, iniciaram contrações da bexiga. Essa reação é um exemplo de um reflexo "natural" (ou orgânico). A intensidade aumentada do estímulo dá origem a reflexos "conjugados" (concomitantes, interorgânicos) com respeito à atividade de certo número de órgãos motores e manifestados, por exemplo, nas alterações da respiração e na elevação da pressão sanguínea. A estimulação interceptiva pode afetar também as funções sensoriais, e. g., o limiar de luz do olho adaptado ao escuro.

Embora os impulsos aferentes gerados pela estimulação dos interoceptores tenham também sido estudados eletrofisiologicamente, foi o método dos reflexos condicionados que serviu como o instrumento principal de pesquisa nos estudos russos destinados a esclarecer as ligações nos dois sentidos, através dos caminhos aferentes e eferentes, entre os órgãos internos e o sistema nervosos central. Ambos os aspectos competem à Psicologia.

Deve-se notar que, no homem, as reações viscerais condicionadas podem ser produzidas por estímulos condicionados do primeiro sistema de sinais (e. g., estímulos acústicos ou táteis) bem como por palavras, consideradas por Pavlov como estímulos condicionados pertencentes ao segundo sistema (simbólico) de sinais. As cadeias aferentes e eferentes podem compreender a participação dos centros subcorticais como também do sistema endócrino.

Na formulação de Bykov (1959, p. 335), refletindo as opiniões de Pavlov:

> O córtex é claramente um órgão poderoso, dedicado ao desempenho de tarefas complicadas, não somente com respeito a informações que chegam a ele pelos receptores externos, mas também com a análise, síntese e organização dos impulsos dos órgãos internos. É o sistema principal para canalizar a infinidade de sinais divergentes e insistentes e para integrá-los no complexo de ação chamado comportamento.

A interação entre o cérebro e os órgãos internos é um processo que atua nos dois sentidos. Comecemos considerando as relações viscerocerebrais.

Com respeito aos impulsos aferentes que se originam nos interoceptores das vísceras, os psicólogos estão interessados nos efeitos dos sinais do estado dos órgãos internos na função das regiões superiores do sistema nervoso central e na atividade do organismo em geral (comportamento).

Bykov mostrou, em 1928, que o umedecimento da mucosa gástrica, em combinação com a aplicação de um choque elétrico ao membro traseiro de um cachorro, finalmente resultava, quando apresentado sozinho (isto é, sem o choque), na elevação do membro. Isso demonstrava que um estímulo interoceptivo podia influir num comportamento externo (uma reação motora condicionada). O desenvolvimento dos padrões de reação complexa (do comportamento) envolve uma interação de sinais exteroceptivos e interoceptivos.

Embora na maior parte não estejam cônscios dos impulsos nervosos aferentes iniciados pelos interoceptores ou que as sensações resultantes sejam "vagas", eles afetam de fato seriamente nossa disposição de ânimo, nossa sensação de bem-estar e nossa autoconsciência ("consciência de nosso corpo", na terminologia de Bykov) e constituem uma parte importante dos instintos biológicos (fome, eliminação).

Foi o notável I. M. Sechenov que, em 1863, escreveu que as sensações "escuras" (obscuras) que acompanham os acontecimentos que ocorrem nas cavidades do peito, estômago etc. "formam uma das forças de motivação mais potentes" (citado em Bykov, 1959, p. 405).

No capítulo final de sua monografia, Chernigovskiy (1967) examina experimentos que indicam que a sinalização interoceptiva desempenha um papel no comportamento de alimentação dos animais, na busca de alimento, na seleção de alimento (consumo de alimento) e sugere que o estudo da função dos interoceptores pode contribuir para uma análise objetiva de algumas formas do comportamento instintivo.

O estudo das interações cerebroviscerais, no que concerne à regulação cerebral (e, em particular, cortical) das atividades viscerais em condições de saúde e ao papel do mau funcionamento dessa regulação na etiologia de certas doenças, representa o análogo russo da psicofisiologia e medicina psicossomática ocidentais.

Os impulsos cerebroviscerais podem iniciar ou modificar a atividade dos órgãos viscerais. Referimo-nos aos mecanismos ativadores e reguladores, respectivamente.

Os primeiros dados sobre a formação dos reflexos condicionados urinários (diurese produzida por um som) foram fornecidos por K. M. Bykov e I. A. Alekseev-Berkman em 1926. A monografia de Bykov (1957, 1959) documenta a extensão da técnica dos reflexos condicionados a muitos outros órgãos internos, além do rim.

Bykov e Kurtsin (1966) demonstraram a importância das perturbações da regulação cerebral (especialmente da cortical) da função gástrica e duodenal (secreção do suco gástrico, processos tróficos na parede gástrica e intestinal, resistência à digestão dos tecidos pelo suco gástrico) no desenvolvimento da úlcera péptica.

Variedades de Comportamento

Fragmentos do trabalho de I. S. Beritashvili (Beritov, em russo), o notável neurofisiologista e estudioso do comportamento animal, natural da Geórgia, estão contidos nas atas de conferências científicas (Beristashvili, 1963; cf. também Beritashvili, 1968a, 1968b). Uma apresentação sistemática de sua análise fisiológica do comportamento animal, publicada originalmente em 1961, existe agora em inglês (Beritoff, 1965).

Beritashvili diferencia quatro variedades de comportamento: inato (instintivo), condicionado, controlado por imagens e consciente. As três primeiras variedades caracterizam os vertebrados superiores. A última variedade acha-se presente apenas no homem normal adulto que formula metas e planeja ação. Contudo, os níveis inferiores de comportamento podem também estar em evidência. Além disso, o comportamento inicialmente consciente, através da repetição, pode ser automatizado e pode assemelhar-se a um reflexo em cadeia condicionado. Nessas condições, o controle consciente se reduz, mas não é inteiramente eliminado.

Nos animais, as variedades básicas são o comportamento instintivo, que depende da organização inata do sistema nervoso central e atende às necessidades orgânicas específicas, e o comportamento adquirido individualmente. Embora o comportamento instintivo represente seqüências predeterminadas de operações, é suscetível, até certo ponto, de modificação pela experiência (aprendizagem, condicionamento). O comportamento animal adquirido individualmente enquadra-se em duas categorias: condicionado e dirigido por imagens.

O conceito de comportamento dirigido por imagens, como uma categoria separada do comportamento adquirido individualmente, e basicamente diferente do comportamento condicionado, foi uma divergência verdadeiramente revolucionária da estrutura interpretativa pavloviana.

Um experimento típico demonstrando o comportamento guiado por imagens é realizado como se segue: Um cão é tirado de sua gaiola, conduzido para um lugar na sala de experiências, onde vê a comida ser colocada atrás de uma tela, e depois é reconduzido para a gaiola. Embora interpretando esse comportamento como resultado da atividade integrada, multinivelar, do sistema nervoso, Beritashvili atribui o papel principal à atividade "psiconeural" do córtex. Isso compreende a ativação de um complexo neurônico que reproduz imagens de aspectos vitalmente importantes do ambiente (objetos-meta). As imagens guiam o comportamento.

O substrato morfológico do comportamento guiado por imagens é identificado com os neurônios estrelados (em forma de estrela) do neocórtex.

Um alto nível de excitabilidade dos neurônios estrelados é mantido por impulsos que chegam da formação reticular não-específica ao tronco cerebral inferior. De acordo com I. M. Sechenov (1829-1905), Beritashvili considera as imagens como o principal regulador do comportamento dos vertebrados superiores. As imagens regulam o comportamento animal essencialmente do mesmo modo que o fazem as percepções diretas do ambiente. Assim, no experimento ilustrativo descrito anteriormente, o cão faminto corre para o lugar no qual a comida fora colocada, atrás de uma tela, como se ele realmente a visse ali. A imagem *guia* o comportamento, embora um impulso inato para obter comida *motive* o comportamento.

O homem exibe comportamento consciente, caracterizado pela determinação de metas e planejamento da ação. Os resultados da ação são estabelecidos antes do início real da ação. O comportamento consciente é característico apenas do homem adulto, não dos animais ou das crianças, e representa o produto da interação social abrangendo a comunicação verbal. O comportamento da criancinha é guiado por imagens. Em certas condições o comportamento do homem adulto pode reverter a esse nível inferior ou mesmo ao nível dos reflexos condicionados.

Uma exposição extensa, atualizada, dos pontos de vista de Beritashvili sobre a estrutura e funcionamente do córtex cerebral e das estruturas subcorticais, dando destaque à atividade "psiconeural", superior, do cérebro, foi publicada em russo numa época em que o autor, um jovem com oitenta e quatro anos de idade, ainda se ocupava intensamente da pesquisa sobre a memória (Beritov, 1969).

Experimentos em Macacos

A primeira das três partes que constituem o volume organizado por Utkin (1960) é dedicada ao estudo dos reflexos condicionados ("a fisiologia e patologia da atividade nervosa superior", na linguagem russa).

L. N. Norkina usou a pressão com alavanca como o método preferido a fim de estudar os reflexos motores condicionados, sua perturbação pronta (inibição externa), por uma variedade de estímulos estranhos, e sua "inibição interna" (e. g., extinção através do não-reforço dos estímulos positivos condicionados. Uma inibição diferencial estável (inibição das reações dos estímulos não-reforçados) só poderia ser estabelecida com dificuldade.

Ela também comunicou a respeito de estudos sobre o "tipo de atividade nervosa superior", segundo as diretrizes de Pavlov, mas substituindo o método salivar pelo estudo dos reflexos motores condicionados. Uma das observações relacionava-se com a alta "mobilidade" dos processos de excitação e inibição nos macacos, manifestada numa pronta adaptação às mudanças do sinal (significado) dos estímulos condicionados (de positivo ou excitatório para negativo ou inibitório, e vice-versa.

D. I. Miminoshvili produziu neurose experimental em macacos forçando os processos excitatórios corticais. Isso era conseguido prolongando-se os estímulos condicionados (luz vermelha reforçada por estimulação elétrica da pele). Os animais paravam de comer, exibiam excitação motora persistente e deixavam de discriminar entre os sinais de alimentação positivo e negativo (inibitório), reagindo com uma pressão prolongada na alavanca. O ritmo de respiração aumentava tremendamente (de vinte e oito movimentos respiratórios por minuto para setenta e cinco).

Uma forma adicional de tensão era a colisão entre um estímulo condicionado, reforçado por choque elétrico, e um estímulo condicionado, reforçado pela alimentação, sendo os dois apresentados simultaneamente ou o primeiro estímulo pouco depois do segundo. Isso resultava numa excitação motora geral ou, por outro lado, num torpor geral (catalepsia) e sonolência.

Em alguns macacos, a tensão era induzida pela exposição a "estímulos condicionados naturais", como quando um macaco reso sexualmente maduro, primeiramente colocado junto com as fêmeas, foi posteriormente posto numa gaiola solitária localizada perto de um grupo de macacos chefiados por um macaco "rival".

Desenvolvimento do Comportamento Animal

Animal behavior (1962), de Krushinskii, não é um compêndio amplo, mas uma exploração, em profundidade, de temas selecionados, como, por exemplo, a integração dos componentes do comportamento inatos e adquiridos individualmente. Seu processo envolve a combinação de métodos de laboratório para a investigação da "fisiologia da atividade nervosa superior" pavloviana com a observação do comportamento em condições naturais.

Com respeito à hereditariedade, Krushinskii considerou os reflexos não-condicionados exclusivamente como herdados. Os atos do comportamento variam amplamente em relação com o papel dos componentes adquiridos individualmente. Os instintos são definidos não simplesmente como comportamento reflexo não-condicionado, mas como atos do comportamento com uma grande proporção de componentes inatos. O comportamento do animal se adapta às condições concretas de sua existência através da formação de reflexos condicionados. Os hábitos representam uma forma de comportamento em que os componentes adquiridos individualmente predominam.

A "excitabilidade" do sistema nervoso dos cães exibe grandes diferenças interindividuais, com os escores no teste de dois minutos, usado por Krushinskii, variando de 10 a 360 movimentos. Correlações positivas foram estabelecidas entre a excitabilidade e a eficiência na formação dos reflexos condicionados motores.

A "força" do sistema nervoso é definida como sua capacidade de funcionamento (resistência). Outrossim, nos cães o critério de força correlacionava-se positivamente com a capacidade de aprender, embora os índices registrados fossem muito baixos, variando de 0,06 a 0,33.

O hipertireoidismo resulta numa excitabilidade aumentada do sistema nervoso, enquanto a extirpação da glândula tireóide ou o bloqueio de sua função tem efeito oposto. Os cães machos tendem a possuir sistemas nervosos um pouco "mais fortes" do que as fêmeas e a exibir "reações defensivas ativas" ligeiramente mais acentuadas.

O aparecimento de ataques epileptiformes nos roedores ("epilepsia reflexa", na terminologia de Krushinskii), provocados por estímulos sonoros, é interpretado em termos da irradiação da excitação produzida na área de projeção auditiva do córtex e não efetivamente inibida. Pelo método de seleção, Krushinskii criou uma linha de animais (ratos) experimentais com um baixo limiar de excitação motora e ataques convulsivos.

Os "reflexos de extrapolação" referem-se (Krushinskii 1962, p. xv) ao comportamento por meio do qual algumas espécies de animais são capazes de apreender relações elementares de "causa e efeito" entre fenômenos do mundo externo. Um exemplo não de laboratório de tal comportamento é o seguinte: Um corvo vai atravessando uma estrada, num determinado passo. Então, "extrapolando" a velocidade dos movimentos, ele se apressa e evita ser atropelado por um carro que se aproxima, retomando depois seu ritmo inicial de movimento. Uma variedade de situação de teste de laboratório foi inventada para estudos com várias espécies de pássaros e com coelhos. Krushinskii considerou esse comportamento como um daqueles tipos de atividade reflexa do cérebro que pode ser caracterizada como atividade racional elementar.

Miscelânea

Limitações de espaço tornam necessário que façamos referência *rápida* a diversas outras monografias. Analisaremos, cada um por sua vez, os seguintes tópicos: movimentos dos olhos e visão, mecanismos neurofisiológicos dos movimentos humanos voluntários, reação de orientação, tendência, pensamento e linguagem, o papel da fala na regulação do comportamento humano, retardação mental e perturbações na função mental resultantes de lesões cerebrais.

MOVIMENTOS DOS OLHOS E VISÃO. A. L. Yarbus (nascido em 1914) fez o curso especializado de físico. Durante muitos anos esteve ligado ao Instituto de Biofísica, da Academia de Ciências da U.R.S.S. Suas extensas investigações são resumidas num volume (Yarbus, 1967) organizado por L. A. Riggs, um colega seu que se dedica aos movimentos dos olhos nos Estados Unidos.

Em 1956, Yarbus criou um sistema óptico em miniatura, preso por sucção ao olho humano, que facilita o estudo dos movimentos dos olhos. Os movimentos dos olhos foram estudados numa grande variedade de situações, inclusive fixação em objetos estacionários (fixos), percepção de objetos móveis e percepção de objetos complexos (quadros, ilusões de óptica, textos a serem lidos). Pelos registros dos movimentos dos olhos, podemos determinar quais os aspectos característicos de um objeto, tal como o retrato de uma pessoa, que atraem o olho do observador, em que ordem, com que freqüência e por quanto tempo.

Quando contemplamos um quadro, os olhos se fixam principalmente nos componentes que contêm ou podem conter informações essenciais para a compreensão do significado do quadro (Yarbus, 1967): "Os movimentos dos olhos refletem os processos humanos de pensamento." Ao observar cenas humanas, os movimentos dos olhos serão marcantemente afetados pelas perguntas que o experimentador faz ao observador. Os padrões de movimentos dos olhos durante tal "exploração dirigida" ajudam a esclarecer a significância dos registros dos movimentos dos olhos obtido durante um exame livre do mesmo quadro.

Durante a contemplação prolongada de um determinado objeto os olhos do observador repetidamente retornam aos aspectos característicos que fornecem as informações principais a respeito do objeto.

Yarbus confirmou e enriqueceu as observações anteriores feitas por autores ocidentais que comunicaram que as impressões visuais, imutáveis e estacionárias em relação à retina, tornam-se rapidamente (num espaço de tempo de um a três segundos) invisíveis. Yarbus fala na formação de um "campo vazio" e sugere, de acordo com os dados eletrofisiológicos obtidos em animais, que no homem a imobilidade das imagens retinianas reduz imensamente ou anula os impulsos provenientes do olho que entram no nervo óptico.

Mecanismos dos Movimentos. O estudo dos mecanismos neurofisiológicos dos movimentos do corpo humano foi por muitos anos a especialidade de Nicolau Bernstein (1896-1966). Ele contribuiu para o desenvolvimento dos métodos fotográficos da análise do movimento (chamados ciclografia), caracterização matemática dos movimentos e sua recente interpretação fisiológica. Com P. K. Anokhin, ele foi o ciberneticista fisiológico pioneiro da Rússia e em 1935, treze anos antes da publicação (em 1948) da *Cybernetics* de N. Wiener, estava interessado no funcionamento dos sistemas auto-reguladores e acentuava o papel crucial da "realimentação" para o controle dos movimentos voluntários do homem. Um "círculo reflexo" (ou "anel"), não um arco reflexo, representa o modelo apropriado da unidade fundamental da atividade humana. Bernstein (1967, pp. 115-116) fala no "controle circular" dos movimentos humanos.

O ponto de vista de Bernstein quanto à organização do comportamento dirigido para uma meta abrange os conceitos do valor real (atual) de um parâmetro situacional *Iw* (*Ist-wert,* em alemão), o valor necessário (futuro) do parâmetro *Sw (Soll-wert)* e a discrepância $\triangle w = Iw - Sw$. Assim, ao pegar um objeto visto em cima de uma mesa, a posição real da mão num determinado momento corresponde a *Iw,* e a distância decrescente entre o objeto e a mão corresponde a $\triangle w$.

Reação de Orientação. A "reação de orientação" (ou reflexo investigatório, "que é isso?") é outro fenômeno no qual os fisiologistas e psicólogos têm interesse. O fenômeno foi descrito por Pavlov em 1910 e, com maiores detalhes, em 1922, mas os psicólogos só passaram a dedicar-se a pesquisas no que concerne a reações de orientação nos últimos vinte anos. O material de que dispomos em tradução inglesa informa o leitor a respeito da situação do campo em fins da década de 1950. O volume organizado por L. G. Voronin *et al.* (1965) constitui as atas de uma conferência realizada em fevereiro de 1957.

A reação de orientação é um fenômeno de significância biológica e psicológica. Primeiro, existe uma ligação entre o reflexo de orientação, como uma reação generalizada não-específica, e a incitação, como uma função do sistema ativador reticular. Segundo, a reação de orientação interage, de maneiras complexas, com outras atividades do organismo. Pode inibir atos em andamento; por outro lado, pode intensificar a atividade dominante do organismo, tal como um reflexo defensivo não-condicionado. Terceiro, olhado de uma perspectiva mais "psicológica", o estudo das reações de orientação abre a possibilidade para investigações empíricas dos processos cognitivos.

A monografia de Sokolov (1963), publicada originalmente em 1958, focaliza o papel dos reflexos condicionados na percepção. Os reflexos de orientação são considerados como reações que provocam aumento da sensibilidade sensorial nos animais durante atividades tais como escutar, cheirar e olhar. Novos estímulos dão origem a vasoconstrição periférica e vasodilatação cefálica. Ambas as reações diminuem de intensidade e finalmente cessam após a repetição de um determinado estímulo. O enfraquecimento de uma reação de orientação *(reatividade diminuída)* está associada com uma elevação dos valores do limiar *(sensibilidade diminuída)*.

A reação de orientação pode ser produzida não somente por um novo estímulo, mas também por uma alteração nesse tal estímulo, tal como uma alteração na intensidade do estímulo, em qualquer direção. Nesse caso a intensidade da reação é proporcional à intensidade da *alteração* na intensidade do estímulo.

As respostas vasomotoras representam apenas um componente da reação de orientação. O reflexo galvânico da pele (a queda da resistência à corrente elétrica que passa pelo corpo), registrada na pele da palma da mão, é outro componente do reflexo de orientação que foi estudado por Sokolov (1963, pp. 53-64). Período latente, magnitude e duração da reação foram medidos. A resposta foi semelhante ao componente vascular da reação de orientação, com uma extinção gradual após a apresentação repetida dos estímulos. Além dos componentes autonômicos observados acima, as reações de orientação compreendem componentes somáticos (movimentos do corpo, cabeça, olhos, orelhas), outros autonômicos (respiratórios) e eletroencefalográficos (alterações no ritmo alfa).

A reação de orientação é considerada como um sistema de respostas que promovem, diretamente (através de efeitos na atividade cortical) ou indiretamente (afetando o suprimento de sangue cerebral), condições favoráveis à recepção do estímulo (Sokolov, 1963, p. 285).

Sokolov usa um "modelo neurônico do estímulo" para interpretar fisiologicamente a geração e extinção das reações de orientação. Ele postula que o sistema nervoso armazena as informações concernentes ao estímulo que está sendo apresentado repetidamente (sua intensidade, duração e intervalo interestimular) e compara as previsões dos estímulos futuros com os estímulos realmente presentes. Uma reação de orientação ocorre quando o estímulo apresentado num determinado tempo difere do "modelo neurônico" do estímulo.

O modelo neurônico do estímulo de Sokolov é intimamente relacionado com o conceito do "aceitador de ação" de P. K. Anokhin.

TENDÊNCIA. No Sul, na distante Tbilise, na Geórgia, D. N. Uznadze (1886-1950) e seus colaboradores empenharam-se por muitos anos nas investigações experimentais da "tendência" (*Einstellung*, em alemão; *ustanovka*, em russo). Duas das monografias de Uznadze foram traduzidas para o inglês e publicadas num livro intitulado *The psychology of set* (Uznadze, 1966).

Em contraste com o ponto de vista russo predominante, para Uznadze a mente humana não é idêntica à consciência. Abrange, de maneira importante, os fatores não-conscientes a que ele chama de "tendências". As tendências são definidas como estados do organismo, ativados pelas necessidades do organismo, que dão direção à atividade do organismo em situações ambientais específicas. Geralmente, ele (o homem) não está cônscio dessas tendências. Mas isso não as impede de ser as forças ativas que controlam sua atividade (Uznadze, 1966. p. 243).

O conceito de tendência tem implicações importantes para todas as formas de comportamento, desde a percepção, passando pelo funcionamento da personalidade normal, até o comportamento anormal.

Pensamento e Linguagem. A monografia de L. S. Vygotskii (1896-1934) foi publicada originalmente, em russo, em 1934. Foi considerada bastante importante para merecer uma tradução para o inglês quase trinta anos depois de ter sido escrita (Vygotsky, 1962). Em certo sentido, pode ser considerada como uma contribuição antecipada para os psicolingüistas e, especificamente, para o setor da psicolingüística que trata das inter-relações entre a atividade intelectiva e verbal. Mas o trabalho de Vygotskii tem implicações mais amplas para a Psicologia. Na fotmulação do autor (1962, p. 1953):

> O pensamento e a linguagem, que refletem a realidade de um modo diferente do da percepção, são a chave da natureza da consciência humana. As palavras desempenham um papel central não somente no desenvolvimento do pensamento, mas também no crescimento histórico da consciência como um todo. Uma palavra é um microcosmo da consciência humana.

Assim como o trabalho físico é realizado por meio de ferramentas, as atividades mentais compreendem o uso de símbolos, símbolos primacialmente verbais (palavras). No desenvolvimento mental da criança, um papel crucial é desempenhado pela interiorização do comportamento manifesto e, em particular, do diálogo externo transformado em fala interna e pensamento.

Regulação do Comportamento Humano. A. R. Luria, dos psicólogos russos contemporâneos, o mais conhecido no Ocidente, era muito ligado a Vygotskii, com quem partilha de muitos interesses, inclusive o interesse pela fala (cf. Luria, 1960b, p. 142).

Em seu estudo do desenvolvimento da ação voluntária nas crianças, Luria (1960a) toma como ponto de partida a teoria de Vygotskii de que a fala — primeiro externa, mais tarde interna — é o principal mecanismo do comportamento voluntário.

Um dos primeiros livros de Luria publicados em inglês depois da guerra é o relatório de um estudo sobre o desenvolvimento da fala num par de gêmeos idênticos, empreendido em cooperação com F. Ia. Yudovich (Luria & Yudovich, 1959). Tendo posto os gêmeos em grupos separados, paralelos, num jardim da infância, os autores observaram as modificações, desde uma fala primitiva, "simprática", intimamente ligada a atividades específicas, até a fala usada pelos gêmeos para comunicação com os outros e para formular os objetivos de suas próprias atividades.

No decorrer do desenvolvimento da criança, a função regulatória da fala é executada cada vez menos pelas palavras como impulsos diretos para a ação e cada vez mais pelas palavras como portadoras de significado (Luria, 1961). Verifica-se na criança uma mudança simultânea, por volta da idade de cinco anos, da fala externa para a interna. Nessa etapa de desenvolvimento, afirma Luria, a fala interna passa a constituir o componente essencial tanto do pensamento quanto do comportamento voluntário.

Retardação Mental. O papel da fala no controle do comportamento é também um dos tópicos explorados num volume organizado por Luria (1963a) e que trata dos vários aspectos do funcionamento das crianças mentalmente retardadas, tais como atividade elétrica do cérebro, reflexos de orientação, formação dos reflexos condicionados e associações verbais. O livro se inicia com um capítulo revelador, intitulado "O problema da retardação mental e seu estudo". Rejeitando o conceito de hereditariedade das habilidades mentais, os soviéticos reputam *todos* os casos de retardação mental como uma conseqüência de séria doença cerebral durante o período intra-uterino ou inicial pós-natal de desenvolvimento (Luria, 1963, p. vii). O leitor também encontrará alguns fragmentos escolhidos de informações errôneas sobre o uso de testes mentais nos "países capitalistas" (Luria, 1963a, pp. 1-3). Os testes mentais constituem uma área em que o conflito ideológico continua a criar entraves para a compreensão e a possibilidade de um diálogo ponderado.

Cérebro e Comportamento. Muitos dos livros de Luria são resultado de suas investigações sobre o impacto das lesões cerebrais nas funções mentais. Representam contribuições importantes tanto para a psicologia aplicada quanto para a interpretação teórica da relação entre o cérebro e a mente.

Os pontos de vista de Luria diferem dos conceitos da "morfopsicologia" tradicional, quer postulem a localização rígida das funções mentais complexas nos "centros" específicos, quer considerem as atividades mentais como produtos do cérebro operando como um todo. De acordo com Luria, as atividades complexas (tais como a locomoção ou a escrita) são executadas por um grupo de unidades estruturais integradas, centrais e periféricas (1966a, p. 468):

> Adotamos como ponto de partida a idéia de uma localização dinâmica, orgânica, das funções, originalmente proposta por Pavlov e subseqüentemente desenvolvida e aplicada às funções mentais superiores do homem por Vygotskii. Consideramos os processos corticais superiores como sistemas complexos, dinamicamente localizados, funcionais.

Outro livro de Luria, publicado em russo em 1948 (Luria, 1963b), ocupa-se da recuperação depois de uma avaria localizada no cérebro. O material em que se baseia o livro foi coletado durante e após a II Guerra Mundial. O fato básico é que, embora as células danificadas do cérebro não se regenerem, há uma restauração parcial da função cerebral entravada. As funções especificamente consideradas por Luria compreendem: movimentos, percepção visual, fala, pensamento e motivação.

Luria diferencia três tipos de mecanismos para a restauração da função cerebral: 1) restauração das funções temporariamente inibidas (desinibição espontânea, restauração da transmissão sináptica por meios farmacológicos, desinibição por uma mudança da orientação mental); 2) substituição do hemisfério oposto; e 3) formação de novas ligações funcionais compensatórias entre áreas diferentes do córtex. Desse modo, é criado um novo "sistema funcional" que abrange áreas do cérebro que não participavam anteriormente de uma determinada atividade (tal como a multiplicação de números), entravada por lesões cerebrais focais. O entrave de tais atividades complexas como escrever, ler, memorizar ou orientar-se espacialmente pode ser compensado pela introdução de processos auxiliares visuais, acústicos ou cinestéticos.

As duas grandes obras de Luria (1966a, 1966b) tratam de uma variedade de tópicos na área da neuropsicologia, que significa, na opinião de Luria, principalmente o estudo de perturbações do comportamento em presença de lesões cerebrais, quer sejam devidas a ferimentos por bala, quer a tumores.

O primeiro volume (Luria, 1966a) é uma coletânea de dez ensaios, a maioria dos quais foi revista em 1962, escritos durante um período de uns trinta anos. Conseqüências de lesões das partes anteriores do cérebro humano representam o tema dominante. Nos capítulos iniciais o autor discute o problema mais geral da organização funcional do cérebro humano.

O segundo volume (Luria, 1966b) é semelhante em organização e conteúdo, com a primeira parte ocupando-se do problema da localização das funções mentais, e a segunda parte tratando das perturbações das "funções corticais superiores" em presença de lesões cerebrais focais. A terceira parte é nova e descreve uma variedade de métodos usados pelos psicólogos clínicos soviéticos. Desde que nas publicações periódicas soviéticas a descrição de métodos é freqüentemente superficial, esse relato detalhado constitui uma grata fonte de informações.

Devido à importância do ponto de vista de Luria sobre o cérebro e o comportamento — uma das questões básicas da psicologia fisiológica — encerraremos esta seção citando-o diretamente (1966a, p. xvii):

> Os processos mentais humanos devem ser compreendidos como sistemas funcionais complexos, tendo uma origem social-histórica... Esses processos ocorrem em conseqüência da atividade combinada de diversas zonas corticais, cada uma das quais desempenha seu próprio papel específico e fornece um fator essencial para o funcionamento normal do sistema como um todo. Uma lesão cerebral local, causando diretamente a perda de um dos fatores envolvidos na construção dos processos mentais, leva assim a uma perturbação secundária do sistema funcional como um todo; entretanto, toda perturbação tem o seu próprio caráter individual, dependendo de qual ligação do sistema funcional é afetada por cada lesão cerebral local em particular.

UMA OLHADA NO FUTURO

Em nossa tentativa de "dar uma olhada por perto", não poderíamos pedir um guia mais autorizado do que A. N. Leont'ev, diretor da Faculdade de Psicologia da Universidade de Moscou (Leont'ev, 1968).

Leont'ev frisa que, no passado, grande parte da pesquisa psicológica soviética estava associada a problemas de educação — a instrução e educação das crianças. Há necessidade de alargar o âmbito da pesquisa nessa área, preso no passado muito unilateralmente a métodos de ensinar matérias escolares específicas. A psicologia educacional precisa de uma atmosfera que conduza à exploração de idéias *psicológicas* das quais possam surgir autênticas inovações na "tecnologia educacional" — tal como a instrução programada.

Em vista dos avanços rápidos e continuados em ciência e tecnologia, é essencial não somente transmitir aos estudantes o conhecimento e habilidades de uso corrente, mas também criar neles a capacidade de assinalar os novos avanços. Isto exige um reexame fundamental dos processos de aprendizagem. Primeiro e antes de tudo, o problema deve ser considerado, na opinião de Leont'ev, como um problema de Psicologia, e não primordialmente ou exclusivamente como um problema pedagógico.

Atenção sistemática deve ser dada aos aspectos psicológicos da aceleração do desenvolvimento da criança, inclusive o impacto das mudanças da fonte de informações transmitidas à criança (contato direto com outras pessoas *versus* fala transmitida pelo rádio), o aumento marcante do volume de informações que entram no cérebro da criança, por intermédio dos meios de comunicação de massa, e as modificações nos aspectos tecnológicos do ambiente da criança.

Nos últimos anos, o âmbito geral da Psicologia soviética alargou-se substancialmente, inclusive a psicologia organizacional, a psicologia médica, a pesquisa no que concerne à personalidade e a psicologia social. Essas são as áreas em que se espera que ocorra importante crescimento da psicologia soviética no futuro previsível.

De certa maneira, todos esses campos podem ser considerados como áreas de "pesquisas limítrofe" em que a Psicologia se defronta com dados, sistemas conceptuais e terminologia de outras ciências — biológicas, sociais e tecnológicas. Os trabalhos psicológicos soviéticos estão começando a se mostrar repletos de termos neurofisiológicos, tecnológicos e cibernéticos, como também de fórmulas matemáticas.

Um dos problemas que requerem reconsideração diz respeito às relações entre a Psicologia e a Neurofisiologia. Tal reconsideração deve ir além das discussões gerais sobre a reduzibilidade ou a impossibilidade de reduzir o mental ao fisiológico. Leont'ev está impressionado com o fato de que tais processos como percepção e memória representam fenômenos multinivelares. Esses processos sensoriais subliminares não podem ser legitimamente reputados como "puramente fisiológicos", já que em certas situações podem afetar (regular) a atividade humana complexa. A pesquisa no que concerne à memória está sendo realizada em níveis que variam do molecular e celular ao do organismo humano intacto. Esse ponto de vista revela a falta de validade da concepção do fisiológico e do mental como dois "reinos" (ou entidades) separados. Leont'ev considera como tarefa de primordial importância a criação de uma "síntese vertical" das diferentes camadas horizontais, isto é, o esclarecimento das relações entre os processos que ocorrem nos diferentes níveis dos fenômenos multinivelares e as investigações das transições internivelares.

O estudo dos sistemas multinivelares compreendidos no comportamento facilita a aproximação entre a conceptualização da função dos organismos e as máquinas adaptativas (cibernéticas), e aumenta nosso domínio intelectual e tecnológico sobre os sistemas homem-máquina.

A automação firmemente progressista das operações industriais tem mudado o foco do estudo dos fatores humanos do interesse psicológico por movimentos e pelo ambiente de trabalho físico para o nível mais "psicológico" da percepção, memória e pensamento. A Psicologia vê-se diante da tarefa de descrever as operações mentais em termos que permitem sua modelagem e sua transferência para máquinas (e uma ligação mais eficaz entre o homem e a máquina).

Nos últimos dez anos, a psicologia organizacional e a "biônica psicológica" experimentaram rápido desenvolvimento na U.R.S.S. e constituem, no momento, uma ramificação importante da psicologia soviética. Além do mais, esses campos exercem um efeito profundo no desenvolvimento da psicologia soviética em geral, interatuando intimamente com outros setores da Psicologia, especialmente a psicologia experimental geral.

A aplicação da psicologia social no cenário industrial está em seu começo. Leont'ev cita problemas de motivação dos trabalhadores e de relações interpessoais na indústria como tópicos que requerem pesquisa. Ele se refere também ao problema de alienação dos trabalhadores.

As diferenças políticas e econômicas entre a União Soviética e o "Ocidente capitalista" emprestam interesse e importância em potencial à pesquisa no campo da psicologia social industrial. Por outro lado, isso é uma área sensível, e está para ser demonstrado se uma pesquisa significativa, objetiva, nessa área é, de fato, possível na U.R.S.S. Desejamos esclarecer que essa observação é nossa, e não de Leont'ev.

A situação da psicologia social em geral é designada por Leont'ev como "complicada". No passado, a psicologia social era quase totalmente menosprezada na U.R.S.S. como um ramo especial da Psicologia. Uma das raízes desse menosprezo era o horror dos ideólogos a que o interesse pela psicologia social pudesse levar a uma tendência para "psicologizar os fenômenos sociais", para "implantar concepções subjetivistas na Sociologia". Isso, também, é interpretação nossa e não de Leont'ev.

Leont'ev acha que existe um autêntico complexo de problemas sociopsicológicos (como, por exemplo, a criação do "senso de comunidade") que podem ser devidamente estabelecidos como temas da psicologia social. Ao mesmo tempo ele admite que um programa adequadamente formulado para a pesquisa sociopsicológico ainda não existe na União Soviética.

O campo denominado, no Ocidente, *psicologia clínica* não tem um homólogo verdadeiro na União Soviética. B. V. Zeigarnik designa o estudo psicológico dos pacientes com desarranjos neuropsiquiátricos como *patopsicologia.* Uma ramificação desse campo que merece grande atenção na União Soviética diz respeito ao impacto psicológico das avarias do cérebro focal e à restauração da função mental entravada em conseqüência de tais avarias. A. R. Luria chama esse setor de *neuropsicologia.* O conceito de *psicologia médica* é mais amplo e menos claramente definido. Abrange a psicoterapia (que não era cultivada sistemática, intensiva ou imaginativamente pelos psiquiatras soviéticos e parece estar "fora dos limites" dos psicólogos) e tais problemas como a reação psicológica dos pacientes às ações de um médico. De maior importância para a Psicologia é o fato de que, nesse contexto, os psicólogos se vêem frente a frente com problemas de personalidade. Deve ser claro, afirma Leont'ev (1968, p. 114) com franqueza revigorante, que os psicólogos soviéticos

> ... não podem evitar tais questões como o problema de sentimentos de conflito, trauma emocional, o papel do inconsciente e a compensação mental — isto é, precisamente as questões que nos anos passados eram ignoradas na U.R.S.S., não somente na patopsicologia e psicologia geral, mas também na psicologia infantil.

REFERÊNCIAS

Academia de Ciências da U.R.S.S. *Social sciences in the URSS*. Nova Iorque: Basic Books, 1965.

Anônimo. *Fundamentals of Marxism-Leninism*. Moscou: Editora em Línguas Estrangeiras, 1961.

Beritashvili, I. S. The characteristics and origin of voluntary movements in higher vertebrates. Em G. Moruzzi, A. Fessard & H. H. Jasper (Orgs.), *Brain mechanisme*. Amesterdã: Elsevier, 1963. Pp. 340-348.

Beritashvili (Beritov), I. S. Central inhibition according to I. M. Sechenov's experiments and concepts and its modern interpretation. Em E. A. Asratyan (Org.), *Brain reflexes*. Amesterdã: Elsevier, 1968. Pp. 21-31 (a)

Beritashvili, I. S. A modern interpretation of the mechanisms of I. M. Sechenov's psychical reflex medium member. Em E. A. Asratyan (Org.), *Brain reflexes*. Amesterdã: Elsevier, 1968. Pp. 252-264. (b)

Beritoff (Beritashvili), J. S. *Neural mechanisms of higher vertebrate behavior*. (Trad. * da ed. russa de 1961 e org. por W. T. Liberson) Boston: Little, Brown, 1965.

Beritov, I. S. *Struktura i funktsiya kory bol'shogo mozga* (*Estrutura e função do córtex cerebral*). Moscou: Mauka, 1969.

Bernstein, N. *The coordination and regulation of movements*. (Trad. do russo e alemão.) Nova Iorque: Macmillan, 1967.

Blakely, T. J. *Soviet scholasticism*. Dordrecht, Holanda: D. Reidel, 1961.

Brožek, J. Recent developments in Soviet psychology. *Annual Review of Psychology*, 1964, *15*, 493-594.

Brožek, J. Spectrum of Soviet psychology: 1968 model. *American Psychologist*, 1969, *24*, 944-946.

Brožek, J., & Hoskovec, J. Current Soviet psychology: A systematic review. *Soviet Psychology and Psychiatry*, 1966, *4* (3-4), 16-44.

Bykov, K. M. *The cerebral cortex and the internal organs*. (Trad. por W. H. Gantt) Nova Iorque: Chemical Publishing, 1957.

Bykov, K. M. *The cerebral cortex and the internal organs*. (Trad. da (3.ª ed.) russa de 1954 org. por R. Hodes) Moscou: Editora em Línguas Estrangeiras, 1959.

Bykov, K. M., & Kurtsin, I. T. *The corticovisceral theory of the pathogenesis of peptic ulcer*. (Trad. por S. A. Corson) Oxford: Pergamon Press, 1966.

Chernigovskiy, V. N. *Interoceptors*. (Trad. da ed. russa de 1960 org. por G. Onischenko; org. por D. B. Lindsley) Washington: American Psychological Association, 1967.

Cole, M., & Maltzman, I. (Orgs.) *A handbook of contemporary Soviet psychology*. Nova Iorque: Basic Books, 1969.

Gray, J. A. (Org. & Trad.) *Pavlov's typology*. (Introd. de H. J. Eysenck) Oxford: Pergamon Press, 1964.

Koshtoyants, Kh. S. *Essays on the history of physiology in Russia*. (Trad. da ed. russa de 1946 org. por D. P. Boder, K. Hanes & N. O'Brien). Washington: American Psychological Association, 1964.

Krushinskii, L. V. *Animal behavior: Its normal and abnormal development* (Trad. por B. Haigh da ed. russa de 1960) Nova Iorque: Consultants Bureau, 1962.

Leont'ev, A. Psilhologiya (Psicologia). Em *Filosofskaya entsiklopediya* (*Enciclopédia filosófica*). Moscou: Sovetskaya Entsiklopediya, 1967. Pp. 420-422.

* Traduções feitas para o inglês. (N. do T.)

Leont'ev, A. N. Some prospective problems of Soviet psychology. *Soviet Psychology*, 1968, *6* (3-4), 112-125.

Luria, A. R. Experimental analysis of the development of voluntary action in children. Por H. P. David & J. C. Brengelmann (Orgs.), *Perspectives in personality research*. Nova Iorque: Springer, 1960. Pp. 139-149. (a)

Luria, A. R. *The nature of human conflicts.* (Trad. por W. H. Gantt.) Nova Iorque: Grove Press, 1960. (1.ª ed. 1932). (b)

Luria, A. R. *The role of speech in the regulation of normal and abnormal behavior.* (Org. por J. Tizard) Nova Iorque: Pergamon Press, 1961.

Luria, A. R. (Org.) *The mentally retarded child.* (Trad. por W. P. Robinson da ed. russa de 1960. Trad. inglesa org. por B. Korman) Nova Iorque: Macmillan, 1963. (a)

Luria, A. R. *Restoration of function after brain injury.* (Trad. da ed. russa de 1948 por B. Haigh) Nova Iorque: Macmillan, 1963. (b)

Luria, A. R. *Higher cortical functions in man.* (Trad. da ed. russa de 1962 org. por B. Haigh) Nova Iorque: Basic Books and Consultants Bureau, 1966. (a)

Luria, A. R. *Human brain and psychological processes.* (Trad. da ed. russa de 1963 org. por B. Haigh) Nova Iorque: Harper & Row, 1966. (b)

Luria, A. R. *The mind of mnemonist.* (Trad. da ed. russa de 1968 org. por L. Solotaroff) Nova Iorque: Basic Books, 1968.

Luria, A. R., & Yudovich, F. Ia. *Speech and development processes in the child: An experimental investigation.* (Trad. da ed. russa de 1956 org. por O. Kovacs & J. Simon; introd. de O. Zangwill) Londres: Staples Press, 1969.

Nebylitsyn, V. D. (Org.) *Problemy differentsial'noi psikhofiziologii (Psicologia diferencial).* Moscou: Prosveshchenie, 1969.

Payne, T. R. *S. L. Rubineštejn and the philosophical foundations of Soviet psychology.* Dordrecht, Holanda: D. Reidel e Nova Iorque: Humanities Press, 1968.

Rosenblith, W. A. Postscript. Em I. M. Sechenov, *Reflexes of the brain.* Cambridge, Mass.: M.I.T. Press, 1965. Pp. 143-145.

Rubinshtein, S. L. I. P. Teoria de Pavlov e alguns problemas de reconstrução da Psicologia. (Em russo) *Voprosy filosofii*, 1952, *5*, 197-210.

Sechenov, I. M. *Autobiographical notes.* (Trad. de um texto terminado por volta de 1904, por K. Hanes) Washington: American Psychological Association, 1965. (a)

Sechenov. I. M. *Reflexes of the brain.* (Transcrito de uma trad. de 1961 de S. Belsky, impressa em Moscou, de um trabalho inicialmente publicado em russo em 1863.) Cambridge, Mass.: M.I.T. Press, 1965. (b)

Sokolov, Ye. N. *Perception and the conditioned reflex.* (Trad. da ed. russa de 1958 org. por S. W. Waydenfeld) Nova Iorque: Macmillan, 1963.

Teplov, B. M. Problems in the study of general types of higher nervous activity in man and animals. Em J. A. Gray (Org.), *Pavlov's typology.* Oxford: Pergamon Press, 1964. Pp. 3-153.

Utkin, I. A. (Org.) *Theoretical and practical problems of medicine and biology in experiments on monkeys.* (Trad. por R. Schachter) Nova Iorque: Pergamon Press, 1960.

Uznadze, D. N. *The psychology of set.* (Trad. por B. Haigh) Nova Iorque: Consultants Bureau, 1966.

Voronin, L. G., *et al.* (Org.) *Orienting reflex and exploratory behavior.* (Trad. da ed. russa de 1958 org. por B. Shmelev & K. Hanes) Washington: American Psychological Association, 1965.

Vygotsky, L. S. *Thought and language.* (Introd. de J. S. Bruner. Trad. da ed. russa de 1934 org. por E. Hanfmann & G. Vakar) Cambridge, Mass.: M.I.T. Press, 1962.

Watson, R. I. Psychology: A prescriptive science. *American Psychologist*, 1967, *22*, 435-443.

Wiener, N. *Cybernetics, or Control and communication in the animal and the machine.* Nova Iorque: Wiley, 1948.

Yarbus, A. L. *Eye movements and vision.* (Trad. da ed. russa de 1965 org. por B. Haigh; Trad. inglesa org. por L. A. Riggs) Nova Iorque: Plenum Press, 1967

Zeigarnik, B. V. Über das Behalten von erledigten und unerledigten Handlungen. *Psychologische Forschung*, 1927, *9*, 1-85.

Zeigarnik, B. V. *The pathology of thinking.* (Trad. da ed. russa de 1962 org. por Haigh) Nova Iorque: Consultants Bureau, 1965.

Outras Leituras

Anokhin, P. K. Ivan P. Pavlov and psychology. Em B. B. Wolman (Org.), *Historical roots of contemporary psychology.* Nova Iorque: Harper & Row, 1968. Pp. 131-159.

Bowden, D. Primate behavioral research in the USSR: the Sukhumi medicobiological station. *Folia Primatologica*, 1966, *4*, 346-360.

Brožek, J. (Org.), Selected aspects of contemporary psychology in the USSR: A symposium. *Medical Reports* (Fordham University Institute for Contemporary Russian Studies). 1964, *6* (1), 1-21.

Brožek, J. Contemporary Soviet psychology. *Transactions of the New York Academy of Science*, Ser. II, 1965, *27*, 422-438.

Brožek, J., & Herz, A. P. Recent Russian books in psychology. *Contemporary Psychology*, 1971, *16*, 726-729.

Brožek, J., & Slobin, D. I. (Orgs.) *Psychology in the USSR: An historical perspective.* White Plains, Nova Iorque: International Arts and Sciences Press, 1972.

Leont'ev, A. N., & Luria, A. A. The psychological ideas of L. S. Vygotskii. Em B. B. Wolman (Org.), *Historical roots of contemporary psychology.* Nova Iorque: Harper & Row, 1968. Pp. 338-367.

Leont'ev, A., Luria, A., & Smirnov, A. (Orgs.) *Psychological research in the URRS.* Vol. 1. Moscou: Editores Progresso, 1966.

Misiak, H., & Sexton, V. S. Psychology in the Soviet Union. Em *History of psychology: An overview.* Nova Iorque: Grune & St.atton, 1966. Pp. 258-280.

Molino, J. A. Is there a new Soviet psychology? Em A. Smirenko (Org.), *Social thought in the Soviet Union.* Chicago. Quadrangle Books, 1969. Pp. 300-327.

O'Connor, N. Report on Soviet science: Psychology. 2. Trends past and present. *Survey* (Londres), 1964, N.º 52, 125-134.

O'Connor, N. (Org.) *Present-day Russian psychology: A Symposium by seven authors.* Oxford: Pergamon Press, 1966.

Pick, H. L., Jr. Perception in Soviet psychology. *Psychological Bulletin*, 1964, *62*, 21-35.

Razran, G. Russian physiologists' psychology and American experimental psychology: A historical and systematic collation and a look into the future. *Psychological Bulletin*, 1965, *63*, 42-64.

Razran, G. *Mind in evolution: An East-West synthesis of learned behavior and cognition.* Boston: Houghton Mifflin, 1971.

Slobin, D. I. (Org.) Handbook of Soviet psychology. Edição especial de *Soviet Psychology and Psychiatry*, 1966, *4* (3-4), 1-146.

Slobin, D. I. (Org.) Special issue on Soviet psycholinguistics. *Soviet Psychology.* 1969, *7* (3), 1-56.

Woodworth, R. S., & Sheehan, M. H. Soviet psychology as a "school". Em *Contemporary schools of psychology.* Nova Iorque: Ronald Press, 1964. Pp. 90-110.

Yaroshevskii, M. G. I. M. Sechenov: The founder of objective psychology. Em B. B. Wolman (Org.), *Historical roots of contemporary psychology.* Nova Iorque: Harper & Row, 1968. Pp. 77-110.

Zangwill, O. I. Report on Soviet science: Psychology. 1. Current approaches. *Survey* (Londres), 1964, N.º 52, 119-125.

APÊNDICE C

PSICOLOGIA ORIENTAL *

Shinkuro Iwahara,
Universidade de Educação de Tóquio,
Tóquio, Japão

A Psicologia no Oriente é pouco conhecida do Ocidente (Europa e América) principalmente devido à barreira lingüística. Contudo, o problema lingüístico é unilateral; o cientista asiático provavelmente conhece inglês, alemão e francês, mas o cientista do Ocidente muito provavelmente não está familiarizado com as línguas asiáticas. Índia, Paquistão e Ceilão são exceções, já que sua produção científica é, em sua maior parte, escrita em inglês.

De acordo com o *International Directory of Psychologists* (1966), cerca de 17% de todos os psicólogos do mundo, excluindo-se os dos Estados Unidos, China continental e alguns outros países, são das nações asiáticas; desses, 67% são japoneses e 12% são indianos.

A PSICOLOGIA CLÁSSICA NA ÍNDIA E NA CHINA

A antiga literatura hindu e budista contém várias alusões sistemáticas à natureza e experiência humana. Uma abundância de informações psicológicas está contida nos mais antigos *Rig-Vedas* e especialmente nos Upanichades, que foram compostos por volta do ano 800

* "O autor muito deve ao Dr. Koji Sato, diretor do periódico *Psychologia: An International Journal of Psychology in the Orient,* por suas valiosas críticas e sugestões, e também ao Dr. D. L. Jayasuriya, da Universidade de Ceilão, por suas informações detalhadas sobre a psicologia indiana, paquistanesa e cingalesa.

antes de Cristo, "depois do período dos exuberantes hinos védicos, quando a vida se tornou estabilizada na península indiana e quando uma casta guerreira se entregou cada vez mais à contemplação e ao cultivo da vida interior" (Murphy & Murphy, 1968, p. 51).

De acordo com um dos Upanichades (literalmente, "ensino secreto"), distinguem-se quatro estados dos processos mentais: sono, sonho, o estado desperto e o superconsciente (Akhilananda, 1953). Os dois primeiros estados, que pertencem ao subconsciente, são considerados pelos filósofos hindus como sendo aspectos importantes da experiência humana. Isso está em contraste com alguns dos sistemas psicológicos ocidentais clássicos, tais como o associacionismo inglês, o estruturalismo wundtiano e a psicologia do ato, de Brentano. Embora esses sistemas ocidentais sejam consideravelmente diferentes uns dos outros, todos eles tratam dos aspectos intelectuais e cognitivos da experiência humana como o tema principal da Psicologia. Além disso, é interessante frisar que os estudiosos hindus distinguiam sono de sonho, já que os neurofisiologistas recentes geralmente apóiam a dupla teoria do sono: sono "lento" clássico e sono "paradoxal" com sonho (Thompson, 1967).

O psicólogo hindu, tal como o psicanalista, empresta importância especial ao subconsciente *(samskara)* porque se acredita ser uma integração de experiências passadas, impressões e tendências do indivíduo. Contudo, ao contrário da psicanálise, a psicologia hindu não pressupõe os anseios do sexo e da morte como instintos humanos básicos; o anseio básico é, de acordo com a teoria hindu, dirigido para a felicidade eterna ou a libertação completa da servidão. Note-se sua semelhança com a teoria rogeriana que postula um impulso para o crescimento, saúde e ajustamento do indivíduo.

O superconsciente *(samadhi)* não tem correlativo exato na cultura ocidental. É uma experiência de iluminação espiritual em que o indivíduo não está consciente nem subconsciente, sendo bem diferente de alucinação ou estados patológicos, já que em tais estados não se pode atingir uma introvisão espiritual. É uma experiência mística apenas no sentido de que não é intelectual, mas uma experiência total da mente e do corpo ou uma integração holística entre a individualidade e o mundo. O estudo da superconsciência não é anticientífico. Pode ser experimentado por qualquer pessoa normal. Não importa que ela seja hindu, budista, cristã ou ateísta.

Os pensadores hindus e budistas não somente realizaram uma análise detalhada de nossa vida interior, mas também mostraram uma série de métodos para se alcançar a introvisão espiritual ou *samadhi*, entre os quais a ioga (literalmente, *união*) e o Zen (palavra japonesa, derivada de *dhyana,* que significa *meditação,* em sânscrito) são bem conhecidos. A ioga e o Zen parecem bem diferentes, mas seus princípios fundamentais são semelhantes. O Zen é às vezes explicado como uma mistura de racionalismo indiano, realismo chinês e sentimentos japoneses. Além da ioga e do Zen, um método birmanês de atingir a meditação, fundado no Satipatana sutra, é atualmente praticado na Birmânia, Tailândia e Ceilão (Dumoulin, 1962; Pe, 1966).

Na China antiga, acreditava-se que o universo consiste no céu, na terra e no homem, onde o céu e a terra obedecem à lei natural, enquanto o homem observa a lei moral. De acordo com Confúcio (551-479 a.C.), a moralidade se baseia nas três faculdades da sabedoria, benevolência e valor (bravura). Posteriormente, Mêncio (cerca de 372-289 a.C.) dividiu a moralidade em cinco elementos: benevolência, retidão, propriedade, sabedoria e sinceridade.

Tal como Aristóteles, os chineses antigos acreditavam que a mente se encontra no centro (coração) do corpo. Além da mente e do corpo, Mêncio admitiu o *chi'i,* que corresponde aproximadamente à energia espiritual ou pneuma da psicologia ocidental clássica. O corpo está cheio de *chi'i,* que é controlado pela mente. Sábios posteriores argumentaram que *li* e *chi'i* perfazem a personalidade; *li* é inato e idêntico em todos os seres humanos, enquanto *chi'i* pode ser modificado pela aprendizagem e pelo ambiente e assim é a principal causa das diferenças e temperamento individuais.

Os traços de personalidade foram sistematicamente investigados por Liu-shao por volta do ano 220. Sua teoria se baseava na então corrente doutrina dos cinco elementos (madeira, fogo, terra, metal e água) e admitia que o corpo, o temperamento, o dever e a moralidade têm, cada um de per si, cinco características diferentes que correspondem aos cinco elementos e que, quando todos esses cinco se misturam em proporção adequada, alcança-se uma personalidade ideal (Kuroda, 1948). A tipologia chinesa possui uma semelhança notável com a teoria do temperamento, de Hipócrates.

ZEN BUDISMO E PSICOLOGIA

Entre várias doutrinas filosóficas orientais, o Zen Budismo é provavelmente a mais conhecida no Ocidente. Foi inicialmente introduzida no Ocidente pelo Dr. Y. Motora, da Universidade de Tóquio. Ele apresentou um trabalho intitulado "O conceito da individualidade na filosofia oriental", no Sétimo Congresso de Psicologia em Roma, em 1905, no qual criticou o associacionismo inglês, tachando-o de mecânico e destituído de uma individualidade ativa. A natureza essencial da mente, de acordo com ele, é uma potencialidade psíquica dinâmica na qual a dicotomia sujeito-objeto se funde — *tathata,* na teoria Zen (Motora, 1905).

Otsuka (1960) usa a definição de Kuroda (1931) de que a Psicologia é a ciência da consciência e compreensão *(kaku).* Nossa experiência habitual é que os atos volicionais finalmente se automatizam com a prática e se tornam inconscientes ou semiconscientes, a menos que se lhes preste atenção especial. Esse estado mental é um exemplo de compreensão. Outra ilustração dela é o "estalo", palpite, ou *kan,* que se refere à experiência ocasional que conhecemos, mas não pudemos esclarecer. Embora a compreensão seja um estado mental simples, pré-analítico, ele evidentemente dirige nosso comportamento e desempenha um papel importante em nossa vida. A forma mais pura de compreensão, de acordo com Kuroda, é a iluminação Zen. Kuroda empreendeu uma série de experimentos sobre a natureza exata da compreensão. Ponto de vista semelhante foi adotado por Chiba (1960).

A terapia Morita, criada pelo psiquiatra japonês Dr. S. Morita, é uma psicoterapia única no modo de pensar Zen (Kora & Sato, 1958). De acordo com a terapia Morita, a neurastenia (ou *nervose,* em sua própria terminologia) é atribuída a uma disposição hipocondríaca e um mecanismo de interação psíquica. O indivíduo hipocondríaco é ultraconsciente de si mesmo e acha que é invulgar ou desajustado; conseqüentemente, concentra a atenção em sua condição física, especialmente em suas sensações, e assim suas sensações se tornam mais aguçadas e, por sua vez, atraem sua atenção. Sua interação entre sensação e atenção exagera a tendência hipocondríaca e consome um bocado de energia mental com conseqüentes perturbações no comportamento.

A fim de destruir esse círculo vicioso, o paciente deve aceitar os sofrimentos e preocupações, tais como são, e deve ficar despreocupado. A terapia Morita começa com um período de repouso absoluto na cama, durante o qual o paciente é proibido de ler, escrever e até de falar com os outros, sendo aconselhado a entregar-se à dinâmica de sua situação atual. Através de um período de trabalho leve para um período de trabalho pesado, o paciente é gradualmente guiado a levar uma vida diária realista. Ao contrário da psicanálise, a terapia Morita não comporta associação ou interpretação livre (Kawai & Kondo, 1960). Outro ponto característico da terapia oriental é a ausência de rotulagem durante o tratamento.

Evidentemente, a terapia Morita está intimamente relacionada com a filosofia Zen, na medida em que ambas enfatizam a situação atual, o "deixar estar", a espontaneidade e não a etiologia, e dirigem a orientação e interpretação (Kora & Sato, 1958). Doi (1962) comparou a terapia Morita com a psicanálise e argumentou que a diferença pode ser atribuída à diferença cultural entre as sociedades japonesa e ocidental, especialmente em termos de suas atitudes para com a dependência.

Apesar de todas essas obras, o Zen só recentemente foi introduzido no Ocidente, principalmente através de publicações inglesas, pelo falecido D. T. Suzuki e pelo Dr. Koji Sato. De acordo com Suzuki (1956), o Zen é "a arte de ver dentro da natureza de um ser e aponta o caminho da servidão para a liberdade... (e) libera todas as energias adequada e naturalmente armazenadas em cada um de nós, que em circunstâncias ordinárias se tolhem e se destorcem, de modo que não encontram passagem para sua atividade" (p. 3). A meta final do Zen é a sensação de iluminação espiritual, ou *satori,* que é uma espécie de transe que tem contato direto com a realidade.

Sato tem escrito uma série de trabalhos introdutórios ao Zen para os leitores ocidentais em *Psychologia: An International Journal of Psychology in the Orient,* periódico do qual é diretor. Um de seus artigos apresenta uma rápida descrição do *zazen,* ou Zen sentado, que é um dos meios mais comuns de se atingir o *satori.* No *zazen,* o indivíduo senta-se diretamente em seu assento com os olhos meio abertos e respira tranqüilamente com todo o seu corpo, às vezes ajustando a respiração contando-a. Depois, aplicando certo esforço ao abdome, ele começa com um grito calmo e gradualmente aumenta o nível da voz, terminando com um berro vigoroso, que resulta numa alta tensão muscular no rosto, ombros e braços. Entrementes, ele é capaz de meditar profundamente sobre si mesmo sem desviar a atenção. A meditação é caracterizada por uma condição de abstração mental, alheamento, ou "tornar-se uno com o mundo". Se a prática surtir efeito, o *satori* ocorrerá um tanto repentinamente com o alívio da tensão. Um dos próprios alunos de Sato descreveu sua própria experiência Zen como se segue (Sato, 1959): "A mente se tornou clara e serena, e senti uma espécie de satisfação, com uma força subindo do fundo do estômago" (p. 112).

De acordo com recentes estudos psicofisiológicos (e. g., Kasamatsu & Hirai, 1966), o *zazen* produz ondas alfa dominantes e contínuas que não são facilmente obstruídas, como no estado desperto normal. O pulso se mantém normal, ou ligeiramente mais rápido, e não ocorre alteração na percepção. As alterações no EEG durante o *zazen* são classificadas em quatro etapas: aparecimento das ondas alfa, aumento da amplitude alfa, diminuição da amplitude alfa e aparecimento da sucessão teta rítmica. Essas etapas presumivelmente se correlacionam com o grau de meditação. Tais alterações no EEG não se verificam durante o transe hipnótico.

A literatura Zen japonesa tem atraído a atenção de alguns cientistas ocidentais, inclusive psicólogos, psicanalistas, psicoterapistas existenciais e semanticistas em geral. Eric Fromm, por exemplo, enumerou diversas semelhanças entre o Zen e a psicanálise. De acordo com ele (1959), a "descrição do objetivo do Zen poderia ser aplicada sem modificação como uma descrição do que a psicanálise aspira atingir" (p. 86), e "o Zen pode ter uma influência mais fértil e esclarecedora sobre a teoria da Psicanálise" (p. 98), ainda que os dois métodos sejam completamente diferentes.

Hora (1959) discutiu a grande afinidade entre o tauísmo, o Zen e a psicoterapia existencial em sua ênfase comum dos aspectos não-teleológicos, não-intelectuais e existenciais assim como da receptividade e "deixar estar". Morris (1951) afirmou que a terapia Zen, embora possa parecer mística, pode ser legitimamente aceita pela semântica geral corrente, e Holmes (1957) acentuou o aspecto transacional do Zen.

O psicoterapeuta francês Hubert Benoit salientou o naturalismo e realismo extremos do Zen em contraste com a concepção idealista do cristianismo. No cristianismo, disse Ando (1965), a idéia básica é o pecado original, ou a diferença absoluta entre o homem e Deus, enquanto na doutrina Zen a individualidade essencial do homem é idêntica na raiz e natureza ao universo.

Recentemente, alguns cientistas americanos declararam ter experimentado o *satori* com o uso de LSD (Rogers, 1964; Van Dusen, 1961). Van Dusen (1961), por exemplo, argumentou que o LSD atua como um novo método de atingir-se a sensação Zen de iluminação repentina. Contudo, Suzuki distingue claramente entre a sensação Zen e a psicodélica, já que a meta do Zen centraliza-se na própria *pessoa* e na situação objetiva que a pessoa *vê* ou *ouve* (Sato, 1967). Mas Sato (1967) declara que o LSD e outras drogas psicotrópicas podem ajudar a desenvolver o processo do treinamento do Zen se forem adequadamente usadas.

Depois de sua ampla análise da literatura psicológica sobre o Zen Budismo, Maupin (1962) concluiu que a sensação Zen é um tipo adaptativo de regressão a serviço do ego e que, embora o verdadeiro *satori* exija anos de treinamento, a meditação Zen ou *zazen* pode ainda ser usada como um método psicoterapêutico único e poderoso que pode ser aplicado nos pacientes inacessíveis a outros tipos de psicoterapia.

INTRODUÇÃO DA PSICOLOGIA CIENTÍFICA OCIDENTAL E ATIVIDADES PSICOLÓGICAS CORRENTES NO ORIENTE

Índia

A Psicologia foi incluída nos cursos filosóficos das universidades indianas desde o seu início, mas só em 1916 foi que o Dr. N. N. Sengupta pôs em atividade o primeiro departamento e laboratório de Psicologia na Universidade de Calcutá (Pareek, 1957). Atualmente, cerca de trinta universidades oferecem cursos normais e de pós-graduação de Psicologia.

De 1950 a 1960, a psicologia educacional, industrial, social e da personalidade parecia atrair a atenção dos especialsitas indianos muito mais do que os outros campos da Psicologia (Krishnan, 1961). De acordo com Jayasuriya (em comunicação pessoal), a tradição psicométrica na Índia tem-se entrosado com os problemas práticos de orientação e seleção, e esse é talvez o aspecto mais forte da psicologia indiana.

Entre mais de uma dúzia de periódicos psicológicos atualmente publicados naquele país, o *Journal of Education and Psychology* (fundado em 1942), o *Journal of Vocacional and Educational Guidance* (fundado em 1954) e o *Indian Journal of Psychology* (fundado em 1926) contêm contribuições valiosas nos vários campos da Psicologia. A análise do conteúdo dos números do *Indian Journal of Psychology* aparecidos entre 1964 e 1966 revela que 87% do total de artigos publicados tratam de problemas educacionais, sociais, industriais ou da personalidade. Um grande número de testes psicométricos e inventários foram originalmente inventados ou adaptados de fontes estrangeiras para as populações indianas. Hundal (1966), por exemplo, padronizou um teste grupal de aptidão mental geral por meio do qual encontrou a organização fatorial invariante das aptidões mentais em níveis de graus diferentes. A aplicação do Inventário de Personalidade Maudsley mostrou algumas diferenças salientes entre vários grupos ocupacionais bem como entre estudantes com diferentes cursos de especialização (Rao, 1966), e Krishnakanth e Prasad (1967) estudaram as diferenças socioeconômicas num teste de raciocínio.

Embora os estudos experimentais tenham aparecido menos freqüentemente nos periódicos indianos de Psicologia, essa área era a mais popular em face do número de trabalhos apresentados no Congresso Indiano de Ciência entre 1925 e 1963; 27% dos trabalhos psicológicos totais eram dedicados a estudos experimentais. Do restante, 14% tratavam de psicologia educacional, 12% de psicologia geral e teoria,

11% de psicologia clínica e dos anormais, 10% de psicometria, 9% de psicologia vocacional e industrial, 6% de psicologia social e 5% de personalidade. Os demais trabalhos ocupavam-se de psicologia criminal, psicologia religiosa e psicologia estética (Joshi, 1965).

O interesse indiano tradicional pela psicologia da profundidade e higiene mental deu origem à Associação Psicanalítica Indiana já em 1922, e seu órgão oficial, *Samiksā*, começou a circular em 1947. O hospital para doentes mentais, em Calcutá, e o Instituto Indiano de Saúde Mental, em Bangalore, têm alguns psicólogos clínicos trabalhando em colaboração com a equipe médica.

A Índia é provavelmente o único país da Ásia que empresta importância especial ao pensamento clássico característico do país. Conhecimento adequado dos sistemas psicológicos tradicionais é recomendado no nível de pós-graduação (Sen, 1958). Por muitas das mesmas razões, tem havido um interesse permanente pelos fenômenos paranormais e psíquicos. Isso é bem exemplificado por um departamento separado de Parapsicologia na Universidade de Rajastão. De acordo com Dhairyan (1961) "... há uma riqueza de conceitos psicológicos clínicos aplicados nas práticas e filosofia iogues que ainda precisam ser exploradas e contribuir para enriquecer a ciência moderna" (p. 159).

Paquistão, Ceilão, Birmânia e Tailândia

Os psicólogos paquistaneses são também orientados para a psicologia educacional, a psicologia social, da personalidade, e outros campos aplicados, como acontece aos psicólogos indianos. A pesquisa psicológica no país é publicada principalmente em *Pakistan Philosophical Journal, Journal of Psychology, Psychology Quarterly* e *Pakistan Journal of Psychology.* A Universidade de Daca e a Universidade de Punjabe têm os laboratórios de Psicologia mais antigos e mais bem organizados, e a Universidade de Carache acaba de iniciar um programa de psicologia de aconselhamento.

Existe uma série de problemas sociopsicológicos complicados no país que precisam da atenção dos cientistas sociais. Zaidi 1964) admitiu que "... a maioria das questões sociais do Paquistão pode ser explicada em termos das condições observadas numa sociedade em transição que está sofrendo uma experiência premente" (p. 19), e então propôs um modelo prevendo uma série de etapas relativas ao ajustamento de um grupo a uma situação premente com frustração e conflito.

Uma tendência psicológica semelhante se observa no Ceilão. Estereótipos raciais, relações familiares, orientação vocacional, e testes de personalidade e de inteligência, têm sido os assuntos mais intensamente estudados entre os psicólogos cingaleses. Por exemplo, tanto os cientistas cingaleses quanto os estrangeiros têm realizado uma série de estudos transculturais usando os testes de inteligência e de Rorschach. Contudo, Jayasuriya (1965) advertiu ao avaliar seus resultados que muitos dos chamados testes destituídos de cultura são realmente revestidos de cultura, a menos que sejam igualmente padronizados e significativos para todos os grupos interessados.

Na Birmânia, os interesses da pesquisa corrente abrangem orientação vocacional, aconselhamento e problemas sociopsicológicos. As Universidades da Birmânia e de Mandalay são os centros das atividades psicológicas do país (Thwin, 1962).

A Associação Psicológica, na Tailândia, com escritórios administrativos na Universidade Chulalongkorn, começou a funcionar em 1961 e vem publicando um periódico chamado *Psicologia* sob a direção do Professor B. Chareanying, do Instituto de Estudo da Criança. As principais áreas de interesse de pesquisa e atividade são: práticas de educação infantil, crianças-problemas e o desenvolvimento de vários testes de inteligência, de desempenho e de personalidade. Além disso, projetos transculturais estão sendo agora discutidos entre a Tailândia e o Japão (Gardiner, 1968).

Indonésia, Filipinas, Hong Kong e República da Coréia

A orientação e o método da psicologia indonésia são principalmente europeus, embora livros americanos sejam também usados. A maioria dos psicólogos indonésios acha-se ligada à Faculdade de Psicologia, da Universidade da Indonésia, e às Forças Armadas, e seu interesse repousa principalmente nos problemas socioculturais e antropofilosóficos (Hassan, 1963).

A Associação Psicológica das Filipinas foi fundada em 1962 (Lagmay, 1963), e suas atividades dizem respeito a tais áreas como testes de inteligência, de desempenho e de personalidade, psicologia clínica, percepção social, atitude e orientação (Guthrie & Bulatao, 1968).

Em Hong Kong, a Universidade de Hong Kong é o centro da pesquisa e ensino de Psicologia.

A Associação Psicológica Coreana foi fundada em 1946 e tem seus escritórios centrais na Universidade Nacional de Seul. A produção de pesquisa aparece numa série de periódicos, inclusive *Studies of Psychology,* da Universidade Nacional de Seul, e *Psychological Studies,* da Universidade Feminina Ewha. O principal interesse dos psicólogos coreanos é orientado para a psicologia industrial, clínica, social e de aconselhamento, bem como para estudos experimentais. A Associação Psicológica Coreana, em cooperação com a Associação Pedagógica, oferece seminários "em serviço" sobre aconselhamento, uma vez por ano, aos que planejam tornar-se especialistas em aconselhamento (Takahashi, 1967).

China Continental e Formosa

A mais drástica modificação no pensamento psicológico ocorreu no continente chinês logo depois da útima guerra mundial. Antes da guerra, os psicólogos chineses muito deviam ao funcionalismo americano, dada a sua natureza realista. A Associação Chinesa de Testes Psicológicos começou a funcionar em 1930, sete anos antes de ser fundada a Associação Psicológica Chinesa. Depois da guerra, a Associação Chinesa de Testes Psicológicos desapareceu na China continental, mas sobreviveu em Formosa.

Os novos psicólogos continentais têm procurado "reconstruir" a Psicologia científica com base na teoria pavloviana e nos princípios marxistas (Shuh, 1959). Para atingir esse objetivo, em 1956 publicaram a *Revista de Psicologia em Tradução,* que continha artigos selecionados do periódico russo *Voprosy Psikhologii (Problemas de Psicologia),* mas tal "revista em tradução" deixou de circular a partir de 1958.

Acta Psychologica Sinica (fundada em 1956) é o órgão oficial da recém-reconstituída (1955) Sociedade Psicológica Chinesa. Cerca de metade de todos os artigos dos números desse periódico aparecidos entre 1956 e 1959 eram ou teóricos ou políticos, tais como "Problemas sobre o objetivo da Psicologia" (C. S. Chu, 1956) e "Como a Psicologia pode ser útil à reconstrução socialista" (D. J. Chen, 1959). De acordo com o novo ponto de vista chinês, a Psicologia é uma ciência cuja finalidade é explorar a base material da *psyche* e as leis funcionais que regem as atividades do cérebro, bem como os mecanismos fisiológicos em que elas se fundamentam (Shuh, 1959).

Tanto o behaviorismo clássico quanto o neobehaviorismo foram criticados pelo ponto de vista comunista chinês. De acordo com Ni (1957) e Ching (1965), o behaviorismo é um produto do capitalismo americano. A fim de assegurar grandes lucros, a classe capitalista, então florescente na América, procurou fazer do trabalhador uma máquina ou um homem sem consciência. Assim, o behaviorismo é fundamentalmente reacionário. Pior ainda, o behaviorista fingia ser cientista tomando de empréstimo para seu sistema a teoria do condicionamento de Pavlov, e assim enganava o povo. Z. Y. Kuo, uma figura amplamente conhecida e especializado em Psicologia Animal, que introduziu o behaviorismo na China, é criticado como sendo um dos mais reacionários propagandistas do capitalismo americano.

Embora tanto o behaviorismo quanto a psicologia comunista se baseiem numa espécie de materialismo, são, quanto ao mais, inteiramente diferentes. Primeiro, o behaviorismo é mecanístico, enquanto a teoria comunista é dialética. Segundo, o behaviorista erroneamente limita o tema da Psicologia a estímulo e reação, desprezando as funções importantes dos sistemas nervosos superiores, que são as bases das atividades psíquicas. A consciência é negada por Watson, mas é aceita pelo psicólogo comunista como um reflexo do mundo objetivo. Terceiro, Watson confunde psicologia humana com psicologia animal. De acordo com o psicólogo chinês, o homem e o animal são diferentes em qualidade, e não em quantidade; o comportamento humano se desenvolve com base numa formação social e histórica, que os animais não possuem. Quarto, o pensamento em termos behaviorísticos nada mais é do que fala interior ou atividade muscular. Ao contrário, a teoria comunista sustenta que o pensamento e a fala ou linguagem são basicamente diferentes; a linguagem, de acordo com Stalin, é simplesmente um instrumento do pensamento.

Uma avaliação crítica da teoria gestaltista foi tentada por H. L. Chu (1958). Segundo ele, a teoria gestaltista nasceu quando o capitalismo se voltou para o imperialismo e o idealismo subjetivo predominava na Europa. Primeiro, a teoria gestaltista, que acentua a totalidade e o risco da análise, deixa de reconhecer o fato de que o cérebro tem funções tanto analisantes quanto sintetizantes, como foi provado por Pavlov. A teoria pavloviana se baseia no materialismo dialético, mas as teorias psicológicas desvirtuadas pelo idealismo capitalista não podem compreendê-la. Por outro lado, a psicologia associacionista exagera a importância da análise e assim se desvia de nossa experiência diária, enquanto a psicologia gestaltista se interessa apenas pela síntese e conseqüentemente retrocede para o idealismo transcendental. Segundo, o isomorfismo, proposto por Köhler, não tem relação com a teoria pavloviana. É meramente uma especulação mística baseada na neurofisiologia mal interpretada. Terceiro, o conceito gestaltista da introvisão dos chimpanzés é criticada como sendo antropomórfica. A mentalidade animal pode ser diferençada da mentalidade humana porque só a última desenvolve o segundo sistema de sinais, que torna possível o pensamento dialético. Finalmente, tais termos como *ambiente de comportamento* (Koffka) e *ambiente psicológico* (Lewin) são criticados como sendo exemplos típicos de idealismo subjetivo. A propósito, é interessante notar que a mesma teoria gestaltista é ainda apoiada pelos psicólogos da Alemanha Oriental (K. Gottschalt, por exemplo) que são parentes consangüíneos dos defensores da teoria gestaltista (Lun, 1958; Razran, 1958).

Em 1962, o Congresso de Psicologia Educacional foi realizado e, no ano seguinte, as primeiras reuniões acadêmicas da Sociedade Psicológica Chinesa ocorreram durante dez dias em Pequim. Um total de 203 trabalhos foi apresentado, 75% dos quais eram educacionais, num amplo sentido, e 15% teóricos. Além disso, uma série de simpósios foi levada a efeito nas reuniões (C. K. Chen, 1964). Evidentemente, o interesse pela psicologia educacional aumentou rapidamente, enquanto os trabalhos teóricos diminuíram em número. Por exemplo, nos números de 1965 da *Acta Psychologica Sinica,* apenas 10% dos artigos totais são teóricos ou políticos, enquanto 53% tratam de problemas educacionais e 23% são artigos puramente experimentais, principalmente sobre percepção.

Os estudos psicológicos educacionais e infantis são em geral práticos e experimentais, e não básicos e teóricos, embora os princípios fundamentais devam alicerçar-se no comunismo chinês (J. C. Tsao, 1965). Por exemplo, C. Y. Tsao e Shen (1965) efetuaram uma série de experiências sobre a aprendizagem e o reconhecimento dos caracteres chineses, nas crianças das escolas primárias, e Chou (1965) experimentalmente analisou erros cometidos na aprendizagem da resolução de fatores de álgebra nas escolas secundárias.

A pesquisa experimental básica abrange tais áreas como percepção visual do tamanho e velocidade, interferência na memória e o EEG. As ondas lambdas no EEG humano foram investigadas por Tsai e Liu (1965), que constatou que elas aparecem mais freqüentemente nos sujeitos jovens do que nos adultos, que ocorrem mais durante a percepção visual do que durante a imaginação visual, e que as mesmas ondas são registradas mais facilmente nas pessoas que manifestam "reações em atividade" ou "reações violentas".

A psicologia médica e a psicologia industrial são também bastante investigadas na China comunista. K. C. Liu (1957) propôs um método terapêutico, semelhante ao Zen sentado japonês, que objetiva curar doenças mentais, e J. C. Tsao, Li, Ching, Chang, Yü, Feng e Chu (1966) estudaram o sistema homem-máquina na sala de controle de uma usina elétrica.

Na República da China, em Formosa, a Associação Psicológica Nacional foi fundada em 1963 (Su, 1963). Embora as associações não tenham órgão oficial, a Universidade Nacional de Formosa vem publicando a *Acta Psychologica Taiwanica* desde 1958 e a Universidade Nacional de Formosa pôs em circulação *Psychology and Education* em 1967 (Iwahara, 1967). Uma análise do conteúdo dos números de

1966 e 1967 dos dois periódicos acima revela que cerca de 50% dos artigos dizem respeito a estudos experimentais em aprendizagem, percepção e psicologia fisiológica e que o resto abrange as áreas da personalidade e de psicologia clínica, educacional e social. Por exemplo, Yen e Cheng (1966) estudaram a disparidade binocular e parâmetros relacionados na percepção de profundidade, enquanto Liu e seus colaboradores examinaram se a lei de Weber pode ser aplicada à percepção de ângulos, círculos e cubos (I. M. Liu & Hu, 1967). Os valores dos estudantes das faculdades de Formosa, segundo a medição realizada com base no Questionário de Preferência Pessoal de Edwards, mostram escores mais elevados em deferência, ordem, socorro, rebaixamento, educação e resignação, e escores mais baixos em exibição, intracepção, dominância, modificação e heterossexualidade, em comparação com os padrões americanos (Hwang 1967). Resultados mais ou menos correspondentes foram encontrados entre estudantes japoneses e americanos (Berrien, 1964).

Além da Associação Psicológica Chinesa e da Associação Chinesa de Testes Psicológicos, Formosa possui a Associação Chinesa de Orientação, que visa promover a educação de bons conselheiros psicológicos (Brammer, 1965).

Japão

A Associação Psicológica Japonesa (JPA) realizou sua primeira reunião anual em 1927 com sessenta e um trabalhos apresentados: em 1968 tinha um total de cerca de três mil membros e mais de quinhentos trabalhos foram lidos na convenção anual. A Associação Psicológica Japonesa tem três periódicos oficiais: *Revista Japonesa de Psicologia* (1926, bimensal), *Japanese Psychological Research* (1954, em inglês, trimestral) e *Monografias Psicológicas Japonesas* (1956, trimestral).

O Quadro C-1 indica a distribuição das áreas principais de interesse da pesquisa segundo mostram os trabalhos apresentados na convenção da Associação Psicológica Japonesa de 1968 e em dois órgãos dessa associação. Há mais estudos experimentais nos periódicos do que foram apresentados na convenção, em parte porque os artigos não-experimentais são publicados em outros periódicos restritos a campos específicos da Psicologia, como vemos no Quadro C-2.

Entre os campos experimentais, a percepção vem atraindo a atenção dos psicólogos japoneses há mais de quarenta anos, sendo ainda uma das principais áreas de pesquisa na maioria das universidades japonesas. Recentemente, Yuky (1965) e Tanaka (1966) analisaram uma série de estudos perceptuais japoneses para os leitores americanos. Algumas das áreas mais intensamente estudadas são: ilusões ópticas

QUADRO C-1. Áreas principais de interesse da pesquisa, baseadas na análise do conteúdo dos trabalhos apresentados na convenção da APJ de 1968 e publicados em dois periódicos da APJ

Área de Pesquisa	*Convenção da APJ de 1968 percentagem*	Revista Japonesa de Psicologia e Japanese Psychological Research, *1967 percentagem*
Geral e Estatística	4	9
Fisiológica	11	5
Perceptual	14	31
Aprendizagem	11	28
Personalidade e Clínica	15	14
Educação e Desenvolvimento	18	7
Social	11	7
Industrial	9	0
Criminal	2	0
Outras	5	0
Total	100 (*N* = 524)	101 (*N* = 58)

(Morinaga, Noguchi & Ohnishi, 1962), efeitos subseqüentes das figuras (Sagara & Oyama, 1957), fenômenos da constância (Akishige, 1968), indução visual (Obonai, 1957), visão das cores (Kaneko, 1968), psicometria do odor (Yoshida, 1964) e do paladar (Indow, 1966) e visão binocular (Kakizaki, 1960).

Os psicólogos perceptuais japoneses orgulham-se de seus trabalhos originais, mas infelizmente muitos deles têm permanecido desconhecidos para os especialistas e pesquisadores estrangeiros devido à barreira da língua e à falta de comunicação internacional. Por exemplo, o inverso do efeito tau foi descoberto independentemente por dois psicólogos japoneses, Abe (1935) e Abe (1936), mas o mesmo efeito foi comunicado por Cohen, Hansel e Sylvester (1953), cerca de duas décadas depois, como um novo fenômeno.

Quantos aos aspectos teóricos, Obonai (1957) tem criticado a teoria gestaltista como romantismo filosófico e como sendo destituída logicamente de base empírica. A psicologia científica, segundo ele, deve ser estudada analítica e elementaristicamente como a Física e a Fisiologia. Com base nas suas volumosas e vigorosas obras sobre percepção

QUADRO C-2. Periódicos de Psicologia em circulação no Japão

Periódico	*Editor ou Responsável*
Anuário de Psicologia Animal (1943)	Associação Japonesa de Psicologia Animal
Anais de Psicologia Social Japonesa (1960)	Associação Japonesa de Psicologia Social
Revista Japonesa de Psicologia Clínica (1960)	Associação Japonesa de Psicologia Clínica
Revista Japonesa de Ciências de Aconselhamento (1967)	Associação Japonesa de Ciências de Aconselhamento
Revista Japonesa de Psicologia Criminal (1963)	Associação Japonesa de Psicologia Criminal
Revista Japonesa de Psicologia Educacional (1952)	Associação Japonesa de Psicologia Educacional
Revista Japonesa de Psicologia Social e Educacional (1960)	Associação Japonesa de Dinâmica de Grupo
Revista Japonesa de Psicologia (1926)	Associação Psicológica Japonesa
Monografias Psicológicas Japonesas (1965)	Associação Psicológica Japonesa
Japanese Psychological Research * (1954)	Associação Psicológica Japonesa
Revista Psicológica Japonesa (1957)	Editor da Revista Psicológica (Universidade de Quioto)
Psychologia * (1957)	Sociedade *Psychologia* (Universidade Otemongakuin)
Tohoku Psychologica Folia * (1933)	Universidade de Tohoku

* Publicados principalmente em inglês.

NOTAS: Além das associações psicológicas relacionadas acima, existe ainda a Associação Japonesa de Psicologia Aplicada, que publica apenas as atas das reuniões anuais. Existem também associações interdisciplinares tais como a Associação Japonesa Médica e Psicológica de Hipnose, a Associação Japonesa de Ergonomia, a Associação Japonesa Médica e Psicológica de Ciência Aeroespacial, a Associação Japonesa de Reflexo Condicionado, a Associação Japonesa de Eletroencefalografia, a Associação Japonesa de Estudos das Cores, e algumas outras.

visual, Obonai propôs uma teoria chamada *indução psicofisiológica*. Sua idéia fundamental é que a estimulação de um receptor induzirá tanto a excitação quanto a inibição em volta da área estimulada e que o efeito resultante é uma soma algébrica dessas funções antagônicas, que leva à percepção real. A indução ocorre temporal e espacialmente. Obonai afirma que alguns fenômenos perceptuais que são tratados separadamente podem ser integrados por essa teoria. Por exemplo, a ilusão simultânea contraste-confluência e o efeito subseqüente das figuras são apenas aspectos diferentes do mesmo fenômeno (Ikeda & Obonai, 1955).

O fisiologista japonês K. Motokawa e seus colaboradores, inclusive certo número de psicólogos, investigaram muitos aspectos da percepção visual. Usando suas próprias técnicas engenhosas, Motokawa constatou que a excitabilidade elétrica da retina muda como uma função do tempo depois da cessação da iluminação e que a função do tempo é característica do comprimento de onda da luz usada para a iluminação. De acordo com Motokawa (1953): "Como... a retina é ontogeneticamente uma parte do cérebro, e sua estrutura se assemelha à do sistema nervoso central... não é de surpreender que fenômenos psicológicos tais como as ilusões de óptica devam ser interpretados em termos de processos retinianos (p. 369)".

Yokose (1957) propôs um modelo eletromagnético de percepção visual. Em sua teoria, o potencial do campo de uma figura visual, medido pelo limiar do estímulo em sua volta, é principalmente a mesma porção de um número de variáveis como prevê a lei de eletromagnetismo de Bivot Savart. Sua teoria do campo isomórfico foi confirmada por uma série de verificações experimentais concernentes à mudança do limiar em torno de uma linha segmentar, um quadrado, um triângulo e outras figuras geométricas.

A segunda área de pesquisa mais popular no que diz respeito à psicologia experimental é aprendizagem e memória. Umemoto (1959), Motoyoshi e Iwahara (1960) e ainda Iwahara e Fujita (1963) escreveram análises em inglês sobre estudos japoneses referentes à aprendizagem humana e animal. Um dos trabalhos originais sobre a memória diz respeito à função das palavras de estímulo e associação na aprendizagem de associação binária. Kuraishi (1937) estabeleceu a dificuldade relativa de lembrar-se uma palavra estrangeira pela palavra japonesa correspondente, em comparação com a dificuldade de lembrar-se na ordem inversa, e explicou o fenômeno em termos da teoria gestaltista. Esse estudo foi seguido pelos de Umemoto (1959) e Morikawa (1959), que argumentaram que o item estímulo é aprendido como uma pista para o item reação, enquanto o item reação é adquirido como a meta a que se deve reagir, e que a lembrança para trás é assim inferior à lembrança para a frente.

I. Ishihara e seus colaboradores estudaram intensamente a aprendizagem de associação binária, especialmente em relação com a associação de palavras. Por exemplo, eles propuseram uma nova espécie de valor de associação, definido em termos de freqüência de aparecimento como itens associados numa situação de uma determinada associação livre. Uma série de experimentos sobre aprendizagem verbal foi realizada sobre as funções do novo valor de associação e outros problemas relacionados (I. Ishihara, 1960).

Outras áreas de grande interesse na aprendizagem e comportamento humanos são a associação mediata ou indireta (Kitao, 1967), prática em massa e espaçada (Akita, 1966), inversão da discriminação (Sugimura, 1967), propagação do efeito (Iwahara, 1958), teoria da informação (Takada, 1960) e modelos matemáticos de aprendizagem motora (Ono, 1966).

No campo do comportamento animal, S. Ishihara (1966) constatou, numa série de experimentos, um decréscimo na variabilidade da reação e facilitação da reação corrente que se segue às experiências não-reforçadas; ela chamou o fenômeno de *indução,* com base em Pavlov. Sukemune (1963) constatou que a resistência dos ratos à extinção é uma função positiva do número de experiências quando tanto o volume total de reforço quanto o número total de experiências reforçadas são mantidos constantes. Imanishi e seus colegas levaram a efeito um projeto em grande escala sobre o comportamento social dos primatas tanto no Japão quanto no exterior (Imanishi, 1957). Outros dados interessantes foram comunicados sobre a alternação espontânea (Fujita, 1961), reação de evitação condicionada (Matsuyama & Tsukioka, 1964), aprendizagem de discriminação sucessiva *versus* simultânea (Motoyoshi, 1956) e motivação do incentivo (Imada, 1964).

Outra tendência na psicologia experimental é um aumento acentuado de atividades na psicologia fisiológica. Por exemplo, Niki (1964) informou a respeito do controle inibitório do hipocampo sobre o comportamento operante do rato, e Hirano (1965) investigou o efeito da perturbação funcional do sistema límbico na consolidação da memória. Noutro estudo, a facilitação da reação corrente devida ao reforço parcial na situação de pista foi constatada como sendo inibida por um tranqüilizante (clordiazepoxida), mas a resistência à extinção após o mesmo reforço parcial não foi afetada pela droga (Iwahara, Nagamura & Iwasaki, 1967).

Recentemente, alguns pesquisadores têm-se ocupado de estudos psicofisiológicos do sono e vigília (estado desperto). Fujisawa (1960) tentou uma análise detalhada das configurações do EEG durante o sono. Iwahara, Takeuchi e Nagamura (1967) estavam interessados por uma análise multivariada do EEG tanto no homem quanto nos animais e Niimi e seus colaboradores (Niimi, Kubota & Iwama, 1968) estudaram a variação espontânea do potencial da pele e do reflexo do potencial da pele durante o sono natural do gato.

A Associação Japonesa de Psicologia Educacional é a segunda associação psicológica em tamanho, com um total de cerca de 1.500

membros. Algumas das áreas de pesquisa mais ativas em psicologia educacional são: ajustamento da personalidade em alunos e estudantes, aconselhamento escolar, estudos de desenvolvimento, máquinas de ensino, testes e medidas.

A maioria dos membros da Associação Japonesa de Psicologia Clínica (1300 sócios) possue experiência clínica e se interessa principalmente por rejeição escolar, autismo infantil precoce, processos terapêuticos, terapia hipnótica, crianças emocionalmente perturbadas, testes projetivos e de personalidade, e a situação legal do psicólogo clínico.

A Associação Japonesa de Psicologia Aplicada (1000 sócios) esteve recentemente discutindo tais problemas como currículos escolares, segurança no tráfego, incômodo público, industrialização e trabalho, educação física, paz mundial e bem-estar social.

Os membros da Associação Japonesa de Psicologia Social (550 sócios) e da Associação Japonesa da Dinâmica de Grupo (200 sócios) interessam-se geralmente por relações humanas na família, escola e outras situações sociais; comunicação de massa; atitudes e valores; e percepção da pessoa. A Associação Japonesa de Psicologia Criminal (550 sócios) não tem paralelo muito aproximado nos Estados Unidos. A maioria dos membros da associação pertence às entidades que se dedicam à descoberta e classificação da delinqüência juvenil existentes em todas as prefeituras do Japão. As atividades correntes dos psicólogos criminais se verificam em tais áreas como diagnóstico e prognóstico de comportamento delinqüente, tratamentos terapêuticos, mecanismo de comportamento criminal, drogas psicodélicas, estudos da personalidade dos violadores dos regulamentos do tráfego e grupos minoritários.

Existem algumas outras associações de ciência psicológica (ver Quadro C-2), entre as quais a Associação Japonesa de Psicologia Animal (fundada em 1933) é que tem a história mais longa.

CONCLUSÃO

É difícil resumir a psicologia oriental em poucas linhas, mas pode-se afirmar que os países asiáticos como um todo têm interesses comuns pela psicologia aplicada, especialmente nos campos educacional e social. Além disso, os aspectos teórico-políticos da Psicologia são discutidos na China continental, enquanto a psicologia experimental floresce no Japão.

Embora a psicologia oriental ainda continue relativamente desconhecida no Ocidente, há uma tendência crescente no Oriente para publicar periódicos de Psicologia em inglês, bem como para incluir resumos em inglês quando os artigos originais são escritos na língua nativa.

O Vigésimo Congresso Internacional de Psicologia foi programado para ser realizado no Japão em 1972, sendo assim a primeira vez que esse organismo se reúne no Oriente. Isso oferece excelentes oportunidades aos psicólogos asiáticos de encontrar-se com psicólogos não-asiáticos e discutir seus problemas comuns.

REFERÊNCIAS

O autor procurou restringir as referências às escritas em inglês. Inevitavelmente, porém, algumas referências estão em outras línguas, que são indicadas imediatamente depois do título.

Abe, S. Experimental study of the interrelation between time and space. *Tohoku Psychological Folia*, 1935, *3*, 53-68.

Abbe, M. Der räumliche Effekt auf die Zeitauffassung. *Japanese Journal of Experimental Psychology*, 1936, *3*, 1-52.

Akhilananda, S. *Hindu psychology*. Londres: Routledge, 1953.

Akishige, Y. Studies on constancy problem. IIA. *Psychologia*, 1968, *11*, 43-55.

Akita, K. Effect of the gradual change of distribution of practice in motor learning. *Japanese Psychological Research*, 1966, *8*, 18-29.

Ando, S. Zen and Christianity. *Psychologia*, 1965, *8*, 123-134.

Berrien, F. K. Values of Japanese and American students. Relatório Técnico N.º 14, Department of Defense, Office of Naval Research, Group Psychology Branch, Washington, 1964.

Brammer, L. M. Counselor education in the Republic of China: An outsider's view. *Psychologia*, 1965, *8*, 220-222.

Chen, C. K. A sociedade psicológica anual de 1963. (Em chinês) *Acta Psychologica Sinica*, 1964, *8*, 109-112.

Chen, D. J. Como a Psicologia pode ser útil à reconstrução socialista. (Em chinês) *Acta Psychologica Sinica*, 1959, *3*, 142-145.

Chiba, T. On proper consciousness (Koyū-ishiki). *Psychologia*, 1960, *3*, 65-72.

Ching, C. C. O behaviorismo de J. B. Watson. (Em chinês) *Acta Psychologica Sinica*, 1965, *9*, 361-374.

Chou, H. S. Análise dos erros cometidos na solução de aprendizagem dos fatores pelos alunos das escolas da primeira série média. (Em chinês) *Acta Psychologica Sinica*, 1965, *7*, 223-229.

Chu, C. S. Problemas sobre o objetivo da Psicologia. (Em chinês) *Acta Psychologica Sinica*, 1956, *1*, 11-19.

Chu, H. L. Comentários críticos sobre a Psicologia Gestaltista. (Em chinês) *Acta Psychologica Sinica*, 1958, *2*, 85-98.

Cohen, J., Hansel, C. E. M., & Sylvester, J. D. A new phenomenon in time judgment. *Nature*, 1953, *172*, 901.

Dhairyan, D. Research needs for development of psychotherapy in India. Em T. K. N. Menon (Org.), *Recent trends in psychology*. Orient Longmans, 1961. Pp. 154-161.

Doi, L. T. Morita therapy and psychoanalysis. *Psychologia*, 1962, *3*, 117-123.

Dumoulin, H. Methods and aims of Buddhist meditation: Satipatthana and Zen. *Psychologia*, 1962, *5*, 175-180.

Fromm, E. Psychoanalysis and Zen Buddhism. *Psychologia*, 1959, *2*, 79-99.

Fujisawa, F. The psycho-physiological studies of sleep. *Japanese Psychological Research*, 1960, *2*, 120-134.

Fujita, O. Estudos da alternação espontânea nos ratos. VIII. O efeito da privação de alimento, recompensa e intervalo entre as experiências. (Em japonês) *Japanese Journal of Psychology*, 1961, *30*, 303-310.

Gardiner, H. M. Psychology in Thailand. *Psychologia*, 1968, *11*, 122-124.

Guthrie, G. M., & Bulatao, J., S. J. Psychology in the Philippines. *Psychologia*, 1968, *11*, 201-206.

Hassan, F. Carta ao Dr. Koji Sato. *Psychologia*, 1963, *6*, 179-180.

Hirano, T. Effects of functional disturbances of the limbic system on the memory consolidation. *Japanese Psychological Research*, 1965, 7, 171-182.

Holmes, S. W. Zen Buddhism and transactional psychology. *Etc.*, 1957, *14*, 243-249.

Hora, T. Tao, Zen, and existencial psychoterapy. *Psychologia*, 1959, *2*, 236-249.

Hundal, P. S. Organization of mental abilities at successive grade levels. *Indian Journal of Psychology*, 1966, *41*, 65-72.

Hwang, C. H. A study of the personal preference of Chinese university students by Edwards Personal Preference Schedule. *Psychology and Education*, 1967, *1*, 52-68.

Ikeda, H., & Obonal, T. Studies in figural after-effects. IV. The contrast-confluence illusion of concentric circles and the figural after-effect. *Japanese Psychological Research*, 1955, *2*, 17-23.

Imada, H. "Vigor" of water drinking behavior of rats as a function of thirst drive. *Japanese Psychological Research*, 1964, *6*, 108-114.

Imanishi, K. Social behavior in Japanese monkeys, *Macaca fuscata*. *Psychologia*, 1957, *1*, 47-54.

Indow, T. A general equi-distance scale of the four qualities of tastes. *Japanese Psychological Research*, 1966, *8*, 136-150.

Ishihara, I. *Psicologia do comportamento verbal.* (Em japonês) Tóquio: Kobunkan, 1960.

Ishihara, S. Crescimento e declínio da indução. IX. Vários aspectos do comportamento no aparelho semicircular. (Em japonês) *Japanese Journal of Psychology*, 1966, *37*, 1-11.

Iwahara, S. Studies of the "spread of effect". V. The spread of verbal punishment and the meaningfulness of cue stimuli. *Japanese Psychological Research*, 1958, *5*, 38-50.

Iwahara, S. Psychological activities at the University of the Ryukyus, the National Taiwan University and Taiwan Normal University. *Psychologia*, 1967, *10*, 223-225.

Iwahara, S., & Fujita, O. Behaviorism in Japan. *Psychologia*, 1963, *4*, 59-64.

Iwahara, S., Nagamura, N., & Iwasaki, T. Effect of chlordiazepoxide upon experimental extinction in the straight runway as a function of partial reinforcement in the rat. *Japanese Psychological Research*, 1967, *9*, 128-134.

Iwahara, S., Takeuchi, E., & Nagamura, N. Padrões EEG durante o sono natural no rato e suas análises multivariadas. (Em japonês) *Bulletin of Faculty Education, Tokyo University of Education*, 1967, *13*, 41-57.

Jayasuriya, D. L. Recent psychological research in Ceylon. *Psychologia*, 1965, *8*, 169-174.

Joshi, M. C. Psychological researches in India. *Jalota Commemoration Volume*, 1965, 25-34.

Kakizaki, S. Binocular rivalry and stimulus intensity. *Japanese Psychological Research*, 1960, *2*, 94-105.

Kaneko, T. *Ciência da cor: Sua psicofisiologia.* (Em japonês) Tóquio: Misuzu-Shobo, 1968.

Kasamatsu, A., & Hirai, T. An electroencephalographic study of the Zen meditation (Zazen). *Folia Psychiatrica et Neurologica Japonica*, 1966, *20*, 315-336.

Kawai, H., & Kondo, K. Discussion on Morita therapy. *Psychologia*, 1960, *3*, 92-99.

Kitao, N. Efeitos da associação mediada na aprendizagem associada binária. VIII. Sobre o grau da aprendizagem e instrução anteriores. (Em japonês) *Japanese Journal of Psychology*, 1967, *38*, 137-147.

Kora, T., & Sato, K. Morita therapy: A psychotherapy in the way of Zen. *Psychologia*, 1958, *1*, 219-225.

Krishnakanth, A., & Prasad, J. N. Socio-economic differences on a reasoning test. *Indian Psychological Review*, 1967, 8, 119-122.

Krishnan, B. A review of contributions of Indian psychologists (1950-1960). Em T. K. N. Menon (Org.), *Recent trends in psychology*. Orient Longmans, 1961.

Kuraishi, S. Sobre a reprodução da "configuração do pensamento" simples usando-se o método da comparação binária. (Em japonês) *Japanese Journal of Psychology*, 1937, *12*, 578-602.

Kuroda, R. Stereopsychology: Its scope and method. *Acta Psychologica Keijo*, 1931, *1*, 69-82.

Kuroda, R. *História do pensamento psicológico chinês* (Em japonês). Tóquio: Koyama-shoten, 1948.

Lagmay, A. V. Carta ao Dr. Koji Sato. *Psychologia*, 1963, *6*, 179-180.

Liu, I. M., & Hu, W. The cube and Weber's Law. *Acta Psychologica Taiwanica*, 1967, *9*, 87-89.

Liu, K. C. *Prática da terapia da respiração*. (Em chinês) Imprensa Popular de Hopé, 1957.

Lun, S. H. Pesquisas em percepção na Alemanha Democrática. (Em chinês) *Acta Psychologica Sinica*, 1958, *2*, 45-52.

Matsuyama, Y., & Tsukioka, S. The Intertrial-interval response in relation to amount of warning signal, and restraint time. *Japanese Psychological Research*, 1964, *6*, 1-9.

Maupin, E. W. Zen Buddhism: A psychological review. *Journal of Consulting Psychology*, 1962, *26*, 362-378.

Morikawa. Y. Functions of stimulus and response in paired-associate verbal learning. *Psychologia*, 1959, *2*, 41-56.

Morinaga, S., Noguchi, K., & Ohnishi, A. The horizontal vertical illusion and the relation to spatial and retinal orientation. *Japanese Psychological Research*, 1962, *4*, 25-29.

Morris, C. W. Comments on mysticism and its language. *Etc.*, 1951, *9*, 3-8.

Motokawa, K. Retinal traces and visual perception of movement. *Journal of Experimental Psychology*, 1953, *45*, 369-377.

Motora, Y. *An Essay on Eastern philosophy*. Leipzig: Voigtländer, 1905.

Motoyoshi, R. Simultaneous and successive discrimination under three types of jumping platform. *Japanese Psychological Research*, 1956, *4*, 50-61.

Motoyoshi, R., & Iwahara, S. Japanese studies on animal behavior in the last decade. *Psychologia*, 1960, *3*, 135-148.

Murphy, G., & Murphy, L. B. (Orgs.) *Asian psychology*. Nova Iorque: Basic Books, 1968.

Ni, C. F. Crítica preliminar sobre o behaviorismo de J. B. Watson. (Em chinês) *Acta Psychologica Sinica*, 1957, *1*, 194-200.

Niimi, Y., Kubota, K., & Iwana, Y. Spontaneous variations of the skin potentials and skin potential reflexes during natural sleep in the cat. *Japanese Journal of Physiology*, 1968, *18*, 190-197.

Niki, H. Response perseveration following the hippocampal ablation in the rat. *Japanese Psychological Research*, 1964, *6*, 108-114.

Obonai, T. The concept of psychophysiological induction: A review of experimental works. *Psychologia*, 1957, *1*, 3-9.

Ono, S. A mathematical analysis of motor learning: A control system model. *Japanese Psychological Research*, 1966, *8*, 72-89.

Otsuka, N. Stereopsychology and studies on k'an by Ryo Kuroda. *Psychologia*, 1960, *3*, 73-79.

Pareek, U. Psychology in India. *Psychologia*, 1957, *1*, 55-59.

Pe, W. Mindfulness of sensation. *Psychologia*, 1966, *9*, 195-198.

Rao, S. Occupational role and personality: A comparative study of a few occupational groups in India. *Indian Journal of Psychology*, 1966, *41*, 59-64.

Razran, G. Psychology in Communist countries other than the U.S.S.R. *American Psychologist*, 1958, *13*, 177-178.

Rogers, A. H. Zen and LSD: An enlightening experience. *Psychologia*, 1964, *7*, 150-151.

Sagara, M., & Oyama, T. Experimental studies on figural aftereffects in Japan. *Psychological Bulletin*, 1957, *54*, 327-338.

Sato, K. How get Zen enlightenment: On Master Ishiguro's five-days' intensive course for its attainment. *Psychologia*, 1959, *2*, 107-113.

Sato, K., & Zuzuki, D. T. Zen and LSD 25. *Psychologia*, 1967, *10*, 129-132.

Sen, I. Teaching of personality in Indian universities. *Indian Journal of Psychology*, 1958, *33*, 129-133.

Shuh, P. China's recent research work in psychology. *Psychologia*, 1959, *2*, 193-202.

Su, H. Y. Carta ao Dr. Koji Sato. *Psychologia*, 1963, *6*, 176.

Sugimura, T. Intradimensional and extradimensional shifts as a function of stimulus change and overtraining. *Japanese Psychological Research*, 1967, *9*, 78-84.

Sukemune, S. Effects of total number of acquisition trials under partial reinforcement schedules on running speeds. *Japanese Psychological Research*, 1963, *5*, 183-187.

Suzuki, D. T. *Zen Buddhism*. Garden City, Nova Iorque: Anchor Books, 1956.

Takada, Y. Reaction time and information in the discrimination of length of lines. *Japanese Psychological Research*, 1960, *2*, 14-24.

Takahashi, S. The present status of psychological activities in Korea. *Psychologia*, 1967, *10*, 225-226.

Tanaka, Y. Status of Japanese experimental psychology. *Annual Review of Psychology*, 1966, *17*, 233-272.

Thompson, R. F. *Foundations of physiological psychology*. Nova Iorque: Harper & Row, 1967.

Thwin, H. Departamento de Psicologia, Universidade de Rangum, Birmânia. *Psychologia*, 1962, *5*, 107-111.

Tsai, H. J., & Liu, S. Y. Ondas lambda dos sujeitos humanos de níveis de idade diferentes. (Em chinês) *Acta Psychologica Sinica*, 1965, *8*, 343-352.

Tsao, C. Y., & Shen, Y. Estudos progressivos sobre o reconhecimento e a generalização dos caracteres chineses nas crianças da escola primária. III. Desenvolvimento da discriminação do detalhe. (Em chinês) *Acta Psychologica Sinica*, 1965, *8*, 135-140.

Tsao, J. C. Sobre os pontos de vista fundamentais da Psicologia. (Em chinês) *Acta Psychologica Sinica*, 1965, *9*, 101-105.

Tsao, J. C., Li, C. C., Ching, C. C., Chang, T. H., Yü, C. S., Feng, K. C., & Chu, T. H. Fatores humanos no esquema de sinais da sala de controle de uma usina elétrica. (Em chinês) *Acta Psychologica Sinica*, 1966, *9*, 53-58.

Umemoto, T. Japanese studies in verbal learning and memory. *Psychologia*, 1959, *2*, 1-9.

Van Dusen, W. LSD and enlightenment of Zen. *Psychologia*, 1961, *4*, 11-16.

Yen, F., & Cheng, F. Y. Binocular disparity, stimulus intensity, and the way of light presentation have to do with necessary stimulus duration time to produce depth perception. *Acta Psychologica Taiwanica*, 1966, *8*, 85-91.

Yokose, Z. Theoretical formula of vector-field and its experimental proof. *Psychologia*, 1957, *1*, 17-21.

Yoshida, M. Studies of psychometric classification of odors (5). *Japanese Psychological Research*, 1964, *6*, 145-154.

Yuki, K. Experimental psychology. Em A. H. Livermore (Org.), *Science in Japan*. Washington, D.C.: American Association for the Advancement of Science, 1965. Pp. 335-373.

Zaidi, S. M. H. Pakistan: A society in transition. *Psychologia*, 1964, 7, 15-21.

Outras Leituras

Akhilananda, S. *Hindu psychology*. Londres: Routledge, 1953.

Krishman, B. A review of contributions of Indian psychologists (1950-1960). Em T. K. N. Menon (Org.), *Recent trends in psychology*. Orient Longmans, 1961.

Suzuki, D. T. *Zen Buddhism*. Garden City, Nova Iorque: Anchor Books, 1956.

Tanaka, Y. Status of Japanese experimental psychology. *Annual Review of Psychology*, 1966, *17*, 233-272.

Yuki, K. Experimental psychology. Em A. H. Livermore (Org.), *Science in Japan*. Washington, D.C.: American Association for the Advancement of Science, 1965. Pp. 335-373.

APÊNDICE D

PSICOLOGIA NAS NAÇÕES EM DESENVOLVIMENTO: AMÉRICA LATINA, ÁFRICA E ORIENTE MÉDIO *

Larry D. Reavis,
Universidade Metodista do Sul,
Dallas, Texas

Muito poucas tentativas têm sido feitas pelos psicólogos das nações da América Latina, África e Oriente Médio para criar teorias ou sistemas formais. O pouco de pesquisa que se tem executado tem sido orientado geralmente no sentido de resolver problemas práticos, que variam desde o licenciamento de operadores de veículos motorizados até a aculturação dos povos tradicionais em sociedades industriais modernas. Casos isolados de pesquisa de interesse mais geral ocorrem, entretanto. Alguns deles são mencionados em "Outras Leituras" no fim deste apêndice.

Em vez de analisarmos os esforços de criação de teorias, que freqüentemente são publicados em periódicos de fácil acesso das nações desenvolvidas, achamos que pode ser mais proveitoso considerar os fatores que afetam o desenvolvimento da Psicologia nas nações em desenvolvimento. Daremos destaque especial aos fatores que afetam o crescimento da psicologia científica, tais como a adequação da comunicação, o crescimento da tecnologia industrial e a dominação procedente do exterior. Esperamos que essa nossa apreciação, por sua vez, promova a compreensão das razões para o crescimento desproporcio-

* A preparação deste capítulo foi facilitada pelo subsídio da Fundação Nacional de Ciência N.° GY-5671.

nado da psicologia científica nas várias partes do mundo, para benefício mútuo dos colegas tanto das nações ricas quanto das pobres.

CONDIÇÕES GERAIS QUE AFETAM A PSICOLOGIA

A renda anual *per capita* nos países ricos do mundo é estimada em cerca de 1700 dólares. Nas nações pobres é de apenas cerca de 110 dólares (Blackett, 1967). Não é de surpreender, portanto, que a característica mais saliente da Psicologia na nações em desenvolvimento seja a falta de apoio econômico. Embora muitos dos países discutidos neste apêndice possuam uma longa história no que concerne à psicologia científica, apenas Israel e a República Sul-Africana têm fornecido à Psicologia os fundos necessários para um crescimento autônomo e vigoroso.

Além da falta geral de riqueza, característica das nações em desenvolvimento, a pobreza da Psicologia é também devida à falta de aceitação das Ciências Sociais nesses países. As razões variam grandemente. Os problemas estudados pelos cientistas sociais competem por fundos com problemas mais urgentes, tais como a purificação da água, o saneamento e a produção de alimentos (Mahal, 1967). Nos Estados totalitários, que abundam entre as nações em desenvolvimento, as Ciências Sociais talvez sejam reprimidas porque se desconfia que algumas conclusões possam contradizer as ideologias predominantes (Horowitz, 1967; Sanford, 1952). Professores podem ser exonerados por convicções políticas (Hall, 1946) ou presos por causa de suas pesquisas (Chirinos, 1967). As "comissões de inquérito" militares continuam a cobrar seu tributo, e universidade importantes foram recentemente destruídas por elas (Nussenzveig, 1969). Países com elites pequenas e poderosas podem estudar problemas sociais decorrentes da concentração do poder, mas "arquivar" os resultados para evitar sua distribuição (ver Holleman, Mann & Van den Berghe, 1962, por exemplo). Mesmo em países relativamente adiantados as explicações psicológicas do comportamento competem com a superstição (Hartocollis, 1966; Hes, 1964; Jahoda, 1968). Em toda parte, a apatia pública e governamental com respeito à ciência, especialmente a ciência social, agrava o problema. Por exemplo, enquanto muitos psicólogos das nações em desenvolvimento publicam trabalho mostrando como a Psicologia poderia ser usada para erguer a nação, Mundy-Castle (1968) observou que um número especial do *OECD Observer* (setembro de 1966), da Organização de Cooperação e Desenvolvimento Econômico, dedicado à ajuda para o desenvolvimento, contém apenas quinze linhas sobre "transformação social". Umas cinqüentas páginas são dedicadas a comércio exterior, investimento estrangeiro e outros tópicos fora do âmbito das Ciências Sociais.

Em muitos países, as disciplinas mais novas, tais como Psicologia e Sociologia, sofrem oposição ativa por partes das disciplinas já firmemente estabelecidas. O tratamento de perturbações no comportamento pelos psicólogos, por exemplo, provavelmente será combatido pelas associações médicas, como é o caso na Argentina (Ardila, 1968). Em alguns países, como, por exemplo, o Líbano, tal tratamento é até proibido por lei (Melikian, 1964). A oposição e a falta de interesse se refletem também na ausência de reconhecimento legal em muitos países. Em apenas dois dos quinze países latino-americanos mencionados num relatório recente algum reconhecimento legal era concedido aos psicólogos (Ardila, 1968).

Compreensivelmente, portanto, os psicólogos das nações em desenvolvimento não têm sido capazes de estabelecer uma imagem clara de si mesmos por parte do público em geral. Os psicólogos freqüentemente são considerados como médicos mal treinados (Ardila, 1968), e médicos com treinamento de psicoterapia, ou outros não-psicólogos, podem reputar-se psicólogos (Abt, 1964). Parte do problema da imagem emana da universidade, onde as aulas de Psicologia são geralmente ministradas por médicos, especialistas em educação etc. O fracasso da Psicologia em evocar a imagem clara de uma disciplina independente também contribui para dificultar a sua busca de apoio.

Sejam quais forem as causas, as conseqüências da carência de fundos e falta de reconhecimento são muito sérias e provavelmente se relacionam com as características seguintes da Psicologia nas nações em consideração.

ORÇAMENTOS PEQUENOS PARA TREINAMENTO

Os fundos para educação são geralmente bem limitados, e o problema é maior para os psicólogos e outros cientistas do comportamento do que para os das disciplinas mais antigas. Informa-se que continuam a existir professores de Ciências Sociais internacionalmente conhecidos que ganham tão pouco quanto 80 ou 100 dólares por mês (Janowitz, 1968; Nussenzveig, 1969). Um caso mais típico pode ser o de um conhecido do autor que percebia apenas um pouco mais. O cargo que exercia numa das maiores universidades da América Latina lhe rendia cerca de 2.000 dólares (mais assistência médica e outros benefícios) por um período de nove meses. Era considerada uma ocupação de meio expediente, mas implicava a obrigação de ensinar vinte horas por semana em salas de aula ou laboratórios!

Em muitas universidades latino-americanas, inclusive as mantidas pelo Governo, o salário pode ser tão pequeno a ponto de constituir uma simples gratificação. Em tais casos, alguns profissionais liberais contribuem com algumas horas de seu tempo por semana para dar um curso com a finalidade de prestar um serviço público ou de angariar prestígio. Como é de esperar, a qualidade da instrução em tal sistema é muito variável.

A maioria dos países da África e do Oriente Médio está apenas começando a preparar seus próprios psicólogos. Com exceção de Israel, da República Sul-Africana, da República Árabe Unida e alguns outros países, existem nações que dependem de expatriados europeus ou de outros lugares para o preparo de sua gente nessas especialidades.

COMUNICAÇÃO DEFICIENTE

Publicações. Publicações "de prestígio" das nações tecnologicamente adiantadas predominam nas nações em desenvolvimento. Já que grande parte desse material deve ser traduzida para o árabe, hebraico, espanhol ou outras línguas para utilização máxima, os problemas de comunicação dependem ainda mais de dinheiro para a sua solução nas nações em desenvolvimento dos que nas nações desenvolvidas.

Bons compêndios para cursos avançados de psicologia científica ainda são raros, e o valor da comunicação, mesmo para os bons textos traduzidos, é limitado pelo longo atraso da tradução. Para o material traduzido do inglês para o espanhol, por exemplo, o atraso é de cerca de oito anos e meio (Campos, 1964). Esse atraso, somado ao da publicação, estimado de seis anos com respeito à maioria dos dados que finalmente serão assim traduzidos (Díaz-Guerrero, 1968), torna tais informações realmente obsoletas quando aparecem pela primeira vez em espanhol. Devido à infreqüência da tradução, podem tornar-se ainda mais obsoletas ante o aparecimento de informações mais novas, como o autor soube por intermédio de um latino-americano que estudou psicologia geral há alguns anos numa grande universidade mexicana. O texto desse curso era uma tradução de *Psychology of the other one,* de Max Meyer, originalmente publicada em 1921!

Convenções e Associações. A comunicação escrita deficiente é paralela à comunicação deficiente através das convenções realizadas pelas associações nacionais ou regionais. Diversos Estados latino-americanos estão ainda para fundar uma associação ou realizar uma convenção. No Oriente Médio e na África, apenas Israel, a República Árabe Unida e a República Sul-Africana têm associações nacionais. Planos para a fundação de associações nacionais estão em fase de conclusão em Gana, Nigéria, Irã e Serra Leoa.

A única associação regional de importância é a Sociedade Interamericana de Psicologia, fundada em 1931. Psicólogos virtualmente de todos os países tanto da América do Norte quanto da América do Sul pertencem a essa organização. Ela tem patrocinado um congresso quase anual desde o primeiro, realizado em 1953. Nos últimos anos, as atas do congresso têm sido publicadas, e desde 1967 a *Revista Interamericana de Psicologia* tem sido publicada trimestralmente por essa organização. Tais coisas têm facilitado grandemente a comunicação nas Américas.

Nenhuma associação regional corespondente existe atualmente na África ou no Oriente Médio, embora uma Associação Psicológica da África Ocidental esteja sendo organizada.

Outra comunicação depende principalmente dos países tecnologicamente adiantados. A União de Ciência Psicológica, que é um organismo internacional, fornece, por exemplo, uma variedade de serviços de comunicação aos psicólogos de qualquer país, além de proporcionar reconhecimento especial e ajuda às associações filiadas. Cinco de suas trinta e cinco associações filiadas encontram-se na América Latina. Apenas a República Sul-Africana, na África, e Israel, no Oriente Médio, têm associações filiadas. Entre as suas publicações destacam-se: o *International Journal of Psychology, International Directory of Psychologists,* e, com a APA, *International Opportunities for Advanced Training and Research in Psychology.* Também patrocina reuniões.

A Organização Educacional, Científica e Cultural das Nações Unidas publica bibliografias e outros materiais, inclusive o *International Social Science Journal.* Outros recursos de comunicação para as nações em desenvolvimento compreendem a *Latin American Research Review,* publicada pela Universidade do Texas; *Newsletter,* da Universidade de Illinois; e *FAR Horizons,* do Grupo de Coordenação de Pesquisa da Área do Exterior, do Governo dos Estados Unidos.

Um serviço pouco conhecido é fornecido pela *Science Information Exchange of the National Science Foundation.* Criado para fornecer informações concernentes às pesquisas em andamento, seus informes são enviados a pedido dos cientistas de qualquer país, gratuitamente. Sua cobertura dos projetos patrocinados pelo Governo dos Estados Unidos é relativamente completa, incluindo também alguns projetos patrocinados por fundações particulares. Projetos patrocinados pelo Canadá ou outras nações estrangeiras são eventualmente incluídos.

FALTA DE PESQUISA

A Psicologia nos países menos desenvolvidos pode ser descrita como predominantemente acadêmica — um assunto tipicamente escolar. Nas mais adiantadas das nações em desenvolvimento é possível encontrar-se pelo menos alguma forma de psicologia aplicada, como, por exemplo, testes de seleção ou tratamento psicológico de perturbações no comportamento, mas raramente se dá muita importância à pesquisa ou ao treinamento de metodologia de pesquisa.

O principal obstáculo à pesquisa é, previsivelmente, a falta de fundos. O problema de fundos é especialmente sério para as pesquisas transculturais e de outra natureza que não oferecem contribuição óbvia ao desenvolvimento nacional (Odbert, 1964; Santos, 1964).

Pesquisa na América Latina

Os movimentos orientados para a pesquisa, como, por exemplo, o behaviorismo, estão apenas começando a fazer-se sentir na América Latina. Apesar do reconhecimento muito antigo da possibilidade da psicologia científica por espanhóis como Juan Huarte, que em 1575 sugeriu o uso de testes para a seleção acadêmica, a ausência geral da ciência na Espanha e em Portugal entravou o movimento científico na América Latina (Basalla, 1967). Essa ausência foi devida, pelo menos em parte, a uma aversão pelo trabalho manual. Na América Latina, essa aversão se manifesta na relutância por tais atividades tediosas como a coleta de dados. É exemplificada pelos antigos naturalistas brasileiros que atribuíam aos negros a tarefa de coletar e preparar espécimes (Kidder, 1845). Mesmo os psicólogos latino-americanos treinados no exterior têm tradicionalmente preferido o método não-quantitativo (Abt, 1964). Essa repulsa pelo trabalho manual de coleta de dados é provavelmente conseqüência do fato de que muitos membros autênticos da elite culta da América Latina consideram-no como uma atividade da classe baixa.

Aliada ao desdém pela coleta de dados e análise, há a glorificação das concepções filosóficas (Chavez, Lozada & Arestegui, 1966; Hall, 1946). Alguém que examinou dez compêndios latino-americanos de introdução à Psicologia constatou que nove dedicavam capítulos inteiros à psicologia filosófica. Outros tópicos comuns eram apreciações filosóficas dos instintos, associação de idéias, caráter, consciência, paixão, vontade etc. (Campos, 1964). Um autor típico (Celaya, 1961) declarou que reduziu a base fisiológica de seu texto ao mínimo e em compensação destacou a cultural e espiritual. A afirmação pelo 1.º Congresso Argentino de Psicologia da meta da ação valiosa, a verdade, a essência do conhecimento humano, e Deus, o significado de tudo o que existe, não é rara em sua combinação com a abordagem filosófica e não com a científica (Ruiz, 1963).

Outra causa da resistência à pesquisa do comportamento pode ser atribuída à introdução do pensamento filosófico francês. O ponto de vista francês logrou domínio entre os latino-americanos durante o último século, principalmente porque os intelectuais franceses esposavam a liberdade política e independência almejadas pelas nações que se haviam recém-libertado da Espanha. Era também apreciado porque era um movimento latino de certo prestígio entre as nações do mundo.

O positivismo da escola de Comte se tornou especialmente influente. Infelizmente para a psicologia científica, sua ênfase do operacionalismo estrito expulsou rapidamente os problemas psicológicos difíceis dos laboratórios para os departamentos de Filosofia, reforçando assim a afinidade entre a Psicologia e a Filosofia (Beebe-Center & McFarland, 1941). Os antigos intérpretes do positivismo (como, por exemplo, Lèvy-Brühl, 1900) também recomendaram a divisão da psicologia empírica em sociologia e fisiologia. A aceitação dessa doutrina, juntamente com a fundação de dois dos primeiros laboratórios psicológicos ativos na América Latina por volta do início do século por um fisiologista (Horacio Pinero), fracionou ainda mais a Psicologia.

Não se deve esperar que a parte da Psicologia pertencente aos filósofos crie uma tradição empírica. Parece, contudo, que os fisiologistas e médicos poderiam ter estabelecido uma psicologia empírica dentro de sua própria disciplina. O fracasso em se realizar plenamente essa expectativa, à medida que a capacidade educacional e tecnológica dessas nações crescia, pode ser atribuído grandemente à introdução do pensamento freudiano. A associação da psicanálise com a medicina levou à sua aceitação pronta pelas Faculdades de Medicina de prestigiosas universidades. O estilo filosófico do pensamento e modo de escrever de Freud parece ter exercido mais atração sobre os acadêmicos latino-americanos do que nos de países não-latinos.

A psicologia psicanalítica filosófica domina agora a Psicologia em quase todas as universidades latino-americanas. Em virtude desse domínio, é comum ouvir-se os jovens latino-americanos que estudam nos Estados Unidos reclamarem que suas aulas deviam ser mais filosóficas e clínicas (Campos, 1964). Pode-se prever que a descrença resultante no que concerne ao valor da pesquisa científica dos problemas clínicos ou de outra natureza (por exemplo, ver Nuñez, 1964) continuará a inibir a pesquisa empírica latino-americana com respeito aos tópicos psicológicos.

Pesquisa na África e no Oriente Médio

Na África ao Sul do Saara, a pesquisa psicológica só está bem estabelecida na África do Sul. Um começo está sendo implantado em Zâmbia, Gana, Senegal, Nigéria, Uganda e alguns outros lugares. Na maioria dessas nações, a pesquisa ainda é orientada por brancos. Tem-se afirmado que os valores sociais africanos tradicionais, embora atraentes por outras razões, suavizam a asserção inflexível que pode ser necessária para uma ciência rigorosa (Mundy-Castle, 1968). A pesquisa que é realizada parece ocorrer mais freqüentemente onde predomina a tradição acadêmica e inglesa do que nos vinte Estados de língua francesa, onde a Psicologia às vezes se identifica com a Filosofia (Prothro & Melikian, 1955). Conseqüentemente, um analista dos estudos psicológicos africanos de língua francesa observou que encontrou poucas bibliografias a respeito (Wickert, 1967). É tentador especular que a inclinação natural latina que parece adorar a concepção filosófica quando encontrada entre os latino-americanos prevalece também na África de língua francesa. Deve-se notar, porém, que outros observadores têm assinalado uma vigorosa psicologia empírica na própria França (ver Apêndice A, por exemplo), lançando assim dúvida sobre tal hipótese.

No Oriente Médio, Israel claramente lidera no que concerne à pesquisa. Quase nenhuma parece ser executada nos países árabes fora da República Árabe Unida e, em grau menor, do Líbano. A prática nesta última nação está aumentando, mas até recentemente só algumas publicações libanesas pareciam ter valor científico direto (Melikian, 1964).

Em todas as nações em consideração, o pouco de pesquisa que se executa se centraliza em problemas "aplicados". A pesquisa "básica" é negligenciada. Na África, esse desequilíbrio caracteriza a pesquisa executada na tradição francesa como também na inglesa (Wickert, 1967). Em muitas nações, a pesquisa aplicada tem precedido por muitos anos qualquer tipo de pesquisa básica ou acadêmica.

A pressão por parte de organismos governamentais ou outras instituições sociais para resolver problemas práticos tem desviado todos os tipos de pesquisa das universidades para institutos especiais. Geralmente esses institutos se interessam por objetivos específicos, tais como reabilitar delinqüentes juvenis, reduzir o alcoolismo, ajudar as entidades oficialmente reconhecidas etc. A publicação *International Opportunities for Advanced Training and Research in Psychology,* da APA, relaciona várias dezenas desses institutos na América Latina, e observadores têm comentado a respeito de sua importância (Beebe-Center & McFarland, 1941; Hall, 1946). Quase tantos podem ser encontrados na África e no Oriente Médio.

O atual crescimento dessas instituições sugere que, sejam quais forem os recursos destinados à pesquisa psicológica nas nações em desenvolvimento, continuarão a ser empregados mais nos problemas aplicados do que nos problemas básicos. Essa tendência é provavelmente sadia em vista das necessidades atuais desses países. Pode-se esperar, porém, que finalmente as nações em desenvolvimento elaborarão seus próprios pontos de vista para complementar as inclinações etnocêntricas das nações desenvolvidas — problema a ser tratado minuciosamente na seção seguinte.

DOMINAÇÃO ESTRANGEIRA

A dominação assume diversas formas. A posição dominante da literatura estrangeira nas nações em desenvolvimento já foi mencionada anteriormente neste apêndice. Uma força igualmente influente diz respeito ao intercâmbio cultural. No começo da década de 1960, cerca de 270.000 estudantes estavam no exterior. Cerca de metade deles era das nações em desenvolvimento e estava estudando nas nações desenvolvidas (Ajmal, 1967; Angell, 1967). Muitos dos estudantes, como também alguns especialistas mais maduros que procuram aprimorar-se em pesquisa ou em outras experiências nas nações dseenvolvidas, deixam de retornar a seus países de origem. Tal perda tolhe o crescimento do doador e, devido à aculturação e treinamento na cultura do país desenvolvido, raramente torna a Psicologia neste último mais universal. Se o especialista retorna a seu país, talvez não se reintegre facilmente na cultura nacional devido ao "choque cultural" ou porque é considerado uma ameaça pelos especialistas mais antigos, porém menos bem treinados (Gollin, 1964; Price-Williams, 1968; Whyte, 1969). Tampouco mandar professores e instrutores das nações desenvolvidas para as nações em desenvolvimento reduz os sentimentos de dominação, pois esse processo perpetua o papel dependente das últimas. Tais professores e instrutores também se vêem sujeitos a crescentes ataques políticos nas nações em desenvolvimento. A desconfiança quanto a esse pessoal dos Estados Unidos é especialmente grande, pois suas atividades são freqüentemente encaradas como diferindo apenas em método da intervenção militar americana ou da CIA, o que é quase universalmente condenado nos países em consideração (Whyte, 1969).

Nem a posição dominante das publicações estrangeiras nem o envio de professores e instrutores, porém, provoca tantas controvérsias internacionais entre os psicólogos quanto a pesquisa executada pelas nações desenvolvidas nas e sobre as nações em desenvolvimento. Um observador frisou que o ressentimento é compreensível quando se imagina que os frutos intelectuais de tais projetos serão colhidos principalmente pelos Estados Unidos ou outras nações desenvolvidas que podem patrocinar projetos executados no exterior (Smith, 1968b). O mesmo observador afirmou algures que ninguém precisa de empatia para compreender por que os membros de uma elite modernizada se ressentem ao verem seus menos sofisticados compatriotas estudados como "nativos", espécimes de um museu humano (Smith, 1968a).

À parte as implicações acima de pesquisa executada no exterior, grande parte dela pode ser descrita como "pesquisa turística", realizada por investigadores que não estão familiarizados com a cultura do povo local e que podem passar apenas algumas semanas durante o verão no país em questão. A pesquisa empreendida dessa maneira é geralmente de validade duvidosa, Mundy-Castle, 1967). Um número crescente de áreas são também consideradas como "superpesquisadas" ou "saturadas" (Hughes, 1966; Walsh, 1966). Um funcionário do Departamento de Estado, dos Estados Unidos, ao examinar uma série de documentos oficiais, constatou a existência de 191 centros de pesquisa na área de países estrangeiros só nas universidades americanas (Platig, 1968).

Há vários anos que as nações em desenvolvimento alimentam a desconfiança de que a pesquisa psicológica dos Estados Unidos é, possivelmente, um instrumento do imperialismo ocidental (Prothro & Melikian, 1955). O fato de que atualmente mais de 50% de pesquisa patrocinada pelo Governo americano na área de países estrangeiros é custeada pelo Departamento de Defesa (Platig, 1968) contribui para aumentar a desconfiança.

A prova mais espantosa de que a Psicologia e outras ciências do comportamento podiam realmente estar a serviço do imperialismo ocidental é o projeto Camelot (ver Horowitz, 1965; Vallance, 1966; Walsh, 1966). Esse projeto contra-revolucionário deveria custar, estimativamente, de quatro a seis milhões de dólares durante os três a quatro anos previstos como seu tempo de execução. A Universidade Americana, de Washington, D.C., acostumada a realizar pesquisas para o Governo, foi escolhida pelos patrocinadores do Exército para administrar os fundos. Insinuou-se que tal aliança com a universidade servia de camuflagem para as implicações militares do projeto (Horowitz, 1965). Que o projeto não era uma busca desinteressada de compreensão pode concluir-se de uma circular de aliciamento enviada a homens cultos do mundo inteiro (mas excluindo-se as nações comunistas, pode-se admitir com segurança). Os objetivos, segundo dizia a circular, consistiam em tornar possível prever e influenciar aspectos politicamente significativos da transformação social nas nações em desenvolvimento do mundo. É desnecessário dizer que qualquer aumento de possibilidade de influenciar aspectos politicamente significativos da transformação social só atenderia principalmente aos interesses das nações desenvolvidas e, talvez, seus amigos ricos das nações em desenvolvimento.

Contrariando o espírito da investigação livre, certas pressuposições incontestes estavam implícitas no projeto. Entre elas encontrava-se a desejabilidade de estabilidade política. Estudos do Paraguai, onde predominava uma ditadura repressiva, foram recomendados, aparentemente devido à estabilidade daquele país. A conveniência de uma revolução vitoriosa parece nunca ter sido considerada pelo pessoal do projeto Camelot, um ponto criticado pelo Senador Fulbright, presidente da Comissão de Relações Exteriores do Senado. O conhecimento dessas pressuposições e finalidades disseminadas no Chile causou tamanho furor que o projeto foi arquivado em meados de 1965, antes de se coletar qualquer dado, pelo então Secretário da Defesa McNamara, após consultar o Presidente dos Estados Unidos.

O projeto tem sido defendido por certos indivíduos. Alguns argumentam que a sua realização contribuiria para aumentar a capacidade dos cientistas do comportamento de modificar alguns dos aspectos antipáticos do militarismo na política exterior dos Estados Unidos. O fato de que o próprio Exército considerara a viabilidade de um projeto tão gigantesco era oferecido como uma prova de que as ciências do comportamento poderiam desempenhar um papel de orientação em certas atividades militares. É mais provável, porém, que os militares considerassem o projeto como uma coisa bem menos significativa, pois lhe haviam destinado menos de 1/30.000.° de seu orçamento total previsto para o período de três ou quatro anos em consideração.

Talvez grandes mudanças nas atitudes sejam necessárias antes que os problemas de dominação estrangeira das ciências do comportamento nas nações em desenvolvimento possam ser significativamente atenuados. A natureza dessas mudanças pode ser deduzida das questões apresentadas por um sociólogo americano (Moskos, 1968). Pergunta ele: "Por que deve ser tão difícil conceber que um grupo de sociólogos latino-americanos estude o complexo militar-industrial americano? Ou conceber que economistas africanos analisem os investimentos americanos no exterior? Ou conceber que cientistas políticos examinem o processo de tomadas de decisão no crescimento dos compromissos militares americanos no exterior?" (p. 2).

ETAPAS DE DESENVOLVIMENTO

As nações em consideração neste apêndice podem ser proveitosamente classificadas em três etapas de desenvolvimento com respeito a

QUADRO D-1. Etapas de desenvolvimento da psicologia científica na América Latina, África e Oriente Médio

Etapa 1:	Áden, Afeganistão, Arábia Saudita, Camarões, Chade, Congo (Brazzaville), Costa do Marfim, Daomé, Federação da Arábia do Sul, Gabão, Jordânia, Kuwait, Libéria, Líbia, Marrocos, República Centro-Africana, Rodésia, Serra Leoa, Síria, Sudão, Tunísia
	Costa Rica, Gana, Malgaxe, Nigéria, Senegal, Uganda, Zâmbia
Etapa 2:	Argélia, Chile, Colômbia, Congo (Leopoldville), El Salvador, Equador, Guatemala, Irã, Iraque, Líbano, Panamá, Paraguai, Peru, Uruguai
	Argentina, Brasil, Cuba, México, República Árabe Unida, Venezuela
Etapa 3:	Israel
	República Sul-Africana

NOTA: As nações grifadas são consideradas um pouco mais adiantadas do que as outras da mesma etapa de desenvolvimento.

suas realizações na psicologia científica. A classificação seguinte é feita primordialmente com base no ensino de Psicologia ministrado em cada país e na pesquisa psicológica publicada pelos especialistas do país. Grande parte das informações usadas para a classificação (especialmente as referentes ao ensino de Psicologia) provém da publicação *International Opportunities for Advanced Training and Research in Psychology* (1966), da APA. A maior parte dessas informações foi apresentada durante 1964 e 1965 e portanto está mais ou menos atualizada. Existem informações mais recentes com relação a alguns países, mas achamos que misturar informações novas com velhas contribuiria para reduzir a comparabilidade das informações em que a classificação repousa. O Quadro D-1 mostra a classificação resultante. (Casos típicos da etapa 2 e da etapa 3 são dados no fim deste apêndice.)

ETAPA 1. Os países desta etapa de desenvolvimento não possuem departamentos de Psicologia que concedem grau (diploma). Contudo, algumas das nações grifadas no quadro, tais como Senegal e Malgaxe, oferecem certificados de estudos psicológicos que equivalem aproximadamente a graus de bacharel em Psicologia. Pouca ou nenhuma pesquisa é realizada pelos países não-grifados. A maioria das nações grifadas tem pelo menos um centro permanente de pesquisa psicológica que é relativamente independente da orientação de uma instituição estrangeira. Esses centros possuem geralmente psicólogos expatriados da Europa ou de outros lugares.

ETAPA 2. Os países desta etapa de desenvolvimento possuem uma ou mais universidades que oferecem graus de Psicologia. Freqüentemente suas universidades têm vários séculos de existência e talvez já proporcionem estudos psicológicos há tanto tempo quanto qualquer universidade na Europa ou nos Estados Unidos. Geralmente são países mais ricos do que os da etapa 1. Por uma ou outra razão, porém, a Psicologia — especialmente a psicologia rigorosa, científica — não prosperou na maioria desses países, onde o ensino psicológico de alta qualidade é raro. Os países não-grifados realizam apenas pesquisas específicas, exceto em relação com as teses dos estudantes. Os países grifados geralmente mantêm pelo menos um punhado de pesquisadores em Psicologia, mas atingiram um nível excelente apenas em algumas áreas de pesquisa.

ETAPA 3. Somente a República Sul-Africana e Israel atingiram a amplitude e rigor em Psicologia exigidos para a classificação na etapa 3. Diferem também por serem relativamente ricos, sendo que talvez apenas o Kuwait, Venezuela e Argentina se lhes comparem nessa dimensão. A África do Sul é extraordinariamente rica, se se ignorar a pobreza dos pretos dessa nação. Deve-se também notar que as duas nações, mas especialmente Israel, dedicam uma grande proporção de sua riqueza mais à educação e ao bem-estar social do que aos bens de consumo. O número de aparelhos de televisão por 1000 habitantes, por exemplo, foi registrado pelo *Anuário estatístico* (1965) das Nações Unidas como sendo de apenas seis em Israel. Compare-se isso com três em Zâmbia, cinco no Irã, doze na Síria, dezoito no Peru e quarenta e dois no México, todos esses sendo países mais pobres do que Israel. A Argentina e a Venezuela, que se comparam a Israel em riqueza possuem 72 e 75, respectivamente. A importância que Israel dá ao bem-estar social é evidenciada pelo fato de que possui talvez a melhor percentagem de médicos em relação ao número de habitantes, em comparação com qualquer outro país do mundo.

CRESCIMENTO E PERSPECTIVAS PARA O FUTURO

Afirma-se que a pesquisa científica duplicou na África durante o período de 1950 a 1964, quando a maioria das nações ali existentes estava gozando seus primeiros anos de independência (Adiseshiah, 1964). A pesquisa psicológica também registrou certo crescimento em quantidade durante esse período. Maiores avanços foram conseguidos em termos de qualidade da pesquisa psicológica. A pesquisa realizada antes da independência era freqüentemente acusada de refletir tendenciosidade colonial (Doob, 1965); Wickert, 1967). Certamente os problemas estudados agora são mais compatíveis com as necessidades dos africanos do que era o caso durante o período colonial.

Não obstante, há alguns fatores atuando em ambos os continentes que nos devem levar a modificar a previsão geral de crescimento continuado.

Na América Latina, a educação está decididamente atrasada em relação à industrialização e outras tendências para a modernização. A taxa de alfabetização em algumas nações latino-americanas talvez realmente tenha caído durante as duas últimas décadas. Em meados da década de 1960, nenhuma grande cidade na América Latina tinha salas de aula para mais de 70% de sua população em idade escolar. As oportunidades de educação eram ainda mais deficientes nas áreas rurais. A qualidade da educação também era marginal, sendo o magistério geralmente considerado uma profissão mal paga e de baixa condição social. Não há indício de que a educação na América Latina melhorará grandemente no futuro previsível.

Diz-se que um empenho profundo com respeito à educação formal é o que distingue as novas nações africanas das outras nações em desenvolvimento (Foster, 1964). Há alguns anos, várias nações africanas já estavam matriculando até 80% de todas as crianças em idade de instrução primária nas respectivas escolas (Hunter, 1962). Infelizmente, menos de 10% ou coisa semelhante dos que concluem a escola primária encontram vagas nas escolas secundárias (McQueen, 1968). É verdade também que, apesar do empenho oficial com respeito à educação, a massa popular africana continua pouco interessada pela educação. A educação universitária é ainda muito rara na África, mas informa-se que o progresso nessa área de educação permite certo grau de otimismo.

A educação no Oriente Médio varia de boa em Israel e no minúsculo e rico Kuwait até inadequada quase em todos os demais países. Na maioria dos lugares apenas uma minoria de crianças em idade escolar freqüenta a escola. Mesmo o Egito entrou na segunda metade deste século com cerca de dois terços de sua população ainda analfabeta, e o Egito é geralmente considerado mais adiantado do que muitos outros países do Oriente Médio no que concerne à educação. A proporção de analfabetismo no Egito ainda é de cerca de 50%.

A consideração dos fatores econômicos não nos leva a ser mais otimistas no que diz respeito ao futuro da Psicologia do que a consideração dos fatores educacionais. Durante as últimas décadas do período colonial, que terminou em muitos lugares após a II Guerra Mundial, as economias dos países pobres cresceram apenas cerca de 1% por ano. Desde então o aumento tem sido de cerca de 4% por ano, mas a população tem aumentado numa proporção à volta de 2,5% por ano. O ganho líquido aproximado de 1,5%, embora cerca de 1% inferior ao dos países ricos, não obstante permitiu uma pequena elevação da riqueza (Blackett, 1967). Infelizmente, há razão para recear-se que a taxa de crescimento das nações em desenvolvimento possa realmente declinar de seu atual nível baixo. O crescimento no passado, em muitas das nações em desenvolvimento, era conseguido, pelo menos em parte, a expensas da produtividade e consumo agrícolas. Pelo menos uma análise mostra de fato um declínio no consumo de proteína animal, nas nações em desenvolvimento, de cerca de 10% do final da década de 1930 ao final da de 1950. No fim desse período, as nações em desenvolvimento estavam consumindo, *per capita,* apenas cerca de um quinto da proteína animal consumida nas nações ricas (Keyfitz, 1967). A disponibilidade de alimento *per capita* total também está decrescendo (Hoelscher, 1969). Certamente, as nações em desenvolvimento devem aumentar, ou pelo menos manter constante, seu consumo de alimento, mesmo que isso signifique algum retardamento do avanço nos campos da educação e ciência.

Parece também que grande parte do crescimento no passado, nas nações em desenvolvimento, resultou dos programas de ajuda externa das nações ricas. Devido à tremenda riqueza das nações desenvolvidas, sua contribuição de apenas 1% de seu produto anual aumentaria a renda das nações pobres em cerca de 6% (Blackett, 1967). Em certa época, os Estados Unidos, um dos maiores contribuintes da ajuda externa, atingiram a cifra de 1%. Mas nos últimos anos as cifras reais dos dólares e centavos de dólar declinaram, apesar de uma economia em "boom" e uma inflação que por si mesmas teriam reduzido a percentagem contribuída mesmo que os dólares contribuídos permanecessem constantes.

Os problemas financeiros periódicos de algumas das nações que continuam a consignar uma percentagem maior à ajuda externa, como, por exemplo, a França, levam-nos a recear que elas, também, podem reduzir suas contribuições. Esses decréscimos vêm numa época em que muitos produtos exportados das nações em desenvolvimento estão sendo expulsos dos mercados por artigos sintéticos produzidos nas nações desenvolvidas. Todos esses problemas, somados à oposição religiosa e de outra natureza às tentativas de controle da natalidade, pintam um quadro desolador do futuro econômico das nações em desenvolvimento. Na medida em que o futuro da Psicologia está ligado ao crescimento educacional e econômico nessas nações, um crescimento lento parece ser o máximo que realisticamente se pode esperar.

CONCLUSÃO

Em nenhuma das nações em desenvolvimento pode-se encontrar uma tradição de psicologia científica que seja francamente autônoma da psicologia científica dominante nos países industrializados. Uma psicologia autônoma é dificultada, na África e no Brasil, pelo papel dominante dos expatriados das nações industrializadas. A psicologia científica no Oriente Médio árabe ainda está muito deficientemente apoiada para ser capaz de elaborar seus próprios pontos de vista. A psicologia muçulmana, evidentemente, oferece pontos de vista alternativos. Contudo, sua tradição é muito mais antiga do que a tradição da psicologia científica moderna, e parece que ainda não sentiu necessidade de oferecer dados empíricos para sustentar suas hipóteses.

Os psicólogos latino-americanos geralmente continuam descrentes no que concerne ao valor da psicologia científica. Os poucos latino-americanos que se têm dedicado à pesquisa psicológica empírica geralmente são os que têm sido mais influenciados pelos pontos de vista encontrados nas nações industrializadas. Como seria de esperar, suas contribuições freqüentemente refletem o pensamento não-latino.

Um ponto forte pode ser apresentado em apoio do argumento de que as nações ricas devem ajudar a pagar os custos do fomento do crescimento da Psicologia nas nações em desenvolvimento. À parte a questão moral relacionada com o pouco caso de sua pobreza eterna e dependência das nações industrializadas, o apoio à independência intelectual e também política das nações em desenvolvimento poderia produzir benefícios identificáveis igualmente para as nações ricas. A determinação dos fracassos na generalização de nossas teorias seria apenas o benefício mais óbvio. Além disso, caminhos de pesquisa completamente imprevistos poderiam ser abertos por psicólogos que provêm de culturas que, por uma ou outra razão, não cresceram industrialmente como o fizeram as nações ricas. Se fosse esse o caso, então o refinamento total das explicações científicas do comportamento provavelmente avançaria muito mais do que se o mesmo volume de apoio se restringisse à pesquisa executada pelos ricos. E, até onde tais explicações venham a integrar-se com os processos de tomadas de decisão dos países ricos, talvez mesmo alguns de seus problemas socioeconômicos se tornariam mais suscetíveis de solução do que tem acontecido até agora.

Uma psicologia integrada, originada das experiências tanto das nações em desenvolvimento quanto das nações desenvolvidas, parece difícil de se conseguir. Presumivelmente, o modelo das décadas de 1950 e 1960 que se concentrava principalmente na contra-revolução e no planejamento e execução de projetos de desenvolvimento técnico de grande escala provavelmente já teve o seu fastígio. Mas não precisamos deplorar o seu declínio. O esquema contra-revolucionário provavelmente nunca foi benéfico nem para as nações ricas nem para as pobres, e provas crescentes sugerem que muitos dos projetos de desenvolvimento não eram viáveis devido a fatores econômicos e técnicos que não foram levados em conta pelos entendidos (ver Hoelscher, 1969, quanto a exemplos recentes de fracassos dos entendidos). Tais projetos não confirmavam a organização social que às vezes lhes eram fornecidas pela psicologia científica. Se a psicologia científica não tem nada mais a oferecer, então faz jus à sua debilidade nas nações em desenvolvimento.

Há razão para esperar, porém, que um papel mais salutar possa originar-se dos cientistas sociais. Foi descrito muito bem por George A. Miller (1969) em seu discurso de posse na APA. Miller afirma que nossa responsabilidade é menos a de desempenhar o papel de peritos do que o de proporcionar a psicologia científica às pessoas que realmente precisam dela — a todo mundo. As limitações do espaço não nos permitem apresentar aqui um esboço mais claro de sua visão, mas parece-nos que não é muito diferente da que se está formando na "contracultura" dos Estados Unidos, com seu estilo de vida característico (ver Roszak, 1969). Significativamente, Miller obtém um pouco de sua inspiração de um latino-americano (Varela, 1970) e é seguido de um número crescente de cientistas das nações em desenvolvimento que, desesperados das revoluções políticas, estão clamando por profundas revoluções sociais (e. g., ver Chirinos, 1967; Nussenzveig, 1969). Por mais fraca que possa ser essa esperança, parece que está propiciando novo vigor a muitas de nossas melhores inteligências e, se não por outra razão, merece ser meditada com toda a ponderação.

Casos Típicos

MÉXICO, ETAPA 2. Com uma população de cerca de 50 milhões de habitantes, o México é a maior nação de língua espanhola do mundo. Menos rico do que outras nações da etapa 2, seu produto nacional bruto *per capita* é apenas de cerca de um décimo o dos Estados Unidos e não é bem distribuído. A parte da renda que compete ao trabalho é menos do que a metade da parte da renda que compete ao trabalho nos Estados Unidos, e vem diminuindo grandemente há várias décadas, enquanto a parte que compete ao lucro vem aumentando grandemente. Não obstante, a economia em expansão, aliada a um controle adequado da inflação, tem propiciado melhores condições de vida a muitos mexicanos nos últimos anos. A urbanização está avançando a passo rápido, e uma pequena maioria de mexicanos vive agora em cidades com 5000 habitantes ou mais. A educação tem avançado com muito menos rapidez do que o crescimento industrial ou a urbanização. Provavelmente menos de metade das crianças da nação entre as idades de seis e doze anos freqüenta a escola. As estimativas de analfabetismo variam de 30 a aproximadamente 50%.

Os cursos de Psicologia no México têm sido oferecidos desde 1918 (Nuñez, 1961) e graus têm sido oferecidos desde 1936 (Ribes-Iñesta, 1968). O crescimento da Psicologia tem-se acelerado nos últimos anos. Em 1964, apenas cinco universidades ofereciam graus de Psicologia, enquanto em 1968 mais de 2500 estudantes faziam curso especializado de Psicologia em dez universidades (Ribes-Iñesta, 1968). Como noutros lugares da América Latina, a maioria era constituída de mulheres — uma conseqüência do baixo conceito em que é tida ali a Psicologia. A Universidade Nacional foi a primeira na América Latina a conceder o título de doutor em Psicologia (Abt, 1964), mas seu programa para os pós-graduados ainda deixa muito a desejar.

Na maioria das universidades mexicanas, como noutras partes da América Latina, os cursos duram os dois semestres, em vez de um só, e tendem a ser organizados numa seqüência mecânica. Até a década de 1960, professores de Psicologia de tempo integral quase não existiam no México (Abt, 1964). Muitos cursos eram ministrados por professores de meio expediente formados em Medicina, Pedagogia, Engenharia, Direito ou Filosofia.

Nenhum reconhecimento legal é concedido aos psicólogos a não ser algumas leis locais esporádicas com respeito ao uso do título *psicólogo*. Vários periódicos psicológicos têm aparecido no México, mas agora estão todos extintos. A Sociedade Psicológica Mexicana, organizada em 1967, planeja publicar um órgão dedicado à pesquisa psicológica no futuro próximo (Ribes-Iñesta, 1968).

A pesquisa psicológica variada começou no México em 1925, quando o exame dos delinqüentes juvenis antes da condenação foi instituído. O Instituto Psicopedagógico, um organismo pertencente ao Departamento de Saúde Pública, foi então fundado para estudar e resolver os problemas das crianças em idade escolar (Nuñez, 1961). Provavelmente não mais de uma dúzia ou coisa equivalente de psicólogos mexicanos estão atualmente empenhados em pesquisa como uma parte normal de suas atividades profissionais. A pesquisa agora realizada ali é subvencionada pelas universidades ou por subsídios eventuais concedidos pelo Governo dos Estados Unidos ou organizações filantrópicas americanas. Não há fonte regular de custeio das pesquisas fora das universidades.

Pelo menos três mexicanos eminentes conseguiram reconhecimento internacional por seu trabalho em tópicos de interesse para os psicólogos. Raul Hernandez-Peón, que se formou em Medicina pela Universidade Nacional, da cidade do México, era bastante conhecido por seu trabalho em psicologia fisiológica. Uma análise de seus estudos e de outros investigadores sobre as funções do cérebro, especialmente os relacionados com o sono, podem ser encontrados num artigo publicado na *Annual Review of Psychology* (Hernandez-Peón & Sterman, 1966). Uma análise de seu trabalho sobre o papel dos mecanismos reticulares do controle sensorial pode ser encontrada num trabalho anterior (Hernandez-Peón, 1961).

Talvez o estudo mais significativo compreendido nesta última análise seja o que examina os mecanismos neurais envolvidos na direção da atenção (Hernandez-Peón, Scherrer & Jouvet, 1956). Nesse estudo, ele mostrou que a atividade neural do nervo auditivo dos gatos praticamente desapareceu quando um jarro de camundongos foi colocado em frente do sujeito. Outros estímulos que chamaram a atenção, como os odores de peixe ou um choque na pata dianteira, produziram resultados semelhantes. Parece que a reação auditiva é eliminada ou dessintonizada quando a atenção é dirigida para outro lugar. Outras formas sensoriais, como a visão, presumivelmente são também afetadas pela mudança da atenção.

Recentemente, Hernandez-Peón e seus alunos empreenderam uma série extensa de estudos sobre as implicações para o funcionamento do cérebro das especulações de Freud sobre os sonhos. Para uma análise das deduções preliminares dessa pesquisa, ver Hernandez-Peón (1967). Sua morte prematura em 1968 representa uma perda sensível não somente para o México, mas também para a psicologia fisiológica em geral.

Rogelio Díaz-Guerrero recebeu seu diploma de Doutor em Filosofia sob a direção de Kenneth Spence na Universidade Estadual de Iowa. Ele possui também diploma de médico, obtido na Universidade Nacional, do México. Como o terceiro presidente da Sociedade Psicológica Mexicana, ex-presidente da Sociedade Interamericana de Psicologia e membro de outras organizações, tem exercido suas atividades profissionais tanto pesquisando quanto lecionando. Várias de suas comparações transculturais e outros estudos sociopsicológicos podem ser encontrados em seu livro (Díaz-Guerrero, 1967). Tem ocupado vários cargos na Universidade Nacional.

Erich Fromm dirige o ensino de psicoterapia na escola de Medicina da Universidade Nacional, do México. Suas especulações têm fornecido aos teóricos da personalidade hipóteses durante os seus inúmeros anos de trabalho no México e noutros lugares.

Uma análise da pesquisa no México não estaria completa sem menção ao Instituto Interuniversitario para Investigaciones Fundamentales en Ciencias Sociales em Iucatã, A. C. Mais de quinhentos especialistas em Psicologia e pelo menos em quatorze outras disciplinas visitaram o instituto durante os primeiros cinco anos depois que entrou em atividade em 1964. Fundado por doações obtidas por Fred L. Strodtbeck, da Universidade de Chicago, e outros, tem trabalhado em colaboração íntima com os especialistas mexicanos. Victor Castillo Vales, diretor do departamento de Psicologia da Universidade de Iucatã, tem fornecido orientação especialmente valiosa a muitos cientistas sociais não-mexicanos que têm realizado pesquisa ali, inclusive o autor deste apêndice.

ISRAEL, ETAPA 3. Israel foi criado em 1948 pelas Nações Unidas. Naquela época era uma nação pobre com uma população de cerca de 700000 habitantes. A população total em 1965 era de cerca de 2600000 de habitantes, dos quais 300000 não-judeus. Grande parte do crescimento da população a partir de 1948 é atribuída à imigração de cerca de 1100000 judeus entre 1948 e 1965, dos quais 400000 da Europa ou dos Estados Unidos (Weinberg, 1967).

A educação primária é excelente e abrange a maior parte das crianças. Contudo, apenas uma minoria freqüenta as escolas secundárias. Até 1965, a Psicologia era oferecida como uma matéria de especialização em três universidades. O título de licenciado em Psicologia era concedido pela Universidade de Bar-Ilan e de doutor em Filosofia pela Universidade de Jerusalém. Novos programas avançados estão sendo organizados em outras universidades. A qualidade do ensino é excelente. Não obstante, uma proporção substancial de alunos procurará fazer cursos práticos no estrangeiro. A Psicologia em Israel continua a ser dominada pelos que estudaram nos Estados Unidos, Europa e U.R.S.S.

Até 1948, a psicologia israelense era orientada para a concepção psicanalítica. Então, o único departamento existente era o da Universidade Hebraica. Quando o chefe do departamento foi morto numa emboscada, o departamento permaneceu inativo até 1956. Naquele ano a Universidade Hebraica e também a Universidade de Bar-Ilan abriram novos departamentos. Em contraste com a importância anterior dada à psicologia clínica psicanalítica, esses dois novos departamentos eram orientados para a parte experimental (Greenbaum, 1967).

A pesquisa é atualmente realizada em pelo menos uma dúzia de institutos especiais, hospitais e entidades governamentais, como também nas universidades. Centraliza-se predominantemente em problemas de interesse social ou nacional. Freqüentemente segue o método experimental. A pesquisa básica não é, de forma alguma, menosprezada, sendo custeada tanto por organismos governamentais israelenses quanto por organizações particulares israelenses e por grupos estrangeiros. A pesquisa é freqüentemente realizada em colaboração com investigadores nos Estados Unidos ou outro país estrangeiro.

A influência dos Estados Unidos é especialmente notável na pesquisa israelense. Essa influência é atribuída aos psicólogos americanos que aceitaram cargos permanentes em Israel, sendo mantida pela corrente incessante de psicólogos visitantes dos Estados Unidos e pelos fundos de pesquisa fornecidos por organizações dos Estados Unidos.

Um instituto de interesse especial, que é em parte sustentado por organizações americanas (O Comitê Americano para Pesquisa Social em Israel e outras), é o Instituto de Pesquisa Social Aplicada, de Israel. Formado inicialmente como um grupo de pesquisa voluntário pelo exército de defesa clandestino em 1947, o instituto foi fundado oficialmente em 1949 por Louis Guttmann (conhecido nos Estados Unidos por seu trabalho na medição de atitudes) e Uriel G. Foa, com a ajuda de uma subvenção concedida pelo Governo israelense. Depois de funcionar sob os auspícios do Ministério da Defesa, e posteriormente do Gabinete do Primeiro-Ministro, o instituto agora exerce suas atividades como uma organização independente, não-lucrativa. Sua equipe profissional permanente de cerca de vinte elementos atua sob a chefia de Guttman, que permaneceu lá depois de sua fundação oficial para se tornar seu diretor científico. Uma equipe de campo, de meio expediente, trabalhando no país inteiro, facilita os estudos em grande escala sobre coleta de opiniões *(enquêtes)*, assuntos econômicos, comunicações de massa, planejamento comunitário, problemas sociais de medicina e saúde etc. Até o momento, várias centenas de projetos foram realizados nos campos acima, além de outros nas áreas gerais de psicologia social, sociologia e psicologia.

REFERÊNCIAS

Abt, L. E. Clinical psychology in Latin American. Em L. E. Abt & B. F. Riess (Orgs.), *Progress in clinical psychology*. Vol. 6. Nova Iorque: Grune & Stratton, 1964. Pp. 235-241.

Adiseshiah, M. S. The planned development of scientific research. *Impact of Science on Society*, 1964, *14* (3), 137-144.

Ajmal, M. Academic freedom. *Psychological Quarterly*, 1967, *2*, 14-18.

Angell, R. C. The growth of transnational participation. *Journal of Social Issues*, 1967, *23*, 108-129.

Ardila R. La psicologia en Colombia. *Revista Inter-Americana de Psicologia*, 1967, *1*, 239-249.

Ardila, R. Psychology in Latin America. *American Psychologist*, 1968, *23*, 567-574.

Basalla, G. The spread of Western science. *Science*, 1967, *156*, 611-621.

Beebe-Center, J. G., & McFarland, R. Psychology in South American. *Psychological Bulletin*, 1941, *38*, 627-667.

Blackett, P. M. S. The ever widening gap. *Science*, 1967, *155*, 959-964.

Campos, L. P. Some problems in the teaching of psychology in Spanish at the Covell College, U.S.A. Trabalho apresentado no Nono Congresso Interamericano de Psicologia, Miami, dezembro de 1964.

Celaya, M. *Psicologia*. (Primera edic.) Buenos Aires: Luis Lassere & Cia., S.A., Editores, 1961.

Chavez, E. U., Lozada, N. B., & Arestegui, A. A. Estudio comparativo de la formación académica del psicólogo. Trabalho apresentado no Décimo Congresso Interamericano de Psicologia, Lima, abril de 1966.

Chirinos, E. Limitaciones y perspectivas de la psicología y de las ciencias del comportamiento en los paises de subdesarrollo economico. *Proceedings of the Eleventh Interamerican Congress of Psychology*. Universidad Nacional Autonoma de Mexico, 1967.

Díaz-Guerrero, R. *Estudios de psicología del Mexicano*. México: Editorial F. Trillas, S.A., 1967.

Díaz-Guerrero, R. Problems of scientific communication. *Journal of Social Issues*, 1968, *24*, 217-226.

Doob, L. Psychology. Em R. A. Lystad (Org.), *The African world: A survey of social research*. Londres: Pall Mall Press for African Studies Association, 1965.

Foster, P. J. Status, power, and education in a traditional community. *School Review*, 1964, *72*, 158-182.

Gollin, A. Acquiring development skills: Two decades of a United States aid program in Latin America. Trabalho apresentado no Nono Congresso Interamericano de Psicologia, Miami, dezembro de 1964.

Greenbaum, C. V. Correspondência pessoal, 1967.

Hall, M. E. The present status of psychology in South America. *Psychological Bulletin*, 1946, *43*, 441-476.

Hartocollis, P. Psychiatry in contemporary Greece. *American Journal of Psychiatry*, 1966, *123*, 457-462.

Hernandez-Peón, R. Reticular mechanisms of sensory control. Em W. A. Rosenblith (Org.), *Sensory communication*. Nova Iorque: Wiley, 1961.

Hernandez-Peón, R. Un modelo neorofisiologico de los ensueños. *Proceedings of the Eleventh Interamerican Congress of Psychology*. Universidad Nacional Autonomo de Mexico, 1967.

Hernandez-Peón, R., Scherrer, H., & Jouvet, M. Modification of electrical activity in the cochlear nucleus during "attention" in unanesthetized cats. *Science*, 1956, *123*, 331-332.

Hernandez-Peón, R., & Sterman, M. B. Brain functions. *Annual Review of Psychology*, 1966, *17*, 363-394.

Heron, A. Studies of perception and reasoning in Zambian children. *International Journal of Psychology*, 1968, *3*, 23-29.

Hes, J. P. From native healer to modern psychiatrist: Afro-Asian immigrants to Israel and their attitude towards psychiatric facilities. *Israel Annals of Psychiatry and Related Disciplines, International Studies Quarterly*, 1964, *2*, 192-208.

Hoelscher, H. E. Technology and social change. *Science*, 1969, *166*, 68-72.

Holleman, J. F., Mann, J. W., & Van den Berghe, P. L. A Rhodesian white minority under threat. *Journal of Social Psychology*, 1962, *57*, 315-338.

Horowitz, I. The life and death of Project Camelot. *Trans-Action*, 1965, *3* (1), 3-7, 44-47. (Republicado: *American Psychologist*, 1966, *21*, 445-454.)

Horowitz, I. Social science and public policy: An examination of the political foundation of modern research. *International Studies Quarterly*, 1967, *2*, 32-62.

Huarte, J. The examination of the mind. 1575. Citado por G. Basalla, The spread of Western science. *Science*, 1967, *156*, 611-621.

Hughes, T. L. Scholars and foreign policy: Varieties of research experience. *American Psychologist*, 1966, *21*, 471-478.

Hunter, G. *The new societies of tropical Africa*. Londres: Oxford University Press, 1962.

Jahoda, G. Some research problems in African education. *Journal of Social Issues*, 1968, *24*, 161-175.

Janowitz, M. International perspectives on militarism. *American Sociologist*, 1968, *3*, 12-16.

Keyfitz, N. National populations and the technological watershed. *Journal of Social Issues*, 1967, *23*, 62-78.

Kidder, D. P. Sketches of residence and travels in Brazil. Vol. I. Filadélfia, 1845. Citado em G. Basalla, The spread of Western science. *Science*, 1967, *156*, 611-621.

Lèvy-Brühl, L. *La philosophie d'Auguste Comte*. Paris: Felix Alcan, 1900.

Mahal, A. S. Mental illness in different nations. *International Journal of Psychiatry*, 1967, *4*, 455-458.

McQueen, A. Education and marginality of African youth. *Journal of Social Issues*, 1968, *24*, 179-194.

Melikian, L. Clinical psychology in the Arab Middle East. Em L. E. Abt & B. F. Riess (Orgs.), *Progress in clinical psychology*. Vol. 6. Nova Iorque: Grune & Stratton, 1964. Pp. 242-249.

Miller, G. A. Psychology as a means of promoting human welfare. *American Psychologist*, 1969, *24*, 1063-1075.

Moskos, C. C., Jr. Research in the "third world". *Trans-Action*, 1968, *5* (7), 2-3.

Mundy-Castle, A. C. Psychology. Em D. Brokensha & M. Crowder (Orgs.), *Africa in the wider world*. Londres: Pergamon Press, 1967. Pp. 222-260.

Mundy-Castle, A. C. The development of nations: Some psychological considerations. *Journal of Social Issues*, 1968, *24*, 45-54.

Nações Unidas, Escritório de Estatística das, *Anuário Estatístico* (1965). Nova Iorque: Nações Unidas, 1966.

Nuñez, R. Social-psychological problems of the profession of clinical psychology in Mexico. Tradução inglesa mimeografada de um trabalho apresentado em espanhol no Sétimo Congresso Interamericano de Psicologia, México, dezembro de 1961.

Nuñez, R. Sobre el intercambio de estudiantes profesores de psicologia clinica entre los paises americanos. Trabalho apresentado no Nono Congresso Interamericano de Psicologia, Miami, dezembro de 1964.

Nussenzveig, H. M. Migration of scientists from Latin American. *Science*, 1969, *165*, 1328-1332.

Odbert, H. S. Evaluation of needs for the development of psychology within the Americas. Trabalho apresentado no Nono Congresso Interamericano de Psicologia, Miami, dezembro de 1964.

Platig, E. R. Research and analysis. *Annals of the American Academy of Political and Social Science*, 1968, *380*, 50-59.

Price-Williams, D. Problems of research training. *Journal of Social Issues*, 1968, *24*, 227-232.

Prothro, E. T., & Melikian, L. H. Psychology in the Arab Near East. *Psychological Bulletin*, 1955, *52*, 304-310.

Ribes-Iñesta, E. Psychology in Mexico. *American Psychologist*, 1968, *23*, 565-566.

Roszak, T. *The making of a counter culture*. Garden City. Nova Iorque: Anchor Books, 1969.

Ruiz, D. J. *Curso de Psicologia*. (Decimaprimera edic.) Buenos Aires: Editorial Estrada, 1963.

Sanford, F. H. Toward a sociology of psychology. *American Psychologist*, 1952, *7*, 83-85.

Santos, J. F. The exchange of faculty and students in the Americas. Trabalho apresentado no Nono Congresso Interamericano de Psicologia, Miami, dezembro de 1964.

Seers, D. *Report of the UN/ECA/FAO Economic Survey Mission: The economic development of Zambia*. Adis Abeba: Comissão Econômica das Nações Unidas para a África, 1964.

Smith, M. B. Conference report: International conference on social-psychological research in developing countries. *Journal of Personality and Social Psychology*, 1968, *8*, 95-98. (a)

Smith, M. B. Some reflections on the Ibadan Conference. *Journal of Social Issues*, 1968, *24*, 41-61. (b)

Vallance, T. R. Project Camelot: An interim postlude. *American Psychologist*, 1966, *21*, 441-44.

Varela, J. A. *Introduction to social science technology*. Nova Iorque: Academic Press, 1970.

Walsh, J. Foreign affairs research: Review process rises on ruins of Camelot. *American Psychologist*, 1966, *21*, 428-440.

Weinberg, A. A. Immigration from Western countries in Israel. *International Migration*, 1967, *5*, 22-37.

Whyte, W. F. The role of the U. S. professor in developing countries. *American Sociologist*, 1969, *4*, 19-28.

Wickert, F. R. *Readings in African psychology*. East Lansing: Michigan State University, African Studies Center, 1967.

Outras Leituras

Cravioto, J. Nutrition deprivation and psycho-biological development in children. Relatório sobre a Privação de Alimento no Desenvolvimento Psicológico, da Organização Pan-Americana de Saúde, Escritório Regional da Organização Mundial de Saúde, Washington, Ref.: Res 418, 16 de junho de 1965.

Crijus, A. G. African personality structure: A critical review of bibliographical sources and of principal findings. *Gawein*, 1966, *14*, 239-248.

Lystad, R. A. (Org.), *The African world: A survey of social research*. Londres: Pall Mall Press for African Studies Association, 1965.

Mann, J. W. *Race attitudes today*. Joanesburgo: The Institute for the Study of Man in Africa, 1967.

Nelson, G. K. The electroencephalogram in Kwashiorkor. *Electroencephalography and Clinical Neurophysiology*, 1959, *11*, 73-84.

GLOSSÁRIO

ÁBACO. Um dispositivo para calcular manualmente, usando contas que deslizam ao longo de varetas; embora de origem muito antiga, um ábaco pode ser utilizado por um especialista, para algumas operações, à mesma velocidade que uma calculadora de mesa.

AB-REAÇÃO. Processo de descarga emocional que ocorre quando se revivem experiências passadas (psicanalíticas); o mecanismo básico na catarse ("cura de conversação").

AÇÃO IDEOMOTORA. Expressão que se refere à convicção de que uma idéia, a menos que outras idéias a inibam, conduzirá diretamente à ação motora (James).

AÇÃO MACIÇA, PRINCÍPIO DE. O princípio segundo o qual os tecidos cerebrais funcionam como um todo nos processos mentais superiores (Lashley).

ÁLGEBRA BOOLEANA. A álgebra de conjuntos, desenvolvida por George Boole.

ALTERNAÇÃO DUPLA, TAREFA DE. Um projeto experimental em que as respostas devem ser AABB.

ALUCINAÇÃO. Uma falsa percepção, na ausência de estímulos exteriores apropriados.

ANÁLISE. Separação em partes componentes; tanto pode ser conceptual, como no caso da ciência, ou física.

ANÁLISE DO CRITÉRIO, MÉTODO DE. Um método de análise fatorial; selecionam-se dois grupos, dos quais se sabe que diferem em algum fator subjacente hipotético; são administradas então baterias de teste e só aqueles testes que estabelecem diferenças entre os grupos são submetidos à análise fatorial (Eysenck).

ANÁLISE DIMENSIONAL. A estruturação de uma situação total em seqüências contínuas e específicas que podem ser medidas.

ANÁLISE FATORIAL. Técnica estatística que utiliza conjuntos de correlações; é usada para extrair as dimensões ou fatores subjacentes que explicam as relações observadas entre escores.

ANIMA. Um arquétipo bem desenvolvido que representa as características femininas do homem (Jung).

ANIMUS. Um arquétipo bem desenvolvido que representa as características masculinas da mulher (Jung).

ANSIEDADE BÁSICA. O sentimento de uma criança de estar isolada e impotente num mundo potencialmente hostil (Horney).

ANSIEDADE DE SEPARAÇÃO. Ansiedade resultante do trauma de nascimento e básica nos sintomas neuróticos (Rank).

ANTROPOMORFISMO. A atribuição de características ou capacidades humanas a outras coisas, em especial às espécies infra-humanas.

ANTROPONOMIA. Um termo postulado por Hunter para designar a "ciência do comportamento humano".

APERCEPÇÃO. Uma percepção muito clara e vívida.

APRENDIZAGEM DE SIGNOS. A aprendizagem das relações entre signos: o que é que é que conduz a quê (Tolman).

APRENDIZAGEM LATENTE. A aprendizagem na ausência de reforço (Tolman).

ARCO REFLEXO. A unidade funcional mais simples do sistema nervoso, composta por um receptor, uma sinapse e um efetor.

ARQUÉTIPOS. Predisposições herdadas para perceber ou atuar de uma certa maneira (Jung).

ASSOCIACIONISMO. Ponto de vista segundo o qual o comportamento aprendido é o resultado das associações de simples sensações e idéias em complexos mentais.

ASTÊNICO. Tipo corporal identificado por Kretschmer como alto e magro.

ATENSIDADE. Clareza de uma sensação que varia com a atenção, mais do que com as características objetivas do estímulo (Titchener).

ATIVIDADE MENTAL. Designação genérica para o comportamento adaptativo, segundo Carr.

ATO ADAPTATIVO. Unidade primária de comportamento, segundo Carr, que envolve três fases: (1) um estímulo motivador, (2) uma situação sensorial e (3) uma resposta que altera a situação para satisfazer as condições motivadoras.

AUTONOMIA FUNCIONAL. O desempenho de uma tarefa pela tarefa; o estado impulsivo é, assim, independente da necessidade que o fez surgir (Allport).

AXIOMA. Uma verdade evidente por si mesma; uma proposição que não é suscetível de prova ou de refutação.

BEHAVIORISMO. Ver CONDUTISMO.

CAIXA DE SKINNER. Uma câmara para condicionamento operante; é uma caixa dotada de um dispositivo que o organismo pode manipular para produzir algum tipo de reforço.

CAIXA QUEBRA-CABEÇA *(Puzzle Box)*. Um recinto fechado que impede ao organismo alcançar uma meta enquanto não acionar um determinado dispositivo (Thorndike).

CAMPO DE ESTIMULAÇÃO. A totalidade dos estímulos que atuam sobre o organismo num momento dado (Gestalt).

CANALIZAÇÃO. O desenvolvimento de um meio preferido de satisfação de uma necessidade (Murphy).

CÂNONE DE LLOYD-MORGAN. Lei de parcimônia aplicada à psicologia comparada: "Em nenhum caso podemos interpretar uma ação como o resultado do exercício de uma faculdade psíquica superior, se puder ser interpretada como o resultado do exercício de uma faculdade inferior na escala psicológica."

CATARSE. Princípio psicanalítico de descarga de tensões e ansiedades, mediante experiências emocionalmente revividas; originalmente descrita como a "cura de conversação" (Breuer e Freud).

CATEXE. O investimento de energia psíquica em algum objeto, pessoa ou coisa (Freud).

CENTRALISMO. Um ponto de vista que sublinha a importância das funções cerebrais na explicação dos fenômenos psicológicos.

CEREBROTONIA. Um padrão de temperamento característico de um indivíduo tímido, sensível e propenso à especulação intelectual (Sheldon).

CINESTESIA. O sentido de posição ou movimento do corpo.

CIÊNCIA. A atividade pela qual os homens adquirem um conhecimento ordenado dos fenômenos naturais, trabalhando com uma metodologia particular (observação controlada e análise) e com um conjunto de atitudes (ceticismo, objetividade etc.).

CIÊNCIA APLICADA. Disciplina que se ocupa da investigação de variáveis que se supõe terem aplicação prática imediata.

CIÊNCIA PURA. A parte da ciência que se ocupa unicamente da descoberta de novos fatos e do desenvolvimento de teorias, sem atender à utilidade imediata de tal conhecimento.

CLASSIFICAÇÃO Q *(Q-sort)*. Um inventário de personalidade que utiliza a análise fatorial; o sujeito avalia a sua própria personalidade, classificando em diferentes grupos uma série de afirmações sobre a mesma (Stephenson).

CODIFICADO. Transformado numa forma distinta da original; por exemplo, podem ser codificadas as letras do alfabeto transformando cada uma num único número decimal, o qual, por sua vez, pode ser codificado em números binários, os quais, finalmente, serão codificados como perfurações num cartão.

COGNITIVO. Pertencente aos processos mentais envolvidos na aquisição de consciência (conscientização) ou conhecimento de um objeto.

COR DE SUPERFÍCIE. A cor que é vista como se jazesse na superfície de um objeto.

COR PELICULAR (*Film Color*). Uma cor transparente que não é substancial e carece de localização definida.

COMPENSAÇÃO. Desenvolvimento naquelas áreas em que um indivíduo se sente inferior e a tentativa de superar essa inferioridade.

COMPILAR. Traduzir um programa escrito numa linguagem de problema para a linguagem das instruções de máquina; a linguagem de problema é empregada porque, para o programador, é mais natural do que a linguagem da máquina.

COMPLEXO DE INFERIORIDADE. Sentimento que um indivíduo tem como resultado de suas deficiências reais ou imaginárias (Adler).

COMPORTAMENTO EXPRESSIVO. O aspecto do comportamento (ou conduta) que está mais relacionado com o próprio estilo do indivíduo do que com a função adaptativa do comportamento (Allport).

COMPORTAMENTO OPERANTE. O comportamento (ou conduta) que se caracteriza pelo seu efeito sobre o meio e para o qual não existe, usualmente, um estímulo conhecido ou manipulado (Skinner).

COMPORTAMENTO RESPONDENTE. O comportamento (ou conduta) que se caracteriza por sua identificação com um estímulo específico que o provoca.

COMPULSÃO DE REPETIÇÃO. Desejo irreprimível de repetir algum ato numerosas vezes (Freud).

COMPUTADOR. Um aparelho, usualmente eletrônico, que realiza uma seqüência de operações, sob o controle de um programa armazenado de operação.

CONDENSAÇÃO. A representação de mais de um elemento latente por um só elemento onírico manifesto (psicanalítico).

CONDICIONAMENTO CLÁSSICO. Aprendizagem associativa relativamente simples, em que o reforço ocorre contiguamente com a resposta aprendida mas independente do seu desempenho.

CONDICIONAMENTO INSTRUMENTAL. Aprendizagem associativa relativamente simples em que a oportunidade de consumar um comportamento (por exemplo, comer, observar ou a atividade sexual) está na contingência do desempenho da resposta a ser aprendida (por exemplo, acionar uma barra ou passar num teste).

CONDICIONAMENTO OPERANTE. Condicionamento instrumental em que o sujeito "emite" a resposta aprendida na ausência de qualquer estímulo particular que pudesse provocá-la (Skinner); a *operante livre* é uma resposta cuja emissão deixa o sujeito em posição de repetir tais respostas (por exemplo, acionar uma barra numa caixa, em contraste com a corrida numa pista).

CONDICIONAMENTO RESPONDENTE. Condicionamento clássico, em que há um estímulo provocador e em que o reforço ocorre independentemente do desempenho da resposta.

CONDUTISMO (ou BEHAVIORISMO). De um modo geral, a posição sistemática segundo a qual todas as funções psicológicas podem ser explicadas em termos de reações musculares e secreções glandulares, *e nada mais;* portanto, é o estudo objetivo dos aspectos de estímulo e resposta (ou reação) no comportamento (ou conduta), segundo os princípios enunciados por Watson. Mais especificamente, 1. Condutismo *metodológico* (empírico): a concepção segundo a qual o comportamento (ou conduta) é tudo o que pode ser estudado pelos cientistas, sendo exigidas, portanto, técnicas rigorosamente objetivas, como em todas as outras ciências naturais; 2. Condutismo *metafísico* (radical): a posição filosófica que nega a existência da mente — uma espécie de monismo físico.

CONEXIONISMO. A escola da psicologia que considera uma conexão ou vínculo estímulo-resposta como base de toda ou a maior parte do comportamento.

CONFLITO. A operação simultânea de duas ou mais tendências contraditórias; a condição resultante disso.

CONFLITO DE APROXIMAÇÃO-APROXIMAÇÃO. Um conflito que ocorre quando um indivíduo deseja realizar dois objetivos, dos quais só um pode ser alcançado (Lewin).

CONFLITO DE APROXIMAÇÃO-EVITAÇÃO. Conflito que se caracteriza pela antevisão de um objetivo que é, ao mesmo tempo, desejado e não desejado (Lewin).

CONFLITO DE EVITAÇÃO-EVITAÇÃO. Conflito que surge quando se prevêem duas conseqüências alternativas igualmente indesejáveis (Lewin).

CONFLITO EDIPAL. O sentimento de hostilidade da criança em relação ao pai do mesmo sexo e de amor ao pai do sexo oposto (Freud).

CONSERVAÇÃO DE ENERGIA, PRINCÍPIO DE. A proposição segundo a qual a energia não é criada nem destruída nos sistemas físicos; ela é apenas transferida para outras formas e, portanto, "conservada".

CONSTÂNCIA OBJETAL. A tendência de um organismo para ver um objeto com um tamanho e uma forma estáveis, independentemente das variações da imagem retiniana (Brunswik).

CONSTRUTO. Um conceito que representa relações entre objetos ou acontecimentos.

CONSTRUTO HIPOTÉTICO. Um construto cujo significado vai além da relação entre as condições antecedentes (estímulo) e conseqüentes (resposta) que representa.

CONTIGÜIDADE. Proximidade no tempo e (ou) no espaço.

CONTÍNUO. Uma variável cujos valores são contínuos, isto é, de modo que um outro valor pode ser sempre encontrados entre quaisquer dois valores dados.

CONTROLE. 1. O método pelo qual a variação estranha é eliminada em ciência, permitindo uma atribuição menos ambígua de relações causa-e-efeito. 2. O exercício de influência sobre uma variável ou variáveis.

COROLÁRIO. Uma proposição derivada diretamente de uma outra que foi provada ou postulada; uma conseqüência natural que deriva, sem esforço adicional, de uma ação.

CORRELAÇÃO. Uma relação entre duas ou mais variáveis, de modo tal que uma mudança em uma ocorrerá sempre que ocorrer uma mudança na outra; o grau em que duas ou mais variáveis assim estão relacionadas.

CRENÇA DE EQUIVALÊNCIA. O estudo hipotético de um organismo, em resultado do qual se comporta como se uma submeta fosse a meta (Tolman).

CURVA DE OPERAÇÃO DO RECEPTOR. Uma curva característica que relaciona a probabilidade de um "acerto" *(hit)* — informação correta de deteção — com a probabilidade de um "falso alarma" — informação incorreta de deteção.

CURVA J. A descrição gráfica da distribuição de respostas quando alguma instituição social influi sobre o comportamento numa direção particular, de modo que os escores se acumulam, acentuadamente, numa extremidade da escala (F. Allport).

DEDUÇÃO. Método da lógica que parte de premissas gerais para enunciados mais específicos.

DESCODIFICADO *(Decoded)*. Reconversão a uma forma que tinha sido codificada em alguma outra; por exemplo, se as letras do alfabeto se *codificam* em números, elas *descodificam-se* em letras do alfabeto.

DESIGUALDADE RETINIANA. Índice da profundidade visual resultante da ligeira diferença entre as duas imagens retinianas na visão binocular.

DESLOCAMENTO. Substituição temporária de uma meta primária por uma secundária (psicanálise).

DETERMINISMO. Um pressuposto segundo o qual todos os fenômenos podem ser explicados por lei natural, à maneira de causa-e-efeito; o ponto de vista segundo o qual todos os eventos são inteiramente explicáveis, portanto, em função de eventos antecedentes e pertinentes.

DINAMISMO. Um modo habitual de responder, em relação a outros (Sullivan).

DINAMISMO DA INTENSIDADE DE ESTÍMULO. O princípio segundo o qual o potencial de reação ou a amplitude da resposta aumenta monotonicamente com a intensidade do estímulo (Hull).

DISCRIMINAÇÃO. Processo de diferenciação entre objetos ou ações; a capacidade de assinalar uma diferença.

DISCRIMINAÇÃO DE IMPULSOS. A capacidade demonstrada dos organismos para comportarem-se diferentemente em condições diferentes de privação.

DISPLASIA. Ausência de harmonia ou proporção entre partes do corpo (Sheldon).

DISPOSIÇÃO, LEI DA. O princípio que estabelece que, quando uma unidade de condução está pronta para conduzir, a condução através dessa unidade é satisfatória, desde que nada se faça para alterar a sua ação (Thorndike).

DISPOSIÇÃO MEIOS-FINS. Um estado de disposição seletiva que perdura independentemente do estado motivacional atual do organismo e que leva à aquisição de certas expectativas mais facilmente do que a outras (Tolman).

DRAMATIZAÇÃO. Atividades lúdicas das crianças que imitam o comportamento de adultos (Sullivan).

DUALISMO. Posição metafísica em que se pressupõe a existência da alma e do corpo.

DUPLO ASPECTO, TEORIA DO. A posição metafísica em que se supõe que a mente e o corpo são funções de uma realidade subjacente.

E. Conjunção de uso geral na álgebra booleana; C = A . B pode ler-se "C é verdadeiro se e unicamente se A *e* B são verdadeiros".

ECLETISMO. A seleção do que parece melhor de vários sistemas, teorias ou procedimentos.

ECOLOGIA PSICOLÓGICA. O estudo daquelas partes do meio físico que desempenham um papel importante no espaço vital de um indivíduo (Lewin).

ECTOMORFISMO. Um tipo corporal caracterizado por uma compleição alta, magra e de ossatura pequena (Sheldon).

EFEITO ZEIGARNIK. O nome dado ao fenômeno de que as tarefas que não estão completadas recordam-se melhor do que as completadas (Lewin).

EFEITOS DISTAIS. As alterações do meio que resultam das respostas de um organismo.

EGO. 1. O eu. 2. Aquela parte da atividade mental que é consciente e está em íntimo contato com a realidade (psicanálise).

ELEMENTARISMO. A propensão metodológica para analisar os estados e processos mentais e comportamentais em seus elementos componentes, tanto quanto seja possível; fortemente atacado pela psicologia da Gestalt (estruturalismo).

ELEMENTO. A unidade irredutível em que todos os estados conscientes podem ser decompostos (Titchener).

EMPATIA. A conscientização simpática de um estado emocional numa outra pessoa.

EMERGENTISMO. O ponto de vista segundo o qual propriedades únicas *emergem* em combinações de elementos, propriedades essas que não são previsíveis através do conhecimento dos elementos *per se*. Segundo este ponto de vista, a vida e a mente não seriam completamente redutíveis a princípios físicos.

EMPÍRICO. Relativo aos fatos e experiências sensoriais; indica a confiança na observação.

EMPIRISMO. 1. A escola de pensamento filosófico que acredita ser todo o conhecimento originado na experiência. 2. Uma metodologia que enfatiza os dados e minimiza a inferência teórica.

ENDOMORFISMO. Um tipo corporal caracterizado como carnudo, mole e redondo (Sheldon).

ENTROPIA. Na Física, a energia de um sistema físico que não está disponível para o trabalho; na teoria da informação, o conteúdo médio de informação de um símbolo, emitido por uma fonte.

EPIFENOMENISMO. Posição metafísica em que se supõe que a mente é um subproduto não-causal do corpo.

EPISTEMOLOGIA. Um ramo da filosofia que se ocupa da aquisição e validade do conhecimento.

EQÜIPOTENCIALIDADE, PRINCÍPIO DE. O princípio que enuncia que, dentro das áreas cerebrais desempenhando a mesma função, todas as partes são igualmente capazes de executar essa função (Lashley).

ERG. Um traço motivacional subjacente, de origem hereditária (Cattell).

ERRO DO ESTÍMULO. Prestar mais atenção às propriedades do estímulo do que às características da sensação (Titchener).

ESCALAS, CONSTRUÇÃO DE. A construção de qualquer tipo de dispositivo para a medição ordenada, usado para representar qualquer tipo de contínuo.

ESCOLA. O conjunto de adeptos de uma posição sistemática determinada, com graus variáveis de contigüidade temporal e espacial.

ESPAÇO HODOLÓGICO. Uma geometria qualitativa de relações espaciais, inventada por Lewin para utilizar vetores que representam os fatores psicológicos dinâmicos.

ESPAÇO VITAL. A totalidade dos fatores psicológicos efetivos para uma determinada pessoa, num determinado momento do tempo (Lewin).

ESQUIZOFRENIA. Um distúrbio psicótico caracterizado por perturbações nos processos do pensamento e perda de contato com a realidade.

ESTEREOTIPIA. Uma condição em que o organismo manifesta persistentemente certas respostas invariáveis.

ESTÍMULOS DISTAIS. Objetos no meio físico que produzem estímulos nas superfícies receptoras do organismo (estas últimas são *estímulos proximais*).

ESTÍMULOS PRODUZIDOS PELO MOVIMENTO. (EPM) Estímulos originados pelos movimentos do organismo (Guthrie).

ESTÍMULOS PROXIMAIS. Os estímulos tal como são quando entram em contato direto com o organismo (Brunswik).

ESTRUTURALISMO. O sistema que sublinha a importância da análise da consciência em seus elementos, através do método de introspecção (Wundt, Titchener).

EU. 1. A imagem existente do comportamento e experiências passados do indivíduo, tal como este os percebe. 2. Denominação resumida de um conjunto de processos psicológicos que, usualmente, incluem as funções de avaliação e de atitudes, envolvendo um indivíduo e sua relação com o mundo.

EVOLUÇÃO LAMARCKIANA. A doutrina da herança de características adquiridas; o uso ou desuso das estruturas orgânicas resulta em mudanças que são transmitidas ao organismo dos descendentes.

EXERCÍCIO, LEI DO. A proposição segundo a qual o desempenho de uma resposta melhora o desempenho subseqüente, através da simples prática.

EXPECTATIVAS DE CAMPO. Uma disposição do organismo para que uma resposta particular a uma certa pista ou estímulo produza uma particular situação ou conseqüência (Tolman).

EXPERIMENTO DE TRANSPOSIÇÃO. Um experimento em que um sujeito é treinado para responder a um de dois estímulos que se situam numa relação particular entre si (por exemplo, o estímulo recompensado *é maior* do que o estímulo não-recompensado). De um modo típico, durante as últimas provas de um teste, o estímulo previamente recompensado é emparelhado com um estímulo que tem com aquele a relação que tinha antes com o outro estímulo de adestramento (isto é, o outro estímulo de teste é agora *maior* do que o estímulo previamente recompensado). A questão consiste em saber se o sujeito responderá à relação (transposição demonstrada) escolhendo o novo estímulo (maior) ou responderá às propriedades do estímulo absoluto, escolhendo o antigo estímulo, previamente recompensado.

EXTEROCEPTOR. Um órgão ou receptor sensorial diretamente estimulado por fontes de energia fora do corpo (por exemplo, o olho).

EXTROVERSÃO. O modo de responder ao mundo em que a atenção da pessoa está dirigida para o mundo exterior (Jung).

FASE ANAL. O período no desenvolvimento de um indivíduo que se caracteriza pelo interesse na região anal e que tem certos efeitos concomitantes sobre a personalidade, os quais podem ser característicos do indivíduo adulto se ocorrer uma fixação nesta fase (Freud).

FASE FÁLICA. O período no desenvolvimento de um indivíduo durante o qual o Complexo de Édipo se desenvolve; assinalado pelo interesse no pênis (Freud).

FASE GENITAL. A fase psicossexual final no desenvolvimento do indivíduo, em que este deseja relações sexuais com membros do sexo oposto (Freud).

FASE ORAL. O primeiro período no desenvolvimento psicossexual de um indivíduo; marcado pelo interesse na região oral (Freud).

FATOR DE GRUPO CENTRÍFUGO. A tendência para fazer gestos com o corpo; um fator expressivo na teoria da personalidade de Allport.

FENOMENALISMO. A posição metafísica que não considera real nem a mente nem o corpo; só existem as idéias resultantes das impressões sensoriais.

FENOMENOLOGIA. Um método de observação em que os dados experimentais são aceitos de maneira mais ou menos ingênua, sem qualquer tentativa de análise.

FENÔMENO PHI. O nome dado por Wertheimer à percepção do movimento aparente gerado por estímulos estacionários.

FENOTIPO. 1. Uma característica corporal, em contraste com o fator hereditário subjacente (genotipo). 2. O físico de um indivíduo (Sullivan).

FICÇÃO DE FUTURO. Planos e aspirações de uma pessoa para o futuro, nos quais se acredita no momento atual (Adler).

FIGURA-FUNDO. Uma propriedade geral da percepção; a figura é o que se destaca e aquilo a que se presta mais atenção, enquanto que o fundo é o que cerca a figura e é secundário em relação a ela.

FISICALISMO. Posição filosófica segundo a qual todas as proposições científicas são, em última instância, redutíveis à linguagem da ciência física.

FISIOLOGIZAÇÃO. A proposição de explicações e conjeturas fisiológicas, na ausência de conhecimentos fisiológicos definidos que as justifiquem.

FIXAÇÃO. 1. Obstinação numa determinada resposta. 2. Persistência de processos imaturos de comportamento ou pensamento, acompanhada de uma carência de desenvolvimento normal (psicanálise).

FORÇA DO HÁBITO. (${}_EH_R$) Uma variável interveniente que representa a aprendizagem; uma função de (1) número de reforços, (2) montante de reforço, (3) tempo entre estímulo e resposta, (4) tempo entre resposta e reforço (Hull, 1943); no sistema hulliano final (1951, 1952), só foi retido o determinante (1).

FORÇAS COESIVAS. A tendência das excitações corticais para se atraírem mutuamente (Gestalt).

FORÇAS RESTRITIVAS. Excitações cerebrais que impedem a atração das forças coesivas; usualmente, resultam da estimulação presente (Gestalt).

FREQÜÊNCIA, LEI DA. A proposição de que o índice de aprendizagem é uma função da freqüência de ocorrência de uma resposta.

FRENOLOGIA. A crença infundada em que as características mentais podem ser determinadas pelo exame dos contornos e protuberâncias do crânio (Gall).

FUNCIONALISMO. O sistema psicológico que destaca a importância da função ou utilidade do comportamento, na adaptação ao meio (Angell, Carr, Woodworth).

FUNCIONAMENTO PROBABILÍSTICO. A posição sistemática de Egon Brunswik, a qual enfatiza que a correção da percepção e a eficácia da ação são unicamente prováveis; considera-se que a tarefa do organismo consiste no relacionamento adaptativo e funcional dos estímulos distais com os efeitos distais das respostas no meio ambiente.

GEOMETRIA NÃO-EUCLIDEANA. Geometria que refuta um ou mais dos axiomas centrais da geometria tradicional euclideana, especialmente o postulado respeitante às linhas paralelas.

GESTALT. Figura, configuração ou forma que é um todo maior do que a soma de suas partes e que, se for analisado em suas partes, é destruído.

GINANDROMORFISMO. A bissexualidade em suas manifestações corporais (Sheldon).

GRADIENTE DE META. Aumento progressivo na força da resposta, em função da proximidade gradual da meta.

GRÁFICO LINEAR. Gráfico que representa uma equação de primeiro grau entre duas variáveis.

HAB. Unidade de aprendizagem criada para quantificar a força do hábito (${}_EH_R$); igual a 1% do máximo fisiológico (Hull).

HEDONISMO. Crença filosófica segundo a qual o comportamento é dirigido para a obtenção de prazer e evitação da dor.

HIERARQUIA DE FAMÍLIA DE HÁBITOS. Ordenamento, numa hierarquia de forças, do conjunto total de hábitos que podem ocorrer numa dada situação de estímulo (Hull).

HIPOCONDRIA. Neurose que se caracteriza por uma excessiva preocupação em torno da própria saúde.

HIPÓTESE. 1. Uma proposição respeitante à relação entre variáveis. 2. Uma explicação conjetural.

HIPÓTESE ANTIMOSAICO. Ponto de vista teórico oposto à hipótese estruturalista do feixe.

HIPÓTESE DO FEIXE. O pressuposto de que as percepções complexas se constituem como um grupo ou "feixe" de percepções simples.

HISTERIA. A manifestação de sintomas corporais como a anestesia e a paralisia, em resultado de um trauma ou conflito psíquico.

HOLÍSTICO. Referente à posição teórica (holismo) segundo a qual o organismo deve ser estudado como um todo, visto que o todo é maior do que as suas partes constituintes.

ID. Estrutura ou processo psíquico que é o depósito original da energia psíquica e funciona de acordo com o princípio de prazer (Freud).

IDEALISMO SUBJETIVO. Posição metafísica que supõe uma realidade básica única, de caráter mental ou espiritual.

IDIOGRÁFICO. Referente a um caso ou acontecimento individual e à metodologia que destaca mais a investigação intensiva de um indivíduo do que a extensiva.

IMAGEM. A reprodução relativamente tênue de uma sensação prévia na consciência (Titchener).

IMAGEM MNÉSICA PRIMÁRIA. Um prolongado vestígio mnésico que, segundo se postula, mantém a sensação durante um período relativamente curto, permitindo uma acurada informação introspectiva (Titchener).

IMPULSO. Um construto (I) usado por Hull para indicar uma condição do organismo, resultante de uma privação; condição essa que incrementa a atividade do organismo no sentido de uma determinada classe de estímulos.

INCERTEZA. Aquela propriedade de um conjunto de alternativas que determina o seu conteúdo de informação; o montante de incerteza num conjunto de mensagens alternativas é igual à soma de informação que se transmitiria se essa incerteza fosse reduzida a zero (ver Informação).

INCONSCIENTE. Termo genérico para designar as atividades mentais de que o indivíduo não é consciente (psicanálise).

INCONSCIENTE COLETIVO. A parte do inconsciente de uma pessoa que é herdada filogeneticamente e é comum a todos os membros da espécie (Jung).

INCONSCIENTE PESSOAL. A parte do inconsciente de uma pessoa que contém material originado na sua experiência pessoal (Jung).

INDUÇÃO. Método da lógica que parte de enunciados específicos e chega a conclusões gerais.

INFERÊNCIA INCONSCIENTE. A extração de uma conclusão, como na percepção, na ausência de qualquer processo de raciocínio de que a pessoa esteja cônscia (Helmholtz).

INFERIORIDADE ORGÂNICA. Ver Complexo de Inferioridade.

INFORMAÇÃO. Tudo o que reduz a incerteza (teoria da informação); a recepção de uma mensagem portadora de informação reduz a incerteza ou a ignorância, ao reduzir o número de mensagens alternativas possíveis ou ao encaminhar as probabilidades num certo sentido, para que a incerteza restante seja reduzida.

INFORMAÇÃO, TEORIA DA. A teoria matemática que trata da codificação, descodificação e transmissão de mensagens.

INIBIÇÃO CONDICIONADA. Aquisição hipotética das propriedades inibitórias ante um estímulo, mediante a sua associação repetida com a inibição reativa.

INIBIÇÃO REATIVA. Explicação hipotética para o decréscimo de uma resposta aprendida, devido ao caráter de esforço da atividade (Hull).

INIBIÇÃO RETROATIVA. A interferência de uma segunda tarefa na retenção de uma tarefa previamente aprendida.

INSTINTO. Modo de comportamento inato, complexo e estereotipado. 2. Necessidade (Freud).

INSTINTO DE MORTE. O desejo de um organismo de retornar a um estado inorgânico (Freud).

INSTINTO DE VIDA. O desejo do organismo para manter um equilíbrio entre as forças anabólicas e catabólicas do corpo, isto é, para manter a vida (Freud).

INSTRUÇÕES. Especificações das operações que o computador deve executar; o computador típico pode responder, aproximadamente, a sessenta instruções básicas e todas as funções mais complexas executadas pelo computador são sintetizadas a partir dessas instruções básicas.

INTENCIONALISMO. Doutrina segundo a qual o comportamento não é meramente mecânico e, pelo contrário, se dirige para algum objetivo ou meta intencional.

INTERAÇÃO DOS ESTÍMULOS AFERENTES. Postulado de Hull segundo o qual os estímulos interatuam de tal modo que o comportamento resultante é mais do que a simples soma dos efeitos comportamentais dos estímulos, tomados separadamente.

INTERACIONISMO. A posição metafísica em que a mente e o corpo são duas entidades separadas mas inter-relacionadas.

INTERCONDUTISMO (ou INTERBEHAVIORISMO). Teoria do campo que destaca a importância da interação entre as funções de estímulo e resposta (Kantor).

INTEROCEPTOR. Um órgão sensorial ou receptor, dentro do organismo, sensível aos estímulos oriundos do interior do corpo.

INTERVALO FIXO, PROGRAMA DE. (IF) Um programa de reforço em que se reforça a primeira resposta produzida após um período fixo de tempo.

INTERVALO VARIÁVEL, PROGRAMA DE. (IV) Um programa de reforço em que se reforça a primeira resposta produzida após um período variável de tempo.

INTROSPECÇÃO. Termo genérico para designar qualquer método que confia na informação subjetiva do sujeito.

INTROVERSÃO. O modo de responder ao mundo em que a atenção da pessoa é orientada para si própria (Jung).

INTROVISÃO *(Insight)*. Uma súbita compreensão de um problema previamente insolúvel. 2. Uma súbita reorganização do campo perceptual (Gestalt).

INVEJA DO PÊNIS. O desejo feminino reprimido de possuir um pênis; forma feminina da ansiedade de castração (Freud).

IRRADIAÇÃO. O fenômeno de generalização, com a implicação das funções excitatórias do cérebro (Pavlov).

IRRADIAÇÃO DO EFEITO. A proposição segundo a qual o reforço por recompensa tende a fortalecer as respostas errôneas que tiverem uma estreita contigüidade temporal e (ou) espacial (Thorndike).

ISOMORFISMO. A relação 1:1 que se supõe existir entre os campos cerebrais e a experiência (Gestalt).

LEI. 1. Um enunciado de uma relação regular e previsível entre variáveis empíricas. 2. Uma proposição teórica universalmente aceita.

LEI DO EFEITO. A proposição segundo a qual o fortalecimento das conexões estímulo-resposta, tal como é medido pelo aumento na probabilidade de que ocorra uma resposta numa situação de estímulo particular, resulta da ação de uma recompensa após a resposta (pós-efeitos satisfatórios, segundo a formulação de Thorndike); a proposição corolária original de que os pós-

-efeitos punitivos produzem um enfraquecimento das respostas foi subseqüentemente descartada por Thorndike.

LEI DA RECENTICIDADE. O princípio que enuncia que, em igualdade de condições, recorda-se melhor o que foi aprendido mais recentemente.

LIBIDO. A energia ao serviço dos instintos de vida (Freud).

LIVRE ASSOCIAÇÃO. Uma seqüência irrestrita de idéias ou pensamentos; a técnica que consiste em que um sujeito responda com verbalizações irrestritas para fins clínicos (psicanálise).

LOUCURA MANÍACO-DEPRESSIVA. Um distúrbio psicótico caracterizado por ciclos emocionais que vão da exaltação extrema à acentuada depressão.

MANDALA. O círculo mágico encontrado em muitos cultos religiosos e que Jung acreditava ser simbólico do esforço do homem pela unidade.

MATERIALISMO. A posição metafísica que supõe a existência de uma única realidade física subjacente.

MATRIZ DE CRENÇA-VALOR. Hierarquia de expectativas aprendidas a respeito dos objetos do meio ambiente e seus papéis em relação ao comportamento (Tolman).

MECÂNICA MENTAL. A doutrina segundo a qual uma idéia complexa nada mais é do que as idéias simples que a formam e que mantêm suas respectivas identidades individuais (James Mill).

MECANISMO. Uma resposta ou conjunto de respostas intencionais (Woodworth).

MECANISMO DE DEFESA DO EGO. Qualquer processo inconsciente que protege o indivíduo da realidade desagradável; maneira irracional de lidar com a ansiedade (psicanálise).

MESOMORFISMO. Um tipo corporal vigoroso, muscular e atlético (Sheldon).

METAERG. Um traço motivacional subjacente, adquirido através da influência ambiental (Cattell).

METAFÍSICA. Um ramo da filosofia que se ocupa da identificação e compreensão da realidade última.

METATEORIA. Um conjunto de regras gerais que governam a construção de uma teoria; uma teoria sobre uma teoria.

MÉTODO CIENTÍFICO. Processo fundamental de toda a ciência, que se caracteriza pela análise e o controle.

MÉTODO EPISÓDICO. A utilização de acontecimentos casualmente observados como dados científicos.

MÉTODO HIPOTÉTICO-DEDUTIVO. Um método de construção de teoria que parte de alguns postulados gerais, dos quais teoremas e corolários verificáveis são derivados por rigorosa dedução.

MODELO DO CRISTALINO *(Lens Model)*. Conceptualização da interação das variáveis funcionais que afetam o comportamento (Brunswik).

MODELO DETERMINISTA. Qualquer posição teórica que sustente a completa previsibilidade de uma resposta, quando se conhecem as condições antecedentes.

MODELO ESTOCÁSTICO. Qualquer modelo em que se utilize o pressuposto estocástico, isto é, que a probabilidade de um resultado, numa longa série de provas, aproxima-se da verdadeira probabilidade desse resultado.

MODELO MATEMÁTICO DE APRENDIZAGEM. Qualquer teoria da aprendizagem expressa em forma matemática.

MODOS DE COGNIÇÃO DE CAMPO. Uma combinação de pensamento, percepção e recordação, por parte do organismo, que dá lugar a um modo característico de conhecer algumas características do meio ambiente (Tolman).

MOLAR. Referente a grandes unidades de estudo.

MOLDAGEM. Uma técnica usada para produzir um desejado padrão de comportamento, mediante o reforço seletivo de respostas que se aproximam ou são parte dele.

MOLECULAR. Referente a pequenas unidades de estudo.

MÔNADA. O elemento de todo o ser, que é indestrutível, incrível, imutável e ativo (Leibniz).

MONISMO. Uma posição metafísica em que somente uma realidade básica é suposta, a mente ou o corpo.

MORFOGENOTIPO. Um hipotético estado biológico do organismo que determina o tipo corporal e o temperamento (Sheldon).

MORFOLOGIA. O estudo de formas e estruturas biológicas.

NATIVISMO. Doutrina que destaca a importância dos fatores hereditários, mais do que os ambientais, no desenvolvimento de um organismo.

NAVALHA DE OCCAM. Ver PARCIMÔNIA, PRINCÍPIO DE.

NECESSIDADE DE PROCESSO. Uma necessidade de atividade *per se* (Murray).

NECESSIDADE MODAL. A necessidade de aperfeiçoar algum tipo de comportamento (Murray).

NEUROSE. Uma classe de distúrbios da personalidade que se caracteriza por extrema ansiedade e que, usualmente, não é bastante severa para exigir hospitazação.

NÍVEL DE ASPIRAÇÃO. O nível de desempenho que um indivíduo espera alcançar numa dada situação e pelo qual julga o seu desempenho como um êxito ou um fracasso (Lewin).

NOMOTÉTICO. Refere-se ao emprego de dados grupais, numa tentativa de descobrir leis que se apliquem a grupos.

NÚMERO BINÁRIO. Um número na base dois; em qualquer lugar, o valor do coeficiente só pode ser um de dois valores, 0 ou 1.

OBSERVADOR IDEAL. Um ideal matemático-abstrato na teoria da detecção; o comportamento desse ideal define o comportamento idealmente realizável, dentro de situações especificadas e suscetíveis do necessário tratamento matemático.

OPERACIONISMO. Um movimento que tem o propósito de elucidar a linguagem da ciência; uma definição operacional é qualquer definição em que o termo é sinônimo do correspondente conjunto de operações (Bridgman).

OPERANTE LIVRE. Ver CONDICIONAMENTO OPERANTE.

ORGANÍSMICO. Pertinente a qualquer ponto de vista que destaque o estudo do comportamento do organismo total, em vez de suas partes particulares.

ORIENTAÇÃO EXPLORADORA. Um meio de escapar à insegurança mediante a obtenção de objetos valorizados por outras pessoas (Fromm).

ORIENTAÇÃO MERCANTIL. Um meio de evitar a insegurança emulando o estrato social em que se vive (Fromm).

ORIENTAÇÃO RECEPTIVA. Um meio de evitar a insegurança mediante uma forte identificação com um grupo ou o seu líder (Fromm).

OU. Conjunção que se emprega ao escrever as equações da álgebra booleana; tipicamente, é usado o *ou* inclusivo e $C = A + B$ significaria, então, "C é verdadeiro se A é verdadeiro ou se B é verdadeiro, ou se tanto A como B são verdadeiros".

PADRÕES MOTORES. Respostas e combinações de respostas.

PARALELISMO PSICOFÍSICO. A posição metafísica segundo a qual a mente e o corpo são entidades independentes mas perfeitamente correlacionadas.

PARÂMETRO. 1. Uma constante numa equação; os valores das constantes determinam qual a curva, de uma família, que representará a relação entre a variável dependente e a variável ou variáveis independentes. Espera-se que os parâmetros, em equações, correspondam aos valores em que, num experimento, se dispuseram as variáveis controladas. 2. Menos precisamente, um parâmetro é um valor particular de uma variável; por exemplo, poder-se-ia dizer que o valor do *parâmetro* do estímulo foi mudado para produzir uma novidade no experimento.

PARAPSICOLOGIA. Um ramo da psicologia que estuda os fenômenos extrassensoriais ou aqueles que não cabem no âmbito das modalidades sensoriais conhecidas (por exemplo, a clarividência e a telepatia).

PARATÁXICO. Diz-se do sistema cognitivo ou emocional que não está adequadamente relacionado com outros sistemas; eles constituem, pois, compartimentos logicamente fechados (Sullivan).

PARCIMÔNIA, PRINCÍPIO DE. O princípio científico segundo o qual deve ser aceita, em igualdade de condições, a mais simples de duas hipóteses. Não nega a aceitação de explicações complexas, se os dados as exigem. (Também denominado, a *Navalha de Occam* e, na psicologia comparada, o *Cânone de Lloyd Morgan*).

PENSAMENTO SEM IMAGENS. Processos ou funções mentais que escapam à análise introspectiva em termos de elementos.

PERCEPÇÃO EXTRASSENSORIAL *(Fenômeno Psi).* Receptividade de eventos exteriores que não são mediados por qualquer modalidade sensorial conhecida.

PERIFERISMO. A explicação dos fenômenos psicológicos que enfatiza a importância da ação muscular e outros eventos distais, em vez do funcionamento do sistema nervoso central.

PERMUTAS. Todos os arranjos possíveis de um certo número de itens diferentes; cada arranjo é chamado uma *permuta.*

PERSONA. Um arquétipo bem desenvolvido que representa o eu social do homem (Jung).

PERSONIFICAÇÃO. A atribuição de características humanas a entidades não-humanas.

PERSONIFICAÇÃO EIDÉTICA. Uma personificação que persiste e influencia a opinião que uma pessoa tem das outras (Sullivan).

PERSPECTIVA LINEAR. Uma pista de profundidade monocular em que as linhas paralelas tendem a convergir.

PERTENÇA, PRINCÍPIO DE. A proposição de que os itens são mais facilmente associáveis se estiverem relacionados de um modo reconhecível.

PÍCNICO. Um tipo corporal baixo, atarracado (Kretschmer).

PÓS-IMAGEM. A sensação demorada que se segue à remoção do estímulo; usualmente, é notada em conexão com a estimulação visual.

POSITIVISMO. Uma posição científica metateórica e geral que enfatiza a parcimônia e do operacionismo na linguagem dos dados e que rechaça a teorização e os compromissos de inferência.

POSITIVISMO LÓGICO. Um movimento filosófico liderado por Schlick para emancipar a filosofia da metafísica e estabelecer uma ciência da ciência.

POSTREMIDADE, POSTULADO DA. A proposição segundo a qual a última resposta produzida numa determinada situação de estímulo é a que mais provavelmente ocorrerá na ocasião seguinte dessa situação de estímulo; um postulado primário, numa formalização da teoria da aprendizagem por contigüidade, de Guthrie (Voeks).

POSTULADO. 1. Um pressuposto fundamental que não se pretende testar. 2. Proposição teórica usada num dado quadro lógico de referência e testada, indiretamente, mediante suas implicações empíricas (teoremas).

POTENCIAL DE REAÇÃO. ($_{E}H_{R}$) Uma variável interveniente que indica o grau de força de uma determinada resposta (Hull).

PRAGMATISMO. Validação de um princípio através da sua utilidade; a posição filosófica segundo a qual o que é útil é verdadeiro.

PRECONSCIENTE. Aquela parte da atividade mental que consiste em materiais que não são conscientes, na atualidade, mas podem ser facilmente recordáveis (psicanálise).

PREGNÂNCIA, LEI DE *(Prägnanz)*. O princípio gestaltista segundo o qual uma figura será percebida em sua melhor forma possível.

PRESSÃO. As forças ambientais que atuam sobre o indivíduo (Murray).

PRINCÍPIO DE CONTEMPORANEIDADE. Proposição de que somente os fatores atuais influem no comportamento atual; o passado só influencia o comportamento na medida em que estiver representado no presente (Lewin).

PRINCÍPIO DE HEISENBERG. Demonstração matemática de que é impossível a exata medição simultânea da posição e da quantidade de movimento *(momentum)* de um eléctron.

PRINCÍPIO DE PRAZER. A satisfação imediata de desejos instintivos; governa o desenvolvimento do id (Freud).

PRINCÍPIO DE REALIDADE. A consideração por parte do ego das exigências do meio, resultando na eventual satisfação dessas exigências de modo tal que o organismo continue existindo (Freud).

PROCEDIMENTO. A interação de uma pessoa com um objeto ou uma outra pessoa, de duração suficiente para ter um significado dinâmico (Murray).

PROCESSAMENTO DE DADOS. A manipulação de dados, usualmente para a finalidade de torná-los mais compreensíveis; o seu emprego mais freqüente ocorre quando os dados têm de ser manipulados por um computador.

PROCESSO PRIMÁRIO. Satisfação instintiva direta e imediata, mediada pelo id (psicanálise).

PROCESSO SECUNDÁRIO. Atividade consciente do ego, guiada pela realidade externa; distingue-se, pois, da atividade do processo primário do id (psicanálise).

PROGRAMA. Uma seqüência de instruções que podem ser executadas por um computador.

PROGRAMÁTICO. Carente de especificidade sistemática.

PROJEÇÃO. Mecanismo de defesa em que o indivíduo tenta exteriorizar os seus próprios valores, faltas e idéias (psicanálise).

PROJETO DIACRÍTICO *(Diacritical Design)*. Divisão de variáveis interligadas em subclasses, numa tentativa de separação das variáveis (Brunswik).

PROJETO REPRESENTATIVO *(Representative Design)*. Uma abordagem experimental que permite a uma grande amostra de variáveis mudarem em conjunto, de um modo fortuito, assim "representando" melhor os efeitos de todas as possíveis combinações de variáveis e valores (Brunswik).

PROJETO SISTEMÁTICO. A clássica metodologia experimental, utilizando um rigoroso controle das variáveis.

PROPRIOCEPTOR. Um órgão sensorial ou um receptor sensível à posição ou movimento do corpo (por exemplo, o canal vestibular).

PROTENSIDADE. Duração temporal de uma sensação ou imagem (Titchener).

PROTESTO MASCULINO. O desejo comum a homens e mulheres de superar a feminilidade (Adler).

PROTOTÁXICO. Refere-se a um processo cognitivo em que o indivíduo experimenta diretamente, sem atribuir significado algum às suas sensações; um tipo infantil de percepção (Sullivan).

PSICANÁLISE. 1. Uma escola de psicologia fundada e desenvolvida por Sigmund Freud, a qual atribui a maior ênfase à motivação inconsciente, ao conflito e ao simbolismo. 2. Um tipo de psiquiatria que atribui grande destaque à técnica de livre associação e à psicoterapia profunda, a longo prazo.

PSICOFÍSICA. O estudo científico das relações entre estímulos e sensações.

PSICOGÊNESE. Origem e desenvolvimento da mente ou do comportamento.

PSICOLOGIA DO ATO. Uma escola de psicologia que atribui maior destaque aos processos mentais do que aos conteúdos da consciência (Brentano).

PSICOLOGIA DA GESTALT. O sistema psicológico que propõe o estudo fenomenológico das unidades molares de estímulo e resposta, com particular ênfase sobre a primazia dos todos e sobre a existência de campos e configurações cerebrais (Wertheimer, Koffka, Köhler).

PSICOLOGIA EXISTENCIAL. 1. O nome freqüentemente dado ao estruturalismo ,visto que tratava como existentes os elementos da consciência. 2. A escola de teóricos da personalidade que acentua a compreensão do indivíduo por si mesmo. Deriva do existencialismo filosófico; a ênfase é sobre os eventos concretos na experiência e o livre arbítrio do homem na escolha de como deseja viver sua vida.

PSICOMETRISTA. Uma pessoa treinada na administração de testes mentais e elaboração dos seus escores.

PSICOPATOLOGIA. A disciplina científica que estuda o comportamento anormal.

PSICOSE. Grave perturbação do comportamento que se caracteriza pela falta de contato do paciente com a realidade e que requer, usualmente, hospitalização.

QUALIDADE GESTALT. *(Gestaltqualität)* Padrões de tempo e de espaço que se presumem inerentes na mente e que, portanto, são independentes dos elementos físicos; esta teoria é freqüentemente considerada a precursora imediata da psicologia da Gestalt (von Ehrenfels).

QUALIDADES PRIMÁRIAS. As qualidades que seriam inerentes ao objeto e independentes do percipiente, por exemplo, tamanho e forma (Locke).

QUALIDADES SECUNDÁRIAS. Aquelas qualidades alegadamente inerentes ao percipiente e não ao objeto percebido, como a cor (Locke).

QUALITATIVO. O que pode ser distinguido ou identificado como pertencente a uma espécie ou gênero diferente.

QUANTIFICAÇÃO. O processo de estabelecimento de relações entre os objetos empíricos de estudo e a matemática dos números reais.

QUANTITATIVO. O que pode ser distinguido ou identificado como diferente em quantidade ou montante.

QUÍMICA MENTAL. A doutrina segundo a qual as idéias simples se combinam para formar novas e mais complexas idéias, perdendo a sua identidade individual respectiva nesse processo de fusão (John Stuart Mill).

QUIMÓGRAFO. Um tambor rotativo que faz registros gráficos; freqüentemente empregado para registrar a respiração e outros processos metabólicos.

RACIONALISMO. A posição filosófica que sustenta que a verdade só pode ser descoberta através da razão pura.

RACIONALIZAÇÃO. Uma forma de projeção em que o indivíduo tenta encontrar uma causa justificável para as suas ações (psicanálise).

RAZÃO DE PROBABILIDADE. A proporção *(ratio)* entre a probabilidade de que um evento observado ocorra, dada uma determinada hipótese, e a probabilidade de que esse mesmo evento ocorra, dada uma segunda hipótese; na teoria da detecção, as hipóteses mais comuns são que "se apresentou um sinal" e que "só se apresentou ruído".

RAZÃO FIXA, PROGRAMA DE. Programa de reforços em que se reforça a primeira resposta que se dá, após um certo número fixo de respostas.

RAZÃO VARIÁVEL, PROGRAMA DE. Programa de reforços em que se reforça a primeira resposta que se dá, após um certo número variável de respostas.

REAÇÃO DE CONFIRMAÇÃO. Uma hipotética função cerebral proposta por Thorndike como base fisiológica do reforço, através de recompensa.

REAÇÕES PROXIMAIS. As respostas motoras periféricas do organismo, sem atender às conseqüências sobre o meio (Brunswik).

RECOMPENSA. Um objeto ou atividade que satisfaz alguma condição motivadora; supõe-se freqüentemente que é necessária ou indispensável à aprendizagem (como na lei do efeito, de Thorndike, ou no sistema de comportamento E-R, de Hull).

REDUCIONISMO. A posição que sustenta que os fenômenos complexos devem ser entendidos através da sua análise (redução) em componentes mais simples.

REDUNDANTE. Que repete informação; os sistemas de transmissão redundante são aqueles sistemas que transportam menos informação do que potencialmente poderiam transportar.

REFLEXO. Uma resposta não-aprendida, involuntária e estereotipada de uma parte do corpo a um estímulo.

REFLEXOLOGIA. Escola de psicologia que sustenta que os reflexos e as combinações de reflexos constituem a base de todo o comportamento (Bechterev).

REFORÇO. Todo o processo mediante o qual se fortalece uma resposta; supõe-se, geralmente, que envolve mais do que a mera contigüidade dos elementos de estímulo e resposta.

REFORÇO SECUNDÁRIO. O reforço do comportamento mediante um estímulo previamente neutro que adquiriu propriedades reforçadoras através da sua associação com um reforçador primário.

REFORÇOS, PROGRAMA DE. Um programa que indica como se dispõe algum estímulo reforçador.

REGRESSÃO. O retorno a um estado ou condição anterior.

REPRESSÃO. A remoção inconsciente de pensamentos ou eventos desagradáveis da consciência (Freud).

RESISTÊNCIA. A oposição de um paciente a recordar eventos passados, provavelmente em virtude de uma repressão inconsciente (psicanálise).

RESPOSTA CONDICIONADA CIRCULAR. Uma seqüência de respostas condicionadas, em que cada resposta sucessiva serve como estímulo para a resposta seguinte.

RESPOSTA FRACIONÁRIA DE ANTECIPAÇÃO DA META. Um conceito de vestígio de estímulo *(stimulus trace)* utilizado para explicar a aquisição de uma cadeia de respostas; uma resposta com a meta implícita e que ocorre cada vez mais cedo na cadeia de respostas, assim proporcionando estímulos que podem condicionar-se às respostas seguintes (Hull, Spence).

RESPOSTA PROTELADA. Uma resposta cuja execução só é permitida uma vez transcorrido um determinado período de tempo desde a apresentação dos estímulos pertinentes.

RETROALIMENTAÇÃO *(Feedback)*. Num sistema de energia, a parte da energia produzida que retorna ao sistema para regular a produção *(output)* ulterior.

RETROSPECÇÃO. Introspecção sobre um evento passado.

RIVALIDADE FRATERNA. Sentimento de competição entre filhos (Adler).

ROTINA. Programa ou parte de um programa para computador, assim chamado porque tem por objetivo executar uma função específica (por exemplo, achar raízes quadradas); habitualmente, a palavra "rotina" é empregada se a porção do programa pertence à sua linha principal, usando-se a palavra "sub-rotina" para unidades do programa principal que são requeridas periodicamente.

RUÍDO. Qualquer coisa (por exemplo, sons sem significado) que interfira com o sinal que está sendo transmitido.

SACIEDADE PSÍQUICA. Redução no desempenho de uma atividade, como função da contínua repetição dessa atividade.

SENSAÇÃO. Uma experiência consciente que não pode ser analisada (Thorndike).

SÉRIE. Grupo de procedimentos que se seguem uns aos outros, de uma forma coesa (seriada), implicando um planejamento por parte do organismo e fornecendo direção e significado (Murray).

SIGNIFICADO-SIGNO (ou GESTALT-SIGNO). Um objeto que dá lugar à expectativa de que uma determinada resposta conduzirá a um objetivo ou meta (Tolman).

SÍLABA SEM SENTIDO. Um item "insignificante" que é composto, freqüentemente, de duas consoantes separadas por uma vogal; usado por Ebbinghaus para reduzir as variações no índice de aprendizagem que, de outra forma, poderiam resultar de diferenças na experiência prévia com os materiais usados para experimentação sobre memória e aprendizagem verbal humana.

SÍMBOLO. Qualquer coisa que "represente" ou "signifique" alguma outra coisa.

SINCRONICIDADE. A ocorrência simultânea de eventos mas sem relação causal (Jung).

SINTALIDADE. As dimensões ou traços de uma instituição social, análogos aos traços de um indivíduo (Cattell).

SINTÁXICO. Referente a um processo cognitivo em que os pensamentos e idéias se concatenam de um modo lógico (Sullivan).

SÍNTESE CRIADORA. A proposição segundo a qual novas características decorrem da combinação de elementos em todos (Wundt).

SISTEMA. Organização e interpretação dos dados e teorias de um objeto de estudo, com pressupostos (postulados), definições e disposições metodológicas especiais.

SISTEMA DE TENSÃO. Fator motivacional em que um determinado ato ou conjunto de atos adquire uma influência diretiva sobre o comportamento, até que se dissipe (Lewin).

SOLIPSISMO. O ponto de vista filosófico segundo o qual não podemos estar certos de coisa alguma, salvo a nossa própria experiência.

SOMATOTIPO. Relação das medidas corporais que representa o tipo físico de um indivíduo (Sheldon).

SOMATOTONIA. Um padrão ativo e agressivo de personalidade que se supõe associado ao tipo corporal mesomórfico (Sheldon).

SOMBRA. Um arquétipo bem desenvolvido, herdado dos ancestrais pré-humanos do homem; os instintos animais (Jung).

SUBJETIVISMO. Tendência para a distorção da percepção e do pensamento, em virtude de idéias preconcebidas.

SUBLIMAÇÃO. A substituição permanente de um objetivo primário por um secundário (Freud).

SUPEREGO. Estrutura ou processo psíquico que se desenvolve a partir do ego; a representação interna dos valores externos (Freud).

TABULA RASA. Refere-se, usualmente, à doutrina segundo a qual a mente está em branco no momento do nascimento do indivíduo e se desenvolve através das experiências sensoriais.

TELA DE REDUÇÃO. Uma tela ou cortina opaca, com dois pequenos orifícios, usada para que o sujeito veja os estímulos sem conhecimento da iluminação circundante.

TELEOLOGIA. Explicação do comportamento em função de suas utilidades últimas, na ausência de provas de que elas sejam, realmente, fatores determinantes.

TEMA. Uma unidade que descreve o comportamento em termos de pressão e necessidade envolvidas (Murray).

TENDÊNCIA DETERMINANTE. Predisposição para se comportar de uma maneira particular.

TENDÊNCIAS NEURÓTICAS. Modo particular de abordagem do meio ambiente que um indivíduo utiliza na tentativa de evitar conflitos e encontrar segurança (Horney).

TEOREMA. Uma declaração ou enunciado que se deriva de postulados, mediante as regras de dedução; deve ser empiricamente demonstrado.

TEORIA. 1. Grupo de leis dedutivamente relacionadas. 2. Generalizações que transcendem os dados, utilizadas para preencher lacunas no conhecimento e promover a investigação.

TEORIA BIFATORIAL DE APRENDIZAGEM. Qualquer posição teórica segundo a qual são essenciais dois processos ("dois fatores") de aprendizagem diferentes para a aquisição do comportamento.

TEORIA CONTEXTUAL DO SIGNIFICADO. Ponto de vista segundo o qual o significado de qualquer coisa resulta do contexto em que ocorra na consciência (Titchener).

TEORIA DO CAMPO. Qualquer teoria que pretenda utilizar campos de força análogos aos da física, como explicação para os dados psicológicos.

TEORIA DOS TRAÇOS. Uma teoria da personalidade que enfatiza o isolamento de fatores que explicam a coerência e a integração do comportamento.

TEORIA FATORIAL. Uma teoria da personalidade que enfatiza o isolamento de fatores pela análise estatística do desempenho em testes.

TERMO PRIMITIVO. Um termo que não é definido por qualquer outro termo mais básico numa teoria.

TIPOLOGIA. Classificação sistemática da personalidade segundo tipos ou classes.

TOPOLOGIA. Geometria das relações espaciais, não-métrica e não-direcional, em que os fatores críticos são os limites (ou fronteiras) e podem ser realizadas diversas transformações; utilizada por Lewin como um modelo para a representação de funções do comportamento (ver também Espaço Hodológico).

TRAÇO. Sistema neuropsíquico generalizado e centralizado (peculiar ao indivíduo) que tem a capacidade de tornar funcionalmente equivalentes muitos estímulos, de iniciar e guiar formas coerentes (equivalentes) de comportamento adaptativo e expressivo (Allport).

TRANSDUTOR. Dispositivo que muda a energia de uma forma para outra; um receptor de rádio é um transdutor que transforma a energia eletromagnética em energia acústica; a retina humana é uma transdutora da energia luminosa na energia eletroquímica do impulso nervoso.

TRANSFERÊNCIA. A mudança de emoção de um objeto ou pessoa para o psicanalista durante a terapia (Freud).

TRAUMA DE NASCIMENTO. A experiência emocional da criança que termina a sua vida pré-natal (enfatizada por Rank como tendo efeitos subseqüentes sobre a personalidade).

TROPISMO. Um movimento forçado de todo o organismo que é uma função direta da estimulação.

VALIDAÇÃO CLÍNICA. Demonstração de um princípio teórico mediante sucessivas confirmações na mesma situação clínica da qual esse princípio foi derivado.

VALIDAÇÃO CONSENSUAL. Validação de um símbolo ou palavra mediante acordo entre um grupo de pessoas (consenso) sobre o seu significado (Sullivan).

VALIDADE ECOLÓGICA. A medida em que as pistas ajudam um organismo a realizar uma interação bem sucedida com o meio ambiente (Brunswik).

VARIÁVEL. Uma classe de objetos ou eventos, ou suas propriedades; um fator ou condição que se conceptualizou para fins de investigação científica (Ver também Variável Controlada, Variável Dependente, Variável Independente, Variável Interveniente).

VARIÁVEL CONTROLADA. Condição cuja influência sobre a variável dependente é eliminada num experimento. Por vezes, isso faz-se por eliminação completa e absoluta da condição (por exemplo, as diferenças sexuais podem ser eliminadas como variável, empregando um único sexo); outras vezes, igualando o valor da variável controlada para cada valor da variável independente (por exemplo, colocando quantidades iguais de homens e mulheres em cada grupo).

VARIÁVEL DE ESTADO. Condição hipotética do organismo, não-analisada, duradoura, que resulta de uma interação passada entre o organismo e o meio.

VARIÁVEL DEPENDENTE. Num experimento, a variável cujos valores são tratados como sendo, potencialmente, uma função dos valores da variável independente; em psicologia, a variável dependente medida é, usualmente, alguma característica das respostas do sujeito.

VARIÁVEL INDEPENDENTE. O fator cuja influência (sobre a variável dependente) é determinada num experimento.

VARIÁVEL INTERVENIENTE. Construto intraorganísmico que extrai a relação entre condições antecedentes (estímulo) e conseqüentes (resposta), sem qualquer outro significado além dessa relação.

VESTÍGIO DO ESTÍMULO. Suposta continuação da atividade no sistema nervoso, quando já cessou uma breve estimulação (Hull).

VÍNCULOS. Conexões de estímulo e resposta; encadeamento hipotético que explicaria a formação de associações.

VISCEROTONIA. Um padrão de personalidade amante do conforto, associado ao tipo corporal endomórfico (Sheldon).

VITALISMO. A posição filosófica segundo a qual a vida não pode ser inteiramente explicada em função de princípios físico-químicos.

VOLUME CROMÁTICO. A cor vista como se ocupasse volume, por exemplo, no caso de fumaça colorida.

WEBER, LEI DE. Lei psicofísica que afirma que uma mudança perceptível numa intensidade de estímulo é sempre uma parte proporcional constante do estímulo original.

WEBER-FECHNER, LEI. Na mais sofisticada forma apresentada por Fechner, uma lei que afirma que a intensidade de uma sensação é proporcional ao logaritmo da intensidade do estímulo.

Leia também:

GUIA PRÁTICO DE PSICOLOGIA JUNGUIANA

Robin Robertson

Carl Gustav Jung foi um pensador verdadeiramente original, cujas idéias ainda são, em grande medida, desconhecidas ou malcompreendidas. Sua visão da realidade era tão diferente das concepções vigentes na sua época que muitas vezes tem sido difícil para seus colegas psicólogos e cientistas captar o real significado do que ele dizia.

Neste livro, que é uma introdução definitiva ao trabalho de Carl Gustav Jung, o dr. Robertson explica como Jung reintroduziu os ocidentais no mundo dos arquétipos — a imagética do inconsciente coletivo, da mitologia e dos símbolos da natureza. Em *Guia Prático de Psicologia Junguiana*, ele aborda

- a estrutura e a dinâmica da psique;
- o significado dos sonhos;
- a sombra;
- a anima/o animus;
- a misteriosa figura do Self,

entre outros delicados e complexos aspectos da obra de Jung que, ao contrário de Freud, abrangeu todo o vasto campo da mitologia — em inúmeras culturas — para explorar o papel que as imagens arquetípicas desempenham na vida de cada ser humano.

O dr. Robertson sentiu-se motivado a escrever este livro depois de ter conversado com pessoas que achavam o trabalho de Jung ou literário demais ou por demais erudito, e que, em virtude disso, evitavam a análise junguiana ou o estudo das idéias de Jung. Esta prática e inspirada introdução pode fazer com que a extraordinária psicologia junguiana comece a fazer parte da sua vida.

O DESENVOLVIMENTO DA CRIANÇA E DO ADOLESCENTE

Sidney A. Manning

As pesquisas recentes acerca do desenvolvimento da criança (ou "psicologia do desenvolvimento") responderam a muitas perguntas antigas e suscitaram outras tantas, novas. Oual a importância das experiências iniciais do indivíduo sobre seu desenvolvimento ulterior? O que poderemos aprender dos estudos de transculturação? Oual a importância da hereditariedade? Ou do meio ambiente? E as perguntas de ordem prática: Falta de disciplina é pior que excesso dela? Em que idade "deveria" a criança aprender a ler, a andar de bicicleta ou ir para a escola? Por que a adolescência é uma fase tão difícil e o que podem fazer os pais para ajudar os filhos adolescentes?

Há um século atrás, pouco se sabia a respeito de como as crianças percebem o mundo e de como reagem a ele. Hoje, o problema é o excesso. não a carência de informações e idéias sobre isso. Existem tantos estudos, levantamentos e teorias sobre a educação da criança que o efeito total é antes de confusão que de orientação. O DESENVOLVIMENTO DA CRIANÇA E DO ADOLESCENTE apresenta os principais dados de pesquisa e as principais teorias de maneira direta e concisa. Destina-se aos cursos universitários da matéria em diversas áreas disciplinares, sobretudo Psicologia e Educação. Mas também pode ser utilizado para a aprendizagem e revisão autodidáticas de conhecimentos de vez que, organizado nos moldes do ensino programado, o livro mede, a cada passo, o quanto já foi aprendido pelo estudante.

O autor de A PSICOLOGIA DA INFÂNCIA E DA ADOLESCÊNCIA, Sidney A. Manning, é professor-adjunto de Psicologia da Universidade do Distrito de Colúmbia (E.U.A.). Seus campos de especialização são a Psicologia Social, a Aprendizagem e o desenvolvimento da agressão na criança.

EDITORA CULTRIX

IMPRESSO NA GRÁFICA sumago

sumago gráfica editorial ltda
rua itauna, 789 vila maria
02111-031 são paulo sp
telefax 11 **6955 5636**
sumago@terra.com.br